O Livro Completo do Treinamento Personalizado

O Livro Completo do Treinamento Personalizado

Douglas S. Brooks, MS

Revisão científica
Prof. Ms. Mauro Guiselini
Mestre em Educação Física pela Universidade de São Paulo
Especialista em condicionamento físico pela Cooper Clinic – Institute of Aerobic
Diretor do Instituto Runner de Ensino e Pesquisa
Docente da Disciplina Ginástica Geral e coordenador pedagógico do curso de pós-graduação lato sensu em Metodologia da Atividade Física Personalizada da Faculdade de Educação Física FMU
Proprietário do Centro de Integração do Corpo

Phorte editora

Título original em inglês *The complete book of personal training*

1ª edição brasileira – 2008

Rua 13 de Maio, 598 – Bela Vista – São Paulo – SP
CEP: 01327-000 – Brasil
Tel/Fax: (11) 3141-1033
Site: www.phorte.com E-mail: phorte@terra.com.br

Produção e Supervisão Editorial: Fábio Mazzonetto
Gerente Editorial: Sérgio Roberto Ferreira Batista
Editora Assistente: Waldelice Helena de Moraes Dias
Tradutora: Carolina Caires Coelho, Hatsuia Kimura, Fabíola Medeiros
Revisão Marcela Mitie de Souza Magari, Diego Dlerba
Editoração eletrônica: Ana Paula Ribeiro
Impressão: Prol

Este livro foi catalogado pelo SNEL
ISBN 975-85-7655-140-9

Impresso no Brasil
Printed in Brazil

Aos meus pais. Obrigado pelo apoio que me deram quando entrei nesta profissão, pouco conhecida anos atrás, e por sempre estarem presentes. Apesar de ainda não compreenderem tudo que meu trabalho envolve, eu os amo muito e nunca voltarei a ter um emprego "de verdade"!

A meu Deus. Sua graça e seu amor, sempre suficientes e infinitos, tornam-me mais humilde. Obrigado por me dar a força para continuar a jornada.

A Candice e "meus garotos". Vocês tornam minha vida completa e realizada, por *todas* as boas razões que vocês já conhecem!

Finalmente, este livro é dedicado aos heróis do mundo:
João 15:13: Ninguém tem maior amor do que aquele que dá a vida pelos seus amigos.

AGRADECIMENTOS

A todos os clientes com os quais eu tive o privilégio de trabalhar e aprender - obrigado por me oferecer os "campos de aprendizado". Vocês me ensinaram a ouvir, a agir, a entender, a cuidar. Vocês me ensinaram a atender suas necessidades e seus desejos. Vocês me ensinaram a ser um profissional e a ser responsável. Todos vocês também me proporcionaram muita alegria, muito desafio e muita satisfação pessoal.

A cada um dos maravilhosos treinadores que me ajudaram a escrever este livro, com as entrevistas e o material que me deram: este livro é sobre vocês e sobre os clientes que amamos, e também sobre a profissão que vocês levaram a outro nível de qualidade de serviços. Eu agradeço pela experiência, sabedoria e disponibilidade de investir tempo no campo do treinamento personalizado, para que nossa profissão possa continuar avançando.

Alguns dos negócios e das pessoas que conheci, com os quais aprendi e a quem admirei, são: Jorge "Sr. Mundo" Briscoe (Argentina), Susan Cantwell (Canadá), Matt Church (Austrália), Mark Cibrario e Mark Stone (Illinois, EUA), Troy Demond (Flórida, EUA), Gregory Florez (Utah, EUA), Maureen Hagan (Canadá), Fiona Hayes (Reino Unido), Sherri McMillan (Washington, EUA), Mark Madole (Texas, EUA), José Otávio Mafara (Brasil), David Parise (Connecticut, EUA), Beth Rothenburg (Los Angeles, EUA), Bob Smith (Reino Unido), Marcos Tadeu (Brasil), Satn Tracht e Mark Colbert (Texas, EUA), David Turpin (Georgia, EUA) e Pete Twist (Canadá), para, honestamente, citar apenas alguns colegas, mas representantes de todas as partes do mundo: Canadá, América do Norte e do Sul, Europa, Ásia, África e Austrália (ainda à espera do Pólo Sul), que contribuíram para minha especialização e compreensão de nossa indústria de treinamento personalizado.

Aos meus colegas que já estão "em carreira solo" e àqueles que entrarão na área de treinamento personalizado, é meu objetivo continuar fazendo parte do desenvolvimento da competência de nossa profissão e ajudar a espalhar as notícias dessa linda profissão. Espero que em todos os cantos do mundo as pessoas conheçam a diferença que um treinador pode fazer na vida dos indivíduos. Essa foi, em grande parte, a razão pela qual este livro foi escrito.

À Human Kinetics. Obrigado a Scott Wikgren por ter começado este *enorme* projeto. Suas idéias, seu apoio e sua confiança são sempre muito bem-vindos.

Um muito obrigado especial ao editor Mike Bahrke, que demonstrou um nível extra de paciência, apoio e entusiasmo para terminar este projeto e levar "O Livro", como ficou conhecido, para impressão. Obrigado também por entregar o texto nas mãos eficientes de Rebecca Crist. Rebecca, obrigado por organizar minhas idéias! Rainer Martens e Martin Barnard, obrigado pelo apoio e pela confiança neste e em futuros projetos.

Um obrigado especial aos maravilhosos modelos que contribuíram com seu talento para este projeto. São eles: Amber Bartlett, Bruce Bartlett, Candice Brooks, Kathy Dolan, Melanie Lewey, Brittany Stotko, Stacy Stotko e Dan Wright.

Obrigado a Patti Acton e ao *Snowcreek Athletic Club* por nos dar a permissão de fazer as fotos no SAC. Obrigado também a Dan Wright e ao *Summit Condominiums* por nos dar acesso para fotografarmos as dependências da associação.

A Tom Roberts... Você tem um olho muito apurado e ajudou a captar a mensagem deste livro corretamente por trás de sua câmera. Obrigado!

PREFÁCIO

Todo mundo precisa de ajuda uma vez ou outra. Se você está dando os primeiros passos em sua carreira, está pronto para mudar de caminho ou sente-se esgotado fazendo o que mais gosta, em algum momento de sua vida profissional você vai se pegar coçando a cabeça e perguntando: "O que fazer *agora*?". Espero que este livro o ajude a encontrar a resposta.

Eu queria escrever um livro que ajudasse a todos os *personal trainers*, em qualquer estágio do desenvolvimento profissional. Espero que *O livro completo do treinamento personalizado* seja esse livro - o recurso que compreende muitos assuntos que eu gostaria de ter lido. Se você está entrando agora na área de treinamento personalizado, se já é dono de seu próprio negócio ou se já trabalha há anos e tem uma equipe formada de funcionários, *O livro completo do treinamento personalizado* pode aumentar, desenvolver e tornar seu empreendimento mais eficiente.

Minha carreira me deu a oportunidade de aprender muito com grandes professores e com meus erros. Além de minha formação acadêmica, eu treinei cerca de dez clientes todos os dias, cinco dias por semana, por nove anos. Já dirigi uma academia com cinco mil alunos e gerenciei com sucesso um negócio próprio de treinamento personalizado. Expandi e aumentei meu empreendimento, contratando mais funcionários e adquirindo mais locais de trabalho. Atualmente, viajo o mundo dando palestras sobre o sucesso no negócio de treinamento personalizado, seja qual for o mercado ou a localização mundial, além de mostrar aos treinadores como desenvolver programas que satisfaçam os objetivos do cliente e do empreendedor.

Mas este livro vai além dos sucessos falhas e conhecimentos deste autor, que também é um *personal trainer*. Um livro que aborda a situação completa do treinamento personalizado não poderia ser feito apenas por um autor ou uma coleção fragmentada (editada) de textos sobre o assunto.

Há anos aprendo com os melhores da área. Neste livro, você encontrará informação reunida e entrevistas pessoais com outros especialistas que têm bagagem na área dos empreendimentos bem-sucedidos de treinamento personalizado. Veja este livro como um recurso moderno e profundo, criado pela informação testada e aprovada pelos treinadores do mundo todo, sendo compilada em um único volume completo, contemporâneo e prático.

O livro completo do treinamento personalizado responde a questões feitas por todos os treinadores em um determinado momento. Você já pensou: "Eu não tenho vida!" ou "Preciso de mais tempo para mim!" Algum cliente já lhe pediu a indicação de outro treinador para continuar trabalhando com ele em uma viagem de negócios ou férias? O que você faz em uma situação dessas? Gostaria de ter um software que o ajudasse a preparar e periodizar os programas dos clientes? Já se preparou para sua aposentadoria? Você sabe como se preparar financeiramente, evitar desgaste e ter tempo para si - liberdade que lhe permite manter sua sanidade e qualidade de serviço? Está procurando seu primeiro cliente? Ou está simplesmente pensando em entrar no negócio?

Em muitos momentos *O livro completo do treinamento personalizado* lhe dará instruções básicas sobre como ser bem-sucedido e dar o próximo passo. No mínimo, ele lhe dará recursos para alcançar o crescimento em seu negócio ou ajudá-lo a tomar decisões na direção em que seus colegas bem-sucedidos, seus anos de experiência e eu acreditamos ser a correta.

COMO USAR ESTE LIVRO

Se você só está começando, bem-vindo à área! Você está prestes a viver um período muito interessante. Apesar de eu aconselhá-lo a ler o livro todo (é claro!), preste mais atenção ao capítulo 2. Ele abrange tudo o que você precisa saber sobre como começar, escolher o treinamento que seja mais adequado a você e as suas necessidades e dar um pontapé em sua carreira.

Se você já está na área, parabéns! Sem dúvida alguma, você se esforçou muito para começar seu negócio. Certamente vai querer ler este livro do começo ao fim, mas ele também lhe servirá de referência para vencer seus desafios organizacionais diários. As dicas de referência e o índice minucioso lhe ajudarão a localizar com rapidez o tópico sobre o qual você necessita de mais informações.

Este livro tem informação suficiente para melhorar seu empreendimento de treinamento personalizado. Hoje talvez você seja novo nessa profissão ou cuide de vários clientes por dia. Mas, quem sabe, amanhã pode gerenciar um grande grupo de treinadores, sendo o dono de uma academia de ginástica.

O livro completo do treinamento personalizado é conciso, mas abrangente. Ele traz informações atualizadas que o manterão motivado a levar seu negócio adiante. Espero que este livro seja o recurso pessoal de referência ao treinamento personalizado que você usará para encontrar todas as informações de que precisar e economizar tempo para gerenciar seu empreendimento de sucesso. Este livro lhe dará as respostas e os conselhos para o sucesso, seja para gerenciar um negócio próprio, seja para desenvolver programas de condicionamento.

Pare de gerenciar seu empreendimento no escuro! Por que cometer os mesmos erros que os empreendedores e treinadores do mundo todo já cometeram? Espero que isso não aconteça com você. Este livro lhe mostrará como os negócios bem-sucedidos se formam!

CRÉDITOS

"Desenvolvendo materiais promocionais", páginas 117 e 118.

De: "What Makes a Marketing Piece Work?", de D. Thorneycroft, janeiro de 1995. Reproduzido com a permissão de IDEA Health & Fitness Association, 800-999-IDEA, www.IDEAfit.com

Caixa na página 147

Reimpresso de IDEA Personal Trainer, 1998.

Texto das páginas 211 e 212

De: "Create Opportunity From Conflict", de J. e N. Garvin, fevereiro de 1999, páginas 35 a 37. Reproduzido com a permissão de IDEA Health & Fitness Association, 800-999-IDEA, www.IDEAfit.com

Texto das seções das páginas 229 e 230

Reimpresso com permissão da American Council on Exercise (www.acefitness.org)

"Riscos envolvendo a área de treinamento e equipamento", página 231.

"Strategies for Managing Risk", de D. Cotton, março de 1998. Reproduzido com a permissão de IDEA Health & Fitness Association, 800-999-IDEA, www.IDEAfit.com

Seção de "Formulário de registro de acidente", página 231

"Strategies for managing risks", de D. Cotton, março de 1998. Reproduzido com a permissão de IDEA Health & Fitness Association, 800-999-IDEA, www.IDEAfit.com

"F = força (e flexibilidade)"

De: R. Sleamaker e R. Browning, 1996. *SERIOUS training for endurance athletes.* (Champaign, IL: Human Kinectics).

Texto numerado, página 593

"Training for the Cardiac Patient", de R. La Forge, fevereiro de 2000. Reproduzido com a permissão de IDEA Health & Fitness Association, 800-999-IDEA, www.IDEAfit.com

"Considerações de segurança", na página 597

"Training for the Cardiac Patient", de R. La Forge, fevereiro de 2000. Reproduzido com a permissão de IDEA Health & Fitness Association, 800-999-IDEA, www.IDEAfit.com

"Considerando o período refratário", na página 623

"Training Clients With Exercise-Induced Ashma", de C. Bryant, outubro de 1998. Reproduzido com a permissão de IDEA Health & Fitness Association, 800-999-IDEA, www.IDEAfit.com

Figura 11.4 a

Reimpressa, com permissão, de D. Brooks, 1999. *Your personal trainer* (Champaign, IL: Human Kinctics), 8.

Figura 11.4 b

Reimpressa, com permissão, de D. Brooks, 1999. *Your personal trainer* (Champaign, IL: Human Kinetics), 8.

Formulário 11.4

Reimpresso, com permissão, de D. Brooks, 1999. *Your personal trainer* (Champaign, IL: Human Kinetics), 18.

Formulário 11.5

Reimpresso, com permissão, de D. Brooks, 1999. *Your personal trainer* (Champaign, IL: Human Kinetics), 22-23.

Formulário 7.3

"Staying Motivated" Client Handout, 1998.

Reimpresso com a permissão de IDEA Health & Fitness Association, (800) 999-IDEA, www.IDEAfit.com.

Formulário 8.1

"Do Waivers Work?", de D. Cotton, abril de 1998.

Reimpresso com a permissão de IDEA Health & Fitness Association, (800) 999-IDEA, www.IDEAfit.com.

Formulário 8.1

"Do Waivers Work?", de D. Cotton, abril de 1998. Reimpresso com a permissão de IDEA Health & Fitness Association, (800) 999-IDEA, www.IDEAfit.com.

Formulário 11.6

Reimpresso, com permissão, de D. Brooks, 1999. *Your personal trainer* (Champaign, IL: Human Kinetics), 25-27.

Formulário 11.7

Reimpresso, com permissão, de D. Brooks, 1999. *Your personal trainer* (Champaign, IL: Human Kinetics), 12.

Figura 12.1

Reimpressa, com permissão, de D. Brooks, 1999. *Your personal trainer* (Champaign, IL: Human Kinetics), 32.

Figura 12.2

Reimpressa, com permissão, de D. Brooks, 1999. *Your personal trainer* (Champaign, IL: Human Kinetics), 32.

Figura 12.3

Reimpressa, com permissão, de D. Brooks, 1999. *Your personal trainer* (Champaign, IL: Human Kinetics), 35.

Figura 13.1

Reimpressa, com permissão, de Goss, Keller, Martinez Design: Del Mar, Califórnia, 1996.

Figura 13.2

Reimpressa, com permissão, de D. Brooks, 1999. *Your personal trainer* (Champaign, IL: Human Kinetics), 47.

Figura 14.1

Reimpressa, com permissão, de D. Brooks, 1999. *Your personal trainer* (Champaign, IL: Human Kinetics), 238.

Figura 14.2

Reimpressa, com permissão, de D. Brooks, 1999. *Your personal trainer* (Champaign, IL: Human Kinetics), 236.

Figura 14.3

Reimpressa, com permissão, de D. Brooks, 1999. *Your personal trainer* (Champaign, IL: Human Kinetics), 237.

Formulário 14.1

Reimpresso, com permissão, de D. Brooks, 1999. *Your personal trainer* (Champaign, IL: Human Kinetics), 238.

Figura 15.1

Reimpressa, com permissão, de D.S. Brooks, 1998. *Program design for personal trainers: Bridging theory into application* (Champaign, Il: Human Kinetics), 88.

Formulário 15.2

Reimpresso, com permissão, de D.S. Brooks, 1998. *Program design for personal trainers: Bridging theory into application* (Champaign, Il: Human Kinetics), 124.

Figura 15.2

Reimpressa, com permissão, de D.S. Brooks, 1998. *Program design for personal trainers: Bridging theory into application* (Champaign, Il: Human Kinetics), 120.

Figura 15.3

Reimpressa, com permissão, de D.S. Brooks, 1998. *Program design for personal trainers: Bridging theory into application* (Champaign, Il: Human Kinetics), 127.

Caixa na página 363

Reimpressa, com permissão, de D.S. Brooks, 1998. *Program design for personal trainers: Bridging theory into application* (Champaign, Il: Human Kinetics), 116.

Quadro 17.1

Reimpresso, com permissão, de D.S. Brooks, 1998. *Program design for personal trainers: Bridging theory into application* (Champaign, Il: Human Kinetics), 107. Adaptado de McArdle et al., 1991.

Formulário 17.1

Reimpresso, com permissão, de D.S. Brooks, 1998. *Program design for personal trainers: Bridging theory into application* (Champaign, Il: Human Kinetics), 119.

Formulário 17.2

Reimpresso, com permissão, de D.S. Brooks, 1998. *Program design for personal trainers: Bridging theory into application* (Champaign, Il: Human Kinetics), 119.

Quadro 18.1
Reimpresso, com permissão, de D.S. Brooks, 1998. *Program design for personal trainers: Bridging theory into application* (Champaign, Il: Human Kinetics), 112.

Figura 18.2
Reimpressa, com permissão, de D.S. Brooks, 1998. *Program design for personal trainers: Bridging theory into application* (Champaign, Il: Human Kinetics), 193.

Quadro 18.3
Reimpresso, com permissão, de D.S. Brooks, 1998. *Program design for personal trainers: Bridging theory into application* (Champaign, Il: Human Kinetics), 129.

Quadro 18.4
Reimpresso, com permissão, de D.S. Brooks, 1998. *Program design for personal trainers: Bridging theory into application* (Champaign, Il: Human Kinetics), 129.

Quadro 18.5
Reimpresso, com permissão, de D.S. Brooks, 1998. *Program design for personal trainers: Bridging theory into application* (Champaign, Il: Human Kinetics), 130.

Quadro 18.6
Reimpresso, com permissão, de D.S. Brooks, 1998. *Program design for personal trainers: Bridging theory into application* (Champaign, Il: Human Kinetics), 130.

Quadro 18.7
Reimpressa, com permissão, de D.S. Brooks, 1998. *Program design for personal trainers: Bridging theory into application* (Champaign, Il: Human Kinetics), 131.

Quadro 18.8
Reimpresso, com permissão, de D.S. Brooks, 1998. *Program design for personal trainers: Bridging theory into application* (Champaign, Il: Human Kinetics), 125.

Figura 19.1
Reimpressa, com permissão, de D.S. Brooks, 1998. *Program design for personal trainers: Bridging theory into application* (Champaign, Il: Human Kinetics), 231.

Formulário 19.1
Reimpresso, com permissão, de D.S. Brooks, 1998. *Program design for personal trainers: Bridging theory into application* (Champaign, Il: Human Kinetics), 206.

Quadro 19.15
Reimpresso, com permissão, de D.S. Brooks, 1998. *Program design for personal trainers: Bridging theory into application* (Champaign, Il: Human Kinetics), 202.

Quadro 19.16
Reimpresso, com permissão, de D.S. Brooks, 1998. *Program design for personal trainers: Bridging theory into application* (Champaign, Il: Human Kinetics), 203.

Quadro 19.17
Reimpresso, com permissão, de D.S. Brooks, 1998. *Program design for personal trainers: Bridging theory into application* (Champaign, Il: Human Kinetics), 204.

Quadro 19.18
Reimpresso, com permissão, de D.S. Brooks, 1998. *Program design for personal trainers: Bridging theory into application* (Champaign, Il: Human Kinetics), 205.

Quadro 21.1
Reimpresso, com permissão, de D.S. Brooks, 1998. *Program design for personal trainers: Bridging theory into application* (Champaign, Il: Human Kinetics), 180.

Formulário 21.1
Reimpresso, com permissão, de D.S. Brooks, 1998. *Program design for personal trainers: Bridging theory into application* (Champaign, Il: Human Kinetics), 181.

Formulário 21.2
Reimpresso, com permissão, de D.S. Brooks, 1998. *Program design for personal trainers: Bridging theory into application* (Champaign, Il: Human Kinetics), 183.

Quadro 21.2
Reimpressa, com permissão, de D.S. Brooks, 1998. *Program design for personal trainers: Bridging theory into application* (Champaign, Il: Human Kinetics), 187.

Quadro 21.3

Reimpresso, com permissão, de D.S. Brooks, 1998. *Program design for personal trainers: Bridging theory into application* (Champaign, Il: Human Kinetics), 187.

Caixa na página 163-164

"Adding On: Hiring Trainers", de G. Florez e J. O'Hara, fevereiro de 2000.

Reproduzido com permissão de IDEA Health & Fitness Association, (800) 999-IDEA, www.IDEAfit.com.

Caixa na página 558-560

Reimpressa, com permissão, de N. Clark, 1997, *Nancy Clark's sport nutrition guidebook,* 2ª ed. (Champaign, IL: Human Kinetics), 110 e 111.

Figura 26.1

Reimpressa, com permissão, de J. H. Wilmore e D. L. Costill, 1994, *Physiology of sport and exercise* (Champaign, IL: Human Kinetics), 192.

Exemplo de questionário medico, pág \bb\

Reimpressa, com permissão, de D.S. Brooks, 1998. Program *design for personal trainers: Bridging theory into application* (Champaign, Il: Human Kinetics), 50 a 52.

SUMÁRIO

PARTE I COMO COMEÇAR, MANTER E DESENVOLVER UM NEGÓCIO BEM-SUCEDIDO DE TREINAMENTO PERSONALIZADO

Capítulo 4 Atrair – e manter – uma clientela. 109

Capítulo 5 Expandindo seus negócios.. 153

Capítulo 6 Gerenciando seu tempo 181

Capítulo 31 trazendo o treinamento personalizado de volta ao nível individual 673

Apêndice

Recomendações de leitura e recursos úteis de saúde e condicionamento físico. 703

Referências bibliográficas e sugestões de leitura. 707

PARTE I

COMO COMEÇAR, MANTER E DESENVOLVER UM NEGÓCIO BEM-SUCEDIDO DE TREINAMENTO PERSONALIZADO

Capítulo 1

TREINAMENTO PERSONALIZADO: PASSADO, PRESENTE E FUTURO

Para entender o propósito do treinamento personalizado, é preciso conhecer suas origens e identificar como a indústria do treinamento personalizado tem evoluído. Isso também o ajudará a entender o esforço que fizemos para essa profissão ser reconhecida! Quem somos nós? Os treinadores de diversas partes do mundo me dizem que exercemos diversas funções. Não somos apenas treinadores e técnicos pessoais. Somos profissionais, educadores, supervisores, facilitadores, motivadores, líderes inspiracionais e as "pessoas que têm as respostas". Ah, sim! E, depois de tudo isso, ainda precisamos ter vida pessoal!

Os personal trainers são altamente qualificados. Entre os profissionais, 85% têm diploma universitário e 31% são pós-graduados; 94% têm um certificado da indústria e 68% pretendem permanecer na indústria por dez anos ou mais (IDEA 1997). Somos comprometidos com nosso trabalho! A média de ganhos anuais de um personal trainer é de $78 mil (IDEA 1997). Ensinamos condicionamento geral, treinamento de resistência, controle nutricional e de peso e condicionamento físico. Muitos treinadores estão envolvidos em diversas facetas da reabilitação e de grupos especiais da sociedade. Adquirimos ou influenciamos a aquisição de tênis e roupas para a prática esportiva, equipamentos, produtos alimentícios e nutricionais, aparelhos de musculação e produtos de beleza e para a saúde.

Mais de 5 milhões de norte-americanos consultam os personal trainers em busca de orientação, instrução e motivação. O número de cidadãos norte-americanos que contrataram o serviço de um personal trainer aumentou cerca de 32% de 1999 a 2000 (International Health, Racquet and Sportsclub Association 2000). Cerca de 72% de nós temos uma parceria estabelecida com um varejista de equipamentos de ginástica, e quase 50% dos treinadores mantêm uma relação com fabricantes (IDEA 1997). 90% dos treinadores recomendam produtos e serviços diretamente a seus clientes. Os treinadores encontram mais de 250 mil clientes todos os anos com uma renda anual média de $80 mil. 66% do treinamento ocorre em academias de ginástica; 6% ocorrem na casa do cliente e 6% em locais menores (IHRSA 2000). Nossos clientes nos pedem conselhos constantemente (97% de nós somos questionados cerca de nove vezes por mês) e 75% dos conselhos dados são seguidos (IDEA 1997). Existem cerca de 400 mil personal trainers nos Estados Unidos (IHRSA 2000), o que deixa claro que somos "jogadores de impacto" no campo da saúde e do condicionamento físico. Percebendo isso – que os treinadores podem influenciar a vida das pessoas –, a responsabilidade de agir conforme o interesse do cliente surge.

Provavelmente nenhum outro profissional vê seu cliente com tanta freqüência quanto um personal trainer. Temos o poder da influência e do contato pessoal freqüente. Como profissionais, podemos afetar a vida de nossos clientes de modo positivo! Mas, na minha opinião, apesar de o treinamento personalizado estar crescendo com rapidez, ainda em sua infância está mostrando seu potencial de influenciar uma parte da sociedade a praticar exercícios físicos e adotar hábitos alimentares saudáveis. Isso acontece com outros profissionais da saúde também.

Vamos encarar a realidade: a maioria da população não pratica atividades físicas regularmente, não toma medidas preventivas contra doenças e não tem um comportamento alimentar saudável. Isso representa uma grande oportunidade para os personal trainers do mundo todo. Igualmente verdadeiro é o fato de que o treinamento com apenas uma pessoa é a melhor maneira de guiar um indivíduo a resultados saudáveis de condicionamento físico e de desenvolver um programa que ele possa seguir para o resto da vida. E, apesar de a concorrência estar aumentando muito, sempre haverá espaço para um treinador com a personalidade persistente e as qualidades certas de cuidados, além da competência técnica necessária.

O treinamento personalizado não é mais um desconhecido. Ele é testado com o tempo, e seu valor é certo. O treinamento personalizado é uma profissão que veio para ficar!

História da indústria do condicionamento físico

O treinamento personalizado, como profissão, certamente começou há muito tempo. Desenhos em tumbas indicam que o levantamento de peso pode ter sido praticado no ano de 2500 a. C. No século VI a. C., o treinamento de força predominava na Grécia. Mais tarde, os fisiculturistas profissionais apareceram como atrações em apresentações no final de 1800 e começo de 1900, nos Estados Unidos e na Europa. A aparência grande e estranha dos homens fortes deu pouco incentivo a essa forma de treinamento, apesar de as apresentações serem bastante divertidas.

Durante a década de 1920 e a Grande Depressão, Jack LaLanne começou a desenvolver programas e equipamento de condicionamento físico que serviram de base para o moderno movimento de condicionamento. Apesar de, naquela época, suas idéias e metodologia serem vistas como bizarras, ou, no mínimo, beirando a excentricidade, a história nos mostra que o Sr. LaLanne foi um grande precursor da saúde e do condicionamento físico em sua época. De 1910 a 1940, o treinamento de força tornou-se mais popular entre os fisiculturistas (Dallreck e Kravitz 2002; Reed 1999).

Na década de 1940, o Dr. Thomas DeLorme ajudou a trazer de volta o nível de respeito ao mostrar os benefícios à saúde atribuídos ao treinamento de força em pacientes recém-operados. Ele também apresentou seu programa de três séries com, no máximo, dez repetições, que progrediu de 50% para 75% e 100% da resistência máxima de dez repetições. Casualmente, esse tipo de programação é muito seguido hoje em dia, apesar de não ser a abordagem mais eficaz para a maioria das pessoas que pretendem maximizar sua força em pouco tempo. Durante e depois da Segunda Guerra Mundial, o Dr. Thomas Cureton apresentou um outro desenvolvimento em nossa área quando começou a usar a pesquisa e aplicar suas descobertas para influenciar o modo com que os profissionais ensinam o condicionamento físico. Depois disso, os anos de Guerra Fria, no início da década de 1950, marcaram a preocupação norte-americana com as estatísticas e identificaram que 60% das crianças em fase escolar estavam acima do peso ideal, em comparação com apenas 9% das crianças de países europeus. Essas estatísticas influenciaram os líderes políticos a promoverem a saúde e o condicionamento físico entre os jovens do país (Dalleck e Kravitz 2002). A Faculdade Americana de Medicina do Esporte (ACSM) foi fundada em 1954, e continua a estabelecer padrões em muitos assuntos relacionados à saúde e ao condicionamento físico, com base em pesquisas científicas.

Nos anos 1960, o presidente John Kennedy promoveu saúde e bem-estar físico para todas as idades e abriu o caminho para o President´s Council on Youth Fitness ("Conselho Presidencial da Saúde dos Jovens"). No final da década de 1960, o Dr. Kenneth Cooper criou o termo *aeróbica* e a mania do condicionamento físico e da saúde teve seu início. No Brasil, a influência de Cooper foi tão grande que "fazer um Cooper" ainda quer dizer sair para correr! A nova filosofia de Cooper era voltada para a prevenção de doenças e enfatizava a importância de ter dados epidemiológicos para explicar os benefícios dos exercícios físicos feitos com regularidade. O Dr. Cooper é conhecido mundialmente como o precursor do movimento moderno de condicionamento físico.

O conceito da periodização, o ciclo sistemático de intensidade e o volume do treinamento em períodos específicos começaram a surgir com a pesquisa de Tudor Bompa (Bompa 1965; Reed 1999). Alguns profissionais também dão créditos ao pesquisador soviético L. Metveiev (final dos anos 1970) ao tratar da importância da periodização. Mais recentemente, Fleck e Kraemer (1996) e Bompa (1999) produziram modelos de periodização e textos menos complexos e mais úteis para os profissionais de condicionamento físico. O novo milênio continuará dando ênfase aos programas de treinamento especializado e satisfazendo as necessidades dos jovens sedentários e idosos.

História do treinamento pessoal de condicionamento físico

A idéia de um programa personalizado, como o definimos atualmente, existe há bem mais de cem anos. Entretanto, os termos *profissional de condicionamento físico* e *treinador de condicionamento físico* não estavam associados com essa nova era de nossa indústria. O programa que podia ser encomendado pelo correio de Charles Atlas (Ângelo Siciliana), amplamente comercializado nos anos 1920, pode ter deixado a sensação de que o treinamento consistia em levantamento de peso e construção de músculos enormes. Ao mesmo tempo, os fisiculturistas profissionais deixaram a impressão no público que reforçaram essa idéia. Apesar de Ângelo e os fisiculturistas terem sido bem avançados para sua época, os profissionais ainda lutam contra essa idéia de "músculos" até hoje. E quando falamos em programas de condicionamento físico personalizado, não podemos deixar de mencionar Jack LaLanne e seu entusiasmo em levar o condicionamento físico e a nutrição ao conhecimento do público.

No final dos anos 1970 e começos dos anos 1980, os treinadores em Nova York e Los Angeles começaram a criar, e os consumidores, a aceitar, a base do que, hoje, é o treinamento personalizado. Academias e entusiastas do condicionamento físico (muitos atualmente *personal trainers*) entraram nessa onda de condicionamento físico sem se arrependerem. O interesse nos exercícios e na saúde aumentou muito. Com essa nova tendência no começo da década de 1980, a indústria e seus participantes progrediram bastante. Os entusiastas mais dedicados se apegaram a essa tendência de entrar em forma a qualquer custo, acreditando que se não sentissem dor não obteriam resultados, e confiavam em treinadores e instrutores que talvez não tivessem as qualificações requeridas para apresentar o condicionamento físico de maneira sensata, progressiva e eficiente. Em vez de abolirem essa visão de tudo ou nada, muitos profissionais a incentivavam!

Entender o começo do treinamento personalizado envolve algumas perguntas difíceis. Ele começou anos atrás, com os ricos e famosos privilegiados na cidade moderna de Nova York ou na Los Angeles descolada e lançadora de modas? Alguns dos treinadores eram realmente aproveitadores que tentavam levar vantagem com mulheres ricas? Outros simplesmente usavam a profissão como um pretexto para esperar uma chance maior de carreira (por exemplo, ser ator em Hollywood ou em Nova York)? E, por fim, será que alguns treinadores não passavam de gigolôs?

Você certamente já ouviu de tudo um pouco. E seus clientes também. Na verdade, nos primeiros anos, talvez não fosse o mais adequado caracterizar o treinamento personalizado como profissão. No começo de minha carreira como *personal trainer*, em 1984, eu me descrevia como médico de exercícios com graduação, e não como um *personal trainer*! A área era muito nova e repleta de pessoas de índole, integridade, compromisso e profissionalismo duvidosos.

A cobertura dada pela mídia ao treinamento personalizado parece ter atingido seu ápice no início da década de 1980. Muitos artigos apontavam os centros de exercícios físicos em Los Angeles e Nova York como "o começo". A imprensa cobria a rotina de exercícios de celebridades e pessoas abastadas. Nesse período, sabia-se que os técnicos (diferente de *personal trainers*) treinavam atletas de alto nível. Grande parte da atenção voltava-se a treinadores vistos como gurus, que compreendiam a maneira com que a televisão e as revistas podiam ajudá-los a aumentar sua credibilidade, fossem eles verdadeiros ou não. Além disso, muitos desses treinadores acreditavam que *quem* eles treinavam era tão importante quanto *como* os treinavam, do ponto de vista da propaganda. Esse tipo de manipulação melhorou muito pouco a imagem do treinamento personalizado como uma profissão de verdade. Na minha opinião, os problemas começam quando o *status* de celebridade de um cliente se torna mais importante do que o treinamento!

Eu tive muita sorte de estar em Los Angeles no começo dos anos 1980, nesse maravilhoso período de interesse no treinamento personalizado. Mas eu me lembro que dizia a editores de revistas e repórteres que eu era um bom treinador não por causa de quem eu treinava, mas graças ao meu profissionalismo e à minha educação. Eles me achavam maluco ou, pelo menos, um tanto estranho por não revelar o nome dos meus clientes celebridades e por insistir que o essencial em um treinador era a maneira com que passava seu treino, e não quem eram seus clientes.

Os anos 1990 apresentaram um consumidor mais cuidadoso, talvez devido a lesões, desilusões, desgaste e poucos resultados, e um novo participante que exigia que os treinadores fossem adequadamente qualificados. Felizmente, diversos meios de comunicação – jornais, revistas e programas de TV, além de publicações acerca da saúde e do condicionamento físico e sites na Internet – estão disponíveis aos consumidores. O acesso à informação, dessa forma, ensina ao consumidor o que esperar de um *personal trainer* que se classifica como profissional de *fitness*.

Treinamento Personalizado nos dias de hoje

A grande expansão e o desenvolvimento do treinamento personalizado em uma indústria são surpreendentes. Ele está crescendo cerca de 25% ao ano (Reed 1999). É uma boa notícia para o profissional de condicionamento físico que se compromete a servir seus clientes cada vez melhor e que possui um bom nível de conhecimento. As oportunidades no treinamento personalizado são ilimitadas para os treinadores com visão, planejamento e qualificações para se manter na crista da onda dessa profissão em vasto crescimento.

Não há dúvidas de que a indústria do condicionamento físico está se expandindo rapidamente, aumentando o número de treinadores reconhecidos por programas de treinamento. De acordo com a American Council on Exercise (ACE), em 1993 o número de candidatos que alcançou o certificado de *personal trainer* passou o número de candidatos para instrutor pela primeira vez na história da organização, e o total de *personal trainers* atingiu quase 400 mil (IHRSA 2000). Muitos profissionais afirmam que os cursos de treinamento personalizado continuam sendo procurados e que as matrículas continuam aumentando (IHRSA 2000; Hyatt 2002).

Em 1994, eu escrevi que o treinamento personalizado ainda era uma criança, desenvolvendo-se. Acredito que tal afirmação ainda é verdadeira, uma vez que ele ainda não é completamente comum e nem sempre vem associado a altos níveis de profissionalismo. Mas uma dose de maturidade e respeito foi adquirida, os treinadores há muito deixaram de ser vistos como "músculos ambulantes" e são considerados, cada vez mais, como profissionais do condicionamento bem preparados. Muitos *personal trainers* viraram notícia por terem ajudado celebridades de Hollywood, atletas profissionais e executivos a conquistarem uma boa forma física e o nível desejado de preparo físico. Mas o treinamento personalizado deixou para trás a idéia de que os treinadores só trabalham com ricos e privilegiados. A verdade é que a maioria dos *personal trainers* assiste pessoas comuns, que não têm motivação ou conhecimento para fazer exercícios físicos regular e adequadamente sozinhos. A variação de preços para os serviços de treinamento personalizado indica que tal prática deixou de ser opção apenas de atletas profissionais e clientes abastados. O número cada vez maior de profissionais da área e essa variação de preços fizeram com que a profissão do *personal trainer* atingisse outros tipos de público e levasse até ele informações acerca dos benefícios dos exercícios físicos com acompanhamento profissional.

Os treinadores de hoje em dia estão melhor preparados para atender às necessidades de seus clientes. Há quinze anos, muitos *personal trainers* eram aficionados por academia de ginástica e se auto-intitulavam especialistas. Eles sabiam o que era bom para eles mesmos nos exercícios físicos e simplesmente passavam essa experiência para os clientes. Atualmente, os treinadores têm a oportunidade de receber educação e atingir graduações, o que permite que eles desenvolvam programas seguros, saudáveis e personalizados.

Quando eu iniciei na profissão, há quase vinte anos, o conceito do treinamento personalizado como uma profissão – ou mesmo como um serviço possível de ser adquirido pelo consumidor em geral – era pouco valorizado. Hoje, bem mais de 400 mil treinadores nos cinco continentes já introduziram com sucesso tal treinamento na cultura de seus países. Os consumidores procuram informações sobre como escolher seus treinadores e notam que muitas pessoas podem acessar esse maravilhoso serviço. Muitas universidades apontam-no como uma opção profissional para alunos já formados ou que ainda não entraram na faculdade.

A lógica mostra que os treinadores que começam hoje terão mais dificuldades do que os profissionais que se formaram anos atrás, se levarmos em consideração que muitas das pessoas que querem um treinador já o têm. Entretanto, a maioria da população do mundo não conhece a diferença que um *personal trainer* faz. Cerca de 80% (algumas estimativas levam esse número para 90%) da população não pratica exercícios físicos com freqüência! Uma enorme oportunidade de negócios existe e não há serviço no mundo que melhore mais a vida das pessoas de modo individual. Independentemente de você estar no começo de carreira ou já ser bastante experiente, muitos clientes estão à sua disposição.

Se o treinamento personalizado for algo novo em sua região ou estiver sendo aceito e conhecido aos poucos, você tem uma missão interessante. Para enfrentar esse desafio, tem de ensinar as pessoas a respeito do mesmo. O primeiro passo é esclarecer quais serviços e qualidades você pretende oferecer. Quando puder definir, escrevendo, o que é o treinamento personalizado e como ele pode mudar a vida das pessoas e conseguir identificar com quem deve ou não deve trabalhar, poderá passar a mensagem por meios de jornais, revistas, programas de rádio e televisão.

Assuntos atuais a respeito da área

É motivador saber que o consumidor de hoje está mais consciente ao escolher seu treinador e mais exigente com relação a títulos que provem a capacidade do profissional. Também é bom perceber que a maioria dos treinadores coloca os horários e as necessidades de seus clientes em primeiro lugar, protegendo o direito à privacidade. O treinamento personalizado oferece serviços, serviços e mais serviços. Se você se questionar *o que posso fazer por meu cliente?*, seus negócios irão de vento em popa e sua satisfação será redobrada.

Comportamento antiético

Nossa área ainda sofre a ameaça de comportamentos inescrupulosos. Atitudes antiéticas e inadequadas trazem prejuízos a qualquer profissão, esteja ela em expansão ou estabelecida. Profissionais sem princípios em qualquer área, sejam eles médicos, nutricionistas, terapeutas, treinadores, quiropráticos ou massoterapeutas, prejudicam todos.

Apesar de a indústria do treinamento personalizado ter evoluído muito, lembre-se que todas as suas atitudes como profissional estão sendo observadas e avaliadas. O que você faz reflete em qualquer pessoa que esteja envolvida no treinamento, e também em você mesmo e em seu negócio.

Ainda ouvimos relatos de casos de falta de profissionalismo em nossa área. Essa associação negativa com a profissão me deixa muito chateado. Sinto orgulho do que a maioria dos treinadores faz pelas pessoas, e é triste ver alguém que prejudique a imagem de nosso trabalho. Olhando a situação pelo lado bom, chego à conclusão de que se essas pessoas que passam uma imagem deturpada de nosso ofício conseguem ter um pouco de sucesso, imagine o que não alcançamos com cuidados, serviços e profissionalismo de primeiro nível! Os *personal trainers* oferecem diversos e maravilhosos serviços para melhorar drasticamente a vida das pessoas.

Graduação X Licenciatura

Um assunto importante para os *personal trainers* atualmente é a necessidade de um programa completo de qualificação. Assim como em todas as áreas que crescem rapidamente, nem todos os profissionais são bons no que fazem. Muitos na área estão preocupados com a falta de regras profissionais consistentes e o nível baixo de competência demonstrado pelos *personal trainers*. Alguns líderes da área acreditam que essa falta de controle de qualidade e regras consistentes atrapalhe os esforços para que haja mais profissionalização. A solução para nosso campo seria a exigência de um programa de graduação ou licenciatura que combinasse teoria e estudos científicos com aplicação prática do que foi passado.

Muito se discute sobre a importância da graduação e da licenciatura, e as opiniões se dividem. Até que um programa de graduação ou licenciatura seja desenvolvido e adotado, ou mesmo rejeitado, pela indústria do condicionamento físico, não existe substituto melhor do que uma fome insaciável por teoria de treinamento nova e atualizada e maneiras de aplicar tal conhecimento no treinamento diário. Obter um nível formal em um determinado campo, diversos certificados e, mais importante de tudo, atualizar seu conhecimento constantemente pelo menos garante uma certa base de competência que pode tornar o treinamento personalziado algo seguro para o consumidor. Os *personal trainers* precisam ter a vontade constante de ler publicações da área, participar de congressos e conseguir outras oportunidades educacionais. Como parte de sua apresentação profissional, a educação não está sozinha, mas é acompanhada pela conduta pessoal, que deve ter o máximo de profissionalismo.

Enquanto isso, somos uma profissão auto-regida. Qualquer pessoa pode afirmar ser um *personal trainer*. O mesmo não ocorre com outros profissionais que cuidam da saúde, como médicos, osteopatas, quiropráticos, terapeutas e endocrinologistas. Todos eles precisam de um nível de graduação e exames exigidos para que possam exercer a profissão.

Em um artigo sobre certificação de fisioterapeutas, Carl Foster (1992) entendeu os sentimentos de muitos profissionais dessa área, dizendo que o regulamento do governo é uma maneira de melhorar a qualidade do cuidado na indústria da medicina e dos exercícios e de melhorar a situação profissional – nesse caso, para os médicos fisiologistas. O mesmo argumento tem sido usado para os *personal trainers*, apesar de essa não ser uma visão única no treinamento personalizado.

O Dr. Foster entende ainda que, para justificar tal exigência de graduação, precisamos de dados para documentar um risco claro ao público quando os profissionais não têm qualificação. A lei deveria exigir que apenas profissionais com qualificação certificada fossem contratados. Criar regras claras a respeito da qualificação dos profissionais é um passo importante para oferecer leis mais consistentes para a indústria de treinamento personalizado. De qualquer forma, se você possui ou dirige um negócio, deve estar se perguntando: "Posso deixar de contratar pessoal qualificado quando levo em conta a confiança?". As pessoas favoráveis à licenciatura ou a qualquer outro tipo de regulamentação acreditam que o controle e as regras consistentes seriam bons não apenas para o cliente em termos de segurança, qualidade de atendimento e eficácia, mas também representaria uma vantagem, uma espécie de marketing, para os profissionais qualificados.

Por fim, a maioria dos profissionais licenciados trabalham com apenas um nível, ou, no máximo, dois de licenciatura. Geralmente os profissionais atingem apenas a graduação básica. Um nível duplo é representado, por exemplo, por um médico com licença para a prática de clínica geral na medicina e, se receber treinamento específico, medicina e cirurgia. Da discussão de Foster com vários profissionais, ele concluiu que a maioria deles apoiava a licenciatura em um nível mais baixo que o de médico fisiologista. Em relação ao treinamento personalizado , isso se aproxima de um nível acima da competência mínima, mas abaixo das exigências mais fortes. Muitos profissionais de condicionamento físico acreditam que a graduação atual representa esse nível. Mas não há uma lei consistente e diversos certificados estão disponíveis. Esse fato torna difícil a identificação de um nível mínimo de competência de um treinador certificado. Sem dúvidas, mais discussões tentarão definir o mínimo denominador comum, ou o padrão mínimo, em relação à competência. Por exemplo, a competência independe de graduação e é atestada com um nível de graduação sem licenciatura ou de graduação com licenciatura?

Leve em consideração que alguns profissionais se questionam se um nível de graduação relacionado à saúde ou ao condicionamento físico é importante se não for atualizado regularmente com educação contínua. Esse sentimento parece apoiar a graduação e as exigências de licenciatura do ponto de acumular mais créditos com educação ou unidades para manter o profissional bem atualizado. Como podemos ver, parecem existir muitas respostas diferentes e diversas situações. A questão da graduação e da licenciatura, em conjunto com uma mistura de experiências formais de educação, tem a probabilidade de ser um assunto muito debatido por muito tempo. Apesar de o veredicto estar longe de ser dado, todos devemos nos envolver no processo e na discussão. O padrão de cuidados e exigências educacionais na área do treinamento personalizado precisa ser avaliado, e desse estudo, deve ficar claro se o sistema precisa de um reparo.

Os negócios relacionados ao condicionamento físico (por exemplo, organizações de graduação ou academias de ginástica) e os treinadores que se opõem à regulamentação do governo por acreditarem que serão limitados em sua habilidade de gerenciar negócios lucrativos podem complicar e atrapalhar o exame de nossa área. Ações e opiniões desse tipo não são boas nem ruins, mas sim apropriadas, e parte do processo de necessária diligência. Além disso, o caminho para se atravessar a burocracia do governo é lento e geralmente único para cada Estado ou país. Mesmo que a indústria concordasse com apenas uma estratégia, implementar um processo de licenciatura certamente demoraria anos. Independentemente do que você acredita, faça sua parte e envolva-se. As organizações que oferecem serviços de associados, treinamento e educação, ou graduação, além dos treinadores autônomos, deveriam se envolver nesses procedimentos.

Atualmente, não existe uma organização entre as diversas organizações de graduação e nenhuma voz unânime da indústria de condicionamento físico na área de graduação e padrões para os *personal trainers*. Como mencionamos, a licenciatura não deve ser caracterizada como boa ou ruim, apesar de muitos apoiarem o conceito e outros pensarem que se trata de um fiasco em potencial.

Será que a regulamentação elevaria a credibilidade do treinamento personalizado a novas alturas e ofereceria mais oportunidades para o trabalho mais próximo com empresas de seguros, profissionais da saúde e cuidados preventivos com a saúde? Ou será que encontraríamos oficiais do governo controlando uma indústria da qual eles nada conhecem, um custo mais alto do negócio e mais burocracia? Seu envolvimento profissional nesse assunto é essencial. Como poucos de nós gostaríamos de receber ordens a respeito dos padrões de nossa profissão, o envolvimento – e não a apatia – é a palavra-chave.

O futuro do treinamento personalizado

O que o futuro reserva para o treinamento personalizado? Apesar de ser difícil dizer com absoluta certeza, você pode acreditar que os seguintes assuntos serão importantes para a indústria nos próximos anos.

Educação

A educação lidera o caminho do futuro do treinamento personalizado. A educação contínua é uma exigência básica para todas as pessoas dessa área. A participação em cursos de educação, graduação, workshops, outros eventos ou conferências e cursos de educação à distância tiraram o treinamento personalizado da, às vezes merecida, imagem de "bico". Uma grande parte dos médicos agora reconhece os treinadores qualificados como uma parte importante no tratamento de seus pacientes (Ashton 1998; Couzens 1992; Gesin 1990; Molk 1996). Um *personal trainer* qualificado consegue trabalhar com um indivíduo sem problemas, com uma população sedentária ou com uma variedade de necessidades da população, incluindo pacientes em fase de pós-reabilitação.

Como quase todos os negócios de hoje em dia, o treinamento personalizado entrou em um período de especialização. Para um *personal trainer*, isso quer dizer que quanto mais grupos ele conseguir guiar, como pacientes cardíacos ou em reabilitação pós-lesão, diabéticos, asmáticos, crianças e idosos, mais marketing ele terá. O treinador bem diversificado e bem formado em termos de educação tem a oportunidade de desenvolver um relacionamento de confiança com profissionais da saúde que entregarão a eles a saúde de seus pacientes.

Reforma nos Cuidados com a Saúde

Ainda não se sabe como os *personal trainers* trabalharão com as empresas médicas e seguradoras nos cuidados preventivos e reembolso por serviços e continuarão a se desenvolver. No entanto, nossa população de idosos, a consciência de como o condicionamento físico é importante para a saúde e a tendência atual do mundo de mudar a disponibilidade e os tipos de cuidados com a saúde estão trabalhando a favor do treinador.

O analista de pesquisa sobre condicionamento físico, Ralph La Forge, prevê que as seguradoras se tornarão cada vez mais relutantes em pagar o uso de tecnologia de ponta e que os médicos dependerão casa vez mais de especialistas independentes (por exemplo, *personal trainers*) para oferecerem diversos serviços a seus pacientes (Brooks, 1994).

A especialista na área de condicionamento físico, Linda Pejchar, da H & F Solutions, diz: "Mais ênfase no cuidado, na prevenção e no tratamento quer dizer trabalho contínuo para profissionais do condicionamento físico, nutricionistas e outros especialistas em saúde e em informações sobre a mesma – e para mais oportunidades de referência de fisioterapeutas, cirurgiões ortopedistas e especialitas em reabilitação cardíaca. Entretanto, essa ênfase também traria mais pressão para que os profissionais de condicionamento físico tivessem credibilidade, experiência e boa atualização" (Brooks, 1994).

As oportunidades para os *personal trainers* na área de cuidados com a saúde baseiam-se parcialmente na possibilidade de reembolso pelas organizações de gerenciamento da saúde (HMOs, do inglês *health management organizations*), de acordo com Daniel Kosich. Apesar de Kosich acreditar que os *personal trainers* têm um papel importantes, ele também afirma: "No momento é impossível afirmar com certeza algo sobre a definição desse papel, porque ninguém conhece os detalhes verdadeiros da reforma da saúde" (Brooks, 1994, pág. 29).

Independentemente dos eventuais detalhes da reforma dos cuidados com a saúde, o treinador bem preparado e bem educado estará em uma boa posição para trabalhar com vários profissionais de saúde como aliados, incluindo aqueles com licenciatura. Kosich incentiva os treinadores a não espererarem pela reforma da saúde para criar a oportunidade, mas, em vez disso, envolverem-se e criarem suas próprias oportunidades. Os elos com os profissionais da saúde devem ser estabelecidos se a reforma se transformar em uma oportunidade, se for autodestrutiva ou se reinventar-se todas as vezes que um novo corpo for introduzido em uma determinada região do mundo. Os *personal trainers* sempre precisarão, e devem desejar, trabalhar com profissionais da saúde com licença.Essa relação envolve profissionalismo, ajuda a unir as duas disciplinas, cria uma oportunidade de negócios e, mais importante de tudo, é importante para oferecer ao cliente ou paciente um cuidado completo.

Uma vez que a oportunidade da reforma da saúde é parcialmente baseada em reembolso, essas questões estarão ligadas às organizações de cuidados com a saúde, que historicamente associaram os reembolsos com profissionais com licenciatura. A licença garante ao terceiro pagador (seguradora) que a pessoa com a licença está dentro de certos padrões para se qualificar para a consideração de reembolso. De acordo com Kosich, isso estabelece quem é um fornecedor aprovado. Se levarmos em conta esse aspecto do histórico da industria, faz muito mais sentido nos aliarmos a profissionais certificados. No futuro próximo, existe uma boa chance de que o reembolso para o profissional não licenciado continue existindo da mesma maneira que existe hoje em dia. Geralmente, o profissional licenciado contratará o treinador para cuidar do paciente, mandará a nota para a seguradora e o pagará diretamente. O reembolso para os serviços pessoais de treinamento provavelmente continuará a ser melhor servido pela afiliação com profissionais licenciados.

Muitos sinais indicam que a atual direção na reforma dos cuidados com a saúde será um benefício para os *personal trainers*. Entretanto, eu acredito que o efeito não será revolucionário. Além disso, se você vai ser uma parte importante da reforma dos cuidados de saúde, é essencial que possua certificação e conhecimento técnico. Mais incentivador e pouco relacionado à reforma dos cuidados com a saúde é a aceitação cada vez maior e a consciência dos médicos de como os *personal trainers* qualificados podem oferecer ótimos "cuidados posteriores" aos pacientes.

O Dr. Michael O´Shea prevê que os *personal trainers* "terão de aprender subespecialidades e a se divulgarem de maneira pró-ativa". O conselheiro de negócios de *fitness*, Jeffrey Bensy, acredita que os *personal trainers* participarão da reforma dos cuidados com a saúde. Ele pensa que os "vencedores" terão as seguintes qualidades:

- Capacidade de oferecer serviço de qualidade.
- Capacidade de oferecer serviços de bom custo-benefício.
- Capacidade de discernir informações (Brooks, 1994).

O Dr. Bensky acredita que os *personal trainers* podem ajudar em todos esses assuntos. Ele explica: "Como parte da reforma dos cuidados com a saúde, haverá uma enorme ênfase na prevenção e no rápido diagnóstico da doença". A implicação, de acordo com Bensky, é que o *personal trainer* está na posição de reunir bastante informação que a seguradora pode usar na redução de custos (Brooks, 1994, pág. 30).

Por exemplo, você pode descobrir que um cliente que não vai ao médico há algum tempo tem pressão alta. Bensky diz: "Para diminuir os custos, você tem de controlar as informações e agir tratando e prevenindo o progresso do risco encontrado" (Brooks, 1994, pág. 30). Os treinadores geralmente encontram com facilidade esse tipo de informação, pois profissionais do condicionamento físico adequadamente instruídos checam a saúde de seus clientes com freqüência. Os treinadores podem passar as informações para médicos, que poderão continuar a avaliação.

O futuro é interessante e promissor para o *personal trainer*. Como discutimos, uma parte cada vez maior da comunidade médica já vê os *personal trainers* como uma solução viável para as necessidades de saúde de seus pacientes. O *personal trainer* bem preparado terá um papel importante em oferecer serviços específicos como parte do tratamento do paciente, em conjunto com médicos, entrando na conta da seguradora, principalmente quando colaborarem com médicos licenciados.

Expandindo a área do treinamento personalizado

De acordo com o analista de tendências de saúde, Ralph La Forge, a promoção da saúde e do bem-estar pessoal tem uma função muito importante em relação aos consumidores. La Forge também afirma que: "Sem dúvida, o interesse na promoção da saúde, incluindo programas de bem-estar e prevenção de doenças (que promovem a saúde em geral e não tratam uma doença) continuarão a aumentar de acordo com o aumento do interesse na reforma dos cuidados com a saúde e a promoção de programas de saúde". (Brooks, 1994, pág. 33). Além disso, muitos consumidores gostariam de se sentir melhor e ter a aparência melhorada com um investimento pequeno e realista de tempo. Os treinadores podem maximizar os resultados dos exercícios, usando um treinamento eficaz, que poderia ser chamado de "treinamento inteligente".

Estar ciente dos interesses atuais em relação aos exercícios (por exemplo, tendências e necessidades dos consumidores) é importante. Identificar e acompanhar as tendências pode motivá-lo a aprender novas habilidades, melhorar antigos talentos e melhorar a divulgação de seu trabalho, além de ajudá-lo a encontrar novas oportunidades.

Existem inúmeras oportunidades para que os *personal trainers* permaneçam bem informados a respeito das pesquisas e novas tendências nas diversas áreas da promoção da saúde. Mas o profissional de condicionamento físico também tem de entender como o entusiasta dos exercícios físicos costuma pensar e deve oferecer um programa de maneira não-intimidante e possível de ser alcançada pelo cliente. Aumentar suas ofertas de serviços faz com que seu marketing pessoal também cresça e, ainda, mantém seu negócio atual e interessante.

Expandindo os serviços com a venda de produtos

Outra maneira de aumentar o orçamento é a venda de produtos. O treinamento personalizado, por sua natureza, ajuda-o a estabelecer uma relação de confiança com seus clientes. As estatísticas mostram que os clientes lhe procurarão quando quiserem conselhos e dicas sobre produtos ligados à saúde e ao condicionamento físico (IHRSA 2000). Mas você ainda precisa se questionar: "Por que estou pensando em oferecer produtos?" Seu negócio, padrões pessoais e ética determinarão que tipos de produtos você venderá e sob quais circunstâncias você os recomendará, oferecerá ou promoverá. Se escolher tal caminho, os produtos devem ser de interesse de seus clientes e/ou de outro público para o qual você trabalhe, preocupado com a saúde e com a segurança. Não se esqueça disso. O sucesso de seu treinamento personalizado está no treinamento, e não na venda de equipamentos, roupas ou produtos nutricionais. Nunca coloque em risco seu comprometimento com o serviço. Essa parte de seu negócio não deve ser desvalorizada, pois ela envolve sua habilidade de gerar lucros e a confiança que seus clientes têm em você. Aborde essa questão com cuidado e com o máximo de integridade. Consulte o capítulo 5 para ler mais sobre o tema.

Especialização: a ênfase do hoje e do futuro

Pense na especialização quando analisar o tipo de clientela com que você pode trabalhar. Por exemplo, oferecer serviços a uma clientela que precise muito ou corra mais riscos é uma opção interessante, que pode ser bastante gratificante e é importante para o crescimento do negócio. Os *personal trainers* de hoje em dia costumam ser mais qualificados e, como discutimos, os treinadores se tornaram figuras de maior credibilidade e interesse para os médicos e outros profissionais da saúde. Por causa disso, grandes oportunidades surgiram nessa área para os *personal trainers*.

Mais cedo ou mais tarde, os treinadores têm a oportunidade de trabalhar com algum cliente de alto risco. Isso aumenta o potencial de marketing próprio e a sua influência positiva na vida das pessoas. É muito gratificante quando percebemos que fizemos algo de bom para alguém que tem necessidades especiais de saúde e condicionamento físico. A gratidão e o respeito que aparecem com o tempo são, no mínimo, poderosos.

Indo além da atividade física para preparar um programa

Os *personal trainers* têm de procurar além da "simples atividade" para expandir os assuntos relacionados à saúde. Por exemplo, cuidar do fator de risco para doenças coronárias é o primeiro passo para aumentar o valor dado a seu cliente. Você ajuda seu cliente a implementar mudanças de estilo de vida relacionadas ao estresse, ao histórico familiar de doenças cardíacas, à obesidade, à falta de exercícios físicos, ao tabagismo, à pressão alta, ao colesterol alto ou à relação de lipoproteína de alta densidade com colesterol? Se você puder ajudar seu cliente a melhorar em qualquer uma dessas áreas, já foi além de servir como um mecânico de exercícios ou de se tornar um treinador que só saiba guiar sua clientela nos exercícios programados. Para dizer de outra maneira: a atividade física não deveria ser sua única forma de abordar e incentivar um estilo de vida saudável e equilibrado para sua clientela.

O ponto mais importante continua sendo o cliente!

O sucesso de um empreendimento deve ser caracterizado por um cliente feliz e saudável, e por persistência. A maioria das pessoas não quer fazer muito exercício. Elas se exercitam para se sentir bem e ter mais energia para o dia-a-dia. Para satisfazer as necessidades de seus clientes, você precisa ir além do comum e entender o que eles querem. A maioria deles não planejaria os programas de exercícios como você planejaria o seu. Pense nisso com seriedade e estará no caminho de um programa personalizado e eficaz, e de um negócio de sucesso.

O ponto mais importante sempre será o cliente, independentemente de você trabalhar em sociedade ou sozinho! A comunicação cara a cara, o cuidado e a orientação são as chaves para o negócio de treinamento personalizado que duram e sobrevivem. Eu mantenho relacionamento profissionais com meus clientes há muitos anos. Muitos ainda não fazem os exercícios perfeitamente. Alguns não incluem todos os componentes ideais de um programa de condicionamento físico equilibrado em suas rotinas diárias. Apesar de a maioria dos clientes não ser o modelo perfeito dos livros e manuais, a melhora pessoal de cada um é maravilhosa. A vida deles fica melhor. Eu aplico meu treinamento com energia ilimitada e sigo com a atenção voltada para os resultados. Uso métodos específicos e personalizados para os objetivos, as habilidades físicas e a facilidade de aprender de meus clientes. Essa abordagem convence o cliente de que o programa dá certo e permite o sucesso pessoal. É o treinamento personalizado que ouve o cliente, envolve-o e melhora conforme o *feedback* recebido. Acima de tudo, é o treinamento personalizado que atende às necessidades e aos desejos do cliente, conforme suas emoções e seu estado atual de disponibilidade para seguir em novas direções!

Capítulo 2

REVELANDO: VOCÊ (SIM, VOCÊ MESMO) PODE SER UM *PERSONAL TRAINER*

Se você está dando início a sua carreira na profissão de *personal trainer*, este capítulo o ajudará a se motivar, além de oferecer uma base da qual você pode partir com confiança. Independentemente de você ser novo no ramo ou estar tentando dar mais sucesso ao seu negócio, encontrará, neste capítulo, princípios e filosofia que se tornaram padrões para o sucesso do treinamento personalizado. Outros capítulos abordarão mais profundamente as inúmeras opções que você tem, conforme seu empreendimento for crescendo e seu programa, ficando mais sofisticado. O "Revelando", juntamente com o capítulo 3, destaca tudo o que você precisa saber para começar ou continuar a desenvolver seu empreendimento sem se atrapalhar!

Tudo o que está envolvido no início de seu empreendimento ou na entrada na área para trabalhar como *personal trainer* para um negócio já estabelecido não é fácil, óbvio nem livre de riscos. Entretanto, nada vai estimulá-lo mais que a pressão que você mesmo irá se impor para criar um negócio bem-sucedido. Com isso, vem um desejo de ser o melhor, além de uma paixão que o guiará. Ser dono de um empreendimento tem um aspecto fundamental: todo o esforço que você fará e os riscos que correrá virão diretamente para gratificá-lo. Não existe outra pessoa para tomar seus lucros e ninguém a quem você possa culpar se alguma coisa der errado. A necessidade de equilibrar negócios, questões técnicas e habilidades de lidar com pessoas, além de ser capaz de lidar com períodos de pressão financeira, explica, em partes, porque a maioria das pessoas decide não ter um negócio próprio.

Por outro lado, trabalhar para uma importante empresa de treinamento personalizado tem seu lado bom. Você adquirirá experiência, terá oportunidades de estudos, vários programas desafiadores, pouco risco financeiro e horários de trabalho flexíveis. De certo modo, você estará administrando seu trabalho e estabelecendo seus próprios horários dentro de um empreendimento, tendo, ao mesmo tempo, uma certa orientação.

O campo do treinamento personalizado pode oferecer muitas possibilidades para satisfazer os desejos e as personalidades da maioria dos indivíduos interessados em oferecê-lo. Algumas pessoas começam sozinhas e seguem adiante mesmo com mudanças, riscos e exigências. Outras se saem melhor com a supervisão de um chefe ou mentor. Essa variedade na área do treinamento personalizado quer dizer que você pode escolher entre possuir seu próprio negócio ou trabalhar para outra empresa. Existem muitas escolhas e opções de carreira, uma não sendo, necessariamente, melhor que as outras.

Propriedade de uma só pessoa: ser dono do próprio negócio

A propriedade de uma pessoa só (ter seu próprio negócio) traz a pergunta: você realmente quer ter seu próprio negócio? Ter seu próprio empreendimento exige coragem. É uma jornada que lhe traz responsabilidade e vem recheada de perguntas, incertezas e insegurança. Mas também não há nada que se compare à esperança de obter sucesso e realização pessoal com um empreendimento.

Diversos pontos fundamentais devem ser destacados. Em primeiro lugar, não pense que seus primeiros passos são óbvios e básicos. Isso está bem longe da verdade. Nenhuma de suas dúvidas é simples e tola. Você precisa de respostas. Chegue até elas. Não é preciso se desculpar. Faz parte do começo. Se uma determinada fonte julgar sua dúvida ridícula ou questionar sua razão para fazer uma pergunta "tão óbvia", procure outra fonte o mais rápido possível. Apenas anos depois, ao olhar para trás, você vai achar que suas dúvidas eram óbvias e comuns. Mesmo que já esteja no caminho do sucesso, a necessidade de auto-avaliação e de busca por respostas continuará sempre existindo.

Se você for novo na área do treinamento personalizado, precisa de confiança e deve ter a certeza de que está tomando decisões inteligentes. Não conheço maneira melhor de encontrar uma direção correta do que observando as pessoas bem-sucedidas na área. Eu tenho um sistema que funciona e já cometeu erros que você pode evitar. Por mais que você obtenha informações deste livro ou de alguma outra fonte de credibilidade, é sempre bom implementar as idéias que funcionem para a sua situação. Ninguém quer reinventar os procedimentos básicos. As perguntas nunca são demais. Os questionamentos e as respostas a eles lhe darão uma direção e a segurança para seguir adiante. Tudo isso exige tempo, previsão, insistência e persistência! Não desanime se as portas nas quais bater não forem abertas ou se as pessoas que as abrirem não o receberem de braços abertos. Continue batendo! Faça sua parte!

Em segundo lugar, existem muitas maneiras de gerenciar e definir um negócio bem-sucedido. Entretanto, você corre menos risco quando toma decisões com base em limites estabelecidos por treinadores e negócios prósperos. Meu caminho ou o caminho indicado por outra pessoa não é o único jeito a ser adotado. Entretanto, é bom levar em consideração as coisas que já deram certo, por terem sido testadas e bem aceitas. Analise com cautela para perceber se a idéia pode ser integrada em seu negócio de forma eficaz.

Em terceiro lugar, é confortante saber que a maioria das pessoas que dão início ao próprio negócio sempre sente medo. Isso geralmente incentiva o iniciante a fazer sua parte (questionar e procurar material para referência) e o ajuda a superar a paralisia causada pelo medo, que o impede de agir. Ao fazer perguntas, você substituiu a incerteza e a ansiedade por confiança, clareza e atitude positiva. É interessante perceber que o mais comum, no mundo todo, é trabalhar como empregado, e não ter o próprio negócio. Muitas pessoas gostariam de ser donos de um empreendimento, mas não sabem como ou por onde começar. O medo, o desconhecido e o risco entram em cena, e a realidade de ser dono do próprio negócio nunca se materializa. Daqui a alguns anos, você vai se sentir bem ao ver suas conquistas. Sorrindo, sentirá indignação ao lembrar que os medos que sente atualmente quase o impediram de iniciar sua carreira promissora de *personal trainer*.

As características de um *personal trainer*

A força do treinamento personalizado está nos padrões, na ética e na conduta profissionais. Isso é seguido pela variável humana intangível – seu toque pessoal. Grande parte do treinamento personalizado tem base em três coisas simples: crença em si mesmo, vontade de cuidar das pessoas e estabelecer-se como um profissional do condicionamento físico e empresário. Essas são as características fundamentais de uma carreira de *personal trainer*.

A seguir, farei uma cronologia do começo de minha carreira como *personal trainer*. Em 1983, o treinamento personalizado ainda não era bem definido. Por favor, leia esse relato com alegria e não cometa os mesmos enganos! O treinador de hoje tem a vantagem do *know-how* provado, e a área continua a evoluir para a profissionalização e o crescimento com sofisticação.

Eu não comecei com a vontade de ser um *personal trainer*. Nunca tinha pensado nisso até me mudar para Los Angeles, em 1983. Acabara de completar meus estudos em fisiologia e estava ansioso para trabalhar em uma clínica de medicina esportiva. Apesar de não fazer tanto tempo assim, o treinamento personalizado não era visto como uma profissão de verdade. Hoje em dia, ele é uma opção profissional viável para uma pessoa formada na área ou com certificados específicos. Em 1987, algumas universidades já estavam oferecendo programas de graduação nessa área e cursos voltados para as preocupações diárias de treino, e o número de organizações que formavam profissionais do condicionamento físico passou a aumentar.

Apesar de atualmente existirem mais de 400 mil *personal trainers* nos Estados Unidos (IHRSA 2000), em 1983, o treinamento personalizado ainda era um território desconhecido. Na época, eu trabalhava em uma academia de ginástica onde treinava funcionários, novos membros, um por um, e, para minha surpresa, captava novos membros ao mesmo tempo. A academia na qual eu trabalhava tinha uma única política: oferecia treinamento personalizado a todos os seus membros, sem custos adicionais. A demanda rapidamente esgotou a capacidade da academia. Logo, ficou claro que a academia tinha abandonado sua intenção de cumprir sua promessa e se transformar em um estabelecimento completo de medicina esportiva. A promessa do local não seria cumprida. Apesar de eu ter ficado decepcionado a princípio, isso serviu como motivação em minha carreira. Esse problema fez com que eu ficasse animado para começar meu negócio e estabelecesse altos padrões éticos. Nunca me arrependi! Honestidade, acompanhamento e serviço seriam minhas marcas.

Conforme a academia foi recebendo mais clientes, os donos do estabelecimento não conseguiram (e não quiseram) contratar um número adequado de funcionários para atender à demanda. Não demorou para que os clientes compreendessem o que estava acontecendo. Ansiosos para retomar seus programas de treinamento, alguns me pediram para treiná-los separadamente, pagando pelo serviço. Apesar de os clientes terem ficado indignados com o descumprimento da política da academia, é interessante perceber como eles estavam dispostos a pagar mais pelo treinamento personalizado. Isso reforça a idéia de que, quando uma pessoa percebe a diferença que tal treinamento traz, dificilmente volta a treinar sozinha. Até mesmo a academia, colocada contra a parede, incentivou seus funcionários a atender aos clientes para que eles não ficassem sem atendimento.

Naquela época, eu trabalhava de cinqüenta a sessenta horas por semana na academia e recebia menos de US$1500 por mês. Não precisei pensar muito para perceber que poderia melhorar essa quantia trabalhando com três clientes, três horas por semana (nove horas, a US$50 cada hora). Apesar de parecer ótimo, pensar em perder meu salário estável me deixou muito nervoso. Fiquei dividido, e continuei a trabalhar na academia até ficar sem tempo para nada. Hoje, penso em tudo isso e fico admirado. Você pode achar que tomar a decisão tenha sido fácil!

Enquanto eu tentava aumentar o número de clientes de treinamento personalizado, fiz algo que não aprovo e não recomendo: não fixava o valor de minha hora de trabalho. Como eu estava começando, dava o preço máximo aplicado em minha região para futuros clientes. Se eu percebesse que eles consideravam o valor alto demais ou faziam uma contraproposta, eu aceitava, acreditando ainda estar lucrando, em comparação com o salário da academia. Mas mudar os valores para satisfazer a condição financeira do cliente não é nada profissional.

Felizmente, rapidamente consegui cinco ou seis clientes que concordaram de cara com meu preço. Por isso, parei de baixar valores. Mas não deixei de sentir segurança e passei aquele ano treinando qualquer pessoa que demonstrasse interesse, mesmo se precisasse sacrificar minha vida pessoal, meus finais de semana e minhas noites. Quando me dei conta, estava sem tempo algum para estudar, ler e fazer exercícios. Em vez de treinar algumas pessoas várias vezes por semana, eu tinha de seis a sete clientes de segunda à sexta-feira e mais três aos sábados e aos domingos.

Após vários meses, percebi que estava com o que eu chamava de "síndrome da ganância e do ego". Isso é o que acontece quando você não consegue dispensar novos clientes, mesmo quando já está sobrecarregado de trabalho. Por quê? Porque mais clientes significam mais dinheiro. E faz bem ao ego ser requisitado.

No meu caso, as coisas só pioraram. Eu tinha agendado de 65 a 70 sessões de uma hora por semana. Acordava às cinco da manhã, trabalhava o dia todo, saía para correr às dez da noite e adormecia perto da meia-noite, para repetir tudo no dia seguinte. Era completamente desgastante. Mas, ao mesmo tempo, eu não conseguia controlar.

Em dado momento, eu já não podia dizer que o dinheiro valia a pena. Eu não estava me divertindo. Estava muito cansado para cuidar de minha papelada, não tinha critérios para escolher clientes, e permitia que alguns deles atrasassem o pagamento. Não é de se surpreender que eram esses os clientes que sempre cancelavam de última hora, que chegavam atrasados e que não levavam o treinamento a sério. Alguns deles sequer se importavam em explicar ou pedir desculpa. Isso me colocou em uma situação ruim e me fez perceber que eu estava diminuindo a qualidade do serviço prestado. Além disso, não estava gerenciando meu negócio como deveria.

Muitos aspectos de minha vida saíram dos trilhos. Eu não estava em sintonia com meu empreendimento, com meus instintos e nem com meus clientes. Eu me forcei a relaxar em relação à minha carreira e admiti que fiquei tão desconcertado com a possibilidade dos clientes saírem em férias, ou deixarem de treinar totalmente, que me sobrecarreguei na tentativa de garantir o futuro. Aceitei todos os clientes que me procuraram e fui prejudicado.

Eu não era o único *personal trainer* da cidade com muito trabalho. Alguns outros profissionais também tiveram a sorte de estar no lugar certo e no momento certo. O interesse no treinamento personalizado estava nascendo. Depois de vários meses, havia mais de dez treinadores na academia. A maioria era mais nova na área do que eu e tinha menos ou nenhum conhecimento técnico. Outros treinadores empresários tinham programas especializados para serem feitos na casa do cliente e vans onde levavam vários equipamentos. Antes, os *personal trainers* eram algo incomum. Mas logo as revistas locais começaram a publicar artigos sobre como escolher um profissional e listas de profissionais que tomavam duas páginas.

Nesse momento eu decidi assumir o controle de minha carreira e minha vida pessoal. Apesar de a academia ser um ótimo ponto de início, conforme fui estabelecendo com clareza minhas direções pessoais e profissionais, decidi correr o risco e abrir meu próprio local de treino.

Enquanto abria meu espaço e o colocava em funcionamento, descobri como é emocionante e assustador tomar as decisões a respeito de equipamentos, política e procedimentos. Havia muito a aprender. Além de administrar meu negócio, ainda tinha de oferecer o mesmo serviço de qualidade a meus clientes e encontrar tempo para ter vida pessoal. Com o tempo, aprendi a separar pelo menos uma hora por dia para meu treino e outra para lidar com a papelada e os problemas dos clientes. Continuava ocupado, mas pelo menos eu sentia que estava no controle, e não sendo controlado. Além disso, percebi que estava oferecendo o ótimo serviço a meus clientes, serviço pelo qual fiquei conhecido.

Um dia, enquanto corria, deparei-me com um outdoor que trazia escrito: "Seja Tudo que Puder Ser". Isso me fez pensar na razão pela qual eu adoro o treinamento personalizado. Ele permite que eu me desafie e cresça em muitas áreas. Acredito que o *personal trainer* é a profissão mais diversa no campo da saúde e do condicionamento físico em termos de opções de carreira. Aprendo habilidades de negociação, melhorei minha comunicação e continuei estudando pesquisa científica e me mantive por dentro das mudanças rápidas da área. Por fim, o aspecto mais gratificante do treinamento personalizado para mim é o desafio diário de renovar meus relacionamentos com meus clientes e ajudá-los a seguir adiante com seus programas de treinamento.

Por que treinamento personalizado?

Eu diria, e espero, que você gosta muito da idéia de ajudar as pessoas em um ambiente personalizado e sente paixão pelo campo da saúde, do condicionamento físico e do bem-estar. O treinamento personalizado é um veículo maravilhoso para sustentar-se financeiramente. E você pode se tornar um profissional em tempo integral. Muitos instrutores de grupos de exercícios aproveitam essa oportunidade. Obviamente não é uma idéia muito boa dar de 25 a 40 em grupo por semana, mas o treinador do grupo que tem o conhecimento técnico para orientar grupos de alunos pode facilmente fazer a transição para uma carreira de *personal trainer*, sem abrir mão de uma pela outra.

O treinamento personalizado oferece o equilíbrio, tanto na perspectiva física quanto na financeira, para que você possa se tornar um profissional em período integral. Apesar de você não conseguir dar 40 aulas por semana, se estiver bem preparado, pode facilitar várias sessões do treinamento e exigir uma taxa que seja bem acima do mínimo ou da média, em comparação com várias outras profissões. Para muitas pessoas, o treinamento personalizado se tornou o passo certo na direção da liberdade financeira e no envolvimento total em uma profissão que elas adoram e na qual querem trabalhar sempre.

Como começar?

Medo, insegurança, dúvida e falta de confiança resultam em uma coisa: falta de ação! É um tipo de paralisia profissional, que surge da falta de preparação e de um trabalho de início inadequado. Como superar o medo e a paralisia? Os advogados podem chamar de "obrigação". Informação é poder. Quando você acessa, compreende e aplica a informação relacionada a uma área de interesse, pode acrescentar uma dose extra de experiência, e a mistura se transforma em confiança e clareza, que levam ao sucesso.

Apague o medo e a falta de ação e de informação de sua lista de motivos para não dar início à sua carreira no treinamento personalizado. Entrar nessa área ou criar seu negócio não é muito diferente da jornada que me levou a descobrir a escalada. Descobri uma paixão, tive de fazer um pouco de "lição de casa", aprendi coisas e questionei acerca dos prós e contras. Por fim, precisei colocar o conhecimento em prática. Independentemente de sua referência ser esporte ou negócios, encontre sua paixão e faça sua lição de casa!

No momento, pode ser que você esteja trabalhando em uma profissão diferente, para alguém no campo do condicionamento físico ou meio-período dando aula para grupos. Mas talvez você queira iniciar seu negócio de treinamento personalizado e se tornar um profissional em tempo integral. Reunir informações fará com que você ganhe segurança, confiança e clareza para dar o pontapé inicial em sua jornada. Você já está no processo. Ler este livro é um passo na direção correta que o tirará da falta de ação e iniciará sua carreira e a realização de seus sonhos. Você deve participar de congressos e workshops, ler livros da área e fazer cursos que expandam e atualizem sua base de conhecimentos, e também tentar adquirir experiência colocando seu conhecimento em prática.

Enquanto obtém mais informações – enquanto faz sua lição de casa – chegará a um ponto de clareza. Escolherá molhar os pés na água do treinamento personalizado para experimentar as possibilidades e diminuir seu risco. Ou pode entrar no treinamento com compromisso e convicção até a água bater em seu pescoço. Encontre seu nível de preparação. E conte a todos o que está fazendo,

Quando as pessoas descobrirem que você está entrando no ramo do treinamento personalizado, podem pensar que você é maluco ou gênio ou dizer que você é "empresário". Acho que meus conhecidos e familiares ficaram chocados quando souberam que eu deixaria para trás meu trabalho como professor universitário e diretor de condicionamento físico em uma academia com 5 mil alunos para entrar na área do treinamento personalizado. Até hoje, um belo título com uma grande mesa e uma placa na porta são mais bem vistos pelas pessoas que não conhecem nem entendem a grandiosidade dessa profissão.

Agora, está na hora de "enrolar-se no sucesso". Em outras palavras, contar ao mundo. Ao contar a todas as pessoas que está entrando na área de treinamento personalizado, você se coloca em uma situação muito profunda para voltar atrás. Logo, seus amigos descrentes e seus motivadores vão querer um relatório de progresso. Essa pressão positiva para que você tenha sucesso pode incentivar sua vontade de vencer, para que se possa dar uma resposta positiva no relatório de desenvolvimento de seu negócio, e lhe ajudará a sustentar a diligência exigida para permanecer no caminho do sucesso.

Em primeiro lugar, seu sucesso em estabelecer uma clientela e florescer seu negócio dependerá, em parte, de sua habilidade de definir o treinamento personalizado. As fontes de divulgação, incluindo a mídia impressa, o rádio e a televisão, são ótimos aliados para se espalhar a notícia. Se não conseguir definir o treinamento personalizado, será difícil estabelecer os serviços que está prestando, por qual motivo um cliente deve querer contratá-lo e que diferença – conforme notada pelo cliente em potencial – seu serviço fará na vida dele. Veja o anexo "Resumo do Pacote de Apresentação" para encontrar uma importante ferramenta para criar um "cartão de divulgação" que o ajudará a definir a direção e a identidade de seu empreendimento.

Em segundo lugar, perceba que o negócio que você oferece está diretamente ligado ao seu sucesso. Se estiver em dúvida, pense bem.

Em terceiro, é importante descobrir as necessidades e os desejos de seus clientes. É pouco provável que seu cliente faça os exercícios da mesma maneira que você. O treinamento personalizado é o ambiente perfeito para personalizar os programas de acordo com o estilo de seu cliente. Um cliente pode considerá-lo um maluco por exercícios, principalmente se você levar em conta que o seu aquecimento representa a sessão de treino inteira de seu aluno, e se sua idéia de diversão for participar de um evento de resistência física, aparecendo na ESPN sendo levado de helicóptero ao hospital! Precisamos deixar nossas perspectivas de lado e ver as coisas do ponto de vista do cliente. Como? Descubra fazendo perguntas, ouvindo e colocando a informação em uso. Você perceberá que "não entendeu" se o programa que desenvolver não refletir os comentários, as orientações e as necessidades de seu aluno.

Quais são os requisitos?

A indústria do treinamento personalizado é, atualmente, auto-regulamentada. Qualquer pessoa pode afirmar ser *personal trainer*. Para aumentar a confusão, alguém que possua uma graduação formal em uma área de saúde e condicionamento físico nem sempre é um bom treinador. A educação formal também pode abrir portas conforme você tenta expandir suas opções de carreira. Você deseja escrever um livro, fazer um vídeo, gerenciar uma academia ou apresentar-se como especialista? Alguém com formação universitária certamente levará vantagem, ou, pelo menos, as portas das oportunidades serão abertas mais facilmente para esse indivíduo. Apesar de a graduação talvez não prepará-lo para o trabalho específico no qual se encontra, acredito que um estudante universitário sabe encontrar informação. Se souber encontrar informações e for disciplinado nos estudos, pode se tornar especialista em qualquer assunto. Não apenas por ter o conhecimento adquirido, mas por ter aprendido um processo de obter informação. Informação é poder. Chegar a ela é o segredo!

É bem provável que 25% a 50% dos *personal trainers* não tenham formação acadêmica. Os clientes que contratam os treinadores, e que têm mais educação formal, geralmente preferem os profissionais graduados. Por isso, a educação formal tem suas vantagens.

Ao dizer isso, devo reafirmar que o ponto profissional mais importante para qualquer treinador é ter graduação atualizada, reconhecida nacionalmente. O certificado mostra que o treinador é interessado e está atualizado em sua área de saúde e condicionamento físico. Eu preferiria um instrutor certificado sem graduação a um treinador com graduação que não se recicla ou não dá continuidade a estudos realizados quinze anos atrás. A questão, obviamente, é a informação atualizada *versus* a informação ultrapassada. Viver à custa de conquistas antigas e não conquistar nada novo é inaceitável.

No mínimo, acredito que a certificação é um requisito, apesar de esse tipo de treinamento não ser legalmente exigido na profissão de *personal trainer*. Os *personal trainers* reais de atualmente são certificados ou graduados e têm seguros de responsabilidade. É importante saber que é quase impossível conseguir um seguro de responsabilidade se você não for graduado.

Todos os certificados são criados igualmente? Claro que não! Atualmente, centenas de certificados estão disponíveis, e esse número não inclui uma variedade de programas "do tipo de certificação". Escolha um certificado que seja exigente. Os consumidores do condicionamento físico estão começando a discernir entre operações do dia para a noite e programas com padrões admiráveis e desafiadores. Leia o capítulo 1 para ter mais informações sobre licenciatura e certificados.

É necessário saber fazer a RCP?

Assim como o seguro de certificação e de responsabilidade, ter o certificado de ressuscitação cardiopulmonar (RCP) não é obrigatório. Mas o profissional sério deve possuí-lo. Além disso, muitas organizações de seguro de responsabilidade exigem o certificado de RCP para renovar a certificação ou conseguir cobertura do seguro. Um número específico de créditos de educação contínua de tempos em tempos é outra exigência fundamental. É bem provável que você nunca tenha de aplicar as técnicas de ressuscitação cardiopulmonar, nem ajudar a desobstruir uma via aérea de uma vítima que esteja sufocada. Mas, deixando de lado as questões legais e a autoproteção, independentemente, sendo seu filho ou um cliente que precisasse dessa técnica para salvar sua vida, você conseguiria se perdoar por não ter conhecimento dessa técnica simples e de fácil aprendizado?

Dê importância às necessidades de seus clientes e terá as respostas para as perguntas acerca de qualidades que você deve ter, assim como de serviços que você deve oferecer. Um treinador prudente e sensato terá seu certificado de RCP, que está de acordo com os padrões legais na maioria das regiões.

Estabeleça credibilidade

Existem quatro maneiras básicas para se estabelecer a credibilidade. Antes de qualquer coisa, você necessita de habilidades de comunicação. A boa comunicação causa uma boa primeira impressão em seu cliente. Em segundo lugar, você deve agir como se estivesse sendo observado, avaliado e julgado constantemente. Dessa forma, suas atitudes, sua energia e sua performance sempre serão profissionais. Em terceiro lugar, você deve usar princípios éticos honestos. Práticas ilícitas afastam clientes, estragam a credibilidade e a sua capacidade de oferecer serviços de boa qualidade. Em quarto, é importante demonstrar energia, comprometimento e entusiasmo ilimitados, sem ser, necessariamente, frenético. Desenvolva um estilo próprio, que deve combinar bem com as expectativas e personalidades de seus clientes.

Compre itens para a academia pessoal de seus clientes ou para seu local de treino

Se você tem um orçamento modesto para a compra de equipamentos, mas não quer comprometer os resultados de seu treino, leve em consideração os seguintes itens básicos:

- Colchonete. Escolha um colchonete firme e que possa ser facilmente limpo. Ele garante o conforto e a segurança de seu cliente em qualquer tipo de solo. Sem o colchonete, o trabalho no solo torna-se difícil.
- Uma bicicleta ergométrica. É fácil aprender a pedalar, e é um exercício sem impacto e eficaz. A bicicleta deve ser fácil e macia de pedalar, além de estável. Não compre um equipamento de marca desconhecida, mais barato, pois a qualidade também pode ser inferior. Encontre um distribuidor de equipamentos que dê descontos.
- Elástico de resistência. O elástico de resistência costuma ser chamado de *surgical tubing*, *bands* e *tubes*. Esse equipamento simples oferece inúmeras possibilidades de exercícios de resistência e alongamento. Inclua elásticos de diversas grossuras para que a carga possa ser progressiva, e compre uma presilha para porta ou para *step* para aumentar as maneiras de uso. É quase impossível que pesos bem mantidos e fixos caiam sobre os clientes.
- Bosu Balance Trainer. Sua melhor definição é a de uma meia-bola, um equipamento de equilíbrio incrivelmente eficaz e portátil, que pode treinar o movimento funcional e a estabilização independentemente do nível de condicionamento ou equilíbrio.
- Gynastic ball. Essa bola cheia de ar tem sido usada pelos fisioterapeutas há anos para reabilitar e condicionar pacientes. Tem diversos usos e serve bem para exercícios abdominais e de costas e para o treinamento de equilíbrio.
- *Step* ajustável e *slide*. Não pode comprar uma bicicleta ergométrica ainda? Esse equipamento oferece duas modalidades diferentes de equipamento cardiovascular e o *step* pode se dobrar como um banco ajustável.
- Compre os seguintes equipamentos quando puder:
- Uma máquina de remo com puxadores manuais. Pode ser usado para treinos de força e resistência cardíaca e facilmente inserido em um circuito de treino. Certifique-se de que os remos funcionem com facilidade, sejam ajustáveis e tenham bancos que se travam.
- Monitores cardíacos sem fio. Você pode usar um monitor cardíaco sem fio para ensinar seu cliente a usar a percepção subjetiva do esforço (PSE) e amplitude de freqüência cardíaca para a zona de treinamento para micro cargas. Os clientes também podem usar monitores para controlar seus esforços quando estiverem se exercitando sozinhos. Eu oriento meus clientes a usarem o monitor durante o treino de resistência, para que possam compreender melhor a diferença fisiológica entre as taxas de batimentos cardíacos mais altas durante o condicionamento cardiovascular e durante o treino de resistência.
- Conjunto de halteres. Um conjunto completo de halteres fixos ou anilhas (fáceis de guardar, ocupando pouco espaço na parede), de dois quilos e meio a trinta quilos ou mais, em cinco tamanhos diferentes, acrescentará uma dose de desafio a diversos exercícios físicos e aumentará os níveis de força.
- Micro cargas. Uso de micro cargas que se prendem às anilhas ou a outros tipos de equipamento (veja o capítulo 16) e permitem o aumento apropriado e lento do peso conforme seu cliente for ganhando força.

Após essas aquisições, aconselho que seja realizada a compra de uma esteira ou estação de musculação. Certifique-se de que o aparelho, de qualquer marca, exija o mínimo de ajustes e manutenção. Vários dos aparelhos mais conhecidos no mercado levam muito tempo para serem ajustados e a mecânica da estação não se adapta ao corpo. Um investimento ruim interfere na eficiência e no ritmo do exercício, e pode causar lesões e resultados ruins.

Para compensar o tempo que gasto para planejar e adquirir um equipamento para a academia pessoal do cliente ou para uma área em sua empresa, eu geralmente cobro do cliente entre 10 e 20% do custo do aparelho. Certifico-me de que o preço final esteja claramente exposto e comunicado ao cliente antes de fechar negócio. Como o preço do aparelho e todas as taxas juntos saem mais barato do que o cliente pagaria em uma loja comum, graças ao desconto que ganho por ser profissional da área, geralmente todos ficam felizes com o valor. Se a transação só exige um telefonema, por exemplo, eu ofereço o serviço como cortesia profissional.

Problemas no negócio: por que os treinadores fracassam

Como manter um negócio funcionando bem? Mais de 77% dos empreendimentos vão à falência cinco anos depois da abertura. Apenas cerca de 18% deles completam dez anos de existência, o que quer dizer que 82% dos negócios falem (Hallo, 1999). O serviço é a base de seu empreendimento e pode ser comprometido por cinco erros comuns.

1. Despesas gerais. Diminua a pressão tendo poucas dívidas. Não cometa o erro de acumular dívidas desnecessárias. Por exemplo, é melhor começar sua carreira como personal trainer trabalhando para outra pessoa, abrindo uma sociedade ou assumindo uma dívida grande para a abertura de uma academia e a compra de aparelhos? Não existe uma resposta certa ou errada. Em vez disso, identifique o que permite que você se desenvolva profissionalmente antes de assumir um grande risco financeiro. Muitos negócios vão à falência porque os treinadores criam dívidas. Uma pressão dessas cria a situação na qual o treinador necessita de clientes e dinheiro desesperadamente. Decidir começar a carreira assim entra em conflito com o fato de que a maioria dos empreendimentos necessita de, no mínimo, três a seis anos para se estabelecer (ou seja, estabelecer-se como um negócio sólido, sem que precise ser, necessariamente, extremamente bem-sucedido). Sua renda líquida – o dinheiro gerado pelo negócio – é mais importante que a renda bruta. Despesas grandes, desnecessárias e inadequadas comem os lucros e desanima muitos donos de negócios, levando-os a falir. Muitas despesas, principalmente se você não tem dinheiro em caixa para manter-se durante um período de pouco rendimento, são algumas das principais causas da falência.
2. Falta de suporte e serviços. Preste atenção a detalhes. Isso inclui atender pedidos de clientes, manter-se sensível às necessidades deles, manter um bom nível de ânimo e, em geral, manter a postura profissional.
3. Falta de conhecimento. Algo mais precisa ser dito? Não existe excesso de conhecimento. Sua experiência e capacidade profissionais para melhorar o treinamento e a qualidade de vida de seu cliente afetam seus valores, sua versatilidade e os serviços que oferece.
4. Expansão inadequada e horários de trabalho fora da realidade. Isso abre o caminho para a síndrome do ego e da ganância. Você vai conseguir manter a boa qualidade de serviços e um estilo de vida equilibrado se estiver trabalhando o dia inteiro? Um profissional maduro que não tem tempo nem capacidade de atender novos clientes consegue dizer não e dar referências de um outro profissional. Se o serviço estiver comprometido, quer dizer que seu empreendimento está se desenvolvendo rápido demais. Tem clientes demais? Dizer 'não' é preferível a

prejudicar sua prática. Os bons negócios lucram sem comprometer o serviço.

5. Criação de treinamentos inadequados em relação às necessidades do cliente. É muito importante, no começo de um plano de treinamento, não aplicar exercícios muito desgastantes. Apesar de qualquer tipo de erro no exercício ser derivado de uma boa intenção, nada conseguirá estragar sua credibilidade e arruinar seu negócio com mais rapidez. Veja a seção neste capítulo, Primeiro Encontro, para conhecer uma abordagem para o trabalho com novos clientes.

Esses possíveis erros o recepcionarão no mundo dos autônomos e da responsabilidade de ser o dono do próprio empreendimento! Eles estão à espreita, esperando o momento de atacar. Você pode encarar o considerável desafio de possuir um empreendimento como muito cansativo e intimidante ou como exigente e interessante. O treinador bem-sucedido escolherá a segunda opção. Seu conforto e sucesso dependem de seu grau de preparação.

Desenvolva seu estilo de treino

Todos os treinadores trabalham sua imagem pessoal e seu estilo com o passar do tempo. Eu acredito que tanto o estilo quanto a imagem que você mostra devem se originar de um ponto de vista cientificamente válido. Esse tipo de base indica preparação física com base na ciência e na postura profissional adequada. A ciência e a postura profissional adequada podem parecer fontes estranhas de estilo e imagem, mas é nelas que a autoridade e a integridade do treinador se encontram. Os clientes passam a fazer parte de sua organização porque confiam em você e conseguem alcançar resultados devido à direção de seu treinamento.

Nessa base da ciência e postura profissional adequada, você pode colocar o elemento humano. É aí que sua personalidade singular se torna evidente. O estilo é o que o torna especial e o diferencia dos outros profissionais. Seu estilo, juntamente com sua experiência e seu profissionalismo, geralmente é o motivo pelo qual as pessoas querem trabalhar com você. Seu estilo pode salientar características especiais que, por exemplo, fazem com que você dê atenção incansável a um aluno. E esse tipo de serviço o diferencia de outros *personal trainers*. A linguagem corporal pode ser outra boa característica que personaliza sua abordagem de treino. Ou talvez você tenha o dom de compreender as necessidades emocionais de seu cliente, fazendo com que ele se sinta a única pessoa no mundo enquanto dura a sessão de exercícios. Esses são bons exemplos de como o estilo se desenvolve e é reconhecido.

Eu também acredito que os treinadores devam projetar energia e entusiasmo sem limite, mas têm de saber diferenciar o comportamento frenético e a intensidade emocional descontrolada da atenção direcionada e suficiente. Você não precisa exagerar para mostrar sinceridade, dedicação, atenção a detalhes, entusiasmo, compromisso e completo envolvimento com o cliente. Encontre seu estilo! Quando encontrá-lo, ele vai lhe cair como uma luva.

Não existe uma maneira rápida ou mágica de obter estilo. Conforme se sentir confortável lidando com clientes em níveis físicos, emocionais e psicológicos, gradualmente desenvolverá um estilo pessoal só seu. É possível que não perceba que adquiriu um determinado estilo até que alguém lhe diga. Eu acreditava não ter um estilo, até que um cliente disse que eu era “firme, porém simpático”. Eu entendi que meus objetivos e planos para o cliente estavam firmemente arraigados em informação científica. Contanto que o treinamento não desvie desse objetivo em longo prazo, consigo ser bem flexível. Sou cuidadoso e sensível, mas também rígido em relação ao rumo do treinamento e não deixo o cliente sair do caminho. Essa combinação de estabelecer e alcançar objetivos e ser flexível à condição física e ao humor do cliente em um determinado dia faz sentido e é um aspecto de meu estilo de trabalho.

Por qual caminho direcionar seu treinamento?

Depois de dizer tudo isso, afirmo que é um bom momento para ser *personal trainer*, porque a área do treinamento personalizado ainda está em desenvolvimento, aos trancos e barrancos. Encabeçando essas mudanças está a demanda por mais conhecimento e diversidade de educação para os profissionais da saúde e do condicionamento físico e um aumento do estímulo ao redor do mundo para colocar em movimento os indivíduos sedentários. A profissão continuará a distinguir entre condicionamento físico e saúde *versus* atividade guiada pela performance, porque essas duas abordagens de treinamento são muito diferentes.

Juntamente com a educação teórica, virá uma integração maior de conhecimento prático e técnicas de treinamento. A educação básica, com base em princípios científicos e metodologia aprovada de treinamento, continuará guiando o desenvolvimento do programa.

Uma abordagem sensata e adequada aos exercícios continuará sendo a palavra de ordem no condicionamento físico, principalmente no trabalho com indivíduos pouco familiarizados com os exercícios. A autopunição e a insanidade do "tem que doer para resolver" há muito se foram. A profissão continua a dar ênfase e a incentivar exercícios mais inteligentes, moderados, diversos e fáceis. Espera-se que esse tipo de abordagem permita ao *personal trainer* envolver uma parte maior da população sedentária. Existe um enorme número de clientes em potencial no mercado para o profissional que consegue identificar e satisfazer as necessidades da população. Você está à procura de clientes? Cerca de 80% da população não se exercita regularmente. Muitas pessoas dessa categoria afirmam que não se exercitam, em parte, "porque não são compreendidas".

A mentalidade do "se não doer, não vai resolver" entrou em cena anos atrás. Na época, muitas pessoas interessadas em programas de condicionamento físico procuravam treinadores responsáveis pelos programas de exercícios de atletas e ex-atletas. Acreditando que os mesmos programas resolveriam para adultos sedentários, muitos pseudo-profissionais colocavam o público em geral em regimes bem parecidos, intensos e inadequados. A abordagem do "um serve para todos" não existe mais. A educação, em conjunto com a experiência do avanço progressivo, domina o cenário do treino hoje em dia.

Espero que profissionais do avanço progressivo, preparados com novas informações e com um público informado, quebrem esse ciclo de exagero, culpa, falta de informação e intenções erradas. Conforme a revolução do condicionamento físico e do crescimento do treinamento pessoal continuar, a filosofia do "sem doer não vai resolver", que pode ser ruim e intimidante, vai sendo trocada por exercícios mais moderados e agradáveis, que deixam a boa forma ao alcance de todos – e criam uma experiência que pode ser aproveitada para o resto da vida.

Como o condicionamento físico deve ser uma parte permanente do dia-a-dia, a maioria das pessoas está insistindo – e com razão – em programas que sejam moderados, seguros e agradáveis. Os profissionais do condicionamento físico que acreditam no avanço progressivo não fazem com que seus clientes pensem que precisam se submeter a treinamentos desgastantes todos os dias. Em vez disso, incentivam seus alunos a caminharem em um parque, pedalarem pelas ruas do bairro ou caminharem à beira da praia em um ritmo agradável. Essa nova sensibilidade pode fazer com que os treinadores adaptem os exercícios ao temperamento e ao nível de condicionamento de seus alunos. Além disso, como as pessoas gostam e aproveitam os exercícios de baixa intensidade, é mais provável que continuem a se exercitar pelo resto da vida. Os programas de exercícios consistentes e sensatos queimam calorias, diminuem o risco de doença coronária, melhoram a saúde e fazem com que os praticantes sintam-se melhor. E é por isso que a maioria das pessoas quer fazer exercícios.

Como alcançar o sucesso?

Os treinadores que conseguem oferecer diversos treinamentos adequados, dependendo da necessidade de seus clientes, serão os treinadores do futuro! Para ter essa vantagem, você tem de saber ouvir. O sucesso do treinamento persoalizado, seja você dono de seu negócio ou o coordenador de diversas profissionais e academias, origina-se da capacidade de satisfazer as necessidades de seu cliente de forma pessoal e personalizada.

Armadilhas comuns nas quais os treinadores caem

É bom que você consiga evitar erros que mesmo os profissionais mais experientes já cometeram. Para evitar esses erros tão comuns, você precisa prestar atenção a alguns importantes aspectos da prestação de serviço de boa qualidade.

Negligenciar o controle das despesas. Sua renda final influencia quem você é como empreendedor e passa a imagem de seu empreendimento. Seja você novato ou experiente, nunca é demais se lembrar disso. Se você tem pouco dinheiro e não tem a força para passar pelos altos e baixos financeiros tão comuns ou se suas despesas são muito altas, terá criado uma situação de necessidade: a necessidade de ter mais clientes, gerar mais renda e trabalhar mais tempo. Necessidades desse tipo afastam seu negócio dos cuidados e serviços que devem ser prestados aos clientes.

Imagine um ator desesperado para trabalhar. Quando participa de um teste, a espontaneidade e a confiança são substituídas pela pressão e ansiedade. Em vez de estar relaxado e inspirado, o ator não conseguirá se concentrar por estar pensando na necessidade de conseguir o emprego para pagar suas despesas ou avançar em sua carreira.

Seu foco deve ser sempre oferecer um serviço voltado para as pessoas e inspirado nas necessidades delas. A pressão financeira vai atrapalhar a prestação de um serviço confiante que você está tentando criar.

Falta de acompanhamento e serviço. A incapacidade de atender às necessidades de seus clientes e oferecer serviços de maneira profissional e firme é um caminho para o fracasso. Computadores, telefones celulares, agendas, um bom quadro de funcionários e atenção a detalhes são seus aliados na proteção de seu empreendimento. O ponto principal de um negócio de treinamento personalizado é o serviço prestado.

Falta de experiência. Eu acho que experiência e conhecimento bem orientado, correto e atualizado nunca são demais. O treinamento personalizado, assim como outras profissões, tem evoluído a uma era de especialidade. Quanto mais habilidoso você for no trabalho com clientes com necessidades especiais ou de alto risco, mais amplo seu mercado-alvo será.

Não creio que você deva pressionar a si mesmo para cumprir várias tarefas diferentes. Afinal de contas, se a maioria da população mundial não se exercita com regularidade, isso quer dizer que muitas pessoas precisam de um programa básico e um treinador atencioso para que possam progredir para um nível aceitável de saúde e condicionamento físico. A maioria dos treinadores tem essa capacidade.

Apesar disso, tenho certeza de que o futuro do treinamento personalizado pertence ao treinador que possui conhecimento de diversas habilidades e ao negócio que possa atender às necessidades crescentes do mercado. Condicionamento esportivo, os idosos, diabete, condicionamento de jovens, asma e gravidez são alguns dos mercados que estão surgindo. Essa demanda por treinadores especializados e experientes cria um nicho de mercado no qual você pode querer entrar.

Tornar-se proficiente em diversas áreas não é algo que acontece da noite para o dia. Todos os treinadores desenvolvem suas habilidades e conhecimento ao longo da carreira. Apegue-se à mudança e ao aprendizado. A busca incansável por conhecimento abre a porta para uma carreira cheia de oportunidades, recompensa e satisfação pessoal que surge da valorização do dinheiro dos clientes! O treinador bem experiente é uma fonte valiosa para seus clientes.

Falta de habilidade de relacionamento. Todos os cursos, certificados e estudos do mundo não serão o bastante para um treinador que não saiba se relacionar com as pessoas. A melhor combinação, sem dúvida, é o treinador que entende como os clientes reagem a seu incentivo e tem o conhecimento para fundamentar seus métodos. A maioria das pessoas vê no treinador uma fonte de informação que pode guiá-las e orientá-las em treinamentos produtivos e realização de objetivos.

Espera-se que o treinador, mantendo a postura profissional, cuide, aconselhe, apóie, oriente, influencie, motive e exija, sendo justo, cuidadoso e atencioso. A capacidade de orientar um cliente em um ambiente alegre, motivador, realista e cheio de expectativa é uma parte importante na sutil arte do treinamento personalizado.

Permitir que a qualidade de seus serviços e seus produtos seja prejudicada. A prestação de serviço e de produtos de boa qualidade está diretamente relacionada com controle do tempo e ética. Você é realista com seu tempo? Os produtos que você recomenda estão de acordo com os interesses de seus clientes ou com os interesses de seu bolso? Se sua prestação de serviço está ruim porque você está sobrecarregado, reverta essa situação logo. O principal produto à venda é o seu serviço.

Nunca se esqueça que a base de um bom programa de treinamento personalizado tem a ver com confiança, respeito e prestação de serviço com base em um relacionamento direto. Nenhum empreendimento ou serviço pode ser maior do que esse relacionamento. Preserve a integridade e a confiança desse relacionamento em progresso e você terá muito sucesso.

A síndrome do ego e da ganância. A ganância (mais dinheiro) e o ego (não conseguir recusar mais trabalho) em excesso lhe tiram do centro do empreendimento bem-sucedido – colocar o cliente em primeiro lugar. Ganhar dinheiro e expandir seu negócio são resultados inevitáveis de um negócio bem orientado que entenda o serviço ao cliente. Mas se você só se preocupar com ganhar mais dinheiro, perderá a capacidade de concentrar-se no que é mais importante para o sucesso de um empreendimento. A paciência, que inclui o uso do tempo de forma sábia e realista, prepara-o para o sucesso e permite que você trilhe a carreira de *personal trainer* para sempre.

Uso do tempo e planejamento inadequados. O que vem primeiro: a síndrome da ganância e do ego ou o uso e planejamento do tempo inadequados? Os dois estão tão interligados que não é importante diferenciá-los. Seja realista e sensato consigo e com os clientes quando planejar seus horários de treinamento.

Expansão inapropriada de serviços e instalações. Com o sucesso, vem o desejo de expandir sua forma de operação para dar espaço a novos treinadores ou mesmo de mais espaço para treinamento. O crescimento e a mudança são coisas boas. Entretanto, não é preciso pressa para expandir e desenvolver seu empreendimento, principalmente se ele estiver indo bem. Já vi vários empreendimentos de sucesso falirem por causa de uma expansão descuidada e mal planejada; o mercado está cheio de empreendimentos que faliram por ter se expandido rápido demais.

Concentre-se no que deseja conquistar e avalie se você tem tempo ou recursos para alcançar seus objetivos de modo profissional, certifique-se de ter estabilidade financeira e tempo necessário de planejamento, e não se prenda a qualquer oportunidade. Estabeleça limites e coloque em ação um plano realista de conquista, e se perceber que faz sentido, siga em uma nova direção. Enquanto isso, mantenha os procedimentos que tornaram seu empreendimento bem-sucedido!

Desenvolvimento de programas inadequados. Algumas vezes você pode perder o interesse de um cliente que acredita que o exercício introdutório pode ser mais pesado. Mas é mais freqüente os clientes perderem a confiança em treinadores que lhes dão programas muito difíceis, física ou mentalmente. Se você souber escutar e perguntar, conseguirá evitar esse descontentamento. O treinamento pesado geralmente é bem intencionado, mas não combina com a disposição do cliente. A maioria das pessoas quer um treinamento divertido, progressivo e sem dor, mas que, ainda assim, traga resultados. Deixando de lado a questão do fácil ou difícil, e como você mesmo treina, fica o básico: o programa tem de atender as expectativas, necessidades e desejos do cliente.

A primeira impressão

Sua primeira conversa com um cliente e o treino subseqüente são os contatos mais importantes que você terá com ele, principalmente no que se refere ao estabelecimento de uma relação duradoura. Prepare-se sabendo que ele estará um pouco nervoso nas duas ocasiões, e perceba que é sua chance de mostrar seu profissionalismo e seus serviços.

O mais importante vem primeiro: a menos que seu cliente o contrate, o treinamento permanece totalmente teórico. Para atrair seus clientes, você tem de causar uma boa primeira impressão a clientes em potencial, que demonstraram interesse em seu serviço. Um cliente interessado em seus serviços rapidamente consegue perceber se você pode oferecer o que ele precisa, se ele vai se dar bem com você ou se você leva seu trabalho a sério. Toda essa "impressão" é constantemente reformulada por pessoas que podem usar seu serviço ou indicá-lo a alguém. Como você não sabe quem o observa ou quando a impressão ficará gravada na lembrança de alguém, nunca deixe de demonstrar profissionalismo e uma atitude positiva.

Freqüentemente, a primeira oportunidade de passar uma boa impressão será por meio de um telefonema. Durante uma conversa por telefone, e mais rapidamente possível, eu faço perguntas sobre o passado, a disponibilidade e o exercício físico e os objetivos atuais de meu cliente. Ouço com atenção e faço anotações. Menciono ter um grau avançado de fisiologia de exercícios e ser certificado, e explico a vantagem desses fatos. Gostando ou não, é preciso fazer sua propaganda! Explico à pessoa que lhe apresentarei um programa equilibrado, que combine com suas necessidades e seus desejos. Passo meus valores, respondo todas as perguntas e sigo adiante para fechar o negócio. Não fique encabulado nesse momento. Afinal, o cliente está interessado em seus serviços! É preciso perguntar sobre negócios.

Se nada sobre o que conversarmos, incluindo os valores, terminar a conversa prematuramente, continuo a conversa, que dura de dez a trinta minutos, enfatizando a importância de nos encontrarmos. Em um encontro cara a cara, minha personalidade, minha sinceridade e meu entusiasmo, além de meu comprometimento profissional falarão por mim. Sugerir um encontro me permite plantar a idéia de que teremos a chance de perceber se formaremos uma boa equipe ou não.

Também explico os horários livres que tenho, porque talvez eu não consiga encaixar o cliente no horário que lhe for mais conveniente. Acredite: mesmo que não tenha cliente algum, ainda assim você tem horários limitados, pois precisa preservar sua vida pessoal. Limitar seus horários faz com que o cliente sinta a pressa em fechar o negócio. Além disso, seu tempo é precioso e você precisa usá-lo com eficiência. Pode ser tentador – e muito, principalmente se você estiver precisando muito captar clientes ou se for novo na área – aceitar todos os clientes novos, seja lá qual for o horário de treino, mesmo que para isso tenha de deixar de lado o tempo para si. Quer realmente trabalhar das quatro da tarde às dez da noite e estar á disposição de todos a qualquer momento do dia? Crie disciplina para manter o equilíbrio em sua vida pessoal. Não caia na armadilha da síndrome da ganância e do ego, como eu fiz no começo de minha carreira.

Por outro lado, começar um negócio muitas vezes pede que você faça tudo o que for preciso, contanto que seja ético e moral, para estabelecer um empreendimento forte. Procure o equilíbrio e use o bom senso, ou você vai acabar se sufocando.

Primeiro encontro

Finalmente o encontro cara a cara está acontecendo. Procedimentos escritos e verbais são importantes para minimizar seu risco de ser processado e aumentam a chance de você oferecer um serviço espetacular para seu novo cliente. Por quê? Quanto mais informação reunir, poderá direcionar o programa com mais segurança e propriedade. Leia o a anexo para ver questionários a respeito de histórico médico e outros formulários que o ajudarão a reunir informação importante.

Geralmente faço com que o primeiro encontro tenha a duração de meia hora e que aconteça em meu local de treino. Não vá à casa de um cliente. Em vez disso, escolha um lugar público adequado. Meu local de trabalho serve bem porque permite que eu mostre os equipamentos e os outros treinadores, e há também a presença de outros clientes. Se o primeiro encontro for para tratar do treinamento na residência do cliente, você pode sugerir um restaurante ou outro local público. As razões para tais práticas têm a ver com privacidade, assédio e profissionalismo. Em outras palavras, você não quer colocar a si próprio ou ao cliente em uma situação desconfortável ou ameaçadora. Um local neutro e público protege a você e seu cliente.

Durante esse encontro, o cliente e eu conversamos e preenchemos os papéis necessários. As expectativas quanto à política e ao profissionalismo são discutidas. Eu dou a ele a chance de perguntar sobre o programa de treinamento e as minhas qualificações, além das qualificações dos outros treinadores. Ao mesmo tempo, pergunto a respeito do estilo de vida do cliente e de seus interesses, e sobre como ele vai se beneficiar com um programa de exercícios.

Parece muito transtorno? Vale a pena. Acredito que essa abordagem é completa e sensível e por isso a maioria de meus clientes está treinando comigo há anos e anos. É importante começar o relacionamento com o pé direito. Inúmeros clientes já me disseram, ao longo dos anos, que minha abordagem deixou claro para eles que eu não estava interessado em levá-los para a academia o mais rápido possível para poder começar a receber dinheiro, mas que eu estava interessado neles como pessoas e na segurança deles. Eu queria fundamentar o relacionamento para que ele crescesse forte. Como sabem disso? Eu era, e ainda sou, interessado em disponibilizar o tempo necessário para estabelecer uma relação de cuidados e orientação. Perco tempo? Às vezes. Mas fica claro quando um cliente não vai fechar negócio. Você pode agradecer educadamente pelo tempo e interesse desses clientes e rapidamente encerrar o assunto. A recompensa dessa abordagem é muito maior que o tempo gasto. Esse processo também permite que você entreviste e converse com o cliente. Não é necessário, nem conveniente, trabalhar com todas as pessoas que o procuram, mesmo que elas estejam prontas para fechar negócio! É preciso disciplina e maturidade profissional para dizer 'não' a um cliente que queira contratá-lo. Se decidir não aceitar o trabalho, explique o motivo de sua decisão e tente indicá-lo a alguém que possa atendê-lo bem.

Enquanto conversamos sobre exercícios e dietas, ouço e observo cuidadosamente para perceber sinais de perigo que indiquem hábitos nada saudáveis. Mais tarde comparo essas percepções com a informação escrita que obtenho de históricos médicos e outros formulários. Nem sempre é fácil compreender o perfil da saúde e do condicionamento de um cliente. Por exemplo, grande parte das pessoas aumenta o número de exercícios que na verdade fazem e diminuem a quantidade de comida que na verdade comem.

Além disso, por ser um relacionamento novo, os novos clientes geralmente ficam defensivos e, intencionalmente ou não, podem não dar as informações corretas no primeiro encontro. Sua personalidade desempenha um importante papel: o de ajudar os clientes a ficarem confortáveis na sua presença e serem honestos. Prestar atenção à linguagem corporal, ouvir atentamente o que está sendo dito, ler nas entrelinhas e fazer perguntas simples, porém esclarecedoras, fazem com que eu entenda melhor as necessidades de saúde e condicionamento físico de meu cliente.

Não importa o que um cliente em potencial me diga, eu não rebato, não faço julgamentos, nem o intimido. Em vez disso, enfatizo as mudanças positivas que acontecerão na vida dele. Apenas mais tarde, e quando ele pergunta, é que eu falo sobre alternativas saudáveis para comportamentos negativos ou potencialmente prejudiciais. Esperando até que eles queiram mudar e peçam minhas sugestões, posso encontrá-los onde se encontram atualmente e entrar em um espaço mais íntimo quando eles se sentem mais receptivos e motivados. Manter essa sensibilidade terá um grande impacto e abrirá muitas portas em relação à saúde de seu cliente em geral, se você estiver disposto a avançar de acordo com o ritmo do seu aluno, quando ele estiver preparado para fazer as mudanças nessas áreas.

Eu não cobro por esse primeiro encontro. Acredito ser um tempo bem gasto. Entretanto, se a pessoa insistir em fazer uma sessão de treinamento para conhecer, ofereço meus serviços cobrando por uma sessão normal de aula. Faço essa distinção para tomar o cuidado de não desperdiçar meu tempo sem compensação. Os clientes às vezes esperam ou exigem isso como parte do processo de conhecimento, mas não é necessário que você faça a oferta. Consegue imaginar um cirurgião ortopedista operando seu joelho ou um cabeleireiro cortando seu cabelo de graça? Nesse ponto, eu não acredito em oferecer gratuitamente serviços profissionais. O risco é uma via de mão dupla, e um pouco dele terá de ficar com o cliente em potencial.

Ao final da reunião de apresentação, entrego um formulário com perguntas sobre o histórico médico (um formulário longo ou curto; veja o anexo), que a pessoa recebe a orientação de preencher em casa. Alguns clientes em potencial que conhecem essa exigência pedem que eu envie o formulário para preenchimento antes de nosso encontro, para que eu tenha todas as informações quando nos encontrarmos. Isso permite que o cliente comece a treinar logo, pois todas as exigências preliminares terão sido cumpridas. Nesse momento, logo depois do encontro ou depois de rever todas as informações escritas, eu faço uma avaliação dos riscos mais óbvios à saúde e das áreas nas quais meu cliente pode ter necessidades especiais. Compreendo bem suas atitudes em relação à saúde e seu conhecimento a respeito dela e um perfil geral do que motiva cliente, além de perceber qual abordagem de treinamento seria melhor, de acordo com sua personalidade. Em outras palavras, começo a entender o que incentiva meu aluno e o que pode funcionar melhor em seu caso.

Se alguma informação indica um risco de lesão ou morte acarretadas pelos exercícios, sigo os alertas de cuidados e insisto em conversar com um profissional qualificado da saúde conhecido do cliente. Tudo isso acontece antes de eu decidir se devo treiná-lo ou não. Meus clientes agradecem essa preocupação quando entendem que é para o bem da saúde deles que eu avalio e peço confirmação de todas as informações que me foram passadas. Não custa nada e nos dá uma chance melhor de criar um programa que seja seguro, pessoal e voltado para os resultados. Se não houver qualquer risco aparente e o processo estiver completo, vamos começar o treinamento!

Pacote de Apresentação ao Cliente

Além de conseguir conduzir bem uma conversa, você também deve criar uma excelente imagem de si mesmo no papel. Essa apresentação escrita deve culminar em uma apresentação que eu chamo de pacote de apresentação ao cliente. Você pode chamá-lo também de kit propaganda, e é uma ferramenta valiosa que o ajudará a receber novos clientes e a promover seu negócio (veja o anexo).

Esse pacote deve incluir sua biografia, seu currículo, seu ponto de vista filosófico e sua abordagem em relação ao treinamento, além de informações sobre o básico do programa, o planejamento dele, os serviços específicos que serão oferecidos e as áreas de especialização. Se você já escreveu artigos ou se já escreveram sobre você, inclua-os. Eu também incluo fotos de academias que eu montei, pois isso incentiva os clientes a me contratarem para equipar suas casas ou empresas ou a me indicar a amigos. Por fim, um questionário sobre histórico médico, atividades e hábitos alimentarem deve ser parte dessa apresentação inicial. A informação completa, profissional e organizada melhora a credibilidade de qualquer pessoa.

Escrever sobre seus objetivos e serviços faz mais que dar ao cliente em potencial um resumo claro e conciso de você. Tão importante quanto tudo isso, criar esse pacote de apresentação o ajuda a esclarecer a respeito dos serviços que você presta. Ele o ajuda a estabelecer seu plano de negócios e a identificar seus serviços mais especializados. Isso será de grande valia quando você vender seu programa a clientes em potencial, porque dá propósito ao seu negócio e impressiona a todos com sua convicção, especialidade e abordagem profissional.

Uma parte importante do meu pacote de apresentação é o histórico médico, de atividade e hábitos alimentares que cada cliente preenche. Esse tipo de avaliação é uma necessidade para qualquer profissional e padrões de confiança. Além disso, mostra claramente que você está interessado em conhecer seu cliente e pretende criar o programa mais seguro e específico que puder, com base em sua situação atual.

O pacote consiste de informação pessoal e filosofia de trabalho. Incluo no pacote cópias de certificados e seguro de responsabilidade (eu incluo uma cópia do meu seguro de responsabilidade profissional, não para mostrar aos clientes que eu me protegi, mas, sim, que eu *os* protegi!); uma foto 5X7 sua, que pode ser de rosto ou não; um texto sobre filosofia de treino e abordagem de treinamento; documentos necessários; um documento de aceitação; e um histórico médico, de atividade e hábitos alimentares quando preciso.

O questionário de histórico médico que eu preparei é propositadamente repetitivo para que possa mostrar com mais clareza os alertas em relação à saúde que possam pedir mais atenção e orientação antes de o programa começar. Perguntas parecidas, feitas de maneiras diferentes, garantem que eu recebi respostas corretas e importantes sobre a saúde de meu aluno. Além disso, o questionário me mostra até que ponto meu aluno conhece a respeito de exercícios físicos, perda de peso e princípios de nutrição.

Como o pacote de apresentação ao aluno funciona para você

O pacote de apresentação ao aluno (veja o anexo) é uma forma de propaganda muito boa, que funciona! Mostra quem você é e o que tem para oferecer (vender), ajuda-o a comunicar-se com alguém que quer contratá-lo e lhe dá confiança, porque, assim, você cobre os pontos mais básicos.

1. Mostra que você é um profissional qualificado. Fez sua tarefa e separou o tempo preciso para escrever. É um profissional que está na área para ficar.
2. Serve como um cartão de apresentação. Eu distribuo meus pacotes em todos os lugares. O pacote deixa uma impressão muito mais forte

em clientes em potencial ou na mídia, em comparação com o cartão de apresentação. Dá um ar competitivo, sem importar se você trabalha sozinho ou dentro de uma empresa de treinamento personalizado. O que mais o impressionaria: um cartão de apresentação ou um pacote de apresentação?

3. O pacote de apresentação é seu kit propaganda. A imprensa, ou mesmo as pessoas que possam se interessar em indicar seus serviços a um amigo pedirão informações sobre seu negócio e a abordagem de treinamento. Elas vão lhe perguntar: "Então você é um *personal trainer*. Pode me dar informações sobre sua empresa?" Eu tenho dois tipos de pacotes de apresentação. O pacote de apresentação que faço para essas situações de propaganda que não incluem o formulário de histórico médico, de atividade e hábitos alimentares. O pacote mais completo é apropriado para os novos clientes que estejam prontos para começar o treinamento.

Análise geral do pacote de apresentação ao cliente

Coloque a informação em uma pasta com espaço para novos plásticos. Assim, você prepara uma apresentação de baixo custo bem organizada, fácil de editar quando uma informação precisar ser mudada ou adicionada ao pacote.

Eu organizo meu pacote de apresentação da seguinte maneira (veja uma amostra escrita no anexo):

1. Capa: logotipo da empresa e outras informações de contato
2. Fotografia 5X7 de rosto ou alguma atividade
3. Biografia pessoal
4. Currículo
5. Cópia de certificados
6. Cópia do seguro de responsabilidade profissional
7. Brooks... A filosofia do treinamento.
8. O que esperar na primeira reunião.
9. Programa básico e política de trabalho.
10. A abordagem do treinamento: condicionamento físico equilibrado.
11. Formulários de histórico médico, atividades e hábitos alimentares, e outros formulários. A inclusão desses formulários é opcional, dependendo de quem receberá o pacote. Novos clientes recebem o pacote completo, enquanto que a imprensa e aqueles interessados em meus serviços recebem a versão menor..
12. Livros escritos por Douglas Brooks (incluindo cópias das capas).
13. Artigos com informações escritas por ou sobre Douglas Brooks ou The Training Edge (Insira lista de títulos; se você escreveu apenas alguns artigos, inclua parte deles).
14. Organização personalizada de academia em empresas ou residências (insira fotografias desses lugares).
15. Referências à personalidade e aos serviços (Faça uma lista de pessoas ou empresas que aumentariam a credibilidade e a confiança em seus serviços, se forem contatados. Certifique-se de pedir permissão se colocar números de telefone; você também pode simplesmente escrever que as referências podem ser obtidas com você).

Incluído nesse pacote está um mapa indicando a localização do The Training Edge.

Primeiro treino

Finalmente, após as primeiras conversas telefônicas e o primeiro encontro e quando a avaliação do cliente estiver completa, o dia do primeiro treino chega. O aluno pode estar um pouco apreensivo, e com razão, mas um pacote de apresentação bem feito, em conjunto com um treinamento sensato, o deixará mais tranqüilo.

Talvez para estabelecer seu papel, muitos treinadores passem o primeiro treino colocando seus clientes em uma bateria de testes, incluindo teste cardíaco submáximo, teste de flexibilidade (exemplo: sentar-se e alongar-se), testes de resistência muscular e força, avaliação de pressão sanguínea, índice de gordura corporal e coisas do tipo. Por fim, e geralmente com boas intenções, o treinador termina com um treino forte, que deveria ser usado para mostrar a habilidade do profissional. Eu abordo esse primeiro treino de modo distinto.

A avaliação de condicionamento físico realizada por *personal trainers* que não possuam especialidade ou grau elevado de conhecimento em testes e avaliações médicas nada faz além de criar dados de testes que possam ser consultados posteriormente para que você avalie seu progresso. Geralmente, os testes não têm valor de diagnóstico, a menos que sejam feitos por profissional capacitado. Seu processo de avaliação (ou seja, o questionário de histórico médico e a consulta com profissional licenciado, quando necessária) determinará quando seu cliente estará pronto para começar um programa que exija que ele seja fisicamente ativo. Qualquer treinador que acredite que essas medidas são algo além de ferramentas motivacionais está enganado.

O teste prematuro tira o principal foco de meu treinamento, que é fazer com que o cliente, preocupado com a saúde, possa, com ajuda, tornar-se bem condicionado sem levá-lo à exaustão ou a um estado de ansiedade em relação a seu desempenho. Em vez de facilitar o início do treinamento para os alunos, esses testes costumam forçá-los a fazer esforços extremos logo no princípio. Eles querem ter um bom resultado nos testes. Não é de surpreender que os clientes que queiram se sair bem fiquem nervosos e competitivos e costumem realizar os testes com muito esforço. Apesar de não haver estudos sobre isso, o cliente acaba colocando-se em uma situação de risco.

Como o aluno ainda é uma entidade desconhecida, eu prefiro manter os primeiros treinamentos em um nível moderado, livre de riscos de lesões e ataques cardíacos. Até mesmo os clientes bem avaliados podem ter uma doença cardíaca sem saber, por exemplo. Durante as primeiras sessões, eu tranqüilizo o aluno, para que possa ter intimidade pelo conceito de treinamento, e estabeleço uma situação de apoio. Muitas pessoas, principalmente aquelas com histórico pessoal negativo e experiências de exercícios físicos desagradáveis – que não conseguiam fazer nenhuma flexão de braço nas aulas de educação física ou sempre levavam boladas – precisam ser tratadas com cuidado.

Em vez de tentar impressioná-los com rápidos resultados e um treinamento difícil – que pode causar lesões, dores e a perda de clientes – eu passo o tempo enfatizando a respiração correta e as boas técnicas de exercícios, além de conversar sobre nutrição e outros assuntos relacionados ao condicionamento físico. Também começo a ensinar princípios fisiológicos básicos. Isso pode incluir discussões sobre o mito do exercício que queima gordura ou informações sobre como usar a freqüência cardíaca ou a percepção subjetiva do esforço para encontrar o nível correto de esforço para os treinamentos cardiovasculares. Como os acidentes e as lesões podem ocorrer a qualquer momento, e muitos treinadores experientes dizem que não é preciso ser moderno em seus treinamentos, tenho certeza de que minhas ações satisfazem os interesses de meus clientes, formam um relacionamento profissional de longa duração e poderiam ser julgadas como prudentes. O cliente também gosta disso – na verdade, sentem-se aliviados – pois percebem que os benefícios à saúde e o condicionamento físico podem ser alcançados sem sofrimento. Os clientes que são doutrinados nesse processo obtêm resultados incríveis e têm maior probabilidade de seguir com o programa.

Nesses primeiros treinos, eu procuro criar um ambiente que seja receptivo ao posicionamento do corpo com o toque ou a demonstração. Apesar disso não ser muito confortável aos treinadores a princípio, a manipulação física é muito eficiente quando queremos passar a mensagem de como o corpo deve estar posicionado. Se você não tiver confiança nesse método, seus clientes também não terão. Pergunte a seus clientes se eles permitem que você os toque para orientá-los na execução correta do exercício. O toque deve ser completamente sem conotação sexual, o que quer dizer que o uso das mãos não é pessoalmente invasor, nem pode ser entendido como um abuso sexual. Onde e como você toca seu cliente determinará a intenção inofensiva. A demonstração deve ser usada para segurança e para o posicionamento correto do corpo. Se um cliente ficar inseguro ou resistir, use espelhos e vídeos, que são excelentes ferramentas para serem usadas com técnicas práticas para passar as informações necessárias.

De quem é o treino, mesmo?

Por mais preparado e por melhor que você e seu programa sejam, no papel, não há como prever alguns aspectos do treinamento personalizado. Talvez a primeira dessas surpresas seja descobrir que o *personal trainer*, geralmente uma profissão tão cheia de glamour, é um trabalho emocionalmente desgastante, difícil e trabalhoso. Apesar de haver muitos pontos positivos, é uma profissão exigente!

Por mais que um treinador goste de treinar intensamente, não importando quantas horas um treinador trabalhe por dia, o treinamento pertence ao cliente. Isso quer dizer que você não planeja seu treinamento para poder correr também ou para fazer alguns abdominais enquanto seu cliente se exercita. Os treinadores devem facilitar o treino de seus clientes para otimizar a diversão, o resultado do treino e a adaptação. Ponto!

São as expectativas, as percepções e as necessidades do cliente – e não as do treinador – que contam e devem ser satisfeitas. Se eles não quiserem forçar demais, e poucos o fazem, o treino deve refletir isso e ainda ajudar o aluno a alcançar seus objetivos. O processo de avaliação deve cobrir as necessidades e habilidades dos clientes.

Bem parecido com o que acontece aos treinadores de equipes infantis, que tentam satisfazer seus desejos por meio da carreira esportiva de seus protegidos, às vezes é difícil, para muitos treinadores, permitir que os clientes trabalhem em um ritmo que seja condizente com sua disposição mental e física. Geralmente, é fácil para os treinadores pensar que a *performance* de seus clientes – correr mais rápido, levantar mais peso e completar uma maratona – reflete sua própria habilidade e seu próprio sucesso. Podem ficar tentados a forçar os clientes a fazerem treinamentos que não são adequadas. Por que um treinador iria nessa direção errada? Isso pode ocorrer porque um treinador quer criar clientes que se tornem propagandas ambulantes para o treinador ou por que é o que o treinador faria se fosse seu próprio treino, ou porque o treinador simplesmente "sabe" que seu aluno pode dar mais de si. Você precisa se lembrar que não é seu treino e que seu aluno não pensa como você! Elogie o esforço de seu cliente e sua atenção o recompensará muitas vezes mais com a diminuição de frustração e lesões.

Qual o grau de dificuldade que o primeiro treino deve ter?

Esse ponto vale a pena repetir. Os treinadores não devem cometer o erro de pensar que um treino cansativo e bastante desconforto muscular podem criar qualquer coisa perto de uma experiência positiva de treinamento ou que essa situação impressione o cliente. O que ele conseguirá ter é uma lesão. O resultado são rompimentos de fibras musculares e tecidos. Muitos treinadores inexperientes e mal informados, porém bem intencionados, tentam transformar o primeiro treino com a mentalidade de um treino de exército. Simplesmente a tentativa de treinar um cliente com exercícios muito difíceis é uma das razões pela quais ele desiste do treinamento. Ocorre uma perda de confiança, que também contribui com a falência de muitos empreendimentos. Leve isso a sério.

Muitos de seus clientes não desejarão, muito menos necessitarão, de um treinamento "pauleira". Se comparados com o treino de muitos treinadores, os treinos dos clientes podem parecer fáceis. Mas o cliente enxerga a situação de outra forma. Adquira a confiança e o conhecimento suficientes para orientar seus clientes a respeito da necessidade do progresso, da segurança e da adaptação, para permitir que essa transformação ocorra com o tempo. Os treinamentos pesados são melhores se apresentados mais adiante, meses depois, depois que o cliente esteja mental e fisicamente preparado. Ao fazer um cliente se esforçar demais no começo, o treinador pode terminar com um cliente exausto, lesionado ou que resolva abandonar o programa insatisfeito.

Acredito que o treinador terá mais sucesso se tentar esquecer como o treino pode parecer para alguém de fora e, em vez disso, ouvir e analisar o cliente atentamente. Ao deixar que o nível de percepção subjetiva do esforço determine a intensidade do treino, o treinador pode manter seu aluno motivado, protegido e animado.

Essa filosofia não quer dizer que o aluno tenha total controle sobre o que acontece ou não no treinamento. Mantenha um equilíbrio entre satisfazer seu cliente e direcionar seu programa. Afinal de contas, seu cliente não é o especialista em condicionamento físico. Muitos clientes, por exemplo, só querem levantar peso durante o treino. Se ele estiver em boa forma e suficientemente motivado para realizar o treinamento cardiovascular sozinho, seus treinos comigo, por exemplo, podem se limitar ao treinamento de resistência e alongamento. Mas antes disso o treinador deve estar absolutamente certo de que o programa do cliente esteja equilibrado.

Um treinador que não faz desse equilíbrio um prerrequisito por vontade torna-se pouco mais que um boneco nas mãos do cliente e é continuamente manipulado de acordo com os caprichos dele. Esse não é o papel de um *personal trainer* profissional, pois deixa o mercado mais barato e não existe o preço pago pela hora de trabalho que justifique um relacionamento desses.

Vamos voltar ao teste e à avaliação de condicionamento físico, por enquanto. (Consulte os capítulos 10 e 11 para obter mais informações de testes e avaliações.) Eu me sinto muito mais à vontade realizando testes de condicionamento físico depois de, pelo menos, algumas semanas de treinamentos progressivos. Apesar de eu ter gasto milhares de dólares nos últimos anos com equipamentos de testes e softwares, eu torno essas ferramentas disponíveis para meus clientes, e não algo obrigatório. Eu também as uso quando um cliente pede ou quando acredito que elas são importantes para um cliente específico. Eu recomendo o uso de pinças para a medição de gordura corporal em algum momento do treinamento. Tomo as medidas de sete locais diferentes: a subscápula, o midtríceps, a axila (debaixo do braço), o peito, o iliac crest (na diagonal), o abdome (na vertical) e o meio da coxa, para que eu possa ter uma base para comparações posteriores. Apesar de três lugares serem o bastante, você pode ver como eu uso essa informação na parte II deste livro. A composição corporal e a pressão sanguínea são perfeitamente seguras para o cliente. Entretanto, certifique-se de que o teste de composição corporal seja apropriado para o cliente. Por exemplo, um cliente obeso não precisa escutar que a pinça não se abrirá o bastante para que seja feita a medida.

A informação do histórico médico e a interpretação do diagnóstico do médico, se necessários, são essenciais quando se estabelece um novo programa. O teste de condicionamento físico pode não ser necessário nem desejado nos primeiros estágios de um programa de condicionamento físico, mas reunir informações a respeito do bem-estar de seu cliente antes do exercício é essencial.

Teste e avaliação do condicionamento físico

Em um programa de condicionamento físico completo, testar e avaliar os participantes antes, durante e depois de uma participação prolongada são consideradas medidas importantes por grande parte dos profissionais. Existem diversas razões para se testar e avaliar o estado de seu cliente:

- Avaliar os níveis atuais de condicionamento físico.
- Identificar as necessidades de treinamento.
- Selecionar os treinamentos.
- Avaliar o progresso do aluno.
- Avaliar o progresso do programa.
- Motivar os participantes.

A fase de avaliação de um programa de condicionamento físico pode ser dividida em duas partes. A primeira é a avaliação ou diagnóstico médico do participante, geralmente realizada pelo médico do mesmo. Uma avaliação do diagnóstico pode ou não ser exigida, ou possivelmente passa-se por uma avaliação desse tipo regularmente, o que torna a informação disponível. A segunda parte, mais comum nas avaliações de condicionamento físico, simplesmente compara os níveis atuais de condicionamento físico de seu cliente com alterações futuras, e geralmente é usada como motivador. É considerado um procedimento de não diagnóstico e não avalia o estado de saúde ou disposição de seu cliente em participar do programa. É claro que, antes que protocolos de não-diagnóstico possam ocorrer, o cliente deve ser avaliado e afastado de qualquer tipo de atividade física.

Desgaste pessoal

É essencial que você mantenha o equilíbrio entre suas vidas pessoal e profissional. Se quiser preservar uma abordagem equilibrada à vida em geral e garantir sua autopreservação, você tem de separar sua individualidade do trabalho. Sua pessoa é, provavelmente, melhor representada por seu crescimento pessoal, suas amizades, os laços de família, seus valores e suas crenças. Isso está em contraste com o número de clientes com quem você lida por dia ou com o número de quilômetros que você voa por ano. A decisão de ser consumido pelo trabalho e de permitir ser identificado por sua profissão diz muito sobre suas crenças e prioridades na vida. Uma abordagem unidimensional à vida e ao trabalho é um caminho sem volta. Um treinador pode ser capaz de sobreviver no treino e em seu negócio. Mas isso não vai durar muito.

Capítulo 3

COMEÇANDO E DEFININDO SEU NEGÓCIO

Este capítulo é um livro por si só e responde muitas das perguntas que os treinadores novos têm. Mas a informação contida nele também é muito útil para profissionais veteranos que desejem amadurecer, melhorar e avaliar as práticas de negócio. Mesmo que tenha de supervisionar muitos empregados, você não deve se afastar demais das realidades da profissão na prática.

Um empreendimento bem-sucedido leva em conta o ponto dc vista do clicntc, do trcinador e do proprietário da empresa. Os clientes precisam de cuidados especiais, manutenção do relacionamento e apoio. Mas o treinador também precisa de atenção. Isso é necessário se você for o único treinador de sua empresa ou se supervisionar outros profissionais. O sucesso depende do cumprimento do trabalho do treinador em relação ao cliente.

Conforme analisamos as seguintes estatísticas sobre a falência e o sucesso de um empreendimento, é interessante concentrar-se nos seguintes pontos de importância. Eu levo todos esses pontos em consideração desde o início de minha carreira, e a mensagem deles continua sendo importante até hoje.

- Defina sua direção por escrito (ou seja, o pacote de apresentação ao cliente no anexo).
- Adquira educação e contatos que lhe permitam seguir nessa direção.
- Concentre-se em seu objetivo, mantendo o foco em todos os aspectos de seu negócio.
- Fique atento às tendências para que tanto você quanto seu negócio permaneçam atualizados.

Assustadoras é uma palavra que descreve as estatísticas a respeito de novos empreendimentos. Mais de 77% dos empreendimentos vão à falência dentro de cinco anos após seu início. Nos cinco anos seguintes, mais 22% dos negócios restantes terminam (veja o quadro na página 34). Apenas 18 a cada 100 empreendimentos conseguem completar dez anos de existência. Em outras palavras, 82% dos negócios vão à falência (Hallo 1999). Qualquer pessoa pode abrir um negócio. Mas quantas conseguem se manter no mercado? Operar uma empresa de treinamento personalizado e mantê-la funcionando por bastante tempo não são tarefas fáceis. E as soluções para o sucesso nem sempre são claras. O sucesso depende muito do que você está fazendo, e não do que pretende conseguir ou pensa estar fazendo. Resumindo, suas ações devem satisfazer os clientes.

Crie sua imagem profissional

Apesar de você poder caracterizar sua imagem como um aspecto básico de seu negócio, ela não deixa de ser importante para seu sucesso. Na verdade, muitos treinadores de sucesso analisaram melhor o nome e a imagem de suas empresas e descobriram que eles não eram ótimas opções. Se você tem alguma dúvida em relação a sua imagem ou direção, desenvolva um pacote de apresentação ao cliente como o que mostro no anexo. No capítulo 2, eu abordei os passos essenciais necessários para a construção de um empreendimento de treinamento personalizado bem-sucedido. É com esse assunto que começo este capítulo.

Dez razões pelas quais as empresas vão à falência

1. Falta de visão, de propósito ou de princípios. Você precisa de objetivos, visão, direcionamento e paixão. Defina o que seu empreendimento vai oferecer como produto. Identifique um nicho que o diferencie de outros negócios.
2. Falta de planejamento financeiro. O que você deseja que aconteça não vai se materializar, a menos que você o planeje bem e reveja seu orçamento freqüentemente.
3. Excesso de dependência em determinadas pessoas (que pode ser você). Você quer trabalhar para uma empresa ou gerenciar uma? Se um funcionário importante sair de sua empresa, isso abalará suas estruturas?
4. Estratégia de *marketing* ruim. Trabalho árduo e especialização em uma determinada área não substituem o *marketing*. Eu conheço pessoas que levaram seus negócios à falência. O *marketing* tem a ver com números e com apresentar seu produto ou serviços a clientes em potencial.
5. Não estabelecer ou comunicar os objetivos da empresa. Isso afeta os clientes em potencial, os funcionários e o crescimento da mesma.
6. Competição ou falta de conhecimento de mercado. Na área de treinamento personalizado, a competição de outros treinadores é uma desculpa ruim para o fracasso. Cerca de 80% da população não faz exercícios com freqüência. Você pode evitar o fracasso sabendo como os serviços e produtos que oferece podem atender a diversos nichos de mercado.
7. Capital inadequado. Geralmente, a principal razão pela qual um negócio vai à falência é o começo inadequado, com pouca expansão financeira. Você tem poder financeiro para enfrentar épocas difíceis, perdas ou mudanças econômicas? Programe-se!
8. Falta de programas padrão de qualidade. É preciso que seu nível de especialização esteja dentro dos padrões exigidos. O consumidor do condicionamento físico de hoje é mais atualizado e informado do que nunca.
9. Concentre-se na técnica e não na estratégia de trabalho. Por exemplo, o sucesso de seu negócio não depende totalmente de você aplicar todo seu tempo e esforço em se tornar um especialista em biomecânica. Se você se concentrar em apenas uma área de conhecimento técnico, por exemplo, o treino de resistência, não estará mais administrando uma empresa. Em vez disso, estará trabalhando em uma empresa. O foco enganado raramente satisfaz todas as necessidades de seus clientes. A administração de uma empresa exige que você concentre-se na situação total.
10. Incapacidade de estabelecer um sistema de gerenciamento. Em outras palavras, você realiza todo o trabalho. Os sistemas de gerenciamento incluem esquemas organizacionais e o uso eficaz de pessoas.

Adaptado de FitPro (1999).

A criação de um pacote de apresentação bem detalhado ou de um kit de propaganda o ajudará a evitar muitos dos erros citados anteriormente que se associam a negócios falidos. Estar atento a problemas faz com que você abra os olhos e prepare-se para as quedas, evitando, assim, o pesadelo da falência da empresa.

Empresas como a Mercedes Benz, Vuarnet, McDonald´s, International House of Pancakes (IHOP), Microsoft e IBM, para citar apenas algumas, têm criado uma imagem diretamente relacionada aos produtos e serviços que oferecem. Os logotipos de suas empresas são conhecidos e imediatamente identificados por milhões de pessoas ao redor do mundo, e a mensagem de marketing delas é clara. Por outro lado, você já passou por algum restaurante com o nome "Coma"? Que tipo de serviço pode ser esperado de um lugar chamado "Coma"? Talvez você tenha uma das impressões: primeiro, deve ser um restaurante barato, onde podemos esperar serviço e comida ruins e banheiros imundos. Ou talvez você se lembre de uma vez, quando entrou em um local mal iluminado chamado "Coma", onde, para sua agradável surpresa, o atendente era simpático e a comida era caseira, deliciosa e barata.

É isso que quero dizer. Para alcançar o sucesso, você tem de pensar na identidade de sua empresa, estabelecer um bom planejamento, identificar seu público-alvo e usar técnicas eficazes de *marketing*. Se, por exemplo, sua empresa tem uma imagem que passa a idéia de musculação, ginástica laboral ou uma especialização em ginástica para mulheres, você tem de avaliar se essa imagem realmente reflete sua intenção. Você se pergunta como as pessoas identificarão seu negócio e quais serviços elas acreditam que sua empresa oferece? Se não tem certeza sobre a resposta, pergunte a diversas pessoas qual impressão elas têm. A resposta pode surpreendê-lo e ajudá-lo a colocar sua empresa no caminho correto. Um colega meu de treino, certa vez, achou que sua empresa não estava atraindo uma quantidade razoável de pessoas de nossa região. Ficou óbvio que uma das razões para isso era o nome de sua empresa: Cuidados Executivos. Se decidir especializar-se em um mercado-alvo, como musculação, ginástica laboral ou condicionamento físico de executivos ou treinamento apenas para mulheres, entenda as limitações a respeito do tamanho do mercado. Eu conheço muitos empresários que têm sucesso em sua área de especialização. É claro que não se trata de uma questão de certo e errado, mas sim de direção planejada.

Organizar o pacote de apresentação já citado, o kit de propaganda e o pacote de apresentação ao cliente (pode ser usado nas três situações) é essencial para deixar claro seu objetivo. Criar esse pacote também solidificará sua empresa e sua imagem profissional (veja o anexo).

Aconselhamento

O desenvolvimento e o uso de um quadro de conselheiros é essencial para sua empresa. Perceba que não se trata de um grupo de diretores, que opinam nos assuntos da empresa e geralmente têm uma parcela de direito na tomada de decisões e nos ganhos financeiros. Um quadro de aconselhamento pode fortalecer sua credibilidade com os clientes e os clientes em potencial. Um quadro ativo – *versus* um quadro figurativo que parece ser bom na teoria, mas cujo conselho você não usa mesmo – pode ajudá-lo a estabelecer um plano sólido de empreendimento e evitar decisões com base apenas em sua experiência limitada ou sua percepção de uma determinada circunstância.

Um quadro de aconselhamento bem equilibrado inclui pessoas tanto do setor de negócios quanto dos campos de saúde e condicionamento físico. Veja seu quadro de conselheiros como um grupo de especialistas disponíveis para ajudá-lo a servir seus clientes de uma maneira melhor. É de seu interesse constituir esse quadro o mais rápido possível. A influência desse grupo em seu negócio e suas decisões pode ser valiosa.

Onde você consegue ajuda para um cliente com um problema específico? Como localiza profissionais da saúde que possa indicar? A quem você recorre quando tem uma dúvida a respeito dos negócios? É aqui, é claro, que seu grupo de conselheiros entra.

Parte do sucesso de seu programa e do desenvolvimento de seu negócio depende da especialização que você pode alcançar. Um grupo de conselheiros é um passo na direção certa. Membros bem selecionados podem oferecer um sistema de referência profissional especializado, uma equipe de gerenciamento e conselhos inteligentes para seus objetivos diários e em longo prazo. Os membros de seu quadro de conselheiros não devem esperar que você mande trabalho a eles. E você tampouco deve esperar o mesmo. Se ocorrer uma indicação, deve ser para o bem do cliente.

Estabelecendo seu quadro de conselheiros

Por que alguém estaria disposto a participar de seu quadro de conselheiros? As pessoas me fazem essa pergunta com bastante freqüência, pois a pergunta embutida é: qual é a vantagem para o membro?

Eu participo de quadros por diversas razões, que vão desde gostar do prestígio que recebo por ser um especialista colaborador de uma empresa bem conhecida a ter o desejo de estar envolvido com uma organização de boa qualidade, cuja filosofia combina com a minha. Eu participo porque vale a pena, porque quero voltar a ter um desafio ou por gostar da orientação que tenho recebido ao longo dos anos, sem compromisso.

Alguém vai querer servir com alguma especialização a você? O fato de as pessoas bem-sucedidas estarem ocupadas é um empecilho, mas você não tem como saber se não perguntar. Nem todas as pessoas a quem você recorrer estarão à procura de ganhos financeiros ou pensarão no que ganharão com isso. Existem muitas pessoas bem intencionadas, que gostam de ajudar uma causa bem organizada. Você precisa encontrar essas pessoas. Aqui está uma realidade: a maioria das pessoas adora compartilhar seu conhecimento. Você não adora falar sobre o que conhece bem? Pense nas diversas maneiras com que doa seu tempo. Entender o motivo pelo qual você colabora com seu tempo pode fazer com que você entenda por que outras pessoas aceitariam o convite. Fazer a diferença, trocar idéias, levar uma empresa ou projeto adiante é pessoalmente recompensador e gratificante.

Planejando as reuniões dos conselheiros

Apesar de a maioria dos treinadores concordar, na teoria, que o quadro de conselheiros é uma boa idéia, eles não têm um. Na verdade, montar um quadro de conselheiros e tomar as medidas necessárias para colocá-lo em prática não são coisas fáceis. Demora um certo tempo até que você possa se apresentar como um profissional que dirige uma empresa bem-sucedida. Isso é mais fácil de ser feito se você já criou uma apresentação, ou um pacote de apresentação, e suas habilidades de comunicação pessoal forem boas.

Você precisa analisar, com antecedência, as áreas de especialização nas quais precisa de recursos. Depois de compilar tudo, descubra o que pode ser razoavelmente exigido das pessoas que participam de seu quadro de conselheiros para que eles satisfaçam suas necessidades.

Com que freqüência vocês se encontrarão? As reuniões são necessárias ou os contatos por telefone e e-mail bastam? É preciso que todos os conselheiros estejam presentes ou apenas aqueles cuja especialidade está sendo discutida? Deixe que os candidatos saibam quem mais participa de seu quadro. Pode influenciar na decisão deles se reconhecerem um colega que, por exemplo, é bastante consultado e ocupado.

Muitos dos consultores de boa qualidade que você procura estão preocupados em causar o maior impacto possível, com o menor investimento de tempo. A maioria, na verdade, quer ajudar simplesmente por gostar de você. No entanto, se você demonstrar ser desorganizado, pouco profissional ou indeciso sobre o que deseja da pessoa, parece que a reunião dos conselheiros vai terminar em uma grande perda de tempo, sem produtividade. E você pode ter a certeza de que seus conselheiros fugirão de você. Eu aviso às pessoas que as reuniões não acontecerão com freqüência, que serão organizadas com antecedência e que todos serão avisados antes. Aviso que, se for na hora do almoço, eu pagarei pela refeição, e terminaremos em 45 minutos.

Agradeça o esforço de seus conselheiros. Identifique o impacto que eles causaram em seu processo de desenvolvimento e tomada de decisões e mande bilhetes de agradecimentos, e-mails e mensagens de voz. Um presente por ano ou outra demonstração especial de agradecimento são atitudes apropriadas.

Inclua uma representação diversa das pessoas que você poderia incluir, por exemplo, um advogado, um contador, um agente da bolsa de valores, um programador de finanças ou um banqueiro investidor. Você está procurando indivíduos que possam ajudá-lo a levar sua empresa adiante e ajudá-lo a tomar decisões sábias. Pense em incluir profissionais licenciados, como uma nutricionista, um terapeuta, um médico, um médico osteopata, um quiropata ou massagista, com outros profissionais qualificados de condicionamento físico. Para a surpresa de muitos colegas, eu gosto de incluir, pelo menos, mais um *personal trainer* que seja dono de empresa e outro que trabalhe em uma academia.

Sugiro um número máximo de dez conselheiros para representar as áreas de condicionamento físico e negócios. Comunique-se com regularidade com eles. Mantenha-os informados das decisões e mudanças de sua empresa. Tal atitude não é apenas uma gentileza profissional, mas também indica que seus esforços organizados e sinceros justifica o envolvimento da pessoa. Reveja as reuniões anualmente e chame novos membros quando uma determinada área exigir e se não tiver a representação de um especialista na área.

Pense em chamar clientes capacitados para participar. Se for apropriado, eu geralmente peço a opinião de meus clientes sobre minhas decisões, como forma de gentileza, e às vezes recebo conselhos valiosos. Faz sentido perguntar aos clientes: "O que você acha?" e investigar se eles têm o interesse em participar do quadro. Se perceber que a reunião poderia comprometer o relacionamento profissional de alguma maneira, obviamente, é prudente deixar tudo como está.

O uso de um quadro de conselheiros pode ajudá-lo a não se tornar estagnado e complacente com sua maneira de gerenciar sua empresa e seu programa. Esse grupo de pessoas também pode ajudá-lo a evitar erros caros ou irreparáveis. As más decisões acabam levando embora dinheiro e tempo e destruindo seus negócios. Representantes das áreas de condicionamento físicos e de negócios lhe dão uma comunicação direta com o mundo real. Eles podem ajudá-lo a resolver os desafios de negócios e planejamento de modo eficaz e o mantém atualizado e em desafio por uma introdução constante a idéias inovadoras que podem tirá-lo da zona de conforto ou da rotina familiar.

Os líderes sábios e de sucesso de hoje em dia cercam-se de excelência. Absorvem qualidades de personalidade e informação de fontes experientes, observando o comportamento, ouvindo e fazendo perguntas. Parte da força deles está nas pessoas que contratam, e das quais dependem. Uma abertura ao aprendizado, a capacidade de usar a criatividade de outra pessoa e o desejo de melhorar são as forçar propulsoras que colocam os serviços e as empresas no alto.

Decidindo onde treinar

Entre as várias decisões que têm de ser feitas, poucas são tão importantes quanto onde treinar. Em algum momento, você terá de pesar os prós e os contras de contratar pessoas, como empregador, trabalhando para uma academia ou em um local de treinamento personalizado estabelecido como contratante independente, ou dar início a um negócio independente, onde você vai até as residências dos clientes ou tem seu próprio local. As três situações têm benefícios e desvantagens.

Academia ou local de treinamento personalizado

A menos que haja circunstâncias incomuns, provavelmente o melhor lugar para começar uma carreira de treinamento é uma academia estabelecida ou um local de treinamento personalizado. Os dois locais oferecem facilidade para se cultivar uma clientela e manter uma boa abordagem de treinamento. Você pode cometer alguns erros e testar a situação. Além disso, como esses locais já têm equipamentos, essa escolha minimiza, ou exclui, o peso de custos de iniciação. Felizmente, essa opção é realista e disponível. Em um momento, grandes cidades como Nova York, Toronto, Londres, São Paulo e Buenos Aires estavam entre as áreas com academias que ofereciam oportunidades de emprego a *personal trainers*. Hoje em dia, as academias do mundo todo usam treinadores em seus estabelecimentos que são registrados ou recebem por hora. Os treinadores também podem ser contratados como autônomos, e um acordo de benefícios é feito.

Além de ser a maneira menos arriscada de começar, trabalhar em um local estabelecido que ofereça treinamento personalizado permite que você experimente os métodos, as técnicas e as habilidades de comunicação com as pessoas. Apesar de a academia pedir uma porcentagem (e não é incomum que eles peçam até 60% do valor cobrado pelo treinador), ela oferece o local e uma carteira já formada de clientes em potencial. Apesar de as melhores academias quase nunca terem vagas, eles perdem treinadores de tempos e tempos. E vale a pena tentar. Seu cliente e seu pacote de apresentação podem causar uma ótima impressão e definir se você será ou não aceito para essas vagas tão disputadas. A primeira impressão e a primeira apresentação são muito importantes.

Se você puder criar sua própria clientela e evitar os custos de começo e conseguir alugar um local para trabalhar, procure usar um local de treino que cobre por hora ou estabeleça um aluguel mensal. A maioria desses locais terá regras que você terá de seguir, como a obtenção de um seguro de responsabilidade. Lembre-se que os locais onde só há treinamento persoalizado – ou seja, onde não há alunos treinando sozinhos – e que alugue espaço aos treinadores nem sempre serão bons lugares para encontrar clientes, pois o cliente que estiver treinando obviamente terá um treinador. Ainda assim, pode ser que seja possível gerar um pouco de renda e desenvolver relacionamentos que podem beneficiá-lo, substituindo treinadores quando eles estiverem de férias ou doentes. Ou talvez um treinador tenha clientes demais e tenha de indicar alguns a você. Mesmo assim, é sempre uma atitude inteligente conhecer pessoas e estabelecer relacionamentos profissionais.

Um lugar ainda melhor para começar sua carreira de treinamento pode ser uma das várias academias que não oferecem treinamento personalizado. Com a proposta de trabalho correta, um treinador pode conseguir convencer a empresa a oferecê-lo aos seus membros.

A maneira mais simples de fazer essa proposta é explicar como esse tipo de serviço é interessante para a academia. Antes de lançar o plano de ataque, prepare-se. A academia não o procurou, entretanto, é importante impressionar seu público com um plano profissional, lógico, conservador e completo. Isso quer dizer que você deve consultar a clientela de forma realista e mostrar aos donos da academia que os alunos querem, precisam e podem pagar pelo que você tem a oferecer. Explique que as pessoas que treinam com *personal trainers* têm uma tendência maior a não desistirem do treinamento. Um fator importante para se criar uma situação de benefícios está relacionado com o preço de seu trabalho. Deve ser alto o bastante de modo a justificar o investimento de seu dinheiro e tempo, mas baixo o suficiente para atrair clientes. Além disso, você pode ou não dar uma parte de seus ganhos à academia. Todos os aspectos do acordo são negociáveis e dependem muito de sua apresentação. Comece com um preço competitivo para a região. É mais fácil aumentar os preços uma vez estabelecidos e com um fluxo de caixa.

Quando estiver trabalhando em academias ou locais de treino, nunca tente treinar um aluno em segredo. Você não deve receber dinheiro do cliente, a menos que tenha um acordo com o dono do local ou com a gerência. Você é um treinador profissional, e não um parceiro de treino disfarçado ou um negociante desonesto. Em vez de arriscar ser humilhado e colocar sua profissão em risco, obtenha a aprovação do estabelecimento, em primeiro lugar, ou negocie um acordo, e comece a estabelecer uma base sólida de honestidade e integridade.

Treinando em residências

As pessoas dão valor à privacidade, à conveniência e à economia de treino que o treino em casa pode oferecer e se dispõem a pagar mais. Apesar de ter se falado bastante sobre o treinamento em clubes ou locais de treinamento personalizado, eles não são as únicas opções para o treinador iniciante. Ao entrar nesta área, muitos profissionais se imaginam treinando na residência dos clientes. É compreensível, pois a televisão e a mídia impressa sempre fazem matérias de treinadores que vão às casas dos ricos e famosos com uma van cheia de equipamentos ou têm a sorte de treinar em uma casa com uma ampla sala de ginástica, com mais de US$50 mil em equipamentos. É pouco provável que a maioria dos treinadores terá acesso a esses tipos de círculos sociais e ambientes. Entretanto, todas as cidades, por menor que ela seja, tem sua elite e classe de ricos. Apesar de essa demografia representar uma parte importante do mercado à qual você gostaria de ter acesso, não é seu único alvo. As pessoas ocupadas e conscientes em relação ao tempo, independentemente da fama e riqueza, sabe o que acarreta o treinamento em casa.

Não deixe que o fato de um cliente não ter uma academia completa destrua sua confiança. Muitas pessoas não têm espaço, dinheiro ou desejo de transformar um cômodo em uma academia. Além disso, seu cliente geralmente não vai esperar que o treinador chegue com uma academia cheia de aparelhos. Por outro lado, quem escolhe fazer o treinamento em casa raramente se incomoda em pagar muito dinheiro por esse serviço especializado a um treinador que traga o mínimo de equipamento, facilmente transportado, sem comprometer os resultados. Os treinadores devem ser criativos e experientes e ter a habilidade de trabalhar com o mínimo de equipamento, enquanto cria, ao mesmo tempo, um programa eficaz e variado.

Pela minha experiência, muitos dos clientes que treinam em casa, compreendendo que esse é um serviço caro, provavelmente não gostará de ser cobrado pela hora toda para a sua locomoção, principalmente porque os valores de treinamento personalizado costumam ser bem caros, se comparados com outros serviços. Eu adiciono cerca de 20% do valor da hora de trabalho para percursos de 20 minutos ou menos. Em relação ao treino em casa e à estrutura de valores, leve em consideração esses três pontos: (1) a taxa adicional de 20%, para 20 minutos ou menos de percurso é menos do que cobrar uma hora cheia para 20 minutos de percurso de ida e volta. Essencialmente, trata-se de um desconto de 50% de seu tempo porque só estará cobrando por uma viagem. (2) Se você trabalha em uma academia, precisa pensar com cuidado se é inteligente usar seu tempo para treinar em residências se tiver clientes que cheguem até você. Obviamente, ser compensado por seu tempo é a questão. (3) Limite o tempo de percurso para a casa de um cliente e até 20 minutos. O máximo é 30 minutos. A exceção pode ser dada ao cliente que esteja disposto a pagar pela sessão de treinamento e que o compense pelo tempo que o treinador gastará no percurso, com base em seu preço por hora cheia.

Como o percurso até as residências pode demorar tanto quanto o treinamento, o treinador geralmente tem de absorver pelo menos parte do tempo de viagem. Se você estiver apenas começando seu negócio, pegar todas as oportunidades de treinos em residências pode ser interessante. Quando seus negócios estiverem melhores e o tempo livre for pouco, é mais sensato recusar treinos em residências, ou, pelo menos, ser mais seletivo. Do ponto de vista dos negócios, sua decisão deve se basear na compensação justa e em como usar seu tempo.

O treinamento na residência dos clientes requer cuidadoso planejamento dos clientes para que você possa aproveitar ao máximo seu tempo. Como o treinamento personalizado é um trabalho intensivo – a maioria dos treinadores ganham por hora –, é fácil deixar de ganhar dinheiro se um tempo não compensado for gasto nos percursos até as casas dos alunos. Planejamentos mal feitos resultam em intervalos improdutivos ou atrasos em sua rotina diária.

Treinando em sua casa

Alguns treinadores tentam vencer o desafio de alugar um espaço transformando um dos cômodos de sua residência em um local de treino. A idéia, é claro, é fazer com que o cliente vá até você. Na teoria, parece a solução perfeita. Mas, de alguma forma, o atrativo da idéia termina quando o plano é colocado em ação.

Alguns dos problemas que surgirão: estacionamento inadequado e permissão de funcionamento, falta de privacidade tanto para você quanto para o cliente e a dificuldade em criar um ambiente profissional. Você pode imaginar os problemas que surgem com a questão do banho, do trocar de roupas e com a ida e vinda de alunos. Esse tipo de escolha de treinamento pode deixar sua vida toda exposta ao aluno. Como a cama sempre tem de estar arrumada e a sala de estar impecável, dependendo de como os clientes entrem e saiam de sua moradia, muitos profissionais que escolhem essa opção logo se sentem presos em suas próprias casas.

Para piorar, o alto custo de equipamentos, instalações e manutenção geralmente está além do poder financeiro da maioria dos treinadores. Como existe pouco movimento de carros e pessoas em ruas residenciais, o profissional pode ficar isolado quando precisar divulgar sua empresa. E um vizinho irritado pode tirá-lo do mercado se você não estiver completamente informado sobre as leis de direção de negócios em áreas residenciais e todas as licenças.

Eu digo que existem exceções. Muitos profissionais que eu conheço estabeleceram ótimos negócios em suas residências. Com esse tipo de estabelecimento, vem a conveniência de minimizar o tempo de locomoção, a facilidade de trabalhar em casa e a economia de dinheiro por não precisar alugar um local. O sucesso geralmente acontece se o prédio tiver uma entrada separada para a sala de treinamento, assim como um banheiro perto – evitando que o cliente tenha de entrar em áreas mais íntimas de sua casa. A privacidade do cliente e o treinamento sem interrupções são outros pontos que devem ser preservados. Nenhuma interrupção de familiares, telefonemas e emergências pessoais é aceitável. Se você tiver um cônjuge ou filho que esteja em casa na maior parte do tempo de suas horas de trabalho, por exemplo, poderá ter alguns problemas em relação a manter um ambiente profissional no local.

Unindo-se a outros treinadores

Às vezes um grupo de novos treinadores pode tentar reunir-se e unir recursos, dividindo um espaço em comum onde possam trabalhar juntos. A idéia é boa na teoria e parece ótima durante o jantar, mas se autodestrói quando um dos profissionais se torna mais bem-sucedido que os outros. Os problemas também podem ocorrer quando os parceiros disputam o mesmo espaço ou cliente. Uma maneira de evitar essa competição e autodestruição é criar uma parceria legal. Conheça bem seus sócios bem antes de entrar nesse acordo e estabeleça as regras.

Empresa própria

Depois de pensar bem e decidir abrir sua academia – independentemente se você tem ou aluga o equipamento ou possui ou aluga o espaço – você precisa estabelecer e organizar um plano e criar um ambiente profissional adequado.

Logo que dei início a minha empresa, quis ir com calma. Em vez de imediatamente abrir meu negócio, sonhei com um espaço de treinamento que meus clientes e eu adoraríamos freqüentar. Por causa desse pensamento conservador, eu continuei trabalhando na academia até ter o dinheiro para o que eu considerava o local perfeito.

Enquanto economizava dinheiro, procurava um lugar que pudesse ser escolhido. Por acaso, descobri que um de meus clientes estava construindo um edifício comercial. Encontrei uma grande sala adjacente à entrada do edifício que ele usaria como depósito. Eu o convenci a aumentar um pouco o local, e ele se tornou o começo de minha carreira solo. Aumentamos o pé direito, resolvemos o problema da falta de janelas (eu queria um pouco de luz natural) e instalamos dois banheiros com chuveiros. Eu negociei um aluguel em longo prazo, que incluía três vagas de garagem. Além disso, foi minha escolha renovar o contrato a cada ano. Eu negociei a meu favor. Juntos, os donos do edifício e eu convertemos um espaço inutilizado em um local gerador de renda, o que valorizou o imóvel e me deu as condições de abrir meu local de treino.

Quando o espaço ficou pronto, eu já tinha guardado US$30 mil. Para mim, era como uma pequena fortuna, mas, mesmo com compras bem planejadas e comparação de preços, a maior parte do dinheiro foi utilizada. Além de comprar o equipamento, inclui melhorias, como um aparelho de som, videocassete, televisão, toalhas, quadros, pintura e espelhos. O investimento, apesar de grande, valeu a pena, porque eu estava pronto para abrir um local de primeira categoria.

Se você decidir seguir esse caminho agora ou no futuro, certifique-se de ter as finanças e os recursos para terminar todos os preparativos antes de abrir. Nada é mais amador do que ter de trabalhar em dependências mal-acabadas, com promessas de conclusão. É claro que isso provavelmente será inevitável se você estiver fazendo uma reforma depois que o local estiver estabelecido.

Apesar de estar satisfeito com o equipamento e o estilo do estúdio, nunca pensei no aspecto físico de meu trabalho como um fator essencial de meu sucesso. Mas eu tinha o espaço e o dinheiro, e gostei, assim como meus clientes, das opções que *The Training Edge* proporciona a mim e a eles. Assim, se você compreende como os músculos movem a estrutura do esqueleto e o básico da programação do condicionamento físico equilibrado, não precisará do equipamento mais caro e sofisticado para treinar as pessoas e conquistar seus objetivos. Se você tiver pouco dinheiro ou espaço, se está comprando o equipamento para a academia pessoal de algum cliente ou precisa ser mais seletivo, ainda assim tem várias escolhas que podem ser feitas, eficientes para o espaço. E a tomada dessas decisões não pode comprometer o resultado do treinamento.

Os pontos essenciais quando você está estabelecendo seu próprio negócio incluem despesas de propaganda (cartões de visita, pacotes promocionais, decoração e custos com propaganda); telefone, secretária eletrônica e custos com serviços; seguro de responsabilidade; despesas com contabilidade, mesmo que você mesmo cuide de seus registros financeiros; material de escritório e qualquer taxa de consultoria e serviços legais.

Unidades móveis: Condicionamento físico ambulante

O condicionamento físico sobre rodas é a melhor solução para um mundo que exige serviço entregue em sua casa. De maneira essencial, esse serviço exige o uso de uma grande van (apesar de você poder escolher veículos menores e ainda assim ter sucesso), com vários equipamentos portáteis e versáteis. A van vai ao local de trabalho ou à residência do aluno e literalmente oferece um local completo de treinamento. Boas escolhas de equipamentos e veículo são necessárias para melhorar o espaço de uso e as opções de programação. Você terá de escolher entre uma minivan (equipamento portátil de condicionamento físico que possa ser transportado para a casa ou o escritório do cliente e que tem de ser tirado da van em cada local) e uma grande van de carga (o aluno pode também exercitar-se dentro da van). Com bastante planejamento e boa seleção de artigos, diversos exercícios de musculação e treinamento cardiovascular se tornam possíveis. Quando for escolher uma van na qual o cliente fará o treino, leve em conta o clima. No frio, levar seu cliente para treinar dentro da van será um problema, e você terá de aquecê-la durante o treino. Por outro lado, os climas quentes podem apresentar temperaturas perigosas, que exijam que a unidade de treinamento tenha um bom sistema de ar-condicionado. A preocupação com o conforto e a segurança do cliente é essencial.

Uma cidade dentro de outra cidade... Mina de ouro do cliente em potencial

Qualquer área com uma grande concentração de habitantes é uma mina de ouro em potencial para os negócios. Um condomínio ou edifício, ou o que eu chamo de "uma cidade dentro de outra cidade", oferece tal oportunidade. Um treinador pode obter uma clientela e negócios em qualquer complexo. Grandes oportunidades existem em áreas de construção.

Dez Dicas de *Marketing* que Funcionam

A seguir, apresento dez dicas de *marketing* gratuito ou de baixo custo que divulgarão sua empresa, melhorarão a imagem de seus negócios, aumentarão sua credibilidade e seus lucros, e atrairão clientes.

1. Prepare ou faça parte de uma feira de profissões e empregos.
Isso melhora a imagem de sua comunidade e as pessoas aprendem sobre o que o serviço de treinamento personalizado tem a oferecer. Você pode atrair clientes e empregados em potencial.

2. Estabeleça um prêmio de reconhecimento de condicionamento físico.
Realize o evento em seu local de treino ou outra comunidade.

3. Doe serviços de treinamento a uma apresentação à comunidade ou a outro evento de caridade.
Isso faz com que seus serviços e negócios sejam "descobertos". Mesmo que o indivíduo decida não renovar o treinamento, ele pode indicar seus serviços.

4. Participe de quadros da comunidade e outros projetos benevolentes e que valem a pena.
Contribuir com a comunidade é uma afirmação firme de seu envolvimento local.

5. Participe, seja voluntário e envolva-se!
Ser o treinador de times de jovens, participar em atividades de comércio e entrar em organizações de serviço local expõe você e seus negócios a importantes contatos.

6. Patrocine ou ajude a organizar eventos da comunidade.
Como demonstração do apoio à comunidade e de interesse, participe de eventos de arrecadação de fundos, benefícios, almoços beneficentes e apresentações, e outros eventos sociais.

7. Ofereça palestras de condicionamento físico e de saúde, escreva artigos sobre o tema ou apresente um programa de rádio ou de TV sobre o assunto.
Isso oferece mais oportunidade de promover sua empresa, melhorar suas habilidades de apresentação ou de "fazer uma boa ação".

8. Ofereça uma festa de agradecimento a seus clientes.
Isso oferece uma oportunidade de você agradecer pessoalmente a seus clientes. Incentive-os a trazererem um amigo para a reunião.

9. Ofereça serviços de avaliação física e saúde.
Ofereça testes de pressão ou avaliação de composição corporal e entregue folhetos detalhando seus serviços.

10. Crie um pacote de apresentação ou introdução para o cliente ou um kit propaganda.
Atualize esse pacote de apresentação (ver anexo) regularmente e use-o como uma ferramenta de divulgação.

Encare a idéia de oferecer treinamento e um local de treino como uma facilidade para atrair membros. Se eu fosse alugar um local e tivesse dois locais parecidos, sendo que um oferecesse treinamento e o outro fosse uma academia, eu escolheria aquele com a área de treinamento. Como eu disse anteriormente, quando decidi abrir minha empresa, fui ver um prédio que um cliente estava construindo. Procuramos e encontramos um espaço não utilizado que os donos do prédio não conseguiriam alugar, e eu negociei um contrato de aluguel de longa duração. Com um pouco de imaginação e sonhos, e porque tive a coragem de pedir, logo eu estava com meu próprio local de treinamento.

Como o treinamento personalizado é bem enraizado em nossa sociedade atualmente, os treinadores podem ter facilidade para vender a idéia do treinamento personalizado aos donos de prédios ou gerentes. Os treinadores atualmente têm mais respaldo porque o serviço que eles oferecem é uma vantagem que pode ser vendida a locatários em potencial. Você pode conseguir convencer o dono do local a transformar uma área aberta em um luxuoso espaço de treinamento. Para muitos locatários em potencial, ter uma área de treinamento poderia ser a razão definitiva para alugar um espaço em um determinado prédio. O mesmo acontece em hotéis. Quando uma determinada diária em um hotel é comparada com a diária de um quarto em um outro hotel, muitos turistas escolherão ficar no hotel que ofereça área de treinamento ou opções de spa e serviços de treinamento personalizado.

Proponha diversos acordos para conseguir fechar negócio. Você pode comprar os equipamentos em troca de aluguel gratuito do espaço ou propor um aluguel que seja favorável à sua situação. Se esse investimento for muito grande, você pode oferecer orientação a novos clientes ou turistas do hotel gratuitamente. Como incentivo adicional, e para compensar o risco e a liberação do espaço por parte dos proprietários, você pode negociar uma porcentagem de seus lucros ou uma taxa fixa todos os meses, que seria o pagamento de um aluguel.

Se sua proposta foi aceita em um novo local de construção, ao mesmo tempo em que a construção está sendo feita e seu espaço de treinamento construído, crie interesse e ansiedade acerca dos serviços que oferecerá. Se você mantiver suas despesas sob controle e cobrar uma taxa que seja realista naquela região, conseguirá atrair novos clientes imediatamente. Atenda-os bem, e eles serão o bastante para que você comece a trilhar o caminho do sucesso. Essa base de indicações continuará a crescer contanto que você ofereça um serviço valioso e impecável.

Coloque confiança em seu empreendimento

O treinamento personalizado exige relativamente poucos gastos e registros. Abrir seu negócio exige que você tome medidas simples, porém importantes, para salvaguardar o bem-estar de sua empresa e de seus clientes e minimizar sua exposição a aspectos desnecessários. Muitos desses assuntos serão mais discutidos nas próximas seções. Mas isso o ajudará a começar e lhe dará as instruções passo a passo.

Uma licença é necessária?

As leis federais e locais geralmente exigem que qualquer empresa tome procedimentos de registro específicos antes de começar a atender clientes. A obtenção de uma licença de trabalho geralmente resolve esse problema. As regulamentações governamentais permitem que seu estado, condado, província ou município possa gerar renda cobrando taxas. Obrigações extras ao governo podem incluir taxas de franquias ou sobre vendas se você comercializar produtos, e algumas áreas exigem que você tenha um nome fantasia. Quando uma empresa opera com outro nome que não seja o do proprietário, está usando um nome fantasia. Esse documento prova, por exemplo, que a empresa *The Training Edge* pertence a Douglas S. Brooks, empresa simples. Se com sócios, a empresa é de propriedade de DSB, Inc., uma empresa que trabalha com o nome *The Training Edge*. Se você decidir usar um nome fantasia, provavelmente terá de entrar com um documento de registro da marca. Isso evita que qualquer outra empresa use seu nome. Talvez você tenha de divulgar um documento no diário oficial de sua cidade. Isso divulga sua intenção de abrir sua empresa ao público.

Apesar de esses procedimentos parecerem confusos, a realização deles geralmente só depende de uma ligação à central telefônica para conseguir uma relação de repartições do governo. Alguns telefonemas bastam para que você consiga a informação necessária. Mais ajuda também pode ser obtida nos escritórios de pequenas empresas, que estão localizados em quase todas as grandes áreas metropolitanas. Você também pode consultar conhecidos que tenham aberto suas empresas: dentistas, cabeleireiros, massoterapeuta, nutricionista ou médicos. Aproveite a oportunidade para fazer a divulgação de seu trabalho e dividir suas intenções enquanto procura registrar sua empresa corretamente. Se está com dúvidas acerca da legalidade de suas ações, de qualquer maneira, consulte um contador ou consultor competente.

Devo me tornar uma pessoa jurídica?

Tornar-se uma pessoa jurídica quer dizer abrir uma empresa. A maioria das empresas é aberta para proteger os proprietários de responsabilidades pessoais. E a decisão de tornar-se uma pessoa jurídica ou não pode ser de pouca importância no começo de seu negócio. A minha opinião, com base em diversas conversas que presenciei e pesquisas que fiz, é de que os *personal trainers* não precisam se preocupar demais com isso, principalmente se estiverem no começo de carreira. As duas maiores razões para se tornar uma pessoa jurídica são: a isenção de responsabilidade pessoal e a vantagem de pagar menos impostos. Vamos colocar às claras o mito da isenção de responsabilidade. Seja você pessoa física ou jurídica, se oferecer serviços que causem danos ou que seja de má qualidade, se comparados com o padrão do mercado, pode e provavelmente será processado. Se uma empresa é processada, o processo feito contra a empresa pelos advogados "tiraria a capa" da mesma. Essa capa, obviamente, não o protege de processos, nem limita a responsabilidade pessoal. Se sua preocupação é com a responsabilidade, adquira um seguro de responsabilidade e proceda da maneira necessária para oferecer serviços que estejam dentro do padrão.

Conforme sua renda aumentar ou você for contratando mais funcionários, é adequado pensar em abrir uma empresa com a ajuda de um contador, um advogado ou um bom consultor financeiro. Encontrei informações valiosas com essas três fontes, uma vez que o ponto de vista de três especialistas diferentes deu forma à minha decisão final. Se a abertura da empresa não parece uma boa decisão atualmente, não abandone a idéia para sempre. Mais para a frente pode ser uma decisão adequada para seus negócios em reformulação.

Eu devo ter um seguro de responsabilidade?

Todos os treinadores deveriam ter um seguro de responsabilidade! Por melhor profissional que você seja, um cliente pode se machucar ou achar que você é culpado, em determinada situação, por alguma atitude que tomou ou não, que resultou em lesão ou prejuízo de algum tipo. A questão aqui não é discutir quem está certo ou errado. Seu cliente pode processá-lo. Por isso, o mais sensato é proteger-se de acusações e diminuir os prejuízos financeiro e emocional criados por uma ação legal contra sua pessoa. Entretanto, eu quero que meus clientes saibam que eu tenho seguro de responsabilidade para protegê-los. Alguma coisa pode dar errado durante o treinamento, e eu quero que eles percebam que eu me importo com o bem-estar deles. Negar a possibilidade de errar ou se envolver em um processo é uma atitude ingênua. O seguro de responsabilidade é uma prova forte de seu profissionalismo, um aliado no tribunal quando você tem de documentar os passos cautelosos que tomou para garantir o bem-estar de seus clientes e mostra sua preocupação com os alunos.

Um seguro de responsabilidade de possível aquisição está disponível em diversas organizações. Esse seguro geralmente é para profissionais que possuam os requisitos da organização, mas que não são necessariamente certificados nem pertençam ao grupo. Consulte a seguradora para determinar se o pacote oferecido cobre seu treinamento. Talvez sim, talvez não. Se você trabalha como empregador independente em uma academia ou local de treinamento personalizado, provavelmente precisará ter seguro de responsabilidade.

Omissão e comissão: assuntos legais

Isso é um clichê, mas nós vivemos em um mundo muito complicado.

Você pode ser processado por fazer pouco (omissão) ou por fazer mais do que deveria (concessão). As duas palavras, de modo legal, podem ser ligadas diretamente à responsabilidade, o que quer dizer 'ser responsável por seus atos e omissões'. Os treinadores são obrigados a usar "cuidados comuns" quando treinam seus clientes. Se você seguir o padrão de cuidados comuns, estará tomando as providências para evitar lesões a um cliente com métodos de treinamento consistentes que um treinador prudente e razoável usaria. Essa idéia representa o conceito de cuidado padrão. Qualquer Estado ou região demográfica no mundo que não exija que os treinadores sejam licenciados o julgarão: (1) pelo padrão de cuidado que geralmente tem base no critério imposto pelas grandes organizações educacionais e aceitos pelo mercado e (2) pelo testemunho que afirma o que um *personal trainer* profissional, cuidadoso e prudente faria na mesma situação.

Os processos podem ser evitados avaliando seus clientes corretamente, desenvolvendo programas seguros que satisfaçam os padrões da indústria de progressão prudente e as técnicas corretas de exercícios, e tomando o cuidado de supervisionar, com cuidado, todo o treinamento – desde a montagem e manutenção do equipamento a correções onde for necessário. Em outras palavras, você precisa estar no controle do treinamento do início ao fim. A instrução e a supervisão aqui são o mais importante. Registros atualizados também são essenciais. Espera-se que sejam usados comunicados, consenso e questionários sobre o histórico médico. Se você treina fora de um local apropriado ou ao ar livre, por exemplo, visite a região com antecedência, certifique-se de que seu seguro cobre esse tipo de situação de treino e faça um comunicado para que seu cliente esteja ciente dos riscos e leve consigo um telefone celular com bateria totalmente carregada para o caso de uma emergência. Por fim, não banque o médico. É de bom senso que você não saia de sua área de especialidade. A maioria dos países têm punições severas para as pessoas que praticam a medicina sem licença. É tentador dar conselhos quando alguém pede nossa opinião. Se você for especializado e qualificado, é aceitável dá-las. Mas, em geral, quando alguém lhe perguntar sobre como tratar lesões e tomar remédios, limite suas recomendações ao atendimento de primeiros socorros. Aconselhe a pessoa a procurar ajuda médica quando preciso. Mantenha registros bem detalhados e altere o treinamento de acordo com as regras profissionais.

Mas está na hora de parar de preocupar-se com aspectos legais. Apesar de o próximo assunto parecer bastante subjetivo, acredito que a real preocupação que tenho com meus clientes é uma das principais razões pelas quais nunca fui processado. Cometi erros, mas sempre esteve claro para meus clientes que eu sempre quis o melhor para eles. E tal fato fica óbvio nas decisões de negócios e planejamento que eu implementei. Acredito que se você mantiver os desejos, as vontades, as necessidades e o bem-estar de seus alunos acima de qualquer coisa e construir um relacionamento profissional forte, suas chances de sofrer um processo caem muito. Um relacionamento saudável e uma política que represente os interesses e o bem-estar de um cliente provavelmente fará com que esse cliente lhe dê uma margem de erro, o benefício da dúvida, antes de levá-lo à justiça.

Política: a base para o sucesso de seu empreendimento

Nada é mais importante em seus negócios do que criar políticas que você e seu cliente compreendam e sigam. Um plano de negócio poderia ser descrito como um resumo escrito e uma avaliação constante de suas idéias de negócios. O pacote de apresentação ao cliente no anexo o ajuda a determinar a direção de seu negócio e conseguir seus objetivos com visão clara. Uma política bem escrita é uma referência importante quando os conflitos aparecem e um procedimento precisa ser explicado. Quando você coloca o plano no papel, será forçado a elaborar todos os aspectos de seus negócios.

As políticas formam a base de sua empresa. Parâmetros de negócios apresentados de modo claro e profissional dão ao cliente a confiança de que você é capaz, habilidoso, experiente e treinado. Sem dúvida, sua imagem profissional melhora. Você reduz o risco de se envolver em conflitos e aproveita ao máximo seu tempo e dinheiro.

As políticas são melhor desenvolvidas depois que você identifica desafios comuns que todos os empreendimentos enfrentam mais cedo ou mais tarde. Na verdade, muitos treinadores que deram início a seus negócios anos antes da existência de livros de referência para profissionais, simplesmente faziam suas políticas com base na necessidade e na crise. As políticas representavam um curso de ação planejado, assim como a periodização é uma abordagem bem planejada para o treinamento. Você precisa dar atenção tanto ao planejamento de seu negócio quanto à programação física.

As políticas criam um padrão a partir do qual podemos operar. Mas o bom senso mostra que as regras devem ser flexíveis. Uma empresa sem políticas bem delineadas não tem base para resolver problemas.

Política favorável ao cliente

As políticas devem ser desenvolvidas em uma linguagem clara ao cliente. Em vez de simplesmente afirmar: "Você burlou as regras e essa é a conseqüência", escrevo as regras para que os clientes percebam que tanto eles quanto eu estamos sujeitos a seguir um padrão de conduta. Por exemplo, eu tenho uma política de cancelamento que serve para o cliente, para o treinador e para os negócios, e que deixa claras as conseqüências não apenas se o cliente não respeitá-la, mas também para o caso de eu desrespeitá-la. É uma política justa, que quer dizer que devemos ter regras, mas que nos importamos com o cliente e faremos o possível para satisfazê-lo. Uma filosofia assim, na verdade, fortalece sua política e habilidade de reforçá-la.

Uma política bem fortalecida lhe dá a base a partir da qual você poderá tomar decisões e fazer escolhas razoáveis. Aqui vai um exemplo: minha empresa tem uma política de cancelamento muito clara. Digamos que um de meus treinadores estivesse trabalhando com John, um cliente que faltou a três sessões agendadas seguidas, sem se importar em telefonar para o treinador. Feliz, do ponto de vista financeiro, meu treinador deseja cobrar as três aulas de John. Eu faço algumas perguntas ao treinador: o cliente telefonou para avisar? A relação está desgastada? É comum John agir assim? Se resposta para as três perguntas é não, então sugiro que o treinador telefone para John antes de enviar a fatura. Ao fazer isso, ele descobre que a mãe de John faleceu de repente. John, exausto e sofrendo muito, agradece o telefonema, pede desculpas por não ter feito contato com o treinador, apesar de seus motivos serem óbvios, e deixa claro que está ansioso para voltar ao treino assim que puder. Sentindo-se um tanto chateado e arrependido, meu treinador tem o bom senso de dizer a John que suas três aulas perdidas serão repostas quando ele puder e se desculpa por não ter telefonado antes. O treinador também envia um cartão de condolências e, do seu próprio bolso, paga para que seja enviado ao aluno um buquê de flores. Depois, eu insisto em reembolsá-lo por ter tomado a atitude correta (ter enviado as flores) e digo a ele que fiquei sensibilizado com sua gentileza e simpatia. Ética, valores, moral e justiça – parte da complexa dinâmica de se fazer o correto – são aspectos importantes na manutenção e no desenvolvimento de um relacionamento saudável e duradouro e de uma política que funcione e seja justa para todos.

Políticas escritas e acordos

Pensar sobre suas políticas e formulá-las em sua mente é o começo. Mas elas não terão valor até que você as coloque no papel. Sem dúvida, os acordos e as políticas escritas criam compromisso, evitam desentendimentos e atitudes ruins e tornam-se a base na qual seus negócios são construídos.

A política escrita e os acordos de clientes comandam obrigação mútua entre o cliente e sua empresa. Os procedimentos escritos ajudam a evitar políticas pouco claras e expectativas não realistas do consumidor, o que pode levar à insatisfação.

As políticas claras e consistentes o ajudam a evitar a perda de clientes. As políticas escritas bem comunicadas e justas oferecem uma solução rápida e imparcial quando os conflitos surgem. Um pacote de apresentação bem escrito (veja o anexo) resolverá a questão. Crie esse pacote com bastante cuidado.

Carta de acordo (contrato do cliente ou do treinamento)

Um serviço ao cliente ou contrato de treinamento também pode ser visto como uma carta de acordo entre um cliente e sua empresa (formulário 3.1). Geralmente, especifica o serviço prestado, o custo do mesmo, o modo de pagamento, a duração do contrato ou o número de aulas que o cliente está disposto a pagar. Apesar da semântica entrar na questão, eu prefiro uma carta de acordo de natureza pessoal e não intimidante, diferente de um contrato, que pode conter linguagem legal intimidante que detalhe as conseqüências teóricas de não-cumprimento.

Você concordando ou não com a idéia de tais cartas ou contratos, acredito que eles têm seu lado bom e devem ser considerados uma opção.

Formulário 3.1 Exemplo de Carta de Acordo

Esta carta de acordo detalha a relação de cliente-treinador entre *The Training Edge* e o cliente citado. O cliente concorda em respeitar as políticas e regras de *The Training Edge,* apresentadas a ele por escrito. O cliente confirma ter recebido, lido e compreendido a política.

Os pagamentos são efetuados após a prestação do serviço e o cliente terá burlado o acordado se o pagamento não for feito até quatorze dias após o vencimento. As notas são enviadas para o pagamento. Um pacote de treinamento pré-pago pode ser transferido ou vendido para outra pessoa em um período de até um ano a partir da data da compra. Nenhuma compra pré-paga é reembolsável. *The Training Edge* pode cancelar esse acordo imediatamente e deixar de oferecer os serviços se não for efetuado o pagamento. O cliente concorda em pagar o saldo devido pelos serviços prestados, mesmo que serviços não venham a ser contratados pelo cliente ou oferecidos pela *The Training Edge* no futuro.

Plano de pagamento do cliente e dias e horários das aulas:

____

____

____

____

____________________	________________________________
Iniciais do cliente e data	Iniciais do representante do *The Training Edge* e data

Os valores dos serviços podem ser aumentados e serão corrigidos anualmente, mas não afetam qualquer aquisição de serviço antes da correção.

The Training Edge trabalha com aulas agendadas. Qualquer aula cancelada com menos de 24 horas de antecedência será cobrada normal e integralmente ou deduzida de um bloco pré-pago de sessões de treinamento pago pelo cliente. Os cancelamentos feitos com mais de 24 horas de antecedência permitem que o cliente reagende a aula dentro de um período de sete dias a partir da data da aula cancelada. Se o cliente não conseguir marcar a aula dentro desse período, a aula cancelada será cobrada integralmente ou contada como uma aula feita a ser deduzida do pagamento pré-pago das sessões de treinamento.

As políticas do *The Training Edge* foram desenvolvidas e continuam sendo alteradas na esperança de estabelecer um relacionamento de respeito entre o cliente e o treinador. A política justa e clara ajuda a construir relacionamentos sólidos e duradouros. *The Training Edge* está aqui para servi-lo, e nosso comprometimento está bem detalhado no Pacote de Apresentação recebido por você.

Eu, ________________ (o cliente) li esta carta de acordo, concordo plenamente com a informação aqui apresentada e no Pacote de Apresentação e aceito essas políticas do relacionamento que eu, completamente informado, estabeleci com o *The Training Edge.*

Cliente *The Training Edge* (assinatura) ____________________________ data __________
Representante do *The Training Edge* (assinatura) ______________________ data __________

Nota do autor: para evitar a existência de vários formulários para cada acordo estabelecido, eu fiz um acordo flexível o bastante para acomodar um grande número de situações. Simplesmente preencha com os detalhes relacionados a cada acordo. Passe esse formulário para o computador, e será fácil e simples customizar o formulário para satisfazer a cada acordo e atualizar as informações. É sempre bom pedir que um advogado leia seu contrato, principalmente se sua intenção for criar um acordo que seja legalmente correto e se realmente pretender recorrer a ações legais na justiça.

Mas, sem dúvida, muitas pessoas não gostam da idéia de assinar na linha pontilhada. Não pressione seu cliente a assinar um acordo, e certifique-se de ter explicado todos os aspectos da carta ou do contrato. Muitas pessoas são pressionadas a assinar um contrato que não queriam assinar e descobrem tarde demais que as letras pequenas revelavam um contrato muito restrito que não foi divulgado de modo aberto e honesto. Mesmo que você acredite que o contrato estava claro, se um cliente achar o contrário, você terá problemas.

Sempre pensei que se é preciso um contrato ou uma ameaça de processo para manter um cliente comigo ou para que ele se sinta comprometido com meus serviços, quer dizer que o relacionamento terminou e talvez seja melhor deixá-lo ir. Você consegue imaginar um cliente fazendo uso de seus serviços quando não mais o deseja e ainda sob ameaça de processo? Deixando de lado a questão do certo e do errado, a maioria dos treinadores não tem tempo nem dinheiro para entrar em um processo e levá-lo adiante. Crie um forte relacionamento profissional e o contrato ocupará um lugar menos importante.

Não dê a impressão de que a papelada e a assinatura são mais importantes para você do que o bem-estar de seu cliente em potencial. Não pense que depois de conseguir a assinatura do contrato, terá um cliente garantido e uma fonte de renda. Você precisa conquistar essas duas coisas com trabalho. Aqui está um outro aspecto da realidade: nenhum contrato é realmente seguro, e, no mínimo, ele pode ser questionado e os dois lados podem discutir percepções e intenções diferentes. Mesmo que o contrato seja levado ao tribunal, o que se tornou seu relacionamento com o cliente? E será que você conseguirá algum dinheiro?

Ao dizer isso, acredito que seja inteligente deixar claro os detalhes do acordo e reafirmar suas políticas principais de trabalho. A política escrita é o que mantém seus negócios e os relacionamentos firmes.

O que você deveria incluir no contrato? Tudo o que você e seu cliente estabeleceram em relação a preço, pagamento e serviços oferecidos. Uma vez que sua política de cancelamento está diretamente ligada ao dinheiro trocado entre você e seu cliente, coloque sua política de cancelamento na carta de acordo, mesmo que ela já esteja especificada no pacote de apresentação. É sempre bom que seus clientes tenham as políticas por perto para consulta.

Explique as condições de pagamento. Meus clientes têm a opção de receber a fatura com os valores a serem pagos depois de receberem o treinamento. Contanto que eles sigam as regras e paguem de acordo com o que está estabelecido na política, permito que eles tenham esse benefício. Entretanto, como uma vantagem a mais, ofereço diversos planos de pagamento para que eu possa trabalhar melhor com suas necessidades específicas e oferecer um desconto. Essa flexibilidade planejada, o que faz com que eu tenha soluções rápidas, ajudou-me a fechar negócios com vários clientes que procuravam um acordo personalizado que atendesse às suas necessidades e condições. No *The Training Edge*, por exemplo, o cliente tem a opção de pagar depois que os serviços são prestados, adquirir um bloco pré-pago de aulas ou entrar em um treinamento em grupo.

Quando você oferece opções de pagamento como aquisições pré-pagas com desconto, um contrato ou carta de acordo detalhando a opção escolhida se torna muito importante. A carta de acordo é válida apenas para preservar a relação com o cliente se um conflito ou desentendimento surgir acerca da administração de tal plano. Qualquer acordo, ou política de negócios, escrito oferece uma base neutral, na qual meu cliente e eu podemos nos centrar quando um desentendimento surge. Podemos ser objetivos e ver o que concordamos no começo e, eu espero, chegar a uma solução amigável.

Um de meus principais objetivos em meu negócio de treinamento personalizado é preservar a relação cliente-treinador, em vez de estressar o relacionamento e perder tudo de positivo que vem com uma parceira duradoura e intacta.

Acordo pessoal ou autocontrato

Um acordo pessoal ou autocontrato não é legal em sua intenção e é, essencialmente, uma folha de objetivo do cliente (formulário 3.2). As responsabilidades do cliente estão descritas de modo a ajudá-lo a alcançar seus objetivos. Os autocontratos simbolizam um compromisso pessoal que o cliente faz consigo mesmo. O formulário tem de ser assinado pelo treinador e pelo cliente. O treinador serve como a testemunha e o incentivador.

Apesar de o treinador planejar e liderar o conteúdo e a direção da aula, há muitas horas na semana durante as quais o cliente não estará sob a supervisão do treinador. Assim, é importante estabelecer objetivos e resultados esperados não apenas para o treinamento de seu cliente, mas também para o tempo fora do treino. Afinal de contas, a ação, o acompanhamento e o comportamento instável – e não a boa intenção – trazem resultados.

Um cliente que realiza três sessões de 55 minutos por semana com você pode ter um programa que não dê certo ou que não seja ideal, dependendo do que ele faz nas outras 165 horas da semana. Por fim, o acordo pessoal coloca o ímpeto de responsabilidade de alcançar o sucesso no cliente. Quero que meus clientes saibam que podem ter sucesso, com ou sem minha ajuda, se eles se comprometerem e forem responsáveis por eles próprios, por suas ações e escolhas. Eles têm o conhecimento e o poder para ter sucesso, seja lá quem os treinar. É claro que a maioria dos clientes escolhe continuar o relacionamento por diversas razões. Mas para mim é importante, profissional e eticamente, colocar a confiança e a atitude do "é possível" em todos os meus clientes, para que eles sejam capazes de definir seu próprio caminho, com ou sem meus serviços. Esse acordo pessoal define as responsabilidades do cliente, documenta seus objetivos alcançados em curto e longo prazo e oferece uma visão de assuntos relacionados à saúde e ao condicionamento físico que deveriam ocorrer fora do momento do treino.

Reveja a política com freqüência

No mínimo, a política deve ser revista uma vez ao ano. Se um determinado procedimento não estiver funcionando bem para resolver os problemas ou se criar mais problemas, ele precisa ser rescrito para acomodar as mudanças de seus negócios e as necessidades dos clientes.

Se você tem problemas sem solução que sempre se repetem, precisa criar imediatamente uma política que conserte esse ponto fraco. As dificuldades com funcionários e com o funcionamento, que aparecem todos os dias, precisam ser resolvidas rapidamente, antes que esses assuntos afetem sua capacidade de oferecer serviço de qualidade. A revisão da política dá uma base importante.

A seguir estão duas situações comuns com as quais os treinadores se deparam mais cedo ou mais tarde. Tribulações desse tipo estão entre as maiores frustrações diárias dos treinadores. Isso acontece com treinadores atarefados. Não permita que esse vírus perigoso infecte seu negócio.

Estudo de caso: Vírus 1 da política – atraso do cliente

Um novo treinador que está trabalhando para você tem cinco clientes marcados, um atrás do outro, de manhã, uma hora de almoço e outros três na seqüência, depois do almoço. O dia começa com o primeiro cliente chegando quinze minutos atrasado. Apressado e sem querer atrapalhar o treinador, passa rapidamente pelo treino, mas, mesmo assim, avança dez minutos. O cliente 1 acredita que deveria ter feito mais cinco minutos. E o cliente 2, que não pode se atrasar para ir embora, está claramente irritado. O treinador tenta ser muito simpático para compensar o transtorno e se transforma no super treinador, implorando que seu cliente permaneça alguns minutos além do horário. O cliente 3 começa seu treinamento cinco ou seis minutos atrasado, mas já está acostumado com os atrasos, que sempre ocorrem. Nesse momento, o treinador está irritado e emocionalmente

Formulário 3.2 Acordo Pessoal e Folha de Objetivos (Exemplo)

O autodesenvolvimento e as melhorias não podem ser percebidas sem o comprometimento e a ação. Eu (o cliente) me comprometo a me tornar uma pessoa equilibrada física, mental, emocional e espiritualmente. Compreendo que eu devo estabelecer objetivos que sejam realistas, porém desafiadores. O sucesso depende, em parte, da força de vontade, do comprometimento de tempo, constância e planejamento. Os objetivos são alcançados com ação, e não com boa intenção.

Objetivos em curto prazo (de seis a oito semanas) **Objetivo alcançado?**

Data do estabelecimento do objetivo ____________

1. ______________________________ sim não
2. ______________________________ sim não
3. ______________________________ sim não
4. ______________________________ sim não
5. ______________________________ sim não

Reavalie os objetivos em curto prazo a cada seis ou oito semanas com o treinador!

Anotações: ____

____

Data do novo objetivo:______________ **Objetivo alcançado?**

1. ______________________________ sim não
2. ______________________________ sim não
3. ______________________________ sim não
4. ______________________________ sim não
5. ______________________________ sim não

Objetivos em médio prazo (de três a seis meses)

1. ______________________________ sim não
2. ______________________________ sim não
3. ______________________________ sim não
4. ______________________________ sim não
5. ______________________________ sim não

Reavalie seus objetivos em médio prazo a cada três ou seis meses com o treinador!

Anotações: ____

____

Data do novo objetivo:______________ **Objetivo alcançado?**

1. ______________________________ sim não
2. ______________________________ sim não
3. ______________________________ sim não
4. ______________________________ sim não
5. ______________________________ sim não

Objetivos em longo prazo (um ano)

1. ______________________________ sim não
2. ______________________________ sim não
3. ______________________________ sim não
4. ______________________________ sim não
5. ______________________________ sim não

Reavalie seus objetivos em longo prazo a cada ano com o treinador!
Anotações: ____
____

Data do novo objetivo:______________ **Objetivo alcançado?**

1. ______________________________ sim não
2. ______________________________ sim não
3. ______________________________ sim não
4. ______________________________ sim não
5. ______________________________ sim não

Eu acredito que aquilo que fizer fora da sessão de treinamento é tão importante quanto a sessão em si, considerando meu sucesso pessoal e a realização dos meus objetivos físicos e de saúde. Além disso, eu compreendo que devo conduzir o treino através de um estilo de vida saudável e equilibrado e que, finalmente, eu sou responsável pelo meu sucesso. Portanto, eu aceito e irei realizar as seguintes responsabilidades em bases consistentes, determinados por mim, em conjunto com meu treinador:

1. Os objetivos de treinamento deverão ser reavaliados com meu treinador dentro de uma semana após ter passado a data da realização.
2. As sessões de treinamento serão priorizadas como um compromisso importante – para não ser esquecido – na minha agenda semanal.
3. As sessões de atividade serão agendadas por mim mesmo e priorizadas como compromissos importantes – para não ser esquecido em minha agenda semanal.
4. Eu estou ciente e irei realizar as mudanças necessárias no meu estilo de vida. Essas escolhas estão em acordo com meu compromisso de atingir um estilo de vida mais saudável.
5. Como parte de meu comprometimento:
   a. gradualmente acrescentarei mais atividades em minha vida além do treino físico;
   b. com o tempo, modificarei meus hábitos alimentares e escolhas de alimentos de acordo com minha necessidade;
   c. pensarei em realizar mudanças em áreas de minha vida que contribuirão para um estilo mais saudável.
6. Acredito ser capaz de alcançar meus objetivos.
7. As ações e o comportamento que sejam condizentes com meu comprometimento em alcançar meus objetivos determinarão meu sucesso.

Outros: ____
____

Assinatura:____________________________data: ____________________________

Assinatura do treinador ou da testemunha: ____________________________________

Nota do autor: Se essas regras não forem seguidas, o acordo pessoal serve de base para que você possa revisar o autocontrato. Essa análise deve servir como um lembrete, uma motivação ou um reforço para ajudar seu cliente a manter-se firme em suas promessas e compromissos. Esse diálogo deve motivar o cliente a ser responsável por suas ações e resultados. Nesse momento, é interessante questionar o cliente acerca de suas decepções e frustrações em relação ao seu trabalho. Lembre-se de perguntar por que o cliente acha que alguns dos objetivos não foram alcançados. Pergunte o que você poderia fazer para ajudar. Procure ouvir antes de responder com soluções e reconheça suas responsabilidades pela não realização dos objetivos.

Do livro *The Complete Book of Personal Training*, de Douglas S. Brooks, Champaign, IL: Human Kinetics, 2004.

desgastado. É mais difícil para ele se esforçar 100% para um cliente menos exigente. Entretanto, o cliente 3 tem percebido a falta de entusiasmo de seu treinador e está pensando em abandonar o programa. O cliente 4 aparece 20 minutos atrasado. Mas o treinador não se preocupa porque pode ficar com o cliente 4 em seu horário de almoço, e o cliente não parece se incomodar, contanto que receba a hora toda de treino. Tudo isso é repetido depois do almoço. O vírus afetou o programa todo e está desmantelando a estrutura do trabalho, que tem como base o serviço e o profissionalismo.

Espero que o treinador perceba o problema e veja que precisa corrigir a situação, antes que ela o leve à falência. O primeiro passo é comunicar todos os clientes a respeito de sua preocupação e desculpar-se por ter deixado a situação fugir do controle. Em seguida, ele precisa apresentar uma política escrita que seja favorável e justa ao cliente e que mostre a importância da pontualidade no início e no fim das atividades. Se um cliente chegar atrasado, a aula terminará no mesmo horário.

Qual é o resultado de uma política tão firme? Os clientes que chegam tarde saberão que não terão mais o benefício de ter sua aula estendida e aqueles que passaram por transtornos graças a esse efeito dominó de aulas começando e terminando tarde vão aprovar a nova política. A pressão, o estresse e o desgaste emocional no treinador desaparecerão, permitindo que ele ofereça um serviço mais entusiasmado, útil e profissional para todos os seus clientes.

Estudo de caso: Vírus 2 da política – Reforçando a política

Seu cliente Warren o convenceu a ter aulas de 45 minutos de duração, em vez dos 55 de sempre. Ele também insistiu para que o valor da aula fosse ajustado para condizer com a duração de 45 minutos. Você concordou com os dois pedidos, mas logo estava trabalhando com Warren de 55 a 60 minutos com um preço reduzido. Warren é muito extrovertido e sabe convencer as pessoas. Você não tem certeza de que pode confiar nele e não sabe qual é a sua profissão, apesar de ele viver recebendo telefonemas e parecer sempre bastante animado. Mas você tem de ser honesto: gosta desse cara. Ele é interessante e depende de sua orientação. De um jeito próprio, ele passa a mensagem de que valoriza sua contribuição para a melhora da sua saúde e do seu condicionamento físico. Warren fala bastante a respeito de “acordos”. Você já percebeu que ele sempre faz os melhores acordos para si e economiza o máximo de dinheiro que consegue.

Isso traz o segundo problema. As aulas não só estão tendo a duração de uma hora, como Warren também está devendo US$1200 em aulas não pagas. Apesar de você ter apresentado por escrito sua política a ele, Warren vai escapando. Ele fala rápido. Quando o problema é comentado, ele ri, lança-lhe um cumprimento e diz que terá o dinheiro, enfatizando a palavra dinheiro, na próxima aula. Como o prometido, ele traz o dinheiro, mas só uns duzentos dólares.

Você poderia entregar-lhe uma nota e deduzir US$200 do total de $1200 devido. Poderia dizer a ele que não dará a próxima aula até ele pagar tudo o que deve. Ou poderia simplesmente ignorar o fato e se acostumar com o fato dele estar sempre lhe devendo dinheiro. O que você faz? Obviamente essa situação fugiu de seu controle. Warren tem o controle. Entretanto, como você tem uma política detalhando as cobranças, você tem recurso. Quanto antes aplicar a política, melhor. Sua política deve descrever as condições de pagamento e pedir que o pagamento seja feito no ato da cobrança, mas também deve citar as conseqüências dos pagamentos atrasados.

Qual é o resultado? Apesar de gostar de Warren, essa luta já o esgotou. Para dizer a verdade, você se irrita com a falta de respeito que ele demonstra por você e por suas regras. Warren pode gostar de você, mas se ele não obedece às leis, não o respeita. Está na hora de restabelecer a autoridade, com a aplicação das regras. Warren pode reagir mal, mas você tem de dizer a ele que a conta deve ser paga integralmente antes de outras aulas acontecerem. Você está disposto a perder esse cliente com a firme implementação da política, e possivelmente o dinheiro que ele lhe deve? Espero que sua resposta seja sim. É provável que, depois de mostrar a política a Warren de novo e dizer a ele que o pagamento integral precisa ser feito para que possam continuar trabalhando juntos, ele se torne pontual em relação aos pagamentos e continue a ser o cara bacana que é. Ah, sim: não se esqueça de dizer a ele que a aula começa e termina na hora certa, a menos que ele queira pagar pela hora cheia.

Apresente sua política de modo eficaz e firme

Todas as suas políticas devem ser apresentadas verbalmente e por escrito a seus clientes. Um encontro de apresentação, durante o qual não haverá treinamento, é um momento excelente para apresentar seu pacote de apresentação (veja o anexo) e comunicar sua política de maneira sensível e clara. Eu adoro dividir a política com os novos clientes porque interessa a eles entender como a política os favorece e mostra como eu estou empolgado com o programa. Essa apresentação também me dá a chance de explicar a eles como a política é estruturada para não apenas me ajudar a gerenciar uma empresa de sucesso como também ser justa e ao mesmo tempo levar em conta o *The Training Edge* e o cliente. Eu acredito comunicar este pensamento positivo: *se você (o cliente) acredita que é ótima (política), espere até o começo do treinamento.*

Certifique-se de que seu cliente compreenda e concorde com a política e responda as perguntas. Meus clientes apreciam o esforço que eu faço para deixar claros e concisos os parâmetros com os quais podemos construir um relacionamento benéfico. Uma apresentação forte e direta de política dá aos clientes uma chance de dizer 'não' antes do começo do treinamento. Política concisa é melhor apresentada verbalmente e escrita, mas não assuste seus clientes com burocracia em excesso, papelada e aspectos legais complicados. Se acreditarem que a política e as regras são impostas para o bem deles, eles as respeitarão.

Apesar de uma carta de acordo e acordos pessoais ou autocontratos serem dois grandes passos na direção certa, você não terminou de escrever e esclarecer sua política. Também precisa saber como discutir os assuntos com seus clientes quando eles, ou você, burlam as regras.

Leve em consideração vários fatores quando aplicar suas políticas: bom senso, circunstância individual, tempo de relacionamento, número de vezes que a política ou outras regras tenham sido burladas, número de vezes que você permitiu que seu cliente levasse vantagem, o relacionamento pessoal que você desenvolveu com ele, e também coisas intangíveis, como verdade, integridade, justiça e atitude correta.

Dê preço aos seus serviços

Uma estrutura diversa de preços para o treinamento personalizado existe no mundo todo. As taxas variam muito, dependendo de quem você está treinando, onde você tem seu negócio estabelecido e o acordo estabelecido entre você e o cliente. As taxas podem variar de US$10 ou menos a mais de US$100 por sessão de 55 minutos de treino. Perceba que todos os valores neste capítulo são calculados em dólares norte-americanos. As grandes cidades do mundo – Los Angeles, Chicago, Detroit, Nova York, Buenos Aires, São Paulo e Londres, para citar algumas – têm estruturas de preços comparáveis e mais altas do que as taxas em média.

Com tanta diversidade, como saber quanto cobrar? O que uma determinada região poderá pagar? Você tem de levar em conta três questões: seu custo para trabalhar, a quantidade de treinadores disponíveis e a demanda por eles. Mantenha esses pontos em mente quando estabelecer suas taxas.

Prepare-se

Seu primeiro passo é investigar a demografia ou as características da população em sua região. Esse é um processo contínuo, pois a demografia pode mudar com o passar dos anos. Infelizmente, muitos treinadores não dedicam muito tempo à investigação da demanda e da oferta em uma determinada região quando dão início a um negócio. E os poucos que o fazem fracassam em monitorar e prever as mudanças de demografia. É difícil desenvolver um negócio e mantê-lo ativo sem que as mudanças demográficas sejam levadas em conta. Quando você sabe quem vive na área que escolheu, além da renda que têm, poderá mirar para esse público.

É importante fazer essa investigação demográfica se não houver uma referência de taxa de treinamento por não haver nenhum *personal trainer* instalado em sua região. Como é sua região? Qual é a renda média, a densidade demográfica e a porcentagem de trabalhadores de escritórios e serviços braçais? O que sustenta a economia? Essas e outras perguntas precisam ser respondidas para que você possa criar um negócio direcionado e um plano de *marketing*, além de um preço razoável. Você pode conseguir esse tipo de informação de diversas maneiras: procure na lista telefônica anúncios de saúde e condicionamento físico, procure nos jornais locais anúncios relacionados à saúde (ou de qualquer outra empresa relacionada tanto à saúde quanto ao condicionamento), inicie contatos com lojas de artigos esportivos, tênis e roupas esportivas, ou use a câmara de comércio ou outra assistência ao desenvolvimento de pequenos negócios.

Descubra o preço praticado por outros profissionais de sua região. Se seu preço for o dobro do cobrado pelos outros, certamente será o profissional mais caro da cidade, mas pode ser que não tenha nenhum cliente! Até que ponto você precisa se preocupar com seus concorrentes? Eu vejo os outros profissionais de minha área como colegas, e não concorrentes, e aprendemos muito juntos. Na verdade, quanto mais treinadores existirem na área, mais fácil se torna a venda do treinameno personalizado, porque mais pessoas estão familiarizadas com o conceito. Quer haja muitos ou poucos treinadores em seu território, espero que você acredite poder manter-se devido ao serviço que oferece. Pelo menos 80% da população ainda não se exercita regularmente. Por isso, negócios excelentes sempre terão um enorme mercado de pessoas inativas esperando para fazer exercícios e entrar em forma.

Se o treinamento for novo em sua área ou se você precisar de mais informações para ver se está cobrando um valor correto, descubra e compare o que os profissionais do esporte e outros serviços relacionados à saúde estão cobrando. Quanto os profissionais que ensinam golf, tênis ou condicionamento cobram pelas aulas particulares ou em grupos? Analise serviços médicos relacionados oferecidos por médicos ou fisioterapeutas, enfermeiras, massoterapeutas e quiropráticos. Não vai demorar muito para descobrir quanto as pessoas estão acostumadas a pagar por serviços de cuidados especializados de saúde e condicionamento físico. Saber tudo isso lhe dará uma impressão realista de preços e serviços aceitáveis que estão em demanda em sua região.

Por fim, analise suas qualificações. Os treinadores em sua área podem ter qualificações parecidas ou diferentes. Um treinador pode ter graduação, bastante experiência, certificados, um negócio estabelecido com bastante referência e divulgação e uma personalidade boa. Nesse caso, ele provavelmente poderá cobrar preços mais altos.

Independentemente do que você encontrar, volte seu plano de negócios para o que faz bem. Não tente preencher nichos que não são de seu gosto ou sua área de especialização simplesmente porque identificou um mercado que existe e ainda não tem oferta. Entretanto, enquanto analisa os serviços locais – sejam eles ligados à saúde, aos esportes ou ao treinamento personalizado –, se encontrar um mercado que não recebeu atenção e para o qual você tem capacidade de atuar, preencha o espaço oferecendo o serviço adequado.

Não desvalorize seu trabalho

Apesar de haver exceções à regra, a maioria dos treinadores cobrará o valor médio. É claro que você cometerá um erro se cobrar muito alto. Mas os novos treinadores geralmente sentem-se tentados a baixar os preços. Veja o quadro na página 55 para ver dicas sobre como estabelecer seus valores.

Cortar os preços é tão ruim quanto aumentá-los mais do que o necessário. Um consumidor de serviços de condicionamento físico pode perceber o preço mais baixo, em comparação com outros serviços de treinamento personalizado, mas também perceberá um reflexo de serviço ruim, clientes insatisfeitos, um negócio que precisa e não consegue atrair clientes ou um negócio que não ofereça serviço de qualidade, para citar alguns. A pergunta que precisa de resposta é: "o que há de errado com seu negócio?".

Diminuir muito seus preços, por outro lado, pode enchê-lo de clientes, mas sua capacidade de ganhos será bem diminuída por, pelo menos, um ano. Se acredita que não há problemas, sua preocupação é atrair clientes com rapidez, e acha que seu serviço não será visto de modo negativo, vá em frente. Em algum momento, provavelmente quando houver uma grande demanda por seus serviços, faz sentido aumentar o preço de seus primeiros clientes progressivamente, além da taxa coberta para novos alunos.

Quando for estabelecer os preços pela primeira vez, concentre-se em um preço razoável, justo e competitivo. Seja paciente. Se você plantou, colherá!

A chave para apresentar os preços, quando um cliente em potencial perguntar, é ter uma resposta firme e definida para diversas situações. Você não quer ser visto como um negociador ou uma pessoa que determina preços de última hora. Sua política relacionada a preços precisa ser estabelecida antes de você procurar clientes. Quando tiver estabelecido seu valor, reanalise a estrutura de preços anualmente e reserve-se ao direito de aumentar um pouco por ano.

Opções de preços

Criar opções de pagamento pode ser uma ferramenta de *marketing* atraente para satisfazer as preferências de aquisição dos clientes. Um único preço e plano de pagamento não satisfará a todos. Meu objetivo como dono de negócio é captar o máximo de clientes que aparecem com programação flexível e um plano de pagamento que satisfaça as necessidades do cliente. Uma grande variedade de planos de pagamento e estruturas de preços será bom para você e para seus clientes ,e poderiam ser uma das razões que o cliente defende.

Apesar de eu não estar sugerindo que você ofereça todos os planos imagináveis – isso pode se tornar um pesadelo para controlar – é bom ter vários estabelecidos e pensar em um plano que possa oferecer uma solução em determinada ocasião. Escolha os planos que se adaptam ao seu plano e aos seus clientes. Mas, primeiro, você precisa estabelecer a duração e o preço de sua aula e decidir se oferecerá descontos.

Dez Pontos que o Ajudarão a Estabelecer e Reavaliar seus Preços

1. Valor praticado. Descubra quanto os outros treinadores ou serviços parecidos cobram em sua área. Em outras palavras, qual é o valor praticado?
2. Demanda de mercado. O treinamento personalizado é algo novo ou desconhecido em sua região? Ele é uma nova tendência ou já está bem estabelecido em sua área?
3. Demanda de treinador. Todas as pessoas querem contratar um treinador ou existem indivíduos relutantes e conservadores em relação à contratação desse tipo de serviço?
4. Qualidade e dimensão de seu conhecimento. Você está em um nível diferente? Em um grau avançado ou tem certificados de especialização?
5. Experiência de trabalhos e serviços (seu produtos) oferecidos. De que forma esses serviços são especiais e diferentes? Suas qualificações são excepcionais e acima da média?
6. Local de treino. Você tem sua própria academia de ginástica? É particular? Seus clientes irão até você? Você dará treinamento na casa de um cliente ou em uma academia? Se for funcionário de alguma academia, a porcentagem da taxa de treinamento será suficiente para compensar seus serviços de treinador?
7. Local das aulas. Você precisará percorrer uma grande distância para chegar até um cliente? Em caso afirmativo, quanto de seu preço por aula você vai cobrar para o tempo que passar no percurso? Algumas pessoas detestam ouvir isso, mas tempo é dinheiro, principalmente quando trabalhamos por hora.
8. Duração da aula. Estabeleça sua hora de treinamento em 55 minutos e baseie todas as outras taxas de treinamento a partir desse valor.
9. Número de pessoas que serão treinadas. Você pode cobrar menos por pessoa treinada se pensa em formar pequenos grupos, o que lhe dá mais renda por hora e pode tornar o treinamento personalizado algo mais acessível a alguns clientes.
10. Bom senso. Entenda o que sua área pode oferecer em termos de treinamento, e dê atenção a mercados que tenham a ver com sua especialidade e seu plano de negócios.

Passo 1: Estabeleça a duração de sua aula

Eu baseio meus preços em aulas de 55 minutos. Uma "hora" de 55 minutos facilita a transição de cliente a cliente quando estão marcados na seqüência. A aula de referência de 55 minutos é a base para o cálculo de todas as taxas.

Passo 2: Estabeleça uma taxa integral para cada aula individual

Uma aula com taxa integral é a base na qual todas as outras taxas são formadas. Seu preço por hora o posiciona no mercado entre outros negócios de treinamento personalizado, e a taxa que você cobrará criará uma impressão nos novos clientes que checarem seu preço por hora. Estabelecer sua taxa o ajudará a prevenir a geração de renda para o ano fiscal. Os pacotes com descontos e pré-pagos e outras opções de pagamento baseiam-se no preço por hora de aula individual.

Pagamento adiantado, serviço com desconto, contratos e tabelas de preços

Se exige o pagamento com antecedência (pré-pagamento), você dá desconto para as aulas pré-pagas ou é simplesmente sua maneira de trabalhar? Muitos clientes que pagam com antecedência por um serviço não prestado esperam um desconto. Se você não oferecer um desconto como incentivo e exigir que os clientes paguem primeiro, a política de seu negócio deve ser bem esclarecida e firme. Qual é o mínimo que você exige para pagamento adiantado? Qual é o recurso do cliente se ele não gostar de seus serviços?

A maioria dos treinadores trabalha por hora. Por isso os descontos podem diminuir a geração de renda e afetar o lucro final rapidamente. O pré-pagamento obrigatório (o cliente não tem alternativa), se for apresentado de modo não profissional, pode preocupar novos clientes que podem questionar sua integridade e seu profissionalismo porque sua capacidade de oferecer serviço aceitável ainda não foi estabelecida.

Tipicamente, eu acredito que depois de cinco ou dez aulas, o treinador pode começar a oferecer descontos. Incidentalmente, eu não faria um cliente assinar um contrato por um período específico ou número de aulas. Em vez disso, ofereceria desconto na compra de muitas aulas ou um acordo, em grande parte por causa das dores de cabeça que os contratos sempre causam. Os contratos podem ser problemáticos se você forçar um contrato que o cliente quer quebrar.

Apesar de eu não usar contratos restritivos, a seguir estão algumas informações que o ajudarão a escolher seu caminho. Geralmente, esse tipo de contrato estabelece um acordo entre o cliente e o treinador por um número específico de aulas a serem usadas em uma determinada semana, um determinado mês ou ano ou uma determinada quantia. O cliente geralmente é cobrado por mês, com pré-pagamento.

Nos acordos de contratos, você precisa levar em conta todos os detalhes. Por exemplo, pode ser que seu cliente queira treinar três vezes por semana com você, por seis meses. São 72 aulas. As faltas do cliente contam nessas 72 aulas? O contrato termina depois de seis meses e terá de ser pago integralmente mesmo que apenas 50 das 72 aulas tenham sido usadas? Você cobra uma taxa fixa por mês e dá desconto para as 72 aulas? O cliente tem de pagar com antecedência alguma parte da quantia?

Na teoria, os contratos podem resultar em maior comprometimento. Mas eu tenho as minhas dúvidas. Na verdade, os contratos estragam mais relacionamentos do que os formam. Quantos clientes se sentem acuados por contratos, principalmente quando esses são obrigatórios? E se o cliente quiser cancelar ou mudar o contrato? No mínimo, isso não criaria um relacionamento positivo e de comprometimento.

Acordo de adiantamento

Um acordo de adiantamento reserva seus serviços em um período específico com recorrência. Muitos dos meus clientes gostam muito do que é oferecido no meu acordo de adiantamento. Os clientes que querem desenvolver ou continuar uma programação de treino reservada, ter seus horários reservados de modo permanente e estão procurando por uma redução de preço julgam o contrato de adiantamento a escolha perfeita. Essa opção funciona para novos clientes, bem como para aqueles que têm treinado com você há bastante tempo. Eu acredito que os contratos de adiantamento simplificam o agendamento, criam um fluxo de caixa estável e são melhores para a obtenção de resultados, além de economizar tempo.

Funciona da seguinte forma: vamos imaginar que Ken faz exercícios três vezes por semana, a US$100 a hora, o que dá cerca de 12 aulas por mês. Se Ken fizer todas as aulas, você receberá US$1200 dele por mês. Entretanto, ele viaja muito e pode perder duas ou três aulas por mês. Como em 50% das vezes ele avisa com antecedência de mais de 24 horas que terá que faltar, você perde dinheiro, pois sua política não está sendo violada. Uma boa alternativa para Ken pode ser pagar um valor fixo todos os meses. Perceba que não se trata de um contrato em longo prazo, mas o relacionamento se mantém intacto enquanto Ken desejar. Eu acredito que minhas habilidades e outros serviços no *The Training Edge* garantem o compromisso e o envolvimento de meus clientes no programa de treinamento. Os acordos de adiantamento não desgastam os relacionamentos. Seus clientes continuam fiéis contanto que você continue oferecendo os serviços que eles valorizam.

O sistema de acordo de adiantamento garante a Ken suas três aulas por semana, e ele paga a mesma taxa com desconto, quer falte ou não às aulas. Nesse caso, eu ofereço a Ken e aos outros clientes a mesma opção, um desconto de 15%, deixando a conta final mensal em US$1020. Uma vez que Ken sempre falta a algumas aulas e tem de pagar por metade delas da mesma maneira por causa de minha política de cancelamento, cria-se uma situação em que ninguém sai perdendo. Meu lucro final é um pouco afetado, principalmente se eu levar em consideração as aulas canceladas com antecedência.

Cerca de dez anos atrás, eu sempre tinha entre 8 e 10 alunos que achavam o sistema de adiantamento uma ótima idéia. Enquanto eu vivia em Los Angeles, cobrava US$100 por hora para ir até a casa de clientes que moravam a 20 minutos de distância de meu local de treino (cerca de 30% acima de minha taxa base de US$75 por hora). Eu sabia que se mantivesse esses clientes no sistema de adiantamento, geraria entre US$8160 e US$10200 por mês, ou entre US$97920 e US$122400 por ano. Eu poderia gerenciar meu negócio facilmente dessa forma e, mesmo com gastos, ainda receberia uma boa renda. É claro que eu tinha outras fontes de rendas, como clientes em outros planos de pagamento, serviços relacionados de condicionamento físico e treinadores que trabalhavam para mim, mas essa renda era a mais difícil de projetar. Muitos de meus clientes permaneceram nesse plano financeiro de 1984 a 1993, até que saí de Los Angeles.

Todos as minhas políticas estabelecidas se aplicam a todos os planos, incluindo o sistema de adiantamento. Eu revejo os preços de pacotes e de aulas avulsas de clientes atuais todos os anos. Tive muitos anos de sucesso com essa opção e acredito que você deva pensar em oferecê-la a seus clientes.

Passo 3: Você dá desconto em seu preço-base?

Muitos negócios não dão descontos para nenhum de seus serviços, sob hipótese alguma. Aqui está o princípio por trás desse pensamento: o valor e a qualidade da aula ou do serviço não mudam e independem do número de aulas adquiridas pelo cliente. Geralmente, o treinamento personalizado é um trabalho por produção, o que quer dizer que o treinador ganha dinheiro por hora. Quer aumentar sua capacidade de ganhar dinheiro? O outro lado da moeda é que você precisa atrair clientes para sua empresa.

Geralmente, as empresas que não oferecem descontos são negócios bem estabelecidos, com uma clientela dedicada e muitos clientes querendo entrar na lista. O começo pode não ter sido assim. Mas quando você chega a ponto de ter mais clientes do que consegue gerenciar, faz sentido adotar uma política um pouco mais restritiva. Por fim, o tempo é a maior vantagem.

Muitos treinadores oferecem descontos em serviços com base no número de aulas adquiridas por semana, mês ou ano ou no tipo de serviço oferecido. Grandes aquisições de aulas são comuns, assim como descontos para pequenos grupos de treinamento e condicionamento físico de equipes esportivas. O que é um grande volume? Muitos treinadores experientes me dizem que o compromisso do cliente é exibido por aquele que treina de duas a três vezes pode semana, totalizando 24 a 36 aulas em um período de três meses. Se decidir oferecer descontos para aquisições grandes, sugiro que comece a dar descontos maiores a partir de 24 aulas.

Um valor mais baixo por aula pode ser cobrado por treinadores com menos experiência do que treinadores veteranos na mesma academia. Alguns veteranos dão descontos ou aulas grátis a clientes que indicam pessoas que se tornam clientes também.

Se você está começando seu negócio e quer oferecer desconto que seja bem abaixo do valor praticado em sua área, pense em dar o desconto como uma oferta por tempo limitado. Isso despertará o interesse dos clientes e vai reduzir as suspeitas acerca da qualidade de seu serviço por ser uma promoção com data para acabar, e você poderá concentrar-se em vender seus serviços de treinamento. Baseie suas vendas em qualidade, experiência e serviço. Se a única razão pela qual uma empresa vende seus serviços é o preço mais baixo, deve haver algo de errado. Mesmo que a empresa sobreviva, os treinadores acabarão recebendo pouco dinheiro, e, quando você quiser aumentar os preços, os clientes podem não aceitar. Uma imagem de pouco valor pode se estabelecer graças aos preços baixos. Não funciona dar a impressão de que você está desesperado para salvar sua empresa o tempo todo! Se tiver o interesse em baixar os preços, apresente isso como uma oportunidade de curta duração, que o ajudará a chamar a atenção para sua empresa sem desvalorizá-la.

Seja qual for sua decisão, escreva sua tabela de preços e explique aos clientes a vantagem que eles terão. Lembre-se que é inteligente usar a abordagem do desconto de maneira clara, porque ela pode custar uma grande quantidade de dinheiro e perder sua eficácia de venda.

Estabelecendo uma estrutura com descontos

Quando você estabelece sua estrutura de descontos, precisa determinar quatro coisas: (1) a quantidade mínima de dinheiro que você está disposto a perder por hora, (2) o número mínimo de aulas que merece o desconto, (3) o número máximo de aulas que você está disposto a oferecer com desconto e (4) a progressão do desconto conforme o aumento do número de aulas.

Tome o cuidado de não dar um desconto por pacote que resulte em ganhos por hora aquém do desejado. Afinal de contas, a boa qualidade do serviço continuará existindo mesmo para os pacotes com desconto. Geralmente, um desconto maior do que 20% não deve ser dado em nenhum caso. Qual o valor de seu tempo? Você precisa ser adequadamente recompensado!

A seguir, apresento um plano de preços para treinamento em academias e em residências. Preste bastante atenção à porcentagem de redução conforme o número de aulas adquiridas aumenta. Em nenhum momento a dedução ultrapassa 20%.

O pacote com 144 aulas inclui três aulas por semana durante doze meses. Boas reduções começam a partir de 25 aulas (tabela 3.1). Apesar de meus clientes não serem obrigados a usar todas as aulas em um ano, você pode colocar uma data de expiração nos pacotes com descontos. Leia mais sobre as datas de expiração na seção seguinte.

Perceba na tabela 3.2 que conforme você progride na porcentagem de redução, sua taxa por sessão para os treinamentos em residência começa a ficar parecida com o preço da aula na academia. Na verdade, meu valor cobrado seria de apenas US$5 a menos na academia – e eu não tenho de dirigir – em comparação com o 20% de desconto no pacote de 144 aulas em casa, para onde eu tenho de dirigir. Não é uma questão de certo ou errado, mas você tem de decidir se o valor da aula condiz com o que você realmente deseja receber.

Datas de expiração

Eu nunca coloco uma data de expiração em um pacote pré-pago e dou ao cliente o direito de transferi-lo a outra pessoa. Eu sinto que tenho uma obrigação para com a pessoa, uma vez que ela pagou pelo serviço. Entretanto, o valor pago não é reembolsável.

Tabela 3.1 Plano de Desconto por Volume por Aulas no Local de Treino

Número de aulas	Preço no local de treino	Preço por aula	Porcentagem reduzida
Aula avulsa	US$75,00	US$75,00	Nada
Pacote com 10	US$712,50	US$71,25	5
Pacote com 25	US$1687,50	US$67,50	10
Pacote com 60	US$3825,00	US$63,75	15
Pacote com 120	US$7380,00	US$61,50	18
Pacote com 140	US$8400,00	US$60,00	20

Tabela 3.2 Plano de Desconto por Volume por Aulas em Residência

Número de aulas	Preço por aula na residência	Preço por aula	Porcentagem reduzida
Aula avulsa	US$100,00	US$100,00	Nada
Pacote com 10	US$950,00	US$95,00	5
Pacote com 25	US$2250,00	US$90,00	10
Pacote com 60	US$5100,00	US$85,00	15
Pacote com 120	US$9840,00	US$82,00	18
Pacote com 140	US$11200,00	US$80,00	20

O lado bom das datas de expiração é que elas evitam que um cliente comece e pare o treinamento em períodos muito longos e a expiração incentiva o compromisso e a obtenção de resultados em curto prazo. Pense na sua agenda também. Digamos que um cliente comprou um pacote pré-pago de aulas há um ano e ainda não começou a treinar. Sua agenda está cheia e, do nada, o cliente em questão ressurge dizendo estar pronto para começar o programa, usando todas as aulas. O que você faz? O fato pode afetar sua agenda e os relacionamentos com os clientes.

Se você acredita que o local de seu treino não é permanente, talvez seja bom colocar um limite para a validade do pacote. Para mim, é uma questão ética. Se eu decidisse mudar de local e fosse impossível para os clientes com pacotes já pagos treinar na nova dependência, eu ofereceria reembolso de todas as aulas não usadas.

Quando você estabelece datas de expiração, é importante ser justo e realista em relação à capacidade de seu cliente usar todas as aulas no período determinado. Por exemplo, um aluno que treine duas vezes por semana regularmente usará com facilidade dez aulas em seis semanas. Eu baseio os pacotes pré-pagos com duas aulas por semana. E a data de expiração na tabela 3.3 reflete esse fato. Chame a atenção do cliente para essa lógica. Explique que tal acordo é um esforço seu para dar informações claras para que ele esteja informado antes de decidir. É uma questão de ser claro e de fazer o mais correto.

Treinamento para pequenos grupos (semiparticular)

O conceito de treinamento para pequenos grupos ou semiparticular pode ser bom financeiramente tanto para o aluno quanto para o treinador. O aluno gostaria de reduzir seus custos com treinamento e o treinador pode aumentar sua renda por hora, mesmo com a redução de valor cobrado por aluno, em comparação à aula normal. Além disso, muitas pessoas, apesar de não gostarem de treinar em um local cheio de gente, preferem ter companhia para o treino.

Um grupo pequeno pode variar de dois alunos ao número que o *personal trainer* julgar conveniente. Se você tiver a capacidade de treinar grupos, poderia comprometer-se com um grupo de dez a quinze alunos e oferecer-lhes uma aula de step, condicionamento, circuito ou levá-los para caminhar ou correr.

Analisando o treinamento em grupos pequenos do ponto de vista tradicional do treinamento personalizado, onde atenção especial e individualizada é o objetivo, não gosto de pensar em grupos com mais de cinco pessoas. De modo ideal, eu prefiro duas ou três por grupo. Recebo mais pedidos para treinamento em grupos de duas pessoas – geralmente um marido e uma esposa ou dois amigos.

Grupos com menos membros resultam em menos problemas em relação à atenção personalizada e à logística. Por exemplo, você tem equipamentos e espaço suficiente para manter mais de duas pessoas em ação, com segurança e resultados? É importante saber a diferença entre treinamento individualizado para pequenos grupos e orientação de exercícios em grupos. O treinamento personalizado para pequenos grupos deve oferecer atenção especializada e pessoal e orientação constante.

Tabela 3.3 Datas de expiração realistas para pacotes de treinamento

Número de aulas	Preço por aula na academia	Preço por aula	Porcentagem reduzida	Expiração
Aula avulsa	US$75,00	US$75,00	Nada	N/A
Pacote com 10	US$712,50	US$71,25	5	5 semanas
Pacote com 25	US$1687,50	US$67,50	10	13 semanas
Pacote com 60	US$3825,00	US$63,75	15	30 semanas
Pacote com 120	US$7380,00	US$61,50	18	60 semanas
Pacote com 140	US$8400,00	US$60,00	20	72 semanas

As pessoas que fazem exercícios físicos juntas devem estar no mesmo nível quanto a históricos médicos e capacidade física. Caso isso não ocorra, é provável acabar tendo de dar mais auxílio a uma pessoa que precise mais e os outros clientes podem achar que não estão recebendo a atenção devida. Seja seletivo. Eu geralmente aconselho os pacientes com necessidades especiais, como diabéticos e cardíacos, que não têm soluções claras para seus problemas de saúde, que entrem em um programa individualizado até que a situação médica deles esteja estável e controlada.

O tamanho do grupo determinará o que cada pessoa pode esperar. Discuta com honestidade essa diferença quando esse tipo de treinamento for comparado com a atenção individualizada. Para ser franco, os integrantes de um grupo às vezes parece fazer parte de um rebanho. Pode ser um tanto frenético, agitado, e geralmente a atenção do treinador tem de ser dividida, um pouco para cada aluno, enquanto o grupo é orientado e observado pelo profissional. O cliente quer ser observado o tempo todo, conversar e perguntar sobre condicionamento físico e saúde e gruda em você o tempo todo? Nesse caso, o treino em grupo não serve para ele. Se o cliente estiver à procura de orientação, uma abordagem planejada à atividade, correção nos exercícios, entusiasmo e muita motivação e gostar de se relacionar com pessoas, então o treinamento em grupo será sua melhor escolha.

Quais são as características do treinamento de grupos pequenos que devem ser levados em conta?

- Freqüência.
- Aulas perdidas.
- Pagamento adiantado.
- Quem paga.
- Datas de início e término, ou ausência de data de término.
- Agendamento em horário conveniente para o grupo e o treinador.

Uma sólida política de negócios pode responder essas e outras perguntas e apagar um conflito em potencial antes que tenha a chance de acontecer.

Minha política reflete a seguinte linha de pensamento: o treinamento em grupo é um privilégio especial que eu estendo aos meus clientes como uma gentileza. Faço isso para tornar o treinamento acessível ou mais divertido para certos alunos. Meu conceito de treinamento em grupo é que ele é eficiente e financeiramente compensador. Não quero que ele se torne um pesadelo logístico ou um problema que exija muito de minha atenção para administrar, agendar, receber pagamento e resolver conflitos. De todas as minhas políticas, e pelos motivos explicados, a minha política de grupos pequenos é a mais restritiva possível, dando aos meus clientes poucas escolhas.

Política de grupos pequenos

Eu escolho os dias, o horário que nós nos reuniremos para as aulas e durante quantas semanas treinaremos. Faço o melhor que posso para coordenar o interesse do cliente no treinamento em grupo e o transformo em realidade. É importante que seja estabelecida uma data de término para reavaliar o compromisso e como o ambiente e o horário marcado estão funcionando para todos os envolvidos. Se um número suficiente de pessoas do grupo reagir bem, você pode agendar outro bloco de aulas ou pensar em agendar mais horários e permitir que outros clientes interessados se juntem ao grupo.

Não ofereço desconto para os pacotes de treinamento em grupo por várias razões. Seria muito fácil acabar com clientes que pagaram pelo treinamento em grupo quando eu não posso marcar um horário que satisfaça a todos. Ou talvez não haja pessoas suficientes interessadas em pequenos grupos de duas, três, quatro ou cinco pessoas. Como você atende alguém que já pagou com antecedência por um pacote de treinamento em grupos com o valor de um grupo pequeno de quatro pessoas? Se você não tiver o interesse em reunir um grupo com quatro pessoas, pode ser que tenha de treinar essa pessoa individualmente, apesar de ele ter comprado as aulas com o desconto para grupo. Mesmo que você devolva o dinheiro por falta de interesse, você e seu cliente terão perdido muito tempo. E você terá negado um acordo.

Apesar de o treinamento em pequenos grupos ser uma ótima maneira de ganhar mais dinheiro, marcar as aulas é um problema. Um treinador muito ocupado já acha difícil agendar aulas para apenas um cliente! É por isso que controlo essa opção com cuidado.

Cada pessoa no grupo fica com o dever de pagar a sua taxa, a menos, é claro, que as pessoas sejam da mesma família. Eu não concordo com a política que determina que uma pessoa deve ficar responsável por coletar o pagamento de todos os outros membros do grupo. Eu sei qual é o pensamento por trás dessa política: se algum conflito surgir ou alguém do grupo desistir do treinamento, o grupo deve resolver os problemas.

Quer as pessoas do grupo sejam amigas ou não, estamos falando dos meus negócios e dos meus clientes. Não quero que meus alunos enfrentem uns aos outros e tentem resolver os meus problemas. Permitir que seus clientes façam isso o colocará no meio da confusão e você não mais terá controle da situação. Uma situação desse tipo pode surgir e poderá lhe custar muito tempo, dinheiro, desgaste emocional e, talvez, um cliente ou dois.

Além de ser responsável por seu próprio pagamento, cada membro deve, com antecedência: (1) pagar a taxa do treinamento; (2) concordar com o horário agendado, número de dias por semana e número de semanas de duração do treinamento; e (3) entender que as horas das aulas não serão reagendadas ou repostas se as pessoas faltarem. Essa política precisa ser bem firme. Entretanto, sempre é possível levar em consideração qualquer situação incomum. Eu prefiro dar aos meus clientes o benefício da dúvida.

A aula para o grupo pequeno será oferecida com um desconto com base (1) no número de pessoas inscritas (2, 3, 4, ou 5), (2) em um mínimo de duas ou três aulas por semana, em um período de quatro semanas. A taxa não é reembolsável e só é aplicada à aula desse pequeno grupo dentro de um mês.

A opção certa de cobrança para pequenos grupos

Eu só ofereço quatro opções de pagamento, dependendo do número de alunos e se a cada semana existir o número de duas ou três aulas. Seu valor para hora de aula em grupo deve ser um pouco mais alto que o valor para a aula individual. Seu cliente recebe: (1) 30% de desconto em comparação com a aula individual quando estiver em um grupo de duas pessoas, (2) 40% de desconto em grupo de três pessoas, (3) 50% de desconto em um grupo de quatro pessoas e (4) 60% de desconto em um grupo de cinco pessoas. O treinamento em pequenos grupos lhe oferece uma oportunidade única, na qual você pode dar um desconto sobre o valor de sua aula individual e ainda assim ganhar mais dinheiro por hora. É bom para você e para o cliente!

Em minha academia, o plano de valores de grupos pequenos baseia-se no valor por hora da aula individual, de oito (duas aulas por semana) a doze (três aulas por semana) aulas em um período de quatro semanas. Se eu preciso me locomover até a casa do cliente ou algum outro local, cobro o valor do treinamento em residência e aplico as porcentagens mostradas no exemplo de planos de pagamentos (tabela 3.4). Conforme o grupo vai aumentando, perceba quanto o valor por hora aumenta e o valor pago por cada cliente diminui!

Para ser honesto, não incentivo o treinamento em grupo. Eu acredito que o treinamento personalizadosó cumpre seu propósito em uma relação entre um aluno e o treinador. Mas como alguns de meus clientes gostam de treinar em grupos, o valor que eu cobro reflete o compromisso que tenho em relação à atenção pessoal quando o treinamento personalizado muda para o treinamento em grupo. Apesar disso, o treinamento em grupo pode ser uma solução satisfatória para todos.

Eu incentivo meus clientes a perguntarem a familiares, amigos ou conhecidos se eles estão interessados em treinamento em grupo e faço anúncios a meus clientes por meio de uma *newsletter*, um quadro de avisos, recados nos boletos de cobrança e por contato pessoal. Encaixo as aulas de pequenos grupos em minha agenda conforme a necessidade exige e meu tempo permite. Meu papel é coordenar o agendamento de clientes ou clientes em potencial para que um horário e um local para o treino possam ser estabelecidos.

Tabela 3.4 Plano de Pagamento para Pequenos Grupos (exemplo)

Número de pessoas no grupo	Porcentagem de desconto	Número de aulas	Custo para o cliente	Custo por cliente por hora	Valor pago pelo cliente por hora
2	30	8	US$420,00	US$52,50	US$105,00
2	30	12	US$630,00	US$52,50	US$105,00
3	40	8	US$360,00	US$45,00	US$135,00
3	40	12	US$540,00	US$45,00	US$135,00
4	50	8	US$300,00	US$37,50	US$150,00
4	50	12	US$450,00	US$37,50	US$150,00
5	60	8	US$240,00	US$30,00	US$150,00
5	60	12	US$360,00	US$30,00	US$150,00

Nota. Baseado no valor de $75 por hora

Treinamento em residência

O treinamento em residência é um tanto ilusório. Treinar os clientes no conforto e na privacidade de seus lares pode ser uma estratégia desgastante, que consome muito tempo. Do ponto de vista do cliente, o lar é seguro, conveniente e familiar. O treinamento na residência atrai as pessoas que não têm muito tempo ou que não gostam do movimento e do barulho de locais públicos. Esses clientes compreendem que é um serviço especializado e mais valioso do que o treino em outro lugar. É claro que o preço será mais alto. O tempo do treinador também tem importância.

Eu recomendo que você cobre de 30 a 35% a mais de seu valor normal para uma hora de aula para locomover-se até a casa de um cliente que fique a 20 minutos ou menos de carro. Quando explico os valores do treinamento em residência ou os coloco em meus planos de valores, aviso meus clientes que eles só estão pagando minha viagem de ida. A volta fica por minha conta!

Digamos que você cobre $75 por hora de clientes com quem se encontra em uma academia. O valor equivalente a 35% de $75 é $26,25. Nesse exemplo, eu arredondaria o valor da aula em residência para $100. Esse aumento de 35% parcialmente compensa cerca de 1/3 de uma hora "perdida" de viagem. Mas lembre-se que você precisa ir para seu próximo local de trabalho, que pode ou não ser mais perto.

Pense bem em não aceitar treinar clientes que morem a mais de 30 minutos de carro de onde você está, devido à distância e ao trânsito que terá de enfrentar. Quando eu estava começando na profissão, fazia o possível para captar alunos. Mas, conforme o tempo foi passando, tornei-me mais seletivo. Mesmo que você seja pago pelo tempo que passa dirigindo, não vale a pena. Ficar preso em um congestionamento é bastante frustrante. Enquanto estiver no carro, você não poderá fazer nada de produtivo. Afinal de contas, você entrou nessa área para treinar pessoas e mudar suas vidas ou ficar preso dentro de um carro?

Perceba também que o treino na residência pode não ser tão tranqüilo quanto os clientes imaginam. A maioria das pessoas quer treinar em casa porque acha eficaz. Passariam menos tempo longe da família, dormiriam mais, cuidariam de assuntos pessoais, evitariam o trânsito, e assim por diante. Mas o treino em casa tem seus problemas. Os negócios e o comprometimento não são tão honrados quanto no ambiente de trabalho. A família e os problemas da casa geralmente vêm em primeiro lugar. O último gole de café, mandar as crianças para a escola e terminar um telefonema podem atrapalhar o começo da aula. Pode ser que a pessoa peça desculpas, mas tudo vai voltar a acontecer. Eu chego e saio na hora certa, mantenho minha energia e me esforço para prosseguir adiante. Muitos clientes já estarão aquecidos e prontos para aproveitar o treino ao máximo. Outros literal e freqüentemente terão de ser arrastados para fora da cama para começar a treinar. Às vezes eu me sinto uma babá de luxo, mas, apesar disso, sei que posso esquecer a bagunça e a falta de disciplina e melhorar a vida dessa pessoa.

Planos de pagamento

Seus clientes devem pagar no final do dia, da semana ou do mês? Se eles não estiverem pagando com antecedência pelo serviço, nem adquirindo pacotes com desconto, você os cobrará depois que os serviços forem prestados? Meu método preferido de cobrança é entregar uma nota com a descrição dos serviços prestados no final do mês (veja a figura 3.1 e o formulário 3.3.). As notas são enviadas imediatamente após o período de cobrança e devem ser pagas assim que forem recebidas. Elas estarão vencidas se não forem pagas duas semanas depois da data de cobrança. Todos os serviços são interrompidos até que a cobrança seja paga integralmente.

É claro que eu corro o risco de perder de quatro a seis semanas de serviços prestados a um cliente se ele não pagar. Se isso o preocupa, procure pedir o pagamento antecipado das aulas até você acreditar que o cliente tem boas intenções e boa índole. Depois de um período de dois meses, por exemplo, você pode oferecer ao cliente a chance de receber as notas para pagamento depois dos serviços serem cumpridos. O pagamento depois dos serviços prestados deve ser visto como uma gentileza, e não como um direito do cliente, o que quer dizer que pode ser alterado.

Receber e cobrar valores todos os dias, ou todas as semanas, é cansativo e demorado, e você pode começar a se sentir como um garoto de doze anos recebendo mesada. Não é confortável cobrar clientes. O que você acha de pagamento depois de cada aula? Nem pense nisso! Receber no momento em que presta o serviço – dinheiro ou cheque – é a pior e menos profissional de todas as opções. Entretanto, conheço profissionais e clientes que preferem esse tipo de acordo. Alguns clientes insistem em pagar antes ou depois da aula. Se o cliente for estável, os termos de pagamento forem acordados e não encontrarmos problemas, é difícil dizer que essa opção de pagamento é errada ou inapropriada. Apesar de não preferir essa opção, eu me lembro de uma cliente que me perguntou se havia algum problema se ela me pagasse a cada aula depois do treino. Sabendo que ela preferia que as coisas fossem assim, eu concordei. Mas também expliquei que minha política de cancelamento continuava valendo – o que significava

Nota de Serviços Prestados

Nome do cliente__________________________ Plano de pagamento: US$75 por aula

Número da conta do cliente________________ Termos: pagável mediante recebimento

Nota nº.______________________________

Mês	**Datas das aulas e anotações sobre compra de produtos, equipamentos e outros serviços**	**Cobrança ou dedução de aulas ou custos de outros serviços e compras**	**Data da dívida ou da dedução da aula de compra pré-paga**	**Pagamento recebido ou número de aulas deduzidas**	**Pagamento que falta e número de aulas restantes**	**Data de cobrança**
	Saldo devedor de nota anterior ou número de aulas restantes				US$900,00	
Junho	1, 3, 5; aulas	US$225,00	30/06		US$1125,00	NA
Junho	8, 10 (cancelamento tardio – cobrança integral), 12; aulas	US$225,00	30/06		US$1350,00	NA
Junho	9; pagamento recebido			US$900,00; nota nº.111	US$450,00	
Junho	12; compra de equipamento: monitor de freqüência cardíaca; nota no final do mês	US$119,00	30/06		US$569,00	NA
Junho	15, 17, 19; aulas	US$225,00	30/06		US$794,00	NA
Junho	22; pedido de esteira elétrica; pagamento para ser feito imediatamente	US$1500			US$2294,00	22/06; nota nº. 153

Continuação

Figura 3.1 Nota de Serviços Prestados

Continuação

Mês	Datas das aulas e anotações sobre compra de produtos, equipamentos e outros serviços	Cobrança ou dedução de aulas ou custos de outros serviços e compras	Data da dívida ou da dedução da aula de compra pré-paga	Pagamento recebido ou número de aulas deduzidas	Pagamento que falta e número de aulas restantes	Data de cobrança
Junho	22, 24 (cancelamento – sem cobrança), 26, 28; aulas	US$225,00	30/06		US$2519,00	NA
Junho	29; pagamento de esteira recebido			US$1500; nota nº. 153	US$1019	
Junho	29; aula	US$75,00			US$1094,00	NA
Junho	30; nota das aulas de junho e monitor cardíaco				US$1094,00	30/06 nota nº. 182
Julho	1,3; aulas	US$150,00			US$1244,00	NA
Julho	6, 8, 10; aulas	US$225,00			US$1469,00	NA
Julho	12; pagamento recebido			US$1094; nota nº. 182	US$375,00	NA

Nota do autor: Essa planilha de pagamento funciona para pagamento após o serviço prestado e para planos de pré-pagamento. Este formulário o ajuda a manter o registro do saldo devido por seu cliente, além do dinheiro devido pela compra de algum equipamento ou outros serviços opcionais. Se o saldo devedor não for pago duas semanas após a emissão da nota ou conforme o acordado, as aulas devem ser interrompidas até que tudo seja pago. Isso limitará o acúmulo de dívida. Cada cliente deve receber um extrato mensal. O pagamento deve acontecer após a entrega e estará vencido se não for feito duas semanas a partir da data de emissão. Extratos atualizados, organizados e corretos manterão seu cliente ciente da situação de sua dívida e fará com que seus pagamentos continuem sendo recebidos.

Figura 3.1 Nota de Serviços Prestados

Formulário 3.3 Nota de Serviços Prestados

Nome do cliente______________________________ Plano de pagamento:______________
Número da conta do cliente______________________ Termos:________________________
Nota nº.__________________________________

Mês	**Datas das aulas e anotações sobre compra de produtos, equipamentos e outros serviços**	**Cobrança ou dedução de aulas ou custos de outros serviços e compras**	**Data da dívida ou da dedução da aula de compra pré-paga**	**Pagamento recebido ou número de aulas deduzidas**	**Pagamento que falta e número de aulas restantes**	**Data de cobrança**

Do livro *The Complete Book of Personal Training*, de Douglas S. Brooks, Champaign, IL: Human Kinetics, 2004.

que se ela cancelasse uma aula com menos de 24 de antecedência, na aula seguinte o pagamento seria o dobro. Ela concordou.

Essa cliente treinou comigo por mais de dez anos. Nunca deixou de me pagar com cheque ou dinheiro logo após cada aula e apresentava o pagamento de modo discreto, dentro de um envelope com meu nome. Várias vezes os pagamentos equivaliam a duas aulas por ela ter cancelado em cima da hora. Nunca tive de cobrá-la por aulas perdidas ou falta de pagamento. Prefiro certas políticas, mas sou flexível a ponto de identificar uma situação que seja boa para mim e para o cliente. Entretanto, acredite quando digo que essa forma de pagamento nem sempre é positiva.

Pré-pagamento, notas de serviços já prestados e o sistema de adiantamento são as principais opções que devem ser levadas em conta. Mas qualquer que seja o plano de pagamento escolhido, os registros e as notas devem estar sempre atualizados e corrigidos. Envie faturas mensais, mesmo que nenhum valor seja devido. Por exemplo, é importante deduzir as aulas de pacotes pré-pagos para que os clientes saibam quantas restam. Lembre-se de checar em seu estado, província ou país se um plano de pagamento específico, como o pagamento adiantado, é legal.

A maioria dos negócios emite notas de serviços, onde o pagamento é exigido após a conclusão dos mesmos, e esse método é mais arriscado do que o pagamento adiantado, mas eu ainda prefiro mandar uma nota para meus clientes ao final de um período. Afinal, a maioria dos serviços que contratamos ou assinamos são pagos posteriormente, depois da entrega.

Todas as opções de pagamento têm seus riscos. Seus clientes pagarão o que devem corretamente? A resposta para essa pergunta está, em parte, na sua capacidade de criar políticas de negócios claras, concisas e justas, ao mesmo tempo em que usa o bom senso para mediar conflitos. O outro elemento é manter um relacionamento justo e positivo com seus clientes. Sua política e atitude mostrarão sua postura. Manter um ótimo relacionamento com todos os clientes é a chave para a longevidade dos negócios e ser pago.

Antes de decidir como seus clientes pagarão, pense no seguinte: acredito que as opções mais arriscadas funcionem bem para as micro e pequenas empresas. Sempre usei o pagamento após a prestação do serviço como um atrativo. Sendo uma pequena empresa, posso desenvolver relacionamentos pessoais e particulares com meus clientes. Acredito que isso desenvolva a confiança e o compromisso. Por outro lado, operações maiores e menos pessoais não têm essa vantagem. E faz bastante sentido fazer com que os clientes paguem antecipadamente pelos serviços, usem débitos bancários pré-autorizados ou cartão de crédito que permitam o pagamento automático dos valores devidos.

Pagamento com antecedência

Apesar de o pagamento com antecedência ser, sem dúvida, a opção com menos riscos, se for sua única opção de cobrança, perderá alguns clientes em potencial, devido ao fato desse plano não ser possível ou bom para eles. A figura 3.2 mostra um exemplo de extrato de pré-pagamento (veja o formulário 3.4 e encontrará uma versão em branco), mas é interessante pensar em pelo menos mais uma opção de pagamento.

Que tipo de empresa exige esse tipo de pagamento? Várias empresas de colegas meus, locais enormes, com muitos treinadores contratados, diversas filiais, bem gerenciados, que atraem clientes de alto poder aquisitivo e são vistas como empresas bem estabelecidas, nas quais você pode confiar e que continuarão existindo por bastante tempo, famosas pelo ótimo serviço prestado. Esses tipos de empresas estão em demanda e acreditam em seus serviços e habilidades para continuar atraindo bons clientes. Quando a demanda é maior que a oferta – você tem mais trabalho do que consegue gerenciar – estará em um bom momento para ser mais restritivo com qualquer política. Entretanto, a maior parte das empresas que estão tentando crescer e até mesmo aquelas com um estrondoso sucesso, devem atender às necessidades de clientes em potencial, o que indica que você precisa oferecer mais de uma opção.

Formas alternativas de pagamento

Tipos alternativos de transações – que incluem cheques pré-datados, pagamento com cartão de crédito e transferência eletrônica – oferecem um arsenal de opções de pagamento a seus clientes. Apesar de precisar de pouco tempo e pesquisa para ser estabelecido, o início do funcionamento é rapidamente compensado com um método simples de receber o dinheiro que lhe é devido.

Cheques pré-datados

Recentemente, usei cheques pré-datados para negociar a tradução de um livro que escrevi. A empresa aceitou os termos de um contrato que daria a ele os direitos de distribuição no idioma espanhol de meu livro de condicionamento físico. Mas a empresa estava com pouco dinheiro em caixa naquele momento devido a recentes projetos e expansão. Ofereci uma rápida solução por já ter feito negócio com essa empresa anteriormente. Obviamente, eu confiava neles. Eu queria que o negócio fosse fechado e o contrato não estava considerado ativo – ou seja, os direitos não estavam legalmente transferidos – até que todo o dinheiro fosse pago.

No momento da assinatura do contrato (via fax e mensageiro), eu pedi 1/3 do pagamento total. Um mês depois um segundo pagamento de 1/3 foi feito. E no mês seguinte o pagamento foi completado.

Da mesma maneira, pode ser que haja clientes com os quais você queira trabalhar, mas encontre problemas de pagamento. Nesses casos – eu não recomendo essa opção sempre – pode ser bom pensar nos cheques pré-datados.

Quando permitir que alguém faça um pagamento a você com cheques pré-datados, siga estas regras: trate os cheques pré-datados como pagamento adiantado. Por exemplo, se um cliente comprar um pacote pré-pago de aulas que ele não possa pagar integralmente, exija que pelo menos 1/3 do valor seja pago com antecedência. O próximo pagamento deve ser realizado um mês seguinte, e o último, dois meses depois. Os três cheques irão para a sua mão no início do acordo, com o segundo e o terceiro cheques pré-datados conforme o combinado. Esse acordo lhe garante o recebimento do pagamento antes que os serviços sejam prestados.

Os cheques pré-datados tornam o plano acessível e são uma opção realista para o cliente, uma vez que o pagamento pode ser feito ao longo do acordo em curto prazo. Se o acordo tornar-se ruim de gerenciar, ou se os cheques não tiverem fundos ou forem sustados, esse privilégio deve ser retirado imediatamente. As opções de pagamento flexíveis e que atendam às necessidades dos clientes são uma gentileza que você oferece a quem honra um acordo.

Débito automático e transação pré-autorizada com cartões de crédito

Essa forma de pagamento pode ser usada para pré-pagar serviços ou pagar serviços já prestados. A facilidade dessa opção está em sua rapidez.

Os débitos em conta saem da conta do cliente e são transferidos para a conta de sua empresa. Entre em contato com seu banco para ver se essa opção pode servir para você. O procedimento para dar início a esse tipo de serviço geralmente exige que seu cliente ofereça um cheque cancelado ou sustado, complete um formulário fornecido pelo banco (que você deve ter à disposição) e assine o formulário. Pode ser que você não consiga entregar a papelada diretamente no banco para o cliente. Se eu posso, faço todo o trabalho burocrático para um cliente que está interessado em pagar pelos serviços dessa maneira.

Nota de Pré-pagamento

Nome do cliente______________________ Plano de pagamento: 144 aulas pré pagas
Número da conta do cliente_________ Termos: pagável após recebimento ou aulas pré-pagas
Nota nº.________________________________

Mês	Datas das aulas e anotações sobre compra de produtos, equipamentos e outros serviços	Cobrança ou dedução de aulas ou custos de outros serviços e compras	Data da dívida ou da dedução da aula de compra pré-paga	Pagamento recebido ou número de aulas deduzidas	Pagamento que falta e número de aulas restantes	Data de cobrança
	Saldo devedor de nota anterior ou número de aulas restantes				US$0,00/122	
Junho	15, 17, 19; aulas	3	30/06	3	US$0,00/119	NA
Junho	23, 25 (cancelamento – cobrança integral), 27; aulas	3	30/06	3	US$0,00/116	NA
Junho	27; pagamento de equipamento adquirido: monitor cardíaco		27/06	US$119,00; nota nº. 52	US$0,00/116	NA
Julho	3, 5, 7; aulas	3	31/07		US$0,00/113	NA
Julho	3; esteira elétrica	US$1500	31/07		US$1,500/113	7/3; nota nº. 87
Julho	10, 12 (cancelamento – não cobrar) 14, 15; aulas	3	31/07		US$1500/110	NA
Julho	18, 20, 22; aulas	3	31/07		US$1500/107	NA
Julho	25, pagamento recebido de esteira			US$1500 nota nº. 87	US$0,00/107	
Julho	25, 27, 29; aulas	3	31/07		US$0,00/104	NA

Nota do autor: Esta nota serve tanto para o pré-pagamento quanto para o pagamento após o acordo. Este formulário o ajuda a controlar as aulas pré-pagas restantes de seu cliente, assim como qualquer quantia devida. Conforme o número de aulas vai diminuindo, você pode avisar seu cliente que ele pode contratar um novo pacote. Cada cliente deve receber um extrato mensal, mesmo que não haja mais nenhum saldo devedor. Assim, o cliente ficará ciente da situação atual de sua conta.

Figura 3.2 Nota de Pré-pagamento

Formulário 3.4 Nota de pré-pagamento

Nome do cliente________________________________ Plano de pagamento: ___________

Número da conta do cliente__________ Termos: ____________________

Nota nº.____________________________________

Mês	Datas das aulas e anotações sobre compra de produtos, equipamentos e outros serviços	Cobrança ou dedução de aulas ou custos de outros serviços e compras	Data da dívida ou da dedução da aula de compra pré-paga	Pagamento recebido ou número de aulas deduziwdas	Pagamento que falta e número de aulas restantes	Data de cobrança

Nota do autor: Esta nota serve tanto para o pré-pagamento quanto para o pagamento após o acordo. Este formulário o ajuda a controlar as aulas pré-pagas restantes de seu cliente, assim como qualquer quantia devida. Conforme o número de aulas vai diminuindo, você pode avisar seu cliente que ele pode contratar um novo pacote. Cada cliente deve receber um extrato mensal, mesmo que não haja mais nenhum saldo devedor. Assim, o cliente ficará ciente da situação atual de sua conta.

Do livro *The Complete Book of Personal Training*, de Douglas S. Brooks, Champaign, IL: Human Kinetics, 2004.

As compras pré-autorizadas com cartão de crédito feitas pelo seu cliente por meio de seus negócios são cobradas na fatura de cartão de crédito do cliente e creditadas na conta de sua empresa ou conta mercantil. A conta mercantil reflete seu acordo com o banco, ou outra instituição de crédito, a respeito da porcentagem da transação que o banco recebe por fazer as transações com cartão de crédito. Geralmente, seu custo com as transações por cartão de crédito é uma porcentagem fixa da transação – geralmente cerca de 2 a 3% ou menos, se você negociar um acordo que seja favorável para o seu negócio.

Os débitos automáticos geralmente lhe custam uma porcentagem fixa por transação que não depende da quantia transferida ou um pagamento mínimo mensal pelo serviço. Depois que o pagamento mínimo é excedido, alguns sistemas bancários lhe cobram uma quantia adicional por transação. Se um pagamento fixo for exigido pelo banco e você não atingir a quantia estipulada, geralmente não há reembolso.

Como os acordos de negócios como esses variam muito, entre em contato com a instituição financeira com a qual trabalha, seja seu banco ou uma firma de investimento de ações, e pergunte como essas ferramentas podem ser usadas no seu caso. Seja cuidadoso com os custos desses serviços. Se você não realiza tantas transações que justifiquem as taxas fixas por mês, talvez não queira escolher uma opção que exija pagamentos mensais. Faça os cálculos. Se o resultado final mostrar que faz sentido o uso de tais serviços, fique com essa opção.

Os pagamentos pré-autorizados ou as transações com cartões de crédito facilitam ao cliente o pagamento de notas ou a renovação de pacotes de treinamento pré-pagos. Essas opções de pagamento dão ao aluno menos chances de desistir do treino!

Conclusões sobre as formas de pagamento

Alguns de seus clientes se mostrarão desonestos ou tentarão tirar vantagem de você. Se, por exemplo, o banco devolver o cheque de um cliente por falta de saldo, você deve tomar uma atitude imediatamente. Se for a segunda vez, suspenda o treinamento até ter solucionado a pendência. As transações com cartões de crédito, depósitos em conta ou pagamento em dinheiro são boas alternativas se os problemas forem os cheques sem fundo. Além disso, as taxas cobradas pelo banco para processar um cheque que foi depositado e voltou sem fundo devem ser cobradas do cliente para cobrir suas despesas administrativas. O pagamento com cheque é um privilégio que pode ser retirado.

Aqui está um aspecto ruim de seu negócio. Mais cedo ou mais tarde você pode acabar tendo um cliente que esteja lhe devendo uma grande quantia em dinheiro e não queira pagar. Quando tenho a certeza de que o cliente não tem interesse em pagar a dívida, deixo o caso nas mãos de uma empresa de cobrança. Se eu tentei de tudo para entrar em contato com o cliente e vejo que estou sendo ignorado e ele não tem a menor intenção de honrar sua dívida, eu sigo adiante com o caso. Não se preocupe com o risco de estragar o relacionamento com o aluno,que a esse ponto, já deve estar destruído. A empresa de cobrança recebe uma porcentagem de todas as dívidas que ela conseguir que sejam pagas. A porcentagem é negociável, apesar de geralmente chegar a 50% do dinheiro devido. Nesse caso, penso que é melhor receber pouco do que nada. Investigue a empresa com a qual tenha a intenção de trabalhar para saber se os métodos aplicados por eles são legais, éticos e moralmente aceitáveis para você. Pergunte a seu quadro de conselheiros como eles agiriam em uma situação como essa. As ações de uma empresa de cobrança refletirão em você e em seu negócio.

Outra maneira de receber o dinheiro que lhe é devido é entrar com um processo na justiça.

Cuide de seu empreendimento em longo prazo

Como um negócio de sucesso pode dar errado?

Leia novamente o começo deste capítulo e reveja os dez motivos pelos quais as empresas vão à falência (veja o quadro na página 34). Indiferença aos clientes e falta de serviços são dois pontos que rapidamente vêm à cabeça. Está na hora de mudar de profissão se você não sente mais paixão pelo serviço e pelos cuidados aos clientes.

Gerenciar um negócio em longo prazo exige uma visão clara de objetivos. Você tem de conseguir ver para onde seus negócios estão indo e ter um plano de ação preparado para seguir no caminho certo. Falta de direção clara e objetivos e o fracasso em seguir em tal direção podem trazer prejuízos e destruição. Perceba também que suas idéias mudarão e que os planos nem sempre saem como o planejado. Mas ter um plano o mantém em sintonia com sua essência, seu desejo e seu desenvolvimento como pessoa.

Trata-se de seus negócios. Por isso você tem de seguir um caminho no qual acredita. Parece simples? E é! Antes que você comece a pensar no que os outros negócios estão fazendo e o que pode estar claro para outros colegas ou profissionais, concentre-se em seu ponto de vista e sua paixão. Eu sempre mantenho meu ponto de vista e minha paixão ao meu lado, desde o começo de minha carreira. Estou disposto a deixá-los de lado se acredito que será bom para meus negócios e para minha vida pessoal, e se conselhos de terceiros (como família, conselheiros e outras pessoas que eu respeite) apoiarem minha mudança de direção. Mas com freqüência retomo meu ponto de vista e minha direção. A visão pessoal não comanda as coisas sozinha, mas é importante para o resultado final.

Sem dúvidas, manter seus negócios e sua visão pessoal é um ato equilibrado. E se não for bem pensado pode causar conflitos ou resultar em escolhas ruins. Quando uma determinada situação surgir, pergunte a si mesmo: "essa é uma boa opção para mim? Servirá para os meus negócios? Reflete minha paixão e meu desejo?" Esse processo de introspecção o ajudará a alinhar suas decisões com o que é realmente importante para você e para seus negócios.

Seus objetivos de negócios devem estar em sintonia com os pessoais e com sua visão, ou você estará fadado ao fracasso. Por exemplo, se suas escolhas de trabalho exigirem que você trabalhe o dia inteiro e a convivência com sua família for importante, estará diante de um dilema.

Uma direção clara, correta e atual é imprescindível. Se seu plano de negócios foi estabelecido há muito tempo, procure reavaliá-lo, juntamente com sua direção nos negócios e visão pessoal. Assim, você terá esperança e resultados.

Fortaleça suas fraquezas

É da natureza humana fortalecer os pontos fortes e ignorar os pontos fracos. Fisicamente, é por isso que algumas pessoas cumprem uma rotina desequilibrada de exercícios para o peito e os bíceps apenas. São bons nos dois exercícios e se sentem familiarizados com eles. O mesmo pode ser dito a respeito de muitos negócios. Uma combinação de medo, do esforço necessário para mudar velhos hábitos e da insegurança geralmente fazem com que as empresas sigam funcionando da mesma maneira todos os dias. Esse método de gerenciamento pode continuar sendo aplicado ano após ano se a empresa não correr o risco de fechar as portas antes.

Treinadores novos na área de treinamento personalizado, incluindo os treinadores veteranos, geralmente agonizam e protelam alguns assuntos, tais como o estabelecimento de uma política e as mudanças de uma política já existente. Eles sofrem para lidar com clientes difíceis, conseguir dinheiro, reforçar a política de cancelamento e – por fim – mudar com o passar do tempo. Seja lá qual for sua luta, conheça a área de necessidade, consiga ajuda se necessário e faça as mudanças que precisarem ser feitas. Não há como atuar em todos os campos. Não se deve, sequer, tentar.

Cometendo erros e seguindo adiante

É difícil ser perfeito. Na verdade, se seu objetivo é ser perfeito, você vai falhar. Grande parte de seu medo de seguir adiante ou de ficar paralisado pela idéia de cometer um erro ou tomar uma decisão errada pode ser minimizada com planejamento e pesquisa. Clareza, confiança e crença em suas idéias vêm, pelo menos em parte, de diligência. Você pode se afundar em uma decisão ruim e chamá-la de fracasso ou analisá-la como uma brava tentativa e aprender com ela. Dê a si mesmo o direito de fracassar em algumas decisões e no gerenciamento dos funcionários. A maneira com que lidará com essas questões afetará sua auto-estima, e seus clientes e empregados o observarão aprendendo com os erros e vão admirá-lo ou desprezá-lo pelo exemplo que você der.

Como você lidará com o estresse, com as decisões difíceis e com o reconhecimento de ter cometido um engano?

Enquanto tiver funcionários, familiares e enquanto você liderar outras pessoas, sempre terá dúvida e medo. Sentir isso é uma prova de que você lida com seus negócios e questões interpessoais de modo apropriado e sensato. O fracasso é uma oportunidade para aprender sobre humildade e modéstia, a tratar as pessoas de modo justo e com respeito, qualquer que seja a pressão que estiverem colocando sobre você, e, também, aprender com seus erros.

Diretrizes para o gerenciamento do treinamento personalizado do futuro

Você pode estar pensando: como posso descobrir o que os melhores treinadores e homens de negócios estão fazendo para ter sucesso e permanecer bem em suas abordagens? Aqui está uma maneira de encontra a resposta.

Vários colegas meus têm empresas que eu tenho observado e admirado ao longo dos anos. A direção dos negócios é muito diferente para cada uma delas. Mas o mais importante é que cada negócio é uma combinação perfeita para a pessoa no controle da empresa e esses indivíduos reavaliam seus objetivos e visão pessoal com freqüência.

Como você pode aprender com empresários de sucesso? Uma boa idéia é observar os negócios de outros treinadores e entrar em contato com eles.

Observe os negócios de outros treinadores

Todas as empresas a que estou me referindo têm muito sucesso. Mas é possível aprender com o sucesso, os erros e os fracassos de todos eles. Das pessoas e empresas que admiro profissionalmente, todas conseguiram ser competitivas e produtivas financeiramente por muito tempo. A visão pessoal é uma marca registrada de todos os negócios. Mas todos os indivíduos envolvidos com um negócio foram inteligentes o bastante para equilibrar a visão com a mudança de tempos. As capacidades de reconhecer erros e escolhas ruins, e rapidamente mudá-los para uma direção positiva e nova, e prever tendências de mercado e as necessidades dos clientes são qualidades de negócios que conseguem se sustentar.

Já vi muitos negócios serem abertos e fechados, e alguns conseguirem admiráveis conquistas e longevidade. Por meio de contato pessoal de várias formas, incluindo telefonemas, e-mail e correspondência pessoal, além das viagens de negócios e da constante atualização sobre as notícias no mercado na Internet e nas mídias impressas, eu aprendi muito sobre várias pessoas e negócios.

A informação pode ser conseguida de graça se você procurar. Por que aprender com erros e testes quando os melhores treinadores e empresários de sucesso estão dispostos e satisfeitos em contar o que eles estão fazendo bem. E também o que já fizeram de errado? A troca de informação é uma rua de mão dupla e um processo de aprendizado para os dois lados. Vá com confiança, esteja pronto para aprender, ofereça sua experiência e não se esqueça de agradecer.

Princípios que não se alteram

Algumas verdades nunca mudam, e é importante identificar os princípios sólidos com os quais você pode contar para ajudá-lo a gerenciar seu negócio com sucesso. Entretanto, apesar de cada ideologia representar uma força consistente, e nunca ultrapassada, a informação dentro dela geralmente é dinâmica e em constante mudança.

O sucesso de qualquer treinamento personalizado depende do treinador. É claro que você também precisa saber como gerenciar um negócio e lidar com as pessoas. A seguir, apresento vários passos importantes, que formam histórias de sucesso e serão úteis no futuro:

- Contratar treinadores capacitados e com boa formação, que tenham versatilidade e experiência lidando com pessoas.
- Criar um negócio especializado, que atinja uma base mais ampla de clientes e passe do familiar.
- Informar o consumidor de modo sensível e cuidado.
- Definir o treinamento personalizado e a diferença que ele pode fazer na vida de uma pessoa.
- Compreender o poder da propaganda boca-a-boca e aprender a cultivar esse tipo de referência para crescer em um negócio.
- Oferecer serviço consistente e espetacular.
- Oferecer às pessoas programas sensíveis e progressivos que satisfaçam as necessidades e os desejos individuais, concentrando-se em programas altamente individualizados em vez de adotar uma única abordagem a todos.
- Trabalhar com profissionais da saúde e criar parcerias de negócios.
- Entender como expandir e aumentar a renda, ganhando potencial sem comprometer os padrões de ética e justiça.
- Preservar a vida pessoal dos proprietários e funcionários.

Gerenciar um negócio de treinamento personalizado não é tão complexo. Mas para crescer, você provavelmente não pode fazer o trabalho sozinho para sempre. Pode treinar todos os clientes, mas evitar certas áreas necessárias. É sábio delegar algumas tarefas, seja lá qual for o tamanho de sua empresa.

Controlar um negócio é muito pessoal. De qualquer forma, princípios corretos e programas baseados em estudos científicos devem ser suas principais ferramentas. Um ambiente de justiça, confiança, honestidade, moral e ética deve ser algo constante. E, por fim, o processo de construção de um negócio de sucesso tem de ser valioso para você.

Capítulo 4

ATRAIR – E MANTER – UMA CLIENTELA

Este capítulo pode ser o mais importante se o sucesso lhe interessar, pois a informação aqui contida pode ajudá-lo a aderir a um importante mantra dos negócios: "Manter e satisfazer os clientes que já tenho". A capacidade de atrair novos clientes é tão importante quanto manter os antigos, porque as duas situações refletem quão bem você tem divulgado a si mesmo e se seus negócios estão em progresso ou estagnados. Não basta esperar estar dando os passos certos - é necessário ter certeza!

As tendências de saúde e condicionamento físico são importantes para os profissionais de condicionamento. Prever a próxima tendência pode ajudá-lo a identificar oportunidades de negócios. Se seus negócios não reconhecerem novos interesses por parte dos consumidores e das empresas de equipamento, pode ser que você perca a próxima grande oportunidade de negócio.

As tendências podem ajudá-lo a concentrar-se em esforços de *marketing* e decidir quais novos serviços oferecer. Prever as tendências é uma arte (algumas pessoas têm um talento nato para prevê-las) e uma ciência (por exemplo, pesquisa de mercado - ou fazer sua pesquisa para encontrar procedimentos específicos para encontrar uma oportunidade). De qualquer maneira, se você não puder prever o futuro, os esforços de *marketing* serão infrutíferos. Além disso, os treinadores que são observadores ativos do mercado saberão quais habilidades pessoais e conhecimentos precisam ser melhorados e expandidos.

Mas não coloque a carroça na frente dos bois. Se seu negócio já estiver estabilizado e você tiver clientes, esqueça - apenas por um instante - a pesquisa de *marketing*, a previsão de tendências e a procura de novos campos. Qualquer negócio pode deixar de se importar com o cuidado que se deve ter com a clientela já existente quando se está tentando aumentar a cartela de clientes. A questão por si só - atender bem os clientes já existentes - terá o maior impacto na prosperidade de seu negócio de treinamento personalizado e não depende de qualquer esforço para aumentar sua cartela de clientes.

Divulgue-se

O *marketing* envolve muitos fatores. Vamos começar com a identidade de sua empresa.

O nome de sua empresa

Antes ou enquanto estabelece sua política básica de negócios, pense na apresentação pública de sua empresa, incluindo o nome. Muitos treinadores escolhem nomes genéricos, tal como *Executive Fitness* ou personalizam a empresa com o uso do primeiro nome ou sobrenome. No começo, quando eu estava pensando nos nomes para minha empresa, não tinha certeza se queria incorporar meu sobrenome ou não. Além disso, eu não queria ficar limitado a um tipo específico de negócio (por exemplo, condicionamento físico de executivos ou musculação), nem tirar o ar profissional de minha empresa com um nome que parecesse muito amador (por exemplo, Douglas - Workout). Em vez disso, pesei os prós e os contras de incluir meu nome como parte do nome da empresa. Meu raciocínio era o fato de que desde o início você é seu negócio e seu nome geralmente é o que você vende.

Entretanto, queria que o nome e o logotipo refletissem minha abordagem geral ao condicionamento físico e queria manter as portas apertas para futuras oportunidades e expansão. Provavelmente, não há um nome certo ou errado se você já pensou como quer que o nome reflita seus negócios ou como quer alcançar seu objetivo.

Eu gostei do nome que criei há quase vinte anos - Brooks... *The Training Edge* (Brooks... Treinamento Atualizado) - na primeira vez que o ouvi (figura 4.1). O nome pareceu adequado porque tinha vários sentidos. Ele me passava a sensação de que as pessoas que estão em forma estão melhor preparadas para enfrentar os desafios da vida. Parecia captar a vantagem que minha educação me dava em relação aos outros treinadores que estavam começando na mesma época. Também indicava meu entusiasmo em permanecer atualizado a respeito das mudanças na área da saúde e do condicionamento físico por meio de estudo e reciclagem constantes. Por fim, descrevia o objetivo dos treinamentos, individualizados para ter o máximo de resultado em relação às necessidades específicas do cliente. Além disso, Brooks poderia ser apagado do logotipo, deixando o nome mais curto, *The Training Edge*, se ele não mais oferecesse a vantagem do *marketing* ou se eu quisesse franquear minha empresa.

Você deve pensar bem e experimentar nomes e logotipos até encontrar aqueles que satisfaçam seus objetivos. Mostre suas idéias a qualquer pessoa que possa lhe dar uma opinião. Não desista, nem desanime. Seja lá qual for a resposta que você receberá em relação ao nome da empresa, lembre-se que se trata de seus negócios e ninguém sabe o que você tem a oferecer melhor do que você mesmo.

Avalie todas as opiniões e tome a decisão final. Como sua decisão lhe dará um nome e uma identidade que provavelmente serão usados por muito tempo, vale a pena esperar até ter a combinação certa.

Figura 4.1 Escolher o nome e o logotipo de sua empresa são atitudes muito importantes. O nome e o logotipo expressam o que você tem a oferecer?

Criando o desenho certo

Assim que tiver um nome, contrate um experiente artista gráfico para criar um bom logotipo e faça a impressão dele em sua fachada, nos panfletos e cartões de visita (inclua o desenvolvimento e um pacote de apresentação ou kit de propaganda; veja o anexo), além de envelopes, papéis e blocos de anotação. Esse passo pode parecer caro e demorado, mas, além de ser divertido, é importante para que você estabeleça sua imagem profissional e clareza de direção. Também tem a ver com compromisso profissional. Como esse será um custo único, não tente economizar ou contratar um profissional só porque ele está disponível. Por outro lado, no começo de minha carreira, o dinheiro era curto. Por isso, troquei o trabalho do artista gráfico por aulas de treinamento personalizado.

Não fique em dúvida achando que está gastando dinheiro que não tem, ou seu tempo, que já é pouco, com um custo supérfluo. Eu sei o que você está pensando. Muitos treinadores lhe dirão que você só precisa de cartões de visita para começar a trabalhar. Apesar de essa afirmação não ser de todo falsa, já abordei no capítulo 2 e no anexo porque essa não é a melhor opção. Você tem de investir nisso! Quando vi meu pacote de apresentação, cartões, envelopes, folhas e todos os outros itens com meu nome e meu logotipo, fiquei orgulhoso porque estava apresentando minha empresa bem vestida ao mundo! Meus papéis passavam a impressão de que eu era muito profissional e meticuloso, e minha confiança foi às alturas. Isso fez com que eu ficasse mais seguro. Apesar de parecer muito dinheiro e investimento de tempo naquele momento de minha carreira, eu nunca me cansei do logotipo, e acho que todo o dinheiro investido foi compensado muitas vezes.

Tão importante e mais tangível, foi o retorno que eu recebi de meus investimentos. Acredito que o começo muito bom da minha empresa, em termos de interesse de clientes, indicações e minha capacidade de estabelecer boas parceiras com profissionais da saúde, foram parcialmente construídos graças a esses recursos que desenvolvi. Também foi fácil anunciar meus serviços por meio de revistas, jornais e televisão, porque eu me apresentava de modo profissional no papel. Muitos clientes e treinadores faziam comentários positivos sobre nossa aparência profissional. Essa boa apresentação dá aos clientes a confiança de que você pode oferecer os serviços que eles estão procurando.

Se estiver trabalhando para outra pessoa, talvez não precise de um nome e um logotipo. Mas eu aconselho que você crie uma identidade desenvolvendo um pacote de apresentação. O nome e o logotipo têm mais importância para os treinadores que estão abrindo suas academias ou trabalhando de maneira independente. Se você trabalha em uma academia já estabelecida, sua exposição e visibilidade estão garantidas, mas você ainda pode destacar-se entre os outros treinadores desenvolvendo um bom pacote de apresentação. Se estivesse contratando um treinador, você escolheria um cartão de visita ou um pacote de apresentação?

Criando um bom *website*

Para muitas pessoas, a Internet é um grande mistério. Apesar de muitas pessoas acreditarem que um *site* na Internet traria benefícios à sua empresa, não sabem por onde começar, quanto pagar e o que esperar. A Internet é como fazer exercícios: a maioria das pessoas sabe que fazer exercícios e ter uma boa alimentação fazem bem à saúde, mas sempre colocam empecilhos para não fazer a coisa certa.

Colocar seu negócio na Internet pode ser simplificado com um processo de três passos: pesquise, construa a página e lance o *site*.

Pesquise. Esse passo de descoberta pode ser o mais crucial. Antes de começar sua pesquisa, decida qual é o propósito do *site*. As estratégias de um *website* incluem inserir seu pacote de apresentação, expor e definir seus serviços, enfatizar as vendas e aumentar os serviços aos clientes. A melhor maneira de decidir como você quer criar seu *site* é navegar em outros que ofereçam serviços parecidos. Anote o que você gosta e o que não gosta. Muitas pessoas que navegam na Internet gostam de fotos, vídeos e outros gráficos, além de interatividade. Faça uma lista do que você quer. Essa lista pode incluir jogos interativos, vendas *online* para produtos de condicionamento físico, vídeos e fotos de técnicas de exercícios e artigos educacionais.

Construa a página. Essa fase começa com a escolha do nome do domínio. As empresas maiores geralmente preferem um domínio que use o nome de sua empresa, enquanto as pessoas que possuem seus negócios preferem usar seu próprio nome. Afinal, você está vendendo sua imagem e seu nome. Qualquer opção que seja mais fácil de lembrar e atraia as pessoas ao seu *site* é válida. Analise se o nome está em sintonia com seus esforços de *marketing* e com o propósito do *site*. Se você promove, além de seus negócios, contatos e clientes, um termo mais genérico é mais adequado.

Por exemplo, quando eu tinha a Brooks... *The Training Edge* em Los Angeles, um bom nome teria resultado no endereço do site: www.Brooks-TheTrainingEdge.com. Eu estava vendendo e anunciando a qualidade de serviço que começara a ser associada com minha empresa, e o *site* teria satisfeito as necessidades de meus clientes. Meu nome era bem conhecido em minha região e estava começando a ser divulgado nacional e internacionalmente. "Brooks" e "*The Training Edge*" não eram apenas meus produtos, mas meus cartões de visita também.

Moves Internation Fitness (MIF) é o nome de minha empresa atualmente. Meus produtos e serviços estão além do treinamento personalizado. Meu *site* na Internet é www.MovesIntFitness.com e, por meio de anúncios, tornou-se uma fonte de educação à distância e outros produtos relacionados à saúde e ao condicionamento físico. Seja lá como uma pessoa chegue ao seu *site*, ela verá os produtos e serviços que você oferece. E você pagará pouco por isso. Qualquer empresário gostaria disso!

Quando escolher um nome, precisa registrá-lo. A maneira mais fácil é ter um servidor de hospedagem de Internet (ISP, do inglês *Internet service provider*), que é o serviço que manterá suas páginas na Internet e registrará o nome. Aqui está a dica: você precisa ter um *site* de hospedagem antes de registrar o nome. É parecido com ter um escritório antes de pedir uma linha telefônica.

Seu ISP é seu hospedeiro, e servidor também. Esses termos geralmente são usados para as mesmas coisas. Escolher um *site* de hospedagem é importante para entrar na rede. Quando as pessoas digitarem seu endereço eletrônico - digamos que seja http://yourdomaisn.com ou www.yourdomain.com - no computador, um "computador hospedeiro" servirá as páginas para que as pessoas possam ver seu *site* e conteúdo. Se o servidor estiver fora de serviço, surgirá uma mensagem com o seguinte texto "Servidor não está respondendo".

Quer você acredite que um provedor local ou o nome de uma marca nacional seja a opção de hospedagem, o importante é que seu provedor ou hospedeiro deve ter um bom registro de estabilidade. Caso contrário, se o provedor sair do ar e não voltar rapidamente devido a problemas financeiros ou falta de técnicos qualificados, você perderá dinheiro, negócios e exposição. Como o serviço *online* é bastante competitivo - e em muitas ocasiões é barato - confiança e estabilidade são as palavras de ordem. Se seu servidor falir, você terá um grande problema também, porque terá de mudar seu endereço de e-mail, o que acarretará em custos se tiver de mudar as informações em cartões de visita, envelopes e outros materiais impressos. Nomes conhecidos oferecem estabilidade. Entretanto, eu uso um serviço local em minha região que não me dá problemas. Como a qualidade e a confiança variam muito, é interessante pedir referências às pessoas.

Você mesmo construirá sua página ou contratará um especialista no assunto para fazê-lo? Existem comentários a serem feitos para os dois métodos. Construir seu próprio *site* é uma economia de dinheiro e lhe dá controle completo sobre as atualizações. Se você adora mexer com novos softwares e gosta do trabalho de design, provavelmente tem paciência para desenvolver um pequeno *site*. Programas de design, como o Page Mill, da Adobe, e o FrontPage, da Microsoft são bons e fáceis de usar. Se você é como eu e não tem tempo nem talento para esse tipo de coisa, contrate um *web designer*. Se você não puder fazer uma permuta (seu trabalho em troca dele), espere ter de desembolsar uma taxa fixa desde US$500 a vários milhares de dólares ou US$40 ou mais por hora. Se você fizer seu *site*, pode baixar esse custo para algumas centenas de dólares. Grandes *sites* podem custar mais de dez mil dólares. Muitas empresas têm *sites* nos quais investem muito dinheiro em desenvolvimento e manutenção. Eu recomendo que o valor seja fechado no ato do contrato do serviço para que os custos não fujam de seu controle. E peça uma descrição detalhada do que será feito. Além disso, decida quem vai atualizar e mantê-lo e o custo que esses serviços terão, ou peça ao *web designer* que o ensine a manter seu *site*. O quadro desta página mostra os passos básicos para a criação de um *site* na Internet.

Passos para a Criação de seu Site na Internet

1. Escolha para seu *site* um nome fácil de lembrar e que reflita os serviços que você oferecerá. Se ainda não estiver pronto para fazê-lo, registre seu nome para que ninguém mais o use.

2. Logo no começo, escolha um provedor de serviços de Internet (ISP). A sigla ISP é usada de modo intercalado com os termos servidor e hospedagem. Encontre um *site* de hospedagem confiável.

3. Use fotos, vídeos e gráficos interessantes. Fotos, imagens e movimento são características de *sites* divertidos, interessantes e que chamam a atenção. Um alerta, entretanto, é que os vídeos e as fotos muito grandes podem demorar muito tempo para serem carregadas ou vistas por alguém que estiver navegando. Isso acontece principalmente com pessoas que não têm modens atualizados e outros serviços (DSL ou banda larga) que os permitam acessar sites ou visualizar arquivos pesados com rapidez. Por isso, certifique-se de que suas páginas são de rápida e fácil visualização.

4. Crie um *site* interativo. Jogos sobre condicionamento físico, calculadoras de índice de massa corporal, informações nutricionais e enquetes são bons exemplos de recursos que podem ser utilizados.

5. Atualize seu *site* com freqüência. Acrescente novas informações, como artigos, *newsletters* ou produtos especiais com freqüência para que as pessoas voltem a visitá-lo.

6. Visite outros *sites*. Você pode encontrar boas idéias para incorporar em sua página da Internet em outros endereços e pode descobrir oportunidade de promover seu *site* com outras pessoas e ser acrescentado em *sites* de busca. Uma boa empresa ISP pode registrá-lo em *sites* de busca para que alguém que esteja procurando os serviços que você oferece possa encontrá-lo com facilidade.

7. Proteja seu *site*. Se vender produtos em seu *site*, avise os clientes de que ele é seguro.

Publique seu site. A publicação é sua recompensa. Os mecanismos de busca desempenham um papel importante na exposição de seu site, pois servem como bases de lançamento. Certifique-se de que seu site esteja registrado nos locais mais populares, pedindo a ajuda de seu *web designer* ou do ISP.

A exposição, ou atrair as pessoas a seu site, é o único aspecto que determinará seu sucesso ou fracasso na rede. As pessoas têm que conhecer seus serviços e produtos e querer visitar seu site. Em segundo lugar, dedique-se a publicar um site que melhor reflita sua empresa. Apesar de a rapidez ser algo bom no mundo digital, a excelência é melhor quando falamos em *web page design*.

Os sites na Internet realmente valem a pena? Sim, não, talvez. Nem sempre é fácil dizer.

Quando perguntados se têm site na Internet, a maioria dos empresários responde: “Ainda não, mas no futuro pensamos em fazer um site”. Parece que todas as empresas deveriam ter seus sites na Internet. Mas a maioria dos empresários não sabe quanto custa criar e manter um site, nem quanto tempo e compromisso financeiro são necessários para mantê-lo atualizado e produzindo, mesmo acreditando que esse recurso traria crescimento e mais renda. Há algumas boas razões para não ter um site na Internet e muitos bons motivos para ter um.

Muitas empresas pequenas finalmente lançaram mão dos computadores porque eles tornam as tarefas diárias mais fáceis, rápidas e eficientes. Mas o mesmo pode ser dito a respeito da conexão da Internet. Compensa ou é apenas um símbolo de status?

Os sites podem aumentar os negócios por meio de mais contatos via e-mail e podem criar novas oportunidades de negócios de fontes antes não acessíveis - se sua página for feita para gerar esse tipo de resposta de negócios. É mais fácil informar, divulgar e atender seus clientes por meio de mensagens de e-mail e informações no site. A rede tem aumentado, e muito, o número de ferramentas de busca e a quantidade de informação disponível sem que você tenha de sair de casa.

É certo que entrar na Internet demora um pouco - é preciso aprender algumas coisas antes de conseguir mandar e-mails e navegar bem-, e um site na Internet requer tempo para ser gerenciado. Ele tem de ser atualizado, e, além disso, você tem de responder perguntas, atender pedidos de compra e responder mensagens. Não é incomum passar de oito a quinze horas por mês cuidando do site, mesmo que sua empresa seja pequena.

Seja qual for sua opinião, a Internet continuará afetando os profissionais do mundo todo. Estimou-se que em 2005 alcançamos a marca de 716 milhões de usuários (*Internet World*, 1999). Os lucros e o sucesso com o uso da Internet não são garantidos. Mantenha-se receptivo a essas oportunidades e cresça com essa área expansiva da tecnologia. É sempre mais fácil crescer em um campo em expansão do que entrar depois que tudo estiver estabelecido.

Pesquisa e *Marketing*

Não permita que as palavras *pesquisa de marketing* o assustem. Uma boa pesquisa de *marketing* não é algo complexo e nem requer muito investimento de tempo e dinheiro ou graduação em *marketing* empresarial. Uma simples pesquisa de *marketing*, por outro lado, pode manter sua empresa em crescimento e atualizada. Como ela pode ajudar em seus negócios, você tem de usá-la como uma de suas ferramentas de crescimento. Um plano de *marketing* complexo, apesar de não ser necessariamente caro e complicado, pode ajudá-lo a detalhar suas estratégias para identificar, conseguir e manter seus clientes.

O que é *marketing*? O *marketing* envolve seis principais passos:

1. *Identifique suas necessidades.* Reconheça as necessidades de mercado que não estão sendo satisfeitas.
2. *Faça pesquisa.* Pesquise e conheça os fatos relacionados a essas necessidades.
3. *Satisfaça.* Crie um produto ou serviço que satisfaça a necessidade ou demanda de mercado.
4. *Promova.* Exponha o serviço ou o produto aos consumidores para que eles saibam como seus negócios podem ajudá-los a satisfazer suas necessidades.
5. *Distribua.* Faça sua propaganda e deixe que todos saibam o que você oferece e como pode ajudar. A distribuição permite que você mostre seu serviço ou produto para os consumidores para que eles possam vê-lo, fazer perguntas e testá-lo.
6. *Adquira novos negócios.* Realize a venda e consiga a confiança e o comprometimento de um cliente em potencial.

Um bom *marketing* exige conhecimento e previsões do futuro. As tendências mostram desejo, necessidade e interesse. Você está apto a servir de acordo com a demanda e a necessidade?

O segredo de um plano de *marketing* simples é conversar com as pessoas e procurar oportunidades que estejam prontas e amadurecidas para serem postas em prática. Telefone a seus colegas e pergunte o que eles têm divulgado e obtido sucesso e o que tem falhado. Divida suas visões também para que haja a troca de experiências. Pense em visitar outras empresas do ramo, não como espião, mas para entender o que mantém esse negócio funcionando e para manter um bom relacionamento com seus concorrentes. Faça o mesmo convite a eles.

Agências de comércio local podem ser usadas, como a câmara de comércio, para lhe oferecer a demografia de uma determinada região. Se você estiver realizando uma grande pesquisa de mercado, pode firmar uma parceria com uma universidade, uma faculdade ou uma firma de pesquisa que tenha experiência na área. Expandir seus negócios pode exigir esse tipo de informação antes de se comprometer financeiramente.

Uma boa pesquisa de mercado sempre vem seguida de uma ótima estratégia promocional. Em outras palavras, aonde você coloca seus anúncios? Aonde e para quem você manda suas promoções? A resposta para a promoção será bem-sucedida e aceita? Como você checa se foi eficaz? Como divulgar de maneira eficiente e centrada?

Divulgando um serviço de treinamento personalizado

Como você divulga sua empresa? Como as pessoas encontram seus serviços? Você pode pagar por anúncios ou usar uma variedade de métodos para divulgar o que está fazendo de graça.

Mas antes de nos apressarmos, você tem de oferecer ótimos serviços e experiência e apresentar uma imagem profissional que mostre sua seriedade, justiça, entusiasmo e empatia para com o cliente. Sua imagem profissional é tudo e reflete diretamente tudo que você faz ou diz. A maneira com que você é notado pelos clientes, pelos consumidores em potencial e pela comunidade em geral - e não o que você pensa passar - determinará o sucesso de seus negócios.

Estratégias simples, eficientes e baratas de *marketing*

1. Desenvolva um *site* (como já discutimos anteriormente).
2. Publique um boletim de notícias (*newsletter*) a cada quinze dias ou mensalmente. Distribua essa informação e fonte promocional via correio, *e-mail* ou *site* na Internet. Coloque informações sobre sua empresa em fontes de informação (jornais, revistas, televisão) que possam estar interessadas em programas de saúde e condicionamento físico e outras notícias da área.
3. Ofereça dicas sobre condicionamento físico em programas de rádio e televisão e em *sites* da Internet.
4. Mostre casos de sucesso de clientes (com a permissão deles) em seus boletins de notícia, seu *site* ou em revistas.
5. Dê palestras em empresas e instituições, tais como hospitais, sobre saúde, condicionamento e bem-estar.
6. Ofereça cupons de desconto.
7. Ofereça convites promocionais para algumas pessoas.
8. Envie cartas de apresentação para determinadas pessoas e faça um telefonema a elas algum tempo depois.
9. Mande cartões postais para promover o interesse em sua empresa.
10. Grave uma mensagem em sua caixa postal que, de alguma forma, promova sua empresa.
11. Envie notas pessoais, escritas a mão, para agradecer indicações.
12. Envie artigos (por exemplo, camisetas ou faixa para exercícios) com o nome, o logotipo e o telefone de sua empresa para pessoas que possam ser candidatos em potencial para aulas de treinamento personalizado, ou distribua cartões de agradecimento a seus clientes já existentes pelo apoio.
13. Desenvolva e distribua uma linha com seu nome de produtos, tais como camisetas,

bolsas de ginástica, bonés, meias, shorts e outros itens esportivos.

14. Peça indicações a clientes e a outros profissionais, e dê a elas um incentivo para isso.

15. Mantenha um excelente serviço.

Relações Públicas: Divulgue

O trabalho de relações públicas tem a ver com divulgar seu serviço. As pessoas têm de conhecer sua intenção. Você está preparado? Quando estiver, não pode desistir. Tem algum plano para divulgar os serviços que seu negócio oferece?

A melhor maneira de criar interesse em seus negócios e conquistar uma clientela é definir objetivos e os serviços que pretende oferecer. Seu pacote de apresentação o ajudará a mostrar sua empresa a clientes e à mídia. Enquanto o estiver elaborando, você ficará confiante e claro a respeito do que tem a oferecer e a diferenciar seus serviços do que já existe no mercado. Esse pacote faz parte de seu veículo de entrega de relações públicas e ajudará a formar a imagem de seus negócios e criar uma impressão de profissionalismo (veja o anexo).

Publicidade: Faça sua empresa virar notícia

A exposição por meio da publicidade é ótima e geralmente não custa nada. A mídia de notícias inclui jornal, revistas, rádio e televisão. Não esqueça de oferecer palestras a várias comunidades e grupos empresariais e promover histórias em programas que tenham a ver com sua empresa. Estão incluídos eventos de caridade, trabalho voluntário com equipes de atletas, novos programas em sua empresa ou treinamento de *personal trainers*. Esse tipo de publicidade associa seu nome a boas causas, cria familiaridade com seu nome e com seus serviços e tembém um grau de credibilidade, experiência e profissionalismo a sua organização.

Para colocar seus negócios nos noticiários, apresente-se para as fontes de mídia local em sua comunidade. A cobertura da mídia voltada para eventos locais é onde você encontrará novos clientes. Desenvolva uma história que você queira contar, adicione fotos e estará pronto para vendê-la. Explique seus serviços e por que sua história é interessante. Eu trato bem a mídia como trataria um cliente. Em outras palavras, descubra o que um editor ou diretor de redação quer e encontre uma maneira de oferecer a informação de maneira única e profissional.

Propagandas na imprensa

Isso vai lhe custar dinheiro, mas pode ser produtivo e facilitar a cobertura da imprensa no futuro. Quer você esteja usando o rádio, a televisão, o jornal ou uma revista como veículo de propaganda, você tem de mirar em um público que pode querer contratar seus serviços, ou pelo menos ter interesse neles, e lançar anúncios freqüentes. Em vez de gastar muito dinheiro com um comercial caro no rádio ou usar todo o seu dinheiro em um anúncio de uma página inteira em uma revista, use seu dinheiro para causar o maior impacto possível. Eu prefiro espalhar informação em pequenas doses com uma mensagem firme e constante. Qualquer tipo de anúncio em mídia local será bem barato, se comparado com a cobertura nacional.

Cartões de Visitas, Papéis e Artigos de Escritório

Constância e repetição são essenciais para o reconhecimento. Esses artigos de *marketing* - cartões de visitas, papéis e artigos de escritório - devem ser padronizados. O mesmo logotipo, com a mesma cor e desenho, devem aparecer em qualquer material para que, com o passar do tempo, esses elementos se destaquem e sejam identificados.

Informação que baste para representar seu profissionalismo e detalhar suas qualificações deve ser inserida no cartão de visita, sem que ele se torne um mini-resumo que exija lupa para ser lido.

Alguns treinadores gostam de separar um lado do cartão para agendar aulas ou reuniões de apresentação ou oferecer esclarecimentos. Esse cartão de apresentação e agendamento passa uma imagem profissional e ajuda as pessoas a se comprometerem e a lembrarem dos compromissos. É mais uma ferramenta para atrair o cliente ao programa de treinamento que você tem a oferecer.

Panfleto da empresa

Seu cartão de visita ou panfleto pode ser a primeira informação que um cliente em potencial verá quando estiver pensando em contratar seus serviços, e literalmente apresenta a pessoa ao serviço. O panfleto deve definir com clareza seu propósito, o que um *personal trainer* pode fazer para um cliente em potencial, por que a pessoa interessada pode confiar em você e quais são seus diferenciais. (figura 4.2).

Um panfleto bem feito é uma ótima propaganda, que pode ser enviada a clientes em potencial que telefonem pedindo informações. É mais barato e mais fácil de ser distribuído do que o pacote de apresentação. Esse último deve ser entregue no seu primeiro contato frente a frente com um cliente em potencial. Lembre-se que os panfletos são materiais de divulgação. Não os entregue aos montes porque custam caro. Eles devem ser distribuídos como doces nas datas comemorativas. Quando estiver em dúvida, entregue-os!

Um panfleto por si só não diz muita coisa, mas, em conjunto com uma reputação impecável, credenciais, comentários e relatos de clientes satisfeitos e uma descrição dos serviços, o panfleto é mais uma peça do quebra-cabeça que ajuda a divulgar seus negócios. São maneiras eficientes de divulgação.

Se você contrata treinadores, imprima seus títulos, experiência e objetivos de treinamento em seu panfleto. Imprima folhas avulsas que possam facilmente ser inseridas em panfletos de outros treinadores e funcionários. Isso economizará dinheiro de reimpressão de panfletos quando novos funcionários forem contratados ou os antigos deixarem de trabalhar para você. Se novos programas forem adicionados a serviços já oferecidos, essa mesma idéia pode ser usada para atualizar seu panfleto.

Sobre o diretor ou proprietário:	**Parte de trás do panfleto:**	**Parte da frente do panfleto:**
Qualificações profissionais	O que as pessoas estão dizendo a respeito do *The Training Edge*	Logotipo: Logotipo Brooks aqui
Experiência	Nome da empresa e logotipo; telefones para contato, *site* na Internet e *e-mail*	Nome da empresa: Brooks... *The Training Edge*
Objetivo profissional e de treinamento	Atração ou promoção: "Telefone e ganhe uma avaliação gratuita"	Nome do proprietário, títulos: Douglas S. Brooks, MS, fisiologista de exercícios e instrutor de condicionamento físico certificado
Sobre a empresa	Os valores das aulas no *The Training Edge* e as opções de planos e pagamentos	Informação para contato: telefone da empresa, fax, *e-mail*, celular e endereço de correspondência
Quadro de conselheiros		O que esperar:
Conheça seu treinador (insira o perfil do treinador)		Missão do *The Training Edge*
O que é um *personal trainer*?		
Como um *personal trainer* pode fazer a diferença em seu bem-estar e condicionamento físico?		
Programas individuais e serviços para ajudá-lo		

Figura 4.2 Exemplo de panfleto de três lados.

Preparando materiais promocionais

Se a imagem é tudo — pelo menos até que as pessoas descubram seu profissionalismo e tirem suas próprias conclusões — o que dá resultado a uma propaganda? Darren Thorneycroft (1995) identifica sete pontos-chave que devem ser considerados para a produção de bons materiais promocionais:

1. A clareza é melhor que a esperteza e a informação nas entrelinhas. Informações subentendidas ou de significado profundo e misterioso, disfarçadas com um logotipo ou uma frase de efeito não é útil do ponto de vista dos negócios. Muitos clientes em potencial não sabem o que os *personal trainers* fazem e como eles podem afetar as suas vidas. Apesar de você desejar ser diferente dos outros negócios e empresas com um bom logotipo, frase de efeito ou nome, não se esqueça de definir quem você é, qual o propósito de seu negócio, onde você treina, o que pretende oferecer e por que a pessoa deveria escolher sua empresa.

2. Reconheça a limitação e o poder de enfatizar o pronome "você". Apesar de ser importante divulgar seu trabalho detalhando suas ótimas características, certifique-se de responder o que um cliente perguntaria: "como isso poderia servir para mim?". Concentre-se em enfatizar o "você" no material de divulgação. *Você* receberá a orientação e o cuidado de um profissional. *Você* vai se sentir melhor, ficar melhor e alcançar o objetivo com que *você* sempre sonhou. Enfatizar o pronome "você" dá a importância necessária ao cliente.

3. Escolha o mercado com cuidado. Se um comunicado precisa ser forte, ele deve ser direcionado exatamente para o seu público-alvo. Use fotos, linguagem e gráficos apropriados para seu público. Por exemplo, uma foto sua na melhor posição de fisiculturista causará um efeito positivo ou negativo, dependendo do interesse das pessoas! Não é uma questão de certo ou errado, apenas de adequação em relação à clientela que você está tentando atrair.

4. Use uma apresentação limpa, clara e de fácil leitura. Contrate um profissional para lhe ajudar nessa tarefa. Os panfletos eficientes trazem frases que mostram os benefícios e o logotipo, os gráficos e as fotos que atraem a clientela de seu interesse.

5. Procure qualidade, qualidade e mais qualidade! Assim como o local é importante para a venda de um imóvel, a qualidade é importante para os materiais de divulgação. Erros gramaticais e de grafia, repetições, frases confusas, informações erradas e palavras supérfluas não passam a imagem de um profissional sério. As imagens, as fotos e os gráficos devem ser claros, atraentes e profissionalmente integrados ao material.

6. Use relatos. O que as pessoas estão dizendo sobre seus negócios? Nada é mais forte do que resultados reais. Os relatos mostram quem está usando seus serviços e quais benefícios estão recebendo, e mostram que seus clientes estão tão satisfeitos que se dispõem a dizer o que pensam sobre você. Os relatos fortes são aqueles que usam as próprias palavras dos clientes. Relatos articulados – aqueles que são escritos ou editados para servir como estratégia de *marketing* – são vistos como "falsos". O "real" ganha do "inventado".

7. Faça material promocional multiuso. Os anúncios promocionais devem ser feitos para serem usados em mais de uma situação. Assim, você economiza dinheiro e tempo. Você deve enviar um panfleto, além de entregá-los em clubes e distribuí-los em lojas, spas e cabeleireiros, onde eles possam resultar em indicações de clientes. Um texto atraente pode ser impresso e usado para ser colocado em folhas de preços, anúncios, ofertas promocionais e pacotes de apresentação ao cliente.

De D. Thorneycroft 1995.

Malas-Diretas

Antes de começar a gastar bastante dinheiro enviando malas-diretas (cartas de apresentação ou panfletos), perceba que essa técnica tão comum não é muito produtiva. Um retorno de 3 a 5% é o máximo que se pode esperar. Alguns treinadores já enviaram centenas de malas-diretas e não receberam retorno algum. Por outro lado, algumas respostas podem ajudar a dar um empurrão inicial no negócio e criar uma rede de futuras indicações com base no sucesso e na satisfação de apenas um cliente. Não fique triste se seu retorno for pequeno, e seja realista quando usar esse método para atrair clientes.

Personalize a mala-direta. Uma carta remetida para "o morador" ou "destinatário" tem uma grande chance de não ser lida. Assim como seu pacote de apresentação, esse material pode ser o primeiro contato do cliente com sua empresa. Deve, ao mesmo tempo, explicar quem você é e o que faz! Veja a figura 4.2 para obter ajuda na produção de um panfleto muito bom.

Se você trabalha em uma academia, aproveite a lista de alunos. O rol de alunos da academia é um ótimo exemplo de pessoas que possam se interessar por treinamento personalizado.

Mantenha contato com outros profissionais da área da saúde e do condicionamento físico

Como você faz a ligação médica? Nem todos os profissionais da saúde sabem o que os *personal trainers* fazem e podem questionar o nível de capacidade técnica do treinador. Os profissionais licenciados, sejam eles médicos, terapeutas, nutricionistas ou treinadores de atletismo, estão acostumados a trabalhar com indivíduos que possuam educação e treinamento documentados. Um *personal trainer* certificado representa uma pessoa com um nível mínimo de competência, do ponto de vista de muitos profissionais licenciados, porque a graduação não é padronizada na indústria de treinamento personalizado. Em outras palavras, os médicos, quiropráticos, terapeutas, treinadores de atletas e osteopatas, dentro de um Estado, país ou província geralmente têm os mesmos requisitos em cada uma de suas disciplinas e têm de preencher bem todos as exigências para obter um diploma, um *status* profissional e licença. Como essa padronização não é muito comum no treinamento personalizado, é essencial estabelecer seus títulos e credibilidade desde o principio além de informar a comunidade médica sobre como um *personal trainer* pode trabalhar com os pacientes. Os profissionais tanto da comunidade médica quanto do condicionamento físico estão percebendo agora os méritos de aliar seus serviços para melhorar o bem-estar geral de seus clientes em comum. A informação abre as portas para essa parceria. Se os treinadores quiserem acessar esse mercado, eles terão de receber treinamento em áreas de subespecialização e aprender a entrar em contato para mostrar seus serviços a médicos e outros profissionais licenciados da saúde de maneira pró-ativa. O condicionamento físico e os cuidados com a saúde podem ser uma ótima combinação! Veja o capítulo 1, para ler mais sobre o assunto, e a parte IV.

Quais são as melhores maneiras de colaborar com profissionais da saúde? Aqui estão algumas dicas:

Adquira informação e treinamento formal. Se você realmente deseja criar laços com a comunidade médica, é essencial adquirir treinamento formal (ou seja, graduação e certificados) e outros tipos de educação constante. Você precisará entender as condições pelas quais cada paciente é indicado além do tratamento médico ou terapia que costuma ser administrada. Conforme seu conhecimento e experiência aumentarem, aumentarão também as oportunidades de divulgar seu trabalho e trabalhar com um número cada vez maior de públicos.

Identifique seu papel. Ganhe o respeito e a confiança de médicos e outros profissionais da saúde, definindo os limites entre o que o treinador faz e o que o profissional licenciado faz. O papel do treinador não é diagnosticar doenças, males e problemas ortopédicos, mas sim compreender a patologia básica, as causas e o controle de problemas comuns ou necessidades de cada especialização. Entre elas, doença cardíaca, hipertensão, diabetes, anormalidades no sangue, obesidade, asma, gravidez, osteoporose, artrite e outros problemas e condições médicas. Uma abordagem assim criará uma situação onde todos ganham.

Estabeleça credibilidade e profissionalismo. Quando tiver identificado corretamente seu papel, estudado e adquirido treinamento formal e continuar expandindo seu conhecimento, terá alcançado um patamar de credibilidade e profissionalismo. É fácil apresentar seus serviços com confiança. E logo muitos profissionais desejarão tirar vantagem do que você tem a oferecer.

Inicie a parceria. A maneira mais eficaz de abordar o médico é por meio de seus clientes que já têm acesso a esse profissional. Seus clientes podem apresentá-lo a esses profissionais.

Não se intimide quando fizer contato. Quando usa um cliente para fazer a apresentação, você tem uma vantagem. A credibilidade é estabelecida com seu cliente, e você pode aumentar isso com materiais adequados que repassará mais tarde. Além disso, você tem a permissão do cliente de entrar em contato com o médico para o bem do cliente, para desenvolver o programa mais seguro e eficiente. Você também tem o respaldo do cliente, uma vez que o médico vê seu paciente não apenas como alguém que precisa de tratamentos, mas também como fonte de renda. Os médicos licenciados se preocupam com serviço também, principalmente em um mercado competitivo.

Se um médico relutar em comunicar-se ou encontrar-se com você, continue a insistir com educação, persistindo de modo profissional e polido, e no final acabará conseguindo o que quer. Nunca critique a falta de interesse do médico em seu cliente. Em vez disso, peça ajuda ao cliente para conseguir uma reunião com o médico para que você possa levar o programa do cliente de modo eficaz e seguro.

O interesse em comum que você e o médico dividem é o bem-estar do paciente. Quando essa motivação fica clara e fica evidente como o treinador e o médico podem melhorar a vida do paciente, o relacionamento deixa de ser de propósitos pessoais e se torna algo mais parecido com um trabalho em equipe para encontrar os melhores cuidados para o cliente.

Mire o marketing *direto à comunidade médica.* Apesar de essa abordagem ser difícil, o sucesso ser pequeno e a rejeição, grande, entrar em contato com os médicos com um esforço de *marketing* pode ser produtivo. Procure identificar médico e outros profissionais de sua região que estejam interessados em bem-estar e medicina preventiva. Obviamente você não tem a apresentação pessoal por meio do cliente dessa vez, por isso sua apresentação tem de ser completamente profissional, seu papel e o que tem a oferecer devem ser claramente ditos e você tem de esclarecer como seu conhecimento complementa os cuidados médicos.

O envio de correspondências provavelmente não é uma boa estratégia, pois os médicos recebem montes de correspondências todas as semanas. É provável que sua propaganda vá parar no lixo. Visitas alcançam muito mais sucesso que cartas. Visitas pessoais a endocrinologistas, terapeutas, cirurgiões ortopedistas, quiropráticos, osteopatas e médicos são uma excelente maneira de vender seus serviços e convencer esses profissionais a usarem seus serviços com seus pacientes. Como já disse, uma visita é ainda mais bem-sucedida quando você tem uma relação pessoal ou é apresentado por um cliente, ou outros conhecidos, o que pode ser uma vantagem a mais.

Crie um bloco para prescrição de exercícios e entregue-o aos médicos. Tente iniciar seu relacionamento com médicos entregando a eles um lembrete em forma de bloco para prescrição de exercícios. Esses blocos devem trazer o nome, o logotipo e as informações de contato de sua empresa. Cada folha deve conter uma lista com diversas patologias e condições de saúde e um quadradinho ao lado para ser preenchido. Deixe espaço para a explicação do problema e as atividades recomendadas pelo profissional, e crie uma "outra" categoria para problemas incomuns. Após apresentar-se ao médico, provavelmente por meio de um de seus clientes, ofereça um pacote de introdução que explique a respeito de sua empresa e incentive o uso do bloco de prescrição de exercícios. Após fazer isso com os médicos de seus clientes, você pode começar a ter a mesma atitude com outros médicos.

Entretanto, eu aconselho que você se apresente primeiro por meio de uma introdução escrita e, em seguida, faça uma visita ao consultório. Nesse momento, seria interessante fazer a entrega do bloco de prescrição de exercícios. Se não fizer essa apresentação antes de entregar o bloco, é provável que seus papéis virem folhas para rabiscos e rascunhos. Você consegue imaginar um médico indicando-te a um paciente sem antes conhecê-lo e analisar sua personalidade?

Aproveitando bem o tempo das pessoas. É essencial que você seja conciso, correto e eficiente quando estiver lidando com profissionais da saúde muito ocupados. Se seu cliente marcou uma consulta para conversar com o médico sobre exercícios físicos, o ideal seria que você o acompanhasse na consulta. Na consulta entre o paciente e o médico, quer você esteja presente ou não, o cliente deve levar (1) uma breve carta de apresentação sua e, se você não estiver presente, um pedido para que seja marcada uma reunião para que vocês possam conversar melhor; (2) um currículo e uma biografia resumidos, destacando suas qualificações, certificados e educação; (3) uma breve explicação sobre sua proposta de programa, colocando-se à disposição para perguntas e sugestões; e (4) um breve questionário pedindo os comentários do médico em relação às limitações que o paciente possa ter.

Tempo é o bem mais precioso do médico. Assim como o de muitos *personal trainers* e da maioria dos adultos no mundo! Não prolongue suas comunicações e, ao mesmo tempo, seja meticuloso.

Antes de seu primeiro contato com o profissional por telefone ou pessoalmente, prepare perguntas ou dúvidas a respeito de seu cliente: o paciente do médico. A preparação diminui o tempo investido por você e pelo médico, assim como pelo paciente, e aumenta o tempo ao lado do profissional da saúde. Seja meticuloso e organizado em qualquer contato. Evite telefonemas desnecessários e irritantes. Apesar de não querer atrapalhar, precisa cumprir sua missão.

Continue acompanhando. Depois do primeiro contato com um profissional da saúde licenciado, continue fazendo um acompanhamento com material ou respostas a perguntas feitas. Um bilhete de agradecimento deve ser enviado se você receber alguma indicação ou qualquer tipo de ajuda.

Por fim, faça relatórios de progresso. Seja lá o que o médico pedir, você deve sempre manter registros atualizados. Ofereça informações aos profissionais antes que eles precisem pedir! Fortaleça o elo com comunicação contínua e adequada entre você e o médico, em relação às necessidades do cliente.

Quando tiver estabelecido relacionamentos com outros profissionais da saúde e do condicionamento físico, outras perguntas podem surgir. A primeira é: você deve indicar médicos que lhe indicam a pacientes a seus clientes?

A resposta é sim, não e talvez. Só porque um médico indica você a pacientes não quer dizer que você deva indicá-lo a seus clientes. E vice-versa. A indicação deve ser baseada nas necessidades e na melhora do paciente. Não pode ser uma filosofia do tipo: "se você me indicar, eu lhe indico".

Dinheiro e indicações não devem ser trocados entre profissionais da saúde. Na verdade, muitos profissionais podem se sentir ofendidos se você falar em porcentagem de indicação. A indicação pode não ser objetiva e visando à melhora do paciente se tiver segundas intenções. Por outro lado, se você conhece a formação do profissional e os serviços que ele oferece podem ajudar seu cliente, indique-o. O contrário também deve ser feito. Os treinadores também precisam investigar a credibilidade e o profissionalismo de profissionais que eles indicam a seus clientes.

Sempre que um paciente é indicado a você, envie uma nota de agradecimento, que pode ser na forma de cartão, telefonema ou e-mail. É também uma boa oportunidade de incluir matérias de apresentação sobre você e seus negócios, se ainda não o fez.

Áreas de concentração populacional

Condomínios, prédios e edifícios; comunidades; centros comerciais e residenciais; comércio, lojas e escritórios são excelentes alvos. Essas pequenas cidades dentro das cidades podem lhe proporcionar uma boa clientela.

Em muitos desses prédios, já existe uma área de ginástica, mas que não é utilizada. Ou ainda o dono do local pode estar interessado em alugar ou melhorar seu propósito. Uma solução boa para todos seria criar um plano que ofereça treinamento personalizado e direcionamento aos usuários em potencial (habitantes dos prédios) e permita a você treinar no local já existente. O empresário pode se encontrar com o dono ou gerente do edifício e mostrar como uma academia pode ser rentável e útil para o espaço.

Identifique os projetos maiores e mais estáveis de sua região. Os desenvolvimentos ocupados pelos donos geralmente são prospectos melhores do que os ocupados pelos locatários. Avalie também a estabilidade comercial da empresa (há quanto tempo a empresa funciona e está no local?) e a ocupação do local. O perfil demográfico dos moradores combina com o perfil de seu mercado-alvo ou especialização?

A maioria dos projetos grandes é operada por uma empresa de gerenciamento ou quadro de proprietários. Desenvolva e apresente um plano conciso que mostre suas intenções. Mostre como seu plano é adequado ao gerenciamento, e não como ele o beneficia. Talvez você tenha de enviar essa proposta com uma carta de apresentação, mas tente conseguir uma apresentação em pessoa com a equipe de gerência por meio de um inquilino que o conheça ou algum outro contato. Tente colocar seu plano na agenda da próxima reunião do grupo.

Sua abordagem durante a reunião deve ser a seguinte:

- Ofereça uma cópia de seu seguro de responsabilidade profissional e explique sua cobertura.
- Ofereça uma cópia de seu currículo e sua biografia. Enfatize sua graduação e afiliações.
- Explique seu plano e como o acordo funcionará.
- Ofereça uma lista de referências

Na reunião, ofereça uma breve explicação a respeito do treinamento personalizado e de como seu uso pode ser um benefício sem custo adicional (principalmente se a academia e os equipamentos já estiverem à disposição) para ser usado no aluguel de um espaço.

Para chegar aos moradores, ofereça uma aula de cortesia e orientação a ser agendada para moradores antigos e novos. Marque um horário para esclarecimentos uma vez por mês para apresentar o local e seus serviços aos novos moradores. Após a orientação, você pode oferecer um pacote promocional de três aulas com desconto. Ofereça reuniões em grupo ou individuais e faça sua divulgação com informações de *marketing* aos funcionários, ao pessoal da segurança, da recepção, da administração e aos porteiros. É interessante oferecer aulas de cortesia a pessoas que você acredita que lhe serão úteis na promoção de seu serviço. As opções e soluções de *marketing* criativo são ilimitadas.

Academias estabelecidas

Geralmente, o espaço é alugado por hora ou uma quantia fixa por mês, ou a gerência recebe uma porcentagem sobre os lucros do treinador enquanto ele estiver trabalhando ali. A academia geralmente exige que o treinador tenha títulos de graduação e um seguro de responsabilidade profissional. Um problema que pode surgir nesse relacionamento é a academia exigir que você se torne um funcionário, e não um autônomo. Os empregadores retêm, em média, de 30 a 60% do lucro gerado pelo treinador contratado. É comum que o lucro seja dividido em duas partes iguais. Existem vantagens de ser contratado, como seguro, plano de saúde e benefícios para a aposentadoria e uma clientela já adquirida pela academia. Leia o capítulo 2 para obter mais informações.

Trabalhando com um treinador estabelecido ou em um negócio de treinamento personalizado maior

Muitos empresários do treinamento personalizado estão procurando treinadores que trabalhem para eles. Os treinadores novos no ramo podem melhorar sua carreira e seu conhecimento pessoal rapidamente trabalhando com uma empresa bem-sucedida e de credibilidade. Você receberá menos dinheiro por cliente se for empregado, mas as experiências e oportunidades de aprendizagem podem ser muito compensadoras. Uma boa empresa tomará conta de um treinador produtivo para que a diferença seja pouca e o profissional fique comprometido com o grupo.

Os treinadores que têm uma clientela estabelecida geralmente procuram academias que permitam a eles treinar clientes em determinadas áreas geográficas. Esses satélites de treinamento são convenientes e permitem que eles atendam um cliente de uma determinada região. Isso beneficia o treinador que percorre grandes distâncias até chegar ao cliente e aquele que está tentando minimizar os custos fixos e outros. Leia o capítulo 2 para obter mais informação.

Locais de reabilitação ou medicina esportiva

Leia a seção neste capítulo sobre trabalhar com profissionais da saúde licenciados.

Programas de bem-estar e condicionamento físico em empresas

Entenda esse assunto combinando os conselhos das seções a respeito de áreas de população concentrada, academias estabelecidas e o trabalho com um treinador profissional.

Para obter mais dicas gratuitas, porém extremamente eficientes, verifique o quadro especial "Dez dicas de *marketing* que funcionam".

Sucesso em pequenos mercados

Quando você está treinando em um pequeno mercado, precisa encontrar a mistura certa de serviço e estratégias de *marketing*. Às vezes, o pacote de serviços para um mercado pequeno precisa ser muito diferente do que o usado em uma grande cidade com centenas de milhares ou milhões de habitantes. As taxas são mais baixas, geralmente, com base no que a economia aguentará, e o treinador geralmente encara os desafios de ser o coringa de todos aos negócios. Em outras palavras, quanto mais preparado você esteja para trabalhar com uma variedade de clientes, mais bem-sucedido será. Por exemplo, existiriam poucas chances de sucesso para você se decidisse trabalhar em uma cidade pequena apenas com mulheres obesas. Entretanto, eu tenho um colega que tem muito sucesso com esse público em uma cidade com uma população de sete milhões de habitantes.

É uma boa idéia abordar mercados especializados de pequenas cidades com diversas e generalizadas capacidades. Esteja disposto a personalizar pacotes e treinamentos e ofereça uma agenda flexível. Por exemplo, quando um aluno lhe avisar que terá de se ausentar, use um congelamento no plano para incentivá-lo a continuar com o programa ao voltar.

Pense no treinamento em cidades pequenas como um serviço completo, que oferece uma parada para a compra de saúde e condicionamento físico. O treinador deve informar às pessoas como elas podem se beneficiar dos serviços oferecidos. Os clientes em potencial têm de compreender como eles podem pagar por tal serviço e justificar o gasto. O treinador de cidade pequena deve ser muito visível e acessível à comunidade.

A indicação boca-a-boca é forte e pode ser boa ou ruim, dependendo do serviço que você oferece e da sua reputação. Uma imagem ruim criada em uma cidade pequena geralmente é a morte para o serviço de treinamento personalizado.

O que faz com que a abordagem funcione na cidade pequena? O serviço deve ser útil e bom, e todos precisam se sentir especiais. É a chamada abordagem "de carinho e conforto". Qualquer local de treinamento personalizado, independentemente de onde esteja situado, pode aplicar essa abordagem atenciosa e humana. É serviço e mais serviço. Adicione a isso um toque de envolvimento na comunidade e compromisso, e você vai começar a desenvolver a mistura certa de sucesso em pequenos mercados.

Apesar de os princípios básicos para criar um negócio bem-sucedido não serem completamente diferentes para ter sucesso em grandes mercados, você não consegue absorver muitos erros relacionados à imagem em mercados pequenos. Logo sua reputação estará arruinada. Fofoca e qualquer comportamento que leve à falta de confiança não só conseguem prejudicar seus negócios, mas, também, destruí-los rapidamente. Mantenha os dez pontos em mente quando estiver desenvolvendo um programa de treinamento personalizado em qualquer cidade pequena.

Lynne Greer, uma *personal trainer* de cidade pequena com bastante sucesso no norte da Califórnia, cita dez pontos essenciais para ajudá-lo a sobreviver em mercados de pouca oportunidade:

1. *Faça com que seu nome se torne conhecido e seus serviços sejam desejados ou requisitados.* O envolvimento em uma comunidade pequena é essencial, e não uma opção. Oferecer algumas de suas horas mensais a isso o manterá perto de seus clientes em potencial ou trará indicações. Produza uma apresentação de condicionamento físico para o rádio ou a TV locais ou escreva para o jornal da área. Essa apresentação de sua pessoa e seus negócios é essencial para o sucesso. Implementar o condicionamento físico em sua pequena comunidade exige que você crie uma necessidade por seus negócios, explicando o que você faz e ajudando as pessoas a perceber que elas podem ter acesso a esse serviço que mudará a vida delas. Você deve informar sem pressionar. Inspire, mude vidas e ofereça serviço de máxima qualidade. E, acima de qualquer coisa, você deve mudar conceitos. Conte às pessoas o que o treinamento personalizado pode fazer por elas!

2. *Forme relacionamentos duradouros.* Os relacionamentos dependem de confiança. Você ganhará a confiança e o respeito da comunidade doando-se e envolvendo-se de modo pessoal. Isso quer dizer que você deve comprometer seu tempo para servir à comunidade. Mantenha-se acessível como profissional, membro ou voluntário na comunidade. As pessoas provavelmente se sentirão menos intimidadas se perceberem que você as conhece em um nível pessoal.

3. *Ofereça serviço, serviço e mais serviço de excelente qualidade.* Os negócios que têm em mente a qualidade dos serviços devem ir além do normal se pretendem se destacar. Fazer mais do que o esperado pode fazer a diferença entre uma empresa em crescimento e uma sobrevivente. Os serviços que vão além do comum serão indicados pelas pessoas. Mesmo que as pessoas decidam não usar suas habilidades de treinamento, se gostarem e confiarem em você, vão lhe indicar conhecidos que podem se beneficiar de seus serviços. A idéia é oferecer serviço de qualidade e ir além.

4. *Concentre-se no que as pessoas querem e dê o que elas precisam.* Incorpore o que as pessoas lhe dizem querer conseguir em um programa bem planejado que satisfaça todas as necessidades de saúde e condicionamento físico delas. Prestar atenção ao que um cliente em potencial quer mostra que você está ouvindo e envolvendo-o no processo de planejamento para criar a melhor abordagem.

5. Mostre sua paixão, mas não deixe de escutar. Quando as pessoas ouvem-me falar sobre minha profissão, percebem que eu amo o que faço. As pessoas percebem meu entusiasmo quando explico a elas sobre meus programas personalizados. Mas sempre tento melhorar minha capacidade de escutar o que elas dizem. Nada mostra mais indiferença do que não escutar o que as pessoas dizem. Para ser direto, aprenda a silenciar uma arma que pode ser letal: a boca!

6. Economize e prepare-se para os momentos ruins. A área de condicionamento físico pode ser muito instável, de época, e pode mudar muito perto de feriados. Sua agenda pode ficar superlotada por alguns meses e tempos depois você estar tão sem trabalho que chega a pensar que sua carreira foi por água abaixo. Muitas cidades pequenas, principalmente as turísticas, pode ter uma população local temporária, além de um fluxo de turistas. Controle seu tempo e dinheiro na temporada de maiores lucros e quando seu negócio deixar de ganhar tanto em momentos mais lentos, você ficará feliz de ter planejado com antecedência.

7. Contrate e mantenha ótimos funcionários. Os ótimos treinadores e outros funcionários que ajudam em seu negócio são difíceis de encontrar, ainda mais em cidades pequenas, onde a oferta de bons profissionais é limitada. Os contratos de não-concorrência (discutidos posteriormente neste capítulo) são uma boa idéia em pequenas comunidades onde a competição por clientes é limitada pelo número reduzido de habitantes. Conflitos de negócios, resultantes de acordos não claros, são indesejáveis. As declarações de não-concorrência funcionam bem quando o empregador mostra ao empregado que ele é valorizado na empresa e a pessoa é adequadamente compensada. Cuide das necessidades financeiras e emocionais. Como o dinheiro é um assunto controverso e geralmente os pequenos orçamentos são controlados, se você não pode oferecer bolsas de estudo ou pagar um salário justo, toques pessoais, tal como cartões de agradecimento e convites para almoços ou jantares podem fazer maravilhas. Todos nós gostamos de ser valorizados e sentimos gratidão por quem se preocupa realmente conosco.

8. Planeje seus serviços de acordo com o que a comunidade quer e o que a demografia local suporta. Se você dá aulas para pequenos grupos em uma comunidade predominantemente habitada por pessoas mais velhas, aulas de *funk* provavelmente não terão sucesso (ou até, talvez tenham!). Seu panfleto de treinamento personalizado deve divulgar o que é adequado e requisitado. Apesar de a diversidade ser importante, não sufoque o cliente em potencial com uma série confusa de possibilidades. Concentre-se na necessidade principal e diversifique suas ofertas a partir dele. Se você pretende atuar em várias áreas e satisfazer a todos os públicos, sua informação deve ser confiável e, principalmente, tem de possuir a capacidade de fazer o que diz poder fazer!

9. Faça contatos, contatos e mais contatos. Fazer contatos é relacionar-se com as pessoas. Relacionamentos positivos e de confiança garantem crescimento e tornam o nome de sua empresa conhecido na comunidade. Apresente seus serviços à imprensa local, a diretores e professores de sua área, a policiais e bombeiros, além de qualquer organização local que promova desenvolvimento comercial em sua região. A Internet é útil para o acesso a uma riqueza de informação. Você verá que os instrutores em várias partes do mundo dividem suas experiências e seu conhecimento por meio dela. Certifique-se de estar ligado tanto à comunidade quanto ao mundo em geral, para que possa aprender e continuar a crescer.

10. Guarde, proteja e desenvolva uma reputação boa e confiável. A reputação é o mais importante em um negócio. Os erros não são aceitos em nenhuma hipótese, mas uma falha de caráter ou atitude anti-profissional de qualquer tipo rapidamente toma proporções gigantescas e rapidamente se espalha em uma cidade pequena. Você não apenas trabalha com seus clientes como também os encontra em todos os lugares possíveis da cidade!

Dica extra: Mexa-se. A procrastinação pode ser sua pior inimiga. Se todos os empresários fossem preguiçosos, a maioria dos serviços personalizados, como o treinamento personalizado, já estaria extinta. Qualquer prospecto deve ser posto em ação rapidamente. Não espere que alguém que tenha expressado interesse inicie o processo. Telefonemas feitos e cartas enviadas servem para agradecer à pessoa ou ao grupo pelo interesse, responder quaisquer perguntas e solicitar seus serviços. Geralmente, a parte interessada agradece pelo profissionalismo, admira seu comprometimento e torna-se seu cliente!

Atraindo e mantendo clientes

Muitos treinadores não compreendem por que as pessoas os contratam. Se você não sabe porque as pessoas pagariam por seus serviços, como pode vender seu trabalho com confiança? Além disso, perguntas insistentes podem ficar martelando em sua mente: "meus clientes continuarão treinando comigo?", "meus negócios irão à falência algum dia?"

É essencial que os treinadores se coloquem nos lugares de seus clientes para entenderem como os mesmos pensam. O ponto de vista é uma questão pessoal. Você realmente compreende que o serviço que oferece tem valor? O seu cliente, sim!

Por que os clientes o contratam

Pense em outras profissões - advogado, contador, cabeleireiro, carpinteiro. Reconhecemos que todos os serviços prestados por tais profissionais têm valor. É por isso que continuamos a contratá-los. Além disso, provavelmente gostamos da pessoa e do trabalho bem feito. Os *personal trainers* podem oferecer um trabalho valioso e salvador de vidas. Mas como estamos muito perto de nosso talento todos os dias, às vezes perdemos a noção de nosso valor. Desvalorizamos nosso talento. Por quê? A resposta é simples. Fazemos bem (o treinamento personalizado) todos os dias e começamos a perguntar por que alguém continuaria desejando nossos préstimos. Todos os profissionais ficam vulneráveis a esse tipo de pensamento inseguro. Aqui vai um ponto de vista útil: você provavelmente não corta bem o seu cabelo, não entende muito sobre tributos, não defenderia a si mesmo bem no tribunal, nem opera um amigo. Em outras palavras, você não é especialista e habilidoso nessas áreas. Mas, como *personal trainer* você é! A maioria das pessoas não sabe como planejar um programa de condicionamento físico sensato, seguro, equilibrado e progressivo, que obtenha resultados. Vivemos em uma época em que os serviços são altamente especializados e ninguém consegue ser ótimo em tudo. É por isso que os profissionais de todas as profissões respeitam-se uns aos outros e continuam contratando os serviços uns dos outros.

Se você não sabe o que seu cliente está pensando, fica difícil oferecer bons serviços que satisfaçam suas expectativas. Na verdade, é um fator predominante que contribui para a falência dos negócios.

Os consumidores esperam experiência e competência técnica de seus treinadores ou qualquer outro serviço profissional que eles usem. Além disso, existem várias outras razões pelas quais uma pessoa contrata um *personal trainer*.

1. A pessoa pode se sentir desconfortável reunindo-se a um grupo de pessoas que já tenha o costume de se exercitar ou já passou por alguma experiência traumática na infância. O treinamento personalizado pode parecer uma alternativa atraente e esperançosa de deixar experiências ruins para trás, com a pessoa fazendo mais um esforço de integrar os exercícios a sua rotina.
2. Uma supervisão constante é extremamente motivadora, e oferece uma maneira de se exercitar com segurança.

3. As pessoas que estão em uma situação de platô em seus níveis de condicionamento físico, às vezes, desejam ter ajuda especializada para suas habilidades esportivas ou querem aumentar seus ritmos de treinamento com segurança.

4. Os consumidores de condicionamento físico percebem que as aulas particulares são adequadas às suas rotinas e eficientes, oferecendo ótimos resultados em pouco tempo.

5. As partes da população com limitações físicas ou preocupações com lesões e problemas crônicos de saúde querem um treinador que possa planejar um programa especial que satisfaça suas necessidades.

Para satisfazer essas e outras exigências, os consumidores procuram os seguintes padrões:

- Um *personal trainer* que consiga articular um ponto de vista filosófico e preparar um programa físico que reflita uma abordagem completa à saúde e ao condicionamento físico e incentive uma entrevista preliminar.
- Títulos profissionais resumidos, por exemplo, em um pacote de apresentação ao cliente, que deve incluir seu currículo, cópias dos diplomas, certificados, licença e qualquer outra experiência prévia em treinamento personalizado e campos relacionados à saúde.
- Certificação em Ressuscitação Cardiopulmonar (RCP) e procedimentos básicos de primeiros socorros.
- Associação em uma ou mais organizações profissionais. O envolvimento profissional, como certificados, indica o desejo do treinador de se manter atualizado com informações que possam servir a seu cliente.
- Um treinador que seja capaz de desenvolver um programa seguro de exercícios, baseado no histórico médico do cliente, e avaliações físicas e que consiga estabelecer objetivos antes de começar o treinamento. Os testes e as avaliações devem se basear nas necessidades, habilidades e limites dos alunos.
- Apresentação de um questionário completo a respeito do histórico médico e desenvolvimento de uma boa relação com o médico do cliente ou outro profissional que cuide de sua saúde.
- Um treinador que tenha o conhecimento para discutir políticas nutricionais conforme estabelecidas pelos padrões da indústria.
- Um treinador com a capacidade de perceber quando a situação está além de seu campo de conhecimento e que saiba quando passar essa situação a um profissional mais preparado.
- Registro do desenvolvimento, conforme necessário, de forma escrita. Espera-se que aplique testes periódicos, tais como condicionamento cardiovascular, força, flexibilidade, postura, pressão e composição corporal.
- Respeito e constância em relação a cobranças, taxas, seguro de responsabilidade e cancelamentos.
- Ênfase em segurança, incluindo exercícios de aquecimento e resfriamento, orientação acerca do uso de equipamentos, e modificações dos exercícios para atender às necessidades especiais do cliente, além dos padrões de segurança.
- Um treinador com a capacidade de escutar as preocupações do cliente, questionar e explicar conceitos com clareza.
- Capacidade de criar, inventar e ser criativo em cada aula ao longo do tempo.

Por fim, tanto o treinador quanto o cliente serão beneficiados se o treinador for eclético. Experiências de vida, físicas ou não, desempenham um importante papel na capacidade do treinador de motivar e servir os clientes e manter o interesse em alta. Os treinadores que usam novas oportunidades e idéias frescas podem encontrar novas alternativas. Assim, aqueles com diferentes conhecimentos e entusiasmo para novas experiências têm vantagens para oferecer várias soluções para os desafios dos negócios e dos clientes.

A principal razão pela qual as pessoas contratam um *personal trainer* é obter e manter um nível de condicionamento físico geral (Davis, Davis 1999). Entretanto, uma outra razão não oficial, de acordo com muitos clientes, é o comprometimento com um compromisso que eles não cancelarão. Saiba porque seus clientes treinam com você e o que eles esperam!

Estabelecendo uma clientela

Todas as vezes que converso com treinadores, geralmente antes de eles direcionarem seus negócios e identificarem o que estão vendendo, eles inevitavelmente perguntam: "como posso conseguir clientes?".

Primeiramente, crie seu pacote de apresentação ao cliente (veja o anexo). Somente essa preparação pode não atrai-los, mas é uma base a partir da qual começar o trabalho. Depois dessa etapa, você terá de ver quem é seu mercado e como atingi-lo. Para entender esse mercado, avalie cuidadosamente, com honestidade, suas habilidades e limitações. Isso definirá a variedade de clientes que você pode treinar. Não se trata apenas de uma questão de preferência pessoal, mas, mais importante, de sua especialidade. Você é qualificado para trabalhar apenas com clientes de baixo risco ou tem conhecimento para situações mais difíceis? Quando responder essa pergunta, seja muito realista. Se o histórico de um cliente ou outros problemas o deixa um tanto aturdido, é melhor não ser o treinador dele até ganhar mais experiência. É preciso tempo e especialização em várias áreas relacionadas à saúde para atender pessoas com necessidades séries e maturidade para dizer 'não'. Sua reputação e seu futuro financeiro ficam constantemente em jogo, assim como o bem-estar do cliente. Não há espaço para erros que custem caro ao cliente.

Quando souber quem vai treinar, é preciso encontrar clientes. A menos que trabalhe em uma academia ou para um treinador já estabelecido, uma maneira tradicional de conseguir clientes é por meio de indicações de profissionais e clientes satisfeitos. Mas sua fonte de clientes é tão importante quanto seus contatos. Apresente-se a nutricionistas, terapeutas, médicos, quiropráticos, advogados, diretores de hospitais, donos de lojas de equipamentos e roupas de ginástica e cabeleireiros. Qualquer profissional que trabalhe com clientes preocupados com a aparência, com a saúde e com o bem-estar é um contato bem-vindo.

Seu sucesso com qualquer grupo de profissionais pode estar ligado aos seus títulos. Você precisa ter uma experiência sólida, reconhecida por médicos e outros profissionais da área da saúde.

Não há problema em indicar profissionais, se for para o bem do cliente. Eu agradeço indicações recebidas com bilhetes breves de agradecimento ou telefonemas, sem oferecer qualquer quantia em dinheiro. Se uma pessoa só pensa em dinheiro, é provável que o serviço não seja muito bem escolhido e feito para o bem-estar do cliente. A troca a ser feita deve ser a confiança e o compromisso de oferecer ao cliente o melhor tratamento possível. Quando indico aos meus clientes outros profissionais, crio duas expectativas: que o serviço seja bom e que meu cliente fique satisfeito.

Além de trazer os clientes, a rede de contatos pode se tornar uma ótima equipe profissional. Pode ser uma solução para a solidão de trabalhar com um número pequeno de pessoas e também serve para que você se mantenha informado a respeito de novos desenvolvimentos na área.

Apesar das indicações feitas por outros clientes terminarem por ser sua principal fonte de geração de clientes quando seu negócio estiver estabelecido, pode ser difícil construir um negócio dependendo apenas de indicações. Para acelerar o processo, alguns treinadores usam estratégias de técnicas de *marketing* direto para atrair novos clientes. Eles cobrem áreas populosas - prédios habitados, em grande parte, por estudantes universitários, centros de emagrecimento, edifícios - com panfletos e propagandas. Alguns enviam mala-direta apesar de os custos serem altos e o retorno baixo (veja as seções relacionadas neste capítulo).

Existem muitos livros e recursos nas livrarias ou na Internet que podem ajudá-lo a tornar a campanha mais eficiente. Você também pode conversar com consultores de *marketing*, apesar de tal serviço poder custar caro. Ainda assim, com a abordagem certa e perseverança, conseguirá alguns novos clientes nesse tipo de campanha.

Até estar bem estabelecido, você pode permutar seus serviços com pessoas que possam ajudá-lo profissionalmente. A lista dessas pessoas inclui um contador, um advogado, um publicitário, entre outros. Esse sistema de fazer negócios pode ser enfadonho quando se tornar mais bem-sucedido, no período em que um negócio começa a se estabelecer esse sistema é útil do ponto de vista econômico e experiência. Você também será indicado por outros profissionais satisfeitos com seus serviços.

Alguns treinadores que estão começando geralmente aceitam treinar pessoas gratuitamente durante alguns meses. Ao fazer isso, você mostra seu talento, sua personalidade e seu estilo de treino, principalmente se for em uma academia onde suas habilidades e facilidades de lidar com as pessoas forem imediatamente vistas. Por exemplo, pense em treinar um radialista para que o desenvolvimento e o resultado do programa sejam elogiados no rádio durante algum tempo. Se você escolher esse caminho, seja direto e honesto com o "beneficiado" a respeito de suas intenções. Certifique-se de que a pessoa não vai traí-lo e revelar o acordo feito entre vocês. Ninguém gosta de pagar por algo que outra pessoa recebeu gratuitamente. Por isso, essa informação deve ser mantida em segredo. Mesmo que o cliente não continue o treinamento após as aulas gratuitas, ela pode se tornar sua melhor fonte de referências. Outros acordos de permuta incluem oferecer treinamentos gratuitos a pessoas ou empresas em troca de propagandas boca-a-boca, palestras e a oferta de seus serviços por meio de rifas.

Ponto-chave: O *marketing* tem a ver com exposição. Ninguém vai contratá-lo até conhecê-lo.

Seja qual for a estratégia que decidir usar, talvez demore de três a seis meses para conseguir clientes. Se não tiver dinheiro para manter-se nesse período, pense em treinar em meio-período. Isso reduz bastante o risco financeiro, principalmente se continuar ganhando dinheiro de outras fontes, e isso permite que você passe gradualmente ao treinamento em tempo integral. Esse caminho pode ser mais demorado, mas não o forçará a comprometer sua integridade por sentir-se pressionado a conseguir clientes a qualquer custo.

Outras maneiras de conseguir clientes

Malas-diretas e propagandas são relativamente caras, e você pode esperar apenas uma ou duas respostas em uma lista com mais de 3000 nomes. Se tentar conseguir seus primeiros clientes dessa maneira, concentre seus esforços em públicos que representem a clientela que você busca. Se seus negócios forem novos, ter apenas um cliente pode ser a semente do crescimento e sucesso.

Panfletos (figura 4.2) são outra maneira com a qual você pode divulgar seus serviços. São menores que os pacotes de apresentação, baratos e servem como apresentação de seu trabalho se clientes em potencial pedirem mais informações. Seu panfleto deve indicar o que você pode fazer por seus clientes e os serviços específicos que pode oferecer. Explique sucintamente sua formação acadêmica e suas filosofias. Use fotos de ginástica comum (as pessoas gostam de ilustrações), a menos que você esteja, por exemplo, tentando atrair uma clientela para musculação. Os atletas gostam de contratar treinadores que sejam muito bons no que eles buscam fazer. No entanto, cada vez mais atletas estão percebendo que treinadores experientes e bem esclarecidos podem ser muito bons. O conhecimento e a experiência são a melhor combinação. Uma medalha de ouro e um corpo cheio de músculos não são sinônimos de experiência na área. O consumidor de condicionamento físico em geral está cansado desse paradoxo. Certifique-se de comunicar sua sensibilidade e seu interesse na individualidade das pessoas. Distribua panfletos em locais públicos onde é provável que uma clientela vá, ou pense nas malas-diretas.

Mesmo depois de se estabelecer como treinador, precisará ter mais clientes e focar-se em manter os que já tem. Para conseguir isso, você precisa vender e reinventar seus serviços a todo o momento. A melhor maneira de fazer isso é nunca deixar de perceber quantos serviços você pode oferecer. Se as desistências forem poucas e a agenda continuar cheia, será a melhor prova da qualidade de seus serviços. Se oferecer serviços ruins, a desistência dos alunos aumentará, e a falta de indicações tornará difícil repor as pessoas que forem embora.

Desistência do programa por parte do cliente

Quando tiver estabelecido um bom começo, mantenha a atenção para poder evitar erros comuns que podem estragar seus negócios. Se os clientes desistirem com freqüência do treino, pode ser que esteja acontecendo uma falta de acompanhamento e qualidade de serviço. Perguntas não respondidas, planejamento ruim, falta de pontualidade e distração refletem de maneira ruim no treinador. O cliente percebe que o treinador não está inteiramente comprometido com o programa e perde o entusiasmo.

Outra explicação do porquê de muitos novos treinadores perderem clientes é a falta de conhecimento, do ponto de vista do cliente. Os treinadores que têm conhecimento limitado e não estão tentando aprender mais chegam a um ponto onde não sabem mais como proceder para o desenvolvimento do aluno e não são capazes de responder as dúvidas dos mesmos. Se o aluno ficar cansado, machucar-se ou chegar a um ponto em que não vê mais resultados no treinamento, ele abandonará o treinamento personalizado.

Outra grande armadilha na qual treinadores novatos e experientes caem tem a ver com a expansão inapropriada. Conforme o treinador se torna mais bem-sucedido, tem de controlar várias funções. Como é difícil dizer 'não' ao trabalho, o treinador tenta arrumar tempo para vários alunos. Uma situação possível é contratar sócios ou, como eu fiz, abrir uma segundo espaço e contratar outros treinadores.

A expansão rápida fez mal a muitos negócios. Geralmente, e tarde demais, o dono do negócio tem de lidar com as limitações de tempo e gastos. Parece que o dia se torna curto demais para a supervisão de mais de um local de trabalho ou dos novos treinadores de modo adequado. Se você está supervisionando uma academia em expansão e ainda treinando clientes, pode ficar estressado, no mínimo. De repente, mesmo que isso não tenha sido problema antes, o treinador ou dono do negócio pode deparar com a evasão de clientes e uma incapacidade de manter a dedicação dos funcionários. Nesse ponto, questões filosóficas surgem em relação ao seu papel e à direção de seu negócio. Você continua dando treinamento, torna-se administrador em tempo integral ou combina essas duas funções?

Cuidado: atrair novos clientes pode ser a estratégia errada

Se você está sempre preocupado com a captação de novos clientes para substituir aqueles que constantemente abandonam o treinamento, talvez deva se preocupar primeiro com manter os que já tem.

O serviço que prevê e satisfaz as necessidades dos clientes é o fator que mantém qualquer empresa em pé, seja qual for seu tamanho. Perder de vista a importância de um serviço

Procurando clientes?

Se você está procurando clientes, identifique o que o consumidor de condicionamento físico está procurando em um *personal trainer*.

Analise características desejáveis de treinadores profissionais. Os consumidores que estão pensando em contratar um *personal trainer* julgam estas qualidades importantes. Compreendê-las o ajudará a definir e vender seu produto.

1. Quem precisa de um *personal trainer*? É o que você está vendendo, por isso tem de ser capaz de responder essa pergunta por meio da apresentação de materiais escritos e comunicação verbal com o futuro cliente.
2. O treinador tem uma formação sólida evidenciada pela graduação em um determinado campo ou certificação em uma organização nacionalmente reconhecida? Seu pacote de apresentação deve detalhar seus títulos.
3. O treinador tem experiência em treinamento de condicionamento físico e se mantém atualizado com pesquisa por meio de associações profissionais, revistas e eventos educacionais? Um bom profissional mantém-se atualizado.
4. O treinador tem certificação em RCP e primeiros socorros, e um seguro de responsabilidade profissional? O profissionalismo e os padrões da indústria tornam esse ponto obrigatório.
5. O treinador pede uma avaliação de saúde ou atestado de liberação para atividades físicas realizados por um médico? Um dos dois é obrigatório.
6. O treinador pode oferecer referências de outros clientes ou profissionais familiarizados com o conhecimento e as habilidades dele? Experiência e um registro comprovado de referência criam confiança e credibilidade instantaneamente.
7. O treinador manterá um registro das aulas do cliente com um sistema de registro e atualizará as informações de histórico médico periodicamente? Profissionais mantêm os padrões e registros de clientes.
8. O treinador faz perguntas sobre o estilo de vida do cliente? Os grandes treinadores sabem escutar o que as pessoas dizem.
9. O treinador ouve o que o cliente pretende alcançar e oferece uma abordagem equilibrada que satisfaça as necessidades do cliente em relação à saúde e ao condicionamento físico? Essa interação facilita o relacionamento.
10. O treinador ajuda o cliente a alcançar metas realistas sem prometer o impossível? Preparar os clientes para o sucesso, e não para o fracasso e a decepção, é a principal característica dos bons treinadores.
11. O treinador tem uma rede de contatos que ajudarão a atender às necessidades do cliente? Isso não se limita a um quadro de conselheiros e pode incluir profissionais licenciados, tais como médicos, fisioterapeutas e endocrinologistas.
12. O treinador sabe ouvir os clientes e se comunica bem? Os bons treinadores agem segundo o que escutam.
13. O treinador se dispõe a explicar seus métodos de treinamento, os princípios e a razão para as decisões que toma? O pacote de apresentação ajudará o treinador.
14. As habilidades técnicas e as regras do treinador são adequadas? Por exemplo, a política de cancelamento, os procedimentos de cobrança e outras responsabilidades administrativas são bem definidas por escrito? O programa de treinamento é progressivo e os resultados são orientados?
15. O treinador demonstra entusiasmo, paixão, respeito e cuidado autêntico pelo cliente e por sua profissão? O individualismo é essencial para que os treinadores estabeleçam o padrão de qualidade de seus serviços.

constante e de boa qualidade significa perder contato com o que gerou o sucesso, a princípio. Serviço ruim e cuidados inadequados darão, no mínimo, mediocridade à sua empresa, e, na pior das hipóteses, levarão seu negócio à falência.

Antes que você saia da linha e encha seus clientes com novos programas, equipamentos e estratégias de venda maravilhosas e campanhas agressivas de *marketing*, preste bastante atenção à sua clientela atual. Você está dando atenção a áreas de seu negócio e a serviços considerados importantes por seus clientes e a si mesmo? Indicações de clientes antigos serão sempre a melhor maneira de conseguir novos clientes e manter seu nível atual de sucesso. É claro que o bem-estar e a satisfação de seus clientes devem ser suas prioridades.

Se seus clientes estão abandonando o treino por insatisfação, analise as tendências, mas você continuará a ter problemas. Se estiver sofrendo para manter os clientes, você precisa rever alguns fatores relacionados a um serviço de qualidade em um nível interpessoal. Habilidade em lidar com as pessoas e a competência técnica nunca são demais! Lembre-se, é muito mais caro e demorado conseguir um novo cliente do que manter um já existente com bons serviços. Para manter clientes, é preciso oferecer um treinamento seguro, eficiente e voltado aos resultados; desenvolver um programa que seja divertido e agradável; produzir uma atmosfera que seja protetora, positiva e segura; e manter um bom nível de serviços. É preciso ir além do óbvio para satisfazer as expectativas dos clientes. Essa medida extra de atenção começa a definir a excelência de serviços e devem incluir os seguintes fatores:

1. Deixe o ambiente de treinamento para conhecer mais sobre seu cliente. Conversar com o médico do cliente ou assisti-lo em uma partida de tênis ou pólo mostra que você tem interesse em conhecê-lo melhor. Demora um pouco, mas é um tempo bem investido, porque você passa a mensagem de que está comprometido com o treinamento e interessado no bem-estar da pessoa, além de criar um programa individualizado.

2. Torne-se um treinador instruído. O mundo, principalmente o de seu cliente, não gira em torno apenas de fisiologia, ciência e condicionamento físico. Leia revistas, jornais e outras informações atuais. Quando dava aulas em Los Angeles, fazia questão de ler duas revistas de negócios para a indústria do entretenimento porque muitos dos meus alunos eram atores, diretores, produtores e advogados da área de entretenimento. Muitos de meus clientes gostam de falar sobre seus trabalhos. Afinal de contas, eles são muito bons nisso e geralmente gostam de contar essas coisas. Aqui é que está. Não há problema algum em falar sobre outros assuntos que não sejam condicionamento físico e envolvam sua mente em outros tópicos. Você pode mudar de atitude e tornar-se mais dinâmico e interessado em conversar dentro e fora do local de treino! Entretanto, outros clientes fazem o que podem para manter o assunto longe do que eles fazem a maior parte do dia. Perceba o desejo de seu cliente. Não hesite em perguntar suas preferências. Eu tomo o cuidado de conversar sobre o que meus clientes gostam. Se meu cliente quiser usar o tempo de duração de sua aula para se livrar das preocupações de trabalho, é interessante falar sobre condicionamento físico, alimentação correta, leitura predileta ou qualquer outra coisa que não seja trabalho.

3. Treine fora do local de costume. Se for possível e houver tempo, procure levar seus clientes a novos locais de treinamento. Uma corrida ao ar livre, tênis, voleibol ou uma aula de patinação são possibilidades. No mínimo, procure tirar seu cliente da esteira e incentive-o a sair para caminhar ou correr.

4. Conheça seu cliente. Descubra qual tipo de música e leitura ele gosta e de quais atividades participa nos finais de semana. Incorpore as preferências pessoais dele no treinamento e crie um ambiente que agrade seu aluno.

Mantenha sua carteira de clientes

Agora que seus clientes estão satisfeitos e contentes, está no momento exato de perguntar: "como conseguir mais clientes?". As respostas incluem serviço, confiança, resultados e indicações.

Sua campanha de *marketing* é, em parte, fundamental e contínua por natureza. Como a maioria de seus clientes resultará de indicações de outros clientes, expanda essa mina de ouro de divulgação. O fato de você ser indicado por um cliente mostra que a pessoa confia em seus serviços.

Clientes satisfeitos geralmente indicam, entusiasmados, um serviço que teve bastante importância e melhorou o bem-estar, a saúde e o condicionamento físico deles, mas você tem de fazer a sua parte. Mostre às pessoas que você está aceitando novos clientes. Muitos de meus clientes sabem que sou muito ocupado e ficavam surpresos ao saber que eu tinha horários livres para novos alunos.

Apesar de muitos clientes se mostrarem interessados em indicar seus serviços, a maioria não o faz. As razões variam de esquecimento à falta de incentivo. O que os lembrará de indicar seus serviços? Durante épocas de festas, ou uma ou duas vezes ao ano, é uma boa idéia entrar em contato com os clientes e agradecê-los pela preferência. Lembre-os que se eles indicarem seus serviços a alguém e essa pessoa se tornar um cliente, receberão uma aula gratuita. Além disso, cartões e panfletos devem ficar disponíveis nos locais de treino e regularmente enviados em faturas mensais e outras correspondências.

Lembretes persistentes, porém cuidadosos - além de incentivos -, funcionam muito bem para obter indicações. Seus clientes talvez precisem de uma forcinha para colocar suas boas intenções em prática.

Correndo o risco de ser repetitivo, seus clientes satisfeitos são sua melhor ferramenta de *marketing*. É por meio deles que você expandirá sua cartela de clientes.

Aproveite ao máximo suas referências pessoais

As referências pessoais ocorrem quando os clientes dizem a um amigo, um familiar ou um colega de trabalho que eles gostam de seus serviços. Dê assunto às pessoas - contanto que seja positivo - e você nunca vai precisar publicar anúncios. Isso acontece muito no treinamento personalizado. É essencial manter os comentários a respeito de seu trabalho e suas habilidades de treino positivos. Esse tipo de testemunho de seus clientes sempre será sua melhor ferramenta de divulgação. Os treinadores bem-sucedidos sempre dizem que suas referências pessoais são a principal, ou única, fonte de referências de novos clientes. Negócios de sucesso que oferecem ótimos serviços obtêm de 80 a 90% de seus novos negócios graças aos clientes satisfeitos.

As referências pessoais são importantes porque são... pessoais. Os clientes em potencial criam uma confiança instantânea em seus serviços se alguém que eles conhecem os indicar, e se as experiências vividas pela pessoa que os indica foram boas.

É muito mais fácil fechar negócios com clientes que lhe foram indicados do que com aqueles que não conhecem a qualidade de seu trabalho. Por esse motivo, é importante estimular esse tipo de interesse. Além disso, sua principal ferramenta de *marketing* é gratuita!

Quando tiver essa vantagem de indicações, como fazer para incentivar e captar essas indicações, transformando-as em novos negócios? Para maximizar e incentivar indicações de pessoas que já confiam em seu trabalho, você deve pedir e incentivar esse tipo de atitude, como discutimos anteriormente. Mas, em primeiro lugar, tem de acreditar nessa possibilidade.

Pedir indicações: essa atitude mancha sua reputação?

A maioria dos *personal trainers* luta para exibir uma imagem profissional. Muitos acreditam estragar ou manchar sua reputação profissional o fato de solicitarem indicações de clientes. Seus clientes pensarão que você quer fazer autopromoção, é voltado para interesses pessoais, não tem educação ou está forçando uma situação? A resposta depende da proximidade deles e do fato de estarem ou não satisfeitos com seus serviços.

Vá em frente com confiança. Os clientes que estão usando seus serviços estão felizes com seu programa e com os benefícios pessoais. Muitos clientes vêem o treinamento como um presente que gostariam de dividir com os outros. Um cliente satisfeito já está dizendo a familiares, amigos e conhecidos sobre como as aulas são divertidas, interessantes e motivadoras, sem falar na grande mudança que elas causaram em sua vida. Ao mesmo tempo, muitos sócios e familiares de seus clientes podem já ter notado as mudanças físicas e na auto-estima e perguntaram: "O que você anda fazendo? Está ótima!". Como podemos perceber, a máquina das indicações está pronta para ser colocada em funcionamento só por que você está oferecendo serviços maravilhosos para um cliente satisfeito.

Aqui está a parte mais difícil para a maioria dos treinadores que sofrem com a questão da indicação. O treinamento personalizado é um negócio, e se você tem algo a oferecer em termos de produto, é adequado pedir indicações. Pedir indicações não é ultrapassar os limites. Perceba que algumas pessoas lhe ajudarão e torcerão por você, enquanto outras, não. A decisão é do cliente. Muitas empresas pedem indicações a seus clientes de pessoas que poderia se beneficiar com os serviços prestados. Você já disse a algum amigo que ele *tem* de ler determinado livro, assinar um boletim de notícias ou comprar um determinado equipamento de ginástica? É natural querer indicar às pessoas produtos ou serviços que possam melhorar a vida delas. As pessoas gostam de ajudar umas às outras, e todos nós gostamos de contar nossas experiências positivas que têm nos trazido benefícios. Deixe de lado suas preocupações a respeito de profissionalismo e aproveite essa ferramenta de divulgação.

Conheça a diferença entre "Pedir trabalho" e "Solicitar clientes"

Solicitações não esperadas são, no mínimo, irritantes, e às vezes completamente rude e pouco profissionais. Você consegue pedir indicações sem ser rude ou intrometido? A resposta é sim. O segredo é prestar atenção às oportunidades e fazer o pedido de maneira sutil.

Por exemplo, um de meus clientes pode ter mencionado que um amigo dele é diabético. Você pode sugerir encontrar-se com essa pessoa e ajudá-la. Se uma cliente disser que está preocupada com a falta de atividades físicas de seus filhos, aí está uma oportunidade de oferecer seus serviços.

Você também pode fazer perguntas que incentivem as indicações. Por exemplo, pode perguntar a um cliente como sua esposa está lidando com o período pós-parto e se ela já desenvolveu um plano de exercícios pós-natal. Ou pode perguntar se a esposa de um cliente faz exercícios físicos regularmente. Um outro cliente pode lhe dizer como seu dia-a-dia é estressante e como os exercícios físicos lhe fazem bem. É uma boa oportunidade para perguntar se existe um espaço para ginástica na empresa onde ele trabalha e se os funcionários são incentivados a fazer exercícios físicos. Se houver interesse, você pode dar palestras sobre os benefícios da atividade física aos sócios dele e, em seguida, fazer uma proposta formal.

Quem sabe o que pode acontecer? No mínimo, você vai se tornar mais familiarizado com o seu cliente, e isso já é muito importante. Uma vez que a semente é plantada, muitas vezes o cliente sugere o próximo passo que possibilitará a chegada de um novo cliente. Além disso, pedir trabalho nos exemplos citados foi feito de modo sutil.

Tome cuidado para que a conversa não se torne um interrogatório baseado somente na sua esperança de conseguir novos clientes. A conversa, as perguntas e as respostas devem ocorrer naturalmente e originarem-se do fato de que você se importa com as pessoas e está à disposição para ajudá-las. Conte com sua intuição. Ela o manterá no caminho do profissionalismo e lhe dirá quando a abordagem será vista como oportunista ou profissionalmente adequada.

Como mencionamos anteriormente, boletins de notícias, extratos mensais (use essas correspondências para enviar outras informações a respeito de seus serviços) e panfletos colocados no local de treino são maneiras adequadas e consistentes de passar informação a seus clientes e mostrar sua intenção. Para que esse aspecto de seu negócio seja bem-sucedido, seus clientes precisam saber que você tem interesse em ter seus serviços indicados.

A solução para evitar fazer pedidos irritantes e pouco profissionais é estabelecer com o cliente um relacionamento que tenha como base confiança e excelência em serviços e que possa amadurecer. Se você pedir indicações logo de cara, estará agindo de modo inadequado.

Compensação ou incentivo às indicações

Por mais que queira oferecer um incentivo às pessoas que lhe indicam conhecidos que se tornam clientes, você não tem de oferecer nada. A maioria das indicações acontece porque as pessoas estão muito satisfeitas com os serviços recebidos por determinado profissional. As pessoas adoram criar boas relações e sentem muito prazer e satisfação quando acreditam ter criado uma relação de ganhos para todos os envolvidos. Entendem que ajudaram um amigo ou um ente querido e beneficiaram um treinador que admiram e respeitam. Seu envolvimento e profissionalismo o ajudarão muito nessa área de referências.

A oferta de incentivos pode ser vista de duas maneiras. A positiva é lembrar as pessoas de algo que elas disseram que fariam, mas não fizeram. Ser exagerado na oferta de incentivos pode sugerir necessidade. Pode levantar a pergunta: "por que ela precisa de clientes novos o tempo todo?". Levar esse aspecto de seus negócios ao extremo não apresenta uma imagem profissional. Um negócio bem-sucedido sempre passa a impressão de ser seletivo e ter uma lista de espera de clientes interessados. Em sua caça a clientes, não destrua a imagem que sua empresa deve passar. Uma busca incessante e desesperada por clientes - você só fala sobre isso - não dá a impressão de você ser um treinador ocupado e bem-sucedido. Use incentivos se precisar e tiver tempo (por exemplo, aulas grátis lhe custam tempo e dinheiro). Todos os treinadores e empreendimentos precisam de novos clientes de tempos em tempos, mas peça indicações de maneira sensata e profissional.

Pagamento ou incentivo a outros profissionais

Eu acredito que indicações feitas por outros profissionais não devem resultar em compensação ou indicação automática de volta a eles, a menos que o cliente necessite dos serviços oferecidos e que eles sejam de boa qualidade. Dessa maneira, a indicação se torna objetiva, para o bem do cliente e tira os motivos financeiros de cena. Quando indico outros profissionais a meus clientes, espero que o serviço seja oferecido de maneira profissional e competente e que eles não sujem minha imagem. Em outras palavras, apesar de nenhuma compensação ou nenhum incentivo ser apropriado (um cartão de agradecimento basta), minha reputação está em jogo. Além disso, estão envolvidas a confiança e credibilidade formadas entre meu cliente e eu. Eu não faria nada para estragar isso. Por isso, é preciso que existam excelente serviços e cuidados com o cliente, porque minhas indicações refletem minha imagem. Recomende a seus clientes outros serviços e produtos com cuidado e grande discernimento.

Estratégia que faz com que as indicações aconteçam

Após entrar em contato com o possível novo cliente, faça contato com a pessoa que fez a indicação. Pode ser por meio de um agradecimento verbal, de um telefonema ou uma mensagem. Escreva uma mensagem de próprio punho para agradecer quando a indicação se tornar um novo cliente. Mantenha a pessoa que fez a indicação informada a respeito de como as coisas estão indo com seu familiar, amigo ou colega de trabalho, desde que não viole questões de privacidade. Apesar de as conversar com os clientes serem confidenciais e a privacidade de todos eles precisar ser completamente respeitada, um elogio de vez em quando a respeito do desenvolvimento da pessoa é apropriado e lhe dá a chance de agradecer seu cliente mais uma vez. Se você tem um determinado cliente bastante entusiasmado em relação aos seus serviços e que já lhe indicou muitos conhecidos, é apropriado presenteá-lo com uma pequena lembrança como forma de agradecimento.

Estratégia para fechar o negócio

Alguns *personal trainers* colocam a responsabilidade da apresentação no cliente que faz a indicação. Eu acho que isso é um erro. Se você pedir para que seu aluno entre em contato com o indicado, pode ser que o negócio não dê certo e que não haja mais indicações, pois o cliente terá de despender de tempo e esforço para realizar o contato. Imagine que um cliente já tenha dito à pessoa sobre seus serviços e o comunicou. Uma estratégia mais sutil é dizer: "Se por acaso conversar com John, diga a ele que entrarei em contato". Esse tipo de resposta não exige que o cliente entre em contato com o indicado. Como você tem essa ligação, imediatamente peça o telefone de contato do indicado e use o nome de seu cliente como "senha" para a apresentação. Depois de assumir o controle, siga estes dez passos para transformar uma oportunidade de negócios em clientes:

Dez passos para transformar indicações em novos clientes

Agora que você possui informações referenciais em mãos, foque-se em converter as indicações em novos clientes.

1. Envie à pessoa indicada informações sobre você e seus negócios. É bom que seja feito o envio do pacote de apresentação ao cliente, que descreva sua experiência e seu modo de trabalhar. Acredito ser bom dar um rápido telefonema, mesmo que você deixe uma mensagem na secretária eletrônica, para avisar a pessoa que ela receberá o pacote por correio com detalhes de seus serviços. Não esqueça de dizer à ela quem a indicou.

2. Marque a reunião de apresentação. Inicie o contato por telefone quando achar que a pessoa já recebeu a informação enviada por você. A palavra de ordem é iniciar. Muitas pessoas não se exercitam porque não têm motivação e orientação. Portanto, por que você acha que elas telefonariam se a responsabilidade de marcar uma reunião fosse totalmente delas?

3. Faça uma avaliação cuidadosa. Observe com atenção a pessoa, as habilidades sociais e muitas outras atitudes e históricos que o ajudarão a direcionar a conversa de modo a entusiasmá-la a começar o treinamento e indicar que você pode oferecer o que é necessário de modo confortável e não ameaçador.

4. Escute e faça a ligação. Preste atenção! Conecte-se visualmente com a pessoa por meio de contato dos olhos, mas não intimide nem ameace o cliente em potencial com um olhar fixo. É mais importante ouvir o cliente do que dominar a conversa. Se você não souber escutar primeiro, não será capaz de responder de maneira a mostrar à pessoa que você tem uma abordagem cuidadosa e pessoal.

5. Faça perguntas a respeito do objetivo do cliente em potencial. Isso personaliza sua intenção. Se você não escutar o que seu cliente quer alcançar e não souber por que ele quer treinar, como pode personalizar o programa e ajudá-lo a conquistar suas metas? Um cliente em potencial se transformará em um cliente de verdade quando o escolher para ajudá-lo a alcançar seus objetivos, esperanças, sonhos e aspirações de saúde e condicionamento físico - os deles, e não os seus!

6. Ofereça um resumo de seu plano. É adequado explicar ao cliente o que ele pode esperar depois de se comprometer com o treinamento. Informações sobre o estado de saúde, experiências com exercícios físicos e passado nutricional o ajudarão a criar um plano de treinamento progressivo. Crie expectativas acerca de resultados que podem ser alcançados com o comprometimento do aluno.

7. Discuta política e formas de cobrança. Não há surpresas aqui. Apresente sua política por escrito. Se você enviou informações pelo correio, a pessoa provavelmente já leu o material. Discuta o valor e identifique qual plano se adapta melhor à situação, assim como a política que beneficia o cliente. Discuta dúvidas e preocupações.

8. Peça o fechamento do negócio. Seu cliente em potencial pode não fechar o negócio, mesmo que queira, se você não pedir. Isso exige pedir comprometimento por parte dele e discutir quando a primeira reunião pode ser agendada. Muitos treinadores sofrem nessa parte do processo. Se você não se sente ansioso e confiante para dar o próximo passo, seu cliente também não se sentirá.

9. Feche o negócio. Uma maneira simples de fechar o negócio está diretamente ligada com pedir o comprometimento do cliente. È reiterar o que o cliente lhe disse sobre seus objetivos pessoais e aspirações e explicar como você o ajudará a alcançar esses objetivos. Às vezes, durante consultas, você pode achar que o negócio está fechado com base na reação do cliente e na disposição de comprometer-se e marcar os estágios. Se houver uma hesitação causada por falta de tempo, é conveniente informar ao cliente quais são seus horários vagos e perguntar se são adequados a ele. Essa combinação de fazer perguntas e oferecer soluções é o que quero dizer com pedir o fechamento do negócio.

10. Acompanhe, acompanhe, acompanhe. Se você ainda não fechou negócio, o próximo passo pode ser o mais próximo disso. Esse passo é como o jogador de futebol que entra em campo no último minuto para salvar a partida. Você deve ter mencionado na reunião de apresentação que buscaria saber a decisão do cliente, e é o que deve fazer. Questionar o cliente após a reunião de apresentação pode ajudá-lo a tomar a decisão de iniciar o treinamento, além de mostrar seu profissionalismo.

Se um cliente já decidiu contratá-lo, entre em contato antes da primeira aula oficial. Diga a ele por meio de um telefonema ou e-mail que você está ansioso para o começo do treinamento e lembre-o da data e do horário. Agradeça pela preferência e afirme que a decisão dele de melhorar sua saúde e condicionamento físico, com um programa planejado e progressivo que resultará em muitas recompensas pessoais.

10 maneiras de maximizar as indicações de seus clientes e fazer com que elas sempre ocorram

1. Dê às pessoas algo positivo para conversarem. Desenvolva confiança e respeito, e ofereça serviço consistente e resultados progressivos. Isso será algo sobre o que as pessoas poderão conversar. Clientes satisfeitos gostam de exaltar suas virtudes e contar suas histórias de sucesso com outras pessoas.

2. Ouça e crie uma abertura para indicações. Os clientes costumam falar sobre amigos, sócios e familiares que não estão se cuidando como deveriam; sobre seus filhos ou os filhos de seus amigos que não estão fazendo exercícios, nem comendo direito; ou sobre outras necessidades especiais relacionadas à gravidez, asma, diabetes, obesidade ou problemas de condicionamento físico. Essa é a abertura que você está esperando. Prossiga com perguntas que incentivem a conversa e dê ao cliente a chance de dar mais informações.

3. Comunique sua situação atual. Diga às pessoas que você está aceitando novos clientes. Muitos de meus clientes sabem que eu sou ocupado e geralmente se surpreendem ao saber que eu e outros treinadores temos horários vagos na agenda. Muitos reagem com entusiasmo diante da possibilidade de indicar pessoas a um negócio que tem tido uma boa influência em suas vidas.

4. Ofereça aulas de demonstração gratuitas ou certificados de treino que você e seus clientes possam divulgar. Muitos clientes dizem ter uma renovação de alunos que começaram a treinar graças a aulas demonstrativas ou aulas-presente que receberam de você, de um familiar ou de um colega de trabalho. Quando as pessoas experimentam treinar com um *personal trainer*, elas geralmente continuam usando o serviço. As taxas de renovação variam de 80 a 90%.

5. Coloque a máquina de indicações para funcionar. Após receber uma indicação, peça o nome, o número de telefone e o endereço de correspondência do indivíduo. Entre em contato com o indicado. Como gentileza profissional, diga à pessoa que fez a indicação que você tomará conta da situação dali em diante. Agradeça diretamente à pessoa que indicou o conhecido e mesmo que este não feche negócio, diga à ela que você gostou muito da indicação.

6. Tente dar palestras. Falar com grupos apropriados que possam pensar em contratar seus serviços pode ajudar a estabelecer credibilidade, confiança e um relacionamento pessoal com vários públicos, assim como apresentar seu trabalho à comunidade em geral. Muitos clientes que assistem às suas palestras podem não ter o interesse em contratá-lo, mas podem indicá-lo a amigos e parentes.

7. Publique um boletim mensal ou quinzenal. Distribua esse informativo pessoalmente, via e-mail, fax ou correio a clientes atuais e pessoas que podem vir a ser clientes. Mostre suas histórias de sucesso e ofereça informações sobre condicionamento físico. Não se esqueça de incluir uma seção para indicações, e, se estiver oferecendo um incentivo, explique os detalhes.

8. Envie artigos de jornais sobre seu trabalho. Use essa técnica para expor seu trabalho e fazer com que jornais e canais de TV locais mostrem seu serviço. Histórias de sucesso de clientes, abordagens novas ou diferentes de treinamento e histórias de interesse do público interessam à imprensa. Atualize seu pacote de apresentação ao cliente com freqüência, adicionando informações novas e artigos que reflitam o estado atual de seu negócio.

9. Faça contatos com profissionais da saúde e de outras áreas. Veja a seção "Mantenha contato com outros profissionais da área da saúde e do condicionamento físico" neste capítulo.

10. Agradeça quando necessário. Você deve perguntar aos clientes em potencial como eles ficaram sabendo sobre seus serviços, se ainda não sabe quem fez a indicação, e mande um bilhete ou faça um telefonema para agradecer a indicação e a confiança que a pessoa demonstrou ter ao indicá-lo.

Roubando clientes

Seu negócio está perdendo clientes para antigos funcionários ou treinadores com os quais você já trabalhou, indicou ou dividiu clientes? O "roubo" de clientes acontece há muito tempo e é uma reclamação antiga dos treinadores em todo o mundo. A possibilidade de os clientes serem roubados levanta questões de confiança e profissionalismo e incita reações de medo, raiva e sensação de estar sendo passado para trás.

Geralmente, o treinador lesado faz o papel da vítima e raramente pergunta: "o que eu poderia ter feito para evitar isso?". Eu não isento os treinadores inescrupulosos de culpa, pois eles devem agir de modo confiável e demonstrar um alto nível de profissionalismo. Mas, pergunto: "você está agindo de maneira pró-ativa para evitar esse problema?".

De treinador para treinador: o roubo de clientes

O comprometimento instável com o cliente geralmente faz com que a pessoa troque de treinador. Isso pode ocorrer quando inúmeros treinadores trabalham no mesmo local e um treinador conhece os alunos de outro colega, com o intuito de substituí-lo nas aulas quando ele estiver doente ou precisar se ausentar. Mas a principal razão pela qual um cliente muda de treinador é ter visto uma queda no rendimento das aulas em relação ao começo do treino.

Paremos aqui e façamos uma avaliação sobre lealdade. A lealdade, no ponto de vista dos negócios, está relacionada com o serviço e o cuidado que são oferecidos, e não à dedicação, à fidelidade e ao compromisso ao treinador. O cliente não deve se sentir culpado quando essa situação surgir. Pode ser que os clientes gostem de você, mas se você não estiver oferecendo os serviços de que eles precisam é possível que eles não continuem com você. Muitas vezes o serviço ruim e os conflitos de personalidade explicam a evasão do cliente. É mais fácil culpar outro treinador ou o cliente pela evasão do que se concentrar na causa do problema.

Analise com cuidado os serviços que estão sendo oferecidos e responda com sinceridade se as necessidades dos clientes estão sendo satisfeitas. Isso lhe oferece informações se você avaliar com honestidade as dinâmicas que estão sendo apresentadas e se apresentar, ao mesmo tempo, uma oportunidade para aprender em momentos difíceis.

Analisar como um treinador poderia evitar perder clientes ou por que um cliente muda de treinador não tira as responsabilidades profissionais do treinador acusado. Mesmo que existam problemas entre o cliente e seu atual treinador, o treinador que pode ganhar um novo cliente não tem o direito de trair uma empresa ou um treinador a quem ele serviu, nem de adotar qualquer outro comportamento desonesto ou pouco profissional.

O treinador que pode ganhar um novo cliente conversou com o atual treinador sobre o problema do cliente? Se o cliente quiser trocar de treinador, aquele que pode ser o novo responsável por seu treinamento, com uma atitude de ética profissional, deve discutir a situação do cliente com o atual treinador.

Na maior parte do tempo, enfrentar com rapidez, honestidade e franqueza assuntos controversos evita que eles se transformem em enormes problemas, que tiram o tempo e a energia do treinador. Um remédio assim não é sanado sozinho. Se você perceber que uma situação desse tipo está se formando, converse abertamente com o treinador e com o aluno. Esse tipo de atitude forma relacionamento sólidos e de confiança com outros profissionais e clientes. Além disso, atitudes pró-ativas como essa mostram que você é profissional e de confiança.

Contratos de não-concorrência

Muitas academias temem que seus funcionários-treinadores deixem de trabalhar ali e levem consigo os clientes. Geralmente, a empresa tenta combater essa ocorrência bastante comum fazendo o treinador assinar um termo no qual promete não trabalhar com os clientes dali se deixarem de trabalhar no estabelecimento. As empresas que dependem de acordos de "não-concorrência" para controlar e motivar seus funcionários estão fora do caminho da legalidade e do bom senso.

Uma cláusula contratual pode assustar alguns treinadores e mantê-los afastados dos clientes da academia, mas a maioria deles sabe que tais acordos não têm muito valor jurídico e geralmente possuem pouco respaldo legal, ou, no mínimo, são difíceis de fazer cumprir. Além disso, essa cláusula limita o livre-arbítrio do treinador para escolher com quem vai trabalhar e pode causar problemas entre o cliente e a empresa. A situação pode rapidamente se transformar em um grande transtorno.

Aqui está o ponto principal da questão. Analisando do ponto de vista profissional, você quer que um treinador ou cliente permaneça com vocês, mesmo insatisfeitos? Geralmente, você pode evitar essa situação cuidando do relacionamento entre a empresa e o treinador. Você precisa dar algo bastante importante para

Manter clientes e funcionários: o que eu poderia fazer diferente?

1. Crie relacionamentos.

Os donos de empresas e gerentes de programas devem procurar estabelecer uma boa relação, não apenas com os treinadores, mas também com os clientes. Apresentar-se é o primeiro passo. Em seguida, telefone para os clientes e ouça o que eles têm a dizer. Incentive as reações positivas e críticas. Esse contato serve como uma pesquisa de satisfação do cliente e diga a eles que o dono do negócio, e não apenas o treinador, está ouvindo e agindo de acordo com as conclusões que tirar. Entre em contato sempre que possível. Envie cartas da empresa indicando como ela está satisfazendo as necessidades dos clientes. Se o cliente só tem contato com o treinador, a situação mudará. Em outras palavras, sem esse esforço de construir uma relação, a lealdade do cliente é com o treinador, e se ele for embora, é provável que o cliente o acompanhe.

2. Parceria com o treinador.

Se você supervisiona um ou muitos treinadores, deve incorporar a parceria com eles, ou seja, a divisão de clientes. É um acordo onde todos ganham. Isso dá mais espaço para o treinador principal, ou lhe oferece mais tempo para assuntos pessoais, e dá mais opções ao cliente. Se um treinador ficar doente ou tiver de viajar, os clientes devem ser treinados por algum outro treinador que já conheçam. Dessa maneira, o treinamento do cliente não é interrompido, o fluxo de caixa continua e o treinador pode se afastar sem se preocupar com o bem-estar do cliente. Facilite a parceria entre treinadores (isso quer dizer colocá-la na política de serviços, e não apenas incentivá-la!). Os clientes devem conhecer no mínimo um, mas, de preferência, vários treinadores, para que possam ter opções quando o treinador principal precisar se ausentar. É claro, como gentileza, avise ao cliente quando sua aula for substituída com o máximo de antecedência possível, e nesse caso, ofereça as opções. Por fim, se o treinador principal daquele cliente deixar a empresa, é mais provável que o cliente continue treinando nela por já conhecer outros profissionais de lá.

3. Desenvolva uma relação de dar e receber entre a gerência e o treinador.

É possível estabelecer uma relação de lealdade entre os treinadores e a gerência quando você passa tempo com eles e se interessa de verdade por quem eles são fora do ambiente de treino, pelo que eles gostam, por seus valores, pelo que os motiva e por seus planos para o futuro. Escute as idéias que eles têm a respeito de treinamento com clientes e melhore os serviços. Use informações úteis e agradeça as idéias, mesmo que não concorde com elas, nem as coloque em prática. Mostre que você sabe ouvir e que é uma pessoa justa. Se você for visto como mentor, amigo e exemplo, o respeito mútuo surgirá (entretanto, mantenha o ar profissional).

Preservar uma forte relação depende diretamente da compensação justa, de tratar seus clientes com respeito, manter os treinadores se desenvolvendo profissionalmente e criar um ambiente onde os treinadores confiam e respeitam uns aos outros. A compensação justa fará com que os treinadores não pensem em mudar de emprego ou abrir seus próprios negócios. Fazer amizades em reuniões, festas, jantares e eventos cria uma sensação de familiaridade. As equipes não colocam os interesses pessoais em primeiro plano se estivessem correndo o risco de prejudicar a empresa ou alguém com quem se importam. Os treinadores que não estão crescendo profissionalmente ou não estão sendo estimulados começarão a procurar em outros lugares por oportunidades de carreira ou por uma mudança na carreira (devido ao desgaste). Se você não diz a seus treinadores e aos clientes que eles atendem que eles são importantes (gerenciamento), então, não mostra seu respeito por eles. Agradeça aos treinadores pelos esforços que eles fazem e diga a eles que você os valoriza como pessoas e como treinadores especializados.

manter seus melhores treinadores. Precisa estimulá-los profissionalmente, desenvolver uma boa relação com cada um deles e oferecer boa compensação.

É difícil reparar relacionamentos e confiança perdidos. A prevenção e o cuidado são melhores do que contratos limitadores. Mesmo que o caso seja levado à justiça, a maioria dos negócios decide não tomar atitudes legais, porque o processo é demorado e desgastante. Por fim, não faz muita diferença em longo prazo o fato de um cliente e treinadores insatisfeitos não mais quererem continuar com você. Na verdade, sua empresa pode acabar sendo prejudicada se o funcionário e o cliente acharem que não estão sendo tratados bem e se contarem isso a outros clientes. Clientes e funcionários satisfeitos são peças-chave para o sucesso. Você certamente não quer ter pessoas desanimadas por perto. A solução é a construção positiva de um relacionamento. É mais fácil evitar problemas de relacionamento do que repará-los. O relacionamento é a base da relação, e não um contrato..

Apesar de as preferências do cliente determinarem com quem e onde ele vai treinar, uma solução de parceria pode ser boa para todos.

Em todas as negociações, não se esqueça de levar em conta o interesse do cliente. É injusto que ele tenha de sofrer nesse conflito e não é correto apontar um aluno como o problema só por que ele deseja treinar com outra pessoa. É um direito do cliente seguir um treinador que esteja saindo da empresa.

O treinador que deixa uma empresa estabelecida

Se um treinador pretende deixar sua empresa, uma cláusula ou contrato de não-concorrência assinado previamente pode fazer com que ele avalie se esse passo é o mais prudente. Entretanto, se ele estiver decidido e o cliente quiser seguir o treinador para onde quer que ele vá, eu aconselho o profissional que está indo embora. Eu digo a ele que não estou contente com a situação e acho que ele não cumpriu um acordo legal comigo, e tirou proveito de modo errado do que eu ofereci profissionalmente. Como o cliente pretende continuar contratando os serviços dele (entre em contato com esse cliente e discuta a situação), eu digo ao treinador que ele tem a opção de não ser processado concordando com uma opção de divisão de lucros. Já que meu contrato de não-concorrência é válido por um ano, se ele vai continuar trabalhando com algum dos "meus" clientes (todos os clientes da *The Training Edge* são meus clientes, mesmo que eu não os treine), ele tem de me pagar 50% de todo o lucro gerado pelos clientes da *The Training Edge* durante um ano, a partir da data de sua demissão. Esse número é um bom começo. Às vezes, eu aceito um pouco menos. Acredito que, assim, estou sendo justo. Leve em conta que eu deixarei de receber um ano todo da renda gerada por esse cliente, além do dinheiro que não será gerado com o trabalho do treinador que está indo embora. E ainda terei de contratar e treinar outro funcionário. Se o treinador aceita essa condição ou propõe outro acordo, ele pode seguir seu rumo e o cliente continua com o treinador de sua escolha.

Essa situação é negócio, e não uma guerra. Eu compreendo que nem sempre os relacionamentos dão certo. E quando o caso é enfrentado de modo profissional pelo treinador que vai embora, desejo a ele todo o sucesso, de coração. Se o treinador se comportar de modo exemplar e ético, não é raro eu ajudá-lo a estabelecer seu negócio. O cliente vai gostar de não ter sido envolvido em uma batalha. Dois profissionais honestos conseguem encontrar uma solução sensata, que mantenha o cliente distante das negociações e de qualquer transtorno.

Um cliente quer treinar com outro treinador na mesma academia

Em primeiro lugar, apesar de o cliente ter um treinador com quem treine a maior parte do tempo, ele precisa conhecer pelo menos mais um profissional com quem se sinta confortável (é o conceito da parceria). Em segundo lugar, a escolha de treinadores depende das necessidades e preferências do cliente. Um cliente não deve ser obrigado a permanecer com um treinador que não esteja satisfazendo suas necessidades ou não combine com sua personalidade simplesmente porque começou o treinamento com ele. Trocar de treinador de vez em quando é uma boa idéia, principalmente para o cliente. A variedade obtida com diferentes estilos de treino pode manter o cliente interessado e em progresso.

E o que fazer em relação à auto-estima e à falta de renda do treinador? Um treinador tem de entender que é natural que alguns clientes mudem de interesse e queiram experimentar a abordagem de um outro profissional. Sempre haverá alguns clientes que preferem treinar com você também.

O cliente nunca deve se sentir errado ou intimidado porque quer mudar de treinador. Aqueles que são impedidos de trocar de treinador podem desistir do treinamento por se sentirem incomodados com o clima criado.

Como a perda de um cliente afeta a renda de um treinador, pode ser uma boa idéia estabelecer o que eu chamo de "taxa de transferência de cliente". Essencialmente, o treinador que se torna o treinador principal paga uma taxa fixa (por exemplo, US$100) para o treinador que perdeu o cliente, depois que o cliente estiver treinando regularmente com o novo profissional há um mês. O novo treinador deve incentivar o cliente a treinar com o antigo treinador quando ele precisar se ausentar por algum motivo, se não houver outros problemas envolvidos. Faz parte de desenvolver um trabalho de equipe para um grupo de funcionários. Você entendeu. As mudanças são boas, contanto que os egos sejam preservados e um grande profissionalismo seja demonstrado.

Se o cliente que está roubando a cena, envolvendo treinadores que não fazem parte do grupo de funcionários (por exemplo, os treinadores alugam o mesmo espaço para treinar seus clientes), a resposta está no uso de uma mistura de informações apresentadas anteriormente. A saída é criar uma boa solução para os treinadores e para os clientes.

Preserve o empreendimento atual e preveja futuras oportunidades

Quando perceber que está mantendo um serviço de qualidade a clientes já existentes, é claro que deve começar a gerar mais negócios e clientela com abordagens inovadoras e baratas. Os melhores treinadores e empresas do mundo perdem clientes por diversos motivos, que incluem morte, doença, mudança, conflitos de personalidade, serviços ruins e problemas financeiros.

Sem exceção, os negócios devem gerar novos negócios para crescer e manter seu propósito. Se você está cuidando bem de seu negócio, está na hora de analisar as opções e os mercados que podem lhe trazer clientes ou mudar sua maneira de administrar os negócios. Se não está procurando mais clientes nem tentando mudar sua abordagem, ainda assim é importante manter a qualidade, a inovação e o progresso com seus clientes atuais.

Ser capaz de prever os rumos futuros que o condicionamento físico tomará lhe dá a chance de ajudar seu negócio corretamente. Evite tendências que você acha que desaparecerão logo ou se as tendências apontarem para direções não comprovadas cientificamente. A solidez e a constância mantêm os clientes interessados e progredindo, mas as forças que modelam a mudança devem ser direcionadas para a preservação do que está indo bem.

Por outro lado, rejeitar todas as novas tendências só por que elas são diferentes das estratégias comuns não é interessante para nossa indústria, para os clientes e para sua empresa. Veja, por exemplo, tendências recentes, como step, esteira, bicicleta ergométrica ou treinamento funcional, além dos agressivos, porém provados, avanços nutricionais. Analise tudo isso de modo justo. Analise os programas e equipamentos com olhar crítico e objetivo, mas não faça conclusões precipitadas. A mudança e o crescimento exigem esforço e risco, além de bastante tempo para estudos, mas o resultado vale a pena.

Forças que determinam a saúde, as escolhas de condicionamento físico e o interesse do consumidor

O que a próxima década reserva para os profissionais de condicionamento físico? Em resumo, especialização. Tecnologicamente falando, existe uma vasta gama de informações que podem parecer demais, às vezes, e as necessidades especializadas de uma sociedade em constante mudança são um desafio e uma oportunidade. Se a tendência da especialização é o que comanda as coisas, então, a diversidade é importante para os negócios que queiram viver essa realidade.

Os serviços especializados que estarão em demanda incluem os exercícios físicos para os adultos mais velhos, para crianças e para toda a família: relaxamento, yoga, alongamento, integração de corpo e mente e gerenciamento do estilo de vida; exercícios de "cuidados posteriores", um conceito que crescerá conforme os médicos aceitarem a idéia de prescrever exercícios a pacientes com artrite, diabetes e doenças cardiovasculares; controle do peso; condicionamento físico para esporte e treinamento em grupos, que oferecem serviços que podem ser adquiridos por muitos clientes. Por fim, uma definição mais ampla dos padrões aceitáveis de exercícios do ponto de vista da saúde, do condicionamento físico e do bem-estar pessoal tem surgido na literatura científica.

Os negócios e as pessoas que querem ter sucesso em um mundo e rápida mudança devem avaliar freqüentemente a direção que gostariam de seguir, mas devem estar preparados para alterar a direção com base no conhecimento ou nas previsões do que o futuro reserva.

Tendências futuras que você não pode deixar passar

Treinamento personalizado. Os serviços especializados continuarão a aumentar e as habilidades sofisticadas terão de funcionar de modo competitivo nesse mercado. Matt Church, um *personal trainer* e palestrante da Austrália, uma vez me disse, parafraseando Ann Landers: "Existem três tipos de pessoas (ou empresas): aquelas que fazem as coisas acontecerem; aquelas que observam as coisas acontecerem e aquelas que perguntam: 'o que aconteceu?'". Qual tipo de pessoas (ou de empresa) você será?

Programação geral. A programação bem-sucedida inclui abordagens que satisfazem necessidades especiais e constantes de uma população aparentemente saudável. Treinamento de força, de flexibilidade e cardiorrespiratório devem ser mantidos. Controle de estilo de vida, condicionamento físico em geral, treinamento funcional, saúde de corpo e mente, aulas de *spinning*, treino ao ar livre, treinamentos diversos, periodização, programas de condicionamento físico para crianças e jovens, orientação nutricional, treinamento personalizado para grupos e condicionamento físico na água continuarão sendo vistos como abordagens em qualquer programa de ginástica e condicionamento físico. Em vez de ser a exceção, essa abordagem equilibrada e complexa será a regra.

Programas especiais e necessidades de saúde. Programas especializados exigem treinadores experientes e preparados que possam satisfazer as necessidades dos clientes que encontram problemas por causa de diabetes, asma, doenças cardíacas, infarto, hipertensão, obesidade, esclerose múltipla, infecção por HIV e problemas de pré e pós-natal. Será necessária uma programação que tenha como alvo necessidades de treinamentos específicas, abordagens para idosos, recondicionamento físico, cuidados posteriores e de reabilitação e controle de peso.

É óbvio que o mercado está muito aberto para treinadores com mais conhecimento e ótimas habilidades de relacionamento com as pessoas. Os clientes estão à procura de treinadores que possam ajudá-los a atingir objetivos individuais e a trabalhar com necessidades médicas e físicas especiais.

À procura de clientes: diversifique seu negócio, planeje e tome atitudes

Diversifique seus serviços oferecendo uma grande variedade e expondo-os às pessoas que estão procurando por você. Aqui estão alguns fundamentos para transformar uma abordagem de *marketing* de boas intenções em resultados.

Supere os obstáculos de medo, falta de tempo e falta de ação. Como você lida com esses inimigos? Por meio de planejamento e preparação. Como eu disse no capítulo 2, a superação do medo e da falta de ação acontece quando a direção é traçada. A direção é traçada com estratégias de planejamento que o enchem de confiança porque você sabe que o terreno foi preparado para seu sucesso.

Identifique o que você está fazendo certo. Faça uma lista dos bons serviços que você oferece agora, como avaliação postural e de condicionamento físico, treinamento em residências ou empresas. Detalhe as características de cada serviço e como você o torna conhecido e acessível à clientela, assim como para as pessoas fora de sua carteira de clientes.

Identifique aonde você quer chegar com seus serviços. Seja realista a respeito do número de clientes. O número de clientes com os quais trabalha tem um importante impacto na sua disponibilidade de tempo e vigor físico. O planejamento e a preparação para um negócio de apenas um responsável são bem diferentes de uma empresa com muitos treinadores e funcionários.

Identifique as oportunidades que existem no mercado. Estude as tendências e identifique nichos no mercado que são criados porque nenhum serviço atualmente está sendo bem oferecido para satisfazer a demanda do cliente. Você também pode identificar uma necessidade e criar um mercado que a satisfaça antes que a demanda ocorra. Se perceber a necessidade de criar demanda e interesse, sua visão estará à frente dos outros que estão observando e esperando que as tendências apareçam.

Quem é o cliente em potencial? Seu tipo de serviço, seus valores, o local e o estilo de treinamento personalizado devem interessar esse público-alvo. Divulgue seus serviços às necessidades do cliente quando puder oferecer serviços que satisfaçam essas necessidades. Ou seja, não atue em uma área que não seja sua especialidade e para a qual não tenha preparação.

Que tipo de cliente pretende atrair? Divulgue e promova de acordo com o que pode oferecer de melhor. Você quer um cliente que se identifique com seu serviço. Esse cliente em potencial deve se alinhar naturalmente aos serviços que você pretende oferecer. Fazer propagandas e atrair um cliente que esteja fora de sua especialidade ou interesse é um grande erro.

O que o cliente procura com relação ao serviço e ao tipo de treino? Clientes em potencial que estão a procura de treinadores repetidamente mencionam profissionalismo, honestidade, força, confiança, habilidade para escutar, uma abordagem equilibrada, serviços proeminentes e sinceridade como qualidades que eles esperam encontrar na primeira impressão.

Concentre-se na propaganda. Crie uma imagem irrepreensível e atraente de seu negócio, além de uma mensagem que claramente explique o serviço que você oferece e para quem esse serviço é indicado.

Peça ajuda diretamente a seus clientes. Avise seu cliente que você gosta de receber indicações. Seções anteriores neste capítulo abordam a questão da indicação entre os clientes que você já tem.

Lide diretamente com o cliente em potencial. Pedidos feitos de forma fria não são bem-vindos. Entretanto, se vai entrar em contato com pessoas que não lhe foram apresentadas pessoalmente, envie a elas uma proposta profissional, na forma de uma carta ou panfleto, por exemplo, e dê um telefonema em seguida. Quando tiver a certeza de que a pessoa recebeu seu material, você pode se apresentar e descobrir se existe interesse.

Use a imprensa. Anúncios gratuitos, sejam na mídia impressa ou na televisão, são seus melhores aliados. Faça contato com diversos meios de imprensa e ofereça seus serviços. Você pode dar dicas e conselhos sobre condicionamento físico no rádio, na TV e em revistas. Não se esqueça do poder da Internet. Os artigos na imprensa podem falar sobre um novo treinamento que você fez ou uma técnica única que você esteja implementando com seus alunos. Divulgue seu nome para que seja conhecido como uma fonte de condicionamento físico ou um especialista na área.

Divulgue seu nome. As firmas de relações-públicas servem para ajudar a divulgar seu nome e sua empresa, além de preservar uma imagem pública positiva. Você é sua melhor firma de relações-públicas. É essencial expor seus negócios e talentos, assim como a imagem que você criou.

Preserve um ótimo serviço. A maneira mais eficiente de obter e manter clientes e gerar um fluxo constante de indicações é oferecendo um ótimo serviço aos clientes.

À procura de clientes? Lembre-se: eles também estão à sua procura!

Os treinadores do mundo todo perguntam: "como encontrar clientes?". Ao mesmo tempo, os consumidores de condicionamento físico se perguntam: "como posso encontrar um treinador confiável e experiente?". As pessoas querem saber quem você é, conhecer sua reputação, para que possam avaliar se gostariam de trabalhar com você.

Aumente sua carteira de clientes e mantenha sua clientela já existente

Que programa você deveria oferecer para atrair clientes? Quais necessidades de mercado precisam ser satisfeitas? O que uma pessoa à procura de um *personal trainer* quer encontrar? Quais são algumas das abordagens de treinamento ou programação que atrairão novos clientes ao seu negócio? Quais esquemas de *marketing* e promoção que você pode usar serão baratos e eficientes e produzirão resultados?

Ao levar em conta uma série de serviços, caminhos diferentes para o crescimento dos negócios e a decisão sobre como você vai agir para criar uma cartela de clientes leais, as respostas às próximas dez perguntas irão ajudá-lo a tomar uma direção e manter-se no rumo do sucesso:

1. Quem é seu cliente típico?
2. Para qual público você gostaria de trabalhar?
3. Qual é a extensão geográfica ou localidade específica que você pretende cobrir?
4. Aonde seus serviços serão oferecidos (por exemplo, em uma academia, um espaço que pertence a você ou é alugado, na residência do aluno ou uma combinação desses)?
5. Como você compararia seus serviços com outros oferecidos em sua área?

6. Qual é sua taxa de retenção de clientes?
7. Qual é o diferencial de seu negócio?
8. Qual é seu limite de *marketing*?
9. Como você encontra clientes atualmente? De onde vêm as indicações?
10. A expansão ou o novo crescimento é realista quando você avalia os lucros, o espaço físico e o tempo?

Mantenha a oportunidade de indicações

Você já ouviu esta frase: "consegui meu primeiro cliente em uma festa do escritório"? Sempre esteja pronto, apresente de modo profissional o que você faz e torne um encontro casual em novo negócio. Comporte-se como se sua atitude e profissionalismo estivessem sendo avaliados o tempo todo. Você nunca sabe quem pode ser indicado, quem está ouvindo e observando, o rumo que uma conversa social pode tomar e o impacto que deixar um cartão de visitas com alguém pode ter.

Venda seus serviços, seu profissionalismo e sua imagem

Não é demais repetir algo afirmado constantemente neste livro: o profissionalismo, o serviço e a imagem são tudo para um *personal trainer* de sucesso. Mas você também tem de pedir e garantir compromisso com seus clientes interessados.

Coloque em prática suas habilidades de vendedor

Apesar de o serviço, a imagem e as relações profissionais terem sido discutidas à exaustão aqui, você também precisa melhorar suas habilidades de venda. Tem de vender para fazer com que as pessoas conheçam seus serviços maravilhosos. A venda deve ser feita com confiança nos serviços oferecidos. Você não pode mostrar o que ama fazer se não puder ganhar a vida sendo um *personal trainer*. Muitos treinadores são habilidosos e experientes, mas a maioria não tem conhecimento de vendas. Competência técnica e de programação, sozinhas, podem ajudá-lo a manter os clientes, mas não resolverão para atrair clientes ou ajudá-lo a manter um negócio bem-sucedido.

Vender se torna fácil se você seguir o seguinte plano:

- Projete uma imagem de sucesso.
- Projete uma imagem profissional.
- Projete uma conduta confiante e simpática.
- Escuta e respeite o que o cliente em potencial tem a dizer.

A arte de fechar um negócio

Concentre-se nesses argumentos de venda e negociação: resultados, segurança, conhecimento, entusiasmo, motivação, respeito mútuo e valor.

Geralmente, a melhor maneira de se levar uma conversa adiante com um cliente é fazendo esta simples pergunta: "qual é nosso próximo passo?". Em muitos casos, o prospecto fechará a venda para você. Permita que o cliente responda. Normalmente, a resposta é algo parecido com: "bem, acho que devo escolher uma forma de pagamento, completar os testes e marcar uma aula!"

As objeções ao comprometimento ou ao começo do programa podem ser superadas se você se colocar à disposição para responder perguntas e esclarecer pontos mal-esclarecidos. Concentre-se em seus pontos positivos, mantenha firme a sua política e seus valores e mantenha-se positivo, citando o valor e as vantagens que seu programa tem a oferecer.

Por fim, você não vai conseguir todos os clientes a quem apresentar seu negócio. Essa é a realidade. Não permita que a rejeição diminua sua auto-estima. Os bons negociadores enfrentam as fraquezas que encontram e tentam aproveitar essa abertura. Acredite que a objeção não é pessoal e mantenha-se firme para defender o que sabe ser um serviço de valor. Se você encontrar um obstáculo e nenhuma solução for vista, procure outras possibilidades. Mesmo diante da rejeição, mantenha-se positivo e entusiasmado, e deixe a porta aberta para futuras indicações feitas pela pessoa que não deseja contratar seus serviços no momento. Você pode treinar suas habilidades de venda evitando os erros comuns que estão no quadro a seguir.

Imagem, profissionalismo e serviço

Seus negócios e sua imagem pessoal são uma mistura de tudo que você faz e diz. Cada decisão será avaliada por seus clientes, amigos e concorrentes. Você deve ter muito cuidado com a maneira com que apresenta a si mesmo e a sua empresa. Os padrões profissionais e o cuidado com as pessoas devem estar sempre à frente de tudo. A percepção dos outros, e não a sua intenção, definirá sua imagem e reputação.

Os especialistas em *marketing* gostam de dizer que o serviço ao cliente é a única vantagem sustentável de mercado. Conhecimento, novos planos de pagamento, aulas gratuitas, dia de agradecimento ao cliente, camisetas grátis e outras promoções e serviços podem levá-lo adiante. Sua vantagem de *marketing* pode ser obtida por meio de um esforço detalhado em busca do serviço de boa qualidade. Os consumidores satisfeitos são a chave para novas indicações e novos negócios, e diminuem a desistência por parte dos clientes.

Estabelecer uma margem competitiva resulta de abordar a excelência de serviços do ponto de vista do cliente. Permaneça confiante diante de dúvidas e perguntas, colocando-se no lugar do cliente. Se você fosse ele, como se

Treine suas habilidades de venda evitando estes erros comuns

1. Não entender as objeções.

Faça os clientes em potencial falarem para que você possa descobrir por que eles estão hesitantes a comprometer-se com treinamento.

2. Estar mal preparado.

Preveja as perguntas que possivelmente serão feitas. Como você as responderá? Ofereça material de apoio, como um pacote de apresentação ao cliente ou panfleto e, mais importante que isso, ofereça soluções.

3. Não fazer perguntas suficientes.

Descubra os interesses do cliente em potencial e posicione seus serviços de acordo.

4. Comportamento errado.

Quando estiver tentando fazer contato com um médico, por exemplo, não ignore a recepcionista ou a secretária. Trate o pessoal administrativo com o mesmo respeito com que trata o profissional licenciado.

5. Não fazer avaliações das reuniões.

Depois de sua primeira reunião com um cliente em potencial, pergunte a si mesmo o que gostou a respeito da reunião e o que gostaria de ter feito diferente.

Reimpresso de "IDEA Personal Trainers", 1998.

sentiria? Se perder essa sensibilidade, ficará alheio aos problemas e incapaz de transformar um serviço ruim em um bom. Sem atenção, não há como remediar uma situação na qual o cliente está insatisfeito. A correção requer consciência e uma resposta imediata para garantir que o caso seja solucionado de modo a satisfazer o cliente.

Responda as seguintes perguntas para ver como classificaria seus serviços:

1. Honestidade, integridade, atenção, entusiasmo, motivação e sinceridade descrevem sua imagem aos olhos do cliente?
2. Seus clientes o enxergam como uma pessoa capaz de responder todas as dúvidas deles a respeito de condicionamento físico e assuntos relacionados à saúde?
3. Seus clientes sabem que quando você não sabe a resposta para uma pergunta, sempre procura saber a respeito e responder a dúvida apresentada?
4. A informação que você passa é confiável? Você sabe esclarecer dúvidas a respeito de saúde e condicionamento físico?
5. Você incentiva que o cliente faça a avaliação de seu serviço e muda seu serviço para satisfazer o aluno?
6. A maioria de seus clientes está satisfeita com seus serviços? Eles continuam tendo benefícios com tais serviços?
7. Seus clientes continuariam trabalhando com você se um concorrente fizesse a eles uma oferta de treinamento com um preço um pouco mais baixo por hora?
8. Você consegue ver um diferencial em seu serviço comparado com o serviço prestado por concorrentes?
9. Você tem, em todas as decisões que toma, o bem do cliente como sua prioridade?
10. Você se contrataria?

A lealdade dos clientes, mais trabalho e as indicações vêm da atenção que você toma com todos os aspectos do serviço ao cliente. O serviço ao consumidor envolve ouvir o que o cliente quer e oferecer o nível de serviço que ele espera ter. Imagem sem serviço não é nada. Cuide de sua clientela e vá além das expectativas. Se puder fazer isso, sua demanda será enorme.

Mantenha clientes

Não faz sentido encontrar novos clientes se você não conseguir mantê-los interessados em seus serviços. É essencial manter sua clientela já existente satisfeita enquanto avalia novos projetos. Mas como fazer isso? O primeiro passo é descobrir como seus clientes enxergam o seu serviço.

A pesquisa do cliente é a mesma coisa que controle de qualidade

O controle de qualidade está diretamente ligado a bons serviços e ao monitoramento para analisar se esse aspecto de seu negócio está sendo mantido. Você deve saber preparar diversos tipos de pesquisas, verbais, escritas e por telefone, assim como criar um ambiente seguro que incentive seu cliente a oferecer informações verdadeiras. Se conseguir criar um relacionamento onde sejam permitidas críticas a seu trabalho e se seus clientes se sentirem à vontade, receberá bastante informação útil.

Você pode dizer que seus clientes estão satisfeitos? A resposta óbvia é um sonoro não! Para descobrir o que seus clientes realmente pensam e sentem, pergunte a eles com freqüência. As pesquisas não só ajudam apenas a manter a qualidade do trabalho, como são positivas para o crescimento da empresa.

A arte de fazer pesquisas

Faça perguntas específicas em suas pesquisas. Perguntas vagas confundem os clientes, são demoradas para responder e levam a respostas que não ajudam em nada em seus negócios. As pesquisas podem ser escritas do ponto de vista de um facilitador supervisionando outros treinadores e devem incentivar respostas sinceras.

Aqui estão algumas perguntas boas: "Você acha que as aulas satisfazem seus objetivos, conforme você disse no início do treinamento? Seus objetivos mudaram desde que você começou? Seu programa e desenvolvimento têm sido avaliados? Seu treinamento está sendo satisfatório? O treinador chega no horário certo das aulas? Qual a importância de começar e terminar as aula na hora certa? O que você mais gosta em seu treinamento? Você acha que podemos melhorar em alguma área? Há outras necessidades relacionadas a sua saúde e condicionamento físico com as quais podemos ajudá-lo? Você tem algum comentário a fazer que poderia nos ajudar a melhorar os serviços?"

Se alguma área do programa do cliente precisar de atenção, diga a ele que você resolverá a questão para satisfazê-lo. Depois, cumpra sua promessa!

Os pontos a seguir o ajudarão a criar uma atmosfera que leve à troca honesta de comentários:

1. *Ouça!* É essencial prestar muita atenção aos comentários. Evite interromper, defender-se ou tentar explicar uma situação antes que seu cliente termine de falar. Dê tempo para que ele pense entre um pensamento e outro. Seu cliente pode estar simplesmente pensando sobre a situação e encontrando uma maneira melhor de falar sobre ela.

2. *Incentive os comentários sinceros.* Se você perceber uma certa hesitação, por parte do cliente, em explicar completamente a situação com a qual ele não está satisfeito, pergunte: "pode me dizer mais a respeito?". Isso indica a importância que o *feedback* direto tem para você.

3. *Ofereça soluções.* Se seu cliente apresentar questões que precisam ser melhoradas, prepare-se para oferecer uma solução específica que o satisfaça. Talvez sejam necessárias mudanças realizadas por você ou outro treinador, ou talvez você consiga acalmar o cliente explicando seu ponto de vista sobre, por exemplo, uma política. E talvez possa ou queira mudá-la.

4. *Resposta.* Pergunte ao cliente se ele se importa de você voltar a falar com ele logo e incentive-o a fazer contato a qualquer momento, se ele tiver perguntas ou preocupações que não estejam sendo resolvidas.

Aqui está a regra de ouro: não faça a pesquisa com seus clientes, a menos que esteja disposto a usar as informações que eles lhe derem para resolver as preocupações expostas.

As pesquisas escritas, apesar de serem menos pessoais, geralmente conseguem comentários mais honestos e diretos do que uma entrevista cara a cara ou um telefonema. Os clientes geralmente gostam de seus treinadores e não querem estragar o relacionamento com eles ou deixá-los em apuros. Apesar de muitos clientes gostarem dos treinadores como pessoas, muitos estão poucos satisfeitos com os serviços prestados. É um grande problema que precisa ser remediado ou o cliente acabará abandonando o treino. As pesquisas escritas removem a natureza pessoal de avaliar o treinador e os serviços. Faça uma pesquisa simples e conseguirá muitas respostas (veja o capítulo 7, formulário 7.1, Serviços ao Cliente e Pesquisa de Satisfação).

As respostas dos clientes permitem a você criar um negócio direcionado ao cliente. Você sabe do que seus clientes gostam e quais áreas precisam de melhorias. Fazer as pesquisas indica que você se importa com os clientes, deseja aprender mais sobre eles e ouve suas reclamações. É claro. Tudo isso será verdade se você usar a informação para corrigir os problemas.

Usando o *feedback* para melhorar seus serviços

O aspecto mais importante de usar o *feedback* dado por seu cliente é procurar uma série de respostas parecidas e agir na solução. Apesar de uma resposta recorrente lhe dizer quais preocupações afligem a maioria das pessoas, não considere comentários pessoais pouco importantes. O treinamento personalizado é, por natureza, pessoal! Todo cliente precisa saber que está sendo ouvido, mesmo que não concordem com suas opiniões. Essa situação – agradecer ao cliente com o qual não concorda e manter uma boa relação – é um aspecto importante na arte do treinamento e gerenciamento de associações de clientes.

O *feedback* precisa ser visto como positivo. É claro que é mais fácil ver os elogios como positivos. Mas é preciso muita maturidade para usar críticas positivas e negativas para melhorar os serviços. Se você é dono de seu próprio negócio, não seja muito duro consigo mesmo. Não se trata de um ataque pessoal. Por isso, não o leve pelo lado pessoal. Lembre-se, você pediu a opinião para poder melhorar seu serviço.

Se você supervisiona treinadores, use a informação coletada como uma oportunidade de aprendizado para todos os funcionários, independentemente de quem recebeu a crítica. Os funcionários devem saber que as pesquisas não são ruins e não devem ser vistas como táticas espiãs para avaliar treinadores. É um processo contínuo, sobre o qual os treinadores devem saber e do qual fazem parte porque as correções acontecem, geralmente, para os treinadores e clientes.

Não se esqueça dos sentimentos dos treinadores

O *feedback* deve ser usado para saber sobre as preocupações dos clientes, mas seja gentil com os treinadores. Ninguém quer ser atingido por um *feedback* que mostre que eles estão errados ou são ruins. Todos temos autoestima e sentimentos que precisam ser levados em conta, mas é necessário ir adiante para oferecer serviços para o bem do cliente.

A mudança que é necessária pela parte do treinador, com base nas informações recebidas, permite o sucesso do negócio e a queda do treinador. Conte aos funcionários quais foram as respostas negativas e as positivas. Ajude os treinadores a ver o *feedback* como algo positivo e entender porque a postura defensiva é tão ruim quanto a não produtiva. O foco deve ser a melhoria do serviço do cliente e a sensibilidade sobre como contar as informações aos treinadores. Elogie as áreas em que o treinador está se saindo bem e converse sobre aquelas que precisam ser melhoradas. Se você trabalha sozinho, precisa analisar esses fatores sozinho! Analise as reações. Pergunte ao treinador se ele acha que as queixas são justificáveis. Ouça a resposta completa que ele lhe der. Explique por que, apesar dos motivos, esse tipo de comportamento é inaceitável. Explique as conseqüências que ocorrerão se esse comportamento persistir. Geralmente você acaba perdendo clientes se a situação não for remediada. Faça uma nova avaliação no futuro próximo.

As pesquisas bem feitas podem ser ferramentas que ajudam no crescimento do negócio e na satisfação dos clientes. Como a maioria dos alunos de treinamento personalizado é vista com freqüência, aproveite essa oportunidade para saber como anda a satisfação deles e se seu serviço está indo bem. Afinal, para ser bom, o serviço tem de saber o que o cliente quer. As pesquisas permitem que os donos de negócios e os treinadores entrem em contato com sua força de vontade (veja o capítulo 7 para obter mais informações sobre as pesquisas e os formulários).

Seu negócio está com problemas?

Por falar em *feedback*, se você não está interessado na opinião de seus clientes, pode esperar ter problemas se sua intenção for permanecer trabalhando por muito tempo. Pode ser que não esteja pedindo *feedback* – o que é um grande erro –, mas talvez esteja escutando o que quer e o que não quer. Como o *feedback* acontece? Seus clientes não o indicam a conhecidos? Você está sempre à procura de novos clientes que abandonaram o treinamento? Ou então, analise sua agenda. Se as ausências e os cancelamentos estão acontecendo em mais de 30%, e o cliente não está fazendo o menor esforço para manter o relacionamento bom, é hora de descobrir o que está errado. Faça o esforço.

Seu cliente está pronto para ir embora e seus negócios podem estar se preparando para falir. Descubra onde está o abismo nesse relacionamento e também o porquê de sua existência. Nesse ponto, você ainda tem a chance de salvar a relação sem destruir seus negócios. Veja as "Seis Qualidades Básicas que Estão Muito Relacionadas com o Sucesso de seus Negócios" no quadro a seguir.

Conheça a si mesmo e poderá conhecer seu negócio

Conhecer e entender a si mesmo pode ser demorado e difícil. Entretanto, se analisar com honestidade, será bom para você, para seu cliente e para seu negócio. Para dar um passo atrás e analisar seus valores, morais e ética, e entender quem você é, você tem de ser receptivo ao *feedback*.

Seis Qualidades Básicas que Estão Muito Relacionadas com o Sucesso de seus Negócios

1. Compromisso com os clientes

Os clientes são a prioridade nos negócios. O compromisso é demonstrado com a oferta de serviços confiáveis e de excelente qualidade.

2. Iniciativa (antecipação)

Tome uma atitude pró-ativa no progresso e no desenvolvimento do programa de seu cliente. Você consegue satisfazer a necessidade de um cliente antes que ele peça?

3. Resposta

Mesmo que seu cliente se esqueça de ter pedido um esclarecimento, você não deve esquecer. A solução deve ser imediata, com ação garantida.

4. Adaptabilidade (personalidades e equipamento)

Em uma situação de falta ou limitação de equipamentos, um treinador criativo pode oferecer uma boa solução. A maioria dos treinadores bem-sucedidos pode "se adaptar" para satisfazer um cliente em um determinado dia, sem comprometer a abordagem profissional.

5. Habilidades de desenvolvimento dos negócios

Os negócios bem-sucedidos devem ter treinadores, ou o único proprietário deve conseguir gerar novos negócios, manter a maturidade e a qualidade dos serviços, receber o dinheiro devido de modo adequado e profissional e explicar as políticas que ajudam a estabelecer parâmetros profissionais a partir dos quais gerenciar um negócio.

6. Apresentação profissional

A maneira com que você se veste, comunica-se, fala ou interage com seus clientes; sua apresentação profissional de políticas e a firmeza em obedecê-las; e como você consegue gerenciar seu negócio, os clientes e os funcionários afetam muito sua apresentação profissional. Você é o que mostra.

Veja essa situação – mesmo que a verdade seja dura – como uma oportunidade de mudar e melhorar uma determinada situação ou característica de personalidade. Imperfeição e uma disposição para melhorar, em comparação de como você era ontem, deixam claro que você é um ser humano. A maioria das pessoas aceita e respeita a humildade, ou uma pessoa que consegue reconhecer seus erros e melhorar. Qualquer coisa que o deixe mais humano o torna mais acessível às pessoas com quem convive diariamente.

Um *feedback* honesto lhe dá a chance de melhorar quem você é em relação à ética, à moral e a outras características de personalidade. A honestidade pode ajudá-lo (1) a definir o que você valoriza, (2) apreciar seus talentos e suas forças, (3) entender como manter e continuar a atrair os clientes a seu negócio, (4) entender porque você tem sido capaz de desenvolver limites pessoais e de negócios que são justos e respeitados, (5) saber como melhorar a vida de seus clientes da maneira mais eficaz e carinhosa e (6) continuar a gerenciar um negócio de sucesso e ter uma boa vida pessoal.

Essa análise introspectiva e honesta permite que você dê um passo atrás e faça ajustes onde necessário, reconheça e aprecie um trabalho bem feito. Combine tudo isso com uma vida pessoal produtiva e uma disposição de mudar o que precisa ser melhorado. Com essas habilidades em mãos, você sabe que está indo na direção do crescimento e sucesso de seu negócio, e está no rumo certo para se tornar um ótimo treinador ou empresário.

Capítulo 5

EXPANDINDO SEUS NEGÓCIOS

O consultor de negócios norte-americano, Michael Gerber, diz: "Se você precisa estar presente para que seus negócios continuem funcionando, você não tem um negócio, mas, sim, um emprego". Um problema típico da natureza do trabalho de treinamento personalizado, cansativo e por produção, é que pouco lucro, ou nenhum, é gerado se você não estiver treinando os clientes um por um. Minha idéia de negócio bem-sucedido é aquele que deixa de ser gerado pelas horas passadas com os clientes para aquele que consegue lucro mesmo na sua ausência. Essa opinião não é, de maneira alguma, uma crítica aos treinadores que passam o dia todo treinando seus clientes e, assim, formam sua renda. Uma colega de trabalho e amiga treina alunos há mais de 25 anos e sente tanto entusiasmo por seu trabalho quanto sentia no começo da carreira. Na verdade, essa mensagem é para aqueles treinadores que estão procurando aumentar seu potencial de renda, caminhando em outra direção, longe da produção de renda por hora.

Por que eu devo pensar em aumentar meu empreendimento?

Apesar de eu não acreditar que um negócio possa se manter bem-sucedido por muito tempo sem o envolvimento direto de seus proprietários, faz sentido, para muitos treinadores, desenvolver um negócio que use serviços e produtos que lhe aumentem o tempo. Se todo o trabalho é sua responsabilidade, e só sua, e não é dividido entre funcionários ou serviços que possam liberar mais de seu tempo, então você está com toda a responsabilidade em suas costas.

Não há como ter tempo para si se seus negócios exigem que você faça tudo. Logo, perceberá que tem pouca liberdade. As aulas são cansativas. Cuidar de todos os detalhes, sendo o único proprietário do negócio, não é fácil. Do ponto de vista de expansão dos negócios, cuidar de tudo sozinho limita seu futuro graças à flexibilidade limitada em sua rotina e à sua limitação de gerar mais renda.

Não acredite que a expansão acontecerá sozinha. No início, é preciso muito trabalho e tempo, arriscar-se, muita concentração e energia. O medo e a insegurança podem surgir. Entretanto, depois que a excitação e a confusão iniciais tenham passado, você vai se perguntar porque demorou tanto para enxergar a luz e expandir seus negócios. Assim como aconteceu para entrar na área de *personal fitness* (capítulo 2), fazer uma boa pesquisa lhe dará confiança e clareza para passar pelos estágios de "paralisia de análise", dúvida e medo.

Se você quer continuar sendo o único proprietário de seu negócio ou se o esquema de trabalho por hora lhe agrada, eu não tenho a intenção de criticar sua escolha. Mas se você pretende livrar-se de um serviço que rouba toda a sua energia e seu espírito, limite o números de aulas por dia ou aumente sua liberdade e oportunidade financeira, gerenciando um negócio que o livre de ter de tomar conta de todos os aspectos. Talvez você possa ter tudo, mas não deve fazer tudo se pretende construir um negócio com diversidade e equilíbrio.

Se você for relativamente novo no treinamento, provavelmente seu principal foco será estabelecer seu negócio e conseguir clientes. Você está ocupado. É um período bom de crescimento e lhe sobra pouco tempo para qualquer outra coisa. Ou, se você vem treinando feliz e apaixonadamente há anos, está no caminho certo.

Se você é treinador em parte de seu tempo e está à procura de mais coisas fora de sua área, ou se seu negócio o estagnou profissional e pessoalmente, você está pronto para este capítulo! Não é preciso convencer o veterano sem tempo a respeito da importância do equilíbrio do dinheiro e do tempo.

Sociedade entre treinadores e negócios de treinamento personalizado

A sociedade ou parceira é uma estratégia de treinamento que traz sucesso ao seu negócio. Apesar de ter sido discutido no capítulo 2, esse assunto precisa ser mais discutido.

As parcerias acontecem quando os treinadores e seus negócios crescem juntos de maneira formal e profissional. A parceria pode ser integrada como parte de uma política de negócios entre treinadores em uma organização ou pode ser estabelecida entre empresas distintas de treinamento personalizado. A parceria quer dizer que um cliente não depende de um treinador para todas as aulas. A parceria entre negócios de treinamento personalizado ainda não é muito comum. Mas talvez você queira levar em conta a parceria se estiver à procura de uma opção para alavancá-lo financeiramente (você só ganha dinheiro trabalhando por hora) ou evitar o desgaste. A parceria também é o tipo de negócio que mantém essa indústria em expansão. Os profissionais deixam de dar aulas de treinamento personalizado depois de muitos anos na área porque as responsabilidades do negócio sempre caem sobre seus ombros se eles não implementam a idéia da parceria. A parceria pode oferecer um descanso e mais tempo livre para você. Potencialmente, a parceria torna mais fácil o uso de recursos humanos e aumenta os horários disponíveis (tanto para o treinador quanto para o cliente) por dia, além de oferecer um serviço de melhor qualidade aos clientes.

Cuide de si mesmo e de seus funcionários

Cuidar de si mesmo e de seus funcionários costuma passar despercebido durante um período de expansão. Não caia na armadilha de aceitar mais clientes do que consegue dar conta e não deixe de valorizar os clientes dedicados e produtivos. Seu modo de levar a vida e o treinamento precisa ser equilibrado, e não é demais repetir essa afirmação. A maioria dos treinadores precisa ser lembrada de que é fácil concentrar-se em ser bem-sucedido. Essa concentração faz com que o treinador se torne pouco realista em relação ao tempo pessoal que vai reservar. Se você gerencia outros treinadores, cuide de seus funcionários orientando e incentivando o entusiasmo deles, em vez de tentar perceber até que ponto pode exigir de seus treinadores antes que eles entrem em colapso. As agendas cheias sempre parecem boas na teoria, mas há seus problemas. Por que colocar pressão demais sobre si mesmo ou seus funcionários e comprometer a qualidade do serviço? Controle, realismo, disciplina e equilíbrio são as palavras de ordem aqui.

Cuidar de seus funcionários vai além de fazer com que eles se sintam bem e ter preocupação com o bem-estar deles. Você também precisa pensar em recompensá-los de modo justo e progressivo, financeiramente falando. Como empregador, penso que tenho de dar um pouco para receber. Quando tenho um ótimo funcionário que não desejo perder porque ele deixa os clientes felizes, gera renda e simplifica minha vida com seu trabalho sério e consistente, esforço-me para cuidar dele. A compensação acontece de várias maneiras, mas um salário justo, que aumente com o tempo, é algo essencial. Outros agrados que você dá a seus funcionários e mostram que eles são valorizados incluem seguro de saúde, contas de despesas, reembolso por gastos feitos com telefone pessoal para fins da empresa, ajuda de custo para cursos, treinamentos e workshops e registro em carteira. Sempre que você dá mais dinheiro aos funcionários ou diminui as despesas que eles têm para trabalhar, está cuidando bem deles.

Cuidar bem de seus funcionários significa recompensá-los de modo justo, expandindo o conhecimento e suas habilidades e cuidando do lado mental, emocional e espiritual. É preciso muito equilíbrio. Dinheiro e elogios não bastam se seu objetivo é desenvolver uma relação duradoura e frutífera de empregado e empregador.

As empresas que enfrentam muitas perdas de funcionários são aquelas que pagam pouco ou não demonstram dar valor a eles. O serviço ao cliente é ruim e não há ética no controle da ocupação dos cargos. Ex-funcionários podem dizer que gostavam do trabalho, mas que a administração não os tratava com respeito e raramente agradeciam o esforço e dedicação. Nesse último caso, mesmo que o salário seja bom, abuso verbal e emocional ou indiferença farão com que o funcionário se desligue da empresa.

Parece simples dirigir um negócio bem-sucedido, não é? Não custa nada elogiar as pessoas por um trabalho bem feito, e um dos custos envolvidos na valorização do pessoal tem a ver com a compensação financeira justa. Quando for avaliar o tratamento que dispensa aos funcionários, pergunte a si mesmo: "eu gostaria de trabalhar para essa empresa?".

Uma das razões pelas quais sou dono de meu próprio negócio hoje em dia é o fato de nenhum de meus empregadores ter se importado com meu bem-estar emocional e não me recompensarem adequadamente pelo trabalho que eu realizava. Em vez de me fazer de vítima por causa de um patrão ruim ou um salário baixo, voltei minha crença e minha vontade na construção de meu empreendimento.

Quando os funcionários ou os serviços contratados não satisfazem

Você deve elogiar alguém que não esteja realizando seu trabalho? É claro que não. Quando acredita que a *performance* esperada não será alcançada, você precisa despedir o funcionário usando uma abordagem justa e respeitosa.

Como saber se um funcionário ou serviço não está mais atendendo suas necessidades? Você percebe que essa é a situação quando o empregado começa a dar gastos, deixa de atender os clientes e não realiza as tarefas que deve realizar de acordo com seu cargo. A pessoa ou o serviço passa a fazê-lo gastar mais tempo. Os empregados e os serviços contratados têm de facilitar nossa vida, dar-nos mais tempo, melhorar a apresentação de um produto (que é representado pelo atendimento) e aumentar seus lucros. Os funcionários que precisam de muitas correções e se distraem do objetivo de atender bem não duram muito em uma equipe.

Como despedir um funcionário

Muitos empregadores temem os processos judiciais que podem ocorrer quando demitem um funcionário que não esteja rendendo o esperado. O medo de terminar em um tribunal depois de uma demissão faz sentido. A tendência de os empregados processarem seus patrões teve início nos anos 1990. Hoje em dia, as reclamações dos funcionários só perdem nos júris para casos de serviços ruins. Os processos da *Americans With Disabilities Act* ("Constituição dos Norte-Americanos Portadores de Deficiências Físicas"), dos casos de assédio sexual e da perda da proteção de muitos sindicatos aumentaram a ênfase nos direitos dos trabalhadores (Handley 1997).

Qualquer pessoa pode processá-lo, por qualquer motivo. Por isso, você tem de estar preparado para defender suas atitudes no tribunal. A raiva e as emoções são comuns em casos de demissão. A seguir apresento diversas maneiras de diminuir suas chances de ser processado e evitar ações contra você.

1. Desenvolva um bom manual do funcionário. Suas políticas e expectativas explicadas determinam os padrões que seus funcionários têm de seguir. Um manual com a política da empresa mostra que existe uma ética de trabalho uniforme, justa e consistente para todos os funcionários.

2. Seja honesto, direto e objetivo nas avaliações. Elogiar funcionários que não estão satisfazendo as expectativas pode ser contraditório se mais tarde disser a esse funcionário que ele será demitido. A notícia será recebida com choque, incredulidade e raiva se os elogios e os aumentos de salário aconteciam. No tribunal, isso seria visto como contraditório e prejudicaria o argumento de justificativa. São essenciais duas avaliações anuais. As críticas honestas mostram ao funcionário como ele está na empresa. Dá a ele a oportunidade de mudar com base nas críticas e na explicação das expectativas. Você tem de pedir ao funcionário e a quem fizer a avaliação (você, na maioria dos casos) para assinar a folha de avaliação. As assinaturas podem ser substituídas pelo envio de uma carta registrada contendo a avaliação. Desse modo, o empregado não pode alegar não ter conhecimento da situação.

3. Arquive todas as advertências e alertas. Os memorandos escritos são as evidências mais forte para se fazer esse arquivo. Algumas pessoas acham que essa abordagem é muito rude, por isso preferem fazer alertas verbalmente. Eu faço os dois. Aviso ao funcionário, em uma conversa, que ele está em uma situação que pode colocar seu emprego em risco, dou a ele um resumo escrito do problema de *performance* e também anoto a entrega no seu arquivo.

4. Aplique as regras de modo consistente. A política e a expectativa com a *performance* e sobre a conduta do funcionário devem ser aplicadas a todos igualmente. Não permita exceções. Alguns de seus funcionários faltam às reuniões obrigatórias sem nenhuma conseqüência, enquanto outros são reprimidos? Aplicação inconsistente das regras pode levá-lo a ser processado por discriminação ou punições indevidas por alguns funcionários que se sintam menos favorecidos.

5. Conheça as regras de seu estado e de seu país acerca de direitos trabalhistas. Algumas leis estaduais e nacionais são muito liberais quanto a demitir um funcionário. Em muitos casos, um empregado pode ser demitido por qualquer motivo legal. Outras áreas têm políticas mais favoráveis ao empregado, e essas leis dificultam a argumentação feita pelo empregador para justificar a demissão. Guarde os registros e documentos de todas as suas ações.

6. Não crie um contrato errado. Isso pode ocorrer por escrito ou verbalmente. Por exemplo, no dia da contratação, no qual as emoções positivas e as expectativas de um futuro brilhante na empresa são a tônica do momento, você pode dizer: "você sempre terá espaço aqui!". Essa afirmação é uma promessa, e não reflete sua verdadeira política. Os empregados devem trabalhar dentro de padrões. Comentários assim podem ser interpretados como acordos legais. Seja honesto e sincero quando interagir com seus funcionários.

7. Faça registros. Nunca é demais registrar sua política, sua administração justa e consistente e as avaliações dos funcionários. Reserve alguns minutos para fazer anotações nos arquivos do funcionário, e, se pretende fazer uma comunicação verbal, reforce-o com uma cópia escrita que será dada ao cliente e guardada para referência futura (Handley 1997).

Tornando-se um administrador eficiente

Você já deve ter percebido que existem muitas obrigações envolvidas na administração de um negócio. Ainda mais em comparação com negócios de um dono só, em que você gasta mais tempo treinando clientes, um por hora. A decisão de se tornar um administrador ou continuar como treinador pode ser feita agora ou no futuro. Mesmo que continue a treinar clientes e supervisionar outros treinadores, todos os negócios que envolvam o treinamento personalizado, seja qual for o tamanho, têm de lidar com contas, taxas, contatos com profissionais da área da saúde e a solicitação de novos serviços, para citar apenas alguns.

Conforme seu negócio for expandindo, você verá que a cada dia terá menos tempo. Tarefas administrativas e de gerenciamento acumularão, principalmente se você contratar funcionários. O tempo que antes era usado no planejamento de programação de treinos e para seu próprio treinamento agora é gasto com telefonemas, reagendamentos, treinamento e motivação de funcionários e planejamento de panfletos de divulgação.

Se você se identifica com essa situação e sua lista de desafios para controlar o tempo está crescendo sem parar, então seus negócios estão bem-sucedidos o bastante para que você possa deixar de lado a administração sem planejamento e foco. É fácil formalizar e organizar uma abordagem eficiente para essas tarefas necessárias. Identifique as principais tarefas administrativas que são essenciais para o serviço ao cliente, para a constância e para o crescimento. Nelas, incluem-se:

- soluções de problemas de clientes e comunicação com médicos dos clientes, conforme necessário;
- cobranças de clientes;
- recebíveis (dinheiro que lhe é devido);
- pagáveis (dinheiro que você deve a empresas ou indivíduos que lhe prestam serviços);
- planejamento do orçamento;
- marketing e promoções que levem a novos negócios;
- atender a interesses de novo negócio;
- retorno a telefonemas;
- preparação e planejamento de pagamentos quinzenais;
- documentação e registros relacionados a taxas anuais;
- atualização profissional e treinamento de funcionários;
- reforço de política, formulação e reavaliação de política já existente para funcionários e clientes;
- gerenciamento de tempo para si; cuidados dedicados a funcionários e a você mesmo.

Associe-se a um varejista para ser indicado a novos clientes

Encontrar novos clientes continua sendo o maior desafio para o negócio de treinamento personalizado, principalmente quando os proprietários quiserem manter os novos funcionários ocupados e a expansão financeira viável. Se você tem um ou mais treinadores autônomos ou registrados, ou se planeja contratar treinadores, novas indicações de clientes são essenciais para manter a expansão e compensar seus funcionários adequadamente.

Fazer parcerias com lojas, por exemplo, é uma ótima oportunidade para a criação de novos relacionamentos e novas indicações de clientes que vêm de fora de seu negócio atual e contatos comuns na indústria do treinamento personalizado. Os negócios que atendem a uma clientela que podem ter interesse em tal treinamento são bons pontos de partida para se desenvolver um relacionamento estratégico e mutuamente benéfico.

Combinações possíveis de parceria

Bons exemplos de boas parcerias incluem lojas especializadas, que vendem equipamentos de condicionamento físico e atividades ao ar livre e calçados esportivos, além de lojas de produtos esportivos em geral. Parcerias com tais lojas lhe dão a oportunidade de oferecer seus serviços a uma clientela que não teria acesso por seus meios comuns de trabalho. Do ponto de vista da loja, você representa mais um benefício que aumenta a possibilidade das vendas da loja, porque pode ensinar à clientela como usar os equipamentos de modo adequado.

Médicos que trabalham individualmente ou em equipe, osteopatas que geralmente são orientados a todos os aspectos de bem-estar e prevenção, os quiropráticos, os fisioterapeutas, os endocrinologistas, as clínicas de controle de peso, os day spas, qualquer profissional da área da saúde, salões de cabeleireiros e outros centros de beleza e estética e de bem-estar são prospectos excelentes. Qualquer empreendimento que tenha locais para ginástica, como equipes de venda e gerenciamento, donos de condomínios, apartamentos e outros negócios imobiliários também são opções. Divulgue e leve em consideração parcerias com base nos serviços que você oferece e no que sua comunidade local de negócios tem para oferecer.

O conceito de parceria pode ser usado com qualquer grupo ou serviço de venda que tenha uma clientela em potencial que pode estar interessado em serviços de treinamento, contanto que sua ética pessoal não seja comprometida de nenhuma maneira. Por exemplo, envolver-se com corrida, triatletas e clubes de escalada pode ajudar a expor seus serviços. Faz sentido voltar seus serviços a uma clientela com quem você tenha interesse ou especialização. Use seus objetivos de negócios, experiência, histórico esportivo e paixão para localizar e identificar novos mercados em potencial.

O que há de bom para eles?

Apesar de os objetivos, as necessidades e as expectativas terem de ser satisfeitos por todos os lados que entram em um acordo, meu ponto de vista com as novas parcerias é: "o que eu posso fazer para eles?". Em outras palavras, eu defino como meu novo parceiro se beneficiará de nosso relacionamento.

Meu esforço de vendas se volta para as perguntas-chave. Ao questionar, eu consigo vender o projeto com base na compreensão das necessidades e vontades. Por exemplo, os médicos têm de saber que você não vai competir com os serviços deles, tomar muito tempo ou causar qualquer transtorno, e também o que ganham por cada indicação que fizerem. Determine o que os parceiros em potencial querem atingir. Eles estão tratando pacientes que estão recuperando um joelho ou terminaram tratamento médico? Eles querem valorizar um produto (por exemplo, instrução sobre o uso de equipamentos) ou serviço (por exemplo, locais de treino em edifícios residenciais ou comerciais) que estão vendendo? Em caso afirmativo, você pode oferecer um serviço valioso e complementar para qualquer serviço que um determinado negócio já oferece. Aqui estão algumas perguntas que precisam ser respondidas em relação ao desenvolvimento de uma estratégia de parceria:

1. Como meu serviço (por exemplo, instrução ao uso de equipamentos ou ensinar alguém a correr e dar progresso a seus programas depois de adquirirem um novo par de tênis de corrida) beneficia o parceiro em potencial? Qual dos mercados do parceiro seria bom para a minha empresa?

2. Qual é a minha definição de sucesso e a de meu parceiro, de um ponto de vista ético e de negócios? Essa pergunta pode gerar desistência do fechamento do negócio se suas definições de sucesso e de como conquistá-lo forem diferentes. Se seu procedimento de operação e sua maneira de tratar seu cliente não combinarem com aquelas representadas por um novo parceiro, não duvide de sua intuição. Procure em outro lugar!

3. Como você e seu novo parceiro cooperarão em relação a vendas, exposição aos clientes e esforços de marketing? Esse passo requer um esforço em grupo, honestidade e um

plano objetivo. Defina especificamente os papéis exercidos por cada parceiro para aumentar a eficiência. Por exemplo, muitas vezes um acordo pode ser nada além de deixar cartões de visitas e panfletos de propaganda em uma loja. É uma abordagem ruim. Uma situação de ganho mútuo incluiria a confecção de certificados formais que detalhassem seus serviços e oferecesse uma apresentação ao equipamento que acabou de ser adquirido. Isso pode acontecer no ato da compra. Em comparação com a primeira abordagem, isso valoriza e dá importância à oferta.

4. Como esse relacionamento estratégico medirá e avaliará o sucesso? Pode ser tão simples quanto ser apresentado a novos e futuros clientes ou ter a oportunidade de fazer parte de um pacote de benefícios. Não há garantias, mas, pelo menos, a exposição dá a possibilidade de novos negócios. Pode ser necessário estabelecer um número de indicações exigidas por semana para que o acordo satisfaça os objetivos de seu negócio. Todos os itens são negociáveis. Seja realista e certifique-se de que os objetivos do parceiro estão sendo alcançados. Uma loja de equipamentos, por exemplo, que ofereça uma consulta gratuita com você a partir de um determinado valor da compra pode precisar registrar as devoluções. Pelo que sei, a devolução de equipamentos é reduzida quando um treinador profissional orienta o cliente quanto ao uso do aparelho. Quanto mais claros e corretos forem os resultados registrados pela parceria, mais provável se torna a continuidade dessa parceria.

5. Como o cliente fica sabendo das parcerias? Você deve divulgar a lista para o caso de o cliente resolver usar seus produtos, mas o cliente deve ter acesso a você e você deve ter a disponibilidade de viajar com ele. Seu cliente viaja o tempo todo ou vive fora de sua região, ou é difícil contatá-lo? Não se esqueça de analisar, com base na demografia de onde os clientes estão localizados, quais são as rendas médias da região e quantos clientes em potencial estão realmente disponíveis para você.

6. Se as questões de 1 a 5 apresentarem boas possibilidades, você pode ter a união correta, uma "mistura feita no céu" (Florez 1999).

7. As perguntas de 1 a 5 foram adaptadas de Florez (1999).

Fazer contato e trabalhando juntos

Pense no que você gostaria de conseguir em seus negócios e identifique os maiores desafios. Uma vez feita, a lista deve incluir: conseguir mais clientes, minimizar a evasão, diferenciar seus negócios no mercado em comparação com outros serviços parecidos, expor seus negócios e o tipo de serviços oferecidos, ter um bom nível de satisfação por parte dos clientes, manter um serviço de qualidade, oferecer novos programas e divulgar seus serviços de modo mais barato que aumente a exposição local.

O melhor contato é o pessoal. No mínimo, ele pode ser desafiador para atrair um público com um parceiro em potencial. Os lojistas e fabricantes de equipamentos se ocupam recebendo pedidos, vendendo e contatando distribuidores. Profissionais da área da saúde, principalmente os médicos, sempre têm pouco tempo. Use os "buffers", as pessoas que são o primeiro obstáculo no contato pessoal com seu prospecto. As recepcionistas, os gerentes, os assistentes pessoais, os assistentes de médicos, os assistentes de fisioterapeutas, os treinadores de atletas, as enfermeiras e seu cliente ou o paciente do médico podem ser de grande valia para lhe ajudarem a obter uma apresentação formal e pessoal. Encontre algo que o coloque em sintonia com a pessoa que gostaria de conhecer.

Compensação de parceria

Você deveria ganhar dinheiro por esse serviço ou qualquer outro que oferece? É uma questão negociável. Se está começando seu negócio, pode ser interessante oferecer serviços gratuitos. Mas, por exemplo, limite o serviço a determinadas quantias gastas em equipamentos. É uma ótima maneira de estabelecer ou aumentar uma base de clientes.

Outra idéia é oferecer visitas gratuitas a cada mês à loja, mas cobrar uma taxa pelas visitas que ultrapassem o número combinado. Como treinador já estabelecido, sempre tento ser pago por qualquer serviço que ofereço, a menos que ele seja especificamente direcionado à caridade. Tempo é coisa valiosa.

Nessa situação, eu apresentaria meu serviço como um benefício extra, que oferecerá aos vendedores um benefício a mais para fechar a venda. Reforce seu caso documentando outras vendas ou dando evidências de clientes que voltam à loja para fazer mais uma compra seguindo sua recomendação. Além disso, mantenha seus registros de mercadorias devolvidas. Das muitas orientações a respeito de equipamentos que fiz ao longo dos anos, o índice de devolução é quase zero! São as estatísticas que falam pelo vendedor!

Fazer a parceria dar certo

Sempre tenha o objetivo do dono da loja em mente. Quando abordar o dono ou o gerente do negócio, você deve reforçar estar ciente de que a intenção de um negócio é conseguir clientes que voltem a comprar, oferecendo serviço e atendimento de ótima qualidade. Além disso, estabelecer seu profissionalismo é essencial para lojas especializadas, pois por meio do seu serviço representará a loja e refletirá a imagem dela.

Depois disso, visite a loja e faça uma relação do que eles vendem. Converse com os vendedores e descubra o que os clientes mais perguntam e quais são os principais problemas encontrados para a compra de equipamento. Na maioria das vezes, os clientes não sabem como fazer uso do aparelho e como planejar um programa seguro e progressivo. Um treinamento personalizado é perfeito nesses casos. Faça sua parte! Depois de visitar as lojas e reunir a informação de que precisa, formule uma proposta básica que mostre como você pode oferecer um serviço que seja barato e orientado para o bom atendimento, que diminua as devoluções e aumente as vendas e os retornos dos clientes à loja. Assim você terá a atenção deles!

Quando o relacionamento e as regras forem estabelecidos, você pode escolher entre dois métodos para melhorar esse relacionamento benéfico e fazê-lo culminar em resultados desejados para os parceiros.

Apresente uma palestra para responder perguntas

A loja pode promover essa conversa informativa como parte de uma venda pré-planejada ou outro evento promocional. Ela deve ser promovida externamente, por meio de panfletos, e internamente, com a colocação de sinais dentro da loja e a distribuição de panfletos. Se for na clínica, dê aos participantes materiais que reforcem sua palestra que eles possam levar para casa, explique quem você é e como seus serviços podem ajudá-los, e dê a eles um meio pelo qual possam contatá-lo.

Ofereça uma consulta gratuita

Os consumidores que compram um equipamento de ginástica em uma loja podem receber uma consulta gratuita. Designe uma quantia mínima para compras que dê direito a essa consulta e orientações sobre o uso do aparelho. Você certamente não vai querer visitar todos os clientes que compram pares de halteres ou pesos de tornozelo. Geralmente, procure oferecer essas consultas a compras grandes, como esteiras, aparelhos de step, elípticos, bicicletas ergométricas, estações de musculação e conjuntos completos de halteres.

Marque a consulta no local onde o equipamento será usado e, é claro, após ele ser entregue no local. Isso lhe garante um cliente atento. Uma atmosfera como essa é muito favorável para mostrar à pessoa como usar o equipamento para maximizar seu benefício pessoal e lhe dá a oportunidade de apresentar muitos benefícios do treinamento personalizado.

Vendendo ao cliente em potencial ou ao consumidor da loja

Mantenha alguns pontos em mente quando estiver vendendo seus serviços durante a orientação. Você deve oferecer ao cliente a informação e o conhecimento que foram prometidos no ato da aquisição. Isso satisfará seu parceiro e o cliente. Depois de construir essa base, você precisa ganhar o consumidor como cliente. Terá de estabelecer o momento certo para suas vendas, mas deve definir o que um *personal trainer* faz e discutir como seu serviço pode ajudá-lo a atingir seus objetivos de condicionamento físico, além de melhorar o uso que ele fará do item comprado.

Como forma de incentivo, pode oferecer descontos nas primeiras aulas. Pelo menos, deixe um panfleto de informação profissional (capítulo 4) ou seu pacote de apresentação ao cliente (anexo). Por fim, se a consulta não resultar na contratação de seus serviços, entre em contato posteriormente. As pessoas geralmente protelam suas decisões de compra, e é apropriado tomar uma atitude nesse sentido. Sua ligação pode ser o estímulo que essa pessoa precisa para começar a usar o equipamento que está juntando poeira. Você pode ajudar o cliente a se comprometer novamente usando o equipamento e mantendo-se em um programa regular.

Acordo de parceria: deixe-o por escrito!

Apesar de uma parceria com relação ao acordo ser geralmente direta, você ainda deve deixá-lo por escrito. No entanto, se um cabeleireiro ou uma clínica de estética permite que você coloque panfletos em sua loja, isso pode não ser necessário. Poderia, ainda, intimidar, se você sugerir um acordo por escrito. A linguagem deve ser concisa e evitar termos complicados. Seu acordo não tem de ser escrito em grego para ser sério e você não precisa assustar parceiros em potencial. Documente o que você oferecerá e o que é esperado de seu parceiro. Use a linguagem e modele cada acordo, segundo o tipo de parceria estratégica que você está formando. A linguagem e o objetivo do acordo será muito diferente para médicos, fisioterapeutas, diretores de spa, academias ou lojas de equipamentos ou calçados.

Contratar outros treinadores e funcionários

A contratação de mais treinadores geralmente é um primeiro passo natural quando você está tentando expandir seu negócio. Na verdade, ocorre quase naturalmente. A primeira vez que você pensar em contratar mais treinadores provavelmente será quando perceber que não pode mais aceitar novos clientes e têm mais demanda do que consegue controlar. O que você faz com essa lista de clientes que querem seus serviços? Os donos de negócios bem-sucedidos podem rapidamente chegar ao ponto de ter mais clientes do que conseguem treinar e a capacidade de adquirir essa renda é perdida.

Tire proveito de sua lista de espera de clientes

Se essa for sua situação, você pode expandir seu negócio de um único treinador e direcionar esse fluxo de clientes em potencial a treinadores autônomos ou registrados. Isso lhe ajudará a salvar uma renda que poderia ser perdida, e você pode ficar livre das tarefas urgentes e diárias de gerenciar um negócio completamente sozinho.

Contratar funcionários é uma atitude realista e compensadora financeiramente?

A contratação de funcionários deve ser bem planejada. Muitos treinadores criaram muitos pesadelos pessoais, emocionais e financeiros porque fizeram tudo errado. Não realizaram o trabalho de pesquisa necessário e não se comprometeram completamente ou não sabiam exatamente o que a expansão dos negócios abrangia.

Esteja claro em relação a sua decisão de continuar e identifique os passos necessários para tornar a expansão de seu negócio bem-sucedida. Você terá de desenvolver uma série de habilidades de negócios e estar pronto para enfrentar desafios muito complicados nessa nova jornada. Tem de encontrar o funcionário certo e mantê-lo; gerar clientes e outros novos negócios; administrar regras de pagamento, clientes, valores e funcionários; manter-se em contato com sua clientela mesmo que não seja o treinador de todos; e continuar dando treinamento a clientes antigos. Pensando em tudo isso, você pode acabar achando que a expansão é uma tarefa impossível. Afinal de contas, essa mudança significativa em seus procedimentos de operação a princípio exigirá mais trabalho, tempo e atenção de sua parte, no que já é uma agenda cheia.

Você vai se sentir tentado a permanecer na situação que criou. Um treinador pode gerar renda suficiente por meio de um negócio de treinamento de apenas um treinador para viver confortavelmente e, assim, evitar o desafio e o estresse que vêm com a expansão dos negócios e do quadro de funcionários. Entretanto, a nova oportunidade, a diversidade, o desafio profissional, a recompensa e a liberdade que vêm com esse tipo de crescimento nem sempre ocorrem nesse tipo de negócio. Como essa escolha mudará definitivamente seu modo de ganhar a vida no treinamento personalizado, pense bem para ter a certeza de que a escolha está perfeitamente em harmonia com seus objetivos e sua personalidade!

A lista de auto-avaliação no quadro a seguir o ajudará a decidir se a contratação de novos funcionários é o passo certo a ser dado.

Existe risco financeiro? Sim. Você pode perder dinheiro? Sim. Pode perder seus clientes antigos? Sim. Você ganhará mais dinheiro e terá mais liberdade pessoal? Talvez. Existe a possibilidade de você ser mais bem-sucedido do que esperava e afetar a vida de seus clientes de maneiras nunca antes imaginadas? Sim. Não existem garantias. Você está pronto ou não?

Agora você tomou uma decisão e está comprometido, ou não. Se vai pensar mais a respeito, está na hora de começar uma análise, de começar a estudar.

Funcionário autônomo X funcionário registrado

Analisar os prós e contras de cada possibilidade ajudará o dono do negócio e o treinador em potencial a perceber o que cada situação abrange.

O treinamento personalizado dentro de uma academia de ginástica ou empresa, em comparação com o trabalho autônomo, pode ter vantagens e desvantagens para o empregado e para o empregador. Mantenha as informações das tabelas 5.1 e 5.2 em mente quando negociar planos de compensação ou a contratação de empregados. Você pode ter de explicar a posição de sua empresa.

Os funcionários autônomos requerem menos gerenciamento ativo e envolvimento pessoal, e dão menos trabalho do ponto de vista administrativo e financeiro. Muitas academias grandes ou franqueadas que oferecem o serviço de treinamento personalizado encontram problemas com tempo e dinheiro para gerenciar de poucos a centenas de treinadores. Isso pode interferir com outras campanhas de venda, *marketing* e operação. A contratação de um autônomo deixa todas as questões de preparação profissional, taxas, seguros, *marketing* e dinheiro no autônomo. Muitos treinadores se desenvolvem com a independência e a confiança colocadas neles como treinadores independentes. Entretanto, eu prefiro funcionários porque eu sei o que quero alcançar e como quero que tudo seja feito. O controle é algo muito importante para mim, que se liga diretamente à consistência profissional e à qualidade de serviço.

Contratando treinadores: lista de avaliação

Faça as seguintes perguntas a si mesmo para avaliar se contratar treinadores ou outros funcionários é o caminho certo para você.

- Eu sou capaz e gosto de resolver conflitos entre treinadores e clientes?
- Eu sei lidar com a rejeição quando tento novos negócios?
- Eu confio que outras pessoas me representem sem que eu precise supervisioná-los o tempo todo?
- Eu estou disposto a deixar que outras pessoas trabalhem com meus clientes de treinamento personalizado?
- Estou disposto a colocar minha reputação em risco e depender do conhecimento de outras pessoas?
- Eu consigo delegar responsabilidades sem problemas?
- Tenho certeza de que meu objetivo é ir além do treinamento personalizado?

Adaptado de Florez e O´Hara 1997.

Tabela 5.1 Vantagens e desvantagens de ser funcionário registrado

Vantagens	Desvantagens
Existe uma lista de espera de clientes indicados e os serviços do empregado são direcionados à clientela. Os custos com os negócios e com as despesas relacionadas são minimizados. Entre eles, estão suporte administrativo, serviços de atendimento automático computadorizado, locação ou arrendamento, utilitários, assistência médica, seguro de responsabilidade, seguro de trabalho, taxas e tarifas de contabilidade. Você recebe treinamento profissional, apoio e orientação; avaliação pessoal; oportunidades de crescimento – você não é o único. Recebe benefícios como aprendizado contínuo, benefícios de saúde, uniformes, reuniões de equipe e outros incentivos, como desconto em equipamentos, gratificações e reconhecimento por serviço prestado. Tem flexibilidade para agendar os horários dos clientes e criar um equilíbrio entre trabalho e vida pessoal. As tarefas administrativas quase não existem. Não há obrigação com propaganda, *marketing* ou orçamento. A arrecadação de taxas geralmente é feita pelo empregador; os conflitos com clientes e as questões mais complicadas geralmente são de responsabilidade da gerência.	A renda gerada tem de ser dividida, por isso o treinador não consegue ganhar tanto por cliente treinado em comparação com os treinadores autônomos. Se o local de trabalho for longe, suas despesas aumentam, mas geralmente as grandes empresas oferecem vale-transporte para ajudar a custear parte dos gastos. Você não é o "capitão" de seu próprio negócio; tem de se tornar parte de uma equipe.

Tabela 5.2 Vantagens e desvantagens de ser funcionário autônomo

Vantagens	Desvantagens
Você recebe mais dinheiro por cliente, mas precisa colocar na ponta do lápis todos os gastos para saber se ganha mais do que se trabalhasse para alguém. Você é dono de seu próprio negócio. Você é autônomo, o que é algo único e especial em todas as sociedades. Toda a recompensa de seus esforços, comprometimento e sucesso volta integralmente para você – você divide o que quer quando é seu próprio patrão. Sente imensa satisfação e orgulho pessoal. Você tem liberdade pessoal e mais opções de carreira. Você é o "capitão" de seu navio; deve aproveitar sua energia para que seu negócio se torne um esforço de grupo; fracassa ou triunfa sozinho. A expansão significativa e o potencial aumentado de ganhos são opções muito viáveis.	Os gastos relacionados são maiores e mais freqüentes. Depois que superar os gastos iniciais, pense nos custos de locação ou arrendamento; utilitários, propaganda; marketing; estudos; serviços administrativos; artigos de escritório, papel e outros materiais; cartões de visita, panfletos e pacotes de apresentação ao cliente; serviço de atendimento automático computadorizado; serviços terceirizados, seguros de saúde, de responsabilidade e outros; taxas, responsabilidade e planejamento; transporte; taxas legais e de contabilidade, para citar apenas alguns. Os benefícios oferecidos saem do seu bolso, sem falar nos planos de previdência. Suas exigências de negócios podem consumi-lo. Você pode se tornar um workaholic. Alguns "capitães" se vêem afundando na pressão da performance, do risco financeiro, no risco de falência e de serem os responsáveis.

Entendendo os contratos de exclusividade

O acordo de exclusividade é um acordo comum para a não-concorrência. Os empregadores têm diversos motivos para exigirem a exclusividade. O mais óbvio é a autoproteção. Esse tipo de contrato mostra as preocupações do contratante e é feito para favorecer o empregador, se não for questionado pelo contratado. Isso é bom do ponto de vista do contratante e ruim do ponto de vista do contratado.

O contrato pode ser de uma página ou um calhamaço. Os empregados precisam saber que os contratos são defendidos pela lei, apesar de o empregador ter de saber que vencer um processo é caro e desgastante. Se a decisão for favorável a você, nem sempre é fácil conseguir o dinheiro ganho, se houver alguma quantia a ser recebida. Mais difícil ainda é fazer cumprir as questões relacionadas aos treinadores que trabalham próximos de seu local de estabelecimento, trabalhando para outras empresas, divulgando segredos de negociação e métodos de treinamento ou "roubando" seus clientes. Monitorar e reforçar essas regras toma muito tempo e energia que deveriam ser direcionados para a expansão de seu negócio.

Como empregado, saiba que o contrato é escrito para favorecer o contratante. Negocie e modele o contrato para que ele satisfaça os seus interesses e prepare-se para honrar as cláusulas ou, então, ser processado. Procure ajuda legal antes de assiná-lo para saber com o que está concordando.

Apesar de a exclusividade melhorar o trabalho em equipe e dar uma sensação de união, isso só é realmente verdadeiro se os empregados estiverem satisfeitos com as oportunidades de crescimento e as gratificações. Os contratos de exclusividade também criam um grande muro de separação. Existem muitos motivos para entrar em acordos e, se os prós (experiência, conhecimento) forem maiores que os contras (um contrato restritivo com poucas opções para o empregado), faz sentido fechar negócio. Geralmente esse tipo de contrato é mais favorável ao contratante, mas pode ser negociado se você não gostar de alguma coisa. Um contrato não precisa ser restritivo, limitante ou injusto.

Contratos muito restritivos podem ser escritos para impedir o funcionário de trabalhar em outro local em um período específico ou proibir um funcionário que está saindo da empresa de trabalhar dentro de uma área de proximidade (por exemplo, um raio de 50 quilômetros) durante um tempo (por exemplo, de seis meses a um ano). Alguns contratos querem que essa cláusula seja cumprida, não importando se o funcionário for demitido ou pedir demissão. Os empregados têm de saber o que estão assinando, e os empregadores têm de explicar o que há no acordo.

Uma cláusula exageradamente restritiva pode fazer um ótimo funcionário desistir de assinar contrato. Geralmente o local de trabalho não é mais a principal fonte de aprendizado. Por isso os treinadores não vêem esse benefício na contratação. Nossa indústria evoluiu a ponto de incluir certificados, *workshops*, convenções, estudo à distância, e muitas outras oportunidades de educação. A exclusividade rígida pode ser um pedido nada realista e injusto, a menos que seja compensada adequadamente. Um compromisso em longo prazo é muito mais fácil de engolir quando os empregados em potencial percebem que serão protegidos de alguma forma.

Muitas academias e empresas de *personal trainer* exigem a exclusividade apenas enquanto a pessoa estiver trabalhando para elas, pois trabalhar em empresas concorrentes pode causar um conflito de interesses. Se não houver trabalho suficiente em apenas uma empresa para cobrir a necessidade de emprego em período integral, então o contrato de exclusividade não vale a pena para o funcionário.

Minha cláusula de não-concorrência não tem a intenção de impedir que um funcionário trabalhe em uma empresa concorrente da minha área se ele deixar minha academia. Em vez disso, quero garantir que os clientes da Brooks... *The Training Edge* não se tornem clientes da concorrente! O objetivo do contrato é impedir que o ex-treinador chame para treinar os clientes da *The Training Edge* durante um ano após sair da minha empresa. Manter os clientes e a privacidade é parte do processo, e é importante para mim que todo o material da empresa seja devolvido. O exemplo de contrato de não-concorrência é uma exigência razoável por comprometimento e lealdade que resolve assuntos que me preocupam muito (figura 5.1).

Se eu for desrespeitado, processo o ofensor, apesar de preferir não lançar mão de tal recurso. Sei que o contrato é legal. O contrato de não-concorrência pode intimidar um treinador ou pelo menos fazê-lo pensar duas vezes antes de tomar uma atitude precipitada. Se eu me sentir lesado o bastante para processá-lo, e o treinador estiver desencantado o suficiente para abrir mão de um relacionamento que eu acreditava ser bom, o vazio causado por pontos de vista tão diferentes provavelmente não poderá ser preenchido. Quando todo o resto dá errado, gosto de ter minha cláusula de não-competência para me apoiar. Perceba que ela não é minha primeira defesa. A construção de relacionamentos é minha prioridade, pois pode ajudar a evitar tais problemas.

Geralmente não tenho interesse em manter em minha empresa um funcionário insatisfeito, que acredita que suas necessidades não estão sendo satisfeitas ou está infeliz. Entretanto, prefiro manter todos os clientes em minha empresa ou ser compensado pela saída daqueles nessas situações. E geralmente alcanço esse objetivo. Isso sempre acontece quando o cliente está satisfeito com a empresa e entende que os negócios são para servir seus interesses, e não os do treinador.

Os donos de negócios de visão investem muito tempo, esforço e dinheiro no desenvolvimento do empregado. As indicações de clientes são feitas no negócio e levadas ao treinador, o que expande os negócios pessoais do treinador. Apesar de ser essencial diminuir a insatisfação do funcionário, esse tipo de acordo oferece apoio e nivela a situação com treinadores que acreditam que podem ter tudo.

Como encontrar o candidato certo para contratação?

É difícil encontrar alguém para substituir seus talentos porque você acredita em si mesmo e em seus serviços. Mas a pessoa certa pode complementar o que você tem a oferecer e diminuir as exigências que sua empresa impõe a você. Se seus clientes nunca tiveram outro treinador, provavelmente resistirão à mudança, mas os aspectos positivos da expansão podem ser vendidos a clientes existentes como um benefício a mais para um treino excelente. Se você mostrar a mudança como algo positivo e entender o que está tentando alcançar, é mais fácil livrar-se de qualquer opinião negativa ou resistência.

Mantenha o seguinte pensamento em mente conforme seus negócios forem expandindo: além de assumir um risco financeiro, no começo você terá mais trabalho, porque tem de treinar o novo treinador também. Isso pode não acontecer se o treinador for autônomo, mas você precisa estabelecer o mínimo de competência se não supervisiona o treinamento do treinador. Por outro lado, o treinador ou treinadores corretos podem aliviar sua carga de trabalho e ajudá-lo a prosperar. Encontre funcionários que sejam confiáveis e a quem você respeite. Eles tomam iniciativa e procuram novas oportunidades que possam ajudá-lo no crescimento? Eles podem treinar novos clientes, conhecer e treinar aqueles que sigam sua filosofia e seu método e assumir as tarefas administrativas.

Então, quando contratar? Você tem de analisar os títulos e a experiência dele, e também ser disciplinado e paciente e confiar em sua intuição subjetiva. Espere até encontrar a pessoa certa. O funcionário perfeito nem sempre é aquele que aparenta ser muito organizado e experiente na teoria. Esse funcionário se torna uma extensão e um reflexo de quem você é e dos serviços que oferece. Vá com calma e certifique-se de que ele é a pessoa certa para o seu negócio!

Contrato (ou Acordo) de Não-Concorrência

O propósito deste acordo é proteger o tempo e o esforço de DOUGLAS S. BROOKS/DBA como Brooks... *The Training Edge* (BTTE), que passou os últimos anos desenvolvendo o programa de treinamento BTTE. O programa de condicionamento físico e a lista de clientes são considerados segredos de negócios e informações protegidas desenvolvidas e praticadas por DOUGLAS S. BROOKS.

Neste acordo, DOUGLAS S. BROOKS será referido como "contratante" e você, treinador que está assinando este documento, é citado como "contratado".

Assim, como uma consideração extra da contratação do contratado pelo contratante, o contratado concorda com os seguintes termos:

1. Contatar clientes após demissão voluntária ou imposta

   O contratado não pode, por um período de um (1) ano imediatamente após seu desligamento com o contratante, direta ou indiretamente:

   (1) dizer a qualquer pessoa, firma ou empresa os nomes e endereços de nenhum dos clientes do contratante ou qualquer outra informação a respeito deles, ou

   (2) telefonar para chamar, ou tentar telefonar, pedir ou chamar, os clientes do contratante a quem o contratado pode ter conhecido durante seu tempo de trabalho com o contratante para si mesmo ou qualquer outra pessoa ou empresa.

2. Devolução dos materiais do contratante

   Mediante sua demissão ou qualquer pedido do contratante, o contratado deve devolver imediatamente ao contratante todos os materiais que estiverem em seu poder e que sejam de propriedade do contratante.

3. Possessão dos registros de clientes

   Todos os registros (ou seja, qualquer registro, livro ou dados eletrônicos que sejam de alguma maneira pertencentes aos clientes do empregador), sejam eles preparados pelo contratado ou não, e que estejam em seu poder, devem ser propriedades exclusivas do contratante, independentemente de quem comprou o livro ou o software usado para o registro. Todos os livros, registros ou dados eletrônicos oferecidos pelo contratado serão imediatamente devolvidos ao contratado no ato do desligamento da empresa.

   Se o contratado possuir algum livro ou software de registro de dados, ele deve notificar o contratante imediatamente, que reembolsará o contratante. Geralmente, os contratados têm de registrar os dados que mostram o progresso do cliente nos formulários BTTE ou em programas oferecidos pelo BTTE.

Eu, o contratado, li o acordo e compreendi completamente suas razões, assim como as exigências às quais devo obedecer. Compreendo que o contrato tem base legal. Concordo em seguir, cumprir honrar os termos.

Concordado e aceito em ______ de ____________, 2______.

____

(assinatura do contratado)

Nota: Certifique-se de que o contrato que você usa é específico e satisfaz as leis de seu Estado ou país para que ele seja legal.

Nota do autor: Quer saber se eu já usei um contrato de não-concorrência? Sim. Usaria um hoje em dia? Sim. Apesar de compreender as limitações do contrato, sua assinatura indica o nível de lealdade que procuro nos treinadores que trabalham para mim. Eles compreendem que eu recompensarei a lealdade com uma boa recompensa financeira e estimularei o crescimento pessoal e profissional deles. Eu trabalho com afinco para desenvolver uma relação pessoal com um treinador e me interesso realmente por ele como pessoa, não apenas como o empregado que pode gerar renda para minha empresa. Eu levo esse relacionamento a sério.

Figura 5.1 Exemplo de contrato de não-concorrência.

Lista de itens necessários para a contratação de candidatos

1. Entre em contato com outros treinadores em sua região, profissionais da saúde e do condicionamento físico, escolas de medicina, universidades e ofereça estágios e oportunidades de emprego. Coloque os anúncios em jornais locais, em conferências universitárias e de condicionamento físico e use a Internet para divulgar as vagas. Dê palestras em universidades, escolas de ensino médio, academias e clubes da região, programas de certificação (por exemplo, cursos de extensão de universidades), e conferências e *workshops* de condicionamento físico para que você estabeleça credibilidade e visibilidade. E comunique a oportunidade que tem a oferecer. Peça a colegas, clientes, conselheiros e qualquer funcionário ou contratante (da área do condicionamento físico ou não) recomendações de funcionários.
2. Desenvolva um processo específico de entrevista que diferencie entre trabalho e oportunidades de estágio. Se você exige pré-requisitos, veja se eles são satisfeitos antes de marcar uma entrevista. Esse procedimento economiza o seu tempo e o da pessoa.
3. Ofereça um pacote de compensação que satisfaça suas necessidades, seja flexível e justo a quem será recrutado e que poderá crescer com um treinador que se desenvolva profissionalmente e mostre cada vez mais comprometimento com seu negócio. Inicialmente, sugiro que você contrate treinadores, sejam eles autônomos ou registrados, para trabalhar por hora. Desse modo, o cheque que você der ao treinador combina com a renda gerada pelas aulas do cliente. Quando o treinador estabelece uma clientela fixa, que mantém há meses e suas fontes de indicações continuam crescendo, pense em oferecer um salário ao treinador ou emprego em tempo integral que ofereça benefícios.

Candidatos completos e *farm-system*

Se você está à procura de ótimos treinadores, encontrará candidatos com bons títulos e que parecem muito bons na teoria. São os treinadores que eu chamo de prospectos "completos". Se eles souberem lidar com as pessoas e combinar filosoficamente com minha abordagem de treino, podem estar prontos para se integrar rapidamente à minha empresa.

Os candidatos "*farm-system*" – o termo é retirado dos treinamentos dos jogadores profissionais de beisebol, que disputam as melhores ligas profissionais – têm menos qualificação com relação a títulos e experiência. Entretanto, eles têm habilidades que precisam ser trabalhadas, entusiasmo e muita vontade e personalidade, e durante uma entrevista eles parecem muito disciplinados e ansiosos para melhorar as habilidades profissionais. Isso os torna ótimos candidatos para a minha empresa.

Como a contratação de funcionários melhorará seus negócios?

Os funcionários que são escolhidos e treinados seletivamente e motivados a defender sua organização vão liberá-lo para divulgar, procurar relações públicas e apoiar e direcionar seus funcionários, além de ver e preparar novas oportunidades de negócios. Diminuir a mudança de funcionários, aprender a abrir mão e a delegar responsabilidades são aspectos da expansão dos negócios. A dimensão e a seriedade de seu negócio aumentarão muito, pois as idéias e a especialização não ficarão mais somente sobre seus ombros. A maioria dos líderes de sucesso cerca-se de pessoas talentosas que possam complementar a direção ou os objetivos de uma empresa. Os bons líderes se dispõem a ouvir, a seguir ordens, a se afastar quando necessário e a tomar decisões em benefício da equipe. Uma empresa dirigida por uma única pessoa é obviamente mais limitada que uma empresa dirigida por diversos funcionários talentosos.

1. Você tem a capacidade de administrar, gerenciar, cuidar, encorajar e ajudar seus empregados a serem os melhores? Mais papelada, novas habilidades organizacionais, aumento de taxas, reuniões de funcionários e desenvolvimento de treinadores são alguns dos desafios que você terá de enfrentar. Analise de novo, o quadro "*Contratando treinadores: lista de avaliação*", além das tabelas 5.1 e 5.2, que comparam os prós e contras de ser empregado ou autônomo. Sua paixão, seus interesses e seus talentos pessoais devem combinar com o emprego que você escolher.

Treinamento ao treinador

Não existe melhor maneira de avançar a carreira de um novo funcionário e aumentar suas habilidades profissionais do que oferecer um forte programa de orientação. O único problema é que ser o mentor de uma pessoa exige tempo e bastante compromisso das duas partes. Pense na possibilidade de haver a orientação em grupo, para que você possa usar o seu tempo, ou o de um outro mentor, de forma mais eficaz.

Quando um empregador se interessa em desenvolver um novo funcionário, uma experiência de orientação – por mais trabalhosa que seja –, oferece uma ótima base para desenvolver uma relação duradoura, leal e produtiva. O programa de orientação acontece quando você, ou algum outro profissional, toma um profissional de futuro promissor sob sua liderança e orientação e mostra a ele como vencer na profissão de *personal trainer*. Isso significa dividir suas experiências boas e ruins e a visão que você acumulou com o tempo enquanto treinava seus clientes sozinho.

Orientar alguém também tem suas recompensas. Servir como mentor é bom para os seus negócios e para os clientes que ajuda. A recompensa pessoal que se ganha é astronômica quando você mede a influência que teve em ajudar a desenvolver a paixão, a dedicação e o profissionalismo de um indivíduo em direção ao negócio ao qual você é dedicado. Os negócios que provocam um programa de orientação acabam por gerar empregados dedicados mais satisfeitos e produtivos e que amam o que fazem. Por fim, seus negócios serão marcados pelas pessoas que passam anos e anos com você!

A orientação pode ser combinada com abordagens de treinamento mais tradicionais, que incluem participação em cursos de certificação, cursos de treinamento de instrutores, educação relacionada com o condicionamento físico por meio de instituições formais, como universidades e faculdades e cursos de educação continuada.

Integre o treinador ao seu negócio

Após escolher um treinador, peça a ele para lhe acompanhar, ou acompanhar outro treinador, durante algumas aulas. Um treinador autônomo pode não estar preocupado com seu modo de treinar! Antes de contratar um treinador autônomo, avalie suas habilidades e, durante a entrevista, faça perguntas importantes que deixem claros seu método e abordagem de treino. Peça a permissão do cliente antes de levar essa terceira presença à aula. Marque aulas de alunos simpáticos e que não tenham nenhuma necessidade especial de treino com esse novo treinador. Ele também pode substituir treinadores que estejam de férias ou doentes. Divulgue a chegada do novo profissional por meio de e-mails e boletins de notícias, distribuindo cópias de seu pacote de apresentação ao cliente para os funcionários e os clientes. Espalhe a notícia!

Observe o treinador durante as aulas e marque reuniões para discutir seus pontos fortes e melhorar áreas que precisam de correções. Continue oferecendo treinamento, orientação, quando necessário, e outros recursos de aprendizado que melhorarão o desenvolvimento profissional dele. Agende uma avaliação de *performance* depois de seis a oito semanas. Ofereça recursos e direção prática para ajudá-lo a melhorar em áreas que precisam de melhorias. Continue o processo de crescimento e cuidados daí por diante e sempre! Se os prospectos são ruins – ele não retém as informações e não há melhora pessoal – veja a seção neste capítulo sobre como demitir um funcionário.

Recompensando os treinadores: como você divide, de modo justo, a renda gerada pelo treinador?

É eficiente e barato contratar mais funcionários? Os números lhe mostrarão, e você precisa analisar com cuidados os custos do negócio e a renda gerada antes de oferecer qualquer tipo de pacote de gratificação.

Diversas maneiras de dividir o dinheiro gerado por aula

Qual é a melhor e mais justa maneira de dividir a renda entre o dono e o treinador? A gerência procura a melhor situação financeira para si, mas o treinador também merece um pagamento justo. Se a renda é o que motiva a decisão de quanto a gerência dá aos empregados, a mudança constante de funcionários será o maior pesadelo da gerência. Os contratantes têm de encontrar um equilíbrio entre ser generoso e cauteloso e dar uma fatia suficiente da renda que motive e incentive os melhores treinadores e faça-os permanecer na empresa.

Por fim, a divisão se define de acordo com o lucro líquido ou a porcentagem que você pretende ganhar por hora. Se uma academia vir o treinamento personalizado como uma fonte de retenção, e não como uma fonte de lucro, oferecerá uma grande fatia da renda. Se a academia depender muito do dinheiro gerado por esse treinamento, a divisão favorecerá o empregador. Duas de minhas opções favoritas aparecem a seguir:

Divisão percentual direta. A maneira mais comum de divisão é a tradicional, direta. Os treinadores recebem uma determinada porcentagem dos lucros gerados. Por isso, a porcentagem pode ser aplicada por aula ou na renda total gerada pelo treinador. Geralmente a divisão pode variar de 30 a 70% do valor da aula. Por exemplo, se sua empresa cobra US$50 por aula, um treinador inexperiente pode ficar satisfeito com US$15 por hora (30% de $50), enquanto um treinador experiente e popular pode chegar a receber 70% do valor, ou US$35, por aula. A média norte-americana está entre 40 e 60%.

Tabela variável. A variabilidade discutida na divisão direta naturalmente leva a um acordo de pagamento de tabela variável, com base na sua situação financeira. Uma tabela variável funciona muito bem em circunstâncias específicas:

- Quando seu orçamento exige que você varie a divisão entre os melhores treinadores e aqueles que trabalham em meio-período ou são menos bem-sucedidos.
- Quando você recompensa os treinadores com um percentual mais alto com base no número de aulas que eles dão a cada semana.
- Quando a experiência, os títulos e a longevidade dão direito a uma boa porcentagem.

Esse plano oferece uma diversidade que satisfará as necessidades de mudança para treinadores merecedores.

Muitos donos de negócios que contratam funcionários dizem que um contratado precisa de vinte aulas por semana para que a situação lhes satisfaça. Como vinte aulas dão lucro a muitas empresas de treinamento, alguns negócios oferecem um aumento significativo da porcentagem para treinadores que ultrapassam 20, 25 e 30 aulas por semana.

Compensando os treinadores com mais do que o pagamento

Apesar de a compensação por salário ou por hora ser justa e competitiva, você também precisa desenvolver a lealdade do funcionário, agraciando seus contratados com benefícios adequados e apoio emocional. Quando os salários que você pode pagar não são muito altos, pense em alternativas ao dinheiro que possa fazer seu funcionário se sentir valorizado.

Ofereça benefícios que afetem a qualidade de vida do indivíduo ou tenham valor monetário significativo.

Plano de assistência médica. Quando selecionar, por exemplo, um plano de saúde para um funcionário, pense em diversos fatores:

- Seus custos.
- Quanto de cada dólar gasto plano é direcionado aos cuidados da saúde em vez de lucros e administração – os melhores planos direcionam quase 80 centavos.
- A flexibilidade para escolher um médico.
- Se o plano oferece serviços especializados.
- Limites de cobertura.
- Se o plano tem uma imagem boa na comunidade e com os médicos de sua região.

Não compre um plano com base apenas no preço. Você vai acabar gastando muito dinheiro em um plano que não oferece o serviço desejado para você e os empregados, que verão o benefício como sendo de pouco valor, não cobrindo suas necessidades de cuidados com a saúde.

Outros benefícios. Apesar de parecer óbvio, seguro de vida, contra acidentes e plano odontológico são benefícios importantes. A maioria dos empregadores não oferece esses benefícios devido aos altos custos. Entretanto, você não precisa arcar com todas as despesas. Analise cuidadosamente e determine quanto da conta você terá de pagar e quanto um programa estadual ou governamental, por exemplo, pode assumir. Além disso, os funcionários podem ter de pagar uma parte dos custos mensais. Esses benefícios o ajudarão a manter e atrair profissionais de qualidade.

Planos de aposentadoria. Planos de aposentadoria mantidos pelas empresas ajudam os funcionários a pensarem no futuro, e também ajudam-nos a atrair e manter funcionários de boa qualidade. Com muitos planos, o empregador iguala a contribuição do empregado. Um plano de aposentadoria patrocinado pela empresa passa a mensagem de que o empregador tem interesse e comprometimento financeiro com o futuro do treinador.

Treinamento de funcionários. Exija que os funcionários freqüentem eventos educacionais. Os certificados e as licenças profissionais devem ser mantidos atualizados, e o funcionário pode ajudar com esse problema financeiro e de tempo. Você pode compensar o funcionário pagando por sua presença no evento e pelo treinamento, ou criar um programa não-competitivo de incentivo para funcionários para ganhar pontos com a presença em tais eventos de enriquecimento educacional. Por exemplo, você pode dar crédito pelo tempo acumulado como funcionário em tempo integral, pelas horas computadas ou por captar um determinado número de clientes. Use de bom senso para dar as gratificações. Você é o dono do negócio e pode tomar decisões que estejam fora da política comum.

Compensação de apoio ao funcionário... Além do valor monetário significativo.

Quando colocar as gratificações por hora e por salário em ordem, não pense que isso será o bastante para manter um funcionário comprometido. Todo ser humano deseja atenção e carinho e gosta de pensar que seus esforços são valorizados. Ir um pouco além para mostrar a seus funcionários que você valoriza a amizade e o profissionalismo deles é de grande importância. Se o reconhecimento for predeterminado e distribuído igualmente entre o pessoal por meio de uma fórmula – que o funcionário mereça ou não – é melhor não oferecê-lo. Não haverá sinceridade nessa gratificação. Será visto como falso, o valor será mínimo, e, pior ainda, pode ofender funcionários dedicados. Torne o reconhecimento algo especial, sincero, individualizado e de acordo com o que foi alcançado pelo funcionário.

Diga obrigado com freqüência. Não se esqueça de dizer obrigado e oferecer reconhecimento sincero e espontâneo por um serviço bem executado. Na minha opinião, os programas que recompensam os funcionários do mês não são bons, e como geralmente todos acabam sendo citados, esses programas perdem seu propósito. Se você preservar o sentido desses programas, eles podem ser eficientes. Um simples obrigado enviado por e-mail, mensagem de textos ou bilhetes é muito bom. Inclua um toque pessoal em seus comunicados. Pode acrescentar uma frase inspiradora que o faça lembrar do funcionário ou inserir o relato de um cliente satisfeito. Dizer a seu funcionário que você está feliz com a *performance* dele por meio dessa expressão pessoal de sua satisfação deixa em evidência as atitudes desse funcionário como um indivíduo único.

Designe recompensas especiais e personalizadas. Você tem um funcionário que é diligente, confiável e sempre disposto a fazer mais? Faça essa pessoa perceber que você reconhece esse esforço e surpreenda-o com o inesperado. Se um empregado sempre dobra as toalhas ou limpa os banheiros sem reclamar, dê a ele um certificado-presente para usar na lavanderia da região para suas próprias roupas ou ofereça os serviços de uma empresa especializada para fazer uma limpeza na casa dele. Você tem um funcionário que abre a academia todas as manhãs e recebe os alunos com muito entusiasmo? Nesse caso, dê de presente a essa pessoa uma semana grátis de café da manhã em sua cafeteria favorita. Para o empregado que sempre coloca dicas de nutrição e condicionamento físico nos quadros de avisos e ajuda a escrever o boletim de notícias, dê de presente a assinatura de uma publicação relacionada à saúde ou ao condicionamento físico.

Prepare eventos especiais de agradecimento. Eventos em grupos, festas e reuniões não só incentivam o trabalho em equipe, como também o reconhecimento entre colegas. Festas de funcionários podem elevar a moral e criar um espírito de equipe, ao mesmo tempo em que agradece aos funcionários por seus esforços individuais. As recompensas especiais podem ser dadas para o reconhecimento de um serviço de ótima qualidade.

Ajude o crescimento profissional de um funcionário. Você pode pagar os estudos de seus empregados, mandando-os para cursos onde possam adquirir conhecimento ou você pode trazer o evento educacional até eles. Incentive o crescimento profissional de seu funcionário e reúna esforços com outros profissionais do condicionamento físico, oferecendo programas educacionais e *workshops* em sua academia. Isso passa a impressão de que o crescimento e o desenvolvimento profissional são esperados e incentivados pela gerência. Assim, seus funcionários percebem que a gerência sabe o que é valorizado pelos melhores profissionais do condicionamento físico que também gostam de se manter atualizados com novas informações sobre a área. Você também pode se oferecer para pagar a inscrição dos funcionários em associações. Benefícios desse tipo não só melhoram o indivíduo como também fortalecem sua organização e forma a lealdade do empregado.

Ofereça acesso a serviços ou descontos em produtos. Todo mundo gosta de um bom negócio, um desconto ou um serviço gratuito! A associação e o acesso à sua academia são positivos para a maioria dos funcionários. Se a associação não se estende à família, pense em oferecer esse bônus. Se tem acesso a serviços auxiliares, como descontos em quadras de tênis ou campos de golfe, participação em seminários sobre bem-estar ou descontos no cinema, pode oferecer esses benefícios a seus funcionários. Se é dono de uma loja especializada, tem outro negócio, oferece serviços alimentícios, gerencia clínicas e cursos ou oferece serviço de creche, ofereça aos funcionários um desconto para compras e em serviços. Permita que todos os funcionários, e não apenas os treinadores, tenham acesso total aos serviços com desconto que você oferece para que eles se sintam parte da equipe que presta serviços. Os empregados não devem ver essa gentileza como um direito. Na verdade, a maioria reconhece e agradece por esse tipo de privilégio e diz ao dono como se sentem em relação ao benefício. A maioria dos empregados gosta desses benefícios de melhora de qualidade de vida e os valorizam.

Ofereça folgas remuneradas. Saiba que tempo é dinheiro, e que tempo livre é uma recuperação mental e física para o treinador ou outro funcionário. Na verdade, para a maioria dos funcionários, as folgas remuneradas são melhores vistas do que uma recompensa direta em dinheiro ou a hora-extra remunerada. Os *personal trainers* preferem as folgas remuneradas a um valor mais alto no pagamento mensal graças ao trabalho com mais um cliente. A folga é um momento necessário para cuidarmos de nós mesmos, amadurecermos, recuperarmo-nos e mantermos nosso amor pelo trabalho. Não é só um tipo de presente, mas também a mensagem de que o tempo livre faz parte do lado profissional e pessoal da vida. As pessoas não se tornam bem-sucedidas apenas trabalhando, apesar de muitos *personal trainers* pensarem que sim. Pagar pelo descanso de seus funcionários é uma maneira de dizer que você se importa com o bem-estar deles, percebe o comprometimento e profissionalismo que eles demonstram ter, não espera, nem deseja, que o indivíduo trabalhe sem parar e quer que ele pratique o que diz a seus clientes. O equilíbrio é melhor que uma atitude de trabalho incansável que pode destruir sua energia emocional e sua força física.

Lembre-se e festeje os anos de trabalho de seus funcionários. Não precisa ser um evento anual, apesar de a maioria das empresas oferecer aumentos para os valores pagos por hora ou nos salários. Você pode reconhecer um ótimo serviço e o compromisso a sua empresa a cada três ou seis meses. Isso é muito importante no primeiro ano de trabalho, principalmente se sua primeira oferta de aumento foi pequena, para que você conseguisse manter uma boa margem para gratificar um ótimo trabalho com um aumento significativo durante os primeiros meses de trabalho.

Gratifique as conquistas de seus funcionários com privilégios específicos, recompensas ou benefícios (por exemplo, seguro de saúde, plano de previdência, assistência odontológica ou oftalmológica) que não sejam disponíveis à maioria dos funcionários. A mensagem passada é que você valoriza e compensa a longevidade no trabalho e os ótimos serviços.

Recompense uma performance *excepcional.* O dinheiro sempre fala mais alto e vai além do sentimento de bem-estar do simples reconhecimento do trabalho. Um serviço excelente e consistente merece uma recompensa em dinheiro ou um aumento permanente no salário. Em algum momento, um funcionário dedicado e trabalhador quer, e merece, uma recompensa em dinheiro. Se algum de seus funcionários ganhou esse tipo de remuneração, encontre uma maneira de cuidar dessa pessoa. Você também pode estabelecer um bônus por *performance* para os funcionários especiais com base no número de horas contabilizada, sucesso do departamento ou dos negócios como um todo. A participação nos lucros também é uma possibilidade, se o funcionário afeta de modo significativo seu lucro. As compensações objetivas ou subjetivas são boas.

Permita e incentive a avaliação da gerência! Os empregados adoram esse benefício e a oportunidade "de darem o troco". Deixando de lado as brincadeiras, os empregadores deveriam incentivar essa oportunidade valiosa de avaliação de sua empresa. Se você promover uma análise crítica de sua *performance*, receberá muitos elogios, além de críticas que o ajudarão a gerenciar seu negócio de modo mais eficiente e a manter-se aberto para entender as necessidades de seus empregados. Isso ajuda no sucesso do empregador e do empregado.

Você tem de decidir se quer achar que é perfeito ou se pretende gerenciar um negócio que seja melhor e mantenha seus empregados satisfeitos. Pelo menos uma vez por ano, permita que seus funcionários o avaliem sem que tenham de se identificar. Crie um formulário que permita a eles avaliarem honestamente suas habilidades de gerenciamento e de lidar com as pessoas, sua capacidade de motivar e liderar e suas habilidades organizacionais, além do profissionalismo.

A avaliação formal uma vez por ano é um bom começo, mas não chega a ser suficiente. Incentive o mesmo tipo de avaliação contínua que você recebe dos clientes a respeito de seus funcionários e dos serviços oferecidos. É essencial incentivar os empregados a avaliarem os diretores e gerentes com freqüência. Depois, você deve agradecer pelas respostas, pensar sobre os conselhos e colocar as mudanças em prática. Algumas informações podem ser mostradas aos funcionários e trazerem discussões interessantes, enquanto você decide implementar ou não as sugestões ou mudar as políticas para atender às necessidades dos funcionários. O envolvimento dos funcionários traz lealdade da parte deles e a sensação de que eles também mandam na empresa. Sem dúvida, essa ferramenta o ajudará a ser um administrador melhor de negócios e de pessoas. E você será visto como um chefe sensível. E seus negócios serão ainda melhores.

É a sua família. Talvez você agora já tenha percebido porque eu prefiro empregados contratados a autônomos. Sim, controle, qualidade e serviço consistente são questões importantes, mas, se você fizer as coisas certas, seus funcionários podem se tornar membros de uma família dedicada.

Venda de produtos: indo em direção ao serviço completo

Oferecer uma grande variedade de produtos e outros serviços não relacionados ao treinamento pode ser um diferencial ou um problema. É preciso tomar cuidado para não se distrair. Não se esqueça do que faz melhor: trabalhar individualmente com seus clientes. Nunca perca de vista essa base dos negócios. Se perder, seus negócios sofrerão.

A oferta de seu produto deve procurar atender às necessidades de saúde e condicionamento físico de seus clientes, e não aumentar a margem de lucro do treinador. Além disso, é interessante oferecer um valor abaixo do mercado, um preço que o cliente não conseguiria encontrar. Não há problema algum em ganhar um certo lucro sobre esses produtos, mas alguns treinadores oferecem isso como um serviço extra, acreditando que os valores das aulas de treinamento personalizado é o que realmente lhes dá lucro. De qualquer maneira, lucrar é adequado se você divulgar as questões financeiras e escolher um produto que mereça ser recomendado.

As vendas de produtos permitem a você usar seu tempo para aumentar os ganhos e a qualidade dos serviços. Os interesses de seus clientes devem ditar sua oferta, evidenciada pelos pedidos deles por informação, recomendação e insistência na compra. Ao ser honesto e usar o produto para o bem do cliente, você oferecerá um ótimo serviço. Muitos clientes o enxergam como uma pessoa de conhecimento, uma fonte para a solução de suas dúvidas a respeito de boa forma e saúde. É lógico e perfeitamente natural tornar-se o fornecedor de muitas de suas necessidades de saúde e condicionamento físico. Se você será recompensado ou não por esse papel, depende de como você gerenciar esse aspecto de seu negócio. Mas você será questionado e terá de oferecer orientação!

Todos os produtos que você recomenda devem ser úteis para seus clientes. E você deve se sentir bem fazendo isso. Na verdade, você usaria esse produto? Apesar de o simples fato de usar um produto não justificar sua venda, seu uso pode ser uma prova de sua confiança no que vende. Antes de pensar em vender qualquer produto, pergunte a si mesmo: “ele será bom para meu cliente?”.

A maioria dos treinadores gosta de vender produtos. Entretanto, muitos ficam confusos com questões éticas, o que está correto, e com o impacto que as vendas terão para a integridade dos serviços oferecidos.

Os treinadores sempre são questionados acerca de produtos relacionados à saúde e à boa forma, equipamentos, tênis, roupas e serviços, como massagistas e spas. Por quê? Porque os treinadores inspiram confiança, geralmente conhecem bem a pessoa que pede orientação e podem aprovar ou não um produto. Todo mundo prefere uma indicação a uma escolha intuitiva.

Existe um elo especial entre treinadores e clientes. Por causa disso, os fabricantes querem que os treinadores sejam seus distribuidores de produtos que variam de tênis a roupas, de suplementos multiminerais e multivitamínicos a sistema de purificação de água e equipamentos de ginástica, e tudo – de bom ou de ruim – que sobrar!

Quando é a hora certa de expandir seus negócios vendendo produtos? Eu acho essencial estabelecer uma clientela dedicadas que valorize e confie em seus produtos. Os treinadores novatos não devem abordar seus clientes com uma variedade de produtos com o intuito de ganhar mais dinheiro. Seja um bom fornecedor de serviços de treinamento personalizado, e a expansão de produtos virá naturalmente, como uma outra ótima maneira de oferecer benefícios para o bem de seus clientes.

O interesse dos clientes e os pedidos são o que me fazem escolher os produtos que quero vender. Produtos relacionados a treino e nutrição, como monitores cardíacos, calculadoras de gordura corporal e leituras interessantes, como boletins sobre nutrição, são bons exemplos. Equipamentos para ginástica em casa também fazem parte de minha lista, além de orientação na confusa área de suplementos nutricionais. Eu indico suplementos, mas insisto para que meus clientes procurem ajuda especializada de um endocrinologista também.

Meu objetivo não é ser um vendedor. Você encontrará uma lista de empresas que oferecem produtos para venda no final deste livro. São empresas confiáveis. Não quero afogar meus clientes com um catálogo inteiro de produtos. Eu me atenho ao interesse do cliente em relação à compra de equipamentos para residência e dos aparelhos comprados para a minha academia. Também escrevo o nome dos equipamentos que levo à residência de meus clientes. A maioria dos clientes acabam querendo comprar algum do mesmo tipo para levar em viagens ou treinarem sozinhos.

Lembre-se do lado dos negócios quando vende produtos: serviço ao consumidor e outras tarefas administrativas. As vendas custam dinheiro. Por isso leve em consideração o lucro e o alie a uma prestação de serviços de boa qualidade.

Não se esqueça de analisar as taxas estaduais ou nacionais de produtos comprados e revendidos. É importante sob o aspecto legal, e também o ajudará a colocar preços nos produtos. O que você faz com produtos estragados ou com defeito? O produto será enviado diretamente a você ou ao cliente? Se você paga, como o cliente o reembolsará? Você informa sobre alguma taxa extra que teve de pagar ou fala sobre as comissões que recebeu?

Se seu objetivo é ter lucros e ir além de um benefício para seu cliente, você precisa adquirir os produtos por atacado. Isso quer dizer que você pode aumentar o preço do produto e criar margens de lucro que vão de 30 a 100% sobre o preço por atacado. Por exemplo, o preço por atacado de um vídeo pode ser de US$9,95. É aceitável vender esse vídeo pelo dobro do preço, ou com um aumento de 100%. Os aumentos mais comuns variam de 30 a 50%.

Os treinadores que ganham muito pouco com compras por atacado geralmente passam qualquer desconto que tenham para seus clientes. Mas se você deseja realmente partir para esse negócio, poderá passar grandes descontos aos seus clientes, em comparação com os preços de lojas, e ainda assim gerar lucro para sua empresa. Uma situação em que todos ganham!

Alternativas de rendimentos

Eu acredito que o negócio bem-sucedido é aquele que deixa de lucrar por hora de seu trabalho para lucrar mesmo durante sua ausência. Felizmente, o treinamento personalizado oferece várias opções para a geração de renda fora do treinamento.

Arrende seu local de treino para outros treinadores

Muitos treinadores estão à procura de um local onde eles possam treinar clientes que moram longe. Os treinadores que possuem ou arrendam seus locais de trabalho geralmente procuram por outros profissionais com quem possam dividir seus custos, assim como academias menores e estabelecidas. Por um lado, muitos donos de negócios valorizam a opção de contratar apenas funcionários ou ser o único dono do local porque podem controlar todos os aspectos de influência em seus negócios e de seus clientes. Outros preferem convidar treinadores de boa reputação para dividirem o espaço e, assim, cortar os custos. É uma boa idéia exigir uma certa competência técnica e ter o direito de recusar o uso do local para qualquer comportamento que não esteja estabelecido no acordo.

Cobre dos clientes que usarem seu local de treino

Pense em oferecer aos clientes treinamento sem supervisão se o espaço no qual trabalhar permitir o tráfego extra. Os treinadores que possuem ou pagam por um local de treino geralmente consideram a oferta de uma associação opcional ao local poder ser uma boa idéia. Ganhos podem ser alcançados com poucas despesas. O custo de seu local de treino já está estabelecido, e não lhe custa menos porque você não o aproveita melhor.

Alguns treinadores também oferecem associações a não-clientes para ajudar nas despesas ou podem limitar as vezes em que os membros ou não-membros da academia podem treinar sem supervisão. Os treinamentos sem supervisão podem ser feitos em momentos mais calmos da academia. O essencial é preservar o aspecto pessoal e intimista de treinar em um local particular – se não for uma academia grande e pública– e oferecer atitude profissional de alto nível para todos que treinam ali. Uma boa renda mensal pode ser gerada, o que ajuda o proprietário a projetar os ganhos e a renda adequadamente. Também ajuda o treinador a gerar renda além de suas horas trabalhadas.

Local de treino ou academias em casa

Esse serviço não se limita a residências particulares e empresas. Edifícios de apartamentos e hotéis oferecem essa oportunidade. Veja o capítulo 16, "Ambiente de Treinamento Certo, Equipamento de Treino Certo". Eu incluo fotografias, um tipo de portifólio, de academias que eu montei em meu pacote de apresentação ao cliente para promover esse aspecto de meu negócio.

É incrível ver locais de treino onde bastante dinheiro foi gasto na aquisição de equipamentos, enquanto pouca atenção foi dada à seleção e disposição dos equipamentos e às preocupações com o ambiente de treino, como luz natural e aquecimento e resfriamento adequados. Seria engraçado, se não fosse um sinal de incompetência.

Quanto vale seu tempo? Geralmente, para a hora gasta na formulação de um local de treino, eu cobro a mesma quantia que cobro por pessoa para a hora de treinamento personalizado, ou faço um trabalho de pesquisa. Dependendo do tamanho e se o local existe ou está sendo construído, a formulação do espaço pode demorar de duas a cinco horas. Se uma grande quantidade de equipamentos estiver sendo comprada e você recebe uma porcentagem do valor bruto, talvez queira oferecer a formulação gratuitamente. Mas pergunte a si mesmo se vale o tempo que vai gastar. Essa pergunta o ajuda a pedir e receber compensação adequada.

Aquisições e vendas de equipamentos

Se você vai formular um local de treino, seus clientes esperarão que você possa recomendar e adquirir equipamentos abaixo do custo. A compra de equipamentos, a entrega e a montagem são os aspectos da formulação de maior desejo por parte dos clientes. Você vai precisar escolher um equipamento que seja apropriado ao espaço e às exigências individuais (veja o capítulo 16) das pessoas que o usarão. Além disso, ele deve ser escolhido tendo como base a beleza estética e a complementação da atmosfera de treino, sem comprometer seu funcionamento. O pacote que você oferece em relação à formulação da academia deve incluir acesso ao melhor equipamento e poder de compra que permita a você oferecer ao cliente um preço abaixo do mercado, mesmo que você aumente o valor para conseguir um valor justo que justifique seu tempo e esforço.

Comprovadamente, a maneira mais fácil de criar esse tipo de acordo com um fabricante ou vendedor de equipamento é em nível local. A relação pode limitar as escolhas de equipamentos se o lojista local não puder lhe oferecer um preço competitivo em nenhum aparelho que você queira. Mesmo assim, é interessante criar relações pessoais com vendedores de equipamentos em nível nacional. A maioria das empresas de equipamentos comercializados também oferece boas versões para residência de seus melhores equipamentos ou estão dispostas a indicar empresas que os ofereçam. Você também pode usar a Internet para comprar equipamentos. Qualquer um desses contatos pode lhe dar informações a respeito dos diferentes tipos e linhas de equipamentos – um fator importante, porque a informação disponível muda rapidamente. É essencial participar de aulas que os fabricantes de equipamentos oferecem em grandes conferências e para lojas de equipamentos. Sua experiência lhe ajudará a diferenciar entre propaganda e indução da empresa e o que é melhor para seu cliente.

Analisar várias opções de equipamentos no mercado aumenta a probabilidade de receber o melhor preço para seu cliente e conseguir o acordo correto. Se você acha que não tem alternativa além do que um lojista local oferece ou pode obter, você não estará trabalhando para o bem de seu cliente. Você deve explorar muitas alternativas e escolher o melhor para o cliente. Como você provavelmente não quer armazenar ou guardar o equipamento por questões de espaço e preocupações, certifique-se de que a empresa ou loja com quem você fechou negócio guardará o produto até você poder colocá-lo no local de treino ou academia residencial que você está formando. Veja o capítulo 16 para obter informações sobre como escolher o equipamento certo e saber o que perguntar antes de entrar em um negócio ou fazer a compra.

Palestras de profissionais

A palestra feita por profissionais pode gerar lucros, mas para a maioria dos treinadores é melhor gerar credibilidade, visibilidade nos negócios, promoção, autoconfiança e novos clientes e ajudá-lo a se tornar um professor e comunicador melhor. Palestras para consumidores (em que você encontra os clientes em maior quantidade) e apresentação a outros profissionais (agir como um treinador de treinadores) geralmente acontece quando você tem talento para reunir informações e apresentá-las de modo novo e interessante ou para usar informações complexas e levá-las ao consumidor final. As palestras exigem que você fale para uma platéia em um nível emocional, mental e intelectual. Apesar de poder incluir demonstrações, as palestras geralmente exigem que você deixe a demonstração e passe para a entrega dinâmica de informações. Palestras profissionais e bem-feitas exigem treino e prática. Você sabe como é quando dá uma aula muito boa. Experiência e nova *performance* não acontecem por acaso.

Quando estiver pronto para dar palestras, comece em um território familiar, não intimidador, para que possa desenvolver suas habilidades e ganhar confiança. Pense em fazer uma apresentação em equipe, pois ela tira a pressão e o foco sobre você e oferece dois pontos de vista: experimental e especialista. Alternativas em potencial podem incluir clientes de empresas que acreditam que esse serviço é valioso para funcionários, serviço comunitário e em grupos, sócios de negócios e *workshops* e convenções para profissionais da saúde e do condicionamento físico.

Quando for apresentar seminários para outros profissionais de condicionamento físico, pense em oferecer créditos para cursos àqueles que participarem. Isso valoriza a apresentação, pois os profissionais são exigidos ou incentivados a manterem os títulos da indústria atualizados, acumulando créditos de educação por determinados períodos.

Escolha assuntos pelos quais você tenha interesse, paixão e nos quais tenha experiência e naqueles que você conseguiu identificar um ponto pelo qual seus clientes podem se interessar. Eu não sei se a profissão de palestrante é rentável para a maioria dos profissionais dessa área, mas as possibilidades de promoção e credibilidade, além do desenvolvimento de ótimas habilidades de comunicação são boas. Não é um caminho fácil, mas se você tiver a vontade e a habilidade, o lucro aparece. Os melhores palestrantes podem ganhar milhares de dólares por palestra ou *workshop*. Mas, para a maioria, a satisfação e o crescimento são o prêmio.

Você deve sempre cobrar pelas palestras? Talvez você pense que dar palestras não custa nada, mas sua formação, especialização e tempo custam muito dinheiro. Se você for novo na área ou relativamente inexperiente como palestrante, uma permuta sem pagamento pode ser uma boa idéia. Essa troca o ajudará a ganhar experiência e começar a construir credibilidade. E você pode receber o interesse de novos clientes. Se você cobrar e for conhecido, deve cobrar um preço dentro do normal em sua área, a menos que você seja muito bom ou fale para o país todo. Descubra quanto os outros palestrantes cobram. Eu sempre pergunto: "quanto vale meu tempo?". Sei o que preciso ganhar para marcar um evento. Eu me disponho a mandar por fax ou e-mail minha tabela de valores e outras exigências (por exemplo, passagem aérea, transporte terrestre, alimentação e hospedagem) ao interessado. Por fim, você pode agendar as palestras e outras apresentações e exigir a assinatura de um contrato, além de um depósito não reembolsável para reservar a data em sua agenda. Lembre-se de que se o evento for cancelado, você terá aberto mão de horas de treino e outros compromissos pelos quais não será compensado.

O ato de dar palestras cresce como qualquer outra carreira. É um processo que amadurece com o tempo. Se ganhar dinheiro for seu principal objetivo, não aceite. Foi apenas depois de anos de carreira que eu percebi as suas possibilidades.

Trabalhar com um departamento de palestrantes (veja a próxima seção de referência), geralmente reservado a palestrantes mais experientes ou estabelecidos, tem suas vantagens, apesar de a organização poder cobrar de 20 a 30% do valor de sua palestra. O ato de palestra e as tarefas relacionadas a ela pode se tornar um emprego em tempo integral. O departamento resolve toda a parte burocrática, tem contatos que você não conhece e divulga a palestra. Isso economiza tempo valioso e permite que você faça o que faz de melhor.

Informações sobre palestrantes

Toastmasters International
Site: www.toastmasters.org
e-mail: tminfo@toastmasters.org
Telefone: 949-858-8255

National Speakers Association (NSA)
Site: www.nsaspeaker.org
e-mail: nsamain@aol.com
Telefone: 602-968-2552

Fontes informais: artigos, livros e vídeos

Outra opção é expandir sua base, escrevendo um livro ou produzindo um vídeo. Mas abra os olhos. Muitos livros publicados não pagam os custos nem alcançam muitas pessoas; muitos conseguem muito dinheiro e são bem distribuídos para o público de interesse do autor e do distribuidor. A maioria dos livros de muito sucesso ou outros projetos de informação são financiados por editores e produtores bem estabelecidos, que já tenham capital e meios de propaganda e distribuição. O talento é geralmente um bem conhecido e divertido profissional de condicionamento físico ou uma celebridade.

A outra opção é publicar o livro ou produzir o vídeo sozinho. As maiores dificuldades para a autopublicação são o dinheiro suficiente de frente de caixa, propaganda e distribuição. Antes de tentar, faça um teste escrevendo artigos para jornais locais e revistas de condicionamento físico que ofereçam conselhos sobre exercícios e outras informações confiáveis a consumidores e profissionais do condicionamento físico. Esse tipo de empreendimento pode não lhe trazer muito dinheiro, mas lhe dará credibilidade e experiência. Esqueça a lista de mais vendidos do *New York Times*, mesmo que sonhar seja bom, e alguns sonhos realmente acabam se tornando realidade! Escrever para o país todo é muito trabalhoso. Desenvolva esse trabalho como faria com suas habilidades de negócios ou de dar palestras.

Telecomunicação, telecomputação e conselhos por telefone

Muito já foi escrito sobre a telecomunicação e a possibilidade de gerenciar seu negócio complexo e em tempo integral de seu *ski resort* favorito ou de um segundo lar devido aos avanços da tecnologia. A idéia é mais ou menos esta: "não seria ótimo trabalhar de um lugar onde gostaríamos de estar?". Usar o telefone ou a Internet, o que não exige sua presença física perto do cliente a quem estiver orientando, certamente oferece mais opções que podem alavancar seu tempo e sua capacidade de gerar renda de modo eficiente. Além disso, pode ser um serviço muito valioso ao consumidor de condicionamento físico.

Os conselhos por telefone ou Internet não são algo para todo mundo, e muitos profissionais se preocupam com o lado negativo de dar conselhos por esses meios. A pergunta que sempre surge é: "até que ponto os conselhos por telefone podem ser detalhistas, completos e seguros?". É uma pergunta relevante e justa, mas eu acredito que quando a informação vem de um profissional competente, que escolhe bem suas recomendações, essa orientação é melhor do que um cliente tentar entender a programação sozinho na Internet ou consultando fontes que podem não ser confiáveis.

Muitas vezes, o consultor serve como grande motivação, confirmação ou atualização. Cria uma sensação de compromisso, incentiva o comprometimento com objetivos e rotinas e incentiva o progresso. No mínimo, pode servir como um guia importante disponível a qualquer pessoa, seja lá onde ela estiver. Isso economiza o tempo do cliente e do treinador! A limitação é o contato pessoal e a correção. Entretanto, com o uso cada vez mais constante de câmeras digitais, fotos por e-mail e vídeos, é possível que estejamos criando a próxima tendência!

O treinador pode usar o tempo livre em sua agenda para administrar essa parte de seu negócio. Nem o treinador nem o cliente têm de estar presentes na troca de informações e perguntas. A orientação por telefone também cria um desafio estimulante para muitos treinadores, que devem pesquisar informação, organizá-la e enviá-la ao cliente. É muito divertido, estimulante e desafiador.

As logísticas dos negócios exigem que você estabeleça parâmetros específicos e custos para o envolvimento. Essa parte de seu negócio não é diferente das políticas discutidas no capítulo 3. Usar a Internet, fazer um site e usar o e-mail é melhor do que usar o telefone. Eu limito o tempo gasto no telefone a contatos pessoais e consultorias. Usar a Internet é mais eficaz para todos os envolvidos.

Seguro de cobrança e reembolso de serviços prestados

É possível um *personal trainer* receber reembolso da seguradora do cliente pelas aulas? Historicamente, os serviços reembolsáveis foram estabelecidos para os profissionais licenciados. Os treinadores não têm o direito de esperar receber dinheiro de seguradoras porque o contrato é entre os consumidores e a seguradora com os serviços cobertos. A maioria das seguradoras apenas reembolsa os serviços oferecidos por um profissional licenciado.

É freqüente que os serviços prestados por especialistas de saúde ou Educação Física não licenciados não sejam reconhecidos pelas seguradoras para reembolso direto. Na maioria dos casos, é mais fácil receber compensação indireta quando o especialista é empregado diretamente pelo médico ou terapeuta, e está trabalhando sob a supervisão do profissional licenciado. Se você puder aliar-se a profissionais licenciados, poderá receber compensação por reivindicações reembolsáveis pela seguradora, e terá mais oportunidade de crescer com essa área da medicina, do condicionamento físico e dos cuidados preventivos com a saúde. Leia o capítulo1 para obter mais informações sobre esse assunto.

Públicos especiais

Pense em especialização quando pensar em expandir seus serviços. Trabalhar com clientes com necessidades especiais ou de alto risco é uma opção interessante e importante para o crescimento do negócio. Os *personal trainers,* atualmente, costumam ser melhor qualificados e, como discutimos, os treinadores se tornaram mais confiáveis e interessantes para médicos e outros profissionais da saúde. Por causa disso, grandes oportunidades já se abriram nesse ramo.

Todos os treinadores algum dia terão a chance de trabalhar com um cliente de alto risco. Assim, você expande seu potencial de mercado para clientes futuros e aumenta sua influência nas vidas das pessoas. Sem contar a grande recompensa pessoal que aguarda aqueles que fazem diferença para as pessoas com necessidades especiais. A gratidão e o respeito são imensos. Um enorme segmento de mercado existente simplesmente precisa de um programa de exercícios básico e consistente (veja a "Parte IV – Trabalhando com segurança e eficácia com grupos especiais", para ler mais sobre o assunto).

Palavra final

A maioria dos treinadores gera grande parte de sua renda trabalhando com clientes. Não permita que outras possibilidades estraguem o que você faz de melhor e o ponto principal de seu trabalho: oferecer treinamento personalizado.

O treinamento personalizado tem a ver e depende do relacionamento entre aluno e treinador. Seu dinheiro, seu trabalho, seu sucesso e sua recompensa pessoal por fazer diferença na vida de seus clientes dependem dessa relação.

Quer esteja administrando um império, pensando em expandir-se e novos caminhos, quer esteja trabalhando sozinho, você precisa priorizar o relacionamento entre aluno e treinador. Os negócios não irão a lugar nenhum sem essa idéia estar bem estabelecida. Independentemente do que você decidir fazer com seus negócios, sempre tenha em mente o bem do cliente e concentre-se em oferecer o melhor serviço – que vá além do normal ou possa ser descrito como ótimo. Melhore os serviços aos clientes e nunca regrida.

Capítulo 6

GERENCIANDO SEU TEMPO

Agora que você já sabe como começar seu negócio e mantê-lo com sucesso, vamos analisar como podemos gerenciar aquilo que falta a todos nós: tempo. Afinal de contas, como você pode cuidar de seus clientes e funcionários e manter uma vida pessoal equilibrada se está à beira de um colapso? Você e seus negócios estão fora do caminho certo se você mal tem tempo para respirar, muito menos fazer um intervalo, e não suporta mais a si mesmo! Saber que existe um problema é o primeiro passo para a cura. Planejar, programar e gerenciar um negócio são tarefas que tomam tempo. Para conseguir se dar bem, você tem de gerenciar seu tempo por meio de planejamento disciplinado, usando a velha prática da delegação de tarefas.

Você controla o tempo ou o tempo o controla? Os negócios são formados com serviços e planejamento, e em nenhuma outra profissão o planejamento é tão importante quanto na de *personal trainer*. O treinamento um a um, por sua natureza, é um trabalho árduo de aula a aula. Os treinos diários e o gerenciamento das operações necessárias podem consumir todo o seu tempo disponível. Adicione as horas de atualização, planejamento e retorno de telefonemas, e terá os ingredientes para um fracasso. A natureza sem descanso e que consome tempo pode desgastá-lo.

10 dicas sobre como gerenciar bem seu tempo

Qualquer negócio, principalmente um de apenas um proprietário é vulnerável ao descontrole do tempo. Quer você seja o único dono ou a pessoa que gerencia uma grande operação, alguém tem de ajudá-lo no gerenciamento diário de sua realidade de *personal trainer*. Alguns procedimentos simples o ajudarão a usar o tempo limitado que você tem da melhor maneira (Durrett 1994).

1. Estabeleça o tempo que está disposto a trabalhar.

Quando comecei a trabalhar sozinho com clientes e depois, conforme meus negócios foram se expandindo rapidamente, eu trabalhava quantas horas fossem necessárias. Meus negócios mandavam em mim. Sentia orgulho de minha capacidade de "cuidar de tudo" e geralmente ganhava de qualquer pessoa que relatasse uma história de comprometimento com o trabalho. Sem dúvida, eu tinha me esquecido quem controlava o relógio – quem poderia dizer sim ou não a mais trabalho e comprometimento. Eu contraí a síndrome da ganância e do ego, que mencionei no capítulo 2.

Se eu estivesse abrindo um negócio ou começando minha carreira trabalhando para alguém, hoje eu provavelmente ainda daria minha energia e tempo até o fim. Entretanto, assim que os negócios estivessem bem, eu voltaria a controlar meu tempo. Se há anos você diz que vai ir mais devagar e mudar, você está em apuros!. O problema é que uma vez na ativa, as pessoas resistem à mudança. Seu cliente das dez horas da noite não quer saber se você está trabalhando desde as quatro da manhã; ele só quer um horário que lhe seja conveniente. Às vezes, você faz tudo que pode para realizar um sonho. Mas não permita que isso se transforme em um martírio. Nem sempre é simples e confortável, mas você pode desfazer as confusões (rotinas e compromissos) que criou. Tome coragem, seja honesto e direto.

Hoje em dia, eu defino parâmetros com base nos quais me disponho a agendar meus trabalhos. Reservo a maioria das noites para minha família e para mim. A maioria dos treinadores precisa de pelo menos um dia inteiro de folga por semana. Sempre há trabalho para ser feito. Para piorar, os clientes ou sócios podem mandar mensagens de texto, de voz ou por e-mail e levá-lo à loucura conforme bem entendem – se você deixar. É essencial criar uma rotina, dizer não ao trabalho incompleto e às novas oportunidades quando necessário, ser seletivo ao atender a demanda e entender o valor do tempo longe do trabalho e como todos esses elementos contribuem para o bem-estar e a produtividade.

2. Planeje seus negócios com horários específicos.

Estabeleça as horas que você está disposto a trabalhar. Investir um pouco de tempo em organização trará uma economia de tempo em longo prazo. É inteligente escolher uma ferramenta organizacional para ajudá-lo. Você vai precisar de um organizador diário que contenha a opção de planejamento semanal, um calendário mensal e um outro anual. Você vai precisar registrar telefones e endereços assim como reservar um espaço para as listas de coisas a fazer e os lembretes. Atenção a detalhes é importante. Por que encher sua mente de detalhes que você precisa cuidar e que serão esquecidos se não forem anotados?

Lembre-se de planejar não apenas o seu dia de trabalho, que pode incluir o estudo de novas informações sobre condicionamento físico, treinamento de clientes, responder aos pedidos dos clientes, cobrança, registros e o progresso de clientes, mas também sua agenda pessoal. Os compromissos pessoais incluem tempo com a família, com os amigos e com você mesmo.

Por mais que eu dependa do computador e de *softwares* atualizados para gerenciar meus negócios e me ajudar a registrar e planejar exercícios, eu prefiro um planejamento diário que exija que eu anote tudo no papel. Minha agenda preferida é pequena, tem cerca de 12 X 20 centímetros, e permite que eu veja minha agenda para a semana toda (duas semanas mostram minha semana inteira). Se sua letra for grande, ou se todos os dias da semana nas duas folhas ficam muito apertados, encontre um tamanho que seja adequado para as suas necessidades.

Usar computadores que caibam na palma de sua mão é outra ótima maneira de organizar sua agenda e seus compromissos, fazer anotações, e manter importantes endereços e números de contato à sua disposição. Os *pagers* que gravam mensagens de voz também são uma ótima ferramenta, porque um cliente pode deixar um recado a respeito de um cancelamento ou mudança de horários e você não precisa dar um retorno imediato.

Eu uso um celular que funciona como um minicomputador. Tem várias funções que me ajudam a fazer anotações e uma agenda de telefones em sua memória. Posso me manter em contato facilmente com meus clientes por meio de e-mail ou mensagem de voz com o telefone celular quando estou viajando. O uso do celular aumenta minha disponibilidade (posso desligá-lo quando não quero falar com ninguém!) e minha capacidade de oferecer um bom serviço ao cliente, sem mencionar a economia de tempo.

Uso meu laptop para economizar tempo também. Meu laptop é o meu escritório todo em versão portátil, com informação, tecnologia e capacidade de entrar em contato com meus clientes (se eu ligá-lo ao meu telefone). Se meu laptop está comigo, consigo fazer o trabalho que está "no escritório" ou entrar na Internet e acessar muitas informações. Como sempre tenho "lição de casa" à minha espera, também preciso saber quando fechar as ruas da informação e comunicação. Esse roteiro para dar equilíbrio à minha vida – sempre cheia de tarefas – é a razão pela qual organizo meus dias e me atenho ao planejamento na maior parte do tempo.

A chave para manter seus negócios funcionando dentro do horário comercial é usar o tempo disponível com eficiência. Isso geralmente limita a necessidade de trabalhar sem parar.

3. Estabeleça e preserve o tempo pessoal.

Proteja seu tempo livre como uma leoa protege seus filhotes. Compromissos com família, crenças, ginástica e tempo de descanso entram na categoria dos compromissos inadiáveis. Quando tenho de manter esses compromissos, costumo não ser flexível a mudanças. É preciso descansar.

As prioridades pessoais devem ter um espaço determinado na agenda. Por isso, marque-o! Esse tipo de agendamento não acontece sozinho e, na verdade, se puderem, muitos treinadores fazem suas agendas de compromissos com trabalho antes de reservar tempo para si mesmo. Ter disciplina para honrar os compromissos marcados para seu bem trará muitos benefícios para equilibrar sua vida e aumentar a produtividade pessoal.

Em seu leito de morte, você não vai se arrepender por não ter tido tempo de treinar apenas mais um cliente nem de ter feito mais um telefonema ou fechado mais um negócio.

4. Reveja os objetivos diários em curto prazo, determine o próximo foco do dia e planeje a semana toda.

Mantenha seus planos diários, semanais e mensais. No final do dia, dê uma olhada no que você fez e faça qualquer ajuste para o dia seguinte. Ao final de cada semana, veja o que não foi feito e reagende para a semana seguinte.

5. Dê prioridade para atingir seus objetivos.

Se você não está atingindo seus objetivos diários, faça uma diferenciação entre objetivos, ocupações, atividades e realizações. Estabelecer prioridades é importante aqui, em relação aos objetivos que você quer alcançar. Em outras palavras, o que você fez durante o dia estava agendado? Se não estava, você está saindo do caminho certo. Existe uma boa possibilidade de o que você estava fazendo ser simples, bobo ou divertido, em vez de produtivo. Qualquer pessoa pode se manter distraída em bobagens um dia inteiro. Mas é preciso disciplina e concentração para organizar seu tempo de modo a atingir os objetivos.

As distrações e atividades que não sejam voltadas para a realização dos objetivos podem ser chamadas de desperdício de tempo. Isso não quer dizer que sua mesa não deve ser limpa e que você não deve aprender a usar o novo *software*, telefonar para familiares com quem não fala há algum tempo, surfar na Internet ou brincar com aquele novo "brinquedo" de treino. Você precisa fazer esta pergunta: "as atividades e escolhas do dia conseguem manter meu negócio funcionando bem?". Sua liberdade pessoal está sendo preservada? Preencha seu dia com realizações, e não com confusões! Agende e cumpra!

6. Não fuja do que estiver agendado.

Se você começa e termina as aulas no horário, atrasar-se com seus treinos diários não deve ser um problema. Passando a mensagem de ser uma pessoa com profissionalismo, essa política mostra que você é ocupado, mas ainda assim se preocupa bastante com seu cliente. Para honrar o trabalho com seus clientes e outros compromissos pessoais e profissionais, é essencial começar e terminar as aulas no horário certo. Ou, por exemplo, em vez de "perder" tempo durante as aulas, esclareça as dúvidas de seu cliente durante a próxima aula.

Ficar atrasada com as aulas pode ter um efeito dominó em seu dia. Não só é pouco profissional como também deixa seu cliente frustrado e bravo, pois ele espera pontualidade. Você vai começar a sentir a pressão e o estresse, que o deixarão física e emocionalmente cansado. É simples. Mantenha-se dentro do horário e vai conseguir evitar aquela sensação de sempre estar atrasado, em uma postura defensiva a maior parte do dia, sem oferecer o serviço de boa qualidade e profissional.

7. Use a tecnologia para economizar tempo.

Como eu disse anteriormente, dependo muito da tecnologia para usar meu tempo com eficiência. A tecnologia me ajuda a completar meu trabalho em um determinado período e ainda me oferece qualidade de vida.

Apesar de não poder viver sem um computador e *softwares* atualizados, telefone celular, e-mail, Internet, vários sistemas telefônicos e correio de voz, qualquer profissional deve controlar a tecnologia. Os avanços tecnológicos o controlam ou você está usando essa tecnologia de modo inteligente para usar seu tempo de um jeito melhor? Se a tecnologia exige todo o seu tempo, ela está no controle e você precisa aprender a domá-la. Não permita que a tecnologia controle sua vida. Acho que nenhum empresário gostaria de ter uma placa onde estivesse escrito: "Aberto 24 horas por dia". Mas a tentação é grande para fazer isso. Lembre-se de seu planejamento e respeite-o. Desligue a tecnologia e a energia elétrica com freqüência.

8. Evite períodos ociosos durante o trabalho.

Durante o trabalho, prepare-se para usar da melhor maneira possível o tempo ocioso não esperado. Um cliente pode cancelar de última hora e, apesar de você estar sendo pago pelo cancelamento tardio, por que não aproveitar esse tempo para resolver questões administrativas ou fazer exercícios? Aqui está a questão: se você se preparar para o inesperado, pode aproveitar qualquer oportunidade que apareça. Isso acontece bastante quando tenho de ir a algum lugar de avião. Os atrasos e cancelamentos de vôos são freqüentes. Nunca me sinto vítima da situação porque sempre viajo com meu laptop, telefone celular e vários materiais de leitura. Quando estou no carro em direção à casa de um cliente ou ao aeroporto, ouço fitas de cursos, separo um tempo para meditação ou faço telefonemas pessoais ou de trabalho.

Quando paro, paro. Quando trabalho, trabalho. Quando realizo meu trabalho, quero realizar a maior quantidade de trabalho possível, para poder realizar a tarefa com a sensação boa de poder me entregar aos compromissos da vida pessoal.

Se você passa muito tempo no carro para ir à casa dos clientes ou a outros lugares, tente agendar compromissos que sejam em um horário próximo e nas redondezas. Pense em limitar seu tempo de percurso de 20 a 30 minutos, e habitue-se a comer no carro. Água, sucos, frutas, pães, cereal, iogurte e outros alimentos saudáveis e com pouca gordura são essenciais pra mantê-lo produtivo e com energia.

Se estiver em um percurso ou lidando com mudanças de horários e cancelamentos de aulas, ou se tiver um intervalo entre clientes, tenha suas roupas de ginástica por perto, assim como a tecnologia ou outros recursos disponíveis que o permitam usar todos os minutos de trabalho a seu favor. Espere o inesperado!

9. Veja a delegação de tarefas como uma necessidade para economizar tempo.

Conforme seus negócios vão crescendo, você não consegue treinar todas as pessoas que desejam treinar com você, nem quer. Mas, se gostaria de ter esse trabalho e aumentar seus ganhos, vai ter de começar a pensar em contratar outros treinadores. Em algum momento, você terá de refletir sobre a função dupla de treinador e administrador. Como discutimos no capítulo 5, delegar tarefas é uma parte essencial de uma boa administração.

Delegar tarefas vai, em algum momento de sua carreira, oferecer liberdade pessoal e lhe dará uma abordagem equilibrada que o ajude a gerenciar bem o tempo em seus negócios e sua vida pessoal.

10. Distribua o tempo entre sua vida pessoal e profissional de maneira realista.

Anos atrás, eu acreditava poder treinar dez clientes por dia, lidar com qualquer emergência ou tarefas e manter minha vida pessoal. Eu acho que o que me iludiu foi o tipo de planejamento que parecia funcionar na teoria. Mas, como descobri, o excesso de compromisso foi o começo de um estágio da síndrome da ganância e do ego e indicava que eu precisava avaliar minha realidade.

É duvidoso que uma agenda sem espaços livres e voltada para fazer dinheiro e aceitar todas as oportunidades de negócio seja boa para você ou para seus clientes. Antes de aceitar mais trabalho, pense em formar uma lista de espera (ou aumente o preço para que não tenha de aceitar tantos clientes!). Qualquer uma dessas opções representa uma boa estratégia de gerenciamento do tempo e permite que você volte sua energia aos clientes que tem, além de ter tempo para si mesmo, de criar um bom plano de ação. Não se desgaste demais, e reconheça quando está na hora de contratar outros treinadores.

Dica extra: Cuide-se bem. Cuide-se direito e poderá cuidar bem de seus negócios, seus clientes e sua família. Se não houver simetria em sua vida, seus negócios não estarão no rumo certo. Treinar clientes diariamente e gerenciar um negócio pode ser um trabalho brutal do ponto de vista emocional e físico. O gerenciamento do tempo faz parte do que permite que você se mantenha em forma mental, emocional e física.

Perceba para onde vai seu tempo

Monitore com atenção os esforços que faz por seus clientes. Você está passando horas ao telefone aconselhando, incentivando e motivando seus clientes? Tente limitar a maior parte de sua interação com os clientes durante as aulas ou reuniões de orientação agendadas.

Apesar de o cliente receber, como parte do pacote de treinamento sua especialização, experiência e capacidade de programar o treino, é inaceitável que ele também tenha acesso freqüente e ilimitado a você. Você vai passar muito tempo com os clientes, pesquisando e respondendo suas dúvidas, preparando e planejando treinos, conversando com os médicos deles, registrando e enviando relatórios médicos e de desenvolvimento aos médicos e às seguradoras. Incidentalmente, os relatórios exigidos pelas seguradoras demoram para ser feitos, e você pode cobrar pelo tempo que gasta para fazê-los. Certifique-se de ser compensado por esse tempo, mesmo se a cobrança ocorrer por meio de um profissional licenciado da área da saúde. Essas tarefas estão ligadas ao trabalho de treinamento personalizado que tem o cliente como foco e o serviço como orientação.

Como lido com pedidos de clientes que percebo que demorarão muito para serem atendidos? Se eu preciso ler alguma coisa para conseguir me informar melhor, peço que eles me dêem um pouco de tempo e envio a resposta por e-mail, fax, correio ou entrego na próxima aula. Se a questão necessita de uma sessão de orientação, pergunto ao cliente se ele gostaria de agendar mais um horário além da aula ou se gostaria de usar uma aula para a discussão dessa questão. Também sugiro que discutamos o assunto em uma de nossas próximas aulas, durante os exercícios. De qualquer maneira, sempre anoto a pergunta em minha agenda, pesquiso o que for necessário para respondê-la e dou um retorno, mesmo que o cliente se esqueça do que perguntou!

Agendar pode ser uma grande perda de tempo. Se você faz muitos agendamentos semanalmente, estará perdendo não só o seu tempo, mas o tempo de seu cliente também. Com pequenas troca de mensagens e recados com o cliente, você vai gastar muitas horas todas as semanas. Incentive seus clientes a não faltarem aos compromissos marcados. Para convencê-lo a comprometer-se com determinados dias e horários, você precisa explicar as vantagens. Não só economiza tempo, como também o cliente

(1) pode reservar o tempo que seja mais adequado pare ele, (2) evitar ser tirado da agenda porque algum cliente tomou seu horário, (3) garantir presença constante – tudo isso leva o programa adiante. Eu incentivo meus clientes a reservarem seus horários preferidos em minha agenda. Caso contrário, não posso garantir que o horário esteja vago. O pré-agendamento é um comprometimento do treinador com o cliente, e vice-versa. Faz sentido.

Delegue tarefas

A próxima pergunta óbvia é: "como conseguir realizar tarefas que demoram muito para ficar prontas?". *Delegar tarefas* é o que me vem à cabeça. Eu poderia tentar fazer tudo, mas não quero, não tenho tempo, nem seria inteligente de minha parte. A maioria das pessoas que começam têm problemas para delegar tarefas. É preciso identificar pessoas em quem você confia para que sejam bons representantes de sua pessoa. Essas pessoas completarão uma tarefa tão bem quanto você. É aí que está a questão. Alguém consegue trabalhar tão bem quanto você? A resposta é provavelmente sim, e melhor. Você nunca vai saber até dar a oportunidade para alguém que realmente queira realizar o trabalho. Quanto antes se acostumar com a idéia de delegar tarefas, mais rapidamente estará pronto para gerenciar um negócio, sem deixar que ele o arruíne.

Existem duas opções de delegação: delegar o trabalho internamente e contratar serviços especializados.

Os treinadores costumam me dizer que têm dificuldades em dar autoridade a outras pessoas, assim como é difícil tentarem não fazer tudo sozinhos. Mas, conforme os negócios vão se expandindo, essa incapacidade de abrir mão das responsabilidades pode levá-lo à exaustão. Delegar tarefas é fácil e, depois que se acostumar, nunca voltará a fazer tudo sem ajuda. Pergunte a si mesmo: "quero trabalhar nos negócios ou fazer os negócios trabalharem para mim?". Em outras palavras, você deve aprender a gerenciar seu negócio ou sempre estará preso às tarefas. A segunda opção o controla, e a primeira libera seu tempo e aumenta sua capacidade de ganhar mais.

Delegue tarefas internamente

Se você é o que eu chamo de muito ocupado – não pode aceitar mais clientes por falta de tempo, acorda pensando nas aulas e suas tarefas administrativas o sufocam – então você provavelmente já pensou em contratar outro treinador. Ao contratar treinadores, pense em contratar alguns que também possam realizar tarefas administrativas.

Um treinador que pode exercer duas funções é considerado mais importante por você. E a situação pode ser benéfica também para ele. Essa dupla função permite que ele ganhe dinheiro com as aulas e com as tarefas de administração. Muitos treinadores gostam muito dessa opção, pois não ficam presos à rotina de só treinar clientes um depois do outro para ganhar dinheiro. Vários treinadores que eu contratei ao longo dos anos eram muito eficientes para realizar tarefas que ajudavam na administração de meus negócios. Já entrevistei treinadores formados em contabilidade, direito, administração, publicidade e propaganda e arquitetura. A maioria se sente animada por combinar, em um só emprego, dois talentos.

Geralmente, percebo que grande parte dos candidatos a vagas de emprego se interessa por essa opção. Ao mesmo tempo, eles podem receber "treinamento do treinador" e ganhar experiência em treinamento personalizado e também me ajudar em outros aspectos do trabalho. Além do comprometimento que eles passam a ter com a empresa, os funcionários se sentem parte da organização. O treinador percebe que existem mais coisas envolvidas no negócio, além do treinamento. Uma pessoa contratada para essas funções consegue ter uma idéia mais abrangente do treinamento, além de entender um pouco dos negócios sob a perspectiva do dono. Isso, por sua vez, pode criar uma relação de respeito mútuo. Relação que pode se tornar uma parceria duradoura de trabalho.

Um *personal trainer* que também trabalhe como assistente administrativo pode tomar conta das tarefas dos negócios durante o horário de menor movimento do dia ou quando tiver uma janela em sua agenda. Entretanto, se você só lhe der tarefas administrativas, ele pode perder o interesse e decidir mudar de emprego. O acordo deve ser melhorar suas habilidades como profissional de treinamento personalizado e aproveitar sua capacidade de resolver os problemas burocráticos envolvidos na operação. Pense nisso como um teste para avaliar se o treinador vai desempenhar um bom papel no crescimento de sua empresa. Eu não faço promessas, mas planto uma semente que mostra meu desejo por um relacionamento em longo prazo e de comprometimento. A delegação de tarefas é algo bom tanto para o dono do negócio quanto para o funcionário. Eu incentivo a idéia e gosto de me cercar de pessoas talentosas e confiantes que querem ser responsáveis e fazer parte de minha empresa. Se eu puder passar a meus funcionários a sensação de que os meus negócios são deles, então fiz boas contratações e estou cuidando e compensando bem todos eles.

O salário base pode ser baseado em um número determinado de horas que o funcionário dedicará às tarefas fora do treino, ou pode se pagar por hora de trabalho. O valor por hora deve ser menor do que o da aula de treinamento personalizado e estar de acordo com a ajuda que será dada no escritório temporariamente.

Não pressione o funcionário a assumir uma responsabilidade que ele não quer assumir. Faça esse acordo com pessoas que estejam dispostas a ter essa dupla função. Treine quem aceitar essa responsabilidade e passe um tempo com ele. Trate-o com respeito e faça-o perceber que você agradece o esforço dele. Explique a ele a importância que ele tem para você e para seus negócios. Confie, agradeça e vamos lá!

Contrate funcionários especializados

Faça o que você faz de melhor. Para todo o resto, pense em contratar serviços especializados. Contratar esse tipo de serviço, quando existe uma boa relação custo-benefício, economiza seu tempo, permite que você use seu tempo livre de modo mais eficaz e resulta em serviços e produtos melhores.

Diversos serviços que podem ser contratados tiram o peso de seus ombros. Pense neles como máquinas de realizar tarefas às quais você não tem tempo nem vontade de se dedicar.

Um dos primeiros serviços que eu contratei foi o de um contador. Essa pessoa preparava meu imposto de renda e estimava as taxas para o próximo ano. Logo depois, contratei uma secretária de meio período, que enviava as cobranças com antecedência e as conferia, mantinha meus pagamentos em dia, entrava em contato com clientes e pagava minhas contas. Esses dois serviços economizaram muito de meu tempo por semana.

Você pode controlar os custos quando contrata serviços terceirizados, estabelecendo o que realmente precisa que seja feito. A maioria desses serviços exige pagamentos por hora. Se quiser controlar os gastos, descubra o que pode fazer com antecedência para diminuir o tempo de envolvimento desses serviços especializados. Além disso, se você vive em uma região em que pode contratar universitários para o trabalho administrativo de meio período, pode ser uma boa solução.

Pense em contratar serviços para realizar as tarefas de limpeza, portaria e lavagem de toalhas em sua academia, para limpar seu carro, entre outras. Você deve contratar um serviço? Se isso faz com que você economize tempo, oferece um resultado melhor do que você poderia oferecer e sai mais barato do que se você o fizesse, a resposta, obviamente, é sim!

Sem dúvida, contratar serviços especializados ou delegar tarefas a funcionários é assustador para o empresário que sempre tratou seus negócios como se fosse "seu bebê". Provavelmente, você está onde está hoje em dia porque ninguém mais poderia fazer ou faria o trabalho que você realiza com tanto cuidado e comprometimento. É uma preocupação e uma crença muito comum entre pequenos empresários.

Você está tentando fazer sua empresa evoluir ou preservar sua vida pessoal? Se a resposta for sim, delegar tarefas ou contratar serviços especializados é uma providência completamente essencial. Mais tarde, você vai se perguntar por que demorou tanto para tomar essa decisão. Usar serviços especializados fará com que você tenha mais tempo para fazer o que faz de melhor: treinar e orientar clientes, manter e abrir novos negócios e oferecer um serviço de boa qualidade. A delegação de tarefas faz muito sentido e sua vida pessoal vai agradecer.

Como encontrar bons serviços especializados? Você encontrará esses serviços da mesma maneira que as pessoas encontram os seus. Pegar indicações é a melhor maneira de encontrar um serviço no qual você possa confiar. Pergunte a seus clientes, aos seus conselheiros e a outros conhecidos. Depois, procure saber mais sobre o serviço oferecido.

Contrate ajuda para o cálculo de impostos

Eu sempre vejo treinadores às turras com os impostos. Se você acha que poderia passar essa tarefa a alguém, está no caminho certo! Calcular seus impostos envolve um pouco mais do que ter os *softwares* certos. Apesar de os programas de finanças o ajudarem a ter sob controle seus ganhos e gastos e também a diminuir os custos por não precisar contratar um especialista em contabilidade para a realização de seu imposto de renda, tal programa por si só não o ajudará com todas as taxas. Não estou dizendo que você deve ignorar seu *status* financeiro. Mas poucos treinadores têm tempo e conhecimento para acompanhar tantas mudanças pelas quais passam os impostos. Não contratar um contador poderá lhe custar caro se não souber calcular todos os gastos ou se perder tempo com dinheiro que poderia render mais se você estivesse treinando clientes ou expandindo seus negócios.

Os contadores podem ajudá-lo a economizar tempo e dinheiro. Eles podem ajudá-lo a organizar sua abordagem em relação ao registro das contas e informá-lo sobre o que pode ou não ser deduzido. Se quiser economizar dinheiro, pergunte com antecedência ao contador como você pode organizar suas notas e seus registros para economizar o tempo do contador na preparação das contas.

Sua especialidade é o treinamento personalizado, e não a contabilidade. Além de permitir que você se concentre em seu trabalho, a contratação de um contador lhe dará o sossego de saber que seus impostos estão sendo preenchidos correta e profissionalmente. No caso de uma auditoria, ter um profissional das taxas por perto desde o princípio tornará a auditoria menos tensa e lhe poupará tempo e dinheiro.

Escolha um contador

Escolher um contador faz parte da construção de sua equipe. Apesar de ser prudente ter contato com um gerente de banco, um segurador, um investidor, um advogado e um contador, nem sempre é fácil encontrar um profissional que compreenda as necessidades de sua empresa. Como acontece em qualquer situação em que se adquire conhecimento e informação, você tem de conseguir falar a mesma língua do profissional que o está ajudando e fazer as perguntas corretas. Entretanto, um contador que seja sensível às suas necessidades e que compreenda que você não é o especialista explicará o que você precisar saber.

Comece a pesquisa perguntando a seus clientes, a outros treinadores e a conhecidos quem eles contratam para esses serviços. Quando for entrevistar o profissional, faça as seguintes perguntas:

- Qual é a sua formação?
- O que você entende sobre a minha profissão?
- Você faz parte de quais organizações profissionais?
- Quais são seus preços?
- Você vai me dar indicações relacionadas aos negócios?

► **Adaptado de Piccone (1997).**

Quando estiver pronto para fechar o negócio, peça que o contador prepare uma "carta de acordo". Essa carta estabelece o acordo entre você e o contador em relação aos serviços que serão prestados, suas responsabilidades e os valores e as formas de pagamento.

Use o computador para agilizar as coisas

Muita coisa que você faz no trabalho deve ter como principal objetivo economizar o pouco tempo disponível. Pessoalmente, o valor é inestimável quando eu penso no tempo perdido que poderia ser gasto com minha família e amigos ou me divertindo.

Parte da solução para agilizar as coisas é usar a tecnologia. Você não pode fazer escolhas sobre como usar o tempo disponível se está usando todo o seu tempo tentando fazer seu trabalho. Se você chegou à conclusão de que não há tempo disponível durante o dia para a realização das tarefas, pense em usar a tecnologia a seu favor.

Um bom computador pode ajudá-lo nas seguintes tarefas:

- Diminuir o custo de treinar clientes.
- Planejar e manter registrado o progresso dos clientes.
- Enviar cobranças e notas.
- Desenvolver e atualizar uma política de trabalho e os pacotes de apresentação aos clientes.
- Solicitar novos serviços e encontrar fontes de renda.
- Avaliar e treinar seus funcionários.
- Manter registros de despesas.
- Ter acesso a atualizações educacionais.
- Identificar e desenvolver serviços relacionados aos negócios.
- Criar panfletos de propaganda.
- Comunicar-se com funcionários, familiares e clientes.

Um computador, uma impressora e todos os *softwares* necessários são essenciais para empreendimentos em desenvolvimento e para empresários que estejam tentando trabalhar de modo mais eficaz e rentável. Se os custos o impedem de fazer isso, saiba que os computadores e as impressoras podem ser adquiridos de segunda mão. Se você não sabe como trabalhar com o computador, é possível fazer aulas de computação a preços acessíveis em universidades e programas de educação de adultos. A tecnologia é muito importante na preservação da liberdade pessoal. Use a tecnologia a seu favor para crescer e ganhar dinheiro.

Faça a tecnologia trabalhar para você

Sei por experiência própria que só de pensar em usar novos recursos tecnológicos, sentimos vontade de jogar o computador pela janela. Entretanto, uma vez passada a fase inicial, e quando os dados necessários tiverem sido fornecidos, você estará pronto para a viagem. Posso lhe garantir que assim que se acostumar com a mudança, você vai se perguntar como, algum dia, conseguiu viver sem computador ou um determinado *software*.

Use os consultores de centrais de atendimento gratuitas, ajuda *online* e manuais escritos para acelerar a fase de aprendizado. No começo, você não vai economizar dinheiro. Se você acha que a tecnologia é a solução, mas ainda sofre para usá-la, pense nisso: a força da maioria dos treinadores está em gerenciar um negócio de treinamento personalizado e dar atenção especial aos clientes. Faça o que faz bem e contrate serviços especializados para ajudá-lo a ganhar agilidade em outras áreas, como comprar *software* ou usar computadores para facilitar sua vida.

Eu escalo montanhas e ando de bicicleta, mas não conserto equipamentos. Eu esquio e pratico *snowboard*, mas não encero pranchas. Eu uso meu computador, ele trabalha por mim. Eu não tento compreendê-lo. Talvez eu pudesse fazer tudo, mas não tenho tempo, e essas tarefas não me interessam. Quando o assunto é tecnologia, chamo técnicos especializados e digo a eles: "faça o computador funcionar, diga-me o que fazer e eu o usarei". Tem tudo a ver com economia de tempo.

Use bons *softwares*

Usar *softwares* como Quicken, Quick Books ou Microsoft Money permite que você cuide dos registros fiscais de uma só vez, não diversas vezes, e o *software* consegue imprimir qualquer relatório de fluxo de dinheiro que você quiser. Quando os dados entram em seu computador, os cálculos e as atualizações ocorrem automaticamente. Tais programas exigem um pouco de conhecimento de informática, mas qualquer coisa pode ser aprendida. Um *software* como esse é muito útil quando chegar o momento de declarar o imposto de renda, e os dados financeiros disponíveis a um clique do mouse podem ajudá-lo a conseguir empréstimos e fazer o cálculo de impostos, além de projetar extratos de renda e custos. Sem dúvida, o computador economiza um tempo de ouro.

Use *software* para programação e registros de aulas

Os *softwares* de treinamento personalizado podem ajudá-lo a gerenciar seus negócios e facilitar planejamento e programações administrativas. Muitos pacotes existem para ajudá-lo a planejar as aulas de seus clientes, acessar o status nutricional e de condicionamento deles, manter registros, avaliar os questionários de histórico médico, marcar compromissos e imprimir gráficos e tabelas personalizados. Para receber todos os serviços, você provavelmente terá de comprar mais de um *software*. Mas o tempo economizado com seu uso torna o investimento compensador.

Os pacotes de *software* oferecem todos os benefícios mencionados, e a tecnologia na forma de gráficos personalizados impressionará os clientes com um ar de profissionalismo e o ajudará a mantê-los. Como esses programas de computador têm diferentes modos de aplicação, um não é necessariamente melhor que outros. Pense no que você quer que esse programa faça por você. Ele oferece muitos ou poucos recursos? Tem um conteúdo razoável ou seria melhor ter mais um programa? É fácil de usar e lógico, se comparado ao modo com que você gerencia seus negócios?

Experimente o *software* antes de comprá-lo

Quando estiver pensando sobre qual *software* comprar, experimente antes de comprar. Geralmente, as versões nas quais você tem interesse ficam disponíveis para testes por um período. Você pode baixá-lo pelo site da empresa. Assim, você terá uma idéia de como ele funciona. O cd de demonstração ou *download* geralmente vem com uma data de expiração que começa a contar quando você o instala, ou a versão de demonstração oferece um limite de recursos que podem ser usados. Depois de pouco tempo, geralmente em questão de dias a uma semana, o programa de demonstração será automaticamente apagado. Geralmente, você não receberá uma versão demo com todos os recursos, mas consegue obter informação suficiente para saber se o programa se adapta às suas necessidades e se é bom para ser usado.

Pergunte a conhecidos se eles conhecem o *software* no qual você está interessado. Pergunte o que eles gostam ou não, e peça uma demonstração, quando eles puderem. "Experimentar antes de comprar", por mais atraente que ele seja, eu provavelmente não vou adquiri-lo se não puder experimentar antes. A exceção a essa regra pode ser uma garantia incondicional de uma empresa respeitável e de confiança, apesar de tal oferta não ser comum. Se uma oferta parece ser boa demais para ser verdade e não oferece versões de demonstração, garantia ou direito à devolução, você precisa procurar em outro lugar.

Use *software* para *personal trainers*

Os *softwares* que estão na lista a seguir receberam comentários positivos de diversas organizações profissionais ou outros treinadores. Nenhum desses programas é perfeito. Faça sua pesquisa sobre cada um deles com bastante cuidado. Experimente antes de comprar. Há dois deles dos quais eu gosto muito. São eles: Fitness Analyst-Personal Trainer Edition, da BSDI, e Personal Trainer Assist, da Summit. As empresas estão listadas em ordem alfabética. Os valores são aproximados e podem mudar.

Biometrics Inc.
Criador do *software* PC Coach. Bastante eficiente para supervisionar os programas de corredores e outros atletas.

Requisitos do sistema: Windows®/PC ou Macintosh
Valor: US$24,95 a US$295,00
Site: www.PCCoach.com
Telefone: 800-522-6
224; 303-442-1818

Brittingham Software Design Inc. (BSDI)

Criador do *software* Fitness Analyst ™. Esse *software* oferece vários tipos de relatórios de condicionamento físico, além de programação e registro de opções de treino. Apesar de ser o ponto forte do programa, ele oferece muito mais, inclusive a programação que cuida dos negócios de treinamento personalizado.

Requisitos do sistema: Windows®/PC
Valor: US$399,00; a edição *Personal Trainer* permite que você registre até 100 clientes. Outra versão oferece estações únicas de uso para um número ilimitado de clientes, enquanto que a versão *club* pode ser usada por um número ilimitado de treinadores para acompanhar um número também ilimitado de clientes. Características de rede de contatos estão disponíveis.
Site: www.BSDIFitness.com
Telefone: 888-273-4348; 908-879-4991

SporTRAC Fitness
Criador do *software* SporTRAC. Esse *software* inclui componentes de condicionamento físico e nutrição.

Requisitos do sistema: Windows®/PC
Valor: US$39,00 a US$99,99
Site: www.SporTrac.com
Telefone: 614-261-6030

Summit Training and Education
Criador do Personal Trainer Assist ™, um ótimo programa que pode ajudá-lo a planejar seus programas de condicionamento físico. O programa lhe oferece ferramentas de atualização prontas para serem usadas em diversas atividades ou permite que você personalize sua abordagem ao treinamento planejado.

Requisitos do sistema: Windows®/PC
Valor: aproximadamente US$150,00
Site: www.the-summit.co.uk
Telefone: 44 (0) 114 224 2624 (Reino Unido)

UltraCoach
Criador do *software* UltraCoach, muito útil para triatletas e outros atletas. Existem versões disponíveis para atletas de um único esporte ou várias modalidades.

Requisitos do sistema: Windows®/PC
Valor: US$19,95 a US$79,95
Site: www.FitCentric.com
Telefone: 800-400-1390; 909-625-0463

Willow Creek Publications
Criador do Personal Trainer Business Manager for Windows. Essa edição do *software* é melhor utilizada por treinadores ou empresários que já usam computador com os programas do Windows. Esse programa pode facilitar o agendamento, além de ajudá-lo a registrar rendas e custos.

Requisitos do sistema: Windows®/PC
Valor: US$69,95 a Us$249,95, a versão *club*
Site: www.FitBuy.com
Telefone: 800-823-3488; 303-823-3488

Para contas e notas, eu uso o programa Quicken para PCs. No escritório de minha empresa, mudamos os computadores Macintosh por um sistema em rede de PCs e laptops. Com o advento do Windows para PCs, eu recomendo PCs para quem vai adquirir novos computadores ou fazer *upgrades*, a menos que você dependa de um Macintosh para algum programa de edição ou fotografia. O Windows agora facilita o uso tanto de usuários de PCs quanto de Macintosh. Como a maioria dos *softwares* disponíveis é compatível com PCs, faz sentido.

Capte o poder da Internet

Aprender a usar a Internet de modo eficaz é difícil no começo. Como o aprendizado de qualquer habilidade, é necessário dedicar tempo para estudar e se tornar completamente acostumado com os recursos.

Em primeiro lugar, certifique-se de que seu serviço de telefonia está de acordo com suas necessidades de trabalho. A maioria das empresas depende de apenas uma linha telefônica para trabalhar. Se você usa uma linha para secretária eletrônica, fax e acesso à Internet, pense em mudar essa situação. Ter apenas uma linha telefônica pode fazê-lo perder trabalho se alguma chamada não for atendida, ou passar uma imagem pouco profissional (se você nunca está disponível) a quem telefona. Além disso, deixar uma ligação em espera, por exemplo, é pouco profissional e irritante, sem contar o estresse que a pessoa que tentar atender às ligações vai sofrer.

Os donos de pequenas empresas podem fazer um melhor uso de seus sistemas telefônicos com linhas múltiplas, DSL (que permite que mais de uma pessoa use a mesma linha para a Internet, fax e secretária eletrônica), toques diferenciados, secretária eletrônica e transferência de chamadas. Essas características diminuirão os custos, mas, ainda mais importante, eliminarão a falta de comunicação entre clientes, ou futuros clientes, e passarão uma imagem eficiente e profissional de seus negócios.

Correio eletrônico (*e-mail*)

Mesmo que seja só para o *e-mail*, compre um computador e entre na Internet! Para ter *e-mail*, você precisa ter um endereço do qual possa enviar e receber mensagens a qualquer momento, em qualquer lugar do mundo, para outras pessoas que também tenham e-mail. Geralmente, seu endereço deveria incorporar o nome de sua empresa ou sua identidade pessoal. Você tem de ter um provedor de acesso (ISP) para acessar a Internet e para mandar um *e-mail*. Cheque com os provedores de sua área para saber se existe alguma restrição para "personalizar" seu nome no e-mail. Por exemplo, alguns ISP exigem que o nome de domínio seja parte do nome de seu site.

Essa ferramenta é a maneira mais barata e eficiente de se comunicar. Eu economizo centenas de dólares, principalmente para a comunicação internacional ou com lugares distantes do país, além de economizar horas e horas de conversas improdutivas. Com o *e-mail*, você pode eliminar as apresentações iniciais e as conversas casuais que sempre ocorrem em um telefonema. Trocar *e-mails* é praticamente gratuito, não há cobrança de tarifas de longa distância e você pode se concentrar na tarefa. Digite a mensagem, envie-a e pronto. Como você só precisa de poucos segundos para enviar e receber uma mensagem, e o serviço custa muito pouco, ele é uma ótima ferramenta para ter à sua disposição.

Acessando informações pela Internet

A Internet o deixa frustrado ou você aprender a domá-la e fazê-la trabalhar para você? Se você já passou algum tempo "surfando na Internet", é provável que já tenha se sentido aturdido com a quantidade de informação disponível. Minhas primeiras experiências navegando na Internet me deixaram sufocado com tanta informação. Mas quando você aprender a navegar de modo eficiente pelo que ela tem a oferecer, ela se mostra, de fato, bem interessante.

Como separar o lixo da informação útil? Diversas ferramentas podem ajudá-lo a navegar na Internet (WWW – *Wide World Web*).

Ferramentas de busca, como Navigator, Dogpile, Yahoo!, Alta Vista e Google têm as chaves que abrem as portas da informação. Mas, às vezes, essas ferramentas encontram coisas demais. Depois que você digita uma palavra ou frase, a ferramenta de busca lhe mostra todas as informações com os termos digitados. Você pode acabar com milhares de sites para pesquisar. Por exemplo, palavras como *condicionamento físico* e *aeróbica* podem mostrar centenas de milhares de resultados. Quanto mais específica for sua pesquisa, melhor, pois reduzirá o número de material irrelevante. Os endereços conhecidos o ajudarão a separar o joio do trigo.

Uma lista de favoritos (como uma agenda de endereços) permite que você armazene sites específicos que visita com freqüência e julga serem úteis. Quando clicar em "favoritos", o computador armazenará o site, para que ele possa ser localizado rapidamente no futuro. É irritante e demorado digitar endereços de sites, sem dizer que é fácil acabar parando no lugar errado.

Descobri que a chave para acessar a informação na Internet é acumular uma lista de endereços específicos para suas necessidades e seus interesses. Tempo é dinheiro, e perder dinheiro é frustrante.

Pergunte a colegas quais são os sites que eles visitam com freqüência e gostam, e peça os endereços, se achar que eles podem ajudá-lo. Preste atenção a sites muito recomendados em vários recursos da imprensa. Você descobrirá informações úteis, que podem ser boas para seus negócios, para suas necessidades de condicionamento físico e saúde. É interessante analisar a lista de endereços que está no final do livro.

Ser organizado, ter a capacidade de acessar informação e usar equipamentos que economizem tempo em sua vida pessoal e profissional pode ajudá-lo a entregar os "produtos" a clientes exigentes. Você precisa saber o que quer gerenciar em sua vida pessoal e profissional. E, nesse caso, isso está diretamente ligado a compromissos com o tempo. Use seu pouco tempo livre com cuidado. Ele vai moldar seus negócios e refletir quem você é!

Capítulo 7

MANTENDO O FOCO NO SERVIÇO PRESTADO

Um bom negócio leva em consideração as necessidades e os sentimentos tanto do cliente quanto do treinador. Os clientes necessitam de cuidados especiais, manutenção do relacionamento e incentivos. E o treinador também precisa receber cuidados. Isso é verdade, quer você seja o único treinador ou supervisione outros. No final, o sucesso de qualquer negócio está no fato de o treinador conseguir realizar o trabalho para o cliente ou não. Apesar de ser um desafio, o sucesso de seu negócio depende de seu profissionalismo e de seu comprometimento em oferecer a melhor opção possível ao aluno.

Ser um profissional: os doze mandamentos

Apesar de o treinamento personalizado ser um trabalho autônomo, temos de exigir de nós mesmos certos padrões de conduta ética e profissional. A seguir, estão algumas dicas – vamos chamá-las de os doze mandamentos – que aprendi logo nos primeiros anos de trabalho.

1. *Compartilhe idéias e motivação.* Vários treinadores, academias e locais de treino acreditam que devem guardar informação sobre operação e programação para sobreviver. Na verdade, tal atitude pode contribuir para a falência de um negócio. A honestidade e o compartilhamento de informação melhoram o serviço. Em vez de nos sentirmos inseguros e ameaçados por concorrentes e avaliações, devemos dividir nossos segredos de negócios. Um treinador que faz isso ganha de duas maneiras: mais conhecimento e mais visão. O crescimento pessoal ocorre quando procuramos comprometimento, novas idéias e críticas construtivas. Tenho aprendido muito ao longo dos anos conversando com as pessoas para quem palestrei antes, durante e depois de tais palestras. Sempre levo para casa pérolas de sabedoria, truques para os negócios e maravilhosos pontos de vista. O mesmo acontece com minha interação com outros empresários do ramo de treinamento personalizado. Os treinadores que moram perto de sua área são colegas, e não concorrente ou inimigos. Abra sua mente compartilhando informações. Todos ganham dessa forma.

2. *Pratique o que prega.* Leve a vida de modo a cumprir o que diz. Assim, terá muito mais facilidade de influenciar sua clientela. Você deve se comprometer em longo prazo com a saúde, o condicionamento físico e o bem-estar pessoal. Seus clientes devem ver seu exemplo, e não apenas ouvir o que você diz. Isso envolve coisas simples, como comer de modo adequado em restaurantes, limitar sua ingestão de álcool e doces em eventos sociais e manter um programa regular de treinamento, independentemente de sua carga de trabalho. Os treinadores são humanos e não têm de ser perfeitos, mas também são modelos e devem sempre dar o exemplo.

3. *Vista-se apropriadamente e tenha bons hábitos de higiene.* Por exemplo, roupas apertadas e reveladoras não deixarão o cliente à vontade. Não vou fazer recomendações de uniformes aqui, mas couro, renda e mocassins são exemplos de roupas inadequadas. Vista-se de maneira que seus clientes o vejam como aceitável pessoal e profissionalmente. O que eu visto? Geralmente você me verá de bermuda, uma camiseta pólo e tênis. Eu escovo meus dentes com freqüência, masco chiclete sem açúcar e tomo vários banhos ao longo do dia se sair para correr com meus clientes ou depois de realizar meu próprio treino. É o seu negócio, e o sucesso aumenta ou diminui com decisões como essas!

4. *Seja sempre pontual.* Emergências acontecem, é claro. Dependendo das circunstâncias e da freqüência, o cliente geralmente compreende, mas você deve fazer o que for possível para ser pontual, como tomar um táxi e cuidar de seu carro enguiçado mais tarde. Se o treino tiver de ser cancelado, ele deve ser reagendado em um horário conveniente para o cliente, sem custo adicional (para ter mais informações a respeito de políticas profissionais, leia os capítulos 2 e 3). Se o treinador respeitar o tempo de seu cliente, poderá exigir o mesmo para si. Guie seu negócio corretamente e esteja pronto!

5. *Resposta às necessidades ou pedidos do cliente.* Este ponto tem muito a ver com serviço. O treinador deve tomar nota de pedidos que precisem ser respondidos, anotar compromissos, resolver problemas de agenda, reconhecer ocasiões especiais e objetivos e controlar tudo que mereça a atenção do treinador. Se o cliente fizer alguma pergunta que o treinador não saiba responder, ele deve pesquisar e estar com a resposta na próxima aula. Não invente respostas. Seu cliente perceberá que você não está sendo sincero. Diga à pessoa que você vai pesquisar e lhe responderá quando tiver a resposta. Mesmo que o cliente se esqueça do pedido na próxima aula, ainda assim você deve dar a resposta.

6. *Estabeleça um limite rígido entre relacionamentos pessoais e profissionais.* Muitos clientes querem se tornar amigos de seus treinadores. Muitos treinadores aceitam porque gostam desse cliente ou se sentem atraídos fisicamente por ele, ou admirados com o poder, a riqueza e a sofisticação do cliente. Talvez o treinador acredite que precisa participar de algum evento social organizado pelo cliente, caso contrário se sentirá em dívida com ele ou que, por outro lado, essa aproximação pode ser benéfica para os negócios. Em qualquer caso, o melhor que o treinador tem a fazer é estabelecer um limite. Isso não quer dizer que você nunca deve aceitar um convite feito pelo cliente para alguma reunião social (eu mesmo já prestigiei meus clientes participando de eventos de caridade ou passando rapidamente pelas festas de aniversário de seus filhos). Mas seja muito seletivo, reduza seu envolvimento em tais situações e evite qualquer escândalo. Reduzir o contato social fora do ambiente profissional não quer dizer que o treinador não gosta do cliente, mas sim que ele tem uma conduta adequada e profissional. Os treinadores que não conseguem estabelecer uma conduta desse tipo geralmente têm problemas com clientes que não sabem diferenciar entre amizade e trabalho. Quando o limite é ultrapassado, fica difícil oferecer serviço profissional e se ater a políticas de trabalho. Se tal situação for comum em seu trabalho, está na hora de você reavaliar as prioridades: está disposto a comprometer seu negócio por motivos sociais ou qualquer outra razão?

7. *Ouça seus clientes com atenção.* Essa é a melhor maneira de conhecer a saúde, as necessidades, os desejos e as idéias dos clientes. O treinador também tem de saber usar essa informação para desenvolver um programa personalizado, realista, seguro e eficiente. É como se o treinador estivesse dizendo: "Entendo o que você quer. Aqui está o que eu acredito que você precisa e faremos o seguinte para aliar tudo isso". Ouça com atenção, o que significa agir de acordo com o que ouvir e, assim, terá uma boa base para reconhecer cada um de seus clientes como indivíduos.

8. Não faça fofocas nem fale sobre outros clientes. Apesar de a questão da privacidade parecer óbvia, muitos treinadores não resistem a uma "fofoca inocente" e não percebem erros cometidos. Lembre-se de que seu negócio e o relacionamento com o cliente são muito importantes para colocar tudo em risco com um simples deslize. Onde e quem você treina se reúnem em um mundo muito pequeno! Além disso, a fonte de referência de novos clientes são os clientes já existentes. Muitos futuros clientes chegarão até você seguindo a indicação de clientes que já o conhecem e confiam em seu profissionalismo. Mantenha as conversas e interações com cada cliente em sigilo.

9. Recuse-se a vender ou indicar produtos que não sejam favoráveis a seu cliente. A confiança e o comportamento ético formam a base deste ponto. Sempre que um produto é recomendado, mesmo sendo de qualidade questionável – seja a intenção do treinador engordar a carteira ou ingenuidade por não conhecer bem o artigo – ele perpetua mitos e barateia a profissão, sem dizer no dano causado à sua credibilidade. Não estou dizendo que você não deve vender nem recomendar equipamentos, roupas, calçados ou suplementos nutricionais. Existem maneiras muito admiráveis de aumentar a renda em vez de dar treino hora após hora (leia mais sobre isso no capítulo 5). Para determinar se sua intenção é ética, pergunte a si mesmo: "o produto é bom e minha recomendação vai de encontro à necessidade do cliente, em termos de saúde e financeiramente falando?".

10. Lembre-se de que o treino é para o cliente e não para o treinador. Conforme os treinadores vão ficando cada vez mais ocupados, ficam com menos tempo para os treinos. É tentador para o treinador compensar isso transformando o treino do cliente em sua própria sessão de treinamento. Mas seu papel como treinador é atender às necessidades do cliente. A participação que você desempenha é demonstrada na forma de incentivo, companhia e conhecimento. Apesar de haver momentos nos quais você se exercita com o cliente, tente reduzir essas ocasiões para que possa estar livre para facilitar o treino, em vez de estar diretamente ligado ao esforço físico. O trabalho do treinador envolve guiar, observar e ensinar o aluno. Para isso, você precisa estar completamente voltado às necessidades dele, pronto para atendê-lo assim que ele precisar.

11. Tenha um negócio de verdade. Por exemplo, em vez de receber os pagamentos em dinheiro vivo, sem declarar imposto, abra uma empresa. Assim você reduz muito os problemas relacionados a inadequações de negócios. Também o ajudará a estabelecer seu crédito, o que será importante quando quiser comprar uma casa ou pedir um empréstimo. A política de seu negócio deve ser escrita de forma clara. Os clientes têm de saber como você lida com os cancelamentos, como é seu sistema de cobrança e quando os pagamentos têm de ser feitos. As conseqüências de pagamentos atrasados e cancelamentos devem ser explicadas claramente (leia mais sobre isso nos capítulos 2 e 3).

12. Tenha total controle da agenda. É difícil dizer quando você tem uma oportunidade de aumentar sua renda, e também recusar trabalho. Ser realista com sua agenda pode ser muito difícil, pois sempre parece que o dia é curto demais para todos os compromissos. O uso eficiente do tempo torna-se rapidamente essencial para qualquer treinador ocupado. A organização, a tecnologia de computação e comunicações (leia mais sobre isso no capítulo 6), o profissionalismo, a honestidade, a integridade e a ajuda – principalmente aquela bem focada–, a direção planejada e o entusiasmo ajudam a preservar o equilíbrio entre a vida pessoal e a profissional.

Mantenha a motivação de seus clientes

A habilidade de motivar e direcionar seus clientes a resultados é essencial para o sucesso de seu negócio. Isso mantém seus clientes animados em relação a você como indivíduo e cria neles o desejo de prosseguir com o programa de condicionamento. As técnicas e a personalidade dos treinadores refletem e ajudam a definir o estilo de treinamento. Alguns treinadores são dominadores e agressivos, enquanto outros são rígidos, porém motivadores. A habilidade mais importante é conseguir mudar seu comportamento dominante para que seja compatível com qualquer cliente. Você consegue ser motivador, é capaz de escutar as pessoas com atenção, paciência, cuidado, firmeza e é exigente quando necessário? Ao mesmo tempo, os clientes encontram motivação em seus esforços? O sucesso está nessa capacidade de ser "camaleão", de mudar o temperamento para se misturar com as necessidades físicas e emocionais de seu cliente em um determinado dia. Essa capacidade separa os treinadores que são grandes motivadores daqueles que lutam para manter a motivação dos alunos ao longo do programa.

Os treinadores que são excelentes motivadores demonstram preocupação com a educação, a cooperação, o saber ouvir, a sinceridade, o entusiasmo, o cuidado e uma energia sem limites voltada ao cliente.

É muito importante para aprender a ser motivador saber reconhecer o que sente um aluno em um determinado momento. O treinador precisa discutir os objetivos dos clientes, entender o que eles querem e precisam e desenvolver programas razoáveis que dêem a ele a sensação de que ele faz parte de um processo eficiente e planejado. Crie interesse no cliente usando as idéias e informações que recebe nos formulários ou mesmo em conversas com os clientes. Isso mostra ao aluno que ele faz parte do processo e que você está prestando atenção ao que ele diz.

Mais de cinqüenta por cento das pessoas que dão início a programas de condicionamento físico desistem depois das primeiras seis a doze semanas. Mas muitos treinadores têm clientes que estão com eles há anos. A seguir, estão dez "truques" usados pelos treinadores para manter seus clientes por perto. Os truques, obviamente, são senso comum e técnicas que combinem com a personalidade de seus clientes.

1. Estabelecer um objetivo realista e correto é uma das ferramentas mais poderosas que você pode usar. As pessoas gostam de sucesso e se dispõem a continuar programas que estão dando certo. Se os objetivos forem realistas em termos de genética e habilidade pessoal e de acordo com o perfil do histórico de saúde, os clientes verão progresso e certamente seguirão adiante.

2. Como os objetivos mudam, formulá-los deve ser uma tarefa constante, e não estática. Você tem de se manter informado a respeito do estado mental físico e emocional do cliente se pretende ajudá-lo a atingir seu objetivo. Um dos aspectos mais interessantes do treinamento personalizado, na minha opinião, gira em torno do desafio, sempre em mudança, de permanecer "ligado" aos meus clientes. Isso torna meus dias diferentes e interessantes e, quando eu obtenho sucesso, incentiva meus clientes.

3. O prazer também é uma força motivadora poderosa. "Diversão", no entanto, não quer dizer, necessariamente, um programa sem estrutura, sem direcionamento ou de total informalidade. Uma abordagem como essa não faz com que seus clientes permaneçam com você. Na realidade, os clientes gostam de disciplina e orientação, além de resultados. Seus esforços mostram que eles são sua prioridade. Equilibre isso com uma personalidade agradável, e eles vão se divertir. Variação, periodização e progressão (bem planejados!) agradarão ao cliente em busca de variedade, treinamento sem ferimentos e resultados.

4. A mudança (variação e periodização) é uma parte necessária de uma rotina de condicionamento físico, porque é a única maneira com a qual você pode sobrecarregar os músculos e sistemas de energias e, assim, obter mais ganhos. Mudar a rotina com freqüência é bom para evitar o tédio e evitar que os alunos desistam de seu treinamento. Os treinadores sempre trocam exercícios, usam diferentes combinações e usam novos equipamentos ou mudam o programa inteiro de tempos em tempos (periodização). Entretanto, tome cuidado para não se pressionar demais a sempre ser criativo e variar a rotina. Você não precisa dar

um espetáculo diferente por dias a seus clientes. Fisiologicamente não é a melhor opção, e seus clientes se sentirão bem com uma rotina confortável. Uma mudança constante pode frustrar e intimidar os alunos. Mudanças demais ou de menos são extremos que você deve evitar se um programa eficiente é sua meta. A chave é manter-se sensível ao humor e às necessidades de seu cliente e incorporar a mudança quando o aluno estiver pronto fisiologica e psicologicamente. Certifique-se de que seu cliente está animado com mudanças no programa. Em outras palavras, certifique-se de que o cliente quer e está pronto para a mudança!

5. Uma mudança no ambiente também pode ser eficiente. O treinamento multifuncional é bom para isso. Por exemplo, posso fazer com que um cliente que geralmente caminha ou corre na esteira mude para uma atividade como trilha ou bicicleta. Você também pode fazer o mesmo entre componentes de condicionamento físico (por exemplo, treino aeróbico, de força ou de flexibilidade) ou com apenas um componente (por exemplo, correr, caminhar, pedalar ou nadar). Outra boa idéia é criar treinos que incluam treinamento em circuito. Esse estilo lhe oferece variedade, ao mesmo tempo que permite que seu cliente faça exercícios com os quais tem familiaridade.

6. Uma maneira única de animar a aula é usar a palavra de maneira dinâmica e criativa. O que você diz e o que não diz, e como diz, pode ter um grande impacto positivo ou negativo. Simplesmente, você tem de falar de modo diferente com cada cliente e manter a sinceridade, a honestidade e o incentivo. Várias situações de treinamento garantem uma mudança no cenário verbal que você cria durante o treinamento. Incentivos verbais previsíveis não são motivadores nem sinceros. Se todos os esforços de seu cliente produzem uma série de elogios mecânicos, como “ótimo”, “muito bom” e “isso aí”, seu cliente não vai acreditar em você. Aqui está outra maneira de mudar o cenário e ajudá-lo a se exercitar melhor. Em um exercício de crucifixo com halteres, às vezes digo ao cliente que ele deve agir como se estivesse abraçando um barril ao executar o movimento. Em um outro dia, posso dizer ao mesmo cliente que ele tem de iniciar o movimento contraindo os músculos do ombro e do peito para ajudá-lo a levar os braços em direção ao centro do corpo. Tente explicar, seja com o intuito de instruir ou motivar, com palavras diferentes que sejam pertinentes a cada situação de treinamento.

7. Elogiar o progresso de seu cliente é outro modo de motivá-lo. Eu sempre sou sincero nas orientações sobre técnicas, e também sobre o progresso de modo geral. Elogio atitudes positivas, boa freqüência aos treinos e entusiasmo. Lembro clientes antigos que possam acreditar estar em um “platô de resultados” que eles já melhoraram muito desde o começo, e explico que a manutenção do condicionamento é muito diferente de regressão e perda de resultados. Comentários desse tipo mostram que eu estou observando-os e que ainda estou ligado! Mostro a eles que percebo o comportamento deles, além da melhora pessoal.

8. Avaliação periódica de resistência, postura e flexibilidade, e outras medidas, podem motivar, documentar boa melhora e ajudar a estabelecer novos objetivos. Ao mesmo tempo, a avaliação melhora a credibilidade. Por outro lado, mantenha-se sensível às necessidades de seus clientes. A avaliação do condicionamento físico pode ser uma faca de dois gumes. As avaliações podem pressionar negativamente alguns clientes e serem desanimadoras se os resultados forem comparados com padrões. Muitos de meus clientes já sofrem competição e pressão suficientes no trabalho. Por isso, sou muito cauteloso ao decidir qual tipo de avaliação e quais procedimentos são apropriados a cada um de meus clientes. Tomo o cuidado para não deixar a avaliação como uma ameaça, mas sim algo motivador. Não é apropriado usar testes de avaliação com todos os seus clientes. O teste e a avaliação física não são necessários para saber se seu cliente é saudável e se pode participar de treinamento físico com segurança. Diferencie entre teste de diagnóstico, que geralmente acon-

tecem em um ambiente médico, e uma avaliação que tem o poder de motivar o cliente (falarei mais sobre motivação nos capítulos 10 e 11). Antes de avaliar os clientes a quem a avaliação pode ser benéfica, passo a idéia de que a manutenção é positiva. Os clientes que mantêm a saúde e o condicionamento físico alcançaram seu objetivo. Estabelecer a meta de constante melhora e conquista de novos níveis de condicionamento não é apenas fora da realidade, mas também leva seu cliente a falhar em seu programa de condicionamento. Manter um estado desejável de bem-estar pessoal é o objetivo máximo de seus clientes.

9. Descobri que a motivação sempre se resume a oferecer bastante incentivos, e não cobranças negativas, mesmo no momento de correção. Em vez de dizer: "Você não está alcançando", eu diria: "Assim é melhor. Na próxima vez, tente um pouco mais alto". E, na próxima vez, é o que o cliente vai fazer. Descobri que elogiar pequenos avanços na direção correta pode trazer grandes recompensas. Um aviso: seu cliente saberá quando você estiver querendo somente agradá-lo, sem ser sincero. Um tipo de motivação que não funciona comigo é a mentalidade de campo de concentração. Na minha opinião, um estilo de treinamento que use insultos, linguajar intimidante e agressivo e que leve as pessoas além do que elas são fisicamente capazes de fazer não apenas causa exaustão, lesões e cansaço, mas contribui muito para o fracasso de muitos treinamentos. Raramente uma pessoa se sentiria motivada e continuaria com esse tipo de treino. Acredito que a maioria das pessoas que querem melhorar o condicionamento físico querem ser cuidadas, incentivadas, motivadas de modo gentil, ao mesmo tempo que são ouvidas.

10. Manter o foco do serviço no treinamento personalizado envolve estar em sintonia com seus clientes e manter-se atualizado na área. Essas habilidades o ajudarão a satisfazer as necessidades de treinamento de seus clientes e criar um relacionamento duradouro que beneficie todos os envolvidos. Esse tipo de união mantém sua empresa em pé.

Mantenha sua motivação

O esgotamento pessoal provavelmente é uma de suas últimas preocupações se você for novo na área de treinamento personalizado. É bem provável que esteja muito entusiasmado se começou sua carreira há pouco tempo. Entretanto, prepare-se para poder evitar a síndrome de que muitos *personal trainers* e outros profissionais sofrem.

Talvez o maior problema dos treinadores bem-sucedidos seja manter o entusiasmo e a empolgação que atraíram os clientes a eles. Até mesmo o mais cuidadoso de nós tem de lidar com a natureza freqüentemente tediosa, física e emocionalmente desgastante e intensa de nosso trabalho.

Os treinadores acabam desenvolvendo seus próprios métodos de motivação e cumprimento de tarefas para um serviço de qualidade. Eu uso diversas abordagens para me manter preparado, entusiasmado e sensível às mudanças de necessidades e interesses de meus clientes.

1. Manter-se profissionalmente atualizado é muito estimulante. Leio o máximo de publicações que consigo, participo de palestras e seminários e assisto a vídeos educativos para manter meus treinamentos atuais, relevantes, interessantes e produtivos.

2. Ser capaz de identificar as necessidades emocionais e psicológicas também me mantém envolvido e atualizado. Começo cada aula sabendo o que quero do aluno, mas enfrento o desafio de moldar o humor e a energia daquele dia para obter os esforços. Para fazer isso bem, tenho de ser muito sensível e conhecer a pessoas com quem estou trabalhando no momento. Perceba que seu cliente não é a mesma pessoa em cada aula. Os clientes mudam com um mundo dinâmico que os rouba o sono, que lhes pressiona com problemas familiares e de trabalho e os recompensa com as vitórias da vida. Penso em cada aula como uma partida de xadrez, na qual tento aliar estratégia de programação teórica com otimização do envolvimento do cliente. Quando as vitórias do cliente são freqüentes,

fica fácil motivar, mas quando um negócio não dá certo ou o filho recém-nascido do aluno o deixa sem dormir a noite inteira, você consegue mudar a estratégia para combinar com o humor do cliente e ainda conseguir conquistar objetivos que sejam apropriados e estejam de acordo com a capacidade do cliente? A mudança de estratégia ajuda a tornar o treino diferente e, assim, não apenas ser mais interessante dia-a-dia, mas com resultados. Essa pode ser a principal razão pela qual muitos de meus clientes já estão comigo há anos.

3. É preciso disciplina pessoal para melhorar o foco dos clientes. Para obter esse tipo de foco, tenho de cuidar de minhas necessidades pessoais. Apesar de ser um ser humano e ainda lutar para obter esse equilíbrio, sei que é essencial para mim ter uma vida pessoal fora do treinamento de clientes e de outros eventos ligados a trabalho. É irônico concluir que uma abordagem não obsessiva seja o que o liberta para ser um exemplo melhor, para amar o que está fazendo e atender às necessidades de seus clientes. É fundamental para a sobrevivência e sucesso em longo prazo de um treinador, que ele preserve sua vida pessoal.

Se não houver intervalos sem trabalho, sua vida começa a parecer um longo treino. Seus clientes também perceberão. Não há tempo para recarregar. Em vez disso você se torna uma máquina e, como todas as máquinas, acaba pifando. Parte do gerenciamento de seu negócio é separar tempo para si mesmo!

4. Depois, existe o problema de pensar o que você fará quando envelhecer. O treinamento personalizado nem sempre é considerado "trabalho de verdade". Já me perguntaram várias vezes: "você tem um emprego fixo?" ou "quando você deixar de dar treinamento, o que vai fazer?". Passar por essa situação várias vezes nos faz perder a confiança e nos dá a sensação de que as outras pessoas não nos levam a sério.

Quando eu começo a me sentir assim – talvez um tanto na defensiva, mas ainda assim calmo e com um sorriso seguro no rosto – eu me lembro que o treinamento personalizado não só é lucrativo como também me permite melhorar como pessoas. Depois, penso que em vez de ser um *personal trainer*, poderia estar sentado em um escritório, engordando e respirando a fumaça do cigarro do meu chefe, e uma artéria poderia entupir a qualquer momento. Sinceramente, percebo que consigo mudar e afetar de modo positivo vidas, fazendo algo que é bom e tendo uma carreira que amo. Pensamentos como esse geralmente me levam de volta a uma maravilhosa realidade. Sou abençoado por ser um *personal trainer*. Um pouco de auto-análise me ajuda muito, e provavelmente fará o mesmo por você.

5. Eu tento dar minha energia sem limites a meus clientes. Não espero que eles me divirtam. Quero ter o interesse, a confiança e o compromisso deles. Uma atitude indiferente e alheia não cria entusiasmo. Quando estou cansado ou com problemas, e estou lutando para me motivar e melhorar a qualidade do serviço prestado, lembro que aceitei treinar aquele cliente por vontade própria. O profissionalismo se reflete no serviço que pode sempre ser feito em busca da excelência, independentemente de circunstâncias cansativas ou externas. Seus clientes merecem o melhor.

Peça, consiga e use o *feedback* dos clientes

Você pode fazer com que o *feedback* de seus clientes funcione para você (1) criando uma atmosfera confortável, onde seu cliente fique à vontade para lhe fazer críticas, a outros treinadores e à empresa; (2) sabendo receber críticas; e (3) colocando em prática o *feedback* honesto e bem fundado. Você deve medir o nível de satisfação dos alunos. Não pode apenas acreditar estar indo bem; tem de saber.

Aceitar as críticas de modo positivo e usá-las sabiamente são coisas difíceis. Entretanto, a insatisfação do cliente não desaparece sozinha e, se não for considerada, explica porque os clientes vão embora repentinamente sem dar explicação. Os clientes que não conseguem comunicar suas preocupações não vêem razões para esperar nenhum tipo de mudança em relação aos problemas deles. Simplesmente dizem adeus!

Ao longo dos anos, meus clientes me avaliaram, julgaram, ensinaram, condenaram, motivaram e elogiaram, pois solicitei a ajuda deles para que pudesse melhor servi-los e melhorar pontos fracos. Sou melhor graças a isso. Ainda hoje, é difícil engolir. Profissionalmente, dou palestras em diversas cidades e países no período de um ano e é fácil levar as críticas como ofensas pessoais em vez de equilibrar a informação recebida dos formulários de avaliação. Por mais difícil que seja, você tem de se concentrar na ótima oportunidade que a crítica construtiva lhe dá.

Apesar de nem todo mundo gostar de preencher formulários, você tem uma boa chance de fazer seus clientes participarem, se os formulários forem breves, e incentivar as críticas construtivas que serão analisadas. Também incentivo meus clientes a devolverem o formulário preenchido dando em troca uma camiseta ou outro brinde (veja o formulário 7.1). Se seus clientes acharem que você não está disposto a mudar e pode reagir mal a críticas construtivas, eles dirão o que você quer ouvir, porque não querem estragar o relacionamento nem deixá-lo zangado. Ou você pode não ter essa sorte e eles decidirem deixar de usar seus serviços.

Peça a eles que assinem as pesquisas, porque isso lhe dá a chance de corrigir um problema de modo personalizado. Colocar o nome na pesquisa tira a segurança do anonimato, e se você receber esse tipo de confiança por parte de seu cliente, não deve colocar o relacionamento em risco. A maneira com que você lida com as críticas mostrará ao cliente se vale a pena lhe dizer a verdade. Uma reação inapropriada ou nenhuma atitude rapidamente fará com que essa valiosa fonte de informação seque. Por outro lado, uma postura aberta (por mais que uma crítica o incomode), a disposição de ouvir e mudar e a gratidão pela oportunidade que você recebeu de melhorar deixarão sua "máquina de opiniões" trabalhar. Receber informação por parte de seus clientes é uma parte importante do gerenciamento de uma relação bem-sucedida entre cliente e *personal trainer*, e ajuda a manter o foco do serviço.

Pesquisas e *Feedback* Verbais

Como o treinamento personalizado é algo individualizado e verbal, a comunicação verbal é muito importante para os treinadores que trabalham com clientes diariamente. Não deve substituir pesquisas por escrito, mas mostrar, de modo geral, como seus negócios estão indo e como a relação individualizada está se desenvolvendo. O *feeback* pessoal é isso mesmo: pessoal. Muitos clientes têm dificuldade de serem honestos em relação a críticas que acontecem dessa maneira pessoal e próxima. É por isso que uso os formulários por escrito, além da informação que inevitavelmente recebo em meu contato diário com os clientes.

As pesquisas verbais, como as escritas, sejam feitas pessoalmente ou pelo telefone, só serão eficientes se você pedir, incentivar, aceitar e usar as opiniões! Nada pode destruir esse mecanismo de *feedback* mais rapidamente do que uma resposta negativa, defensiva ou zangada ou o não-comprometimento com a mudança exigida.

O *feedback* lhe dá a oportunidade de reagir a uma situação que o cliente acredite precisar de melhoria. Pode ser que você nem sempre concorde, mas sempre deve agradecer ao cliente por sua clareza e receptividade. É preciso tomar uma atitude, mas não é necessário que ela seja imediata. Se você ouvir a reclamação várias vezes, fica claro que os clientes estão cansados e que a mudança deve ser realizada rapidamente. Se o *feedback* e as críticas positivas não forem incentivadas a acontecerem livremente, o primeiro sintoma de infelicidade pode ser um cliente que simplesmente resolva ir embora. Nesse momento, será tarde demais para corrigir qualquer coisa.

Pesquisa por telefone

Eu não adoto a idéia de uma pesquisa por telefone, a menos que eu esteja desempenhando o papel de administrador e supervisionando o relacionamento de outro treinador com um cliente, com o intuito de controlar a qualidade. É claro, os treinadores conhecem esse tipo de pesquisa e sabem que o intuito é melhorar o serviço ao cliente, e não investigar a *performance* do profissional. Mas esse tipo de acompanhamento administrativo pode ajudar o treinador a diminuir a evasão de alunos, porque o cuidado ao cliente é feito de modo pessoal e mais freqüente. Em outras palavras, com o *feedback* em mãos, o treinador terá a chance de melhorar onde a melhora se faz necessária.

"Pesquisa" no Dia-a-dia de Treinamento

Lembre-se de que a pesquisa não precisa ser formal. Muita papelada e perguntas podem cansar o aluno. Perguntar com freqüência e sinceridade o que eles estão achando do treinamento basta para criar um treino diário satisfatório. Os clientes rapidamente entendem essa atitude como uma prova de que você está interessado no bem-estar deles, ainda mais se resolver os problemas que eles apontarem.

Treinamentos semanais oferecem ao treinador um contato regular com os clientes. Sempre faça perguntas a seus alunos, antes, durante e depois do treino. As perguntas devem ser direcionadas a tópicos gerais e pessoais, incluindo estes:

- Há alguma coisa que eu possa fazer para melhor satisfazer suas necessidades de treinamento?
- Esse exercício incomodou seu ombro?
- Você gosta de como seu programa está sendo direcionado?
- A mudança que fizemos naquele exercício para o ombro eliminou o desconforto?
- Como sente esse esforço?
- Em qual área do corpo você sente esse exercício de treinamento de força?
- Você acha que seus objetivos estão sendo alcançados?
- Está se divertindo e sentindo-se motivado?

Incorpore as informações obtidas com as perguntas quando planejar a próxima aula do cliente e o progresso de programa em geral. Ele perceberá que a opinião dele vale, que você está prestando atenção e que sua real intenção é usar o diálogo para a melhoria do programa.

Estabeleça limites profissionais

Os treinadores têm idéias diferentes a respeito de como os limites profissionais devem ser estabelecidos. Sua escolha afetará diretamente sua capacidade de manter o foco do serviço. Uma pesquisa (Gavin 1998) com *personal trainers* mostrou que a idade pode determinar onde eles estabelecem limites. Os treinadores mais jovens demonstraram uma tendência levemente maior a se tornarem amigos íntimos de clientes e participarem dos mesmos círculos sociais dos clientes. Eles se sentiam mais à vontade em dar e receber conselhos pessoais, assim como conselhos profissionais, e em trabalhar para os clientes fora da área de treinamento personalizado. Os mais velhos (acima de 41 anos) se mostraram menos dispostos a dar conselhos fora das aulas e consultas remuneradas. Eles, em sua maioria, não aprovam a venda de equipamentos e nem costumam dar início a conversas de ordem pessoal com os alunos. Apesar de todas as faixas etárias não concordarem com o envolvimento amoroso entre cliente e treinador, os mais velhos se mostraram mais severos em julgar esse tipo de comportamento. Eles desaprovam o envolvimento emocional com clientes (Gavin 1998).

Essas descobertas mostram que, conforme os treinadores e a indústria amadurecem, os papéis ficam cada vez mais claros em relação ao que é aceitável. Eu fico muito surpreso que mesmo quando perguntados a respeito de envolvimento romântico com clientes, muitos treinadores tenham respondido com um "OK" ou "talvez", o que, de acordo com Gavin (1998), é bem diferente de um forte e sonoro

Formulário 7.1 Modelo de Pesquisa sobre Serviço Prestado e Satisfação do Cliente

Para nós da *The Training Edge*, é importante saber como você avalia nossos serviços. Queremos avaliar regularmente seu nível de satisfação. Não achamos que estamos indo bem. Temos de saber no que estamos indo bem e no que podemos melhorar para oferecer um serviço de qualidade. Agradecemos e aceitamos tanto os elogios pelo serviço bem feito como também as críticas honestas a respeito das áreas em que podemos melhorar.

Nunca ficaremos zangados por você expressar suas opiniões. Agradecemos a chance de melhorar nossos serviços. Queremos que você saiba que vamos analisar as informações e agir de acordo com esse valioso *feedback*.

Obrigado por reservar alguns minutos para preencher este formulário de pesquisa de satisfação. Apesar de ser opcional, por favor, procure escrever seu nome de modo legível no final desta folha para que possamos fazer correções e mudanças de modo pessoal.

Camiseta GRÁTIS! Como este formulário é muito importante para nós, queremos incentivá-lo a devolvê-lo. Quando assinar seu nome e devolver a pesquisa respondida, nós lhe daremos uma camiseta da *The Training Edge*. Obrigado pela atenção e pela colaboração!

De modo geral, o que poderia ser feito para melhorar seu treino na *The Training Edge*?

____

____

Liste suas três maiores reclamações a respeito dos programas, serviços ou funcionários da *The Training Edge*.

1. ____
2. ____
3. ____

Liste três pontos positivos referentes ao serviço da *The Training Edge*.

1. ____
2. ____
3. ____

Há algum funcionário sobre o qual você gostaria de comentar? Não importa se for crítica ou elogio.

____

____

A *The Training Edge* está oferecendo o que você procura em um programa de treinamento personalizado? Por favor, explique sua resposta.

____

____

Quem é o responsável pelo seu treinamento? O treinador domina a situação ou a responsabilidade e os resultados são divididos entre você e o treinador?

____

____

Continuação

Você acha que seu treinador planeja seu programa com antecedência e responde de modo adequado às suas perguntas e outras necessidades de treino?

____

____

Somente para alunos da *The Training Edge*:

Por favor, avalie as seguintes categorias em uma escala de 1 a 5, sendo 5 para excelente, 3 para adequado, e 1 para "precisa ser melhorado".

Categoria	Nota	Comentários
1. Limpeza das dependências	________	____________________
2. Banheiros e vestiários	________	____________________
3. Equipamentos	________	____________________
4. Bebedouros e guarda-toalhas	________	____________________
5. TV, rádio e fones de ouvido	________	____________________
6. Gentileza: outros treinadores e funcionário	________	____________________
7. Ambiente de treino de modo geral	________	____________________

Sua avaliação e opinião são importantes para nós. Obrigado!

Nomc (opcional) ______________________ data: ________

(escreva de modo legível) (Camiseta GRÁTIS!)

Nota do autor: A pesquisa pode ser enviada por correio, *e-mail*, fax ou entregue pessoalmente. Eu prefiro entregá-la pessoalmente ao aluno. Isso incentiva um relacionamento aberto, direto e honesto. A mudança ocorrerá com essa abordagem. Os clientes podem devolver a pesquisa diretamente ao treinador, a outros funcionários, por *e-mail* ou fax. Os clientes devem saber que alguns comentários serão vistos pela empresa toda, sejam eles dois ou oitenta. A informação solicitada pode ajudar a melhorar qualquer tipo de negócio, seja ele composto apenas por um proprietário ou por uma equipe de funcionários. Todos aprendem com as opiniões mesmo que a informação não seja direcionada a todos.

'não'! Um treinador mais velho e mais maduro costuma dizer 'não' com mais freqüência a posturas não profissionais e qualquer comportamento questionável ou que possa estragar sua credibilidade. Os treinadores mais velhos parecem mais seguros e confiantes de que eles não devem abrir mão de seu tempo livre por nada. Eles dizem não a conselhos dados fora da aula. Por outro lado, os treinadores mais novos podem ensinar algumas coisas aos mais velhos. Eles geralmente são mais receptivos aos conselhos de clientes que podem ajudar na expansão de seus negócios, e são mais receptivos à venda de equipamentos. Pense em um relacionamento profissional no qual os clientes podem participar de quadros de conselheiros ou em um treinador que possa expandir com responsabilidade seus negócios, vendendo equipamentos de exercícios ou outros produtos. É possível que alguns treinadores se mantenham distantes de tais possibilidade, por exemplo, porque essas áreas em especial receberam muitas críticas no passado. Treinadores mais experientes, e não necessariamente mais velhos, mostraram-se mais receptivos a conselhos de negócios ou finanças dados por seus clientes.

Faça dar certo a relação cliente-treinador

Um treinador tem de conseguir se adaptar a diferentes personalidades. Ele precisa ser um "camaleão" para se comportar de acordo com o humor do cliente. Ao mesmo tempo, precisa saber escolher quem serão seus alunos. Não faz sentido treinar alguém que não aceita o treinamento ou não o respeita. Os clientes que fazem exigências fora da realidade, não freqüentam as aulas corretamente, resistem em seguir o treinamento que você planejou ou são rudes ou difíceis de lidar são as pessoas que você não deve treinar. Trabalhe com pessoas com quem consiga estabelecer um relacionamento de confiança. Um bom relacionamento é aquele no qual as duas partes se comprometem a fazer dar certo. Forçar um relacionamento não é produtivo e pode ser estressante para todos os envolvidos. Uma conduta hostil da parte do cliente não é aceitável. Depende do treinador insistir em desenvolver e manter uma relação que tenha um comportamento profissional e gentil entre professor e aluno. Essa reciprocidade é essencial para parcerias produtivas e duradouras.

Compreendendo o impacto de suas palavras e ações

Comentários grosseiros nunca são adequados. Talvez você nunca tenha pensado dessa forma, mas nossa interação com o cliente pode apresentar um risco à nossa saúde e à saúde dele. Na verdade, nossa interação pode ser tão prejudicial, a ponto de afastarmos os clientes ou acabarmos desviando-os do desejo de conquistar saúde e condicionamento físico. A seguir, apresento duas situações para ilustrar o que quero dizer:

Caso 1: Um aluno de 50 anos com diversos fatores de risco para doenças cardíacas e outras doenças crônicas lhe pergunta: "eu estou muito mal?". Você responde com uma das seguintes respostas:

a. Mal? é bem provável que você tenha anos, anos não, décadas de produtividades, realização, risadas, contribuições e aventuras a sua espera. Isso, é claro, se parar de reclamar que está mal".

b. Depende" (Sem a menor dúvida, essa ajuda não ajuda ninguém).

c. "Se você perder quinze quilos, parar de fumar, comer menos gordura e açúcar, fazer amizades, exercícios e criar uma vida, provavelmente não. Mas não importa. Estar mal não é tão ruim assim".

d. "Nossa! Não sei. Você está meio caído".

e. Nenhuma das opções acima ou uma combinação de várias.

Caso 2: Um cliente diz: "Não tenho tempo nem força de vontade para fazer todas as coisas que eu sei que me deixariam em melhor forma e mais saudável". Você responde assim:

a. "Eu não tenho tempo para dormir, comer, me divertir e muitas outras atividades. Mas, pensando nas vantagens, encontro tempo. Vamos lá, você consegue!"

b. "Eu tenho um livro maravilhoso (700 páginas em letra pequena) para você" (Você empresta seu livro de condicionamento físico e técnicas favorito).

c. "Você tem tempo, sim. Acontece que isso ainda não é uma prioridade para você. Com mais informação, apoio e inspiração, você pode acabar percebendo que está pronto. Lembre-se das palavras imortais de Yogi Berra: 'Quando encontrar dois caminhos na estrada, vá pelos dois!'".

d. "Que pena".

e. Nenhuma das opções cima ou uma combinação entre elas.

Você respondeu as duas perguntas corretamente? Eu basearia o "acerto" dependendo se sua resposta serviu às necessidades do aluno naquele momento. Eu tenho trabalhado com diversos clientes e percebi que as pessoas são diferentes e únicas. As abordagens que usamos com elas devem ser pessoais, cuidadosas e individualizadas. Não perca a conexão com a pessoa que torna o relacionamento especial.

Robert Fulghum (1993), em seu livro *Tudo que eu devia saber*, conta a história de uma criança, Norman, o porquinho. Norman queria participar da peça de teatro da escola. Mas a professora informou a ele que não havia papéis sobrando. Norman insistiu e se dispôs a ser um porquinho. A professora disse a ele que não havia porco algum na história de Cinderella. Então, ele disse: "– Agora há!". Durante o ensaio, Norman seguia Cinderella e latia quando as cenas exigiam. A professora disse que porcos não latem. Ele respondeu: "Esse late!". Na noite da estréia, Norman seguiu Cinderella em silêncio. Mas quando o príncipe a deixou apaixonada, Norman ficou em pé e latiu alegre. Ele recebeu muitos aplausos.

A história mostra o significado da vida, da espontaneidade, de adequar-se a personalidades distintas e de celebrar a singularidade de cada pessoa. Deixe a individualidade fluir. Seu cliente ficará feliz, e você também. Um pouco da criança que existe dentro de cada um de nós tem de ser incentivada. Pergunte a uma criança a respeito de possibilidades e a lista não terá fim: a vida é bela e tem esperança, significado e propósito. Pergunte a um adulto, e as limitações e qualificações são mais abundantes que aquelas encontradas nas letras miúdas de descontos de passagens aéreas. As crianças acreditam em todas as possibilidades da vida. Pergunte a elas se podem fazer alguma coisa, e elas responderão: "É pra já!".

Mesmo que seja para seguir as regras da tradição ou ficar dentro dos limites do normal, os adultos podem e devem ser incentivados a se tornarem porcos que latem. Nossas palavras e nossos conselhos têm impacto, mas também o que permitimos e incentivamos além das regras de tradição tem muita influência. Devemos incentivar um pouco o porco que late dentro de todos os nossos clientes!

Reconhecendo os tipos de clientes

Com um sorriso gentil, eu classifico a maioria de meus clientes nas seguintes categorias:

- *Cliente com necessidades especiais*. Esses clientes podem ter um problema físico, precisar de cuidados ou exigir extrema paciência e simpatia em relação a dores ou desafios físicas com as quais têm de lidar. O cliente não é problemático, mas precisa de cuidados. E a sua situação talvez tenha de ser muito bem pesquisada e gerenciada juntamente com um médico. Trabalhar com clientes com necessidades especiais tem me ajudado a crescer, amadurecer e aprender, e pode ser muito gratificante. Satisfazer pelo menos parte das necessidades dessa pessoa, ou fazer parte da equipe de saúde e gerenciamento de condicionamento físico dela é algo extremamente recompensador, profissional e pessoalmente.
- *Cliente do sonho*. Esse cliente quer experimentar de tudo, fazer o papel do cobaia para novas abordagens de treinamento, pergunta o que você aprendeu de novo em um *workshop* na semana passada, é sempre entusiasmado e bem humorado, e sempre agradece, dizendo que você salvou a vida dele e o salvou de uma morte iminente. E diz que foi graças a você que ele se casou e teve filhos e, por todos esses motivos, a família quer adotá-lo. É claro que, por estar sempre ansioso pela aula com esse aluno, às vezes se pergunta se deveria pagá-lo pela oportunidade de treiná-lo.
- *Cliente profissional*. Esse cliente é eficiente e quer trabalhar. O cliente profissional é sempre cortês, agradece polidamente e lhe aperta a mão depois de cada aula. Ele treina com você há anos, espera que você comece e termine o treino no horário certo e deseja não ter contato fora do ambiente de treinamento. Adoro esse tipo de cliente!
- *Cliente do tipo "castigue-me!"*. Esse cliente não presta atenção, nunca quer mudar os treinamentos, adora rotinas familiares, força e intensidade e quer que todos os minutos do

treino sejam completamente aproveitados. Se não estiver com dor ou não "sentindo nada", ele quer saber o porquê e o que pode fazer em relação a isso. O cliente do tipo castigue-me acha que vomitar uma vez durante o treinamento é bom, e vomitar duas vezes é ótimo. Ele não toma banho depois do treino e se sente pronto para enfrentar o mundo pós-treino. Esse cliente me cansa, mas eu gosto de desafio.

- *Cliente que toma o controle.* Esse cliente demonstra uma necessidade de exercer poder sobre você. Isso pode fazer com que você se sinta intimidado. A dinâmica do relacionamento é controlada pelo indivíduo, levado a dominar todos os aspectos do relacionamento treinador-cliente. Não leve esse comportamento para o lado pessoal, pois é assim que os clientes que tomam o controle costumam agir. Entretanto, você deve equilibrar a relação. É fácil controlar clientes dominadores se estiver preparado, for profissional e honesto em relação a seus sentimentos e bem articulado. Veja a "armadilha do poder" na próxima seção.
- *Cliente extremamente carente ou dependente.* Esse cliente é extremamente respeitoso, gentil e agradece tudo que você faz. É adorável, faz elogios e lambe o chão por onde você passa. Ele pode acabar se tornando uma espécie de parasita que rouba toda a sua energia e paciência. Nenhum professor substituto é bom; só você satisfaz as necessidades dele. Veja a "armadilha da dependência" na próxima seção.
- *Cliente problemático.* Esse cliente geralmente apresenta comportamento bizarro e irracional, fala sobre assuntos íntimos e inadequados (eu chamo isso de excesso de informação!) e demonstra comportamento agressivo ou conturbado. Geralmente, ele está além de minha capacidade, a menos que eu esteja trabalhando em conjunto com um profissional que esteja cuidando da situação. Eu geralmente ajudo o cliente a encontrar alguém que possa ajudá-lo profissionalmente.
- *Ex-cliente (ou quase isso).* Esse cliente não respeita minhas regras, falta com respeito aos outros e esgota minha resistência física e emocional. Mas, antes de perder o cliente, tenho de ter a certeza de que a partida não é causada por serviço ruim ou alguma outra falha.

Não fuja de clientes desafiadores ou que tenham personalidade difícil. Mudar de comportamento para se adequar à personalidade de um indivíduo não é ruim, desde que não comprometa sua ética pessoal e de negócios. Um treinador me disse: "Eu tenho dois clientes difíceis, dois clientes muito especiais, que eu não trocaria por ninguém – na maioria dos dias". Os clientes podem representar um desafio e ser, ao mesmo tempo, gratificantes de se trabalhar. Por outro lado, você tem de saber como equilibrar o relacionamento entre cliente e treinador para que ele continue sendo produtivo e não lhe deixe exausto.

Equilibrando os relacionamentos com clientes de acordo com sua vontade

Se você se pegar detestando o que faz, acredite em sua intuição: existe algo de muito errado. Muitas vezes o problema está no relacionamento que você criou com um ou vários clientes, algo que tenha fugido de seu controle.

Você tem algum cliente que o deixa nervoso só de saber que ele terá uma aula com você? Ou a tensão surge quando você tem de discutir regras e cobrar pagamentos não recebidos desse mesmo cliente? Você se transformou no despertador e conselheiro de seu cliente? É um cliente que o irrita e não é nem um pouco confiável? Esse cliente sempre aparece atrasado, espera um treino de hora cheia, nunca pede desculpas ou telefona em cima da hora para desmarcar uma aula. Você já leu as regras para ele e disse que está sendo prejudicado e que o comportamento dele é desrespeitoso. O cliente responde dizendo que vai mudar sua atitude. Ele afirma gostar muito de seu trabalho e sente muito pelos transtornos. Você fica sem saber o que fazer e incrédulo diante da resposta sincera. Um mês depois, nada mudou, a não ser seu nível de estresse.

Existe alguma coisa que você possa fazer? Pode readquirir o controle do relacionamento? Pode responder de modo profissional, tratar o cliente com justiça e transformar a situação para que todos saiam ganhando? James Gavin, PhD, professor de Ciências Aplicadas da Concordia University, em Montreal, chama esse tipo de situação de "armadilhas de relacionamento" Como a vida é cheia de relacionamentos, você deve aprender a lidar com eles! O dr. Gavin fala sobre três armadilhas comuns – da dependência, do poder e da sexualidade – que ocorrem sem parar no mundo todo, às vezes com resultados desastrosos.

Armadilha da dependência

O ponto de vista do cliente – de total dependência, "Não consigo viver sem você", começa provavelmente com boas intenções por parte dele. Essa situação pode ser atraente e sedutora para o treinador, tanto do ponto de vista financeiro quanto para o ego. Geralmente os treinadores gostam de ajudar e desenvolver o papel de "reparadores". Além disso, gostamos de acreditar que somos necessários e, até certo ponto, incentivamos a dependência do cliente. Isso oferece segurança ao trabalho e massageia o ego imaturo. Conforme você amadurece profissionalmente, esse tipo de comportamento obsessivo torna-se um sufocamento. É por isso que esse motivo não pode ser incentivado. Veja os conceitos de parceria apresentados nos capítulos 2 e 5.

Quando a pessoa começa a se fazer de vítima e você se torna o responsável pelo bem-estar dela, já pode estar preso. Se você se tornou o psicólogo e o treinador de alguém, tem de se perguntar como foi acumular esses papéis, que logo se tornarão um peso em suas costas. Por fim, esse cargo o desgastará e fará com que você se ressinta da situação e da pessoa. Sua motivação vem de um desejo real de ajudar as pessoas, e o cliente o admira – a ponto de depender completamente de você. A armadilha está montada. O dr. Gavin diz que você se torna alvo fácil para a dependência do cliente graças à sua necessidade de ser útil. Apesar de ser uma boa qualidade para um *personal trainer*, ser útil e ter a responsabilidade sobre a vida da pessoa não dá certo e não ajuda nem o treinador nem o cliente.

Armadilha do Poder

O cliente deixa claro, tanto por palavras quanto por gestos, que pagou pela aula, é seu dono e dita a aula. Ele domina as conversas, acredita poder burlar as regras, sempre lhe deve dinheiro e nunca paga as contas em dia. Reagenda a aula no último minuto e acha que os problemas gerados são seus, e não dele. Não tem respeito por você, sempre quer as coisas do jeito dele, desrespeita os outros, não presta atenção e – quer você goste ou não – é o chefe! Qualquer um desses sinais indicam que você caiu na armadilha do poder, principalmente se acha que o relacionamento tirou seu controle e fica nervoso sempre que lida com o cliente.

Você se sente impotente, estressado ou mal quando lida com esse cliente? Parte dessa impotência nasce do não confronto ao comportamento ofensivo. Por natureza, muitos treinadores gostam de agradar, e, assim como um relacionamento entre pai e filho, tentar agradar resulta de uma necessidade de ser valorizado. De onde vêm seu valor e sua auto-estima? Não dependa de seus clientes para crescer. Procure outras maneiras ou entrará em uma montanha-russa emocional. A armadilha é formada por seu desejo de satisfazer o cliente. Como você nunca vai satisfazê-lo, e ele continua a pagar por seus serviços, você fica preso!

Os clientes que precisam ser dominadores ou controladores podem demonstrar tal comportamento de maneiras sutis. No final, tudo termina no controle. Para que o cliente tenha total controle, geralmente ele o vence com um comportamento intencional e subconsciente. Se o cliente sempre quer tudo do jeito dele, não pensa em seus sentimentos e opiniões, critica seu estilo de treinamento a ponto de fazê-lo pensar em seguir outra profissão, "joga" o pagamento em você, não paga por serviços, recusa-se a seguir suas orientações ou arrasa a sua auto-estima, você está sendo vítima de um jogo de poder. Eu não levaria esse comportamento para o lado pessoal, mas está na hora de acabar com essa situação. Neutralize esse ataque com uma boa defesa. Você não pode ser arrasado emocional e fisicamente para satisfazer as necessidades de outra pessoa de demonstrar superioridade e poder sobre você em todas as situações.

Armadilha da sexualidade

A armadilha da sexualidade pode ser uma perigosa faca de dois gumes. O cliente ou o treinador está, consciente ou inconscientemente, montando a armadilha? O modo com que você, ou seu cliente, veste-se pode ser uma necessidade não expressa de ser desejado ou querido. Por exemplo, se uma cliente constantemente treina sem sutiã por baixo da camiseta, nenhum comentário pode indicar que o treinador esteja à vontade com o tipo de roupa ou que está fisicamente atraído a ela. Ela pode ou não querer provocar. Como você se sente? Acredita que tal atitude é profissionalmente adequada? Um comentário direto, em que fique claro que você se incomoda com a atitude, ou que seus clientes lhe disseram ficar constrangidos, mostra sua opinião. Lide com a situação de forma gentil, para não envergonhar a cliente com o que pode ser um descuido inocente ou falta de cuidado.

Não hesite na hora de conversar. Não permita que o cliente pense, por exemplo, que você se sente à vontade com a situação, que são apenas os "outros" que estão incomodados. Diga ao cliente como se sente. Caso contrário, no caso da cliente sem sutiã, ela pode pensar: "ele ainda me deseja". Você encontrará muitos clientes que não têm bons relacionamentos com seus cônjuges, namorados ou círculo de conhecidos. Alguns tentarão atraí-lo. É um jogo perigoso, que pode ferir. As conseqüências de entrar nesse jogo consciente ou inconscientemente podem se desastrosas.

Quando você se envolve na armadilha da sexualidade, o cliente quer "excitá-lo". Ele quer vencer sexualmente falando e, para isso, ele ou ela tem de seduzi-lo de alguma forma. Você tem de deixar claro que não está interessado. Eu mudo rapidamente essa situação falando sobre minha esposa e meus filhos e sobre quão feliz sou com eles. Se precisar ser mais direto, não hesito. A dinâmica dos relacionamentos depende de reciprocidade. Se os encontros de treinos são cheios de sexualidade, seja por parte do cliente ou do treinador, a comunicação clara deve ser rapidamente estabelecida para eliminar qualquer problema que se origine de contato físico, do modo de se vestir ou das palavras que são ditas.

Até que ponto você deve se aproximar de seu cliente?

Sua relação com o cliente deve ser de respeito, atenção, compreensão e justiça recíprocas. A insinuação sexual nunca é apropriada no contexto profissional, e eu acredito que um treinador pode facilmente se tornar envolvido demais na vida pessoal ou social do cliente. Eu digo para a maioria de meus clientes, e eles gostam, que não estou interessado no dinheiro deles, em seus contatos ou em fazer parte dos círculos sociais dos quais eles participam. Eu respeito profundamente a família deles e, às vezes, participo de formaturas, festas de aniversário ou outros eventos importantes para prestigiar o cliente e a família. Procuro avaliar a importância de tais eventos ao cliente. De modo discriminado, entro e saio da vida pessoal deles e só aceito convites que acredito serem importantes. Fazendo isso, preservo os limites profissionais que devem ser mantidos e o meu tempo também.

Preso? Como sair?

Os treinadores podem passar por diversas situações. Todas elas têm características e problemas próprios. Algumas armadilhas são sutis; outras, alarmantes. Qualquer uma delas pode chegar a um ponto em que você perca o controle da situação. O que fazer? Você deve sair disso da seguinte maneira: de acordo com o dr. Gavin, você pode seguir seis princípios para manter o limite profissional e sua sanidade.

- *Reconheça o modo de comunicação.* Se seu instinto lhe diz que alguma coisa não está correta, se você se sente desconfortável ou se o relacionamento se tornou desgastante, não julgue nada disso como invenção de sua imaginação. Você e seu cliente têm um problema que precisa ser resolvido. Gavin o incentiva a analisar "quem está fazendo o que para quem". Pense em toda a comunicação verbal e não verbal.
- *Reconheça sua parcela de culpa.* É claro que você desempenhou um papel nesse relacionamento. Como ele o atraiu? Como suas necessidades estão sendo satisfeitas e como você permitiu, incentivou e deixou que essa relação indesejável acontecesse? Seu desejo de ajudar e cuidar do cliente está sendo manipulado ou você deseja ser atraente física e sexualmente a seus clientes, enviando uma mensagem confusa e enganada?
- *Reveja seu papel e seus limites.* Reveja sua missão e seu objetivo. Qual é sua função? Qual é o papel do cliente? Respeite, siga e restabeleça os papéis estabelecidos em seu contrato. Identifique o que define um *personal trainer* profissional.
- *Desafie o comportamento, não a pessoa.* É essencial manter um comportamento respeitoso em relação ao cliente, profissionalmente falando, e como pessoa, ao mesmo tempo em que se recusa a satisfazer essa necessidade em especial (ou talvez seja a sua necessidade?). Gavin diz que você pode atacar a pessoa ou satisfazer o comportamento. O comportamento deve ser desafiado, mesmo os problemas pequenos. Pequenas falhas de comportamento se acumulam com o tempo e o que foi um erro se torna a rotina. Ignorar ou demonstrar indiferença em relação a um comportamento inaceitável pode ser interpretado pela pessoa como permissão. O silêncio pode ser mal interpretado.
- *Reafirme regras e posturas.* Identifique o problema de comportamento e o discuta de acordo com as políticas ou o comportamento apropriado e profissional que se espera do cliente e do treinador. Por exemplo, se alguém estiver sempre atrasado, identifique o atraso e suas implicações para o tempo que sobrar da aula. Se você disser ao cliente que o comportamento dele é injusto, inconveniente, desrespeitoso ou que não está de acordo com o combinado, e se você sugerir que entrem em um acordo quanto a solução, a maioria dos clientes se conforma rapidamente e realmente deseja satisfazê-lo. Encare o desafio e corrija o comportamento. Eu lhe garanto o seguinte: um comportamento inaceitável não sumirá, nem terá uma autocorreção.
- *Termine o relacionamento se o comportamento continuar.* Para manter o controle, além de um relacionamento profissional e saudável, um treinador tem de ser capaz de identificar e encarar o problema, e possivelmente acabar com um cliente a menos. Caso contrário, se você tiver receio de perder um cliente, nunca vai encarar com honestidade o assunto que lhe incomoda. Ser incapaz de se livrar de armadilhas de relacionamento terá um impacto mais negativo em sua vida pessoal e profissional do que a perda de um cliente ou da renda proporcionada. Gavin diz que, uma vez estabelecidos os limites interpessoais e as políticas de negócios, se o cliente continuar ignorando-os ou violando-os, é adequado terminar a relação. Os treinadores não devem desenvolver papéis para os quais não estão preparados profissionalmente. Alguns problemas fogem do seu controle, e mesmo que acredite poder lidar com eles, não fazem parte de seu trabalho. Não pense

que falhou como profissional se perceber que caiu em uma armadilha. Simplesmente identifique a situação e diga que uma mudança de comportamento pessoal do cliente que deve ocorrer. Se o relacionamento não melhorar logo, reconheça que a mudança não vai ocorrer, que essa relação não é saudável e encerre o relacionamento profissional. Eu geralmente recomendo outros treinadores ou serviços que podem satisfazer as necessidades do cliente, necessidades que eu não posso ou não quero satisfazer. Eu digo ao cliente que o relacionamento não vai dar certo para mim e explico a razão, sem culpar o cliente (Gavin 1999).

Trabalhando com clientes difíceis

Sempre que me deparo com um conflito, eu me volto às expectativas. Isso é muito importante quando lidamos com algum cliente difícil ou que se torna dependente de nós. Você deve redefinir, se preciso, o que é esperado, tanto do treinador quanto do cliente.

O dr. James Gavin oferece quinze sugestões que podem ajudá-lo a deixar as situações favoráveis, quando um conflito surgir (Gavin e Gavin 1999; veja quadro a seguir).

15 sugestões para transformar situações conflitantes

1. **Entenda qual é o conflito**. Qual é o problema que o envolve?

2. **Decida se o assunto vale a pena ser confrontado.** O conflito suga sua energia? Você pode ser parte da solução? É o momento certo para se envolver?

3. **Descreva as ações da outra pessoa.** Identifique o comportamento sem fazer acusações. Uma abordagem acusatória termina com a frase: "seu comportamento me irrita". Defina as ações e o comportamento que sempre o irritam.

4. **Defina o conflito como um problema mútuo.** Reconheça como a situação afeta os dois lados e que você quer uma solução que agrade a todos.

5. **Defina a questão do modo mais específico possível.** Por exemplo: "o que me incomoda é o fato de você sempre cancelar as aulas com menos de 24 horas de antecedência ou a sua recusa em pagar pela aula apesar de já termos definido a política de cancelamento várias vezes".

6. **Descreva o efeito do conflito.** O conflito pode afetar o tempo, o dinheiro, a energia, a vitalidade, a moral ou o relacionamento cliente-treinador.

7. **Descreva sua reação emocional às ações dos outros.** Os clientes devem saber como você se sente. Os sentimento o levam além do "certo" ou "errado". Eles são sua realidade e não devem ser descartados. Diga ao cliente, por exemplo: "fiquei chateado quando você chegou uma hora atrasado para sua aula agendada".

8. **Descreva qualquer coisa que você fez, ou não fez, que pode ter contribuído para o conflito.** Por exemplo, você pode dizer ao cliente: "eu provavelmente deveria ter lhe dito..." ou "se eu tivesse lhe dito...". O conflito geralmente acontece causado pelos dois lados.

9. **Mostre que compreende o ponto de vista da outra pessoa.** Pergunte ao cliente como ele vê o conflito. Você precisa ouvir e demonstrar verbalmente à pessoa repetindo o que ouviu ("espelhando"), para que ela saiba que você a entendeu corretamente.

10. **Crie uma definição mútua do assunto.** Isso exige que as duas partes reconheçam que o assunto apresenta um conflito. Se o cliente acreditar que isso é um problema seu e não dele, a solução será impossível.

11. Gere soluções para um benefício mútuo. Isso exige que você mantenha a mente aberta e a crença de que a solução é algo a ser descoberto, e não imposto. Algumas situações são claras de acordo com as regras (por exemplo, as faturas devem ser pagas dentro do prazo). Mas, se puderem chegar a uma solução juntos, esse esforço de cooperação pode melhorar o relacionamento.

12. Avalie as soluções em conjunto. A menos que o conflito envolva um abuso ou uma quebra de política que deve ser reforçada, não espere que a primeira solução seja a resposta final.

13. Detalhe a solução mútua. Não discuta apenas a solução; coloque-a por escrito. Todos os detalhes precisam ser especificados e as conseqüências devem ser demarcadas se a solução não resolver o problema.

14. Implemente a solução. Implemente mutuamente a nova solução depois que as responsabilidades forem definidas.

15. Acompanhe. Reconheça o sucesso ou o fracasso. Sempre elogie a pessoa pelo esforço em mudar ou melhorar uma situação. Pergunte a si mesmo se está cumprindo sua parte no trato!

Confie em suas emoções. Separe tempo para entender os sentimentos "estranhos". Converse com colegas e com o cliente. Se os principais envolvidos (você e o cliente) não forem levados em consideração, haverá pouco espaço para uma solução positiva. Não há problemas em terminar um relacionamento. Você não é um fracasso. Diferencie "certo e errado" de "isso não está bom para mim". Mantenha a justiça e a sua integridade, seus valores e suas crenças, e saiba que está no caminho certo para resolver um conflito, mesmo que ele termine com a perda de cliente. Na maioria das vezes, você pode fazer as coisas do seu jeito, construir um relacionamento sólido e manter o cliente também! Seja lá qual for o resultado, o dr. Gavin recomenda que você mantenha a calma e desenvolva seu ponto de vista ao resolver um conflito. O ponto de vista envolve saber o que seu cliente está pensando. Controle seu ego, que quer vencer, com seu coração, que quer proteger o relacionamento, e contraste isso com o que é saudável para você! Desse modo, você pode transformar um conflito em uma oportunidade.

Entenda o que motiva seus clientes

Se quiser entender o que motiva seus clientes, reserve um tempo para entender o que os anima. Como fazer isso? Perguntando e colocando a informação recebida em prática. Como você provavelmente encontra seu cliente com mais freqüência do que qualquer outro profissional de saúde e condicionamento físico, você tem uma ótima oportunidade de conhecê-lo.

Doze anos atrás, o conceito de compreender seu cliente era uma novidade. Isso ficou claro para mim depois que recebi uma carta de um amigo e treinador de Chicago, Mark Cibrario. Em partes, Mark escreveu "*Going Solo* (meu primeiro livro sobre treinamento personalizado) e me inspirou a criar esse "Perfil de Características e Estilo de Vida". Estamos usando esse perfil como uma maneira de conhecer e entender nossos clientes um pouco melhor. Além disso, estamos passando por um pouco menos de frustrações e entendemos que existem muitas coisas que fogem ao nosso controle – mais do que pensávamos – que têm um grande impacto nas atitudes de nossos clientes todos os dias. Eu ainda tenho a carta escrita à mão, porque, naquela época, percebi que o assunto do relacionamento com o cliente era algo importante. E Mark pensou o mesmo.

Compreender seus clientes de modo mais pessoal e emocional vai além do que um treinador bom ou comum faz em relação aos relacionamentos com os clientes. Esse nível de serviço começa a envolver o que um "treinador mestre" pode dar a um cliente. Exige tempo e esforço, e você precisa usar um tipo de ferramenta que o ajude a entender a pessoa com quem você está trabalhando. Afinal de contas, quanto mais você entende a personalidade única de um cliente, mais fácil é oferecer um serviço de treinamento individual e personalizado. É o que o cliente paga para receber!

Várias ferramentas interativas e pró-ativas estão disponíveis para ajudá-lo a entender melhor e satisfazer as necessidades do cliente:

- Pesquisas de satisfação.
- Questionários de histórico médico, atividades e nutrição (apêndice).
- Perfil de Características Pessoais e Estilos de Vida que você pode desenvolver e administrar (formulário 7.2).
- Personal Fitness System ™ (PFS) Interactive Wellness comercialmente disponível (veja a seguir).

Usando o Perfil de Características Pessoais e Estilo de Vida

O Perfil de Características Pessoais e Estilos de Vida é melhor administrado pelo *personal trainer* e é diferente de um questionário ou perfil de histórico médico. Você pode mudar as amostras, no formulário 7.2, para melhor satisfazer suas necessidades. Além disso, veja no apêndice os questionários de histórico médico, breves e extensos, para conhecer hábitos nutricionais, atividades e estilo de vida.

Usando o Personal Fitness System ™ (PFS) Interactive Wellness

Uma ferramenta excelente que você pode utilizar para adquirir conhecimento e compreensão de si mesmo e de seus clientes é o Personal Fitness System ™ (PFS) Interactive Wellness. Depois de responder o questionário de dez minutos, o *software* cria um perfil de comportamento com base em suas respostas. Você pode usar essa informação de diversas maneiras, pois ela:

- melhora a avaliação com programas;
- ganha comprometimento para melhorar o condicionamento e o bem-estar;
- acelera a conquista do cliente;
- faz críticas construtivas;
- evita mal entendidos com o cliente;
- consegue novos clientes de maneira rápida e produtiva;
- contrói um relacionamento sólido desde o começo;
- descobre o que faz com que seu cliente se sinta confortável e à vontade durante a aula.

(O FPS pode ser pedido pelo telefone 480-951-0822 ou pelo e-mail dharper@pfsinsights.com, ou visitando o site www.pfsinsights.com)

Ao ter de lidar com esses oito assuntos cruciais, você melhorará sua eficiência e o sucesso do cliente. O processo PFS, ou qualquer um que você defina sozinho ao usar este livro, cria outra diferença entre você e outro treinador, mostra seu interesse em identificar a motivação do cliente, além de seu desejo de se comunicar de modo eficiente.

Seu cliente deve ser sempre parte do processo. O envolvimento dele é importante componente no direcionamento de seu programa e no desenvolvimento em longo prazo de relacionamentos. Esse tipo de comunicação interativa continua ao longo desses relacionamentos entre *personal trainer* e cliente. Se você realizou um trabalho de reunir informações, deve conseguir entender as motivações de seu cliente e o que desperta o interesse dele.

Aprenda a ouvir

Você pode ouvir de modo passivo ou ativo, e se realmente escutar o que seu cliente está dizendo, pode agir de acordo com o que é dito.

Formulário 7.2 Exemplo de Perfil de Características Pessoais e Estilo de Vida

1. Qual é sua profissão? ______________________________

2. Você considera sua posição:

__ sedentária?

__ moderadamente ativa?

__ ativa?

3. Em média, quantos dias você trabalha por semana?______________________________

4. Em média, quantas horas você trabalha por dia?______________________________

5. Quanto tempo você tira de férias, por ano?______________________________

6. Você é:

__ solteiro?

__ casado?

__ divorciado?

__ separado?

__ viúvo?

7. Quantos filhos você tem? __

Idades: ____

Nomes: ____

8. Relacione alguns de seus hobbies ou interesses, além do exercício físico:

a. ______________________________

b. ______________________________

c. ______________________________

d. ______________________________

e. ______________________________

9. Qual das seguintes características melhor descreve sua personalidade?

__ competitivo e motivado

__ relaxado e extrovertido

__ quieto e tímido

10. Com que freqüência você experimenta estresse "negativo" das seguintes atividades:

	Sempre	Geralmente	Freqüentemente	Raramente	Nunca
Trabalho:	____	____	____	____	____
Casa ou família:	____	____	____	____	____
Pressão financeira:	____	____	____	____	____

Pressão social: ____ ____ ____ ____ ____

Saúde: ____ ____ ____ ____ ____

11. Com que freqüência você sente fadiga e cansaço durante o dia?

__ todos os dias

__ quase sempre

__ com freqüência

__ raramente

__ nunca

12. Com que freqüência acorda bem disposto de manhã?

__ todos os dias

__ quase sempre

__ com freqüência

__ raramente

__ nunca

13. Com que freqüência dorme bem à noite?

__ todos os dias

__ quase sempre

__ com freqüência

__ raramente

__ nunca

14. No momento, por que está interessado em contratar os serviços de um *personal trainer?* (Marque quantas quiser):

___ compromisso

___ motivação

___ conhecimento

___ necessidades de saúde

___ assistência e direcionamento para atingir objetivos de saúde e condicionamento físico

___ outros: ______________________________

15. Que tipo de treinador você prefere? (Marque quantas quiser):

___ desafiador, que vença os limites

___ gentil, orientador, protetor

___ que assuma o controle

___ professor, educador, facilitador

___ do tipo "sargento"

16. Quais são seus objetivos e suas expectativas com este programa?

___

___

___

17. Indique o principal motivo pelo qual você se exercita:

__ eu não me exercito

__ os exercícios fazem com que eu me sinta bem

__ estou tentando perder peso

__ faz bem para minha saúde (por exemplo, previne doenças)

__ recomendações médicas

__ melhora minha aparência

Do livro *The Complete Book of Personal Training*, Douglas S. Brooks, Champaign, IL: Human Kinetics, 2004.

Ouvir de modo passivo

Ouvir de modo passivo significa prestar atenção de verdade a quem fala, mas não responder verbalmente. Olhar nos olhos, sorrir e curvar-se atentamente em direção à pessoa são modos eficientes de mostrar, com a linguagem corporal, que você está realmente ouvindo. No entanto, suas atitudes após a conversa devem mostrar que você estava ouvindo de verdade! Mantenha a mente em silêncio. Não procure apressar o futuro. Ouça de verdade.

Ouvir de modo ativo

1. Literalmente, seus ouvidos trabalham, mas você interage ativamente, retornando o foco para quem fala. Você pode pedir esclarecimentos ou repetir alguma coisa que foi dita para mostrar que entendeu o que a pessoa disse. Alguns especialistas em comunicação chamam isso de amplificação. Uma pergunta ou explicação leva à outra, e o resultado é que quem fala realmente acredita ter sido ouvido. Investigadores e médicos que fazem "históricos" para chegar a uma conclusão ou um diagnóstico corretos são muitos bons nesse tipo de comunicação.

Ação

Aqui, não apenas sua boca entra em ação, mas sua programação, suas decisões e outros aspectos de seu negócio refletem o que você ouviu. Durante uma conversa, antes de agir, verifique o que escutou usando as técnicas de verificação e amplificação. Tente repetir o que acredita ser o objetivo da pessoa e o que ela está tentando dividir com você. Por exemplo, as frases "Estou entendendo que..." ou "Se eu entendi bem...", são maneiras excelentes de verificar o que você acredita ter ouvido. Dessa maneira, a informação não é comunicada de modo errado, e você tem a oportunidade de agir apropriadamente. Seu cliente mostrará se você entendeu bem.

Desenvolva uma comunicação real

As habilidades diárias de comunicação no treinamento personalizado são essenciais não somente para ajudar seus clientes a entenderem e aceitarem as políticas, as regras e os regulamentos do negócio, mas também para ajudar você e o cliente - como equipe - a desenvolverem completamente o programa do cliente.

Ouvir bem e interação, que inclua a amplificação (esclarecer o que ouviu) e verificação (checar uma ou duas vezes para saber se entendeu bem) podem ajudar a afastar a resistência do cliente em relação à política ou às decisões de programas. Por quê? Porque se você usar essas habilidades de comunicação, o cliente realmente acreditará que você ouviu, compreendeu e levou em conta os sentimentos e as opiniões dele. Ainda assim, como é justo e sabe ouvir, você pode oferecer sua opinião profissional e ser totalmente honesto. Em troca, seu cliente lhe ouvirá e respeitará!

Digamos que um cliente diga a você que ele não quer "correr e suar". Fazendo perguntas de amplificação, você pode chegar à raiz do problema. Perguntando as coisas corretas, pode descobrir que John detesta correr e suar porque ele era um maratonista no colégio e tinha de correr sem parar, chegando a vomitar. Ele compara a corrida a esse tipo de esforço. Em seguida, você procura entender: "Se eu entendi bem, você...". Agora você sabe com o que está lidando, e será muito mais fácil convencê-lo da diferença entre um programa de corrida e um esforço sobre-humano! Sempre que um cliente faz uma objeção, você pode oferecer uma solução se compreender a resistência.

Geralmente, essa resistência envolve informação enganada, observação pessoal e experiências do passado. Os três podem ser inimigos ou aliados em seu propósito. A objeção que se origina dessas áreas pode ser superada se você souber ouvir, se for simpático com o cliente e se oferecer uma solução satisfatória.

Informação enganada

Uma cliente diz: "Não quero aumentar o peso que levanto, pois não quero ficar com músculos enormes". Essa é uma oportunidade para explicar as reações individuais ao exercício (duas pessoas podem estar no mesmo programa e atingir resultados completamente diferentes), diferenças de sexo e influência genética. Além disso, antes de chegar a uma conclusão, pergunte por que ela pensa assim. Isso permite que o cliente fale, explique e amplifique suas crenças. Você pode responder enfatizando e dizendo a ela que entende suas preocupações. Conforme mostra sua abordagem e interage, e antes de terminar, pergunte ao cliente: "O que você acha?". Geralmente, a resposta é: "Tudo bem, vou tentar!"

Observação pessoal (ou pouca informação)

Um cliente lhe diz que viu alguém levantando peso com repetições rápidas e percebeu como essa pessoa era definida e magra. Ou talvez ele tenha visto um treinador de boa reputação usando repetição rápida com um cliente que tinha um corpo muito bom. Ele pergunta: "Por que não estamos treinando assim?". Sem ficar na defensiva, nem criticar o outro aluno ou treinador, você deve explicar como varia o número de segundos entre repetições, mas que manter o controle é sempre a chave, independentemente do número de segundos entre as repetições. Você pode justificar sua decisão de treinar dessa maneira devido ao aumento da probabilidade de lesões que surgem com o levantamento incontrolado de peso e porque uma maior rapidez exige menos músculos para uma determinada resistência ou carga. Seu cliente que levanta peso com controle recebe o maior benefício. Você também pode dizer que qualquer tipo de treinamento, contanto que seja diferente ou mais difícil, pode trazer resultados. Os resultados de treino, ou um "bom corpo", nem sempre justifica os meios ou métodos de treinamento usados. Você também pode discutir o mito da redução do local e outros exercícios de emagrecimento ou manutenção que estão associados a um número maior de repetições feitas rapidamente.

Dê informação com modéstia, porém de forma segura. Por outro lado, se precisar aprender alguma coisa, seja modesto e procure saber. Se souber que está no caminho certo, dê a seu cliente confiança em sua metodologia fortalecendo a base. Faça o que for preciso para satisfazer os interesses de seu cliente.

Experiências passadas

Você já ouviu a frase: "Só quero fortalecer a parte de cima de meu corpo porque já fiz exercícios de fortalecimento para as pernas e elas ficaram enormes. Detestei o resultado. Mesmo que eu só faça step, minhas pernas incham". Apesar de você querer treinar músculos maiores do corpo para conseguir um equilíbrio muscular, o cliente se recusa. Se você perguntasse que tipo de mudanças físicas ele não gostou e o tipo de programa que seguia, pode acabar descobrindo que ele fazia diversos exercícios de agachamento, arremesso e extensões, e não gostou do aumento dos músculos das pernas. Você descobre que ele fazia de seis a dez repetições com carga alta, o que aumenta os músculos, em vez de vinte repetições com carga mais leve. Depois de dizer que entende a preocupação dele com a experiência que teve no passado, pode sugerir reduzir o número de exercícios para o quadríceps, com mais repetições. Pode explicar os diferentes exercícios usados para diferentes áreas da parte posterior do corpo "não apenas o quadríceps" e a diferença entre carga leve e carga pesada nos treinos de repetição. Diga que você pode, com o consentimento dele, escolher exercícios para as pernas que tonifiquem e modelem, provavelmente alcançando o resultado que ele quer. Você pode dizer: "Não posso garantir que chegaremos ao resultado que você quer, mas aposto que podemos chegar perto e a um resultado completamente diferente do que você teve anteriormente, que foi tão frustrante". Ele diz: "Tudo bem, mas vamos tomar cuidado, pois estou de olho! E se eu não gostar, vamos mudar, está bem?". Você responde com um largo sorriso e diz: "Com certeza!". Agora você entrou em outro caminho: o do cliente disposto.

Use as habilidades de comunicação no dia-a-dia do treinamento

Os *personal trainers* desenvolvem diversos papéis quando gerenciam um negócio ou treinam clientes. Quer você esteja tomando decisões de negócio em relação à expansão, contratando novos funcionários, servindo de relações públicas ou divulgador, contador ou vendedor ou tentando adequar seu estilo de treinamento com diferentes clientes, sua maneira de se comunicar afetará o que conseguir. Não se esqueça de levar em conta influências culturais (por exemplo, o polegar em riste não quer dizer "muito bem" em todas as culturas) e crenças religiosas.

O treinamento envolve muito mais do que demonstrar um exercício, passar por uma linha de equipamento ou programar uma seqüência de repetições. Se você espera criar o ambiente de aprendizado mais positivo e produtivo para cada um de seus clientes – e manter clientes comprometidos – use vários métodos para passar sua mensagem e garantir que esses métodos sejam perfeitos para cada cliente.

Desenvolva habilidades de comunicação verbal e não-verbal

Geralmente, os especialistas em comunicação dividem a complexa arte de interação em suas áreas básicas: a verbal e a não-verbal. Não se esqueça de usar a comunicação por escrito – como política de negócios, boletins informativos e *e-mail* – para se comunicar de maneira eficiente com seu cliente. A comunicação verbal inclui o que você diz, como diz, maneiras de dizer e tom de voz. A habilidade de comunicação não-verbal – o que você não diz, mas comunica claramente – é representada por aparência física, linguagem corporal, expressão facial e toque.

Aparência física e maneira de se vestir

Você pode perguntar: "É mesmo? O modo com que me visto e minha aparência entram na categoria de habilidades de comunicação?". Com certeza! Na verdade, você se comunica com seu cliente primeiro por meio de sua aparência, e as primeiras impressões costumam ser duradouras.

Fisicamente, independentemente de tipos físicos distintos, os profissionais do condicionamento físico devem personificar o condicionamento e a saúde. Você deve seguir uma conduta de vestimenta escolhida com a intenção de tornar o ambiente de treino "seguro emocionalmente", confortável e nada ameaçador. Você também deve passar uma imagem adequada com seu modo de vestir. Uma atitude grosseira prevalecerá se você fizer a seguinte pergunta: "Por que me visto assim?" com "Porque eu posso". A indiferença em relação ao cliente não é um bom negócio.

Criar uma tendência, mesmo que eu possa, não vale a pena se eu estiver correndo o risco de afetar um cliente ou o resultado. Talvez não haja certo ou errado, mas existem conseqüências para suas decisões, e seu cliente reagirá de modo favorável ou desaprovará ou se sentirá ofendido ou motivado. Sua primeira pista de que fez algo errado é quando se depara com a desistência, aparentemente sem motivo, de um aluno. Tome cuidado com esse aspecto da comunicação e o impacto que ele terá sobre seu cliente. Tente descobrir o grau de aceitação do cliente. Independentemente de sua própria opinião, pergunte a si mesmo: "A maneira com que me visto agrada e motiva meus alunos?".

Demonstração, Visualização e Criação de uma imagem mental, e a correção da postura com toques

Alguns treinadores e alunos não se sentem à vontade com a correção de posturas com toques. Se isso acontecer com você, lembre-se de que o uso de demonstrações, espelhamento, vídeos e visualização podem criar imagens mentais vívidas e trazer a mudança necessária na técnica do exercício. Use uma variedade de imagens mentais que você cria com palavras, demonstrações e outras ajudas obtidas com o uso de vídeos ou espelhos bem posicionados. Um vocabulário que crie descrições (sem tocar) e analogias ajudarão seu cliente a acertar a posição.

Correção de posturas com toques

Correção com as mãos, ou localização, pode ser útil em qualquer situação, principalmente quando o cliente não consegue progredir fisicamente. Entretanto, é preciso respeitar os limites pessoais do aluno. Pessoalmente, eu me sinto muito à vontade para mostrar posturas corretas tocando meus clientes para que eles possam "ver" e "sentir" a posição certa para o exercício. Meus anos de experiência como ginasta e técnico de ginástica feminina fizeram com que eu me acostumasse a executar essas correções de maneira confiante. Entretanto, sempre peço permissão antes de tocar um aluno.

Se seu cliente não permitir ou se você perceber que, mesmo depois de consentir, ele ainda se sente desconfortável, diga que a correção por meio de toques não é essencial para um bom treino e que diversos outros clientes preferem que você não use esse método. Deixe seu cliente à vontade para não ser tocado ou dizer: "Na verdade, não me sinto à vontade com isso". Existem muitos outros recursos que você pode usar, sem intimidar o cliente.

Com a permissão do aluno, explico porque e como o tocarei. Essa explicação não se transforma em uma dissertação oral, mas sim acontece naturalmente ao longo da aula. Não choque nem assuste os clientes sem avisar antes quando os tocará (não pense que apoiar a coluna de um cliente com seu corpo durante um exercício para os músculos laterais das costas é um ato completamente normal!). A maioria das pessoas novas ao *personal trainer* não imagina que terão de ser tocadas pelo treinador até que isso aconteça. Para muitos clientes, isso não faz diferença. Já outros podem se sentir chocados, surpresos ou com medo. Você deve estar pensando: "Não seria um exagero?" ou "Fazer tempestade em um copo d´água?". Sua opinião não importa aqui. A questão é respeitar o espaço do cliente, comunicando os movimentos antes de executá-los, sem tirar suas próprias conclusões. Seja muito cuidadoso quando o assunto for limites pessoais. Deixe que seu cliente decida se quer ou não ser tocado. Se a permissão for dada, você e o cliente podem relaxar e aproveitar os benefícios que a correção com as mãos pode trazer.

Correção adequada feita de modo verbal

Sem ser exagerado, você pode corrigir, incentivar e guiar o aluno com uma linguagem positiva. Por exemplo, em ver de dizer: "Você está curvando as costas!", eu sugeriria que ele flexionasse os joelhos, contraísse o abdome ou encaixasse o quadril. Poderia dizer também: "Perfeito! Está vendo como isso tira o estresse da parte de baixo de sua coluna, reduzindo a curvatura? Agora você está neutralizando sua coluna, sem curvar demais suas costas.".

Procuro dizer as coisas em um tom de voz moderado, de maneira calma, concentrada, paciente, entusiasmada ou cuidadosa, sem ser exagerado ou chato. Meu incentivo, minha correção e orientação são seletivos; e não falo sem parar. O comentário corretivo constante é irritante e faz o cliente pensar que nunca vai conseguir fazer as coisas do modo certo ou satisfazê-lo. Logo, sua boa intenção fará com que o cliente comece a procurar um novo treinador.

Não tento me dirigir ao cliente usando uma linguagem que combine com a personalidade dele. Desenvolva um estilo – o seu estilo – que possa ser ajustado à pessoa a quem você se refere, mas que ainda assim represente quem você é. Assim, você vai parecer honesto e real, e não forçado ou falso.

Posição inicial

Você conhece o posicionamento... Os pés separados seguindo a linha dos ombros, o corpo ereto, os olhos atentos, os joelhos levemente flexionados e você estará pronto para começar. É claro, meus clientes sabem que essa postura inicial é adotada para a realização de diversos exercícios. Tento adotar essa postura durante as aulas. Passo a impressão de estar atento o tempo todo, fazendo contato visual e mantendo a concentração. Você nunca vai me ver apoiado em uma parede ou em um equipamento. Meus olhos não perdem o foco, não me distraio e minha linguagem corporal deixa claro que eu nunca perco a atenção. Minha expressão facial mostra aos meus alunos que estou atento! Eu me posiciono de modo a poder falar com eles de igual para igual, sem parecer superior ou inferior a ele. Com essa posição, passo energia, atenção, comprometimento e profissionalismo.

Mesclando abordagens de comunicação

Uma combinação de comunicações verbais e não-verbais forma uma mistura de apoio, motivação, incentivo, direcionamento, correção e explicação a seus clientes. Assim como acontece com o planejamento, um único estilo de comunicação não serve a todos. Uma grande variedade de métodos que se relacione com a maneira com que seu cliente aprende melhor ou é motivado deve ser usada. Como você está indo? Peça *feedback* de seus alunos!

Motivando seus clientes

Antes de usar ótimas habilidades de comunicação verbais e não-verbais, você, às vezes, tem de ser filosófico para motivar os alunos. A filosofia pode ser aplicada em alguma área do condicionamento físico com a qual eles tenham dificuldade, algo que os deixe motivados.

A maioria de meus clientes, assim como da população mundial, acredita que as 24 horas do dia não são suficientes para eles fazerem tudo que precisam fazer. Abordo meus clientes de modo filosófico com essa necessidade de tempo, usando o que eu chamo de "fábula do uso do tempo". É mais ou menos assim: todas as pessoas começam o dia com a mesma quantidade de tempo – 86400 segundos. E cada pessoa escolhe como investir esses segundos.

Continuo com alguns motivos (desculpas) que as pessoas citam para não fazer exercícios e deixo meus clientes citarem alguns. Depois de citar os contras, como viagens, cansaço, família e falta de equilíbrio na vida, começo a dizer razões para a prática de exercícios. É engraçado como todos os meus clientes sabem que devem se exercitar e porque, mas acham engraçado "reclamar". Temos tão pouco tempo de lazer que temos de encontrar algo que preencha nosso tempo, algo que tenha valor, sentido e recompensa. Não, não estou me referindo a sentar no sofá com o controle remoto na mão! Então, o que é importante? Fazer exercícios! Os exercícios devem fazer parte da resposta de todo cliente.

Realizando o exercício

Para "fazer" exercícios, o cliente deve agendar e equilibrar suas prioridades de exercício.

- *Encare o exercício como uma prioridade.* Assim como consegue encontrar tempo para tomar banho e cumprir compromissos de trabalho e família, você deve dar prioridade aos exercícios.
- *Estabeleça um curso de ação planejado.*
  1. Defina seus objetivos.
  2. Agende-se.
  3. Divisão de tarefas. Conte com a ajuda de seu parceiro, sua família ou um treinador.
- *Use o equipamento certo.* O equipamento errado pode tornar o exercício menos divertido e agradável e dar ao cliente outro motivo para desistir.
- *Invista pouco tempo* e obtenha um bom retorno de saúde e condicionamento físico. Um bom treino traz aulas eficientes e melhora os resultados.
- *Proteja seu tempo de exercício* como uma leoa protege os filhotes. Crie um momento sagrado para eles e estabeleça seus compromissos, seguindo-os à risca.
- *Não tente ser perfeito.* Enfatize o objetivo do progresso – e não da perfeição!
- *Paixão: o fato não-científico.* Você deve gostar do que faz!

O que funciona

Os resultados da pesquisa IDEA sobre treinamento personalizado (IDEA 1998a) indicam que os treinadores usam incentivos positivos e frases afirmativas para motivar seus alunos. É bem diferente de abordagens extremamente críticas e forçadas. A maioria dos treinadores usa autocomparações para avaliar a melhora (veja capítulo 11) em vez de adotar uma postura com comparações com base na média. Os behavioristas de antigamente acreditavam que o incentivo positivo tinha um impacto muito mais benéfico no comportamento do que as críticas. O conselho era ser positivo sem exagerar. Os resultados dessa pesquisa mostram que os treinadores têm seguido esse conselho. Uma observação interessante: os treinadores mais velhos parecem ser mais específicos quando incentivam (Gavin 1998). Com referência à descoberta da última pesquisa, se a aula toda for repleta de exaltações do tipo: "ótimo", "excelente", "maravilhoso", "muito bom", você deve pensar sobre o impacto verdadeiro desse *feedback* e a sinceridade de seu conteúdo.

Explicar o que os clientes estão fazendo certo ou errado, perguntar como o aluno se sente durante a aula, comparar as melhoras nos rendimentos e incentivar continuamente ("Você consegue!") são maneiras de motivar seus clientes. Certifique-se de reconhecer a melhora do cliente, mas mantenha a sinceridade. É justo elogiar de acordo com o sentido da conquista.

O que não funciona

Pegue cada ponto discutido na seção anterior, "O que funciona", faça um giro de 180º graus e você terá a lista. No topo de minha lista de coisas que não funcionam, está uma abordagem dominante, agressiva e do tipo campo de batalha. Não me sinto à vontade com ela; tampouco meus clientes. Desenvolva um estilo próprio, sem tentar agir como outra pessoa: desenvolva e conheça seu próprio estilo.

Outra coisa que não funciona é perder contato com o cliente. Por exemplo, para os treinadores que ignoram o que cliente fala ou estão mais interessados em admirar seus corpos sarados no espelho, o treinamento torna-se uma tarefa como qualquer outra da lista.

Treinadores novos costumam cometer o erro de forçar demais o começo de um treinamento para um aluno novo. Talvez por uma combinação de ingenuidade, ignorância, falta de maturidade ou entusiasmo bem-intencionado, porém errado, o treinador não consegue respeitar os limites físicos e psicológicos do aluno. Isso é algo muito pessoal. Não desrespeite seu cliente sendo descuidado com esse aspecto. É sempre melhor fazer pouco do que muito. As pessoas fazem exercícios para se sentirem bem e terem uma boa aparência, e querem aproveitar a experiência.

Use a mágica da motivação

Motivar as pessoas para que continuem se exercitando e ajudá-las a vencer o platô emocional e físico não depende de mágica. Isso seria uma ilusão! Motivar seus clientes exige o desenvolvimento de uma série de habilidades e estratégias que funcionem com cada cliente e os ajudem a alcançar seus objetivos de saúde e condicionamento físico em longo prazo, mesmo que você não os treine. As bases que você ajuda a estabelecer devem servir ao cliente pela vida toda, com ou sem sua ajuda.

Desejos e necessidades

A motivação deve ser individualizada, e não há maneira de individualizar sem comunicação. Eu descubro o que meus clientes querem e o que os motiva graças a um processo constante de reunião de informações (veja o capítulo 10). Isso permite que eu crie e me concentre em um programa formado pelo que meus clientes querem e necessitam.

Estabelecendo objetivos realistas

Estabelecer objetivos realistas e alcançáveis (veja o capítulo 12) permite que você se mantenha atualizado com as expectativas e os desejos de seus clientes. As necessidades mentais, emocionais e físicas mudam com um programa progressivo e bem planejado. Esse estágio contínuo de planejamento e reavaliação permite que você alcance objetivos de maneira correta. É bem parecido com a periodização, que objetiva alcançar "resultados planejados", diferente de uma abordagem ruim que não envolva planejamento, organização e preparação prévios.

Inspiração

Apesar de não podermos forçar um aluno a obter grandes resultados, fatores externos dentro de seu controle podem influenciar sua esperança, seu ânimo e seu entusiasmo com o ambiente de treinamento. O que você diz, como diz, a freqüência com que diz e sua atitude positiva contam! Às vezes, acredito que somos mais inspiradores do que motivadores. Podemos inspirar nossos clientes dando o exemplo e amando o que fazemos.

Educação

Sem exageros, você precisa ajudar seus alunos a entenderem porque estão se exercitando e cuidando de sua saúde. Essa compreensão resulta em maior comprometimento e independência. Os clientes se tornam mais firmes no que estão fazendo. Informação educacional específica dá propósito e explica a situação em longo prazo.

Diversão e brincadeira

Não é aconselhável que um treinador se torne amigo de seu cliente, mas variedade, diversão e "coleguismo" durante a aula ajudarão o aluno a tirar o máximo proveito da aula. Comentários engraçados entre os exercícios são apropriados com alguns clientes. Todo aluno tem uma criança dentro de si – um pouquinho do "porco que late" – e é bacana extravasar esse lado de vez em quando.

Feedback

É essencial o reconhecimento da conquista pessoal, por maior ou menor que ela seja. Eu prefiro dar incentivo em excesso do que insuficientemente. Mas tento discernir o momento certo de elogiar meus clientes para que minhas intenções sejam vistas como sinceras.

Escrevendo

Os pacientes sedentários que recebem de seus médicos prescrições por escrito para a prática de exercícios aumentam mais a atividade física do que os pacientes que apenas recebem conselhos feitos de forma verbal (Rubin 1998). Usar Acordos Pessoais, Folhas de Objetivos e autocontratos (capítulo 3) e formulários de estabelecimento de objetivos (capítulo 12) são ótimas maneiras de fazer com que seus clientes se comprometam a conseguir resultados por escrito. Quando o autocontrato for feito por escrito, o resultado se torna objetivo e pode ser avaliado, e o programa pode ser ajustado para satisfazer as necessidades atuais do cliente. Resumindo, esse formulário de "mágica" é chamado de responsabilidade.

Mantenha-se motivado

Fazer com que seus clientes façam exercícios e mantenham o entusiasmo pode ser seu maior desafio. A maioria das pessoas que adora se exercitar e não deixa os exercícios de lado aprendeu a fazer isso. Os clientes devem saber que esse desejo de se exercitar não é algo natural para a maioria das pessoas. Com a abordagem e o incentivo corretos, uma grande paixão pode nascer, principalmente se for combinada com resultados que tragam mudanças à vida. Administrar o Formulário de Experiência com Exercícios (formulário 7.3) pode ajudar o cliente, e você fica conhecendo suas percepções e sabendo se eles estão lidando com questões motivadoras.

Ajude seus clientes a mudar

Aprendi há muitos anos que não depende do treinador, mas do aluno. O cliente é o responsável pelas mudanças. Os alunos que mantêm a prática de exercícios motivam-se sozinhos. Esse é outro conceito difícil de ser aceito. Os *personal trainers* por natureza, e eu me incluo nesse grupo, querem resolver os problemas dos clientes. De alguma forma, acreditamos ser capazes de fazer com que nossos clientes colham frutos por meio de nossa força de vontade. É a situação perfeita para o fracasso. Temos de aceitar nosso papel como guias para a jornada de saúde e condicionamento físico do cliente.

Este capítulo falou sobre construir motivação intrínseca e confiança em seu cliente. Para criar autoconfiança nas outras pessoas, você tem de sentir-se bem consigo mesmo. Você se sente forte? Está crescendo, amadurecendo e ainda aprendendo? Está no controle dos relacionamentos com os clientes? Em caso afirmativo, há uma grande chance de você se tornar um "mestre" em treinamento, podendo passar essa sofisticação, desenvolvimento total e experiência a seu cliente.

Os passos de fortalecimento são tão fáceis quanto conhecer seu cliente, incentivar quem eles são, explicar os limites de relacionamento e o propósito, dividir educação e informações que ajudarão os clientes a acreditarem que eles podem existir independentemente de você, ouvir mais do que falar, manter a atenção no cliente, ajudá-los a se sentirem bem em relação a eles mesmos, não julgar, mostrar mais do que dizer e, por fim, estabelecer um curso de ação em palavras e por escrito.

Epílogo

Acredito que o treinamento personalizado tem a ver com criar o melhor resultado e servir seu cliente. Uma grande parte da relação treinador-aluno depende da percepção, do intelecto e da mente. Temos de ter impressões e fazer escolhas. Mantenha a frase de George Bernard Shaw em sua mente quando desenvolver essa dinâmica relação de constante mudança. "As pessoas que não mudam de idéia não conseguem mudar nada". Perceba que a frase não diz que os treinadores que não conseguem mudar as opiniões dos clientes são fracassados!

O presente

O dr. James Gavin resumiu tudo isso muito bem: "Meu presente a você, como *personal trainer*, é dizer que você não é responsável por consertar seu cliente. Importar-se com eles é o bastante – mudar é obrigação deles. E o bônus é que, apresentando-se dessa maneira a seus clientes, você pode encontrar a compreensão e a auto-estima para fazer qualquer mudança de saúde que seja importante na vida deles". (Gavin 1997, p. 38). É um bom conselho para você e para seus clientes!

Formulário 7.3 Formulário de Experiência de Exercícios

Complete este formulário assim que puder, depois de sua aula. Ele vai melhorar sua percepção da experiência do exercício e o ajudará a se concentrar no processo, e não no resultado. Discuta suas respostas com seu treinador na próxima aula.

Quão divertida foi a aula? ____________________

Você ficou satisfeito com o que fez? ____________________

Atingiu seus objetivos? ____________________

Quanto se concentrou durante a aula? ____________________

Durante a aula, sentiu desejo de estar fazendo outra coisa? ____________________

Essa atividade foi importante para você? ____________________

Você esteve no controle da situação? ____________________

A atividade foi um desafio? ____________________

Seu nível de habilidade foi compatível com a atividade? ____________________

Reimpresso de *Staying Motivated*, 1998.

Do livro *The Complete Book of Personal Training*, de Douglas S. Brooks, Champaign, IL: Human Kinetics, 2004.

Capítulo 8

RESPONSABILIDADES LEGAIS E PROFISSIONAIS

As palavras *legal, responsabilidade, processo* e *advogado* podem causar arrepios e suor frio nos treinadores. Elas podem gerar piadinhas de mau gosto envolvendo advogados. Ou podem não significar nada se o treinador não tiver a menor idéia de suas responsabilidades legais para com o cliente, consigo mesmo e com seu negócio. Não há necessidade de se preocupar com legalidades se você fizer procedimentos sensatos em relação a sua empresa. Mas, ao mesmo tempo, não há desculpa que justifique a falta de conhecimento sobre as responsabilidades legais.

Para gerenciar uma empresa de sucesso, você deve conhecer os assuntos legais que a envolvem. Não perca o sono com possíveis processos. Tome medidas preventivas e fique por dentro dos acontecimentos nessa área. Volto a repetir: faça a sua parte! Se você ficar em dúvida sobre uma questão legal, procure ajuda profissional que possa lhe oferecer direcionamento correto.

A informação deste capítulo não tem a intenção de ser um conselho jurídico. Espero que os pontos discutidos aqui o deixem interessado em aspectos legais, incite-o a fazer as perguntas corretas e o incentive a procurar ajuda de um especialista quando for preciso. A interpretação das leis pode variar de estado, província ou país. Quando você estiver desenvolvendo regras que serão vistas como legalmente comprometedoras, sempre consulte advogados em seu estado ou país para obter soluções específicas para suas perguntas legais.

Entenda o básico

Pode parecer clichê, mas é verdade: vivemos em um mundo litigioso. Você pode ser processado por fazer pouco, demais ou nada (omissão), por atitudes bem intencionadas ou por tomar atitudes que estejam além de sua área (concessão).

Prática

Quer você trabalhe para alguém ou por conta própria, os clientes lhe pedirão conselhos. Você precisa saber o que abrange sua disciplina, manter-se dentro da prática e cuidar disso com conhecimento adequado. A ignorância não é uma defesa aceitável.

Não brinque de médico e nem finja ter a cura para todos os males de seus clientes. O bom senso dita que você não deve interpretar de modo errado sua especialidade ou a compreensão de questões de saúde e condicionamento físico. A maioria dos países tem leis que impõem severas penas para aqueles que praticam a medicina sem licença.

É tentador oferecer conselhos quando alguém pede sua opinião, e isso acontecerá diversas vezes! Se você tiver a especialização e o conhecimento, não há problema em dar sua opinião, mas geralmente, quando lhe perguntarem sobre o tratamento de lesões ou uso de medicamentos, limite suas recomendações aos procedimentos de primeiros socorros.

Conheça seu limite de conhecimento. Espero que você seja sábio e maduro o bastante para recomendar que um cliente procure aconselhamento especializado de um médico ou procurar orientação de um especialista que possa indicar a seu cliente quando preciso. Depois de receber orientação profissional, se for apropriado continuar trabalhando com o cliente, continue mantendo registros e modifique o treinamento para refletir as orientações do profissional e as necessidades do aluno.

Saiba quando passar situações de treino para pessoas mais qualificadas. Essa habilidade de manter-se dentro de sua área de especialidade, responsabilidade e competência técnica é essencial se você quiser limitar seu risco e concentrar-se no interesse do cliente.

Entender os níveis de competência e o que você está treinado a fazer combina com o estabelecimento de um grupo de profissionais competentes em assuntos além de sua especialização. Estabeleça uma rede de contatos com psicólogos, endocrinologistas, médicos e outros profissionais que possam oferecer serviços que você não pode.

Você deve utilizar as avaliações de saúde para determinar níveis de condicionamento físico, e não para indicar tratamento, fazer diagnósticos ou decidir se o indivíduo está apto para as atividades físicas. A avaliação de condicionamento físico não é apropriada para todos os clientes. Ela é uma ferramenta opcional, que pode ser usada com alguns de seus clientes para motivá-los, enquanto um questionário de histórico médico e de saúde bem feito é obrigatório e pode ajudá-lo decidir se determinado cliente está apto às atividades físicas ou se você deve procurar mais orientação. Esse questionário ajuda a avaliar um cliente em um programa de condicionamento físico (veja o apêndice e os capítulos 10 e 11 para obter mais informações).

Você deve entender a informação que pede e como interpretá-la e aplicá-la ao cliente sendo avaliado. Quando fatores de risco ou outras dúvidas a respeito da saúde da pessoa aparecem, você deve indicá-la a um médico especialista para ter certeza antes de dar início ao programa de exercícios.

Padrão de cuidados

O conceito legal de "padrão de cuidados" refere-se a "cuidados comuns". Cuidados comuns refletem o que um treinador profissional prudente e responsável faria em uma determinada situação. Em outras palavras, suas ações devem estar de acordo com os serviços apropriados para a idade, a condição e o conhecimento do participante. Além disso, a metodologia e a programação devem estar em sincronia com padrões profissionais atuais. No caso de um processo, os advogados do pleiteador perguntarão a um especialista, que servirá de testemunha, o que outros profissionais de condicionamento físico teriam feito na situação em questão. Além disso, outras autoridades podem ser chamadas para testemunhar a respeito de padrões aceitáveis, e textos de credibilidade podem ser citados para estabelecer ou determinar se a atitude estava de acordo com os padrões atuais.

Os treinadores são obrigados a usar cuidados básicos no treinamento de clientes. Se você seguir um padrão aceitável de cuidado básico e os padrões de cuidados aceitáveis, estará fazendo o necessário para evitar machucar um cliente, usando métodos de treinamento razoáveis e que um treinador prudente usaria.

Qualquer estado, província ou país que não exige que os treinadores sejam licenciados provavelmente o julgará com dois itens: o primeiro é o padrão de cuidados que geralmente tem como base critérios estabelecidos por organizações educacionais e certificadas pela indústria, como evidenciado em sua adoção. O segundo é um testemunho de especialidade, que indica o que um *personal trainer* profissional cuidadoso, prudente e atualizado teria feito na mesma situação.

Evite processos judiciais

A maioria dos processos e ações contra treinadores e academias ocorre quando a negligência fica evidente e geralmente está relacionadas aos seguintes fatores:

- Falta de avaliação dos alunos.
- Falta de instrução ou supervisão adequadas aos alunos durante uma atividade recomendada ou prescrita.
- Falta de manutenção ou ajuste de equipamentos.
- Falta de cuidados nas instalações (academias).
- Não cumprimento de padrões da indústria.
- Negligência em oferecer socorro emergencial ao que precisar (Herbert 1997).

Mantenha registros atualizados e corretos

O uso de formulários de concessão ou liberação, formulários de permissão (ou conscientização a respeito dos riscos) e questionários de histórico médico é esperado como parte de uma avaliação completa do cliente e uma boa tentativa de informar os alunos a respeito de riscos inerentes ao programa de treinamento físico.

Se você for treinar fora da academia onde geralmente dá o treino, por exemplo, visite o local com antecedência, certifique-se de que o seguro cobre essa situação de treino, procure apresentar ao cliente um formulário de concessão que informe os riscos e leve consigo um telefone celular com a bateria carregada para o caso de alguma emergência surgir.

Use bom senso para evitar processos

Os processos podem ser evitados se você avaliar bem seus alunos, desenvolvendo programas seguros, que satisfaçam os padrões da indústria, da progressão prudente e das técnicas corretas de exercícios, supervisionando de perto o treinamento todo. Essa vigilância varia de ajuste de equipamentos e manutenção à instrução verbal e por meio de toques. Mantenha-se atento desde o começo do treino até o final. Instrução adequada e supervisão cuidadosa são a chave.

Minimize seu risco e sua exposição aos processos

- Prenda-se a padrões da indústria desenvolvidos e publicados por organizações profissionais respeitadas e autoritárias.
- Desenvolva e implemente procedimentos de avaliação iniciais e contínuos.
- Prescreva apropriadamente (um plano) e supervisione a atividade.

(Nota: a palavra *prescrição* geralmente é usada para designar um programa ou remédio prescrito por um médico. Os *personal trainers* geralmente não prescrevem programas de exercícios, a menos que eles tenham treinamento especializado ou especialização).

- Implemente inspeção e manutenção contínua de local de treino e equipamentos.
- Indique profissionais do condicionamento físico devidamente certificados que ofereçam serviços importantes que estejam dentro da área de especialização deles.
- Ofereça pessoal certificado em cursos de ressuscitação cardiopulmonar e primeiros socorros.
- Adote e atualize sempre que preciso um plano de emergência por escrito que seja ensaiado com freqüência e modificado quando necessário (Herbert 1997).

Pratique o gerenciamento de riscos

Como parte do gerenciamento de riscos e para evitar processos, você deve identificar, limitar, reduzir e transferir riscos possíveis para minimizar sua exposição a processos. Você tem de fazer "as coisas certas", tomar medidas prudentes e seguir padrões e regras da indústria. Além desses princípios, a base do gerenciamento de riscos é um programa de seguro confiável que ofereça defesa paga (as empresas de seguros cobrem essa despesa), no caso de processos, e também pague indenizações.

Se os riscos não puderem ser eliminados, você pode usar mecanismos de transferência que podem ajudar a eliminar ou limitar a responsabilidade pessoal. Eles incluem formulários de concessão e liberação, de consciência sobre os riscos e, como já foi dito, seguro de responsabilidade profissional. Independentemente do que você puder fazer para limitar, reduzir ou eliminar os riscos legais, o seguro de responsabilidade profissional é obrigatório na sociedade litigiosa de hoje e continua sendo um dos componentes mais importantes de um programa eficiente de gerenciamento de riscos.

Riscos relacionados às qualificações do treinador

É impossível ter excesso de conhecimento. Um grau formal em uma área relacionada ao condicionamento físico ajuda a estabelecer a credibilidade e demonstrar que você tem, no mínimo, competência mínima ou básica para realizar as tarefas associadas ao treinamento personalizado. Certificados e graus avançados podem especificar e documentar a especialidade.

Estar em dia com a documentação é um sinal de competência. Seguir as regras, regulamentações e o comportamento esperado de acordo com padrões é outro. A educação, por si, pode provar que você é qualificado, mas não evitará que você seja processado. Você também deve agir de acordo com seu nível de qualificação e com o que é definido como aceito e apropriado no momento. Mesmo quando você age perfeitamente e de acordo com as regras da indústria, ainda assim pode ser processado! Por isso você tem de obter um seguro de responsabilidade profissional.

Riscos relacionados à conduta do programa de treinamento

Como um treinador profissional, prudente e atualizado progrediria com o treinamento de um cliente? Se você sabe a pergunta para essa resposta, é bem provável que não vá lesar um cliente e nem sofrerá processos no futuro.

Você deve observar os seguintes pontos:

1. Siga um progresso lógico em seu programa.
2. Estabeleça objetivos em curto e longo prazo para o programa de treinamento, que se adaptem bem ao conceito de periodização de programação. Assim, você pode documentar atividades que aconteceram e estavam de acordo com as práticas estabelecidas pela indústria. Pense em fazer programação no computador para economizar tempo e conseguir organizar tudo de uma maneira melhor.
3. Conheça e siga padrões e procedimentos pedidos por autoridades e organizações da área.
4. Desenvolva e informe, por escrito e verbalmente, procedimentos e regras de segurança a seus clientes. Ofereça a informação por escrito e peça que eles assinem os formulários (por exemplo, formulários de concessão e liberação) que ajudarão a reduzir seu risco ou responsabilidade. Deixe os clientes cientes dos riscos inerentes do treinamento.
5. Avalie o cliente para que possa entender riscos relacionados à idade dele, ao seu estado de saúde atual, ao nível de condicionamento físico e às suas doenças, e use essa informação para criar um programa de treinamento mais seguro e eficiente.
6. Supervisione atentamente o treinamento do cliente, assim como seu progresso: estima-se que 80% de todos os processos relacionados à prática de atividades físicas se originem de falta de supervisão.
7. Esteja preparado para emergências médicas. O treinador deve ser certificado em ressuscitação cardiopulmonar e procedimentos

de primeiros socorros, além de ter um plano de emergência preparado por escrito, incluindo números de telefone para emergências. Não agir correta e rapidamente, não oferecer tratamento de emergência e a demora no socorro são alegações comuns em processos.

Riscos envolvendo o local e o equipamento de treino

O local onde você treina seu cliente (casa, clube, academia, estúdio particular, área ao ar livre) é seguro? Todas as estratégias de gerenciamento de riscos que você tem podem ser aplicadas em todos os locais. Por exemplo, seu seguro de responsabilidade cobre treinamento em áreas ao ar livre? É seu dever certificar-se de que todos os locais de treino sejam seguros. Isso exige que você analise o local de treinamento sempre que for realizar o treino ali! É uma boa idéia desenvolver uma lista de coisas que devem ser checadas e analisar as condições dos equipamentos, os problemas em potencial, as condições do solo, as obstruções perigosas ou os equipamentos mal ajustados (por exemplo, halteres, bolas de ginástica, colchonetes) e tomar nota das correções que você executou (Cotten 1998b).

Reduzindo os riscos por meio de documentação

Começando no capítulo 2 e continuando em outros capítulos sobre gerenciamento dos negócios e políticas, eu coloquei em prática a idéia de criar uma documentação que registrasse as intenções e atitudes. Registros completos, corretos e meticulosamente detalhados apoiarão sua defesa, economizarão tempo e dinheiro e o protegerão de um processo.

A documentação por escrito vai economizar tempo e dinheiro no caso de um processo e será bem vista no tribunal. No caso de um processo, a documentação por escrito oferece evidência muito mais confiável e objetiva para apoiar sua posição, em comparação com testemunhos verbais que tente recontar o que aconteceu meses ou anos atrás.

Uma documentação correta também diz muito sobre sua conduta profissional, o que será uma vantagem para você. Um bom registro de informações o ajudará a oferecer serviços completos e atualizados a seus clientes também. Você pode modificar os programas de modo mais oportuno quando tiver atualizado notas e registros.

Guarde cópias de planos gerais de treinamento, treinos diários, listas de inspeção de equipamentos, concessão de responsabilidade, formulários de avaliação de históricos médicos (atualize-os periodicamente), um aviso por escrito sobre os riscos envolvidos no treinamento, testes e outras atividades, um plano por escrito de emergência e um relatório de acidentes.

Mantenha os documentos por muitos anos: recomendo que você os guarde durante sete anos. Você deve estar pensando: "Um monte de papéis!". Você pode cuidar disso usando programas de computador. O pior seria o processo contra você – mesmo que tenha procedido de modo correto – se não tivesse documentado os procedimentos tomados ou não pudesse recuperar a informação de que precisa.

Formulário de registro de acidentes

O dr. Cotten (1998b) identifica oito tipo de informação que um formulário de registro de acidente deve gerar. Sempre registre essa informação no caso de um acidente ou outra lesão com um de seus clientes. Talvez você só use essa informação muitos anos depois.

1. *Informação de identificação.* Registre a atividade ou o evento, a data, a pessoa responsável, a pessoa ferida, as testemunhas (nomes, endereços, telefones) e o nome da empresa seguradora.
2. *Localização do acidente*. Faça anotações do local onde a pessoa se feriu (por exemplo, máquinas de levantamento de peso, piscina, chuveiro, área externa) e do local onde estava a

testemunha, a pessoa que prestou atendimento ou qualquer outra pessoa que tenha participado.

3. *Processo da vítima.* Descreva o que estava acontecendo (ou seja, o tipo de atividades, treino cardíaco), quem estava envolvido e especificamente qual exercício ou movimento a vítima estava realizando, explicando a ação que levou à lesão com o máximo de detalhes, de modo que o acidente possa ser reconstituído com a informação fornecida anos depois. Escolha os fatos aqui, e não as opiniões.

4. *Seqüência de acontecimentos.* Identifique o momento da aula no qual o acidente aconteceu (por exemplo, durante o aquecimento, o exercício ou na fase de esfriamento) e anote as instruções dadas.

5. *Medidas preventivas tomadas pela vítima.* Diga o que a pessoa lesada poderia ter feito para evitar o acidente. O dr. Cotten enfatiza que você não deve escrever o que o treinador poderia ter feito para evitar o acidente. Se você for processado, certamente será questionado acerca de medidas preventivas por parte de quem o processa.

6. *Procedimentos de primeiros socorros tomados.* Identifique quem ofereceu os primeiros socorros, a natureza do socorro, a pessoa que telefonou pedindo ajuda, quem foi chamado para ajudar e em quanto tempo chegou e a natureza da lesão.

7. *Disposição ou acompanhamento.* Esse "acompanhamento do dia seguinte" envolve conseguir informações de um hospital ou médico com recomendações de quanto tempo a pessoa ferida deve se manter longe das atividades físicas. Registre quem fez essa recomendação.

8. *Relatório da pessoa que fez o relatório.* Cite o nome e o cargo da pessoa que preencheu o relatório. Registre se a pessoa viu o acidente e, caso contrário, quem ofereceu as informações sobre o acidente para que o relatório pudesse ser preenchido (Cotten 1998b).

Concessões

Mesmo que tenha ouvido falar que as concessões "não valem para nada" e que saiba que as concessões nem sempre são válidas nos tribunais, em muitos casos elas servem para limitar a responsabilidade do acusado de negligência. Lembre-se, a negligência pode ocorrer quando você simplesmente é descuidado ou comete um erro "honesto".

Recomenda-se que você peça que os clientes assinem um termo de concessão antes do início do programa de treinamento. Eles podem evitar, ou reduzir, a possibilidade de futuros processos originados de negligência não completamente clara, ou o que os advogados costumam chamar de falha em exercer "cuidados sutis".

Crie uma concessão (formulários 8.1 e 8.2) que seja separada de outros documentos. Se o formulário for incluído dentro de um contrato de serviço ou outro acordo, você deve ter a certeza de que o documento ou parágrafo relacionado à concessão esteja claramente separado do corpo principal do contrato, usando uma fonte maior e em negrito, por exemplo. Antes de usar a concessão, peça que um advogado a reveja e aprove a linguagem usada. Veja o quadro "Como Diminuir sua Responsabilidade" para outras precauções além das concessões.

Minimizando o risco

É óbvio que evitar um processo ou reduzir a possibilidade de uma ação ser tomada contra você tem muito a ver com como você gerencia o risco e se faz a coisa certa, além de manter em vista o interesse de seu cliente. O gerenciamento eficaz dos riscos exige que você analise cuidadosamente como trata seus clientes e observe atentamente suas políticas de negócios, os procedimentos de segurança, os planos de contingência de emergência médica e outros procedimentos de negócios.

Formulário 8.1 Exemplo de isenção abreviada e liberação de responsabilidade

Por ter recebido a permissão de participar do programa de treinamento de *personal fitness*, eu afirmo para mim mesmo, para meu cônjuge, para meus filhos e para meu Estado, que concordo em isentar (nome da empresa ou do treinador) e seus funcionários e agentes da responsabilidade por lesões, morte ou perda sofrida por mim enquanto estiver usando as dependências ou equipamentos ou participando de qualquer atividade de condicionamento físico associada com (nome da empresa ou do treinador) resultando de negligência comum por parte do mesmo.

____________________________ _____________________

Assinatura do aluno data

Cotten (1998a)

Formulário 8.2 Exemplo de isenção completa e liberação de responsabilidade

Por ter recebido a permissão de participar do programa de treinamento de *personal fitness*, e por ser aluno e estar fazendo uso das dependências de (nome do treinador ou da empresa) e dos equipamentos, eu concordo em isentar e abrir mão de processar (nome da empresa ou do treinador), seus proprietários, funcionários, instrutores ou agentes de todos os processos presentes e futuros que resultem de negligência comum por parte de (nome da empresa ou do treinador) ou outros que causem lesão ou morte, ou de perda, prejuízo ou roubo de pertences. Isso inclui todos os processos que surjam como resultado do uso das dependências e dos equipamentos de (nome da empresa ou do treinador) ou de participar de qualquer atividade. Eu afirmo para mim mesmo, para meu cônjuge, para meus filhos e para meu Estado que concordo em abrir mão de processos resultantes de negligência comum.

Além disso, estou ciente de que as atividades do programa de treinamento personalizado, assim como as atividades de saúde e condicionamento físico, podem variar de atividade cardiovascular vigorosa (por exemplo, aulas de aeróbica, corrida, *spinning*, esteira, step ou squash) a treinamento de força (por exemplo, levantamento de peso). Estou ciente de que essas e outras atividades na (nome da empresa ou do treinador) envolvem certos riscos, que incluem, mas não limitam, morte, lesões no pescoço e na coluna resultando em paralisia parcial ou total, ataques cardíacos e lesões nos ossos, articulações e músculos. Minha participação é voluntária, com total conhecimento de tais perigos, e, assim, concordo em assumir quaisquer riscos inerentes de prejuízo à propriedade, lesões ou morte.

Estou ciente de que esta isenção tem a intenção de ser tão ampla e abrangente quanto permitido por lei de (especifique o estado, a província ou o país) e concordo que se qualquer parte for inválida, o restante continuará tendo valor legal. Afirmo ainda que qualquer procedimento legal deve ser tomado em (especifique o estado, a província ou o país).

Eu li este documento e concordo completamente que, assinando este papel, estou abrindo mão de meus direitos legais a que posso ter acesso pela negligência comum de (nome da empresa ou do treinador) ou de qualquer uma das partes mencionadas acima.

____________________________ ________________

Assinatura do cliente Data

Modificado de Cotten 1998a.

Como limitar sua responsabilidade

Você deve memorizar a sigla ERRT se quiser limitar sua responsabilidade. Os conceitos de evitar, reter, reduzir e transferir podem reduzir o risco, de acordo com o dr. David Stotlar (1996), diretor da Escola de Cinesiologia da Univertisy of Northern Colorado.

1. Evitar. Os riscos superam qualquer benefício. Você deve julgar se a atividade é arriscada demais ou ruim para justificar seu uso. Por exemplos, exercícios considerados de alto risco ou contra-indicados pelos padrões atuais da indústria ou os ambientes de treinamento que apresentam risco injustificável ao cliente (por exemplo, nadar em mar aberto durante marés muito altas).

2. Retenção. Implementar esse conceito exige bom senso e a sensação de fazer a coisa certa. Faça um orçamento das situações onde, por exemplo, você paga o custo de um tratamento de emergência para um cliente ferido. Mesmo que seu cliente resista, dizendo que foi culpa dele, assuma qualquer custo. Esse ato de profissionalismo, gentileza e preocupação é muito mais barato do que um processo depois.

3. Redução. Avalie e compare constantemente sua instrução e outras programações de padrões e exigências. Quando você toma o cuidado de melhorar constantemente e atualizar políticas de programas para estar de acordo com padrões nacionais, você reduz em grande parte sua responsabilidade.

4. Transferência. Provavelmente a maneira mais fácil e barata com que você pode reduzir ou transferir o risco é possuindo um seguro de responsabilidade.

Apesar de não parecer muito legal, é pouco provável que os clientes que gostam de você resolvam processá-lo! Em algum momento, você tem de parar de se preocupar com questões legais. Precisa tomar os procedimentos corretos. Mas pense adiante. Acredito que o fato de meus clientes gostarem de mim fez com que eu nunca fosse processado. Qualquer treinador pode cometer um erro. Mas fica claro para meus clientes que eu tenho em vista os interesses dele e que minhas decisões são para o bem do treinamento. Se você mantiver as necessidades, os desejos e o bem-estar pessoal de seus clientes como prioridade, e se construiu um relacionamento profissional e forte, suas chances de ser processado são reduzidas. Um relacionamento saudável, tendo como base os interesses e bem-estar do cliente, dar-lhe-á uma margem de erro e o benefício da dúvida antes da decisão do cliente de entrar com um processo contra você.

Entenda as implicações legais

Como alguns treinadores experientes podem não ter lido o capítulo 2 (sobre como começar na profissão), quero citar algumas seções nas quais acredito que a informação legal apresentada para o treinador que está começando oferece mais conhecimento ao treinador veterano. Informações legais e profissionais são apropriadas tanto para os treinadores novos quanto para os veteranos! Leia o capítulo 2 para ver uma discussão mais aprofundada dos seguintes assuntos e leia o que apresento a seguir para obter uma versão mais abreviada.

Você deve abrir uma empresa?

Dois dos principais motivos para se abrir uma empresa incluem escapar das taxas e proteger a si mesmo e a seu negócio de responsabilidade pessoal. Vamos desmistificar a idéia de abrir empresa como uma tentativa de acabar com a responsabilidade pessoal. Quer você abra uma empresa ou não, se você oferecer serviços que sejam ruins ou incompetentes em comparação com os cuidados básicos estabelecidos pela indústria, você pode e provavelmente será processado. Se uma empresa é processada, vencer o processo contra ela seria chamado pelos advogados de "desmascarar a empresa".

A máscara obviamente não o protege de processos nem limita totalmente sua responsabilidade pessoal. Um amigo, um litigante de sucesso, diz que a primeira coisa que pergunta quando um cliente o aborda com um caso em potencial é: "O acusado tem algum negócio ou posse?". Se a resposta for sim e o tribunal beneficiar ao cliente, ele diz que essas posses se tornam acessíveis.

Conforme sua renda aumentar e você contratar funcionários, é adequado discutir a abertura de uma empresa com um advogado, um contador ou um consultor financeiro. Essas três fontes sempre me deram informações valiosas, porque a opinião de três profissionais diferentes moldou minha decisão final. Se abrir uma empresa não parece a melhor solução no momento, não se esqueça da idéia definitivamente. Dentro de meses ou anos, pode ser a decisão correta. Eu abriria uma empresa somente para me proteger de processos? É claro que a resposta é não.

Quais qualificações são exigidas?

Surpreendentemente, a área de treinamento personalizado não é regulamentada. Qualquer pessoa pode dizer ser um *personal trainer*. Ser graduado em uma área relacionada à saúde e ao condicionamento físico é uma grande vantagem para qualquer treinador e rapidamente estabelece um nível de credibilidade. A certificação também mostra competência.

Uma das coisas mais importantes para o treinador é um certificado atual nacionalmente reconhecido. No mínimo, mostrará um mínimo de competência em um tribunal, do ponto de vista legal. A certificação mostra que o profissional se mantém atualizado na área. Eu preferiria um instrutor certificado sem graduação a um treinador graduado sem atualizações há quinze anos.

Espero que o comentário anterior responda a próxima pergunta: "Preciso de certificado se for graduado?". A questão aqui é sobre informação atualizada contra informação desatualizada, viver de conquistas do passado ao invés de viver de conquistas do presente. A implicação legal é óbvia.

No mínimo, a certificação é essencial, apesar de não ser legalmente exigida. Os *personal trainers* profissionais são certificados, têm seguro de responsabilidade e treinamento de RCP e primeiros socorros. Além disso, é quase impossível obter um seguro de responsabilidade, a menos que você seja certificado.

Oito motivos para ser e se manter certificado:

1. Os consumidores (clientes em potencial) sabem como pedir e contratar treinadores certificados.
2. A certificação atual mostra aos clientes em potencial, empregados e tribunais que você está atualizado e envolvido na área da saúde e do condicionamento físico.
3. A credibilidade e a competência profissional receberão um novo impulso.
4. Sua base de conhecimento e suas habilidade de programação aumentarão. Um certificado atualizado exige que você faça cursos com freqüência, chamados créditos ou unidades de educação continuada, para manter seu certificado valendo.
5. Os profissionais licenciados da área da saúde, incluindo médicos, osteopatas, nutri-

cionistas, quiropráticos e fisioterapeutas, assim como outros profissionais, indicarão mais pacientes a você.

6. Você conseguirá obter, com mais facilidade, seguro de responsabilidade.

7. Pode ser que você consiga empréstimos com mais facilidade estabelecendo títulos sólidos e sua empresa seja vista como uma parte legítima da comunidade de negócios.

8. Se você for processado, um tribunal reconhecerá o certificado como um título profissional, prudente e apropriado para alguém que se diz *personal trainer*.

Você deve ter seguro de responsabilidade?

Todo treinador deve ter um seguro de responsabilidade. Não importa quão bom ou profissional você seja, alguém pode se ferir e julgá-lo culpado em uma determinada situação devido a uma atitude sua, ou a uma falta de atitude, que resulte em ferimento ou perda de qualquer tipo. A questão a ser discutida aqui não é do certo ou errado. Seu cliente pode processá-lo. Qualquer pessoa pode processá-lo. Por isso, a resposta óbvia é proteger a si mesmo de processos e reduzir o estresse financeiro e emocional criados por processos bem-sucedidos contra você.

Entretanto, quero que meus clientes saibam que eu tenho seguro de responsabilidade para protegê-los! Alguma coisa pode dar errado durante o treinamento, e quero que eles saibam que o bem-estar deles está salvaguardado. Negar a possibilidade de errar ou se envolver em um processo é ingenuidade. O seguro de responsabilidade é uma forte afirmativa de seu profissionalismo, um "amigo" no tribunal quando você documenta os procedimentos prudentes que tomou para garantir o bem-estar de seu cliente, indica que você tem o interesse de seus clientes como prioridade. A responsabilidade também é uma "amiga" se você for acusado de negligência e tiver de pagar indenização a um cliente.

Um bom seguro de responsabilidade possível de ser adquirido está disponível para diversas organizações ou membros certificados. Essa cobertura geralmente encontra-se disponível a profissionais que possuam as exigências da organização, mas que não sejam necessariamente certificados ou não pertençam ao grupo.

O treinamento de RCP e primeiros socorros é necessário?

A lei não exige que sejam feitos treinamentos de RCP e primeiros socorros. Mas o profissional de verdade tem de ter esse conhecimento. Além disso, muitas organizações que oferecem certificação exigem que os profissionais se mantenham atualizados com seus treinamentos de RCP, exigindo esse conhecimento para renovar certificados ou obter cobertura de seguros. Eu espero nunca ter de recorrer a um salvamento de emergência, fazendo a RCP, nem desobstruir a via aérea de uma vítima engasgada, nem oferecer os primeiros socorros em um cliente. Mas, deixando de lado as questões legais, se seu filho ou um cliente precisassem ser salvos desses modos, você conseguiria se perdoar se não tivesse aprendido essas técnicas simples?

Um treinador sensato e prudente se manterá atualizado na RCP e terá treinamento em primeiros socorros. Esse tipo de preparação é exigido pelos padrões legais da indústria na maioria das comunidades do mundo.

Resolva suas dúvidas acerca de questões jurídicas e de cuidado com clientes

Mantenha o interesse de seus clientes como prioridade e muitas perguntas sobre as qualidades que você deve ter, as habilidades que deve dominar e os serviços que deve oferecer serão respondidas. Muitas de suas preocupações legais podem ser sanadas se você implementar estratégias de gerenciamento e prevenção de riscos e priorizar o bem-estar de seu cliente em todas as situações.

Nota do autor: Gostaria de agradecer a Douice Cotten, EdD; David Herbert, JD; Brian Koeberle, JD; Sara Kooperman, JD; e David Stotlar, EdD, pelo trabalho pioneiro de cada um ao ajudar os treinadores do mundo todo a entender como o gerenciamento do esporte e a lei do esporte se aplicam à nossa profissão, assim como por ajudar os treinadores a se tornarem "legalmente responsáveis".

Referências legais e leitura sugerida

COTTEN, D.J.. "Do Waivers Work?" *IDEA Personal Trainer* (abril): 41-4, 1998a

COTTEN, D.J. "Strategies for Managing Risk". *IDEA Personal Trainer* (março): 49-54, 1998b

COTTEN, D.; WILDE, J. *Sport Law for Sports Managers*. Dubuque, IA: Kendall/Hunt, 1997.

HERBERT, D. "Insure Your Success". *Certified News 3* (abril/maio): 1-2, 1997.

HERBERT, D.L. *The Standards Book for Exercise Programs*. Canton, OH: Professional Reports Corporation, 1989.

KOEBERLE, B. *Legal Aspects of Personal Training*. Canton, OH: Professional Reports Corporation, 1990.

NYGAARD, G.; BOONE, T. H. *Law for Physical Educators and Coaches*. Columbus, OH: Publishing Horizons, 1989.

STOTLAR, D. K. "Legal Guidelines and Professional Responsabilities". *ACE Personal Trainer Manual*. San Diego, CA: ACE, 1996.

Consultoria jurídica

Doyice J. Cotten, EdD, especialista em isenção de responsabilidade e dono da *Sport Risk Consulting*, empresa de gerenciamento de risco. Entre em contato pelo telefone 912-764-4848 ou pelo *e-mail*: doyucej@gsaix.cc.gasou.edu.

Capítulo 9

CONTROLANDO SUAS FINANÇAS – E SEU FUTURO

Você gostaria de se aposentar? Você pode se aposentar? O conforto de sua situação financeira quando você decidir se aposentar dependerá do que você faz hoje e dos planos para o futuro. Quão dourados serão seus anos de aposentadoria?

Quando pergunto a pessoas mais velhas quais são suas maiores preocupações, geralmente recebo como resposta:

1. Conseguirei manter minha saúde e minha independência física?
2. Terei dinheiro suficiente para me aposentar e continuar levando uma vida confortável?

Quão "saudáveis" serão seus anos de aposentadoria? Faça planos para sua saúde financeira, assim como faz para a saúde física. Compreenda os passos que devem ser tomados para cobrir esse importante aspecto de seu futuro. Você precisa se exercitar continuamente para manter a saúde em dia. Precisa investir continuamente em um plano de previdência para fazer seu pé de meia para o futuro. Você pode falar sobre exercícios físicos, mas, se não praticá-los, não terá os benefícios causados por eles. Pode falar sobre planos de aposentadoria, mas, se não tomar uma atitude, terá uma surpresa desagradável em um futuro não muito distante.

Os exercícios e a saúde não se estabelecem sozinhos, nem seu bem-estar financeiro. Muitos de seus clientes já devem ter lhe dito que um dos motivos pelos quais eles contrataram seus serviços foi porque se sentiam perdidos, sem saber por onde começar com o programa de condicionamento físico. Se você não sabe por onde começar com seu plano de aposentaria, procure algumas informações, esteja preparado para fazer algumas perguntas, faça sua pesquisa e entre em ação. Se já está bem preparado para um bom futuro, pode pegar algumas dicas deste capítulo para aumentar seus benefícios.

Por favor, perceba que algumas seções deste capítulo se aplicam em especial aos treinadores residentes nos Estados Unidos, pois eu me refiro a impostos específicos, planos de aposentadoria e leis. É essencial investigar leis e opções que se apliquem a seu país, seu estado ou província. Os princípios apresentados aqui podem ajudá-lo a entender leis e impostos, fazer as perguntas corretas e receber as respostas certas para que possa criar um sólido plano de previdência.

Condicionamento financeiro

Apenas cerca de 5 a 8% dos *personal trainers* têm rendas superiores a US$40.000 por ano (IDEA 1997, 1998a). Com as despesas para trabalhar e os gastos pessoais consumindo grande parte dessa renda, é preciso que ele seja prudente, inteligente e disciplinado para se preparar para uma aposentadoria confortável.

Começar um negócio exige que os treinadores estejam pessoalmente envolvidos nos vários aspectos do gerenciamento de um negócio de sucesso. Mas você já analisou com cuidado a área do planejamento financeiro? Você tem de se fazer duas perguntas:

1. Se você tem dinheiro hoje, terá amanhã?
2. Seu empreendimento está crescendo hoje para que possa se multiplicar e trabalhar por você amanhã?

Planejamento Financeiro Pessoal

Assim como é necessário planejamento estratégico para se criar um programa de condicionamento físico, o mesmo acontece com o planejamento financeiro pessoal.

O planejamento financeiro pessoal envolve os aspectos e a saúde fiscal de seus negócios atuais e uma preparação para necessidades futuras. Do ponto de vista financeiro, você pode se perguntar: "O que eu tenho agora, quero ter no futuro?". O bem-estar financeiro em longo prazo não acontece sozinho!

Consultores financeiros

O melhor conselho a respeito de finanças que recebi foi dado por meu contador e meus acionistas na Morgan-Stanley. Seu consultor pode lhe orientar em relação a investimentos e oferecer conselhos que vão além das implicações óbvias de impostos e retornos. O pior conselho que recebi, e pelo qual paguei caro, veio de um planejador financeiro. Isso não quer dizer que todos os planejadores financeiros sejam incompetentes. Mas a situação mais favorável a todos é obter conselhos de uma equipe de investimentos, uma firma de contabilidade ou um planejador social e seus sócios.

Meu erro foi confiar em apenas uma fonte de informação, descartando uma equipe. As decisões de planejamento financeiro só devem ser feitas depois que você tiver acumulado informação de várias fontes e entendido toda a informação de investimento e planejamento apresentada.

Os planejadores financeiros, investidores e contadores são pagos para lhe prestar um serviço. Deixe-os trabalhar por você. Uma boa agência de investidores consegue, pelo clique de um mouse, calcular o custo de sua aposentadoria - o que você deve economizar - com base no que você vê como desejado ou aceitável. Geralmente, esse tipo de conselho é "gratuito", apesar de esses profissionais lucrarem com os investimentos feitos para você e com o gerenciamento de suas contas. Trabalhe com profissionais honestos a respeito de comissões e outras taxas. Alguns deles se dispõem a reduzir as comissões e as transações que geram esse tipo de taxas, que acabam saindo de seu bolso. Converse com o profissional sobre esse assunto e certifique-se de que o custo do serviço é apropriado a seus objetivos. Se ele for direto e não evasivo em relação a esses assuntos, é um bom indicador de que você está trabalhando com uma pessoa honesta e sincera, que tem seus interesses como prioridade.

Os planejadores financeiros geralmente não são ligados a nenhum instrumento financeiro específico, o que os deixa livres para recomendar vários investimentos financeiros de várias fontes.

Uma boa empresa de investimento ou planejador o ajudará a investir de acordo com seu temperamento, desejo e tamanho do risco que você aceita correr. Como eles vão saber o que você quer? Como um bom treinador, eles fazem um "histórico", fazem a parte deles, e descobrem o máximo que conseguem sobre você. Eles ouvirão e implementarão, guiarão e facilitarão, mas, no fim, as decisões financeiras devem ser deixadas a você, com todos os riscos e vantagens explicadas. Se atualmente a abordagem oferecida não é de equipe e seu planejador não parece interessado em saber o que você gostaria de conquistar com suas finanças, é melhor mudar de profissional.

Um bom planejador financeiro ou investidor levantará um histórico e, no mínimo, descobrirá o que você deseja realizar, quanto dinheiro você quer ter por mês durante aposentadoria e o risco que você aceita correr enquanto procura atingir seus objetivos. Historicamente, uma abordagem diversificada ao investimento - ou seja, estratégia de investimento que pode variar entre baixo, médio e alto risco - é melhor do que concentrar suas economias em apenas um tipo de investimento.

Registros de taxas, negócios e investimentos

Um sólido plano de aposentadoria começa com bons registros de taxas e negócios. Você tem de manter o controle com esses registros. Não há espaço para erro. Além disso, um bom gerenciamento financeiro – que inclua registros meticulosos e manter-se atualizado durante o ano fiscal, em vez de esperar até o último minuto para contabilizar todos os gastos do ano – ajuda a simplificar a preparação das declarações de impostos. Por quê? Porque você já terá reunido, organizado e calculado as notas e outros registros de gastos. Nesse momento, calcular seus impostos e declará-los será simples, e você só terá de preencher os formulários ou deixar tudo a cargo de seu contador. Esse aspecto de preparação e registros, mesmo que você conte com um contador para declarar os impostos, pode fazê-lo economizar centenas de dólares, pois a pessoa que preparar seus impostos não terá de fazer esses cálculos. Além disso, vai lhe ajudar a manter o controle sobre suas despesas (veja o capítulo 6, Gerenciando seu Tempo, para encontrar *softwares* que podem lhe ajudar a fazer os registros, as contas e o preenchimento dos formulários).

Contratação de um especialista

Eu não tento resolver as coisas sozinho. Mas sou eu quem dá a palavra final nas decisões financeiras. Mantenho contato com o aspecto financeiro de meu trabalho supervisionando todos os detalhes financeiros. Mas faz sentido contratar um contador que ame seu trabalho e seja bom no que faça. Em longo prazo, essa especialidade vai me economizar tempo e dinheiro. Minha experiência prova isso. Eu poderia fazer uma lista de detalhes a respeito da preparação para a declaração neste texto – o que deve ser declarado e o que não deve –, mas amanhã ela já estaria desatualizada. Prefiro contratar um profissional que trabalhe com impostos em tempo integral e se mantenha atualizado sobre o que é de meu interesse financeiro. Eu não poderia otimizar minha situação financeira sem a ajuda dele.

Taxas necessárias, deduções e informações a respeito do trabalho

No mínimo, você tem de organizar seu registro de taxas e informação pra concluir os seguintes aspectos:

Informação sobre impostos

- Recibos de gastos datados e organizados por semana, mês e ano.
- Prova de posse e custo de propriedade depreciável, incluindo qualquer equipamento de escritório ou treino.
- Número de identificação de impostos, que pode ser uma identificação específica de negócio ou número de seguro social.
- Prova por escrito do tipo de negócio que você está operando (ou seja, empregado, único proprietário, empresa, parceria).
- Contabilidade de renda e gastos organizados por semana, mês e ano.
- Registro de quilometragem se você usa um veículo para trabalhar.
- Registros de diversão (refeições, hotel, viagem).

Deduções

Como mencionei no capítulo 2, uma empresa bem administrada pode se beneficiar de muitas quebras de impostos. Isso pode fazer a diferença entre um negócio falido e um bem-sucedido.

Quer você declare os impostos sozinhos quer tenha um profissional para essa tarefa, deve ter um método para organizar seus recibos, os cheques sustados, as notas e outros gastos. Para conhecer um método eficiente, porém relativamente barato que funcione para você enquanto expande seus negócios, consulte o capítulo 6 para obter recomendações de *softwares*.

Ninguém quer deixar de deduzir taxas. Esse erro pode lhe custar dinheiro. Os *personal trainers* autônomos podem deduzir qualquer despesa comum e necessária que seja um resultado direto da operação de seus negócios. As deduções são retiradas da renda bruta, que é uma vantagem a você.

Discuta esse assunto com um consultor financeiro (como o seu contador) que entenda seu negócio. As oportunidades para a quebra de taxas mudarão conforme seu negócio se desenvolver e as leis tributárias mudarem.

A seguir, apresento uma relação parcial das categorias de taxas que podem ser declaradas:

- Veículo, geralmente depreciado.
- Custos associados de viagens, como gasolina, manutenção e reparos.
- Equipamentos para o local de treino.
- Equipamento portátil de treinamento que você leva à casa de seu cliente.
- Escritório ou local de treino.
- Equipamento e serviços de escritório.
- Artigos de escritório.
- Telefone da empresa.
- Sistema de atendimento.
- Melhorias da propriedade arrendada.
- Organizações profissionais.
- Custos com certificados ou licenças.
- Custos com educação.
- Livros e revistas profissionais.
- CDs, DVDs ou fitas.
- Toalhas.
- Artigos de higiene.
- Equipamentos em geral.
- Tênis e uniformes.
- Serviços profissionais e custos legais.
- Material de divulgação.
- Anúncios (propagandas, folhetos).
- Seguro que inclua responsabilidade, geral e pessoal.
- Taxas diversas com consultoria.
- Promoções e brindes aos clientes.
- Refeições e diversão.
- Excursões do cliente.
- Taxas de profissional autônomo.

Decisões básicas sobre os negócios

Legalize seu negócio o mais rápido possível. Algumas decisões no treinamento personalizado não são específicas ao treinamento ou equipamento, mas envolvem decisões mais tradicionais, como o nome da empresa, o estabelecimento de procedimentos de pagamento, as preocupações acerca de responsabilidade, a obtenção de seguro pessoal e de responsabilidade e o *marketing*. Como a maioria dos negócios não dá certo por falta de organização e direcionamento, é importante que você estabeleça um plano de negócios mais abrangente que conseguir. Veja os capítulos 2 e 3 para uma discussão mais aprofundada do assunto.

Seu plano de negócios

O principal de qualquer empresa de sucesso é serviço, serviço e mais serviço! Se o negócio não for bem definido, vai interferir em sua habilidade de oferecer um produto excepcional, que é o treinamento personalizado.

Primeiro, estabeleça ou reavalie a direção de seu negócio. Você quer dar treinamento em tempo integral? De quanto dinheiro você precisa ou quanto pretende ganhar? Quantas horas por dia, ou por semana, quer trabalhar? Quais serviços pode oferecer? Conforme seu negócio for expandindo, você quer trabalhar como treinador, administrador ou as duas coisas? A maioria das empresas novas começa com você, o único proprietário, desempenhando o papel de administrador e *personal trainer*.

Suas operações por trás das cortinas, em comparação com suas habilidades pessoais e de treinamento, são igualmente importantes para seu sucesso de modo geral. Apesar de a importância de seu status financeiro não ser aparente a princípio, fundos mal gerenciados, contabilidade ruim e problemas de fluxo de caixa infectam seu negócio e atrapalham sua capacidade de oferecer serviço de qualidade. Um bom contador ou consultor financeiro pode mantê-lo no caminho. Desenvolva relacionamentos com profissionais logo no início de sua carreira. Você ainda toma as decisões importantes, mas a opinião de um especialista lhe dará informações valiosas nas quais pensar antes de implementar uma política de negócios.

Contabilidade

Os problemas de dinheiro podem dividir os empregados e clientes, a menos que você seja honesto com sua contabilidade. Para certificar-se de que tem suas finanças sob controle, use um caderno de registros diários (que pode ser feito à mão ou em um *palm top*), que tenha bastante espaço nas margens para o registro de cancelamentos, atrasos, questões que você precisa controlar, pedidos de equipamentos e pagamentos. Não importa o que mais esteja ocorrendo, separe alguns minutos depois do treino e faça a anotação de contas ou informação de treinos. Pelo menos uma vez por semana, faça todo o registro de treinos, contas e pagamentos recebidos no "livro da contabilidade" (que também pode ser computadorizado ou feito à mão), transferindo a informação de seu caderno de registros diários. Quer o pagamento por parte do cliente ocorra no final do mês quer ele pague com antecedência, isso será uma garantia de registros completos e corretos de todas as transações e serviços oferecidos.

É essencial que você use computadores e *softwares* para facilitar o registro de todas as transações e evitar o acúmulo de papéis. Se você não puder implementar o uso de tecnologia em seu negócio no momento, coloque-o na lista de prioridades. A tecnologia não só economiza tempo – e os *personal trainers* afirmam que o tempo é o que eles têm de mais importante –, mas também passa a impressão de que seu negócio é profissional, organizado e moderno.

A figura 9.1 mostra um exemplo de tabela onde você pode manter seus registros. Se estiver gerenciando seu negócio sem computador, use a tabela de contabilidade para registrar e acompanhar os pagamentos de seus clientes e serviços prestados. É um sistema simples e de fácil controle, porém eficaz, de manter um registro atual das cobranças e dos pagamentos dos clientes. Assim que puder, compre um computador e um *software* para registrar as transações (leia o capítulo 6 para obter mais informações). Mesmo depois de adquirir o software, esse formulário pode ajudá-lo a registrar dados que podem ser arquivados em se computador mais tarde.

Impostos

A palavra *imposto* não deve assustá-lo. É claro que se seus registros estão mal feitos, bagunçados ou não existem, e se você não estiver mantendo o controle de toda a sua renda, pode começar a tremer. Uma situação dessas é garantia de estresse financeiro e emocional. Por outro lado, um negócio bem gerenciado pode se beneficiar dos impostos. Isso pode ajudar o negócio a ser mais viável e mais bem sucedido do ponto de vista financeiro. É claro que é preciso ser organizado.

Quer você declare seus impostos sozinho ou conte com a ajuda de um profissional, precisa ter um método para organizar seus recibos, suas notas e outros documentos. Se você ainda não dispõe da tecnologia de computadores, explicarei um sistema que pode lhe ajudar enquanto expande sua empresa (além disso, veja a figura 9.1).

Antes de implementar o uso da tecnologia em minha empresa, eu fazia uso de envelopes para cheques, cartões de crédito e diversas despesas e outras categorias. Todos os envelopes ficavam dentro de uma pasta. Conforme eu ia acumulando notas, eu as colocava dentro de seus respectivos envelopes. Quando uma conta, cobrança ou nota chegava, eu pegava o respectivo envelope, comparava a nota com meus recibos e fazia um cheque para a conta devida. Depois, colocava cada recibo em um envelope de contas pagas.

Usar *softwares* como Quicken, Quick Books e Microsoft Money poupa esse trabalho todo. Em vez de colocar os recibos manualmente nos envelopes, você pode fazer todo o procedimento seguindo os registros feitos no computador. A idéia é que você tenha de lidar com os dados apenas uma vez, e não várias, e que o *software* tenha a capacidade de imprimir só o que você desejar. Essa característica é útil para lhe ajudar a declarar seu imposto de renda e pode ajudá-lo a obter empréstimos e calcular impostos. Você economiza tempo organizando as operações.

Estabeleça suas categorias de impostos com seu consultor financeiro (como o contador). As oportunidades de isenção surgirão conforme seus negócios se expandirem. Veja a seção "deduções" neste capítulo, para ver uma lista parcial de categorias de impostos.

Você pode organizar os recibos (ou registrá-los no computador) mensalmente, a cada dois ou quatro meses ou uma vez por ano. Eu recomendo que essa atualização seja feita mensalmente. Quanto mais tempo você esperar, mais demorada a tarefa será.

Preencha cada recibo (ou registre a quantia em seu computador) na categoria apropriada e escreva a informação em cada recibo, especificando o que foi gasto. Mesmo que você use o computador, faça anotações nos recibos para o caso de você ser questionado em uma auditoria. As notas por escrito deixarão clara a transação e satisfarão o auditor. Os auditores gostam de registros detalhados e corretos. Registros bem feitos fazem uma grande diferença quando surgem perguntas a respeito de gastos passados ou sua empresa passa por auditoria, e economizará tempo e dinheiro. Esses procedimentos o ajudarão a declarar impostos e não lhe trarão dor de cabeça.

Eu costumava entregar os pacotes de notas a meu contador, que as examinava para dar baixa e as relacionava para usos futuros. Hoje em dia, meu contador recebe um arquivo abrangente impresso ou um relatório de fluxo de caixa a cada três meses. Esse relatório separa despesas em categorias diferentes e pode ser impresso em poucos segundos. Além disso, tenho informações financeiras atualizadas se tiver mantido meus dados sob controle. Se houver variações – por exemplo, se meus ganhos foram maiores ou menores –, eu imprimo relatórios de fluxo de caixa mensalmente para que minha equipe financeira possa me ajudar a desenvolver uma melhor estratégia de taxas.

Quando comecei meu negócio, fiz a escolha e a organização, fiz muitas perguntas e entrei em contato com diversos especialistas para obter informações e economizar dinheiro. Naquele momento de minha carreira, eu tinha mais tempo do que dinheiro! Seja qual for sua situação, sem um registro correto – que exige que você registre as informações em suas notas e as classifique em categorias de despesas, como seguros, uniformes, equipamento e viagem, para mencionar algumas –, você conseguirá tirar vantagem de muitas deduções legalmente disponíveis. Assim, você terá de pagar impostos mais altos, que representam dinheiro retirado diretamente de seus lucros.

Sei que alguns treinadores gerenciam seus negócios com dinheiro e declaram apenas uma pequena parte da renda. Você deve declarar toda a sua renda com treinamento personalizado por diversos motivos, sem mencionar as implicações éticas. Em primeiro lugar, muitos de seus clientes podem cancelar uma parte dos serviços que você oferecer e preencher um for-

Tabela de Contabilidade

Nome do cliente: ___________________________

Mês	Datas e anotações sobre os treinamentos; compra de produtos e registro de equipamentos	Cobrança	Data de recebimento	Pagamentos recebidos	Total	Data da cobrança
	Total da página anterior				US$300,00	
Junho	15, 17, 19	US$150,00			US$450,00	
Junho	23, 25 (L.C.)	US$100,00			US$550,00	
Junho	Pagamento		6/25	US$300,00	US$250,00	
Junho	Compra de equipamento (monitor cardíaco)	US$210,00			US$460,00	7/1 nota #310
Julho	3, 5, 7	US$150,00			US$610,00	
Julho	10, 12 (C.A. gratuito), 14,15	US$150,00			US$760,00	
Julho	Pagamento (nota # 310)		7/17	US$460,00	US$300,00	

C.A. – Cancelamento Atrasado

Figura 9.1 Modelo de tabela de contabilidade.

Nota do autor: Este quadro o ajudará a começar a controlar os registros.

mulário 1099. É um formulário para o governo que declara o dinheiro pago a você em um ano. As implicações são óbvias. Sua renda deve estar de acordo com o que é relatado ao governo. Por fim, a não declaração de renda é algo desonesto, sem ética e ilegal.

Aqui está outra situação que pode enganá-lo. Um cliente pode chegar até você com uma proposta de pagamento à vista e em dinheiro vivo, esperando a redução no valor do serviço. A intenção fica clara. O cliente acredita que você não vai ter de pagar imposto pelo valor recebido, por isso agora tem uma margem de lucro maior com que trabalhar, o que quer dizer que pode oferecer a ele um valor mais baixo. Do ponto de vista do cliente, trata-se de uma situação favorável aos dois lados. Errado! O cliente está incentivando-o a mentir e entrar em uma prática inescrupulosa. Só depende de você dizer não. Rapidamente avise ao cliente que você declara toda a sua renda e que o valor cobrado não é alterado, sem oferecer vantagens. Um negócio profissional e meticuloso deixa você com a consciência de estar preocupado com o cliente.

A maneira com que você gerencia o aspecto financeiro de seu negócio mostra seu profissionalismo. Os negócios "por de baixo dos panos" não têm a seriedade e a longevidade de um negócio de verdade. Crie um legado de verdade que cerque seu negócio, mostrando às pessoas que você faz parte de uma comunidade e que segue as regras.

A declaração total de sua renda também pode ajudá-lo a estabelecer um portifólio financeiro forte. Em algum momento, você vai querer comprar uma casa ou um equipamento novo, além de expandir seus negócios. Para conseguir um empréstimo, você terá de convencer o banco ou a financeira que você não apresenta riscos. Ao ser capaz de apresentar um registro correto de sua renda, você terá mais chance de conseguir o dinheiro emprestado. É bem complicado provar que você é uma pessoa séria e ética, de escrúpulos, sendo que, na verdade, ganhou US$30.000,00 a mais que sua declaração de imposto mostra e que você decidiu não incorporá-lo à renda. Apesar disso, você diz, "sou uma pessoa confiável".

Se você roubar dinheiro de seus negócios (fraudar pode ser um termo mais direto) e for pego, uma auditoria será uma experiência traumática, demorada e certamente cara, e suas práticas escusas serão descobertas. Se seus registros forem corretos e suas declarações honestas, uma auditoria demorará pouco tempo e não lhe causará qualquer tipo de tensão. Pagar o que você deve ao governo de uma vez por todas sai mais barato, dependendo do ponto de vista. Não pense que todos os treinadores fraudam suas declarações. Esse tipo de pensamento é uma desculpa para justificar as atitudes desonestas e ilegais. A maioria dos treinadores é honesta e ética e não infringe as leis.

Aqui está uma última palavra que pode ajudá-lo a cumprir suas responsabilidades com impostos. Apesar de novas leis simplificarem a declaração de renda, ainda parece ser melhor contratar um contador assim que puder pagar por seus serviços. Antes de pensar que não pode arcar com as despesas de um contador, pense nas vantagens que esse serviço pode lhe proporcionar. Meu contador me ajuda a economizar mais com impostos ao ano do que eu pago a ele. Quando pensar em contratar um contador, peça a esse profissional para justificar o gasto comparando com a economia. Um bom contador certamente mostrará que a contratação dos serviços dele vale a pena. Quando os números são revelados, a decisão se torna simples.

Contratar um contador será uma de suas melhores decisões. As estratégias de gerenciamento de impostos e investimentos são muito abrangentes e especializadas para que eu as controle e ainda faça o que mais gosto de fazer, que é aprender novas informações sobre treinamento e treinar meus clientes. Pagar um contador é uma economia de tempo e dinheiro e, ainda, posso tomar as decisões.

Preparação para a declaração de impostos

Como eu costumo ver os treinadores com dúvidas a respeito dessa questão, quero que você saiba que está no caminho certo se acredita que deve passar essa tarefa adiante. Siga meu conselho e contrate um contador o mais rápido possível.

Declarar seus impostos é muito mais do que apenas ter um programa de contabilidade que pode lhe ajudar a manter-se no controle do lucro e das despesas de sua empresa para minimizar os custos. Não estou dizendo que você deve abrir mão de seu *status* financeiro. Mas poucos treinadores têm tempo de adquirir um vasto conhecimento das leis tributárias atuais. Não contratar um contador lhe custará dinheiro se você não conhecer todas as vantagens que o cancelamento de impostos pode lhe trazer ou se não puder ganhar mais dinheiro usando seu tempo para treinar os clientes ou melhorar seus negócios.

Os contadores podem ajudá-lo a organizar sua abordagem para registrar as informações e documentar as despesas e ensiná-lo sobre o que você pode ou não deduzir. Se quiser minimizar seus custos com a declaração, pergunte ao contador com antecedência como você pode organizar seus recibos e registrar as informações para economizar o tempo dele quando preparar sua declaração.

Sua especialidade é o treinamento personalizado, não a contabilidade e a preparação para a declaração de impostos. Além de permitir que você se concentre em seu negócio, contratar um contador lhe dará a tranqüilidade de saber que seus impostos foram declarados correta e profissionalmente. Na ocorrência de uma auditoria, ter um profissional de impostos a seu lado desde o começo tornará a auditoria menos desgastante emocionalmente e, por fim, economizará seu tempo e dinheiro.

Escolhendo um contador

Escolher um contador faz parte da construção de sua equipe. Apesar de ser uma boa idéia ter um relacionamento com um investidor, advogado ou contador, nem sempre é fácil encontrar uma pessoa que entenda suas necessidades de negócio. Como acontece em qualquer situação que exija algum conhecimento, você deve ser capaz de falar o idioma do mundo financeiro e fazer as perguntas corretas. Entretanto, um contador que seja sensível às suas necessidades e compreenda que você não é um especialista na área o guiará e lhe ajudará a entender o que for preciso.

Comece a pesquisa por seus sábios das finanças pedindo indicações a clientes, outros treinadores e conhecidos. Quando entrar em contato com eles, faça as seguintes perguntas:

1. Qual é sua formação profissional?
2. Qual conhecimento você tem?
3. Você pertence a quais organizações?
4. Qual é o valor que você cobra?
5. Você pode e vai oferecer indicações, se for preciso? (Piccone 1997)

Quando estiver pronto para entrar em um acordo, peça para o contador preparar uma "carta de comprometimento". Essa carta especifica o acordo entre você e o contador a respeito dos serviços que serão prestados, suas responsabilidades e as tarifas e termos de pagamento.

Responsabilidade

Como vivemos em uma sociedade que adora processos, os treinadores, como qualquer outro profissional da área da saúde, devem estar cientes de suas obrigações e responsabilidades. Infelizmente não há padrões legais estabelecidos para os *personal trainers*. Por isso as questões de negligência, má-prática, seguro de responsabilidade, o uso de procedimentos médicos e avaliação, a permissão consentida, a autoridade e a supervisão para recomendar atividades físicas são cada vez mais complicadas. Como essas questões podem parar no tribunal, ninguém deve entrar na área de treinamento personalizado sem pesquisar sobre esse assunto e obter uma cobertura adequada. Obter um seguro de responsabilidade é um aspecto importante de um plano financeiro completo.

Está além do objetivo deste livro oferecer conselhos detalhados e específicos a respeito do seguro de responsabilidade, além de incentivar o treinador a obter um seguro que cubra o que ele e seu consultor julguem necessário. Como eu acredito que não é confiável contar com a opinião de apenas uma fonte, seja ela um representante da empresa seguradora ou um advogado, incentivo os treinadores a estudarem suas responsabilidades profissionais acerca da lei, além dos problemas que podem acontecer relacionados à avaliação de saúde e condicionamento físico, à programação de exercícios, à instrução, à supervisão, às dependências e aos equipamentos. Como se informar sobre todas essas áreas? Faça perguntas e peça opiniões. Depois, identifique a política de seguros que cubra suas necessidades.

Enquanto pesquisa, pode ser que receba informações muito contraditórias. Por exemplo, os padrões que são estabelecidos para os profissionais de serviço, como *personal trainers*, e geralmente são indicados pela nossa indústria nem sempre são seguidos em todas as empresas. Lembre-se que nenhuma fonte pode substituir as várias opiniões médicas e jurídicas que você descobre na procura pela proteção certa.

Depois de ler e ouvir a opinião de diversas fontes de autoridade, você terá uma idéia melhor do padrão de cuidados e de quais perguntas fazer quando procurar cobertura adequada. As circunstâncias únicas que cabem em sua situação e as leis específicas do estado ou país onde você mora exigem uma abordagem individualizada à solução.

A possibilidade de processos de responsabilidade e a existência de riscos jurídicos devem ser levadas a sério por qualquer treinador. O profissional qualificado, que entende e usa métodos e procedimentos adequados de exercícios, tem menos chance de se envolver em problemas legais do que aquela pessoa que se auto-intitula especialista, que tenta ganhar dinheiro como *personal trainer* sem procurar qualificar-se antes.

É muito grande a importância de preparar-se para possíveis problemas jurídicos e evitá-los. Existem mais treinadores e mais clientes agora. Portanto, logicamente haverá mais processos. Nesses processos, espera-se que o treinador, e em alguns casos ele se sentirá desafiado, tenha um grau de especialização adequado para o estado de saúde do cliente e os serviços prestados.

Você deve avaliar corretamente suas habilidades pessoais relacionadas aos diferentes setores da população que se exercita. Se tiver de enfrentar um tribunal, precisa ser capaz de demonstrar e documentar sua capacidade de oferecer serviços eficazes e seguros.

Ao contrário do que muitos treinadores acreditam, a responsabilidade de oferecer serviço competente se aplica não somente ao trabalho com pacientes de alto risco, mas também à clientela de aparente médio ou baixo risco. Um adulto "aparentemente saudável" pode ter doenças crônicas não descobertas (por exemplo, pessoas aparentemente saudáveis morrem de ataques cardíacos todos os dias) ou outras doenças que se desenvolvem e ainda não indicaram seus sintomas. Independentemente da ausência de sintomas e do aparente bem-estar do paciente, o treinador deve se preparar para um acidente ou lesão, ou até mesmo para a morte de um cliente. Por isso, não é suficiente apenas oferecer um serviço de ótima qualidade a clientes obviamente doentes ou em risco. Esse padrão de cuidado se aplica a todos os seus clientes, independentemente de seu estado de saúde.

A falta de padrões claros significa que os profissionais de condicionamento físico estão atuando em uma área obscura. A competência profissional pode ser melhor justificada se for baseada em treinamento formal em matérias acadêmicas e áreas profissionais relacionadas à medicina do esporte. A certificação certamente é um diferencial, porque indica envolvimento atual na profissão (se a certificação for atual, geralmente duas vezes ao ano, os créditos ou unidades de educação continuada são exigidos). A contabilidade legal ainda oferece outro argumento para os estudos: conhecimento nunca é demais.

A educação continuada que atualiza conhecimento e habilidades é essencial. A certificação em RCP e ser qualificado para oferecer primeiros socorros também é algo obrigatório.

Apesar de o que vem a seguir não ser considerado conselho abrangente ou jurídico, qualquer treinador conhece e se preocupa com as seguintes áreas, pois elas se aplicam a leis e potenciais situações jurídicas dos estados e países:

1. *Propriedade física e todos os equipamentos dentro do local de treino.* Os riscos jurídicos inerentes à operação podem ser muito reduzidos oferecendo-se instrução e alertas adequados e manutenção do equipamento e local.

2. *Práticas dos funcionários e a documentação (mesmo que seja um negócio de apenas um proprietário).* Os processos costumam ter menos sucesso quando os funcionários trabalham de modo profissional e seguem procedimentos documentados e conservadores. O treinador, assim, não tem outra opção, a não ser praticar políticas profissionais e claras, que estejam de acordo com o considerado correto pelos especialistas na área. Em conjunto com treinamento individual e a certificação de competência, o cumprimento das regras indica a capacidade do treinador de oferecer cuidados apropriados a seus clientes.

3. *Documentação do programa e o uso de formulários legais aceitáveis.* Usar tanto a documentação do programa quanto os formulários legais aceitáveis pode reduzir os riscos jurídicos associados aos programas de exercícios e serviços. Formulários de consentimento e isenção, os históricos e as avaliações médicas e registros bem documentados dos clientes, feitos pelos funcionários durante os testes ou as aulas, podem ajudar no caso de um processo.

4. *Seguro de responsabilidade geral e profissional.* É essencial que os treinadores tenham tanto o seguro de responsabilidade geral quanto o profissional. Esses seguros podem proteger o investimento do treinador no caso de roubo, incêndio e problemas de saúde.

O seguro de responsabilidade profissional é fundamental para todos os treinadores. Indiretamente, ter o seguro de responsabilidade demonstra que você gerencia um negócio sério. Apesar de todas as precauções, podem ocorrer processos. A cobertura adequada do seguro para seu programa e para qualquer funcionário que trabalhe com ou para você é essencial, pois podem reduzir as conseqüências financeiras e a responsabilidade pessoal se você for processado.

O seguro de responsabilidade, dependendo de suas necessidades, pode custar um dólar ao dia. Não há desculpa, muito menos financeira, para não obtê-lo. Se você estiver entrando na área do treinamento personalizado, o seguro de responsabilidade é um custo necessário. Pode ser incluído no imposto de renda e é um dos itens de que você precisará todos os anos.

Os seguros adquiridos com grandes seguradoras podem ter os valores mais baixos e a cobertura mais ampla. Ao contrário de usar um corretor para procurar coberturas diferentes para do seu negócio, muitos treinadores que adquiriram um só seguro geral descobriram que o valor pode ser um pouco mais alto, mas que a cobertura oferecida pelas empresas seguradoras maiores que atendem profissionais do condicionamento físico era eficiente e possível de ser paga. Por outro lado, se seu negócio um dia fizer milhões de dólares – e sim, um colega que oferecer serviços de treinamento e reabilitação consegue essa marca – talvez você precise de mais cobertura, que custa milhares de dólares por mês. Os treinadores em começo de carreira acham que um dólar por dia é uma proposta bem mais interessante. De qualquer modo, você deve analisar suas necessidades de cobertura de seguro de responsabilidade e outros tipos com um corretor que possa explicar a política e porque ela é adequada para as necessidades de sua empresa. Para evitar problemas jurídicos e financeiros, você precisa de muito planejamento e pesquisa.

Aposente-se com a renda que desejar

Para aposentar-se com uma renda que deseja, você tem de ter o principal: uma boa quantia de dinheiro em uma ou mais contas. Depois, você pode aumentar ou multiplicar o dinheiro por meio de (1) economias ou (2) economias e investimentos. O investimento que gera juros aumenta seu dinheiro com muito mais rapidez, principalmente quando comparado a economizar dólar por dólar em aplicações de pouco rendimento. Apesar de eu já ter contado "o segredo", o investimento que gera juros, além da menor quantia disponível para um investimento de baixo risco ou conservador ou um plano de economia, assumindo um nível moderado de risco financeiros, geralmente é a maneira mais realista de construir um bom plano de previdência. A idade (invista em longo prazo se os anos de aposentadoria estiverem longe) e o retorno em longo prazo geralmente estão a seu favor, se você começar já.

Você precisa determinar qual a renda que pretende ter quando se aposentar. Muitos consultores financeiros recomendam um objetivo de 75% da renda pré-aposentadoria. Depois, peça para que seu consultor financeiro calcule o que você vai precisar economizar e investir em seu plano de previdência para a renda que pretende ter. Agora você já sabe quanto vai ter de economizar e que tipos de investimentos você deve levar em conta até sua aposentadoria, para alcançar seu objetivo.

O consultor também pode ajudá-lo a calcular o que a inflação fará a seu pé de meia, em termos de poder de compra daqui a anos. Não calcular a inflação faz com que você tenha uma surpresa desagradável quando sua aposentadoria chegar. Não pensar nisso pode fazer com que você tenha de viver com bem menos do que planejou.

Investimentos e economia

A maioria dos consultores financeiros recomenda as economias ou os investimentos livres de impostos, em vez daqueles com dedução de impostos. Se você guarda dinheiro e ganha juros, ou se seus investimentos geram renda, esses ganhos geralmente sofrem abatimento de impostos ao final do ano. Se você puder evitar os impostos até a aposentadoria, quando colocar a mão no dinheiro, faz uma economia livre de impostos. A renda que gera impostos não permite que você se livre dos pagamentos deles, literalmente impedindo seu dinheiro de crescer e trabalhar por você. De modo geral, seu dinheiro aumenta com muito mais lentidão, o que diminui o crescimento de suas aplicações. Resumindo, as economias livres de impostos aumentam muito mais rapidamente. Os planos de aposentadoria com isenção de impostos estão à disposição de todos os tipos de empresas e pessoas. Veja a seção "Compreendendo os Planos de Aposentadoria" neste capítulo.

Investindo na aposentadoria – seis princípios-chave

Meu consultor de investimentos na Morgan-Stanley me ensinou seis conceitos:

1. Invista a maior parte de seu dinheiro em planos de aposentadoria isentos de impostos. Se você tem muito dinheiro, os investimentos com dedução de impostos são apropriados. Entretanto, os planos de aposentadoria com isenção de impostos fazem mais sentido do ponto de vista de vantagem anual, em relação aos impostos e às suas necessidades de aposentadoria.

2. Aumente sua contribuição anual ao plano de aposentadoria. É incrível o que o tempo pode fazer, e como ele pode fazer, para aumentar seu dinheiro, principalmente em um plano de aposentadoria com isenção de impostos. Lamentos os milhares de dólares que gastei com bobagens, quando percebo que o dinheiro, se tivesse sido investido, em 35 anos teria melhorado muito meu plano de aposentadoria e *status* financeiro geral (veja "A Regra do 72".).

A renda anual, o tipo de plano de aposentadoria do qual você participa e a lei determinam com quanto você pode contribuir anualmente. Mas, lembre-se: você deve separar dinheiro suficiente para que possa maximizar sua contribuição a cada ano. Isso requer planejamento. Aumentar sua contribuição ao plano de aposentadoria lhe oferece benefícios, o que legalmente coloca mais dinheiro em seu bolso e o ajudará a rapidamente aumentar seu dinheiro para que ele possa trabalhar por você em seus anos de aposentadoria.

3. Invista em longo prazo. Geralmente, mesmo que você tenha 40 anos ou mais, a idade está do seu lado. Os intervalos de investimentos que abrangem dos 20 aos 45 anos tornam o tempo seu aliado. O retorno de mercado é, em média, em períodos de 5 a 10 anos, mas costuma diminuir com o tempo. Não entre na montanha-russa emocional das altas e baixas do mercado. As tendências e os retornos em investimentos devem ser monitorados, mas preparar-se em longo prazo geralmente é a melhor opção.

Eu invisto de modo diferente de meus pais, que têm mais de 70 anos. Por exemplo, contas de investimento de uma pessoa mais velha podem transitar em investimentos mais líquidos e de pronta disposição que são de menor risco, mas oferecem menos retorno. Uma pessoa de 40 anos pode esperar gerar renda e construir um capital durante mais 20 ou 25 anos. Uma abordagem de investimento individualizada diz que essas circunstâncias diferentes exigem abordagens distintas. Você consegue perceber como isso começa a parecer um planejamento de programa personalizado?.

"Jogar", ou apostar suas economias em investimentos de alto risco, não é um bom gerenciamento financeiro. Alguém provavelmente ganhará muito dinheiro, mas essa pessoa não será você.

4. Diversifique seus investimentos. Isso quer dizer espalhar seu dinheiro em vários investimentos. Um portifólio diversificado de investimentos oferece uma medida de proteção no caso de uma porção do mercado "travar" ou algum outro investimento não ter um bom rendimento. Um portifólio equilibrado oferecerá retornos consistentes, diminuirá o risco financeiro e o ajudará a conquistar seus objetivos.

5. Faça perguntas. Sua equipe de conselheiros financeiros não só deve antecipar suas dúvidas e oferecer a informação que você precisa para tomar decisões inteligentes como também incentivá-lo a fazer perguntas, além de respondê-las de modo fácil de compreender. Se não perguntar, você nunca vai saber. Constantemente peço que meus consultores me dêem exemplos usando números reais em relação à minha situação atual de renda e impostos que demonstrem conceitos financeiros importantes, como o aumento do dinheiro e como ele vai trabalhar por você com o tempo. Faço perguntas diretas – sem pudor, pois quero aprender – sobre como um determinado investimento, uma estratégia ou um plano de investimento em longo prazo vai me beneficiar. Se minha equipe não conseguir explicar o investimento ou conceito de maneira que eu possa entender, descarto-o. Além disso, se isso acontecesse, eu me perguntaria por que estou me consultando com eles. E se eles agirem de modo superior, está na hora de encontrar uma nova parceria! Se o consultor for impaciente ou indiferente às suas perguntas, está na hora de procurar ajuda profissional. Pense em como você instrui e divida informações com os clientes. Você não intermedia, mas cui-

A Regra de 72

A seguir estão simples exemplos matemáticos que ilustram quanto impacto os "números" podem ter em sua situação financeira. A "Regra de 72" é uma equação matemática que os analistas usam para determinar, entre outras coisas, a rapidez com que o dinheiro dobra de valor (Jacobs 1995, p. 30).

Exemplo 1: Se você depositar US$10.000,00 em uma conta que receba 10% de juros e não mexer, em quanto tempo o valor será dobrado?

Divida 72 por 10 e terá 7.2. A cada 7 anos e 2 meses, esse valor dobrará. Lamentei ter gastado, antigamente, dinheiro com futilidades que eu poderia ter investido. Digamos que aos 30 anos eu tivesse gasto US$10.000,00 por simples prazer de comprar, dinheiro que eu poderia ter investido. Se eu tivesse investido esse dinheiro e me aposentado depois de 35 anos, aos 65 anos de idade, aqueles US$10.000,00 teriam dobrado de valor quase cinco vezes (35 anos depois dividido por 7 é igual a 4.86) e se transformaria em US$300.000,00 com um retorno de 10%! É por isso que me arrependo da "oportunidade perdida"!

Exemplo 2: Usando a regra de 72, você também pode demonstrar a diferença entre um investimento de US$10.000,00 que receba um retorno de 10% e o mesmo investimento que receba um retorno de 5%. Divida 72 por 5 e descubra que seu dinheiro só dobrará a cada 14 anos e 4 meses. Esses mesmos US$10.000,00 dobrariam apenas 2,4 vezes em 35 anos. O investimento renderia apenas cerca de US$50.000,00, em comparação com os US$300.000 para o mesmo retorno de 10% e o mesmo número de anos, conforme mostrado no Exemplo 1!

Exemplo 3: Usando a regra de 72, você pode estimar rapidamente o impacto da inflação em seu poder de compra. Digamos que a inflação passe a 5% por um período mais longo. Divida 72 por 5 e terá 14,4. A cada 14 anos e 4 meses seu poder de compra seria diminuído pela metade como resultado direto da inflação. Pense no impacto da inflação nesses termos. Digamos que você se aposente com um milhão de dólares. Em 35 anos, seu poder de compra teria sido diminuído pelo menos pela metade se a inflação continuasse a 5%. Seu milhão, na teoria, primeiro encolheu para US$500.000 e, depois de 14 anos e 4 meses, mais uma vez foi diminuído para US$250.000. Esse número, em termos de poder de compra, indica o que você será capaz de comprar com um milhão de dólares daqui a 35 anos: US$250.000 em produtos!

Você pode ver agora porque economizará tempo e dinheiro e se livrará de um fracasso se procurar ajuda especializada, profissional e honesta.

O maior obstáculo para o sucesso financeiro é a procrastinação. Mesmo que tenha objetivos, evite decisões ruins procurando se informar, limitar as dívidas, afastar-se de investimentos ruins e estar ciente do impacto da inflação em seu poder de compra, e entenda que as taxas podem levar uma quantia considerável de seus ganhos. A procrastinação é o maior inimigo de qualquer investidor. Deixe o tempo trabalhar por você, e não contra você! Dê passos seguros ao garantir seu sucesso financeiro. Nunca é tarde demais para começar a cuidar de si mesmo ou economizar para a aposentadoria, mas, quanto mais cedo você começar, melhor.

Jacobs (1995, p.33) ilustra a discrepância entre um treinador que investe US$100 por mês a 8% e um que espera dez anos e depois começa a investir a mesma quantia todos os meses. Depois de vinte anos, a diferença entre as duas contas (20 anos em que seu dinheiro vai trabalhar por você a apenas 10%) seria de mais de US$40.000. O treinador que agiu antes teria três vezes mais dinheiro que o que esperou!

da, incentiva e ensina. Divide seu tempo com eles porque se importa. Pode explicar informações complicadas de modo simples para que o aluno entenda. Você deve exigir a mesma coisa dos especialistas que contrata, principalmente na área de finanças pessoais.

6. Reveja a performance *de investimento.* Minha equipe de investimento incentiva as revisões porque são responsáveis. Eu pago a eles para que me dêem conselhos financeiros inteligentes e eficientes. Assim como seus clientes esperam resultados, você também deve exigir resultados quando contrata serviços. Eu recebo relatórios mensais sobre o progresso de meus investimentos. No mínimo, os investimentos têm de ser revistos a cada três meses. Se você achar que os investimentos não estão indo bem ou que eles estão abaixo de sua expectativa, discuta isso com seu conselheiro. Parte do processo de revisão serve para reforçar o comprometimento com uma filosofia de investimento em longo prazo, mas também para identificar os erros e os corrigir rapidamente. Como equipe, vocês têm de saber quando cortar as perdas e "sair da área", quando continuar com o investimento para o futuro e quando modificar a estratégia.

Tipos diferentes de investimentos

Várias oportunidades de investimentos (e pesadelos) existem. As seguintes oportunidades de investimento são muito discutidas. E cada uma delas tem um certo nível de risco.

Risco

Quanto mais risco, mais potencial de retorno, mas também maior é a sua possibilidade de perder dinheiro. Se decidir entrar em investimentos de risco, precisa perguntar: "Posso perder esse dinheiro?". Se não puder, não deve sequer pensar nisso.

Fundos mútuos

Muitos consultores de investimento acreditam que os fundos mútuos são um bom investimento. Apesar de geralmente ser verdade, ele é um "gerente de dinheiro". Existem fundos de baixo, médio e alto risco. O "mútuo" vem do fato de você combinar seu dinheiro com o de outro investidor para aplicar, por exemplo, em ações de diferentes empresas selecionadas para um determinado fundo mútuo. Seu risco é espalhado entre a *performance* e as ações de um número de empresas no portifólio. Seu risco se espalha entre a *performance* e a as ações de diversas empresas no portifólio de fundos mútuos e isso oferece, de certa maneira, uma diversidade automática dentro desse investimento. Apesar de você estar recebendo conselho de investimento de seu planejador financeiro, você também pega a experiência do gerente monetário profissional que supervisione o fundo mútuo.

Após decidir quanto de seu dinheiro você quer investir em um fundo mútuo que consista de ações, títulos ou uma combinação das duas coisas, você também pode pedir que os fundos sejam retirados de seu salário ou conta corrente para que estejam disponíveis quando você tiver de contribuir para o plano.

Os fundos mútuos podem ser bons veículos financeiros que permitam a você diversificar e possuir ações e títulos enquanto mantém um portifólio equilibrado e diminuir o risco, ou escolher o tamanho do risco financeiro que você vai correr.

Ações

Aa ações, por sua natureza, costumam ser um investimento mais arriscado, podendo oferecer maior retorno para o dinheiro investido. A compra de ações também pode exigir que você invista quantias mais altas de dinheiro. As ações podem ser compradas independentemente ou por meio de fundos mútuos. Aquisições de baixo, médio e alto risco estão disponíveis.

Títulos, poupança, títulos de investimento e contas do tesouro

Títulos, poupança, títulos de investimento e contas do tesouro são o investimento com menos risco que podemos encontrar. O problema é que o retorno deles é relativamente pequeno e pode custar-lhe dezenas de milhares de dólares de renda em potencial em grandes períodos. Escolher um retorno de investimento de pouco risco, 5% em comparação com um investimento de risco médio de 10% com retorno em 20 anos, pode ser a diferença entre bons anos de aposentadoria e anos sofridos. Não subestime a maneira com que o dinheiro pode se multiplicar com os anos se for investido corretamente. Peça que seu consultor financeiro ilustre um exemplo que se encaixe em sua situação financeira.

Entenda os planos de aposentadoria

Aqui estou falando de "benefícios" e o que diferentes planos têm a oferecer. Em algumas situações de emprego, você não terá escolhas. Ou você entra automaticamente no plano de aposentadoria (apesar de as leis geralmente exigirem que a maioria dos planos ofereça diferentes tipos de "fundos" ou opções de investimento para igualar-se ao risco de tolerância do indivíduo) ou nenhum plano será oferecido. Se o último caso for verdade, você precisará iniciar um plano para a aposentadoria. A ação se torna sua escolha!

Independentemente do plano que você escolher iniciar ou no qual você seja automaticamente colocado, você tem de ser capaz de levar vantagem da economia isenta de imposto, a regra de 72 e a mágica de compor o capital. Quer você seja autônomo ou trabalhe para outra pessoa, um plano de contribuição de aposentadoria está disponível para satisfazer suas necessidades e sua situação. E você tem de fazê-lo trabalhar para você o mais rápido possível.

Benefício-chave do plano de aposentadoria

A maioria das contas de aposentadoria aumenta seu dinheiro com mais rapidez porque os ganhos são isentos de impostos até a aposentadoria. Simplesmente, mais dinheiro permanece em sua conta e monta seu capital, de acordo com a regra dos 72. Em segundo lugar, quando você tira o dinheiro, na aposentadoria, ele é cobrado em sua tarifa comum, que provavelmente será mais baixa que a que você pagou durante os primeiros anos de recebimento da renda.

Planos alocados

Os planos alocados oferecem a cada participante uma conta de investimento distinta. Os planos alocados comuns são os seguintes: 401(k), 403(b), 457, SEP, SIMPLE e SIMPLE 401(k). Alguns especialistas acreditam que esses planos alocados e autodirecionados representam a melhor maneira de estabelecer um plano de aposentadoria para "99% dos americanos" (Pickering 1999). Eles geralmente se enquadram na categoria de "planos de aposentadoria do empregador", e os empregadores e empregados podem ou não ser capazes de usar o mesmo plano qualificado. Permita que seu consultor explique como e porque um determinado programa funcionará ou não para você.

A seguir, está uma pequena amostra dos planos de aposentadoria que servem para pequenas empresas e únicos proprietários. Cada plano pode oferecer uma variedade de investimentos ou oportunidades de fundos para escolher, e você deve levá-los em consideração dentro do contexto da lei atual.

Conta individual de aposentadoria

As contas individuais de aposentadoria se categorizam como planos individuais de aposentadoria. Por exemplo: IRA, Roth IRA e Education IRA. Seja autônomo ou empregado, qualquer pessoa pode abrir uma dessas contas. Se você já for empregado e participar de um plano de aposentadoria, certifique-se de que não existem restrições.

Um IRA é uma conta individual de aposentadoria ou poupança. Você pode contribuir com pagamentos dedutíveis e não-dedutíveis. Ambos têm o benefício de serem isentos de impostos. Uma Roth IRA é parecida com a IRA, mas as contribuições não são dedutíveis de impostos. Os ganhos podem ser isentos de impostos. Os Educational IRAs permitem contribuições aos filhos até eles completarem 18 anos de idade. Esse IRA pode ser usado para pagar gastos com educação superior. As contribuições não podem ser deduzidas dos impostos, mas os ganhos acumulam impostos. As distribuições para educação superior não estão sujeitas a impostos, apesar de os fundos terem de ser usados quando o filho chegar aos 30 anos, ou a conta sofrerá cobrança de impostos e estará sujeita à pena.

Plano de Pensão Simplificada do Empregado (SEP)*

Os SEPs são uma forma de conta individualizada de aposentadoria, que serve para donos de negócios que desejem estabelecer benefícios de aposentadoria sem sofrer grandes custos administrativos e estejam procurando por uma solução barata para as necessidades pessoais de aposentadoria. Os empregados devem ser incluídos no plano. Contribuições anuais não são exigidas, o que é bom se, por algum motivo, você não conseguir contribuir em um determinado ano. Por outro lado, se você não contribuir, perderá os benefícios de renda isenta de imposto e as vantagens que a contribuição oferece. Você, como o empregador (lembre-se, você também emprega a si mesmo), pode deduzir 100% da contribuição de lucros dos negócios. Isso pode reduzir drasticamente sua renda que sofre a cobrança de impostos e economizar uma grande quantia de dinheiro, dependendo dos lucros.

* Os planos Keogh são outra forma de planos de aposentadoria do empregador que você já deve conhecer, mas que estão sendo mudadas e agora são chamadas de divisão de lucros ou planos de aquisição monetária. Esses planos são excelentes para pequenos negócios (com um baixo número de empregados) porque permitem uma contribuição maior para os proprietários, uma vez que, de modo geral, o salário deles seria maior que o dos empregados.

Plano 401(k)

Apenas o dono do negócio pode estabelecer esse plano de divisão de lucros. Geralmente, ele é chamado de "plano de contribuição definida". É parecido com o SIMPLE IRA porque consiste de um programa de adiantamento de salário para empregados, e contribuições adequadas podem ser feitas pelos empregadores. O adiamento de salário simplesmente quer dizer que os empregados podem contribuir sem pagar imposto por meio de um acordo de redução de salário. As contribuições dos funcionários são dedutíveis dos impostos.

Leis Tributárias e as Opções de Planos de Aposentadoria que Podem Mudar

As leis tributárias e as opções de plano de aposentadoria podem mudar rapidamente e parecerem complicadas. E elas lhe apresentam o que pode parecer uma tarefa impossível em termos de se manterem atualizado com as mudanças. Você deve contar com a ajuda de especialistas que estejam informados sobre essas mudanças constantes. Facilite sua vida procurando informação atualizada, correta e útil, de especialistas confiáveis. Você deve estar interessado em seu futuro financeiro, mas sua paixão certamente é maior pelo treinamento personalizado. Entender as leis tributárias e escolher um entre diversos planos de aposentadoria provavelmente não é sua especialidade.

Planejamento de patrimônio

O planejamento de patrimônio provavelmente é uma das áreas mais importantes de um equilibrado e organizado plano financeiro. É impressionante o número de pessoas que nunca planejam esse aspecto de sua vida financeira. Não fazer isso é como esquecer de treinar um dos principais componentes do condicionamento físico (flexibilidade, força e resistência cardiovascular). Você consegue imaginar algo assim?

Acredito que o planejamento só passou a ter importância para mim quando conheci o impacto que um plano ruim, ou a falta dele, teria no futuro de minha esposa e meus filhos se eu viesse a falecer prematuramente. Além disso, percebi que se minha esposa e eu morrêssemos, e na conseqüente distribuição do que hoje em dia é *The Brooks Family Trust*, os impostos poderiam causar um grande impacto – se não tivéssemos estabelecido essa segurança – em nossa capacidade de passar grande parte de nosso rendimento a nossos filhos, além de outros membros da família e entidades.

Por mais estranho que pareça, sua morte e uma subseqüente transferência de seu patrimônio pode custar muito dinheiro, e uma grande parte de suas posses pode acabar não indo para quem você queria. Minha primeira reação foi: "Que absurdo! Não é justo". Entretanto, é a realidade. E é fácil fazer alguma coisa em relação às taxas e tarifas envolvidas na distribuição de seu patrimônio sem causar problemas a seus herdeiros ou ter oficiais do governo decidindo como seu patrimônio será distribuído.

Seu patrimônio

Seu patrimônio é constituído de toda a riqueza e "coisas" que você acumulou ao longo de sua vida. Sua casa, suas ações, seus títulos, seus planos de aposentadoria, sua arte, suas apólices de seguros, seus imóveis, seus interesses ou suas parcerias de negócios, seus objetos pessoais e qualquer coisa que seja sua são parte de seu patrimônio. O simples objetivo do planejamento de patrimônio é reduzir as tarifas e os impostos comuns associados com a distribuição de seu patrimônio, para que as pessoas e organizações que você especificar recebam a riqueza que você acumulou ao longo da vida com o mínimo de problemas.

Distribuição por meio de testamento ou inventário

A distribuição eficiente depende da criação de um testamento ou inventário adequado. A pior maneira de ter seu patrimônio distribuído é sem um testamento válido. Essa situação, além de causar complicações e confusões que custam dinheiro e podem trazer problemas aos familiares, quer dizer que o tribunal decidirá como seu patrimônio será distribuído. Não preciso dizer que essa situação não é boa.

Discuta com um bom profissional as diferenças entre os testamentos e as várias formas de *trusts*. Geralmente, quando um patrimônio é distribuído por meio de testamento, o tribunal administra o testamento segundo seus desejos, por meio de suas exigências. No tribunal, seus bem são distribuídos aos devidos herdeiros e outros beneficiários designados.

Um *trust* é uma entidade distinta, tributável, na qual você pode incluir todos os seus bens. *Trusts* bem formados podem evitar o inventário, além de economizar tempo e custos associado a esses procedimentos. Além disso, um "*trust* testamentário" pode ajudá-lo a reduzir impostos de patrimônios avaliados em mais de US$600.000. E um "*living trust*" pode-se designar a gerência (a pessoa ou grupo que cuida de toda a gerência dos bens depois de sua morte) do patrimônio. Essa opção pode ajudar a evitar os custos de tribunais, além dos possíveis transtornos entre herdeiros e oficiais do tribunal. Por fim, um "*trust* de seguro de vida irrevogável" pode ser estabelecido colocando os procedimentos fora do alcance de seu estado, para que os fundos não sejam calculados como parte de seu patrimônio para propósito de imposto.

Organizando seu patrimônio

Em relação ao planejamento do patrimônio, você paga, literalmente, para ser informado e para que seus assuntos sejam colocados em ordem. Dizer que não entende desse assunto ou sentir-se vítima da burocracia não é o bastante para realizar suas intenções de distribuir seu patrimônio. Tome os procedimentos necessários para cuidar de seus bens agora, na hora de sua morte e, se apropriado, depois dela.

Preparar, apontar, aposentar

A imagem que eu tenho de mim mesmo na aposentadoria é de "realização". Você não vai me ouvir incentivando meus amigos a irem devagar. É um conselho de que ninguém precisa. Na verdade, estarei ocupado amando meus netos (se Deus quiser), sendo muito mais bondoso e voluntário de muitas boas causas. Posso até dar palestras e escrever livros simplesmente por ser o certo a se fazer e dar treinamento de graça. Além disso, vou intercalar meu tempo entre meus filhos (ou seja, mantendo-me informado a respeito da vida deles) e meus netos e voltar ao modo com que treinava antes de ter filhos. O tempo será meu maior aliado, diferentemente de hoje, quando nunca tenho tempo para nada.

Vejo a aposentadoria como um momento maravilhoso, principalmente se minha saúde e meu condicionamento físico estiverem bem e minha situação financeira for sólida o bastante para permitir que eu relaxe e mantenha o estilo de vida com o qual sempre sonhei. Serei pró-ativo em sustentar e melhorar tanto a minha saúde quanto a minha condição financeira!

Acredito que a independência financeira e a segurança são coisas importantes, que me darão os recursos e o tempo de ir para onde quiser e fazer o que eu quiser, quando quiser. Não quero ter um emprego do qual eu dependa para viver! Esse tipo de liberdade financeira e tempo possibilitará que eu me ofereça a qualquer empresa que desejar e permitirá que eu esteja com minha família o quanto quiser (quero mimar minha família!).

Em meu leito de morte, espero concluir: "A aposentadoria foi muito boa para mim e para minha família!". Uma ótima aposentadoria não acontece sozinha. É preciso preparação, planejamento e ação para assegurar o seu futuro e o bem-estar de sua família. Assim como eu compreendo a importância da saúde, aprendi a importância, o significado e o valor de me preparar para estar bem no futuro.

Uma palavra final: assim como acontece com um programa de condicionamento físico, nunca é tarde para dar início a um plano de aposentadoria! O segredo é começar hoje! Permita que o tempo trabalhe por você!

Questões financeiras: leitura recomendada

Se você quiser ler mais sobre o que foi citado neste capítulo, consulte:

JACOBS, V. "Financial Fitness". *IDEA Personal Trainer*. Nov./Dez.: 26-35, 1995.

JUSTICE, G. "The Numbers Game". *IDEA Personal Trainer*. Jul./Ago.: 37-39, 1996.

PETERS, C. "A Taxing Issue". *IDEA Health & Fitness Source*.Fev.: 57-61, 1999.

ROTAN, D. "Ready to Retire?" *IDEA Personal Trainer*.Jan.: 10-15, 1996.

PARTE II

AS BASES PARA PROGRAMAS QUE FUNCIONAM

Capítulo 10

OBTENDO INFORMAÇÕES (ANÁLISE)

Jerry chegou até mim através da indicação de um cardiologista. Seis meses antes, ele tinha sido submetido a uma segunda cirurgia bem-sucedida de ponte de safena. Logo percebi que a sua preocupação em relação a sua saúde era muito menor do que a de seu médico. No questionário de histórico médico, ele tratava seu problema como se não passasse de um simples resfriado e me contou que o médico disse a ele: "Você pode fazer qualquer coisa. Sua saúde está perfeita". O médico dele, no entanto, passou-me limitações explícitas em relação a exercícios cardiorrespiratórios, incluindo a duração e intensidade dos mesmos. Ele foi bastante específico ao me explicar como monitorar a freqüência cardíaca e a pressão arterial, além do treino de resistência com Jerry.

Percebi pelo relato escrito de Jerry que, para ele, a cirurgia era capaz de curar qualquer problema de saúde que ele tivesse. O médico dele percebeu o mesmo e acrescentou: "Meu objetivo é fazê-lo "acordar" para a realidade antes que seja tarde demais". O paciente não conseguia avaliar de modo realista sua doença devido ao medo e à sua vontade de seguir adiante com sua vida como antes, sem restrições.

É claro que se tivesse confiado em Jerry como minha única fonte para obtenção de informações, poderia ter arriscado a vida dele. Além disso, não teria conseguido desenvolver uma rede de contatos para melhorar a sua saúde. Ele se mostrava um desafio para mim sempre que nos encontrávamos. Aprendi muito sobre como me relacionar com ele por meio de sua esposa e de seu médico. Os dois tinham muita experiência em lidar com a disposição dele e ficaram felizes em poder passar esse conhecimento para mim. Como todos nós tínhamos a saúde de Jerry como prioridade, nossa "equipe" ficou composta de cliente, esposa e médico.

Teoria do exercício e necessidade individual dos clientes

A melhor maneira de construir uma ponte entre seu conhecimento da ciência de exercícios e um programa que satisfaça as necessidades específicas de cada cliente é reunir o máximo de informações a respeito dele quando achar adequado e puder. Mesmo quando estiver desenvolvendo um programa de exercícios para uma pessoa saudável e sem problemas, você deve descobrir e levar em conta diversos fatores que estão além do estado atual de saúde do cliente.

O processo de obtenção de informações inclui os seguintes aspectos:

- Questionário de saúde e histórico médico – obtenha informações sobre seu cliente por escrito antes de começar as aulas.
- Entrevista com o cliente – obtenha informação conversando.

- Teste de condicionamento físico – Este teste deve ser levado em conta como um passo opcional. Leia este capítulo, além dos capítulos 2 e 11 e o apêndice, para obter mais informação sobre o condicionamento físico e a avaliação de diagnóstico.

Retire o peso da responsabilidade durante o processo de avaliação

Avaliação verbal (entrevista) e por escrito adequadas – juntamente com o desenvolvimento de conexões-chave com médicos – podem ajudá-lo a aliviar um pouco o peso da responsabilidade e especialização. Como saber se é seguro ou apropriado que um cliente comece uma atividade física? Não tente tomar esse tipo de decisão sozinho. A falha em indicar o cliente a um profissional capacitado pode destruir seu negócio de treinamento personalizado. As implicações de responsabilidade são óbvias. O risco de sofrer um processo aumenta quando você aceita um cliente a quem não tem capacidade de atender, finge ter conhecimento em determinada área, deixa de procurar ajuda para problemas que lhe foram apresentados ou permite que um cliente comece a treinar antes de ser avaliado completamente.

Mesmo que não seja processado, em caso de lesão ou até mesmo morte, o cliente e os familiares podem perder a confiança em você, colocando sua integridade em questão e duvidando de sua capacidade de oferecer serviços competentes. Isso certamente pode afetar a referência que seu cliente dará de você. E é uma maneira muito errada de gerenciar seu negócio. Livre-se da pressão. Faça as perguntas corretas, reúna informação e conduza uma pesquisa correta para responder a perguntas: “Quando um cliente encontra-se pronto para as atividades?”.

Quando estiver em dúvida, procure auxílio de um profissional

Se você tiver perguntas ou hesitações a respeito da segurança do programa de uma pessoa, entre em contato com o médico dela. Estabeleça um relacionamento amistoso com o profissional de saúde que cuida de seu cliente, principalmente quando se tratar de um cliente de alto risco. Além disso, essa maturidade demonstrada pelo modo com que você percebe quando é o momento de pedir ajuda de outro profissional lhe ajudará a criar novas oportunidades (ou seja, trabalhar com médicos) na indústria dos cuidados com a saúde e na comunidade médica.

Tome decisões responsáveis

As organizações de controle da saúde e os profissionais licenciados geralmente preferem se concentrar na prevenção e detecção precocemente de uma doença. Por exemplo: você pode descobrir que uma pessoa que não se submetia a exames periódicos tem pressão alta e indicar um médico a ela. Você terá reduzido os custos em longo prazo para o indivíduo e a seguradora, demonstrando a um médico sua capacidade de ser um profissional cuidadoso. Um processo como esse pode abrir muitas portas de oportunidade. E tudo começa com um simples processo de avaliação voltado para o bem-estar do cliente.

Questionário sobre o histórico médico e de saúde e perfil do estilo de vida

O questionário de histórico médico e saúde (veja no apêndice os formulários abreviado e extenso, além dos questionários de hábitos alimentares e atividades; veja também o Perfil de Características Pessoais e Estilo de Vida, formulário 7.2) pergunta sobre questões e preocupações médicas e qualquer outro tipo de informação útil, como hábitos atuais e antigos, comportamentos e estilos de vida. Ele deve ser completamente analisado antes que o cliente comece qualquer programa que exija atividade física, incluindo avaliação e teste de condicionamento físico.

Os questionários, além dos formulários de permissão e isenção (apêndice e capítulo 8), podem identificar clientes que possam precisar de avaliação médica antes de participar de um programa de exercícios e também reduzem sua responsabilidade pessoal. Os formulários assinados indicam que você agiu de modo legal e responsável, de acordo com os padrões da indústria.

O questionário deve pedir apenas informação que você entende e pode interpretar para determinar o curso de ação de seu cliente. Um questionário de histórico médico e saúde abreviado é apropriado para clientes aparentemente de baixo risco ou aqueles em curto prazo, que só precisam de ajuda ocasional com o progresso de seus programas. A forma abreviada também é melhor se você não se sentir à vontade para usar um questionário de histórico médico mais elaborado ou se o cliente não quiser preencher um formulário mais longo. Um formulário abreviado bem feito não compromete a reunião de informações, mas simplesmente, às vezes, é mais apropriado para seu caso.

O formulário de histórico médico e saúde mais longo, que pode ser encontrado no apêndice, deve ser repetitivo. Eu descobri que fazer perguntas relativamente parecidas de diferentes maneiras e em seções diferentes do formulário deixa as informações que eu preciso mais claras. Se a primeira versão da pergunta não me der uma resposta concreta, a segunda ou terceira pode me dar. Por exemplo, um cliente pode não indicar fatores de risco para doenças cardíacas, mas pode passar a informação de modo diferente quando responder perguntas sobre pressão arterial, lipídios sanguíneos ou o histórico de saúde de parentes e familiares. Apesar de alguns de meus clientes terem notado que o formulário é repetitivo e me perguntado o porquê, a maioria não percebe. E geralmente suas respostas refletem isso.

Caso: Novo cliente

Um sinal de perigo também pode mostrar uma área na qual você simplesmente precisa ter mais conhecimento antes de começar a criar o melhor e mais seguro programa de treinamento para seu cliente. Por exemplo, digamos que uma cliente apareça para uma conversa inicial segurando seu bebê no colo. Ela passou pelo parto há apenas duas semanas e está ansiosa para "secar o corpo e voltar à forma antiga, começando hoje".

Apesar de você não ser especialista em trabalhar com mulheres que acabaram de dar à luz, fica preocupado com a possibilidade de haver sangramento pós-parto, que geralmente ocorre se as novas mamães começam a se exercitar logo. Além disso, você leu que o hormônio relaxina, secretado durante a gravidez, continua agindo, causando falta de rigor cerca de quatro a seis semanas, ou mais, depois do nascimento do bebê. Você explica a ela um pouco de sua preocupação em relação ao parto recente e à importância do processo de avaliação.

Ela fica impressionada com seu profissionalismo, seu conhecimento e sua preocupação e quer apresentá-lo ao obstetra dela. Compreende sua necessidade de reunir informações importantes sobre ela. Diz: "Não acredito. Outros treinadores com quem já treinei me reservavam um horário de treino assim que podiam. Acho que estou começando a entender como age um *personal trainer* de verdade. Vou mandar este formulário médico de volta a você, por fax, assim que possível e telefonar para meu obstetra amanhã para apresentá-lo a ele. A propósito, minha mãe tem diabete e meu pai, problemas de pressão alta e artrite". Pedindo informações e insistindo em obter assistência do médico, você descobrirá informações valiosas (os casos de diabete e pressão alta na família), que aumentarão suas chances de criar um programa preventivo e seguro.

Os formulários de permissão e isenção (veja os exemplos no apêndice e capítulo 8) explicam os testes de exercícios, os procedimentos ou as atividades das quais seus clientes participarão, apresentam possíveis riscos ou desconfortos que podem ser esperados durante um exercício ou um programa de avaliação, e o deixam à disposição para responder as perguntas de seus clientes. Eles mostram que ele está participando de modo voluntário, entende os riscos aparentes associados à participação e retém o direito de negar consentimento ou parar os procedimentos em qualquer momento durante o teste, a avaliação ou outras atividades. Formulários como esses, quando escritos adequadamente e executados, podem ajudar a protegê-lo de responsabilidade e informar seu cliente acerca do que ele encontrará.

Sinal de perigo

Quando algo nos questionários de saúde e histórico médico parece fora do comum, eu o chamo de "sinal de perigo". Os sinais de perigo geralmente precisam de algum tipo de atenção e acompanhamento, que podem estar alem de sua especialidade. Alguns exemplos de sinais de perigo incluem idade, histórico de doenças cardíacas, preocupações ortopédicas, pressão alta, gravidez (veja o quadro nesta página) e diabetes.

Se seu cliente lhe informar sobre alguma preocupação médica sobre a qual você não tem especialização, indique-o a um médico ou outro profissional especializado, para que ele faça uma avaliação antes de iniciar o programa de exercícios. Essa situação é um exemplo de quando seu quadro de conselheiros (capítulo 3) pode ser uma ajuda valiosa se você não souber por qual caminho seguir.

Diagnóstico e teste dirigidos pelo médico

Quando você deve optar por eles? O propósito de uma avaliação de diagnóstico é detectar a presença de doenças. Conduzido por um médico, pode incluir uma análise de fatores de risco coronário, exames físicos e testes de laboratório. Os resultados indicam se os indivíduos são classificados como aparentemente saudáveis, de alto risco ou doentes.

O Colégio Americano de Medicina do Esporte (ACSM e AHA 1998) recomenda que "todos os locais que ofereçam equipamentos ou serviços de exercícios devem realizar avaliação cardiovascular em todos os membros e/ou usuários em potencial" (p. 1012). Um ótimo exemplo de avaliação é um questionário como o Questionário de Disposição para a Atividade Física (PAR-Q). Um exame físico e uma avaliação médica são recomendados para os novos alunos que tenham as seguintes características (ACSM 1995):

- Homens com mais de 40 anos de idade.
- Mulheres com mais de 50 anos de idade.
- Pessoas de maior risco, que tenham um ou mais fatores de risco ou sintomas de doenças cardiopulmonares e metabólicas.
- Pessoas com problemas cardiovasculares, pulmonares e metabólicos.

Para o bem do cliente que se encaixa em uma ou mais das categorias acima mencionadas, ele deve se submeter a um teste administrado por um médico. Tais testes são supervisionados por técnicos bem treinados e com experiência no monitoramento de testes e emergências. Se você tiver perguntas sobre iniciar um programa de exercícios com algum cliente, entre em contato com o médico dele ou peça a ajuda de algum membro de seu quadro de conselheiros que tenha especialização na área em questão.

Entrevista com o cliente

A entrevista é um diálogo entre você e o cliente. A princípio, ajuda-o a reunir informações sobre os interesses, as necessidades do cliente e até que ponto ele compreende a relação entre condicionamento físico e saúde. Essa conversa se origina da informação que você recebe do questionário de histórico médico feito por escrito. A entrevista com uma mãe, a seguir, ilustra bem isso.

A entrevista o ajuda a descobrir o que o cliente pretende alcançar. Ao saber a direção que ele pretende dar ao treinamento, você incentiva nele a autoridade. Por isso, é provável que o cliente assuma um certo nível de responsabilidade pelo conteúdo do programa e se exercite regularmente. Essa motivação intrínseca fará com que o cliente se comprometa. A automotivação facilmente se desenvolve nos clientes quando você incorpora os interesses deles no programa. Você também precisa levar em consideração as necessidades de condicionamento físico e saúde de cada um deles.

Seus clientes devem sempre fazer parte do processo. As informações que eles lhe derem e seu envolvimento pessoal lhe ajudarão a preparar exercícios seguros e eficientes, que eles provavelmente seguirão por muito tempo. Esse tipo de comunicação interativa e contínua segue nos relacionamentos bem-sucedidos de treinador e cliente. Se você fez um bom trabalho na reunião de informações. Deve entender como as coisas funcionam com seus clientes, o que eles gostam e ter a informação certa para melhorar os programas de treinamento.

Uma ótima ferramenta que pode ser utilizada para entender e conhecer melhor a si mesmo e ao cliente é o Personal Fitness System (PFS) Interactive Wellness. Depois de responder ao questionário de dez minutos, pode usar o *software* para criar um perfil de comportamento com base nas respostas (veja o capítulo 7 para obter mais informações sobre essa ferramenta de alta tecnologia, assim como ver uma amostra e informações para administrar um Perfil de Características Pessoais e Estilo de Vida, formulário 7.2).

Caso: A Mãe Ocupada

Jani é uma mãe ocupada, com dois filhos pequenos. Ela adora jogar tênis e se preocupa, de modo geral, com sua saúde e seu programa de condicionamento físico. Ela me disse: "Apesar de viver para melhorar minhas habilidades no tênis, também me preocupo com outras áreas do condicionamento físico que posso estar ignorando, como a força e a flexibilidade. Como alcançar condicionamento nessas áreas?"

A solução para uma programação equilibrada poderia ser um programa de condicionamento total que ocorra inteiramente em uma quadra. Você cria um programa que inclua 15 minutos de condicionamento cardiorrespiratório, agilidade e exercícios de habilidade específicos para o tênis. Oito minutos de treinamento de flexibilidade vêm depois dessa atividade cardiorrespiratória. Essa base específica do esporte é uma preparação perfeita para a aula de tênis dela.

Depois da partida, você a faz completar quinze minutos de trabalho de força da parte superior do corpo, usando elásticos de resistência preso aos postes da rede. Em uma época de torneios, Jani pratica três vezes por semana e entra nos torneios nos finais de semana. Como ela completou o treinamento dela três vezes por semana sozinha durante essa época, você acrescentou dois treinos por semana para se concentrar no desenvolvimento funcional e tradicional da força tanto para a parte inferior do corpo dela quanto para o tronco. Para equilibrar essa abordagem, você também integra exercícios de força para a parte superior e inclui treino de flexibilidade.

Capítulo 11

TESTE PRÁTICO E AVALIAÇÃO DO CONDICIONAMENTO FÍSICO

A sofisticação, abrangência e complexidade de um programa de avaliação podem variar muito, dependendo da capacidade de quem realizar o teste. Muitos treinadores de sucesso não fazem avaliação de condicionamento físico. Tal avaliação, de um ponto de vista da motivação e do não-diagnóstico, não é uma exigência, apesar de poder ser uma excelente idéia se seu procedimento de avaliação analisar áreas de risco que precisam ser mais avaliadas (veja o capítulo 10). O treinador prudente e sábio sabe que é necessário administrar uma completa avaliação médica por escrito para determinar a possibilidade de seu cliente começar um programa de condicionamento físico em segurança.

Geralmente, eu incentivo o teste motivador e sem intenção de diagnosticar se eu acredito que ele é um benefício a meu cliente. E muitos de meus clientes gostam dele. Mas, para alguns, a avaliação é inapropriada do ponto de vista psicológico ou fisiológico. Um treinador pode formular um programa eficiente e determinar se o cliente deve começar o programa, dependendo da informação obtida com a entrevista e os formulários de histórico médico, além da informação obtida com o médico do cliente.

Se você está pensando em fazer o teste e não é especialista em diagnósticos, pode incluir testes que ofereçam dados válidos sobre os componentes do condicionamento físico que você medirá depois que o cliente for liberado para um programa de exercícios por meio de avaliação correta (veja o capítulo 10 e o apêndice). Pense em usar testes que envolvam uma quantidade mínima de tempo, sejam simples de administrar e avaliar, reflitam claramente as mudanças no condicionamento físico e exijam uma quantia mínima de dinheiro para equipamentos. Os testes podem incluir avaliação cardiovascular, testes de flexibilidade que avalie a flexibilidade, postura e força muscular e de resistência. Descanso, exercícios e recuperação da pressão e freqüência cardíaca também ajudam na avaliação. Medir a composição corporal usando um adipômetro ou uma fita métrica também ajuda.

Você deve entender seu papel como treinador que faz avaliações de condicionamento físico em relação a um especialista em avaliação de diagnósticos médicos. Explique isso a seu cliente, aos membros de seu quadro de conselheiros e a qualquer outra pessoa que precise conhecer os parâmetros de sua especialidade e suas intenções. Faça também por escrito.

Há anos, os profissionais da saúde e do condicionamento físico têm testado os programas de condicionamento antes, durante e depois de longos períodos de treinamento para determinar as mudanças no condicionamento. A seguir está um exemplo de como os problemas ocorrem em relação aos papéis exercidos pela maioria dos treinadores na avaliação: digamos que um estetoscópio seja usado para monitorar a freqüência cardíaca ou pressão durante um teste cardiovascular. O propósito do teste geralmente é mal-interpretado, devido à introdução do estetoscópio, que o cliente conhece como sendo um instrumento médico. O treinador deve deixar claro que o teste só é feito para avaliar o condicionamento cardiovascular, e não para permitir a prática de exercícios ou os diagnósticos de anormalidades ou doenças. O mesmo deve acontecer com qualquer componente de condicionamento que você decida testar, a menos que seja um especialista em medicina.

Qualquer programa de condicionamento deve exigir formulários preenchidos de histórico médico, permissão médica, se necessário, e formulários de permissão antes que qualquer pessoa seja considerada apta para o teste e qualquer tipo de programa de condicionamento físico.

O mundo dos testes e avaliação de condicionamento é confuso. Para este assunto, seria necessário um livro que se dedicasse somente a explicar a variedade de métodos de avaliação disponíveis e as opiniões a respeito de como aplicar o teste e a avaliação da melhor maneira. Ainda assim, o teste e a avaliação abrangente sem diagnóstico (veja capítulo 10) raramente são pedidos. Este capítulo apresenta uma abordagem sensata de teste e avaliação, que satisfará as necessidades de seus clientes, deixar-te-á surpresos com a grande variedade de métodos e não gastará muito de seu tempo.

Teste de condicionamento físico – uma ótima ferramenta motivadora

Pergunte à maioria dos treinadores se o teste de condicionamento é exigido e eles dirão, confusos: "Claro que sim! Não é?"

Teste de condicionamento sem diagnóstico

O teste de condicionamento sem diagnóstico (ao contrário da avaliação de diagnóstico do condicionamento realizada em uma situação supervisionada por um médico) deve ser visto como uma ferramenta opcional de motivação, que pode ser usada para animar os clientes a melhorar seu condicionamento. Quando você registra medidas em determinados períodos, por exemplo, a cada quatro ou seis semanas, os clientes conseguem ver melhoras pessoais em diversas áreas (veja o capítulo 10 para mais discussão sobre testes de diagnósticos realizados por médicos, cujo propósito é o diagnóstico de doenças).

O teste de condicionamento não é uma ferramenta de diagnóstico que avalia o estado de saúde da pessoa. Também não é uma ferramenta que avalia se seu cliente tem condições de iniciar o programa de exercícios. Um histórico médico bem feito e um questionário sobre a saúde, entrevistas com o cliente e uma conversa com o médico dele devem determinar se ele está apto para participar de atividades físicas com segurança.

Decidindo quando testar

O teste de condicionamento não é uma necessidade absoluta. Faça a si mesmo algumas perguntas: O teste coloca seu cliente em uma situação de alto risco inadequada para o atual estado de saúde e condicionamento físico dele? Por exemplo, você consegue ver o absurdo em testar à exaustão uma pessoa que esteja apenas começando um programa de força para determinar a carga inicial? Além disso, o teste pode deixar o aluno envergonhado? Em caso afirmativo, não o aplique. Se você estiver trabalhando com um cliente obeso e sedentário, é realmente necessário aplicar testes que estabeleçam se ele é obeso, tem um baixo nível de condicionamento cardiorrespiratório, pouca flexibilidade e pouco equilíbrio? Uma avaliação visual, uma de saúde e uma conversa detalharão tudo isso, sem deixar o cliente correndo o risco de se magoar ou se machucar fisicamente.

Aplique testes apenas quando eles tiverem o objetivo de motivar, e nunca de colocar o cliente em risco. Não é muito motivador dizer a uma pessoa obesa que as hastes do adipômetro não conseguirão se abrir o suficiente para permitir a medição da sua gordura corporal. Seja sensível às realidades físicas e emocionais do cliente.

Avaliações iniciais e seqüenciais de condicionamento

O momento correto para a primeira avaliação de condicionamento depende principalmente das necessidades e do histórico de condicionamento físico do cliente. Para muitos de seus clientes, é prudente criar uma base de condicionamento antes de qualquer teste e, é claro, só começar o treinamento físico depois de uma avaliação médica abrangente. Seguir esses passos é prudente se você decidir avaliar seus clientes menos em forma ou com necessidades especiais com testes que exijam atividade física.

Depois do teste inicial, um novo teste coincide com as fases de (1) condicionamento inicial, (2) melhora e (3) manutenção descritas pelo Colégio Americano de Medicina do Esporte (ACSM 1995). Ganhos importantes no condicionamento provavelmente ocorrerão nas primeiras quatro a seis semanas de treinamento com um programa adequado. O teste e a avaliação, principalmente durante os primeiros estágios de um programa de exercícios, podem ser muito motivadores, pois o nível de melhora será ótimo.

Refazer o teste entre seis e oito semanas depois do primeiro faz sentido do ponto de vista da adaptação fisiológica. Você também motivará seus clientes com comparações do tipo "antes e depois". Refazer o teste seis meses, um ano e uma vez ao ano depois desse período é uma boa idéia, baseando-se em adaptações documentadas para um programa de treinamento progressivo. Uma avaliação mais freqüente é uma opção para alguns ou para todos os testes. Por exemplo, a pressão sanguínea e a composição corporal são fáceis e simples de avaliar, e geralmente não apresentam riscos aos clientes.

Use os resultados da avaliação de condicionamento

Antes de aplicar diversos testes, você precisa saber como usará os resultados para motivar o cliente e melhorar o programa dele. Muitos treinadores admitem não saber exatamente porque estão avaliando. Muitos têm uma vaga noção, do tipo: "É uma bateria de testes que todo mundo aplica". É provável que eles não tenham pensado como os resultados serão usados para melhorar o programa de treinamento do cliente. Os testes devem ser específicos e relevantes ao que o cliente pretende alcançar.

Existem duas maneiras – uma comum e a outra nem tanto – de catalogar esses resultados da avaliação de condicionamento. Pode ser que você considere um ou outro, ou os dois, mais apropriados, dependendo do cliente.

Um método é comparar os resultados de avaliações aos resultados (ou padrões) de outras pessoas que fizeram o teste. O segundo é comparar os resultados da avaliação do próprio cliente com avaliações antigas para determinar a porcentagem de melhora de um teste para outro. A abordagem usada depende das necessidades e das habilidades do cliente. Além disso, as informações obtidas nos questionários de saúde e condicionamento físico, na entrevista com o cliente, no nível atual de saúde e condicionamento, no seu perfil psicológico e na compreensão do processo de avaliação lhe ajudarão a tomar decisões adequadas de avaliação.

Usando os padrões

Quando você usa padrões, compara os resultados da pessoa com resultados comuns de pessoas da mesma faixa etária. Assim consegue determinar o esforço de seu cliente, usando uma escala descritiva ou percentual que varie, por exemplo, de excelente a muito ruim. Quando seu cliente alcançar 90% em uma determinada avaliação, isso quer dizer que aproximadamente 89% das pessoas que fazem o teste alcançam menores resultados. Por outro lado, se seu cliente atingir 11%, quer dizer que cerca de 89% das pessoas testadas conseguem maiores resultados.

Se você comparar os resultados de testes com os padrões, deve seguir exatamente os mesmos procedimentos (protocolos) usados para estabelecer os padrões. Por exemplo, se o teste pede uma cadência específica e uma altura do passo, isso deve ser reproduzido exatamente da mesma maneira para que os padrões sejam válidos.

Geralmente chamo os padrões de escala de "julgamento". Os padrões são uma faca de dois gumes, que podem incentivar ou desanimar, dependendo de como a *performance* de seu cliente ficar na escala. Além disso, as comparações com os padrões podem não ser relevantes para a atual situação de seu cliente. Qualquer melhora, seja qual for o ponto de partida, é positiva. E mesmo depois de meses de melhora significativa, os padrões podem colocar seu cliente na categoria mais baixa. Quando tenho um cliente que percebo que terá um resultado muito bom, exploro os padrões e percentuais, sabendo que o alcance máximo será uma motivação. Às vezes, um resultado baixo pode motivar um cliente de modo positivo. Porém, seja seletivo e sensível quando usar esse tipo de comparação.

Usando o percentual de melhora

A melhor abordagem para a maioria dos clientes é mostrar melhora em relação ao ponto de partida deles. Isso permite que você acompanhe as melhoras no condicionamento específicas ao cliente. Tenho clientes que ficariam muito desmotivados se fossem comparados a padrões de excelência em *performance* que, naquele momento, fossem impossíveis de alcançar.

Outra vantagem de se usar a melhora percentual é que você pode desenvolver seus próprios protocolos de testes. Ao modificar os já existentes, criando, assim, suas próprias avaliações, você consegue satisfazer as necessidades de seus clientes de modo mais eficiente e seguro.

Calculando o percentual de melhora

O percentual de melhora é facilmente calculado, subtraindo-se o resultado mais recente do resultado do teste anterior. Essa diferença é, então, dividida pelo resultado do teste anterior e multiplicada por 100. Para que o percentual de melhora tenha validade em relação a esforços anteriores, o protocolo do teste deve ser idêntico. Siga os procedimentos neste capítulo para criar seus próprios testes ou qualquer outro que escolher. A tabela 11.1 mostra os dados do teste cardiorrespiratório de um cliente, além dos dados de um teste de força e um cronometrado de uma caminhada de um quilômetro, para demonstrar como é fácil calcular o percentual de melhora.

Estudo de caso: Padrões ou percentual de melhora?

Vejamos como três cientistas reagiram à avaliação de condicionamento físico. A informação que você escolhe para enfatizar seu teste e sua avaliação, e como você a quantifica (padrões ou percentual de melhora), podem ter impactos muito diferentes.

John. A avaliação cardiorrespiratória inicial de John o colocou perto do zero no *ranking* de percentual, um nível visto como "muito fraco". Não disse isso a ele, pois não seria uma motivação. John estava, como ele mesmo disse, contente por "ter chegado ao final inteiro e ainda vivo!". Expliquei a ele que nos referiríamos a esse ponto inicial (a resposta da freqüência cardíaca dele) como uma medida de seu nível atual de condicionamento. Esses dados (tabela 11.1) seriam usados mais tarde para estabelecer de modo objetivo algumas das melhoras que ele certamente alcançaria em um curto espaço de tempo.

Sue. Depois de Sue treinar comigo por dois anos, ela me disse que queria ter uma avaliação de percentual de gordura corporal, realizada com um adipômetro. Anteriormente, eu havia conversado com ela a respeito das diversas opções de avaliação, que incluíam avaliação de índice de gordura corporal, mas Sue demonstrou pouco interesse. Ela não precisava de uma avaliação desse tipo para saber que estava extremamente obesa! Depois de registrar as medidas, eu coloquei os dados em uma equação comum. A gordura corporal de Sue era de 48%.

Obviamente, seria muito negativo dizer a ela que o cálculo ficara perto de zero por cento e que, clinicamente, ela continuava sendo considerada obesa. Como ela não perguntou, eu não disse nada. Em vez de dar as informações, eu disse: "Agora temos medidas específicas para podermos usar em comparações conforme você for perdendo peso e mudando sua forma e composição corporal". Veja a tabela 11.2 (dados de Sue).

Epílogo. Cerca de seis semanas depois, a pedido deles, refiz o teste com John e Sue. A freqüência cardíaca em exercício de John caiu 16% (de 168 a 142) com os mesmos procedimentos que tinham sido usados anteriormente (veja a tabela 11.1). Apesar de saber que John tinha melhorado pouco e ainda era considerado "fraco" em comparação com os padrões, o teste "ficou mais fácil" e John ficou contente. John, que é um investidor, disse: "É um belo investimento!", refletindo sua melhora (tabela 11.1).

Tabela 11.1 Cálculo do percentual de melhora

Componente de condicionamento	**(a) Resultado inicial ou anterior do teste**	**(b) Novo teste (no. 1) ou resultado mais recente**	**(c) Diferença entre resultados anteriores e atuais (a – b)**	**(d) Diferença dividida pelo resultado do teste inicial ou anterior [(c/a) X 100]**
Cardiovascular (freqüência cardíaca em batimentos/minuto)	168 batimentos/ minuto	142 batimentos/ minuto	26 batimentos/ minuto	26 / 168 = .1547; .1547 X 100 = cerca de 16% de melhora
Força (repetições completadas)	8 repetições	13 repetições	5 repetições	5 / 8 = .625; .625 X 100 = cerca de 63% de melhora
Cardiovascular (tempo cronometrado de uma caminhada de um quilômetro)	28 minutos	20 minutos	8 minutos	8 / 28 = .286; .286 X 100 = cerca de 29% de melhora

Tabela 11.2 Como usar as medidas de gordura corporal de modo correto (dados de Sue)

Cliente: Sue Idade: 54 Peso: 154 Data do teste: 8/1

Medida de gordura no local da medição	Medidas anteriores em milímetros	Nova medida em milímetros	Mudança de medidas novas e anteriores em milímetros (+ ou -)	Percentual da mudança
Escápula	13.8	13.0	-0,8	5.8
Tríceps	21.2	20.0	-1.2	5.7
Peito	NA	NA	NA	NA
Axila (debaixo do braço)	17.0	15.2	-1,8	10.6
Osso do quadril	18.2	13.1	-5.1	28.0
Abdômen	23.2	15.8	-7.4	31.9
Coxa	29.0	26.5	-2.5	8.6
Total de gordura das medidas das dobras	122.4	103.6	-18.8	15.4

NA: não aplicável

O percentual de gordura corporal de Sue, com o novo teste, caiu de 48 para 44. É uma melhora de 8% quando fazemos o cálculo usando o método de melhora de percentual (4% de diferença divididos pelo cálculo original de 48%, que é igual a .083 X 100 ou cerca de 8%). Dei risada quando Sue, que gerencia um fundo mútuo, disse: "Gostaria de conseguir todo esse retorno para todos os meus investimentos". Qualquer treinador gostaria de ouvir o que ela disse: "Absolutamente impossível!", quando eu disse a ela que a soma das medidas das dobras, com base nas medidas iniciais das quais ela se lembrava vagamente e que eu tinha feito dois anos antes, tinha caído de 232 para 122.4 milímetros! (Esse percentual é calculado subtraindo-se 122.4 de 232, resultando em 109.6; essa diferença é dividida pela soma original das medidas, que era de 232; 109.6 dividido por 232 é igual a .472 e multiplicado por 100 é igual a 47%). O que você diria a Sue depois de dois anos de melhora continua se a melhora tivesse subido apenas 10% e ela ainda entrasse na categoria de "muito baixo"? Com certeza, ela não precisava saber dessa informação e certamente ficaria mais motivada com sua melhora de percentual pessoal. Não é preciso dizer que você tem vontade de manipular as estatísticas para dar esperança a seus clientes.

Além disso, meu valor pessoal tinha aumentado na opinião de John e Sue. Afinal, eu os ajudara a atingir bons retornos em seus investimentos.

Sally. Sally, por outro lado, é uma triatleta campeã. Ela vê as avaliações como simplesmente outra competição na qual ela vai se sair muito bem ou provavelmente "vencer". As duas primeiras perguntas que ela me fez foram: "Que número tenho de atingir para estar no percentual máximo?" e "Quais percentuais de gordura corporal me colocariam em níveis de atletas campeões mundiais?"

É claro que por ser uma pessoa muito competitiva e com um ótimo nível de condicionamento físico, ela ficará motivada se seus resultados forem comparados com os padrões, pois ela sempre alcança níveis excelentes, perto de 99%. Os testes e as avaliações de condicionamento são divertidos para Sally, pois não se trata de ir bem, mas sim de medir sua ótima *performance*.

Pontos fracos na avaliação tradicional e nas abordagens de avaliação

Os *personal trainers* geralmente avaliam o condicionamento cardiorrespiratório, a força e a resistência muscular, a flexibilidade e o percentual de gordura corporal. Exemplos e descrições de modelos de testes tradicionais e avaliações podem ser encontrados na lista de referências e leitura recomendada, no final deste capítulo. Muitos dos modelos atuais têm pontos fortes e fracos em suas habilidades de avaliar melhoras nas diferentes áreas de condicionamento de seus clientes. Na verdade, alguns testes não só têm pouca relevância à atual situação do cliente, como também podem colocar a pessoa em risco. Para o treinador, as inadequações podem não ser facilmente identificadas como as necessidades únicas de um cliente específico.

Avaliação cardiorrespiratória

Você já observou atentamente a progressão de sobrecarga para testes de bicicleta ergométrica, esteira e step ao medir o condicionamento cardiorrespiratório? A fase de construção de freqüência fixa é longa o suficiente para garantir um teste seguro? O aumento na freqüência cardíaca ou na capacidade funcional (VO_2), exigida para a realização do teste cardiorrespiratório, está dentro de um limite seguro de esforço para seu cliente?

A seguir está um exemplo que ilustra minha pergunta. Um teste cardiorrespiratório comum exige o uso de um step de 30 centímetros e uma cadência de 96 batimentos por minuto. Um step com altura de 30 centímetros pode rapidamente aumentar a freqüência cardíaca de um cliente menos preparado ao máximo, e a altura do step pode causar incomodo ao joelho do cliente por ser muito alto em relação às considerações anatômicas únicas do cliente. Um teste dessa maneira é seguro para seus clientes?

Teste de força

Apesar de os testes de força máxima (chamado de uma repetição ou teste 1RM) serem ruins, eles geralmente são aplicados de forma inadequada, pois o cliente não está fisica nem psicologicamente pronto. Além disso, a maioria dos testes de força e resistência muscular não consegue uma medida equilibrada. Se um teste equilibrado de condicionamento muscular é o que se procura, todos os principais grupos musculares do corpo devem ser avaliados. Mas o teste de todos os relacionamentos entre músculos agonistas e antagonistas (por exemplo, quadríceps e isquiotibiais) raramente é feito. Muitos desses testes usam procedimentos tradicionais, que geralmente testam apenas a força muscular máxima, ou exercícios biomecanicamente perigosos ou que têm pouca aplicação nos movimentos e exercícios diários de seus clientes.

Por fim, você já se perguntou o que um teste de força de preensão usando um dinamômetro de mão tem a ver com as necessidades de exercícios e movimento de seus clientes? É questionável se há qualquer aplicação na maioria dos casos, mas muitos treinadores incluem esse teste em seus procedimentos.

Avaliação de flexibilidade e postura

Avaliar apenas a "flexibilidade" não é adequado, e abordagens estabelecidas devem ser questionadas. Por exemplo, os treinadores devem ir além do simples teste de abaixar e alcançar para testar a flexibilidade, e devem pensar em eliminar tal prática. Alguns especialistas, incluindo Plowman (1992) e Kendall et al. (1993), perguntam-se se o teste de abaixar e alcançar pode ser administrado de modo seguro em diversos grupos de pessoas e se ele realmente oferece alguma informação específica ou valiosa em relação à flexibilidade na parte baixa da coluna, nos tendões e nas panturrilhas.

Por outro lado, a flexibilidade funcional dos tendões é facilmente avaliada colocando seu cliente na posição supino. Uma perna é elevada, enquanto a outra fica encostada no chão. Os joelhos não devem ser flexionados. Uma boa flexibilidade dos tendões é demonstrada quando a perna erguida conseguir alcançar uma posição vertical (90º de flexão do quadril) sem nenhuma ajuda externa.

Como a flexibilidade é específica das articulações, vários testes de flexibilidade específica e postural são necessários para se avaliar, de modo adequado, o alcance de movimento de seu cliente.

Para ser eficiente, uma abordagem deve envolver todos os erros posturais e as áreas com pouca flexibilidade. Uma boa abordagem a essa área de testes e avaliações acontece quando a flexibilidade é vista por meio de um conceito de postura e movimento, em vez de testar um grupo muscular apenas por testar.

Abordagem prática, contemporânea e personalizada do teste

Como eu já disse, eu precisaria de um livro inteiro para discutir as vantagens e desvantagens dos procedimentos da avaliação do condicionamento físico, descrever procedimentos adequados e abordar todas as possibilidades. Entretanto, minha intenção é oferecer opções de testes realistas que complementarão os procedimentos de testes com os quais você já está familiarizado.

Eu o incentivo a questionar e investigar a adequação das "receitas" de avaliação comuns. Geralmente, uma série de avaliações e uma bateria de testes são feitas, muitas vezes, independentemente das necessidades únicas dos clientes e das limitações dos testes.

Antes de escolher ou desenvolver um teste, faça a si mesmo as perguntas mostradas no "Qualquer prática de avaliação". Esse exercício lhe ajudará a avaliar testes e chegar a duas conclusões: ou os testes são apropriados, seguros e úteis para motivar seu cliente em busca de um programa individualizado de objetivo claro ou eles precisam ser modificados ou descartados.

Qualquer prática de avaliação

1. Por que estou aplicando esses testes? O que estou medindo e como usarei essas medidas para motivar meus clientes a alcançarem seus objetivos e ajudar nos exercícios?
2. Os testes são seguros em relação ao estado atual de condicionamento de meus clientes?
3. Esses testes são adequados para a saúde e as necessidades de condicionamento físico de meus clientes?
4. Esses testes refletem um condicionamento equilibrado medindo e avaliando todos os maiores componentes do condicionamento

(condicionamento cardiorrespiratório, de força, de flexibilidade e de postura) e os aspectos principais dentro de cada componente do condicionamento?

5. Esses testes realmente medem o que se propõem a medir e, em caso afirmativo, é um critério útil pelo qual é possível medir e motivar a melhora do cliente (por exemplo, se você pensa em realizar um teste de dinamômetro de mão para medir a força e a resistência estáticas dos músculos de preensão da mão, a questão não é se é bom ou ruim, mas sim se é útil para o cliente).

Se você não tem certeza de como responder essas perguntas, e principalmente se duvida que o procedimento tenha qualquer relevância ou suspeita que ele represente um risco a seu cliente, não o use!

Crie seu teste de condicionamento

Você pode criar seu teste facilmente, pegando idéias de testes tradicionais. Por exemplo, eu costumo modificar os testes de step usando uma plataforma de cinco a dez centímetros, em vez de usar as de 25, 30 ou 45 centímetros, e geralmente reduzo a cadência comum de 96 batimentos por minuto. Se eu fizer isso, os padrões dos testes comuns não podem mais ser usados e durante um novo teste tenho de voltar a usar o procedimento que usei na primeira vez. Isso garante que o teste será confiável e válido quando eu registrar a melhora em determinados períodos. Entretanto, os resultados são relevantes para a situação atual de meu cliente e para o teste anterior. Assim, eu acredito ter as melhores opções e posso satisfazer as necessidades de avaliação de cada cliente, especificamente. Mais exemplos serão dados ao longo deste capítulo.

Determine o que testar

Eu incentivo os *personal trainers*, se for apropriado às necessidades de seus clientes, a obterem as habilidades necessárias para administrar testes e avaliações de condicionamento. Além disso, a composição corporal e a pressão sanguínea em repouso são habilidades simples de aprender e seguras de administrar. Uma ótima maneira de obter as habilidades necessárias para aplicar qualquer teste é freqüentando conferências, seminários e *workshops* que ofereçam aulas práticas.

Resistência cardiorrespiratória

Seus clientes podem perguntar: "Meu coração é forte?". Pode ser que eles tenham ouvido os amigos falarem sobre "teste submáximo" e querem saber o que é isso. Você responde: "Quer dizer que você está trabalhando em um nível de esforço abaixo do máximo". Isso equivale entre 70 e 85% da freqüência cardíaca máxima de um nível de esforço (que se refere à taxa de índice de esforço percebido) que é de 3 a 7 (de moderada a difícil). Os testes submáximos lhe dão uma idéia da força de seu coração e de como você consegue impulsionar oxigênio para os músculos. Quanto mais em forma for seu coração, mais calorias você queimará e mais energia terá!

Quando comparar os resultados de exames submáximos, eles podem ajudá-lo a avaliar se o treinamento aeróbico de seu cliente é eficiente e motivá-lo na busca por novos objetivos. É uma medida objetiva que mostrará que você está no caminho certo com o planejamento e o progresso de seus exercícios.

Os testes submáximos devem ser precedidos por um aquecimento simples de três a cinco minutos, seguido de um tempo para esfriamento de três a cinco minutos, além de alongamento.

Você não está limitado aos testes deste livro. Pode substituir qualquer exercício cardiorrespiratório por outro apresentado no capítulo. Simplesmente aplique os princípios e a filosofia conforme achar adequado e use os procedimentos como base.

Teste de Caminhada e Corrida de um Quilômetro

O teste de caminhada e corrida de um quilômetro é uma das maneiras mais simples de testar o condicionamento aeróbico. Ele exige um cronômetro e um trajeto de um quilômetro a ser percorrido andando ou correndo (Se essa distância parecer longa demais para um cliente, crie um trajeto de qualquer distância e siga os procedimentos).

Antes do cliente caminhar, caminhar e correr ou correr, faça-o se aquecer por três minutos. Ele deve percorrer a distância o mais rápido que conseguir. Registre o tempo. Uma pessoa que andar rapidamente deve fazer o percurso dentro de oito a nove minutos (velocidade de 12 ou 13 quilômetros por hora), mas quem correr deve completá-lo em seis minutos (16 quilômetros por hora). Se a pessoa estiver fora de forma, pode levar 30 minutos (velocidade de 3 km/h) ou mais. Não importa! Simplesmente registro o tempo.

Tome o pulso dela por dez segundos, logo após ela completar o percurso. Isso é chamado de Freqüência Cardíaca de Exercício (FCE). Meça a freqüência cardíaca entre o polegar e o pulso dela ou use um monitor. Se estiver monitorando manualmente, multiplique esse número por seis e obtenha a freqüência por minuto. Por exemplo, se você contou 20 batimentos em dez segundo, multiplicando por seis, você terá 120 batimentos por minuto.

Um minuto depois do exercício, meça o pulso mais uma vez por mais dez segundos. Essa segunda medida é chamada de Freqüência Cardíaca de Recuperação (FCR). Registre essa informação na Folha de Avaliação Aeróbica (formulário 11.1).

Quando refizer o teste, de quatro a seis semanas mais tarde, seu cliente vai ficar feliz por ver que foi mais rápido e que pode ter progredido de uma caminhada a uma corrida. Além disso, a FCE e FCR dele serão menores (o que quer dizer que o teste foi mais fácil e ele se recuperou com mais rapidez). A velocidade maior de seu cliente, a freqüência cardíaca mais baixa e a recuperação cardíaca mais rápida são ótimos indicadores de que o programa está funcionando.

Teste de step

Em geral, você verá esse teste sendo feito com um step de 30 centímetros. No entanto, para alguns clientes, ele é muito alto e pode fazer com que eles atinjam uma freqüência cardíaca alta com rapidez ou a altura do step pode causar incômodo no joelho deles. Você pode fazer o teste usando um step de qualquer altura, mas quando for refazê-lo, use o mesmo step da primeira vez (O step de 30 centímetros geralmente é mais usado para que você possa usar os padrões na avaliação da *performance* do aluno). Se você gosta de números e estatísticas, mas não quer avaliar um cliente em um step de determinada altura e nem comparar seu cliente a padrões, apenas calcule o percentual de melhora dele.

Para realizar o teste, faça o aluno pisar em uma cadencia fixa que você pode readotar em outros testes. Por exemplo, conte "pé" (pé direito sobe), "pé" (pé esquerdo sobe), "chão" (pé direito desce), "chão" (pé esquerdo desce) e dê cerca de um segundo para cada "pé" e "chão". Ou um total de quatro segundos. Se tiver um metrônomo, coloque-o para funcionar com 96 batidas por minuto (ou mais baixo, se achar adequado) e faça seu cliente adotar o ritmo "pé", "pé", "chão", "chão". Uma cadência pré-gravada em uma fita ou CD também funciona.

Use um degrau de escada ou uma plataforma pequena (figura 11.1). A plataforma não deve ter mais do que 30 centímetros. Qualquer altura menor funciona se for boa para seu cliente. Faça seu cliente subir e descer do degrau ou plataforma por três minutos ou durante o tempo apropriado.

Determine a FCE do cliente tomando seu pulso por dez segundos logo que ele terminar o exercício de três minutos. Depois, cheque a FCR um minuto depois que o exercício terminar. Registre essa informação na Folha de Avaliação Aeróbica (formulário 11.1 nesta página).

Se seguir esse mesmo procedimento (protocolo) a cada vez que fizer o teste, pode chegar a um resultado confiável, que pode ser usado para avaliar as mudanças no condicionamento aeróbico de seu cliente. Use a mesma altura de step e a duração e siga os mesmos procedimentos para cada teste novo.

Formulário 11.1 Folha de Avaliação Aeróbica

(Use este formulário para os testes de corrida/caminhada de um quilômetro e step)

Nome ____________________ Idade: ______________ Data de início: _____________

Data da medida:										

Registre a FCE de um minuto e a FCR em cada caixa. Encontre a freqüência cardíaca fazendo a contagem da freqüência cardíaca durante dez segundos e multiplicando o resultado por 6.

Caminhada de uma milha, caminhada e corrida ou corrida

FCE Exemplo: 120										
FCR Exemplo: 80										

Teste de step

FCE Exemplo: 135										
FCR Exemplo: 85										

Tirado do livro *The Complete Book of Personal Training*, de Douglas S. Brooks, Champaign, IL: Human Kinetics, 2004.

Figura 11.1 Realização do teste de step em um degrau (a) ou em uma plataforma (b).

Força e resistência muscular

Geralmente, o teste de força e resistência muscular se encaixa na categoria de teste de força. Entretanto, força e resistência muscular são coisas distintas. A força muscular pode ser caracterizada como a capacidade de seus músculos produzirem altos níveis de força por pouco tempo (por exemplo, 30 a 90 segundos). A resistência muscular é definida como a capacidade dos músculos de resistir à fadiga por períodos mais longos. Os dois tipos de força levam a uma *performance* atlética melhor, ao movimento diário eficiente e seguro e à boa postura.

Como eu disse anteriormente, você não está limitado aos seguintes exercícios. Pode substituir qualquer exercício de treino de resistência pelos discutidos. Aplique os princípios dos testes e das avaliações e a filosofia conforme achar adequado, e use os procedimentos dos testes como base.

Teste de resistência muscular

É possível que muitos de seus clientes nunca tenham perguntado quanto os músculos deles agüentam. Não deixe que isso o faça crer que a resistência muscular não é importante. Essa habilidade de sustentar a contração muscular (níveis relativamente altos de produção de força muscular que pode ser sustentada sem fadiga rápida) por períodos mais longos pode ajudar seu cliente, por exemplo, a manter a execução apropriada da habilidade (níveis de habilidade que diminuem quando a fadiga acontece) e postura correta.

Teste de flexão

Dizer que as mulheres devem fazer flexões de modo diferenciado dos homens (com as pernas dobradas) é uma atitude sexista. Depende da força do corpo de seu cliente o fato de ele fazer as flexões com o corpo estendido ou com os joelhos flexionados. Se ele não conseguir realizar pelo menos 13 flexões com o corpo reto, use a versão modificada, com os joelhos dobrados (figura 11.2) (Qualquer quantidade menor do que 13 e você está medindo a força muscular!)

Tanto os alunos quanto as alunas podem executar os dois tipos de flexões. O objetivo da flexão de braço é fazer com que o aluno faça o máximo que conseguir. Esse teste mede a resistência e, até certo ponto, a força dos músculos do peito, dos ombros e dos braços.

Um aquecimento leve e um alongamento dos braços devem preceder este exercício. Depois de escolher o estilo da flexão, peça que o cliente abaixe o peito em direção ao solo até encostar a cabeça em uma toalha enrolada (cerca de nove centímetros de espessura) e volte para a posição de braços estendidos. A flexão deve ser realizada com controle, usando um segundo para subir e um para descer. Se tiver um metrônomo, ajuste-o para 60 batidas por minuto. Se não tiver, o teste não será exato quando você tentar refazê-lo posteriormente, mas pode-se simplesmente

Figura 11.2 (a) e (b) Uma flexão de braço comum deve ser feita com as costas retas, os braços estendidos na direção dos ombros e a cabeça nem para cima nem para baixo. Apenas os pés e as mãos tocam o chão na posição padrão. (c) e (d). Para a versão modificada, a única diferença é que os joelhos tocam o chão, e, um ângulo de 90º em relação aos ombros.

contar, por exemplo, "mil e um" e repetir essa contagem quando o cliente mudar de direção e voltar para a posição de braços estendidos.

Seu cliente deve baixar o corpo todo e manter as costas retas de maneira natural para a lombar. O aluno deve erguer-se em uma posição ereta dos braços, sem travar nem esticar demais em cada repetição, para a realização correta. Quando ele não conseguir voltar à posição inicial de braços estendidos ou manter o ritmo, o teste deve ser encerrado. Registre o número de flexões que seu cliente realizou na Folha de Avaliação de Resistência (veja o formulário 12.2) e volte a aplicar o teste de quatro a seis semanas depois.

Você pode calcular o percentual de melhora (sobre o qual falamos no início do capítulo) depois do segundo teste ou simplesmente perceber quantas flexões a mais seu aluno é capaz de fazer a cada nova avaliação.

Formulário 11.2 Folha de Resistência Muscular (Flexões)

Nome ____________________ Idade: ______________ Data de início: _____________

Data do teste:										
Número de flexões modificadas (com joelhos flexionados)										
Número de flexões no modo tradicional										

Tirado do livro *The Complete Book of Personal Training*, de Douglas S. Brooks, Champaign, IL: Human Kinetics, 2004.

Teste do abdominal

Os antigos testes de exercícios abdominais eram usados para avaliar a capacidade de uma pessoa realizar o máximo de abdominais que conseguisse. Geralmente, os pés eram segurados por outra pessoa e, sem parar, a pessoa fazia o máximo de abdominais que conseguisse em um minuto. Entretanto, o exercício abdominal não é uma medida correta para avaliar a força e a resistência abdominal porque exige o uso dos músculos flexores do quadril e, além disso, um esforço desnecessário da coluna e dos ligamentos e discos relacionados a ela.

O teste de abdominal não tem limite de tempo e ensina uma boa técnica de exercícios. Entretanto, se seu cliente tem um histórico de problemas na coluna, converse com o médico dele antes de usar qualquer tipo de teste que tenha como alvo o tronco.

O objetivo do exercício abdominal é contar o número máximo de "curvamento" do abdome que o aluno consegue fazer. Os resultados desses testes são um bom indicador da resistência muscular do abdominal.

Um leve aquecimento aeróbico e um alongamento devem preceder esse teste. Para se preparar, coloque seu aluno em decúbito dorsal, com os joelhos flexionados, os braços estendidos ao lado do corpo, as palmas para baixo. Sem levantar a cabeça nem os ombros, ele deve avançar os dedos em direção aos pés e manter os ombros longe das orelhas. Coloque pedaços de fita na posição horizontal nos pontos mais distantes alcançados pelos dedos. Coloque mais dois pedaços de seis centímetros além dessas marcas (Veja a figura 11.3, que mostra a posição inicial e final do teste abdominal).

Para realizar o teste, peça que o aluno deite-se de costas, com as palmas viradas para baixo, os dedos sobre a borda dos pedaços de fita, mais perto dos ombros. Certifique-se de que os ombros de seu cliente estejam pressionados para baixo e longe das orelhas (figura 11.3 a). O cliente deve dobrar os joelhos o suficiente, de modo a colocar os pés a uma distância confortável das nádegas, e deve manter os pés apoiados no solo. Agora, o aluno tem de tentar levar as costelas em direção ao quadril. Como conseqüência, sua cabeça, seus ombros e seu torso se erguerão.

A seguir, os dedos devem escorregar pelo chão até alcançarem as bordas das fitas mais distantes, e o cliente deve retornar à posição inicial. Ele deve continuar o exercício (com controle, cerca de dois segundos para cima e dois para baixo) até (1) não conseguir mais, (2) não mais conseguir tocar os pedaços de fita ou (3) não conseguir manter o ritmo com que começou o teste (dois segundos para cima, dois para baixo).

Os dedos das duas mãos devem tocar a fita mais baixa nos dois lados do corpo para que seja considerada uma repetição. Tocar os dois pedaços de fita evita que o cliente mova apenas um lado do corpo. O resultado do teste de abdominal é o número de toques controlados que seu cliente pode dar nas fitas mais baixas.

Figura 11.3 (a) Posição inicial do teste de abdominal; (b) posição final do teste de abdominal.

Registre o número total de repetições na folha do teste de abdominal (veja o formulário 11.3) para que possa comparar os esforços de seu cliente com resultados posteriores. Pode-se calcular o percentual de melhora depois do segundo teste ou simplesmente perceber quantos abdominais a mais o cliente consegue fazer a cada teste.

Teste de força muscular

Todo cliente quer saber qual é sua força! Em quatro ou seis semanas de treinamento, seus alunos já percebem grandes mudanças na força. Por isso, naturalmente, você provavelmente vai querer avaliar como eles estão se saindo. Testes de força, por natureza, são mais arriscados que os testes de resistência. Tome cuidado para não ferir nem intimidar seus clientes! Testar a força de modo incorreto sabotará as melhores intenções (como, por exemplo, conseguir se exercitar regularmente)!

Faça esse tipo de teste apenas depois que seu cliente tiver treinado com maior resistência – por exemplo, de oito a doze repetições feitas –, por pelo menos quatro ou seis semanas.

O tempo de descanso entre as repetições deve ser de dois a cinco minutos, para garantir que os músculos se recuperem e fiquem prontos para outra.

Durante as repetições, monitore a técnica de respiração e insista para que seu aluno a mantenha. Geralmente, ele deve inspirar durante a parte excêntrica e soltar o ar na parte concêntrica. O importante é que ele respire com regularidade e nunca prenda a respiração. A respiração presa ao puxar muita carga pode aumentar muito a pressão no peito, aumentando a pressão sanguínea e a freqüência cardíaca a níveis desnecessariamente altos e perigosos.

Um teste de força exige aquecimento aeróbico. Também é uma boa idéia incluir um pouco de aquecimento com pesos leves e de alongamento antes de começar. Um aquecimento adequado, juntamente com a ajuda de um observador, ajudará o aluno a fazer o teste da maneira mais segura. É bom que você supervisione o teste. Se o cliente fizer o teste em outro momento, fora da aula, recomende que alguém com experiência em exercícios o ajude. Um observador deve sempre estar por perto para ajudar a pessoa, pois ela pode não conseguir terminar o teste ou executá-lo com segurança.

O cliente deve manter o controle por meio de cada movimento de levantamento. Use dois segundos para subir e dois para descer. Se tiver um metrônomo, ajuste-o para dar 30 batidas por minuto (o mesmo que dois segundos para subir e dois para descer). Se não tiver um metrônomo, o teste não será tão exato nas próximas vezes, mas pode simplesmente contar, por exemplo: "mil e um, mil e dois" e repetir essa contagem quando a direção for trocada.

Depois do teste, registre a quantidade de peso levantada e o número de repetições completadas na Folha de Avaliação da Força Muscular (formulário 11.4). Quando o observador interferir no exercício, a contagem deve ser parada e finalizada.

Teste de 8 a 12-RM

O aspecto bom do teste 8 a 12- RM é que você pode usar qualquer exercício comum e equipamento que esteja usando atualmente com seus clientes. Além disso, pode usar todos os maiores grupos musculares, o que não acontece durante uma avaliação de força (Um RM é o máximo de peso que seu cliente consegue levantar bem, é o máximo de peso que ele consegue levantar uma vez, enquanto que 10RM é o máximo de peso que ele consegue levantar 10 vezes).

Esse exercício deve ser procedido por um leve aquecimento e alongamento da parte posterior do corpo. Procure usar halteres leves. Depois do aquecimento, escolha qualquer exercício e use resistência suficiente para cansar os músculos do cliente entre 8 e 12 repetições (Se ele conseguir fazer mais de 12 repetições, acrescente mais resistência). O exercício deve ser feito de maneira controlada. Por exemplo, dois segundos para cima e dois para baixo. Se o cliente não conseguir terminar uma repetição (certifique-se de que ele seja observado) ou manter um bom ritmo, o teste deve ser finalizado. Registre o número de repetições e o peso levantado na folha de Avaliação de Força Muscular (formulário 11.4).

Se você estiver usando um elástico de resistência, conte o número de vezes que ele estiver enrolado na mão de seu cliente (quanto mais voltas, mais difícil) ou perceba a distância que ele está mantendo de seu ponto de fixação (quanto mais distante estiver do ponto de fixação, mais difícil será).

Refaça o teste depois de quatro a seis semanas, usando o mesmo peso ou resistência e os mesmos procedimentos. Seu aluno provavelmente conseguirá executar mais repetições. Isso indica um aumento na força. A propósito, se

Formulário 11.3 Folha de Avaliação de Resistência Muscular

Nome ______________________ Idade: _____________ Data de início: ____________

Data da medida:										
Número de abdominais realizados										

Formulário 11.4 Folha de Avaliação de Força Muscular (máximo de 8 a 12 repetições)

Nome __________________ Idade: _____________ Data de início: ____________

Data da medida:										

Exercício	Repetições/peso	Repetições/peso	Repetições/peso	Repetições/peso	Repetições/peso

Reimpresso de D. Brooks, 1999.
Tirado do livro *The Complete Book of Personal Training*, de Douglas S. Brooks. Champaign, IL: Human Kinetics, 2004.

seu aluno está ficando mais forte, os músculos dele também estão se tornando mais resistentes à fadiga, pois a resistência muscular aumenta com o ganho de força. Como a resistência está aumentando conforme ele fica mais forte, ele pode fazer mais repetições com qualquer quantidade de peso que ele era capaz de levantar antes. Em algum momento, por exemplo, depois de vários novos testes, aumente a resistência a ser usada para que o cliente se canse entre 8 e 12 repetições novamente. Faça um novo teste usando essa nova resistência. Ser capaz de fazer mais repetições e aumentar progressivamente a resistência são bons indicadores de que o programa de treinamento de força está produzindo resultados.

Postura e flexibilidade

Para a maioria das pessoas, a boa postura não é algo que acontece naturalmente. Acontece quando a pessoa percebe que sua postura está diferente do ideal. Um treinador pode perguntar ao cliente: "Sua cabeça e seu queixo estão direcionados para o teto? A parte de cima de sua coluna está curvada? Você anda curvado?". Uma postura ruim e um desalinhamento do pescoço, dos ombros e dos quadris podem causar dor durante o descanso ou exercícios e colocar pressão em articulações, ligamentos e músculos.

A postura ruim pode ser mudada com fortalecimento, alongamento e "correções posturais" ao longo do dia (Você está sentado de qualquer jeito na cadeira?). O bom alinhamento do corpo, não apenas melhora a *performance*, mas também evita dor, desconforto e lesão.

A flexibilidade (afetada pela má postura) é simplesmente definida de acordo com até que ponto e com que nível de facilidade você consegue mover as articulações e mostra a rigidez de seus músculos. Um movimento simples e irrestrito melhora a segurança e a eficácia e permite que você participe de modo eficiente de tarefas diárias.

A informação sobre flexibilidade e avaliação postural é essencial para que você possa motivar seu cliente a ter um melhor alinhamento do corpo e reunir informação importante para o programa físico. O alinhamento do esqueleto do cliente é normal? Existem desequilíbrios posturais que precisam ser cuidados por meio de fortalecimento e alongamento?

A má postura pode causar prejuízos ortopédicos nos ossos, nas articulações, nos músculos, nos tendões e nos ligamentos. Conseqüentemente, você deve identificar qualquer imperfeição postural que pode deixar seu cliente pré-disposto a lesões. Melhoras na postura provavelmente envolverão diversas partes diferentes do corpo. Corrigir apenas um desalinhamento não será uma boa idéia. Além disso, você deve medir e reavaliar mudanças de posturas relacionadas aos exercícios de tempos em tempos. Caso contrário, estará apenas falando sobre a importância da boa postura, e não fazendo com que ela se torne realidade.

Esta seção o ajudará a identificar a postura boa ou a que precisa de melhora, e identificar uma aceitável flexibilidade do corpo. Esse tipo de avaliação mostrará ao cliente como criar um alinhamento e uma postura corretos.

Quando avaliar a postura de um cliente, peça a ele que use o mínimo de roupa possível (como um maiô ou uma sunga) e tire os sapatos. Faça a avaliação diante de um espelho. Peça que a pessoa fique em uma posição confortável. O cliente não deve corrigir a postura durante o teste.

Todos os testes de postura e flexibilidade devem ser precedidos por um aquecimento de três a cinco minutos e um alongamento leve antes dos testes. Isso ajudará a evitar lesões ou desgaste do músculo e permitirá que o cliente realize o teste de uma maneira melhor.

Todos os testes devem ser feitos com controle. O cliente nunca deve tentar nem ser incentivado a forçar o corpo a ponto de sentir extremo desconforto.

Repita esses testes depois de quatro ou seis semanas para monitorar o progresso. Quando o cliente passar em todos os testes, continue os exercícios de alongamento e fortalecimento que o ajudaram a melhorar a postura e alcançar novos níveis de flexibilidade.

Formulário 11.5 Folha de Avaliação de Postura

Cabeça e parte superior das costas

Boa postura da cabeça: cabeça alinhada com os ombros.

□ Marque depois de checar.

Precisa de correção: queixo está projetado para a frente.

Boa postura da parte superior das costas: ombros levemente puxados para trás.

□ Marque depois de checar.

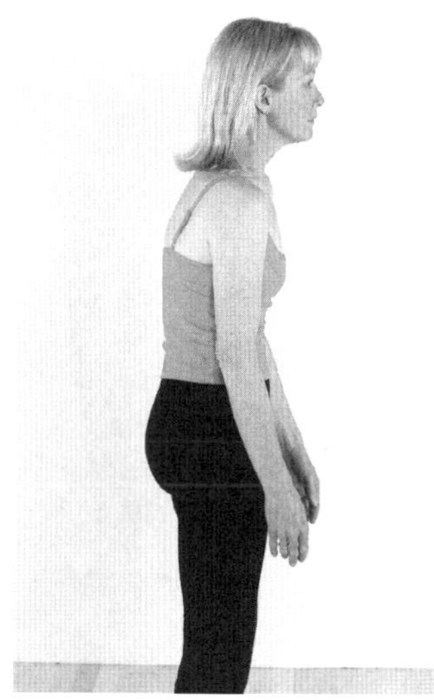

Precisa de correção: ombros curvados.

Solução: A cabeça geralmente se projeta para frente quando os músculos da parte superior das costas são fracos e os músculos do peito e dos ombros, enrijecidos, e é uma postura que ocorre com o curvamento da parte superior das costas. Esse desalinhamento da posição da cabeça pode ser corrigido revertendo essa posição de ombros e costas curvados. Simplesmente alongue a parte da frente de seus ombros e os músculos do peito e fortaleça a parte superior das costas.

Parte posterior das costas e abdome

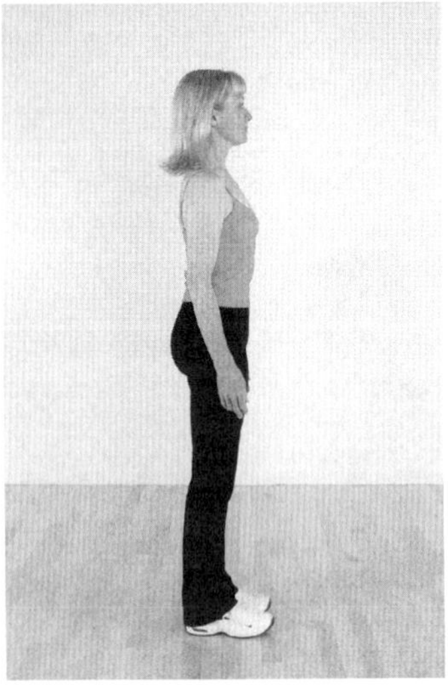

Postura correta da parte posterior das costas: cabeça, ombros, quadris e tornozelos alinhados. Uma curvatura natural se apresenta na parte baixa das costas e na área do pescoço.

□ Marque depois de checar.

Precisa de correção: costas arqueadas ou quadril para frente.

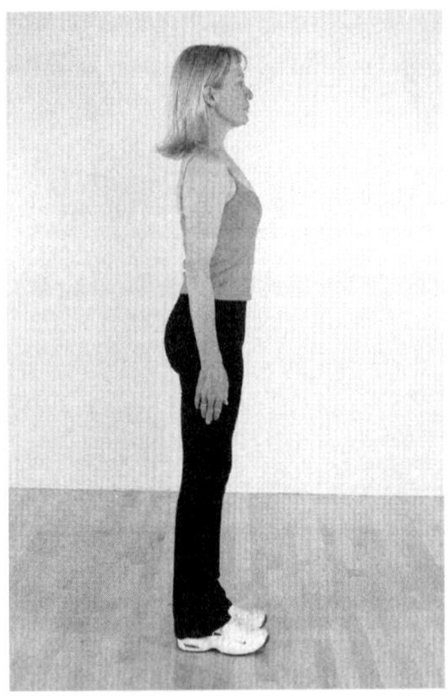

Boa postura abdominal: o estômago não se destaca no peito.

□ Marque depois de checar.

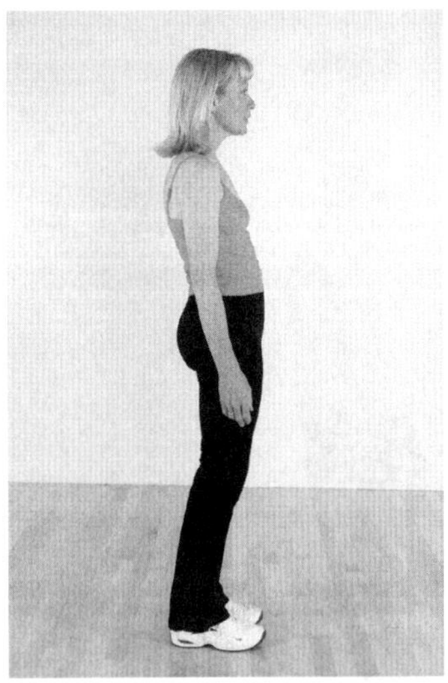

Precisa de correção: o estômago ou abdome é protuberante.

Solução: Se suas costas forem excessivamente arqueadas, alongue os flexores de seu quadril (parte da frente do quadril). Apesar de os músculos de suas costas poderem fazer com que a parte posterior de suas costas fique arqueada ou seu abdome protuberante, isso geralmente não ocorre. Como a maioria das pessoas fica sentada em carros ou cadeiras com postura ruim (costas curvadas), os músculos da parte posterior das costas geralmente são muito esticados e fracos. Conseqüentemente, não é necessário alongar esses músculos. Em vez disso, fortaleça os músculos de seu abdome para corrigir o abdome protuberante e as costas arqueadas. E alongue os flexores do quadril.

Formulário 11.6 Folha de Avaliação de Flexibilidade

*Consulte o capítulo 20 para obter instruções sobre como realizar os alongamentos e o capítulo 19 para ver exercícios de alongamento que possam ajudar a melhorar sua postura.

Ombros (rotação para fora)
Instruções: Levante a mão e passe-a por trás da cabeça, descendo em direção ao ombro oposto.
Objetivo: Tocar a parte de cima do outro ombro.
Alongamentos:
- O ombro se posiciona para trás.
- Alongamento dos tríceps sobre a cabeça.

□ Marque quando checar.

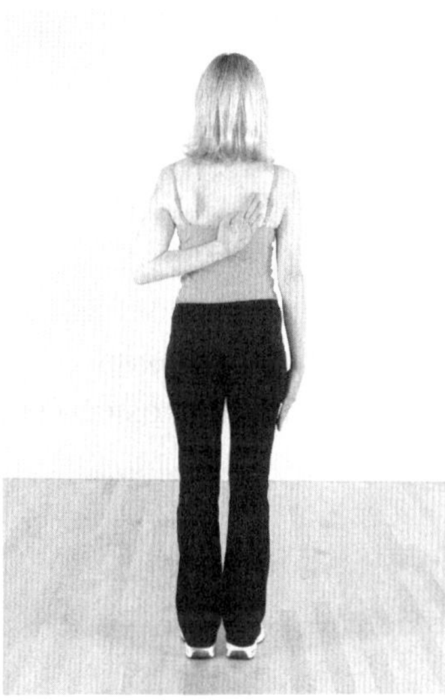

Ombros (rotação para dentro)
Instruções: Vire a palma de sua mão para trás e posicione-a na parte de baixo das costas. Levante a mão na direção do outro ombro.
Objetivo: Tocar o outro ombro.
Alongamentos:
- O ombro vai para trás: junte as mãos atrás do corpo e erga os braços.

□ Marque depois de checar.

Parte posterior das costas
Instruções: Deite-se de costas e levante os dois joelhos em direção ao peito, segurando a parte de trás das coxas com as mãos.
Objetivo: Fazer com que a parte de cima das coxas toque seu peito.
Alongamentos:
- Alongamento simples ou duplo ao peito.
- Costas.

□ Marque depois de checar.

Continuação

Parte da frente do quadril (flexores do quadril)
Instruções: Deite-se de costas com uma perna estendida e abrace a outra em direção do peito, segurando a parte traseira de sua coxa com as mãos.
Objetivo: Fazer a parte superior da coxa da perna flexionada tocar o peito, enquanto a parte de trás da panturrilha da perna abaixada continua em contato com o solo; o joelho da perna esticada não deve ser flexionado.
Alongamentos:
- Alongamento dos flexores do quadril.

□ Marque depois de checar.

Parte de trás das coxas (tendões)
Instruções: Deite-se de costas com as duas pernas estendidas; levante uma perna.
Objetivo: Erguer uma perna na posição vertical sem dobrar o outro joelho
Alongamentos:
- Alongamento dos tendões.

□ Marque depois de checar.

Parte da frente das coxas (quadríceps)
Instruções: Deite-se de barriga para baixo e com os joelhos unidos; mantenha uma perna esticada e puxe o calcanhar da outra em direção às nádegas, segurando a parte de cima de seu pé (os cadarços) com a mão do mesmo lado da perna alongada.
Objetivo: Levar o calcanhar em direção às nádegas até tocá-las.
Alongamentos:
- Alongamento do quadríceps em pé ou deitado.

□ Marque depois de checar.

Continuação

Panturrilha e tornozelos

Instruções: Sente-se no chão com a coluna reta e apóie os braços no solo, para trás. Estique as pernas. Direcione a ponta de seu dedão para a tíbia.

Objetivo: Mover com facilidade os dedões do pé na direção do queixo para que eles fiquem perpendiculares ao chão e ao teto.

Alongamentos:

- Alongamento da panturrilha.
- Pressão em pé contra a parede.

□ Marque depois de checar.

Tíbia e tornozelos

Instruções: Sente-se no chão com a coluna reta e apóie os braços no solo, para trás. Estique as pernas. Direcione a ponta de seu dedão para o solo.

Objetivo: Mover com facilidade os dedões do pé de um ponto de partida de 90° a uma posição de 45° (sola do pé fica de sete a dez centímetros do chão)

Alongamentos:

- Alongamento da tíbia.

□ Marque depois de checar.

Você também precisa fortalecer os músculos das costas de seu cliente. Músculos fortes na parte posterior da coluna contribuem para a postura correta e costas saudáveis. Se as costas de seu cliente forem mais retas do que arqueadas, provavelmente será uma boa idéia alongar a parte de trás de sua perna (tendões).

Se você perceber algum dos seguintes desvios posturais enquanto estiver avaliando o corpo de seu cliente no espelho, fale sobre o assunto com o médico dele. As anormalidades das costas incluem:

- joelhos super estendidos ou que "vão para trás";
- arqueamento excessivo;
- segundo dedo do pé maior que o polegar;
- ombros ou quadris desalinhados;
- pernas arqueadas (os joelhos se separam quando os tornozelos se unem);
- os joelhos se tocam quando os pés estão unidos;
- desvio da coluna (escoliose);
- tornozelos que são muito para dentro ou para fora.

Por fim, se um cliente sentir dor ou desconforto ou tiver perguntas a respeito de qual é a melhor abordagem para melhorar a postura e a saúde das costas, entre em contato com especialistas e com o médico de seu cliente.

Composição corporal

Por que um cliente deveria se preocupar com quanto do corpo dele é constituído de osso, gordura ou músculo? Ter muita gordura corporal é ruim não apenas para a aparência ou perigoso para a *performance* atlética. Gordura demais pode aumentar os riscos de doença cardíaca, diabete, alguns tipos de câncer e muitos outros problemas de saúde.

Apesar de os especialistas ainda não terem chegado a um acordo sobre o percentual ideal de gordura corporal, os homens devem procurar ter entre 12 e 18%. As mulheres devem tentar algo entre 16 e 26%. As mulheres naturalmente têm mais gordura que os homens, e isso é explicado pelo papel delas de gerar os filhos. Os atletas geralmente têm percentuais abaixo desses citados – dependendo do esporte que praticam.

Se você decidir calcular o percentual de gordura do corpo de seu cliente, lembre-se de usá-lo como ponto de partida para melhoras, e então compare-o com os padrões. Um objetivo em longo prazo pode ser diminuir o índice de gordura inicial. Além disso, muitos "especialistas em gordura" dizem que nem sempre é preciso estar dentro de uma faixa específica para ser saudável! Mas o ideal é que seus clientes estejam dentro das faixas estabelecidas. Gordura demais faz mal para a saúde de qualquer pessoa!

Gordura corporal insuficiente

É possível que um cliente seja muito magro. Não é um problema para a maioria dos norte-americanos e nem para o resto da população mundial que adotou os padrões de saúde, condicionamento e dieta do ocidente. Mas para muitas pessoas que se dedicam aos exercícios, o último objetivo que eles devem estabelecer é perder gordura. Gordura de menos, principalmente para as mulheres, pode levar à perda óssea permanente e à osteoporose (doença que enfraquece os ossos), fraturas dos ossos e ausência ou irregularidade da menstruação.

Uma maneira simples de medir a gordura corporal

Uma das maneiras mais simples e úteis de medir a gordura e manter sua perda sob controle é usar adipômetros ou fitas métricas. Os dois métodos são simples e baratos. Entender os prós e contras de diversos métodos usados para registrar a perda de gordura o ajudará a entender porque os adipômetros e as fitas métricas são as ferramentas certas de medida.

Peso corporal

Acompanhar as flutuações diárias de peso de seus clientes pode deixá-lo louco! O peso do corpo (também chamado de escala corporal) é determinado usando-se uma balança em casa ou na academia. Entretanto, o peso não mostra a completa verdade e pode enganar tanto você quanto seu cliente. O peso pode subir ou descer, dependendo de quanto seu cliente comeu ou bebeu antes de se pesar ou se ele evacuou há pouco. As flutuações de peso corporal são muito comuns durante o ciclo menstrual da mulher. Além disso, as roupas podem aumentar o peso.

Se seu cliente insistir em se pesar (o que não é de todo mal), diga a ele que o faça com pouca freqüência. Para aumentar a consistência entre as vezes em que se pesar, ele deve fazer isso no mesmo horário (de manhã, antes de café, é um bom momento), usar a mesma balança e usar a mesma quantidade de roupa, ou estar nu.

A pesagem ocasional (ou seja, que não é obsessiva e que acontece uma vez por semana ou a cada quinze dias) pode ajudar seu cliente a identificar um aumento de peso. Se você achar que pode ser uma alteração enganosa (como a retenção de líquidos durante o período menstrual da mulher), cheque a gordura corporal do cliente com um adipômetro ou com a fita métrica. Se ele ganhou gordura, uma medida remediadora se faz necessária. As pessoas que mantêm a forma de modo bem-sucedido dizem que o segredo do sucesso é reverter os ganhos de gordura imediatamente.

Percentual de gordura corporal

O percentual de gordura corporal pode ser determinado usando-se um de três métodos populares: peso hidrostático (dentro d´água), impedância bioelétrica (de alta tecnologia, mas nem sempre correto) e medição das dobras de pele usando o adipômetro

Peso hidrostático

A medição hidrostática envolve suspender uma pessoa no que se parece com uma cadeira de praia, presa a uma balança. Em seguida, a pessoa é colocada sentada na cadeira, em um tanque cheio de água. Parece uma grande bagunça, não é? Lá se vai o gel do cabelo!

A pesagem hidrostática pode ser bem correta, mas exige muito tempo, esforço, conhecimento e dinheiro. Esse método serve como o "padrão de ouro" para validar os prognósticos de percentual de gordura corporal usando-se as medidas das dobras de pele obtidas com um adipômetro.

Impedância bioelétrica

A impedância bioelétrica é sempre discutida em revistas e na TV. Esse tipo de teste baseia-se no fato de que os impulsos elétricos enviados por meio de tecido magro (como os músculos) têm maior condutividade do que aqueles enviados por tecido de gordura. Não pense que esse tipo de teste é rápido, simples e certeiro. Os resultados podem variar até 40% de teste para teste. Muitos fatores podem tornar esse procedimento incerto. Na verdade, nenhum padrão da indústria para a criação dessas fórmulas (que são programadas nas máquinas) existe para essas máquinas, e os resultados corretos dependem parcialmente da equação. Em outras palavras, a informação dada pelo computador é tão certa quando aquela que ele recebe.

Esse teste é menos certeiro que os outros tipos de teste. A impedância bioelétrica pode superestimar a gordura corporal se você for muito magro e subestimá-la se você tiver muita gordura. No futuro, a impedância pode se tornar o método preferido para se medir a gordura corporal.

Medidas das dobras cutâneas

O teste para o cálculo de gordura corporal mais comum que existe é a medida de dobras da pele. O adipômetro lembra as pinças dos insetos. Felizmente, não dão picadas como eles. Ao medir a gordura, é preciso afastar a gordura dos músculos. Não dói. Um aperto da pinça mede a grossura da gordura. (a dobra cutânea é composta por duas camadas de pele que você prendeu, mais a gordura). A maioria dos testes exige de três a sete medidas diferentes para indicar a gordura corporal.

Medindo a gordura corporal usando medidas das dobras da pele

Medir as dobras da pele é fácil. A prática faz com que a medição se torne cada vez mais correta. O adipômetro oferece resultados certeiros. Quase todos os profissionais de condicionamento físico o aconselharão a monitorar a gordura corporal.

Independentemente do adipômetro que você usar e do número de locais que forem avaliados, siga estes passos simples:

1. Segure com firmeza a dobra de pele entre seu polegar e o indicador (veja a figura 11.4). Coloque as pinças do adipômetro sobre a dobra enquanto continua segurando com a outra mão.

2. Repita cada medida três vezes e use a média como medida. Meça de maneira cíclica. Por exemplo, se estiver medindo três locais, meça o primeiro, o segundo e o terceiro, e só depois volte ao primeiro.

3. Tome as medidas antes do exercício. Como o sangue passa pela pele para ajudar a esfriar o corpo nos exercícios, a medida dela seria mais grossa logo depois de um treino. Isso tornaria seu cliente mais gordo, que é o que ele não quer! Além disso, fica difícil apertar a dobra de pele se seu cliente estiver suado.

4. Siga esses procedimentos simples, use um bom adipômetro e localize uma boa equação generalizada de gordura (Heyward, 1991; Jackson e Pollock, 1985) para indicar a gordura corporal ou simplesmente usar uma melhora do percentual pessoal, e seus dados de percentual de gordura corporal serão certeiro e valiloso para seu cliente!

Usando as medidas da dobra de pele de modo prático

As medidas da dobra de pele podem indicar um percentual de gordura corporal e mostrar melhoras, ou falta de melhora, no local da composição corporal. As medidas da composição corporal geralmente são motivadoras porque podem demonstrar perda de gordura segura e progressiva e reforçam a eficiência do programa de treinamento.

Eu prefiro usar as medidas da maneira ilustrada no quadro 11.2. Esse método demonstra mudanças específicas para o cliente, usando o conceito de melhora pessoal do percentual.

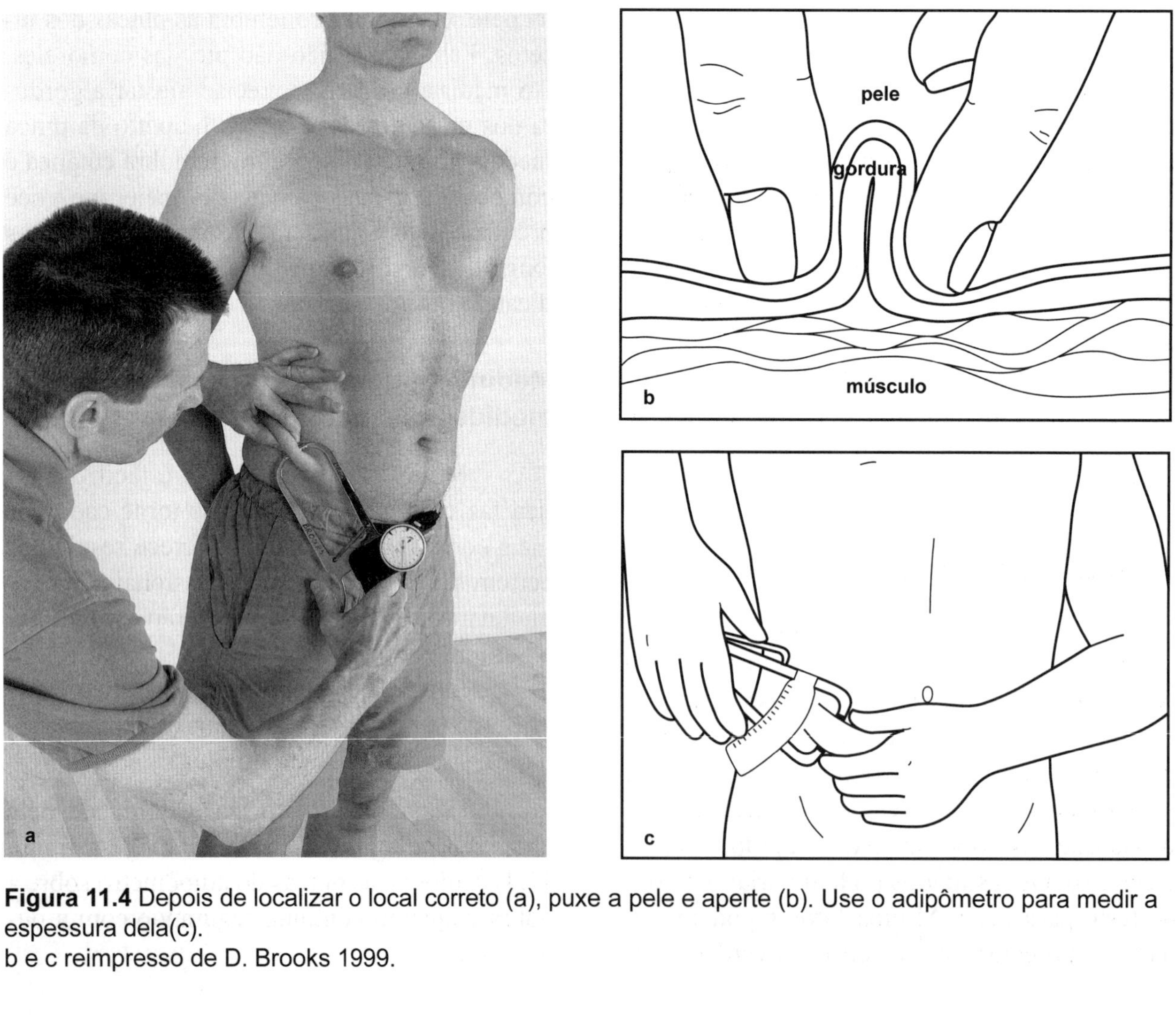

Figura 11.4 Depois de localizar o local correto (a), puxe a pele e aperte (b). Use o adipômetro para medir a espessura dela(c).
b e c reimpresso de D. Brooks 1999.

Por outro lado, predizer um percentual de gordura corporal ou buscar padrões compara o cliente com outros. Para as pessoas magras e em forma, ou mentalmente preparadas, pode ser um motivador. Para indivíduos obesos, pode ser uma maneira negativa de informar e outro obstáculo para emagrecer.

Existem três maneiras de usar as medidas de gordura das dobras de pele sem prever um percentual de gordura corporal. O total das medidas de todas as dobras de pele pode ser usado para estimar um relativo grau de gordura para comparação ao longo do tempo (tabela 11.2). Entretanto, não é necessário nomear esse grau de gordura (por exemplo, percentual, outras medidas ou descrições como "baixo"). É simplesmente um número.

Em segundo lugar, a distribuição de gordura corporal específica a cada local medido pode ser documentada, e as mudanças podem ser notadas a cada novo teste (tabela 11.2). A partir dessa informação, um perfil geneticamente determinado de onde a gordura é perdida e adquirida pode ser observado. Esse tipo de informação é útil para aconselhar clientes que estejam frustrados pelos padrões de perda de gordura determinados pela genética e que não podem ser alterados.

A terceira maneira é usar as medidas das dobras de pele como um percentual de mudança "antes e depois". O percentual de mudança antes e depois pode ser usado com medidas de locais específicos e o total das medidas. Na tabela 11.2, o percentual de mudança, conforme discutimos anteriormente, é calculado dividindo-se a mudança (diferença) em milímetros pela medida anterior e multiplicando-se por 100.

Estudo de caso: composição corporal

Digamos que eu tenha calculado a diferença do percentual de gordura corporal do teste 1 e do 2. E, em números reais, ele só tenha mudado 2,5%.

Apesar de ser significativo para um cientista, é difícil convencer um cliente de que esse percentual valeu a pena. No começo deste capítulo, falei sobre Sue e a minha decisão de não dizer o cálculo de seu percentual de gordura porque ela não perguntou e eu pensei que ela não receberia a notícia com entusiasmo.

Entretanto, foi fácil e divertido para nós dois identificarmos onde Sue estava perdendo gordura, com base em seu perfil genético, o que as medidas revelaram e como isso se refletia nas roupas que ela vestia (tabela 11.2).

Nos primeiros meses, ela perdeu bastante gordura na escápula e no tríceps. A princípio, Sue ficou frustrada e perguntou por que não podia "escolher" as áreas que seriam reduzidas, áreas que ela considerava problemáticas. Expliquei, pacientemente, que se ela seguisse o programa logo perderia gordura nos locais onde desejava perder. Ela entendeu e aceitou que aquele era o perfil genético dela para a distribuição e perda de gordura, e que isso não havia como ser alterado.

Sue ficou animada ao ver seu esforço valendo a pena com um grande percentual de melhora (28% e 31,9%, respectivamente) em medidas de dois locais específicos das regiões abdominal e do quadril, que, é claro, é onde ela queria perder peso. Eu disse que o seu grau de gordura relativa (total das medidas de gordura) tinha diminuído 15,4% (tabela 11.2).

Ela ficou muito feliz e se sentiu pronta para atingir seu novo objetivo de perda de peso. Nunca disse a ela sobre meu segredo de "2,5%", mas acho que foi uma decisão profissional correta, pois ela estava mantendo um percentual saudável de gordura corporal de 17%.

Medindo a gordura corporal usando uma fita métrica ou medidas de circunferência

Medir com uma fita métrica é outra maneira excelente e rápida de determinar se seu cliente está perdendo gordura (É uma boa idéia usar tanto o adipômetro quanto a fita métrica para monitorar de modo mais eficiente as mudanças de gordura corporal e composição).

Usando a fita, pergunte: "Como suas roupas estão em seu corpo?". Se as calças ou o sutiã de uma cliente não mais estiverem marcando seu corpo, ela sabe que está perdendo centímetros (ou pelo menos milímetros) de gordura. Os clientes sabem que quando a medida da fita diminui e as roupas ficam mais largas, é porque estão perdendo peso.

Mantenha a parte que está sendo medida em relaxamento. Existem muitos pontos que podem ser medidos, mas os pontos a seguir são mais práticos:

1. Peito. Tome a medida do peito na altura dos mamilos. Passe a fita pelas costas do cliente e junte-a na frente (figura 11.5)

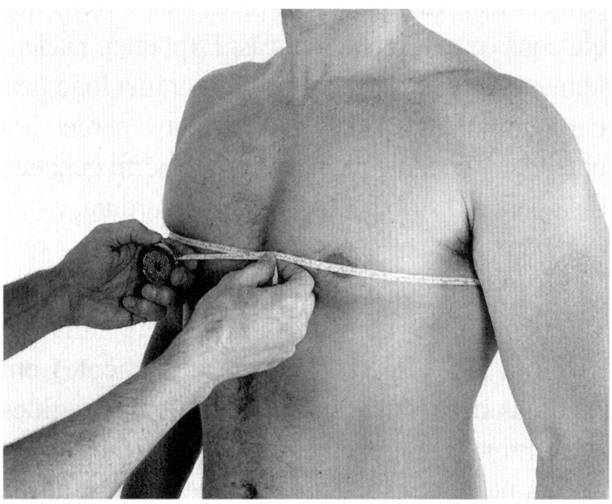

Figura 11.5 Medida do peito.

2. Braço. Tire a medida passando a fita pela parte mais grossa do braço (figura 11.6). Aquele que está sendo medido deve estar abaixado e relaxado (Nota: seu cliente pode tomar essa medida sozinho se prender uma das pontas da fita com fita crepe no braço!).

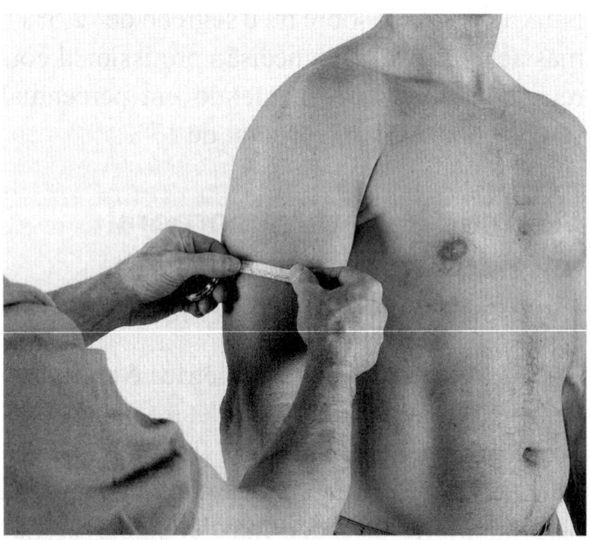

Figura 11.6 Medida do braço.

3. Cintura. Tire a medida da cintura no ponto mais fino da cintura de seu cliente. Passe a fita por trás e junte as pontas na frente (figura 11.7).

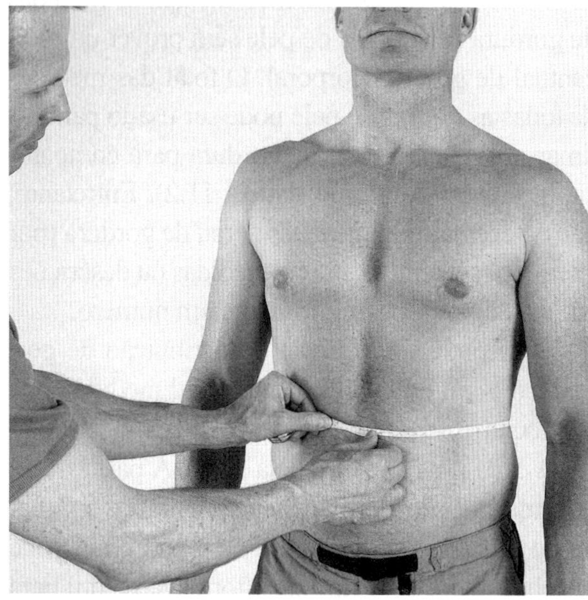

Figura 11.7 Medida da cintura.

4. Quadril. Tire a medida do quadril enquanto seu cliente estiver em pé, com as pernas unidas. Passe a fita por trás na parte mais saliente de suas nádegas (figura 11.8).

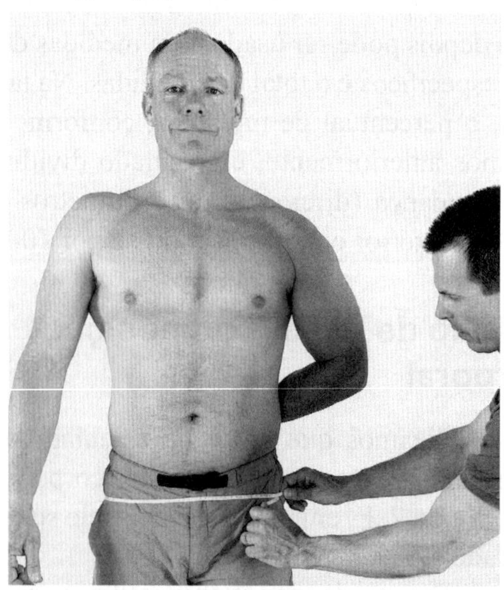

Figura 11.8 Medida do quadril.

5. Coxa. Tire a medida ao redor da parte mais grossa da coxa do cliente, que geralmente é abaixo das nádegas (figura 11.9).

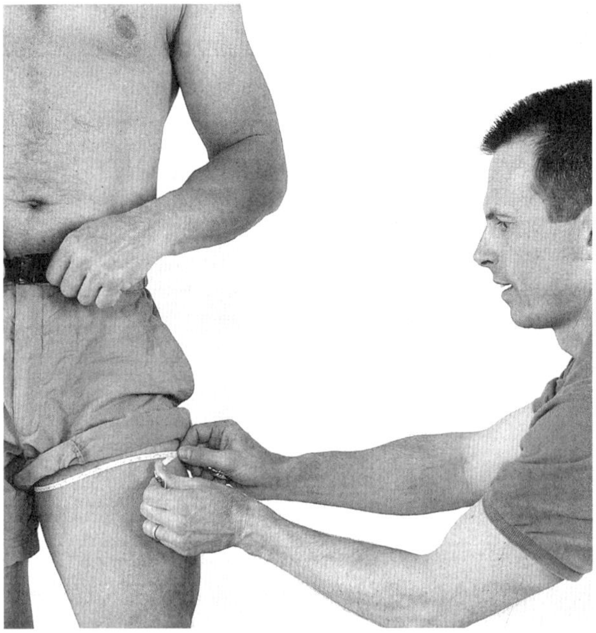

Figura 11.9 Medida da coxa.

As fotos são mostradas com um treinador presente para que você possa ver onde o treinador fica ao se tirar as medidas. Perceba que ele fica sempre diante do cliente, ou um pouco para o lado. É claro que você pode incentivar seus clientes a obterem essas medidas sozinhos.

Registre as medidas na Folha de Registros de Medidas com a Fita Métrica (quadro 11.7) e procure calcular o percentual de melhora a cada teste.

Pressão sanguínea

A pressão alta, ou hipertensão, geralmente é uma doença silenciosa que influencia o progresso de várias doenças cardiovasculares, incluindo as coronárias. A detecção precoce da hipertensão e o monitoramento constante da pressão sanguínea podem ajudar seu cliente a evitar doenças cardiovasculares, como ataques cardíacos, claudicação intermitente ou dor nas extremidades.

Trabalhar com o médico de seu cliente lhe ajudando a interpretar os valores da pressão sanguínea pode ser muito bom para ele.

No caso, principalmente, de seu cliente não fazer *check-ups* freqüentemente, você se torna um "elo de informação saudável" para os especialistas de seu cliente.

Medir a pressão em repouso é fácil. Voluntários no mundo todo que não têm treinamento médico sabem medir a pressão. Participe de um *workshop* e se ofereça para ser treinado e ofereça seu novo conhecimento de modo voluntário.

Avaliação e teste bem-sucedidos

A chave para o sucesso do teste e da avaliação do condicionamento é individualizar esse processo avaliativo a cada cliente. A avaliação de condicionamento pode ou não ser uma ferramenta que motivará seus clientes. Na verdade, pode não ser segura nem apropriada.

Use a informação que você conseguiu com o questionário de histórico médico (que pode ser encontrado no apêndice) e no seu processo de entrevista para detectar riscos que necessitem de referência a profissionais da saúde. Essa informação também lhe ajudará a decidir se as avaliações se fazem necessárias em um determinado momento.

Para estabelecer o processo de avaliação mais seguro e eficiente, você deve fazer o seguinte:

1. Permanecer dentro de sua área de conhecimento.
2. Indicar profissionais quando preciso.
3. Ouvir o cliente e colocar em prática tudo que você ficou sabendo.
4. Ir além de avaliações comuns e tradicionais.

Esses passos o ajudarão a criar uma experiência segura, divertida, produtiva, útil, bem-sucedida e pessoal para cada um de seus clientes!

Formulário 11.7 Folha de Registros de Medidas com a Fita Métrica

Nome ______________________ Idade: ____________ Data de início: ____________

Data da medida:										

Locais de onde foram tiradas as medidas (medidas em centímetros ou milímetros com uma fita métrica)

Peito					
Braço					
Cintura					
Quadril					
Coxa					

Tirado do livro *The Complete Book of Personal Training*, de Douglas S. Brooks, Champaign, IL: Human Kinetics, 2004.

Avaliação de condicionamento: leitura recomendada

A lista de leitura apresentada a seguir, em conjunto com os trabalhos citados neste capítulo, contém muitos livros para treinadores interessados em abordagens tradicionais à avaliação de condicionamento. Eu continuo usando muitas dessas abordagens. Muitos são os recursos formidáveis que melhoram a metodologia tradicional de testes.

AMERICAN COUNCIL ON EXERCISE. *Personal Trainer Manual*. San Diego, CA: ACE, 1996.

BRITTINGHAM, M. *The Fitness Analyst.* Informações sobre esse ótimo software de avaliação estão disponíveis na Brittingham Software Design Inc., 908-879-4991 ou visite o site www.BSDIFITNESS.com, 1999.

GOLDING, L.; MEYERS, C.; SINNING, W. *The Y's Way to Physical Fitness*. Champaign, IL: Human Kinetics, 1989.

MACDOUGAL, J.D.; WENGER, H.; GREEN, H. *Physiological Testing of the High Performance Athlete*. Champaign, IL: Human Kinetics, 1991.

MCARDLE, W.; KATCH, F.; KATCH, V. *Exercise Physiology – Energy, Nutrition, and Human Performance*, 3 ed. Philadelphia: Lea & Febiger, 1991.

NIEMAN, D. C. *Fitness and Sports Medicine: A Health-Related Approach.* 3 ed. Palo Ato, CA: Bull,1995.

WILMORE, J.; COSTILL, D. *Physiology of Sport and Exercise*. Champaign. IL. Human Kinetics, 1994.

Capítulo 12

ALCANÇANDO OBJETIVOS

Já disseram: "Se você continua fazendo o que sempre fez, vai conseguir o que sempre conseguiu". Um programa de exercícios não pode progredir de acordo com um plano se você não fizer um plano. Nem espere muitos resultados sem um guia para orientá-lo! Você tem de criar um curso planejado de ações, que é o que a maioria dos clientes não consegue fazer sozinhos, quer ele saiba disso ou não. É por esse motivo que ele contrata um *personal trainer*.

As perguntas "Qual a quantidade certa de exercícios?" e "Que tipo de exercício é melhor para desenvolver e manter o condicionamento?" são feitas por qualquer pessoa que leve a sério seu treinamento. Os treinadores, é claro, podem ajudar nas respostas. A pergunta seguinte seria: "Como você (o treinador) pode preparar um programa que atenda às minhas necessidades?". São boas perguntas de planejamento de programas, e você encontrará respostas e novas idéias e maneiras de abordar o assunto nos próximos capítulos. Este capítulo se dedica a explicar um curso de ação orientado e personalizar seu programa.

Importância do estabelecimento de metas

Antes de digerir a informação encontrada em diversos capítulos sobre planejamento, reserve um momento para se dedicar à informação daqui. Comprometa-se com a idéia de fazer seus clientes estabelecerem objetivos realistas e ajudá-los a organizar o seu treinamento. Levando essa informação em conta (os objetivos realmente representam desejo e esperança!), você verá que seus clientes ficarão mais motivados para seguir o programa porque sabem o que querem atingir.

Geralmente, as pessoas estabelecem objetivos e nunca os implementam nos treinamentos ou nunca mais pensam neles. Estabelecer e reavaliar os objetivos pessoais mantém você e seu cliente cientes. Eles mantêm o programa de treinamento, a mente e o corpo do cliente em dia, e os resultados não param de ocorrer! Por fim, o treinador deve estar disposto a reavaliar e mudar de direção quando for preciso (veja o capítulo 14, Acompanhe o Progresso de seu Cliente).

Avalie os objetivos de seus clientes

Antes de incentivar seus clientes a estabelecerem objetivos pessoais, você tem de avaliar se eles estão treinando pela saúde ou pelo condicionamento. Essa conclusão afetará como você planejará e abordará o programa personalizado.

Em julho de 1993, a Faculdade Americana de Medicina do Esporte (ACSM) e o Centro de Controle de Doenças (CDC), colaborando com o conselho presidencial de Condicionamento Físico e Esportes, divulgou uma matéria anunciando que diversas evidências científicas indicam que a atividade regular e moderada oferece diversos benefícios à saúde.

Em 1993, as recomendações davam conta de que todos os adultos deveriam fazer 30 minutos ou mais de atividade física de intensidade moderada na maioria dos dias da semana. Além disso, realizar séries de curtos exercícios de intensidade moderada, durando entre 8 e 10 minutos, com uma duração total de, pelo menos, 30 minutos por dia, oferece benefícios similares e importantes para a saúde, se comparados com exercícios feitos durante 30 minutos seguidos. Em outras palavras, a quantidade total de atividade é a chave, e não o fato de ela ser realizada continuamente. É uma boa notícia para a pessoa que acha que 30 minutos de uma atividade contínua é cansativo.

A nota recomenda ainda que incorporemos atividades diárias à nossa rotina, leves e por pouco tempo. Exemplos disso incluem subir as escadas em vez de pegar o elevador, jardinagem, varrer o quintal, retirar a neve, dançar, limpar a casa de modo vigoroso e caminhar. Exercícios planejados ou atividades recreativas, tais como aeróbica, caminhada, ciclismo, tênis, natação e alongamento, podem ser usadas para satisfazer as "necessidades de movimento".

É certo que níveis mais baixos de atividade física podem reduzir o risco de certas doenças degenerativas crônicas. Para o treinador, não se trata de uma questão de certo ou errado, ou de exercícios moderados ou pesados, mas sim de conhecimento pessoal e adequação. É uma questão de incentivar a maioria da população, que precisa de atividade física moderada e regular, a se exercitar corretamente.

A atividade física é composta pelo equilíbrio correto entre quantidade e intensidade de condicionamento cardiovascular, força e resistência muscular, treino de flexibilidade e atividade de condicionamento físico funcional. O condicionamento geralmente é designado como "a capacidade de alcançar níveis moderados ou vigorosos de atividade física sem fadiga". Essa frase certamente não quer dizer muita coisa para a maioria dos apaixonados por ginástica. Mais importante do que isso, o treinamento de condicionamento deveria englobar a capacidade e o desejo pessoal de manter esse nível de atividade ao longo da vida. E a pessoa deve experimentar um nível constante de diversão e benefícios de condicionamento enquanto participa de tal atividade. O cliente deve gostar do que está fazendo!

Por outro lado, muitos de nossos clientes vão querer ir além da atividade física moderada para melhorar a saúde, o condicionamento e os retornos de treinamento. Seja lá o que acontecer, deixe que os objetivos, as necessidades e a personalidade do cliente mostrem a direção correta.

Descreva e registre metas

É apropriado ajudar seus clientes a se concentrarem em seus objetivos com relação ao condicionamento físico. Para isso, peça que eles escrevam suas metas.

Você deve estabelecer objetivos porque a reação adaptativa (que ocorre quando os clientes se esforçam mais do que o corpo está acostumado e ficam mais em forma) ao treinamento é complexa e individual. Em outras palavras, cada cliente reagirá de maneira diferente ao mesmo programa. Por isso, atualize os objetivos do aluno e registre progresso ou retrocesso para que mudanças adequadas sejam feitas de modo a criar ganhos constantes.

Se esse conceito de desenvolver objetivos for útil, você deve pedir ao cliente que faça o seguinte:

- Estabeleça metas realistas.
- Seja específico.
- Escreva os objetivos.
- Reavalie os objetivos regularmente.

Folha-Modelo de Acompanhamento de Objetivos de Condicionamento (em curto prazo)

Tipo de objetivo: (circule um) **curto prazo** (circulado) médio prazo longo prazo

Objetivo: Deixar de faltar às aulas por motivos tolos. Comprometer-me!

Data do estabelecimento do objetivo: 15/06

Data da conquista do objetivo: 25/6

Data da conquista: Comecei a participar das aulas sem falta em 20/06. Sim, estou conseguindo!

Plano de ataque para conquistar meu objetivo:

1. Telefonar para Mary e combinar de fazer ginástica com ela às segundas, quartas e sextas-feiras, às 6:30 h. Marcar duas aulas por semana com meu *personal trainer* às terças e quintas, às 8:00 h.
2. Planejar atividades recreativas com meus filhos e meu marido aos finais de semana e duas noites por semana. Dar importância aos momentos de atividade e diversão com minha família.
3. Ficar menos tempo diante da TV, trocando de canais com o controle remoto.

Reavaliação do objetivo e mudanças da primeira meta:
Seria mais realista acreditar que seriam necessários pelo menos seis meses para que se estabelecesse um comprometimento com um parceiro de ginástica e para integrar as aulas de treinamento personalizado e atividades recreativas com a família em sua rotina diária.

Figura 12.1 Folha-Modelo de Acompanhamento de Objetivos de Condicionamento (em curto prazo).
Reimpresso de D. Brooks, 1999.

Folha-modelo de Registro de Objetivos (em médio prazo)

Tipo de objetivo: (circule um) curto prazo **médio prazo** (circulado) longo prazo

Objetivo: Chegar entre os três primeiros colocados na prova de triatlo de trajeto curto de San Diego

Data do estabelecimento do objetivo: 20/02

Data da conquista do objetivo: 16/08

Data da conquista: 16/08

Plano de ataque para conquistar meu objetivo:
Assim que o tempo permitir, parar de fazer ergométrica dentro de casa e sair para correr. Entrar em seis competições de triatlo de trajeto curto para ganhar experiência e usá-las em minhas aulas. Planejar meu programa para dar mais atenção à corrida, à pedalada e à natação, mas manter a força e a flexibilidade com alongamento tradicional. Entrar em um programa de natação para fortalecer meu ponto fraco e ter algumas aulas com o técnico de triatlo da associação local. Usar a freqüência cardíaca para monitorar sintomas de excesso, conforme for aumentando a duração e a intensidade de meus treinos. Manter a diversão!

Reavaliação do objetivo e mudanças da primeira meta:
Se seu objetivo não foi alcançável ou realista, crie outro. Não se sinta fracassado por não ter conseguido se ajustar ao esforço inicial da meta estabelecida ou ter tido boas intenções, porém pouco realistas.
Se o objetivo tivesse sido completar uma prova de triatlo seis meses depois da data de estabelecimento, um ajuste realista seria competir em provas de triatlo de curta duração para o mesmo ano ou se preparar para o ano seguinte.

Figura 12.2 Folha-modelo de Registro de Objetivos (em médio prazo).
Reimpresso de D. Brooks, 1999.

Formulário 12.1 Folha de Registro de Metas

Tipo de objetivo: (escolha um) curto prazo médio prazo longo prazo

Objetivo: ______________________________

Data do estabelecimento do objetivo: ______________________________

Data da conquista do objetivo: ______________________________

Plano de ataque para conquistar meu objetivo: ______________________________

____

____

____

Reavaliação do objetivo e mudanças da primeira meta:

____

____

Reimpresso de D. Brooks, 1999.
Tirado do livro The Complete Book of Personal Training, de Douglas S. Brooks, Champaign, IL: Human Kinetics, 2004.

Escrever metas

Faça seu cliente estabelecer metas em curto, médio e longo prazo. As metas em curto prazo devem ser atingidas de quatro a seis semanas; as de médio, de oito semanas a seis meses. Atingir as metas em curto prazo manterá seu cliente motivado e comprometido com os exercícios. Os objetivos em longo prazo podem ser alcançados a qualquer momento depois dos seis meses, e não podem passar de um ano ou mais.

Identifique os objetivos de condicionamento físico

Seu cliente provavelmente já citou diversos objetivos que ele pretende alcançar. Use as idéias na seção "Lista de metas estabelecidas", descrita a seguir, para estimular mais idéias. Depois, adicione novos objetivos que você e o cliente possam ter pensado, mas que talvez não tenham anotado no Formulário de Metas de Condicionamento Físico (figuras 12.1, 12.2 e quadro 12.1). Usar a lista de registro de metas garantirá que todos os objetivos de seu cliente sejam relacionados, além das necessidades de saúde e condicionamento físico. Um bom *personal trainer* põe esse tipo de processo para funcionar ao planejar o melhor programa a um cliente, um que satisfaça suas necessidades e seus desejos.

Lista de metas estabelecidas

Quando seu cliente consegue escrever o que pretende, sua mente e seu corpo se programam melhor para ir atrás do objetivo. Comece com alguns alvos (metas). Você não vai conseguir acertar um a menos que tenha um em vista. Estabelecer objetivos ajuda seu cliente a identificar e entender o que o motiva a fazer exercícios e porque ele deve continuar a se exercitar e se preocupar com sua saúde.

Para realizar o processo de estabelecimento de objetivos, peça que seu cliente responda às seguintes perguntas e incorpore esses princípios como parte de seu processo de estabelecimento de metas:

1. Por que você está praticando exercícios atualmente e por que quer se exercitar? Lembre seu cliente que ter uma boa aparência e *performance* e sentir-se bem são objetivos em longo prazo, mas que ele não deve se esquecer de objetivos específicos e em curto prazo. Um bom objetivo em curto prazo deve ser aumentar os treinos três vezes por semana. Esse objetivo é realista e alcançável e motivará o cliente até ele alcançar objetivos mais ambiciosos.

2. O que o motiva a se exercitar? O cliente deve fazer uma lista com suas motivações. Esse tipo de introspecção ajuda a desenvolver objetivos que funcionam para ele!

3. De quais atividades você gosta? Usar várias atividades ajudará o cliente a evitar o tédio e as lesões e encontrar atividades das quais ele goste.

4. Você gosta de se exercitar? Se o cliente gostar do que está fazendo, a probabilidade dele incorporar o condicionamento em sua vida, como um estilo de vida, será maior.

5. Você se compromete em se exercitar regularmente? Incentive o cliente a estabelecer rotinas de treinamentos mínimas (quando ele estiver extremamente ocupado) e máximas (quando a vida dele estiver sob controle). Se ele se comprometer com uma rotina, é mais provável que continue ativo e obtenha resultados. Faça-o repetir a frase: "Os exercícios são como um hábito qualquer, como a higiene pessoal. Não é um passatempo de meio período". Faça-o lembrar que a saúde e o condicionamento são mais fáceis de serem mantidos do que reconquistados.

6. O programa é razoável? Pergunte ao cliente: "Essa é uma rotina com a qual você consegue se comprometer para sempre e ainda assim manter as outras responsabilidades?" Certifique-se de que o número de dias de treino e a duração do mesmo estejam de acordo com o que ele pretende atingir. Ajude-o a ser realista. Apesar de muitos benefícios de saúde e condicionamento físico existirem em três aulas por semana, esse tipo de rotina não permitirá que o cliente se torne um atleta de competição.

7. Qual é a objetivo principal? Lembre seu cliente de que, por meio de seu comprometimento com os treinamentos contínuos e outras mudanças positivas de estilo de vida, ele vai atingir seu maior objetivo.

8. Quais são os objetivos específicos? Incentive seu cliente a ser muito específico ao detalhar os objetivos e a maneira com que os atingirá. Os objetivos de condicionamento podem ser *performance* ou saúde ou tão simples, como levantar mais peso, perder peso e exercitar-se regularmente. Depois que os objetivos forem estabelecidos, você pode ajudar a colocar o plano em ação.

9. Como planejar e organizar seu dia? Seu cliente tem de tomar as providências necessárias para "fazer acontecer" (agendar os exercícios!) e ajustar seus planos quando preciso. As pessoas que se exercitam de manhã têm uma maior probabilidade de seguir com o treino. Independentemente disso, o cliente deve, de algum modo, encaixar os exercícios em sua rotina. Ele tem de ver esse compromisso como algo que não pode ser cancelado, e deve proteger esse momento com unhas e dentes. Os planos por escrito são mais fáceis de serem alcançados do que as boas intenções, por isso eu digo: "Não fale apenas; escreva!".

10. Você passa bastante tempo se exercitando? Meus clientes estão acostumados a ouvir: "Se você vai se exercitar, por que não maximizar o retorno de condicionamento?". Fazer as coisas sem pensar é diferente de concentrar-se. Desenvolver essa atitude tornará o tempo que o cliente gasta se exercitando mais produtivo e divertido.

11. Você evita faltar às aulas? Eu digo a meus clientes que eles devem sentir pelo menos um pouco de culpa quando faltam às aulas.

Entretanto, ele deve equilibrar esse sentimento com tranqüilidade quando deixa de ir às aulas por estar doente ou lesionado e esquecer o passado e dar continuidade ao treino o mais rápido possível.

12. *Você não se sente bem depois da aula?* Se seu cliente não sente uma animação depois dos exercícios, é pouco provável que ele continue. Estar um pouco cansado depois do esforço fará com que a pessoa se sinta bem, sorria e aproveite a sensação de realização pós-exercícios!

A motivação para alcançar um objetivo acontece quando ele é importante à pessoa. Quando o cliente estabelece objetivos pessoais, divida-os em longo prazo, como perder 20 quilos ou correr uma maratona dez minutos mais rápido que o recorde anterior e divida esses objetivos em metas em curto prazo. Os desafios em curto prazo são mais realistas e permitem que o cliente alcance um objetivo ao mesmo tempo em que mantém o outro a uma distância alcançável (meio termo). Enfatize o objetivo do progresso, e não a perfeição.

Agende os treinamentos de seu cliente

O agendamento é importante para o sucesso do programa de exercícios de seu cliente. Ele tem a ver com comprometimento; e comprometimento significa sucesso. É claro, um treinador anota os horários das aulas de seu aluno em uma agenda, mas o aluno também deveria anotar os compromissos em sua agenda e honrá-los. Tal compromisso deve ser visto como uma reunião com o chefe ou um cliente. Não pode ser facilmente apagado, reagendado ou cancelado.

Durante os vários anos de treinamento personalizado, a principal razão pela qual a maioria de meus clientes treina comigo há anos, segundo eles, é porque nosso relacionamento exige que eles marquem as aulas e compareçam. É claro que eles gostam da motivação que dou a eles, da mudança nos programas, das novas informações, do incentivo e da atenção, mas vou repetir: o principal motivo pelo qual os programas deles trazem resultados é porque eles se comprometem com as aulas e raramente perdem a oportunidade de se exercitar, e, por isso, têm resultados ótimos!

Eu digo a meus clientes que os programas deles terão sucesso se eles anotarem o compromisso na agenda e o encararem com responsabilidade!

Qual é o melhor horário para se exercitar? Não deixe que essa pergunta o engane. Esqueça o metabolismo, os ritmos biológicos e circadianos e os altos e baixos diários que o corpo enfrenta. Simplesmente incentive seu cliente a treinar em um horário que seja adequado à sua personalidade (se ele detestas acordar cedo, não agende as aulas para a parte da manhã). Deixe que ele use a Folha de Agendamento de Aulas Semanais (figura 12.3) para agendar seus treinamentos. O cliente pode transferir as aulas marcadas para a agenda dele ou levar a folha com ele. Lembre-se: o melhor horário para seu cliente treinar é o horário que for melhor para ele.

Eu geralmente distribuo uma Folha de Agendamento de Aulas Semanais (formulário 12.2) aos meus clientes para que eles possam agendar as aulas, quer eles estejam se exercitando comigo ou sozinhos. Isso faz com que eu observe as aulas que foram marcadas comigo; para os clientes, faz com que eles se comprometam com as responsabilidades de condicionamento físico (por exemplo, exercícios que eles farão sozinhos, os diários de alimentos). Pedir que eles marquem suas aulas aumenta a realização do compromisso. O comprometimento que eles estabelecem parece dar mais responsabilidade ao cliente, mas, ao mesmo tempo, mais comprometimento.

Seja honesto com seu cliente

O especialista famoso em medicina do esporte, o Dr. Randy Eichner, diz que a auto-ilusão é o "esporte mais praticado" (Eichner 1993). O que ele quer dizer é que a maioria de nós superestima o tanto de exercícios que fazemos e subestimamos o tanto que comemos. Apesar de a manutenção e perda de peso serem muito complexas, por exemplo, parte da razão pela qual as pessoas obesas não conseguem perder é peso é a auto-ilusão (Mesmo que você e seus clientes não sejam obesos, continue lendo!). Ele diz que um estudo abrangente mostrou que em um grupo de pessoas que não conseguiram emagrecer, os indivíduos ingeriam 1000 calorias a mais do que marcavam em seus diários e queimavam 150 calorias a menos do que os registros de exercícios indicavam. É interessante notar que esse mesmo padrão foi notado em pessoas jovens, velhas, gordas ou magras (ou seja, todos nós!). De cada cinco pessoas, quatro acreditam comer menos e se exercitar mais do que na verdade o fazem (Eichner 1993).

1. Independentementedosobjetivos escritos e anunciados, os resultados dependem do que seu cliente está fazendo ou do que ele gostaria de atingir. Você e seus clientes precisam estabelecer metas, reavaliá-las e acompanhar o progresso (capítulo 14). O cliente deve se comprometer com os procedimentos que tornam possível a conquista do objetivo.

10 passos para um programa eficiente

"Quer dizer que você planejou isso para mim?!", exclamou um cliente, quando começamos a introduzir variedade em seu treinamento, mudando os exercícios e a intensidade dos movimentos. Anos atrás, como treinador novo, eu acreditei, de modo errado, que meus clientes entendiam minha dedicação profissional e o tempo que eu investia em planejar e periodizar os programas deles. Naquele momento, percebi que poucos treinadores se dedicam a melhorar os programas de seus clientes. A ênfase que ele deu às palavras "para mim" aumentou a importância das palavras *indivíduo*, *pessoal*, *comprometimento* e *serviço*, que são a essência do planejamento de um programa de treinamento personalizado.

Quer você seja um treinador experiente ou não, provavelmente tem dúvidas a respeito do desenvolvimento de programas. Não demora muito para perceber que um tipo de treinamento para todos não resolve e que há sempre alguma coisa para ser aprendida, principalmente nessa era de informação. Todas as pessoas têm necessidades únicas, interesses e reações a diferentes atividades e protocolos. Apesar de a compreensão da fisiologia dos exercícios e da ciência do movimento ser um pré-requisito para a programação criativa de exercícios, os *personal trainers* armados apenas com essas informações podem ainda estar confusos a respeito das soluções práticas para as necessidades individuais de seus clientes.

Eu compreendo o desafio de construirmos uma ponte entre a ciência e o indivíduo. Depois de treinar cerca de 40 a 50 clientes por semana durante nove anos, aprendi a misturar o aspecto útil e prático com a teoria na realidade do treinamento personalizado diário. Para passar da teoria para a prática, planeje programas de qualidade usando um processo passo a passo.

Muitos *personal trainers* e seus clientes não entendem a necessidade e importância de um plano de ação. Muitos clientes acreditam (corretamente, na maioria das vezes) que uma aula de treinamento personalizado envolve pouco planejamento.

Se você repetir as mesmas coisas todos os dias, seus clientes não progredirão e você não criará um serviço de qualidade a seus alunos. O treinamento personalizado não é uma atividade não planejada. Precisamos criar programas que mudem as percepções dos clientes, que acreditam que a única maneira de progredir, ter variedade e criar novidades em um programa de treinamento é contratando outro treinador, e mais outro e mais outro!

Ao passar por esses dez passos com meus clientes, crio um formato que garante que cada programa seja feito com uma base sólida de ciência, adequado às necessidades de cada indivíduo. Assim, os clientes podem manter a motivação e confiar em minhas habilidades. E

Folha-Modelo de Planejamento de Aulas

Semana de: ______10/06 a 16/06_____

Segunda	Terça	Quarta	Quinta	Sexta	Sábado	Domingo
Com quem: Mary	Com quem: John, meu personal trainer	Com quem: Mary	Com quem: John, meu personal trainer	Com quem: Mary	Com quem: Minha família	Com quem: Minha família
Onde: no parque	Onde: na academia	Onde: no parque	Onde: na academia	Onde: no parque	Onde: trilha e futebol	Onde: dia de descanso
manhã	manhã	manhã	manhã	manhã	manhã	manhã
5:00	5:00	5:00	5:00	5:00	5:00	5:00
6:00	6:00	6:00	6:00	6:00	6:00	6:00
7:00	7:00	7:00	7:00	7:00	7:00	7:00
8:00	8:00	8:00	8:00	8:00	8:00	8:00
9:00	9:00	9:00	9:00	9:00	9:00	9:00
10:00	10:00	10:00	10:00	10:00	10:00	10:00
11:00	11:00	11:00	11:00	11:00	11:00	11:00
tarde	tarde	tarde	tarde	tarde	tarde	tarde
12:00	12:00	12:00	12:00	12:00	12:00	12:00
1:00	1:00	1:00	1:00	1:00	1:00	1:00
2:00	2:00	2:00	2:00	2:00	2:00	2:00
3:00	3:00	3:00	3:00	3:00	3:00	3:00
4:00	4:00	4:00	4:00	4:00	4:00	4:00
5:00	5:00	5:00	5:00	5:00	5:00	5:00
6:00	6:00	6:00	6:00	6:00	6:00	6:00
7:00	7:00	7:00	7:00	7:00	7:00	7:00
8:00	8:00	8:00	8:00	8:00	8:00	8:00
9:00	9:00	9:00	9:00	9:00	9:00	9:00

Figura 12.3 Folha-Modelo de planejamento de aulas.

Formulário 12.2 Folha de planejamento semanal de aulas

Semana de: ___________

Segunda	Terça	Quarta	Quinta	Sexta	Sábado	Domingo
Com quem:	Com quem:	Com quem:	Com quem:	Com quem:	Com quem:	Com quem:
Onde:	Onde:	Onde:	Onde:	Onde:	Onde:	Onde:
manhã	**manhã**	**manhã**	**manhã**	**manhã**	**manhã**	**manhã**
5:00	5:00	5:00	5:00	5:00	5:00	5:00
6:00	6:00	6:00	6:00	6:00	6:00	6:00
7:00	7:00	7:00	7:00	7:00	7:00	7:00
8:00	8:00	8:00	8:00	8:00	8:00	8:00
9:00	9:00	9:00	9:00	9:00	9:00	9:00
10:00	10:00	10:00	10:00	10:00	10:00	10:00
11:00	11:00	11:00	11:00	11:00	11:00	11:00
tarde	**tarde**	**tarde**	**tarde**	**tarde**	**tarde**	**tarde**
12:00	12:00	12:00	12:00	12:00	12:00	12:00
1:00	1:00	1:00	1:00	1:00	1:00	1:00
2:00	2:00	2:00	2:00	2:00	2:00	2:00
3:00	3:00	3:00	3:00	3:00	3:00	3:00
4:00	4:00	4:00	4:00	4:00	4:00	4:00
5:00	5:00	5:00	5:00	5:00	5:00	5:00
6:00	6:00	6:00	6:00	6:00	6:00	6:00
7:00	7:00	7:00	7:00	7:00	7:00	7:00
8:00	8:00	8:00	8:00	8:00	8:00	8:00
9:00	9:00	9:00	9:00	9:00	9:00	9:00

Reimpresso de D. Brooks, 1999.
Tirado do livro *The Complete Book of Personal Training*, de Douglas S. Brooks, Champaign, IL: Human Kinetics, 2004.

eu fico confiante de que o programa é seguro, eficiente e suficientemente multidimensional para mantê-los interessados. Você pode usar esses mesmos procedimentos para obter bons resultados e aumentar seu valor aos olhos dos clientes.

Passo 1: Reúna informações

Esse processo de reunir informações inclui três passos (capítulo 10).

O *questionário de histórico médico* (apêndice) faz perguntas que pedem informações de que você precisa para identificar problemas de saúde, a compreensão dos conceitos básicos do condicionamento, das atividades físicas do passado e atuais, dos interesses e objetivos e dos hábitos alimentares de seu cliente.

A *entrevista* é um diálogo contínuo que leva seu questionário de histórico médico a um nível mais pessoal. Para que o programa seja eficiente, você deve levar em consideração os objetivos e as preferências de seus clientes, entender como pode se comunicar com eles e incentivar o *feedback* sempre que possível. Crie um ambiente motivador no qual a comunicação venha em primeiro lugar e resulte em sucesso do programa. A maneira com que você interage com seu cliente influencia e muito o que eles pensarão sobre eles mesmos e sobre você.

O *teste de condicionamento* é uma ferramenta de motivação opcional que muitos treinadores usam para definir um ponto de partida para animar seus clientes em relação a mudanças no condicionamento com o tempo (capítulo 11).

Passo 2: Faça uma programação equilibrada

Quando a preparação tiver sido feita (passo 1) e você compreender os objetivos do cliente, a programação física para a maioria da população inclui condicionamento cardiorrespiratório, força muscular e condicionamento da resistência, treinamento de flexibilidade e funcional. Todos esses componentes do condicionamento físico devem ser abordados corretamente, para garantir uma abordagem equilibrada à saúde e ao condicionamento de seu cliente.

Com cada componente, você equilibra o condicionamento. Por exemplo, dentro do componente de força muscular e resistência, todos os pares de músculos antagonistas e agonitas, como o bíceps e o tríceps, precisam ser desafiados.

A programação física balanceada depende de ouvir o que seu cliente quer e incorporar esse interesse em um programa que também tenha o que ele precisa do ponto de vista do bem-estar. Explique ao cliente a importância de incluir todos os aspectos do condicionamento.

Passo 3: Condicionamento cardiorrespiratório

O condicionamento cardiorrespiratório é obtido usando-se atividade que envolva movimento contínuo e rítmico dos grandes músculos, que, ao mesmo tempo, aumente a freqüência cardíaca e o fluxo sanguíneo e volte ao coração. Esse tipo de condicionamento pode diminuir fatores de risco associados a doenças cardíacas, aumentar a resistência e a vitalidade pessoal e ajudar com a manutenção ou perda de peso. Use uma variedade de atividades cardiorrespiratórias (caminhada, corrida, ciclismo, natação) para desafiar o coração e os pulmões e evitar lesões de uso exagerado associados com movimentos repetitivos feitos dia após dia.

Passo 4: Condicionamento de Resistência e Força Muscular

A maioria de seus clientes deve fazer o treinamento de força. Um bom treinamento de força pode acelerar o metabolismo, ajudar a diminuir a massa de gordura ou manter o peso ideal, diminuir o risco de osteoporose, aumentar a auto-estima, preservar a independência física e aumentar a força, para citar apenas alguns benefícios.

O condicionamento da resistência e a força muscular eficiente dependem de um aumento progressivo na resistência com o tempo, resistência essa que desafia todos os movimentos para os quais os músculos contribuem. Para trabalhar o equilíbrio, treine todos os músculos agonistas e antagonistas do corpo.

Passo 5: Treino de flexibilidade

A flexibilidade é definida como Amplitude de Movimento (AM) das articulações. O conceito de Amplitude de Movimento Funcional (AMF) expande essa visão limitada. A flexibilidade saudável ou desejada é a capacidade de se mover livremente em todas as direções. O movimento deve ser confinado a uma AMF de uma articulação ou às capacidades de movimentos intencionais. É diferente da AM normal da articulação porque normal nem sempre é saudável ou adequado às necessidades de movimento do indivíduo. O desenvolvimento da flexibilidade funcional envolve desafiar a AM de modo a imitar o movimento diário ou funcional. Como a flexibilidade é específica à musculatura de cada articulação, formule um programa que alongue todas as áreas do corpo, principalmente aquelas que não têm a flexibilidade adequada.

Passo 6: Descanso ativo

Seja qual for o nível de condicionamento, insira o conceito de descanso ativo na rotina de seu cliente. As seqüências de descanso ativo ajudam a estruturar o treino para otimizar o tempo de treinamento e acomodar o nível de condicionamento do cliente. Geralmente, muito tempo, nos programa de condicionamento tradicionais, envolve recuperação do trabalho realizado. Existem diversas maneiras de reduzir o tempo de recuperação perdido ou eliminá-lo.

1. Use o esforço percebido e os intervalos (esforço, recuperação) para manter seu cliente em movimento durante o condicionamento cardiorrespiratório.
2. Faça exercícios de treinamento de resistência em seqüências, para que eles alternem os grupos de músculos ou o tronco e a parte de baixo do corpo.
3. Se um grupo de músculo for usado em diversos exercícios seqüenciais, use a fase de recuperação para algum outro tipo de treinamento físico. Para clientes que estejam à procura de resultados máximos com o mínimo de investimento de tempo, o descanso ativo é uma maneira excelente de empregar o tempo.

Passo 7: Periodização e variedade

Agora que a base está estabelecida, a diversão continua conforme você muda o treinamento com variedade e periodização (maior intensidade de esforço em períodos específicos). Quando você compreende o conceito de sobrecarga específica e seu efeito no sistema de energia do corpo e os três principais componentes do condicionamento físico (capítulo 15), o mundo das escolhas de programas se torna menos confuso. As definições de sobrecarga revelam exatamente que efeito uma certa intensidade, duração, freqüência e tipo de atividade terão em qualquer componente do condicionamento. Isso leva à atividade eficiente e produtiva, que ajuda seus clientes a atingirem objetivos do programa.

Alguns clientes gostam de mudanças; enquanto outros, não. A comunicação constante e o *feedback* de seu cliente são essenciais para as mudanças de qualquer programa. Mudar para variar ou porque você (o treinador) precisa de mudança é a razão errada. A mudança é melhor implementada quando seu cliente está pronto fisiológica e psicologicamente.

Passo 8: Necessidades especiais e grupos de alto risco

Todos os seus clientes têm preocupações especiais. Você já tem o conhecimento (ou logo terá!) de equilibrar o condicionamento entre os componentes cardiorrespiratório, a força muscular e a resistência e flexibilidade. Você terá de levar em conta questões como exercícios para *performance* e condicionamento X condicionamento X saúde; boa manutenção e perda de peso; platô e situações de necessidades mais sérias, como gravidez, diabetes, artrite, asma e o trabalho com idosos ou jovens. Talvez você também tenha de abordar problemas nutricionais e motivadores e necessidades psicológicas. Terá de determinar que estilo de comunicação funciona melhor com cada cliente e levar todas essas questões em consideração o ajudará a preparar um programa que seja bom para cada cliente.

Passo 9: Sucesso e compromisso

Incentivar o cliente a ver que ele é bem-sucedido é um dos aspectos mais importantes do desenvolvimento do programa. Quatro fatores garantem o sucesso e o compromisso:

1. Tempo – mantenha todas as aulas com a duração de uma hora, três vezes por semana.
2. Variedade e periodização – mude os exercícios quando adequado e controle a intensidade do trabalho de seu cliente de tempos em tempos.
3. Motivação intrínseca – você e o cliente têm de saber porque ele quer se exercitar (Pergunte!).
4. Mudanças de estilo de vida – os clientes devem gostar do que estão fazendo para incorporar o novo comportamento em hábitos que durarão a vida toda.

Muitas pessoas não querem se exercitar "demais". A maioria se exercita para se sentir melhor e ter mais energia no dia-a-dia. Como treinadores, temos de deixar de lado nossas preferências e entrar nas vidas e no modo de pensar de nossos clientes. A maioria de nossos alunos não planejaria o programa de treinamento dele como nós planejaríamos os nossos. Pense nisso com seriedade e estará no caminho certo para desenvolver programas seguros e eficientes e treinos com os quais seus clientes se manterão firmes e fortes.

Passo 10: A Realidade

Há vinte anos trabalho como *personal trainer*. Não mais trabalho com 50 ou 70 clientes por semana, mas o "fator realidade" continua tão presente hoje quanto era anos atrás, quando eu trabalhava com clientes da manhã à noite. Muitos clientes ainda não desempenham uma *performance* perfeita dos exercícios. Alguns não incluíram todos os componentes ideais de um programa de condicionamento equilibrado em suas rotinas diárias. Outros nunca se esforçaram continuamente para melhorar a capacidade cardiorrespiratória. Muitos nunca saberão o que a facilitação proprioceptiva neuromuscular oferece de verdade.

Apesar de a maioria dos clientes não ser exemplo perfeito de livros de condicionamento físico, a melhora em suas vidas pode ser grande. Em vez de criar um programa que seus amigos aprovem, procure melhorar o envolvimento de seu cliente no condicionamento físico, com quaisquer técnicas que possa envolver.

Procure não se tornar um treinador robótico, que usa um programa para todos os clientes. A programação do condicionamento físico não é um assunto definido. Um programa eficiente oferece opções que mudem conforme seus clientes também mudam.

Estudo de caso: desenvolvimento de programa para "pessoas reais"

Bob foi diagnosticado clinicamente obeso e recebeu a permissão de seu médico para começar um programa de exercícios. Seu estado de obesidade e minha conversa com o médico dele indicaram que o condicionamento cardiorrespiratório dele era baixo e havia preocupações ortopédicas em relação aos joelhos, ao quadril e às costas. Mas, mesmo assim, Bob era extremamente forte e ágil, com 1,90 m e mais de 170 quilos.

Depois de reunir informações sobre Bob, acreditei ser importante me concentrar nos objetivos e na constituição psicológica. Mais tarde, diria a ele que o teste de condicionamento era uma opção. Um de seus objetivos em longo prazo era correr dez quilômetros. Seria possível? Eu não sabia.

Uma vez que seu teste não indicou limitações com respeito à sua freqüência cardíaca de exercício, a principal preocupação era ortopédica. Bob estava animado para começar a percorrer o caminho para seu objetivo de dez quilômetros. Por isso, começamos a desenvolver uma linha básica de condicionamento físico com caminhada, caminhada inclinada, ergométrica, máquinas de step, deslizamento lateral (cuidado aqui!), participação em um programa cquilibrado de força, treinamento de equilíbrio funcional e treinamento de flexibilidade. No começo, não nos concentramos em uma variedade de assuntos "negativos", como dieta ou perda de peso (Bob disse que já tinha tentado). Mas, mesmo assim, não fiz promessas.

Minha preocupação como treinador era o objetivo óbvio de fortalecimento das articulações e musculatura das articulações e melhorar o sistema cardiorrespiratório de Bob. Para esses problemas, relacionei diversas questões de saúde, como perda de peso, diminuição do risco de doenças cardíacas e da pressão arterial, melhora do perfil de lipídio, diminuição do risco de lesão ortopédica para a diabete do tipo 2, além da esperança de que Bob ficasse mais consciente e aceitasse quem era fisicamente.

Bob, por outro lado, só queria correr.

Dentro de meses, nós "avançamos" para uma caminhada com corrida. Bob logo reclamou de desconforto na panturrilha e no pé. Imediatamente paramos. Um dia, enquanto saíamos do local de treino para caminhar, peguei uma pequena bola de futebol americano. Bob imaginou-se um atleta forte e ágil. Meu plano era instituir uma forma de condicionamento com intervalo, jogando a bola. Bob fazia sua passada com caminhada, pulo e corrida, fazia a pegada espetacular e se recuperava quando eu fazia o mesmo.

O resultado: a percepção de esforço de Bob foi 10, seu nível de diversão foi 10 e ele não teve problemas ortopédicos. Ele conseguiu se exercitar mais, ficou mais em forma e queimou mais calorias. Esse certamente não é seu manual (e seguir o livro de "regras" não teria dado certo com Bob), mas funcionou porque Bob queria diversão e variedade como os dois requisitos para se divertir e se manter ativo.

Dia após dia, usamos várias opções cardiovasculares. Opções excelentes incluíam a ergométrica, o step, a esteira, o simulador de esqui, o condicionamento na água e, claro, o jogo com bola, que era nosso favorito. Usamos fases de recuperação ou trabalhos com cargas para discutir suas questões de saúde, melhorando, assim, as aulas.

Bob nunca correu os dez quilômetros, nem mesmo cinco. Mas em sua busca pelos dez quilômetros ele descobriu algo de mais valor: a diversão! Bob disse: "A diversão e o sucesso são derivados diretos de um programa que trabalha com meu psicológico e meu corpo, e não contra eles". É isso que é o bom treinamento! As pérolas de sabedoria que eu aprendi com Bob, e continuo a usar com todos os meus clientes, incluem:

- Ouça seu cliente. Vale a pena repetir: ouça!
- Preste atenção ao que seu cliente quer, ao mesmo tempo em que simula um programa que também englobe suas necessidades.
- Faça seu cliente prestar atenção ao que o corpo dele está dizendo.
- Incentive seu cliente a lhe dizer como ele se sente.

- Aja para o bem dos sentimentos e das percepções de seu cliente
- Faça seu cliente entender porque ele se exercita, pedindo a ele que expresse suas emoções e necessidades e que identifique as atividades que os satisfazem.

A questão, é claro, é acompanhar seu cliente. Minha primeira reação ao pedido de Bob era que ele nunca se livraria de uma lesão, o que teria acabado com as esperanças dele. Foi mais simples usar a motivação dele e trabalhar na busca do objetivo. Muito do sucesso de um *personal trainer* nasce na competência técnica. Entretanto, você também precisa saber lidar com as pessoas, ter flexibilidade em relação às abordagens que você usa para resolver cada "quebra-cabeça de cliente" e habilidade de ouvir e interpretar as necessidades e os desejos de seus clientes. Esse estudo de caso é um exemplo do que eu me refiro como realidade no dia-a-dia do treinamento personalizado!

Programação de condicionamento que não traz resultados

A programação de condicionamento que não traz resultados geralmente é uma conseqüência direta de uma má compreensão da fisiologia aplicada e da biomecânica. Temos de compreender como o corpo humano funciona e obter um alto nível de competência, esperado em qualquer profissão.

A programação que falha freqüentemente é um resultado de um programa direcionado pelas exigências, modas e tendências de exercícios com base em pouco estudo científico ou abordagens tradicionais insuficientes, mas que nunca foram questionadas. Geralmente, pouca importância é dada aos dados científicos de, por exemplo, um determinado movimento de treinamento de força, uso correto de um determinado equipamento de exercícios ou um plano de dieta. Variar por variar torna-se a tendência com a vontade de introduzir algo novo. Ninguém se preocupa se é para o bem do cliente.

Escolher esse tipo de filosofia de programação comprometerá sua integridade e o programa do cliente. Variedade de pouca duração e "moda de condicionamento" podem levar à lesão do cliente, desilusão, desistência, e, não é preciso dizer, uma rejeição do seu negócio. Os desejos dos clientes devem ser satisfeitos, mas isso pode ser feito de maneira eficiente, respeitável e divertido.

A programação eficiente mantém uma íntima interação entre ciência, você e as necessidades do cliente. E vai além da atividade pela atividade, englobando assuntos de saúde e bem-estar mais abrangentes. Para criar uma programação de resultado, mantenha estes cinco pontos em mente:

1. A programação que satisfaça as necessidades contínuas e mutantes de seus clientes é um processo dinâmico de interação pessoal com escolhas versáteis de programas.
2. Mantenha o cliente e as necessidades dele como suas prioridades.
3. Continue a se informar e perguntar porque você está usando uma determinada abordagem e como isso traz benefícios ao cliente.
4. Implemente idéias de programação quando compreender totalmente o conceito e conseguir passá-lo ao cliente.
5. Mantenha e incentive a comunicação aberta.

A programação certamente é um processo dinâmico e em constante mudança. Você deve identificar objetivos e conhecer o cliente. E só então poderá fazer seu programa. Armado com uma base científica e filosófica sólida para sua tomada de decisões, você estará no caminho para criar o melhor programa de exercícios a seus clientes.

Promessas, promessas e promessas

Se você quiser ir além de satisfazer as necessidades de seus clientes todos os dias, uma boa regra é prometer menos e oferecer mais. Tenho seguido essa regra a minha vida toda. Sou direto e honesto com meu cliente e realista a respeito do que acredito ser capaz de atingir dentro de um prazo e para um determinado aluno. Sempre procuro prometer pouco. Se vamos além do esperado, meu cliente ficará animado; e não desanimado, se não chegarmos ao prometido.

Programação para a vida

Nenhum programa ou guia de exercícios deve ser fixo. A intensidade é relativa à pessoa. Você tem de conhecer as limitações de seu aluno e perceber quando algo está exagerado. Não entre no time de outros treinadores que criam programas muito difíceis para seus clientes. Se eles forem muito difíceis, você pode causar lesões nos alunos.

O programa tem de ser desenvolvido de acordo com as necessidades da pessoa, e também com os objetivos e as habilidades. Assim, pode-se individualizar a quantidade de tempo, freqüência e intensidade para cada cliente. Essa abordagem melhora os componentes cardiorrespiratótio, a força muscular, a resistência e a flexibilidade. Por exemplo, pode ser que um cliente precise que você desenvolva um programa com grande atividade física com pouco risco de lesão, pouco investimento de tempo e levando em consideração sua individualidade. Você, assim, criará o que eu chamo de "escala de sucesso", que, devido ao fator de individualidade inerente a essa abordagem, funcionará bem com seus clientes.

Um de seus objetivos como *personal trainer* é ajudar seu cliente a manter o objetivo atingido. Manter, por exemplo, o condicionamento e percentual desejado de gordura corporal indica a felicidade do cliente com sua nova pessoa e estado de saúde. É uma fase positiva que você espera que dure para sempre.

Manter não é regredir. Manutenção é o nível saudável de saúde que permite ao cliente sentir-se bem com as mudanças em seu estilo de vida. Depois de um tempo de treinamento (vários meses ou mais), uma queda nos benefícios é inevitável. Prepare seu cliente com antecedência para esse fenômeno, para que ele passe por isso de modo positivo.

Dependendo da vontade do cliente de comprometer mais tempo e se exercitar mais, um platô em força, condicionamento cardiorrespiratório ou flexibilidade pode ou não ser permanente. Os platôs são oportunidades de reavaliar os objetivos, estabelecer novos e descobrir onde seu cliente quer chegar com seu programa de exercícios. Um platô, com certeza, não é o fim do caminho. Ele pode levar a novos ganhos por meio de uma revisão do programa.

No mínimo, um programa de sucesso exige um esforço contínuo de sua parte, e da parte do cliente, para sustentar esse nível desejado de saúde e condicionamento. Consiga isso motivando-o, para que ele se exercite regularmente e com variedade. Em algum momento, a manutenção da saúde e do condicionamento físico será o resultado mais compensador e animador para seu cliente!

Capítulo 13

PERIODIZAÇÃO: UM MODELO PARA RESULTADOS PLANEJADOS

Não é fácil utilizar uma palavra de difícil pronúncia, que os treinadores não compreendem muito bem. Mas a periodização dará nova vida ao treinamento de seu cliente e é fácil de implementar.

Um programa periodizado depende da intensidade, da freqüência e dos tipos de atividades com as quais você treina, em determinados períodos. A periodização o incentiva a introduzir mudança e variedade no programa de treinamento de seu cliente. A periodização é, provavelmente, melhor e simplesmente definida como "resultados planejados".

A maioria dos artigos de condicionamento menciona, e a maioria dos profissionais de condicionamento físico concordaria, que a periodização deve ser incorporada em todos os programas de treinamento. Apesar de haver muita informação sobre o treinamento de periodização para atletas de elite, esses programas são muito técnicos, altamente específicos, centrados na "busca" pela *performance* atlética, e geralmente são confusos porque não existe uma abordagem padrão. Existem poucas fórmulas que ensinem os treinadores a incorporarem um programa periodizado nas rotinas de condicionamento de seus clientes sem investir em horas de planejamento. Felizmente, quando os modelos existentes de periodização para atletas são cuidadosamente estudados, é possível identificar características comuns que você pode usar em seu condicionamento principal.

Ao lidar com volume de trabalho (ou seja, repetições, modos ou duração do esforço) e a intensidade do esforço (como medidos por resistência, peso levantado, velocidade, freqüência cardíaca ou esforço percebido) e incorporar estrategicamente o descanso, a manutenção e as fases de recuperação no plano geral de periodização, você pode transferir conceitos complexos de periodização a objetivos de condicionamento. Eles incluem gerenciamento, aumento da força muscular, melhora do condicionamento cardiovascular e melhora de desempenho – melhorando, por exemplo, o melhor tempo de corrida de dez quilômetros de seu cliente.

A periodização tem o potencial para fazer as seguintes coisas:

- Promover boa reação ao estímulo de treinamento ou ao esforço de trabalho.
- Diminuir o potencial de lesões de esforço.
- Manter seus clientes em progresso em busca de seus objetivos de treino.
- Melhorar os esforços pessoais de seus clientes.
- Melhorar a adaptação do cliente.

Princípios de periodização

A periodização é um método que ajuda a organizar o treinamento. Um programa periodizado muda o volume e a intensidade em períodos específicos. A periodização pode ser vista de dois modos. Uma perspectiva é usar uma atividade ou um esporte por si só para desenvolver o condicionamento e melhorar a saúde. Uma segunda abordagem usa a atividade ou o esporte, juntamente com outras atividades não específicas, para melhorar o condicionamento ou a saúde, enquanto, ao mesmo tempo, faz progredir o treinamento do cliente.

Experiência e pesquisa científicas consideráveis mostram que o segundo sistema – usar o movimento do esporte e o treinamento suplementar que inclua uma variedade de condicionamentos cardiorrespiratório, força muscular e de resistência e flexibilidade – é bem mais eficiente que o treinamento com habilidades de atividade ou o esporte por si só (Bompa 1999; Fleck e Kraemer 1996; Siff e Verkhoshansky 1993). Seja qual for a abordagem usada, a ciência por trás está relacionada com a melhora do estresse ou a recuperação da intensidade. Desses aspectos principais – intensidade e recuperação – não existe um melhor. Os dois merecem destaque no momento certo.

Do atleta ao cliente de condicionamento

A periodização tenta melhorar os resultados de treinamento, ainda oferecendo recuperação adequada e, ao mesmo tempo, evitando o excesso de treinamento. Quando você usa princípios fisiológicos de treinamento conhecidos, como sobrecarga progressiva, adaptação progressiva e efeito de treinamento, além do que é conhecido sobre ganhos na manutenção do condicionamento, evita lesões por esforço exagerado, melhora o desempenho e treinamento para ganhos de saúde, uma fórmula identificável surge para o condicionamento. Ao criar um programa periodizado, desenvolva as seguintes coisas:

- Microciclos em curto prazo, que se concentram na variação semanal e diária de volume, intensidade, carga e seleção de exercícios.
- Mesociclos em médio prazo, que geralmente começam com uma fase de alto volume e terminam com uma de pico de alta intensidade.
- Macrociclos em longo prazo, que geralmente é composto de vários mesociclos.

O volume se refere a repetições, séries, minutos, distância e duração. A intensidade se refere à carga, à força, ao peso levantado e à velocidade ou pode ser medido pela reação da freqüência cardíaca ou pelo esforço percebido.

Para os atletas de elite, um microciclo geralmente dura de cinco a dez dias; um mesociclo, entre um e quatro meses; e um macrociclo, de dez a doze meses. Três principais fases de treinamentos são reconhecidas em um espaço de um ano (macrociclo), e essas mesmas fases podem ser reconhecidas dentro de um período de vários meses que eu chamo de microciclos. Para os atletas, as fases geralmente incluem preparação, competição e pós-competição.

A diferença mais óbvia entre atletas de elite e a maioria dos participantes de condicionamento físico é que o participante comum não precisa "maximizar" seu desempenho. Para o atleta, a *performance* máxima geralmente coincide com competições importantes (Bompa 1999; Fleck e Kraemer 1996; Siff e Verkhoshansky 1993). Além disso, a mudança de uma fase de treinamento para outra será mais sutil para o treinamento de condicionamento físico do que para o atleta de alto nível. Para o cliente comum, as fases de macrociclo se traduzem em três fases: preparação ou construção, conquista do objetivo e recuperação. Dentro das fases de preparação e alcance de objetivos, manipulações de um sistema fisiológico e energia específica podem ser usadas para atingir objetivos que incluam hipertrofia muscular e recebimento maior de oxigênio (condicionamento cardiovascular melhorado). Para a maioria das pessoas ativas, que atingiram um nível desejado de condicionamento, os objetivos podem inserir uma variedade de atividade, solidificar os níveis atuais de condicionamento e estabelecer um compromisso aos exercícios regulares.

Uma avaliação contínua das necessidades e dos objetivos de cada cliente é uma necessidade, quer a pessoa esteja apenas começando um programa de exercícios, quer tenha obtido um bom nível de condicionamento. Um programa periodizado bem planejado analisa as necessidades em curto, médio e longo prazo dos clientes. Um processo de planejamento desses leva em conta as seguintes coisas:

- Treinos diários.
- Uma rotina que leva em conta três ou quatro semanas de treinamento.
- Um esquema geral anual, ou pelo menos um plano de vários meses.

A essência da periodização é o treinamento com diversas atividades, com intensidades variadas e progressivas e com mesociclos de pelo menos três ou quatro semanas de sobrecarga progressiva – sempre seguindo um esforço concentrado de sobrecarga progressiva com pelo menos vários treinamentos de recuperação ativa. A recuperação ativa, ou o descanso ativo, geralmente é feito em intensidades mais baixas de esforço e duração do que os níveis anteriores de exercícios. Além disso, você deve pensar em usar atividades diferentes, pelo menos parte do tempo, para esse período de recuperação.

Quando o cliente atinge os resultados planejados, você determina a intensidade de esforço ou da carga para a próxima fase. Geralmente, a menos que o cliente esteja entrando em uma fase de restauração ou terminando um mesociclo de três ou quatro semanas, a seqüência dos exercícios seguintes é repetida com níveis mais intensos. Esse processo cíclico e a reação de seu cliente determinaram o conteúdo e a organização do programa.

A Figura 13.1 ilustra um modelo de sobrecarga progressiva, usando o descanso ativo depois de cada mesociclo de três ou quatro semanas. Os mesociclos mais longos, por exemplo, os de quatro a oito semanas, também podem ser usados. Mas eu acredito que os ciclos mais curtos funcionem bem com a atenção média de participante e o desejo de mudança. O começo de cada novo mesociclo deve ser iniciado com menor intensidade do que a usada na última semana do mesociclo anterior.

Modelo de periodização para saúde e condicionamento físico

Para o cliente comum, a periodização quer dizer que os treinamentos serão variados em determinados períodos de tempo para melhorar a *performance* e os ganhos com condicionamento físico. Siga estes passos para planejar um programa de treinamento com objetivo progressivo, que alcance resultados muito bons.

Passo 1: Estabeleça metas

- Cardiorrespiratório.
- Força e resistência muscular.
- Flexibilidade.
- Outros.

Passo 2: Determine como atingir objetivos

- Acesse a disponibilidade de tempo.
- Identifique tipos (modo) de atividades.
- Relacione o treinamento a objetivos.
- Escolha atividades de que seu cliente gosta.

Passo 3: Identifique as fases de treinamento

- Desenvolva um planejamento em curto prazo de três a dez dias (microciclo).
- Desenvolva um plano de treinamento de pelo menos três a quatro semanas (mesociclo).
- Desenvolva um plano de treinamento organizacional anual (macrociclo) ou pelo menos três ou quatro meses de mesociclos.

- Planeje uma fase de preparação geral de três a quatro semanas (um mesociclo), que pode ser repetido diversas vezes.

Plano de exercícios

- Manipule a freqüência, a intensidade e a duração de cada atividades para resultados específicos na energia e sistemas fisiológicos do corpo.
- Aplique princípios de freqüência, intensidade e duração a cada componente do condicionamento físico na fase geral de preparação e de objetivo.

Passo 4: Planeje Volume e Intensidade (sobrecarga)

- Varie o volume e a sobrecarga de maneira cíclica.
- Uma mudança significativa deve geralmente ocorrer a cada quatro a oito semanas e pequenas mudanças são aceitáveis dentro de um microciclo de três a dez dias.
- Planeje aumentar ou diminuir o volume e a intensidade.
- Use intensidades mais baixas e menor duração durante a restauração (descanso ativo).
- Comece o novo mesociclo depois da recuperação ativa com uma intensidade levemente menor do que a do ciclo anterior.

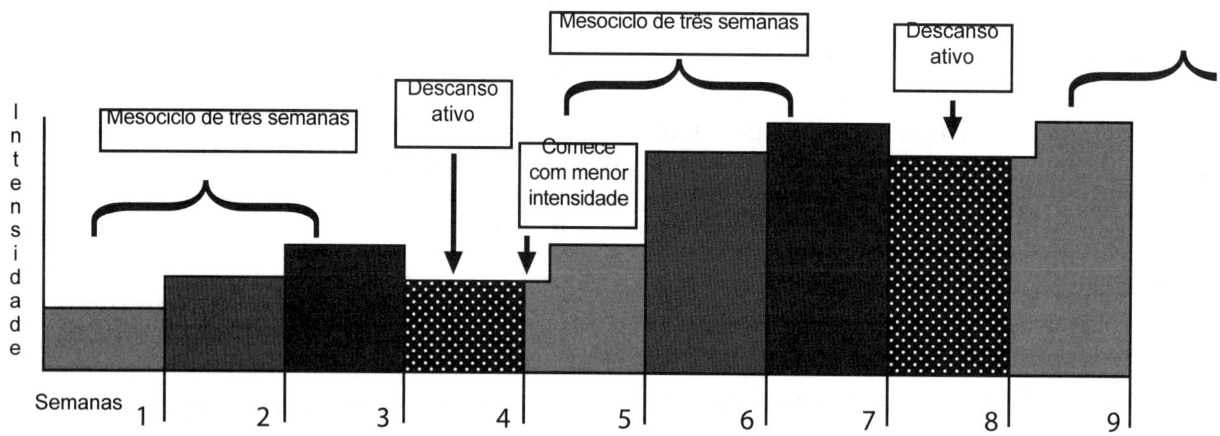

Figura 13.1 Aplicando a periodização ao condicionamento físico.
Reimpresso de Gross, Kelly, Martinez Design, 1996.

Recuperação

- De modo geral, não aumente a sobrecarga progressiva por mais de três a cinco semanas contínuas.
- Siga qualquer sobrecarga mantida e progressiva de cerca de três semanas com pelo menos vários dias de atividade de descanso ativo em intensidade mais baixa (O esforço é menos intenso em comparação com a última fase de sobrecarga na qual o cliente participou).
- Depois da recuperação ativa, comece o novo mesociclo com uma intensidade um pouco menor do que o ciclo anterior (veja a figura 13.1).
- Divida três a cinco semanas de aumento progressivo em sobrecarga (mesociclo) com recuperação ativa a uma intensidade mais baixa. O segredo para bons resultados não é um aumento contínuo na intensidade em períodos maiores de tempo.

Passo 5: Avalie regularmente o processo de planejamento de periodização

- Monitore os resultados e o progresso.
- Use avaliação de condicionamento físico (opcional).
- Reconheça o alcance de objetivos.
- Mantenha um diálogo constante com o cliente.
- Observe o compromisso e o entusiasmo do cliente em relação ao programa.

Estudo de caso: da teoria ao programa do cliente

Vamos aplicar os princípios anteriores ao programa de um cliente que pegaremos como exemplo. Jenna está começando a fazer exercícios e seus objetivos são perder peso, mantê-lo e aumentar sua energia. Jenna compreende que um plano em longo prazo (macrociclo) se concentrará nos componentes de condicionamento físico que a ajudarão a perceber seus objetivos de treinamento.

1. Estabeleça objetivos. Um bom primeiro passo para se criar um programa periodizado é abordar os níveis atuais de condicionamento de Jenna em categorias relacionadas aos objetivos dela. A avaliação de condicionamento estabelecerá um ponto de referência para comparar as melhoras de condicionamento com o tempo. É uma maneira de avaliar a eficácia de um programa de planejamento. Jenna estava interessada em ter seu índice de gordura corporal medido com adipômetro, além de fazer uma avaliação cardiorrespiratória.

2. Determine como atingir os objetivos. Melhoras no condicionamento cardiorrespiratório e na força e resistência muscular ajudarão Jenna a alcançar seus objetivos. Ela compreende a contribuição do condicionamento cardiorrespiratório para queimar calorias e sabe que, conforme melhorar sua forma física, terá mais facilidade para queimar calorias e gordura. Ela também desenvolverá maior resistência, que faria com que ela se sentisse com mais energia. O treino de força fará com que Jenna melhore sua sensação de poder e controle. Como os ganhos de força muscular aumentam a resistência dos músculos, ela terá mais energia e força ao final do dia. Além disso, o aumento na massa muscular magra vai remoldar o corpo dela e aumentar a taxa de descanso metabólico, o que vai ajudá-la a perder gordura e manter seu novo e desejado peso. Parte da solução no alcance de objetivos é criar um ambiente onde seu cliente tenha uma sensação de controle (do tipo: "É isso que quero fazer!") e a responsabilidade pessoal e compreensão de por que uma abordagem específica está sendo usada. Essa sensação de controle e responsabilidade pode ser percebida apenas por meio da comunicação e educação. Depois de conversarem sobre os objetivos dela, fica claro que Jenna quer alcançar as metas com uma abordagem com diferentes atividades.

3. Identifique as fases de treinamento. Geralmente é pouco realista planejar um ano inteiro e esperar que clientes comuns sigam o plano até o fim. Em vez disso, concentre-se nos micro e mesociclos. Isso será uma grande economia de tempo quando um dos acontecimentos da vida inevitavelmente exigir uma mudança maior na rotina ou no treinamento de seu cliente. Ao usar um microciclo de três a dez dias (um ciclo de sete dias funciona melhor com clientes comuns, porque é mais fácil de controlar e geralmente inclui de duas a três aulas), planeje um menu de treinos que se encaixe no tempo de que você dispõe. Estenda o micro a um mesociclo planejado de três a quatro semanas, e pense em planejar um mini-macrociclo de três a quatro meses (planejamento em longo prazo). Como Jenna está começando e seus objetivos estão estabelecidos, seus primeiros microciclos se concentrarão em uma fase de preparação que reflita os objetivos de uma resistência geral aumentada (energia) e controle de peso. O programa dela é mais ou menos assim:

- Uma série de seis ou sete microciclos (cerca de dois meses) com base em um programa cardiorrespiratório e de resistência básico, porém progressivo. Essa série de microciclos equivale a dois mesociclos (cada mesociclo tem cerca de quatro semanas de duração).
- Depois do primeiro mesociclo (cerca de quatro semanas), o descanso ativo deve ser usado em cerca de três a cinco aulas.
- Um segundo mesociclo enfatizará aumentos progressivos e contínuos na intensidade. Se Jenna estiver pronta, uma variedade de exercícios será introduzida dentro de cada componente de condicionamento físico.

4. Planeje volume e intensidade. Depois que a fase de preparação estiver bem estabelecida (depois de cerca de oito semanas), o terceiro mesociclo começa e progride para a fase do objetivo. Esse ciclo enfatiza uma fase de hipertrofia para força e desafios continuados em duração e intensidade de esforço para o condicionamento cardiorrespiratório. Por exemplo, Jenna pode ter progredido de uma sobrecarga de doze a vinte repetições à fadiga a uma sobrecarga de oito a doze repetições à fadiga. Como os dois primeiros mesociclos constroem a base da resistência aeróbica, o terceiro incorporará intervalos, e intensidade, duração e freqüência serão manipulados. O objetivo desses períodos específicos é oferecer uma sobrecarga desafiadora, progressiva e apropriada aos novos ganhos de condicionamento de Jenna. Os micro e mesociclos também oferecem alcance de objetivos razoáveis e alcançáveis em pouco tempo. A realização em curto prazo mantém o aluno motivado, comprometido e ativo. Após o término desse terceiro mesociclo, o descanso ativo será usado, incluindo várias atividades diferentes. Jenna experimentará diferentes atividades de condicionamento cardiovascular e exercícios de mudança de força ou mudará para atividades completamente diferentes durante sua recuperação ativa. Lembre-se: a recuperação ativa é feita em intensidades mais baixas de esforço (e geralmente com menos quantidade ou duração) do que em micro e mesociclos anteriores. A recuperação ativa permite a recuperação física e a melhora do processo de adaptação. Essa fase de "descarregamento" é essencial para melhorar os resultados e diminuir o risco de lesões. O esforço é 50% da equação do treinamento, e a recuperação é a outra metade!

5. Avalie o programa. Os objetivos, os resultados, o interesse e o entusiasmo de Jenna têm de ser abordados o tempo todo. Assim, será mantida uma comunicação franca a respeito das necessidades e dos desejos dela, e fica a pergunta: "O que nós, como equipe, devemos fazer agora?"

Implementando Condicionamento Periodizado

A chave para a periodização bem-sucedida é a capacidade de criar desafios ao corpo com novas atividades e sobrecarga progressiva (intensidade). Se o corpo de seu cliente for constantemente desafiado, ele continuará reagindo, a mente continuará inspirada e o risco de lesão por excesso de esforço diminuirá. Assim como o corpo dela experimenta os benefícios de um mesociclo de aulas planejadas e começa a se adaptar a ele, ela entra em um novo ciclo de quatro semanas, que oferece um conjunto novo de desafios.

O controle e a organização do programa de um cliente envolve uma conscientização do que motiva e interessa à personalidade do aluno. Dentro de um período de 24 horas, as percepções de uma pessoa de fadiga, força e variação podem mudar. Por isso, é importante estar ciente das influências em seu cliente que o desafiarão a adaptar o planejamento. Você pode acompanhar um programa de periodização de diversas maneiras. Uma idéia é separar uma pasta com cada mesociclo e manter a ficha de treino de seu cliente no arquivo. Você pode ter quatro clientes em uma pasta só. Pode organizar o mesmo sistema em seu computador, criando um arquivo para cada mesociclo e colocando os programas dentro dele. A folha de planejamento de periodização é um modelo que você pode seguir ao desenvolver seu sistema de registro (veja a figura 13.2). Além disso, pense em usar um *software* recomendado no capítulo 6 ou no final deste capítulo para manter seus registros e diminuir o tempo gasto.

Um bom e abrangente processo de planejamento será muito importante para a experiência prática e para o conhecimento científico da teoria por trás do treinamento. A periodização, o planejamento e a organização do programa não são complexos. Entretanto, o planejamento requer preparação e investimento de tempo. Por outro lado, esse investimento vale a pena, porque a periodização faz com que o treinador e o cliente vejam os resultados. Como o processo envolve gerenciamento, planejamento e organização, é voltado para os resultados. Por isso, todos ganham!

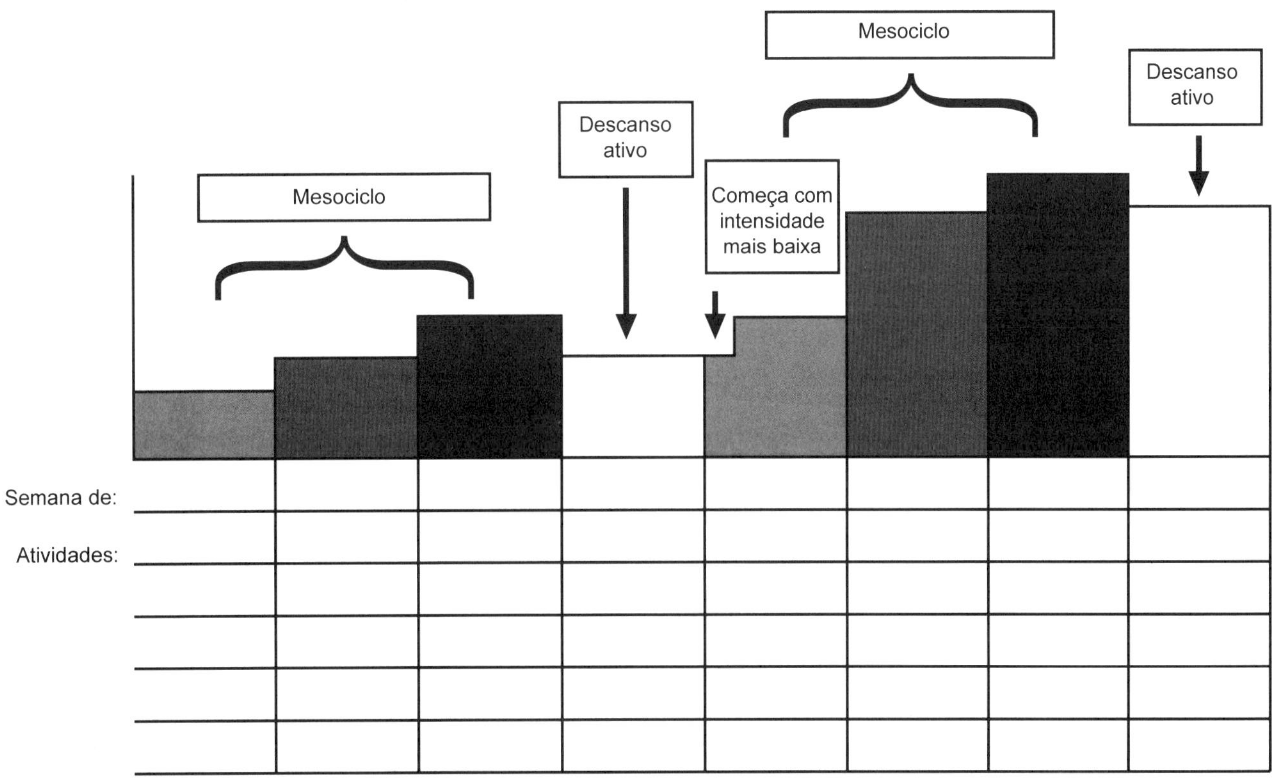

Figura 13.2 Folha de planejamento de periodização.
Reimpresso de D. Brooks, 1999.

Aplicação prática dos princípios de periodização

Para que haja resultados de condicionamento físico, comprometimento do cliente e variedade, a periodização funciona. Vamos recapitular o processo. Determine os objetivos do cliente, identifique as fases de treinamento e inclua tempo de recuperação. As fases de treinamento incluem microciclos curtos, mesociclos de um mês de duração e macrociclos anuais. Manipule o volume e a intensidade dentro dos ciclos, mudando um elemento por vez. Mantenha registros bem feitos para manter as mudanças em dia, além de conseguir avaliar os resultados de programas.

Veja o capítulo 18 para informações sobre o treinamento cardiovascular progressivo e programa de caminhada e corrida, e o capítulo 19 para ter dois exemplos de programas de treinamento periodizado de força.

Evite o excesso de treino com descanso e recuperação

Algo a ser considerado no planejamento relacionado à periodização é que haja partes iguais de recuperação e intensidade ou estresse. Um princípio básico de treinamento é estressar, sobrecarregar os sistemas fisiológicos. Sobrecargas positivas, apesar de estressantes, fazem o corpo reagir a, por exemplo, aumentos de força, resistência muscular ou capacidade cardiorrespiratória.

O princípio de treinamento básico de usar aumentos progressivos ou intensidade em sobrecarga traz risco de excesso de treinamento. O excesso de treinamento é uma combinação do estresse sentido por causa do trabalho, dos problemas familiares, das interações sociais e da carga de treinamento. Pode levar à exaustão e lesão. Você deve evitar o excesso de treinamento, colocando ciclos de trabalho e recuperação no plano e, em seguida, alterando a programação de treinamento quando ficar claro que o cliente está treinando muito ou correndo o risco de se cansar do excesso de treinamento.

A susceptibilidade ao excesso de treinamento pode resultar de uma combinação fatal de treinador zeloso e cliente extremamente motivado. Quando um cliente tenta fazer seu melhor durante uma aula e é motivado por um treinador bem-intencionado a aumentar seu esforço, você pode abrir espaço para lesões ou esgotamento emocional. Nada pode acabar com o processo de treinamento e o comprometimento mais rapidamente que essa situação. Isso também pode fazer com que o treinador perca a confiança do cliente, possivelmente perdendo um cliente ou fazendo com que ele se torne hesitante ao indicá-lo a outras pessoas.

As causas do excesso de treinamento ou desgaste (mental e físico) são uma combinação de fatores emocionais e físicos. Hans Selye (1978), em seu livro, *The Stress of Life*, percebeu que uma queda na tolerância do estresse pode ocorrer tão freqüentemente devido a um aumento repentino na ansiedade e no cansaço físico. As exigências emocionais da vida, as pressões familiares, um desejo de se sair bem em todas as situações e as expectativas de entes queridos podem ser fontes de estresse emocional intolerável. Além do estresse de exercícios e treinamento, os fatores ambientais, como o calor e a má alimentação também podem levar a sintomas de excesso de treinamento.

Ao planejar programas, pense em todo o estresse a que seu cliente é submetido. Por exemplo, durante épocas de declaração de impostos, um contador pode se tornar mais susceptível ao excesso de treinamento. É uma tarefa difícil preparar um regime de treinamento que ofereça o nível de estresse necessário para a melhora fisiológica sem exceder a tolerância de seu cliente. Assim como o problema de coração, que se desenvolve traiçoeiramente, o excesso de treinamento não dá sinais preliminares para avisá-lo que seus clientes estão a ponto de entrar em excesso de treinamento. Quando você perceber que exagerou, será tarde demais.

Identificando o excesso de treinamento

Apesar de os sintomas do excesso de treinamento variarem muito para cada pessoa, o mais comum são as sensações de peso e a incapacidade de se sair bem e se concentrar (veja o quadro abaixo para ver sintomas adicionais). Fazer exercícios deixa de ser uma alegria e se torna uma luta. Se você acha que essa situação existe, é hora de fazer mudanças rápidas no programa. Não hesite em perguntar a seus clientes como eles se sentem e a incentivá-los a uma discussão honesta.

Variáveis idiossincráticas de personalidade, além de mudanças de humor, podem ser distinguidas do excesso de treinamento se você simplesmente explicar o que está percebendo. Além disso, as variações diárias na fadiga não devem ser vistas como sinais de excesso de treinamento. É normal que o cliente se sinta cansado depois de uma aula, e não é incomum sentir-se "pesado" depois de um dia cheio de treinamento. São sensações de curta duração, que somem antes da próxima aula. Juntamente com descanso ou um dia de treino leve depois da aula pesada, além de uma boa alimentação, esses sintomas geralmente são aliviados. Ao acompanhar esses indicadores gerais, tomando cuidados, você pode evitar a maioria dos casos de excesso de treinamento.

Se você for um treinador veterano e estiver lendo sobre os sintomas de treinamento em excesso, imagino que deva estar rindo! Resfriados, dores no corpo, problemas pessoais e perda de motivação são coisas com que você tem de lidar todos os dias com determinados clientes. Talvez até chegue a pensar que alguns deles sempre estão em estado de treinamento em excesso! Deixando as brincadeiras de lado, os sinais de excesso de treino merecem uma boa investigação.

Sinais de excesso de treinamento

Sinais da saúde

- Aumento da freqüência cardíaca de descanso, pressão ou ambos.
- Dores generalizadas.
- Resfriados, reações alérgicas ou ambos.
- Perda de peso com queda no apetite.
- Náusea ocasional.

Sinais na rotina

- Problemas pessoais; aumento da tensão, raiva e irritabilidade.
- Perda do interesse em atividades de que ele gosta.
- Problemas de sono (perda de sono).

Sinais de treino

- Perda de motivação para treinar.
- Cansaço durante as aulas: "Uma hora parece muito tempo!".
- Quedas na *performance*.
- Dor muscular incomum e sensibilidade após o treino.
- Fadiga que perdura durante o treinamento e ao longo do dia.
- Mais tempo necessário para a recuperação logo depois do treino.

Indicadores fisiológicos do excesso de treinamento

Em um esforço que diagnostica o excesso de treinamento de modo correto, diversos treinadores têm usado várias medidas fisiológicas. Exemplos incluem medidas de enzimas do sangue, níveis concentrados de lactato sanguíneo, observação de danos aos músculos, contagem de glóbulos brancos, alterações no plasma sanguíneo e estudos de eletrocardiogramas. Apesar dessas várias tentativas de diagnosticar o excesso de treinamento, nenhuma medida fisiológica se mostrou 100% causal. De modo prático, essas variáveis não seriam importantes de nenhuma maneira, porque a maioria dos treinadores não tem acesso a testes sofisticados.

Não é de surpreender que o excesso de treinamento tenha um efeito drástico nas exigências de energia de um determinado exercício submáximo (Wilmore e Costill 1994). Quando seu cliente demonstrar sinais de excesso de treinamento, você perceberá que a freqüência cardíaca dele está maior para um determinado esforço e, geralmente, o uso de oxigênio para a atividade é maior. Por exemplo, se a freqüência cardíaca de seu cliente para um trabalho de 8 km/h na esteira é de, normalmente, 135 batimentos por minuto, esse mesmo esforço pode atingir 145 batimentos se seu cliente estiver se aproximando ou se já estiver em excesso de treinamento.

As razões para esse aumento de freqüência cardíaca não são claras. Seu cliente não está perdendo o condicionamento aeróbico, mas sua habilidade, forma e eficiência podem estar sofrendo. Isso quer dizer que ele está menos eficiente, mecânica e fisiologicamente, o que aumenta a freqüência cardíaca e o gasto de energia para determinados esforços em comparação com um estado em que o excesso de treino não tenha ocorrido. A melhor e mais prática maneira de os *personal trainers* monitorarem o excesso de treino é observando a reação cardíaca durante o descanso ou a atividade.

Usando a freqüência cardíaca de descanso como indicativo do excesso de treinamento. Se a freqüência cardíaca de descanso de seu cliente estiver 10% acima do normal, indica que ele pode estar em excesso de treinamento (A freqüência cardíaca de descanso normal deve ser determinada quando o cliente não estiver se sentindo exausto, mal ou em excesso de treinamento). Apesar de o cliente afirmar que se sente bem, é bom prestar atenção à nutrição e hidratação e mudar para treinamentos mais moderados ou de recuperação. Se a freqüência cardíaca de descanso estiver 20% acima do normal, seu cliente deve tirar o dia de folga, diminuir drasticamente o treinamento ou mudar o foco; por exemplo, mudar de treinamento anaeróbico para o alongamento. Nesse caso, o cliente provavelmente dirá que "há alguma coisa errada" ou que ele não está "se sentindo bem".

Usando a freqüência cardíaca de exercícios como um indicador do excesso de treinamento. Para usar a freqüência cardíaca durante a atividade como um indicador de excesso de treinamento, siga os seguintes passos:

1. Registre a freqüência cardíaca de seu cliente em um ritmo e carga fixos, em qualquer equipamento cardiovascular no começo do treinamento ou antes de uma nova fase no programa. Isso é chamado de reação da freqüência cardíaca sem treino (UT).
2. Registre a freqüência cardíaca de seu cliente no mesmo passo e carga e no mesmo equipamento depois de treinamento progressivo e intenso. Isso é chamado de reação da freqüência cardíaca com treino (TR).
3. Registre a freqüência cardíaca no mesmo passo e carga e no mesmo equipamento em qualquer momento em que ele demonstrar sinais de excesso de treinamento. Isso é chamado de reação de freqüência cardíaca em excesso de treinamento (OT).

Quando comparar essas medidas de freqüência cardíaca, verá que a UT é a mais alta, seguida da OT e, depois, da TR. Esses resultados indicariam que a TR era mais eficiente em um determinado passo e carga em um equipamento em particular. A OT ficou mais alta que a TR devido ao excesso de treinamento, mas ainda era menor e mais eficiente que a UT. Ao usar a reação da freqüência cardíaca em determinados exercícios, você monitora a direção do treinamento para que ele continue trazendo benefícios. Tais dados e observações podem oferecer um sinal de alerta para o treinamento em excesso. Sempre que você registrar a freqüência cardíaca de um cliente e ela for de 5 a 9% maior que a sua TR, é hora de avaliar o estado dele. Ele corre risco de estar em excesso de treinamento.

Excesso de treinamento: a prevenção é melhor que a recuperação

Se você suspeita de excesso de treinamento, incentive seu cliente a tirar um dia de folga do treinamento, introduza outras atividades ou pelo menos reduza a quantidade ou intensidade do treino.

Como mencionado, se a freqüência cardíaca de descanso de seu cliente estiver 20% acima do normal, incentive-o a evitar o treinamento naquele dia ou alterar a programação. É interessante focar-se, nesse momento, no alongamento ou relaxamento.

Parece que a intensidade (ou seja, a velocidade da corrida ou a quantidade de peso levantada) é mais estressante que o volume do treinamento (repetições, mais dias, duração de cada sessão). Entretanto, o excesso na intensidade ou no volume e os aumentos simultâneos na intensidade e no volume podem levar a lesões por excesso de esforço e treinamento.

É sempre melhor prevenir do que tentar remediar um estado de cansaço. Uma boa maneira de diminuir o risco de estresse em excesso é seguir procedimentos cíclicos de treinamento. A periodização traz resultados e evita o excesso de treinamento porque alterna períodos fáceis, moderados e mais difíceis com tempos específicos. Como regra geral, um ou dois dias de treinamento pesado devem ser seguidos de um número igual de dias de treino leve.

A importância da variedade, da recuperação ativa e dos dias de descanso para a mente e para o corpo é muito grande. Simplesmente usando uma atividade ou exercício diferente, seu cliente responderá de modo positivo aos desafios do treinamento. A reação adaptativa geralmente ocorre quando o treinamento que você apresenta é misturado com novas atividades e recuperação.

Evite o excesso de treino com um progresso sensato

Uma maneira simples de desmotivar ou machucar um cliente é dar-lhe exercícios demais muito cedo. Mantenha os seguintes pontos em mente ao planejar os treinamentos de seus clientes para evitar cair nessa armadilha:

1. Dê duas semanas para que seu cliente se acostume a qualquer aumento no nível de esforço antes de tornar o treinamento mais difícil ou mais longo. Isso acontece especialmente aos clientes que estão começando a treinar.

2. Não progrida a treinamentos mais pesados se seu cliente disser que está muito cansado ou fadigado.

3. Ao aumentar a quantidade de peso levantado ou a duração dos esforços cardiovasculares, não aumente mais do que 5%.

4. O progresso sensato deve acontecer devagar. O compromisso de seu cliente com as atividades físicas deve ser para a vida toda. A paciência é a regra para evitar lesões e desconforto.

Recuperação após treino em excesso

O alívio do treinamento em excesso geralmente acontece com uma grande redução da intensidade do treinamento, uma mudança de atividade ou um descanso. Muitos treinadores sugerem alguns dias de treino moderado usando a mesma atividade. Muitos especialistas, ao contrário, observam que os participantes se recuperam com mais rapidez quando descansam completamente ou entram em algum outro exercício de baixa intensidade. Se você tem suspeita de excesso de treinamento, faça o cliente se afastar do treinamento, introduza várias atividades ou, pelo menos, reduza a freqüência e a intensidade das aulas.

Peça que o cliente registre em um diário de exercícios como ele se sente durante e depois das aulas. Uma rápida analisada em treinos anteriores o ajudará a monitorar a freqüência cardíaca, o peso levantado (ou seja, *performance*) e como o cliente se sentiu. Por exemplo, se a freqüência cardíaca dele foi de 10 batimentos a mais do que ele obtém com uma corrida de três quilômetros e se as pernas dele "estiverem pesadas como aço", indica que o cliente pode estar chegando perto de um estado de excesso de treino.

O excesso de treinamento, antes conhecido apenas entre atletas, está sendo cada vez mais comuns em pessoas bem intencionadas que ignoram os sinais óbvios de cansaço. Se um cliente sempre sente preguiça, não come, dorme mal, sente-se triste como se carregasse o mundo nas costas (para tudo que vai fazer sente-se cansado) está esgotado, e de mal-humor, a solução é simples: peça a ele que tire algum tempo para descansar!

Saiba quando parar

Você raramente me ouvirá dizendo a palavra "parar". Mas há sempre um momento e um lugar em que o mais adequado é ir devagar. Se seu cliente se machucar ou se você acredita que existe a possibilidade dele estar treinando em excesso, incentive esse cliente a entrar em contato com um médico. Só o médico pode ajudar seu cliente, e você mesmo, a distinguir desconforto comum pós-exercícios e dor causada por lesão. Você precisa evitar mais lesões (pare e procure ajuda) e colocar seu cliente novamente nos eixos com seu programa de exercícios assim que for possível depois de uma lesão. Mas ele precisa ser curado antes.

Os seguintes "níveis de dor" e sinais podem ajudá-lo a tomar a decisão correta no que diz respeito a fazer seu cliente continuar com os exercícios ou consultar um médico.

Nível 1: dor que começa depois que o aluno terminou os exercícios, mas que desaparece no mesmo dia.

Nível 2: dor que começa durante os exercícios, mas não é tão forte a ponto de impedir que o aluno continue, sem muito desconforto.

Nível 3: dor que começa durante os exercícios, mas limita o que o aluno consegue fazer e o impede de continuar.

Nível 4: dor que continua mesmo quando o aluno não está fazendo exercícios ou nenhum esforço físico (Kibler 1997).

Você não deve agir como médico (se tiver dúvidas ou preocupações, entre em contato com o médico de seu cliente), mas os níveis 1 e 2 podem ser solucionados com aplicação de gelo, redução na duração e intensidade do exercício, alongamento e analgésicos (por exemplo, ibuprofeno encontrado em Advil e Nuprin). O ibuprofeno combate a dor e a inflamação, enquanto produtos que contêm acetaminofeno, como Tylenol, podem reduzir ou eliminar a dor, mas não têm ação antiinflamatória. Geralmente, a solução para reduzir os efeitos da lesão é reduzir o inchaço. Usar gelo, deixando a parte do corpo em posição elevada e tomar remédios antiinflamatórios pode ser bom.

A solução é não exagerar a situação sendo muito agressivo nos treinamento com seus alunos ou ignorando sinais óbvios de dor. Se a dor e o desconforto ficarem muito fortes, elas se tornam limitadoras. Em outras palavras, se seu cliente tiver bom senso e estiver prestando atenção aos sinais do corpo, ele terá uma abordagem sensata e vai parar. Talvez ele precise de seu incentivo! Se seu aluno estiver com dores de níveis 3 e 4, ele deve procurar conselhos com um bom médico.

Últimas palavras sobre o excesso de treino

Não deixe o exercício se tornar um vício negativo que impeça seu cliente de ouvir seu corpo. Ajude seus clientes a saberem quando parar. Esteja familiarizado com este capítulo. Se você acha que algum de seus clientes está prestes a sofrer com o excesso de treinamento, tome as decisões corretas nos planos de treinamento. Se você suspeitar que uma lesão pode ter sido resultado de um programa de treinamento (de excesso de treinamento ou não), certifique-se de que seu aluno procure o médico. A lesão causada por excesso de treinamento pode ter conseqüências sérias com respeito à saúde mental e física do cliente.

Recursos de *software*

Dois bons *softwares* podem ajudá-lo a medir o condicionamento e a monitorar o planejamento e a periodização do programas. Eu uso dois programas de que gosto muito: BSDI – *Fitness Analyst* ™ – Personal Trainer Edition (site: www.BSDIFitness.com) e Summit – *Personal Trainer Assist* ™ (site: www.thesummit.co.uk).

Periodização: leitura recomendada

Se quiser ler mais a respeito dos trabalhos citados neste capítulo, veja:

BOMPA, T. *Theory and Methodolody of Training*. Dubuque, IA: Kendall/Hunt, 1983.

METVEYEV, L. *Fundamentals of Sports Training*. Moscou: Progress, 1981.

OZOLIN, N. *The Athlete's Training System for Competition.* Moscou: Fizcultura I Sport Publication, 1971.

VOROBYEV, A. *A Textbook on Weight Lifting*. Budapest: International Weightifting Federation, 1978.

Capítulo 14

ACOMPANHE O PROGRESSO DE SEU CLIENTE

É fácil demais para seu cliente atrapalhar-se com o que ele não conquistou (é para isso que servem os objetivos em longo prazo; veja o capítulo 12). John Wooden, o legendário técnico de basquete da UCLA, já disse: "Não permita que o que você não consegue fazer interfira no que você consegue fazer". Incentive seus clientes a se concentrarem no positivo, no que eles podem fazer e conquistar. Aplauda o progresso deles, dizendo até onde eles chegaram desde que começaram.

Saber onde seu cliente esteve, onde ele está e onde pretende chegar

Se você quiser criar um programa que dê resultados, precisa saber pelo que seu cliente passou (capítulo 10), pelo que está passando (capítulo 11) e onde quer chegar (capítulo 12). Se usar as informações dos capítulos 10 ao 12, pode registrar um ponto de partida a partir do qual possa comparar as melhoras no condicionamento de seu cliente com o passar do tempo. Mas lembre-se que essa documentação é apenas um ponto de partida. Você precisa continuar registrando o progresso de seu cliente avaliando periodicamente seu nível de condicionamento. Os resultados dependem do que o cliente está conseguindo – e não do que ele acredita estar fazendo.

Reavalie o nível de condicionamento físico de seu cliente

A reavaliação contínua é essencial se você medir de modo objetivo o progresso de seu cliente. Essa avaliação regular do programa de condicionamento físico que você planejou para seu cliente o deixa ciente das mudanças que precisam ser feitas, mas também o parabeniza por um trabalho bem feito! Avaliar o progresso dele o ajudará a conseguir suas metas e manter o foco das aulas.

Saber quando avaliar e reavaliar

Apesar de ser apropriado testar seu cliente quando começar o programa, você também pode criar uma base de condicionamento primeiro (veja o capítulo 11). Independentemente de quando você administrar pela primeira vez qualquer tipo de avaliação, reavaliar entre seis e oito semanas depois dos primeiros testes faz sentido, porque você certamente verá grandes avanços se seu cliente estiver se exercitando regularmente, se alimentando corretamente e seguindo um programa progressivo e bem planejado. Essas importantes melhoras "antes e depois" motivarão ainda mais o aluno. É razoável testar novamente depois de seus meses, um ano e pelo menos uma vez ao ano depois disso. Se você quiser testar com mais freqüência, tudo bem.

Acompanhando o progresso de seu cliente

Os resultados dos testes de seu cliente podem ser registrados em várias folhas apresentadas no capítulo 11. Acompanhar os resultados de seu cliente permite que você e ele vejam quanto ele melhorou entre um teste e outro. Essas avaliações também mostrarão a você, o treinador, se os programas de exercícios e alimentação estão funcionando!

A maioria dos resultados de testes, infelizmente, é arquivada e esquecida, e nunca é revista. Não deixe isso acontecer! Os resultados de seu cliente podem mostrar as áreas nas quais ele precisa melhorar e, ao mesmo tempo, motivá-lo a continuar progredindo. Perceba que se seu cliente for novo no treinamento, durante os primeiros três a seis meses ele verá grandes melhoras. Depois desse tempo, os resultados virão bem mais devagar, porém de modo estável. Explicar esse fato a respeito da melhora do treinamento fará com que o cliente – seja ele veterano ou novo no treinamento – não crie expectativas não realistas. A avaliação é uma abordagem inteligente para a otimização dos resultados dos treinamentos, mas pode ser muito motivadora se usada de modo correto e os procedimentos forem individualizados.

Usando gráficos de *performance*

Os gráficos de *performance* são uma ferramenta excelente para lhe dar uma idéia geral da direção que o treinamento de seu cliente está tomando. Nas primeiras três ou quatro semanas, esses gráficos devem mostrar um aumento estável na carga de treinamento, seguido por um platô ou uma queda, seguido por outro aumento, que dura de três a quatro semanas. Esse aumento, seguido por um nivelamento ou uma leve queda, reflete um programa adequadamente periodizado e dá espaço tanto ao treinamento pesado quanto à recuperação, o que resulta em melhora no treinamento (veja o capítulo 13).

O gráfico de *performance* tem uma linha vertical e outra horizontal. A linha vertical representa a *performance* de seu cliente, enquanto a horizontal indica o tempo. Este gráfico poderia ser criado usando medidas de gordura corporal antigas e atuais, avaliações de força, testes cardiovasculares ou quantidade de peso, sendo levantado em um determinado exercício de força. Conforme seu cliente adquire melhor forma, o peso de seu corpo e a freqüência cardíaca cairão, resultando em um gráfico que começa e termina baixo, enquanto os testes de força e a quantidade de peso levantado começarão baixo e terminarão mais altos.

Para um de meus clientes, um dos resultados favoritos para registro no gráfico de *performance* (figuras 14.1 e 14.2) é "melhora de percentual pessoal", que você aprendeu a calcular no capítulo 11. Esses poucos exemplos devem mostrar como é fácil criar um gráfico ou "linha de *performance*" para quase toda tarefa relacionada ao condicionamento na qual seu aluno participa.

Perceba que a linha horizontal do gráfico de *performance* representa o tempo, e geralmente é mais fácil registrar as melhoras em semanas e meses.

Eu uso dois programas de que gosto muito: BSDI – Fitness Analyst ™ – Personal Trainer Edition (site: www.BSDIFitness.com) e Summit – Personal Trainer Assist ™ (site: www.thesummit.co.uk), que trazem vários quadros e gráficos.

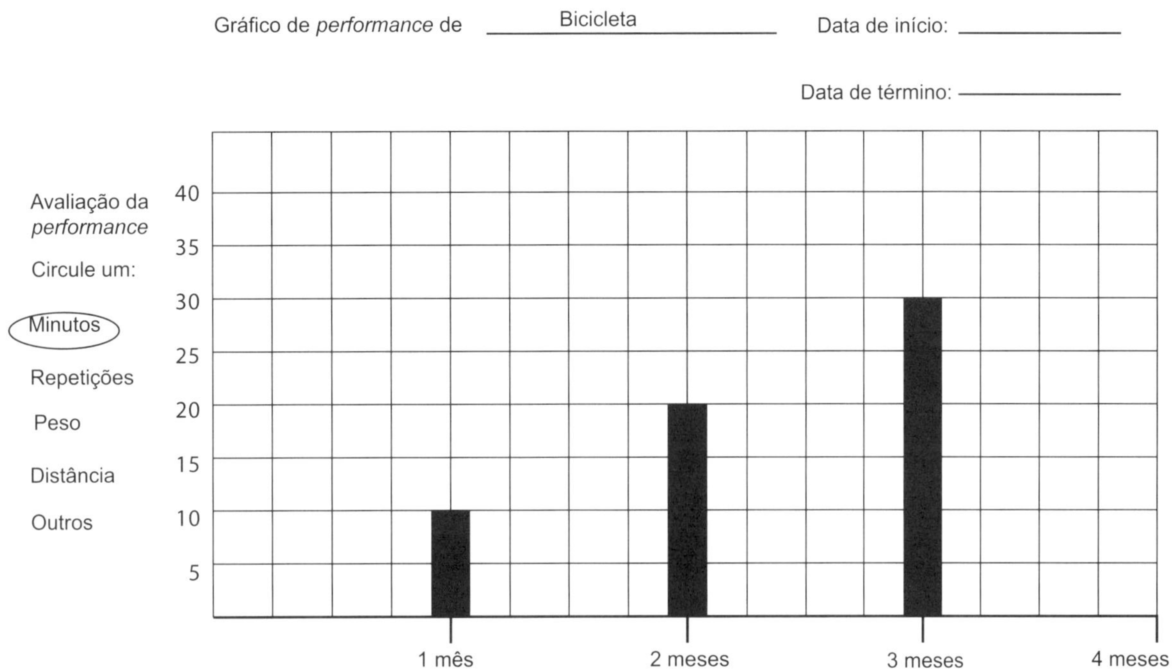

Figura 14.1 Gráfico de *performance* – Exemplo.
Reimpresso de D. Brooks, 1999.

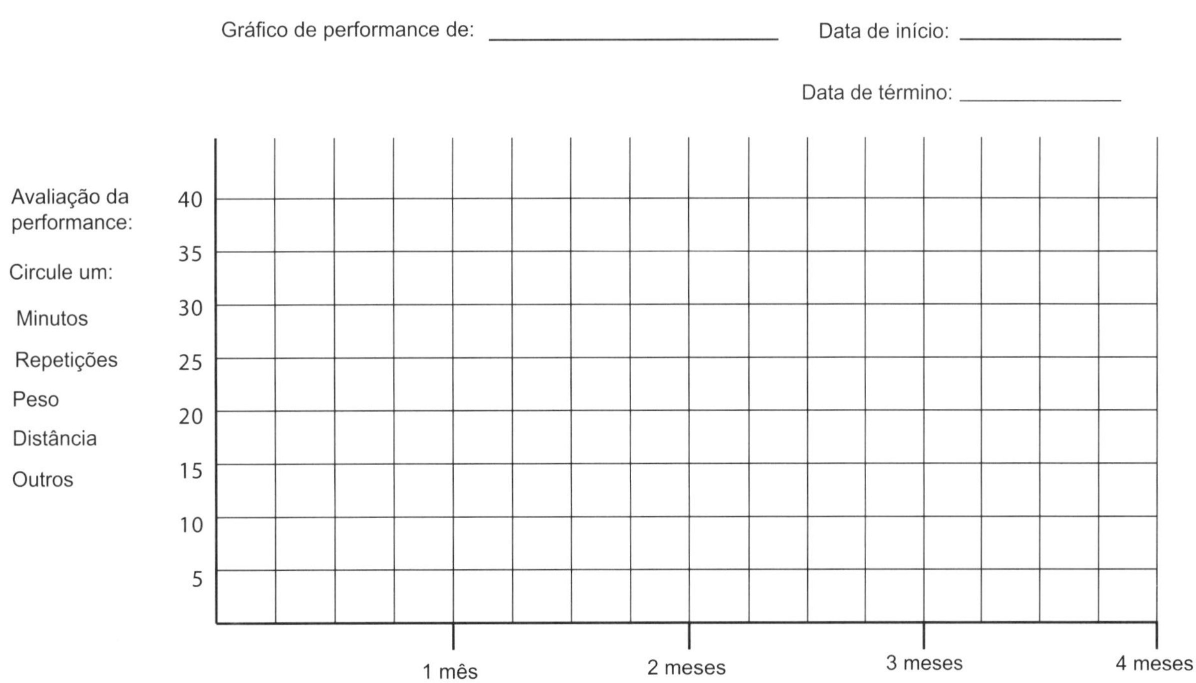

Figura 14.2 Gráfico de *performance* em branco – Exemplo.
Reimpresso de D. Brooks, 1999

Use o registro de exercícios do tipo "Uma semana de uma vez"

Digamos que você queira detalhar e registrar os treinamento de seus clientes, mas também manter em um só lugar seu processo de registros. Uma folha de registro do tipo "uma semana de uma vez" (tabela 14.3 e formulário 14.1) manterá você e seu cliente em contato e responsáveis pelo planejamento (tarefa do treinador com a ajuda do aluno) e pela realização (trabalho do aluno e do treinador). Quer você use computadores e *softwares* para registrar seus treinos, quer o faça de maneira manual, anotar os treinos de seu cliente é essencial.

Você e o aluno só precisarão de alguns minutos para registrar os objetivos, o pulso em descanso (o cliente deve fazer a medida todas as manhãs), o tipo de treino, as distâncias e a intensidade com a qual o cliente treinará e para oferecer um comentário geral sobre as sensações e observações do cliente depois das aulas. Eu acho muito interessante realizar esse tipo de planejamento com meus clientes.

Calcule o percentual de melhora

Você pode usar duas abordagens para quantificar a avaliação de condicionamento e os resultados dos testes de seu cliente: comparando os resultados dos testes de seu cliente com os de outros que também fizeram o teste e calculando o percentual de melhora de seu cliente. Os padrões são facas de dois gumes, que podem motivar ou desanimar, dependendo do resultado da *performance* de seu aluno. Ao calcular o percentual de melhora, você compara os resultados de avaliação apenas do ponto de partida e das avaliações subseqüentes. Na minha opinião, qualquer melhora, seja qual for o ponto de partida, é positiva. Veja o capítulo 11 para uma discussão completa sobre o assunto e para aprender como calcular o percentual de melhora.

A perda de resultados e a psicologia por trás da manutenção do progresso

Como manter seu cliente em progresso? Registre o progresso deles e deixe-os mais motivados com a informação! Nada é mais desanimador para um cliente do que acreditar que está prestes a perder todos os seus ganhos de condicionamento e saúde. Você pode afastar preocupações ou frustrações desnecessárias a respeito da perda de resultados por meio do bom senso e de informações verdadeiras.

O que acontece se seu cliente viajar por muito tempo, ficar doente ou precisar se afastar do treinamento por estar passando por excesso de treino? Se ele tirar alguns dias de descanso, os resultados sumirão logo. Os clientes sempre me perguntam: "Qual é a melhor maneira de manter a forma?" e "Existe algum jeito de manter meus resultados quando não tiver tempo para treinar como deveria?".

A maioria de meus clientes quer saber com que facilidade conseguem perder ou ganhar novamente os benefícios que conquistaram com tanto suor. É verdade que é impossível estocar os inícios dos exercícios para usá-los quando deixar de participar do treinamento por algum tempo.

O lado bom é que talvez não seja tão rápido assim perder o que foi conquistado nos exercícios, apesar de muita gente jurar o contrário. Outra boa notícia é que uma pessoa precisa fazer menos exercícios do que acredita para manter um bom condicionamento. Uma filosofia que procuro passar a meus clientes é: "Por que perder o condicionamento sendo que é tão fácil mantê-lo?".

Tabela 14.1 Exemplo de folha de planejamento

Objetivo	Dia	Pulso da manhã	Descrição do treino	Cardio* distância/tempo	Comentários
Treinamento cardiorrespiratório moderado	segunda	60	Corrida, alongamento leve depois da corrida, abdominal e exercícios para fortalecimento das costas	50 minutos	Comecei a me sentir cansado; precisei de um treinamento mais leve
Treinamento de fortalecimento corporal completo	terça	65	6-8 repetições hoje, por série, para todos os grupos de músculos	35 minutos	Interrompi meu treinamento; meu corpo estava pesado
Intervalo	quarta	68	Treinamento cancelado; não estava me sentindo bem	N/A	Preciso descansar!
Um pouco de bicicleta ergométrica e trabalho de força	quinta	62	45 minutos na bicicleta; um pouco de velocidade, treinamento para o corpo todo usando repetições de 12 a 15	45 minutos na bicicleta mais 30 minutos de fortalecimento	O intervalo foi muito bom para descansar; meu corpo começou a reagir de novo; o treino está divertido! Estou feliz por ter mudando meus planos de treinamento.
Descanso	sexta	62	Recuperação e descanso completo	N/A	Eu me senti bem, mas quero manter meu dia de descanso.
Corrida demorada	sábado	59	90 minutos de corrida com intervalos (20 segundos de recuperação); 20 minutos de alongamento	90 minutos mais alongamento	O alongamento foi muito bom, eu estava precisando! Voltei ao eixo, a corrida foi fácil e confortável.
Ficar com a família	domingo	61	2 a 3 horas de caminhada leve	Cerca de 3 horas	Muito bom! Farei 3 treinos pesados na semana que vem.

*Detalhe seu treino de força na folha de registro no capítulo 19, chamada de Folha de Planejamento de uma Semana Inteira.
Reimpressa de D. Brooks, 1999.

Formulário 14.1 Folha de Planejamento da Semana - Exemplo

Objetivo	Dia	Pulso da manhã	Descrição do treino	Cardio* distância/tempo	Comentários
	Segunda				
	Terça				
	Quarta				
	Quinta				
	Sexta				
	Sábado				
	Domingo				

*Detalhe seu treino de força na folha de registro no capítulo 19, chamada de Folha de Planejamento de um Semana Inteira.

Reimpresso de D. Brooks, 1999.
Tirado do livro *The Complete Book of Personal Training*, de Douglas S. Brooks, Champaign, IL: Human Kinetics, 2004.

Está bem claro que os efeitos do treinamento físico são, de fato, temporários e reversíveis se o treinamento regular não for possível. Por outro lado, estudos recentes (publicados em Bompa, 1999 e Brooks, 1997a) têm deixado claro que alguns dias de descanso ou uma redução no treinamento não afetará de modo negativo a *performance* de treinamento – e pode, até mesmo, melhorá-la. Isso acontece com atletas bem treinados ou alunos em forma que treinam agressivamente e provavelmente está relacionado com a importância da recuperação na otimização da reação de adaptação e de evitar o excesso de treinamento.

Mantendo o condicionamento cardiovascular

O coração não é diferente dos outros músculos do corpo. Se ele não for condicionado com o uso e atividade rítmica que aumente a freqüência cardíaca ao mesmo tempo que direciona um grande volume de sangue em volta ao coração, ele se torna mal condicionado e menos eficiente para transportar sangue e oxigênio. Uma falta de treinamento de resistência regular pode comprometer o sistema cardiovascular.

É interessante que em um estudo (21 dias de descanso absoluto registrado por Brooks 1997a), sujeitos não treinados tiveram um aumento menor na VO_2 máx do que sujeitos treinados e reconquistaram os níveis de condicionamento iniciais em menos tempo. Na verdade, as pessoas não treinadas só precisaram de dez dias de recondicionamento contra 40 dias para os sujeitos que já treinavam. Isso demonstra que um atleta ou uma pessoa que se dedica ao condicionamento tem mais a perder em termos de condicionamento e demora mais para voltar aos níveis anteriores de *performance* e condicionamento.

Essa observação tem implicações em condicionamento esportivo específico se você tem um cliente que compete. Ele precisa de um programa de treinamento periodizado de um ano, que inclua fases de manutenção, para que importantes níveis de condicionamento não sejam perdidos.

O coração se fortalece proporcionalmente à força com que se contrai. Por isso, períodos de inatividade levam à perda de condicionamento cardiovascular. Mas mesmo a atividade limitada (perceba que o estudo mencionado no parágrafo anterior usou repouso absoluto) oferece condicionamento considerável ao coração. A atividade diária oferece um pouco de manutenção das funções cardiovasculares porque o coração deve se contrair o suficiente para circular o sangue contra as exigências da gravidade. Existe uma grande diferença entre inatividade completa (repouso absoluto) e cessação de treino, devido a ações que ocorrem uma vez que seu cliente ainda realiza suas tarefas normais e rotineiras. A atividade mínima – seja pelo treinamento em si ou por simplesmente estar ocupado com a rotina diária – ajuda o cliente a manter seus ganhos de condicionamento.

Quantidades mínimas de exercícios cardiovasculares

A seguir, estão especificadas a freqüência, a duração e o nível de intensidade de exercício exigidos para manter as melhoras aeróbicas conquistadas por meio do treinamento.

Estudos recentes descobriram que o condicionamento cardiovascular foi mantido por exercícios praticados três vezes por semana. Perdas importantes no condicionamento da resistência foram observadas em indivíduos quando eles se exercitavam uma ou duas vezes por semana. A duração e a intensidade foram mantidas constantes.

A variável identificada em uma pesquisa mais recente, em relação ao efeito de manutenção no condicionamento cardiovascular, foi o grau de esforço ou intensidade. Nesse estudo (registrado por Brooks, 1997a), apenas 1/3 de redução na intensidade diminuiu significativamente o VO_2 máx.

A intensidade do treinamento é o principal fator na manutenção do condicionamento. Manter o condicionamento cardiovascular geralmente requer pelo menos três semanas com uma intensidade de treinamento de pelo menos 70% de VO_2máx ou Freqüência Cardíaca de Reserva (FCM).

Saúde ou *performance*?

Os resultados desses estudos (registrados em Brooks, 1997a) não querem dizer que exercícios feitos menos de três vezes por semana, com menos de 70% de FCM não são importantes. Os ganhos de saúde podem ser percebidos com muito menos exercícios e intensidades mais baixas. Além disso, os ganhos de saúde não exigem, necessariamente, um aumento no VO_2 máx. Outras variáveis que podem contribuir com a melhora da saúde são o resultado de treinamento cardiovascular moderado e o aumento na resistência cardiovascular (trabalhando com uma porcentagem maior de seu mínimo), a perda de peso e o menor risco de doença cardíaca.

Informações como essa podem ser facilmente aplicadas ao estado atual de condicionamento de seu cliente. Todas as pessoas têm um percentual de VO_2 máx que corresponde a uma freqüência estável (passo lento) ou menor com a qual ele consegue se exercitar facilmente. Uma pessoa sem condicionamento mal consegue sustentar uma caminhada de cinco quilômetros (usando de 20 a 30 minutos para cada 1,6 km). Um indivíduo altamente condicionado pode conseguir sustentar uma corrida de 16 km/h (seis minutos por 1,6 km). Seja qual for o nível de condicionamento, se uma dessas intensidades for reduzida em cerca de 1/3 ou mais, o condicionamento aeróbico vai aumentar. Entretanto, se a intensidade for mantida em ritmo constante e a freqüência e a duração forem reduzidas para 2/3, quaisquer adaptações fisiológica ou de saúde e os ganhos de condicionamento percebidos provavelmente serão mantidos (Brooks 1997 a). Em outras palavras, se a intensidade do exercício anterior for mantida durante um período de menos treinamento, seja qual for o nível atual de condicionamento de seu cliente, a freqüência e a duração da atividade física exigida para manter esse nível específico de condicionamento aeróbico são menores que as exigidas para melhorá-la.

Entenda a perspectiva de aplicação que ajudará a manter seu aluno motivado. Se um cliente, por exemplo, estiver de férias ou em viagem de negócios de cerca de dez dias, e ele normalmente for ativo ou engajado em algum tipo de treino regular, uma diminuição em sua rotina normal terá pouco impacto em sua saúde e condicionamento físico em geral. É muito estimulante para um cliente saber que a maioria dos benefícios cardiovasculares de treinamento pode ser mantida com a manutenção de um nível atual de esforço, ao mesmo tempo em que reduz a freqüência e a duração do esforço em 2/3.

O jornalista Ken McAlpine chama isso de "conclusão de compromisso do treinamento: menos *não* é mais, mas geralmente é o suficiente! Às vezes você tem de abrir mão do que sabe pelo que funciona" (McAlpine, 1993. p. 163). Lembre-se, até que seu cliente entre em ótima forma, vocês não irão muito longe pensando pequeno, e se se concentrarem na intensidade antes de aumentos adequados na duração e freqüência, existe um risco maior de lesão e falta de comprometimento.

Mantenha a resistência muscular e a força

Se seu cliente estiver seguindo um programa de força e condicionamento de três aulas por semana e ele perder uma delas, a força dele vai cair muito? Ou, se o cliente diminuir tempo-

Quando menos é melhor

Muitos atletas e pessoas que se exercitam ficariam em uma situação melhor se usassem menos tempo e mais esforço. Essa opinião é defendida pelo dr. Robert Hickson, que completou um série de três estudos (mencionados anteriormente em Brooks, 1997a) que o levou (Hockson) a concluir que uma vez que você atinge um nível de condicionamento, a manutenção desses ganhos requer menos tempo.

Esse argumento é importante para clientes e atletas no que diz respeito ao (1) aumento da *performance*, (2) o mesmo ou possivelmente menor tempo de comprometimento, (3) um risco menor de lesões causadas por excesso de treinamento e (4) menos chance de cansaço. Seu cliente pode estar treinando com a mesma freqüência de sempre e perceber que os ganhos de condicionamento ou a *performance* estão caindo. É claro que, conforme o condicionamento do cliente melhora, os ganhos de condicionamento são mais difíceis de acontecer. Em algum momento, o aluno pode se perguntar por que deve continuar treinando tanto se o esforço não está dando resultados.

Muitos treinadores de alto nível e seus atletas estão incorporando o conceito de menos e cortando drasticamente o tempo de treinamento. Adivinhe? Os resultados podem melhorar muito assim. Alguns ganhos iniciais podem ser atribuídos ao descanso e à recuperação, o que permite adaptações positivas de treinamento em resposta aos esforços. Mas, o que trouxe esses ganhos foi outro ingrediente "secreto" – a intensidade do esforço!

Seus clientes podem manter qualquer nível de condicionamento com duração e freqüência reduzidas, se a intensidade for mantida. A solução é primeiro conquistar um nível aceitável de condicionamento. Depois disso, você e seu cliente podem se preocupar em manter os ganhos e manipular as diversas variáveis de freqüência, intensidade e duração que se encaixem melhor na agenda de seu cliente.

rariamente o número de aulas de fortalecimento em que ele participa por semana, o resultado será desastroso? Muitos clientes que treinam a força muscular com freqüência temem que ela e a resistência adquirida por meio do treinamento serão perdidas depois de um leve período longe do treinamento rotineiro. "Não tem problema", é o que diz a maioria dos pesquisadores. Em comparação com o condicionamento cardiovascular que não é mantido por muito tempo, a força é mantida por um tempo muito maior depois que a ausência de treinamento começa.

Apesar dos níveis de força e resistência muscular diminuírem quando o cliente pára ou altera seu treinamento, essas mudanças são relativamente pequenas durante os primeiros meses depois do término do treinamento.

Alguns dias de recuperação ou treinos perdidos provavelmente terão pouco efeito. Uma ou duas semanas de inatividade completa começa a afetar esses sistemas (força e cardiovascular). Entretanto, parece que a *performance* anaeróbica (força) é muito mais simples de ser mantida se comparada com os benefícios de treinamento de resistência ou cardiovascular.

O desenvolvimento da força muscular exige um esforço anaeróbico. E fica claro que manter os níveis de força exige bem menos investimento de tempo em comparação com manter a capacidade aeróbica e muscular (Brooks, 1997a).

Quando uma pessoa quebra um braço ou uma perna e o membro quebrado é colocado em um gesso para imobilizá-lo, as mudanças imediatamente começam a ocorrer tanto nos ossos quanto nos músculos. Sabe-se agora que os músculos do esqueleto diminuem de tamanho (atrofia) com a inatividade completa. Juntamente com essa diminuição de tamanho, ocorre uma considerável perda de força e vigor.

Os mecanismos fisiológicos responsáveis por esse declínio na força muscular com imobilização não são claramente compreendidos. Acredita-se que a falta de uso muscular também reduza a freqüência da estimulação neurológica e os caminhos normais para o uso do músculo. Parte da perda de força que está associada à falta de treino pode ser produzida por uma incapacidade de ativar músculos anteriormente ativos.

Apesar de a total inatividade levar a grandes perdas de força e vigor, os períodos de atividade reduzida podem levar a perdas graduais, que se tornam significativas apenas quando as mudanças se acumulam durante longos períodos. Assim como ocorre com o condicionamento cardiovascular, ser ativo com as tarefas diárias e reduzir o treinamento causa muito menos impacto no músculo e nos ossos do que ficar confinado à cama ou imobilizado em um gesso.

O fisiologista dr. David Costill (Costill, 1988; Wilmore e Costill, 1994) disse que a força muscular adquirida durante o treinamento pode ser mantida por até seis semanas de inatividade. Além disso, Costill disse que cerca de 50% da força ganha no treinamento pode ser mantida por até um ano depois do fim do programa de treino. Outros estudos mostraram que é preciso menos esforço para resgatar a força perdida do que para conquistá-la (Nieman, 1997). Essa é uma boa notícia para qualquer nova rotina de treinamento que seja interrompida por algum acontecimento da vida.

Ainda mais interessante é que a pesquisa parece confirmar que os ganhos de força podem se mantidos por pelo menos 12 a 16 semanas, com o mínimo de estímulo relacionado à freqüência de treinamento. A intensidade, e não a duração do exercício, nem a freqüência, é o estímulo chave para aumentar ou manter a força. O treinamento individual parece ser quase tão eficiente quanto o treinamento múltiplo, principalmente no começo do treinamento e com adultos previamente sedentários. Levantadores de peso com experiência também podem beneficiar-se de um treinamento individual.

De acordo com Costill (outros pesquisadores defendem essa idéia, registrada em Brooks, 1997a; Plowman e Smith, 1997), fazer exercícios uma vez a cada dez ou quatorze dias pode manter a força, o vigor e a resistência muscular que seu cliente ganhou por meio de aulas mais longas e freqüentes, se a intensidade for mantida (Costill 1988).

Ao reduzir o número de treinamentos, por exemplo, de três para uma ou duas vezes por semana, a força pode ser mantida. Um pesquisador explicou: "Se quiser manter a força quando estiver treinando menos, tem de se certificar de que seu treino de agora é tão difícil quanto o que fazia quando treinava com mais freqüência" (IDEA Today, 1989. p. 13).

Evidentemente, o músculo requer um estímulo menos freqüente para reter sua força, seu vigor e seu tamanho. Isso tem implicações interessantes se, por exemplo, seu cliente se ferir ou estiver em férias, e pode ser um ótimo motivador se seu cliente alcançou um nível de força muscular e resistência que ele gostaria de manter, mas não pode mais investir a quantidade de tempo necessária para atingir esse nível de condicionamento.

Mantenha os ganhos de flexibilidade

Apesar da flexibilidade ser conquistada rapidamente, ela se perde com a mesma rapidez durante a inatividade. Mantenha o treinamento da flexibilidade como prioridade do programa de seu cliente. Ele é tão importante quanto um treino cardiovascular e de força para o condicionamento equilibrado.

Apesar da mesma flexibilidade ser alcançada em um período de tempo relativamente curto, é de interesse de seu cliente manter bons níveis da mesma. A flexibilidade reduzida pode deixar seu aluno mais susceptível a lesões e afetar a sua *performance* atual e o seu aproveitamento da atividade física. Além disso, é muito bom alongar!

Reconquiste o condicionamento

Muitos estudos (registrados em Brooks, 1997a) apóiam a idéia de que reconquistar níveis anteriores de condicionamento físico exige bem menos esforço do que foi preciso para conquistá-los. É uma boa notícia, e apesar de eu não discutir esse pensamento de uma perspectiva de pesquisa, defendo que é muito mais fácil manter a semelhança com treinamento e atividade em geral. Quando seu cliente fica como um iô-iô nos níveis de condicionamento, ele corre o risco de ter falta de comprometimento com seu programa de exercícios e se machucar.

Se um cliente parar de treinar por duas semanas, ele não deve retomar de onde parou. Certifique-se de que ele comece em um nível moderado. Menos resistência, mais rapidez e durações menores são a regra. É possível que ele reconquiste seus níveis de condicionamento mais rapidamente se permitir que essa adaptação progressiva aconteça. Controle a vontade dele de começar com muita energia depois de algum tempo longe!

Perder uma aula de vez em quando não afetará demais os níveis atuais de condicionamento. Seja qual for o nível de condicionamento e o componente não treinado, a intensidade do esforço é a chave para otimizar os efeitos de treinamento e alcançar resultados. Reduzir a freqüência e a duração do treinamento não afetará drasticamente o condicionamento, contanto que a intensidade seja mantida. A atividade mínima – seja ela um treino formal ou simplesmente a rotina diária – ajuda a pessoa a manter os ganhos de condicionamento físico. Lembre-se: fazer um pouco é bem melhor do que não fazer nada. Esse pensamento deveria se tornar parte integral da motivação dada ao cliente para manter o progresso.

Leve o condicionamento de seu cliente adiante

Os resultados começam com um sonho, uma idéia e um compromisso com o tempo. O caminho bem-sucedido continua com o aumento da base de conhecimento e de informações corretas. O programa de seu cliente não vai a lugar algum sem um plano bem orientado de ação e um processo avaliativo que diz ao cliente (e ao treinador) se o programa está funcionando.

Reavalie os objetivos do cliente

Você gostaria que o programa de condicionamento de seu cliente seguisse os padrões de saúde e boa forma que vocês estabeleceram? Reveja os objetivos deles, os em longo e curto prazo, e controle os seus esforços. Avalie o progresso do cliente reavaliando o seu nível de condicionamento regularmente e mantendo um gráfico do progresso. Essa informação reunida é útil para você e seu cliente, mas apenas se você a usar! Coloque a informação neste livro para trabalhar. Tome uma atitude e acompanhe-a para que tenha uma abordagem completa sobre como desenvolver e monitorar o programa de condicionamento do cliente para conseguir o máximo de resultados.

As folhas de avaliação e testes, os gráficos de *performance* e os registros de treinamento que são oferecidos neste livro farão com que fique fácil para você manter um registro por escrito do programa de seu aluno. Essa informação objetiva, registrada em períodos quando as lembranças forem exatas e vívidas, mostrar-lhe-á se seu programa está atingindo resultados progressivos. Compare o progresso do treino de seu cliente com os seus objetivos atuais. Eles estão em harmonia ou você precisa fazer alguma mudança ou reavaliação? Lembre-se: é preciso tempo, esforço consistente e registro exatos para se manter em dia com o planejamento do programa e o alcance de objetivos do cliente.

Monitorar os esforços de treino e estabelecer novos objetivos são coisas interessantes porque significam as recompensas que seu cliente está tendo por seus esforços dedicados. Os resultados não acontecem sozinhos; eles acontecem porque você planejou o rumo de seu cliente e, juntos, vocês cumpriram as tarefas. Uma direção bem-sucedida é impossível de ser conseguida sem que primeiro você o ajude a estabelecer objetivos e segui-los com atualizações que reflitam a situação atual de seu cliente.

Ajuste os treinamentos de seu cliente

Muitos programas não dão certo porque o cliente não percebe o que é realista em relação a seus ganhos de saúde e condicionamento físico ou às perdas, e não tem a perspectiva adequada. Em outras ocasiões, os programas fracassam não porque um cliente não sabe o que fazer, mas porque a pessoa não age de acordo com o conhecimento que possui. Em outros casos ainda, a frustração pode levar ao fracasso.

Ajude seus clientes a assumirem o controle e seguir em frente! Use os resultados dos testes de seus alunos e as folhas de registro para determinar a eficácia de seus programas. Ajude-os a estabelecer objetivos realistas e alcançáveis. Uma abordagem desse tipo fará milagres para ajudá-lo a elevar a motivação e o desejo do cliente.

Ofereça a seus clientes as ferramentas corretas e a informação precisa para que eles possam continuar a levar o seu condicionamento a novos níveis e registrar o progresso. A combinação de avaliação, treinamento cardiorrespiratório, treinamento de força e de flexibilidade, alimentação correta, variedade e programas de periodização indica que um programa está indo na direção certa. Cobrir todos os aspectos do programa oferecerá aos seus clientes o essencial para que eles atinjam ótimos resultados.

Capítulo 15

A CIÊNCIA POR TRÁS DOS PROGRAMAS DE EXERCÍCIOS

"Você vai perguntar, muitas pessoas me perguntam, o que acontece com o corpo no treinamento. Sinto muito, mas não sei. Talvez o suprimento de sangue para os músculos ativos melhore, os capilares respondam com mais rapidez às necessidades dos músculos. Talvez mais álcali seja depositado nas fibras para neutralizar o ácido formado pelo esforço. Mais glicogênio parece ficar mais depositado nelas como estoque de energia e certamente o sistema nervoso que os governa aprende, durante o treinamento, a trabalhar com mais economia. Talvez o processo de recuperação seja acelerado no treinamento. Talvez a força mecânica da fibra muscular e a membrana que o envolve (sarcolema) aumentem no treinamento para que se consiga suportar, sem lesões, os desgastes e estresses de um esforço violento. Todos esses fatores podem estar em ação, mas atualmente só podemos indicar a importância e o interesse do problema, e sugerir que alguém o analise corretamente". (Hill 1927)

Os sistemas de energia vistos rapidamente

Dependendo da intensidade e duração de uma atividade, além do nível de condicionamento de seu cliente, o corpo usa energia de três caminhos metabólicos que produzem energia. Entender como o corpo produz energia é bom, seja qual for o componente de condicionamento que você esteja treinando – cardiorrespiratório, força e resistência muscular ou flexibilidade.

A diversidade dos três sistemas de energia permite que você acomode várias necessidades de energia com base no tipo e na intensidade da atividade (tabela 15.1).

Energia imediata. O sistema adenosina trifosfato – fosfato de creatina (ATP-CP) (sistema fosfágeno). O sistema imediato de energia permite que seu cliente corra com crianças, jogue vôlei e reaja imediatamente a qualquer situação que exija movimento.

Energia em curto prazo. O sistema de ácido lático (glicólise anaeróbica). O sistema de energia em curto prazo é altamente responsável pela criação da energia necessária para que um cliente suba um monte com rapidez ou ultrapasse um outro competidor em uma corrida de cinco quilômetros com um acesso de velocidade.

Energia de longa duração. O sistema aeróbico. O sistema aeróbico fornece a energia necessária para caminhar ou andar de bicicleta sem parar. Na verdade, qualquer atividade em que você mantém o movimento além de três a cinco minutos depende de um sistema de energia de longa duração.

Espectro de energia

Em qualquer momento, os três sistemas de energia funcionam ao mesmo tempo. O percentual de contribuição de cada sistema, designado com o espectro de energia, é determinado primeiramente pela intensidade e duração da atividade e do nível de condicionamento do participante. As necessidades de energia dos músculos não são satisfeitas por uma abordagem do tipo "tudo ou nada". Em vez disso, um sistema se confunde com todos os outros sistemas funcionando ao mesmo tempo, independentemente da intensidade, com bastante coisa em comum.

Podemos imaginar os sistemas de energia como três lâmpadas com controle de intensidade de luz. Dependendo da demanda de energia feita pelos músculos do corpo, um dos três sistemas de energia ficará mais aceso. Conforme as exigências de intensidade e energia mudam, outro sistema pode brilhar com mais ou menos intensidade, dependendo se o controle de intensidade estiver aceso ou apagado. Seja como for, sempre haverá pelo menos um brilho leve, ou uma contribuição de energia, dos três sistemas de energia.

Tabela 15.1 Características dos Sistemas de Energia

	Energia imediata ou sistema ATP-CP	**Energia em curto prazo ou ácido lático ou sistema glicolítico**	**Energia em longo prazo ou sistema oxidativo**
	Sistema anaeróbico	**Sistema anaeróbico**	**Sistema aeróbico**
Combustível ou substrato	FC ATP estocado	Glicose sanguínea Glicogênio	Ácidos graxos Glicose sanguínea Glicogênio
Intensidade PSE Percentual de VO_2	Extremamente difícil 9-10 escala de Borg > 95% máx	Muito difícil 7 escala de Borg 85 – 95% máx.	De moderado a um pouco difícil 3-4 escala de Borg < 85% máx.
Tempo para desgaste	Duração muito baixa (1-10 segundos)	Duração curta (60 – 180 segundos)	Duração mais longa (> 3minutos)
Limites na produção de ATP	Estoque limitado de FC e ATP	Acúmulo de ácido lático Fadiga rápida	Exaustão do glicogênio do músculo Insuficiente entrega ou utilização de oxigênio

AT – adenosina trifosfato; FC= fosfato de creatiba; PSE= percepção subjetiva de esforço

Energia e alimentos

A energia para as atividades físicas e para sustentar todas as funções celulares origina-se dos alimentos – carboidratos, gordura e proteína. Ela é sintetizada dos alimentos é quimicamente liberada, quebrando-se as moléculas de alimentos e depois sendo estocada em um composto de alta energia chamado adenosina trifosfato (ATP). O ATP é chamada de "moeda da energia" da célula porque é exigida por todos os processos relacionados à função celular. Sem o ATP, a energia dos alimentos poderia não ser passada para a realização do trabalho. O ATP é essencial e permite que o corpo forme e conserve a energia em potencial. Os três sistemas de energia utilizam o ATP como uma base operacional e trabalham com a premissa de que a energia em potencial é liberada, separando-se os elos moleculares, e conservada pela formação de novos elos. Esse processo é repetido sem parar nos três sistemas de energia.

Energia imediata: sistema ATP-CP

O ATP, necessária para todos os processos que exigem energia nas células, é a forma imediatamente disponível de energia utilizada para a contração muscular e o movimento motor. Como quantidades muito pequenas de ATP estão estocadas no corpo, ela deve ser ressintetizada quebrando-se e reformando seus elos. Conseqüentemente, os atletas em atividade que dependem muito dos estoques de ATP – como velocistas ou halterofilistas olímpicos – podem se beneficiar treinando os músculos específicos usados na atividade para que eles possam estocar mais ATP.

É fácil perceber porque treinar o sistema ATP-CP pode não ser necessário para muitos de seus clientes. É preciso um cliente muito motivado e preparado, com esforços em curto prazo e específicos em mente para desejar esse tipo de melhora de sistema de energia. Não é preciso dizer que muitos de nossos clientes não achariam esse esforço algo fácil ou agradável.

Energia em curto prazo: ácido lático ou sistema glicolítico

Como apenas uma pequena quantidade de AT está disponível em nosso corpo, ele deve ressintetizar o ATP ou o esforço físico seria rapidamente limitado. O sistema de ácido ativo em curto prazo permite que o ATP e o CP sejam ressintetizados rapidamente.

A glicólise anaeróbica é usada quando a energia da ATP é necessária para atividades que exigem esforço de alta intensidade por períodos mais longos do que o sistema de fosfágeno pode oferecer. Por exemplo, subir uma montanha o mais rápido possível, treinamento de deslizamento lateral em uma posição atlética de 60 deslizamentos por minuto, durante 90 segundos, ou ultrapassar um participante em uma corrida de 5 km com um acesso de velocidade de 60 segundos exigiria a glicólise anaeróbica.

A glicólise anaeróbica leva à formação e ao acúmulo de ácido lático. Isso cria uma sensação de "queimação" nos músculos em exercício e exige um decréscimo na intensidade ou o término da atividade. Os níveis de ácido lático mais altos e rapidamente acumulados são alcançados durante um exercício máximo, que pode ser mantido de 60 a 180 segundos (McArdle, Katch e Katch 1991; 1996). O sistema de energia em curto prazo oferece mais energia do que o sistema ATP-CP consegue oferecer.

É óbvio que todo esforço de segundos a três minutos depende quase exclusivamente do ácido lático e do sistema ATP-CP. Se o esforço for menos intenso, o período de atividade que pode ser mantida será prolongado, com a energia aeróbica e anaeróbica contribuindo.

Produção de Ácido Lático e Energia Aeróbica e Anaeróbica

Durante atividades leves ou moderadas, a produção de energia ATP é feita por processos que usam o oxigênio (processos aeróbicos). A pequena quantidade de ácido lático produzida nessas circunstâncias é facilmente oxigenada (usada para energia) no músculo ou fígado.

Em todas as situações, mesmo em descanso ou durante exercício leve, os processos aeróbicos e anaeróbicos são ativados do corpo (por exemplo, espectro de energia). Por exemplo, as células vermelhas do sangue do corpo não têm mitocôndria, "casa das máquinas" das células. Como as células vermelhas não conseguem produzir energia aerobicamente, o ácido lático é continuamente formado para oferecer a energia de que elas precisam. Ao mesmo tempo, mesmo com o máximo de esforço, apesar de o metabolismo anaeróbico predominar, o metabolismo aeróbico sustenta algum tipo de função celular. Entretanto, no caso das células vermelhas ou da atividade leve, o ácido lático não se acumula porque a taxa de produção fica igual à taxa de uso. Conforme a intensidade do exercício aumenta, o papel do ácido lático se torna mais importante.

Limiar do acúmulo de ácido lático

O ácido lático começa a se acumular e aumentar rapidamente a cerca de 50 a 55% da capacidade aeróbica máxima de uma pessoa sadia e desacostumada ao treinamento, VO_2máx, ou freqüência cardíaca de reserva. (observação: todos esses termos são parecidos). Isso é comparável de 60 a 65% da freqüência cardíaca máxima. E o cliente condicionado, um acúmulo significativo de ácido lático ocorre de 80 a 85% de VO_2máx. O aumento do ácido lático se torna maior conforme a atividade se torna mais intensa em relação ao nível de condicionamento atual e indica que o sistema de energia aeróbica não mais satisfaz as exigências adicionais de energia do músculo em atividade nessa intensidade.

Em algum momento, o participante chegará a um limiar ou a um fator limitante na *performance*. Isso se associa, geralmente, ao limiar anaeróbico LA, chamado de limiar de lactato sanguíneo (LiL San) ou ao início de acúmulo de lactato sanguíneo. Quando o LiL San é atingido, as exigências do exercício não são mais satisfeitas por fontes aeróbicas disponíveis, e o sistema anaeróbico de ácido lático começa a desempenhar um papel predominante. Isso se reflete em uma concentração de lactato sanguíneo bem acima de valores de descanso e termina em uma incapacidade de sustentar esse nível de intensidade.

Por meio de treinamento que seja suficientemente intenso, mas ainda assim apropriado para o nível atual de condicionamento físico do aluno, as adaptações musculares locais específicas respondem por uma taxa de produção mais baixa, um aumento da tolerância e uma taxa de uso do mais rápido de ácido lático em exercícios de qualquer intensidade. As mudanças relacionadas a essas adaptações permitem que o cliente trabalhe em ritmo mais intenso e por mais tempo. Conforme ele vai ficando mais condicionado, pode trabalhar cada vez mais rápido e sustentar a produção de energia aeróbica. Resumindo, o cliente consegue mais trabalho completo e aumentar o gasto calórico.

Energia em longo prazo: sistema aeróbico ou oxidativo

O sistema aeróbico é o último dos três estágios de transferência de energia no corpo. É o mais complexo dos três sistemas de energia, mas não entrarei em detalhes.

O sistema de energia em longo prazo é um sistema oxidativo. Com a ajuda do oxigênio, esse sistema usa combustível (alimento) para gerar energia. Essa separação de carboidratos e gorduras chama-se respiração celular. É bom dizer que a proteína não contribui de modo significativo para o gasto de energia total. Apesar da proteína ou especificamente dos aminoácidos conseguirem entrar no metabolismo oxidativo e ser transformada em glicose por meio da gluconeogênese, as proteínas não são "o combustível ideal". O metabolismo da proteína responde por menos de 5 ou 10% das necessidades de energia em um corpo saudável. A proteína geralmente é ignorada quando calculamos o gasto total de energia durante o descanso e o exercício (Brooks, 1997a; Lowman e Smith, 1997; Wilmore e Costill, 1994).

Esse processo aeróbico (respiração celular) de produção de ATP ocorre dentro de organelas celulares – a mitocôndria. O ácido lático e os sistemas ATP-CP não são muito eficientes na ampla produção de ATP. Um grande percentual do total de ATP produzido por meio do ácido lático e dos sistemas ATP-CP nunca é percebida na separação do principal substrato de energia, o carboidrato. Essa ineficiência é resultado de uma incapacidade desses sistemas de oxigenar completamente o combustível ou os fragmentos metabólicos.

Por outro lado, uma grande quantidade de ATP é criada de modo eficiente pelo sistema aeróbico devido à sua capacidade de oxigenar carboidrato, gordura e outros fragmentos de combustíveis criados pela oxidação incompleta desses substratos durante o metabolismo anaeróbico.

Se o corpo estiver oxigenando ou separando carboidrato, os processos complexos de glicólise aeróbica, o ciclo de Krebs e a cadeia de transporte de elétrons são envolvidos. O produto final da glicólise anaeróbica e aeróbica é o mesmo ácido pirúvico. No entanto, no caso de glicólise anaeróbica, sem a presença de oxigênio adequado, o ácido pirúvico é convertido em ácido lático. Na presença de oxigênio suficiente, o ácido pirúvico é transformado em acetil coenzima. O ciclo de Krebs é uma série muito complexa de reações químicas que permitem a completa oxidação do acetil Coa. O restante do carbono do carboidrato original se junta ao oxigênio e forma dióxido de carbono (CO_2). O CO_2 é carregado aos pulmões, e, pelo sangue, é facilmente expelido.

Durante a glicólise, o hidrogênio liberado como carboidrato (glicose) é metabolizado em ácido pirúvico e entra no ciclo de Krebs. Esse acúmulo de hidrogênio na célula deve ser eliminado ou ela se tornará muito ácida. O ciclo de Krebs está associado a uma série de reações químicas conhecidas como cadeia de transporte de elétrons. O hidrogênio liberado durante a glicólise aeróbica e o ciclo de Krebs se combina com duas coenzimas (nicotinamida adenina dinucleotídeo [NAD] e flavina adenina dinucleotídeo [FAD]) que carregam o hidrogênio à cadeia de transporte de elétrons. No final dessa cadeia de reações, o hidrogênio se combina o oxigênio para formar água. Isso evita um ambiente ácido, e a cor é facilmente eliminada do corpo por meio do suor e do ar expelido. A energia produzida de uma oxidação completa de uma única molécula de glicogênio é de 38 ou 39 ATPs contra apenas 3 ATPs da glicólise anaeróbica.

A gordura deve ser oxigenada, pois a armazenagem de glicogênio nos músculos e no fígado é capaz de oferecer apenas 1200 a 2000 quilocalorias de energia. A energia da gordura é praticamente ilimitada com a presença suficiente de oxigênio. Os triglicérides são a maior fonte de energia, e estão estocados nas células de gordura e fibras musculares. Se um triglicéride for usado para produção de energia, tem de ser separada a molécula de glicerol dos três ácidos graxos, em um processo chamado lipólise. Quando os ácidos graxos estão livres da molécula glicerol, eles conseguem entrar no sangue com facilidade e são usados pelos músculos. Os ácidos graxos entram nas células dos músculos e são separados dentro da mitocôndria. Essa separação da gordura dentro desta organela é chamada de oxidação beta. Resulta na formação de ácido acético e, por fim, em acetil CoA.

Nesse momento, assim como a oxidação de carboidrato, o acetil CoA formado pela oxidação beta entra no ciclo de Krebs. O hidrogênio gerado no ciclo de Krebs é transportado para a cadeia de transporte de elétrons e, como no metabolismo do carboidrato, os produtos finais da oxidação dos ácidos graxos são uma alta produção de ATP e dióxido de carbono.

O metabolismo de gordura pode gerar ainda mais energia que o metabolismo oxidativo de carboidrato, mas exige mais oxigênio. É por isso que, geralmente, o carboidrato é o combustível preferido do corpo durante exercícios de alta intensidade. Entretanto, com adaptações específicas de treinamento, o corpo pode se tornar mais eficiente no uso da gordura, mesmo em intensidades mais altas, poupando os estoques de glicogênio e glicose sanguínea.

Os processos oxidativos, como os relacionados às atividades de resistência e à recuperação da atividade anaeróbica, dependem da capacidade do corpo de levar e usar, de modo eficiente, o oxigênio dos músculos em atividade. A atividade vigorosa não deve levar mais de alguns minutos e a recuperação dos esforços anaeróbicos não seria possível se não fosse o sistema oxidativo. Agora que a ciência complexa associada com a produção de energia foi discutida, vamos observar como você pode usar essa informação para treinar seus clientes.

Sistemas de treinamento de energia

Como mencionei, muitos clientes não optarão por treinar o sistema ATP-CP, pois esse tipo de treinamento exige acessos curtos, máximos e intensos de atividade. Os alunos em geral não têm um uso funcional para esse tipo de treinamento, apesar de o sistema ATF ser usado o em tarefas do dia-a-dia.

Quando estiver treinando os sistemas de energia, pergunte a si mesmo: "Esse tipo de treinamento usado para influenciar esse sistema de energia é compatível com os objetivos de treinamento e saúde de meu aluno?" A resposta deve ditar o tipo específico de treinamento de sistema de energia que você decidir usar.

É claro que a intensidade de uma atividade determina qual dos três sistemas de energia do corpo predominará. Cada sistema tem um objetivo que pode ser traduzido aos objetivos do cliente. Entender como e quando os sistemas de energia aeróbico e anaeróbico contribuem, permitirá que você escolha um ao qual dará ênfase. Ter a capacidade de treinar ou influenciar os três sistemas de energia afetará a habilidade de seu aluno de conseguir resultados específicos.

Fisiologia do aquecimento e do esfriamento

Você já se pegou prestando pouca atenção a um cliente fazendo aquecimento ou esfriamento? Independente do nível de condicionamento, as etapas de aquecimento e esfriamento são etapas importantes e produtivas em qualquer trabalho corporal. Geralmente essas duas etapas são deixadas de lado ou não recebem a atenção merecida. Mas o alongamento, o treinamento de resistência e as atividades cardiorrespiratórias exigem tanto o aquecimento quanto o esfriamento.

Fisiologicamente, os movimentos estáveis e mais cuidadosos usados no aquecimento e esfriamento preparam o cliente para uma atividade bem-sucedida e permitem o retorno confortável para o estado pré-exercício, depois do esforço. Além disso, essas duas etapas são ótimas oportunidades para que você se comunique e incentive seu cliente. Esses momentos de silêncio são perfeitos para a troca de informações e ajudar a garantir o sucesso e comprometimento com o exercício. Enquanto seu cliente treina com uma intensidade mais baixa, você pode contar a ele todas as novidades relacionadas à saúde e ao condicionamento físico, além de falar sobre técnicas de exercícios e discutir o programa nutricional que ele segue, ou qualquer outra preocupação ou interesse que ele possa ter.

Benefícios fisiológicos do aquecimento

O aquecimento pode melhorar as formas e o bem-estar pessoal durante os exercícios de várias maneiras, graças ao aumento no fluxo sanguíneo e na temperatura dos músculos. Um bom aquecimento traz mais benefícios do que você imagina.

1. *Permite um aumento gradual nas exigências metabólicas.* A atividade de aquecimento melhora a *performance* cardiorrespiratória e é menos estressante para o corpo e o coração de seu cliente. Além disso, a hemoglobina libera oxigênio para os músculos em atividade de forma mais estável e como temperaturas mais elevadas. Isso facilita o aumento da utilização do oxigênio (extração) pelos músculos, tornando a *performance* física mais eficiente e eficaz.

2. *Evita o início prematuro do acúmulo de ácido lático e a fadiga prematura.* O aquecimento progressivo evita que seus alunos partam de uma intensidade baixa a uma intensidade alta, aumentando o fluxo sanguíneo por meio de tecido os ativos. Por exemplo, os músculos em movimento são tecidos ativos e, assim como os capilares que atendem os músculos em demanda, dilatam devido ao aumento progressivo na intensidade de exercícios e da perfusão sanguínea para o músculo em atividade, o corpo consegue oferecer a maior parte das exigências aerobicamente. O fluxo sanguíneo aumenta devido às temperaturas mais altas no corpo e sua musculatura causa vasodilatação ou alargamento do diâmetro do vaso sanguíneo. Durante o aquecimento, o sangue vai do centro do corpo aos músculos. Quanto mais disponibilidade de sangue, maior a existência de oxigênio e nutrientes para propiciar a contração muscular, bons acúmulos de lactato sanguíneo e boa remoção da produção de subproduto metabólico. A produção de subproduto metabólico envolve ácido lático (lactato sanguíneo), dióxido de carbono e água.

3. *Causa aumento gradual na temperatura dos músculos.* Um bom aquecimento pode reduzir a probabilidade de lesão no tecido e aumentar a eficiência do alongamento. O tecido muscular se torna mais alongável, e isso reduz o risco de rompimentos de fibras musculares, tendões e tecidos conectivos. Um bom aquecimento é ainda mais importante para os alunos que estão envolvidos em atividades que exigem mais movimento. O aumento da temperatura muscular também permite uma eficiência mecânica maior graças à menor resistência viscosa dentro dos músculos. A viscosidade (densidade) do protoplasma do músculo diminui, permitindo que os filamentos de proteína (actina e miosina) que constituem as fibras dos músculos se contraiam com menos resistência. Os músculos aquecidos se movem com mais rapidez e geram força de modo mais eficiente que os músculos "frios". O aquecimento também facilita a lubrificação das articulações, facilitando a movimentação.

4. *Melhora a neurotransmissão para a contração do músculo e envolve a coordenação motora.* As capacidades motoras melhoram com temperaturas mais altas, porque os impulsos neurais se espalham com mais rapidez. O aumento da temperatura interna melhora a velocidade da contração muscular e da força geradas, com o relaxamento muscular. Os esportes e as atividades que exigem coordenação, reação rápida e agilidade se beneficiam com um aquecimento.

5. *Oferece um "alerta" para problemas cardiorrespiratórios e musculares.* Os sintomas ou outros sinais de problemas podem piorar com exercícios de alta intensidade. O aqueci-

mento progressivo pode alertar o cliente e o treinador para um problema antes que ele se torne uma lesão ou leve à morte em atividades mais intensas.

É claro que o aquecimento traz mudanças ao corpo que podem reduzir o risco de lesão que melhorar a *performance*. Exercícios aeróbicos graduais e de baixa intensidade são essenciais para melhorar a segurança e a eficiência dos movimentos para a maioria dos clientes. O aquecimento deve aumentar, aos poucos, a freqüência cardíaca, a pressão sanguínea, o consumo de oxigênio e a dilatação dos vasos sanguíneos, e deve diminuir a elasticidade (ou resistência do tecido de se estender) dos músculos ativos e do tecido facial. O aquecimento aumenta a temperatura do músculo e do tecido conectivo, reduzindo o risco de lesão. Além disso, a atividade de aquecimento facilita os ganhos de flexibilidade quando os métodos de alongamento adequados são usados (capítulo 20). O aquecimento também reduz o estresse no coração e diminui a probabilidade de ataque cardíaco em indivíduos suscetíveis. Por fim, o aquecimento pode tornar o exercício mais confortável e agradável para o aluno.

Considerações psicológicas

Os esportistas de todos os níveis geralmente realizam alguma atividade para se prepararem mentalmente para um evento ou atividade. Acredita-se que o aquecimento específico para a atividade que será realizada melhora a habilidade necessária e a coordenação. Conseqüentemente, esportes que exigem destreza e movimentos precisos, geralmente se beneficiam de algum tipo específico de aquecimento ou prática preliminar “formal”. Muitos especialistas acreditam que exercícios como esse, principalmente antes de um esforço, gradualmente preparam a pessoa com menor risco de lesão.

Teoria do aquecimento na prática

Um *aquecimento geral* pode envolver movimento contínuo e rítmico, o envolvimento de grupos grandes de músculos e exercícios calistênicos que geralmente não se relacionam à atividade neuromuscular específica da atividade que virá em seguida. Um aquecimento geral normalmente precede um aquecimento específico.

Um *aquecimento de atividade específica* reflete o princípio da especificidade e oferece um ensaio da habilidade. Balançar um taco de beisebol ou uma raquete de tênis é um bom exemplo. Movimentos “de ensaio” para treinamento de resistência com pouca resistência é outro exemplo de um aquecimento específico para uma atividade.

As técnicas de *aquecimento passivo* incluem massagem e aplicação de calor. Entretanto, as técnicas externas, como salmouras e sauna têm menor probabilidade de lesar os músculos profundos. Na verdade, podem ser contraproducentes. Quando a temperatura da superfície da pele aumenta, os vasos sanguíneos perto da pele dilatam e mandam grandes quantidades de sangue para a pele, longe dos músculos em atividade.

O aquecimento deve ser progressivo e de intensidade e duração suficientes para aumentar a temperatura dos músculos e a interna sem causar cansaço nem reduzir os estoques de energia. Essas considerações são muito individualizadas. Um bom aquecimento para um atleta olímpico pode exaurir uma pessoa sem condicionamento. No mínimo, três a cinco minutos é o tempo necessário para atingir uma freqüência estável de maneira progressiva.

Aquecer o corpo permite que o sistema cardiorrespiratório ajuste o fluxo sanguíneo de modo adequado da área abdominal aos músculos ativos, onde a necessidade por oxigênio está aumentando em resposta aos exercícios. Esse desvio sanguíneo é realizado pela vasoconstrição (estreitamento do diâmetro da artéria) nas artérias que mandam o sangue para as vísceras e a vasodilatação nas que levam o sangue aos músculos ativos. Se um aquecimento de três a cinco minutos não for realizado, a freqüência cardíaca pode aumentar rapidamente, em uma tentativa de fornecer oxigênio em quantidade adequada para os músculos, conforme exigido pelo trabalho crescente. Uma freqüência cardíaca apropriada pode ser alcançada se um ritmo intenso for tentado cedo demais, principalmente em clientes menos condicionados.

- *Intensidade*: eleve a freqüência cardíaca de repouso de 40 a 75 batimentos por minuto para cerca de 90 a 120 batimentos por minuto antes de passar para um exercício aeróbico de maior intensidade. Na escala de Borg de 10 pontos (Borg 1982) para a taxa de esforço percebido, um aquecimento é um 3, o que indica um esforço moderado.
- *Temperatura*: a temperatura do tecido muscular aumenta cerca de 3,6° F durante o aquecimento, o que deve causar transpiração dentro de três a cinco minutos. Entretanto, a monitoração da transpiração não é uma técnica confiável para determinar a eficiência do aquecimento. Muitos fatores, incluindo a rapidez com que a pessoa transpira, umidade e temperatura do local de treino influenciam na rapidez do surgimento do suor.
- *Duração*: a duração do aquecimento deve ter como base a atividade da qual seu aluno está participando, a intensidade da atividade e o nível atual de condicionamento físico do cliente. Um mínimo de três a cinco minutos é o recomendado para qualquer atividade. As pessoas de mais idade, os que estão começando a praticar exercícios, os que estão acima do peso, as mulheres grávidas e as pessoas com problemas cardíacos podem precisar de um aquecimento mais longo e gradual (de 10 a 15 minutos) para passarem com segurança para um exercício mais intenso. Seria ideal que a atividade começasse dentro dos últimos minutos do aquecimento. Entretanto, alguns benefícios do aquecimento perduram por até uma hora.
- *Atividade*: leve o cliente a se mover devagar, e nunca além de um ponto confortável. Mantenha os movimentos de seu aluno em um ritmo fluido, rítmico e controlado. Esse tipo de abordagem funciona bem para o aquecimento do treino de resistência também. Use músculos específicos de modo que imite a atividade que virá a seguir e gradualmente faça acontecer o movimento necessário para a atividade em questão.

Um outro componente do aquecimento é o acréscimo de exercícios de flexibilidade depois do aquecimento progressivo. Tente combiná-los com as exigências da próxima atividade. Por exemplo, movimentos extremos não são necessários antes de um programa de caminhada. Nesse caso, um aquecimento sem alongamento antes da atividade é o mais adequado. Entretanto, se seu cliente apostará uma corrida com o máximo de seu fôlego ou de uma partida extenuante de tênis, um aquecimento e um alongamento mais abrangentes antes da atividade se fazem necessários pela demanda de energia, movimentos bruscos e estresses biomecânicos de alta intensidade. Entretanto, uma pesquisa recente sugere que o alongamento pode alterar a habilidade do músculo de criar força e ser contraproducente antes dos exercícios (Fowles, Sale e MacDougall 2000). Um aquecimento específico para uma atividade parece ser mais apropriado de acordo com pesquisas recentes, no lugar do alongamento.

Se o objetivo do treinamento é concentrar-se nos ganhos de flexibilidade, faça isso apenas depois de um bom aquecimento (de 15 a 20 minutos) ou depois de aquecer-se, e fazer o cliente realizar a atividade escolhida. O alongamento pode acontecer a qualquer momento depois que o aluno estiver aquecido. O alongamento por si só não basta como aquecimento. Forçar movimentos quando os músculos estão "frios" é mais perigoso para os movimentos e pode causar lesões (capítulo 20).

Exercícios repentinos extenuantes e reação cardiovascular

Você tem clientes com doenças cardíacas ou outra limitação relacionada ao coração e ao sistema vascular? E clientes com profissões ou que praticam exercícios que exigem acessos repentinos de atividades de alta intensidade? Vários estudos (Clark e Sherman, 1998) têm avaliado os efeitos do exercício de aquecimento na reação cardiovascular a exercícios repentinos e extenuantes. Lembre-se, o exercício extenuante está relacionado ao nível de condicionamento físico do aluno. Andar a 6 km/h pode ser extenuante para alguém sem condicionamento.

Pesquisas (Clark e Sherman, 1998) têm mostrado que o aumento repentino do exercício não permite que o corpo tenha tempo de mandar o sangue para os músculos, o que pode resultar em pouca oxigenação ao coração. Aquecer por no mínimo alguns minutos, apesar do ideal ser de dez a quinze minutos, melhora a capacidade do corpo de mandar oxigênio ao coração.

Fica claro, então, que o aquecimento é importante para alunos que tenham problemas cardiovasculares limitando o fornecimento de oxigênio ao coração. Um exercício breve antes do início de um exercício intenso ajuda a pressão sanguínea e o ajuste hormonal. Pra clientes nessas situações, aquecimento tem o potencial de fazer as seguintes coisas:

- Reduzir o trabalho do miocárdio e, assim, a exigência de oxigênio do mesmo.
- Oferecer fluxo sanguíneo coronariano adequado a exercícios de alta intensidade que aconteçam depois de um aquecimento.

Você pode pensar: "Mas eu não trabalho com pessoas em alto risco". Entretanto, por mais cuidado que você tenha com seus clientes, existe a possibilidade de um deles ter doença do coração sem saber. Existem muitas razões para o aquecimento. É inteligente de sua parte adaptá-lo à sua rotina.

Razão Fisiológica para o Esfriamento

O objetivo do esfriamento é diminuir vagarosamente a freqüência cardíaca e o metabolismo em geral, que ficaram elevados durante os exercícios. Como esfriamento adequado dá ao seu cliente o intervalo psicológico para aproveitar as sensações de realização pós-exercício ou o que eu chamo de "brilho pós-exercício".

O que, especificamente, um esfriamento adequado pode realizar?

1. Aumentar a remoção do ácido lático e reduzir a probabilidade de dores musculares depois do exercício. Em situações normais de exercícios, o ácido lático não causa nem contribui para a dor muscular. Qualquer dor provavelmente é um resultado de um esforço exagerado ou uma falta de costume e danos causados aos tecidos moles pela atividade. Na presença do oxigênio durante a recuperação ou na menor intensidade, o ácido lático se torna uma fonte de energia (neste capítulo, "Resumo de Sistemas de Energia"). Mas o exercício de alta intensidade com a produção do ácido lático, geralmente não causa início de dor muscular tardia (DOMS, do inglês, *delayed-onset muscle soreness*). Acredita-se que a DOMS é causada pelo dano ou pela ruptura das membranas celulares dos músculos do corpo. Lembre-se que a DOMS geralmente ocorre por um microtrauma dos tecidos, dependendo do tipo e da intensidade do exercício. Entretanto, existe a evidência de que o ácido lático pode ir para o tecido, como um pedaço de carne se deterioraria se colocado em um copo com refrigerante. As duas situações envolvem ambientes ácidos e contribuiriam para a ruptura do tecido (Smith, 1993). Essa descoberta pode ser interessante para o programa de condicionamento de um atleta quando ele se envolver, e repetir, altos níveis de esforço anaeróbico em dias, semanas ou anos.

2. Reduzir qualquer tendência a desmaio ou tonturas depois dos exercícios. A ação de "ordenha" rítmica de uma contração muscular e a conseqüente compressão das veias é essencial para oferecer um retorno venoso adequado e reduzir a possibilidade de desmaio ou criar estresse desnecessário ao coração. Se o sangue permanecer nas extremidades mais baixas (enchimento venoso) por uma cessação repentina do exercício, as altas forças hidrostáticas diminuem o retorno venoso e a pressão sanguínea cai. Ao mesmo tempo, a freqüência cardíaca acelera, o que quer dizer em que o músculo do coração precisa de mais sangue e oxigênio em um momento quando fornecimento pode estar comprometido. Ter sangue nas câmaras do coração não quer dizer nada em termos de fornecimento de oxigênio ao músculo cardíaco. Para proteger o músculo cardíaco, o sangue deve ser ejetado do ventrículo esquerdo. Em cada batimento, a força do coração empurra uma porção de sangue para o ventrículo esquerdo e para dentro das artérias coronárias. O fornecimento adequado de oxigênio é essencial para o miocárdio, pois diferentemente do músculo do esqueleto, os tecidos do coração têm uma capacidade ilimitada de gerar energia anaerobicamente.

3. Pode reduzir a possibilidade de dor muscular se o alongamento for feito. Evitando os espasmos musculares ou as contrações involuntárias, um esfriamento adequado pode reduzir a dor.

4. Ajudar a reduzir os níveis de adrenalina no sangue. A adrenalina que permanece na corrente sanguínea pode causar estresse ao coração. Essa continuação do exercício moderado na recuperação pode reduzir qualquer efeito negativo na função do coração, devido aos altos índices de catecolamina epinefrina ou norepinefrina. Esses hormônios parecidos com a adrenalina afetam a reação do corpo ao aumento da quantidade e da intensidade do exercício e seus níveis aumentam após o exercício (Plowman e Smith, 1997; McArdle, Katch e Katch, 1991; 1996).

O que acontece se seu cliente não fizer o esfriamento?

Depois do exercício moderado ou vigoroso, dependendo do nível de condicionamento físico do cliente e de sua posição corporal, podem ocorrer:

- quedas na pressão sanguínea;
- menor retorno venoso ao coração;
- quedas do volume de ejeção.

Devido a esses ajustes fisiológicos, existe um aumento na chance do coração ou do cérebro ser privado do oxigênio necessário, resultando em tontura, desmaio, ataques cardíacos ou derrames. Um problema cardíaco é associado a sintomas de ataques cardíacos, que podem incluir dores no peito, angina e um verdadeiro ataque cardíaco (infarto do miocárdio, ou seja, a morte do tecido do coração).

Aplicando estratégias de esfriamento

Um esfriamento ativo de exercício moderado significa que o cliente continua se exercitando a uma intensidade mais baixa do que o corpo estava acostumado no trabalho de condicionamento cardiorrespiratório. Esse nível leve de atividade facilita o fluxo sanguíneo por meio da rede vascular (incluindo o coração) durante a recuperação. Com o esfriamento ativo adequado, o coração de seu cliente trabalhará menos (menos batimentos por minuto) e exigirá menos oxigênio. O esfriamento tem uma possibilidade de maior de evitar um problema cardíaco sem diagnóstico ou estresse fisiológico e psicológico a seu cliente.

Duração: geralmente recomenda-se que seja feita uma atividade de pelo menos cinco minutos que diminua gradualmente a intensidade. Ela reduz as chances de alterações fisiológicas abruptas principalmente as que envolvem o coração.

Atividade: usar uma atividade rítmica de baixa intensidade durante o esfriamento permite que o corpo reverta o desvio do sangue, ou o que ocorreu durante a atividade, para ajudar a garantir o fluxo adequado de sangue para os músculos em movimento.

Intensidade: uma redução normal da intensidade do exercício geralmente é refletida pelo retorno da freqüência cardíaca – rápida – para níveis mais baixos e, por fim, para os níveis de repouso. Quando monitorada corretamente, a freqüência cardíaca torna-se um bom indicador do estado de recuperação de seu cliente. Ele pode obter uma freqüência cardíaca de recuperação de aproximadamente 120 batimentos por minuto em cerca de três minutos. Depois de cinco minutos, em média, uma freqüência de cerca de 100 batimentos por minuto pode acontecer. Uma recuperação "rápida" depende do nível atual de condicionamento do cliente, da intensidade do esforço para o treino e da adequação e intensidade da atividade de esfriamento.

Usando o esfriamento para aumentar o comprometimento com os exercícios

O período de esfriamento é um bom momento para perguntar ao seu cliente o que ele viu de bom naquele exercício. Pergunte a ele: "Como você se sente neste momento?". A maioria se sente ao menos um pouco melhor do que quando começou, e muitos se sentem muito bem. Poucos permanecem de cara amarrada!

Seja como for, não permita que seu cliente engane o corpo e a mente fugindo do esfriamento. Muitas vezes, as realizações diárias de seu cliente podem ser perdidas devido ao fato de ele focar-se em longo prazo ou por causa de uma rotina muito atribulada. Antes de permitir que seu cliente volte a sua rotina, dê a ele chance de sorrir e dizer: "Sabe de uma coisa? Foi uma aula muito boa e eu me sinto muito bem!".

Fisiologia do treino cardiorrespiratório

A maioria os tipos de células – incluindo o coração, os nervos e o cérebro – pode produzir somente energia de modo aeróbico. É por isso que elas precisam de um fornecimento constante de oxigênio. Por causa disso, o sistema de energia aeróbica é o sistema de energia predominante no corpo. Um sistema cardiorrespiratório saudável é desafiado pela atividade física apropriada e não é comprometido por uma dieta pobre em nutrientes, garante um fornecimento adequado de oxigênio para a maioria das funções do corpo e para os tecidos. O treinamento cardiorrespiratório e o condicionamento aeróbico fazem com que o corpo se torne uma máquina mais eficiente em relação à sua capacidade de realizar tarefas e recreação diárias.

O sistema cardiorrespiratório (geralmente chamado de sistema cardiovascular) é uma rede de transporte do corpo. *Cardio* se refere ao coração e à sua força propulsora que circula o sangue pelo corpo por meio da maravilhosa rede de vasos sanguíneos. *Respiratório* se refere aos pulmões e à troca de gases. O oxigênio e o dióxido de carbono são trocados nos pulmões, assim como nas células do corpo.

O sistema cardiorrespiratório é formado pelo coração, pelos pulmões, pelas artérias (carregando sangue repleto de oxigênio do coração, ao longo do corpo todo), capilares (trocando gases, nutrientes e subprodutos entre a corrente sanguínea e as células) e as veias (carregando sangue sem oxigênio de volta ao coração). Um dos propósitos do sistema cardiorrespiratório é entregar o oxigênio aos vários tecidos do corpo, tanto em descanso quanto durante a atividade intensa, média ou baixa.

Sangue é o veículo que entrega oxigênio e nutrientes (como a gordura e o carboidrato) às células do corpo, que precisam deles para produzir o ATP. O corpo também pega *subprodutos metabólicos* de metabolismo de energia, incluindo o ácido lático, a água e o dióxido de carbono. Ao contrário do *lixo*, que não tem utilidade e é descartado, os subprodutos, como dióxido de carbono, podem ser facilmente levados aos pulmões e respirados para fora do corpo, e a água pode ser transpirada ou respirada. O *ácido lático* é levado ao pulmão, onde é metabolizado ou oxidado.

O ácido lático não é um produto a ser descartado. A produção dele em abundância permite que você ou seu cliente faça mais exercícios em níveis mais difíceis que possam ser sustentados com metabolismo aeróbico. Durante a recuperação ou quando a atividade é reduzida, quantidades suficientes de oxigênio se tornam disponíveis novamente e o ácido lático é oxidado e convertido em ácido pirúvico, que, por fim, é usado como uma fonte de energia. Na presença do oxigênio, o lactato entra em um caminho glicolítico, é convertido em ácido pirúvico, entra no ciclo de Krebs e é oxidado para gerar energia. Além disso, a energia potencial nas moléculas de lactato e ácido pirúvico pode ser usada para ressintetizar a glicose (gliconeogênese) no fígado, por meio de um processo chamado o ciclo de Cori (McArdle, Katch e Katch 1991; 1996). O ciclo de Cori oferece outro meio de remover o ácido lático, além de uma fonte para satisfazer as necessidades de glicose sanguínea e glicogênio muscular (neste capítulo, "Resumo dos Sistemas de Energia").

Energia para o condicionamento cardiorrespiratório

Podemos pensar no corpo como uma fábrica. Ele processa diferentes matérias-primas para fazer seu produto final, que é a energia. A energia é usada por todas as células do corpo, incluindo as dos músculos, que produzem movimento. O oxigênio, o carboidrato, a gordura e a proteína são as matérias-primas disponíveis em fornecimento praticamente ilimitado.

A adenosina trifosfato (ATP) é o composto de alta energia formado pela oxidação de gordura e carboidrato. É usada como suprimento de energia para os músculos e outras funções corporais. Quando um músculo se contrai para fazer força, a energia usada para realizar a contração vem do ATP. Entretanto, como a quantidade de ATP estocada no músculo é pequena, seu corpo começa imediatamente a produzir mais ATP separando o carboidrato e a gordura. Caso contrário, a duração da atividade seria muito limitada. O ATP é a única fonte de energia do corpo e fornecido tanto aeróbica quando anaerobicamente.

Para entendermos como uma célula muscular produz energia para o esforço cardiorrespiratório, vamos unir os dois principais sistemas de energia do corpo. *Aeróbico* quer dizer "com oxigênio". A energia é produzida aerobicamente, enquanto oxigênio suficiente é fornecido aos músculos em atividade pelo sistema cardiorrespiratório. Mesmo quando o sistema cardiorrespiratório não consegue oferecer oxigênio suficiente, os músculos de seu esqueleto ainda assim podem produzir energia por meio de um processo chamado *metabolismo anaeróbico*. Os músculos produzem energia sem oxigênio, ou, melhor dizendo, sem oxigênio suficiente. Os sistemas de energia imediata (ATP-CP) e a energia em curto prazo (ácido lático) contribuem para o metabolismo anaeróbico.

No exercício intenso de curta duração (treinamento comum de resistência e arremesso de disco), a energia deriva, predominantemente, de estoques já existentes de ATP e CP intramusculares. Esse tipo de produção de energia exige, principalmente, o uso de sistemas de energia aeróbica imediatos e em curto prazo. Depois de alguns minutos, o consumo de oxigênio se torna importante se a atividade tiver de ser mantida, e, nesse momento, o caminho predominante de energia é o sistema aeróbico de energia em longo prazo.

Para desenvolver completamente o sistema cardiorrespiratório, os sistemas de energia aeróbico e anaeróbico devem ser treinados. Além disso, se reduzir a gordura corporal é o objetivo do programa de exercícios, você deve incluir os dois tipos de treinamento. Por quê? Os sistemas anaeróbicos usam o ATP-CP e queimam a glicose, um açúcar comum derivado dos carboidratos. O sistema aeróbico também usa glicose, mas, no processo, usa a gordura também. A gordura corporal armazenada é solta na corrente sanguínea e enviada aos músculos, onde, na presença do oxigênio e da glicose, é metabolizada aerobicamente para produzir energia. A gordura só pode ser metabolizada ou "queimada" aerobicamente (na presença do oxigênio). Os subprodutos da produção de energia usando o sistema aeróbico são o dióxido de carbono e a água, e eles não levam à fadiga muscular prematura.

Exercícios aeróbicos X Exercícios anaeróbicos

O exercício aeróbico ou anaeróbico não é "bom" ou "ruim", e um não é melhor que o outro. A pergunta é: "Que tipo de exercício é adequado para as necessidades e para os objetivos do cliente?".

Apesar de dizermos que um cliente é "aeróbico" ou "anaeróbico" quando se faz um exercício, esses termos, na realidade, e mais corretamente, referem-se aos músculos que estão sendo usados nas atividades, uma vez que a energia para a contração muscular e o movimento é produzida dentro das células dos músculos. O exercício aeróbico quer dizer que os músculos que seu cliente está usando para uma determinada atividade estão obtendo oxigênio suficiente para satisfazer as necessidades de energia por meio dos processos aeróbicos. Os exercícios anaeróbicos ocorrem quando os músculos em atividade não estão mais obtendo oxigênio necessário para produzir a energia aerobicamente e tem de depender do sistema anaeróbico. Quanto mais bem-condicionado seu cliente for, mais capaz o sistema cardiorrespiratório dele será de levar uma boa quantidade de oxigênio para sustentar a produção de energia aeróbica a níveis cada vez mais altos de intensidade.

Percorrendo o espectro de energia

Em descanso, os músculos são aeróbicos. Perceba que o corpo é sempre aeróbico porque as células do coração, do cérebro e dos nervos precisam de um fornecimento constante de oxigênio para satisfazer as demandas de energia e manter a vida celular. O descanso é uma intensidade de exercício e exige um volume de oxigênio (VO_2) para manter as demandas de energia de descanso do corpo.

Conforme a intensidade de exercício aumenta, do descanso à caminhada e à corrida, a demanda por oxigênio continua a aumentar. Ela se torna um desafio para o sistema cardiorrespiratório na obtenção de oxigênio suficiente para os músculos em trabalho. E, a menos que sejam treinadas para isso, pode ser que as células musculares não consigam extrair o oxigênio disponível no sangue conforme a intensidade do exercício aumenta. Entre 50 e 85% da capacidade aeróbica máxima (dependendo do nível de condicionamento físico e dos fatores genéticos específicos), o fornecimento e a utilização do oxigênio para os músculos em atividade tornam-se inadequados. Nesse ponto, os músculos mudam para o sistema de energia anaeróbica para tolerar as contrações continuadas, por exemplo, a energia derivada do metabolismo anaeróbico é predominante quando uma pessoa está em treinamento de força com 8 a 12 repetições ou está fazendo muito esforço (por exemplo, treinamento intervalado) que dure de 30 segundos a cerca de dois ou três minutos.

A intensidade na qual os músculos não mais conseguem captar oxigênio suficiente para produzir a energia predominantemente pelo metabolismo aeróbico costuma ser chamada de *limiar anaeróbico*. Passar o limiar anaeróbico geralmente leva a um aumento significativo na respiração, uma sensação de queimação nos músculos (acúmulo de lactato do sistema de contribuição da energia anaeróbica) e uma sensação de que o cliente gostaria de reduzir o ritmo ou não pode continuar essa atividade no ritmo atual. Ele provavelmente não conseguirá dizer três ou quatro palavras sem gaguejar.

Nem mesmo a recuperação dos esforços anaeróbicos tradicionais de força (fadiga muscular em cerca de 30 a 90 segundos ou 8 a 12 repetições) poderia ser realizada sem o sistema de aeróbico em longo prazo. Às vezes uso essa informação para motivar clientes que só querem fazer treinamento de força. Explico que o treino de força anaeróbico pode ser melhorado com uma recuperação mais eficaz e rápida como resultado do condicionamento aeróbico. Muitos clientes têm dificuldade de entender como o esforço aeróbico melhora o esforço anaeróbico, a recuperação e o bem-estar total. Essa explicação ajuda a responder as perguntas dos clientes acerca de importância de usar uma abordagem equilibrada para atingir o condicionamento físico.

Mesmo que um sistema de energia predomine sobre o outro, os sistemas de energia aeróbica e anaeróbica estão sempre trabalhando, seja qual for intensidade ou o tipo de atividade. O sistema aeróbico produz bastante energia e é o sistema dominante no descanso durante as atividades de intensidade moderada a alta, se o cliente tiver um ótimo condicionamento e durante a recuperação dos esforços para esforços anaeróbicos. O sistema anaeróbico consegue produzir energia rapidamente para contrações musculares fortes e imediatas e não exige oxigênio no processo. Entretanto, o problema da reação muscular imediata está na susceptibilidade de uma fadiga mais rápida.

É claro que o corpo do cliente não muda para o sistema anaeróbico de repente, nem totalmente, mas gradualmente muda de marcha para produzir energia em uma freqüência mais rápida do que conseguiria aerobicamente. A velocidade e a extensão dessa mudança entre produção de energia aeróbica e anaeróbica depende da demanda feita pela intensidade relativa do exercício. Qualquer atividade que possa ser feita em um ritmo "aeróbico" também pode ser levada a um nível anaeróbico de intensidade, e vice-versa. Conforme o cliente se torna mais bem condicionado, acessos de aumento de intensidade acima do confortável (por exemplo, treinamento intervalado) podem ser adequados para diversos níveis de condicionamento físico (capítulo 18).

Ajustes fisiológicos para a demanda de energia

O corpo faz diversos ajustes fisiológicos para satisfazer as demandas cada vez maiores de energia nos músculos em exercício durante o esforço cardiorrespiratório, durante a recuperação do esforço anaeróbico. O principal objetivo desses ajustes é oferecer um músculo em exercício com sangue oxigenado que pode ser usado para produzir energia (ATP). As capacidades de resistência de seu cliente serão muito influenciadas pela magnitude e direção dessas mudanças.

Débito Cardíaco

O rendimento cardíaco (Q) é o produto do volume de sangue (QS) e da freqüência cardíaca (FC), onde Q= FC X QS. Essa medida indica a quantidade de fornecimento de oxigênio aos músculos em exercício. Conforme mais trabalho é feito (atividade mantida, rítmica e com grandes músculos), mais sangue é bombeado por minuto pelo coração. Com o treinamento, o cliente consegue entregar a mesma quantidade de sangue e oxigênio necessárias para realizar um determinado trabalho com menos batimentos cardíacos por minuto devido à quantidade aumentada de sangue que o coração consegue bombear a cada batimento (QS).

Freqüência Cardíaca

A freqüência cardíaca (FC) é o número de vezes que o coração bate por minuto. Conforme seu cliente vai se tornando melhor condicionado com uma determinada quantidade de trabalho (por exemplo, caminhada ou corrida de uma determinada distância, a um passo estabelecido), a FC diminui e um volume maior de sangue realiza a entrega necessária do oxigênio e do sangue. Conforme a intensidade do exercício aumenta, a FC aumentará até certo ponto. Quando seu cliente alcançar ou se aproximar de seu máximo VO_2 (o nível mais alto de entrega e utilização do oxigênio), a FC começa a diminuir e é chamada de *freqüência cardíaca máxima* (FCM).

A FCM diminui com a idade, e o treinamento não pode interferir nessa conseqüência do envelhecimento. Mas manter-se em forma permite que um cliente trabalhe com um percentual mais alto de máximo alcançável, atenuando, assim, o maior dos efeitos da idade – a inatividade!

Volume de sangue

O volume de sangue (VS) é o outro determinante principal do Q e a quantidade de sangue ejetada do coração durante cada batimento. Diferentemente da FC e da Q, o VS não aumenta linearmente (ou seja, de maneira previsível e crescente) com o índice de trabalho. O VS aumenta progressivamente até um índice de trabalho equivalente a, aproximadamente, 50 a 75% do VO_2máx que é alcançado. Daí em diante, aumentos contínuos no índice de trabalho causam pouco ou nenhum aumento no VS.

Acredita-se que os aumentos no VS induzidos pelos exercícios são os resultados de fatores intrínsecos e extrínsecos ao coração. De acordo com a lei de Frank-Starling, um alongamento maior é imposto às fibras musculares do coração devido a um retorno venoso mais acentuado, resultando em uma contração mais forte das fibras e, conseqüentemente, um VS maior. Fatores extrínsecos, como uma estimulação nervosa aumentada (simpático) ou estimulação de endócrina (liberação dos hormônios adrenais, epinefrina e norepinefrina) ao coração podem contribuir para o aumento de VS que ocorre durante o exercício. Esses tipos de influências e as melhoras que resultam em aumento do VS são resultado direto do treinamento físico. Veja o quadro na página 290 para obter mais informação sobre VO_2.

Pressão sanguínea (PS)

A pressão sanguínea é a quantidade de força exercida na parede arterial. Entender a natureza da dinâmica da pressão arterial é útil para se compreender como o corpo responde ao exercício.

Pressão sanguínea sistólica (PSS) é a força desenvolvida pelo coração durante a contração ventricular esquerda (ejeção do ventrículo esquerdo do coração). A PSS aumenta linearmente conforme o trabalho aumenta. Em outras palavras, conforme a freqüência cardíaca e a intensidade do exercício aumentam, aumenta também a PSS.

Pressão sanguínea diastólica (PSD) indica a pressão no sistema arterial durante o relaxamento ventricular e reflete a menor resistência ao fluxo sanguíneo. Muda pouco no descanso e nos níveis máximos de exercício nas pessoas saudáveis.

Pressão do pulso é a diferença entre a PSS e a PSD. Aumenta em proporção direta à intensidade do exercício. A pressão do pulso é importante porque reflete a força para o fluxo sanguíneo nas artérias.

A soma de todas as forças que se opõem ao fluxo sanguíneo na circulação sistêmica é chamada de *resistência periférica total (RPT).* Vários aspectos afetam a RPT, incluindo a viscosidade do sangue, o comprimento da veia, a pressão hidrostática (pressão criada no sistema fluido ou no ambiente, como se encontra presente no corpo) e o diâmetro da veia.

O diâmetro da veia é o mais importante destes fatores. Para mostrar o impacto que ela tem, se uma veia tem metade do rádio de outra e se todos os outros fatores forem iguais, a veia mais larga teria 16 vezes menos resistência do que a veia menor. Assim, 16 vezes mais sangue fluiria pela veia maior na mesma pressão.

Alguns órgãos necessitam de mais fluxo de sangue do que outros durante a atividade física. O mesmo acontece com os músculos do esqueleto. Os músculos em atividade precisam de maior fluxo durante o exercício e geralmente não exigem um grande volume de sangue durante o descanso. Durante os exercícios, a resistência nos vasos fornecendo sangue ao músculo e à pele é menor. Isso quer dizer que o fluxo sanguíneo para essas partes do corpo é melhorado.

A resistência nas veias que fornecem sangue para os órgãos viscerais (o fígado, o trato gastrintestinal e os rins) aumenta durante a atividade. O aumento na resistência indica que o fluxo sanguíneo para os órgãos viscerais é reduzido, liberando oxigênio para necessidades mais imediatas do corpo em exercício.

A capacidade do corpo levar sangue para os músculos em exercício e aumentar o fluxo de sangue para a superfície da pele para ajudar a dissipar o calor é atribuída a condições metabólicas que afetam instantaneamente o diâmetro das artérias e veias. Quando o diâmetro aumenta, acontece a vasodilatação. A RPT costuma diminuir durante o exercício dinâmico e progressivo, porque a vasodilatação está ocorrendo nos músculos e na pele. Isso parece suprimir a vasoconstrição (estreitamento do diâmetro interno da veia) que ocorre nos órgãos. O resultado é menos resistência total ao fluxo sanguíneo.

Entendendo o VO_2: Fornecimento e utilização de oxigênio

Volume de oxigênio (VO_2).

VO_2 é uma representação científica de como o corpo carrega e usa o oxigênio. Você precisa entender o VO_2 quando o assunto for *condicionamento cardiorrespiratorio*, *aeróbico* e *anaeróbico*.

A capacidade de entregar e "usar" ou extrair oxigênio, chamada de diferença de oxigênio arteriovenoso, ou diferença $(a\text{-}v)O_2$, depende, em partes, da quantidade de sangue bombeado por minuto pelo coração (produção ou fornecimento cardíaco) e pela especificidade (extração de oxigênio). Esses dois aspectos, o fornecimento e a utilização do oxigênio, incluem o VO2.

Essa combinação de fornecimento de sangue (Q) e extração [diferença $(a\text{-}v)O_2$] de oxigênio do sangue é representada pela equação de Fick.

Equação de Fick

$$O_2 = Q \text{ X diferença } (a\text{-}v)O_2$$

Ou, simplesmente

$$VO_2 = \text{fornecimento (Q) X extração [diferença } (a\text{-}v)O_2]$$

O VO_2 é um volume de oxigênio consumido pelo corpo desde a morte (nenhuma necessidade de oxigênio!), o descanso (baixa necessidade de oxigênio) e a atividade submáxima (necessidade moderada a alta de oxigênio). A equação de Fick demonstra a habilidade do corpo de fornecer sangue (Q) carregado com oxigênio, e depois extrair [diferença $(a\text{-}v)O_2$] o oxigênio necessário para a atividade, além de outras funções corporais que incluem o reparo e o crescimento da célula.

A produção cardíaca ou Q já foi caracterizada como um componente de fornecimento de sangue de VO_2. Você pode imaginar a situação como um caminhão deixando uma plataforma de carga repleto de pedras (células vermelhas carregadas de oxigênio), em direção a um ponto de entrega (no caso de uma atividade, para os músculos em exercício). Geralmente, quanto mais bem condicionado for o aluno e mais acostumado ele estiver ao tipo de atividade, maior é a probabilidade do "fornecimento" (oxigênio) ser aceito (extraído ou utilizado) no ponto de entrega (os músculos em exercício).

A capacidade de extrair oxigênio de modo eficiente é um exemplo das complexidades da bioquímica e da especificidade do treinamento. Quando, como resultado de um bom treinamento cardiorrespiratório progressivo, um cliente aumenta suas enzimas anaeróbicas e aeróbicas, a densidade capilar e a mitocôndria por meio de adaptações de treino físico, ele está afetando a bioquímica do corpo e sua habilidade de entregar e usar o oxigênio. Isso aumenta a capacidade do corpo de produzir energia de modo eficiente e eficaz.

Continua

Continuação

Diferença de oxigênio arteriovenoso

A diferença (a-v)O_2 é a caracterização técnica da *extração de oxigênio*. É o outro componente essencial do VO_2, e indica a capacidade das células musculares de seu cliente de usar oxigênio. Por exemplo, a quantidade de oxigênio no sangue e o descanso varia de 20 mililitros de oxigênio para cada 100 mililitros de sangue arterial a 14 mililitros de oxigênio para cada 100 mililitros de sangue venoso. A diferença entre esses dois valores, 20-14 = 6 mililitros, é chamada de diferença de oxigênio arteriovenoso, ou diferença (a-v)O_2.

A diferença (a-v)O_2 é a diferença entre a quantidade de oxigênio no sangue arterial (sangue oxigenado quando deixa o coração) e sangue venoso misturado (após passar pelos músculos do esqueleto com uma parte de seu conteúdo original). Esse valor reflete até que ponto o oxigênio é extraído ou removido do sangue ao percorrer o corpo. O condicionamento cardiorrespiratório que usa a intensidade de exercício adequada, duração, e freqüência resulta em um aumento progressivo na diferença (a-v)O_2, sem falar no aumento o VO_2máx. Essa adaptação reflete uma queda na quantidade de oxigênio venoso (sangue que volta ao coração) e indica uma maior utilização de oxigênio pelos músculos em movimento. Os músculos em movimento podem reduzir o conteúdo de oxigênio no sangue venoso em cerca de metade e a um terço em relação aos níveis de descanso em clientes condicionados. Isso indica que os músculos de seu cliente estão extraindo uma proporção muito maior do oxigênio entregues a eles (os músculos) no sangue arterial. Até 85% do oxigênio no sangue arterial pode ser removido durante um exercício máximo em pessoas altamente treinadas. Fica claro o que o transporte e a entrega eficientes do carregamento molecular de oxigênio não são muito úteis se o oxigênio não puder ser aceito (extraído) no local de entrega (músculos em movimento).

Absorção máxima de oxigênio

Nesse momento, você pode estar se perguntando: "Então, qual é a importância da absorção máxima de oxigênio, ou VO_2 máx.?". Quando uma pessoa participa de um exercício acima da intensidade com a qual ele está acostumado, a freqüência cardíaca, a respiração e a absorção de oxigênio aumentam. Entretanto, chega um momento que a absorção de oxigênio não pode ser aumentada, mesmo que mais trabalho esteja sendo feito. Nesse momento, seu cliente alcançou um nível que costuma ser chamado de absorção máxima de oxigênio (termos parecidos são: consumo máximo de oxigênio, força aeróbica máxima ou VO_2 máx). Geralmente acredita-se que ele representa a capacidade de seu cliente de fazer a *ressíntese aeróbica* (produção) de ATP.

O VO_2 é considerado, por muitos especialistas, como o melhor indicador do condicionamento cardiorrespiratório, pois envolve a habilidade de três grandes sistemas – pulmonar (pulmões), cardiovascular (coração e veias) e muscular (músculos do esqueleto) – do corpo para reter, transportar e usar o oxigênio. Uma maior absorção máxima de oxigênio resulta em uma capacidade física maior.

Entretanto, a capacidade de fornecer e usar um grande volume de oxigênio (ou seja, VO), em níveis de intensidade mantidos acima do nível de descanso, determina a capacidade de trabalho de um cliente ou a eficiência que seu corpo pode ter durante a atividade. Em outras palavras, apesar de o VO_2 máx ser importante, a porcentagem do VO_2 máx de seu cliente que pode ser usada e mantida também é importante. Por exemplo, se você comparasse dois clientes, o cliente A pode ter um VO_2 máx maior que o do cliente B. Mas digamos que o cliente B consiga sustentar um percentual mais alto de seu VO_2 mais baixo em relação ao cliente A. Devido a essa capacidade, o cliente B terá uma *performance* melhor que o cliente A, mesmo que ele tenha um VO_2 máx maior.

Continuação

> Está claro que o VO_2 máx não é o único indicador de capacidade de um cliente fazer um esforço cardiorrespiratório.
> Em qualquer nível abaixo do VO_2 máx, uma pessoa bem condicionada é capaz de fornecer e usar com mais eficiência a quantidade de oxigênio exigida pelos sistemas do corpo para as determinadas atividade e intensidade. Isso quer dizer um cliente mais eficiente em termos de capacidade de trabalho físico. Além disso, o cliente pode ter desenvolvido o que eu chamo de "margem de condicionamento". Ter uma margem de condicionamento quer dizer que um cliente tem energia para as atividades diárias, incluindo tempo para passar com a família, recreação e passatempos, além de maior tolerância para lidar com os estresses da vida.

Além disso, a estimulação dos nervos aos vasos venosos faz com que eles "endureçam". Tal *venoconstrição* permite que grandes quantidades de sangue saiam das veias periféricas (em direção às extremidades) e entrem na circulação central.

A vasoconstrição, a vasodilatação e a venoconstrição trabalham para permitir que mais sangue (e oxigênio) esteja disponível para o músculo em exercício e o processo de esfriamento do corpo, melhorando a situação imediata de exercícios.

Qualquer aumento na produção cardíaca máxima afeta diretamente a capacidade de seu cliente fazer o oxigênio circular. Um aumento na produção cardíaca máxima claramente resulta em um aumento proporcionado no potencial para o metabolismo aeróbico. As condições adequadas de treinamento cardiorrespiratório condicionam todo o sistema cardiorrespiratório e melhoram a disponibilidade de oxigênio aos sistemas do corpo.

Produção de energia e adaptações fisiológicas ao exercício

Vamos analisar a uma cronologia de como o corpo gera a energia e faz ajustes ao exercício. Essa compreensão ajudará a ligar a aplicação da prática e da teoria quando você estiver planejando os programas.

Em uma pessoa saudável, as necessidades de energia em descanso são predominante e facilmente satisfeitas pelo sistema de energia aeróbico. Quando a atividade exige mais do corpo, ele imediatamente precisa de quantidades maiores de energia para manter o nível de trabalho. Entretanto, a taxa de produção de energia aeróbica é mais lenta quando uma pessoa passa de níveis de atividades mais baixos para mais altos, que exigem mais oxigênio. O oxigênio deve ser respirado, transferido dos pulmões para o sangue, levado ao coração, e, então, bombeado para os músculos que dele necessitam.

Devido à mecânica envolvida em levar o oxigênio aos músculos em atividade, existe uma demora na entrega do oxigênio do coração e do sistema vascular. É chamado de déficit de oxigênio. Está associado com as primeiras fases do exercício e ocorre, em certo ponto, até em exercícios de baixa intensidade.

O déficit de oxigênio ocorre porque o consumo de oxigênio precisa de vários minutos para alcançar o nível exigido de absorção exigido para um determinado exercício de intensidade submáxima. Apesar da exigência de oxigênio para a atividade em questão ser constante desde o começo do exercício, esse período inicial de exercício tem um consumo de oxigênio que está abaixo do nível necessário.

Você pode facilitar a transição incluindo aquecimento progressivo e mais lento, sem passar diretamente para o treinamento intenso. Isso dá ao corpo tempo de enviar o fluxo sanguíneo aos músculos em atividade. Entretanto, você não pode eliminar totalmente o déficit de oxigênio, pois a energia imediata para o trabalho muscular vem de um colapso anaeróbico de ATP no músculo. Apesar de o déficit de oxigênio ocorrer até certo ponto, quando uma pessoa passa de níveis de descanso a níveis mais altos de esforço cardiorrespiratório os efeitos, como falta de ar, podem ser diminuídos com o aquecimento adequado.

Depois dos primeiros minutos de exercício, o consumo de oxigênio aumenta rapidamente até que um platô seja alcançado (geralmente entre o terceiro e o quarto minuto). Depois que a pessoa em exercício atinge seu platô, se a intensidade continuar constante, o consumo de oxigênio é relativamente estável. Esse platô é considerado o estado estável (esse veja a figura 15.1).

O estado estável reflete um equilíbrio entre a energia necessária para os músculos em movimento e a taxa de produção um de ATP pelo sistema de energia aeróbica. Se o início do exercício for devagar, uma taxa estável é alcançada no terceiro ou quarto minuto. A atividade com freqüência estável pode ser descrita como um nível de esforço cardiorrespiratório relativamente fácil de manter; o ritmo deve ser leve para ser mantido durante cinco minutos ou mais.

Em condições metabólicas de taxa estável, o acúmulo de lactato é mínimo, devido à abundância de oxigênio disponível. As demandas de energia e da atividade em nível estável são satisfeitas predominantemente pelo metabolismo aeróbico de carboidratos e gorduras. A taxa estável acontece durante a glicólise aeróbica e nos níveis submáximos de exercício.

Um nível de *taxa estável máxima* se equipara com o limiar anaeróbico e com o limiar de lactato sanguíneo e varia de uma pessoa à outra. Deixando as influências genéticas de lado, as diferenças dependem principalmente da habilidade do cliente de fornecer e usar a oxigênio e de acordo com o condicionamento cardiorrespiratório atual. Para um cliente sedentário, sair do descanso para uma caminhada leve pode levar à necessidade de energia do músculo no metabolismo anaeróbico. A taxa estável máxima existe em níveis muito baixos de atividade. Compare isso com um cliente altamente condicionado, que consegue manter um equilíbrio de energia aerobicamente em níveis muito intensos de exercícios. Por exemplo, em um maratonista altamente condicionado e geneticamente abençoado, o metabolismo aeróbico estável pode ser mantido em um ritmo bem abaixo de uma milha em seis minutos, por 26 milhas! Um exercício com taxa estável máxima representa um exercício de alta intensidade que seu cliente não consegue manter por muito tempo. Para saber mais sobre a taxa estável e o treinamento cardiorrespiratório, veja o capítulo 18.

Recuperação do Consumo de Oxigênio

Na *recuperação* de um exercício, o oxigênio consumido acima do valor de descanso do consumo de oxigênio é chamado débito de oxigênio ou consumo de recuperação de oxigênio (veja a figura 15.1). A recuperação do débito de oxigênio é calculada como o total de oxigênio consumido na recuperação menos o total que teoricamente seria consumido em descanso no período de recuperação. Para compreender esse conceito em termos práticos, usarei uma discussão feita pelo cientista A.V. Hill (registrada em McArdle, Katch e Katch, 1991).

Em 1992, Hill e outros discutiram o metabolismo de energia durante o exercício e a recuperação em termos de contabilidade. Os estoques de carboidrato do corpo foram relacionados aos "créditos" de energia. Se esses créditos fosse usados durante o exercício, ocorria, então, um "débito". Quanto maior o déficit de energia, ou o uso de créditos disponíveis, maior o débito de energia. O acúmulo de ácido lático durante o componente anaeróbico do exercício representava a utilização do crédito de energia, o glicogênio. Apesar de os cientistas saberem agora que a absorção de oxigênio de recuperação é um assunto mais complexo, acreditava-se

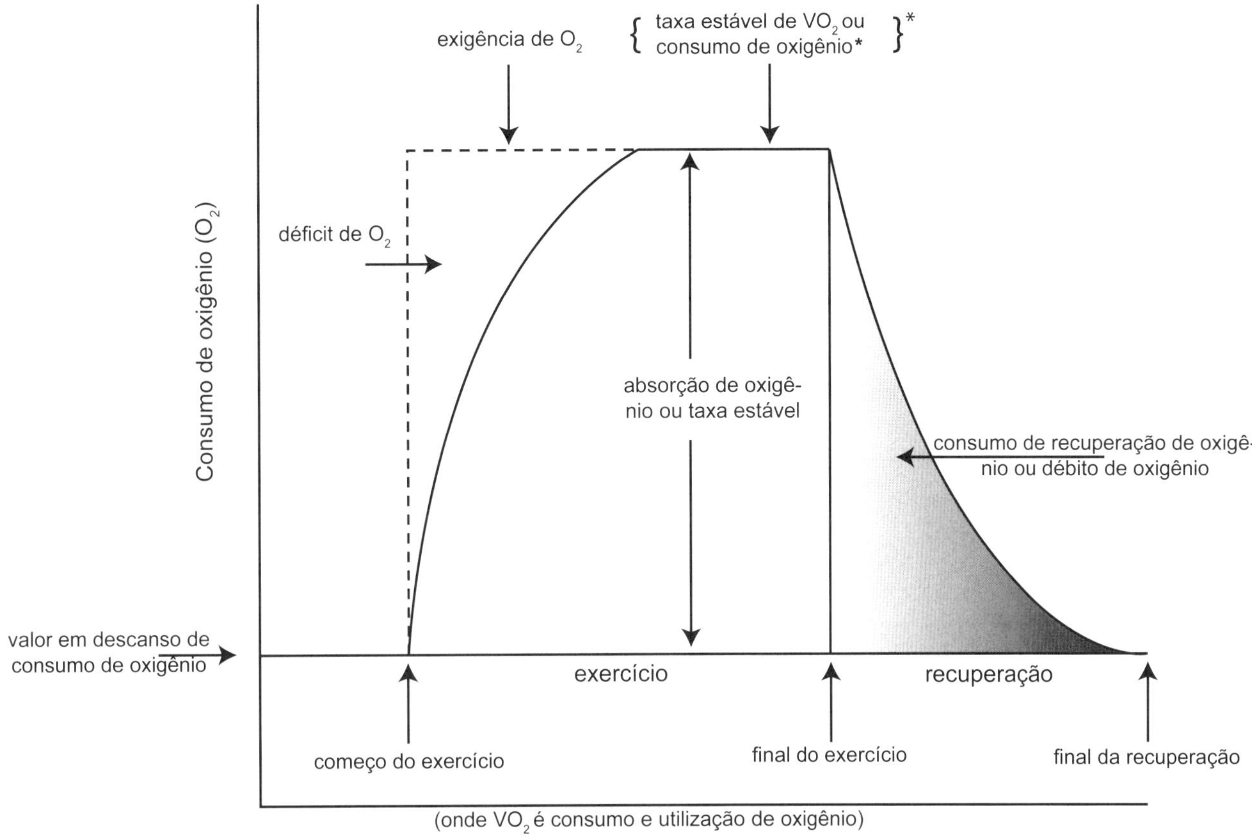

Figura 15.1 Déficit de oxigênio e débito de oxigênio.

que ele representava o custo metabólico de quitar o débito. Daí o termo *débito de oxigênio*.

Não há dúvidas de que o metabolismo aeróbico elevado é necessário na recuperação. Quando o cliente está respirando com dificuldade após o exercício, mais oxigênio está sendo consumido para ajudar a restabelecer a capacidade do corpo de produzir energia (ou seja, repor os estoques de glicogênio e a síntese de ATP). Na recuperação de exercícios intensos, o consumo de oxigênio para recuperação é o usado para ressintetizar uma parte do ácido lático ao glicogênio. Mas, a principal fonte para restabelecer os níveis de glicogênio pré-exercício é o carboidrato na dieta, e não o ácido lático ressintetizado. Assim, os clientes devem consumir quantidades adequadas de carboidrato para restabelecer os estoques de glicogênio para os músculos e o fígado.

O débito de oxigênio inclui déficit de oxigênio (figura 15.1). Além disso, reflete os custos de energia tanto do (1) metabolismo anaeróbico durante o exercício quanto (2) dos ajustes respiratórios, circulatórios, hormonais, de reparação de tecido, iônicos (redistribuição de cálcio, potássio e sódio dentro do músculo e de outras partes do corpo) e termais que ocorrem na recuperação (McArdle, Katch e Katch 1991; 1996). Durante a recuperação, todos esses processos exigem oxigênio em quantidades muito acima das taxas de descanso para fazer o corpo voltar ao normal.

Após qualquer tipo de exercício, o corpo não retorna imediatamente ao nível de descanso de consumo de oxigênio. Uma das funções do esfriamento é colocar o corpo novamente na posição de descanso com segurança. Durante os esforços submáximos (fáceis de moderar), o retorno ao nível de descanso depois do exercício quase não é notado. Durante uma atividade intensa, o retorno para a taxa metabólica de pré-atividade (consumo de oxigênio no descanso ou VO_2) é perceptível em termos de, por exemplo, taxa de respiração, taxa possível de transpiração e aumento do tempo necessário para o retorno aos níveis de pré-exercício.

Implicações do déficit de oxigênio para o exercício e a recuperação

Os procedimentos para acelerar a recuperação depois do exercício geralmente podem ser chamados de ativos ou passivos. Na *recuperação ativa*, que geralmente é chamada de "esfriamento", o exercício submáximo é realizado na crença de que esse movimento continuado evita, de alguma maneira, as cãibras e facilita o processo de recuperação. Com a *recuperação passiva*, a pessoa geralmente se deita ou fica completamente inativa, na esperança de que a inatividade completa possa reduzir as exigências de energia e, assim, liberar oxigênio para o processo de recuperação.

Argumento para a recuperação passiva. Quando uma pessoa está se recuperando de um exercício de freqüência estável, a recuperação é mais rápida com os procedimentos passivos, pois não há o acúmulo de ácido lático com o exercício aeróbico contínuo. Independentemente, o exercício adicional pode começar rapidamente sem os efeitos da fadiga.

Pode ser dito que tanto deitar-se quanto uma atividade de baixa intensidade facilitarão a recuperação rapidamente. Apesar de a pesquisa indicar que o método passivo é bom, ele pode ser o melhor se, por exemplo, você estiver lidando com uma pessoa que tenha um histórico de doença cardíaca, se um ataque cardíaco ou sintomas indicando perigo ocorreram ou se você estiver tentando melhorar a reação específica ao treinamento. A atividade de baixa intensidade não prejudicará a recuperação de seu cliente na maioria dos casos.

Argumento para a recuperação ativa. Quando a intensidade de exercícios para uma pessoa normal passa de 55 a 60% do VO_2 máx (cerca de 70 a 75% da freqüência cardíaca máxima), uma taxa estável de metabolismo aeróbico geralmente deixa de ser mantida. A formação do ácido lático pode passar de sua taxa de remoção. Havendo o acúmulo do ácido lático, logo a pessoa ficará exausta. Atletas acostumados com exercícios de alta intensidade conseguem manter 85% ou mais de seu VO_2 máximo em uma freqüência estável e cliente muito bem condicionados conseguem trabalhar com percentuais mais altos com o máximo da capacidade – ou seja, 75 a 85% – sem acumular grandes quantidades de ácido lático.

A remoção do ácido lático é acelerada pela recuperação ativa. A atividade rítmica e dos grandes músculos que fica em um ritmo estável ou mais baixo é claramente mais eficiente par facilitar a remoção de lactato em comparação com a recuperação passiva (Plowman e Smith, 1997; McArdle, Katch e Katch, 1991; 1996). Ainda não está clara a razão pela qual a recuperação ativa beneficia a remoção do ácido lático, apesar de poder ser o resultado de um aumento de fluxo sanguíneo pelos órgãos que usam lactato, como o fígado e o coração, e por meio dos músculos, que também podem usar o lactato. Entretanto, se o exercício feito na recuperação ativa for muito intenso, e estiver além do limiar do lactato, pode prolongar a recuperação aumentando a formação de ácido lático.

Aplicação prática. Essa informação sobre a produção de ácido lático deve ter um grande impacto na forma com que você treina os clientes para esportes como corrida de longa distância, basquete, futebol e tênis. Durante a prática ou competição, se um cliente for levado a um nível muito alto de metabolismo anaeróbico, pode ser que ele não se recupere totalmente durante os breves momentos de descanso inerentes a uma determinada atividade ou um determinado esporte. Isso pode afetar a *performance* ou a habilidade de competir em um nível competitivo ou aumentar o risco de lesões. A solução está no treinamento específico para o esporte que treina o cliente conforme ele está acostumado e além desse limite e repete a produção de energia e a recuperação que ocorrem na atividade.

Os clientes cujos objetivos são a saúde e o condicionamento, quando podem escolher, naturalmente escolherão o exercício de intensidade de recuperação (McArdle, Katch e Katch, 1991; 1996). A intensidade de recuperação deve ocorrer abaixo do limiar de acúmulo de lactato ou em um nível de intensidade de exercício que o cliente pode manter com facilidade sem perder o fôlego. Ele deve ser capaz de dizer três ou quatro palavras por vez sem perder o fôlego e não deve sentir dores nem queimação nos músculos (devido ao acúmulo de ácido lático). Exercício adequado de recuperação ou esfriamento ajuda os sistemas do corpo a voltarem ao normal e aos níveis de descanso.

Aplicando a sobrecarga no condicionamento cardiorrespiratório

Ao planejar programas de exercícios, aplique a quantidade adequada de sobrecarga para melhorar o sistema cardiorrespiratório.

Uma sobrecarga completa para o treinamento cardiorrespiratório pode ser definida como uma atividade rítmica, constante, que abranja os grandes músculos e promova, simultaneamente, um aumento na freqüência cardíaca e retorno do sangue (retorno venoso) ao coração. Se melhoras contínuas forem percebidas, a sobrecarga deve ser aumentada progressivamente.

Muitos fatores podem aumentar a freqüência cardíaca sem aumentar o retorno do sangue ao coração, como a influência de drogas, a excitação, o calor ou o treino de resistência tradicional. Ainda assim, manter um grande volume de retorno venoso é essencial para que ocorra um bom efeito no condicionamento cardiorrespiratório.

Para melhorar ainda mais a definição de sobrecarga cardiorrespiratória, freqüência, intensidade e duração devem ser levadas em conta. Quando você tiver definido o tipo de atividade que satisfaz a definição de sobrecarga, geralmente recomenda-se que seu cliente se exercite e enfrente esse componente de condicionamento físico de três a cinco vezes por semana.

As regras de intensidade para adultos saudáveis, de acordo com o Colégio Americano de Medicina do Esporte (1995) são de 50 a 85% de VO_2 máx ou reserva de freqüência cardíaca. Isso se compara com 60 a 90% da freqüência cardíaca máxima (FCM). A duração recomendada é de 20 a 60 minutos.

O limiar mínimo para o aumento do VO_2máx é 50% do VO_2máx ou da reserva de freqüência cardíaca. Isso se compara com cerca de 60% da freqüência cardíaca máxima. Entretanto, um aumento no VO_2máx não é essencial para efeitos importantes e benéficos na saúde de seu cliente, nem na melhora da resistência cardiorrespiratória. Além disso, a pesquisa sugere que a freqüência e a duração influenciam o VO_2máx e que o volume total de trabalho (freqüência, intensidade e duração) tem mais impacto em relação às adaptações cardiorrespiratórias em comparação com o foco na intensidade ou duração individualmente (Plowman e Smith, 1997).

A capacidade de trabalhar em um percentual mais alto de VO_2máx (sem necessariamente aumentar o VO_2máx) e melhorar a saúde de seu cliente é aperfeiçoada com treinamento cardiorrespiratório moderado e consistente. Isso inclui tanto o treinamento contínuo (aeróbico) quanto o treinamento intervalado (em grande parte anaeróbico) para melhorar o condicionamento cardiorrespiratório (capítulo 15).

Resultado fisiológico do exercício correto cardiorrespiratório com sobrecarga

O exercício correto com sobrecarga pode ter os seguintes efeitos na criação de um sistema cardiorrespiratório mais eficiente que seja capaz de entregar e extrair o oxigênio de uma maneira melhor.

Os pontos a seguir estão bem comprovados:

1. Densidade capilar: aumenta com treinamento de resistência. Essa capilarização aumentada permite uma melhor distribuição de nutrientes e oxigênio para o músculo em movimento e melhora a remoção do subproduto metabólico (ácido lático, dióxido de carbono, água).

2. O tamanho e o número de *mitocôndrias*, caracterizadas como "casa de máquinas" aeróbicas na célula, aumenta com o treinamento de resistência. Essa adaptação permite que um nível mais alto de metabolismo aeróbico seja mantido porque o metabolismo aeróbico ocorre na mitocôndria.

3. Enzimas aeróbicas (substâncias de proteína na célula que facilitam a produção de energia) aumentam com o treinamento de resistência e melhoram a capacidade de usar o oxigênio com mais eficiência. Essa adaptação facilita o processo de produção de energia aeróbica.

4. Condicionamento intervalado de alta intensidade tem um bom efeito de treino na mudança do perfil metabólico de fibras rápidas, das fibras musculares do tipo IIa em relação à fibra com maior resistência.

5. Entrega de sangue (produção cardíaca ou Q) é melhorada por um coração mais forte, com um bombeamento maior ou maior volume de capacidade por batimento cardíaco.

6. Extração de oxigênio, ou diferença (a-v)O_2, é melhorada pelo treinamento regular e específico.

Tais mudanças fisiológicas e bioquímicas nas células dos músculos do corpo melhoram a capacidade da célula de gerar ATP aerobicamente, enquanto trabalha em níveis cada vez mais altos de intensidade de exercícios.

Escolhendo o método de treinamento

Quando os níveis de condicionamento físico melhoram, os objetivos mudam ou os interesses dos clientes se modificam, você pode usar a atividade rítmica com os grandes músculos para desafiar o cliente. Nenhuma atividade cardiorrespiratória é melhor que outra.

A abordagem apropriada ao treinamento, em geral, é analisar uma atividade em termos de suas exigências específicas de energia e treiná-las especificamente para melhorar esses sistemas. Uma capacidade melhorada para a transferência de energia (entrega e utilização do oxigênio) geralmente se traduz em melhor *performance* e saúde.

Para otimizar o condicionamento cardiorrespiratório, é preciso treinar anaeróbica e aerobicamente. O condicionamento intervalado pode aumentar a capacidade de seu cliente de retardar a necessidade de glicólise anaeróbica aumentando o limiar anaeróbico de uma pessoa ou a freqüência cardíaca máxima. As adaptações aos esforços de trabalho cardiorrespiratório intermitente que estão acima do que seu aluno está acostumado (freqüência estável) aumenta a capacidade de ele trabalha com cargas cada vez maiores, que não seriam possíveis em um estado de menos treino.

A maneira com que você decide treinar depende se a atividade é adequada a seu cliente e se ele se sente motivado a dominá-la. Em termos de intensidade ou nível de esforço, pode ser bom perguntar: "Intensidade certa para quê?". Pense no atual nível de condicionamento físico e nos objetivos pessoais de seu cliente. Pergunte se ele está treinando para melhorar a *performance*, o condicionamento, o gasto de calorias, a "queima de gordura" ou outras questões relacionadas à saúde.

Ótimas atividades cardiorrespiratórias são natação, caminhada, hidroginástica, corrida, esqui, patinação, treinamento de deslizamento lateral, *mountain bike* e aulas de step.

Como acontece em todas as decisões a respeito de programas, analise de maneira realista a disponibilidade de tempo e o perfil psicológico de seu cliente. Trabalhe dentro desses parâmetros, enfatizando a constituição individual e o desejo, e identifique atividades que ele goste.

O treinamento cardiorrespiratório não tem de ser chato nem repetitivo. Ao escolher opções que melhorem os sistemas de energia aeróbicos e anaeróbicos, você pode manter o condicionamento cardiorrespiratório algo motivante. Você tem de saber como os sistemas de energia interagem para estabelecer níveis adequados de intensidade e combinar o treinamento com os objetivos dos clientes. Veja os capítulos 17 e 18 para obter ajuda para saber a intensidade correta de exercícios e novas idéias de programação para o treinamento cardiorrespiratório.

Fisiologia do treino de resistência e do condicionamento muscular

A força e resistência muscular adequadas são muito benéficas para todos os seus clientes. Todo aluno precisa manter o condicionamento e a massa muscular.

O treinamento de resistência é o processo de sobrecarregar o sistema muscular (Fleck e Kraemer, 1997). O termo *treinamento de resistência* é usado para cobrir todos os tipos de treinamento de peso e força, incluindo:

- pesos livres (resistência dinâmica constante);
- resistência variável (resistência dinâmica variável);
- resistência elástica (outra forma de resistência variável dinâmica);
- produção de força concêntrica, excêntrica e isométrica (geralmente reunidas como diferentes tipos de "contrações musculares", mas mais corretamente chamadas de tipos de produção de força);
- treinamento isocinético.

O treinamento de resistência não apenas desenvolve a força e a resistência muscular como também melhora a habilidade dos músculos de se recuperar de estresses físicos da vida. Além disso, um pouco da deteriorização do condicionamento físico, associado com a idade, pode ser diminuída com o treinamento regular, principalmente o de resistência (Evans e Rosenberg, 1991; Wilmore e Costill, 1994).

Benefícios da saúde associados ao treinamento de resistência

- Perda de gordura, controle e manutenção do peso.
- Aumento do metabolismo.
- Aumento da queima de calorias durante o treinamento de resistência.
- Aumento da queima de calorias após os exercícios.
- Reduções na pressão sanguínea em descanso para clientes com pressão alta ou perto de alta.
- Diminuição do risco para a diabetes do tipo 2 (antes vista como começo da diabete adulta ou diabetes melitus dependente de insulina.
- Mudanças positivas no perfil de lipídio no sangue.
- Diminuição do risco de osteoporose.
- Aumento do cálcio.
- Melhora na integridade estrutural e funcional dos tendões e ligamentos.
- Independência física pessoal.
- Proteção contra lesões nos músculos e nas articulações.
- Atividades físicas melhoradas.
- Melhora na postura.
- Melhora da aparência.
- Melhora da auto-estima.

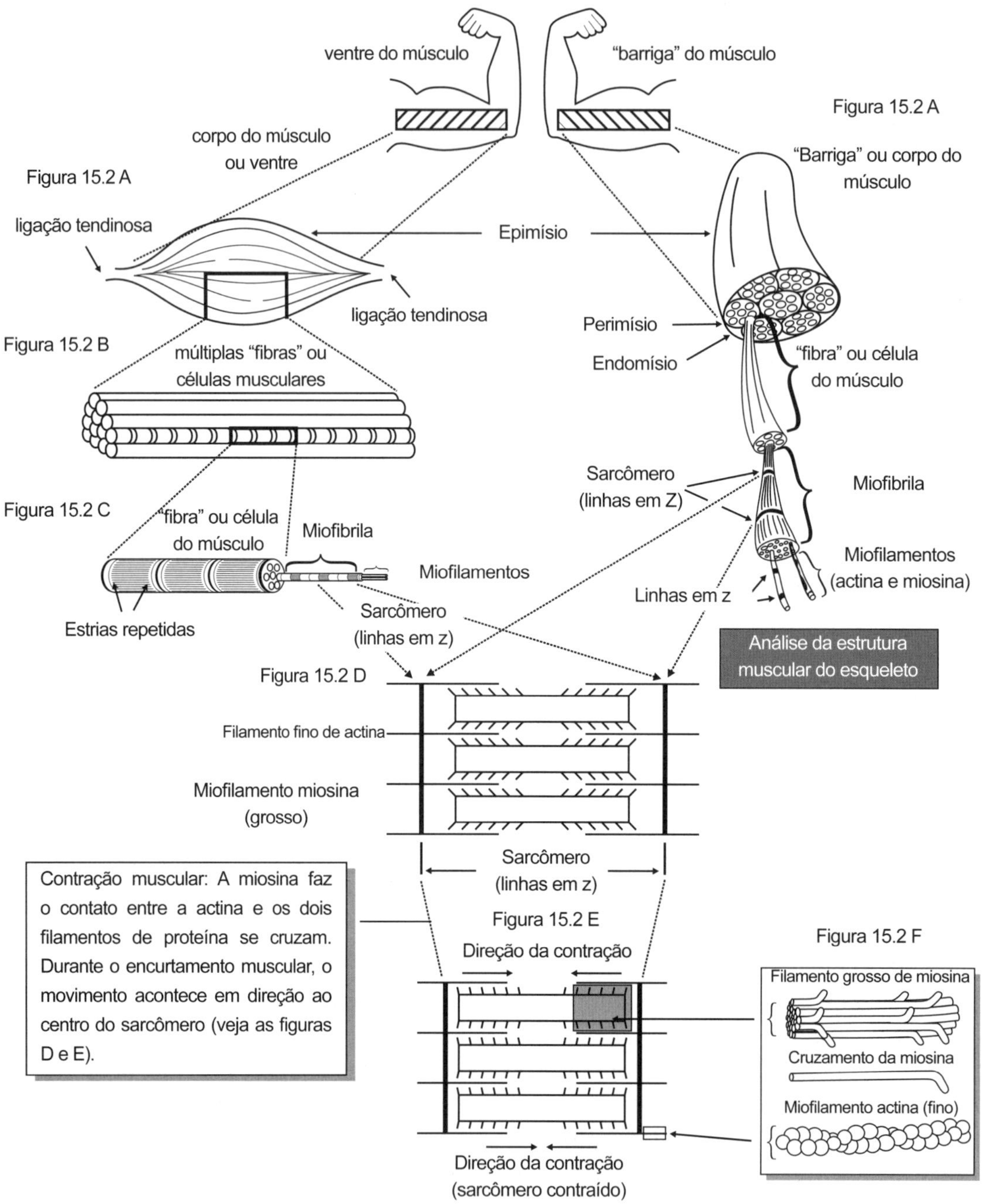

Figura 15.2 A estrutura e a anatomia dos músculos do esqueleto. Reimpresso de D. Brooks, 1998.

Os clientes conseguem notar grandes resultados com o treinamento de força ou resistência adequado, pois muitos seguiram programas ineficazes ou nunca participaram de algo do tipo. Como *personal trainer*, você tem de planejar programas de treinamento de força adequados, quando entender a estrutura e função dos músculos do esqueleto. Depois, pode unir essa teoria à prática diária (capítulo 19) para ajudar seus clientes a alcançarem seus objetivos.

Estrutura dos músculos do esqueleto

Os músculos são compostos, em grande parte, por água e proteína. A estrutura física do músculo é assim: milhões de fibras musculares individualmente envolvidas por um tecido conectivo, ou fáscia, chamado endomísio. Essas fibras são, então, agrupadas – como vários canudos – e envolvidas por uma segunda camada de tecido chamado perimísio. Esses grupos juntos formam o músculo, recoberto por uma camada de fáscia e fibrosa de tecido conectivo chamado epimísio, que se junta para formar os tendões densos e fortes que ligam o músculo ao osso. Veja a figura 15.2 para ter uma ilustração da estrutura e anatomia muscular do esqueleto.

Contração muscular e movimento

Os tendões ligam os músculos aos ossos em pontos chamados origens ou inserções. As origens são onde os tendões se prendem à parte mais estável do corpo (geralmente mais perto da linha do meio). As inserções, onde os músculos se prendem à estrutura mais maleável do esqueleto, geralmente são distais. O encontro tendinoso do músculo menos estável (geralmente a inserção) será levado a seu local original.

Por exemplo, os músculos do bíceps cruzam as articulações dos ombros e cotovelos. Dessas duas áreas, o ombro (origem) geralmente é aceito como mais estável nos movimentos convencionais de flexão do cotovelo. A inserção (abaixo do cotovelo) do bíceps se move em direção à origem, quando o músculo se contrai, porque o músculo se contrai em direção ao meio. Perceba que o efeito da origem e inserção pode, às vezes, ser revertido por diversas partes estabilizantes do corpo.

Por fim, a força da contração muscular é transmitida diretamente dos tecidos conectivos (endomísio, perimísio e epimísio, terminando nos tendões), por meio dos tendões, àqueles pontos de ligamento no esqueleto chamados de origem e inserção.

Dentro da fáscia

Por baixo do endomísio que envolve as fibras musculares de modo individual, está a *sarcolema*. Ela é uma membrana fina e esticável (como filme plástico), que abriga as proteínas contráteis das fibras musculares (actina e miosina), as enzimas, a gordura, o glicogênio, os núcleos e as organelas celulares especializadas. O *sarcoplasma*, contido na sarcolema, banha o conteúdo dessas células. Dentro do sarcoplasma encontra-se o *retículo sarcoplásmico*. Ele serve como uma rede de entrega, por meio de canais tubulares interconectados, para ajudar a facilitar a contração muscular. Esse retículo sarcoplásmico também oferece fibra muscular com mais integridade estrutural.

Fornecendo sangue ao músculo

Os músculos precisam de oxigênio do músculo em circulação. Para satisfazer essa necessidade, as veias se contraem e se dilatam, moderando o fornecimento de sangue aos músculos. Em atividades contínuas, essa vasoconstrição e vasodilatação ocorrem ritmicamente. Em conjunto com a "ação de ordenha" causada pelo músculo ativo, esse pulsar rítmico ajuda o coração a distribuir com mais eficiência o sangue pelo corpo. Mas, durante as atividades extenuantes, onde o músculo se contrai a cerca de

60% de sua capacidade, o fluxo de sangue ao músculo envolvido pode parar completamente.

Outro fator que afeta o fluxo sanguíneo é a Manobra de Valsalva, que ocorre quando a pessoa que faz o exercício prende a respiração momentaneamente ao dar início a um movimento extenuante. Isso altera a pressão dentro do corpo, o que, por sua vez, pode fazer com que o coração comece a trabalhar com mais intensidade para mandar oxigênio aos músculos – aumentando a pressão sanguínea e a freqüência cardíaca.

Prender a respiração pode representar um risco de saúde a um cliente que tenha, por exemplo, uma doença cardíaca não diagnosticada ou pressão alta, aumentando a pressão sobre o coração com a freqüência cardíaca mais alta e uma demanda extra por oxigênio no músculo cardíaco.

Apesar disso normalmente ser uma ocorrência normal durante o começo de cada repetição de exercício de força, o segredo é fazer com que seu cliente não o prenda durante a repetição toda. É preciso mais atenção ao cliente, e você deve procurar ajuda médica se tiver dúvidas a respeito de doenças que podem existir ainda sem conhecimento do cliente (capítulo 10).

Microestrutura do músculo do esqueleto

Em um nível microscópico, as fibras musculares são compostas de vários níveis de organização subcelular. Cada fibra muscular é formada por unidades menores chamadas miofibrilas, ou simplesmente fibrilas. Essas, por sua vez, são feitas de sete unidades menores, chamadas sarcômeros – as menores unidades funcionais contráteis de fibra muscular. Os sarcômeros contêm as proteínas actina e miosina. Os filamentos finos de actina e os densos de miosina são os principais responsáveis pelo processo mecânico da contração muscular (figura 15.2 c-f).

Estrutura e anatomia dos músculos do esqueleto

1. Paraimaginaranaturezadomúsculo, comece "vendo" uma única fibra muscular como um canudinho de refrigerante (figuras 15.2 b e c). Dentro desse canudinho, paralelamente, existem inúmeros canudinhos menores, ou miofibrilas (figura 15.2c). Se olharmos para o final do canudinho, ou de maneira cortada, as pontas das miofibrilas são cheias de bolinhas pretas (parecem várias bolinhas pretas feitas com uma caneta). Dentro dos canudinhos menores de miofibrilas, em comparação com uma única fibra muscular, estão os canudinhos menores (pontinhos pretos), que são os miofilamentos (figura 15.2 c). Agora você pode ver como essas unidades subcelulares são unidas como três lentes de telescópio (os canudinhos). De um grupo de fibras musculares, uma única fibra pode ser vista mais claramente, seguida por uma miofibrila e por um miofilamento. Eles se encaixam bem um no outro e são paralelos (figura 15.2 a-c).

Teoria do encaixe dos filamentos: como os músculos se contraem

As proteínas actina e miosina se sobrepõem de tal modo que se conectam quando o músculo se contrai. Contanto que o estímulo para a contração seja forte o bastante, os filamentos de actina e miosina se juntam, entrando em contato e se separando sem parar. Apesar de os filamentos não mudarem de comprimento, a teoria do encaixe dos filamentos sugere que esse contato entre os miofilamentos faz com que os músculos se encurtem ou alonguem conforme esse contato e separação ocorrem (figura 15.2 d-f).

A miosina tem estruturas com o formato de tacos de hóquei com a ponta curvada esticada em direção aos filamentos mais finos de actina (que têm o formato de ovas de peixes). Ao se sobreporem, o final em forma de "gancho" da miosina entra em contato com a actina e faz com que ela passe pelo filamento de miosina. Essa ação, um movimento de contato e separação, feita sem parar – como uma pessoa subindo por uma corda mão após mão – permite que o músculo alongue ou encurte durante a produção de força dinâmica (figura 15.2 d-f).

Apesar de o processo ser, na realidade, bastante complexo, perceba que a combinação de actina e miosina se dirige ao meio do sarcômero (figura 15.2 d e e). Conseqüentemente, o lado menos estável que se prende ao músculo (geralmente a inserção) será mais maleável e se moverá em direção ao lado mais estabilizado (geralmente a origem). Como um músculo se contrai em direção ao seu centro, como evidenciado pela ação mecânica da miosina e actina no sarcômero, haverá tensão nos dois lados tendinosos. Se um for mais móvel que o outro, ele se moverá em direção ao outro ponto de conexão. Se os dois forem fixos ou estabilizados, como na produção de força isométrica, uma força considerável pode ser produzida, mas pouco ou nenhum movimento ocorrerá na articulação. Esse conceito fará você compreender como o movimento ocorre no corpo humano e lhe dará a capacidade de avaliar e planejar exercícios eficientes e seguros de força.

Fornecimento de nervo de unidade motora ao músculo

Apesar de todas as fibras musculares terem uma mesma estrutura básica, as fibras dos músculos do esqueleto podem ser classificadas por suas características metabólicas e de contração de fibras lentas (tipo I) e rápidas (tipo II).

As fibras de tipo I se contraem com relativa demora e geram energia principalmente por meio do metabolismo aeróbico. As de tipo II são ainda divididas em fibras de tipo IIa e tipo IIb (existe uma terceira categoria que foi criada, mas aqui ficaremos apenas com essas duas). As fibras rápidas de tipo IIb geram energia em grande parte por meio de caminhos anaeróbicos, enquanto que as fibras rápidas do tipo IIa mostram uma combinação de características das fibras lentas e das rápidas. As do tipo IIa podem contribuir para o treinamento aeróbico e o anaeróbico, dependendo do tipo de treinamento executado. Por exemplo, treinamento intervalado comum teria efeitos diferentes nas fibras musculares rápidas do tipo IIa em comparação com o treinamento de força comum.

As fibras musculares se contraem de acordo com a exigência do *nervo motor*. Uma *unidade motora* é definida como um nervo motor e todas as fibras musculares específicas que ele ativa. Mais especificamente, a unidade motora se contrai ao comando do nervo motor. Assim como o sarcômero é a menor unidade funcional da contração muscular, a unidade motora é a menor unidade funcional de controle neuromuscular.

Um único nervo motor geralmente serve muitas fibras musculares individuais. Isso é possível graças à estrutura do nervo. O nervo termina em um axônio com muitas ramificações em direção às fibras musculares. O número de fibras musculares tomadas por um determinado nervo geralmente está relacionado com o tipo de movimento que o músculo deve executar. Quanto mais precisa e específica for a função motora, menos fibras musculares serão atendidas pelo nervo motor. Assim, um trabalho delicado como esse, feito pelos músculos do olho pode exigir um nervo para atender menos de dez fibras musculares, enquanto que movimentos menos complicados, que exijam o controle da função motora grossa, podem envolver poucos milhares de fibras estimuladas por um nervo.

A maneira com que as unidades motoras ativam as fibras é essencial para o movimento forte ou habilidoso. Para entender como os músculos variam a força, lembre-se que cada músculo tem muitos nervos motores à disposição para ativar suas várias fibras musculares. O tipo e a intensidade da atividade determinarão quais unidades motoras são ativadas.

Características das unidades motoras

Como mencionei anteriormente, as unidades motoras respondem aos estímulos do nervo de uma maneira do tipo "tudo ou nada". Quando o sistema nervoso diz "mova-se", todas as fibras de uma unidade motora se movem ao mesmo tempo. Entretanto, isso não quer dizer que o músculo todo reage. Como um único músculo pode ter centenas de unidades motoras, o sistema nervoso pode chamar muitas ou poucas. Além disso, a freqüência das unidades motoras é variável, o que quer dizer que pode ser aumentada ou diminuída para ajudar no controle da produção de força. Esse controle de força é chamado de graduação de força, e permite que controlemos nossos movimentos. Ao misturarmos o recrutamento das unidades motoras e a freqüência da resposta, bons padrões de descarga nervosa permitem uma grande variedade de contrações (de fraca a forte) (McArdle, Katch, e Katch, 1991; 1996).

As unidades motoras são formadas por fibras de um único tipo (rápidas ou lentas) ou uma subdivisão de uma fibra em particular (ou seja, fibra rápida do tipo IIa ou IIb) que têm o mesmo perfil metabólico (McArdle, Katch, e Katch, 1991; 1996). Lembre-se, cada músculo do corpo contém muitas unidades motoras. Se a sobrecarga adequada e variada não for usada com seus clientes, os programas de treinamento deles podem não estar estimulando as unidades motoras desejáveis e melhorando os resultados de treinamento em geral. O quadro 15.2 resume as características das unidades motoras.

As unidades motoras são classificadas em uma das três categorias, dependendo:

1. da velocidade da contração;
2. da quantidade de força que geram;
3. se resistem à fadiga ou se cansam relativamente rápido.

Fibras rápidas

As fibras musculares rápidas ou unidades motoras, principalmente as do tipo IIb, geram energia rapidamente para contrações forçadas (como uma corrida de 400 metros ou um levantamento de peso). Essas fibras estão envolvidas em trabalhos de alta intensidade e curta duração, que dependem quase que completamente do metabolismo anaeróbico para ter energia. Essas unidades atingem picos mais altos de tensão que as unidades de músculos de fibras lentas e desenvolvem essa tensão quase duas vezes mais rápido. As fibras rápidas também cansam com mais rapidez; uma série curta de 2 a 10 repetições para o músculo pediriam a contribuição tanto das fibras do tipo IIa quanto as do tipo IIb.

Fibras lentas

As fibras lentas, tipo I, ou unidades motoras são ideais para atividades de baixa intensidade e longa duração. Entre elas, estão corrida de longa distância, natação, caminhada e séries de treinamento de resistência de baixa intensidade (cerca de 20 repetições ou mais).

As fibras lentas geram energia por meio da transferência da energia aeróbica. A alta concentração de mitocôndria, os altos níveis de mioglobina e a capacidade proporcionalmente maior para o fluxo sanguíneo dão às fibras lentas uma maior capacidade ao metabolismo aeróbico. Apesar de funcionarem e se contraírem com mais lentidão que as fibras rápidas, as lentas são muito mais resistentes à fadiga.

As características das fibras lentas são alta atividade de enzima aeróbica, alta densidade capilar (para melhor fornecimento de oxigênio e remoção de subproduto), grandes estoques de triglicerídeos (gordura) intramuscular e alta resistência à fadiga muscular.

Influências hereditárias e a distribuição dos tipos de fibras

A porcentagem das fibras lentas ou rápidas que você tem em seu corpo é determinado, em grande parte, pela genética. As pesquisas indicam que, em termos de porcentagem de fibras lentas e rápidas, a pessoa nasce com um determinado percentual, que mantém razoavelmente constante por toda a sua vida. Como os genes afetam a *performance* e a adaptação às cargas de treinamento, fica fácil perceber a importância de não sermos capazes de escolher nossos pais! A *performance* entre os indivíduos é determinada em grande parte pela constituição genética. Mas todos os seus clientes conseguem perceber as melhoras na força muscular e nos ganhos de resistência em relação ao momento em que começaram a treinar.

Conversão do tipo de fibra

A pesquisa indica que não é provável que as fibras rápidas sejam transformadas em fibras lentas, e vice-versa, nas condições normais de treinamento. Entretanto, é interessante notar que uma grande pesquisa mostrou que o treinamento forte e prolongado pode mudar o tipo de fibra dos músculos do esqueleto. Isso não quer dizer que as fibras se mudam fisicamente pra outro tipo. Em vez disso, quer dizer que a estimulação crônica pode transformar as propriedades básicas das fibras musculares. O treinamento intervalado de alta intensidade, por exemplo, pode contribuir com esse tipo de reação nas fibras rápidas do tipo IIa. Isso é possível porque as características metabólicas das fibras e o limiar no qual o neurônio motor trabalha determina o correto nível de intensidade (e o tipo de atividade) que envolverá a unidade motora.

Tabela 15.2 **Características das unidades motoras**

Tipo I: lentas	Baixa velocidade de contração	Produção (tensão) de baixa força	Alta resistência à fadiga
Tipo IIa: rápidas	Rápida velocidade de contração	Características (ou seja, de fadiga e quantidade de produção de força) podem ser influenciadas pelo tipo de treinamento	Resistente à fadiga
Tipo IIb: rápidas	Rápida velocidade de contração	Alta produção de força	Susceptível à fadiga rápida

Considerações práticas

Um fato mais prático é que as características metabólicas particulares de todos os tipos de fibra podem ser modificadas por um treinamento específico.

O treinamento de força anaeróbico de alta intensidade é necessário para estimular a adaptação correta da fibra rápida. Isso inclui, por exemplo, aumento no tamanho dos músculos e das enzimas anaeróbicas. Por outro lado, a altamente adaptável fibra rápida do tipo IIa, com um treinamento cardiorrespiratório prolongado de alta intensidade, pode se tornar quase tão resistente à fadiga quanto as unidades de fibras lentas (McArdle, Katch e Katch, 1991; 1996).

Mas os esquemas de alta repetição (mais de 20 repetições) ou atividades de resistência não utilizam essas unidades motoras de fibras rápidas do tipo IIa. Por isso, seu cliente nunca terá um bom desenvolvimento muscular, a menos que você escolha uma sobrecarga correta e específica que faça com que essas três unidades se adaptem a uma carga que exija o envolvimento delas.

Exigência do tipo de fibra

As unidades motoras são exigidas em uma determinada ordem que melhor permita que elas controlem o movimento dos músculos. Essa exigência é afetada pelo tipo de atividade, a força necessária, o tipo de movimento e a posição do corpo. Dessas quatro, a força ou a intensidade "mandam". Ou seja, a intensidade ou a quantidade de resistência usada terá o maior impacto no desenvolvimento do condicionamento muscular.

Isso é chamado de "efeito de exigência do tipo rampa". Na atividade muscular que exija contrações e força cada vez maior, as unidades motoras de fibras lentas são exigidas para o esforço menor. Quando o esforço passa a intensidades mais altas com rapidez, as unidades de fibras rápidas são exigidas (veja a figura 15.3). Isso faz com que as fibras lentas sejam envolvidas em primeiro lugar, deixando as fibras rápidas para o esforço maior. Essa exigência teórica e simplificada permitiria, em primeiro lugar, as fibras lentas, depois das rápidas do tipo IIa e, depois as unidades motoras do tipo IIb. Os fatores que determinam quais as unidades motoras exigidas são a quantidade total de força e a velocidade da contração necessária para realizar o movimento ou a contração muscular.

O cliente, em média, tem 50% das unidades motoras de fibras rápidas e 50% das de fibras lentas, o que quer dizer que o trabalho de baixa intensidade desafiará metade da massa muscular no corpo de uma pessoa. Isso tem implicação tanto na força muscular quanto no condicionamento cardiorrespiratório. O treinamento estável sozinho não desenvolverá um efeito de treinamento cardiorrespiratório nas fibras rápidas altamente adaptáveis do tipo IIa, e as repetições de força de treinamento de 20 repetições ou mais não envolverão as unidades motoras de fibras rápidas, que levam a ganhos de força e hipertrofia, com base nas características contráteis e metabólicas.

Em relação ao treinamento de força, quero explicar novamente. No corpo, cerca de 50% da massa muscular adequada para os ganhos em força e hipertrofia não será muito desenvolvida se não for desenvolvida com intensidade suficiente. Para recrutar as fibras rápidas de modo significativo, o exercício de resistência deve ser suficientemente intenso (Grimby e Hannerz, 1977, como registrado em Fleck e Kraemer, 1997). Isso não é informação nova!

Aplicação prática

Como treinador, você não precisa, necessariamente, adicionar peso para afetar o recrutamento da unidade motora e criar uma nova sobrecarga. Apesar de a adição de peso geralmente ser o primeiro passo, simplesmente mudar o movimento do exercício ou a posição do participante oferecerá sobrecarga (mudança) sem aumentar o peso que é levantado.

Para os músculos multifuncionais, a ordem do recrutamento de unidade motora também pode mudar de um movimento a outro. Por exemplo, a ordem do recrutamento de unidade motora no quadríceps é diferente para a *performance* de uma extensão de perna em uma máquina em comparação com a extensão de joelho feita em um movimento de agachamento (Fleck e Kraemer, 1997). A variação na ordem do recrutamento de unidade motora é um dos fatores responsáveis para os ganhos extras de força, apesar de os mesmos grupos musculares estarem envolvidos em uma variação similar de exercício ou em exercícios diferentes.

A variação no recrutamento oferece prova de que, para desenvolver por completo um determinado músculo (ativar mais unidades

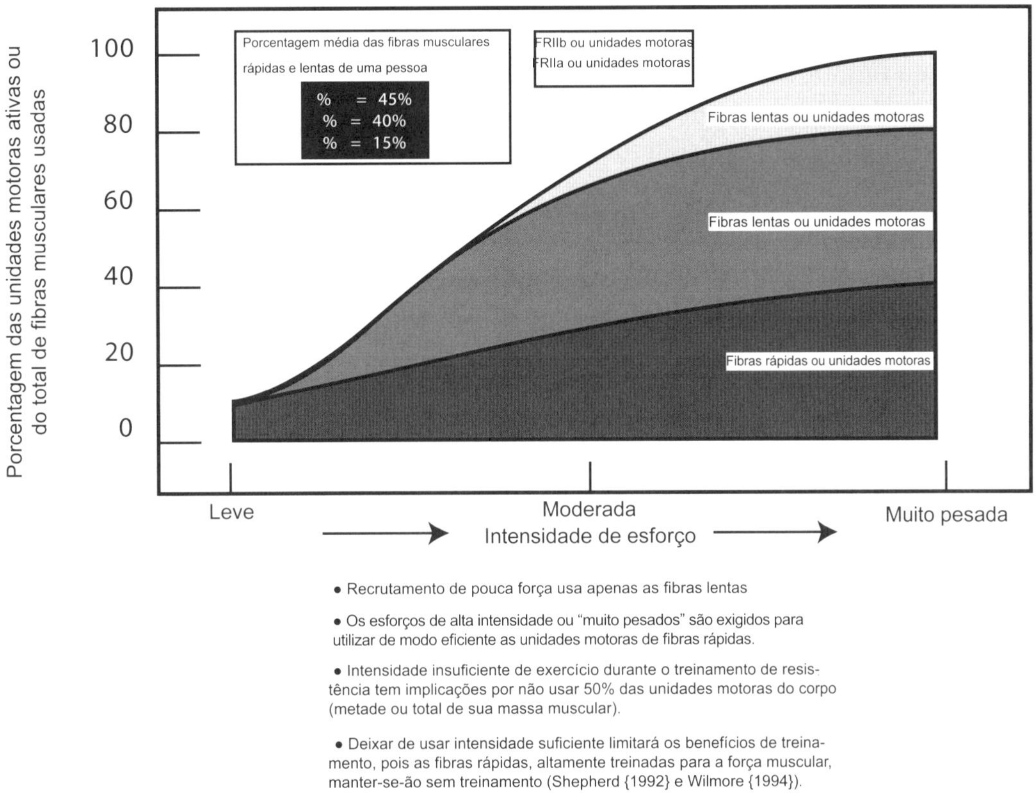

Figura 15.3 Recrutamento do tipo rampa (ordem de recrutamento da fibra muscular dos modelos de recrutamento da unidade motora).
Reimpresso de D. Brooks, 1998.

motoras), ele deve ser exercitado com vários movimentos diferentes ou tipos de equipamento, apesar de as mesmas articulações e grupos de músculos serem usados. Além disso, o exercício deve ser de intensidade suficiente para estimular o recrutamento das unidades motoras de fibras rápidas IIa e IIb.

Velocidade do movimento

Se uma grande quantidade de força for necessária mover um grande peso vagarosamente ou um peso leve rapidamente, as unidades motoras de fibras rápidas são exigidas.

Mais força total é feita quando um grande peso é movido vagarosamente e controlado por meio de uma série de movimentos. Isso acontece apesar de a mesma quantidade de trabalho ser realizada, quer você mova um peso vagarosa ou rapidamente (por exemplo, quando se faz exercícios para os bíceps, a mão é levada em direção ao ombro, independentemente da velocidade do movimento).

Apesar de haver algumas questões relacionadas à velocidade e à especificidade do movimento, a maioria de seus clientes se beneficiaria com o treinamento de resistência, movendo um peso adequado com movimentos apropriados, de modo constante e controlado.

Tal informação o ajuda a entender as exigências específicas com o *continuum* para o treinamento e a competição X as melhoras na saúde e no condicionamento. A informação científica defende a idéia de que o treinamento realizado vagarosamente e com pouca força enfatizará o uso da maioria das fibras lentas, induzindo poucos efeitos de treinamento nas fibras rápidas do tipo IIa e IIb. Os acessos longos e lentos de treinamento – ou longos e rápidos – que usam esquemas de alta repetição geralmente não preparam o músculo para as exigências da competição ou para as forças musculares maiores, e não melhoram a otimização e o efeito de treinamento da massa muscular de seu cliente.

Até mesmo o treinamento de força funcional, que geralmente enfatiza a resistência, o equilíbrio e a manutenção da postura correta, deve incorporar um pouco de treinamento de força de alta intensidade ou exercícios funcionais que se concentrem no desenvolvimento da força (produto de força e velocidade). Esse tipo de treinamento pode preparar o corpo para exigências maiores de força oferecidas pelos desafios de todos os dias, como reagir a uma perda de equilíbrio em uma superfície escorregadia, sem mencionar a preparação específica para o esporte.

Desenvolvendo a força e a resistência muscular

Tanto a força quanto a resistência muscular contribuem para a saúde e o bem-estar de seus clientes. A *força muscular* se refere à capacidade de seu músculo fazer força em uma determinada velocidade de movimento. Existe um grande *continuum* da força muscular, variando de contrações repetidas ao esforço de uma repetição (a maior quantidade de peso que pode ser levantado de uma vez só). Ela se até refere à habilidade de seu cliente de persistir na atividade fim ou resistir à fadiga muscular prematura.

Com exercícios, várias adaptações ocorrem no sistema neuromuscular. É claro que essas adaptações dependem do tipo de programa de treinamento seguido. Se treinamento enfatizar a resistência cardiorrespiratória, como a corrida, a caminhada ou a natação, então, ocorrerá pouco ou nenhum ganho na força. Da mesma maneira, um programa de alongamento para aumentar a flexibilidade, em conjunto com uma ginástica leve, trará bons resultados na flexibilidade, ganhos leves ou moderados na resistência e força muscular e nenhum ganho no condicionamento cardiorrespiratório.

Resumindo, se você quiser melhorar a adaptação e os resultados em qualquer componente do condicionamento físico, concentre-se e treine a área de condicionamento com sobrecarga separada e específica.

Desenvolvendo a força e a hipertrofia

O condicionamento muscular é desenvolvido com a demanda, ou sobrecarga, dos músculos, de uma maneira com a qual eles não estão acostumados. Se a sobrecarga for aplicada de maneira progressiva e sensata o sistema neuromuscular se adaptará a essa mudança. Assim, seu cliente torna-se mais forte, muda sua aparência física e consegue manter a atividade muscular que exige resistência e força dos músculos.

Definição de sobrecarga de força muscular

Para melhores resultados, é preciso que seja feito um exercício que use um aumento progressivo na resistência com o tempo, fazendo os músculos em atividade se cansarem em trinta a 90 segundos, resultando em desafios para todos os movimentos mais abrangentes movimento das articulações com os quais os músculos contribuem.

Conforme seu cliente fica mais forte, ele precisará aumentar a resistência com a qual trabalha para continuar aumentando a força e resistência. Além disso, aumentos graduais na intensidade reduzirão a possibilidade de lesão. Uma intensidade adequada se faz necessária para melhorar os resultados. Todos os maiores movimentos do corpo devem ser desafiados para garantirem uma força equilibrada entre os grupos de músculos opostos do corpo.

Fatores que influenciam a força

Vários autores citam diversos fatores que influenciam a força ou a quantidade de força que pode ser feita durante a contração muscular. A inibição neural, o número de fibras musculares em contração, o estado contráctil das fibras e a vantagem ou desvantagem mecânica do sistema de influência agem na geração de força. Além disso, um músculo alongado é capaz de fazer mais força enquanto que um músculo muito alongado produzirá menos força, devido às proteínas contráteis, miosina e actina, não estarem devidamente alinhadas. Diversos fatores, incluindo o sexo, tamanho muscular e tipo de fibra muscular, influenciam os ganhos de força e resistência muscular, além da hipertrofia muscular.

Como os músculos se tornam mais fortes

Existem muitos mitos e idéias erradas na área do treinamento de resistência. Como seu cliente se torna mais forte? Durante muitos anos, acreditou-se que os ganhos de força estivessem diretamente relacionados ao aumento do músculo. Mas as pesquisas recentes sugerem que há mais fatores envolvidos na compreensão dos mecanismos básicos de ganhos de força do que uma simples relação com o tamanho do músculo. Isso pode acontecer graças às adaptações na maneira com que o músculo trabalha ou com que as unidades motoras agem. Isso serve para entender os ganhos de força que ocorrem na ausência da hipertrofia, como para entender as realizações físicas sobre-humanas (como as manchetes dos jornais do tipo "Garoto levanta carro que estava sobre seu pai".).

Isso não quer dizer que o tamanho do músculo não afete o potencial de força do mesmo. Entretanto, esses exemplos indicam que os mecanismos responsáveis pelos ganhos na força são muito complexos, que não são bem entendidas pelos cientistas atualmente.

Influências neurais na força muscular

Os neurônios que controlam os músculos têm a capacidade de causar a contração muscular e evitar que você faça mais força do que seu corpo agüenta. Você pode manipular esses impulsos para a aumentar os ganhos de força. Com um programa de treinamento de força progressivo, os tecidos conectivos podem ser fortalecidos, permitindo que mais força seja feita antes que um reflexo neural faça o músculo relaxar. É possível que o treinamento de resistência adequado possa gradualmente superar os impulsos inibitórios que limitam os ganhos de força. Isso faria com que um músculo alcançasse níveis mais altos de produção de força, o que aconteceria na realização de um programa de treinamento de força.

Perceba que a unidade motora age ou mantém-se relaxada dependendo do total de impulso agindo sobre ela. Isso quer dizer que se não existirem mais impulsos de excitação que de inibição comandando a unidade motora, a unidade será ativada e contribuirá com a contração muscular.

A pesquisa indica claramente que as adaptações neurais podem ser o fator principal do aumento da força por meio do treinamento de força (McDonagh Davies, 1984; Wilmore e Costill, 1994). Na verdade, o pesquisador Michael Pollock acredita que cerca de 80% dos aumentos da força atribuídos a um programa de treinamento de resistência podem estar relacionados com as adaptações neurais, enquanto apenas 25% do aumento da força pode estar relacionado à hipertrofia muscular. (ACSM, 1990; 1995).

Treinamento Precoce e Adaptações de Força

Geralmente, as adaptações ao treinamento de resistência durante as quatro ou seis semanas de treinamento ocorrem em um nível neural, enquanto que as mudanças físicas (hipertrofia) ao músculo em si predominam depois de uma fase introdutória. Entretanto, as adaptações neurais ainda ocorrem depois desse ponto. Atletas altamente treinados dependem das adaptações neurais para aumentar a força. E, por fim, essas influências neurais juntamente com as hormonais ajudam os cientistas a explicarem os acessos repentinos de força extrema não precipitada por um programa de treinamento (por exemplo, "Garoto levanta carro que estava sobre seu pai").

Parece possível que os ganhos significativos na força sejam o resultado do aumento da capacidade do recrutamento de mais unidades motoras, de mantê-los em um estado contraído (freqüência da ação) e sincronizar a ação deles para facilitar a contração e maximizar a produção de força.

Sabe-se que as adaptações do sistema nervoso e a curva de aprendizado que existem para novas atividades são responsáveis, em parte, pela capacidade de seu cliente levantar mais peso e produzir mais força muscular dentro das primeiras semanas de treinamento como a maioria dos estudos costuma envolver programas de treinamento que duram de 8 a 20 semanas, grande parte da melhora documentada na força muscular está relacionada a essa combinação de adaptações neurais e físicas.

As adaptações neurais ao treinamento de resistência incluem um aumento do número de unidades motoras que podem ser acionadas a qualquer momento e um aumento na freqüência do acionamento da unidade motora. O aumento do número de unidades motoras acionadas pode ser causado por um aumento no estímulo neural do músculo e da remoção da inibição neural. A coordenação melhorada entre os músculos agonistas (músculos que trabalham juntos para produzir um determinado movimento) e a desativação dos músculos antagonistas (músculos que produzem força e movimento na direção oposta) também podem contribuir para a habilidade de gerar mais força muscular depois do treinamento de resistência.

Hipertrofia muscular

1. Apesar de não se saber como o treinamento estimula o aumento da sintetização de proteínas, existem duas hipóteses que explicam como os músculos se atrofiam.

A primeira diz que as células conseguem "ler" um sinal mandado pela tensão desenvolvida no músculo durante o treinamento de resistência. Essa hipótese é apoiada pelo fato de pouca ou nenhuma hipertrofia ocorrer durante o treinamento de resistência quando a intensidade é baixa.

A segunda hipótese tem a ver com a teoria de falha e reparo. De acordo com essa teoria, durante cada aula, parte do músculo se quebra e o processo de recuperação gradualmente leva o músculo a níveis mais altos. Tal teoria é apoiada por estudos que identificaram os danos aos músculos do esqueleto depois de um exercício pesado de resistência por meio de marcadores no sangue.

Entretanto, o dano muscular associado ao esforço extremo não deve implicar uma relação de causa e efeito entre os ganhos da força e da hipertrofia. O processo de hipertrofia está diretamente relacionado à síntese (união) do material celular. Isso acontece principalmente com os filamentos de proteínas de miosina e actina, que constituem os elementos contráteis funcionais (sarcômeros) do músculo. A palavra *síntese* quer dizer que o treinamento de força é um processo positivo, de construção (anabólico), e não um processo negativo ou catabólico (de quebra).

Na minha opinião, existe prova fisiológica que mostra que o músculo sofrerá as inevitáveis conseqüências do treinamento agressivo (intensidade adequada para aumentar os ganhos de força e hipertrofia). Entretanto, não acredito que o músculo seja reparado e cresça mais forte depois do dano. O estímulo principal para a síntese de proteína e a adaptação neural é a sobrecarga adequada. O dano muscular não estimula o músculo a crescer, nem o sistema nervoso a se adaptar. Entretanto, o dano muscular geralmente é um resultado comum do treinamento pesado.

Por exemplo, você pode alongar um músculo em excesso e criar dor, o que é mais conhecido como dano muscular microtrauma.

Entretanto, causar danos a um músculo não é, em nenhuma hipótese, o estímulo correto para causar crescimento muscular. Além disso, com o dano aos tecidos musculares e um menor fluxo sanguíneo devido ao trauma, as fibras se tornam mais susceptíveis a mais danos.

Seis diferenças relacionadas ao treinamento de resistência

Até a puberdade, os meninos e as meninas têm níveis parecidos de força. Depois, o aumento nos níveis de testosterona dá aos meninos, em média, aumento do desenvolvimento da força e do tamanho muscular. Os níveis de testosterona variam entre homens e mulheres, sendo que algumas mulheres normalmente possuem um nível mais alto desse hormônio (McArdle, Katch e Katch 1991; 1996).

Entretanto, o tamanho do músculo não é a história toda. A questão, em termos de geração de força muscular, não é tão simples quanto parece. Por exemplo, como explicar melhoras parecidas de força entre homens e mulheres, apesar da hipertrofia muscular ser menor nas mulheres? Em termos de diferenças entre sexos, a principal diferença na resposta ao treinamento de resistência entre homens e mulheres parece ser apenas o nível de hipertrofia muscular (McArdle, Katch e Katch, 1991; 1996). E um músculo maior e mais forte é, necessariamente, mais bem-sucedido nos esportes ou nas tarefas diárias.

Em medidas absolutas de força, os homens são, aproximadamente, 35% mais fortes que as mulheres na força corporal total. Os estudos indicam que as universitárias costumam ter metade da força do braço e do ombro, e cerca de 30% a menos de força nas pernas, em relação aos universitários (Sharkey 1990). A relação entre a testosterona e a força pode ser incidental (por exemplo, altos níveis de testosterona são iguais a altos níveis de força e a capacidade de ganhar tamanho) ou as diferenças de forças poderiam ser atribuíveis a outros fatores. A testosterona torna a pessoa mais agressiva, e as pessoas agressivas treinam com mais vigor. Além disso, em relação às discrepâncias de força entre homens e mulheres e entre a parte superior e a inferior do corpo, mais massa magra das mulheres é encontrada na parte inferior do corpo, enquanto mais massa magra encontra-se na parte de superior do corpo dos homens.

Outra possibilidade tem a ver com a gordura corporal. As mulheres geralmente têm mais gordura corporal que os homens. Quando a força por quilo de massa corporal magra (peso corporal menos gordura) é levada em conta, as mulheres têm pernas um pouco mais fortes, enquanto que a força do braço é cerca de 30% menor que a dos homens. Wilmore e Costill (1994, p. 447) sugerem que, como as mulheres usam as pernas tanto quanto os homens, os dois têm força parecida. Pode ser que o papel típico da mulher em nossa sociedade não a incentive a desafiar a força da parte superior do corpo. Talvez esse seja o fator que impeça as mulheres de vencer nessa categoria.

Geralmente, músculos maiores significam músculos mais fortes. A força que uma única fibra muscular gera está relacionada com uma área variada da fibra. Os homens, em muitos momentos, são mais fortes de modo geral (eles conseguem levantar mais peso e fazer mais força) simplesmente porque têm mais tecido muscular, e não tecido mais forte. Diversos textos de fisiologia enfatizam que não existe diferença entre as fibras musculares em homens e mulheres. Ambos têm as fibras lentas e rápidas, e a distribuição dos tipos de fibras e propriedades contráteis. A força de uma determinada área de uma fibra muscular é a mesma para homens e mulheres. O sexo pode influenciar na quantidade de músculos, mas não na qualidade dos mesmos.

Essa informação deve responder à pergunta: "As mulheres devem receber treinamento diferenciado dos homens?". É claro que não! É verdade que as mulheres e os homens são diferentes, e que elas têm preocupações especiais relacionadas à idade, à técnica de exercício (por exemplo, quadris mais largos, ombros mais estreitos, tendência à flexibilidade), à menstruação, à gravidez e aos fatores sociais e psicológicos, mas, geralmente, elas são capazes de usar o mesmo programa de treinamento dos homens. Esses fatores simplesmente indicam que outras variáveis, que vão além do tamanho do músculo, influenciam diferentes níveis de força entre homens e mulheres, além das pessoas do mesmo sexo.

Você pode controlar os resultados?

O grau de força que pode ser adquirido pela hipertrofia do músculo do esqueleto e pelas adaptações neurais depende de vários fatores, que incluem os seguintes:

- As características do programa de treinamento.
- O potencial para o músculo aumentar de tamanho.

O treinamento de resistência progressivo e intenso estimula um aumento nas fibras musculares do tipo I e do tipo II (lentas e rápidas). Geralmente, um grau maior de hipertrofia ocorre nas fibras do tipo II. Mas a hipertrofia acontece nas fibras de tipo I também.

O nível mais alto de hipertrofia encontrado nas fibras de tipo II é, provavelmente, o resultado de um envolvimento maior dessas fibras no treinamento de resistência, devido às características físicas e metabólicas, que levam aos ganhos em tamanho e no metabolismo anaeróbico. Da mesma maneira, a maior quantidade de atrofia resultante da inatividade ocorre em fibras do tipo II.

Nenhum estudo humano conclusivo indicou que o treinamento de resistência aumenta o número (hiperplasia) das fibras de tipo II em relação às do tipo I, por isso o potencial de seu cliente de aumentar o músculo e a força muscular pode ser geneticamente predeterminada pelo número de fibras do tipo II que ele tiver, por fatores hormonais e outros fatores genéticos e pelo programa de treinamento de resistência que você planejar.

A pesquisa mostra que a habilidade de mostrar mais força muscular depois do treinamento de resistência não depende apenas do aumento no tamanho da fibra. As adaptações no tecido conectivo acontecem e o sistema nervoso contribui com a produção total de capacidade de força nos músculos. Na verdade, muitos cientistas dizem que as mudanças no tecido conectivo e no sistema nervoso podem ter um efeito maior na força de modo geral que a hipertrofia muscular.

Dor muscular

Depois das aulas, seus clientes podem sentir um dos três tipos de dores musculares. A primeira pode ser a "dor" sentida após os exercícios (sensação de "queimação" durante treinamento de resistência de alta intensidade ou condicionamento cardiorrespiratório) ou imediatamente após o exercício intenso durante o esfriamento. Isso geralmente é um tipo de formação ácida durante o esforço anaeróbico. A maior parte do ácido lático geralmente é tirado do corpo entre 30 e 60 minutos.

Os médicos (McArdle, Katch e Katch, 1991; 1996; Wilmore e Costill, 1994) indicam que a formação de lactato não está relacionada à dor e ao desconforto que ocorre, entre 24 e 48 horas após o término do treinamento "normal" (em contraste com os esforços de treinamento anaeróbicos de alta intensidade em longos períodos de tempo). Lembre-se, o ácido lático não é uma impureza, mas, simplesmente, um subproduto de um esforço anaeróbico. Quando bastante oxigênio se torna disponível, o lactato é metabolizado e pode ser usado como energia. Qualquer dor depois do exercício pode indicar microtrauma ao tecido conectivo ou músculo, e a dor que não desaparece não é causada pelo ácido lático.

O segundo e o terceiro tipo de dor pode ocorrer por bastante tempo depois do fim das aulas. Seu cliente pode sentir dor e rigidez nos músculos e nas articulações várias horas depois do treinamento, seguido pela *DOMS, dor muscular tardia*, que pode durar vários dias. A DOMS pode ocorrer quando uma pessoa volta a fazer exercícios depois de um tempo afastada, participa de alguma atividade com a qual não está acostumada (mesmo que tenha condicionamento), ou quando aumenta a intensidade, a freqüência e a duração. A DOMS indica que o corpo está se adaptando às exigência do exercício.

Não se sabe exatamente a causa da DOMS. Contrações excêntricas e, até certo ponto, contrações isométricas geralmente causam a maior dor pós-exercícios (McArdle, Katch e Katch, 1991; 1996). Essa relação entre DOMS e a fase excêntrica e "negativa" da contração muscular pode ocorrer devido à mecânica entre os filamentos de proteína actina e miosina. Durante um esforço excêntrico, o músculo tenta encurtar ou superar a resistência externa. Entretanto, a força externa é maior do que a capacidade de produção de força dos músculos envolvidos no esforço. Isso estica o músculo e o tecido conectivo enquanto o músculo desenvolve a tensão.

A situação a seguir leva a forças intramusculares extremamente altas e dá apoio a teorias sobre dor e rigidez muscular. Essas teorias têm a maior parte da evidência experimental apoiando a presença de rupturas microscópicas na fibra muscular, rupturas nos músculos e tendões e dano ao tecido conectivo miofascial ao redor das fibras musculares e do músculo.

Os treinadores novatos devem evitar a atividade que envolva esforço muscular excêntrico concentrado. A atividade com a qual o cliente não está habituado deve ser aplicada sensatamente, com progressões graduais. Por fim, se a intensidade, a duração ou a freqüência estiver sendo aumentada, deve ser feita de modo cuidadoso e progressivo. Leia o capítulo 13 para entender mais sobre excesso de treinamento.

Implicações para o treinamento de resistência

Está claro que o treinamento de resistência é parte essencial de um bom programa de treinamento. O Colégio Americano de Medicina do Esporte (ACSM) recomenda treinamento de intensidade moderada a alta, suficiente para desenvolver e manter a massa muscular, como parte de qualquer programa de condicionamento adulto. A ACMS sugere, no mínimo, uma série de 8 a 12 repetições de 8 a 10 exercícios que desafiem os maiores grupos musculares, pelo menos dois dias por semana. Para os adultos mais velhos, a ACSM recomenda de 12 a 15 repetições (ACSM, 1990, 1995).

A ACSM baseia os padrões mínimos para o treinamento de resistência em pelo menos dois fatores. O primeiro é o tempo necessário para que seja completado um programa bem feito e abrangente. As aulas com mais de 60 minutos por dia são as que apresentam maiores índices de desistência. Em segundo lugar, apesar de um número maior de aulas, exercícios e repetições trazerem mais ganhos de força, a diferença geralmente é pequena.

De acordo com uma pesquisa (ACSM, 1990, 1995), o treinamento de força duas vezes por semana, de acordo com esses padrões, é responsável por 80% dos ganhos de força vistos quando uma pessoa treina três vezes por semana. Juntamente com resultados significativos, essa freqüência mais baixa pode incentivar o comprometimento com a rotina de treino.

Bom treinamento de resistência

O bom treinamento de resistência resulta em melhora da saúde e em melhoras físicas para seus clientes. Apesar do aumento no tamanho do músculo não ser necessariamente um pré-requisito para aumentar a força, a hipertrofia muscular costuma ser um dos resultados. A hipertrofia costuma acontecer com bastante evidência depois de seis semanas. O treinamento de força eficaz está diretamente relacionado com um programa que usa sobrecarga ou intensidade adequadas. As fibras musculares lentas e rápidas precisam ser treinadas, e, para conseguir isso, o treinamento de resistência de intensidade moderada a alta é desejável. Apesar disso, uma série para iniciantes e duas para clientes acostumados, feitas duas vezes por semana, é mais que adequado para atingir ou manter ganhos significantes de força. Cerca de 8 a 10 exercícios feitos com cerca de 8 a 20 repetições, geralmente se encaixa dentro do protocolo de melhora de força.

Fisiologia do treino de flexibilidade

Geralmente os clientes se voltam a suas rotinas pesadas logo depois da aula. Mas, separar tempo para o treinamento de flexibilidade é uma maneira que eles têm de pensar sobre os ganhos em curto e longo prazo. Além dos benefícios físicos, o alongamento cria a oportunidade de aumentar a auto-estima do cliente, reconhecendo o que acabou de ser alcançado durante a aula.

Benefícios do alongamento

O alongamento traz muitos benefícios a seus clientes. Ele pode melhorar a postura, a capacidade de movimento e a flexibilidade, aumentar a nutrição às articulações, a dor muscular, divertir, relaxar e reduzir o estresse.

Postura melhor. A melhor postura pode ajudar seu cliente a evitar lesões crônicas atribuídas ao mau alinhamento postural e aos desequilíbrios musculares. O treinamento de flexibilidade ajuda a realinhar a estrutura do esqueleto que se adaptou à má postura que as técnicas erradas de movimento. Os clientes terão mais facilidade para manter a boa postura ao longo do dia, e a melhora do equilíbrio muscular tornará as atividades diárias menos cansativas e mais eficientes.

Existem provas científicas que indicam que a dor na parte de baixo das costas e a pressão na coluna lombar podem ser evitadas com o aumento da flexibilidade pélvica (Plowman, 1992), apesar de uma pesquisa mais recente (McGill, 2002. p. 216) indicar que a flexibilidade da coluna pouco tem a ver com os problemas nas costas. Flexibilidade e força nos tendões (articulação do joelho); glúteo mínimo, médio e máximo; flexores dos quadris; e a musculatura da parte baixa das costas são beneficiadas, mas a abordagem deve levar em conta o histórico de lesões e o objetivo dos exercícios do cliente (McGill, 2002).

Melhora do movimento nas articulações. A melhora no movimento das articulações oferece maior eficiência mecânica e resultado em movimentos mais seguros e eficazes. Uma articulação móvel se move com mais facilidade com a capacidade de amplitude do movimento articular e exige menos energia.

Desenvolvimento da flexibilidade funcional ou "usável". A amplitude do movimento articular deve ser abortada de modo a imitar o movimento diário

Prevenção de lesões. Apesar de ainda não estar completamente provado, a maioria dos especialistas concordam que a amplitude do movimento articular maior (mas não muito!) torna os tecidos menos resistentes ao alongamento. Isso quer dizer que os clientes ficam menos propensos a lesões. Como os tecidos deles conseguem atingir uma amplitude maior de movimento, os tecidos ficam com menos possibilidade de serem lesionados. Entretanto, a força e a estabilidade adequadas devem ser apresentadas ao mesmo tempo (McGill 2002).

Aumento do fornecimento de sangue, nutrientes e líquido sinovial. O alongamento, juntamente com um aquecimento bem feito, aumenta a temperatura dos tecidos e a circulação, e o fornecimento de nutrientes pelo corpo. Além disso, o alongamento regular diminui a densidade do líquido sinovial, tornado a chegada dos nutrientes à cartilagem mais fácil. Isso, por sua vez, pode causar maior liberdade de movimento na articulação e menos doenças degenerativas das articulações.

Dor muscular reduzida. Pesquisas indicam que o alongamento cuidadoso, feito depois do exercício, diminui ou evita a dor muscular tardia e melhora a recuperação do exercício (deVries 1961 a e b). Apesar de não se saber a causa fisiológica ao certo, ela pode ser atribuída, em parte, ao aumento na temperatura muscular e circulação e no maior fornecimento de sangue e entrega de nutrientes ocasionados durante o alongamento. Além disso, previne os espasmos musculares pós-exercícios que poderiam causar a dor muscular.

Diversão, relaxamento e redução do estresse. Feito em local e de modo corretos, o alongamento causa o relaxamento muscular e também mental. Os níveis de estresse podem ser reduzidos como resultado da diversão e devido ao relaxamento físico.

Esses benefícios atribuídos ao alongamento indicam porque nossos clientes devem se alongar. Além disso, depois que eles entenderem a neurofisiologia e as propriedades físicas do alongamento, você poderá formular uma abordagem específica, segura e eficiente para todos os clientes.

Anatomia da flexibilidade

A *flexibilidade* é apresentada como a *amplitude do movimento articular (ADM)* disponibilizada a uma articulação ou às articulações. A flexibilidade saudável ou desejada deve ser vista como a capacidade de mover-se livremente em uma determinada direção. O movimento deve se limitar à *amplitude do movimento articular funcional (ADMF)* ou capacidades de movimento. Isso é diferente da amplitude de movimento normal, pois o normal nem sempre é saudável ou adequado para certos clientes.

Cada articulação do corpo tem uma ADMF específica. A articulação do joelho, por exemplo, funciona como uma dobradiça (diferentemente do ombro, que também se move em círculos). A ADMF para o joelho – extensão completa à flexão completa – chega a cerca de 135°. Entretanto, essa amplitude "natural", em qualquer articulação, geralmente diminui com a idade, com lesões e com níveis mais baixos de atividade. Muitos de nosso clientes têm menos ADMF devido à inatividade e porque eles não abordam esse aspecto do condicionamento nas aulas.

Os tecidos das articulações incluem cartilagem, ligamentos, tendões e fáscia muscular. A cartilagem geralmente encontra-se entre os ossos e oferece um grau de proteção a elas com a absorção do impacto. As fibras das cartilagens são alongáveis em termos de propriedades de tecidos. Essa característica melhora a absorção de impacto. Os ligamentos conectam os ossos e oferecem estabilidade e integridade às estruturas das articulações em áreas do corpo como a coluna, o joelho e o ombro. Os tendões ligam os músculos ao osso e transferem a força da contração muscular ao esqueleto. Como vimos anteriormente, a fáscia muscular "embrulha" o músculo todo.

Propriedades físicas dos tecidos conectivos

As propriedades físicas dos tecidos conectivos determinam a flexibilidade na articulação. Por exemplo, os ligamentos e tendões são ricos em colágeno. As fibras desses tecidos são organizadas de modo paralelo e "guardadas" juntas. Isso cria uma força e um tecido feito para não ser alongável ou altamente resistente ao alongamento.

A flexibilidade é *específica em cada articulação*, o que quer dizer que ter flexibilidade em uma articulação significa tê-la em todas. Johns e Wright (1962) identificaram limitações específicas aos graus de mobilidade em relação a uma articulação. A flexibilidade em uma articulação é limitada por diversos fatores, incluindo a forma e elasticidade (medida de resistência de um tecido ao alongamento) dos tendões, dos ligamentos, da fáscia muscular e da pele. O formato da articulação não pode ser mudado, exceto no caso de lesão, mas os tecidos macios podem ser alterados. Depende do tecido que está sendo alongado determinar se a mudança é "boa" ou "ruim" em termos de amplitude de movimento articular. O alongamento permanente da fáscia muscular é positivo e pode aumentar a amplitude de movimento articular ao redor de uma articulação sem causar lesão, enquanto alongar demais um ligamento ou tendão pode ocasionar lesão.

A flexibilidade também é influenciada por outros fatores:

- Herança genética.
- Tensão no músculo (contração parcial).
- Influência neuromuscular (de órgãos sensoriais como o fuso muscular e o tendão de Golgi).

O que é alongado durante o treinamento de flexibilidade

O que você tenta alongar em um programa de treinamento de flexibilidade? Os estudos mostram que a fáscia muscular oferece pouca resistência ao alongamento (ou seja, sua pouca elasticidade mostra que ele é pouco alongável). O músculo em si, se relaxado e livre das limitações da fáscia muscular, pode ser alongado cerca de 150% de seu comprimento (McArdle, Katch e Katch, 1991; 1996). Os componentes dos tecidos moles de um músculo começam a se romper se o músculo for alongado além de 160% de seu comprimento normal (Taylor et al. 1990). Mais não é melhor! Conseqüentemente, parece que a fáscia muscular é o fator mais importante a ser melhorado para o ganho de flexibilidade.

As propriedades físicas da fáscia muscular são como um caramelo. Quando a fáscia muscular está quente, é alongável. Quando está fria, é menos maleável. Devido às características físicas, uma pessoa deve aquecer o corpo antes e alongar-se para que a fáscia muscular possa "esfriar" em um novo comprimento. É uma excelente visualização para ajudar os clientes a entenderem melhor os objetivos de seus programas de alongamento.

Vocabulário da flexibilidade

Para esclarecer, vamos definir diversos termos.

Distensibilidade é um termo usado para descrever a "alongabilidade", ao contrário da falta de capacidade de extensão. A fáscia muscular é muito distensível; os ligamentos, não.

Elasticidade geralmente é confundida com distensibilidade. A elasticidade, conforme mencionado, é a medida da capacidade de um tecido de se alongar. Os ligamentos e tendões têm alta resistência ao alongamento e são caracterizados como tendo um alto grau de elastividade. A fáscia muscular, por outro lado, tem um baixo nível de elasticidade, é distensível e facilmente alongada. A capacidade de diferenciar *elasticidade* de *capacidade de se alongar* é mais importante ao ler textos técnicos. Para explicar, um tecido com bastante elasticidade tem uma alta resistência ao alongamento.

Depois que a força de alongamento é retirada durante o alongamento *elástico*, o tecido alongado consegue voltar a seu comprimento normal. O alongamento *plástico* não é recuperável e resulta em alongamento permanente do tecido macio sendo alongado. O *tecido elástico* constitui-se em grande parte de fibras musculares, fáscia, ligamentos ou cartilagem. As fibras musculares, a cartilagem e os ligamentos se recuperam rapidamente da força de um alongamento ou do impacto que não passa do limite elástico, enquanto que a "deformação" plástica ou permanente do tecido conectivo pode ser mantida com alongamento regular e adequado. Saber se esse retorno ao estado pré-alongado é desejado ou não depende do tecido que está sendo alongado.

O *limite elástico* de um tecido se refere à menor quantidade de estresse (força de alongamento) necessária para produzir alongamento permanente ou não recuperável de um tecido mole. Quando o limite elástico de um tecido é alcançado, o retorno ao comprimento original não é possível imediatamente, mesmo depois que a força de alongamento seja removida, e lesões podem ocorrer durante esse processo de exceder os limites elásticos.

Além do limite elástico, danos internos podem ocorrer em várias proteínas dos tecidos moles. Por exemplo, exceder o limite elástico dos ligamentos causa danos a suas fibras de colágeno. Isso é chamado de *torção*. O dano às fibras musculares ou às células, causados pelo limite elástico excedido é chamado de *tensão* muscular. As torções e as tensões variam de dano de primeiro grau à ruptura extrema do tecido ou ruptura total.

Exceder o limite elástico da fáscia muscular é completamente diferente de exceder os limites elásticos dos ligamentos, tendões ou músculos. Cinco fatores influenciam o "resultado de alongamento" e determinam se o alongamento do tecido é recuperável (alongamento elástico) ou não (alongamento permanente ou plástico). São eles:

1. tipo de força;
2. mecânica do alongamento e da posição do exercício;
3. duração do alongamento;
4. intensidade do alongamento;
5. temperatura do músculo durante o alongamento.

O fato do alongamento ser produtivo aumenta a amplitude de movimento sem aumentar o risco de lesões depende do tecido que está sendo alongado, influenciado pelo procedimento adequado ou inadequado de alongamento.

Fisiologia por trás do alongamento

A *propriocepção* é um termo usado para descrever a consciência normal e constante da posição, do equilíbrio e do movimento do corpo de uma pessoa ou de qualquer uma de suas partes (Blakiston´s Medical Dictionar 1980). Os *órgãos sensoriais* passam a informação proprioceptiva por meio do sistema nervoso central, dando ao indivíduo um senso de posicionamento do corpo ou dos membros no espaço. Isso também é chamado de *consciência sinestésica.* Os órgãos sensoriais, por exemplo, permitem que você saiba que seu cotovelo está flexionado mesmo que não consiga ver seu braço.

Dois órgãos sensoriais, o fuso muscular e o tendão de Golgi, participam de seu programa de treinamento de flexibilidade. Os *fusos musculares* estão localizados entre as fibras musculares. São sensíveis ao comprimento do músculo em descanso, às mudanças no comprimento do músculo e à velocidade com a qual esse comprimento ocorre. Os fusos musculares ajudam o corpo a manter o tônus e a postura, e oferecem um mecanismo de defesa por meio do reflexo de alongamento, que pode ajudar a evitar lesões.

Se os músculos se alongarem rápido demais, os fusos iniciam o *reflexo de alongamento* (também conhecido como reflexo de alongamento miotático). Isso faz com que o grupo muscular se encurte reflexivamente e se proteja de ser alongado em excesso. Se houver a tentativa de alongar a fáscia muscular enquanto o músculo em si é encurtado, o risco de lesão à fibra muscular é óbvio. A força produzida pelo reflexo de alongamento é proporcional à força ou velocidade do alongamento. Por outro lado, se o alongamento for realizado vagarosamente e de maneira controlada, o reflexo de alongamento pode ser evitado ou haverá baixa intensidade. Os *tendões de Golgi*, localizados no tendão muscular, são sensíveis à produção de força e monitoram a tensão no músculo. Quando os limiares são excedidos, uma reação reflexiva faz com que o músculo afetado relaxe. Isso é chamado de reflexo miotático inverso ou *reflexo de alongamento invertido*. A força necessária para estimular os tendões de Golgi é muito maior que a força usada para ativar o fuso muscular e o reflexo de alongamento resultante. Durante o treinamento, se você acionar os tendões de Golgi, o sinal que eles recebem para relaxar é maior que o dos fusos musculares para se contrair, o que relaxa o grupo muscular afetado. Por fim, alongar um músculo relaxado leva a um treinamento de flexibilidade mais eficiente.

A *inervação recíproca* é uma inibição de reflexo que envolve os músculos agonistas e antagonistas. Quando um grupo muscular se contrai, seu grupo muscular antagonista relaxa. A inervação recíproca pode ser usada juntamente com procedimentos de alongamento, incluindo facilitação neuromuscular proprioceptiva e alongamento ativo, para promover o relaxamento muscular e as melhoras nas condições de alongamento para aumentar a amplitude de movimento articular.

Por exemplo, se o objetivo é alongar o grupo de tendões em uma posição de supino, endurecer o quadríceps faria com que os tendões relaxassem devido à inervação recíproca. No movimento motor geral, a inervação recíproca permite o movimento motor coordenado. Durante o alongamento, é um mecanismo de reflexo que pode ser usado para relaxar o músculo. Potencialmente, isso permitirá um alongamento mais eficiente.

Flexibilidade estática em comparação com a flexibilidade dinâmica

As forças responsáveis pelo alongamento podem ser categorizadas como *ativas* ou passivas. Um alongamento ativo ocorre quando um músculo agonista move uma parte do corpo por meio da amplitude do movimento articular e a força oferecida pela contração ativa da musculatura alonga os músculos opostos (antagonistas). Por exemplo, se o cotovelo for flexionado, o bíceps contraído alonga a musculatura oposta, ou o tríceps.

Os alongamentos *passivos* ocorrem quando forças externas ajudam no processo de alongamento. As forças passivas que podem contribuir com o alongamento muscular e fáscio incluem a gravidade, o movimento, a força passiva aplicada por um treinador a outro indivíduo, ou a força fornecida por alguma parte do corpo (puxar sua perna para a frente no alongamento de um tendão, na posição de supino).

Duas categorias básicas identificam como a flexibilidade é alcançada. A *flexibilidade estática* geralmente se refere à combinação de movimentos ativos e passivos que esticam os músculos e a fáscia de maneira controlada. Uma vez esticado, a posição é mantida por alguns segundos.

A *flexibilidade dinâmica* envolve o uso do movimento para ganhar vantagem sobre uma área do corpo "muito alongada". Isso costuma ser chamado de alongamento balístico. Apesar de haver boas razões para justificar esse tipo de alongamento para atletas de elite, o risco em relação à eficiência precisa ser bem analisado.

Um jogador profissional de tênis precisa de flexibilidade dinâmica suficiente no ombro para bater com uma raquete de tênis a 120 milhas por hora. Da mesma maneira, uma mulher e mãe que faz exercícios por diversão precisa de flexibilidade dinâmica suficiente em várias articulações do corpo para jogar *softball* aos finais de semana e cuidar de seus filhos. A amplitude de movimento articular normal conseguida por meio do alongamento estático pode ser suficiente para satisfazer as necessidades dinâmicas da mãe, enquanto que o treinamento de flexibilidade dinâmica pode ser necessário para satisfazer as necessidades impostas ao tenista.

Hardy e Jones (1986) sugerem que o uso da flexibilidade dinâmica é, provavelmente, importante nos eventos de velocidade explosiva. Isso pode incluir ginástica, corrida de cem metros, competições aeróbicas, dança ou mergulho. O estudo de Hardy e Jones não confirmou que a flexibilidade dinâmica e os movimentos balísticos relacionados sejam a melhor maneira de melhorar a flexibilidade. Em vez disso, eles simplesmente reconheceram que os movimentos balísticos são incluídos nesses esportes.

Hartley O´Brien (1980) definiu a flexibilidade ativa como "a amplitude de movimento máxima e sem assistência". Assim, a flexibilidade ativa pode ser melhorada com o aumento da força do agonista e a diminuição da resistência ao movimento no antagonista. O alongamento com a facilitação neuromuscular proprioceptiva (FNP) pode alcançar esse objetivo, e por isso o alongamento FNP é muito popular entre atletas cujos eventos exigem flexibilidade dinâmica. O alongamento FNP é uma forma avançada de treinamento de flexibilidade que se beneficie da reação do órgão sensorial para facilitar os ganhos de flexibilidade.

Entretanto, as tentativas agressivas de aumentar a flexibilidade dinâmica devem ser cuidadosamente examinadas quando você estiver trabalhando com os clientes. O risco de lesão podem ser muito grande, enquanto que os ganhos para a maioria dos clientes serão os mesmos ao se usar o alongamento estático mantido.

Na verdade, muitos especialistas sugerem que o alongamento abrupto pode causar lesão. É por isso que a maioria deles recomenda os programas de alongamento estático que aumentem gradualmente a amplitude de movimento articular e as posições mantidas de alongamento com força estática (sem agressão) aplicadas no alongamento. Os tipos de alongamento podem, ainda, serem caracterizados de acordo com seu risco relativo (veja o quadro a seguir).

Uma abordagem excelente ao alongamento é usar uma combinação de técnicas ativas, controladas e passivas de alongamento. Com essa abordagem, uma contração ativa é iniciada com os músculos agonistas. Isso inicia o processo de alongamento e define a am-

Tipos de alongamento e os riscos relacionados

Existem cinco tipos de técnicas de alongamento disponíveis:

1. Alongamento estático

Pouca força, tensão controlada e baixo risco.

O alongamento estático é definido como um alongamento controlado, mantido no ponto de tensão média entre cerca de 10 a 60 segundos. Isso alonga o músculo.

2. Alongamento dinâmico ou balístico

Muita força, alta tensão e alto risco.

O alongamento dinâmico ou balístico usa pulos e movimentos abruptos para ganhar movimento, de modo a facilitar o alongamento excessivo.

3. Alongamento ativo

Baixa força, baixa tensão e baixo risco.

Ele envolve movimentos voluntários ou não assistidos que exigem força e contração muscular do músculo agonista. Por exemplo, na posição de supino, os flexores do quadril podem se contrair ativamente para levar a perna para a frente e fazer o quadril flexionar-se. O agonista não é monitorado pelas forças externas (passivas). O objetivo do alongamento é alongar os tendões ativamente, usando apenas o esforço muscular e a força oferecida pelos flexores agonistas do quadril.

4. Alongamento passivo

Potencial mais alto de força, potencial mais alto de tensão e de risco.

O alongamento passivo ocorre quando os movimentos são realizados pelo uso de uma força externa, como a gravidade, o movimento e a força oferecida pelo parceiro ou a força feita ao puxar uma parte do corpo.

5. Alongamento PNF

Alta força, alta tensão e alto risco.

O alongamento age alongando o músculo e gerando uma força máxima no mesmo. Esse procedimento pode ativar um órgão sensorial chamado tendão de Golgi, que faz com que o músculo afetado relaxe. Um músculo relaxado permite com mais facilidade que a fáscia muscular seja alongada, criando um ambiente de alongamento onde excelentes ganhos na flexibilidade podem ser alcançados. O alongamento PNF também consegue envolver vários desses métodos.

plitude de movimento articular ativo (ADMA) de um cliente. Quando a ADMA é estabelecida, você tem uma idéia melhor do limite elástico de um cliente e das restrições associadas ao movimento seguro. Esse passo pode ser seguido pela aplicação de uma força externa ou passiva usada para melhorar o movimento por meio de um ADMA maior. E, por fim, o alongamento estático e mantido é feito.

Deve estar claro que não existe uma maneira melhor de se alongar (Plowman e Smith, 1997. p. 597). Usar vários métodos de alongamento melhora a flexibilidade. Você deve analisar cuidadosamente o objetivo do cliente, seu nível de condicionamento físico atual e a limitação ao ADM, o tipo de atividade que o cliente regularmente pratica e o risco em relação à eficiência.

Adaptações de flexibilidade

As adaptações de flexibilidade ocorrem imediatamente e em períodos mais longos de tempo. Isso porque o alongamento correto envolve os órgãos sensoriais e as adaptações do tecido conectivo que podem resultar em mudanças elásticas e plásticas (permanentes). As melhoras em curto prazo podem ocorrer em menos de uma semana (Plowman e Smith, p. 506).

As *adaptações agudas* que podem ocorrer durante o alongamento incluem o reflexo de alongamento (fusos musculares), o reflexo de alongamento inverso e a inervação recíproca. O efeito de um fuso muscular (encurtamento ou tensão no músculo) pode ser neutralizado durante o alongamento se ele for mantido ou se o reflexo de alongamento inverso for ativado. Com o tempo, com o alongamento repetido, o limiar ou ponto no qual o fuso muscular é ativado pode ser diminuído, tornando-o menos propenso a "entrar em ação" e criar tensão nas fibras musculares.

As *adaptações em longo prazo* ou mudanças crônicas se relacionam mais ao alongamento da fáscia muscular. A aplicação constante de força adequada leva à mudança progressiva no comprimento da fáscia. Esse é um mecanismo que depende de tempo que ocorre quando a descarga dos fusos musculares é diminuída. A deformação permanente da fáscia muscular ocorre quando o músculo e a fáscia são mantidos em posição alongada por períodos de tempo.

Para o alongamento permanente e em longo prazo, a fáscia reage melhor a controles de baixa força e longa duração, e é mais facilmente alongada quando os músculos e o corpo estão aquecidos. Foi provado que o aumento na temperatura intramuscular por meio de um aquecimento adequado diminui a viscosidade ou a resistência do tecido ao alongamento (Sapega et al., 1981).

Várias circunstâncias podem aumentar ou diminuir o sucesso de um programa de treinamento de flexibilidade. Estão incluídos, porém não se restringem apenas a eles, a idade, os exercícios, a inatividade, a temperatura intramuscular, o tipo de corpo e o sexo. De acordo com Kravitz e Kosich (1993), não parece haver uma constituição corporal que tenha "boa flexibilidade".

Vários autores afirmam que as mulheres costumam ser mais flexíveis do que os homens (Alter, 1988; Holland, 1968, registrado por Kravitz e Kosich, 1993). Apesar de faltarem provas conclusivas, a tendência de uma mulher ser mais flexível que o homem na região pélvica pode estar relacionada com o papel da mulher de gerar os filhos. Além dessas questões, parece que um comprometimento regular com os exercícios é o fator mais influente para a flexibilidade.

Idade e Inatividade

Os adultos perdem grande parte da flexibilidade conforme envelhecem. Em muitos casos, essa perda de mobilidade está mais relacionada à inatividade do que a um processo "inevitável" de envelhecimento. Os exercícios contribuem muito para a estabilidade das articulações e a manutenção da flexibilidade (Spirduso, 1995). Spirduso afirmou que o alongamento e o treino progressivo de resistência produziram o mesmo percentual de melhora na ADM em indivíduos mais velhos com idade entre 63 e 88 anos, assim como em jovens entre 15 e 19 anos,

O maior potencial para o aumento da flexibilidade ocorre entre a idade de 7 e 12 anos. Mudanças importantes ocorrem no tecido conectivo aos vinte e poucos anos, que começam a afetar a facilidade com que um cliente consegue manter ou adquirir ADM. Alter (1998) afirmou que o envelhecimento aumenta o diâmetro das fibras de colágeno e o número de cruzamentos intermoleculares. Essa mudança relacionada à idade nos tecidos conectivos torna o tecido mole mais resistente ao alongamento e à deformação plástica.

Como a hidratação da musculatura diminui com o tempo, o fornecimento de nutrientes e a lubrificação das articulações podem diminuir. Isso torna a musculatura e o tecido mole mais susceptíveis a lesões. Entretanto, a diminuição natural na flexibilidade que ocorre com o envelhecimento é relativamente pequena em comparação com as influências de um estilo de vida sem atividade. A ADM e as opções de movimento em todas as articulações do corpo podem ser preservadas com um programa regular de alongamento e atividades relacionadas aos movimentos que envolvam o corpo todo.

Resumo do alongamento

Alongar a fáscia muscular e proteger outros tecidos conectivos de lesão é algo essencial para um bom programa de alongamento. Quando o objetivo de um cliente é a saúde e o condicionamento físico, o movimento funcional é a meta. Existem cinco tipos diferentes de alongamento, e todos devem ser avaliados quanto aos riscos. A maioria dos clientes se beneficia com uma combinação de métodos de alongamento e uma completa compreensão, por parte do treinador, da anatomia e fisiologia do alongamento.

Leitura recomendada

Se tiver interesse em ler mais sobre os trabalhos citados neste capítulo, consulte:

ALTER, M. J. *Sport Stretch*. Champaign, Il: Human Kinetics, 1990.

CORBIN, C.V.; NOBLE, L Flexibility: A Major Component of Physical Fitness. *Journal of Physical Education and Recreation* 51 (6): 23-24; 57-60, 1980.

ETNYRE, B. R.; LEE, E. J. Comments on Proprioceptive Neuromuscular Facilitation Stretching Techniques. *Research Quarterly for Exercise and Sport* 58: 184-8, 1987.

HUTTON, R. S. Neuromuscular Basis of Stretching Exercises Pp. 29-38 em *Strength and Power in Sport*, ed. P. V. Komi. Cambridge, MA: Blackwell Scientific, 1992.

MCATEE, R. *Facilitated Stretching*. Champaign, IL: Human Kinetics, 1993.

MOORE, M.; HUTTON, R. 1989. Electromyographic Investigation of Muscle Stretching Techniques. *Medicine and Science in Sports and Exercise* 12 (5): 322-9, 1989.

MURPHY, R. D. A Critical Look at Static Stretching: Are We Doing Our Patients Harm? *Chiropractic Sports Medicine* 5 (3): 67-70, 1991.

OSTERNIG, L. R. Differential Responses to Proprioceptive Neuromuscular Facilitation (PNF) Stretch Techniques. *Medicine and Science in Sports and Exercise* 22 (1): 106-11, 1990.

PLOWMAN, S. Physical Activity, Physical Fitness and Low Back Pain. *Exercises and Sport Sciences Reviews* 20: 221-42, 1992.

SIFF, M. C. *The Science of Flexibility and Stretching*. Johannesburg, África do Sul: School of Mechanical Engineering, University of Witwatersrand, 1990.

SIFF, M. C. *Super Training: A Textbook on the Biomechanics and Physiology of Strength Conditioning for Sport*. Johannesburg, África do Sul: School of Mechanical Engineering, University of Witwatersrand, 1993.

SULLIVAN, M. G.; DEJULIA, J. J; WORRELL, T. W. Effect of Pelvis Position and Stretching Method on Hamstring Muscle Fexibility. *Medicine and Science in Sports and Exercise* 24 (12): 1383-9, 1992.

VOSS, D.; IONTA, M; MYERS, B. *Proprioceptive Neuromuscular Facilitation: Patterns and Techniques*, 3ª edição. Filadélfia: Harper & Row, 1985.

WALLIN, D.; EKBLOM, B.; GRAHN, R.; NORDENBERG, T. Improvement of Muscle Flexibility: A Comparison Between Two Techniques. *American Journal of Sports Medicine* 13: 263-8, 1985.

Capítulo 16

TREINAMENTO: AMBIENTE SATISFATÓRIO, EQUIPAMENTO ADEQUADO

Raramente, o lugar em que seu cliente treina e o equipamento disponível definem os resultados do treinamento. Provavelmente, o fator mais importante é a intensidade do esforço com que seu cliente investe na progressão de um treinamento bem planejado.

Embora o local de treinamento e a disponibilidade do equipamento não executem ou interrompam um treino programado, é possível que eles causem um grande impacto, principalmente se a escolha for mal feita para a sala de ginástica do seu cliente ou suas próprias instalações. Se você treina em espaço, alugado ou não, que já está aparelhado, avalie com cuidado o que o local tem a oferecer.

É animador saber que existem muitas soluções simples quando nos deparamos com opções limitadas em termos de equipamento (veja "Trabalhando com Equipamento Mínimo" mais adiante, neste capítulo). Por outro lado, trabalhar num ginásio bem-equipado, com ambiente agradável, não garante um resultado bem-sucedido de treinamento. Suas decisões acerca de como projetar um programa do cliente, onde treiná-lo e que equipamentos usar devem ser tomadas apenas depois que você fizer uma análise detalhada de toda a situação.

Treinando em uma Empresa de Treinamento

O treinamento em academias públicas tem recebido críticas tanto entusiásticas quanto severas. Aqui estão algumas perguntas a se fazer quando se tenta adaptar um cliente ao ambiente certo de treinamento:

1. A academia está adequada ao cliente?
2. O ambiente social motiva ou distrai?
3. A agitação e o barulho favorecem a atividade ou agridem os sentidos?
4. Estar junto com outros praticantes (muitos deles sem roupas ou escassamente vestidos) encoraja ou intimida?

Sendo sócio de uma academia ou um estúdio de ginástica, você disporá de um lugar para treinar e, bem provavelmente, terá uma diversidade de opções em termos de equipamento que o ajudarão a elaborar um programa equilibrado, variado e interessante para os seus clientes. Os treinos em academias podem também complementar as atividades que você passa para os seus clientes em suas casas ou fora do clube.

Cuidado! Se a impressão que o seu cliente tem de uma academia pública é a de uma "fábrica de malhação", lotada de gente, num lugar afastado, possivelmente, ele é uma entre um número crescente de pessoas que estão optando por fugir das multidões e ficar em forma montando uma sala de ginástica em casa ou treinar numa empresa privada ou semiprivada de treinamento pesonalizado. Se seu cliente acredita que a taxa de matrícula e as mensalidades estão apenas lhe comprando uma oportunidade de visitar uma academia que mais parece uma experiência no *Jurassic Park* - muito barulho, com gente demais, suando, disputando e esperando em fila para fazer flexão e extensão contra resistência ou correr para lugar algum numa esteira - então ele está pronto para uma sala de ginástica em casa. No mínimo, você precisa oferecer uma opção mais particular de treinamento. Num ambiente mais privado, há também uma boa chance de aproveitar melhor o seu tempo com o seu cliente, melhorando o valor da sessão de treinamento aos olhos da clientela pagante.

Treinando em Casa

Se os arrepios e a ansiedade estão apenas começando a diminuir após ler a seção anterior, provavelmente você (assim como seu cliente) está pensando que treinar na privacidade do lar ou de um estúdio particular é realmente uma excelente idéia, se não for por razões melhores que economia de tempo e sanidade pessoal! Normalmente, não há horário nobre numa sala de ginástica em casa. Todo horário é bom; a não ser, é claro, que a vida doméstica privada do seu cliente seja muito conturbada!

Mas só porque seu cliente se exercita em casa não significa que ele não pertença a uma academia ou não se exercite num estúdio de treinamento personalizado. Um estudo feito pelo Conselho de Produtos para Condicionamento Físico revelou que 63% dos praticantes de alguma atividade física que pertenciam a uma academia também se exercitavam com equipamento em suas casas. No mesmo estudo, 43% dos americanos entrevistados disseram que não se exercitavam regularmente por falta de tempo (Florez, 1997).

O ideal seria se, na agenda do seu cliente, houvesse uma disponibilidade contínua para treinar. É razoável para o seu cliente que ele se dedique aos exercícios e que esses sejam fáceis, acessíveis e convenientes. Uma sala de ginástica em casa pode proporcionar todas essas possibilidades.

Instalando uma Sala de Ginástica em Casa

A instalação de uma sala de ginástica em casa, se realizada corretamente, é fácil e satisfatória. Para se associar a uma academia, é necessário que você verifique as instalações, as opções de equipamento, o pessoal. Mas é fácil decidir, com certa confiança, se o clube ou uma empresa de treinamento personalizado é o melhor para você e seu cliente. Da mesma forma, você deve planejar cuidadosamente e considerar algumas questões importantes antes de estabelecer o "palácio de condicionamento" do seu cliente.

Localização Correta da Área de Exercícios

É indispensável localizar a sala de ginástica do seu cliente numa área confortável e convidativa. Você pode instalar um ginásio esplêndido em qualquer lugar, seja em um pequeno apartamento, uma casa na cidade, um condomínio, uma sede ou uma propriedade rural. Mas se o ginásio for apertado, sombrio, monótono, sujo ou abafado, esse não será o lugar em que você ou seu cliente gostariam de passar o tempo. Se for claro, organizado, arrumado, fresco e atraente, será bem mais fácil ficar animado para os exercícios.

A luz natural melhora a disposição para os exercícios e as janelas e clarabóias proporcionam uma distração visual. Paredes e espelhos levam apenas você para longe (há dias em que seu cliente simplesmente não quer olhar para ele mesmo ou para aquela "figura" na parede). Se o espaço que você escolheu é escuro ou seu cliente treina a noite, providencie luz artificial suficiente para que seu cliente não pense que ele está num jantar à luz de velas ou preso num calabouço. Opte por uma ventilação natural, se possível. No mínimo, a circulação de ar deve ser gerada por um sistema de aquecimento e refrigeração ou por ventiladores. Você, e também o seu cliente, irá apreciar a iluminação correta e o ar refrescante em todas as estações. Construa um ambiente para ginástica irresistível!

Assoalhos de madeira constituem uma superfície ideal para a instalação do equipamento. Eles são estáveis e fáceis de limpar. A desvantagem é que eles ficam riscados facilmente e são mais barulhentos (é importantíssimo considerar a questão do barulho se os familiares do seu cliente ou seus vizinhos não gostam do entusiasmo dos exercícios de manhã cedo ou tarde da noite!). Para proteger os assoalhos de madeira e minimizar a questão do barulho, existem superfícies emborrachadas (que se adaptam a várias configurações), especialmente projetadas para se ajustarem sob o equipamento para exercícios ou cobrirem uma área inteira. Se você usar tapetes ou capachos, os melhores são os de pêlo baixo, que possam ser usados dentro ou fora da sala. Devem ter grande durabilidade com pouco ou nenhum estofamento. O equipamento pode deixar marcas quase permanentes sobre superfícies estofadas, tornando-as menos estáveis para os exercícios. Quando o seu cliente treinar no assoalho, use um colchonete para proteger o tapete do suor e também para almofadar o corpo do seu cliente. Para os tapetes, escolha matizes que não revelem a sujeira, manchas de óleo ou marcas de calçados.

Espelhos não só auxiliam você e seu cliente a examinarem a forma e a postura dos exercícios, mas, se colocados corretamente, eles transformam uma pequena área em um espaço aparentemente bem maior. Eles ajudam a criar uma sensação de abertura e amplidão que não existem fisicamente. Um único espelho de 1,5m por 1,8m ou 2,4m, colocado horizontalmente a uns 45 cm do assoalho, pode mudar totalmente a atmosfera de qualquer área para exercícios.

Finalmente, é bom levar em consideração os aspectos positivos de ver TV, ouvir música e usar fones de ouvido durante os exercícios. Para muitas pessoas, a atração óbvia é a distração e capacidade de realizar duas ou três tarefas simultaneamente num espaço de tempo destinado para o exercício. Por exemplo, seu cliente poderia lhe dizer que fez os seus exercícios, chamou alguns amigos e ficou com um ouvido sintonizado no seu programa de TV favorito. Para o praticante purista, isso pode parecer desleixo e uma atmosfera de treinamento menos do que desejável. Mas, se o tempo é escasso ou essas atividades ajudam seu cliente a passar o tempo, alcançar o resultado desejado e se divertir, elas valem a pena. Eu encorajo meus clientes a fazerem qualquer coisa que os ajudem a "resolver o assunto".

Compra de Equipamento para Uso Doméstico

Aqui estão os princípios elementares de como escolher equipamento doméstico para a sala de ginástica dos clientes. Antes de ler o "Questionário de pré-avaliação para a instalação de uma sala de ginástica" (veja box a seguir) e a "Lista para Compra de Equipamento Doméstico", na página 320, tenha a certeza de uma coisa! Independentemente do tamanho disponível para a sala de ginástica do seu cliente, quer seja uma sala inteira ou um canto da sala, tente minimizar a necessidade de montar e desmontar o equipamento.

Muitos programas e boas intenções são malsucedidos por falta de um espaço definitivo para a montagem permanente do equipamento. A necessidade de montar e desmontar o equipamento é uma desculpa a mais para o seu cliente não treinar. Você não precisa de muito espaço para definir uma área de treinamento. Comprando com inteligência, você pode adquirir um equipamento que se adapte a pequenos espaços, seja versátil com muitas opções de exercícios (o equipamento oferece mais do que um tipo de exercício) e não comprometa a eficácia e a segurança do treinamento. Conversas de vendedor sempre aumentam as vantagens de se estocar equipamentos. Porém, um equipamento é raramente usado quando está debaixo da cama do cliente ou dentro de um armário! Passe aos seus clientes o questionário a seguir para definir se uma sala de ginástica em casa é a escolha mais adequada para eles.

Lista para Compra de Equipamento para Uso Doméstico

Essa lista (formulário 16.1) o ajudará a pensar sobre as informações que você deve levar em consideração antes de comprar um equipamento doméstico para ginástica. Marque todas as questões que você responder afirmativamente. Se você marcar a maioria das questões da lista, estará na direção certa para fazer uma escolha pensada e útil.

Equipamento para Treinamento Aeróbico

O equipamento cardiovascular mais simples e menos caro é um bom par de calçados para caminhar, correr ou treinamento combinado! Independentemente de como o seu cliente fortalece o coração dele, precisará, pelo menos, de algumas boas "andadas" para complementar as atividades cardiovasculares de que participa. Atividades diferentes requerem sempre calçados diferentes e, com toda a honestidade, eles precisam de tempo para arejar antes do próximo treino. Então, é uma boa idéia orientar o seu cliente pessoalmente na escolha do calçado ou encorajá-lo a visitar uma loja especializada em calçados de última geração, onde os vendedores possam ajudá-lo a escolher o tipo certo de para os treinos dele.

Questionário de Pré-avaliação para a Instalação de uma Sala de Ginástica

Que atividades físicas você gosta de praticar?

Que atividades físicas você aprecia e acredita que praticaria por toda a vida?

Que tipos de equipamento de ginástica já usou e apreciou?

Possui alguma limitação física (problemas como dores nas costas, joelhos, ombros, pulsos ou artrite)?

Como você acha que as escolhas do equipamento poderiam complementar, ou agravar, quaisquer condições físicas que você identificou acima?

Seus objetivos em curto e longo prazo devem ser considerados em relação ao que você está comprando. Como o equipamento adquirido irá ajudá-lo a atingir suas metas?

As escolhas do seu equipamento lhe permitirão elaborar opções equilibradas de treinamento, direcionadas aos principais componentes da aptidão, inclusive condicionamento cardiovascular, força muscular e resistência e treinamento de flexibilidade?

Seu equipamento doméstico para ginástica lhe oferece a opção de treinamento combinado e variedade?

Alguém mais em sua casa vai fazer uso do equipamento? Se for o caso, a escolha do equipamento irá satisfazer seus objetivos e permitir um treinamento seguro? Alguma criança usará o equipamento?

Você está pensando em dispor de um espaço em sua casa? Se for o caso, já pensou na parte elétrica (a maioria dos equipamentos cardiovasculares domésticos usa tomadas padrão na parede), peso do equipamento, iluminação necessária, piso?

Formulário 16.1 Lista para Compra de Equipamento para Uso Doméstico

- Você contará com um "vendedor especialista em condicionamento físico" ou outro profissional qualificado para ajudá-lo na pesquisa e seleção do equipamento para a sua sala de ginástica? Os estabelecimentos comerciais especializados em condicionamento físico, normalmente, possuem vendedores qualificados, se comparados em cadeias de lojas que comercializam produtos esportivos em massa. Além disso, muitos vendedores especializados comercializam equipamentos de qualidade - como os usados em clubes, que agüentam a utilização pesada - assim como versões domésticas de alta qualidade de equipamentos similares testados e confiáveis.
- Você entende conversas com termos *high-tech*? Se não, pergunte o significado desses termos técnicos, quanto isso vai custar-lhe e como isso vai ajudar o programa de exercícios do seu cliente. Se você ficar mais confuso depois das perguntas, é hora de ir embora. Visite as principais exposições comerciais de equipamentos para conhecer e adquirir discernimento acerca da evolução desses equipamentos.
- Você levará em consideração cada peça do equipamento que comprar em relação ao custo, economia de espaço, facilidade de transporte, variedade e diversidade, e a importância dessas cinco qualidades em relação a cada espaço de treinamento que você projetar? (um banco que pode ser usado declinado, reto ou inclinado é um bom exemplo de uma peça de equipamento com essas cinco qualidades).
- Você experimentou cada peça do equipamento para ter certeza de que a peça é do seu agrado e adequada para o seu cliente? Quando você for às compras, use calçados apropriados e roupas confortáveis. Gaste pelo menos 5 ou 10 minutos em cada peça de equipamento que você está examinando e faça os seus ajustes após as explicações do vendedor. Muitas lojas especializadas vão encorajá-lo a testar os equipamentos, pois elas já têm aparelhos montados para esse fim. Ou ainda, você poderá visitar academias locais e experimentar uma variedade de equipamentos. Você poderá tirar proveito da semana de experiência grátis que muitas academias oferecem ou poderá se associar por um dia ou um período curto, a fim de testar vários equipamentos.
- Conversou com outros treinadores (*personal trainers*) e clientes que usaram esses equipamentos? (peça ao vendedor para lhe fornecer uma lista de fregueses que compraram o aparelho em questão).
- Seu cliente irá mesmo usar o equipamento ou ele só vai servir para acumular pó?
- Está disposto a comprar um equipamento de qualidade, que vai durar por toda a vida, sua e do seu cliente? Isso é para comparar com a compra de um "lixo" que precisará ser trocado, irá frustrar todos os esforços e ainda poderá não ser seguro!
- É um equipamento que vai resistir à prova ou é uma tendência que vai cair da moda com o tempo? (Bons exemplos de equipamentos que nunca saem da moda são as esteiras e os halteres.)
- O equipamento vem acompanhado de instruções de uso (lojas especializadas normalmente possuem um quadro de vendedores bem informados), treinamento e instruções em fita de vídeo ou outro material instrucional por escrito? (alguns vendedores se sentirão satisfeitos em providenciar gratuitamente orientações com um profissional que poderá demonstrar as particularidades do novo equipamento).

- Qual é a garantia para as peças e o funcionamento? Embora a garantia dos fabricantes seja normalmente de 90 dias, pergunte aos vendedores se eles darão garantia ao produto por um ano. Para vender, provavelmente eles darão a garantia. Além disso, se você comprar um equipamento de qualidade, esse prêmio de seguro por um ano será excesso de precaução e a loja não correrá risco a mais. Mas por que não pedir mais essa garantia?
- Os serviços previstos na garantia, a reposição de peças, os consertos e os serviços poderão ser realizados no local ou você terá de expedir o equipamento? Os estabelecimentos especializados locais geralmente vão lhe dispensar atenção, uma vez que irão apreciar que você volte a fazer negócios com eles ou dê referências. E, normalmente, eles têm um departamento de serviço completo de reparos, entrega e manutenção.
- Você poderá dar o equipamento como entrada quando quiser adquirir uma peça de melhor qualidade?
- A loja onde você pretende comprar o equipamento está estabelecida comercialmente há muitos anos? (pergunte ao gerente da loja se você poderia entrar em contato com algum cliente que tenha comprado o equipamento no qual você está interessado e com quem você possa conversar a respeito).
- O equipamento é produzido por um fabricante renomado? Quando se trata da qualidade de um equipamento que você usará por um longo tempo, normalmente, não haverá erro se você comprar uma marca famosa.
- O equipamento é silencioso em uso?
- O acolchoamento é feito de material denso e sustentador, porém flexível? O estofado é de boa qualidade? Compare um equipamento comercial, como o que você encontra em ginásios, com um equipamento "barato" para uso doméstico, e você verá, e sentirá, a diferença. Procure por um equipamento de alta qualidade. Você pagará mais e ficará satisfeito por isso!
- Os cabos e as roldanas se movem facilmente e sem ruído?
- Quais são as características de segurança?
- O custo da entrega e instalação está incluído no preço da compra? Se não, pechinche!
- Há necessidade de montagem após a entrega? Se houver, o serviço de montagem está incluído no preço da compra? Se não estiver, solicite que o incluam. Se houver necessidade de muita montagem, você terá muitas porcas e parafusos soltos em potencial, ao longo do tempo. Procure peças que tenham estruturas e encaixes soldados e necessidade mínima de montagem.
- Qual é a política de devolução? O fabricante ou a loja deve oferecer, no mínimo, um prazo incondicional de 30 dias para devolução. Se, por algum motivo, você comprar um equipamento sem testá-lo, descubra os detalhes a respeito da devolução do produto. Você terá de pagar para despachar a devolução e há alguma parte do preço original de compra que não seja restituível? Você pode confiar na empresa da qual está comprando o produto? O "experimente grátis" por 30 dias poderá lhe custar um bocado de dinheiro, sem mencionar o trabalhão de reembalar a "sucata" e mandá-la de volta!
- Se o vendedor apressá-lo ou forçá-lo a tomar uma decisão rapidamente sem responder às suas perguntas e encorajá-lo a testar o equipamento, vá embora rápida e educadamente.

Alguns exemplos de equipamentos cardiovasculares mais populares dentre os quais você pode escolher são as esteiras, *steppers*, elípticos, máquina simuladora de esqui, *lateral trainers* (movimentos laterais alternados), bicicletas estacionárias com resistência manual, bicicletas estacionárias eletrônicas (i.e., programáveis e, normalmente, em posição sentada ereta), bicicletas horizontais e remos. O interesse pela bicicleta estacionária ou de corrida justifica que você teste essa classe de bicicletas de alta *performance*. Essa classe de bicicleta estacionária é mais ajustável às dimensões do seu corpo. Mas experimente antes de comprar! Bicicletas estacionárias evoluíram muito.

Há muitas características de segurança, tipos diferentes de componentes eletrônicos e opções de melhoria disponíveis nessa categoria. Sua escolha deve ser baseada naquilo que os clientes gostam de fazer, num programa equilibrado de exercícios e numa variedade que valham o preço pago.

Qual é o melhor equipamento cardiovascular? Ao contrário do que você ouviu falar, nenhum equipamento ou atividade cardiovascular é melhor do que outro, quando são comparados os benefícios do dispêndio de caloria, da queima de gordura e do condicionamento físico. A duração, intensidade e freqüência do treinamento do seu cliente podem ser facilmente ajustados em todos os equipamentos de treinamento cardiovascular, a fim de que o esforço seja comparável entre quaisquer atividades de condicionamento cardiovascular.

Lembre-se do truísmo "Conhece-te a ti mesmo". Ajude seus clientes a encontrarem várias atividades que eles realmente apreciem e compre algumas peças de equipamento, para que eles possam fazer um treinamento combinado em casa, quando necessário. Provavelmente, a escolha mais criteriosa que você pode fazer é comprar uma esteira totalmente automática (Se seu cliente não gosta de andar ou correr em esteiras, esqueça essa recomendação!). Complemente essa escolha com uma bicicleta com resistência manual, um *stepper* e um elíptico ou remo. Um treinamento combinado entre diferentes tipos de exercícios aeróbicos irá impedir que seus clientes se aborreçam e fornecerá um novo estímulo fisiológico. Você pode até criar um circuito estimulante de condicionamento esportivo. Esse tipo de abordagem irá manter você e seus clientes interessados no treinamento e impedir que eles alcancem um nível estável nos exercícios e caiam na "mesmice" dos exercícios. Lembre-se, você pode treinar com seus clientes ao ar livre também!

Equipamentos para Treinamento de Força

Não acredite quando você ouvir dizer que 'máquinas de peso" ou multiestação para treinamento de força são os mais seguros. Você precisa perguntar: "Mais seguros, comparados a quê?". É verdade que você não pode derrubar um peso no chão, ou no pé do seu cliente, quando estiver usando esses acessórios. Mas para que serve essa segurança se arruinar o ombro do seu cliente porque o movimento de um exercício está inadequado e você não tem como corrigir ou ajustar a falha? Um cliente pode facilmente lesar um membro ou dois por iniciar ou interromper o uso de um aparelho de forma incorreta! Por outro lado, como a maioria das peças do equipamento de exercícios, os aparelhos não são necessariamente ruins se eles forem corretamente projetados e usados.

Preconceitos infundados e boatos, às vezes, não te deixam ter uma visão ampla e podem induzi-lo ao erro, magoá-lo ou a seus clientes, impedi-lo de obter os resultados que deseja para os seus clientes e deixá-lo perdido na "selva de ferragens"! Continue a ler para saber a história toda.

Existe uma grande variedade de equipamentos para exercícios de força à sua disposição para se treinar o corpo inteiro com eficácia. Os equipamentos coincidem de categoria para categoria e abrangem:

- pesos livres;
- multiestação de musculação;
- *pulleys* ou sistemas de cabos;
- bandas ou tubos elásticos;
- treinamento sem equipamento.

Escolha um equipamento para musculação que lhe ofereça opções de aumentar a resistência conforme seus clientes adquiram mais força. Pesos livres, multiestação de exercícios de força, *pulley* ou sistemas de cabos e bandas ou tubos elásticos são bons exemplos de equipamento que proporcionam uma sobrecarga progressiva. Esse tipo de equipamento permite que você aumente o peso logo que seu cliente possa realizar mais repetições do que o limite recomendado. Isso mantém o seu cliente progredindo e obtendo resultados.

Pesos Livres

Halteres e halteres com barra geralmente têm pesos livres ou anilhas presas (figura 16.1). As barras permitem que você prenda as anilhas em cada extremidade. Sua cliente precisará de ambas as mãos para erguê-las, a não ser que ela seja naturalmente forte. Os halteres curtos têm pesos em cada extremidade e, normalmente, a sua cliente pode erguer um em cada mão, dependendo do exercício. As anilhas poderão ser presas firmemente com anéis de retenção ou acessórios mais permanentes, impedindo que os pesos livres caiam durante os exercícios.

Pesos livres são eficazes porque eles não ocupam muito espaço, são baratos e versáteis, se comparados com aparelhos, e você pode desenvolver numerosos exercícios corretos do ponto de vista biomecânico. Você não precisa de um equipamento valendo US$100.000 para fazer um intenso treinamento de força. Porém pode reproduzir o que pode fazer com aparelhos de musculação desse valor!

Pesos livres trabalham a favor do seu corpo, não contra ele, se você for corretamente orientado a respeito das técnicas e do uso dos exercícios apropriados. Pesos livres também requerem equilíbrio e estabilização, o que é relevante porque as atividades diárias da sua cliente e os esportes que pratica também exigem equilíbrio, estabilização e coordenação.

Figura 16.1 Halteres, barras com anilhas e pesos livres permitem que a carga seja aumentada à medida que a força do seu cliente aumenta.

Treinamentos com pesos livres não tomam muito tempo se você evitar halteres ajustáveis que exigem que você mova as anilhas e prenda-as com anéis de retenção para que elas não deslizem sobre o rosto do seu cliente! Em vez disso, opte por halteres "com pesos fixos", não ajustáveis e à prova de bomba com manutenção mínima. Eles não se despedaçam sobre você ou seu cliente! Você pega o par necessário, seu cliente faz os exercícios e ambos estão prontos para passar para o exercício seguinte.

Um sistema que vi no mercado, muito eficiente no que tange ao custo e espaço, é um sistema seletor de halteres. Esse conjunto lhe oferece toda uma série de halteres e seu *design* único não requer muito espaço, o que é vantajoso, quer você esteja num estúdio, quer num ambiente doméstico. É bom dispor dessa versatilidade sem precisar dispor do espaço de uma parede inteira, que é o que exigiria uma estante para 10 ou 15 pares de halteres. Sistemas seletores de halteres têm disponibilidade para cerca de 54,48 kg e você pode mudar de 2,27 kg para 54,48 kg em segundos.

Quando estiver usando pesos livres, siga essas orientações:

- Mantenha elevado o nível de concentração e foco do seu cliente.
- Faça com que seu cliente levante o peso que ele possa controlar.
- Se o peso que o seu cliente estiver usando for difícil de equilibrar ou controlar porque é pesado demais, ou porque ele alcançou o ponto de fadiga, abaixe o peso e comece outra vez com menos peso, ou termine o exercício.
- Tenha a certeza de que você ou o seu cliente retira o peso da estante com cuidado e o repõe no lugar com precisão e controle (muitas lesões durante o treinamento de força provêm da falta de cuidado ao pegar ou repor o peso na estante ou no chão).
- Oriente o seu aluno para que ele aprenda a começar e terminar um exercício com segurança.

Multiestação de Exercícios de Força

Muitos equipamentos de treinamento de força exigem que seu cliente empurre, puxe ou torça numa amplitude pré-determinada (figura 16.2). Algumas empresas estão, atualmente, produzindo equipamentos de qualidade que permitem ao usuário definir a amplitude de movimento. O conceito desse *design* está passando devagar para os projetos de sala de ginástica em casa e permite uma regulagem biomecânica maior. Provavelmente, você já usou um equipamento que não parece bem ou causa desconforto em alguma articulação. E, com um equipamento desses, você estará realizando um exercício ineficaz e sem segurança, sem opções para modificá-lo. Antes de comprar, experimente trabalhar no equipamento em cada exercício que ele oferece. A amplitude de movimento deve ser natural e confortável e, em momento algum, durante um exercício, você deverá sentir desconforto ou dor em alguma articulação. Além disso, muitos equipamentos não oferecem diversidade de opções em exercícios. Você consegue direcionar os exercícios para os principais grupos musculares? Não acredite que todos os fabricantes saibam o que estão fazendo e tenham colocado os interesses do cliente em primeiro lugar no que tange a projetos e seleção de exercícios. Não é o que acontece muitas vezes!

Figura 16.2 Multiestação de exercícios de força.

Se você optar por montar uma sala de ginástica sofisticada, verá que ela vai dispor de estantes múltiplas para pesos, de um banco desmontável que fica reto e inclina em vários ângulos diferentes e permite o treinamento dos principais, se não de todos, grupos musculares. Além disso, o seu cliente poderá treinar sem precisar de um assistente porque o peso não vai cair sobre ele e o equipamento ocupará um espaço menor que uma área de 1,20 m por 2,40 m (certifique-se de que o teto da sala do seu cliente possui uma altura adequada para alojar o equipamento). As estantes múltiplas para pesos requerem menos regulagens e conexões de cabo, quando você passa de um exercício para outro, e mais de uma pessoa pode treinar por vez. A vareta-guia e os cabos vão funcionar de forma suave e silenciosa.

Acrescentando uma grande variedade de halteres ao seu arsenal de treinamento, você disporá de todas as opções necessárias para os exercícios de força e poderá usar o banco que vem junto com a multiestação.

Máquinas de peso normalmente vêm com uma estante de pesos, embora haja outras opções eficientes (i. e., a coluna de barras e as varetas de resistência compostas oferecem uma resistência comparável e são fáceis de mover porque você não precisa ficar transportando estantes de aço). Quando usa anilhas empilhadas ou com sistema seletor, você seleciona a quantidade de peso desejado, inserindo um pino em forma de T num pequeno furo aberto em cada anilha.

Como já discutimos, um problema com os equipamentos é que eles são, normalmente, projetados como "tamanho único". Alguns equipamentos empregam uma roldana para alterar a quantidade de peso em diferentes pontos ao longo da amplitude do movimento. Isso representa a "curva de força" e o que se denomina resistência variável. Você acha que a curva de força do seu cliente é a mesma do vizinho ou da vizinha que tem os braços do tamanho das suas pernas? Em algum momento, você acredita que os quadris, os braços e o tronco do seu cliente têm a mesma largura ou comprimento dos de outras pessoas na academia e que a força de uma cliente é igual à de um brutamontes que está querendo tomar conta do equipamento que ela está usando? "Tamanho único" não cumpre tudo o que promete!

Entenda que máquinas de força não atendem perfeitamente às necessidades de todas as pessoas. Se algo parece errado, não use o equipamento. Você pode ajustá-lo infinitamente e ele nunca parecerá certo!

As máquinas de força funcionam? Claro! Elas produzem resultados semelhantes quando comparadas com tubos elásticos e pesos livres, sendo que o fator determinante é a carga apropriada. Os resultados não dependem do tipo de equipamento em uso ou se ele é resistência variável. O que conta é se o seu cliente está treinando até a fadiga, geralmente entre 6 e 20 repetições.

A multiestação para treinamento de força é mais segura do que outro equipamento? Talvez sim, talvez não! Dizem, freqüentemente, que ela é ideal para os principiantes porque é muito segura - isto é, o peso não cai sobre as pessoas. Contudo, já posso ouvir dedos estalando, cabelos arrebentando (presos nos *pulleys* ou sistemas de cabos) e articulações doendo porque as pessoas foram levadas a acreditar que os equipamentos são perfeitamente seguros. Instrua seus clientes a serem cuidadosos quando estiverem por perto de uma estante de pesos. E, embora os pesos nunca venham a cair sobre eles, se eles se cansarem mais depressa do que o planejado ou o equipamento estiver ajustado de forma inadequada, certamente, eles poderão luxar um membro. Por exemplo, um exercício de *pullover* pode transformar-se num roteiro de pesadelo lesivo. Se a cliente não estiver assistida pelo treinador ou corretamente posicionada, não retornar à posição inicial de forma correta ou não tomar suas "pílulas pra amolecer o corpo",[1] ela poderá estar rastejando para um telefone e discando um número para emergência.

N. T.Tradução adaptada em alusão a "Gumby", um boneco feito de material maleável.

Os equipamentos tendem a isolar os músculos. Eles não exigem equilíbrio e estabilização como a que é utilizada para atividades diárias e movimentos requeridos pela prática esportiva. Pense, pois, numa abordagem equilibrada. Se seu cliente sempre treina com equipamentos, acrescente, à sua rotina, alguns exercícios de halteres para a parte superior do corpo, agachamentos e avanços.

Finalmente, os equipamentos geralmente não são portáteis (já experimentou adaptar um na mala do seu cliente ou no seu carro?) e são caros. Aprenda a treinar com um mínimo de equipamento, como pesos livres, halteres e tubos de borracha, e a otimizar os resultados do treinamento do seu cliente. Isso é especialmente válido se você vai à casa do cliente ou se seu cliente viaja com freqüência. Aquele que viaja muito não sabe que tipo de equipamento ou ambiente de exercícios estará à sua disposição, e a capacidade de treinar com um equipamento mínimo pode evitar que ele perca treinamentos sucessivos.

Treinamento com Resistência Variável

Sei o que você está pensando. "Ah! Por favor! tubos elásticos? Vamos treinar sério e vamos aos equipamentos e pesos!" Muito bem, sei que estou falando de "bandas" sofisticadas de borracha. Mas elas funcionam mesmo. Você pode comprar tubos elásticos em diferentes espessuras, que lhe permitem variar a resistência para mais ou menos, e elas vêm em forma de "tubos" ou cabos longos e finos. Alças giratórias ou de náilon presas aos elásticos facilitam o seu uso em alguns exercícios. Os tubos elásticos vão com você ou seu cliente a qualquer lugar, ocupam pouco espaço, são baratos e eficazes! E tubos elásticos são como pesos livres ou sistemas de cabos, visto que você pode trabalhar com o corpo do cliente porque a amplitude de movimento não está pré-determinada. O uso de tubos elásticos requer alguma força de equilíbrio e estabilização, conforme os elásticos se estendem. Você pode facilmente prender as bandas elásticas no batente da porta (com uma correia), em um corrimão de escada ou em uma peça do equipamento de exercícios (figura 16.3). Uma vez instaladas, você terá uma variedade de opções versáteis para os exercícios. Na verdade, você poderá reproduzir todos os exercícios que faria com uma linha de máquinas de força de 215 mil reais!

Figura 16.3 Tubos elásticos.

Em outras palavras, você tem centenas de exercícios para escolher. Se o seu cliente treinar com uma resistência pesada o suficiente, como a obtida pela espessura adequada dos tubos elásticos, vários cordões de elásticos ou um tubo elástico encurtado (que aumenta a carga), ele obterá os mesmos resultados do que se ele tivesse treinando com máquinas de força ou halteres. Os músculos conhecem apenas fadiga e mecânica correta. Eles não distinguem o tipo de equipamento em uso. Simplesmente, os resultados dos exercícios de força são determinados pelo treinamento com carga e pela intensidade suficientes nos exercícios.

Exercícios Localizados Utilizando Peso Corporal

A maior desvantagem para o cliente que usa seu peso corporal para exercícios de força é que, geralmente, o exercício é difícil ou fácil demais. E se a quantidade de esforço está exata, logo o exercício se torna fácil demais. Tome, como exemplo, exercícios de flexão de braço ou barra fixa. Alguns clientes não conseguem fazer, outros conseguem fazer alguns e poucos são capazes de repeti-los indefinidamente. Se o exercício está difícil ou fácil demais, sua cliente não está usando o tempo dela sabiamente.

Não é uma questão do emprego de exercícios localizados e do peso corporal ser bom ou ruim. Esses métodos, simplesmente, têm limitações. Para determinar a eficácia, faça essa pergunta: "Consigo fatigar os músculos pretendidos com 6 a 20 repetições?" Se você não consegue, não está otimizando os resultados da musculação ou o tempo do seu cliente!

Trabalhando com Equipamento Mínimo

Muitos profissionais se sentem desamparados quando deparam com opções limitadas em equipamentos, especialmente se eles estão acostumados com uma abundância de escolhas. Entretanto, a eficácia ou ineficácia do exercício, geralmente, não é determinada pela quantidade, pelo custo ou pelo tipo do equipamento. A base do programa de exercícios, independentemente das escolhas do equipamento, está na fisiologia dos sistemas energético, cardiorrespiratório e muscular e os métodos usados na sua manipulação. As escolhas do equipamento não devem limitar ações específicas das articulações e partes do corpo que você tem em vista durante os treinos, nem devem limitar a eficácia dos treinamentos cardiorrespiratórios do seu cliente.

Munido da seguinte abordagem, você não vai mais ficar limitado pela falta de equipamento ou "experimentar" indiferentemente toda uma linha de equipamentos. Este capítulo lhe oferece uma abordagem que coloca o comando do treinamento novamente nas suas mãos.

Seus clientes ficarão mais animados com as mudanças que eles sentem e vêem em seus corpos do que com qualquer equipamento que você lhes oferecer! Foco no treinamento eficiente contra variedade de equipamento. Você se valorizará como treinador aos olhos dos seus clientes e irá superar situações aparentemente limitadas com soluções práticas e eficazes.

Profissionais que trabalham nas casas dos seus clientes, geralmente, têm opções limitadas em equipamentos. Contudo, há clientes que já possuem um equipamento, que só precisa ser espanado. Se você vai entrar com o equipamento, procure um que sirva para mais de uma função. Por exemplo, use um *step* para condicionamento cardíaco e um banco para levantamento de peso. Leve em consideração atividades ou métodos de treinamento que não exijam equipamentos. Treinos ao ar livre, treinamento combinado, caminhada, corrida e o uso de uma escadaria "de verdade" são exemplos práticos. E lembre-se que a resistência manual (do treinador) e a resistência utilizando o peso corporal do cliente são métodos válidos e eficazes para sobrecarregar os principais grupamentos musculares para o treinamento de força. Com todas essas opções, certamente, os treinamentos não serão limitados.

Selecionando Equipamentos Essenciais

Já disse antes e torno a dizer! Quando você for comprar equipamento para uma sala de ginástica, considere as cinco qualidades: diversidade, variedade, facilidade de transporte, economia de espaço e custo.

Um exemplo de equipamento que possua todas essas cinco qualidades é um banco que inclina, declina e fica reto. Um outro exemplo são os tubos elásticos, que podem ser usados para testar vários movimentos corporais diferentes e proporcionar uma sobrecarga progressiva. Ambos os tipos de equipamento são facilmente transportados, ocupam um espaço mínimo e têm um preço razoável.

Quando você treina um cliente em casa ou numa pequena empresa de treinamento personalizado, diversidade, variedade, facilidade de transporte, economia de espaço e custo são primordiais. No início de um programa, provavelmente seu cliente não tem certeza do compromisso com você e o treinamento em geral. Ele quer um treinamento eficiente, mas pode não querer, desde o início, investir uma quantia significativa de dinheiro em equipamento, se você o está treinando em casa. Você poderá amenizar essas preocupações, explicando-lhe que excelentes treinamentos são possíveis com pouco equipamento e que você possui todo o equipamento necessário para iniciar o programa dele. Após semanas de treinamento, seu cliente provavelmente se interessará em criar ou expandir sua sala de ginástica. Embora não seja absolutamente necessário, ampliar as opções de equipamento em casa é uma resposta natural a um relacionamento positivo com você.

Além dos bem-sucedidos equipamentos cardiovasculares e equipamento de treinamento de força já discutidos, várias peças de equipamento para exercícios são incrivelmente produtivas na contribuição para um programa de treinamento bem-feito, interessante, versátil e eficiente. De fato, muitas dessas opções são alguns dos mais bem-guardados segredos da indústria de condicionamento físico!

A seguir, algumas escolhas de equipamento que são uma combinação de custo-benefício, facilidade de transporte e versatilidade. Algumas das opções são perfeitas para serem usadas mesmo em um ambiente onde haja uma grande variedade de equipamento, como num clube de empresa. Nenhuma dessas escolhas compromete o treinamento. Mesmo em situações em que você tenha cada opção de equipamento, poderá preferir essas escolhas, como eu, porque elas proporcionam diversão e variedade.

Halteres

Sistema seletor de halteres. O sistema seletor de halteres (figura 16.4) lhe permite fazer treinamento de força com segurança e eficiência, com uma variedade ilimitada de exercícios, exigência mínima de espaço e um investimento financeiro mínimo.

- Uma alternativa é ter vários pares de halteres com pesos fixos (anilhas presas de maneira ultra-segura) que sejam adequados para o atual nível de força do seu cliente.
- Halteres com pesos variados (os pesos podem ser mudados) são outra escolha razoável, mas esteja atento aos itens de segurança. Verifique as correias de segurança antes de cada exercício e nunca segure os pesos por cima do rosto do seu cliente.
- O sistema seletor de halteres (PlateMates®) provê a maneira perfeita de acrescentar aumentos de 0,57 kg, 1,13 kg, 1,7 kg e 2,27 kg aos seus halteres ou à estação múltipla de exercícios (figura 16.5). A possibilidade de acrescentar pequenas cargas ajuda-o a evitar a perigosa alternativa de dar grandes saltos no aumento do peso. Fixe a carga magnética (PlateMates®) num halter escolhido, num halter com peso fixo ou na estante de peso. Eles estão disponíveis nos tamanhos de 0,57 kg e 1,13 kg (combine-os para obter os aumentos de 1,7 kg e 2,27 kg). E não se preocupe; eles são muito seguros!

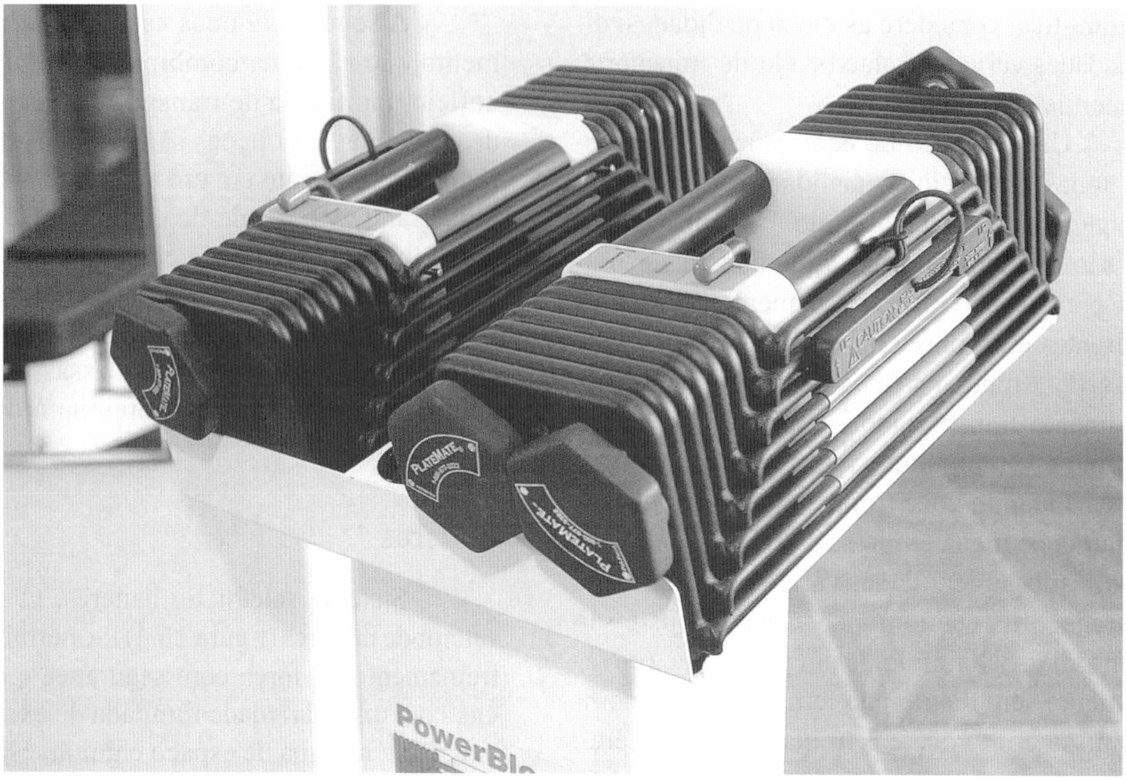

Figura 16.4 Halteres escolhidos.

Figura 16.5 Os acessórios magnéticos aderem diretamente aos pesos, permitindo que você acrescente pequenos aumentos à sua carga.

Estação Múltipla de Exercícios e *Pulley* ou Sistemas de Cabos

A coluna de barras para treinamento de força é um bom exemplo não-tradicional de *pulleys* ou sistema de cabos (figura 16.6). A coluna de barras permite que você faça treinamento de força com segurança e eficiência em sua casa, com variedade ilimitada de exercícios, exigências mínimas de espaço e investimento financeiro razoável. O *pulley* ou sistema de cabos usa varetas compostas para resistência progressiva e é uma ótima escolha para uma estação de multiexercícios se você não gosta da idéia de conjuntos de estantes para pesos e padrões restritos de movimentos. Experimente a coluna de barras e outras unidades de multiestação antes de efetuar a sua compra (eles não são para todo mundo!).

Treinamento com Resistência Variável

Os dispositivos para treinamento com resistência variável, como os tubos ou bandas elásticas, provêm resistência variável com intensidades diferentes. Alças ou barras presas aos elásticos facilitam a execução de uma variedade de exercícios. Presos nos batentes das portas ou fixos nas paredes, os tubos elásticos têm a sua versatilidade aumentada.

Fit Ball

Essa bola redonda e cheia de ar é largamente usada por fisioterapeutas para fortalecer e alongar o corpo. É bastante apropriada para fortalecer as regiões abdominal e dorsal. Ela funciona como uma almofada de ar que serve para apoiar o corpo, e você pode variar a dificuldade dos exercícios variando a posição do corpo do seu cliente sobre a bola. O *fit ball* possibilita a sobrecarga dos principais grupamentos musculares e o treino da flexibilidade. Pode também ser usado como um banco para exercícios.

Resistência Manual com Ajuda do Treinador

A resistência manual com a ajuda do treinador é muito eficaz e lhe permite acrescentar sobrecarga e auxiliar a amplitude de movimento e a técnica correta. A resistência com ajuda do parceiro só deve ser empregada se ele for confiável e informado.

Figura 16.6 O sistema de coluna de barras é uma opção não-tradicional de multiestação.

Uso do Peso Corporal do Cliente como Resistência

Há uma variedade de exercícios, tais como flexão de braço, mergulho e elevação do calcanhar, que usam essa técnica. As limitações desse tipo de resistência foram mencionadas na discussão dos exercícios localizados utilizando peso corporal.

Step Ajustável

Um *step* ajustável pode ser usado para treinamento cardiovascular e de força combinado com pesos ou tubos elásticos. Desempenha uma segunda função como um banco reto, inclinado ou declinado para exercícios de força.

Banco Ajustável para Exercícios

Essa peça substitui dois bancos porque ela é ajustável de reto para vertical. Você pode usá-lo para realizar vários exercícios de força em posições em pé, com apoio, ou sentado.

Remo Manual (sem volante)

O remo manual pode ser usado para treinamento cardiovascular ou de força, alterando-se a resistência. A fadiga rápida (de 30 a 90 segundos) e mais resistência resultarão em ganho de força, ao passo que a sobrecarga de repetição intensiva (três minutos ou mais) proporciona resultados de treinamento cardiovascular. Sentado de frente para a proa e empurrando as mãos para longe do tórax, seu cliente exercita o tríceps, a região anterior do ombro e o tórax. De frente para a popa e puxando, ele exercita o bíceps, a região posterior dos ombros e a região cervical.

Fundamentos do equipamento: a Palavra Final

Não acredite em tudo que se fala sobre a grandeza e eficácia exageradas e as "qualidades mágicas" de uma peça de um equipamento específico. Você precisa usar o equipamento certo (definido pelos objetivos do seu cliente), o cliente precisa gostar dele, o equipamento precisa ser usado corretamente e, finalmente, você deverá modificar o que está deficientemente projetado ou optar por não usá-lo!

O modo como você usa o equipamento - independentemente do seu custo - é de extrema importância. A segunda coisa mais importante é a qualidade do equipamento, pois uma boa técnica pode ser frustrada por um equipamento de má qualidade.

Do ponto de vista fisiológico, a forma como o corpo se adapta à sobrecarga (estresse benéfico) com a qual não está acostumado (resulta em efeito de treinamento) não se altera. E tampouco o corpo faz distinção entre um equipamento e outro. Como foi salientado antes, o corpo só entende um treinamento eficiente e uma sobrecarga correta, independente da escolha do equipamento.

Você precisa perguntar: "O equipamento que estou usando vai corresponder à expectativa?" Em outras palavras, os princípios da sobrecarga e a forma como você obtém os resultados não mudam. Se o equipamento lhe permitir treinar um cliente de forma mais intensiva do que aquela a que ele está acostumado e ele gosta de praticar regularmente, você obterá os resultados e a complacência do cliente. Por outro lado, um equipamento caro não vai fazer o serviço para o seu cliente ou elaborar um programa inteligente para o treinador. Além disso, quando um equipamento caro é comparado com um mais barato, com certeza, resultados melhores nunca estarão garantidos. Você precisa fazer a distinção entre um equipamento inútil e um de alta qualidade (não necessariamente o mais caro). Obviamente, seguindo os procedimentos corretos do treino e utilizando técnicas corretas de exercícios, você otimizará os resultados do treinamento de seu cliente.

A chave é selecionar o equipamento que satisfaça a sobrecarga e os padrões biomecânicos descritos neste livro, assim como realizar os objetivos do seu cliente. Nem você nem seu cliente precisam ter um orçamento ilimitado para comprar um equipamento. Por outro lado, se todos os acessórios extras e as comodidades dos modelos de primeira categoria motivam o seu cliente a se exercitar e o orçamento não é motivo de preocupação, então, tudo isso vale o preço.

PARTE III

PLANEJAMENTO DE PROGRAMA: DA TEORIA À PRÁTICA OBTENDO INFORMAÇÕES (ANÁLISE)

Capítulo 17

AVALIANDO A INTENSIDADE DOS EXERCÍCIOS

Para medir e monitorar o esforço cardiorrespiratório dos seus clientes com a maior eficácia, você precisará combinar medida científica com critério subjetivo quando estiver determinando a intensidade adequada dos exercícios.

Qual é a importância de se medir a intensidade dos exercícios? O conhecimento adequado da "zona alvo de treinamento" permite que você conduza os esforços dos clientes a um nível de melhora do condicionamento, ao mesmo tempo em que mantém a freqüência cardíaca dentro de um limite seguro. Também permite que você demonstre os progressos na aptidão física dos seus clientes, comprovados pela diminuição da freqüência cardíaca de repouso ou da reação de freqüência cardíaca para uma carga de exercício ou esforço abaixo do máximo (consulte o capítulo 11). Contudo, ainda existe uma confusão considerável acerca de intensidades adequadas de treinamento, especialmente nas áreas de "mobilização de gordura" e exercício para saúde versus condicionamento e desempenho de elite.

Há muitos métodos de monitorar a intensidade dos exercícios. A maioria dos treinadores usa um ou mais desses cinco métodos:

1. Porcentagem de freqüência cardíaca máxima (FCM). A FCM é determinada com a contagem dos batimentos cardíacos e o uso de uma fórmula baseada em padrões relacionados com idade para estimar o nível preferencial de intensidade.
2. Freqüência cardíaca de reserva máxima (FCRes). A FCRes, ou fórmula de Karvonen, é usada para estimar o nível de intensidade ou limite de treinamento. Muitos profissionais preferem FCRes a FCM.
3. Avaliação do esforço percebido *(RPE).* A RPE *(Rating of Perceived Exertion)* usa a capacidade do cliente de observar o próprio esforço. Prefiro medir a RPE com uma escala numérica de avaliação de 1 a 10 e respostas verbais.
4. Teste da fala. O teste da fala é usado para identificar o nível da falta de respiração e sempre usado em combinação com a RPE.
5. Esforço preferido (EP). Com o EP, o exercitante escolhe o nível preferencial de esforço, freqüentemente em combinação com a RPE.

Os dois primeiros métodos acima são usados para estimar uma freqüência cardíaca alvo (FCA) ou um limite de freqüência cardíaca de treinamento (LFCT). Um LFCT é calculado quando duas FCA são definidas. Qual é o método correto para o seu cliente? Que importância tem um nível exato de intensidade para alcançar resultados e manter a segurança do seu cliente?

Com que Precisão a Freqüência Cardíaca Reflete o Consumo de Oxigênio?

A zona alvo de treinamento tem sua base fisiológica no laboratório. A freqüência cardíaca (FC) é o número de batimentos cardíacos dentro de um período específico de tempo. Como regra geral, a capacidade aeróbica máxima (VO_2 máx) – definida como a capacidade máxima de produzir adenosina trifosfato (ATP) de forma aeróbica – melhora se o exercício tiver intensidade suficiente para aumentar a freqüência cardíaca para cerca de 70% da FCM. Isso equivale a cerca de 50 a 55% de (VO_2 máx) ou FCRes (McArdle, Katch e Katch, 1991, 1996; Wilmore e Costill, 1994). Esse nível de esforço parece ser o estímulo mínimo exigido para progredir no treinamento em capacidade aeróbica máxima, embora a freqüência e duração também tenham impacto (Plowman e Smith, 1997). Entretanto, esse nível de esforço não é necessário para alcançar resultados visando à saúde. Para os clientes relativamente sem condicionamento físico, o início do treinamento pode estar mais perto de 60% da FCM, que corresponde a cerca de 40 a 45% de VO_2 máx (McArdle, Katch e Katch, 1991,1996; Wilmore e Costill, 1994). Os limites mais baixos para o limiar sensível ao treinamento, relacionados à capacidade aeróbica melhorada (mas não necessariamente à VO_2 máx melhorada), dependem da atual aptidão física e condição de treinamento do cliente.

A questão é que os esforços aparentemente mínimos dos seus clientes devem ser encorajados. Os esforços de exercício, que levam um cliente além daquilo a que ele está acostumado, podem contribuir significativamente para os efeitos positivos de condicionamento e benefícios à saúde.

FCRes e VO_2

Para quase todos os níveis de exercícios abaixo do máximo, a porcentagem de FCM não equivale à mesma porcentagem de VO_2 máx ou capacidade aeróbica. Por outro lado, a fórmula de Karvonen, explicada mais adiante, é usada para predizer FCR e está diretamente correlacionada à VO_2 máx.

Vamos examinar as condições que influenciam os aumentos ou as diminuições da freqüência cardíaca:

1. A atividade rítmica contínua dos grandes músculos, que aumenta a freqüência cardíaca e o retorno venoso ao mesmo tempo (definição apropriada e completa de sobrecarga para aptidão cardiorrespiratória), aumenta a freqüência cardíaca, a carga de exercício e o consumo de oxigênio.
2. Quando se trabalha um grande volume de massa muscular (i. e., movimentos rítmicos dos grandes músculos), as necessidades do metabolismo aumentam a freqüência cardíaca, a carga de exercício e o consumo de oxigênio.
3. O movimento do braço acima da cabeça ocasiona uma reação vasoconstritora (a freqüência cardíaca aumenta sem o aumento correspondente ao consumo de oxigênio), segurando ou não pesos leves e, embora a freqüência cardíaca aumente, não ocorre um aumento correspondente no consumo de oxigênio. Nesse caso, monitorar apenas a freqüência cardíaca de exercício não revela um quadro exato do consumo de oxigênio, grau de treinamento ou gasto calórico.
4. Esforços resistíveis aumentam a resistência ao fluxo sangüíneo e a freqüência cardíaca. Isso inclui o treinamento tradicional de resistência e pode ou não ser combinado com a manobra de Valsalva (segurar a respiração momentaneamente durante um esforço intenso). Contudo, não ocorre um aumento correspondente em consumo de oxigênio, o que significa que o aumento da freqüência cardíaca, nessa situação, também fornece um quadro impreciso do consumo de oxigênio e esforço dispendido.
5. Desidratação, temperatura, emoções, tratamento médico e medicamentos podem aumentar ou diminuir a freqüência cardíaca. Mas, como a reação vasoconstritora, essa avaliação cardíaca não fornece um quadro exato do esforço dispendido e do oxigênio consumido.

Exatidão do prognóstico do LFCT (limite da freqüência cardíaca de treinamento)

Vamos comparar cada uma das variáveis que podem afetar a FC com as possibilidades de um LFCT previsto para refletir precisamente a intensidade dos exercícios conforme medida pelo consumo real de oxigênio.

O LFCT pode ser um indicador útil – se medido com exatidão – de consumo de oxigênio, gasto calórico e metabolismo, em uma atividade contínua e dinâmica que envolva um grande volume de massa muscular e, simultaneamente, aumente a FC e o fluxo sangüíneo (retorno venoso) ao coração (em outras palavras, atividade "cardiovascular" ou aeróbica). É o consumo de oxigênio que estimula as adaptações ao treinamento do sistema cardiorrespiratório (seu cliente se torna mais apto e adquire condição cardíaca saudável), não apenas uma freqüência cardíaca rápida ou aumentada. Muitos fatores podem aumentar a freqüência cardíaca, e não têm efeito sobre as adaptações ao treinamento cardiorrespiratório (veja a seção anterior sobre as condições que afetam a freqüência cardíaca).

Você poderá notar porque a medição da freqüência cardíaca e dos LFCT relacionados podem refletir com precisão o desempenho do cliente médio, sem levar em consideração se ele está ocupado com atividade rítmica e contínua, envolvendo grandes músculos.

Pequena Lista de Abreviaturas

FCA	Freqüência cardíaca alvo ou de treinamento
LFCA/T	Limite da freqüência cardíaca alvo ou de treinamento (inclui o limite mais alto e o mais baixo)
FCE	Freqüência cardíaca de exercício
FCM	Freqüência cardíaca máxima
FCRes	Freqüência cardíaca de reserva ou freqüência cardíaca de reserva máxima
RPE	Taxa de esforço percebido
EP	Esforço preferido

Quando a Monitoração da Freqüência Cardíaca Pode Não Ser a Melhor Escolha

Treinar freqüência cardíaca pode não ser a melhor escolha para monitorar a intensidade dos exercícios nos seguintes casos:

1. Pessoas tomando medicamentos que diminuam a FC. A FC de exercício do cliente precisa ser determinada enquanto ele estiver em tratamento (tomando algum remédio sob prescrição) e sob supervisão médica para que a freqüência cardíaca tenha mais probabilidade de refletir o esforço real do cliente.
2. Clientes que não conseguem monitorar a FC com exatidão. Você precisa verificar a exatidão da contagem da pulsação do seu cliente ou monitor de freqüência cardíaca que ele está usando.
3. Clientes, como os que estão em reabilitação cardíaca necessitam de uma monitoração acurada da freqüência cardíaca. Equações de prognóstico (como 220 menos a idade) usadas para estimar a freqüência cardíaca máxima, a partir da qual é estimada a freqüência cardíaca pretendida ou de treinamento, contêm uma grande margem de erro inerente a elas, sempre mais ou menos 10 a 12 batimentos por minuto.

4. Clientes que participam de atividades a que não se aplicam equações padronizadas e métodos prognósticos, como a natação ou as atividades que possam causar uma reação vasoconstritora (por exemplo, mãos acima da cabeça ou treinamento de resistência).

A *natação* geralmente ocasiona uma resposta de freqüência cardíaca máxima mais baixa – de 10 a 13 batimentos por minuto a menos comparada com corrida ou ciclismo (McArthur, Katch e Katch, 1991, 1996; Wilmore e Costill, 1994). Os efeitos combinados da posição em decúbito ventral, que permite ao coração uma distribuição mais uniforme do sangue, não precisando bombeá-lo contra a gravidade, e a imersão na água, provavelmente, explicam a freqüência cardíaca de exercício levemente mais baixa na natação. Ficar submerso na água pode facilitar o retorno do sangue ao coração e a rápida dispersão do calor na água fria pode exigir menos esforço do coração, se a hidratação for mantida.

Por outro lado, a temperatura excessivamente alta da água aumentará a FC. Além disso, a natação envolve mais esforço braçal e usa menos massa muscular do que, por exemplo, a corrida e o ciclismo. O uso de menos massa muscular também ocasiona uma resposta de freqüência cardíaca máxima mais baixa comparada com corrida e ciclismo. Por esses motivos, pode ser impossível para o seu cliente alcançar o LFCT em terra ou a FCM enquanto está nadando.

Quando calcular a FCT em natação, subtraia cerca de 13 batimentos da FCM real ou estimada (Uma FCT com limite mais alto e mais baixo precisa ser calculada para se chegar ao LFCT). A seguir, acrescente uma dose de bom senso e use a percepção de esforço para concentrar a atenção no esforço exato de treinamento.

Ao contrário da natação, a *dança aeróbica* ou outras aulas de exercícios em grupo podem ocasionar uma resposta mais alta de freqüência cardíaca máxima para esforços de determinados exercícios quando comparados com corrida e ciclismo. Isso, provavelmente, resulta do emprego de movimentos dos braços acima da cabeça e da posição ereta associados a algumas aulas de exercícios em grupo.

Quando os braços são movimentados acima da cabeça, com ou sem pesos leves nas mãos, uma reação vasoconstritora pode ser produzida, resultando num aumento da freqüência cardíaca sem um aumento linear ou correspondente no consumo de oxigênio. A ocorrência de uma reação vasoconstritora resulta numa imagem inexata do esforço de trabalho cardiorrespiratório porque o aumento do consumo de oxigênio não se iguala à resposta elevada de FC.

A reação vasoconstritora ocorre também durante os exercícios tradicionais de treinamento de resistência. O treinamento de resistência (i. e., de 8 a 12 repetições até cansar) foi erroneamente identificado, em várias ocasiões, como um atividade cardiorrespiratória eficiente porque a FC se mantém elevada durante esse tipo de treinamento. Causa (um tipo de exercício) e efeito (aumento da freqüência cardíaca) certamente não é verdadeiro aqui. Se apenas olhássemos para a freqüência cardíaca aumentada, erroneamente poderíamos supor que a atividade proporcionou um condicionamento cardiorrespiratório. Entretanto, quando o consumo de oxigênio é medido durante esse tipo de treinamento de resistência, descobre-se que a FC é uma medida imprecisa da intensidade dos exercícios, tal como foi medida pelas exigências metabólicas do consumo aumentado de oxigênio. Em outras palavras, a FC aumenta sem um aumento paralelo no consumo de oxigênio.

Indícios crescentes mostram que, por causa das limitações anteriormente citadas, a RPE (avaliação de esforço percebido) pode ser a melhor escolha para medir a intensidade de exercícios em termos de eficiência e segurança (Ebbeling, Ward e Rippe,1991). Para empregar a RPE com a maior eficácia, a relação entre a freqüência cardíaca (resposta cardíaca) e a RPE (resposta fisiológica) precisa ser definida com exatidão (consulte o estudo de caso mais adiante). Na minha opinião, o emprego tanto da RPE como da freqüência cardíaca pode ser a abordagem mais vantajosa.

Ênfase Demais na Monitoração da Freqüência Cardíaca?

Muitos especialista acreditam que FCT (freqüência cardíaca de treinamento) tem sido enfatizada demais para a média dos exercitadores e pode, em várias circunstâncias, levar a intensidades inadequadas de exercícios. Isso inclui exercitar-se com esforço demais, assim como com esforço de menos. Os resultados podem ser lesões, ações judiciais, ausência de resultados em relação ao tempo investido e um número assustadoramente alto de clientes que abandonam os exercícios.

Monitorar a freqüência cardíaca de exercício com exatidão e acurácia é, provavelmente, da maior importância para atletas competidores e pacientes cardíacos, por exemplo. O treinamento intervalado de alta intensidade para atletas altamente condicionados é muito estruturado. Tanto o esforço como a recuperação do intervalo são monitorados de perto na crença de que isso irá trazer um excelente resultado de treinamento e realizar um "treinamento específico do sistema de energia". Após uma avaliação diagnóstica completa, os pacientes cardíacos recebem um LFCT ou uma RPE exata. O LFCT para o paciente cardíaco é decisivo na sua observação e seu acompanhamento. Um acompanhamento médico rigoroso e *check-ups* regulares para diagnóstico aumentam as possibilidades de que o paciente continue a se exercitar sem o risco de angina e arritmia cardíaca, ou mesmo morte.

Exercício Preferido

Para um adulto saudável, muitos especialistas recomendam uma combinação de AEO e *exercício preferido (EP)*. Pesquisadores (Dishman, Farquhar e Cureton, 1994) sugeriram o uso de um protocolo de EP em situações em que a preferência do cliente pela intensidade dos exercícios exige esforço. O autor recomenda que esse esforço preferido fique entre um limite mínimo não muito difícil ou fácil. Em outras palavras, encoraje seus clientes a se exercitarem de acordo com o que eles sentem, em vez de se exercitarem de acordo com uma rigorosa freqüência cardíaca de exercício, que pode não espelhar um nível preferido de esforço.

Observância dos Exercícios

Pelo fato de uma ampla variação de intensidades de exercícios conferir benefícios à saúde, o mais importante é que o cliente perceba que o esforço é viável e agradável. Parece que essa abordagem é mais segura e propicia uma observância em longo prazo dos exercícios, comparada com abordagens tradicionais que enfatizam critérios fisiológicos exatos, como freqüência cardíaca, para impor o esforço.

As taxas de desistência dos exercícios chegam a 45% e há relatos de que 8 a 22 % de americanos adultos não se exercitam com intensidade e regularidade suficientes para satisfazer os padrões convencionais de treinamento para melhorar a aptidão física (Dishman, Farquhar e Cureton, 1994). Os critérios tradicionais para estabelecer a intensidade de exercícios, freqüentemente, conflitam com o esforço preferido do cliente. Dishman (1994) declarou que "se pessoas sedentárias escolhem, ou lhes é determinada, uma intensidade muito penosa em relação às suas respostas fisiológicas, elas se sentirão menos atraídas a continuar participando" (p.1090). Além disso, o EP (exercício preferido) atua em ambos os lados do dilema do esforço porque alguns clientes poderão optar por superar o plano de exercícios convencional ou que lhes foi determinado.

Ensine seus clientes a "se sintonizarem" com seus corpos. Use uma combinação de monitoração de freqüência cardíaca, percepção de esforço e exercício preferido para produzir os resultados mais seguros, eficazes e rápidos.

Métodos para Determinar Freqüência Cardíaca Alvo e Limite da Freqüência Cardíaca de Treinamento

Para trabalhar na chamada zona alvo de treinamento, é determinada (a estimada ou a real) uma FCM para que o cliente possa treinar numa porcentagem de FCM preferida ou estimada. A porcentagem de FCM é indicada como a freqüência cardíaca alvo ou de treinamento. Para determinar o LFCT, é necessário escolher uma FC alvo ou de treinamento com limite mais alto e outra com limite mais baixo.

Determinando uma Freqüência Cardíaca Máxima Estimada ou Real

Uma FCM real é mais útil e acurada do que uma prevista. A FCM real para uma atividade específica pode ser determinada facilmente após dois ou quatro minutos de esforço total se a freqüência cardíaca de pico for monitorada com exatidão. Entretanto, isso envolve uma motivação considerável, e não é aconselhável para clientes que não têm autorização médica ou estão correndo algum risco em sua saúde. Um teste de capacidade aeróbica máxima, ou "teste de estresse máximo", realizado numa clínica adequadamente supervisionada é uma outra excelente maneira de determinar a FCM real. Entretanto, como acontece com qualquer teste realizado no seu grau máximo, há algum risco de lesão ou mesmo de morte. Além disso, muitos clientes não querem se incomodar ou ter gastos, ou não têm acesso fácil a esse tipo de teste.

Prognosticando uma Freqüência Cardíaca Máxima Adequada à Idade

Muitos treinadores e clientes usam uma fórmula simples para prognosticar uma freqüência cardíaca máxima adequada à idade. Contudo, esse método tem limitações porque clientes de uma idade específica não possuem uma mesma FCM. Certamente, isso não é motivo suficiente para jamais usar uma FCM prevista, mas você precisa reconhecer as limitações do prognóstico.

A mais comum dessas fórmulas de prognóstico baseadas na idade é 220 - a idade = FCM. Geralmente, diz-se que uma equação de prognóstico da FCM prevista por idade dá um erro padrão de desvio que é mais ou menos de 10 a 12 batimentos por minuto.

Entretanto, em um estudo, cerca de 95% de homens e mulheres com 40 anos de idade tinham uma FCM entre 160 e 200 batimentos por minuto (McArdle, Katch e Katch, 1991; 1996). Por causa dessa grande variação (mais ou menos 20 batimentos por minuto, porque 220 - 40 = 180) em FCMs medidas, você precisa levar em conta as respostas individuais aos limites de freqüência cardíaca de treinamento atribuído. Alguns serão fáceis demais e outros difíceis demais, baseados no limite de treinamento previsto. Deverão ser feitos os ajustes necessários em relação ao esforço individual para que o LFCT se adapte ao nível atual de aptidão, carência de saúde e nível preferido de esforço do seu cliente. Essa informação fornece um suporte a mais para o uso simultâneo de LFCTs e AEO para determinar a intensidade dos exercícios do cliente.

Avaliando Intensidade de Exercícios com o Uso da Freqüência Cardíaca

Além de tudo, a freqüência cardíaca é um meio relativamente acurado de monitorar e determinar a intensidade de exercícios. Quando a freqüência cardíaca é monitorada com cuidado, você pode garantir resultados previsíveis e eficientes a seus clientes. Ademais, você pode motivar os clientes com o fato de que intensidade de baixo nível e freqüências cardíacas de treinamento de baixa a moderada podem proporcionar-lhes resultados de saúde e aptidão física significativos e mensuráveis.

FCTs de limites mais altos e mais baixos para clientes em tratamento médico devem ser definidos numa clínica, sob supervisão médica. O cliente deve ser medicado quando a FCT ou o LFCT for determinado.

Um LFCT adequado, que acomoda a maioria dos níveis de aptidão para indivíduos assintomáticos, é de cerca de 40 a 85% de VO_2 máx ou FCRes (ACSM, 1995). Uma dada porcentagem de FCRes corresponde diretamente à mesma porcentagem de VO_2 máx, ao passo que 40 a 85% de VO_2 máx ou FCRes corresponde a cerca de 50 a 90% de FCM (tabela 17.1). Esse limite amplo de treinamento – de 40 a 85% – poderia ser chamada de "zona alvo de treinamento" para melhora na saúde e aptidão para a maioria da população sedentária e não-sedentária. Não há necessidade de rotular uma zona como sendo de mobilização de gordura e uma outra de aeróbica. Em vez disso, combine a zona ou o limite com os objetivos e o nível atual de aptidão dos seus clientes. Treine uma variedade de limites para fazer um treino completo do sistema cardiorrespiratório.

Usando a Porcentagem da Freqüência Cardíaca Máxima

Se puder, use uma FCM real para o seu cliente. Se isso não for possível, use uma fórmula simples de prognóstico baseada em idade como 220 - idade.

O LFCA resulta da multiplicação da FCM pela porcentagem da FCA de limite mais alto pela de limite mais baixo. O LFCA é, geralmente, desejável porque ele fornece alguma flexibilidade em relação ao grau de esforço dentro do qual o cliente irá se exercitar.

Tabela 17.1 Relação entre Freqüência Cardíaca Máxima Percentual, FCRes e VO2 máximo percentual

Para qualquer porcentagem de FCM, a porce ntagem correspondente de VO_2 máx é de, pelo menos, de 5 a 10% menos. Observe que a FCRes, conforme prognosticada pela fórmula de Karvonen, corresponde perfeitamente com VO_2máx, ou capacidade aeróbica. Assim, os prognósticos de Karvonen refletem a porcentagem de VO_2máx com mais rigor.

FC máxima percentual	FC de reserva máxima percentual (FCRes)	VO_2máx percentual ou capacidade aeróbica
50	28	28
60	42	42
70	56	56
80	70	70
90	83	83
100	100	100

Adaptado de McArdle et al., 1991.

Estudo de Caso: Calculando os LFCAs de Recuperação e Exercício como uma Porcentagem de FCM

Sua cliente de 47 anos de idade, Roxanne, é uma corredora competidora de longa distância. Seu regime de treinamento intervalado se beneficia do alto nível de acurácia na monitoração da freqüência cardíaca. Você decide que Roxanne precisa de um LFCT de recuperação específica para ficar na faixa de intervalos de esforço de 85 e 95% da FCM (cerca de 80 a 85% do VO_2 máx ou FCRes).

Freqüência cardíaca alvo (FCA) =
[(220 – idade) ou FCM real] x percentual
desejado de FCM

A freqüência cardíaca máxima de Roxanne, conforme determinada pelo teste de estresse máximo, é 187. Observe que a sua FCM estimada (220 – 47) é apenas 173. Portanto, você usa a FCM real dela (187) para determinar os LFCAs de treinamento e recuperação. É claro que o LFCA pode ser usado para determinar tanto o esforço cardiorrespiratório adequado como a recuperação.

Primeiro, determine o LFCA de recuperação de Roxanne.

FCA (limite inferior de intensidade) é igual: FCM x 0,8
187 (FCM) x 0,8 = 149,6

FCA (limite superior de intensidade) é igual: FCM x 0,85
187 (FCM) x 0,85 = 158,95

O LFCA de Roxanne para recuperação após intervalos de alta intensidade está entre 149 e 159 batimentos por minuto. Sua contagem de FC por dez segundos é de aproximadamente 25 a 26 batimentos por minuto, e é determinada dividindo 149,6 e 158,95 por 6.

A seguir, você deve determinar um limite de FC alvo de exercício. Calcule a FC pretendida nos 85%, 90% e 95% da FCM de Roxanne para determinar seu limite de freqüências cardíacas pretendidas.

Adaptando o Limite de Treinamento

Sua aposta melhor vai ser no uso da combinação da percepção de esforço com FC. As opiniões e o *feeback* de sua cliente junto com consultas feitas junto ao profissional de saúde que assiste sua cliente irão orientar com exatidão as adaptações no nível de esforço.

Usando o Método da Freqüência Cardíaca de Reserva Máxima (Fórmula de Karvonen)

A fórmula de Karvonen é usada para prognosticar FCRes máxima. Ela acomoda várias diferenças de nível de aptidão e, mais exatamente, prognostica o limite da freqüência cardíaca de treinamento porque a freqüência cardíaca individual de repouso (FCRep) entra na fórmula. A FCRes é meu método preferido para calcular limites de treinamento para meus clientes.

A FCRes é baseada num conceito simples. À medida que seu cliente se torna mais apto, seu coração se torna mais forte e eficiente. Conseqüentemente, para qualquer carga de exercício abaixo do máximo, a FC será inferior. Isso inclui FCRes. O uso da FCRes ajuda a evitar que englobem clientes em médias estatísticas, que podem ser menos eficientes e mesmo perigosas, quando se calcula limites de FC alvo ou treinamento.

Além disso, uma FCM real deve ser usada na equação da FCRes, conforme foi mencionado anteriormente. Segundo o fisiólogo Tom LaFontaine, a FC máxima para 100 homens com 30 anos varia de 166 a 214 batimentos por minuto. Pela equação baseada na idade, 220 - 30 = 190, todos esses indivíduos teriam as FCs alvo ou de treinamento prognosticadas a partir de uma FCM de 10. O erro é mais ou menos 24. O uso da FCM e FCRep reais em prognosticar os limites da FC alvo ou de treinamento na equação de Karvonen tem profundas implicações em termos de se conseguir acurácia e treinamento personalizado adequado ao nível atual de aptidão do cliente.

A fórmula de Karvonen é, provavelmente, o método mais usado para calcular FC alvo ou de treinamento para condicionamento cardiorrespiratório. Com essa fórmula, a porcentagem de FCRes, na ou dentro da qual o cliente deveria estar trabalhando, corresponde diretamente ao VO_2 máx. Por exemplo, um indivíduo trabalhando nos 80 a 85% da sua FCRes deveria estar se exercitando numa intensidade de cerca de 80 a 85% de seu VO_2 máx (veja a tabela 17.1 para uma representação dessa relação). Os formulários 17.1 e 17.2 mostram como se calcula FC alvo ou de treinamento com o uso do método de Karvonen.

Formulário 17.1 Registro 1: Modelo de Cálculo de FCP, Usando o Método Karvonen

Maury é um homem de 48 anos de idade, com uma freqüência cardíaca de repouso (FCRep) de 79, que deseja treinar nos 80% da freqüência cardíaca de reserva (FCRes). Veja como calcular a sua FCA, usando o método de Karvonen.

1. Encontre a freqüência cardíaca máxima estimada (FCME) de Maury, usando 220 - idade, pois a sua freqüência cardíaca máxima verdadeira (FCMV) não está disponível.
FCME = 220 – idade
FCME = 220 – 48 = 172

2. Encontre a freqüência cardíaca de reserva (FCRes) de Maury.
FCRes = FCME – FCRep
FCRes = 172 – 79 = 93

3. Calcule a freqüência cardíaca alvo (FCA) de Maury
FCA = FCRes x porcentagem de intensidade de treinamento + FCRep
FCA = 93 x 0,8 + 79
= FCRes x intensidade de treinamento percentual + FCRep
= 74,4 + 79
= 153,4 batimentos por minuto

FCA = 153 a 154 batimentos por minuto (que são 80% da FCRes mais FCRep).

Reimpresso de D. Brooks, 1999.

Formulário 17.2 Registro 2: Registro para Calcular FCA, Usando o Método Kavonen

O seguinte registro lhe permite calcular a freqüência cardíaca alvo (FCA), usando uma freqüência cardíaca máxima verdadeira (FCMV), determinada por um esforço curto e total (discutido anteriormente) ou uma freqüência cardíaca máxima estimada (FCME), determinada pela fórmula 220 - idade. Você deve se lembrar, de uma discussão anterior, que, quando se determina a freqüência cardíaca máxima (FCM), é preferível usar uma FCM verdadeira em vez de uma estimada ou calculada. Tanto os números da freqüência cardíaca de repouso como os da FCM são necessários para calcular a FCA, usando o método de Karvonen.

1. Determine a freqüência cardíaca de repouso (FCRep), a FCMV ou a freqüência cardíaca máxima estimada (FCME).
FCRep:____
FCMV ou FCME:_____

2. Calcule a freqüência cardíaca de reserva (FCRes), usando a seguinte fórmula:
(FCRes) = (FCMV ou FCME) – FCRep
FCRes = _____________(FCMV ou FCME) – (FCRep)

3.Calcule a FCA, usando a seguinte fórmula:
FCA = FCRes x porcentagem de intensidade de treinamento + FCRep
FCA = _____(FCRes) x __________(porcentagem de intensidade de treinamento) +_______(FCRep)
FCA = ________

Ou simplesmente: FCA = [FCM (estimada ou real) – FCRep] x porcentagem de intensidade de treinamento + FCRep

Reimpresso de D. Brooks, 1999.
De *O Livro Completo de Treinamento Personalizado*, de Douglas S. Brooks, Champaign, IL: Cinética Humana, 2004.

Contando Batimentos Cardíacos com Palpação Manual

Uma das maneiras mais fáceis e práticas de medir FC é com a técnica da palpação, logo após o término do exercício (a palpação manual durante certos tipos de exercício, por exemplo, corrida ou caminhada, é mais difícil, embora não seja impossível.). A palpação envolve um toque manual para sentir a pulsação produzida pelo batimento cardíaco.

Normalmente, a pulsação é medida através da artéria carótida na região do pescoço ou na artéria radial no pulso (figura 17.1). Pratique, sentindo o próprio pulso nessas regiões. Para tomar a pulsação de seu cliente na região do pescoço, com os dedos indicador e médio, toque a região anterior do pescoço, perto da mandíbula e ao longo da traquéia (ou traquéia-artéria ou pomo de Adão). Para tomar a pulsação radial, use os mesmos dedos para tocar a região do punho ao lado do polegar. Em qualquer dos métodos, não use o seu polegar. Se o fizer, você poderá sentir a sua própria pulsação, resultando em contagem inexata. Geralmente, recomenda-se que a pulsação seja tomada na artéria radial para evitar uma resposta reflexiva ao toque, como pode acontecer na artéria carótida, resultando em contagem inexata. Por favor, observe que, com alguns clientes, você poderá ter dificuldades em localizar a pulsação manualmente. Nesses casos, use um estetoscópio ou monitor de freqüência cardíaca.

Contando a Pulsação com Exatidão

Uma avaliação acurada da contagem da pulsação é essencial quando se monitora a intensidade dos exercícios. Incorreções podem surgir de contagens iniciadas de forma errada, não começando e terminando no momento certo, posição inadequada das mãos e erro na contagem das pulsações durante o tempo cronometrado para a monitoração da pulsação.

Usando Intervalos de Tempo

Quanto maior o intervalo de tempo empregado para medir a pulsação, mais exata é a leitura. Numa monitoração de batimentos por minuto durante uma contagem de 60 segundos, a perda do batimento inicial, uma do meio e outra do final não é grave. Isso resulta em um erro de três. Entretanto, durante uma contagem de 10 segundos, três batimentos perdidos resultariam em 18 batimentos de contagem projetada de menos!

Quer você use uma contagem de 10 segundos multiplicados por 6, 15 segundos por 4, 30 segundos por 2, quer uma contagem completa de 60 segundos, padronize e seja coerente com sua abordagem para determinar os batimentos por minuto que reflita uma contagem de um minuto.

Contando Freqüência Cardíaca de Repouso e Atividade

A freqüência cardíaca de repouso é, provavelmente, bem registrada com o uso de contagem de 60 segundos, embora o uso de contagem de 30 segundos seja aceitável. Durante a atividade, uma contagem da FC de 10 segundos pode ser ideal.

Num cliente saudável, a freqüência cardíaca de exercício começa a diminuir depressa, geralmente 15 segundos apenas após o término do exercício. Pollock e Wilmore (1990) recomendam uma contagem de 10 segundos, supondo que leve de dois a quatro segundos para o posicionamento correto dos dedos. A contagem dos batimentos por 10 segundos lhe permitirá determinar a freqüência cardíaca antes que termine o lapso decisivo de 15 segundos. Isso evitará erros como um resultado de desaceleração dos batimentos cardíacos medida com contagem mais demorada.

Técnica de Contagem

Localize a pulsação e conte repetidamente "um, um, um..." para determinar o ritmo da freqüência cardíaca. Comece quando você ou seu cliente tiver confirmado a percepção do padrão ou o ritmo dos batimentos cardíacos. Isso

Figura 17.1 Pulsação sendo medida na região do punho.

assegurará uma contagem mais acurada de FC pós-exercício e exercício real. Entretanto, a pulsação deve ser localizada e o ritmo da FC confirmado para contagem, dentro de segundos após o exercício ser completado ou diminuído.

O que você está contando? Imagine seis linhas verticais representando os batimentos cardíacos. Se você contar cada batimento (começando com "um") no topo de cada linha, sua contagem será seis. Se você contar os ciclos cardíacos entre os batimentos, sua contagem será cinco. Essa representação dos batimentos cardíacos em linhas pode ajudá-lo a entender porque sua contagem deve começar com "um", durante situações normais de exercícios (Pollock e Wilmore, 1990).

Contando Batimentos Cardíacos Usando Monitores de Freqüência Cardíaca

Monitores de freqüência cardíaca sem fios são aparelhos computadorizados, de leitura digital eletrônica, usados no pulso como relógios ou montados no equipamento de exercícios. O monitor de freqüência cardíaca mostra, constantemente, a freqüência cardíaca do seu cliente, fornecendo informação atualizada da intensidade dos exercícios a cada segundo. Essa é uma alternativa atraente, dada a falta de exatidão potencial da monitoração da FC por palpação.

A característica mais importante do monitor de freqüência cardíaca é o seu método de detecção da pulsação. Os modelos mais baratos - e geralmente menos eficazes - funcionam por um princípio chamado de "foto-refletância". Colocados no lóbulo da orelha ou ponta do dedo, sensores usam fotocélula e fonte de luz para detectar a pulsação. Esses tipos de aparelhos são sensíveis ao movimento corporal e, muitas vezes, fornecem leituras inexatas se a freqüência cardíaca sobe acima de 110 batimentos por minuto.

Monitores mais acurados de freqüência cardíaca transmitem a atividade elétrica do coração de um eletrodo colocado no peito a um receptor montado no equipamento de exercício ou no pulso em forma de relógio. Como não há fios conectando o transmissor ao receptor, os modelos de telemetria sem fio não interferem nos movimentos do tronco superior ou braço.

Os monitores de freqüência cardíaca facilitam a monitoração da FC durante os exercícios e a recuperação. Eles reduzem a necessidade de parar ou diminuir a atividade para se conseguir uma FC acurada e substituem a falta de exatidão, freqüentemente associada à monitoração manual da freqüência cardíaca. Uma pesquisa primorosa (Leger e Thivierge, 1988) revela que várias empresas possuem aparelhos confiáveis para medição de freqüência cardíaca. Mesmo assim, é uma excelente idéia, levando-se em consideração erros ocasionais de leitura que possam resultar de baterias gastas ou mau funcionamento do produto, é uma excelente idéia usar a RPE combinada com esse e qualquer outro tipo de monitoração de freqüência cardíaca.

Avaliando o Empenho: um Método que Usa a Percepção do Esforço

Uma forma fácil e prática de monitorar a intensidade do esforço cardiorrespiratório é usando o senso ou a percepção de esforço de um indivíduo. Entrar em sintonia com esse "senso" permite que os clientes "consultem a si mesmo" sobre como estão se sentindo em qualquer momento. Como uma contagem manual da freqüência cardíaca é sempre difícil de se realizar com exatidão e pode ser confusa, o esforço percebido pode ser mais eficiente e seguro em muitas situações de treinamento pesonalizado (Ebbeling, Ward e Rippe, 1991; Dishman, 1994). Além disso, quando um critério subjetivo é usado combinado com a monitoração da FC, é possível verificar duas vezes a acurácia e eficiência do limite de freqüência cardíaca de treinamento. Isso é especialmente importante se o LFCT é prognosticado usando uma freqüência cardíaca máxima estimada.

A observação de esforço pode ser ensinada, associando-se a resposta da FC a uma avaliação numérica especial com seus termos descritivos especificados numa escala de 1 a 10. Por exemplo, um nível moderado de esforço é avaliado de 2 a 3 numericamente e, descritivamente, de "relativamente fácil" a "moderado" (veja tabela 17.2). Quando seus clientes se tornarem bem hábeis nesse jogo de avaliação - e será divertido desafiá-los nesse jogo -, eles serão capazes de estimar freqüências cardíacas de exercício com coerência dentro de aproximadamente mais ou menos cinco batimentos por minuto. Um monitor de freqüência cardíaca sem fio é um instrumento excelente para ensinar essa associação entre a FC e a percepção do esforço de exercício do cliente.

A avaliação do exercício baseada na percepção do esforço é particularmente adequada para os clientes que não possuem respostas de freqüência cardíaca típicas a exercícios aeróbicos progressivos. Isso inclui clientes que tomam betabloqueadores (e outras medicações), alguns clientes cardíacos e diabéticos, clientes grávidas e quaisquer outros que não possuam uma resposta de freqüência cardíaca previsível a atividades cardiorrespiratórias. Na verdade, o emprego de métodos de monitoração do empenho observado com esses tipos de clientes é sempre a forma mais recomendada de monitorar a intensidade dos exercícios. Tome essa decisão após consultar o profissional de saúde do seu cliente.

Os seguintes pontos vão ajudá-lo a melhorar a precisão desse método:

1. Ensine como fazer a medição manual acurada da freqüência cardíaca. Estabeleça uma relação entre a resposta fisiológica (freqüência cardíaca) e as sensações subjetivas ou o grau de percepção do esforço. A freqüência cardíaca é uma medida direta da resposta fisiológica ao esforço cardiorrespiratório aeróbico ou anaeróbico. Isso é contrário à medida prognosticada. Técnica ineficiente de medição de freqüência cardíaca resulta em erro. Um monitor de freqüência cardíaca sem fio é um bom instrumento para te ajudar a estabelecer a relação da FC do seu cliente com a avaliação numérica de 10

pontos (tabela 17.2) e com a "sensação" de esforço, especialmente se você ou seu cliente está lutando com uma medição manual acurada e coerente da freqüência cardíaca.

2. Para ajudar a estabelecer uma relação entre a resposta da FC e as escalas numérica e descritiva (tabela 17.2), relacione a essa avaliação numérica e a esses termos descritivos uma atividade específica, como uma caminhada vagarosa, um *step* vigoroso, um condicionamento intervalado ou a natação em ritmo estável. Por exemplo, nadar em ritmo estável ou caminhar devagar receberiam valores numéricos inferiores na escala de intensidade para a maioria dos clientes, ao passo que um condicionamento intervalado de alta intensidade, independente da atividade escolhida, receberia um valor superior.

3. Monitore, periodicamente, a FC e atualize a associação da resposta da FC do seu cliente às avaliações encontradas na escala de esforço. Descobri que é fácil ficar excessivamente confiante na capacidade do seu cliente de estimar o esforço percebido com coerência e acurácia. "Consulte-se" sempre para estar ciente dos ajustes de treinamento, como uma FC diminuída para uma dada carga abaixo do máximo. Para reestabelecer uma associação precisa da intensidade dos exercícios (FC) com uma percepção de esforço, retorne para a freqüência cardíaca. Obviamente, a FC é uma medida objetiva de intensidade dos exercícios e de consumo de oxigênio apenas se ela for registrada com exatidão.

Quando seu cliente estiver melhor condicionado, a percepção de esforço dele num dado nível de esforço permanecerá igual, mesmo quando você aumentar a sobrecarga. Igualmente verdadeiro é que, à medida que o nível de condicionamento aumenta, a intensidade das atividades em que seu cliente está empenhado deve aumentar, se for desejável um progresso continuado. Se a intensidade for simplesmente

Tabela 17.2 Escala de Esforço de 10 pontos

Condicionamento cardiorrespiratório	Avaliação numérica: 0-10	Sugestões de esforço do instrutor
	0	
	0,5	Muito, muito fácil
	1	Muito fácil
Recuperação ou esforço de aquecimento	2	Relativamente fácil
Recuperação ou esforço de aquecimento	3	Moderado
Esforço aeróbico	4	Relativamente difícil
Esforço aeróbico	5	Difícil
	6	
Esforço anaeróbico	7	Muito difícil
Esforço anaeróbico	8	
Esforço anaeróbico	9	
Esforço anaeróbico	10	Muito, muito difícil

mantida, o cliente entrará numa fase de manutenção cardiorrespiratória, que poderá ou não ser apropriada para o seu nível atual de condicionamento e seus objetivos. Você precisará definir o campo de ação, baseado na situação particular de treinamento de cada cliente.

Finalmente, uma vez instruídos por você, todos os seus clientes poderão se tornar responsáveis por um treinamento num nível de intensidade de exercício cardiorrespiratório aeróbico ou anaeróbico que eles considerem razoável, divertido e a que, provavelmente, eles darão continuidade!

Estudo de Caso: Jogando — Associando FC com Percepção de Esforço

Kendall adora caminhar. A ênfase maior do seu treinamento cardiorrespiratório é a combinação de caminhadas recreacionais (aquecimento), marcha (ritmo estável) e corrida (num ritmo estável ou levemente acima ou o que poderia ser chamado de condicionamento intervalado). Usando telemetria sem fio para monitorar a freqüência cardíaca (você poderá empregar também técnicas acuradas de monitoração por palpação manual), estabelecemos a associação entre a freqüência cardíaca de Kendall e sua observação de empenho.

Caminhada. A resposta da FC a uma caminhada de três a cinco quilômetros por hora foi de 105 a 115 batimentos por minuto. Usando a tabela 17.2, a escala de esforço de 10 pontos. Kendall descreve esse nível de esforço como sendo de "facílimo" a "muito fácil" ou aproximadamente 0,5 a 1 na escala de empenho.

Marcha em aproximadamente 5 a 8 quilômetros por hora. Embora seja sustentável por períodos indefinidos de tempo, 8 quilômetros por hora (velocidade de 1 km em cerca de 7 min) elevam os batimentos a 145 por minuto e é um nível de esforço "relativamente difícil", segundo Kendall. A avaliação numérica na escala de esforço para esse nível de esforço é 4.

Corrida. A técnica de Kendall permite que ela complete uma corrida de 10 km numa velocidade média de 1 km em 5 a 6 min (9 a 10 km/h), com uma freqüência cardíaca entre 150 e 165 batimentos por minuto. Kendall avalia esse esforço de "relativamente difícil" a "difícil". A avaliação numérica é de 4 a 5.

Treinamento intervalado. Uma breve explosão de "jogo de velocidade" para passar outro competidor numa corrida é avaliada de 7 a 8, e associada com um esforço "muito difícil". A sua FC alcança de 165 a 170 batimentos por minuto. Alguns dos nossos exercícios de condicionamento intervalado a levam para 10 na escala de esforço, ou seja, "dificílimo", e sua FC chega a 180 batimentos por minuto.

O jogo. Inicialmente, para aprendermos a associação entre a FC e a percepção do esforço, fizemos uma brincadeira. Continuamente, pedia para Kendall adivinhar sua freqüência cardíaca de repouso, seu exercício e sua recuperação. Por exemplo, antes que algum de nós olhasse para o seu monitor de FC sem fio durante o exercício, ela fazia uma estimativa de sua FC de exercício e me dava um número (de 1 a 10 da escala de esforço de 10 pontos) e um termo descritivo (da escala de esforço) para seu nível de esforço. No início da nossa brincadeira, Kendall pensava que sua caminhada levava a uma freqüência cardíaca de 130. Ela a associou a um esforço numérico de 1, ou seja, "realmente fácil". Ela ficou surpresa ao descobrir que sua FC real estava por volta de 100 batimentos por minuto, embora sua descrição de esforço fosse acurada.

Finalmente, fazendo esse jogo, Kendall conseguia adivinhar com exatidão o seu nível de esforço em qualquer intensidade dentro de mais ou menos cinco batimentos por minuto. Era interessante observar que a escolha que Kendall fazia dos termos descritivos e das avaliações numéricas (percepção de esforço) sempre fornecia a estimativa mais acurada de como estava se sentindo e a intensidade dos exercícios. Você deve usar esse exercício de associação, independentemente do seu cliente ou dos seus objetivos, se você tiver de usar acurada e eficazmente o critério subjetivo de um cliente quando estiver avaliando esforço de exercício. O que importa é que Kendall consegue avaliar com exatidão, em termos descritivos, o grau de dificuldade do seu treinamento, baseada na impressão que tem dos exercícios, independente da resposta da freqüência cardíaca.

Escala de Empenho de 10 Pontos

A tabela 17.2 fornece um ótimo quadro de referência, a partir do qual se ensina aos clientes como associarem a percepção do esforço com a freqüência cardíaca real. Os valores numéricos dessa escala de esforço de 10 pontos variam de 0 a 10, com o 10 representando empenho máximo ou "muito, muito difícil". A coluna do condicionamento cardiorrespiratório contém os níveis recomendados de esforço para recuperação ou aquecimento (2 a 3), treinamento aeróbico de ritmo estável (4 a 6) e intervalos anaeróbicos (7 a10). Encontra-se a associação com a avaliação numérica feita pelo cliente olhando a escala horizontalmente. As Sugestões de Empenho do Instrutor (Brooks et al., 1995) vêm com uma linguagem mais prática para ser usada pelo treinador, ao contrário da linguagem encontrada na literatura.

A zona alvo de treinamento baseada na freqüência cardíaca de reserva (FCRes) de 40 a 85% (equivalente a cerca de 50 a 90% da FCM) corresponde a uma avaliação de 3 a 7 na escala de empenho. Uma avaliação de 3 a 7 classifica a intensidade do exercício em "moderada" a "muito difícil". Observe que a avaliação de 1 ou 2 ("muito fácil" a "relativamente fácil") pode ser suficiente para aumentar os níveis de condicionamento em algumas pessoas e estar bem abaixo de 40% de VO_2máx ou da FCRes.

Geralmente, uma avaliação de 3 a 7 para a maioria dos clientes de treinamento personalizado é segura e eficaz. Intervalos anaeróbicos podem usar avaliações tão altas quanto 7 a 10 ("muito difícil" a "muito, muito difícil").

Teste da Fala

O teste da fala é uma excelente abordagem para a monitoração da intensidade dos exercícios com clientes que têm um nível baixo de condicionamento ou estão apenas começando um programa de condicionamento (é também eficaz para atletas altamente treinados, assim como são eficazes as avaliações subjetivas). Para a melhoria geral da saúde, uma pessoa deve se sentir "confortavelmente desconfortável" em termos de intensidade. Ela deve ser capaz de respirar com facilidade durante a atividade. Geralmente, o cliente deve ser capaz de arranjar, em série, várias palavras sem ofegar e continuar falante. Empregue o teste da fala para averiguar se um nível razoável de esforço está sendo mantido - nem difícil nem fácil demais!

A menos que o cliente esteja praticando um condicionamento anaeróbico intervalado, é conveniente diminuir o ritmo para a maioria dos clientes, nos seguintes casos:

1. Há um aumento perceptível na respiração. Ela fica ofegante e torna-se difícil articular duas ou três palavras juntas. A falta de respiração é um sinal de limiar anaeróbico ou ritmo estável excessivo e pode ou não ser desejável.
2. Os músculos começam a "queimar" e os participantes acham a atividade muito desconfortável. O cliente se fatiga prematuramente ("Não consigo mais continuar") e quer interromper o treinamento.

A falta de respiração e os músculos queimando indicam que o seu cliente está sentindo o início da acumulação de lactato no sangue. Ele atingiu o *limiar anaeróbico ou de ritmo estável* (denominado mais exatamente de limiar respiratório ou limiar lático). O limiar respiratório ocorre quando o exercício se torna mais intenso e as células musculares não conseguem mais atender às demandas adicionais de energia de forma aeróbica. O treinamento em intensidades a que o cliente está acostumado não é "bom", nem "mau", mas simplesmente uma questão de conveniência.

Palavras Finais sobre a Medição da Intensidade dos Exercícios

Existem muitos meios de determinar se seu cliente está treinando no nível correto de esforço. E um bom treinador irá usar a maioria deles. Esses meios incluem vários métodos de monitoração de freqüência cardíaca e avaliação de esforço percebido. Uma intensidade correta de exercícios precisa ser usada se os clientes precisam atingir o nível de condicionamento desejado com segurança e conforto.

Qual é o Esforço Perfeito?

Embora o teste da fala e as avaliações subjetivas de esforço possam ser as únicas formas válidas de assegurar que sua cliente esteja treinando no nível correto de esforço, a freqüência cardíaca fornece uma visão interna do que pode estar acontecendo com o corpo. Teoricamente, a freqüência cardíaca não mente, pois é uma resposta real do corpo de sua cliente. A resposta da freqüência cardíaca revela à cliente em que forma ela está, quanto melhorou e se ela está treinando com excessivo rigor. A freqüência cardíaca é exata em sua habilidade de lhe dizer como o corpo da sua cliente está respondendo ao treinamento. É um número objetivo contra uma avaliação subjetiva.

Acredito que a combinação do teste da fala, das avaliações subjetivas e da medida da freqüência cardíaca é a forma mais exata de medir o nível de esforço da sua cliente. Por exemplo, se a zona de treinamento dela estiver levemente errada e ela estiver treinando numa freqüência cardíaca intensa demais, o uso da avaliação subjetiva de como ela se sente, ou do teste da fala, vai lhe dizer para fazer a sua cliente recuar. E se o treinamento estiver fácil demais, você sabe que pode forçá-la um pouco mais.

A Regra de Ouro

Por um momento, vamos esquecer ciência, freqüência cardíaca e cálculos. A regra de ouro para medir o nível de esforço da sua cliente é essa: se não está correto para ela ou não corresponde ao seu objetivo, mude o seu nível de esforço.

A preferência da sua cliente por uma intensidade de exercício e aquilo em que vocês acreditam que deve impor o esforço irão indicar a direção correta da programação. O esforço perfeito para a cliente é o que fica entre um limite mínimo de não-difícil demais e não-fácil demais, e o que estará de acordo com seus objetivos de treinamento (obviamente, os intervalos anaeróbicos serão intensos!).

Em outras palavras, os clientes devem se exercitar de acordo com o que eles sentem, em vez de se exercitarem de acordo com uma freqüência cardíaca rigorosa de exercício, que pode não refletir um nível de esforço que conduza para um resultado de treinamento, ajudando-os a manter uma programação de exercícios. Sua cliente deve considerar os seus treinamentos viáveis e agradáveis porque essa grande variação de intensidades de exercício confere benefícios à saúde. A abordagem do treinamento com essa atitude é mais segura e propiciará a observância dos exercícios em longo prazo. Parte da tarefa do treinador é ajudar os clientes a manterem o seu programa de exercícios, contribuindo para que eles gostem cada vez mais do que estão fazendo, e também favorecer a obtenção de resultados.

Capítulo 18

PROGRAMA DE CONDICIONAMENTO CARDIORRESPIRATÓRIO

Embora um exercício que desafie o sistema cardiorrespiratório possa parecer parte simples de um programa de exercícios - qualquer um pode caminhar, correr ou andar de bicicleta, certo? -, você sabe que esse não é necessariamente o caso. Uma abordagem mais sofisticada - uma que use treinamento combinado e periodização - permite que seus clientes evitem o tédio durante os exercícios aeróbicos enquanto melhoram seus resultados. Elaborar novos programas é um bom desafio mental para você também.

Treinamento Aeróbico

Antes de você decidir quanto tempo, que intensidade e com que freqüência um cliente deve participar de atividades cardiorrespiratórias, precisa ter certeza de que está aplicando a sobrecarga correta para fortalecer o coração do seu cliente.

A definição correta e mais abrangente de sobrecarga é que ela é um aumento simultâneo na freqüência cardíaca e no retorno do sangue (retorno venoso) para o coração causado por uma grande, ritmada e contínua atividade muscular. Se melhoras contínuas devem ser percebidas, a sobrecarga deve ser progressiva na realidade (essa é uma maneira complexa de dizer que seu cliente precisa continuar treinando cada vez mais para continuar vendo progressos!).

Muitos fatores podem aumentar a freqüência cardíaca sem aumentar o retorno de sangue ao coração. Certas drogas, agitação, estresse, um ambiente quente, desidratação ou o tradicional treinamento de resistência são exemplos. Contudo, sustentar um grande volume de retorno de sangue para o coração (retorno venoso) é essencial para produzir um efeito significante do treinamento. Levantar pesos de moderado a pesados (isto é, de 1 a 12 repetições até a fadiga) aumentará a freqüência cardíaca de seu cliente, mas não aumentará significativamente o consumo de oxigênio - uma situação conhecida como reação vasoconstritora. Isso não resulta num grande volume de sangue voltando para o coração porque o coração precisa bombear mais forte para superar a resistência ao fluxo sangüíneo, causada por exercícios moderados a pesados. Se você está medindo a freqüência cardíaca numa situação como essa, você terá a falsa impressão de que seu cliente está fazendo um treino cardíaco eficaz, baseada no aumento da freqüência cardíaca. Apenas a freqüência cardíaca não fornece informação suficiente para você determinar se seu cliente está fazendo o tipo certo de atividade para treinar o sistema cardiovascular (consulte capítulos 15 e 17).

Atividades que têm o potencial de aumentar simultaneamente a freqüência cardíaca e retornar um grande volume de sangue de volta para o coração envolvem tipicamente os grandes músculos dos quadris, das coxas e da região glútea. Exemplos incluem fazer caminhada, marcha longa, trote, corrida, ciclismo, andar de patins in-line, natação, esqui *cross-country* e subir escadas.

Ritmo Estável

Sua cliente precisa saber o que é o que significa passo de ritmo estável se ela quiser treinar ativamente. Exercício de ritmo estável é um nível de esforço cardiovascular fácil de manter. Você pode descrever esse nível de intensidade à sua cliente como uma "viagem de cruzeiro" ou caracterizá-lo dizendo: "Você poderia fazer isso o dia todo!". Outro bom indicador de ritmo estável é se sua cliente pode manter o passo por dois a três minutos ou mais. Se ela baixar o ritmo na ergométrica após 12 segundos, ela não está trabalhando seus músculos aerobicamente e nem está num ritmo estável de exercício (veja capítulo 17).

Por que sua cliente deve entender como se sente durante um esforço de ritmo estável? Porque haverá circunstâncias, como durante um treino intervalado, em que ela será encorajada a treinar além dessa zona de bem-estar. Contrariamente, quando ela estiver se recuperando de exercícios vigorosos, ela poderá ser solicitada a trabalhar nesse nível de ritmo estável ou abaixo. Saber que é exercício "pesado" ou "fácil"ajudará a otimizar os resultados de treinamento de qualquer cliente. Ambos são igualmente importantes.

Atividade Aeróbica Efetiva

Para maximizar os benefícios e resultados, o exercício cardiorrespiratório deve aumentar a freqüência cardíaca e fazer com que grandes quantidades de sangue sejam bombeadas do e para o coração. Isso é o que condiciona o coração do seu cliente e proporciona todos esses benefícios do treinamento. Flexionar repetidamente os dedos, levantar cargas pesadas ou mudar de canal de maneira ritmada e intensa não são exercícios aeróbicos efetivos porque não aumentam significativamente a freqüência cardíaca, o consumo de oxigênio e a quantidade de sangue bombeado.

Com Que Freqüência, Por Quanto Tempo e Com Que Intensidade

Para aprimorar sua abordagem do treino cardiorrespiratório, você deve fazer escolhas a respeito da freqüência (quantas vezes), duração (quanto tempo) e intensidade (grau de dificuldade) com que seu cliente treinará.

Com Que Freqüência

Se sua cliente quer ver progressos importantes em seu condicionamento e tem uma boa base de treinamento, você precisa desafiar esse componente aeróbico do condicionamento no mínimo de três até seis vezes por semana.

Se sua cliente está apenas começando um programa ou está fora de forma, não deixe que essas recomendações a desorientem ou desencorajem. Em vez disso, faça-a treinar duas ou três vezes por semana e espere pelo menos um dia entre as sessões. Você verá melhoras significativas no condicionamento e benefícios à saúde. Seu objetivo em longo prazo é preparar sua cliente para treinar na maioria dos dias da semana.

Por Quanto Tempo

Por quanto tempo sua cliente deve treinar depende de seu atual nível de condicionamento. Novamente, se ela está apenas começando um programa ou está fora de forma, não siga recomendações de livros didáticos. Em vez disso, comece com 5 a 10 minutos, uma ou duas vezes por dia. Sua cliente verá melhora significativa no condicionamento e benefícios à saúde. Seu objetivo em longo prazo é prepara-la para exercícios cardiorrespiratórios de 30 minutos de duração na maioria dos dias da semana.

Estágios de Condicionamento para Freqüência e Duração

Escolha estágio 1, 2, 3 ou 4, dependendo do atual nível de condicionamento aeróbico do seu cliente. Treinamento aeróbico ou de ritmo estável assenta a base para exercícios cardiorrespiratórios mais avançados, como o treino intervalado.

Estágio 1: Condicionamento Básico

Se sua cliente está apenas começando, não se exercita há muito tempo ou está fora de forma, permita-lhe pelo menos de quatro a seis semanas para progredir para uma base sólida de condicionamento aeróbico. Você não pode progredir muito devagar.

Comece com 5 a 15 minutos de atividade aeróbica como caminhada ou andar de bicicleta. A atividade pode ser executada continuamente ou dividida, por exemplo, em segmentos menores de 10 minutos. Por sua própria conta, sua cliente pode passear com seu cachorro por 10 minutos pela manhã, caminhar 10 minutos no almoço e mais 10 minutos pela vizinhança à noitinha. Esse tipo de atividade "informal" contribui com os objetivos de saúde e condicionamento de sua cliente! Após algumas semanas, aumente para 20 a 30 minutos por sessão com você, o treinador. Lembre-se, você pode dividir qualquer duração mais longa em períodos mais maleáveis de cerca de 10 minutos cada, e gradualmente trabalhar a cliente objetivando tempos sem interrrupção ou maiores.

Estágio 2: Indo Além do Condicionamento de Nível Básico.

Se sua cliente está treinando regularmente, esse estágio pode, facilmente, durar até seis meses (treinos inconstantes significam que ela ficará nesse estágio mais tempo).

Aumente gradualmente a duração do exercício da sua cliente. Isso significa aumentos de cerca de 5 a 10 por cento a cada duas a três semanas até sua cliente completar atividades de 30 minutos confortavelmente.

Novamente, não é necessário que sua cliente se empenhe num esforço contínuo em atividades de 30 minutos para alcançar resultados excelentes de saúde e condicionamento. No final desse estágio, você poderá treinar sua cliente até uma hora de atividade total, algumas vezes por semana, para acrescentar variedade e desafios aos seus treinamentos.

Geralmente, exercitar-se por um tempo maior que uma hora leva à diminuição dos resultados (os resultados da sua cliente não equivalem ao esforço e ao tempo gastos) e a um aumento no risco de lesões.

Estágio 3: Manutenção.

Alcançar um ponto em que sua cliente consegue manter seu nível de condicionamento certamente não é uma regressão! É apenas o reconhecimento por parte de sua cliente de um compromisso pessoal em continuar com seu programa de uma maneira divertida, variada e eficaz.

Muitos de seus clientes já têm um alto nível de condicionamento aeróbico. Eis uma verdade para você e seu cliente: é impossível melhorar o condicionamento para sempre. Um de seus clientes, provavelmente, poderá se lembrar de quando começou um programa e de como ficou animado quando seus resultados pessoais começaram a aparecer, imediatamente, como uma cascata. Então, após treinar regular e progressivamente por três a seis meses, ou talvez tenha sido por um ano e meio, estes resultados diminuíram para um fio d`água. É a partir deste ponto, e para o resto da vida de seus clientes, que eles devem começar a manter essa base de condicionamento por meio de treinamento combinado, adicionar intervalos de condicionamento anaeróbico e variar a freqüência, o tempo e a intensidade dos treinamentos. Tanto o treinador como o cliente devem manter os treinos divertidos! Essa abordagem e a justificativa de senso comum ajudarão qualquer cliente a melhorar o condicionamento e minimizar a possibilidade de exaustão de seus clientes.

Manter um certo nível de condicionamento físico não significa "condenar" seu cliente a se comprometer para o resto da vida à mesma rotina tediosa de sempre. Na verdade, a manutenção de um condicionamento físico está longe desse roteiro sombrio. Alcançar um ponto de manutenção simplesmente valida a aceitação de seu cliente de um estado desejado de saúde pessoal.

Após um período de treinamento continuado (de três a seis meses ou mais), uma diminuição nos benefícios do treinamento é inevitável. Prepare seu cliente antecipadamente para esta inevitável realidade fisiológica, para que ele possa experimentá-la de forma positiva. O objetivo final de qualquer cliente deve ser a manutenção de seu programa atual e o nível de condicionamento físico para o resto de sua vida!

Estágio 4: Treino Opcional de Alta Intensidade.

Os clientes podem avançar de períodos de manutenção para melhora de condicionamento físico, usando treinamento intervalado e combinado. Todos os programas devem ser periodizados (capítulo 13).

Com Que Intensidade?

As diretrizes de intensidade aeróbica para adultos saudáveis geralmente vão de 50 a 85% de VO_2máx ou freqüência cardíaca de reserva (FCRes). As intensidades de treino são determinadas através de uma porcentagem de VO_2máx ou FCRes; essa é a freqüência cardíaca alvo (FCA). Quando você calcula uma porcentagem mínima e uma máxima, isso cria uma faixa de freqüência cardíaca alvo (FFCA) na qual seu cliente deve trabalhar. É mais fácil calcular a faixa de freqüência cardíaca de treinamento de seu cliente, calculando a FCRes de seu cliente do que determinando VO_2máx, a FCREs é diretamente comparada à VO_2máx, de qualquer maneira. Esses cálculos são discutidos com profundidade no capítulo 17. Se você não gosta de usar a freqüência cardíaca, use escala de esforço de 10 pontos, ou ambos. Para mais informações sobre a escala de esforço, veja a tabela 17.2.

Se seu cliente está descondicionado ou apenas começando um programa, mais uma vez, adapte as recomendações. Elas não são mandamentos. Um treinamento cardiovascular de nível moderado a baixo e consistente - bem abaixo das recomendações apresentadas - pode resultar em efeitos reais e benéficos à saúde do seu cliente e pode melhorar muito a resistência cardiovascular.

Estágios de Condicionamento para Intensidade

Escolha estágio 1, 2, 3 ou 4, dependendo da base atual de condicionamento aeróbico do seu cliente. Essas intensidades de condicionamento aeróbico devem ser complementados com condicionamento anaeróbico intervalado para alcançar níveis mais altos de condicionamento, quando for conveniente à situação de seu cliente.

Estágio 1: Condicionamento Básico

Faça seu cliente treinar numa zona de treinamento de freqüência cardíaca entre 40 e 60% da sua freqüência cardíaca de reserva (FCRes). Isso corresponde a uma percepção subjetiva de esforço que cai entre 2 e 3 ("relativamente fácil" a "moderado") ou 3 a 4 ("moderado" a "relativamente difícil"). Seu cliente deve ser capaz de falar frases curtas sem ofegar enquanto se exercita neste nível de esforço.

Estágio 2: Indo Além do Condicionamento de Nível Básico

Almeje uma zona de treinamento de freqüência cardíaca entre 60 e 75% da FCRes de seu cliente. Isso corresponde a uma percepção de esforço que está entre 3 e 5 ("moderado" a "difícil"). Se você quiser níveis mais altos de condicionamento, eleve a zona de treinamento de seu cliente para 70 a 85% da FCRes. Isso corresponde a uma avaliação de 4 a 6 ("relativamente difícil" a "muito difícil"). Lembre-se: seu cliente ainda está se empenhando num treino aeróbico. Mesmo com esse aumento de intensidade nos exercícios, seu cliente ainda deve ser capaz de falar frases curtas durante a atividade sem ofegar.

Estágio 3: Manutenção

Encoraje seu cliente a manter seu nível de esforço e coerência, mas introduza variedade. Trabalhe em ambos os extremos, maior e menor, das zonas de treinamento da freqüência cardíaca e introduza alguns exercícios fáceis ou de "ritmo de cruzeiro", usando intensidades menores do estágio de nível básico.

Estágio 4: Treinamento Opcional de Alta Intensidade

Seu cliente pode ir de períodos de manutenção à melhora de condicionamento físico, usando treinamento intervalado (85% e mais da FCRes) e treinamento combinado.

Estudo de caso – VO_2 e Condicionamento Cardiorrespiratório

A atividade, freqüência, duração e intensidade corretas têm o maior impacto na realização dos objetivos específicos do condicionamento dos seus clientes. Vamos observar o seguinte roteiro para explicar a relação entre VO_2 e freqüência cardíaca, volume por batida e consumo de oxigênio.

Mary e Susan, que têm o mesmo tamanho, trotam a uma velocidade de 1,609 km em nove minutos. Esse é um exercício de passo abaixo do máximo para ambas. Como elas têm o mesmo peso, é razoável supor que elas usarão, aproximadamente, a mesma quantidade de oxigênio quando se exercitarem nesse passo. Por que Mary, que é menos treinada aerobicamente, tem tanto problema em manter o ritmo de Susan, que está aerobicamente mais condicionada?

A resposta envolve VO_2 e a maneira como o oxigênio é distribuído e usado. VO_2 está relacionado diretamente com o volume de ejeção do coração (Q). Por ser o volume de saída do coração igual à freqüência cardíaca vezes o volume por batida (Q=FCxVB), a pessoa com maior volume por batida precisará de menos batimentos cardíacos para bombear o mesmo volume de sangue. Essa é a Susan, a pessoa melhor treinada. Além do mais, Susan será capaz de usar melhor o oxigênio entregue nos músculos exercitados, como ficará evidente pela sua maior diferença de oxigênio arteriovenoso, ou diferença $(a\text{-}v)O_2$.

Mary, a pessoa menos treinada, terá uma freqüência cardíaca muito mais alta com qualquer sobrecarga, se comparada com Susan. Mary poderá ficar sem fôlego ou cansada ou ter uma respiração pesada se ela tentar manter o mesmo passo de Susan. Por quê? Simples, Mary é menos eficiente na distribuição e extração de oxigênio do que Susan. Ambas, Susan e Mary, distribuirão aproximadamente a mesma quantidade de oxigênio exigida pela atividade abaixo da máxima, mas Susan (mais condicionada) distribuirá o oxigênio de uma maneira mais eficiente. É por isso que a percepção de esforço de Susan é muito menor que a de Mary, embora elas estejam realizando a mesma quantidade absoluta de treino (por exemplo elas cobrem a mesma distância) e queimem aproximadamente o mesmo número de calorias (por serem seus pesos iguais, elas requerem quantidades similares de oxigênio e calorias gastas para uma dada distância).

Além disso, Susan e Mary têm diferentes limiares anaeróbicos ou de freqüência estável. É aqui onde se percebe mais nitidamente a vantagem do condicionamento de Susan. Se a intensidade do exercício for aumentada além do passo de 1,609 km em nove minutos, que nesse exemplo é abaixo do máximo para ambas, ao fim, Mary não seria capaz de tolerar e manter uma intensidade tão alta como Susan. Por causa do melhor condicionamento de Susan, seu limiar anaeróbico ocorre depois do de Mary, permitindo à primeira treinar mais intensamente e por mais tempo em níveis mais elevados de esforço que são bem exeqüíveis. Susan tem um VO_2máx mais alto e pode treinar num percentual maior de seu VO_2máx.

O resultado é que Susan pode treinar mais intensamente por dados períodos de tempo, e mais intensamente por mais tempo em geral, se comparada à Mary. E ela pode manter esses esforços de maior intensidade e duração mais longa, predominantemente, com o metabolismo energético aeróbico ou em longo prazo. Num dado período de tempo, Susan pode otimizar ganhos de condicionamento e queima de calorias, treinando num nível de intensidade favorável, mas viável, em relação a seu melhor nível de condicionamento.

Progressão rápida

Com relação a progredir para um nível mais alto de intensidade, maior duração ou sessões mais freqüentes, uma boa regra, geralmente, é mudar apenas um desses elementos por vez. Seu cliente corre um risco maior de lesão por treino excessivo se você aumenta, simultaneamente, mais de um desses elementos. Uma diretriz conservadora, mas efetiva, é aumentar a intensidade ou duração, no máximo, em até 5%. O cliente deve se adaptar a esse aumento por um período de uma ou duas semanas e, então, você pode considerar a possibilidade de mudar um outro componente ou avançar mais no elemento ao qual o cliente se adaptou.

O programa de treinamento esboçado a seguir é um programa de treinamento progressivo para condicionamento cardiovascular (tabe-

Tabela 18.1 Programa de Treinamento Cardiovascular Progressivo

Semana	Freqüência (vezes por semana)	Duração (minutos)	Intensidade (% FCRes)	Intensidade (RPE)	Avaliação descritiva da RPE
Base do Condicionamento					
1	2 – 3	5 – 15	40 – 50	2 – 4	Relativamente fácil a relativamente difícil
2	2 – 3	5 – 15	40 – 50	2 – 4	Relativamente fácil a relativamente difícil
3	2 – 3	10 – 17	40 – 50	2 – 4	Relativamente fácil a relativamente difícil
4	2 – 3	10 – 17	50 – 60	2 – 4	Relativamente fácil a relativamente difícil
5	3	15 – 20	50 – 60	2 – 4	Relativamente fácil a relativamente difícil
6	3 – 4	15 – 20	50 – 60	2 – 4	Relativamente fácil a relativamente difícil
Indo Além do Condicionamento de Nível Básico					
7 – 9	3 – 4	20 – 25	60 – 65	3 – 4	Moderado a relativamente difícil
10 – 13	3 – 4	21 – 25	65 – 70	4 – 5	Relativamente difícil a difícil
14 – 16	3 – 4	26 – 30	65 – 70	4 – 5	Relativamente difícil a difícil
17 – 19	3 – 5	26 – 30	70 – 75	4 – 5	Relativamente difícil a difícil
20 – 23	3 – 5	31 – 35	70 – 75	4 – 5	Relativamente difícil a difícil
24 – 27	3 – 6	31 – 35	70 – 75	4 – 5	Relativamente difícil a difícil
Manutenção					
Após 4 – 6 meses	3 – 6	30 – 60	70 – 85	4 – 6	Relativamente difícil a muito difícil
Intervalo de Alta Intensidade (opcional)					
Após 4 – 6 meses de treinamento contínuo	1 – 2	Veja treinamento intervalado neste capítulo	85 – 100	6 – 10	Muito difícil a muito, muito difícil

Reimpresso de D. Brooks, 1999.

la 18.1). Pode ser usado para qualquer atividade cardiovascular que seu cliente escolher.

Correndo ou caminhando 5 km, 10 km e além

Programa para caminhada, corrida, ciclismo, natação ou outras atividades de resistência podem empregar os princípios de treinamento cardiorrespiratório que seguem.

Estudo de caso: 5 km, 10 km, e além

Digamos que um de seus clientes está interessado em correr 5 km (3,1 milhas) e outro 10 km (6,2 milhas). Com que velocidade seu cliente deve correr? Com que freqüência? Que distância? O cliente deve competir? Corrida por tempo de duração é melhor do que por milhagem estabelecida?

Abordagem do Programa de Base

Objetivo: correr de duas a três milhas, e possivelmente 5 km

Treinamento Básico

1. Corra ou caminhe calmamente, aerobicamente (abaixo do ritmo estável), por tempo *versus* milhagem pré-estabelecida.
2. Comece com uma corrida ou caminhada de 10 a 15 minutos.
3. Completar uma corrida ou trote de 5 km exigiria, realisticamente, cerca de 20 a 35 minutos (caminhada de 30 a 45 minutos), dependendo do nível de condicionamento de seu cliente. Para preparar a base para a obtenção dessa duração ou distância, uma freqüência de três a cinco caminhadas - corridas de 10 a 15 minutos por semana é um bom começo.
4. Uma corrida "competitiva" de 5 km pode requerer corridas de 15 a 25 milhas (de 24,135 km a 40,225 km) por semana com pelo menos uma corrida longa de 5 a 8 milhas (de 8,045 a 12,872 km) (note aqui a transição de contagem de minutos ou tempo de duração para registro de milhas ou distância).

Construindo o Programa de Base

1. Não aumente a duração além de 10% (aumentos de 5% são ainda mais seguros).
2. Conceda duas a três semanas para estabilizar os efeitos do treinamento antes de aumentar a velocidade ou duração. Raramente deve-se aumentar ambos simultaneamente em corredores de nível médio.
3. Mantenha comparações de desempenho relativas ao ponto de partida de cada cliente.

Treinamento "de Base" Avançado

Introduza treinamento intervalado, exercícios técnicos focando movimento de pernas, postura, movimento e postura de braços.

Corrida ou Caminhada de 10 km de Distância

Objetivo: Correr ou caminhar 6,2 milhas.
Correr ou caminhar 6,2 milhas é um grande marco ou objetivo alcançado para muitos clientes. Uma vez completada a distância, ou facilmente atingida, a próxima pergunta de seu cliente é: "O que eu preciso pra correr mais rápido?". Eis uma simples, mas efetiva progressão.

Estabelecendo Objetivos para Corredor de 10 km de Primeira Viagem

Requisitos do treinamento de base para corredor de 10 km:

1. Complete 10 km de distância duas vezes por semana, ou cerca de um total de 12 milhas por semana por duas semanas antes da data de corrida ou tentativa de 6.2 milhas.

2. Progrida para esse total de distância ou milhagem por semana em cerca de 12 semanas, após ter completado o treinamento de base.
3. O treinamento deverá ser feito no nível de esforço percebido entre 3 e 4, que equivale a um esforço de moderado a relativamente difícil ou desafiador.
4. Encoraje seu cliente a completar a distância completa de 10 km durante o treino. No mínimo, 3,5 a 4 milhas (5,631 a 6,436 km) devem ser corridas continuamente em, pelo menos, uma sessão, cada semana, durante as semanas que antecedem a tentativa de 10 km.

Progresso no Programa 10 km

1. Fundamento do condicionamento. Feito para, no mínimo, uma corrida de duas milhas. Você pode iniciar seu cliente com uma caminhada ou trote de 3 a 4 minutos e, vagarosamente, aumentar essa duração inicial. Não é necessário que o cliente sempre progrida para corrida (consulte o programa de 5 km).
2. Encoraje o cliente a começar a correr (ou caminhar) de quatro a cinco vezes por semana. Isso resultará em um acúmulo de 8 a 10 milhas por semana, no mínimo.
3. Programa de 12 semanas e progressão. Após estabelecido o condicionamento de base, 12 semanas é tempo suficiente para aumentar o nível de condicionamento do cliente, diminuir gradualmente a intensidade ou se recuperar do treinamento progressivo, fazer treinamento combinado e assegurar condicionamento balanceado, acrescentando alongamento e treinamento de força.

Determinando Duração em Minutos

O conceito de se exercitar por minutos *versus* distância permite a você se ajustar facilmente ao que seu cliente sente. Também, a duração baseada em minutos é universal e pode ser determinada a qualquer atividade cardiovascular.

Se você usar o conceito de duração para corrida ou caminhada, você pode querer determinar uma base de referência fazendo com que seu cliente corra uma milha "fácil"(Para alguns de seus clientes não existe tal coisa ou pode não ser possível para eles completarem essa distância. Mantenha a sensibilidade e ofereça alternativas!). Cronometre o esforço moderado e isso lhe dará uma idéia da distância que será coberta se você designar treinos de corrida em minutos. Eu geralmente uso minutos, e não milhas, para estabelecer a distância de referência para treinos cardiorrespiratórios.

Treinamento SERIOUS

O conceito de treino sério, planejado e balanceado é definido pelo acrônimo SERIOUS.

S=Speed (velocidade). Ao contrário do que você possa pensar, velocidade aqui significa velocidade "calma" ou corrida relaxada. Ensine seu cliente a correr, caminhar ou andar de bicicleta, por exemplo, com economia de movimentos e movimentos calmos, mesmo treinando intensamente. A capacidade de correr relaxado é a marca registrada de todos os corredores de alto nível. Esse tipo de treino de velocidade corresponde ao esforço de baixa intensidade e usa o treino de longa distância. Durante o treinamento de longa distância, que são longas corridas feitas a passadas tranqüilas, o cliente pratica de cinco a oito segundos de "aceleradas" ou aumento de velocidade para praticar técnicas perfeitas de corrida. Para corredores avançados, o conjunto de aceleradas é iniciado a cada 15 a 20 minutos, e essa técnica é empregada em todos os estágios de treino. A intensidade é estabelecida a cerca de 70 a 75% da freqüência cardíaca máxima, que é um esforço fácil ou moderado.

E=Endurance (resistência). O treinamento de resistência aumenta o VO_2máx ou o percentual máximo no qual um cliente pode treinar, aumentando a capacidade dos músculos treinados de distribuir e usar o oxigênio mais eficientemente. A intensidade do treinamento está estabelecida entre 70 a 75% da freqüência cardíaca máxima. Consulte os capítulos 15 e 17.

R=Race or pace (corrida). Esta fase do treino foca no aprimoramento ou maximização das técnicas de corrida. A prática imita corridas reais, então a intensidade do treino é estabelecida em 90 a 100% da freqüência cardíaca máxima e os treinos usam testes, intervalos ou arrancadas reguladas.

I=Intervals (intervalos). O treinamento de esforço é seguido por segmentos de recuperação e esses intervalos são feitos em terreno plano. O treinamento intervalado melhora o limiar anaeróbico e o treino é feito em 80 a 90% da freqüência cardíaca máxima. O treinamento intervalado é decisivo quando se quer que a melhora ocorra. Veja mais sobre treinamento intervalado ainda neste capítulo.

O=Overdistance (longa distância). O treinamento de longa distância (LD) é similar ao treinamento de resistência. A intensidade do esforço é estabelecida em 60 a 70% da freqüência cardíaca máxima em vez de 70 a 75% de como é feito no treino de resistência. Esse tipo de treino é realizado por períodos de tempo maiores comparado com o treino de resistência. O treino de longa distância pode ser de duas a três vezes a distância necessária para o treino de resistência. Por exemplo, 60 a 90 minutos é um bom limite razoável para treino de LD que está sendo usado para preparar para uma distância de 10 km.

U=Up or vertical interval (elevado ou intervalo vertical). Isso é um treino intervalado em terreno montanhoso. A intensidade é a mesma usada em terreno plano, treinar entre 80 e 90% da freqüência cardíaca máxima é o objetivo.

S=Strength (and flexibility) (força (e flexibilidade)). Geralmente, treinamento de força é uma parte pequena, mas importante, no programa de um corredor sério ou recreacional. Cerca de 20% do treino que ocorre no estágio básico deve ser de força. À medida que o corredor progride ou atinge os estágios de corrida, o tempo gasto com treino de força pode ser diminuído para 10% do tempo total de treinamento. Ganhos de força podem ser facilmente mantidos usando-se duas sessões de 25 minutos por semana. Use de 8 a 10 exercícios para atingir todos os músculos e enfatize a região cervical e o tronco, porque esses são músculos posturais importantes que, quando fatigados, podem afetar muito o andamento da corrida. Dependendo do estágio de treinamento, serão realizadas de 8 a 25 repetições até a fadiga. O treino de flexibilidade deve ser feito após aquecimento suficiente (veja capítulos 15 e 20; Sleamaker e Browning, 1996).

Treinamento para 10 km Rápidos

Cada fase do treinamento tem um propósito muito focado em criar mudanças fisiológicas, neuromusculares e psicológicas no cliente competidor.

Por Dentro do treino de cinco estágios

Base

O treinamento de base cria o fundamento aeróbico do cliente. Deve durar de 7 a 20 semanas, e cerca de 75% de todas as sessões de treino devem ocorrer em 60 a 70% da freqüência cardíaca máxima. Esse tipo de treinamento aumenta a capacidade do corpo de usar o oxigênio (VO_2), tornando o corpo mais eficiente no transporte de oxigênio, extração, uso de energia e produção.

Intensidade

Treinar o corpo para trabalhar em intensidades mais altas aumenta a capacidade do corpo de manter esforços de alta intensidade (mais rápidos) por períodos mais longos de tempo. Treinos como esse geralmente duram de 4 a 16 semanas. Cinqüenta por cento do treinamento consistirá em treinos de longa distância, feitos em 60 a 70% da freqüência cardíaca máxima. Os outros 50% do tempo de treinamento serão usados para treinar velocidade, intervalos e esforços de passo de corrida. Um corredor bem condicionado treinará em 80 a 90% da freqüência cardíaca máxima.

Atingindo o pico

Atingir o pico é comumente citado como "estar afiado" e "ir emagrecendo". O volume total de treino diminui. O objetivo dessa fase de treinamento é fazer a transição do treino de esforço difícil à *performance* ótima. Essa fase dura de 4 a 8 semanas e 50% das sessões de treinamento são gastas treinando velocidade, intervalos e passo de corrida num esforço de 90 a 100% da freqüência cardíaca máxima. A outra metade das sessões de treinamento é dedicada a treinos de longa distância e é feita em 60 a 70% da freqüência cardíaca máxima.

Estágio de corrida

Essa fase pode durar de 8 a 16 semanas. 50% da sessão é gasta com velocidade, intervalos e treinos de passo de corrida, em 90 a 100% da freqüência cardíaca máxima. A outra metade do tempo de treinamento é focada em treinos de longa distância, feita numa intensidade de 60 a 70% da freqüência cardíaca máxima. O treinamento de longa distância ajuda a manter a base aeróbica de alto nível e provê uma recuperação incorporada ativa.

Estágio de Restauração

A forma de corrida para atingir o pico e o treino de alta intensidade só podem ser mantidos por cerca de dois a quatro meses. A fase de restauração ou recuperação deve incluir recuperação ativa, enfatizar variedade e diversão e envolver volume de treino e intensidade reduzidas. Considere o emprego de atividades diferentes para dar a seu cliente um descanso mental também.

Esse progresso de estudo de caso pode servir como um bom modelo, a partir do qual programas de treinamento cardiorrespiratório podem avançar para níveis mais altos.

Treino Intervalado e Mobilização de Gordura

Treino intervalado não precisa pressionar os limites aeróbicos do cliente, embora ele possa fazer isso. Para muitos, treino intervalado evoca termos como *intenso*, *difícil* e *doloroso*, e a imagem de um monte de atletas profissionais exaustos no chão, sofrendo um colapso. Fique comigo! O treinamento intervalado pode ser feito mais moderadamente, enquanto se colhe suas recompensas simultaneamente. Defina o que é e o que não é um treinamento intervalado e amplie seu escopo de aplicação.

Quem Deve Fazer Treinamento Intervalado

O treinamento intervalado serve para todos? Muitos treinadores competentes e bem informados dirão que não, mas eu não concordo com esta resposta tradicional. O treinamento intervalado pode funcionar com quase todo mundo. Isso é especialmente verdade quando você procura melhorar a resistência de um cliente, aumentar perda de gordura e queima de calorias e melhorar a *performance* pessoal. O treinamento intervalado pode ajudar seus clientes a alcançarem níveis mais altos de condicionamento, independentemente do nível atual de condicionamento ou treino.

Definindo um Intervalo

O que têm em comum um atleta numa partida competitiva de tênis, uma pessoa correndo até o portão para pegar um avião, um esquiador *cross-country* esquiando num terreno instável, atletas participando intensamente de atividades esportivas coletivas e uma avó subindo um morro em sua caminhada à tarde? Todos estão usando um *intervalo de esforço*, trabalhando um pouco mais intensamente do que no ritmo estável. Essa aceleração no nível de esforço é, então, seguida de um *intervalo de recuperação* moderado ou período de tempo no qual a atividade retorna a um nível de esforço facilmente sustentável. A beleza de um programa de condicionamento intervalado é que os requisitos fisiológicos exigidos pelo corpo são muito semelhantes às experiências de movimento do dia-a-dia.

Nomes Nada Significam

Eu proponho que o termo *condicionamento intervalado* seja usado como um termo genérico que abranja os termos *intervalos espontâneos, intervalos de condicionamento* e o tradicional *treinamento intervalado de performance* (figura 18.1).

Figura 18.1 Condicionamento intervalado.

Faça o Treino Intervalado Funcionar para Todos os Seus Clientes

O treinamento intervalado é bom por muitas razões, e uma delas é que ele é adaptável às necessidades de qualquer cliente. As opções a seguir podem ajudá-lo a adaptar o seu programa sob medida para o cliente.

Intervalos espontâneos. Para participantes menos condicionados, pode fazer mais sentido começar com *intervalos espontâneos* ou "jogo de velocidade". Nesse tipo de treinamento, você simplesmente pede a seu cliente que aumente a intensidade do esforço cardiorrespiratório por várias durações de tempo seguidas pelo tempo adequado de recuperação. Em última análise, a intensidade é controlada pelo cliente, embora você encoraje um esforço maior do que um esforço fácil. Por exemplo, você pode encorajar seu cliente que está correndo ou caminhando ao ar livre a aumentar sua velocidade até ele chegar ao sinal de pare, que está a algumas centenas de metros à frente. Intervalos espontâneos podem ser usados com atletas altamente condicionados também.

Intervalos de condicionamento. Você pode encorajar clientes mentalmente condicionados a executar intervalos, usando um modelo de intervalo mais estruturado chamado "intervalos de condicionamento". Quando estiver realizando intervalos de condicionamento, o cliente periodicamente aumenta a intensidade durante um treino e se recupera ou "recupera o fôlego" antes de iniciar outro turno de alta intensidade. Intervalos de condicionamento podem variar em termos de duração do intervalo de esforço e recuperação do esforço. Seguirei com recomendações espccificas. Contudo, a intensidade é geralmente controlada pelo cliente. Novamente, o cliente é encorajado a treinar num nível de esforço mais intenso que o normal. Isso contrasta com o treinamento intervalado de *performance*, que tem diretrizes específicas quanto à duração e intensidade de esforço e intervalos de recuperação.

Treinamento intervalado de performance. Atletas competitivos têm usado esse tipo de treino por vários anos. No *treinamento intervalado de performance*, os intervalos geralmente envolvem períodos de esforço máximo ou quase máximo, seguidos de curtos períodos de descanso. Os esforços podem variar dentro de níveis altos como de 85 a 110% de VO_2máx. Tal método de treinamento leva a benefícios significativos de *performance*, ao aumento de tolerância à formação do ácido lático, em grande parte atribuídos a uma taxa inferior de produção desse ácido, e ao aumento da remoção do ácido lático, resultando no aumento de VO_2máx. Apenas atletas bem treinados devem participar de treinamentos intervalados de *performance*. Por causa da natureza de alta intensidade desse tipo de treinamento, um cliente destreinado tem maior risco de lesões, sem mencionar fadiga rápida, se tentar os intervalos de *performance*.

Ponto-chave 1: Treinamento intervalado é diferente de condicionamento intervalado. O conceito de condicionamento intervalado serve para um espectro mais amplo de níveis e necessidades de condicionamento, enquanto preserva simultaneamente a abordagem clássica de alta intensidade, referida como treinamento intervalado de *performance*.

Ponto-chave 2: Usar intervalos espontâneos ou de condicionamento em muitos programas de seus clientes pode ser uma excelente idéia. O cliente controla a intensidade. Usando esses modelos, o treinador simplesmente encoraja o cliente a treinar um pouco mais intensamente do que está acostumado a fazer.

Projeto de Programa de Condicionamento Intervalado

Focando especificamente nos objetivos, necessidades e atual nível de condicionamento de seu cliente, você pode usar os princípios clássicos do treinamento intervalado com indivíduos menos condicionados, clientes com necessidades especiais ou de maior risco, entusiastas do condicionamento, clientes buscando os benefícios para a saúde ou atletas de *performance*.

Condicionamento Intervalado com Diferentes Roteiros de Treinamento

Quando você trabalha com *populações especiais* – incluindo pessoas com necessidades especiais, pacientes de reabilitação cardíaca, cliente perinatal, jovens, pessoas mais velhas e com diabetes, asma ou outras condições médicas – o condicionamento intervalado pode ser a melhor escolha para otimizar os benefícios aeróbicos e minimizar os riscos. Contudo, o programa deve ser cuidadosamente planejado com o médico de cada cliente.

Em muitos casos, o aumento acelerado de temperatura é a maior preocupação do cliente com necessidades especiais. Isso pode ser verdade para uma cliente grávida, um com esclerose múltipla ou qualquer um que tenha sensibilidade, temporária ou permanente, ao aquecimento interno. Em qualquer um desses casos, o treinamento intervalado na intensidade certa pode prevenir o aumento dramático de temperatura interna como ocorre em treino aeróbico contínuo (O objetivo pode não ser o aumento de intensidade, mas, simplesmente, usar atividade intermitente ou intervalada para manter um nível de esforço coerente.).

Freqüentemente, quando você está trabalhando com pessoas que tenham necessidades especiais, o princípio a tomar emprestado do treino intervalado é o uso de esforço cardiorrespiratório intermitente. Os princípios do treinamento intermitente podem ser aplicados, com sucesso, em muitas situações de treino.

Condicionamento Intervalado em Qualquer Atividade Cardiorrespiratória

Seja treinando em água ou em qualquer atividade cardiorrespiratória em terra firme, os conceitos de treinamento intervalado são universais. Intensidade, duração, recuperação e freqüência ditam os resultados do treinamento. Um treinador pode usar uma variedade de exercícios puramente cardíacos ou programar treinos criativos em circuito. Resultados favoráveis de condicionamento intervalado requerem que o intervalo de recuperação cardiorrespiratória seja feito após o intervalo de esforço. Tanto os intervalos de esforço como os de recuperação consistem de atividades cardiorrespiratórias. Essa caracterização define o verdadeiro condicionamento intervalado.

Treinamento Intervalado *Versus* Treinamento em Circuito

Treinamento intervalado não é necessariamente treinamento em circuito. Alguns formatos de *treinamento em circuito* substituem um outro componente de condicionamento, como, por exemplo, treinamento de força pelo intervalo de recuperação. Isso não é considerado treinamento intervalado. Um circuito é caracterizado geralmente por atividades físicas numa variedade de máquinas de treinamento. Seu cliente pode ir de uma máquina à outra ou executar o circuito numa máquina versátil. Circuitos tradicionais contêm máquinas compostas inteiramente de atividades cardiorrespiratórias, de atividades de força muscular e resistência ou uma combinação de ambos os tipos de treinamento físico.

Em um circuito que tem, pelo menos, uma estação para atividade cardiorrespiratória, o condicionamento intervalado pode ser uma opção naquela estação cardíaca. Por outro lado, a estação cardíaca também pode ser usada para treino em ritmo estável em vez de treino intervalado. O condicionamento intervalado pode ser parte dos exercícios de um treinamento em circuito ou ser usado numa estação de circuito cardiorrespiratório em particular, mas ele, por si só, não é um treinamento em circuito. Quando um atleta está executando um intervalo real, o intervalo de esforço cardiorrespiratório deve ser seguido por um intervalo de recuperação cardiorrespiratória menos intenso.

Com que Intensidade Seu Cliente Deve Treinar

A intensidade que deve ser incentivada para intervalos de condicionamento e saúde, com respeito ao condicionamento intervalado, é um nível no qual o cliente treina um pouco mais pesado do que aquele a que ele está acostumado. Isso lhe permitirá, possivelmente, treinar num ritmo estável, acima ou no limiar anaeróbico e permitirá que ele treine mais e aumente o gasto calórico num dado período de tempo, ao mesmo tempo em que aumenta seu condicionamento.

Aplicando Condicionamento Intervalado a Uma Grande Variedade de Clientes

A figura 18.2 ilustra como um condicionamento intervalado pode parecer quando aplicado a um treino de *performance* (cliente altamente condicionado) e um de condicionamento (cliente menos condicionado).

O conceito de condicionamento intervalado pode ser aplicado a uma grande variedade de clientes e melhorar um treino, independentemente do atual nível de condicionamento ou objetivo do treinamento. Eis aqui como se faz isso.

O cliente menos condicionado faz um aquecimento mais longo e um período de preparação em ritmo estável e se recupera de seus intervalos de esforço abaixo do seu limiar de ritmo estável. Observe a diferença entre os limiares de ritmo estável (80% *versus* 40% de VO_2máx) dos clientes condicionados e dos menos condicionados (figura 18.2). Após atingir o pico de intensidade, o cliente altamente condicionado retorna rapidamente ao ritmo estável e usa um período de tempo de recuperação mais curto. A intensidade de esforço (eixo vertical) é comparado à duração (eixo horizontal) de esforço e recuperação. Ambos os clientes irão melhorar seu condicionamento e otimizar seus treinos em relação a seus níveis atuais de condicionamento porque estão treinando mais intensamente do que estão acostumados a fazer.

Benefícios do Treinamento Intervalado

Por que um cliente participaria de um treinamento intervalado e treinaria mais do que o normal? O treinamento intervalado pode ajudar a desenvolver completamente o sistema cardiovascular e maximizar o gasto calórico total. É divertido também, e ajuda a aumentar a variedade do programa de treinamento cardiovascular do cliente. Mas lembre seus clientes de que eles não precisam treinar como atletas profissionais para conseguirem benefícios significativos!

1. Aumento do Condicionamento Cardiorrespiratório (Resistência Aeróbica)

O condicionamento intervalado pode aumentar a capacidade de um cliente de se exercitar por mais tempo nos limites do metabolismo aeróbico. Isso é mais do que se pode conseguir com treinamento contínuo ou aeróbico apenas. Por isso, treinamento intervalado pode ajudar a melhorar os níveis de condicionamento e gasto calórico total.

2. Aumento do Limiar Anaeróbico

O condicionamento intervalado exato e apropriado pode aumentar o limiar anaeróbico de um cliente, estando ele sem condicionamento ou em forma. Esse nível de esforço que o cliente pode manter é chamado de *índice estável máximo (IEM)*. O aumento do limiar anaeróbico de seu cliente, ou IEM, é diretamente dependente do condicionamento intervalado anaeróbico de alta intensidade (treino mais pesado do que o cliente está acostumado a fazer) que é relativo ao seu atual nível de condicionamento.

3. Aumento de Esforço de Treino em Doses Viáveis

Esta mudança resultante do limiar anaeróbico permite ao cliente treinar em passos de intensidade crescente e por durações maiores, num nível percebido de esforço facilmente tolerável.

4. Maior Realização Total do Treino: Maior Total de Calorias e Gorduras Usadas por Sessão

Para um dado período de tempo, mais esforço total de exercício é acumulado durante um treino intervalado. Se seu cliente tem tempo limitado para se exercitar, isso permite a ele queimar mais calorias e gorduras totais e se tornar mais condicionado num dado período de tempo de exercício. O condicionamento inter-

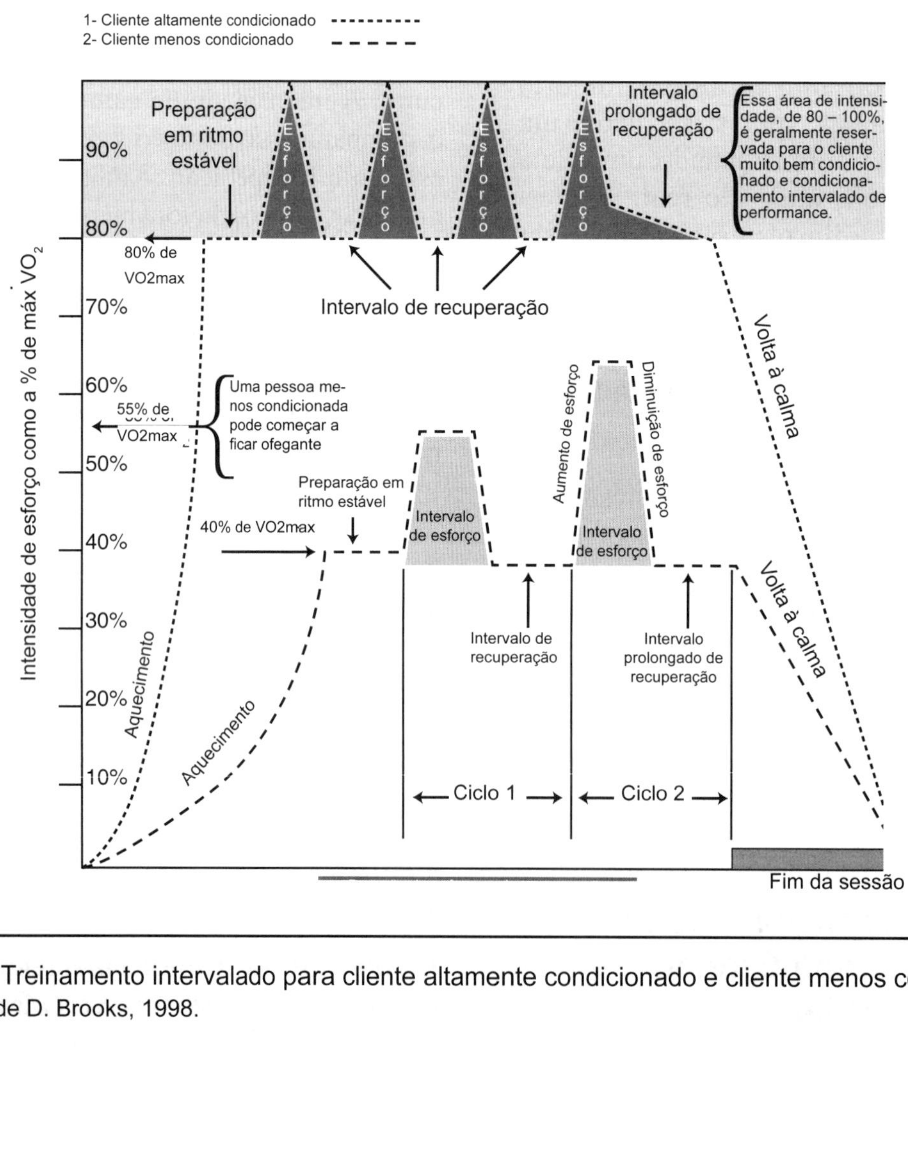

Figura 18.2 Treinamento intervalado para cliente altamente condicionado e cliente menos condicionado. Reimpresso de D. Brooks, 1998.

valado pode aproveitar melhor o tempo, estando o cliente sem condicionamento ou em plena forma. Não exclua o treinamento em ritmo estável; simplesmente adicione o condicionamento intervalado ao programa todo.

5. Uso Máximo do Tempo

Como o cliente realiza mais treino total (intensidade) e gasto calórico num dado período de tempo, isso resulta num aproveitamento mais efetivo do tempo finito de seu cliente.

6. Aumento da Observância dos Exercícios

A observância dos exercícios aumentará por causa dos seguintes fatores:

- Diversão e prazer.
- Variedade de exercícios.
- Sobrecarga fisiológica nova e desafiadora.
- Diminuição potencial de lesões por excesso de uso.
- Concentração e foco do cliente.
- Cliente mentalmente empenhado, causando a impressão de que o tempo de treino passa mais rápido.
- Percepção de confiança e sentimento de realização do cliente.

Particularidades do Programa de Treinamento Intervalado

A otimização do condicionamento cardiovascular requer que o cliente treine mais intensamente do que um passo "calmo". O treinamento intervalado envolve durações relativamente curtas de maior intensidade, comparado com um nível confortável de esforço (ritmo estável), seguido de menor intensidade que fica no ritmo estável ou abaixo dele.

Como foi mencionado anteriormente, seus clientes precisam saber o que é um passo em ritmo estável se eles vão fazer um treinamento intervalado. Você está vendo como é importante esse simples conceito com relação ao uso de condicionamento intervalado.

IEM é a intensidade de exercício mais alta que você pode manter por períodos prolongados de tempo (mais do que cerca de três minutos). Exercícios executados abaixo ou no IEM conta com o sistema de energia predominantemente aeróbico.

Seus clientes precisam saber como se sentem durante um esforço em ritmo estável, pois haverá situações, como durante o esforço de um treino intervalado, no qual eles serão encorajados a treinar além dessa zona de conforto. Contrariamente, quando eles estiverem se recuperando de um vigoroso esforço de exercício intervalado, eles treinarão neste nível ou abaixo dele. Saber o que é um exercício "difícil" ou "fácil" ajudará a otimizar os resultados de treinamento intervalado de seus clientes. Ambos os tipos de exercícios são igualmente importantes.

Treinamento ou condicionamento intervalado é, simplesmente, treinar num nível de esforço cardiovascular mais intenso do que aquele a que seu cliente está acostumado. O treinamento intervalado é executado, empregando um esforço de treino intermitente que está no nível de esforço de ritmo estável de seu cliente ou acima desse nível, seguido de atividade cardíaca que está em ritmo estável ou abaixo.

O condicionamento intervalado envolve os processos tanto aeróbico como anaeróbico. As necessidades de energia da musculatura do corpo não são ligadas ou desligadas. Toda vez que a intensidade ou duração do exercício muda, haverá uma mudança apropriada de maior ou menor envolvimento de um sistema particular de energia, dependendo da natureza da mudança. Por exemplo, quando o esforço cardiovascular de seu cliente se aproxima de uma duração de cerca de três minutos, o sistema aeróbico supre a maior porcentagem da energia requerida pelo trabalho dos músculos. Durante uma atividade cardíaca de alta intensidade de até dois a três minutos – seu cliente não poderia manter esse nível de esforço por mais tempo – fontes de energia anaeróbica são o fator contribuinte significativo.

Para uma pessoa saudável e destreinada, o acido lático começa a se acumular (o resultado de treinar acima do IEM e não ser capaz de produzir a energia requerida aerobicamente) e aumenta rapidamente até cerca de 50 a 55% da capacidade aeróbica máxima, VO_2máx, ou freqüência cardíaca de reserva (FCRes) – todos esses termos são similares. Se seu cliente é altamente condicionado, esse acúmulo de ácido lático pode não ocorrer até 80 a 85% da FCRes (veja capítulo 15).

Em algum ponto, seu cliente atingirá um limiar, ou fator limitante, que não lhe permitirá continuar a *performance* naquele nível específico de intensidade. Esse ponto de acúmulo de acido lático é seu limiar anaeróbico. Lembre-se que o ritmo estável é um equilíbrio entre a energia exigida pelo músculo e o metabolismo aeróbico. Durante a atividade em ritmo estável (abaixo da máxima), quaisquer produção e acúmulo de ácido lático são mínimos.

Como o Treino Intervalado e o Índice Estável se Relacionam com seu Cliente

Níveis de ritmo estável máximo e limiar anaeróbico variam de um indivíduo para outro, dependendo principalmente da capacidade de uma pessoa de distribuir e usar o oxigênio. Isso, é claro, depende da genética do indivíduo e do nível de condicionamento. Para um cliente sedentário, partir do descanso para uma lenta caminhada, digamos, de cerca de três milhas (4,827 km) por hora ou um ritmo de uma milha (1,609 km) em vinte minutos, pode aumentar as necessidades de energia do cliente (adenosina trifosfato) e requerer uma contribuição significativa do metabolismo anaeróbico. Nesse caso, o ritmo estável máximo existe relativamente, numa atividade de nível de intensidade muito baixo. Contraste isso com uma pessoa altamente condicionada, em quem o equilíbrio de energia pode ser mantido aerobicamente num exercício de nível muito intenso. Por exemplo, num corredor de maratona altamente condicionado e geneticamente abençoado, o metabolismo aeróbico em ritmo estável pode ser mantido num passo perto de cinco minutos por milha, por 26 milhas!

Obtendo Resultados Usando Intervalos

Tornar-se mais condicionado usando intervalos requer que seu cliente treine em ritmo estável e acima dele e se recupere em ritmo estável ou abaixo dele. Simples assim. Seu cliente deve treinar mais intensamente do que ele está acostumado a fazer e quase todos os clientes podem fazer isso.

Treinando no Nível Certo de Esforço

A freqüência cardíaca é um meio relativamente acurado de monitorar a intensidade dos exercícios. Uma variação apropriada de treinamento que acomoda a maioria dos níveis de condicionamento vai de 40 a 85% de VO_2máx ou FCRes. Para calcular a FCA apropriada para o condicionamento intervalado, é desejável calcular a FCRes de acordo com a fórmula de Karvonen (veja capítulo 17, para uma discussão completa sobre FCRes, FCA e avaliação de esforço percebido).

Uma maneira fácil e prática de monitorar os intervalos de esforço e recuperação é o uso da percepção de esforço do cliente. Usar a contagem manual da freqüência cardíaca para monitorar a intensidade do exercício durante o condicionamento intervalado é sempre difícil e dispersivo e inapropriado para populações de alto risco. Por haver uma grande correlação entre a resposta da freqüência cardíaca do participante ao exercício e o esforço percebido, essa avaliação subjetiva de esforço é uma maneira de o participante "se consultar" como ele se sente em um dado momento. A percepção de esforço é sempre usada junto com o "teste da fala". Uma vez estabelecida uma relação entre a freqüência cardíaca de exercício e essa avaliação subjetiva de esforço, o esforço percebido pode ser usado no lugar de, ou melhor ainda, em combinação com o monitoramento da freqüência cardíaca.

A *zona alvo de treinamento* baseada numa FCRes de 40 a 85% (equivalente a cerca de 50 a 90% da freqüência cardíaca máxima) corresponde à avaliação subjetiva de 3 a 7 na escala de esforço de 10 pontos (tabela 18.2). Uma avaliação de 3 a 7 classifica a intensidade do exercício como “moderada” a “muito difícil”. Geralmente, um esforço percebido de 3 a 7 para a maioria dos clientes de treinamento personalizado é seguro e eficaz. Intervalos anaeróbicos podem usar avaliações tão altas quanto de 7 a 10 (“muito difícil”, a “muito, muito difícil”).

À medida que o nível de condicionamento da cliente aumenta, a intensidade da atividade na qual ela está empenhada deve aumentar continuamente, se melhoras contínuas são esperadas. Nesse caso, após ocorrerem adaptações de treino, para se obter uma avaliação similar de esforço, será necessário um aumento na intensidade do exercício aeróbico. Se a intensidade for simplesmente mantida, em oposição a um aumento progressivo ao longo do tempo, terá início uma fase de manutenção.

Mesmo que sua cliente tenha uma avaliação subjetiva similar de esforço, a intensidade real do exercício necessário para se obter a mesma avaliação de esforço irá aumentar, à medida que seu condicionamento progride.

Escala de Esforço de 10 Pontos

A coluna de condicionamento cardiorrespiratório na tabela 18.2 mostra os níveis de

Tabela 18.2 Escala de esforço de 10 pontos

Condicionamento cardiorrespiratório	Avaliação numérica: 0 – 10	Sugestões de esforço do treinador
	0	
	0,5	Muito, muito fácil
	1	Muito fácil
Recuperação ou esforço de aquecimento	2	Relativamente fácil
Recuperação ou esforço de aquecimento	3	Moderado
Esforço aeróbico	4	Relativamente difícil
Esforço aeróbico	5	Difícil
	6	
Esforço anaeróbico	7	Muito difícil
Esforço anaeróbico	8	
Esforço anaeróbico	9	
Esforço anaeróbico	10	Muito, muito difícil

esforço recomendados para recuperação (2 – 3), treinamento aeróbico intervalado (4 – 6) e intervalos anaeróbicos (7 – 10). Essas avaliações, e suas associações com a avaliação numérica da escala de esforço de 10 pontos, são encontradas olhando-se a escala horizontalmente, de lado a lado. A última coluna, sugestões de esforço dadas pelo treinador, apresenta uma linguagem que pode ser mais prática para o treinador usar.

Terminologia do condicionamento intervalado

O condicionamento intervalado usa repetidamente *intervalos de esforço* cardiovascular (isto é, intervalos de treino), executados em intensidades acima daquelas às quais seu cliente está acostumado, como as que ocorrem durante o esforço em ritmo estável ou de treinamento contínuo. Para manter e repetir essas altas intensidades, os intervalos de esforço são seguidos por *intervalos de recuperação* cardiovascular – períodos de "descanso" que usam recuperação ativa de baixo nível e são executados em ritmo estável ou em intensidade inferior. Um intervalo de esforço seguido de um intervalo de recuperação é chamado de *ciclo*. Um ou mais ciclos podem ser chamados de repetições (intervalos de repetição).

Condicionamento intervalado aeróbico. Condicionamento intervalado "aeróbico" envolve os treinos logo abaixo, ou logo acima, ou no limiar anaeróbico ou IEM. Embora algum metabolismo anaeróbico ocorra para suprir a necessidade de energia nesse tipo de esforço, especialmente se acima do IEM, o esforço é predominantemente aeróbico.

Condicionamento intervalado anaeróbico. Por outro lado, condicionamento intervalado "anaeróbico" envolve um treinamento significativamente acima do limiar anaeróbico ou IEM e recuperação no, ou abaixo do, limiar anaeróbico ou IEM. Esse tipo de treinamento requer o predomínio do metabolismo energético anaeróbico.

Modelos de Treinamento Intervalado

O projeto do treinamento intervalado é parte arte, parte ciência. Você aprenderá muito através da experiência, de tentativa e erro, observando e registrando o que funciona. Mas você não poderá encontrar um melhor ponto de partida ou melhorar seu atual programa de treinamento intervalado, a não ser usando os conceitos de condicionamento intervalado de jogo de velocidade, intervalo de condicionamento e treinamento intervalado de *performance* e seus modelos associados. Eis o arranjo para as receitas desse treinamento intervalado.

Modelo de Jogo de Velocidade

Se seu cliente está em boa forma – ou não está em tão boa forma – ou nunca tentou treinamento intervalado, você pode querer começar com jogo de velocidade. É fácil experimentar com o jogo de velocidade e ajustar o treino aos níveis individuais de condicionamento. Nesse tipo de treinamento, seu cliente aumenta o esforço cardiovascular várias vezes, seguidas por momentos de recuperação adequada. Por exemplo, se sua cliente está correndo, andando de bicicleta ou caminhando ao ar livre, você pode fazê-la dar uma pequena acelerada até alcançar uma placa de 'pare' que está a algumas centenas de metros à frente. Esse esforço de 30 segundos mais ou menos é seguido por um tempo de descanso três vezes maior, ou 90 segundos de recuperação fácil. Você pode "jogar" quantas vezes quiser e sua cliente escolhe a intensidade. O jogo de velocidade funciona estando sua cliente altamente condicionada ou sem condicionamento, pois o treinador pode manter a intensidade do treino relativamente ao atual nível de condicionamento da cliente.

Modelo de Treinamento Intervalado para Condicionamento e Saúde

Intervalos de condicionamento e saúde têm uma ampla e clara aplicação a todos os clientes. Esse tipo de intervalo é mais estruturado que os intervalos do jogo de velocidade e pode ser executado usando os modelos aeróbico ou anaeróbico. O objetivo é treinar entre "relativamente difícil" e "muito difícil" na escala de avaliação de 10 pontos.

Modelo de condicionamento aeróbico

Durante o *intervalo de condicionamento aeróbico*, é usada uma proporção de 1:1 de esforço e recuperação, o que significa que há uma quantidade igual de esforço e recuperação em cada ciclo do intervalo. Com

Tabela 18.3 Modelo de condicionamento aeróbico

Proporção	**1:1 esforço para recuperação (proporção de treino para descanso)**
Duração	3 a 5 minutos para intervalo de esforço. 3 a 5 minutos para intervalo de recuperação. Os minutos de esforço e a recuperação podem variar de 3 a 5 minutos, desde que a proporção de 1:1 seja observada para cada ciclo.
Intensidade	Controlada pelo participante. Intervalos de esforço de 4 a 6 na escala de esforço de 10 pontos. Intervalos de recuperação de 2 a 3 na escala de esforço de 10 pontos.
Freqüência	O número de ciclos efetuados depende da disponibilidade de tempo e do nível de condicionamento do cliente e seus objetivos.

Tabela 18.4 Modelo de condicionamento anaeróbico

Proporção	**1:3 esforço para recuperação**
Duração	30 a 90 segundos de intervalo de esforço. 1,5 a 4,5 minutos para intervalo de recuperação. As durações de esforço e recuperação podem variar dentro dos parâmetros precedentes, desde que a proporção de 1:3 de esforço e recuperação seja observada para cada ciclo.
Intensidade	Controlada pelo participante. Intervalos de esforço: de 7 a 10 na escala de esforço de 10 pontos. Intervalos de recuperação: de 2 a 3 na escala de esforço de 10 pontos.
Freqüência	O número de ciclos efetuados depende da disponibilidade de tempo e do nível de condicionamento do cliente e seus objetivos.

essa proporção, um intervalo de um minuto de esforço será seguido por um intervalo de um minuto de recuperação. Geralmente, é melhor executar intervalos de esforço por uma duração de 2 a 3 minutos ou menos, e não exceder 5 minutos. Se o intervalo de esforço exceder 5 minutos você terá transitado para o treinamento em ritmo estável. A tabela 18.3 detalha o modelo aeróbico de condicionamento.

Pelo fato de seu cliente determinar o nível de esforço, que deve ser moderado (ritmo estável), não é necessário ter um alto nível de condicionamento para participar desses intervalos aeróbicos. Contudo, o modelo de intervalo de condicionamento anaeróbico, a seguir, supõe um nível de condicionamento de moderado a alto.

Tabela 18.5 Modelo de *performance* aeróbica

Proporção	**1:1 esforço e recuperação**
Duração	3 a 5 minutos de intervalo de esforço. 3 a 5 minutos para intervalo de recuperação. As durações de esforço e recuperação podem variar dentro dos parâmetros precedentes, desde que a proporção de 1:1 de esforço e recuperação seja observada para cada ciclo.
Intensidade	Intervalos de esforço: de 80 a 85% da FCRes (de 4 a 6 na escala de esforço de 10 pontos). Intervalo de recuperação: de 2 a 3 na escala de esforço de 10 pontos.
Freqüência	O número de ciclos efetuados depende da disponibilidade de tempo e do nível de condicionamento do cliente e seus objetivos.

Tabela 18.6 Modelo 1 de performance anaeróbica

Proporção	**1:3 esforço e recuperação**
Duração	30 a 90 segundos de intervalo de esforço. 1,5 a 4,5 minutos de intervalo de recuperação. A duração de esforço e recuperação pode variar dentro dos parâmetros anteriores, desde que a proporção de 1:3 de esforço e recuperação seja observada para cada ciclo.
Intensidade	Intervalos de esforço: de 85 a 90% da FCRes (de 5 a 8 na escala de esforço de 10 pontos). Intervalos de recuperação: de 2 a 3 na escala de esforço de 10 pontos.
Freqüência	O número de ciclos efetuados depende da disponibilidade de tempo e do nível de condicionamento do cliente e seus objetivos.

Tabela 18.7 Modelo 2 de performance anaeróbica

Proporção	1:2 esforço e recuperação
Duração	30 a 90 segundos de intervalo de esforço. 1 a 3 minutos de intervalo de recuperação. A duração de esforço e recuperação pode variar dentro dos parâmetros anteriores, desde que a proporção de 1:2 de esforço e recuperação seja observada para cada ciclo.
Intensidade	Intervalos de esforço: maior que 90% da FCRes (8 a 10 na escala de esforço de 10 pontos). Intervalos de recuperação: de 2 a 3 na escala de esforço de 10 pontos.
Freqüência	O número de ciclos efetuados depende da disponibilidade de tempo e do nível de condicionamento do cliente e seus objetivos.

Modelo de condicionamento anaeróbico

Durante os *intervalos de condicionamento anaeróbico*, é usada uma proporção de 1:3 de esforço e recuperação. Com essa proporção, um intervalo de um minuto de esforço será seguido por um de três minutos de recuperação. Geralmente, é melhor executar intervalos de esforço anaeróbicos por uma duração de 90 segundos ou menos. Se os intervalos de esforço forem executados com a intensidade apropriada, uma duração de 90 segundos ou menos garante que o sistema anaeróbico receba um estímulo de condicionamento. A tabela 18.4 detalha o modelo de condicionamento anaeróbico. Durante a recuperação, seu cliente deve atingir um nível no qual se sinta "calmo" antes de iniciar outro intervalo.

Em qualquer um dos modelos, a intensidade é determinada, em última análise, pelo cliente, mas ele é encorajado a aumentar seu nível de esforço para que esse corresponda à avaliação de esforço percebido ou freqüência cardíaca recomendadas. A percepção de cada cliente será diferente, mas o objetivo final é trabalhar o intervalo num nível de esforço maior do que o que o cliente normalmente faria e que corresponda às avaliações descritas (isto é, "moderado", "relativamente difícil" para "difícil").

Modelo de Treinamento Intervalado de *Performance*

Um de seus clientes pode ser um triatleta competidor, marchador ou corredor que deseja aumentar sua velocidade. Ou você pode ter um cliente que está maravilhosamente condicionado, mas um pouco entediado, procurando por um desafio e mais resultados, e quer levar seu condicionamento cardiovascular ao nível seguinte. Intervalos de *performance* são uma excelente técnica de treinamento para melhorar o condicionamento cardiovascular e o desempenho.

As fórmulas mais estruturadas de intervalo, esses modelos específicos de intervalo de *performance*, servem como exemplos do clássico treinamento intervalado de desempenho de alta intensidade. Antes de avançar para esses modelos, certifique-se de que seu cliente esteja altamente condicionado, adequadamente motivado e pronto para treinar num ambiente estruturado e fisicamente intenso do treinamento intervalado de *performance*.

Os três modelos de intervalo de *performance* que seguem supõem um alto nível de condicionamento (tabelas 18.5 a 18.7). Intensidade, duração e freqüência são fixadas de acordo com os objetivos específicos de *performance*. Use a percepção de esforço e a freqüência cardíaca para monitorar os intervalos de esforço e a recuperação; monitore a freqüência cardíaca por meio de um monitor sem fio. Observe que há dois modelos de intervalo de performance anaeróbico. O segundo continua desafiando o cliente à medida que seu condicionamento cardiovascular progride. O modelo 2 não apenas aumenta a intensidade dos exercícios, mas diminui, simultaneamente, o tempo de recuperação, o que faz o intervalo ser muito desafiador.

Recuperação após Condicionamento Intervalado de Esforço

O condicionamento intervalado anaeróbico é executado às custas do aumento de ácido lático nos músculos exercitados e no sangue. O tempo necessário para se recuperar de intervalos anaeróbicos é determinado pelas proporções de duração de esforço e recuperação e do objetivo do treinamento (às vezes, a recuperação é deliberadamente encurtada para se aumentar a intensidade total de uma série de intervalos).

A recuperação de duração e intensidade adequadas após um intervalo de esforço anaeróbico é decisiva. É durante a recuperação que muitas adaptações específicas ao treinamento ocorrem. Em outras palavras, os inúmeros benefícios e resultados de treino que você ganha do treinamento intervalado vêm durante a recuperação. Não a diminua. Ela é tão importante quanto o esforço!

Além disso, a recuperação ativa ajuda a acelerar a recuperação. Durante a *recuperação ativa*, são realizados exercícios abaixo da máxima (geralmente em ritmo estável ou inferior) na crença de que este movimento contínuo evitará câimbras e rigidez muscular e facilitará o processo de recuperação.

A remoção de acido lático é acelerada pelos exercícios de recuperação ativa, claramente mais eficiente na facilitação de remoção de acido lático, se comparado com a recuperação passiva (i. e., ficar deitado). Exercícios aeróbicos calmos podem facilitar a remoção de acido lático por causa do aumento de fluxo sangüíneo. O aumento da disponibilidade de fluxo sangüíneo e oxigênio para o músculo, em níveis moderados de exercício, permite que o ácido lático seja usado pelo músculo (veja capítulo 15).

Usando Treino Intervalado para Maximizar Mobilização de Gordura e Gasto Calórico

Há muita confusão em torno das idéias de "queima de gordura" *versus* "queima de carboidrato". Seu cliente deve diminuir a velocidade, treinar por mais tempo ou mais pesado para queimar gordura? Vamos esclarecer alguns mitos sobre gordura.

Muitas pessoas foram levadas a acreditar, por engano, que é necessário se exercitar por pelo menos 20 minutos e trabalhar num exercício de baixa intensidade para usar a gordura. Primeiro, vamos dissipar o mito dos 20 minutos.

Mesmo quando você está deitado de costas, as calorias que você queima vêm tanto da gordura como do carboidrato. Você está muito "aeróbico" em descanso e usa a gordura. Não é necessário se exercitar por, no mínimo, 20 minutos para começar a usar a gordura como energia (Seu cliente não deve ser desencorajado se não agüentar 20 minutos. Alguma coisa é melhor do que nada e, à

Tabela 18.8 Uso da Gordura

Intensidade do exercício	Menos intenso: 30 minutos de exercício a 50% da freqüência cardíaca de reserva	Mais intenso: 30 minutos de exercício a 75% da freqüência cardíaca de reserva
Resultado	Mais gordura queimada, cerca de 50% da gordura por caloria	Menos gordura queimada, cerca de 40% da gordura por caloria
Calorias totais usadas	225	315
Total de calorias gordas usadas	113	126

medida que ele ficar mais forte, ele poderá finalmente estender a duração.).

Você queima mais gordura quando vai devagar? A resposta é sim e não; mas, na maioria das vezes, não. É verdade que, se você treinar mais intensamente, queima um pouco menos gordura por caloria e, contrariamente, ir mais devagar queima mais gordura por caloria. Isso parece justificar a idéia de que, à medida que o exercício se torna mais difícil, menos gorduras totais são queimadas. Mas essa informação, na verdade, justifica o fato de que apenas menos gordura é queimada por uma única caloria. Eis o resto da história. Aumentar o ritmo queima mais calorias totais e mais calorias gordas. Por quê? Porque, ao final de um exercício mais intenso, você respira mais oxigênio, e cada litro de oxigênio que entra queima cinco calorias, o que significa que você queimará mais calorias e gordura por tempo de exercício se você se exercitar mais intensamente. A tabela 18.8 mostra como seria essa relação.

Os dados mostram convincentemente que para um dado período (30 minutos nesse exemplo), o ritmo mais intenso dos exercícios queima mais gorduras totais e calorias, comparado com uma intensidade menor que queima mais gordura por uma única caloria (Stanforth e Buono, 1989).

Melhor Nível de Esforço para Mobilização de Gordura e Perda de Peso

A discussão de "queima" de gordura e perda de peso chega a quatro pontos-chave:

1. Não diminua ou mude a intensidade do exercício se você puder manter o ritmo pelo tempo que quiser se exercitar. Exercitar-se o mais intensamente possível, com conforto, irá otimizar o uso de gorduras e calorias totais. Esse tipo de treinamento aeróbico contínuo também pode ser alternado com treinamento aeróbico de baixo nível. Ambos o ajudam a mobilizar gordura.

2. Se o exercício é muito difícil ou limita o tempo que você gostaria de se exercitar ou o número de intervalos que você deveria fazer, então faz sentido diminuir a intensidade e treinar por mais tempo.

3. Treinar aerobica e anaerobicamente é necessário para otimizar sua capacidade de mobilizar gordura. O treinamento aeróbico tem impacto fisiológico diferente daquele do treinamento anaeróbico, com relação à otimi-

zação da queima de gordura e caloria. É por isso que você deve treinar ambos.

4. Muitos especialistas acreditam que a chave para perder peso é o número de calorias totais que você gasta durante o exercício. Não parece ser importante se você está queimando gordura ou carboidrato, logo seus clientes não têm de se preocupar se estão queimando gordura ou não.

Por que Treinamento Intervalado Maximiza o Gasto Calórico

Muitos treinos tradicionais são projetados para se ajustarem a um treinamento cardiovascular contínuo de 35 a 45 minutos. Se o objetivo de sua cliente é perder peso, seria melhor ela treinar em 80% de seu VO_2máx ou FCRes. Contudo, mesmo que 80% de FCRes maximize a utilização de gordura e caloria comparado com um nível menor de intensidade, é um treino muito mais difícil do que um em baixa porcentagem de FCRes.

Um nível de esforço mais realista seria cerca de 70% de FCRes, se a cliente tem um condicionamento razoável. É mais provável que se mantenha esse nível de intensidade por 30 a 45 minutos, e esse nível de esforço ainda usa grande quantidade de calorias.

Mas se a cliente tem dificuldade em manter níveis altos, ou até mesmo moderados, de esforço cardiovascular contínuo, o condicionamento intervalado permite que ela acumule mais exercícios no total, executados em intensidades mais altas e doses toleráveis de duração. Para muitos clientes é muito mais fácil resistir a treinos relativamente curtos de maior intensidade. E esses níveis mais altos de intensidade acabam permitindo que seus clientes treinem em níveis mais altos de esforço com relativo conforto. Antes, esse mesmo esforço teria esgotado alguns deles rapidamente.

Se seu cliente está fora de forma, ele deve, provavelmente, exercitar-se num nível de intensidade que ele possa manter para otimizar a queima de gordura e caloria. Prepare a base de condicionamento do cliente com níveis moderados de esforço que durem três ou mais minutos e, então, preocupe-se em otimizar a intensidade do treino dele enquanto ele se torna mais condicionado. À medida que melhora o condicionamento, encoraje-o a treinar em intervalos viáveis de esforço, de intensidade um pouco mais alta do que aquela à qual ele está acostumado, juntamente com seu treinamento aeróbico regular.

Diretrizes para Executar Intervalos Segura e Eficazmente

1. Como em qualquer tipo de atividade física, comece os intervalos com um aquecimento de, no mínimo, 5 a 10 minutos, e termine com uma volta à calma de, no mínimo, 5 minutos. Após a volta à calma, seu cliente deve se sentir como se a sua freqüência cardíaca e a respiração tivessem voltado a níveis anteriores aos exercícios.

2. Se o cliente se sente preparado para o próximo intervalo, então, comece. Se ele precisar de mais tempo para se recuperar, permita-lhe o tempo necessário. Lembre-se: o bom senso sempre manda. Mantenha o treinamento intervalado divertido, desafiador e de acordo com os objetivos de treinamento do seu cliente.

3. Clientes que estão começando ou fora de forma não devem participar de condicionamento intervalado que exija um nível de esforço avaliado em 7 a 10 ("muito difícil" a "muito, muito difícil").

4. Monitore cuidadosamente o nível de esforço do seu cliente. Exaustão não é o objetivo. O treinamento intervalado deve ser agradável e, embora desafiador, não deve produzir uma exaustão prolongada ou uma experiência negativa.

5. Deixe o cliente controlar a intensidade do intervalo, embora você possa encorajar o cliente a se exercitar além de sua zona de conforto.

6. Os exercícios de treinamento intervalado que repetem cerca de 10 a 12 esforços anaeróbicos devem ser usados apenas uma ou duas vezes por semana. Monitore os treinos de seus clientes e certifique-se de que eles estão se recuperando adequadamente para evitar excesso de treinamento.

O Melhor Exercício Aeróbico

Não existe uma atividade cardiovascular melhor do que a outra! Controlar a intensidade, freqüência e duração da participação de seu cliente numa atividade aeróbica determina a sua eficácia, ou a falta dela. E é claro, seu cliente tem de gostar do que está fazendo. Esses são os principais ingredientes que determinam a eficácia de qualquer atividade cardiovascular.

Escolha o tipo de atividade aeróbica certa para seu cliente, ajudando-o a identificar um exercício a que ele se apegue e se veja praticando o resto de sua vida. Se você puder ajudar seu cliente a descobrir uma atividade aeróbica que ele, provavelmente, fará com regularidade, então, você encontrou a "melhor" atividade cardiovascular. Geralmente, o melhor exercício aeróbico não será uma, mas várias atividades que são divertidas, fazem bem para o corpo de seu cliente e mantêm sua mente reanimada e os resultados se desenvolvendo.

Quando os níveis de condicionamento cardiovascular melhoram, os objetivos mudam ou os interesses de seu cliente variam, você pode usar qualquer atividade rítmica, envolvendo grandes grupamentos musculares, para manter seu programa em andamento. A seleção final depende da atividade cardiovascular "servir" ao cliente e de ele estar motivado a continuar e ficar com ela. Excelentes atividades cardiovasculares incluem, sem restrições, caminhada, natação, hidroginástica, trote, corrida, esqui, *cross-country*, patinação in-line, treino de movimento lateral (*slide*), ciclismo, ciclismo de montanha (*mountain bike*) e treinamento de *step*.

Como em todas as escolhas do programa, não seja indiferente às caracteríticas individuais do seu cliente e àquilo que o move. Encontre uma atividade que ele ame, pela qual espere e seja apaixonado, e da qual goste de verdade. Como um time, se você escolher as atividades certas, nenhum de vocês irá querer perder um treino. Como treinador, você sabe que está no caminho certo quando seu cliente resguarda o seu tempo de exercício com vigor!

O treinamento cardiovascular não precisa ser chato ou repetitivo ou levar a lesões por uso excessivo. Você pode manter os clientes mental e fisicamente reanimados, usando várias atividades cardiovasculares e periodizando o programa. Escolhendo treinos que melhoram os sistemas energéticos tanto o aeróbico como o anaeróbico, você pode manter o condicionamento cardiorrespiratório interessante, direcionado para resultados, independente dos objetivos de seu cliente e do nível atual de condicionamento!

Condicionamento Cardiorrespiratório: sugestão de leitura

Se você quiser ler mais do que as obras citadas neste capítulo, dê uma olhada no que segue:

Anderson, O. Understanding the 10K. *Running Research News (RRN)* 5(6). p.1-6, 1989.

Barstow, T. Characterization of VO_2 Kinetics During Heavy Exercise. *Medicine and Science in Sports and Exercise* 26(11). p.1327-34, 1994.

Borg, G. Psychological Bases of Perceived Exertion. *Medicine and Science in Sports Exercise* 14. p.377-87, 1982.

Bouchard, C. et al. Genetics of Aerobic and Anaerobic Performances. *Exercise and Sport Science Reviews* 20. p.27-58, 1992.

Brooks, D. Your Client's First 10K and Beyond. *IDEA Personal Trainer Magazine* (setembro). p.13-18, 1994.

Brooks, D. Timing Fitness (Periodization). *IDEA Personal Trainer Magazine* (junho). p.20-26, 1995b

BROOKS, D. *Program Design for Personal Trainers – Bridging Theory into Application*. Mammoth Lakes, CA : Moves International, 1997.

BROOKS, D. Winter Sports Conditioning . *IDEA Personal Trainer* (junho). p.26-36, 1998.

BROOKS, D.*Your Personal Trainer*. Champaign, IL : Human Kinetics, 1999.

BROOKS, D. ET AL. *Reebok Interval Program Manual*. Stoughton, MA : Reebok International, 1995b

BROOKS, G. A. The Lactate Shuttle During Exercise and Recovery. *Medicine and Science in Sports and Exercise* 18 (3). p.360-8, 1986.

DANIELS, J. Making the Most of Your Available Training Time. *Running Research News* 8 (5). p.1-4, 1992.

EBBELING, C. B. ; WARD ; RIPPE, J. M. *Comparison Between Palpated Heart Rates and Heart Rates Observed Using the Polar Favor Heart Rate Monitor During an Aerobics Exercise Class*. Worcester, MA : Exercise Physiology and Nutrition Laboratory, University of Massachusetts Medical School, 1991.

GAESSER, G. Influence of Endurance Training and Catecholamines on Exercise VO_2 Response. *Medicine and Science in Sports and Exercise* 26 (11). p.1341-46, 1994.

GREGORY, L. W. The Development of Aerobic Capacity : A Comparison of Continuous and Interval Training. *Research Quarterly* 50. p.199-206, 1979.

HASKELL, W. L. Health Consequences of Physical Activity : Understanding and Challenges Regarding Dose-Response. *Medicine and Science in Sports and Exercise* 26. p.649-60, 1994.

JANSEN, P. *Training Lactate Pulse Rate*. 5ed. Finlândia : Polar Electro Oy. Oy Liitto Oulu, 1987.

KAMINSKY, L. ; MITCHELL, W. Effect of Interval-Type Exercise on Excess Postexercise Oxygen Consumption (EPOC) in Obese and Normal-Weight Women. *Medicine, Exercise, Nutrition, and Health* 2. p.106-11, 1993.

LAFORGE, R. ; KOSICH, D. Interval Exercise. *IDEA Personal Trainer Magazine* (nov/dez). p.18-24, 1994.

LAMB, D. *Physiology of Exercise : Responses and Adaptations*. New York : Macmillan, 1984.

MYERS, J. ET AL. Increase in Blood Lactate During Ramp Exercise : Comparison of Continuous and Threshold Models. *Medicine and Scince in Sports and Exercise* 26 (11). p.1413-19, 1994.

PLISK, S. S. Anaerobic Metabolic Conditioning : A Brief Review of Theory, Strategy and Practical Application. *Journal of Applied Sport Science Research* 5 (1). p.22-34, 1991.

POOLE, D. Role of Exercising Muscle in Slow Component of VO_2. *Medicine and Science in Sports and Exercise* 26 (11). p.1335-40, 1994.

POOLE, D. ET AL. VO_2 Slow Component : Physiological and Functional Significance. *Medicine and Science in Sports and Exercise* 26 (11). p.1354-8, 1994.

RONTOYANNIS, G. P. Lactate Elimination From the Blood During Active Recovery. *Journal of Sports Medicine and Physical Fitness* 28. p.115-23, 1988.

SHEPHARD, R.; ASTRAND, P. O. (Eds.) *Endurance in Sport*. Boston: Blackwell Scientific, 1992.

SLEAMAKER, R.; BROWNING, R. *Serious Training for Endurance Athletes*. 2.ed. Champaign, IL: Human Kinetics, 1996.

TREMBLAY, A.; SIMONEAU, J. A.; BOUCHARD, C. Impact of Exercise Intensity on Body Fatness and Skeletal Muscle Metabolism. *Metabolism* 43 (7, julho). p.814-8, 1994.

WELLS, C.; PATE, R. (1988) Training for Performance of Prolonged Exercise. In : Lamb, D; Murray, R. (Eds.) *Prolonged Exercise*, v.1, Indianapolis, IN: Benchmark Press, 1988.

WHIPP, B. The Slow Component of O_2 Uptake Kinetics During Heavy Exercise. *Medicine and Science in Sports and Exercise* 26 (11). p.1319-26, 1994.

WILLIS, W.; JACKMAN, M. (1994) Mitochonddrial Function During Heavy Exercise. *Medicine and Science in Sports and Exercise* 26 (11). p.1347-54, 1994.

WILMORE, J. H.; COSTILL, D. L. *Training for Sport and Activity*. Dubuque, IA: Brown, 1988.

Capítulo 19

PROGRAMAÇÃO DE TREINAMENTO DE RESISTÊNCIA: UMA ABORDAGEM BALANCEADA

Após a leitura deste capítulo, você nunca mais se confundirá com termos como *tônus muscular, modelagem física* ou *levantamento de peso para definir musculatura*. Você saberá se o uso de equipamento especial pode desenvolver "músculos alongados e definidos" e as diferenças entre resistência e força musculares. Saberá também como elaborar programas eficientes de treinamento de força ou poderá seguir os apresentados, para ajudar seus clientes a alcançarem os objetivos do treinamento de força.

Treinamento de Resistência: O Que É e O Que Não É

Qual é a diferença entre treinamento de resistência, treinamento de força, levantamento de peso, treinamento de peso, halterofilismo, puxar ferro? Não é de se admirar que todo mundo esteja confuso. Na realidade, não há diferença. Escolha o termo favorito e mantenha-o (se você quer impressionar seus clientes e amigos, ou confundi-los, use todos).

Qualquer treinamento contra resistência - por exemplo, levantar um halter ou um peso na mão várias vezes ou puxar bandas elásticas - é comumente citado como treinamento de resistência. A expressão *treinamento de resistência,* de grande abrangência, é usada para designar todos os tipos de treinamento de força ou peso.

O treinamento de resistência inclui pesos livres (halteres, barras com anilhas, pesos e anilhas/pesos livres), bandas elásticas, equipamentos de força ou até mesmo o peso do próprio corpo do seu cliente (por exemplo, quando ele faz flexão de braço).

Eu me refiro a treinamento de resistência e de força na maior parte do tempo, mas, independente disso, sei que você não se confundirá de novo com essa coleção de terminologias que se referem ao treinamento de resistência!

Pondo de Lado os Mitos do Treinamento de Força

Concepções errôneas sobre o treinamento de força são abundantes. Todos têm alguma idéia do que pensam que acontece quando os pesos são levantados. Mas essas impressões são corretas? Nas seções seguintes, responderei a algumas perguntas comuns que os clientes fazem a respeito de treinamento de força. São respostas diretas, numa linguagem amigável, que você poderá passar para seus clientes quando se deparar com um desses mitos duradouros.

Terei Músculos Grandes e Volumosos se Fizer Treinamento de Força?

Talvez sim, talvez não! Na puberdade (por volta dos 12 aos 14 anos), meninos e meninas estão em níveis similares de força. Os meninos adquirem vantagem quando entram na puberdade porque seus corpos começam a produção acelerada da testosterona, hormônio predominantemente masculino. Os homens possuem níveis de testosterona de 10 a 30 vezes mais altos do que as mulheres, o que torna mais fácil para eles um maio desenvolvimento de músculos. Embora algumas mulheres possuam altos níveis desse hormônio, a maioria não possui, o que explica, em parte, porque você vê um número menor de mulheres conseguindo desenvolver músculos avantajados.

O sexo, porém, é apenas um elemento que determina o tamanho dos músculos. Drogas ilegais e genética são os outros dois fatores. Muitos dos homens e mulheres acima do tamanho normal, que aparecem em exibições, estão usando drogas que lhes permitem desenvolver aquele físico, que faz você se perguntar se eles não teriam vindo de um outro planeta. Isso não é natural, seguro, ético e nem normal!

O tipo e a quantidade de músculo que sua cliente tem, junto com o tipo de corpo (i. e., esbelto, roliço, forte ou corpulento), são determinados pela mãe e pelo pai. Portanto, deixe claro para seus clientes que eles deveriam ter escolhido seus pais com mais cuidado! Em outras palavras, a genética da sua cliente influencia muito os resultados que ela obterá de qualquer tipo de programa de treinamento de força. Por exemplo, se ela tem um corpo pequeno, magro, mas resistente, verá um bom desenvolvimento de força, mas, provavelmente, nunca ficará inchada de músculos.

É Mais Fácil para Algumas Pessoas Desenvolverem Músculos e Ficarem Mais Forte?

Sim. Algumas pessoas são geneticamente privilegiadas no que diz respeito ao desenvolvimento de força e músculos. Duas pessoas do mesmo sexo e tipos de corpo semelhantes podem participar de um programa exatamente igual e terminar com resultados completamente diferentes. Às vezes, não parece muito justo quando dois clientes investem o mesmo esforço e tempo, e um parece obter resultados melhores. Mas isso é o que eu chamo de "fator realidade". Cientistas o chamam de "resposta individual". Duas pessoas nunca responderão exatamente da mesma forma a um dado programa.

Aqui está uma forma positiva de contemplar a resposta individual. Diga aos seus clientes: "Não se compare aos outros. Olhe para onde você começou e o quanto já conseguiu em termos de aptidão. Você pode melhorar em comparação com o seu início. Portanto, mantenha o seu foco nos progressos pessoais".

Como os limites externos da aptidão pessoal são geneticamente determinados (você não tem poder, embora quisesse parecer o Rambo), há muita verdade na afirmação "Campeões já nascem feitos." Felizmente, a saúde e a aptidão pessoal do seu cliente nada têm a ver com ser "perfeito de corpo".

Algumas Máquinas ou Equipamentos de Peso Desenvolvem Músculos Alongados e Definidos?

Não! A alegação de que alguns equipamentos permitem aos usuários o desenvolvimento de músculos alongados e definidos está tão longe da verdade que é difícil de imaginar de onde ela surgiu. A genética – não importa quanto treinamento contra resistência e quantas vezes você treina – é a maior colaboradora do desenvolvimento dos seus músculos.

Quanto Tempo até me Sentir Mais Forte e Ver Mudanças?

Homens e mulheres de todas as idades (mesmo os jovens de 70, 80 e 90 anos) podem aumentar as suas forças em mais de 50%, apenas dois meses após o início de um programa de treinamento de força. Se você continuar treinando, poderá duplicar, ou mesmo triplicar, a sua força.

Muitas pessoas que começam levantando pesos sentem mudanças imediatas em termos de equilíbrio, coordenação e força. Tecnicamente falando, o desenvolvimento inicial da força, nas primeiras quatro ou seis semanas do seu programa de força, acontece porque você fica mais habilidoso. Isso significa que você está aprendendo a levantar melhor. Durante essas primeiras semanas, também ocorrem mudanças no seu sistema nervoso que o ajudam a usar os músculos que estavam "dormindo" antes de você começar a levantar peso. Essa é uma chamada para despertar o músculo que estava inativo antes de você começar um programa de força.

Mudanças físicas no músculo começam umas seis semanas depois. Isso é chamado de hipertrofia, que significa aumento de tamanho no músculo. A maioria das pessoas acredita que músculos volumosos são músculos fortes. Até certo ponto, isso é verdade. Lembre-se, porém, que você pode ficar forte sem ver seus músculos se alterarem. E músculos enormes não necessariamente significam realizar bem as tarefas diárias quem envolvem coordenação e equilíbrio. Não avalie a força muscular pelo tamanho apenas! Você deve perguntar: "É uma força utilizável?".

O Que Acontece com Meus Músculos Quando Eu Ficar Mais Forte?

Como já foi mencionado, a maioria (quase 80%) da força obtida provém dos seus nervos que têm a capacidade de reanimar fibras musculares inativas para se contraírem e moverem o corpo. Os outros 20% mais ou menos provêm dos seus músculos que estão ficando maiores (hipertrofia). O papel que os seus nervos desempenham explica porque algumas pessoas continuam ficando mais fortes sem aumentar o tamanho dos músculos.

Que tal aumentar de volume? Honestamente, a maioria das pessoas tem dificuldade em aumentar o volume dos músculos. Certos tipos de corpo têm maior probabilidade de desenvolver músculos do que outros. Por exemplo, se você é magro (todos o chamavam de "palito" durante anos), há uma boa chance de não desenvolver grandes músculos mesmo que você fique mais forte e "definido" e melhore seu desempenho na corrida. Se o seu apelido era "armário" por mais tempo do que você gosta de lembrar, você é um bom candidato para o fisiculturismo, mas não se esqueça do treinamento cardiovascular e desenvolvimento de um coração forte e sadio.

Além disso, nada de positivo vai acontecer aos seus músculos se você não usar peso ou resistência suficientes, em forma de bandas elásticas, peso corporal, equipamentos ou halteres. O tamanho do músculo e a força aumentarão pouco se você usar pesos leves e muitas repetições. Leia mais sobre o assunto mais adiante. Por outro lado, se você não fizer treinamento de força, seus músculos encolherão. Isso se chama atrofia. Você já ouviu isso: use-o ou perca-o!

Como Consigo Definir os Músculos?

A escolha dos pais pode bem ser o passo mais importante para ficar "definido" ou "talhado"! A genética, que você herdou no nascimento, determina o seu tipo de corpo. Entretanto, os dois passos que você pode dar para influenciar a definição de músculos são diminuir gordura e treinar força.

Meus Músculos Transformam-se em Gordura Se Eu Parar o Treinamento de Força?

Não, não, não, não! Na lâmina de um microscópio, a gordura parece um cereal em forma de favo e o músculo parece um feixe de palha. A questão: eles são diferentes um do outro.

Essa concepção errônea de que um músculo pode se transformar em gordura deve ter surgido porque muitos atletas supertreinados ficam gordos depois que suas carreiras esportivas terminam. A dedução lógica diz: "Ele era só músculo, nenhuma gordura; agora que parou de treinar, o músculo virou angu.". Aqui está o retrato real. O atleta parou de treinar, os músculos encolheram e o profissional aposentado continuou a ingerir o mesmo número de calorias que ingeria quando competia. O resultado é que os músculos são história, calorias extra são armazenadas como gordura e o antigo atleta continua ganhando peso.

Treinamento de Força Diminui Gordura Localizada do Meu Corpo?

Diminuição de gordura localizada não é possível. Treinamento de força ou qualquer exercício nada tem a ver com a diminuição de gordura localizada ou com a propriedade de diminuir gordura seletivamente, numa área específica do corpo por meio de movimentos repetidos. Você perde gordura quando queima mais calorias do que ingere. Isso pode ser conseguido praticando-se exercícios (treinamento cardiovascular e de força) e uma redução moderada de caloria. Ainda que você possa mastigar o controle remoto da sua TV ou mascar chiclete furiosamente, isso não reduz papadas ou queixos duplos. Diminuir gordura localizada é bom demais para ser verdade porque não é verdade!

Devo Ficar em Forma Antes de Começar Levantamento de Pesos?

Não! Essa questão é um dos maiores equívocos e desencoraja muitas pessoas que deveriam levantar pesos. Pessoas que estão com excesso de gordura começam um programa de treinamento de força antes de exercícios aeróbicos. Por quê? O aumento da força ajuda a proteger as articulações contra lesões e melhora a atividade aeróbica que exige uma força corporal inferior. Levantamento de pesos é não-impactante e o aumento muscular obtido com os exercícios ajuda a queimar mais calorias, perder peso e melhorar o metabolismo. Além disso, deixa você motivado porque é muito mais divertido e interessante do que correr quilômetros numa esteira.

Preciso Passar Horas no Treinamento de Força para Obter Resultados?

Não é condição essencial que você se condene a passar de quatro a seis horas na academia, trabalhando com pesos, divorcie-se do cônjuge e se esqueça dos filhos para obter benefícios do treinamento de força. Aqui está um comprometimento mínimo: treine duas vezes por semana por aproximadamente 20 minutos. Agora, acabei de aposentar a sua última desculpa para não fazer treinamento de força: que você não tem tempo suficiente! Se você não está treinando, é hora de começar!

O Programa de Força de Uma Mulher Deve Diferir do de Um Homem?

Sim e não! Embora as mulheres sejam diferentes dos homens, muitos livros escritos para mulheres pressupõem que elas precisam treinar de forma diferente. Mulheres têm interesses diferentes e especiais, relacionados a coisas como biomecânica e influências hormonais, mas, ainda assim, deveriam seguir um programa de treinamento semelhante ao de um homem. Não muito tempo atrás, certos tipos de flexão de braço eram definidos como flexão de braço para "moças", e as normais, para "rapazes". E as mulheres não eram consideradas aptas a correr uma distância de maratona sem prejudicar seus corpos.

Nenhum fisiologista descobriu, até hoje, uma fibra muscular feminina ou masculina. E uma técnica correta não se altera entre os sexos!

Cada indivíduo tem características biomecânicas especiais e diferenças. Há simplesmente um modo correto de realizar os exercícios, independente do sexo. Quando as mulheres são incluídas nos mesmos programas de treinamento que os homens, elas ganham a mesma, se não maior, força e resistência muscular. Homens e mulheres são diferentes. Porém, com relação aos músculos, a qualidade das fibras musculares de uma mulher se equipara à das de um homem, embora ela possa ter menos (quantidade) fibra muscular e testosterona. Essas diferenças à parte, homens e mulheres não deveriam treinar de formas diferentes. Os objetivos pessoais e orientados para o esporte devem determinar como o indivíduo deve treinar, independente do sexo.

Elaborando o Programa de Força do Seu Cliente

Há, literalmente, centenas de programas de força que você poderia seguir. Alguns desses programas são, realmente, tão diferentes uns dos outros? São seguros e eficazes, e produzem resultados de forma eficiente? A resposta para as duas últimas perguntas é não e provavelmente não, respectivamente!

Programas variados de força estão englobados sob o termo *sistemas*. Um sistema é qualquer combinação de repetições (reps), número de séries e exercícios contra resistência (por exemplo, super-série, exercício composto, sistema piramidal são nomes variados de sistemas). Freqüentemente, a força propulsora de um sistema é algum tipo de publicidade exagerada que vende produtos ou serviços inúteis e, normalmente, não fica na moda muito tempo. Lembre-se: qualquer um pode dar nome a um sistema e popularizar uma abordagem imbecil do treinamento de força, que acabará por desgostar o profissional e, possivelmente, prejudicar e frustrar um cliente (Como você pode perceber, acredito firmemente nessa argumentação particular.). Alguns dos programas menos úteis levam nomes como "sistema de 100 reps" e "malhe até vomitar". Esses tipos de sistemas nada têm a ver com um treinamento sensato que seu cliente pode adotar e do qual ele pode obter resultados.

Não adote um programa ou sistema cegamente só porque ele foi usado por um atleta bem-sucedido que, por acaso, fazia treinamento de força. Não vá na onda porque todo mundo está fazendo isso. Certifique-se de que o sistema de treinamento que você escolher vá satisfazer as necessidades e as condições atuais do seu cliente.

Um acompanhamento é o que acredito ser necessário para que você tenha informações sobre o programa de treinamento de força do seu cliente e as questões que devem ser resolvidas. Fundamentado nesse conhecimento, você pode alcançar os objetivos do treinamento de força do seu cliente com segurança e no menor espaço de tempo.

Quantidade de Peso (ou Resistência)

Todos perguntam: "Que quantidade de peso minha cliente deve levantar?". A pergunta é errada, mas a idéia é certa! A chave não é a quantidade de peso, mas o número de repetições que ela realiza. Só o número de repetições? Sim, quase! Você deve fazer sua cliente treinar dentro de uma estrutura específica ou de um número de repetições, e exercitar o músculo até a fadiga.

Se seu cliente está apenas começando um programa de força, não teste a sua capacidade de levantar a maior quantidade de peso para um dado exercício. Isso é chamado de uma repetição máxima ou teste de 1 RM. Se o cliente está apenas começando, não o coloque numa situação de desempenho máximo de alto risco. Erre empregando peso de menos, em vez de peso demais, para determinar o ponto inicial. Por exemplo, se ele está fazendo mais repetições do que o proposto para os seus parâmetros, é fácil reduzir o número de repetições aumentando a resistência.

A carga inicial é determinada por uma resistência adequada que fatiga o músculo dentro do limite fixado para a meta de repetições.

Número de Repetições

"Rep" é gíria de academia para "repetição". Sua cliente completa uma rep de exercício de força quando ela retorna à posição inicial. Para saúde e aptidão física, a maioria dos clientes do treinamento personalizado deveria fazer de 6 a 20 reps até a fadiga.

Se sua cliente é iniciante no treinamento de força, ela poderia estar perguntando: "O que é fadiga?" (Pior, e mais assustador ainda, algumas pessoas se referem a ela como "deficiência muscular."). Fadiga, deficiência ou exaustão muscular significa que, em algum lugar entre as 6 e as 20 reps, sua cliente alcança o ponto em que ela não consegue fazer outra em boa forma. Isso não significa que você vá motivá-la ou pressioná-la psicologicamente para espremer a última repetição, porque você ouviu dizer que é a última que realmente conta!

Todo cliente deve treinar até a fadiga? Sei que essa é uma palavra um tanto ameaçadora, mas a resposta é sim... Todos. Se seu cliente está apenas começando ou fora de forma, o número de reps que ele deve completar deve ficar entre 15 e 20, mas é melhor conseguir uns 20 inicialmente. Esse número dará aos músculos, tendões e ligamentos do seu cliente a chance de ficar em forma e evitar que ele faça demais, depressa demais. Quando ele estiver treinando há quatro ou seis semanas com 15 a 20 reps, você poderá pretender de 12 a 15 reps para ver mudanças contínuas e significantes em força e volume muscular. Para maximizar o ganho na força e no volume muscular do seu cliente, diminua para 6 a 12 reps, após um progresso adequado. Isso significa que você terá de aumentar o peso que seu cliente está levantando, se você quiser que ele fique dentro do número inferior de reps. Depois que seu cliente tiver treinado consistentemente por cerca de seis meses, você, provavelmente, poderá começar a periodizar o programa dele para usar inteiramente a variação de repetições de 6 a 20. Os benefícios da força ocorrem nos limites inferior, médio e superior dessa variação de repetição. Não cometa o erro de fazer o seu cliente prosseguir para o limite inferior da variação e realizar todo o seu treinamento de força nesse limite!

Força muscular e condicionamento de resistência é um trabalho aeróbico que deve durar apenas de 30 a 90 segundos. Os músculos pretendidos devem chegar à fadiga ou deficiência dentro desse espaço de tempo (Dois minutos são o parâmetro exterior.). Geralmente, de 6 a 20 repetições (cerca de quatro a sete segundos por rep) realizadas de forma controlada se ajustarão a esse parâmetro de tempo e produzirão ganho muscular significativo. A tabela 19.1 resume as informações sobre reps e intensidade.

Voltemos à questão da quantidade de peso. É a questão errada! Selecione resistência suficiente para fatigar os músculos do seu cliente em um desses três grupos de repetições. Independente de o objetivo ser de 15 a 20, de 12 a 15 ou de 6 a 12 repetições, você verá que clientes com forças diferentes terão de treinar com quantidades diferentes de peso ou resistência para otimizar os seus resultados. Considere, por exemplo, dois clientes realizando rosca (bíceps) lado a lado. Embora os dois clientes se fatiguem com 15 repetições, um está usando um peso de 11,3 kg e o outro um peso de 3,5 kg. No entanto, ambos estão treinando num grau de esforço produtivo para eles e terão ganhos em força.

Você está vendo, então, que não é a quantidade de peso levantado num sentido absoluto. Ao contrário, a chave é a escolha da quantidade exata de resistência para que seu cliente se canse entre 6 e 20 repetições. À medida que seu cliente fica forte, o número de repetições não se altera (ou as variações das repetições), mas a quantidade de resistência deve aumentar se o cliente vai "fracassar" dentro do número desejado de repetições.

Número de Séries

Uma série é um número de repetições (por exemplo, de 6 a 20). Cada grupo de repetições (por exemplo, de 6 a 10, 8 a 12, 12 a 15 ou 15 a 20) para chegar à fadiga é uma série. Não siga a opinião geral, que diz que sua cliente deve fazer duas ou três séries, a não ser que ela já esteja treinando há algum tempo, buscando mais resultados e querendo investir mais tempo.

Estudos iniciais indicam que há pouca diferença entre treinamentos com uma, duas e três séries se você está destreinado (Brooks, 1997a). Qualquer aumento adicional em massa ou força muscular é mínimo para cada série realizada após a primeira. Participantes destreinados terão 80% de ganho, fazendo uma série de exercícios até a fadiga, para cada exercício realizado. Eles obteriam mais resultados se eles fizessem mais séries? Sim, mas é um caso de diminuição de retornos. Uma pesquisa mais recente (Rhea et al., 2002) parece provar que o treinamento de séries múltiplas é superior ao de uma série única em indivíduos que fazem treinamento recreacional, mas o treinamento de série única continua sendo uma excelente escolha para produzir, de forma eficiente, ganhos significativos de força em adultos destreinados. Em outras palavras, aumentos excelentes de força (treinamento de séries múltiplas) não poderão ser exigidos para satisfazer os objetivos do treinamento.

Finalmente (após cerca de 3 a 6 meses), sua cliente talvez precise dispor de mais tempo se ela quiser dar o passo seguinte no condicionamento de força. Mas, inicialmente, uma série de exercícios a deixará forte e lhe trará resultados excelentes, minimizando o tempo que ela terá de passar levantando peso.

Tabela 19.1 O que você precisa saber sobre repetições e intensidade

Número de repetições	O que você obtém!	Com que intensidade?	Quando?
15 – 20	Resistência, força, tônus muscular e benefício à saúde	Peso suficiente para causar fadiga muscular em 15 - 20 repetições	Primeiras 4 - 6 semanas, ou mais, de treinamento, quer o cliente esteja apenas começando, quer esteja fora de forma, independente de idade
12 – 15	Resistência, força, massa muscular e benefício à saúde	Peso suficiente para causar fadiga muscular em 12 - 15 repetições	Após, no mínimo, 4 - 6 semanas de treinamento em 15 - 20 repetições se você quiser progressão continuada no programa de força do cliente
6 – 12	Força e massa muscular (hipertrofia) e benefício à saúde	Peso suficiente para causar fadiga muscular em 6 -12 repetições	Após, no mínimo, 4 - 6 semanas de treinamento em 12 - 15 repetições até a fadiga para maximizar resposta de força e massa muscular

Freqüência dos Exercícios de Força

O cliente médio precisa treinar, no mínimo, duas vezes por semana com, pelo menos, um dia de descanso entre os exercícios de força. Isso é tudo de que ele realmente precisa se acabou de começar um programa de força! Novamente, pesquisas confirmam que treinar duas vezes por semana (com uma série até a fadiga, por exercício) proporciona à uma pessoa sem condicionamento cerca de 80% de ganho que ela teria em comparação com um treinamento de três vezes por semana (ACSM, 1995; Brooks, 1997a). Entretanto, após cerca de três a seis meses de um treinamento progressivo de força, seu cliente, provavelmente, precisará treinar três ou quatro vezes por semana para continuar a otimizar os ganhos de força. Por outro lado, é fácil manter os ganhos de força com apenas alguns treinos por semana, se a intensidade do treino for mantida regularmente.

Período de Tempo Entre os Treinos de Força

O espaço de um dia entre os treinos de força ainda faz sentido quando você está visando a todos os principais músculos. Se você usa rotina alternada por grupo muscular, dê ao grupo de músculos pelo menos um dia de recuperação antes de trabalhá-lo novamente. Recuperação adequada é essencial para evitar que sua cliente se machuque e permitir que seu corpo se recupere do treino. Embora ela possa gostar de desafios, seu corpo está pedindo uma chance para ficar mais forte. Se você forçar o corpo dela a se submeter, ela nunca obterá um resultado favorável do seu treinamento dedicado e árduo.

Número de Exercícios

Escolha, no mínimo, de 8 a 10 exercícios que atinjam todos os principais grupos musculares. Isso leva a um desenvolvimento equivalente em todos os músculos opostos. Se sua cliente faz apenas flexão de antebraço (bíceps) ou barra, essa abordagem desequilibrada vai afetar sua postura de forma negativa. Selecione mais exercícios se quiser, mas usando cerca de 10 exercícios, você realiza o treino e não leva muito tempo.

Duração do Treino

Se você seguir a minha recomendação de 6 a 20 repetições executadas até a fadiga, uma a duas séries de exercícios para cada grupo muscular importante do corpo (que pode ser conseguido se você, sabiamente, escolher de 8 a 10 exercícios), e sua cliente treina duas vezes por semana, apenas um investimento de 20 a 30 minutos para cada treino de força será necessário. Isso é algo a que qualquer cliente pode se adaptar, e não requer necessariamente mais sessões de treinamento.

Programas avançados de treinamento de força serão apresentados mais adiante neste capítulo. Entretanto, apresento aqui uma abordagem "minimalista" porque quero que você saiba que seus clientes não precisam fazer muito para obterem resultados fantásticos. É uma ótima idéia para corredores, triatletas ou mamães e papais ocupados, que gostariam de fazer treinamento de força, mas acham que não têm tempo. Se seus clientes ouviram falar que treinamento de força requer muito tempo e é difícil de fazer, eles andaram colhendo informações erradas!

Ordem dos Exercícios

Geralmente, é melhor fazer exercícios para grandes grupos musculares primeiro e, em seguida, para os menores. Por exemplo, trabalhe primeiro os quadris e a região glútea dos seus clientes, antes de trabalhar músculos menores, como os da região anterior e posterior das coxas, panturrilhas e canelas. Vá para o peito e as costas antes de cansar os ombros e os braços do seu cliente. Isso faz sentido porque, se as pequenas massas musculares não podem contribuir para um movimento, elas se tornam o elo fraco em um exercício que usa grandes grupos musculares ou movimentos multiarticulados. Se você fatigar os quadríceps (região ântero-superior das coxas) do seu cliente antes de ele realizar um agachamento ou avanço, é provável que os músculos da sua região glútea não sejam exercitados porque os quadríceps se cansarão bem antes dos músculos da região glútea. Além disso, há uma questão de segurança quando se realizam exercícios difíceis com músculos pré-fatigados. Normalmente, eu não faria meu cliente tentar um agachamento com peso depois de malhar os quadríceps com exercícios isolados.

Por outro lado, após sua cliente ter treinado vários meses, ela pode precisar treinar de forma variada, mesmo que sua abordagem seja oposta à lógica apresentada anteriormente. Um treinamento sempre igual limitará os resultados e poderá conduzir à lesão e fadiga. Uso o que chamo de *priorização* ou *sistema de prioridades*. Em outras palavras, treino primeiro o que estou enfatizando naquele dia. Por exemplo, se eu priorizo exercícios isolados de pequenos grupos musculares, evito movimentos complexos ou compostos que usem esses mesmos músculos.

Quando você passa um exercício corporal completo para o seu cliente (trabalhando todos os grupos musculares do corpo com 8 a 10 exercícios-chave), não importa com que grupo muscular você comece. A maioria dos meus clientes usa um exercício corporal completo no treinamento de força porque eles não têm tempo para seguir rotinas alternadas por grupo muscular, em que diferentes partes do corpo são enfocadas por quatro ou cinco dias. Durante o exercício corporal completo, você poderia, por exemplo, começar com exercícios para a parte inferior do corpo, depois para a parte superior e, a seguir, exercícios abdominais e dorsais. Na verdade, ir exercitando diferentes partes do corpo é uma boa idéia porque isso mantém sua cliente treinando, enquanto a parte do corpo que ela acabou de exercitar tem uma chance de se recuperar. Isso é chamado de "descanso ativo" e permite que sua cliente use eficazmente o tempo de recuperação entre as séries.

Descanso Entre as Séries

Se quiser terminar o treino de força de seu cliente num espaço de 20 a 30 minutos, você pode diminuir o tempo ocioso do descanso, como foi mencionado, mudando os exercícios da parte superior do corpo para a inferior e dos abdominais para os dorsais. A ordem em que você faz isso não é decisiva - o exercício está simplesmente mudando de uma parte do corpo para uma outra não-relacionada. Geralmente, um período de 30 segundos a dois minutos é recomendado para o cliente se recuperar de um exercício que ele acabou de fazer até a fadiga, se o seu objetivo é permitir a recuperação total antes de trabalhar essa área específica do corpo novamente. Se "pular" de um lugar para outro por todo o corpo, conforme vai trabalhando os músculos, você economiza tempo. A maioria dos seus clientes tem um tempo limitado dedicado aos exercícios. Logo, esse método permite que você maximize o tempo realmente gasto no treinamento.

Tudo que Você Precisa Saber sobre Repetições, Séries e Descanso entre as Séries

A tabela 19.2 mostra com detalhes os principais elementos que você precisa saber sobre repetições, séries e descanso entre as séries, assim como os resultados de força que o seu cliente pode esperar. Use-a para explicar o planejamento e a direção do seu treinamento. Observe que uma intensidade de 12 repetições ou maior equivale a menos que 70% de 1 RM (uma repetição máxima). Embora essa carga seja razoável pra produzir ganhos de força, ela não é tão intensa a ponto de colocar um praticante sem condicionamento em um risco maior de lesão. Pesquisas indicam que um levantamento de 10 RM equivale, aproximadamente, a 75% da capacidade máxima de levantamento de um cliente para qualquer carga. Uma intensidade de 6 a 10 RM parece ser necessária para otimizar força muscular e ganhos de hipertrofia, mas seu cliente deve evoluir para essas porcentagens mais altas de 1 RM progressivamente. Considere que muitos de seus clientes não irão descrever um objetivo que irá otimizar realisticamente os ganhos de força. A otimização de ganhos de força exige um treino árduo e um investimento significativamente maior de tempo. Esteja atento aos objetivos, interesses e desejos do cliente quando estiver desenvolvendo o programa de treinamento.

Aumentando o Peso

Quando a sua cliente conseguir completar, facilmente, mais repetições do que as atribuídas, é hora de aumentar a aposta! Acrescente carga suficiente para que ela volte para o grupo de repetição na qual estava trabalhando, mas não acrescente tanto a ponto de ela não conseguir completar o número mínimo de repetições (i. e., 6, 8, 12 ou 15). Dependendo de como você desenvolve ou periodiza o programa de um cliente, pode ser apropriado deslocar o cliente para um grupo de repetições completamente diferente. A mudança pode ser para qualquer direção, dependendo da intenção do programa. O aumento progressivo da intensidade do treinamento de sua cliente irá mantê-la mentalmente estimulada, o corpo prevendo e os resultados aparecendo!

Técnica de Levantamento

O foco dos exercícios iniciais não é produzir falha muscular momentânea, embora isso possa ocorrer e seja um objetivo significativo, mas enfocar técnicas corretas de exercícios. A ênfase na boa forma fornece aos músculos do seu cliente a chance de se adaptarem progressivamente às exigências impostas por ele e permite que ele aprenda a realizar os exercícios corretamente antes de levantar cargas mais pesadas.

Fazendo Levantamento com Controle e Amplitude Total de Movimento

Com relação à velocidade de levantamento, nunca diga “rápido”. Em vez disso, recomende “controle!” Seu cliente está levantando com controle se ela puder parar o exercício num “vapt-vupt”. Digo aos meus clientes que se eles deixam marcas de freadas num cruzamento, eles estão indo depressa demais. Uma boa orientação é levar de três a quatro segundos levantando um peso num movimento firme e controlado, seguido de três a quatro segun-

Tabela 19.2 Tabela de Força

Resistência	Resultado	1 RM percentual	Número de repetições	Número de séries	Descanso entre as séries
Leve	Resistência muscular	<70	15–20 12–15	1 – 3	20–60 segundos
Moderada	Hipertrofia (aumento de massa muscular) e força	70 – 85	8–12 6–10	1 – 6	60–120 segundos
Pesada	Força e potência máximas	85 – 100	1 – 6	1 – 6+	2 – 5 minutos

Observação: Geralmente, adote uma carga mais pesada tão logo o cliente seja capaz de completar o número exigido de repetições listadas na tabela de força.

dos baixando o peso, com o mesmo grau de tranqüilidade. Incentivo uma repetição de uns sete segundos. Mas controle é a questão, e não a contagem que você usa. Por exemplo, quer você levante de forma concêntrica, quer de forma excêntrica com uma contagem 2-2, 2-4, 4-2, 3-4, 4-3, 5-2 ou uma contagem inversa 5-2, esses aspectos da contagem são simplesmente um outro elemento descritivo de variação. Não estou interessado em manter um cálculo exato de segundos por repetição, mas se peço ao cliente para parar o movimento em qualquer ponto durante um dado exercício de força e ele consegue, isso quer dizer que ele está levantando numa velocidade correta, controlada.

Seu cliente obterá bons resultados, com risco mínimo, se controlar um peso devagar por toda a amplitude de movimento que ele conseguir com conforto. Um levantamento controlado e de total amplitude de movimento ajudará sua cliente a evitar lesões nas articulações e músculos, mantendo a flexibilidade.

A Ciência e a Velocidade do Movimento

Para um indivíduo médio, ganhos de força são conseguidos movimentando-se o peso devagar (cerca de 4 a 7 segundos por repetição) por toda a amplitude de movimento e conseguindo um recrutamento das fibras de contração rápida (CR) pelo uso de sobrecarga com intensidade adequada. A seguir, sete razões para controlar a velocidade do movimento (Westcott, 1991):

1. Aplicação uniforme da força.
2. Produção de mais tensão muscular total.
3. Produção de mais força muscular total.
4. Mais ativação das fibras musculares, tanto de contração lenta (CL) como a de CR (rápida).
5. Potencial maior de energia muscular através do desenvolvimento de força de alta intensidade, usando uma velocidade de movimento controlada e uma sobrecarga com intensidade adequada.
6. Menos trauma tecidual.
7. *Momentum* (força/velocidade do movimento) maior, que aumenta o potencial de lesões e reduz a eficácia do treinamento nos grupos musculares pretendidos.

Exceções a esses itens, ou deslocamento de uma carga com mais rapidez, podem ser adequadas em aplicações específicas nos esportes e quando seu cliente compreende os riscos.

Respirando Corretamente

Antes de mais nada, seu cliente deve respirar regularmente durante o treinamento de força. Se você quiser avançar mais um passo, tente fazer com que seu cliente ajuste a expiração quando ele começar um exercício de força. Por exemplo, digamos que o cliente esteja praticando um supino com halteres. Quando ele começa a afastar os braços do peito, é natural que ele segure a sua respiração por um momento. Mas o ar retido não pode ser mantido. Seu cliente deve deixar o ar escapar logo a seguir ou quando ele começa o levantamento. Normalmente, o seu cliente deve inspirar quando traz o peso em direção ao corpo. Você sabe que ele não está respirando quando ele começa a sentir a pressão atrás dos globos oculares e vocês dois ficam imaginando em que momento eles vão saltar do rosto! Em caso de dúvida, simplesmente oriente o seu cliente a respirar, respirar, respirar!

Seu cliente não deveria acreditar que ele expira e inspira apenas uma vez. O bom senso lhe diz que está certo fazer uma respiração curta e mais freqüente se ele estiver levantando com controle, o que pode resultar numa repetição que leva de quatro a sete segundos para ser completada.

Se seu cliente segura a respiração durante todo o levantamento, isso pode fazer com que a pressão arterial fique mais alta do que deve e estresse o seu coração e o sistema vascular sem necessidade. A respiração correta poderá ajudar seu cliente a evitar náuseas, tonturas e desmaios. No mínimo, faça-o se lembrar de respirar regularmente durante cada repetição.

O *Continuum* (Conjunto Contínuo) dos Programas de Treinamento

Há um amplo *continuum* de programas de treinamento que varia do que chamo de "extrema esquerda" do treinamento cardiorrespiratório à "extrema direita" da força e potência muscular máxima. Há uma grande lacuna em termos de similaridade entre aptidão cardíaca e resistência muscular (figura 19.1).

A aptidão cardiorrespiratória obtém resultado numa adaptação fisiológica muito diferente das adaptações vistas na força muscular e nos elementos de resistência. A sobrecarga e as atividades exigidas para estimular mudanças nesses elementos de aptidão são muito distintas (veja capítulos 15 e 18). Condicionamento cardiorrespiratório, força muscular favoráveis e condicionamento de resistência não podem ser desenvolvidos simultaneamente.

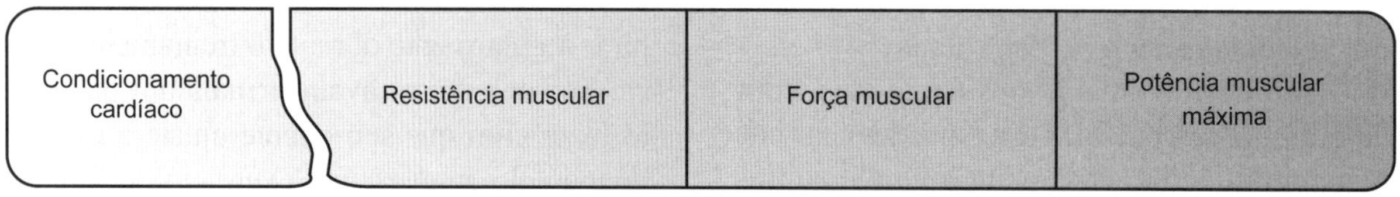

Figura 19.1 *Continuum* do Programa de Treinamento
Reimpresso de D. Brooks, 1999.

Sobrecargas de Alta Repetição

Resistência/endurance muscular é definida como a capacidade de manter repetidas contrações sem fadiga indevida por um período maior de tempo (por exemplo, cerca de 12 a 25 repetições ou mais). À medida que sua cliente fica mais forte, a resistência muscular aumenta, o que lhe permite realizar mais repetições numa dada resistência. Quando as repetições aumentam além de 25, o movimento começa a se assemelhar à definição de sobrecarga para condicionamento cardiorrespiratório (movimento rítmico, contínuo).

Entretanto, não interprete essa afirmação para implicar que um condicionamento cardiorrespiratório importante acontece com esquemas de treinamento de resistência com alta repetição. Na realidade, a carga geralmente não exige o suficiente da massa muscular para produzir um resultado significativo de treinamento cardiorrespiratório, e a resistência leve não promove ganhos significativos de força.

Para aumentar a força, devem ser propostas, regular e progressivamente, uma intensidade ou carga a que a musculatura do seu cliente não está acostumada. Uma intensidade adequada é necessária a fim de estimular o "mecanismo celular" responsável pelo crescimento muscular e pelos surtos hormonais, que são anabólicos (construtor) na realidade, ou estimular a aprendizagem motora para restabelecimento simultâneo e adicional da unidade motora. Para o começo de um praticante condicionado, isso significa de 6 a 20 repetições até a fadiga muscular. Esse parâmetro de repetição funciona para qualquer pessoa porque não define um peso absoluto. Ao contrário, a quantidade de peso levantada reflete o nível atual de força do indivíduo e requer uma resistência que cause a fadiga do cliente dentro de um período específico ou grupo de repetições.

Esquemas de alta repetição são, em geral, altamente ineficazes na promoção de quaisquer tipos de ganhos na saúde ou aptidão. Não produzem ganhos significativos em força e resistência muscular num período extenso de tempo e traz pouco, ou nenhum, resultado em condicionamento cardiorrespiratório, especialmente quando pequenas massas musculares estão envolvidas no exercício (por exemplo, flexão de antebraço ou extensão de pernas sentado). Repetições redundantemente altas não são inofensivas. Elas podem levar a lesões por excesso de uso, sem falar na ausência de resultados, frustração e altas taxas de desistências.

Alterando Intensidade para Ganhos de Força

Muitos treinadores acham que são obrigados a elevar a resistência quando se defrontam com o desafio de aumentar a intensidade. Você pode introduzir mudanças de intensidade de várias maneiras sem, necessariamente, aumentar a resistência.

1. Varie o número de repetições para cima ou para baixo. O aumento ou a diminuição do número de repetições irá estimular a adaptação. Qualquer tipo de variedade ajudará a quebrar o efeito platô e despertar o corpo para se adaptar. Os esquemas de repetições mais altas (de 12 a 20), assim como as séries de repetições mais baixas (de 6 a 12) contribuem para a hipertrofia muscular. Descansos ou cargas mais leves são justificados porque muitos clientes não levam em consideração o processo de recuperação. Treine o seu cliente de uma forma que ele não faça regularmente!

2. Aumente o número de séries para o grupo muscular pretendido.

3. Seqüencie a fim de que haja pouquíssima recuperação entre as séries destinadas para um mesmo grupo muscular. Isso fará com que ocorra um modelo diferente de recrutamento de unidade motora e, dessa forma, um novo estímulo.

4. Use técnicas e sistemas de treinamento de alta intensidade. Exemplos desse treinamento incluem os sistemas de tri-séries, piramidais, treinamento de exercícios compostos (erroneamente chamado de super-série), sistema de super-séries, fracionado (fracionando o peso, não o músculo), superlento (de 10 a 15 segundos por repetição) e repetições forçadas ou treinamento assistido. Veja meus comentários referentes ao treinamento superlento. O treinamento superlento deve ser considerado uma técnica de treinamento de alta intensidade, como é comum, à luz das pesquisas recentes (Hunter, Seelhorst e Snyderm, 2003)?

Variando a Rotina do Seu Cliente e Deixando para Trás o Efeito Platô do Treinamento de Força

Efeitos platô e treinamento excessivo sempre resultam do uso indefinido de uma única abordagem de treinamento. As idéias a seguir poderão ajudar a minimizar as possibilidades de um efeito platô no treinamento do seu cliente.

1. Inicialmente, mude a seqüência dos exercícios ou os exercícios sem alterar a intensidade relativa ou as repetições, séries e carga.
2. Manipule freqüência, intensidade (carga) e volume (repetições e séries) para cima e para baixo, dentro do grupo de 6 a 20 repetições, se não houver necessidade de aplicação específica nos esportes. Tanto os esquemas de repetições mais altas como os de repetições mais baixas contribuem para a hipertrofia muscular e resultados adicionais.
3. Aumente o número de séries para o grupo muscular pretendido.
4. Seqüencie os exercícios para que haja pouquíssima recuperação entre as séries destinadas para um mesmo grupo muscular. Isso levará em consideração um modelo diferente de recrutamento de unidade motora - e, dessa forma, um novo estímulo.

5. *Periodize* o treinamento usando algumas ou todas essas técnicas. Um programa periodizado ordena volume (séries e repetições) e intensidade (carga ou resistência) por períodos específicos de tempo, montando um ciclo. Esse tipo de organização maximiza a adaptação e evolução, específicas dos objetivos e intensidades de um programa.

Limite do Treinamento de Alta Intensidade

Se a sua cliente vem treinando num nível avançado, um treinamento de alta intensidade pode ser o limite de que ela precisa para se afastar do efeito platô da força. Ou, em algum ponto num programa de treinamento avançado, um de seus clientes pode querer mais resultados dentro de um horário limitado. Em qualquer um dos casos, cogite usar um treinamento de força de alta intensidade comprovado. Esse tipo de treinamento enfatiza a qualidade acima da quantidade. Por outro lado, trabalho de alto volume (treinar mais vezes por semana e mais tempo por treino) não é realístico para a agenda da maioria das pessoas que requerem um equilíbrio entre família, trabalho, religião, saúde e procura de condicionamento e recreação. Embora o trabalho de alto volume seja relativamente eficaz com fisicultores de elite e outros atletas profissionais (lembre-se: eles fazem isso para viver), em muitos casos, ele pode levar a lesões e fadiga por uso excessivo. Esse é outro exemplo em que o treinamento de alta intensidade funciona. Mesmo quando tempo e motivação estão presentes para a realização de treinamentos de alto volume, muitos especialistas ainda argumentam que a qualidade reina sobre a quantidade quando se trata de resultados de treinamento. Muitos levantadores competidores estão fazendo experiências com um volume decrescente de sobrecarga e uma intensidade crescente de esforço.

Sem dúvida, o treinamento de força de alta intensidade é feroz e concentrado, e requer foco! Contudo, para os clientes preparados e motivados a passarem de um programa de treinamento de força parado para o nível seguinte, as informações nesta seção e na anterior apresentam exatamente o que eles procuram para renovar os ganhos de força.

Quando um cliente reclama da falta de resultados, ele já experimentou o efeito platô. Ele ocorre quando o ganho ou a melhora proporcional de uma cliente, em relação ao seu treinamento, torna-se lento. Isso pode resultar do uso indefinido de uma única abordagem de treinamento ou simplesmente porque a cliente se dedicou ao treino de força por muito tempo e seu corpo precisa de novo estímulo.

Treinamento de força de alta intensidade provê uma forma de treinar mais sem aumentar o horário de treinamento da cliente. Em outras palavras, ela poderá aumentar a intensidade sem fazer mais (i. e., treinos mais longos), mas ela precisará treinar mais arduamente para obter resultados. Treinamento de alta intensidade exige um esforço muscular maior e coloca exigências físicas mais intensas nos músculos. Essas técnicas levam a sua cliente a um maior grau de fadiga.

Como Funciona o Treinamento de Alta Intensidade

Teoricamente, esse tipo de treinamento recruta fibras musculares (unidades motoras) que não são normalmente desafiadas porque o protocolo dos exercícios não permite às unidades motoras, que estavam inicialmente fatigadas, uma chance de se recuperarem e serem usadas novamente no exercício que o cliente está realizando. Manipular a quantidade de resistência, eliminar a recuperação quando o músculo alcançar a fadiga momentânea, realizar mais repetições durante a fadiga e controlar a velocidade do movimento são métodos comumente usados para deslocar o treinamento de força para o campo da alta intensidade. Ao usar as técnicas de treinamento de força de alta intensidade, seu cliente deve esperar resultados porque ele os terá! Ele os terá merecido também!

Quem Deve Usar Treinamento de Força de Alta Intensidade?

Se você tem um cliente que está altamente motivado e com uma sólida base de força, poderia considerar uma das técnicas de treinamento de força de alta intensidade aqui discutidas. Certifique-se de que os objetivos do seu cliente estão de acordo com o que essas abordagens oferecem. Elas requerem uma boa base de condicionamento de força e um alto grau de esforço físico, e estão associadas a desconforto físico (seu cliente está realmente mandando brasa aqui!).

Treinamento de alta intensidade requer mais tempo para recuperação e adaptação do tecido muscular. Então, certifique-se de combinar treinos árduos com treinos leves e dias de folga (50% dessa equação é o descanso!). Não use essas abordagens mais do que uma ou duas vezes por semana e limite esses treinos difíceis a não mais que 30 minutos e cerca de 10 exercícios. Faça o cliente realizar uma a duas séries por exercício e perceber que algumas dessas técnicas requerem, no mínimo, duas séries (i. e., treinamento de exercícios compostos).

Após uma sessão de treinamento de força de alta intensidade, dê um dia, pelo menos, de recuperação antes de treinar os grupos musculares pretendidos novamente. Mesmo depois de um dia de descanso, é uma boa idéia seguir esse tipo de exercícios com treino de força de intensidade leve.

Técnicas de Treinamento de Alta Intensidade

A seguir, apresentaremos várias das técnicas de treinamento de alta intensidade mais usadas e eficientes, muitas das quais requerem um parceiro de treino ou a ajuda do treinador. Por questões de segurança, é importante ter um assistente quando utilizar técnicas de treinamento de alta intensidade. Antes de começar, assegure-se de que seu cliente está interessado em experimentar essas técnicas e física e mentalmente capacitado.

Treinamento Breakdow/Fracionado?

O treinamento breakdow começa com uma série normal de treinamento (i. e., de 10 a 20 repetições após o aquecimento). Quando a pessoa alcança a fadiga muscular momentânea, cada repetição é realizada com menos peso que a anterior. Retire peso suficiente (geralmente, de 5 a 15%) para que sua cliente possa fazer de duas a quatro repetições adicionais (poderá fazer mais repetições se ela estiver em boa forma).

Treinamento com o Método da Pirâmide

O treinamento com o método da pirâmide é uma variação do treinamento breakdow, ou vice-versa. Cada exercício é realizado com um peso levemente menor ou maior do que o anterior. Isso lhe dá uma opção de pirâmide "crescente" (o peso vai aumentando) ou de uma pirâmide "decrescente" (o peso vai diminuindo). Digamos que o objetivo de sua cliente é começar com um peso que ela possa levantar 10 a 12 vezes (10 RM a 12 RM). Quando a cliente se cansar com 10 RM a 12 RM, reduza a carga em cerca de 5 a 15% (pirâmide decrescente) e encoraje a cliente a "forçar"mais algumas repetições. Cada vez que seu cliente alcançar um ponto em que ela não consiga completar mais repetições, tire mais peso, force mais repetições e continue dessa forma. Se você inverter o processo, vai produzir uma pirâmide crescente, que é um treinamento extremamente difícil. Nessa situação, o aumento de apenas 5% é sempre suficiente e você verá que não demora muito, seu cliente não será capaz de realizar nem mesmo uma repetição.

Treinamento Assistido ou de "Repetições Forçadas"

O treinador ajuda o cliente a completar várias repetições que ele não teria completado sozinho. Comece com uma série de repetições até a fadiga (i. e., de 10 a 12 RM). Quando ele ficar fatigado, ainda mantendo uma boa técnica, ajude-o a completar um número adicional de repetições, impossíveis sem a sua ajuda. Tipicamente, o treinador levanta de 5 a 15% da carga de peso para ajudar um cliente a completar mais duas a quatro repetições (é possível mais se o cliente conseguir fazê-lo em boa forma).

Treinamento Negativo

O treinamento negativo leva em consideração cerca de 30% a mais de produção de força do que ocorre durante a contração concêntrica. Tipicamente, o treinamento negativo é realizado (1) acrescentando resistência manual na fase descendente de qualquer levantamento, (2) ajustando o peso levantado e baixado quando se está usando uma máquina seletora de peso - peso mais leve quando está levantando e mais pesado quando está baixando - ou (3) ajudando seu cliente durante uma fase concêntrica com uma quantidade de peso que ele não poderia levantar sozinho e, então, permitir que ele abaixe o peso durante a fase excêntrica sem sua assistência.

O treinamento negativo é, freqüentemente, usado com um indivíduo altamente treinado, que está passando por um efeito platô. Embora deva haver cautela no uso de quaisquer dessas técnicas, dores musculares de início retardado são muito associadas ao treinamento negativo. Portanto, o treinamento excêntrico não deve ser enfatizado para clientes sem condicionamento.

Método Superlento de Treinamento: Eficiência ou Fraude?

O método superlento de treinamento, ou treinamento lento, é freqüentemente descrito como tedioso, torturante, doloroso e produtivo! Mas esse último aspecto é confirmado pela ciência? O treinamento lento não enfatiza o número de repetições e o peso levantado, e põe o foco no aumento do tempo de cada repetição. A velocidade de um movimento mais lento reduz qualquer contribuição do *momentum* ao completar o arco do movimento. Teoricamente, isso resultaria em mais tensão no músculo e desenvolvimento total da força (significando que mais músculo é usado ou ativado).

O método superlento de treinamento é sempre citado como treinamento de 10 segundos, embora haja várias opções em relação ao número de segundos que pode ser atribuído a cada fase do levantamento. Uma versão popular compreende uma fase de levantamento concêntrico de 10 segundos, seguido de uma fase de abaixamento excêntrico de 5 segundos para cada repetição. Você pode também inverter a intensidade, levantando o peso concentricamente em 5 segundos e terminando com uma fase excêntrica de 10 segundos. Geralmente, a falha muscular é obtida por volta de quatro a seis repetições.

As repetições do método superlento de treinamento podem durar de 15 a 60 segundos, ou mais, conforme consta em várias literaturas. À medida que a duração da repetição é aumentada, a quantidade de peso a ser levantada diminui e cada aspecto do arco do movimento recebe um estímulo de força menor que o desejado. Por exemplo, se o peso é leve o suficiente para realizar uma repetição de 60 segundos, a resistência não é pesada o suficiente para estimular ganhos significativos de força, embora o esforço seja percebido como sendo muito difícil. Pesquisas recentes (Hunter, Seelhorst e Snyder, 2003; Keeler et al., 2001) sugerem que a adaptação metabólica ou cardiovascular ao método superlento de treinamento (repetição de 15 segundos) não é apenas ineficaz, quando comparada aos programas tradicionais de treinamento cardiovascular e de força, mas é improvável que produza uma hipertrofia significativa porque a carga usada para completar uma repetição de 15 segundos é menos que 30% de 1 RM. O desconforto não é sempre um indicador de efeito fisiológico. Compare um esforço como esse com o de pintar um teto. Pintar um teto é muito desconfortável para os músculos da parte superior do corpo se os braços ficarem estendidos acima da cabeça por um longo período de tempo, mas nenhum profissional iria considerar isso um treinamento de força eficiente e progressivo. Lembre-se, o estímulo-chave para a sobrecarga de força é a intensidade, trabalhar mais por um tempo menor.

Superséries e Treinamento de Exercícios Compostos

O *treinamento de superséries* geralmente se refere ao treinamento que exercita grupos musculares opostos (músculos agonistas e antagonistas aos pares) em sucessão (por exemplo, bíceps e tríceps ou peitoral e dorsal). Essa combinação é uma abordagem comum do treinamento, mas permite que um grupo muscular se recupere, pelo menos parcialmente, enquanto o oposto está trabalhando.

O *treinamento de exercícios compostos* é um outro tipo de sistema de superséries. Consiste em trabalhar o mesmo grupo muscular consecutivamente - duas séries de exercícios consecutivos trabalham o mesmo grupo muscular, mas não necessariamente com o mesmo exercício. Por exemplo, duas séries de supino com halteres realizadas consecutivamente ou supino sentado na máquina seguido de supino com cabos são variações do treinamento de exercícios compostos. Essa espécie de superséries implica a realização de uma série até a fadiga, seguida imediatamente (ou após um breve descanso) por séries e exercícios adicionais que visam ao mesmo grupo muscular. O sistema de superséries parece funcionar especialmente bem na produção de hipertrofia muscular, quando se usa um esquema de 6 a 10 repetições até a fadiga.

Qualidade Acima da Quantidade

O treinamento de força de alta intensidade lhe propicia uma situação potencial de vantagens duplas. É vencer e vencer. Use treinamento de alta intensidade para maximizar o resultado de treinamento do seu cliente, dentro de um horário limitado, ou se afastar dos efeitos platô do treinamento de força. Mas não seja radical. Assim como acontece com o treinamento de quantidade, a sabedoria nos diz que mais intensidade nem sempre é melhor, mesmo que seu cliente tenha tempo e vontade! Para um desenvolvimento muscular favorável, variedade e qualidade de treinamento são o nome do jogo. Quando você variar o programa do seu cliente, regularmente, use a periodização que pode abranger algumas ou todas essas técnicas de treinamento de alta intensidade.

Reiterando, parece que o melhor estímulo para aumentar os ganhos de força é fazer o músculo trabalhar com dificuldade maior, não com tempo maior.

Treinamento Funcional

O número de repetições, o número de séries e a carga são, provavelmente, menos definidos quando você treina o seu cliente para ganhos na força funcional. O desenvolvimento da *força funcional* deve estar relacionado com a maneira como seu cliente normalmente se ocupa com as atividades típicas de um dia. Embora qualquer atividade diária possa exigir o máximo empenho, provavelmente a força utilizável mais importante é a resistência muscular desenvolvida em músculos-chave para a postura. Os músculos posturais mantêm o alinhamento correto da coluna vertebral na maior parte do dia. Entretanto, o treinamento funcional pode também envolver outros grupos musculares importantes. Além disso, ganhos significativos tanto na força como na resistência muscular ajudam a prevenir lesões.

O treinamento funcional pode empregar tanto os exercícios em cadeia cinética aberta como os exercícios em cadeia cinética fechada. Poder-se-ia alegar que qualquer exercício que melhore uma função é funcional. Entretanto, o treinamento funcional envolve, normalmente, uma resposta integrada e coordenada do corpo e, mais freqüentemente, está associado ao treinamento de exercício em cadeia fechada, equilíbrio e estabilização. O *exercício em cadeia aberta* pode ser definido como um movimento isolado. Um exemplo de ECA é uma extensão de perna sentado. O exercício em cadeia fechada pode ser definido como uma resposta integrada e coordenada pelo corpo para realização de um movimento com segurança e correção. O ECF é demonstrado com a realização de um agachamento, avanço ou movimento equilibrado em uma perna.

A atividade do ECF se compara exatamente à forma como seu cliente se movimenta quando realiza tarefas diárias, tais como levantar uma criança ou se endireitar depois de se desequilibrar. O treinamento funcional requer uma integração de equilíbrio e estabilidade muscular intrínseca ao mesmo tempo em que se exerce a força muscular. Um excelente instrumento funcional para treino de estabilidade e equilíbrio é a bola para estabilidade, grande e inflada de ar ou outros instrumentos, que incluem Bosu Balance Trainer, pranchas de equilíbrio e rolos de espuma (Brooks e Brooks, 2002).

Alterando um Programa de Força

A primeira pergunta a se fazer quando você está pensando em mudança num programa de treinamento de resistência é "Por quê?". É você, treinador, quem precisa de mudança? Ou é o cliente?

Um programa estável, em termos de resistência que pode ser aumentada (intensidade) ou de número de repetições e séries que podem ser completadas, pode ser ou não um problema. Se o cliente está satisfeito com a imagem e força do seu corpo, esse programa pode ser chamado de "manutenção". A manutenção pode ser uma condição positiva do treinamento e significa que você está mantendo o condicionamento do seu cliente num nível favorável.

Motivos válidos para alterar um programa de treinamento de resistência incluem o tédio do cliente, a falta de motivação, a ausência de resultados, o desejo de mudança na força muscular, a hipertrofia ou a resistência muscular ou necessidade de mudar o ambiente de treinamento (como o tipo de equipamento em uso ou localização). A diversidade planejada encoraja um treinamento favorável e ajuda a minimizar lesões e treinamento improdutivo.

Antes de qualquer alterações na sobrecarga, seu cliente deve ter uma base de força e resistência muscular. Estabeleça essa *base de força*, treinando os seus clientes por, pelo menos, quatro a seis semanas e, possivelmente, por um tempo maior de seis meses a um ano.

Treinamento Combinado

Se seu cliente simplesmente precisa de variedade, experimente um treinamento combinado sem alterar a intensidade de início. Um primeiro passo bem fácil é mudar a seqüência dos exercícios que o cliente já está fazendo para produzir variedade e nova sobrecarga. Especula-se que essa mudança irá alterar o padrão de fadiga das unidades motoras envolvidas, fazendo com que elas se adaptem ao novo estímulo (Fleck e Kraemer, 1997).

O próximo passo é substituir, na rotina de base, todos os exercícios, ou aqueles que você julgar necessário, pelos novos. Observe os movimentos articulares e os grupos musculares em uso e escolha os exercícios de substituição adequadamente. Substitua cada exercício por um que vise aos mesmos grupos musculares, a fim de preservar o equilíbrio.

Por exemplo, um supino no banco pode ser substituído por flexão de braços, supino com halteres, supino inclinado ou declinado ou voador com halteres ou tubos elásticos (use apenas adução horizontal) porque todos esses exercícios usam alongamento do cotovelo e adução horizontal no ombro. Os movimentos de *pullover* na máquina podem ser substituídos por movimentos que reproduzam o alongamento do ombro, como *pullovers* com halteres ou tubos elásticos, remada baixa unilateral ou bilateral ou extensão de braços com halteres ou tubos elásticos.

Quaisquer mudanças nos padrões de movimento (exercícios novos ou leves mudanças na posição do corpo) irão exigir um padrão diferente de recrutamento de unidade motora, mesmo que você esteja visando ao mesmo grupo muscular e usando movimentos articulares semelhantes (Fleck e Kaemer, 1997). Esse recrutamento de fibras musculares numa ordem diferente poderá agir como um estímulo (sobrecarga) para produzir futuros ganhos de força. O treinamento combinado, dentro dos limites da força muscular e do componente da resistência, pode afetar positivamente a observância, a motivação e o interesse, assim como estimular o corpo para ganhos adicionais de força. Para um desenvolvimento muscular favorável, variedade seletiva é o nome do jogo.

Tirando o Máximo Proveito do Sistema de Treinamento

É imperativo determinar o objetivo do indivíduo ou programa antes de começar o treinamento. Entender como as repetições, as séries e a intensidade do treinamento afetam os resultados ajudará você a selecionar as afirmações aparentemente contraditórias a respeito do treinamento de resistência. Foi provado que a maioria dos sistemas, independente do seu formato, é eficaz (Fleck e Kraemer, 1997, citam 27 programas semelhantes). Qualquer estímulo, ao qual o cliente não está acostumado, fará com que o corpo dele se adapte à nova sobrecarga. Isso produz um efeito de treinamento.

Felizmente, até certo ponto, independente de como treinamos os outros, ou a nós mesmos, sempre obtemos resultados. Se o método satisfaz as necessidades e preocupações com a segurança do seu cliente é uma outra história. Não engrosse a fileira dos treinadores que elaboram programas difíceis demais (ou fáceis demais) ou mecanicamente perigosos para seus clientes. Mesmo que você não machuque os seus clientes, vai desencorajá-los.

É provável que duas pessoas nunca venham a responder da mesma forma a um dado programa de treinamento. Mantenha registros exatos de levantamentos (repetições, séries, resistência, ordem dos exercícios e programa de planejamento de periodização) para que você defina as combinações que melhor estimulem a mente e o corpo do seu cliente. Os seus registros, o *feedback* dos clientes, os testes adequados, as medidas da gordura e a circunferência do corpo ajudarão a estabelecer a eficácia do programa. A elaboração de programas de treinamento de resistência exige uma constante avaliação, manipulação e mudança.

Um Programa de Treinamento de Força que Você Pode Seguir

Mesmo que você tenha todo o conhecimento do mundo, leva um pouco de tempo para se desenvolver um bom programa. Seguem dois exemplos de programas periodizados que duram 12 e 16 semanas. Encorajo você a modificar a estrutura deles para combinar melhor com as necessidades de treinamento de seus clientes.

Plano de Periodização de Força de 12 Semanas em Nível Inicial

Você pode manipular muitas variáveis importantes de um treinamento de força. Elas incluem velocidade de cadência ou levantamento, descanso após cada série, mudanças na escolha dos exercícios, formas de levantamento, intensidade, ordem e seqüência dos exercícios, para mencionar algumas. Use intervalos planejados entre cada segmento de quatro a seis semanas ou mesociclo (periodização, capítulo 13).

Neste plano de 12 semanas, apenas os objetivos do número de repetições e séries e os exercícios irão mudar. Pelo fato de este plano ser um programa em nível inicial, optei por usar um treinamento de série única durante as quatro primeiras semanas. Isso poderá ser mantido por todas as 12 semanas ou poderá seguir a minha progressão. Lembre-se, quando você vir essa progressão muito conservadora, de que os seguintes objetivos foram considerados quando esse programa foi elaborado:

1. Limitar a sessão de treino entre 20 e 30 minutos.
2. Maximizar resultados com um tempo mínimo de treinamento.
3. Manter o cliente livre de lesões.
4. Enfatizar outros aspectos (i. e., treinamento cardiovascular e de flexibilidade) desse programa em nível inicial, a seu critério.

Além disso, exercícios e equipamentos simples são usados para trabalhar todos os principais grupos musculares, de forma que as atividades de rotina possam ser realizadas com o mínimo de equipamento. Você poderá inserir quaisquer exercícios que quiser e usar qualquer equipamento que escolher. Use todas as tabelas de 19.3 a 19.14 para ajudá-lo a definir um programa de treinamento.

Tabela 19.3 Grupo Um (Primeira Semana)

Parte do corpo	Exercício[a]	Número de repetições	Número de séries[b]
Peito	Supino	18 – 20	1
Costas	Extensão	18 – 20	1
Músculos abdominais	Abdominais	18 – 20	1
Bíceps	Rosca inclinada ou pegada neutra	18 – 20	1
Tríceps	Supino unilateral para tríceps	18 – 20	1
Ombros	Elevação lateral sentado	18 – 20	1
Quadris	Elevação do quadril com pernas no banco (extensão do quadril)	18 – 20	1
Pernas	Flexão de pernas com resistência manual	18 – 20 (cada perna)	1
Estabilizador[b]	Equilíbrio numa perna só	Repita três vezes de cada lado	5 – 10 segundos de cada vez
Estabilizador[b]	Posição de flexão de braço	Repita três vezes	5 – 10 segundos de cada vez

[a]Toda vez que uma opção de exercício é substituída por outra que visa à mesma parte do corpo, siga o número de repetições e séries de forma idêntica. [b]Exercícios com estabilizador requerem que o cliente mantenha a posição durante o número de segundos especificado.

Tabela 19.4 Grupo Um (Segunda Semana)

Parte do corpo	Exercício[a]	Número de repetições	Número de séries[b]
Peito	Supino	18 – 20	1
Costas	Extensão	18 – 20	1
Músculos abdominais	Abdominais	18 – 20	1
Bíceps	Rosca inclinada	18 – 20	1
Tríceps	Supino unilateral para tríceps	18 – 20	1
Ombros	Elevação lateral sentado	18 – 20	1
Quadris	Elevação do quadril com pernas no banco	18 – 20	1
Pernas	Flexão de pernas com resistência manual	18 – 20 (cada perna)	1
Estabilizador[b]	Equilíbrio numa perna só	Repita três vezes de cada lado	5 – 10 segundos de cada vez
Estabilizador[b]	Posição de flexão de braço	Repita três vezes	5 – 10 segundos de cada vez

[a]Toda vez que uma opção de exercício é substituída por um outro que visa à mesma parte do corpo, siga o número de repetições e séries de forma idêntica. [b]Exercícios com estabilizador requerem que o cliente mantenha a posição durante o número de segundos especificado.

Tabela 19.5 Grupo Um (Terceira Semana)

Parte do corpo	Exercício[a]	Número de repetições	Número de séries[b]
Peito	Supino	15 – 18	1
Costas	Extensão	15 – 18	1
Músculos abdominais	Abdominais	15 – 18	1
Bíceps	Rosca inclinada	15 – 18	1
Tríceps	Supino unilateral para tríceps	15 – 18	1
Ombros	Elevação lateral sentado	15 – 18	1
Quadris	Elevação do quadril com pernas no banco	15 – 18	1
Pernas	Flexão de pernas com resistência manual	15 – 18 (cada perna)	1
Estabilizador[b]	Equilíbrio numa perna só	Repita quatro vezes de cada lado	5 – 10 segundos de cada vez
Estabilizador[b]	Posição de flexão de braço	Repita quatro vezes	5 – 10 segundos de cada vez

[a]Toda vez que uma opção de exercício é substituída por um outro que visa à mesma parte do corpo, siga o número de repetições e séries de forma idêntica. [b]Exercícios com estabilizador requerem que o cliente mantenha a posição durante o número de segundos especificado.

Tabela 19.6 Grupo Um (Quarta Semana)

Parte do corpo	Exercício[a]	Número de repetições	Número de séries[b]
Peito	Supino	15	1
Costas	Extensão	15	1
Músculos abdominais	Abdominais	15	1
Bíceps	Rosca inclinada	15	1
Tríceps	Supino unilateral para tríceps	15	1
Ombros	Elevação lateral sentado	15	1
Quadris	Elevação do quadril com pernas no banco	15	1
Pernas	Flexão de pernas com resistência manual	15 (cada perna)	1
Estabilizador[b]	Equilíbrio numa perna só	Repita quatro vezes de cada lado	10 – 15 segundos de cada vez
Estabilizador[b]	Posição de flexão de braço	Repita quatro vezes	10 – 15 segundos de cada vez

[a]Toda vez que uma opção de exercício for substituída por uma outra que visa à mesma parte do corpo, siga o número de repetições e séries de forma idêntica. [b]Exercícios com estabilizador requerem que o cliente mantenha a posição durante o número de segundos especificado.

Tabela 19.7 Grupo Dois (Primeira Semana)

Parte do corpo	Exercício[a]	Número de repetições	Número de séries[b]
Peito	Flexão de braço	15	1 – 2
Costas	Remada unilateral com halteres	15 (cada braço)	1 – 2
Músculos abdominais	Abdominais combinados	15	1 – 2
Bíceps	Rosca em pé	15	1 – 2
Tríceps	Supino unilateral para tríceps	15 (cada braço)	1 – 2
Ombros	Supino sentado	15	1 – 2
Quadris	Agachamento com halteres	15	1 – 2
Pernas	Elevação lateral com tornozeleira	15 (cada perna)	1 – 2
Estabilizador[b]	Adução isométrica	Repita três vezes	5 – 10 segundos de cada vez
Estabilizador[b]	Prancha Ventral	Repita três vezes	5 – 10 segundos de cada vez

[a]Toda vez que uma opção de exercício é substituída outro que vise à mesma parte do corpo, siga o número de repetições e séries de forma idêntica. [b]Exercícios com estabilizador requerem que o cliente mantenha a posição durante o número de segundos especificado.

Tabela 19.8 Grupo Dois (Segunda Semana)

Parte do corpo	Exercício[a]	Número de repetições	Número de séries[b]
Peito	Flexão de braço	12 – 15	1 –2
Costas	Remada unilateral com halteres	12 - 15 (cada braço)	1 – 2
Músculos abdominais	Abdominais combinados	12 – 15	1 – 2
Bíceps	Rosca em pé	12 – 15	1 – 2
Tríceps	Supino unilateral para tríceps	12 - 15 (cada braço)	1 – 2
Ombros	Supino sentado	12 – 15	1 – 2
Quadris	Agachamento com halteres	12 – 15	1 – 2
Pernas	Elevação lateral com tornozeleira	12 – 15 (cada perna)	1 – 2
Estabilizador[b]	Adução isométrica	Repita três vezes	5 – 10 segundos de cada vez
Estabilizador[b]	Prancha Ventral	Repita três vezes	5 – 10 segundos de cada vez

[a]Toda vez que uma opção de exercício for substituída por uma outra que vise à mesma parte do corpo, siga o número de repetições e séries de forma idêntica. [b]Exercícios com estabilizador requerem que o cliente mantenha a posição durante o número de segundos especificado.

Tabela 19.9 Grupo Dois (Terceira Semana)

Parte do corpo	Exercício[a]	Número de repetições	Número de séries[b]
Peito	Flexão de braço	12	1 –2
Costas	Remada unilateral com halteres	12 (cada braço)	1 – 2
Músculos abdominais	Abdominais combinados	12	1 – 2
Bíceps	Rosca em pé	12	1 – 2
Tríceps	Supino unilateral para tríceps	12 (cada braço)	1 – 2
Ombros	Supino sentado	12	1 – 2
Quadris	Agachamento com halteres	12	1 – 2
Pernas	Elevação lateral com tornozeleira	12 (cada perna)	1 – 2
Estabilizador[b]	Adução isométrica	Repita quatro vezes	5 – 10 segundos de cada vez
Estabilizador[b]	Prancha Ventral	Repita quatro vezes	5 – 10 segundos de cada vez

[a]Toda vez que uma opção de exercício é substituída por um outro que visa à mesma parte do corpo, siga o número de repetições e séries de forma idêntica. [b]Exercícios com estabilizador requerem que o cliente mantenha a posição durante o número de segundos especificado.

Tabela 19.10 Grupo Dois (Quarta Semana)

Parte do corpo	Exercício[a]	Número de repetições	Número de séries[b]
Peito	Flexão de braço	12	1 –2
Costas	Remada unilateral com halteres	12 (cada braço)	1 – 2
Músculos abdominais	Abdominais combinados	12	1 – 2
Bíceps	Rosca em pé	12	1 – 2
Tríceps	Supino unilateral para tríceps	12 (cada braço)	1 – 2
Ombros	Supino sentado	12	1 – 2
Quadris	Agachamento com halteres	12	1 – 2
Pernas	Elevação lateral com tornozeleira	12 (cada perna)	1 – 2
Estabilizador[b]	Adução isométrica	Repita quatro vezes	10 – 15 segundos de cada vez
Estabilizador[b]	Prancha Ventral	Repita quatro vezes	10 – 15 segundos de cada vez

[a]Toda vez que uma opção de exercício for substituída por uma outra que vise à mesma parte do corpo, siga o número de repetições e séries de forma idêntica. [b]Exercícios com estabilizador requerem que o cliente mantenha a posição durante o número de segundos especificado.

Tabela 19.11 Grupo Três (Primeira Semana)

Parte do corpo	Exercício[a]	Número de repetições	Número de séries[b]
Peito	Supino voador no banco ou no chão	10 – 12	1 – 2
Costas	Remada alta	10 - 12 (cada braço)	1 – 2
Músculos abdominais	Abdominal assistido	10 – 12	1 – 2
Bíceps	Rosca Scott (ombro flexionado)	10 – 12	1 – 2
Tríceps	Afundos	10 - 12	1 – 2
Ombros	Abdução do ombro	10 – 12	1 – 2
Quadris	Avanço	10 – 12	1 – 2
Pernas	Elevação do calcanhar	10 – 12 (cada perna)	1 – 2
Estabilizador[b]	Posição de flexão de braço com levantamento de perna	Repita três vezes	5 – 10 segundos de cada vez
Estabilizador[b]	Extensão de perna	Repita três vezes cada perna	5 – 10 segundos de cada vez

[a]Toda vez que uma opção de exercício for substituída por uma outra que vise à mesma parte do corpo, siga o número de repetições e séries de forma idêntica. [b]Exercícios com estabilizador requerem que o cliente mantenha a posição durante o número de segundos especificado.

Tabela 19.12 Grupo Três (Segunda Semana)

Parte do corpo	Exercício[a]	Número de repetições	Número de séries[b]
Peito	Supino voador no banco ou no chão	10 – 12	1 – 2
Costas	Remada alta	10 - 12 (cada braço)	1 – 2
Músculos abdominais	Abdominal assistido	10 – 12	1 – 2
Bíceps	Rosca Scott	10 – 12	1 – 2
Tríceps	Afundos	10 – 12	1 – 2
Ombros	Abdução do ombro	10 – 12	1 – 2
Quadris	Avanço	10 – 12	1 – 2
Pernas	Elevação do calcanhar	10 – 12 (cada perna)	1 – 2
Estabilizador[b]	Posição de flexão de braço com levantamento de perna	Repita três vezes	5 – 10 segundos de cada vez
Estabilizador[b]	Extensão de perna	Repita três vezes cada perna	5 – 10 segundos de cada vez

[a]Toda vez que uma opção de exercício é substituída por um outro que visa à mesma parte do corpo, siga o número de repetições e séries de forma idêntica. [b]Exercícios com estabilizador requerem que o cliente mantenha a posição durante o número de segundos especificado.

Tabela 19.13 Grupo Três (Terceira Semana)

Parte do corpo	Exercício[a]	Número de repetições	Número de séries[b]
Peito	Supino voador no banco ou no chão	8– 10	1 – 2
Costas	Remada alta	8 - 10 (cada braço)	1 – 2
Músculos abdominais	Abdominal assistido	8 – 10	1 – 2
Bíceps	Rosca Scott	8 – 10	1 – 2
Tríceps	Afundos	8 - 10	1 – 2
Ombros	Abdução do ombro	8 – 10	1 – 2
Quadris	Avanço	8 – 10	1 – 2
Pernas	Elevação do calcanhar	8 – 10 (cada perna)	1 – 2
Estabilizador[b]	Posição de flexão de braço com levantamento de perna	Repita quatro vezes	5 – 10 segundos de cada vez
Estabilizador[b]	Extensão de perna	Repita quatro vezes cada perna	5 – 10 segundos de cada vez

[a]Toda vez que uma opção de exercício é substituída por um outro que visa à mesma parte do corpo, siga o número de repetições e séries de forma idêntica. [b]Exercícios com estabilizador requerem que o cliente mantenha a posição durante o número de segundos especificado.

Tabela 19.14 Grupo Três (Quarta Semana)

Parte do corpo	Exercício[a]	Número de repetições	Número de séries[b]
Peito	Supino voador no banco ou no chão	8– 10	1 – 2
Costas	Remada alta	8 - 10 (cada braço)	1 – 2
Músculos abdominais	Abdominal assistido	8 – 10	1 – 2
Bíceps	Rosca Scott	8 – 10	1 – 2
Tríceps	Afundos	8 - 10	1 – 2
Ombros	Abdução do ombro	8 – 10	1 – 2
Quadris	Avanço	8 – 10	1 – 2
Pernas	Elevação do calcanhar	8 – 10 (cada perna)	1 – 2
Estabilizador[b]	Posição de flexão de braço com levantamento de perna	Repita quatro vezes	10 – 15 segundos de cada vez
Estabilizador[b]	Extensão de perna	Repita quatro vezes cada perna	10 – 15 segundos de cada vez

[a]Toda vez que uma opção de exercício é substituída por uma outraque vise à mesma parte do corpo, siga o número de repetições e séries de forma idêntica. [b]Exercícios com estabilizador requerem que o cliente mantenha a posição durante o número de segundos especificado.

Programa Periodizado de 16 Semanas para Desenvolver Força Máxima

Desenvolvendo a força, seu cliente pode modelar o corpo, mudar a aparência e aumentar a massa muscular. Quando você criar o condicionamento básico com esse programa de 16 semanas, que evolua até o desenvolvimento máximo da força, as fases iniciais servem de base para a força e resistência muscular.

Esse programa periodizado desenvolve primeiro a resistência muscular (modelagem, tonificação, modelagem física - chame como quiser!) e depois faz seu cliente avançar para o desenvolvimento favorável da força e dos ganhos de volume (hipertrofia muscular). Ele não só se divertirá e se sentirá desafiado, mas também verá resultados, e sua mente e corpo se sentirão revigorados! Então, comece o programa com o seu cliente e deixe-o experimentar os resultados desse programa periodizado de força.

Análise do Plano

Cada fase nesse programa de 16 semanas dura quatro semanas. Antes de você mergulhar nesse programa, trabalhe com o seu cliente para desenvolver seus objetivos e avaliar o seu atual nível de condicionamento.

Se o objetivo dele é modelar e tonificar os músculos ao contrário de desenvolver volume e força máxima, você manterá o condicionamento de força do seu cliente, seguindo as orientações das primeiras duas fases. Se ele está procurando aumentar significativamente o volume e a força muscular, faça-o seguir as fases III e IV. As fases I e II preparam seu cliente para o treinamento de alta intensidade que ele irá experimentar nas fases III e IV, assim como para as técnicas do treinamento de alta intensidade (i. e., treinamento de exercícios compostos e exaustão), discutidas inicialmente neste capítulo.

Se você já deu ao seu cliente o embasamento do treinamento de força, treinando-o por pelo menos quatro semanas, fazendo de 8 a 10 exercícios por treino, realizando de 15 a 20 repetições até a fadiga e levantamento de duas a três vezes por semana, você pode iniciar o seu cliente na fase II, ou na quinta semana desse programa periodizado de força. Observe que, à medida que o programa avança, o treinamento se torna mais árduo e leva mais tempo.

Personalizando o Horário do Treino Customizado de 16 Semanas

Embora essa seja uma recapitulação das sessões anteriores, os seguintes pontos poderão ajudá-lo a customizar os horários dos treinos de cada cliente:

Ordem dos exercícios. Escolha, no mínimo, de 10 a 12 exercícios que visam a todos os principais grupos musculares. Dê uma olhada, na sessão seguinte, nos exercícios de força que desafiam todos os principais grupos musculares do corpo.

Número de treinos por semana. Reserve um dia para recuperação entre cada dia de treino de força. Você ainda poderá treinar um elemento cardiorrespiratório ou alongamento nesses dias de "folga".

Número de séries e repetições. Embora o número de séries e repetições deva ser seguido exatamente, isso não está escrito na pedra. Nessa progressão de semana para semana, há uma certa flexibilidade. Então, sinta-se à vontade para modificar (i. e., fazer menos) se o seu cliente não estiver na sua "melhor forma"

Peso. A quantidade de resistência que você usa é definida pela meta de repetições, conforme a sua relação com os objetivos do treinamento (i. e., resistência, hipertrofia, potência). Escolha uma resistência que permita ao seu cliente completar o número pretendido de repetições ou terminar os exercícios dentro de um limite de repetições em boa forma.

Velocidade do movimento. Uma proporção 2:4 envolve dois segundos de levantamento e quatro de abaixamento. Eu incentivo uma repetição de quatro a sete segundos, embora eu sempre varie a duração das fases concêntrica ou excêntrica, como parte do meu modo de abordar os programas de força periodizados.

Tempo de recuperação entre as séries. Use recuperação ativa para tirar o máximo proveito do tempo de sua cliente. Se ela não se sentir totalmente recuperada no tempo apropriado, sendo que a recuperação total entre as séries é o objetivo, dê-lhe mais tempo.

Tempo de recuperação entre as fases de quatro semanas. A teoria da periodização indica que após desenvolver um programa por quatro a seis semanas, um período de recuperação deve seguir esse esforço de treinamento sustentado. Incentive seu cliente a fazer algo diferente por dois a três treinos, antes de começar a fase seguinte do programa periodizado.

Fase I: Resistência Muscular

A Fase I do programa de força periodizado dura quatro semanas (tabela 19.15). As primeiras duas compõem-se de treinos leves a moderados. Isso permite uma adaptação progressiva às cargas de força para que os músculos, tendões e ligamentos possam se tornar mais fortes, com menos chance de serem lesionados. Após duas semanas, os treinos consistem em um treinamento de resistência leve, moderado e pesado (números mais altos de repetição refletem cargas leves, ao passo que números mais baixos revelam resistência mais pesada). Geralmente, à medida que seu cliente se torna mais forte, ele pode realizar mais exercícios e séries de repetições ou exercícios, treinar com maior freqüência e usar períodos menores para descansar entre as séries. Todas essas variáveis de treinamento são manipuladas em cada fase de quatro semanas desse programa de 16 semanas. Essas mudanças se ajustam aos novos ganhos em condicionamento e provêm de um novo desafio (sobrecarga). Sua cliente continuará a ficar mais forte e construir músculos, e obterá esses resultados de forma segura.

Tabela 19.15 Fase I: Resistência Muscular

Duração da fase: 4 semanas
Objetivos: Desenvolver força muscular geral e base de condicionamento de resistência; preparar para treinos mais árduos de modo crescente.

Semana 1	Treino	Número de séries	Número de repetições	Tempo de recuperação entre as séries (minutos)
	Treino 1	1	20	2
	Treino 2	1	20	2
Semana 2	Treino	Número de séries	Número de repetições	Tempo de recuperação entre as séries (minutos)
	Treino 1	1 – 2	20	1
	Treino 2	2	20	2
	Treino 3 (opcional)	1 – 2	20	1
Semana 3	Treino	Número de séries	Número de repetições	Tempo de recuperação entre as séries (minutos)
	Treino 1	2	15	2
	Treino 2	1 – 2	15	2
	Treino 3	2	15	2
Semana 4	Treino	Número de séries	Número de repetições	Tempo de recuperação entre as séries (minutos)
	Treino 1	2	15	1
	Treino 2	3	15	2
	Treino 3	2	15	1

Reimpresso de D. Brooks, 1999.

Fase II: Força Muscular e Hipertrofia (Nível 1)

A Fase II do programa de força periodizado dura quatro semanas (tabela 19.16). Com mais aumentos no volume (repetições, séries) e na intensidade (resistência), essa fase deverá resultar em um estímulo ainda maior para o aumento da massa muscular e ganhos em força. Maior ênfase é colocada em sessões distintas de treinamento leve, moderado e pesado. O tempo de recuperação e o número de repetições diminuem à medida que a fase progride, tornando o treinamento da sua cliente mais árduo, e fornecendo um estímulo maior para o aumento da massa muscular e ganhos em força.

Fase III: Força Muscular e Hipertrofia (Nível 2)

A Fase III do programa de força periodizado dura quatro semanas e deverá apresentar um novo estímulo para o treinamento, que continuará a melhorar os ganhos em força e massa muscular (tabela 19.17). Durante essa fase, a maior ênfase

Tabela 19.16 Fase II: Força Muscular (Nível 1)

Duração da fase: 4 semanas
Objetivos: Aumentar força e massa muscular (hipertrofia)

Semana 5	Treino	Número de séries	Número de repetições	Tempo de recuperação entre as séries (minutos)
	Treino 1	3	20	1
	Treino 2	3 – 4	15	2
	Treino 3	3	15	1
Semana 6	Treino	Número de séries	Número de repetições	Tempo de recuperação entre as séries (minutos)
	Treino 1	3 – 4	20	1
	Treino 2	3 – 4	15	2
	Treino 3	3	12	2
Semana 7	Treino	Número de séries	Número de repetições	Tempo de recuperação entre as séries (minutos)
	Treino 1	4	20	1
	Treino 2	2 – 4	15	2
	Treino 3	4	12	2
Semana 8	Treino	Número de séries	Número de repetições	Tempo de recuperação entre as séries (minutos)
	Treino 1	3	12	1 – 2
	Treino 2	2	15	1
	Treino 3	3 – 4	12	1 – 2

Reimpresso de Brooks, 1999.

será na diminuição do número de repetições. Uma resistência mais pesada vai fornecer mais um novo estímulo para promover ganhos em força. Por se estar usando uma resistência mais pesada, que poderá exigir mais tempo de recuperação do que o previsto na tabela para cada série de exercício, dê mais tempo para que seu cliente se recupere totalmente. Uma recuperação completa permite que ele levante pesos mais pesados com segurança. Durante a última semana dessa fase (12ª semana), o exercício todo é reduzido levemente. Isso dá ao seu cliente um tempo a mais para se recuperar (não se esqueça do tempo de recuperação entre as

Tabela 19.17 Fase III: Força Muscular (Nível 2)

Duração da fase: 4 semanas
Objetivos: Aumentar significativamente força e massa muscular (hipertrofia)

Semana 9	Treino	Número de séries	Número de repetições	Tempo de recuperação entre as séries (minutos)
	Treino 1	3	12	1
	Treino 2	2	10	1 – 2
	Treino 3	3	12	1
Semana 10	Treino	Número de séries	Número de repetições	Tempo de recuperação entre as séries (minutos)
	Treino 1	3	10	1 – 2
	Treino 2	3 – 4	12	1
	Treino 3	3	10	1 – 2
Semana 11	Treino	Número de séries	Número de repetições	Tempo de recuperação entre as séries (minutos)
	Treino 1	3 – 4	10	1
	Treino 2	3	8	1 – 2
	Treino 3	3	10	1
Semana 12	Treino	Número de séries	Número de repetições	Tempo de recuperação entre as séries (minutos)
	Treino 1	3 – 4	10	1
	Treino 2	3	10	1
	Treino 3	2	10	1

Reimpresso de Brooks, (1999).

fases também), antes de começar a última fase do programa. Não deixe que o cliente se sinta culpado por descansar. A Fase IV (iniciando a 13ª semana) dará ao seu cliente oportunidade de sobra para treinar muito, conforme as repetições continuam a diminuir.

Fase IV: Otimizando Hipertrofia e Força

A última fase do programa de força periodizado dura quatro semanas, e destina-se a dar os últimos retoques na concentração de 16 semanas para o melhoramento de força da sua cliente (tabela 19.18). Nessa fase, o número de repetições diminui ainda mais. Há períodos mais longos de descanso porque ela requer esforços árduos que, por sua vez, pedem recuperação mais longa entre os exercícios para manter-se um nível coerente de esforço (digo, seu cliente precisa ser capaz de completar o número determinado de repetições) de um exercício para outro.

Tabela 19.18 Fase IV: Otimizando Hipertrofia e Força

Duração da fase: 4 semanas
Objetivos: Maximizar aumentos de força muscular e hipertrofia

Semana 13	Treino	Número de séries	Número de repetições	Tempo de recuperação entre as séries (minutos)
	Treino 1	3	8	2
	Treino 2	2	10	1
	Treino 3	3 – 4	8	2
Semana 14	Treino	Número de séries	Número de repetições	Tempo de recuperação entre as séries (minutos)
	Treino 1	3	8	2
	Treino 2	2	6	2 – 3
	Treino 3	3	8	2
Semana 15	Treino	Número de séries	Número de repetições	Tempo de recuperação entre as séries (minutos)
	Treino 1	3	6	2 – 3
	Treino 2	3	6	2 – 3
	Treino 3	3	6	2 – 3
Semana 16	Treino	Número de séries	Número de repetições	Tempo de recuperação entre as séries (minutos)
	Treino 1	3 – 4	6	2 – 3
	Treino 2	3	6	2 – 3
	Treino 3	3 – 4	6	2 – 3

Reimpresso de Brooks, 1999.

Folha de Registro do Treinamento de Força

Você poderá registrar os treinos periodizados de força do seu cliente num formulário como o que se encontra a seguir.

Formulário 19.1 Registro Semanal do Treino de Força

#	Exercícios	Séries e repetições semanais		Dia 1				Dia 2				Dia 3			
			Série	1	2	3	4	1	2	3	4	1	2	3	4
1			Cg.												
			Reps												
2			Cg.												
			Reps												
3			Cg.												
			Reps												
4			Cg.												
			Reps												
5			Cg.												
			Reps												
6			Cg.												
			Reps												
7			Cg.												
			Reps												
8			Cg.												
			Reps												
9			Cg.												
			Reps												
10			Cg.												
			Reps												
Fase____ Sem.____ Data____		Comentários:________													

Os 15 Principais Exercícios de Força (e Como Realizá-los)

Esses principais exercícios de força não proporcionam apenas treinos que visam a todos os principais grupos musculares do corpo, pedem também um equipamento mínimo e, seguindo as descrições, você pode ter certeza de que seu cliente irá realizar os exercícios corretamente.

Os exercícios estão seqüenciados para que você possa seguir toda a rotina listada. Como uma mesma parte do corpo nunca é exercitada consecutivamente, seu cliente se recupera ativamente enquanto realiza o exercício seguinte. Rotinas mais avançadas seqüenciam os exercícios de forma diferente, mas isso provê um treino corporal total e contínuo que incorpora o conceito de recuperação ativa.

Exercício de Força 1: Supino com Halteres

Partes Visadas do Corpo
Peito, região anterior dos ombros, região posterior dos braços

Músculos Desenvolvidos
Peitoral maior, deltóide anterior, tríceps

Objetivos
Aumentar força no peito e evitar fadiga dos ombros

Postura e Alinhamento
Instrua o cliente: sente-se ereto na extremidade de um banco, um halter em cada mão. Os halteres apoiados de um lado e em contato com a região superior da coxa. Desta posição, role para trás, ficando em decúbito dorsal e, simultaneamente, traga os pesos para os lados do peito (chamo isso de "posição segura") (na posição segura, mãos, pulsos e cotovelos estarão perto do seu corpo lateralmente.). Mantenha os pés no chão ou traga-os para mais perto do banco. Cabeça, escápula e região glútea devem estar em contato firme com o banco. Mantenha a curvatura natural do pescoço e da região lombar. Puxe as escápulas uma em direção à outra (retração escapular). Mantenha essa posição por toda a série de repetições.

Realizando o Exercício
A partir da posição segura, levante a carga diretamente acima dos ombros. Gire-os para que os polegares se defrontem e os cotovelos se afastem do seu corpo. Abaixe o peso como se as mãos estivessem se movendo ao redor de um enorme barril. Mantenha os punhos retos e não deixe os halteres oscilarem.
Agora, levante o peso e visualize as mãos formando um arco em volta do barril. Mantenha essa posição e técnica até a última repetição. Quando o peso for baixado, ao mesmo tempo, dobre os cotovelos e abaixe os braços até que eles (do cotovelo ao ombro) fiquem paralelos ao solo. Não

Continuação

deixe os ombros girarem para frente ou para trás. Quando estiver levantando o peso, contraia o peito e movimente os braços, juntos, para cima e para baixo, enquanto endireita o cotovelo. Mantenha as escápulas contraídas, uma junto da outra, e os cotovelos levemente dobrados (no alto do movimento) a cada repetição concluída. Volte à posição inicial seguindo o arco do barril. Na última repetição, movimente os cotovelos para frente, girando os ombros (os braços estão retos), e traga o peso de volta para a posição segura.

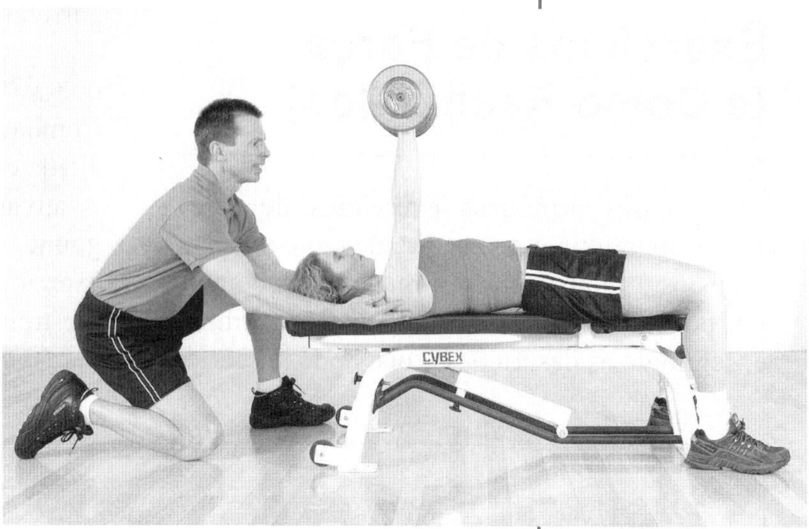

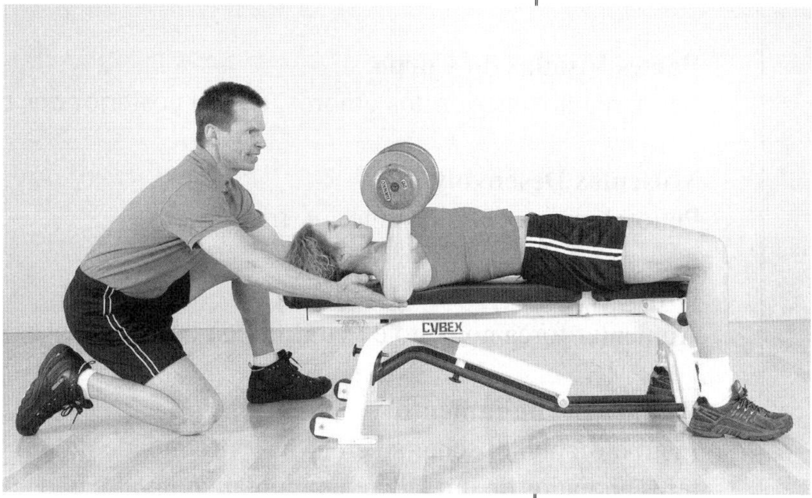

Variações

A partir da posição sentado ou em pé, prenda uma banda elástica nas costas, na altura do ombro. Embora a posição do corpo mude, a técnica não muda. Quando os braços são trazidos de volta, eles devem ficar alinhados com a parte lateral do corpo, não atrás.

Comentários

Um banco alto demais pode forçá-lo a arquear excessivamente a região dorsal se você colocar os pés no chão. Certifique-se de que você possa manter a curvatura normal das suas costas durante o levantamento. Se precisar, coloque os pés no próprio banco, embora isso possa torná-lo menos estável. Você pode solucionar o problema colocando um banco com degrau ou outro apoio em cada lado do banco. Alguns equipamentos comerciais vêm com apoios para os pés.

Considerações acerca da segurança

Não abaixe seus braços além da linha paralela ao chão e não deixe os cotovelos se moverem para dentro ou para fora (você saberá porque os pesos oscilam!). Evite arquear as costas, mantendo as escápulas contraídas. Mantenha uma curvatura natural na região lombar. Manter as costas retas coloca uma tensão desnecessária na região lombar. Mantenha a postura e o alinhamento durante todo o movimento.

Exercício de Força 2: Remada Unilateral com Halteres em Banco Horizontal

Partes Visadas do Corpo
Lados da região superior das costas, região posterior do ombro, região anterior do braço

Músculos Desenvolvidos
Latíssimo do dorso, deltóide posterior, bíceps

Objetivos
Fortalecer a região superior das costas e a região posterior do ombro, produzir equilíbrio muscular entre o peito e costas, melhorar a postura.

Postura e Alinhamento
Instrua o cliente: coloque um joelho num banco com o quadril do mesmo lado, alinhado diretamente sobre ele (isso evita que você se sente sobre o calcanhar, estressando o joelho). O joelho da outra perna deve estar aproximadamente na mesma altura e levemente flexionado. A mão do lado do joelho que está sobre o banco deve se posicionar bem na beirada do banco (isso coloca menos pressão sobre o punho) em vez de ficar espalmada sobre o banco. A parte superior do corpo deve ficar paralela ao chão. Abaixe o corpo, flexionando o joelho e o quadril, para pegar o peso e voltar à posição inicial. Segure o halter sem balançá-lo e mantenha o punho estendido. Gire o ombro para que o cotovelo aponte para fora. Os braços pendem estendidos e o cotovelo fica levemente flexionado. Puxe as escápulas uma em direção à outra (retração escapular) e mantenha essa contração durante todo o exercício.

Continuação

Continuação

Realizando o Exercício
Dobre o cotovelo e puxe o braço para cima até que o braço propriamente fique paralelo ao chão, ou mais alto, e a dobra do cotovelo forme um ângulo reto. Faça uma pausa, mantenha as escápulas contraídas e o cotovelo apontado para fora, conforme você retorna à posição inicial. Repita do outro lado.

Variações
1. A remada baixa com halteres enfatiza o músculo latíssimo. A posição inicial é a mesma, exceto que o halter pende em linha reta e o cotovelo fica junto ao corpo. O braço "raspa" as costelas até que o braço fique paralelo ao chão, ou mais alto.
2. A remada alta pode ser realizada a partir da posição sentada ou em pé, usando banda elástica presa firmemente na altura do ombro, à sua frente. Os dois braços podem ser exercitados juntos.

Comentários
A remada alta dá mais ênfase à região posterior do ombro ao passo que a baixa visa ao músculo latíssimo.

Considerações acerca da segurança
Não use o *momentum*. Controle o movimento e mantenha o peito paralelo ao chão (a tendência é "abrir" o peito em direção ao teto). Mantenha a curvatura normal do pescoço e das costas. Evite arquear o pescoço, mantendo a cabeça no mesmo nível. Não gire o ombro para frente ou para trás (isso irá alterar o efeito pretendido do exercício). Mantenha a postura e o alinhamento durante todo o movimento.

Exercício de Força 3: Agachamento em Pé

Partes Visadas do Corpo
Região glútea, região anterior e posterior das coxas

Músculos Desenvolvidos
Glúteo máximo, quadríceps, isquiotibiais

Objetivos
Fortalecer a região glútea e as coxas, melhorar o equilíbrio e aumentar a força estabilizadora da coluna vertebral e parte superior do corpo.

Continuação

Continuação

Postura e Alinhamento
Instrua o cliente: fique em pé, com o seu peso dividido sobre os pés, que devem estar afastados um pouco além da linha do quadril. Os pés podem estar apontados para a frente ou levemente virados para fora. Segure um halter em cada mão (ou use bandas elásticas) e deixe os braços estendidos penderem naturalmente, um pouquinho à frente dos quadris. Na posição inicial, os quadris e joelhos devem estar levemente flexionados, o tronco levemente inclinado para a frente, a cabeça em posição neutra (o queixo paralelo ao chão, olhando para a frente) e a região lombar inferior deve manter a curvatura normal, as escápulas contraídas uma perto da outra e o peso deve estar centrado sobre a articulação dos tornozelos (não avance sobre a ponta dos pés, nem recue sobre os calcanhares).

Realizando o Exercício
Flexione os joelhos e, devagar, movimente os quadris para trás (como se fosse sentar-se numa cadeira). Mantenha a curvatura natural nas costas e a leve inclinação do tronco para a frente. Não curve a região lombar. Incline-se a partir do quadril. Mantenha o peito erguido (em oposição a curvado), apertando as escápulas uma junto da outra. Os joelhos não devem ultrapassar a ponta dos pés e devem estar alinhados entre o primeiro e o quinto dedo do pé. Os joelhos devem estar sempre voltados em direção à ponta dos pés. A volta à posição inicial ereta requer controle e usa os mesmos grupos musculares usados no abaixamento.

Variações
1. Os halteres podem ser sustentados na altura dos ombros ou um halter pode ser sustentado na frente do corpo com os braços estendidos e cotovelos levemente fletidos. A técnica permanece a mesma.
2. Bandas elásticas podem ser usadas, segurando as alças e colocando o cordão sob os pés, de forma segura. A técnica permanece a mesma, mas recomenda-se que você posicione e tire a carga do (desprenda) elástico na altura do ombro na posição agachado. Isso reduzirá a tensão sobre o elástico.

Continuação

Continuação

Comentários
Quando você abaixa, os músculos das suas coxas são usados excentricamente (eles produzem força enquanto estão se estendendo), e, quando você volta à posição ereta, esses mesmos músculos são usados concentricamente (eles produzem força enquanto se contraem).
Não pense em colocar blocos ou discos de peso sob os calcanhares. Isso empurra os joelhos para frente e coloca uma tensão desnecessária sobre eles. Mantenha sempre os calcanhares em contato com o chão. Abaixe-se até que as coxas estejam quase paralelas (ou levemente mais altas) ao chão ou até o ponto em que você não consiga manter a curvatura natural na região lombar. Se suas costas se curvarem e os quadris oscilarem, não abaixe mais, pois isso é muito estressante para a região lombar.

Considerações acerca da segurança
Mantenha as costas em postura neutra (levemente arqueadas) e os calcanhares no chão. Mantenha os joelhos alinhados sobre os pés e na direção que eles apontam. Normalmente, ao se agachar, não dobre os joelhos mais que 90 graus, ou mantenha as coxas paralelas ao chão. Mantenha a postura e o alinhamento durante todo o movimento.

Exercício de Força 4: Desenvolvimento Sentado

Partes Visadas do Corpo
Região anterior dos ombros, região posterior dos braços, região cervical

Músculos Desenvolvidos
Deltóide anterior, tríceps, parte superior do trapézio

Objetivos
Fortalecer a região anterior dos ombros e peito (até certo ponto)

Postura e alinhamento
Instrua o cliente: ajuste seu banco supino inclinado para uma inclinação de 20 a 30 graus (medida a partir da posição ereta, essa é uma inclinação "leve"). Sente-se com um halter em cada mão. Os halteres ficam apoiados de um lado e em contato com a região superior das coxas. Nessa posição inclinada e apoiada, posicione a cabeça (que pode estar um pouco à frente, apoiada numa toalha enrolada), escápulas e região glútea firmemente contra o banco, mantendo a curvatura natural do pescoço e da lombar. Levante os halteres até a altura dos ombros e adote um meio-termo entre deixar os cotovelos extremamente "bojudos" ou abertos (para os lados) e deixá-los perto do corpo ou apontados para frente.

Continuação

Continuação

Realizando o Exercício

Inicie o levantamento acima da cabeça a partir dessa posição inicial. Evite que os pesos se inclinem ou fiquem paralelos ao chão. Levante os pesos como se o estivesse fazendo em volta de um barril. Termine o levantamento aproximando as mãos ou os polegares um do outro. Não é necessário que os halteres se toquem. Abaixe com controle até a posição inicial e repita.

Variações

A partir da posição sentada, num banco ou *step* inclinado, enrosque uma banda elástica por baixo do assento do banco ou *step*, de forma segura, segurando as extremidades, uma em cada mão. Sente-se ereto e puxe para cima e para frente.

Comentários

O ângulo do banco, aproximadamente 20 a 30 graus de inclinação (leve), determina em que proporção o músculo peitoral maior está envolvido. À medida que se abaixa a inclinação para a posição horizontal, o envolvimento do peitoral maior aumenta.

Considerações acerca da segurança

Não ajuste o banco na posição exatamente vertical (em linha reta). É raro você estender os braços para alcançar algo exatamente acima da cabeça (normalmente, você estende os braços para cima, um pouco à frente do corpo, para realizar tarefas diárias e atividades esportivas). Levantar diretamente acima da cabeça, ou um pouco atrás do pescoço, colocará a tensão desnecessária na articulação do ombro. É sempre desconfortável e dificulta o levantamento em boa forma. Além disso, essas variações de alto risco não trabalham a parte anterior do ombro com mais eficácia. Mantenha a postura e o alinhamento durante todo o movimento.

Exercício de Força 5: Abdominal Lateral Deitado de Lado

Partes Visadas do Corpo
Músculos abdominais, região lombar

Músculos Desenvolvidos
Abdominais: oblíquos, reto do abdome (auxilia no abdominal lateral)
Músculos do dorso: quadrado do lombo, eretor da espinha (auxilia no abdominal lateral)

Objetivos
Fortalecer as fibras laterais (externas) dos músculos oblíquos e produzir força equilibrada entre o reto do abdome e os oblíquos, como criar força abdominal estabilizadora; fortalecer a região lombar inferior.

Postura e Alinhamento
Instrua o cliente: deite-se de lado sobre o Bosu Balance Trainer. Coloque as mãos atrás da cabeça, apoiando-a lateralmente sobre o braço que está em contato com o Bosu (Observe que o braço de baixo está posicionado por comodidade e o cotovelo está apontando para a frente, ao passo que o cotovelo de cima está "aberto" e afastado da cabeça.). Mova a perna de cima um pouquinho para a frente e pressione o pé no chão, com firmeza, para ter estabilidade. A perna de baixo fica reta ou levemente fletida. Os ombros estão alinhados com os quadris (não flexione na altura da cintura ou quadris).

Realizando o Exercício
A partir dessa posição deitada de lado, eleve a parte superior do corpo, aproximando a extremidade inferior da caixa torácica à extremidade superior do quadril. Sem mover os quadris para frente ou para trás, eleve apenas até onde lhe permitem os músculos. Retorne à posição inicial com controle.

Variações
Inicialmente, você poderá auxiliar esse movimento com o braço de baixo. Quando a sua força aumentar, apenas afaste do chão o braço de baixo e então puxe a caixa torácica em direção ao quadril.

Continuação

Comentários

As fibras laterais dos músculos oblíquos desempenham um papel importante na postura ereta, sendo, portanto, o exercício abdominal mais importante para você! Esse movimento é muito pequeno e preciso. Não fique tentado a usar uma técnica ineficaz e insegura para produzir movimento excessivo. Esses músculos do tronco são usados mais como estabilizadores funcionais (eles mantêm sua pelve e seu dorso adequadamente posicionados). Então, lembre-se de deixar os músculos anteriores e posteriores do seu tronco moverem você, e nada mais! Não deixe que seu quadril oscile para frente ou para trás. Isso tira a ênfase dos músculos oblíquos e do dorso. Mantenha o cotovelo superior e o quadril voltados para o teto.

Considerações acerca da segurança

Não incline a cabeça em direção ao teto. As orelhas devem estar paralelas aos ombros e "subir" juntos, conforme os músculos do tronco puxam a caixa torácica em direção ao quadril, levantando levemente a parte superior do corpo. Mantenha a postura e o alinhamento durante todo o movimento.

Exercício de Força 6: Séries do Manguito Rotador (três exercícios-chave a partir da posição em decúbito lateral)

O manguito rotador é formado por quatro músculos: supra-espinhal, infra-espinhal, redondo menor e subescapular (SIRS).

Partes visadas do corpo

Articulação do ombro

Músculos Desenvolvidos

1. Abdução em decúbito lateral: supra-espinhal
2. Rotação externa em decúbito lateral: infra-espinhal, redondo menor
3. Rotação interna em decúbito lateral: subescapular

Objetivos

Desenvolver força articular do ombro e integridade estrutural.

Postura e Alinhamento

1. Instrua o cliente: deite-se de lado numa superfície confortável e coloque uma toalha enrolada sob a cabeça para servir de apoio. Com o peso na mão, apóie lateralmente o braço superior. Coloque o braço de baixo em uma posição confortável. Mantenha os joelhos e quadris levemente fletidos e a curvatura natural da região lombar (veja 1a).

Continuação

2. Após assumir a posição 1, movimente a mão superior de forma que o braço se dobre a 90 graus (formando um ângulo reto com o corpo) e o cotovelo se mantenha junto ao corpo, grudado no mesmo lugar durante todo o exercício (veja 2a).

3. A partir da posição 1 ou 2, desloque o peso da mão de cima para a de baixo. Recoloque a mão superior na posição anterior de descanso. Abaixe a mão com o peso de forma que o cotovelo se dobre a 90 graus (formando um ângulo reto com o corpo) e a mão fique logo acima do chão. Apóie essa posição com uma toalha se estiver desconfortável. O cotovelo de baixo fica perto do corpo e em contato com o chão durante todo o exercício (veja 3a).

1a

2a

Realizando os Exercícios

1. A partir da postura 1, estenda o punho e o braço e levante-o a cerca de 45 a 60 graus em direção ao teto. Não deixe o corpo oscilar para frente ou para trás. Mantenha o braço estendido alinhado sobre a lateral do corpo durante todo o exercício. Abaixe o peso com controle (veja 1b).

2. A partir da posição 2, mantenha o braço de cima dobrado a 90 graus e o cotovelo junto ao corpo. Mantenha o punho estendido e abaixe o peso tanto quanto puder, sem tirar o cotovelo do lugar. Gire o braço para cima, em direção ao teto, sem tirar o cotovelo do lugar. Não deixe o corpo oscilar para frente ou para trás. Abaixe o peso com controle (veja 2b).

3a

Continuação

3. A partir da posição 3, mantenha o braço de baixo dobrado a 90 graus e perto do corpo. A mão fica longe do chão na posição inicial. Gire o braço para dentro e em direção ao corpo, sem deixar que o cotovelo deslize para longe do corpo (veja 3b).

1b

Comentários

Bastante força muscular do manguito rotador é o alicerce para qualquer programa de força para a parte superior do corpo ou qualquer atividade esportiva que exija o uso dos braços, peito e região cevical.

Considerações acerca da segurança

1. Apóie a cabeça para que ela não oscile e mantenha a curvatura natural na região lombar. Evite deitar-se sobre o ombro, "enganando" e colocando-o levemente para a frente na hora de assumir a postura e o alinhamento.
2. Evite deitar-se sobre o ombro, "enganando" e colocando-o levemente para a frente na hora de assumir a postura e o alinhamento. Mantenha o cotovelo superior na sua posição inicial durante todo o exercício e apertado contra a lateral do corpo. Não gire o braço superior mais do que a 90 graus (em direção ao teto) (veja 2a e b).
3. Mantenha o cotovelo de baixo em sua posição inicial durante todo o exercício. Mantenha a postura e o alinhamento durante cada movimento (veja 3a e b).

2b

3b

Continuação

Partes Visadas do Corpo
Região anterior da coxa

Músculos Desenvolvidos
Grupo do quadríceps femoral (reto femoral, vasto medial, vasto intermédio, vasto lateral)

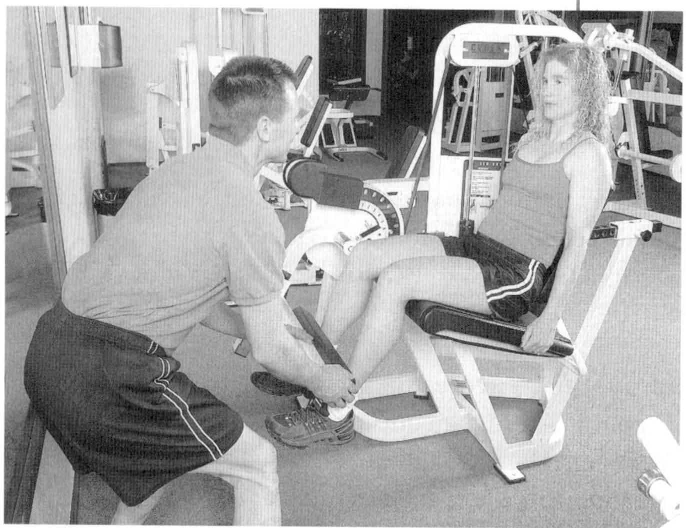

Objetivos
Aumentar a força muscular da coxa sem comprometer a saúde da articulação do joelho, manter ou melhorar a estabilidade articular do joelho e rastreamento da patela (alinhamento correto).

Postura e Alinhamento
Instrua o cliente: ajuste o assento de forma que os joelhos estejam alinhados com o eixo de rotação da máquina. A almofada de apoio da perna deve ficar em contato com a canela, logo acima da articulação do tornozelo. Sente-se ereto ou levemente inclinado, a região glútea sempre apoiada firmemente no assento, durante a execução desse exercício! Mantenha a curvatura natural da região lombar e do pescoço (queixo paralelo ao chão). Aperte as escápulas uma junto à outra (retração escapular) e posicione as pernas dobradas, no máximo, a 90 graus. Posicione os joelhos alinhados aos quadris e mantenha as patelas direcionadas ao teto (não deixe que elas se voltem para dentro ou para fora, girando o quadril).

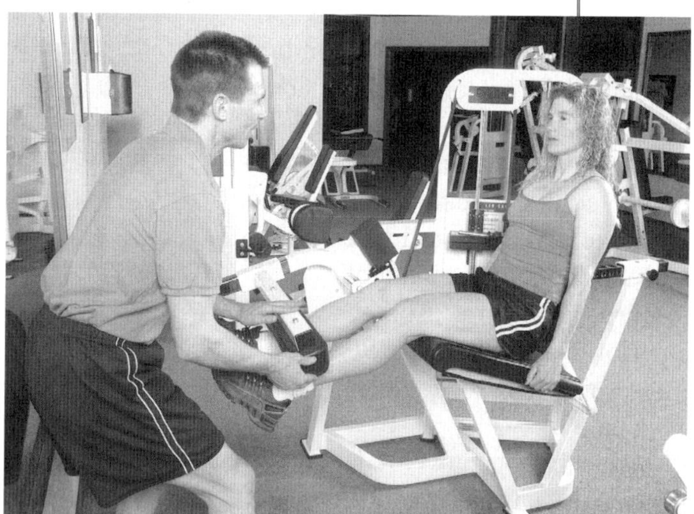

Realizando o Exercício
Relaxe os tornozelos (os pés não devem estar retesados ou puxados para as canelas) e comece a estender (endireitar) devagar a extremidade inferior da perna. Continue endireitando as pernas até que elas estejam completamente estendidas (se os isquiotibiais estiverem tensos, talvez você não consiga es-

Continuação

Continuação

tender totalmente). Observe que é menos estressante para o joelho parar quando estiver faltando uns 10 graus para atingir a extensão total da perna (Brooks, 2001). Evite girar os quadris interna ou externamente (isso fará com que as patelas girem para dentro ou para fora). Retorne devagar à posição inicial.

Variações
A partir da posição sentada, num banco ou num *step* inclinado, prenda uma peça circular de banda elástica ao redor dos tornozelos. Sente-se ereto e realize o exercício da forma como foi descrita anteriormente.

Comentários
Esse é um ótimo exercício para isolar os quadríceps. Diferentemente dos exercícios compostos, tais como agachamentos, que pedem técnica avançada, força e equilíbrio, a extensão de pernas em posição sentado permite uma carga controlada (o exercício é menos dinâmico e requer menos técnica). Como uma perna é sempre mais forte do que a outra, trabalhe os quadríceps com uma perna de cada vez também. Isso proverá equilíbrio muscular.

Considerações acerca da segurança
Como esse exercício pode colocar uma tensão considerável na articulação do joelho, siga as instruções e alterações anteriores. Como o joelho é uma □dobradiça□, evite estresses laterais (tensão nas regiões laterais do joelho), mantendo as patelas direcionadas para o teto. Esse movimento articular (extensão do joelho) é também usado no agachamento (você pode fortalecer os quadríceps sem esse exercício), mas, se você sentir desconforto ou dor no joelho, poderá omitir esse exercício. Evite aparelhos que exijam que você estenda o joelho a partir de uma posição inicial maior do que 90 graus (ângulo reto) de flexão, em relação à coxa. Mantenha a postura e o alinhamento durante todo o movimento.

Exercício de Força 8: Extensão da Coluna em Decúbito Ventral

Partes Visadas do Corpo
Região Lombar

Músculos Desenvolvidos
Eretor da espinha

Objetivos
Fortalecer os músculos da região lombar e aumentar a integridade estrutural da coluna vertebral

Postura e Alinhamento

Continuação

Instrua o cliente: posicione-se em decúbito ventral numa superfície confortável, com as pernas estendidas e afastadas na linha dos quadris. Apóie a cabeça nas mãos, os cotovelos afastados do corpo. Junte as escápulas (retração escapular).

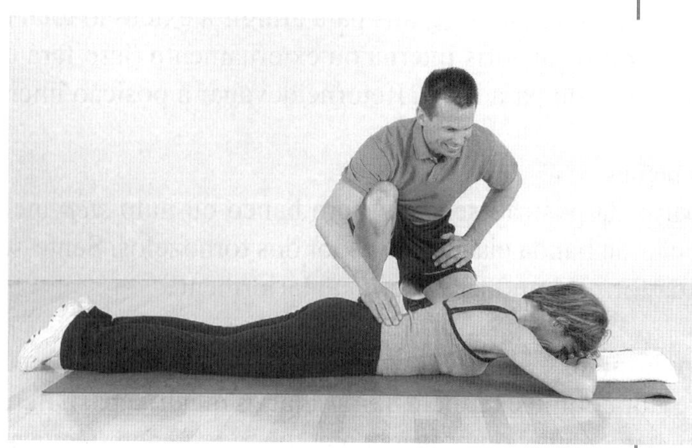

Realizando o Exercício

Mantendo os quadris e os pés no chão e a cabeça em contato com as mãos, eleve suavemente a parte superior do corpo. Mantenha as escápulas juntas, contraindo os músculos até a região glútea. Eleve o mais que puder, sem acrescentar *momentum*. Retorne devagar à posição inicial.

Variações

Realize o mesmo exercício com rotação. Eleve a parte superior do corpo levemente, antes de fazer a rotação. Uma *fit ball* é uma excelente opção para esse exercício.

Comentários

Um alinhamento inadequado da coluna vertebral pode resultar de músculos dorsais enfraquecidos ou má postura. Esse exercício pode ajudar a combater os efeitos de ficar sentado com as costas curvadas, o que pode acabar em músculos dorsais fracos e estirados demais.

Considerações acerca da segurança

Mantenha os quadris firmemente pressionados no chão e os pés em contato com o chão sempre. Evite a extensão excessiva da região lombar, elevando a parte superior do corpo de forma controlada. Sustente a cabeça e o pescoço em alinhamento adequado, mantendo a cabeça em contato com as mãos. Mantenha a postura e o alinhamento durante todo o movimento.

Exercício de Força 9: Flexão de Pernas em Decúbito Ventral

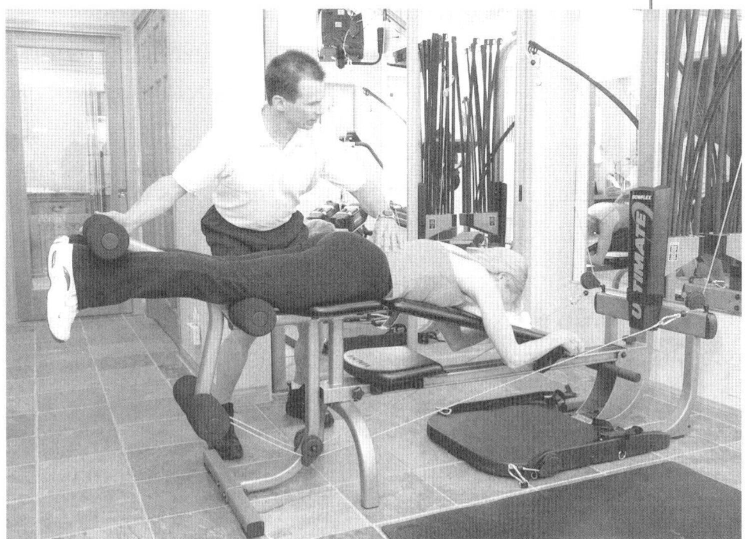

Partes Visadas do Corpo
Região posterior da coxa

Músculos Desenvolvidos
Isquiotibiais

Objetivos
Isolar e fortalecer os jarretes, equilibrar a força dos quadríceps, estabilizar o joelho e ajudar a prevenir lesões nos joelhos.

Postura e Alinhamento
Instrua o cliente: fique em decúbito ventral num equipamento para flexão de pernas, com as patelas bem na borda do banco. Alinhe os joelhos com o eixo rotatório da máquina. Ajuste as almofadas para que fiquem em contato com a parte posterior da perna, logo acima do calcanhar. Mantenha as patelas voltadas para o chão e os joelhos alinhados com os músculos glúteos (isso impede que você posicione os joelhos perto demais ou longe demais um do outro, aumentando a tensão lateral dessa articulação). Segure as alças levemente, mas pressione o seu corpo firmemente contra a almofada/mesa flexora. Seu rosto deve estar voltado para baixo (se for mais confortável virar a cabeça para um lado, não deixe de trocar de lado uma vez, pelo menos, durante a execução da série). Comece com os joelhos levemente fletidos (isso impede que eles fiquem hiperestendidos por causa do peso) e os tornozelos relaxados. Fique nessa postura até o término do exercício (a não-manutenção dessa posição inicial resulta em glúteos "voando" para cima, lombar arqueada e isolação ineficaz dos isquiotibiais).

Continuação

Continuação

Realizando o Exercício
Comece o exercício com os joelhos levemente fletidos e uma pequena contração nos músculos abdominais (isso impede que a região lombar fique arqueada). Relaxe os tornozelos (os pés não devem estar retesados ou puxados para as canelas). Puxe os calcanhares em direção aos glúteos, contraindo os isquiotibiais e levantando a parte inferior das pernas devagar. Os calcanhares podem ou não tocar os glúteos. Contraia totalmente os isquiotibiais e retorne à posição inicial de joelhos levemente fletidos.

Variações
Fique em decúbito ventral numa superfície confortável com elástico (faixas funcionam melhor em comparação com cordões, que tendem a se enrolar na perna) enrolado nos tornozelos. Assuma a postura inicial descrita anteriormente. Mantenha um pé em contato com o chão e puxe o outro em direção aos glúteos. Retorne à posição com controle e repita. Após completar o número desejado de repetições, mude para a outra perna.

Comentários
Como acontece com o quadríceps (extensão de pernas sentada), é melhor trabalhar os isquiotibiais unilateralmente (um de cada vez) e bilateralmente (as duas pernas ao mesmo tempo) para propiciar equilíbrio muscular. Se você sempre usa as duas pernas, é fácil usar uma mais do que a outra. A variação com bandas elásticas é um bom exemplo de flexão de perna unilateral.

Considerações acerca da segurança
Mantenha um arco natural na região lombar. Não queira arredondar ou arquear excessivamente a sua lombar. Eleve as pernas com controle e peso adequado! Isso impedirá os glúteos de "voarem" e a lombar de arquear. Comece e termine a flexão das pernas com os joelhos levemente fletidos. Mantenha a postura e o alinhamento durante todo o movimento.

Exercício de Força 10: Abdominal Inverso

Partes Visadas do Corpo
Ênfase na região inferior dos músculos abdominais (reto do abdome)

Músculos Desenvolvidos
Reto do abdome, oblíquos externos

Objetivos
Controlar o arco lombar excessivo, fortalecendo a região inferior do músculo reto do abdome (músculos abdominais fortes podem ajudar a produzir um bom alinhamento vertebral e estabilização pélvica).

Continuação

Continuação

Postura e Alinhamento

Instrua o cliente: fique em decúbito dorsal numa superfície confortável e comece com os joelhos fletidos (calcanhares puxados em direção aos glúteos) e acima dos quadris, com leve curvatura na região lombar. Coloque as mãos ao longo do corpo para ajudar no equilíbrio (não tente ajudar empurrando com as mãos) e contraia as escápulas. Não puxe os joelhos para junto do peito ao contrair os abdominais (isso vai fazer com que os flexores do quadril iniciem o movimento com *momentum*, fazendo com que a região abdominal inferior trabalhe muito pouco).

Realizando o Exercício

Esse pequeno movimento é isolado quando você contrai os músculos abdominais e puxa a parte de cima dos quadris em direção à caixa torácica. Contraia os abdominais o suficiente para achatar a região lombar e pressioná-la firmemente contra o chão. Continue a puxar a pelve em direção à caixa torácica, sem *momentum*, até que os abdominais estejam totalmente contraídos (até onde você puder contrair). Abaixe com controle até a posição inicial (não se esqueça de liberar a lombar para voltar ao arco natural) e repita.

Variações

Para aumentar a intensidade do exercício, realize uma flexão reversa com a cabeça na extremidade superior de um banco ou *step* inclinado. Ou, simultaneamente, faça um abdominal básico junto com o reverso.

Comentários

Tecnicamente falando, não há um músculo abdominal "superior" e "inferior". Mas o tipo de exercício abdominal que você escolher poderá enfatizar a região superior ou inferior do abdome, que é um músculo longo chamado de reto do abdome. Além disso, alguns especialistas afirmam que, do ponto de vista funcional, não é importante diferenciá-los (McGill, 2002). O objetivo do trabalho abdominal deve ser o de fortalecer tanto a região superior quanto a inferior para ajudá-lo a obter ou manter um bom alinhamento da coluna; não para reduzir gordura localizada.

Continuação

Continuação

Considerações acerca da segurança
Mantenha os joelhos acima dos quadris e evite balançar as pernas. Realize esse pequeno arco de movimento com absoluto controle. Após cada abdominal reverso, faça a coluna retornar à posição neutra (ao arco natural com que você começou). Mantenha a postura e o alinhamento durante todo o movimento.

Exercício de Força 11: Elevação Lateral em Pé

Partes Visadas do Corpo
Ombros

Músculos Desenvolvidos
Parte média do músculo deltóide

Objetivos
Fortalecer o ombro, com ênfase na parte média do músculo deltóide, promover equilíbrio muscular no ombro (além de exercitar a região anterior do ombro, sobrecarregada por movimentos prementes característicos da vida diária).

Postura e Alinhamento
Instrua o cliente: a partir da posição em pé, com joelhos e quadris levemente fletidos, pesos nas mãos, posicione os pés afastados na linha dos ombros. Os cotovelos devem apontar para trás e os pesos não devem oscilar para cima ou para baixo. Deixe os braços penderem dos lados naturalmente, com as mãos um pouco adiante dos quadris, os cotovelos levemente fletidos e o corpo levemente inclinado para frente (Essa leve inclinação para frente posiciona a parte média do deltóide exatamente acima do assoalho, permitindo, dessa forma, que a força da gravidade e o peso se oponham ao movimento). Mantenha as curvaturas naturais do pescoço (o queixo não deve estar erguido, nem caído) e da região lombar e puxe as escápulas uma para junto da outra (retração escapular).

Realizando o Exercício
Mantenha os cotovelos levemente fletidos e mova-os "empurre-os" para os lados do corpo de forma controlada. Mantenha os punhos estendidos (não deixe as mãos se dobrarem para baixo ou para cima) e eleve os braços até que eles fiquem quase paralelos ao chão (90 graus de abdução). Não deixe os ombros rotarem interna

Continuação

Continuação

ou extenamente (se o fizer, os cotovelos vão apontar para o teto ou para o chão). Abaixe e repita.

Variações

1. Utilizando a mesma postura, realize o exercício unilateralmente (apenas uma mão levanta o peso). Isso permite que a outra mão, colocada sobre a coxa, apóie o corpo.
2. A partir da posição em pé, coloque um elástico sob os pés, firmemente, e segure cada extremidade (ou as alças). Realize o exercício como foi descrito anteriormente.

Comentários

Geralmente, esse exercício é realizado numa posição ereta, o que trabalha com mais eficácia a parte anterior do ombro (parte anterior do deltóide). Como a parte anterior do ombro recebe bastante atenção em exercícios peitorais ou qualquer tipo de movimento de exercícios com peso, a leve inclinação do tronco vai trabalhar a parte média do deltóide e produzir força mais equilibrada para a região do ombro. Essa pequena variação da técnica (a inclinação para frente) posiciona a parte média do deltóide em perfeito alinhamento contra a força da gravidade e a resistência exercida contra ela.

Considerações acerca da segurança

Incline-se ou dobre-se um pouco para frente, na altura do quadril. Não curve a região lombar. Eleve os braços (definidos como a região que vai do cotovelo ao ombro) até ficarem paralelos ao chão. Não levantando mais alto, você evita uma situação dolorosa do ombro, conhecida como síndrome do impacto. Não deixe que os polegares girem em direção ao teto ou ao chão (evite qualquer rotação do punho ou ombro). Mantenha a postura e o alinhamento durante todo o movimento.

Exercício de Força 12: Elevação Inversa do Quadril em Decúbito Ventral

Partes Visadas do Corpo

Região lombar

Músculos Desenvolvidos

Músculo eretor da espinha

Continuação

Objetivos
Fortalecer os músculos da região lombar e aumentar a integridade estrutural da coluna vertebral.

Postura e Alinhamento
Instrua o cliente: fique em decúbito ventral num *step* ou plataforma que esteja de dez a vinte centímetros acima do piso. A borda do *step* deve estar na sua cintura ou um pouco acima. Apóie os joelhos no chão e flexione-os de forma que os calcanhares fiquem exatamente acima dos joelhos. Segure-se nos lados da plataforma, apoiando o queixo nela. Aperte as escápulas uma junto à outra (retração escapular).

Realizando o Exercício
Mantenha a cintura e o queixo em contato com a plataforma e balance a pelve para frente (acolchoe a plataforma para evitar desconforto quando a parte anterior dos quadris rotar para a frente). Esse movimento fará com que a região lombar fique arqueada. Eleve seus joelhos o máximo que puder, de forma controlada. Use a região lombar, não os glúteos (um erro comum é elevar as pernas a partir do quadril em vez de usar a região lombar.).

Variações
Fique em decúbito ventral, num banco almofadado a 30 centímetros ou mais do solo. Isso tornará o exercício mais difícil, aumentando o arco do movimento disponível. Realize o exercício como foi descrito anteriormente.

Comentários
Tipicamente, os músculos são trabalhados a partir do seu ponto de "inserção" em direção a um ponto mais estável de "origem". Esse exercício inverte a puxada normal dos músculos da região lombar e treina-os de um modo diferente daquele a que estão acostumados (por exemplo, extensão da coluna em decúbito ventral). Um exercício não é melhor do que outro, mas essa é uma abordagem correta que ajuda a realizar uma variação eficiente dos exercícios. Se você tiver dificuldades

Continuação

Continuação

em realizar esse exercício, posicione-se sobre as mãos e os joelhos e pratique um exercício para arredondar e arquear a região lombar. O movimento de arquear é a "sensação" que você deve copiar nesse exercício.

Considerações acerca da segurança
Não use *momentum*. Controle seus movimentos. Não eleve a cabeça e arqueie a lombar simultaneamente. Mantenha a postura e o alinhamento durante todo o movimento.

Exercício de Força 13: Elevação Unilateral do Calcanhar em Pé

Partes Visadas do Corpo
Região posterior da perna abaixo do joelho (panturrilha)

Músculos Desenvolvidos
Músculos gastrocnêmio e sóleo

Objetivos
Fortalecer a panturrilha para ajudar a prevenir lesões e melhorar a capacidade funcional desses músculos na corrida, na caminhada, no salto, no empurrar, no equilíbrio e na estabilidade da articulação do tornozelo.

Postura e Alinhamento
Instrua o cliente: fique em pé junto a uma plataforma ou *step* que esteja a cerca de vinte centímetros do chão. Coloque, sobre a plataforma, o pé mais próximo para equilíbrio apenas. O outro fica perto da plataforma, apontado para a frente. Mantenha a cabeça, os ombros e quadris nivelados e todo o seu peso sobre a perna do lado de fora (perna estendida). Puxe as escápulas uma em direção à outra (retração escapular) e mantenha as curvaturas naturais do pescoço (sem oscilar o queixo para cima ou para baixo) e da região lombar.

Realizando o Exercício
Mantenha todo o seu peso sobre a perna estendida e pressione a ponta do pé no piso, elevando o calcanhar. Todo o peso do corpo deve "subir". Os quadris não devem se mover para frente ou para trás e o seu peso deve estar igualmente distribuído

Continuação

sobre os cinco dedos do pé. Após terminar a série, repita do outro lado.

Variações
Segure halteres em cada mão e realize o mesmo exercício. Os halteres provêem uma sobrecarga progressiva para que você possa continuar a ficar mais forte.

Comentários
Equilibre a elevação unilateral do calcanhar com um exercício que trabalhe a parte anterior da perna abaixo do joelho. Por exemplo, a partir da posição sentado, o treinador poderá opor resistência manual ao pé do cliente, conforme ele puxa a ponta do pé em direção à canela. Pesos, elásticos e equipamentos poderão ser usados para exercitar também os músculos do compartimento anterior da perna abaixo do joelho (canela).

Considerações acerca da segurança
Mantenha a ponta do pé para frente durante a elevação do calcanhar. Voltar a ponta do pé para dentro ou para fora pode estressar a articulação do tornozelo, e não traz vantagem quanto a exercitar os músculos da região inferior da perna com mais eficácia ou variedade. Mantenha a postura e o alinhamento durante todo o movimento.

Exercício de Força 14: Tríceps Unilateral em Decúbito Dorsal

Partes Visadas do Corpo
Região posterior do braço

Músculos Desenvolvidos
Tríceps

Objetivos
Fortalecer a região posterior do braço, isoladamente.

Postura e Alinhamento
Instrua o cliente: fique em decúbito dorsal (deite-se de costas) num banco. Mantenha os pés no chão, junto à extremidade do banco ou sobre um suporte para os pés. Independente disso, mantenha a curvatura normal da região lombar

Continuação

e do pescoço. A cabeça, as escápulas e os glúteos devem estar em contato firme com o banco. Puxe as escápulas uma em direção à outra (retração escapular). Segurando um peso numa mão, posicione esse braço com o cotovelo direcionado para o teto e mantenha-o nessa posição durante toda a série. Ele não deve se mover para frente, para trás, para dentro ou para fora. Direcione o dedo mindinho para o teto. Apóie o braço elevado logo acima do cotovelo com a outra mão.

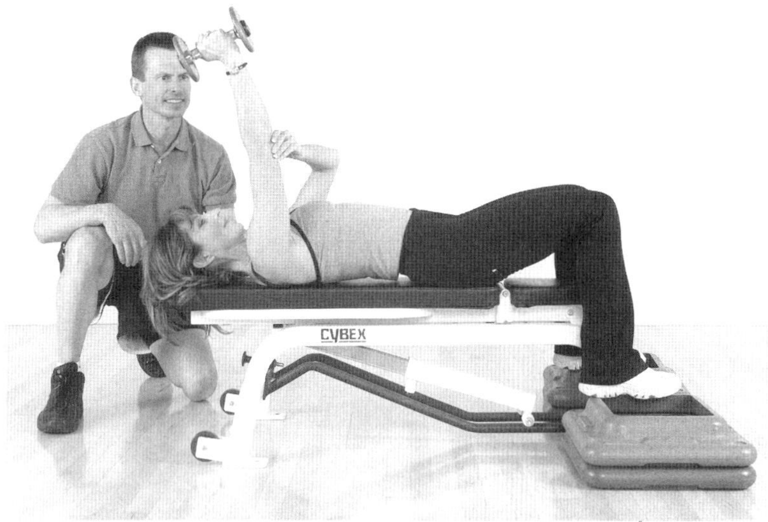

Realizando o Exercício
Realize o exercício com um braço (peso na mão) e apóie o cotovelo e a posição do ombro com o outro, como foi descrito anteriormente. Flexione o cotovelo, abaixando a mão com o peso para o lado da cabeça, em direção ao banco. Eleve o peso (dedo mindinho "liderando") até que o braço esteja totalmente estendido. Mantenha os punhos estendidos e não deixe que o peso oscile para cima ou para baixo. Volte à posição com controle e, após completar a série, repita do outro lado.

Comentários
É mais fácil realizar esse exercício utilizando um peso do que realizar um movimento bilateral (com ambos os braços simultaneamente).

Considerações acerca da segurança
Não deixe o cotovelo se abrir, mantendo-o direcionado para o teto. Abaixe o peso com cuidado para o lado da cabeça no banco. Mantenha a postura e o alinhamento durante todo o movimento.

Exercício de Força 15: Rosca em Pé

Partes Visadas do Corpo
Região anterior do braço (flexores do cotovelo)

Músculos Desenvolvidos
Grupo bíceps (músculos bíceps do braço, braquiorradial, braquial)

Objetivos
Fortalecer a região anterior do braço, isoladamente.

Postura e Alinhamento
Instrua o cliente: fique em pé numa posição ereta com os pés afastados na linha dos ombros e os joelhos e quadris levemente fletidos (mantenha a cabeça e os ombros acima dos quadris; não adiante deles!). Deixe os braços penderem naturalmente dos lados e mantenha uma "posição de levantar". Palmas das mãos para diante (supinadas), braços perto do corpo (tocando de leve) e os antebraços (dos cotovelos às mãos) colocados obliquamente ao corpo e afastados dos quadris. Isso coloca os ombros numa posição confortável e mantém o "verdadeiro" efeito dobradiça da articulação dos cotovelos. Puxe as escápulas uma junto à outra (retração escapular). Mantenha a mesma posição do ombro e do punho (estendidos e palmas para diante) durante todo o exercício.

Realizando o Exercício
Comece com os cotovelos levemente fletidos e punhos estendidos. Contraia os flexores do cotovelo e traga as mãos em direção aos ombros. Não se incline para trás nem empurre os quadris para frente. Ao contrário, mantenha os abdominais contraídos e a cabeça, os ombros e os quadris por sobre os pés (isso manterá o exercício focado nos braços, e não colocará a região lombar em risco). Volte à posição e repita.

Variações
O uso de halteres ou bandas elásticas permite que você use outras duas formas de segurar os pesos (polegares

Continuação

Continuação

para diante: pegada em "martelo" ou neutra; palmas para baixo: pegada por cima) para enfatizar o grau de envolvimento muscular dos vários flexores do cotovelo (i. e., os músculos bíceps do braço, braquiorradial, braquial). Siga as mesmas técnicas descritas anteriormente para cada uma dessas variações na posição das mãos.

Comentários

Todos os três flexores do cotovelo (músculos da articulação do cotovelo) funcionam independentemente da posição das mãos. Essas variações na posição das mãos " por baixo, por cima e neutra" simplesmente permitem que você ative cada um desses músculos em menor ou maior grau.

Considerações acerca da segurança

Fique em posição ereta e não flexione a cintura. Mantenha a postura e o alinhamento durante todo o movimento.

CAPÍTULO 20

TREINAMENTO DE FLEXIBILIDADE: PROJETO DE PROGRAMA EFICAZ

O treinamento de flexibilidade é, provavelmente, um dos componentes do condicionamento físico e da saúde mais negligenciados, mal executados, incompreendidos e desvalorizados. Este capítulo discute abordagens apropriadas para alongamento e fornece um número de variações para ajudar seu cliente a alcançar os seus objetivos.

Adquirir e manter a flexibilidade são fatores importantes para se alcançar um potencial físico favorável. A flexibilidade, definida da maneira mais simples, é o arco ou amplitude de movimento (ADM) natural de uma ou mais articulações. Contudo, o ADM normal de uma articulação nem sempre é saudável ou adequado para a necessidade padrão do movimento de cada indivíduo.

A flexibilidade funcional (Siff e Verkhoshansky, 1993) ou *amplitude do movimento funcional (ADMF)* é um conceito que está ganhando força. De acordo com Siff, essa filosofia muda o objetivo do alongamento de simplesmente aumentar o ADM para melhorar a flexibilidade necessária para uma atividade específica, esporte ou uma tarefa diária – sem comprometer a estabilidade da articulação. Isso também poderia ser chamado de flexibilidade "usável".

A maioria dos clientes não estaria procurando ganhar flexibilidade usável com o mínimo de risco, desconforto e comprometimento de tempo? Amplitudes extremas de movimento e posturas contorcidas de alongamento são de alto risco para a maioria da população. Alongamento estático, alongamento ativo, alongamento passivo, alongamento por facilitação neuromuscular proprioceptiva (FNP) e alongamento ativo-isolado (AI), todos trarão resultados favoráveis quando executados corretamente (mais sobre isso a seguir). O alongamento pode ser uma parte bem agradável e relaxante do treino de um cliente. Todo cliente precisa manter a capacidade de movimento funcional.

Princípios Básicos de Fisiologia e Biomecânica

Uma variedade de circunstâncias pode contribuir para o sucesso de um programa de treinamento de flexibilidade ou prejudicá-lo. Já foi bem determinado que o aumento da temperatura intramuscular, através do aquecimento, diminui a viscosidade ou resistência de um tecido ao alongamento (Sapega et al., 1981). Segundo Kravitz e Kosich (1993), não parece haver uma compleição física que prove firmemente uma boa flexibilidade.

Muitos autores relatam que as mulheres, em geral, tendem a ser mais flexíveis do que os homens (Alter, 1996; Holland, 1968, citado por

Kravitz e Kosich, 1993). Embora faltem evidências conclusivas com respeito às diferenças de sexo, a mulher pode ter uma tendência para uma flexibilidade maior na região pélvica do que a maioria dos homens, possivelmente relacionada com o papel da mulher no parto de bebês. Além desses aspectos, parece que um comprometimento regular com exercícios de alongamento é a variável mais poderosa, que pode afetar os ganhos ou perdas de flexibilidade.

O grau de movimento é específico de cada articulação. Ser flexível em uma articulação não influencia a flexibilidade de outra. Ganhos de flexibilidade são limitados, principalmente, por quatro fatores:

- Os limites elásticos dos ligamentos e tendões que passam pela articulação.
- A elasticidade das próprias fibras musculares e da fáscia muscular que envolve cada fibra muscular, grupos de fibras musculares e o músculo inteiro.
- O osso e a estrutura articular.
- A pele.

A maior melhora na flexibilidade parece estar ligada à capacidade do programa de exercícios de alongamento em trabalhar a bainha fascial do músculo (o que parece ser o fator mais modificador do ADM). Quando a fáscia está aquecida, ela é alongável. Quando está fria, ela é menos flexível. Ligamentos e tendões têm uma alta resistência ao alongamento, ao passo que a fáscia muscular tem baixa resistência ao alongamento.

O tipo de força, a mecânica do alongamento e a posição do exercício, a duração, a intensidade do alongamento e a temperatura do músculo durante o alongamento determinam se esse alongamento dos tecidos é permanente ou temporário, e se é útil ou prejudicial. Se os músculos forem alongados muito depressa, o fuso muscular inicia um reflexo de estiramento, que faz que o grupo muscular afetado se encurte por reflexo para se proteger de um estiramento. O aumento resultante na tensão muscular inibe o processo de alongamento. Se o alongamento for feito devagar e controladamente, o reflexo de estiramento pode ser evitado ou de baixa intensidade (veja capítulo 15 para detalhes sobre a neurofisiologia dos músculos e alongamento).

Tipos e Riscos Relativos do Alongamento

Cinco tipos de técnicas de alongamento estão disponíveis.

Alongamento estático. O alongamento estático é definido como alongamento controlado, realizado até uma tensão suave. Isso coloca o músculo numa posição alongada, e o alongamento é geralmente mantido por 10 a 60 segundos.

Alongamento dinâmico ou balístico. O alongamento dinâmico ou balístico usa balanços, puxões ou movimentos abruptos para ganhar força a fim de facilitar o estiramento. O alongamento dinâmico é uma forma controlada de alongamento balístico e pode ser usado com algumas populações atléticas. Embora movimentos balísticos sejam, geralmente, exigidos em esportes, esse tipo de alongamento não é comumente recomendado para a média dos participantes.

Alongamento ativo. Alongamento ativo é um movimento voluntário e sem assistência que requer força e contração muscular do músculo agonista ou motor principal (veja figura 20.1). Por exemplo, em decúbito dorsal, os flexores dos quadris podem se contrair ativamente para puxar as pernas para frente, resultando na flexão dos quadris. O músculo agonista não é assistido por forças externas (passivas). O propósito do alongamento é alongar ativamente os extensores dos quadris (glúteo máximo e os isquiotibiais) usando apenas o esforço e a força muscular fornecida pelos flexores agonistas dos quadris.

Figura 20.1 Em posição sentado ou em pé, mantenha seu braço em frente a seu corpo e paralelo ao chão. Alongue o braço dobrando-o na frente do peito, o mais longe que puder, sem fazer força e ajuda externa.

Figura 20.2 O alongamento passivo ou assistido usa uma força externa para ajudar no alongamento. Desta vez, use a mão oposta ao braço sendo alongado para, gentilmente e de maneira controlada, puxar o braço um pouco mais transversalmente ao corpo.

longamento passivo. O alongamento passivo ocorre quando os movimentos são executados por meio do uso de uma força externa, tal como a fornecida por um parceiro, gravidade ou força cinética ou fornecida puxando uma parte de seu próprio corpo com outro membro (veja figura 20.2).

Facilitação neuromuscular proprioceptiva (FNP). O alongamento por FNP funciona, primeiro, alongando o músculo visado de forma razoavelmente intensa. A intensidade do alongamento é ou se aproxima do limite elástico da fáscia muscular. Então, uma força máxima é gerada no músculo que está alongando. Esse procedimento pode ativar um órgão sensor chamado órgão tendinoso de Golgi (OTG), que faz o músculo relaxar. Um músculo relaxado ou livre de tensão permitirá mais facilmente que a fáscia muscular seja alongada.

Os tipos de alongamento podem ainda ser categorizados no que tange ao seu relativo risco baseado na força e tensão musculares. Essas categorias são apresentadas na tabela 20.1.

Tabela 20.1 Risco Relativo dos Tipos de Alongamento

	Força	Tensão	Risco
Ativo	Baixa	Baixa	Baixo
Passivo controlado	Baixa	Baixa	Baixo
Passivo	Alto potencial	Alto potencial	Alto potencial
Estático controlado	Baixa	Baixa	Baixo
Balístico	Alta	Alta	Alto
Facilitação neuromuscular proprioceptiva (alta habilidade requerida)	Alta	Alta	Alto

Que Métodos de Alongamento Funcionam Melhor?

Quando decidir qual técnica ou combinação de técnicas usar, primeiro confie na ciência e, depois, confronte estas informações efetivas com a característica individual de cada cliente.

Cientistas geralmente acham que o principal fator limitante mutável que afeta a flexibilidade é a fáscia muscular (Johns e Wright, 1962). Quase a metade da resistência ao ADM está relacionada à fáscia muscular. Esse fator pode ser modificado sem afetar negativamente a estabilidade da articulação e sem aumentar o risco de lesão.

O *alongamento estático*, em suas várias formas, é o mais favorecido em termos de segurança e eficácia. O efeito do alongamento do tecido que permanece após a força de alongamento ser retirada é maior quando são usadas baixa força, longa duração e alongamento estático. Isso inclui alongamento estático ativo, alongamento estático passivo, FNP seguido por alongamento ativo ou passivo numa posição estática, ou alguma combinação dessas. O alongamento estático oferece uma baixa incidência de potencial lesivo. Se o objetivo de seu cliente é atingir flexibilidade funcional, essa pode ser fácil e eficientemente atingida com alongamento estático.

O *alongamento ativo*, embora perfeito em teoria e, atualmente, favorecido até certo ponto, pode ser tedioso e muito exigente para o cliente médio. Faltam a muitos clientes a força agonista requisitada e a concentração mental para trazer o membro por meio de um ADM eficaz e aumentado. Muitos clientes preferem um *alongamento passivo*, porque eles parecem ser capazes de "relaxar" no alongamento, ou uma combinação de alongamento ativo e passivo.

O alongamento balístico envolve o uso de força para obter uma vantagem no estiramento de uma área do corpo. O alongamento balístico tende a encorajar o alongamento do tecido fascial recuperável (sem mudanças no ADM natural) e do músculo ou ligamento não recuperável ou, em outras palavras, lesão. Argumentos contra o alongamento balístico, baseados nas adaptações negativas em longo e curto prazo, incluem esses a seguir:

- O alongamento balístico aumenta a dor muscular.
- O alongamento balístico não promove a adaptação tecidual. A adaptação tecidual depende do tempo e o alongamento balístico não permite que uma posição esticada da fáscia seja mantida.
- O alongamento balístico inicia o reflexo de estiramento e aumenta a tensão muscular.

- O alongamento balístico diminui as adaptações neurológicas, especialmente o fuso muscular e seu limiar que depende do tempo. Se o objetivo é recompor o fuso muscular num nível mais alto, assim facilitando os ganhos de flexibilidade, o alongamento balístico não facilitará essas adaptações.

Embora haja razões suficientes para justificar o alongamento balístico para preparar atletas de elite para participação, os riscos *versus* a eficácia devem ser examinados cuidadosamente. Por exemplo, um jogador profissional de tênis precisa de flexibilidade dinâmica suficiente no ombro para sacar uma bola a 120 milhas (193,08 km) por hora. Contudo, um atleta recreacional pode precisar apenas de flexibilidade dinâmica suficiente para jogar *softball* nos finais de semana. Um ADM normal obtido com alongamento estático pode ser suficiente para satisfazer as necessidades dinâmicas de um atleta recreacional, ao passo que um treinamento de flexibilidade dinâmica pode ser necessário para atender às exigências impostas ao corpo de um jogador profissional de tênis.

Muitos profissionais associam alongamento balístico ao dinâmico. Eles são iguais? A resposta é tanto sim quanto não. O alongamento balístico, que muitos já não aprovam, especialmente para populações em geral, é apenas uma das muitas técnicas que poderiam ser agrupadas sob a denominação de alongamento dinâmico.

O alongamento dinâmico pode ser feito ativa ou passivamente, ou como uma combinação de ambos. De qualquer modo, a força é usada para conseguir uma vantagem no aumento de ADM. Se o alongamento dinâmico pode ser feito com segurança, depende da velocidade e da amplitude do movimento, no qual o alongamento está sendo executado, e do indivíduo executando a manobra. Murphy (1991) sugeriu que para esse tipo de alongamento, o ADM deve ser normal e levar de quatro a cinco segundos para atingir totalmente o ADM pretendido em qualquer articulação. Em outras palavras, o ADM dinâmico deve ser controlado.

Esse tipo de alongamento dinâmico pode ser usado para preparar um atleta para um evento agressivo ou uma preparação esportiva específica. Ginastas profissionais, mergulhadores e dançarinos usam extensivamente o alongamento dinâmico. Não há literatura científica específica que sugira, conclusivamente, que o alongamento dinâmico é mais eficaz que outros métodos na produção de ganhos de flexibilidade e, certamente, há um risco maior de lesões, se comparado com alongamento estático. Eu simplesmente quero informar que esse tipo de alongamento ocorre durante muitas atividades esportivas, e, por causa disso, escolher esse tipo de alongamento dinâmico para preparar um cliente para esse tipo de atividade pode ser justificado.

Embora seja freqüente dizer que o alongamento por FNP, em suas várias formas, rendam maiores resultados do que o alongamento estático padrão, especialistas na área, incluindo Etnyra e Lee (1987), Hutton (1992) e Shrier e Gossal (2000) discordam dessa noção popular. A revisão da pesquisa de Hutton apenas indica que alongamento por FNP é tão eficaz quanto qualquer outra forma de alongamento, ao passo que Shrier e Gossal concluíram que mais pesquisas são necessárias antes que conclusões definitivas possam ser feitas. Quando você lê que um método é melhor, você precisa perguntar "Para quem e para quê?". Se o objetivo é atingir a flexibilidade funcional, o alongamento por FNP e seus riscos associados podem ser inadequados. A flexibilidade funcional pode ser atingida fácil e eficazmente com alongamento estático.

Muitos dos ganhos em qualquer componente de condicionamento estão geralmente relacionados ao esforço do cliente, ao foco, à concentração e à coerência do esforço, assim como à abordagem conveniente ao indivíduo, mais do que a uma melhor maneira.

Alongamento por FNP

A FNP é uma técnica agressiva de alongamento destinada a facilitar um aumento de ADM nas articulações. Três perguntas sempre são feitas em relação ao alongamento por FNP:

1. Alongamento por FNP faz parte de um programa de treinamento?
2. Se sim, onde e quando?
3. A FNP é mais eficaz do que o alongamento estático?

Procedimentos do Alongamento por FNP

Embora haja numerosos protocolos, o alongamento por FNP tipicamente envolve algumas variações desses três métodos:

1. Contração – relaxamento (CR) seguido de alongamento passivo.
2. Contração – relaxamento seguido de contração agonista (CRCA).
3. Contração – relaxamento seguido de contração agonista, seguida de alongamento passivo (CRCA-P).

O fato de ocorrer uma contração agonista no segundo e terceiro métodos diz que eles usam alongamento ativo. Todas as três técnicas por FNP tentam invocar respostas neurológicas para facilitar o processo de alongamento.

No primeiro método, *CR, alongamento passivo*, o músculo alvo é alongado. Para o cliente médio, o grau ou intensidade de alongamento é até o ponto de suave tensão. O grau de intensidade ou alongamento aplicado se aproxima ou aborda o limite elástico da fáscia muscular do cliente. A seguir, o cliente será solicitado a produzir uma contração máxima no músculo sendo alongado. Durante esse processo, o cliente deve aumentar a magnitude da contração ao longo do tempo, ao contrário de um esforço completo, imediato de 100%. Um músculo totalmente alongado, solicitado a produzir uma contração máxima é muito vulnerável a lesões. Em vez de "ligar" a contração como "tudo ou nada", análogo a ligar e desligar um interruptor de luz, pense nesse passo como algo mais parecido com intensificar lentamente a contração até seu ponto máximo. Essa analogia pode ser comparada ao uso de um interruptor redutor para intensificar a luz de uma lâmpada até o brilho ou intensidade máxima.

Por exemplo, para alongar o grupo muscular dos jarretes, seu cliente fica em decúbito dorsal e os jarretes são colocados para alongar. A seguir, a cliente contrai isometricamente os jarretes por 3 a 10 segundos contra uma força "imóvel". Normalmente, use seu corpo e faça seu cliente tentar energicamente, mas de uma maneira controlada, empurrá-lo ou levar seus calcanhares até sua região glútea. Eu prefiro usar cerca de 8 segundos até atingir gradualmente a contração máxima. A intensidade deve ser "ligada" vagarosamente para diminuir a probabilidade de lesões. Essa contração máxima é, então, seguida de uma aplicação passiva de força (força externa). O cliente relaxa e você move a perna dela para frente para flexionar o quadril e alongar os jaretes e os extensores do quadril.

A técnica *CRCA* é similar, mas após a contração máxima, uma técnica de alongamento ativo é aplicada. Se usarmos o exemplo anterior, os jarretes são alongados e trazidos para a contração máxima em cerca de oito segundos. Em seguida, o grupo de quadríceps se contrai ativamente para estender o joelho, endireitando assim a perna, e os flexores dos quadris flexionam o quadril ativamente (leve a perna para frente em direção à cabeça do cliente), criando um alongamento ativo nos jarretes. A força de alongamento é aplicada ativamente, contraindo os músculos agonistas do quadríceps e dos flexores do quadril. Nenhuma força externa (passiva) é aplicada.

No método *CRCA-P*, todos os passos usados para CRCA permanecem os mesmos.

A única diferença entre os dois é a adição de uma força externa passiva para completar o alongamento. O alongamento passivo é aumentado até o ponto de intensidade sustentável ("confortavelmente desconfortável") e geralmente mantido por 10 a 60 segundos.

Pesquisa de FNP

Na excelente análise feita por Robert Hutton (1992) da base neuromuscular do alongamento, ele notou que uma enorme atenção foi dada às técnicas de alongamento por FNP pela suposição de que elas são o método mais eficaz de aumentar o ADM. Contudo, seu relatório e muitos outros estudos (Shrier e Gossal, 2000) não mostram vantagens evidentes entre o ADM conseguido pela técnica FNP e o conseguido por procedimentos de alongamento estático. Parte dessa disparidade é associada ao projeto do estudo. Historicamente, os resultados têm sido um tanto confusos, mas o procedimento CRCA-P geralmente tem produzido os maiores ganhos absolutos de ADM, mais do que outros procedimentos FNP, alongamento estático ou balístico, embora os resultados enfatizados não sejam, às vezes, estatisticamente significativos.

Hutton relatou que, geralmente, supõe-se que uma contração máxima antes do alongamento, como acontece no procedimento FNP, produz o relaxamento dos músculos por meio dos mecanismos discutidos anteriormente. Contrariamente a suposições comuns, achados recentes sugerem que, além de tudo, os procedimentos FNP produzem maior atividade eletromiográfica no músculo (Shrier e Gossal, 2000). Assim, os procedimentos atuais de FNP parecem produzir mais tensão no músculo, não menos. Hutton concluiu que restrições internas do componente muscular, na determinação do ADM, foram subestimados por muito tempo e que o papel do tecido conectivo como a principal resistência ao alongamento é, possivelmente, superestimado.

Os mecanismos exatos para ganhos de flexibilidade não são conhecidos. Certos procedimentos são associados com ganhos, embora a ciência exata não seja entendida. Levando-se em consideração as características dos tecidos moles (fáscia muscular, sua característica elástica e grudenta e o efeito da temperatura aumenta em tecido fascial) e a quantidade de pesquisa sobre alongamento, as técnicas descritas anteriormente podem ser usadas com razoável sentimento de certeza quanto à sua segurança e eficácia. As pesquisas (Hutton, 1992; Moore e Hutton, 1989; Osternig, 1990; Shrier e Gossal, 2000) podem influenciar logo numa mudança na maneira de administrar o alongamento por FNP ou, no mínimo, fornecer um melhor entendimento de como o alongamento por FNP funciona.

Embora o alongamento por FNP permaneça aberto a controvérsias, poucos cientistas argumentariam contra os resultados excelentes que as combinações de alongamento ativo-passivo, passivo-estático ou ativo-passivo-estático dão à maioria dos clientes.

Quando Usar Alongamento por FNP

Eu recomendo usar técnicas FNP com participantes razoavelmente condicionados e que tenham boa consciência corporal, controle físico e um nível básico de força (obviamente, essa recomendação pode não ser aplicável a uma situação supervisionada por médico). Além disso, seu cliente deve ter o desejo de experimentar esse tipo de treinamento intenso e envolvente física e mentalmente. Coloque-se as seguintes perguntas quando considerar seu uso:

- Quais são os objetivos e as necessidades de alongamento de meu cliente? Os objetivos estão relacionados com *performance* esportiva, amplitude extrema de movimento ou simplesmente flexibilidade funcional?
- Qual é o nível de condicionamento de meu cliente?

- Qual é o senso de consciência corporal de meu cliente (proprioceptivo) e nível de habilidade na execução de movimentos corporais?
- Qual é o nível de motivação de meu cliente?
- Minhas habilidades e meus conhecimentos são adequados para administrar essa técnica de maneira conveniente, segura e eficaz?

Os alongamentos por FNP podem ser usados com uma variedade de clientes, incluindo participantes sem condicionamento e em reabilitação sob cuidados de especialista habilitado e atletas competitivos. Contudo, a maioria dos clientes pode atingir seus objetivos de flexibilidade com alongamento estático. Pode não ser necessário estimular o OTG (órgão tendinoso de Golgi) com uma contração máxima (isto é, via procedimento FNP) ou um alongamento estático sustentado de alta intensidade. A exceção a essa afirmação pode ser uma situação específica de reabilitação. Nesse caso, um profissional treinado, como um fisioterapeuta habilitado, terá a perícia necessária para trabalhar com as necessidades desse paciente.

O ensino seguro do alongamento por FNP requer um conhecimento evidente de neurofisiologia, um senso acurado dos limites corporais do cliente e uma comunicação verbal e não verbal constante durante o alongamento. Lembre-se que os clientes podem alcançar ganhos de flexibilidade muito aceitáveis com alongamentos estáticos, que geralmente são mais confortáveis e com menor probabilidade de causar lesões.

Aprende-se melhor a técnica correta do ensino da FNP com um médico experiente nessa arte. Uma maneira de ganhar experiência é trabalhar com um fisioterapeuta ou médico do esporte da sua rede de profissionais. Ele pode ajudá-lo a determinar quando a FNP é apropriada para um cliente e mostrar-lhe como executar o alongamento adequadamente. Venha preparado com um bom conhecimento fundamental de fisiologia para que vocês possam falar a mesma língua. Os métodos práticos do ensino da FNP também podem ser aprendidos em *workshops*, onde é encorajada a prática com outros participantes. A maioria dos apresentadores é receptiva a questões específicas de aplicação, após a apresentação.

Alongamento Ativo-Isolado

Embora seja sempre anunciada comercialmente como uma técnica de alongamento superior (existem relativamente poucas pesquisas examinadas pelos pares que justifiquem essa argumentação), o alongamento ativo-isolado (AAI) é, essencialmente, uma combinação ou um híbrido de vários tipos de alongamento anteriormente mencionados. O AAI usa um alongamento ativo, seguido de assistência passiva para aumentar o alongamento, que é, então, seguido de uma sustentação relativamente curta (i. e., estática) de alguns segundos. Os resultados associados ao AAI são provavelmente relacionados ao tempo total que o músculo passa sob alongamento ou sob tensão de alongamento, em oposição a uma forma superior de alongamento.

Como o Alongamento Ativo-Isolado Funciona

O AAI é baseado nos princípios de neurofisiologia, como foi discutido no capítulo 15. O AAI usa o mecanismo de reflexo chamado inervação recíproca (um reflexo inibidor) para facilitar o ganhos do alongamento. Quando um músculo, de um grupo muscular de pares agonista e antagonista (por exemplo, bíceps e tríceps), contrai, o outro automaticamente relaxa, o que permite um movimento coordenado. O alongamento ativo-isolado tenta isolar o movimento ou ação de uma articulação por vez, o que é um bom objetivo para qualquer tipo de alongamento, porque você quer saber o que você está alongando. Em alongamento composto, onde grupos musculares múltiplos são alongados, você não sabe realmente qual é o elo fraco durante o alongamento.

Para alongar um músculo usando o AAI, o cliente "isola" o músculo alvo do alongamento, contraindo o oposto e movimentando pela amplitude total do movimento na articulação. Isso permite que o outro músculo relaxe, e um músculo relaxado é mais fácil de alongar. Um vez que esse arco ativo do movimento foi determinado, os proponentes do AAI aplicam o que eles chamam de "componente de assistência ativa". Em outras palavras, uma força externa ou passiva, como o treinador ajudando o alongamento para aumentar suavemente o arco do movimento, é adicionada para finalizar a abordagem. Geralmente, o cliente repete o movimento dessa maneira, com assistência passiva ao final do arco ativo do movimento, de 10 a 12 vezes. O alongamento passivo, ou assistido, facilitado pelo treinador dura ou é mantido apenas por uns dois segundos. Recomenda-se que regiões tensas sejam trabalhadas com duas ou três séries.

Todos os benefícios alardeados acerca do alongamento estático ou por FNP podem ser atribuídos ao AAI também. Alongamento é alongamento. O AAI é simplesmente uma abordagem diferente que usa os métodos tradicionais de alongamento (ativo e passivo) e aplica intensidade (tensão suave que é tolerável pelo cliente), repetições (de 10 a 12 repetições curtas executadas consecutivamente) e sustentações passivas (cerca de dois segundos *versus* menos repetições mantidas por mais tempo) de uma maneira um pouco diferente.

O AAI funciona? Sim. Produz resultados mágicos de alongamento? Não. O AAI funciona melhor para algumas pessoas do que para outras. E uso o AAI. Eu usaria o AAI excluindo outros métodos de alongamento? Deixarei que você responda por si.

Como desenvolver flexibilidade

O uso de uma variedade de métodos de alongamento melhora a flexibilidade. O objetivo de cada cliente, o nível de condicionamento dele, limitações individuais do ADM, tipo de atividade da qual o cliente participa regularmente e o risco *versus* eficácia devem ser considerados cuidadosamente.

Um *aquecimento de flexibilidade* e *um esfriamento* podem ser definidos como um alongamento, que acontece antes ou depois de uma atividade, para melhorar a *performance*, reduzir o risco de lesões ou aumentar a recuperação. O objetivo não é aumentar o ADM, mas preparar o corpo de seu cliente para a atividade por vir ou facilitar a recuperação da atividade. O treinamento de flexibilidade não é, por si só, um aquecimento ou volta à calma. Qualquer tipo de alongamento deve ser executado apenas após um aquecimento cardiovascular adequado.

O *treinamento de flexibilidade* é definido como um programa regular de alongamento planejado, deliberado e progressivo que causa alongamento permanente (plástico) dos tecidos moles sem causar ou contribuir para lesões. O foco do treinamento de flexibilidade é buscar, energicamente, aumentos no ADM disponível na articulação, ou articulações, sendo alongadas.

Uma excelente abordagem é usar uma combinação de técnicas de alongamento ativo, passivo controlado e estático ou um pequeno conjunto repetitivo que lembre AAI. Com estas abordagens, uma contração ativa é iniciada com os músculos agonistas. Isso começa o processo de alongamento e define o *amplitude do movimento ativo (ADMA)* de um indivíduo. Uma vez determinado o ADMA, o treinador tem uma idéia melhor do limite elástico do participante e das restrições associadas ao movimento seguro. Esse passo pode ou não ser seguido da aplicação de uma força externa ou passiva usada para aumentar o movimento até um ADM maior. E finalmente, um alongamento estático e sustentado é mantido. A duração do alongamento mantido pode variar.

A seguir, diretrizes para um melhoramento seguro e eficaz da flexibilidade da maioria dos clientes:

- Alongue todos os principais grupos musculares do corpo para equilíbrio e simetria corporal, porque a flexibilidade é específica a cada articulação e influencia muito a postura. Concentre-se nas áreas do corpo nas quais geralmente falta a flexibilidade adequada. Essas incluem o peito, a região anterior do ombro, os flexores dos quadris, os jarretes e os grupos musculares gastrocnêmio e sóleo da região inferior da perna abaixo do joelho (consulte o capítulo 11).
- Execute o alongamento estático após um aquecimento completo de, pelo menos, três a cinco minutos. Um aquecimento adequado aumenta a temperatura do corpo e dos músculos e a probabilidade de que bons ganhos no arco do movimento serão obtidos e diminui o risco de lesões (Shrier e Gossal, 2000).
- Mantenha os alongamentos por cerca de 10 a 60 segundos (exceção a observar seria se você escolhesse usar o AAI). Sustente o alongamento até a tensão suave. Essa é a carga ou intensidade do exercício. Alongue até o ponto em que o movimento ou o ADM fica limitado na articulação ou até o ponto em que o alongamento é sentido. Alongar até a intensidade que poderia ser descrita como "desconforto confortável" é bom se o alongamento puder ser mantido. Não alongue até o ponto de dor.
- A freqüência recomendada de alongamento é, no mínimo, três vezes por semana, embora o alongamento possa ser feito diariamente.
- Execute de uma a quatro séries de alongamento por grupo muscular cada vez que você alongar (O AAI usa mais séries e repetições, com repetições curtas ou sustentação).
- Os alongamentos devem ser executados após o músculo estar relaxado e aquecido, de maneira vagarosa e controlada. Progrida gradualmente para arcos mais amplos do movimento. Quando "voltar" de um alongamento, relaxe vagarosamente.
- Use variações posturais sutis para determinada posições para alongar os músculos de maneiras variadas. Os músculos do corpo geralmente têm vários alinhamentos e orientações de direção de fibras. Quando você varia os alongamentos, esses arranjos estruturais dos músculos provavelmente serão mais exercitados. Isso pode levar a uma maior melhora geral da flexibilidade.
- Concentre-se na posição e biomecânica adequadas de alongamento que não coloquem seu cliente em risco por causa de posturas retorcidas ou extremas. Sullivan et al. (1992) relataram que o efeito da posição pélvica (inclinação anterior *versus* posterior) era mais importante do que o método de alongamento usado para ganhar flexibilidade. Posicione seus clientes em posturas biomecanicamente corretas para facilitar ganhos no alongamento e limitar o risco de lesão.
- Planeje programa e avaliação que meçam a melhora na flexibilidade. Regularmente, avalie e estime pontos fracos e melhoras na flexibilidade ou áreas de interesse postural. Veja o capítulo 11 para uma discussão completa sobre avaliação postural e teste de flexibilidade.
- Faça seu cliente participar de um programa regular de alongamento. Possivelmente os fatores mais importantes no alongamento, depois de identificar e usar os métodos corretos de alongamento, são coerência e paciência.

Essas diretrizes não são, é claro, absolutas. Pesquisas (Shrier e Gossal, 2000; Taylor et al., 1990) sugerem que um a quatro séries de 15 a 30 segundos por alongamento podem resultar em ótimos ganhos de flexibilidade. Contudo, essas diretrizes podem abarcar uma grande variedade de objetivos pessoais, tipos de alongamento e comprometimento com horários, enquanto garantem excelentes ganhos de flexibilidade.

A Melhor Abordagem

Sem dúvidas, usar uma combinação de técnicas de alongamento será mais eficaz com seus clientes. Você pode desafiá-los a se envolver mesmo sem usar as técnicas da FNP ou o AAI. Uma boa maneira de fazer isso é pedir ao seu cliente que contraia os músculos opostos aos que estão sendo alongados. Isso invoca o reflexo do sistema nervoso mencionado anteriormente como *inervação recíproca*. A inervação recíproca relaxa os músculos que são pares opostos aos que você está alongando. Isso também fornece um bom exemplo num alongamento ativo e ativará esse reflexo de relaxamento. Durante o alongamento, esse mecanismo de reflexo pode ser usado para criar um músculo relaxado que está sendo trabalhado para ganhos de flexibilidade. Invocar a inervação recíproca permitirá um alongamento mais eficaz, porque é geralmente mais fácil alongar um músculo relaxado e sua fáscia.

Além disso, usando uma combinação de técnicas de alongamento ativo e passivo, você ficará envolvido com seu cliente através da correção prática e orientação verbal.

Momento Favorável para Alongar

Quando é a melhor hora para colocar o alongamento no programa de um cliente? A resposta, claro, é quando seu cliente mais apreciar e aceitar. Alguns clientes não gostam de levar mais do que um minuto com alongamento. Se esse é o perfil de seu cliente, "furtivamente" introduza alongamentos durante os treinos como se fossem recuperações ativas. Outros clientes esperarão ansiosamente pelo momento de tranqüilidade, relaxamento e redução de estresse que uma série prolongada de alongamentos produz. Trabalhe com as preferências de seu cliente para que você possa manter e melhorar este componente de condicionamento.

O momento favorável de alongamento depende dos objetivos do cliente, grau de aquecimento e tipo de atividade, assim como da preferência pessoal (Young e Behm, 2002). Uma abordagem bem fundamentada para manter ou aumentar o ADMF (arco do movimento funcional) usará uma variedade de técnicas de alongamento.

Movimentos de aquecimento rítmicos, de baixa intensidade e graduais são essenciais antes do alongamento. A atividade de aquecimento deve acontecer dentro de um arco do movimento confortável, nunca indo além de um ponto percebido como tensão excessiva. Os movimentos devem ser fluidos, rítmicos e controlados. A duração do aquecimento depende do seu cliente e da atividade da qual ele participa. Contudo, para atividade em geral, um mínimo de três a cinco minutos é recomendado para aumentar a temperatura interna do seu cliente, o suficiente para reduzir a viscosidade ou resistência ao alongamento do músculo. Atividade de alta intensidade, ou atividade que requer ADM extremo, pode precisar de 5 a 15 minutos de aquecimento, assim como um período prolongado de alongamento após o aquecimento, embora pesquisas mais atuais questionem essa prudência com relação a atividades de força e potência ajustadas à *performance* de alto nível (Young e Behm, 2002). Mais pesquisas são necessárias antes que protocolos favoráveis de aquecimento possam ser identificados.

O alongamento seguro e eficaz pode ocorrer depois de um aquecimento adequado, independentemente do momento em que é feito durante o treino. Mas o alongamento não substitui um aquecimento adequado.

Se os alongamentos forem feitos durante o aquecimento que precede a atividade cardiorrespiratória, eles não devem durar mais do que 10 segundos e ser intercalados ao longo do aquecimento (Kravitz e Kosich, 1993). Nesse caso, o objetivo do aquecimento é redistribuir o sangue para os músculos em atividade (McArdle, Katch e Katch, 1996). Manutenções de posição por mais de 10 segundos podem inibir a circulação ou troca eficiente do sangue nos músculos em treino.

Para aumentar o ADM, pode ser melhor executar o alongamento após o treino cardiorrespiratório ou outra atividade, porque os tecidos moles estarão muito aquecidos, como resultado de uma elevada temperatura interna do corpo, e com maior probabilidade de responder ao treino de flexibilidade.

Treino de Força não é Alongamento

Embora seja, em geral, uma boa idéia executar exercícios de treinamento de resistência por todo o ADM, ativo e total, esse tipo de treino não substitui o treinamento de flexibilidade. Lembre-se: o alongamento ativo feito durante o treino de resistência pode ser limitado pela força do agonista e pela falta de flexibilidade do antagonista, que resiste ao movimento do agonista.

Preparação Esportiva e Alongamento

Se seu cliente vai sair para uma corrida de lazer ou em ritmo estável, pode não ser necessário – e, na verdade, causar dano – alongar antes de correr. Se seu cliente começa com um passo lento, que gradualmente aumenta o passo, há pouco risco de lesão. Não é necessário se preparar para amplitudes de movimento extremos ou movimentos balísticos nesse caso.

Tente combinar os exercícios de flexibilidade com as exigências da atividade que segue. Como foi mencionado, arcos do movimento extremos não são necessários antes de um programa de caminhada ou corrida ao qual a cliente já está acostumada. Contudo, se ela vai fazer uma corrida de 5 km em seu passo mais rápido de caminhada ou corrida, ou participar de uma partida de tênis mais enérgica, um aquecimento mais completo e um segmento de alongamento podem melhor preparar a cliente para as necessidades energéticas, ADM e estresses biomecânicos de atividade de alta intensidade.

Esportes competitivos são uma situação diferente também. Uma equipe de *cross-country* pode se empenhar numa corrida de 10 a 15 minutos para aquecer os tecidos moles do corpo. Se a equipe vai treinar com intervalos, que podem exigir esforço total e ADM extremo relativamente ao treino de freqüência estática, o alongamento é uma escolha prudente antes do condicionamento intervalado, mas apenas depois de um aquecimento adequado. Após o alongamento inicial, o time pode ir para um trote adicional de duas ou três milhas (3,2 ou 4,8 km), intercalar jogo de velocidade (aumentar e diminuir a velocidade) durante o trote, executar o treino intervalado, voltar à calma com o trote e se empenhar no alongamento ou treino de flexibilidade de novo após o treino. Essa abordagem é de tempo intensivo, mas muito eficaz e apropriado. Pesquisas mais recentes indicam que um aquecimento dinâmico pode facilitar melhor a *performance* do que um alongamento estático (Young e Behm, 2002).

Quando não Alongar

Em algumas situações pode ser melhor que seu cliente não se alongue:

- Dentro das primeiras 24 ou 72 horas após um trauma muscular ou tendinoso.
- Em seguida a uma distensão muscular ou entorse de ligamento.
- Quando as articulações ou músculos estão infeccionados ou inflamados.

- Com uma área de fratura recente.
- Quando se sente um desconforto.
- Quando dores agudas são sentidas nas articulações ou músculos.
- Se houver presença ou suspeita de osteoporose grave.

Consulte um profissional de saúde competente se você tiver perguntas ou preocupações. Repouso e gelo podem ser a simples solução para muitos dos exemplos citados. Contudo, a opinião exata de um profissional especialista é necessária antes de qualquer iniciativa.

Alongamento: Juntando Tudo

Combinar o alongamento ativo, passivo e estático com ou sem a estimulação da resposta do OTG (veja capítulo 15 e FNP neste capítulo) pode melhorar a flexibilidade. Além disso, quando os resultados são unidos ao esforço manejável e agradável com uso eficiente do tempo, o resultado é sempre o maior grau de observância, possivelmente o fator mais importante para se conseguir resultados. Examine a ciência e as necessidades e condições físicas individuais de seu cliente antes de decidir quais tipos de alongamento usar. Uma combinação dessas abordagens dará aos seus clientes as opções certas para atingir melhores resultados.

Alongamento Certo: 15 Exercícios Clássicos de Flexibilidade

Eu uso uma combinação de alongamento ativo, passivo controlado (leia-se, gentil) e estático com meus clientes. Esses tipos de alongamento me permitem usar uma variedade de "marcas" de alongamento, incluindo FNP e AAI, simplesmente mudando a abordagem seguinte para estar de acordo com procedimentos de alongamento FNP ou AAI. Lembre-se: os alongamentos a seguir usam uma combinação de ativo, passivo controlado e posições estáticas.

Passo 1: Para usar esse método, uma contração ativa é iniciada com os músculos agonistas. Por exemplo, fique de pé ou sentado. Mantenha o braço à sua frente e paralelo ao chão. Puxe o braço transversalmente ao seu corpo, o mais afastado que puder, sem impulso e assistência externa. Isso invoca o reflexo do sistema nervoso chamado de inervação recíproca e faz os músculos antagonistas do lado oposto relaxarem. Isso inicia o processo de alongamento e define o ADMA de seu cliente. Uma vez determinado o ADMA, você tem uma idéia melhor do arco de movimento seguro para aquela articulação e grupo muscular específicos.

Passo 2: O Passo 1 é seguido pela aplicação de uma força externa ou passiva usada para aumentar o movimento por um arco de movimento maior. Por exemplo, faça seu cliente usar a mão oposta ao braço sendo alongado para, gentilmente e de maneira controlada, puxar o braço um pouco mais em direção ao corpo. Um treinador pode facilitar esse alongamento passivo acompanhando o ADM com uma ajuda prática. Essa força externa deve ser aplicada gradualmente, gentil e cuidadosamente. A tensão sentida na região posterior do ombro deve ser tolerável e suportável.

Passo 3: Finalmente, um alongamento estático e sustentado é mantido por cerca de 20 a 30 segundos, enquanto você ou o cliente mantém a assistência passiva externa sua ou da mão dele no braço sendo alongado.

A seguir, 15 alongamentos e numerosas variações que atingem os músculos que seu cliente usa quando, por exemplo, ele caminha, marcha, trota, corre, anda de bicicleta ou participa de treinamento de força ou treinamento combinado. Esses alongamentos vão de encontro às necessidades de flexibilidade de seu cliente, visando a todas as principais áreas do corpo, especialmente áreas compactas como a parte posterior das coxas e da região inferior da perna, região anterior e lateral dos quadris, peito e região anterior dos ombros. Todos os 15 alongamentos darão ao seu cliente uma rotina de alongamento do corpo todo que alongam e relaxam os músculos que mais trabalham durante os treinos e ao longo do dia.

Você pode fazer seu cliente executar essas séries de alongamentos, todos de uma vez durante um treino, ou inserir o alongamento no decorrer do treino como uma recuperação ativa. Não é necessário executar todos os alongamentos durante cada treino de seu cliente ou amontoar todos os 15 ou quaisquer outros alongamentos num período de tempo contínuo. Faça o que funciona! Se seu cliente gosta de intercalar alongamentos no decorrer do treino, faça-o. Se seu cliente gosta da sensação de um segmento contínuo de alongamento, assim seja. Mas, o que quer que você faça, não deixe o alongamento de fora do programa de seu cliente!

Encoraje seus clientes a manterem os alongamentos por cerca de 20 a 30 segundos, a não ser que você esteja usando AAI ou outra abordagem de alongamento que tenha um protocolo diferente. Certifique-se de que qualquer abordagem não-tradicional seja apoiada por evidências científicas que justifiquem seu uso. Seu cliente deve sentir um alongamento gentil em seu músculo. Evite alongar a musculatura e as articulações do seu cliente até um ponto de dor. O cliente deve ser posicionado confortavelmente e encorajado a relaxar em cada alongada e respirar naturalmente. Se você não consegue fazer o alongamento parecer confortável para o tipo corporal único do seu cliente, mesmo após mudar a posição do corpo, não o faça. Tente uma variação ou use outro alongamento que vise à mesma parte do corpo.

Alongamento 1: Alongamento dos Braços para Trás

Partes Visadas do Corpo
Região anterior dos ombros, peito

Músculos Alongados
Deltóide anterior, peitoral maior

Execução do Alongamento
Instrua o cliente: fique em pé, com os pés separados na linha dos ombros, joelhos levemente flexionados, a ponta dos pés para frente. Deixe os braços relaxados em cada lado do corpo. Abra o peito e puxe os ombros para trás, apertando as escápulas uma contra a outra. Flexione levemente os cotovelos ao mesmo tempo em que junta as mãos atrás das costas. Vagarosamente, estique os braços enquanto levanta as mãos com controle. Eleve as mãos até sentir uma tensão suave em seu ombro e na região do peito. Abaixe as mãos e então flexione os cotovelos e solte-as, com controle.

Sugestões
Não flexione na altura da cintura. Isso causa tensão desnecessária em suas costas e não torna o alongamento mais eficaz. Mantenha seus ombros puxados para trás sem curvá-los, tentando unir as escápulas.

Variações

Assuma a posição sentada, mas não curve a região lombar.
Execute este exercício em decúbito ventral.
Em qualquer posição, sentado, em pé ou em decúbito ventral, segure uma toalha com as mãos e levante os braços para cima e para trás.
A partir da posição em pé, vire levemente o seu corpo para a sua direita e ponha sua mão direita para trás, em contato com uma parede ou um objeto que apóie a mão na altura do ombro. Mantendo a mão apoiada ou em contato com a parede, vire a parte superior do seu corpo vagarosamente para a esquerda ou para longe da mão direita. Repita do lado oposto.

Finalidade: Saúde e Performance

Esse exercício melhora a flexibilidade e alivia a tensão no ombro e região do peito, resultado da má postura diária e de esportes de movimentos repetitivos. Sentar-se à escrivaninha, dirigir, inclinar-se continuamente, jogar tênis e golfe, nadar, caminhar e correr são exemplos de atividades que podem levar os ombros a se curvarem e a uma postura arqueada. "Abrir o peito", apertando as escápulas e puxando os braços para trás, pode prevenir ou reduzir dores no pescoço e melhorar a performance esportiva, limitada pelo movimento restrito do ombro e mau alinhamento da cabeça. Ombros curvados e peito cavo podem deixar o pescoço saliente, o que pode levar a desalinhamento e dores crônicas.

Alongamento 2: Alongamento do Tríceps e do Ombro Acima da Cabeça

Partes Visadas do Corpo
Região posterior dos ombros e braços, laterais da parte superior do corpo

Músculos Alongados
Deltóide posterior e tríceps, latíssimo do dorso

Execução do Alongamento
Instrua o cliente: fique de pé com os pés separados na distância dos ombros e joelhos levemente flexionados. Eleve um braço acima da cabeça. Flexione esse cotovelo, alcançando com a mão a escápula do ombro oposto. Deslize inferiormente as pontas dos seus dedos, o máximo que puder. Mantenha essa posição. Eleve o seu braço oposto e segure o cotovelo fletido. Com delicadeza, ajude o alongamento puxando o cotovelo.

Técnica e Sugestões de Alongamento
Puxe um pouco suas escápulas em direção uma à outra durante o alongamento e mantenha o cotovelo apontado para o teto.

Variações
Se você não é capaz de se alongar confortavelmente como foi descrito, use uma toalha para que possa ligar as mãos. Coloque a toalha na mão que passa por sobre a cabeça, como foi descrito. Em vez de passar sua outra mão por cima da cabeça, passe-a por trás das suas costas até que você consiga agarrar a toalha que pende da mão superior. Puxe a toalha para baixo, delicadamente, para ajudar no alongamento.

Finalidade: Saúde e Performance
Esse exercício pode ajudar a melhorar a flexibilidade e aliviar a tensão no ombro e na região das costas, resultado da má postura diária e de esportes de movimentos repetitivos.

Alongamento 3: Alongamento do Ombro com o "Braço Cruzado"

Partes Visadas do Corpo
Região posterior dos ombros e braços, lados da região superior das costas

Músculos Alongados
Deltóide posterior e tríceps, latíssimo do dorso

Execução do Alongamento
Instrua o cliente: fique de pé, com os pés separados a uma distância confortável, joelhos levemente fletidos, a ponta dos pés para frente. Eleve o braço esquerdo à sua frente até a altura do ombro. Cruze esse braço na frente do corpo e use a mão direita, vinda por baixo do braço esquerdo, para segurar acima do cotovelo esquerdo com a mão oposta. Enquanto você ajuda a cruzar o braço esquerdo na frente do corpo com a mão direita, mantenha o braço que você está alongando paralelo ao chão. Repita no outro lado.

Técnica e Sugestões de Alongamento
Puxe o braço vagarosamente cruzando o corpo até sentir um leve alongamento na região posterior do ombro e braço e nos músculos da região cervical. Não gire seu tronco ou os joelhos. Ao invés disso, mantenha seus ombros, quadris e

joelhos virados para frente enquanto você puxa o braço. Não curve suas costas durante o alongamento.

Variações

Assuma a mesma posição inicial e mova o braço sendo alongado para frente e para cima.

Assuma a mesma posição inicial e estenda seus dois braços à frente, logo abaixo da altura dos ombros. Segure seu pulso esquerdo com sua mão direita. Sem girar o corpo, puxe seu braço esquerdo transversalmente em direção ao lado direito do seu corpo. Você sentirá o alongamento na região posterior do seu ombro e braço, assim como ao longo de todo o lado esquerdo da parte superior de seu corpo e o meio de suas costas. Repita do outro lado.

Finalidade: Saúde e Performance

Este alongamento pode ajudar a melhorar a flexibilidade e aliviar a tensão no ombro, pescoço e região das costas, resultado da má postura diária e de esportes de movimentos repetitivos.

Alongamento 4: Alongamento Dorsal

Partes Visadas do Corpo

Parte posterior dos ombros e braços, laterais do corpo

Músculos Alongados

Deltóide posterior e tríceps, latíssimo do dorso

Execução do Alongamento

Instrua o cliente: localize um objeto fixo em sua casa ou equipamento estável, na altura dos quadris (exemplos incluem bicicletas estacionárias, outros equipamentos de exercícios e corrimãos seguros). Afaste seus pés do equipamento à distancia de um braço e fique em pé, com seus pés separados na linha dos quadris ou um pouco mais afastaddos. Seus joelhos devem estar levemente fletidos e a ponta dos pés para frente ou um pouco para fora. Incline-se para frente e segure o equipamento com as duas mãos. Mova seus quadris para trás e permita que seus cotovelos se estendam enquanto você se alonga.

Técnica e Sugestões de Alongamento
Relaxe nesse alongamento, permitindo que seus braços se estendam. Você não vai ter a sensação de "leveza" se não permitir que seu peso se mova para trás e seus braços se estendam. Pressione os seus braços para baixo e não curve a sua lombar durante o alongamento. Mantenha uma leve tensão em seus músculos abdominais.

Variações
Use equipamentos de alturas diferentes ou ponha suas mãos mais para cima ou para baixo.

Finalidade: Saúde e Performance
Esse alongamento pode ajudar a melhorar a flexibilidade e aliviar a tensão no ombro e região das costas, resultado da má postura diária e de esportes de movimentos repetitivos.

Alongamento 5: Alongamento Dorsal e Alongamento da Face Interna da Coxa

Partes Visadas do Corpo
Parte posterior dos ombros e braços, laterais do corpo e face interna das coxas

Músculos Alongados
Deltóide posterior e tríceps, latíssimo do dorso, músculos adutores (face interna das coxas)

Execução do Alongamento
Instrua o cliente: a primeira parte desse alongamento é a mesma do alongamento 4. Localize um objeto fixo em sua casa ou equipamento estável, na altura dos quadris (exemplos incluem bicicletas estacionárias, outros equipamentos de exercícios e corrimãos seguros). Afaste seus pés do equipamento à distância de um braço e fique de pé com seus pés separados na linha dos quadris ou um pouco mais afastados. Seus joelhos devem estar levemente fletidos e a ponta dos pés para frente ou um pouco para fora. Incline-se para frente e segure o equipamento com as duas mãos. Mova seus quadris para trás e permita que seus cotovelos se estendam enquanto você se alonga.

Para alongar a face interna das coxas, vagarosamente, mude seus quadris dessa posição inicial centralizada em direção ao seu pé direito e por cima dele. O joelho direito pode se flexionar um pouco e você sentirá o alongamento na face interna da coxa esquerda (mantenha essa perna estendida). Volte até a posição central, pare por um momento e então mova seus quadris para o outro pé.

Técnica e Sugestões de Alongamento

Você não vai ter a sensação de leveza se não permitir que seu peso se mova para trás e seus braços se estendam. Pressione seus braços para baixo e não curve suas costas durante o alongamento. Enquanto você se move de um lado a outro para alongar a face interna das coxas, mantenha o movimento controlado e minimize qualquer flexão dos joelhos.

Variações

Mantenha a simplicidade. A melhor altura para alongar a face interna das coxas é a altura dos quadris. E então, não há variações para esse exercício.

Finalidade: Saúde e Performance

Esse alongamento dinâmico pode ajudar a melhorar a flexibilidade e aliviar a tensão no ombro e na região das costas, resultado da má postura diária e de esportes de movimentos repetitivos. Esse alongamento também permite alongar a face interna das coxas sem fazer um movimento profundo de avanço lateral, de alto risco.

Alongamento 6: Alongamento Lateral do Quadril

Partes Visadas do Corpo

Laterais dos quadris (face externa do quadril)

Músculos Alongados

Glúteo médio e mínimo (músculos abdutores do quadril), tensor da fáscia lata

Execução do Alongamento

Instrua o cliente: localize um objeto fixo em sua casa ou equipamento estável, na altura dos quadris (exemplos incluem bicicletas estacionárias, outros equipamentos de exercícios e corrimãos seguros). Fique em pé próximo ao equipamento com os pés alinhados com os quadris ou mais próximos. Seus joelhos estão estendidos, mas não travados, e as pontas dos pés para frente. Fique de lado para o equipamento e use sua mão mais próxima para segurar no equipamento. Com sua outra mão, segure no equipamento por fora da primeira mão. Flexione levemente o joelho de dentro e empurre seu quadril para o lado, afastando-o do equipamento. O peso de seu corpo deve ser apoiado na perna de fora. Repita isso do outro lado.

Técnica e Sugestões de Alongamento

Mantenha seus pés próximos ao equipamento e afastados na linha dos quadris. Faça uma curva em forma de 'C' com o lado do corpo mais próximo ao equipamento. Mantenha o joelho do quadril que está sendo alongado bem estendido e o peso corporal nessa mesma perna.

Variações

Após ficar na posição afastada do equipamento, como descrito anteriormente, para intensificar o alongamento, abra (gire) o quadril que está sendo alongado para fora da linha central do corpo.

Após ficar na posição afastada do equipamento, para intensificar o alongamento, cruze sua perna de dentro (a mais próxima do equipamento) pela frente da perna do quadril que está sendo alongado. Coloque a maior parte de seu peso na perna do quadril que está sendo alongado. Apóie a ponta do pé da perna sem sobrecarga (a perna de dentro que você cruzou na frente) no chão para manter o equilíbrio.

Combine as variações 1 e 2.

Esse alongamento pode ser executado facilmente a partir da posição em pé, sem a ajuda de um equipamento estabilizador. Simplesmente fique em pé com os pés juntos, flexione levemente um joelho e mova seus quadris para um lado, estendendo o quadril para fora da linha do tornozelo até você sentir um alongamento sutil na face externa do quadril (músculos abdutores do quadril). Repita no outro lado.

Finalidade: Saúde e Performance

Este alongamento pode melhorar a flexibilidade e aliviar a tensão nas laterais dos quadris e faces externas das coxas, resultado da má postura diária e de esportes de movimentos repetitivos, que pedem arco do movimento limitado (como caminhada, corrida e ciclismo). Esse alongamento também pode ajudar a reduzir a possibilidade de lesão por excesso de uso. O alongamento lateral do quadril alonga a faixa iliotibial da fáscia do músculo tensor da fáscia lata. Uma faixa iliotibial tensa pode levar a lesões nos quadris e na face externa (lateral) do joelho por excesso de uso. Se você fez uma cirurgia de substituição de quadril, consiga a aprovação de seu médico antes de fazer esse alongamento.

Alongamento 7: Alongamento do Quadríceps e dos Flexores do Quadril

Partes Visadas do Corpo
Região anterior da coxa e do quadril

Músculos Alongados
Quadríceps e flexores do quadril (reto femoral, ilíaco, psoas maior)

Execução do Alongamento
Instrua o cliente: fique em pé perto de um banco, uma cadeira, uma parede ou outro objeto sólido. Ajude seu equilíbrio com uma mão. Dobre um joelho e levante seu calcanhar na direção de sua região glútea. Com a mão do mesmo lado, alcance e segure a ponta do seu pé. Mantenha as faces internas das coxas juntas, puxe devagar seu calcanhar em direção aos glúteos até sentir um alongamento sutil na região anterior da sua coxa (músculo quadríceps). Para alongar os flexores do quadril, mova sua perna para trás (estenda o quadril), contraindo os músculos da região glútea. Então contraia seu abdome e tente girar os quadris. Essa técnica alonga mais a parte anterior do quadril (flexores do quadril). Repita com a outra perna.

Técnica e Sugestões de Alongamento
Contraia seus músculos abdominais para evitar o arqueamento da região lombar durante a primeira parte desse alongamento. Mantenha sua patela apontando para baixo e orientada para o chão durante o alongamento. Certifique-se de que seus joelhos estejam perto um do outro. Se você mover o joelho da perna que está sendo alongada para fora, isso forçará o ligamento (interno) medial do joelho. Sempre use a mão do mesmo lado do corpo para puxar o calcanhar na direção da região glútea. Isso evita o estresse lateral do joelho. O joelho é uma articulação parecida com uma dobradiça e se lesiona mais facilmente quando são aplicadas forças laterais. Um alongamento eficiente do quadríceps e dos flexores do quadril não significa que o calcanhar precise tocar na região glútea. O objetivo é alongar tecido muscular, e não tocar sua região glútea com o calcanhar!

Variações
Tente este alongamento deitado de lado ou em decúbito ventral. A técnica não muda, mas essa é uma posição mais estável.
Segure firmemente a ponta do pé e puxe a planta do pé na direção da região glútea. Isso alongará bem a região anterior da perna abaixo do joelho (canela).

Finalidade: Saúde e Performance
Esse alongamento pode melhorar a flexibilidade e aliviar a tensão na região anterior da coxa e do quadril, resultado da má postura diária e de esportes de movimentos repetitivos, que requerem arco do movimento limitado (como caminhada, corrida e ciclismo).

Alongamento 8: Alongamento do Flexor do Quadril em Pé

Partes Visadas do Corpo
Região anterior da coxa e do quadril

Músculos Alongados
Flexores do quadril e, em algum grau, quadríceps

Execução do Alongamento
Instrua o cliente: fique em pé ao lado de uma cadeira, parede ou outro objeto sólido e ajude seu equilíbrio com uma mão. Posicione seus pés de modo que um fique à frente do outro, um de cada lado. Os pés devem estar separados na linha dos quadris. Mantenha sua cabeça, seus ombros e seus quadris alinhados, um sobre o outro, e mantenha seu peito elevado, unindo suas escápulas. Mova seus quadris para frente, dobrando a perna da frente sem mudar a posição do pé. Oscile os quadris, sem achatar a sua lombar, contraindo levemente seu abdome, até sentir uma tensão suave na região anterior da perna que está atrás. Repita com a outra perna.

Técnica e Sugestões de Alongamento
Mantenha uma postura ereta. Não se flexione na altura da cintura, e não é necessário manter a perna de trás estendida. Uma vez que você assumiu a posição de montaria, um pé em frente ao outro, mantenha seus pés afastados na linha dos quadris. Isso o ajudará a manter o equilíbrio. Flexione o joelho da frente enquanto move os quadris para frente para alongar. Evite arquear as costas, mantendo seus músculos abdominais contraídos. Contrair seus abdominais também vai ajudar a alongar a região anterior do quadril.

Variações
Fique em pé e execute o alongamento descrito anteriormente sem a ajuda no equilíbrio.

Finalidade: Saúde e Performance
Este alongamento pode melhorar a flexibilidade e aliviar a tensão na região anterior da coxa e do quadril, resultado da má postura diária e de esportes com movimentos repetitivos. Os flexores do quadril também tendem a ficar muito tensos por causa do tempo prolongado e freqüente que se passa sentado, que é uma realidade do local de trabalho de muitas pessoas. A tensão dos flexores pode fazer a pelve se deslocar para frente, criando um arco crônico (excesso de curvatura) na região lombar. Isso pode levar a lombalgias e desconforto.

Alongamento 9: Alongamento dos Isquiotibiais em

Partes Visadas do Corpo
Região posterior das coxas

Músculos Alongados
Isquiotibiais

Execução do Alongamento
Instrua o cliente: fique em pé numa superfície plana e estenda uma perna à frente. Mantenha a planta do pé em contato com o chão. Com as mãos levemente apoiadas na coxa, flexione o joelho de trás e incline-se levemente para frente até sentir um alongamento na região posterior da coxa (isquiotibiais). Certifique-se de "dobrar" na articulação do quadril em vez de se dobrar (curvar) na cintura ou curvar a coluna. Enquanto você inclina a parte superior de seu corpo para frente, imagine que vai voltar a se sentar numa cadeira invisível. Repita com a outra perna.

Técnica e Sugestões de Alongamento
Quando estiver se inclinando, coloque suas mãos acima do joelho que está estendido na sua frente ou uma mão na outra coxa. Isso evitará que você coloque pressão desnecessária no joelho. Não se dobre na cintura quando se inclinar para frente. Dobre-se no quadril. Uma vez que você assumiu a posição de montaria, um pé em frente ao outro, mantenha seus pés afastados na linha dos quadris. Isso o ajudará a manter o equilíbrio.

Variações
1. Execute o alongamento descrito anteriormente com sua perna da frente apoiada numa superfície elevada. Por exemplo, use uma mesa, um

step, um banco do parque ou uma cadeira que não seja mais alto do que 30 ou 60 centímetros. Mantenha a ponta do pé para frente.

2. Para alongar a panturrilha, execute o alongamento como foi descrito. Mas, em vez de manter o pé da frente apoiado no chão (apontando para frente), puxe a ponta do pé em sua direção, usando os músculos da canela. Então, incline-se devagar para frente com o torso. Você sentirá a diferença. Certifique-se de alongar a outra panturrilha também.

Finalidade: Saúde e Performance

Esse alongamento pode ajudar a melhorar a flexibilidade e aliviar a tensão na região posterior da coxa, resultado da má postura diária e de esportes com movimentos repetitivos. Os isquiotibiais podem ficar tensos se você passa muito tempo sentado, especialmente com a lombar curvada. Essa má postura não é apenas estressante para os discos vertebrais e ligamentos, mas isso pode também levar a uma postura crônica de região lombar curvada ou arqueada. Esse achatamento da coluna lombar, combinado com a tensão nos flexores e extensores dos quadris, pode levar a um movimento pélvico limitado. Isso, por sua vez, pode levar a lombalgias e desconforto.

Alongamento 10: Alongamento do Glúteo em Pé

Partes Visadas do Corpo

Região glútea e face externa dos quadris

Músculos Alongados

Glúteo máximo (principalmente)

Execução do Alongamento

Instrua o cliente: a postura para esse alongamento é similar às dos alongamentos 4 e 5. Localize um objeto fixo em sua casa ou equipamento estável, na altura dos quadris (exemplos incluem bicicletas estacionárias, outros equipamentos de exercícios e corrimãos seguros). Afaste seus pés do equipamento à distância de um braço e fique de pé com seus pés separados na linha dos quadris ou um pouco mais afastados. Incline-se para frente e segure o equipamento com as duas mãos.

Agora, mova um pé um pouco para frente na direção do centro do seu corpo, a ponta do pé para frente. Eleve o outro pé, flexionando seu joelho e girando sua coxa para fora. Apóie o tornozelo da perna elevada, acima do joelho da perna de apoio (Isso forma a figura do 4). Mova seus quadris para trás e flexione o joelho da perna na qual você se apóia. Estenda os seus cotovelos enquanto você faz o alongamento. Repita com a outra perna.

Técnica e Sugestões de Alongamento

Relaxe nesse alongamento, permitindo que seus braços se estendam. Você não vai ter a sensação de leveza se não permitir que seu peso se mova para trás e seus braços se estendam. Pressione seus braços para baixo e não curve a região lombar durante o alongamento. Flexione o joelho da perna de apoio apenas até onde for confortável.

Variações

1. Aumente o alongamento realizando a rotação externa do quadril, sem ajuda (alongamento ativo).
2. Aumente o alongamento aumentando a rotação externa do quadril com a ajuda da mão do mesmo lado do corpo (alongamento passivo).
3. Aumente o alongamento flexionando mais o joelho da perna de apoio (a coxa deve descer além da linha paralela ao chão).

Finalidade: saúde e performance

Esse alongamento pode melhorar a flexibilidade e aliviar a tensão na face externa dos quadris e da região glútea, resultado da má postura diária e de esportes com movimentos repetitivos, como corrida, ciclismo e caminhada. Esses músculos podem ficar tensos se você não os alongar regularmente, o que pode levar a lesões por excesso de uso.

Alongamento 10: Alongamento Panturrilha em Pé

Partes Visadas do Corpo

Região posterior da perna abaixo do joelho (panturrilha)

Músculos Alongados

Gastrocnêmio e sóleo

Execução do Alongamento

Instrua o cliente: fique em pé a uma distância de um braço, aproximadamente, de uma cadeira (ou parede ou árvore). Mova um pé para frente, aproximando-o da cadeira, enquanto estende a outra perna atrás. Mantenha seus pés afastados na linha dos quadris. Com a perna próxima da cadeira flexionada e a perna de trás estendida, coloque as mãos na cadeira. Mantenha o calcanhar de trás no chão com o joelho estendido e mova seus quadris para frente. As pontas dos dois pés ficam apontadas para frente. Incline-se devagar, flexionando o tornozelo, mantendo suas costas retas, até sentir um alongamento nos músculos da panturrilha. Repita com a outra perna.

Técnica e Sugestões de Alongamento
Incline-se flexionando seu tornozelo, e não sua cintura, enquanto move seu quadril para frente. Isso se chama inclinação com o corpo reto. As orelhas, os ombros e o tornozelo da perna de apoio estão alinhados. Mantenha o calcanhar de trás no chão e a perna de trás estendida. Mantenha seus pés afastados na linha dos ombros para manter o equilíbrio.

Variações
Tente o mesmo alongamento sem a ajuda de equilíbrio. Fique ereto, dê um passo à frente e coloque suas mãos na coxa da perna da frente.
Execute o alongamento, mas flexione a perna de trás para focar o alongamento no músculo sóleo.
Veja alongamento 9, segunda variação.

Finalidade: Saúde e Performance
Este alongamento pode melhorar a flexibilidade e aliviar a tensão na região inferior da perna abaixo do joelho. As panturrilhas podem se tornar tensas como resultado do uso de salto alto, caminhada, corrida, ciclismo e ficar em pé por longos períodos de tempo. Esses músculos posturais se tornam tensos se você não os alongar regularmente, e isso pode levar a lesão por excesso de uso.

Alongamento 12: Alongamento do Tibial Anterior

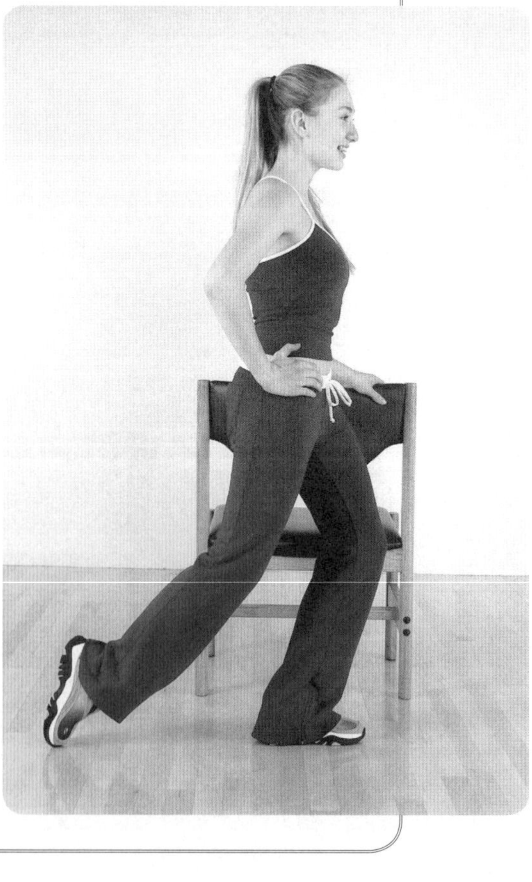

Partes Visadas do Corpo
Face anterior da região inferior da perna abaixo do joelho (músculos do compartimento anterior incluindo o tibial anterior). Nota: embora esse seja comumente chamado de "alongamento da canela", você não pode alongar a "canela". Contudo, esse alongamento atinge efetivamente os músculos localizados na frente da região inferior da perna abaixo do joelho.

Músculos Alongados
Tibial anterior (principal) ou grupo do compartimento anterior

Execução do Alongamento
Instrua o cliente: fique em pé ao lado de uma cadeira, parede ou outro objeto sólido e ajude seu equilíbrio com uma mão. Posicione seus pés de modo que um fique a frente do outro, um de cada lado. Mantenha sua cabeça, seus ombros e seus quadris alinhados e seu peito elevado unindo suas escápulas. Agora, coloque todo seu peso na perna da frente. Estenda a ponta do seu pé de trás e ponha-o em contato com o chão. Pressione

gentilmente o peito do pé (cadarço) e o tornozelo no chão enquanto a perna da frente flexiona. Mova seus quadris para frente sem mudar a posição do seu pé até sentir uma suave tensão na parte da frente de sua canela. Repita com a outra perna.

Técnica e Sugestões de Alongamento

Mantenha uma postura ereta. Não se dobre na cintura. Uma vez que você assumiu a posição inicial, mantenha seus pés na linha dos quadris para manter o equilíbrio. Evite arquear as costas, mantendo seus músculos abdominais contraídos. Imagine que você está pressionando o tornozelo da perna de trás e o peito do pé no chão e, simultaneamente, puxando-os para frente (Na verdade o pé de trás não se move para frente, mas vislumbre isso para ajudá-lo a alongar-se efetivamente). Repita com a outra perna.

Variações

1. Fique ereto na posição inicial e execute o alongamento sem a ajuda de equilíbrio.
2. Cruzado. Fique ereto e cruze o pé direito sobre o pé esquerdo. Coloque o pé direito do lado de fora do tornozelo esquerdo e os cadarços do pé direito voltados para o chão (a planta do pé direito não deve estar em contato com o chão). Pressione delicadamente a área da canela esquerda contra a parte de trás da região inferior da perna (panturrilha) até que uma suave tensão seja sentida na área da canela direita. Mantenha a posição e repita no outro lado.

Finalidade: Saúde e Performance

Esse alongamento melhora a flexibilidade e alivia a tensão na frente da região inferior da perna abaixo do joelho, resultado de movimentos repetitivos. Esses músculos são requisitados para levantar a ponta do pé, especialmente durante a caminhada, para que o pé saia do chão e você não tropece. Os músculos na área da canela podem se tornar tensos se você não os alonga regularmente e podem contribuir para lesões por excesso de uso (por exemplo, "*shin splints*")[1] e má *performance*.

Shin splints – Lesão por esforço do músculo tibial anterior; é uma forma suave da síndrome do compartimento anterior. (N. T.)

Partes Visadas do Corpo

Região inferior das costas (região lombar)

Músculos Alongados

Eretor da espinha e quadrado lombar

Execução do Alongamento

Instrua o cliente: fique em quatro apoios ventral com suas mãos diretamente abaixo dos ombros e os joelhos abaixo dos quadris. Mantenha seu pescoço estendido (nem para cima, nem para baixo). Puxe suas escápulas delicadamente em direção uma à outra. A região lombar não está plana nem extremamente arqueada (posição neutra). Agora, contraia seus abdominais e oscile seus quadris. Mantenha suas costas nesta posição arredondada por um momento e volte para a posição inicial, ou neutra.

Técnica e Sugestões de Alongamento

Não curve a região cervical. Mantenha suas escápulas juntas durante todo o alongamento. O único movimento acontece entre suas costelas e a parte superior de seus quadris.

Variações

1. Fique em decúbito dorsal, com sua cabeça e pés em contato com o chão e seus joelhos flexionados. Puxe um joelho em direção ao peito, mantenha o alongamento e abaixe a perna. Repita com a outra perna.
2. Fique em decúbito dorsal, com sua cabeça e pés em contato com o chão e seus joelhos flexionados. Puxe os dois joelhos em direção ao peito. Pare e mantenha o alongamento. Abaixe uma perna, então a outra (Abaixar as duas simultaneamente pode distender a região lombar).
3. Combine esse alongamento com o alongamento 14. Essa combinação cria um excelente exercício de mobilidade pélvica e fortalece o abdome e as costas.

Finalidade: Saúde e Performance

Este alongamento pode melhorar a flexibilidade e aliviar a tensão na região lombar. Essa tensão pode resultar de contrações contínuas ou encurtamento desses músculos posturais. Esse alongamento também ajuda a relaxar os músculos da região lombar e é um grande fortalecedor abdominal. Se suas costas estão excessivamente arqueadas, músculos abdominais fortes podem controlar o grau do arco.

Nos locais de trabalho atuais, onde passamos horas sentado à mesa ou à frente do computador, raramente a área da região lombar está tensa. Ao contrário, esses músculos estão geralmente superalongados! Mais do que nunca, os músculos da região lombar precisam ser fortalecidos, e não alongados. Para evitar superalongamento desses músculos e machucar a coluna vertebral, mantenha uma curvatura suave e natural em sua região lombar quando se sentar, ficar de pé e se mover. Não deixe sua região lombar ficar arredondada por longos períodos de tempo.

Alongamento 14: Alongamento do Arco das Costas (ou Extensão)

PartesVisadas do Corpo
Abdome (região anterior do tronco entre as costelas e a parte superior dos quadris)

Músculos Alongados
Abdominais (reto do abdome e oblíquos)

Execução do Alongamento
Instrua o cliente: fique em quatro apoios ventral com suas mãos diretamente abaixo dos ombros e os joelhos abaixo dos quadris. Mantenha seu pescoço estendido (nem para cima, nem para baixo). Puxe suas escápulas suavemente em direção uma à outra. A região lombar não está plana, nem extremamente arqueada (posição neutra). Agora, contraia os músculos da região lombar (empurre seu umbigo em direção ao chão). Mantenha essa posição arqueada da região lombar e retorne à posição inicial ou neutra.

Técnica e Sugestões de Alongamento
Não curve a região superior das costas. Mantenha suas escápulas juntas durante todo o alongamento. O único movimento acontece entre suas costelas e a parte superior de seus quadris.

Variações
Combine esse alongamento com o alongamento 13. Essa combinação cria um excelente exercício de mobilidade pélvica e fortalece o abdome e as costas.

Finalidade: Saúde e Performance
Provavelmente, mais importante do que alongar seus músculos abdominais (embora seja uma boa sensação e mantenha o arco do movimento), esse alongamento é o primeiro passo no fortalecimento dos músculos da região lombar. Como mencionado no alongamento 13, os músculos da região lombar geralmente precisam mais ser fortalecidos do que alongados.

Dores na região lombar ou desconforto podem resultar de músculos dorsais fracos e superalongados. E então, esse exercício é uma boa maneira de aumentar a resistência muscular da região lombar. Para evitar machucar a coluna vertebral, mantenha uma curvatura suave e natural em sua região lombar quando se sentar, ficar de pé e se mover. Não deixe a região lombar assumir uma posição excessivamente arqueada, simplesmente por causa da má consciência postural.

Alongamento 15: Inclinação Lateral da Cabeça

Partes Visadas do Corpo
Laterais e região posterior do pescoço

Músculos Alongados
Extensores do pescoço e flexores laterais

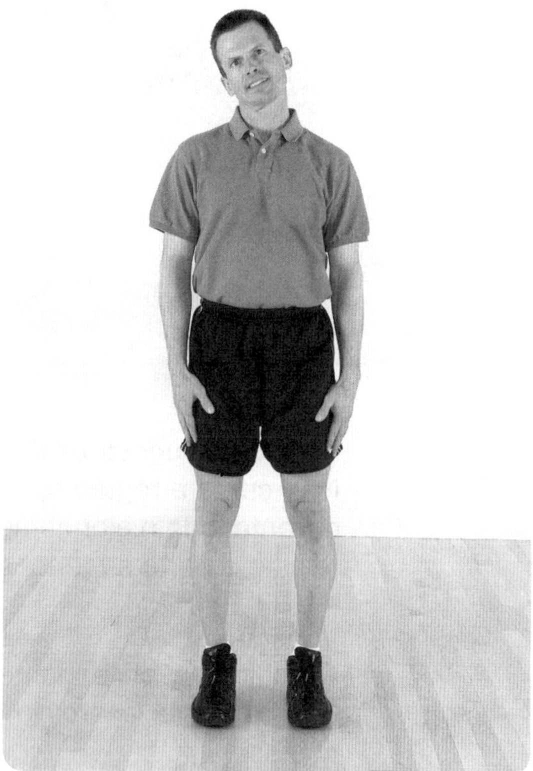

Execução do Alongamento
Instrua o cliente: fique em pé, com os pés afastados na linha dos quadris e joelhos levemente fletidos. Deixe os braços relaxados ao lado do corpo. Mova a orelha direita em direção ao seu ombro direito devagar. Simultaneamente, pressione a mão esquerda em direção ao chão e afaste o ombro esquerdo de sua orelha esquerda. Faça isso devagar e com controle até sentir uma tensão suave no lado esquerdo do seu pescoço, ombro e região cervical. Mantenha essa posição, solte o braço que está pressionando para baixo, retorne sua cabeça à posição inicial e, então, repita o alongamento no outro lado.

Técnica e Sugestões de Alongamento
Incline sua cabeça exatamente para o lado, não para frente ou para trás. Use controle quando pressionar o ombro para baixo para intensificar o alongamento. Se você já está tendo um alongamento adequado após inclinar a cabeça, omita a pressão do ombro e da mão.

Variações
1. Execute o alongamento descrito, mas varie a posição de sua cabeça um pouco para frente, em vez de inclina-la exatamente para o lado.
2. Rotações da cabeça. Gire sua cabeça de um lado a outro, olhando por cima de um ombro, depois por cima do outro. Mantenha seu queixo paralelo ao chão e seus quadris e ombros voltados para frente.

Objetivo: Saúde e Performance
Esse alongamento pode melhorar a flexibilidade e aliviar a tensão nas laterais e na região posterior do pescoço. A tensão nessa área do corpo resulta da má postura diária, enquanto se está sentado à mesa ou dirigindo, por exemplo, e durante os esportes com movimentos repetitivos (como natação, ciclismo ou patinação *in-line*). Se sua cabeça estiver posicionada adequadamente, seu pescoço deve estar sem tensão, significando que não está para frente, para trás, nem inclinado para o lado. Faça pausas para alongar regularmente quando estiver trabalhando ou treinando, e verifique a postura de seu pescoço regularmente (use um espelho para ajudá-lo a apreciar essa posição neutra e sem tensão).

Alongando sobre a *Fit Ball*

As seguintes variações de alongamento na *fit ball* (bola para estabilidade) são especialmente úteis na complementação das posturas tradicionais de alongamento. Essa ferramenta única de alongamento pode ajudá-lo a atingir áreas do corpo do seu cliente que são, geralmente, difíceis de alongar efetivamente, incluindo a musculatura do tronco, jarretes, quadríceps e flexores dos quadris.

Alongamento 1: Alongamento da Região Anterior do Tronco – Decúbito Dorsal

Músculos Alongados
Reto do abdome, oblíquos internos e externos, grupo flexor do quadril (nível III), peitoral maior, deltóide anterior, bíceps

Movimentos Articulares
Extensão da coluna lombar, extensão da coluna cervical (níveis II e III)

Grupos Musculares Estabilizadores
Abdominais, quadris e pernas

Posição Básica
Supino inclinado

Execução do Alongamento (Nível I)
Instrua o cliente: recline-se sobre a bola numa posição quase horizontal (supino inclinado). Ela pressionará confortavelmente as regiões torácica e lombar. Apóie seus pés no chão, afastados mais ou menos na linha dos ombros. Flexione os joelhos aproximada-

mente a 90 graus. Coloque uma mão sob a cabeça para apoiar o pescoço. A outra poderá ser colocada no chão para ajudar no equilíbrio ou ficar aberta para o lado.

Relaxe as costas na bola, deixando sua coluna se estender enquanto você se deita sobre a bola. Mantenha esse alongamento passivo numa amplitude de movimento que seja confortável.

Técnicas e Sugestões

Mantenha uma posição neutra da coluna cervical. Se seus calcanhares não alcançam o chão ou seus joelhos estão excessivamente flexionados, avance com os pés um pouco à frente até seus pés ficarem inteiramente encostados no chão e o ângulo dos seus joelhos ficarem perto de 90 graus.

Se seu pescoço se cansar da postura neutra da coluna cervical, role na bola um pouco para frente, abaixando os quadris, para que o corpo fique mais ereto.

Variação de Nível II

Comece na posição de supino inclinado descrito. Apóie suas mãos no chão para se equilibrar. Role na bola para frente, abaixando os quadris, até que você possa apoiar facilmente a região posterior da cabeça na bola. Devagar role na bola de volta, estendendo os quadris um pouco mais do que na posição do nível I (veja foto nesta página). Seus quadris manterão um grau confortável de flexão. Relaxe, deixando o corpo cobrir a bola com a coluna estendida. Mantenha esse alongamento passivo. As mãos podem permanecer no chão para se equilibrar ou se abrir para os lados. A região posterior da cabeça permanece sobre a bola para suportar o pescoço em sua posição estendida. O arco do movimento desse alongamento passivo pode ser ajustado rolando-se a bola um pouco para frente ou para trás. Retorne para a posição inicial rolando para frente na bola e apóie a cabeça enquanto retorna para a posição neutra.

Este exercício requer mais flexibilidade, equilíbrio e estabilização do que a variação do nível I. Para um desafio maior de equilíbrio e estabilização, posicione as pernas mais próximas uma da outra.

Variação de Nível III
Comece na posição de supino inclinado descrito. Apóie suas mãos no chão para se equilibrar. Role na bola para frente, abaixando os quadris, até que você possa apoiar facilmente a região posterior da cabeça na bola. Devagar role na bola de volta até que seus quadris estejam totalmente estendidos. Relaxe e deixe o corpo cobrir a bola com a coluna e os quadris estendidos. Mantenha esse alongamento passivo. As mãos podem abrir para os lados ou ir por cima da cabeça com os ombros numa posição flexionada, palmas para dentro. A região posterior da cabeça permanece sobre a bola para suportar o pescoço em sua posição estendida. Observe que as costas e o pescoço estão totalmente apoiados na bola, mesmo que esta variação exija um arco do movimento maior.
Esse exercício requer mais flexibilidade, equilíbrio e estabilização do que a variação do nível II. Para um desafio maior de equilíbrio e estabilização, posicione as pernas mais próximas uma da outra.

Alongamento 2: Alongamento do Tronco com Rotação – Decúbito Dorsal no Chão

Principais Músculos Alongados
Rotadores da coluna lombar, oblíquos externos e internos; jarretes, glúteo máximo (nível II); latíssimo do dorso, deltóide posterior, tríceps (cabeça longa), intercostais (nível III); mobilidade geral do tronco e quadril

Movimentos Articulares
Rotação do tronco, flexão do ombro (nível III)

Grupos Musculares Estabilizadores
Músculos escapulares, braços, abdominais, pernas

Posição Básica
Supino com pernas elevadas

Execução do Alongamento (Nível I)
Instrua o cliente: deite-se de costas no chão com suas pernas e pés apoiados sobre a bola. Flexione os joelhos, faça a rotação externa do quadril e coloque as plantas dos pés juntas na posição borboleta. Prenda levemente a bola entre a região posterior das coxas e os calcanhares. Apóie suas mãos no chão, palmas para baixo, ao lado do corpo ou um pouco abaixo de seus ombros.
Role a bola devagar para um lado até que a perna de baixo toque o chão ou se aproxime dele. Pare a rotação quando o alongamento desejado for alcançado. Mantenha a posição, respire e relaxe nesse alongamento passivo.

Técnicas e Sugestões

A postura neutra da coluna cervical pode ser mantida ou a cabeça pode ser virada para o lado com as pernas se a rotação cervical for desejada. Tente manter ambos os ombros no chão ou perto. Se um ombro se levantar excessivamente, diminua a rotação na região inferior do corpo até que esse alinhamento possa ser mantido. Maior rotação externa do quadril pode diminuir o arco do movimento rotatório, e menos rotação do quadril pode aumentar o arco do movimento rotatório.

Variação de Nível II – Posição Tesoura

Deite-se de costas, com ambos os joelhos flexionados e seus pés apoiados inteiramente no chão. Apóie a bola em suas coxas, segurando com as mãos pelas laterais da bola. Traga uma perna ao redor da bola até que a parte de trás desta coxa encoste na bola. Você está agora segurando a bola na posição "tesoura". A bola está apoiada na frente de uma coxa e atrás da outra. Ajuste a bola até que esteja segura nessa posição. Então, ponha suas mãos no chão como na variação do nível I. Role devagar para um lado até a bola tocar o chão ou ficar próxima dele. Pare a rotação quando o alongamento desejado for alcançado. Mantenha a posição e relaxe neste alongamento passivo. Esse exercício requer mais flexibilidade, equilíbrio e estabilização do que a variação do nível I.

Variação de Nível III – Posição em Contra-rotação

Deite-se de costas, com ambos os joelhos flexionados e seus pés apoiados inteiramente no chão. Segure a bola em suas mãos, posicione a bola para que fique elevada acima de seu peito e cabeça. Abaixe as pernas devagar para um lado e, simultaneamente, os braços (e a bola) para o lado oposto. Concente-se em afastar os braços do corpo e, ao mesmo tempo, pressione as pernas delicadamente

perto do chão. Relaxe, mantenha a posição e respire com essa combinação de alongamento ativo-passivo.
Esse exercício requer mais flexibilidade, equilíbrio e estabilização do que as variações dos níveis I e II

Alongamento 3: Alongamento dos isquiotibiais – Posição Sentada

Principais Músculos Alongados
Grupo dos isquiotibiais, glúteo máximo

Movimentos Articulares
Flexão do quadril, extensão dos joelhos, inclinação pélvica anterior

Grupos Musculares Estabilizadores
Pescoço, músculos escapulares, braços, abdominais, extensores da coluna lombar, quadris, pernas

Posição Básica
Sentado

Execução do Alongamento (Nível I)
Instrua o cliente: sente-se ereto no topo da bola, com postura neutra da coluna. Apóie seus pés no chão, afastados na linha dos ombros, com o mínimo de peso sobre os pés. Apóie suas mãos levemente sobre um joelho. Coloque sua outra perna para frente com o joelho totalmente estendido, mas não travado (hiperestendido).

Execute devagar uma inclinação anterior da pelve até você sentir um alongamento suave nos isquiotibiais da perna estendida. Respire e mantenha esse alongamento ativo num arco de movimento que seja confortável para você.

Técnicas e Sugestões
Enquanto você executa a inclinação anterior, role a bola para trás com seus "ossos de sentar" (tuberosidades isquiáticas). Mantenha o alinhamento postural neutro da coluna cervical. Suas escápulas devem estar um pouco contraídas durante o exercício. Mantenha a perna estendida com a ponta do pé apontada para baixo em direção ao chão. Puxar os dedos do pé na direção da canela fará o músculo gastrocnêmio alongar e pode inibir o alongamento dos isquiotibiais (para um maior desafio de flexibilidade, adicione o alongamento do gastrocnêmio).

Variação de Nível II
Comece na posição sentado com a perna estendida, como foi descrito no nível I. Coloque as mãos sobre a região superior da sua coxa. Após você executar a inclinação pélvica anterior, flexione seus quadris para frente devagar, até sentir o alongamento desejado nos isquiotibiais. Certifique-se de que você se dobra nos quadris em vez de curvar a coluna. Mantenha a posição neutra, ou um pouco estendida, da coluna lombar. Mantenha essa combinação de alongamento ativo-passivo no arco do movimento que seja confortável.
Esse exercício requer mais flexibilidade, equilíbrio e estabilização do que a variação do nível I. Para um desafio maior de equilíbrio e estabilização, posicione as pernas mais próximas uma da outra.

Alongamento 4: Quadríceps e Flexores do Quadril – Decúbito Dorsal

Principais Músculos Alongados
Quadríceps (reto do fêmur), flexores do quadril

Movimentos Articulares
Extensão dos quadris, extensão da coluna lombar, flexão dos joelhos (nível II)

Grupos Musculares Estabilizadores
Músculos escapulares, extensores da coluna lombar, oblíquos, quadris, pernas

Posição Básica
Supino com apoio cervical

Execução do Alongamento (Nível I)

Instrua o cliente: recline-se sobre a bola numa posição quase horizontal (supino inclinado). Dê pequenos passos para frente, mantendo seus quadris levantados, até a bola estar centralizada sob a coluna cervical. Sua cabeça, seu pescoço, seus ombros e sua região cervical estão apoiados na bola, com os quadris, a região dorsal e a lombar estão sem suporte. Apóie suas mãos no chão ou sobre as coxas para um maior desafio de equilíbrio.

Eleve seus quadris (contraindo os isqiotibiais e os músculos glúteos) até ficarem totalmente estendidos e suas coxas ficarem ao chão. Então estenda um pouco a coluna até sentir um alongamento na região anterior dos quadris e coxas. Respire e mantenha esse alongamento ativo no arco do movimento que seja confortável.

Técnicas e Sugestões

Mantenha seus joelhos fletidos aproximadamente a 90 graus. A distância entre os pés pode variar. Uma distância menor é mais desafiadora do que a distância dos ombros ou maior. Independentemente da distância dos pés, os joelhos devem estar sempre alinhados com os calcanhares. Mantenha a coluna lombar numa posição neutra ou levemente estendida.

Variação de Nível II

Comece na posição supinada, com apoio cervical descrita no nível I. Solte um pouco a extensão do quadril e deslize um pé para trás, alguns centímetros, em direção à bola. Deslize o pé apenas até onde puder manter o calcanhar no chão. Esse movimento irá aumentar a flexão no joelho. Agora estenda os quadris e a coluna lombar como foi descrito no nível I. Você sentirá um alongamento maior nos músculos quadríceps (especialmente no reto do fêmur) com essa variação. Para um maior desafio de equilíbrio, coloque suas mãos em seus quadris. Para um desafio menor, ponha suas mãos no chão de cada lado.

Este exercício requer mais flexibilidade, equilíbrio e estabilização do que a variação do nível I.

Alongamento 5: Alongamento dos Quadríceps e Flexores do Quadril – Posição Sentado Com Uma Perna de Cada Lado

Principais Músculos Alongados
Quadríceps (reto do fêmur), flexores dos quadris

Movimentos Articulares
Extensão dos quadris; inclinação pélvica posterior, extensão dos joelhos (ação opcional que leva o quadril a uma extensão maior)

Grupos Musculares Estabilizadores
Pescoço, músculos escapulares, braços, abdominais, extensores da coluna lombar, quadris, pernas

Posição Básica
Sentado

Execução do Alongamento (Nível I)
Instrua o cliente: sente-se ereta sobre a bola, com uma postura neutra da coluna. Apóie seus pés no chão, na linha dos ombros, com o mínimo de peso sobre os pés.
Apóie suas mãos na bola para se equilibrar em cada lado de uma coxa. Então, mova devagar a sua outra perna para trás, ao redor da bola. Apóie o seu peso na coxa da frente. Estenda a perna de trás até onde for confortável. Execute uma inclinação pélvica posterior até sentir um alongamento na frente do quadril e da coxa. Respire e mantenha esse alongamento ativo-passivo combinado num arco do movimento que seja confortável.

Técnicas e Sugestões
Mantenha uma postura neutra nas colunas cervical e lombar. Estenda toda a coluna, mantendo os ombros alinhados com os quadris. A ponta do pé que está atrás permanece apoiado para manter o equilíbrio. Para variar a intensidade desse alongamento, flexione ou estenda (mais) o joelho de trás. Seu joelho da frente fica alinhado com o calcanhar.

Variação: Posição de Avanço Sentado
Comece na posição sentada básica, descrita anteriormente, com uma perna de cada lado em postura de avanço. Dê um pequeno passo, diagonalmente, com a perna da frente. Apóie as duas mãos nessa perna. Gire o seu tronco na direção dessa perna e estenda a perna oposta para trás com a ponta do pé para trás. O peito do pé (e os cadarços) está voltado para o chão, pressionando-o. Estenda o quadril da perna de trás o máximo que puder. Execute a inclinação pélvica posterior, contraindo os músculos abdominais. Ajuste a in-

tensidade do alongamento, flexionando (tornando mais fácil) ou estendendo o joelho de trás. Relaxe e mantenha esse alongamento ativo-passivo, combinado num arco do movimento que seja confortável.

Flexibilidade: Sugestão de Leitura

Se você quiser ler mais do que as obras citadas neste capítulo, verifique essas fontes:

ALTER, M. J. *Sport Stretch*. Champaign, IL: Human Kinetics, 1990.

ANDERSON, P. Active-Isolated Stretching. *IDEA Personal Trainer* (julho-agosto), p.31-40, 1999.

BROOKS, D.; COPELAND, C. *Total Stretch on the Ball: Flexibility Training Using a Stability Ball*. Mammoth Lakes, CA: Moves International, 1997.

CORBIN, C. V.; NOBLE, L. Flexibility: A Major Component of Physical Fitness. *Journal of Physical Education and Recreation* 51 (6), p.23-4, 57-60, 1980.

DEVRIES, H. A. Electromyographic observations of the effects of static stretching upon muscular distress. *Research Quarterly for Exercise and Sport* 32, p.468-79, 1961.

HARDY, L.; JONES, D. Dynamic Flexibility and Proprioceptive Neuromuscular Facilitation. *Research Quarterly* 57, p.105-53, 1986.

HARTLEY O'BRIEN, S. J. Six Mobilization Exercises for Active Range of Hip Flexion. *Research Quarterly* 51 (4), p.625-35, 1980.

HOLLAND, G. J. The Physiology of Flexibility: A Review of the Literature. *Kinesiology Review* I, p.49-62, 1968.

KRAVITZ, L.; KOSICH, D. Flexibility: A Comprehensive Research Review and Program Design Guide. *IDEA Today* (junho). p. 42-9, 1983.

MCATEE, R. *Facilitated Stretching*. Champaign, IL: Human Kinetics, 1993.

PLOWMAN, S. Physical Activity, Physical Fitness and Low Back Pain. *Exercise and Sport Sciences Reviews* 20, p.221-42, 1992.

SAFRAN, M. R.;. SEABER, A. V.; GARRETT, W. E. The Role of Warm-Up in Muscular Injury Prevention. *American Journal of Sports Medicine* 16 (2), p.123-9, 1988.

SAPEGA, A. A. ET AL. Biophysical Factors in Range of Motion Exercise. *The Physician and Sportsmedicine* 9 (12), p.57-64, 1981.

SIFF, M. C. *The Science of Flexibility and Stretching*. Joanesburgo, África do Sul: Escola de Engenharia Mecânica, Universidadc dc Witwatersrand, 1990.

SMITH, B. *Advanced Fitness Teacher's Manual*. Loughborough, Reino Unido: Ludoe, 1993.

SPIRDUSO, W. *Physical Dimensions of Aging*. Champaign, IL: Human Kinetics, 1995.

VOSS, D.; IONTA, M.; MYERS, B. *Proprioceptive Neuromuscular Facilitation: Patterns and Techniques*, 3.ed. Filadélfia: Harper & Row, 1985.

WALLIN, D. ET AL. Improvement of Muscle Flexibility: A Comparison Between Two Techiques. *American Journal of Sports Medicine* 13, p.263-8, 1985.

CAPÍTULO 21

ABASTECENDO SEUS CLIENTES: ANTES, DURANTE E DEPOIS DO TREINO

Seus clientes não estão conseguindo os resultados de *performance* ou as mudanças físicas que eles querem — como perda de gordura e ganho em músculos? Eles estão se sentindo um pouco "moles" ou exaustos? Se alguns estão dizendo sim, e você está incorporando todos os elementos certos nos programas deles, podem não estar abastecendo seus corpos corretamente.

Comer para se Exercitar

Comer para se exercitar não é tão mais diferente do que comer para a saúde e o bem-estar pessoal. Para ter certeza, existem alguns truques para abastecer seu cliente antes, durante e depois do exercício, mas a parte fundamental de sua dieta (que deve ser de poucas gorduras) não deve mudar, seja o objetivo do cliente sentir-se melhor, perder peso ou melhorar a saúde ou *performance*.

Inúmeros atletas profissionais e praticantes recreacionais levam seus regimes nutricionais a extremos não saudáveis e perigosos. Existe uma abordagem inteligente para ajustar a ingestão e a quantidade (proporção de carboidratos, gorduras e proteínas) de nutrientes, baseada na ciência e no que se sabe sobre o que funciona com as necessidades nutricionais do corpo.

Se seu cliente não está vendo os resultados de treinamento desejados, o abastecimento incorreto do corpo pode ser o culpado. Comida funciona! Não é o inimigo.

Calculando as Necessidades Calóricas Diárias de Seu Cliente

Você adivinha, ou até negligencia, o número de calorias que seu cliente ingere todos os dias? Embora seu cliente não deva se tornar obsessivo com a contagem de calorias, isso ajuda a estabelecer um nível de entrada de calorias que cobrem a base calórica ou necessidade de entrada diária. A seguir duas maneiras fáceis de determinar as necessidades calóricas de seus clientes.

Calculando as Necessidades Calóricas Diárias Usando TMR

Os quatro passos a seguir podem ajudá-lo a calcular as necessidades calóricas diárias de seu cliente.

1. Determine a taxa metabólica de repouso de seu cliente multiplicando o peso corporal por 10.

Peso atual do corpo X 10 = TMR

TMR é o número de calorias necessárias para manter o corpo funcionando durante o dia todo. A TMR pode usar até 75% das calorias que seu cliente queima por dia, simplesmente para manter funções corporais como produzir novas células da pele, respirar, produzir novas células vermelhas do sangue e manter o coração batendo! Se seu cliente pesa 155 libras, é assim que funciona:

155 X 10 = 1550 = TMR

2. Calcule quantas calorias sua cliente precisa para exercícios formais (agendados e planejados) cada dia.

Calcule o gasto energético de atividade física, usando a seguinte distribuição de calorias. Para uma atividade que você considere fácil ou de baixo nível, use de 3 a 5 calorias por minuto. Use de 6 a 10 calorias por minuto para atividades de nível moderado. Se seu cliente está treinando pesado, ela gasta de 11 a 15 calorias por minuto. Se seu cliente alcançou um nível que pode ser categorizado como "super intenso", esse esforço fica na faixa de 16 a 20 calorias por minuto (um maratonista de classe mundial ou um esquiador nórdico pode chegar a gastos energéticos próximos de 20 calorias por minuto! Isso é intensidade olímpica!).

Pegue o número de calorias por minutos atribuído a uma atividade específica (baseado no número subjetivo anteriormente sugerido) e multiplique pelo número de minutos que sua cliente gastou se exercitando (o descanso entre os treinos não conta. Conte apenas os minutos gastos ativamente e que estão acima do nível de descanso ou recuperação). A maioria das pessoas superestima a quantidade e intensidade da atividade da qual participam e informam quantidades menores de comida que comeram. Calcular quantas calorias são necessárias para uma atividade formal pode ajudar seus clientes a terem uma estimativa muito aproximada do total de calorias que eles gastam para uma dada atividade.

Digamos que um de seus clientes participe de uma sessão normal de 30 minutos de treinamento de força. Trinta minutos x seis calorias por minuto, ou 180 calorias totais, é uma boa estimativa. Se o cliente também corre uma milha (1,609 km) em 10 minutos (seis milhas – 9,654 km – por hora) por 30 minutos, com um passo moderado, ele precisa de cerca de 10 calorias por minuto, ou aproximadamente 300 calorias gastas. Total de calorias para a atividade formal do dia: 480.

Fórmula para calcular o gasto energético da atividade:

Calorias por minuto (para cada atividade dada) x número de minutos gastos se exercitando para cada atividade = gasto formal de energia do exercício.

Muitos fatores influenciam o gasto total energético do corpo do seu cliente. Taxa metabólica de repouso e atividade física respondem pela maioria do total de gasto energético durante um dia. Nível de atividade, idade, sexo, tamanho, peso e composição corporal influenciam o gasto da energia diária remanescente. O cálculo exato do gasto calórico diário está além das capacidades de muitos laboratórios científicos, quanto mais da maioria dos treinadores!

É possível estimar TMR e necessidades formais de energia para dar a você uma estrutura a partir da qual possa formular quantas calorias seu cliente deve consumir diariamente. Se os números não funcionarem (seu cliente ganha peso em gordura e ela está tentando perder gorduras), você precisa ajustar o nível de atividade dela ou a quantidade de comida, porque parece que as estimativas não eram exatas. Você precisa fazer uns ajustes mínimos na estimativa aproximada para satisfazer as necessidades de treino de sua cliente e alcançar seus objetivos de saúde e condicionamento. A tabela 21.1 apresenta uma taxa aproximada de calorias queimadas para realizar atividades de intensidades variadas.

Tabela 21.1 Gasto Energético por Atividade Física

Nível de intensidade	Exemplos	Calorias por minuto
Baixo ou fácil	Treino com peso	6 – 10
Moderado	Pular corda Trotar	11 – 15
Alto ou difícil	Corrida de velocidade Remada rápida	16 – 20

3. A seguir, determine quantas calorias seu cliente usa para atividades diárias, à parte do treinamento agendado ou "formal":

- Se ele for sedentário, some de 20 a 40% da TMR calculada (encontrada no passo 1).
- Se ele é moderadamente ativo, some de 40 a 60% da TMR.
- Se ele é muito ativo, some de 60 a 80% da TMR.

Digamos que seu cliente esteja no final da faixa de moderadamente ativo:

60% x 1550 TMR = calorias de atividade diária de seu cliente
0,6 x 1550 TMR = 930 calorias de atividade diária

4. Some as respostas dos passos 1, 2 e 3 para calcular a necessidade total de calorias de um dia:

1550 calorias TMR + 480 calorias do treino formal + 930 calorias da atividade diária = 2960 calorias necessárias por dia

Os passo 1, 3 e 4 são de Clark (1997, p. 261).

O formulário a seguir (formulário 21.1) pode ser usado para o cálculo das necessidades calóricas diárias de seu cliente.

FORMULÁRIO 21.1 Formulário para o Cálculo da Necessidade Calórica Diária de Seu Cliente

Determine o TMR de seu cliente:

__________(peso corporal atual) x 10 = ___________(TMR)

Calcule quantas calorias seu cliente gasta participando de treino formal, agendado ou planejado cada dia:

Calorias por minuto (para cada atividade) x número de minutos gastos se exercitando em cada atividade = gasto energético do exercício formal

______(calorias por minuto) x _______(número de minutos treinados) = _____(gasto energético do exercício formal)

______(calorias por minuto) x _______(número de minutos treinados) = _____(gasto energético do exercício formal)

______(calorias por minuto) x _______(número de minutos treinados) = _____(gasto energético do exercício formal)

Para encontrar o total de calorias usadas para um treino formal, use esta fórmula para calcular cada treino formal do qual seu cliente participa (por exemplo, treinamento cardiovascular de força).

Determine quantas calorias seu cliente usa para atividade diária à parte do treino formal agendado:

Se ele for sedentário, some de 20 a 40% da TMR calculada (encontrada no passo 1).
Se ele for moderadamente ativo, some de 40 a 60% da TMR.
Se ele for muito ativo, some de 60 a 80% da TMR.

______(porcentagem) X ______(TMR) = _________(calorias da atividade diária)

Some as respostas dos passos 1, 2 e 3 para calcular a necessidade total de calorias de um dia:

______(TMR) + _______(calorias do exercício formal) + __________(calorias da atividade diária) = _________(necessidade calórica do dia)

Reimpresso de D. Brooks, 1999.
De *The Complete Book of Personal Training*, de Douglas S. Brooks, Champaign, IL: Human Kinetics, 2004.

Calcule o Limite Calórico Diário de Seu Cliente Usando Massa Corporal Magra

Para usar essa técnica, você precisa saber a porcentagem de gordura no corpo do seu cliente, o que permitirá calcular seu peso corporal magro (PCM).

1. Multiplique o peso corporal de seu cliente pela porcentagem de gordura corporal para conseguir o peso da gordura corporal.

Peso corporal x porcentagem de gordura corporal = peso de gordura corporal

Vamos dizer que seu cliente pese 155 libras e sua porcentagem de gordura corporal seja 20.

155 x 0,2 = 31 libras de gordura corporal

1. Depois, determine o peso corporal magro (PCM) de seu cliente.

Peso corporal – peso da gordura corporal = PCM

155 libras – 31 libras = 124 libras de peso corporal magro (PCM)

1. Uma vez que você calculou o PCM, multiplique por 16 para obter o número mais baixo do limite calórico diário de seu cliente.

124 x 16 = 1984 calorias

1. Calcule o número mais alto do limite calórico somando 500 calorias.

1984 calorias + 500 = 2484 calorias

Limite calórico diário: 1984 - 2484 calorias

Observe que esse cálculo, quando comparado com a primeira técnica (necessidade de cerca de 2960 calorias diárias), dá uma diferença de cerca de 500 a 1000 calorias, dependendo do uso do maior ou menor valor do limite. Essa diferença permanece mesmo que ambas as técnicas para calcular as necessidades calóricas diárias tenham usado uma pessoa pesando 155 libras. A primeira técnica leva em conta mais variáveis (treino, nível de atividade diária) e pode dar um prognóstico melhor das necessidades calóricas diárias totais para uma pessoa muito ativa. O formulário 21.2 pode ser usado para ajudar a estimar o limite calórico diário de seu cliente.

Agora que você calculou os requisitos calóricos diários de seu cliente usando um dos dois métodos, ouça este bom conselho: use o bom senso ao adotar essas estimativas! Considere esses prognósticos pelo que eles são — estimativas embasadas e guias gerais que podem ajudá-lo a calcular as necessidades calóricas diárias de seus clientes. Você pode precisar fazer um ajuste mínimo nesse número de acordo com a mudança da atividade física de seu cliente ou caso descubra que seu cliente não está conseguindo os resultados que quer.

O número de calorias que seu cliente deve ingerir diariamente não é toda a história (Falarei sobre a porcentagem correta de carboidratos, gordura e proteína depois para ajudá-lo a criar uma dieta balanceada para ele). Mas você também deve ajudar seu cliente a entender como determinar o tamanho da porção correta de comida e ler os rótulos dos alimentos. Isso irá afetar muito a quantidade e qualidade da comida que ele ingere.

FORMULÁRIO 21.2 Formulário para Calcular o Limite Calórico Diário de Seu Cliente Usando Massa Corporal Magra

Calcule o peso da gordura corporal usando o porcentual de gordura corporal conhecido de seu cliente.

____(peso corporal [libras]) x ____(porcentual de gordura corporal) = ____(peso de gordura corporal [libras])

Determine o PCM do seu cliente.

____(peso corporal) – ____(peso de gordura corporal) = _____(PCM)

Multiplique o PCM por 16 para determinar o número mais baixo do limite calórico diário de seu cliente.

____(PCM) x 16 = ____(número mais baixo do limite calórico diário)

Calcule o número mais alto do limite calórico diário somando 500 calorias.

_____(número mais baixo do limite calórico) + 500 calorias = _____(número mais alto do limite calórico)

O limite calórico diário de seu cliente é ______(resultado do passo 3, número mais baixo do limite calórico diário) até _______(resultado do passo 4, número mais alto do limite calórico diário).

Reimpresso de D. Brooks, 1999.
De *The Complete Book of Personal Training*, de Douglas S. Brooks, Champaign, IL: Human Kinetics, 2004.

Identificando o Tamanho Correto da Porção de Comida

Nem todo mundo consegue comer um "balde" de cereais, como o lendário triatleta *Ironman* Dave Scott, e ainda manter a *performance* e o peso (Dave provavelmente gasta de 5000 a 6000 calorias por dia, treinando). Eu sempre uso uma balança com meus clientes para deixar bem claro o assunto de controle de porção. Não é surpresa para mim que a maioria de meus clientes subestimem demais a quantidade de comida que eles comem. Por exemplo, muitos deles achavam que uma porção aceitável do grupo dos peixes, aves ou carnes era qualquer coisa colocada na sua frente. Não é verdade, um bife de 454,4 g é mais do que cinco vezes a porção recomendada de 85,2 g! Pedi aos clientes para colocarem de 85,2 g a 113,6 g de cereais numa tigela e, para surpresa deles, a balança revelou de 170,4 g a 227,2 g.

Pelo uso da balança, seus clientes podem aprender rapidamente a calcular os tamanhos das porções com exatidão. Ver o que 28,4 g de cereais ou 85,2 g de carne magra parecem é uma ferramenta de ensino muito poderosa. Essa abordagem tem ajudado muitos de meus clientes que lutam nem tanto contra escolha de comidas de má qualidade, mas simplesmente contra o consumo de muita comida. Meus clientes, jocosamente, referem-se a essa síndrome como, "Excesso de coisa boa". Uma vez que seu cliente se acostuma, ele pode parar de usar a balança, ou pelo menos pesar a comida menos vezes, porque ela tem a referência visual.

Entenda que se seu cliente chegar ao limite da subnutrição, porções muito pequenas podem pôr em perigo seus objetivos de saúde, *performance* e controle de peso. Comer calorias a menos pode levar à fadiga, má *performance* e, em casos extremos, transtornos alimentares. Se você acha que essa situação se aplica a um cliente, contate um nutricionista registrado (habilitado) e discuta a situação de seu cliente sem revelar a identidade dele ou dela.

Ajudando Seu Cliente a Aprender a Ler os Rótulos dos Alimentos

Embora os rótulos que vemos nos alimentos produzidos nos Estados Unidos e em outras partes do mundo não sejam tão úteis e fáceis de entender como poderiam ser, eles ainda podem ajudar seus clientes a avaliar a comida que estão comprando (figura 21.1). Os rótulos podem ajudar seus clientes a se tornarem mais conscientes da gordura que ingerem e identificarem rapidamente o tamanho da porção de comida. A seguir, a descrição dos elementos dos rótulos.

Porção

Porções (veja 1 no rótulo de Informação Nutricional, figura 21.1) ajudam os clientes a calcularem o consumo total de calorias e a se informarem do número de porções de um grupo específico de comida. Como foi dito anteriormente, uma balança de cozinha é uma ferramenta de ensino eficaz para aprender o tamanho das porções. Na verdade, ver uma porção na balança ajudará seu cliente a entender, por exemplo, com o que se parece uma porção de 28,4 g. Isso irá ajudá-lo a calcular acuradamente a porção adequada.

Valor Percentual Diário

A coluna do valor percentual diário (veja 2, figura 21.1) diz a seu cliente quanto de gordura, colesterol, sódio, carboidratos, fibra alimentar e açúcares do total diário a comida fornece. Se a comida contém 20% ou mais do valor diário, de gordura ou carboidrato, pode ser considerado "alto" naquele nutriente. "Baixo" é provavelmente não mais que 5%.

Gordura Saturada

Pelo fato de a gordura saturada (veja 3, figura 21.1) provavelmente causar os maiores danos à saúde de seu cliente, essa porcentagem específica do valor diário deve ser monitorada (Gordura trans ou óleo hidrogenado, prejudicial da mesma forma, estará listada nos rótulos dos alimentos, em janeiro de 2006. Se o óleo hidrogenado for o primeiro item listado nos ingredientes, esse alimento possui gordura trans).

Calorias da gordura

As calorias da gordura (veja 4, figura 21.1) ajudam seu cliente a ver rapidamente quanta gordura existe em cada porção dessa comida em particular. Nesse exemplo, 330 calorias de cada 500 calorias por porção são de gordura. Se você dividir 330 por 550, pode calcular que 60% de cada porção é gordura! Muitos especialistas recomendam uma ingestão diária de gordura de não mais que 20% do total de calorias diárias. Isso não quer dizer que seu cliente não deva comer essa comida, porque ela é apenas parte do total diário de calorias, mas que ela deve ser balanceada com toda a ingestão diária.

Açúcar

A FDA ainda não determinou um valor diário para açúcar (5, figura 21.1) porque os especialistas da saúde ainda não determinaram um limite da quantidade de açúcar que deve ser ingerida diariamente. Além disso, esse número não é muito exato por não conter todos os tipos de açúcares. Seus clientes devem limitar a ingestão de açúcares simples sempre que possível.

Valor Percentual Diário de Nutrientes Mais Saudáveis

Os valores percentuais diários (6, figura 21.1) são baseados no consumo diário de 2000 calorias. Isso é muito interessante, pois permite a seu cliente comparar o valor percentual diário de nutrientes mais saudáveis (vitaminas A e C, cálcio, ferro e fibras alimentares) com gordura, sódio e colesterol.

A dieta típica é alta em sódio, colesterol, gordura saturada e calorias totais. Está provado que esse tipo de dieta aumenta muito o risco de doenças do coração, infarto, diabetes e alguns cânceres. Além disso, uma alta ingestão de gordura certamente não complementará uma *performance* atlética. Uma recomendação severa (para otimizar a saúde) é limitar a ingestão de gordura a cerca de 40 a 50 gramas por dia. Descobri que muitos de meus clientes acham mais fácil se concentrar somente na ingestão de gordura contra a infinidade de outras variáveis da dieta, quando o foco deles é perda de peso e saúde pessoal. Atletas que treinam pesado devem priorizar a ingestão de carboidratos também. A ingestão diária de sódio deve ser mantida abaixo de 2000 mg.

Sem dúvida, a informação nos rótulos dos alimentos pode ser usada para ajudar seu cliente a melhorar a seleção de alimentos e a saúde em geral.

Informação Nutricional	
Tamanho da porção: 1 xícara (249 g) Porções por pacote cerca de 2,5	
Quantidade por Porção	
Calorias 500	Calorias da gordura 330
% do Valor Diário	
Gorduras Totais 36 g	56%
Gordura saturada 22 g	100%
Colesterol 110 mg	35%
Sódio 910 mg	37%
Carboidratos totais 33 g	11%
Fibra alimentar 3 g	13%
Açúcares 5 g	
Proteínas 12 g	
Vitamina A 0%	Vitamina C 0%
Cálcio 20%	Ferro 6%

Figura 21.1 As informações nutricionais nos rótulos dos alimentos informam aos consumidores o tamanho das porções e os valores diários recomendados e as quantidades de gorduras, açúcares, calorias e vitaminas e minerais em produtos comerciais.

Ajudando Seus Clientes a Saberem Qual Dieta Seguir

Nem todas as dietas são ruins. Seus clientes entendem o que é uma dieta pobre em gorduras? Pobre em gorduras não significa uma abordagem extrema de nenhuma gordura. Também não caracteriza uma dieta na qual os clientes podem comer quantidades ilimitadas, desde que eles cortem a gordura. Uma dieta pobre em gorduras é uma dieta balanceada com uma variedade de escolhas de alimento saudável, incluindo verduras e legumes, frutas e outras escolhas pobres em gordura.

A premissa pobre em gorduras é simples. Diminua a gordura na dieta e substitua por comidas mais saudáveis. Clientes que seguem uma abordagem pobre em gorduras podem cortar calorias mais facilmente, perder peso, diminuir o risco de desenvolver um grande número de males (como doenças do coração e diabetes), melhorar a *performance* e se sentir melhor.

Quando aconselho meus clientes a respeito de nutrição adequada e básica, informo-lhes que comer poucas gorduras é a base de uma dieta saudável. A maioria esmagadora da literatura cientifica apóia essa visão. Leia o capítulo 22 para mais informações.

A Proporção Certa de Carboidratos, Gordura e Proteína

Informe seus clientes sobre a composição da dieta de treinamento deles. A maioria dos nutricionistas esportivos (isto é, os qualificados e habilitados registrados, e não os autodeclarados "especialistas") recomenda a ingestão de uma dieta diária de treinamento de cerca de 60 a 65% de carboidratos, 20 a 25% de gordura e 15% de proteína (seu cliente irá consumir mais gordura do que pensa porque ela está escondida em muitas comidas; então, faça-a escolher os números mais baixos — é bom para o coração dela).

Se sua cliente está treinando intensamente, ela deve provavelmente aumentar a ingestão de carboidratos até 70% antes de um evento (especialmente se for um evento de resistência) ou quando seu treino pedir (por exemplo, se ela não se recupera totalmente entre os treinos e não consegue vencer a fadiga). Para aumentar facilmente o consumo de carboidratos, limite a ingestão de gordura e aumente o consumo de amidos, grãos e frutas (não sobrecarregue com açúcares simples, mesmo que venham de frutas, sucos ou doces). A ingestão adequada de carboidratos determinará a *performance* de sua cliente e como ela se sente.

A melhor maneira — sem ficar escolhendo entre um monte de opiniões frustrantes, esotéricas e contraditórias — de determinar a quantidade de carboidratos, gordura e proteína que um cliente deve colocar em sua dieta é (1) determinar o consumo calórico diário ideal, baseado no gasto energético total (TMR, calorias de atividade formal e calorias de atividade diária normal), usando um dos dois métodos descritos anteriormente neste capítulo, e (2) calcular as necessidades de carboidratos (multiplique por 60 a 65%), gordura (multiplique por 20 a 25%) e proteína (multiplique por 15%). (Veja tabela 21.2 para um exemplo). Faça seus clientes focarem na ingestão suficiente de carboidratos, sem ficarem "loucos por carboidratos" ou acreditarem que a gordura é a inimiga. Se seu cliente preenche sua dieta com amidos, grãos, cereais, massas e frutas, ela pode se concentrar mais facilmente em limitar a gordura em sua dieta.

Faça seu cliente usar a habilidade de ler rótulos, discutida anteriormente neste capítulo, para ajudá-lo a medir a quantidade (gramas) de cada nutriente que ele coloca em seu corpo todo dia. Inicialmente, o cliente pode rastrear, calcular e registrar essa informação nutricional escrevendo. Logo, ele se tornará um especialista em calcular valores e desenvolverá uma intuição para selecionar o equilíbrio certo de alimentos a cada dia. Deixe ele saber que ele não ficará obrigado a registrar o comportamento alimentar para sempre. Mas se ele gosta da exatidão e da responsabilidade de registrar o consumo nutricional, deve continuar registrando. Mesmo que você acredite que seu cliente está perfeitamente adaptado ao processo e vendo os resultados que queria, ainda é uma boa idéia fazer com que ele anote, periodicamente, a ingestão de caloria e calcule as porcentagens de carboidratos, gorduras e proteínas, apenas para ter certeza de que ele está no caminho certo.

Tabela 21.2 Formulário para Determinar Proporção de Carboidrato, Gordura e Proteína

Determine a necessidade calórica diária de seu cliente, usando um dos dois métodos descritos anteriormente neste capítulo.
Usando a técnica 1 para determinar a necessidade calórica diária (descrita anteriormente neste capítulo), o exemplo de uma pessoa de 155 libras (70 kg) precisou de quase 3000 calorias por dia para sustentar as necessidades de seu exercício, atividade e metabolismo basal.

	Ingestão total de calorias diárias	Porcentagem desejada de cada nutriente	Número de calorias da ingestão diária	Número de calorias em um grama de nutriente	Número de gramas do nutriente
Carboidratos	3000	65	3000 x 0,65 = 1950	4	1950/4 = 487,5
Gorduras	3000	20	3000 x 0,20 = 600	9	600/9 = 67
Proteína	3000	15	3000 x 0,15 = 450	4	450/4 = 112,5

Reimpresso de D. Brooks, 1999.

Fontes de proteína

As necessidades de proteína de seu cliente podem ser satisfeitas comendo de duas a três porções de alimento rico em proteínas por dia. Isso é cerca de 113,6 g a 170,4 g de comida rica em proteínas. Se seu cliente perguntar com o que se parecem 85,2 g de proteínas, faça-o usar uma balança de cozinha para medir sua próxima porção de atum ou aves. Uma vez que ele tiver essa referência, estará na estrada para o sucesso. Muitos americanos comem um bife de 454,4 g ou meio frango e vêem isso como uma "porção" — e vão, sem saber, muito além de suas necessidades diárias de proteínas (sem mencionar calorias). Por outro lado, se seu cliente sempre come pão judeu, pães, massa simples, verduras e legumes, saladas e frutas, é fácil para ele comer pouquíssimas proteínas.

Excelentes alimentos ricos em proteínas (que contêm aminoácidos) incluem bife magro, peixe (atum, salmão e peixe-espada são excelentes), frango, peru, pasta de amendoim, tofu, feijões enlatados e produtos derivados de leite pobres em gordura. Outras fontes incluem vegetais folhosos e verdes e clara de ovos. Encoraje seus clientes a lerem os rótulos dos alimentos para determinar quantos gramas de proteína cada porção de um alimento específico fornece.

Calcule a Ingestão de Carboidratos e Proteínas

Se você quer que seu cliente concentre a atenção na ingestão de carboidrato (mas não na exclusão de gordura e proteína), um método fácil de calcular essa ingestão é baseado apenas no peso corporal (tabela 21.3). A pesquisadora Liz Applegate, Ph.D., determinou que três a cinco gramas de carboidrato por libra (0,454 kg) de peso corporal refletem exatamente as necessidades individuais de carboidrato. Além disso, a pesquisa corrobora a ingestão de 0,6 a 0,9 g de proteína por libra de peso corporal.

O valor mais alto do limite das necessidades de carboidratos (cinco gramas por libra

– 0,454 kg – de peso corporal) reflete as necessidades de carboidratos de uma atleta muito ativo. O valor mais baixo do limite (três gramas por peso corporal) é apropriado para pessoas ativas que querem alcançar a ingestão de carboidratos recomendados de cerca de 60 a 65% do total de calorias consumidas.

As recomendações de proteína (0,6 — 0,9 g por libra – 0,454 kg – de peso corporal) provêem o limite de necessidades individuais de proteína. Essas quantidades não são mínimas, mas fornecem uma margem de segurança também. Contudo, os clientes a seguir podem precisar de mais proteínas:

- Atletas que se exercitam intensamente (atletas de resistência ou aqueles usando intervalos e treinamento de força).
- Clientes que consomem pouquíssima caloria de carboidratos (a proteína pode ser convertida em açúcar e ser usada para energia em vez de criar músculos e reparar o corpo).
- Indivíduos destreinados começando um programa de treinamento.
- Adolescentes em crescimento (eles precisam de proteína para um crescimento adequado e atividade).

Contudo, quantidades excessivas de proteína não melhoram o tamanho do músculo ou a saúde de nenhum desses clientes.

Ainda que pesos corporais maiores exijam quantidades absolutas maiores (gramas) de carboidratos, gorduras e proteínas, as porcentagens de cada nutriente dentro dessa ingestão total diária mais alta de caloria não mudam.

Geralmente, os carboidratos devem formar a base de toda refeição ou lanche que seu cliente come. Em última análise, os carboidratos alimentam os músculos dele. Sem a ingestão adequada, o treinamento de sua cliente fica sofrível, ele se sente cansada e a fadiga toma conta dele. Ingestão insuficiente de carboidratos alimenta o excesso de treinamento e o sentimento de exaustão.

Por outro lado, gorduras e proteínas fornecem nutrientes que melhoram o treino e a saúde de seu cliente. Não encoraje-os a ingerir, obsessivamente, carboidrato ou gordura excluindo outros nutrientes. Seu cliente deve consumir carboidrato, gordura e proteína suficientes para uma dieta bem balanceada e para alimentar uma saúde e um resultado de treinamento favoráveis.

Tabela 21.3 Como Calcular as Necessidades de Carboidrato e Proteína por Libra (0,454 kg) de Peso Corporal

	Peso corporal (libras)	Gramas por libra de peso corporal	Peso corporal x gramas de nutriente por libra	Gramas requeridas por libra de peso corporal
Carboidratos	155	3 – 5	155 x 3 = 465 155 x 5 = 775	465 – 775
Proteínas	155	0,6 – 0,9	155 x 0,6 = 93 155 x 0,9 = 139,5	93 – 139,5

Reimpresso de Brooks, 1999..

Aumentando os Músculos Segura e Sensatamente

Quando alguém perguntou qual a melhor maneira de aumentar os músculos, muitos consumidores responderam: "Coma muita proteína!" ou "Beba *shakes* para calorias extra!". Errado! Calorias, independentemente de estarem na forma de carboidrato, gordura ou proteína, não se transformam em músculos automaticamente. Uma dieta rica em proteína não resulta necessariamente em mais músculos, pois o excesso de proteínas não é armazenado como músculo. Qualquer caloria que exceda as necessidades calóricas diárias de seu cliente será armazenada como gordura.

Embora sua cliente necessite de calorias extra, se ela estiver treinando intensamente, essas calorias devem vir predominantemente de fontes constituídas de alimentos ricos em carboidratos. Os carboidratos são necessários para alimentar os músculos, para que eles possam executar um exercício intenso de treinamento de força e se recuperar deste esforço intenso. O estímulo para que os músculos de sua cliente fiquem maiores vem da sobrecarga deles com o treinamento de força intenso e correto, não da sobrecarga do corpo de sua cliente (incluindo seus rins) com proteínas demais.

Como Seu Cliente Deve se Alimentar Antes, Durante e Depois dos Treinos

Quando e o que seu cliente come pode afetar dramaticamente a sua *performance*, o seu próximo treino e como ela se sente no geral. Como foi discutido, a ingestão adequada de carboidratos, gorduras e proteínas é importante antes e depois de um treinamento anaeróbico intenso (como corridas de velocidade e treinamento de força), mas o que seu cliente come antes, durante e depois do treino também afeta a *performance* de resistência.

Compreenda que a comida perfeita de um atleta pode não funcionar para um cliente diferente. Embora certos tipos de comida possam ou não funcionar para o pré-treino, treino ou pós-treino de seu cliente, é melhor que certas categorias de comida sejam consumidas em períodos específicos dentro do horário de seu treino. O momento certo e o tipo de nutriente que deve ser ingerido são bem definidos pela ciência. Sua cliente terá de decidir, entre cada categoria de nutrientes, qual funciona melhor para sua refeição pré-treino ou pré-competição. Por exemplo, na categoria de carboidratos, o que cai melhor no estômago de seu cliente, um pão judeu simples ou uma torrada, uma banana ou um cereal?

O Que Seu Cliente Deve Comer Antes do Treino e Quando

O tipo de atividade e como seu corpo tolera a ingestão de comida antes da atividade pode influenciar o que e quando seu cliente come. Contudo, a ciência também deve guiar a decisão.

A ingestão de comida pré-exercício pode causar desconforto abdominal e trazer a ameaça de diarréia. Não obstante, o cliente precisa de comida antes de um treino ou regime de competição. A seguir, algumas diretrizes para ajudar a decidir o que seu cliente deve comer antes de um treino ou uma competição.

- O cliente deve consumir uma dieta diária baixa em gordura e rica em carboidratos. Isso manterá estoques adequados de glicogênio (carboidrato armazenado) nos músculos e fígado.
- O cliente deve evitar comidas ricas em gorduras e proteínas antes do treino ou competição.
- Se seu cliente se exercita menos de uma hora, a escolha de carboidratos comuns inclui pão

judeu, pão simples ou torrado, bolacha água e sal, massa simples e bananas. Tente comidas diferentes e encontre uma, ou várias, que não irritem o estomago de seu cliente.

- Se seu cliente se exercita mais de 60 minutos, tente alimentos como bananas, aveia e maçãs, pois eles têm índice glicêmico baixo (embora as maçãs tenham um índice glicêmico baixo, a frutose pode irritar o estômago de seu cliente. Outros alimentos de baixo índice glicêmico estão listados no quadro da página 452). Alimentos classificados como tendo baixo índice glicêmico ajudarão a manter a *performance* de seu cliente por períodos de tempo mais longos.
- Faça uma experiência antes de seu cliente comer açúcar simples (refrigerantes, doces e algumas bebidas esportivas) ou qualquer comida com alto índice glicêmico, menos de 15 a 120 minutos antes de um treino intenso. Alguns atletas e atletas recreacionais experimentam uma grande diminuição de açúcar no sangue após essa "dose", deixando-os exaustos, estonteados e fora do jogo. Por outro lado, muitos atletas (e pesquisas confirmam) experimentam uma melhora na *performance*. Só para garantir, faça seu cliente comer seu lanche doce de 5 a 10 minutos antes do treino. Esse período de tempo é provavelmente curto demais para permitir que a insulina seja secretada pelo pâncreas na corrente sangüínea e baixe o açúcar no sangue. Quando seu cliente começa a se exercitar, seu corpo pára de secretar a insulina e ele deve ficar bem. Para escapar da necessidade de uma dose rápida, faça seu cliente tentar comer mais comida de duas a quatro horas antes de seu próximo treino ou competição.

A nutrição pré-treinamento pode ajudar seu cliente a manter níveis equilibrados (não muito altos ou muito baixos) de açúcar no sangue e prevenir fadiga precoce. Os alimentos certos, consumidos no tempo certo, podem acalmar o estômago de seu cliente neutralizando os ácidos estomacais e impedindo-o de sentir fome. O carboidrato consumido bem antes do treino de seu cliente pode alimentar sua *performance* de acordo com a exigência da intensidade do treino, como resultado do armazenamento de glicogênio no músculo ou fígado. Os alimentos (especialmente carboidratos com baixo nível glicêmico), consumido cerca de uma hora antes do treino de seu cliente, estarão digeridos o suficiente para serem usados como combustível e eles continuarão a ser metabolizados durante a sessão de treino, mas eles farão muito pouco para reabastecer os estoques de glicogênio. Para reabastecer os estoques de glicogênio, instrua seu cliente a comer após o treino (veja "O que seu cliente deve comer após o treino e quando") e três a quatro horas antes de treinar e a manter sua dieta diária rica em carboidratos.

Índice Glicêmico de Alguns Alimentos Populares

O índice glicêmico de uma comida é determinado pela sua capacidade de contribuir com glucose (açúcar) para a corrente sangüínea. Por exemplo, coma mel e sua corrente sangüínea estará rapidamente carregada de açúcar. A entrada rápida de açúcar na corrente sangüínea é desejável se você já estiver treinando ou se recuperando de um treino. Alimentos com índice glicêmico baixo ou moderado, antes do treino, são preferíveis quando o treino for mais longo que uma hora, porque eles fornecem uma fonte de alimento para necessidades continuadas de energia. Ela será usada enquanto você treina, em vez de ser jogada na corrente sangüínea imediatamente. Alimentos com alto índice glicêmico estimulam a produção de insulina, o que faz o açúcar ser armazenado como glicogênio, mas também pode fazer seu nível de açúcar cair abaixo do nível antes da refeição.

Você não pode classificar uma comida como sendo de alto ou baixo nível glicêmico, baseado somente em sua classificação de carboidrato simples ou complexo. Você pode achar que uma maçã (baixo índice glicêmico e carboidrato simples) tem um índice similar ao de uma melancia (alto índice glicêmico e carboidrato simples). Use a tabela abaixo para determinar que alimentos são apropriados para suas necessidades.

Comida*	**IG**
Alto	
Glucose	100
Batata assada	85
Flocos de milho	84
Bolinho de arroz	82
Batata de microondas	82
Feijãozinho	80
Wafers de baunilha Nabisco	77
Cheerios (marca) = cereal matinal (milho, aveia, arroz, trigo)	74
Creme de trigo instantâneo	74
Bolacha água e sal/cracker Graham	74
Mel	73
Melancia	72
Pão judeu branco Lender's (em forma de rosca)	72
Pão branco	70
Pão integral	69 (65-70)

Trigo integral em pedaços	69
Refrigerante Fanta	68
Mars Bars (barra de chocolate recheada)	68
Grape-Nuts (cereal matinal)	67
Bolacha tipo cracker de trigo	67
Creme de trigo normal	66
Couscous (prato africano à base de massa de semolina cozida no vapor, com carne e verduras)	65
Açúcar de mesa (sacarina)	65
Uva passa	64
Farinha de aveia	61 (42-75)
Sorvete	61 (36-80)
Moderado	
Bolinho de farelo de trigo	60
Bran Chex (cereal matinal)	58
Suco de laranja	57
Batatas cozidas	56
Arroz branco, grãos longos	56
Arroz integral	55
Pipoca	55
Milho	55
Batata doce	54
Bolo inglês Sara Lee	54
Banana bem madura	52
Ervilha	48
Bulgar (trigo em grão)	48
Feijões brancos assados	48
Arroz branco pré-cozido	47
Sopa de lentilha	44
Laranja	43
Cereal All-Bran	42
Espaguete (sem molho)	41

Pão de centeio	41
Suco de maçã sem adição de açúcar	41
Baixo	
Maçã	36
Pêra	36
Power Bar (barra de cereal)	30-35
Leite achocolatado	34
Iogurte de frutas desnatado	33
Grão-de-bico	33
PRBar (barra de cereal)	33
Feijão de lima congelado	32
Ervilha partida (seca para sopa)	32
Leite desnatado	32
Damasco seco	31
Vagem	30
Lentilhas	29
Feijão roxo	27
Leite integral	27
Cevada	25
Toranja	25
Frutose	23

*Quantidade baseada em 50 gramas de carboidrato por porção.
Alimentos com resposta glicêmica alta têm valores acima de 60; alimentos com resposta glicêmica moderada têm um valor entre 40 e 60 e alimentos com resposta glicêmica baixa têm valores menores que 40.
Dados de empresas alimentícias e K. Foster-Powell e J. Brand Miller, International tables of glycemic index,, *American Journal of Clinical Nutrition* 62: 871S-893S, 1995.
Reimpresso com autorização, de Nancy Clark. *Nancy Clark's Sport Nutrition Guidebook*, 2.ed. Champaign, IL: Human Kinetics, 1997.

O Que Seu Cliente Deve Comer Durante Seu Treino

A maioria das pessoas que se exercitam por mais de 30 minutos pode tolerar pequenas quantidades de comida leve em seus estômagos. Atividades moderadas a até mesmo de resistência de alta intensidade ainda permitem que a comida seja digerida e seu cliente treine mais eficazmente. Contudo, se seu cliente está exercendo força total, ele pode ter a oportunidade de relembrar o que comeu!

Se o treino de resistência de um cliente dura mais de 60 minutos, seu desafio nutricional é preservar um equilíbrio nas reservas de líquido e carboidrato. A ingestão de líquido de seu cliente deve corresponder à perda por suor (seu cliente perde água por meio da respiração e do suor), e a ingestão de carboidratos suficientes ajuda a manter o vigor, fornecendo energia e mantendo os níveis de açúcar no sangue. Cada hora de treino de resistência requer cerca de 100 a 300 calorias de carboidratos (ou, mais exatamente, 0,5 g de carboidratos por libra de peso corporal).

Uma pessoa pesando 155 libras (70 kg) irá precisar de 77,5 g (155 x 0,5) de carboidratos cada hora. Fisiologicamente, é indiferente para o corpo se o carboidrato é ingerido como líquido ou comida sólida. Corredores, provavelmente por causa do impacto e do solavanco, parecem preferir líquidos. Pessoas que participam de atividades que têm pouco impacto usam tanto comida sólida quanto líquida, dependendo do quanto o tipo de comida lhes agrada. Por exemplo, é fácil de carregar e comer comida sólida quando se anda de bicicleta e há pouco solavanco para causar algum estrago nos intestinos. Doze "goles" de 113,6 g de uma bebida esportiva, que fornece 25 calorias por porção, dariam ao seu cliente uma ingestão horária de 300 calorias de carboidrato. Algumas combinações de bebidas esportivas, barras esportivas, bananas, Fig Newtons (meu favorito), e outros, juntamente com água natural, podem fornecer os nutrientes necessários. Tente várias opções. Seu cliente encontrará uma combinação de total confiança!

Seu cliente não pode ser competitivo por longas durações, embora ele provavelmente possa resistir ao esforço, sem se alimentar enquanto treina. Seu cliente não apenas irá se exercitar melhor se comer durante os treinos prolongados como também se sentirá melhor e possivelmente gostará mais da experiência.

O Que Seu Cliente Deve Comer Após o Treino e Quando

O que o seu cliente deve comer após o treino depende de sua condição de atleta recreacional, que treina regularmente, ou de um que está num programa exigente e pesado. Se ele treina de três a cinco vezes por semana numa intensidade de esforço de moderado a alto e a *performance* ótima não é um de seus objetivos, os estoques de glicogênio podem ser reabastecidos com uma dieta regular que é rica em carboidratos (de 60 a 65% de ingestão diária de calorias). Se seu cliente treina duas vezes por dia, ou está competindo de duas a três vezes por semana numa liga de basquete ou vôlei e treinando no ginásio, preste bastante atenção à dieta de recuperação.

Os atletas geralmente não seguem corretamente uma dieta de recuperação adequada porque não sabem da importância dela para o treino do dia seguinte ou para sua *performance*, eles não estão com fome ou estão cansados demais após o evento ou não têm tempo. Faça o seu cliente competitivo sério arranjar tempo para esse aspecto de seu programa de treino. Requer pouca previsão e é fácil de fazer.

Se seu cliente está treinando muito e intensamente, ele deveria se preocupar com reposição de líquido imediatamente após o treino como uma maneira de ajudar seu corpo a se preparar para o próximo treino. Imediatamente após o término do treino, ele deve começar a repor a perda de líquidos com sucos, alimentos ricos em água (do tipo que escorrem pelo seu rosto quando comidos), bebidas esportivas e água. Refrigerantes não dietéticos são bons para fornecer carboidratos, mas são nulos em vitaminas e minerais.

A primeira "rodada" de carboidratos de seu cliente deve começar até 15 minutos após parar o treino. Se ele espera mais do que isso, seus estoques de glicogênio não serão reabastecidos tão rápido. Seu cliente precisa de cerca de 300 calorias nas duas primeiras horas após o treino e deve começar a ingeri-las até 15 minutos após parar o treino. Comidas e bebidas ricas em carboidratos são a escolha certa para a recuperação. Siga essa alimentação inicial com cerca de 300 calorias de carboidratos a cada duas horas, por seis a oito horas. No total, isso envolve de três a quatro alimentações de 300 calorias de carboidratos durante seis a oito horas. Uma lata de refrigerante de 340,8 g e uma banana são o suficiente para fornecer as primeiras 300 calorias de seu cliente! Após um treino intenso e prolongado, o corpo de seu cliente irá desejar estas calorias!

Também é uma boa idéia misturar um pouco de proteína com o carboidrato da comida de recuperação de seu cliente. Proteínas, assim como os carboidratos, estimulam a produção de insulina (um hormônio), que ajuda a "arrebanhar" glucose do sangue para os músculos para melhorar a reposição de glicogênio. Carne magra e leite desnatado são bons exemplos. Mas não deixe seu cliente ser radical. Mais não é melhor. E também, o cliente precisa manter suas necessidades de proteínas para o crescimento muscular e reparação e produção celular, mantendo a ingestão de proteínas a 15% de sua ingestão calórica diária.

Após o treino, as prioridades nutricionais de seu cliente são carboidratos e reabastecimento de líquidos.

Ingestão de Bebidas Esportivas e Água

Seu cliente provavelmente não pode beber água o suficiente antes e depois do treino, desde que ele possa tolerar e tenha a chance de eliminar antes de treinar. No mínimo, seu cliente deve beber de 85,2 a 113,6 g (um gole de bom tamanho) de água a cada 10 ou 15 minutos durante o treino. Se seu cliente estiver treinando intensamente, ele pode precisar de 227,2 g de água a cada 15 ou 20 minutos. Para determinar se seu cliente está ingerindo líquido suficiente para igualar sua perda por suor, faça-o pesar-se antes e depois de cada treino. Seu peso pós-treino deve corresponder ao peso pré-treino. Se ele está bebendo água suficiente, sua urina será um amarelo pálido ou quase claro ao longo do dia; e haverá muita urina. Condições ambientais e treinos de intensidades diferentes necessitarão de mais ou menos ingestão de líquidos.

Bebidas esportivas são usadas para aumentar os níveis de líquido e glicogênio até o nível pré-treino. Algumas bebidas também contêm eletrólitos (minerais) como potássio e sódio porque esses minerais são perdidos no suor. Normalmente, uma bebida esportiva não é uma opção, a não ser que seu cliente treine por pelo menos uma hora. Nesse caso, a necessidade principal de seu cliente é água, não açúcar ou minerais. Além disso, uma bebida energética esportiva vai repor a maioria das calorias que um cliente usa num treino de meia hora. Para atletas competitivos, isso não é importante. Mas se um dos objetivos de seu cliente for perder peso, fique com uma bebida energética chamada água!

Quando pensar em usar bebidas esportivas comerciais no treino de seu cliente, siga as diretrizes de ingestão de comida antes, durante e depois dos treinos. Lembre-se: essas bebidas são soluções principalmente de carboidratos (açúcar), que são fracas (soluções de 4 a 8%, fornecendo cerca de 40 a 80 calorias por 227,2 g, e funcionam bem quando tomadas durante o treino) ou muito concentradas (doces e melhor se tomadas como bebida de recuperação após o treino). Não há nada de mágico a respeito delas, embora possam ser eficazes e convenientes. Você pode diluir refrigerantes ou sucos nessa mesma solução fraca de cerca de 40 a 80 calorias por 227,2 g. Uma dieta adequada e balanceada, juntamente com o uso de diretrizes para ingestão de comidas sólida ou líquida antes, durante e após o treino, pode fornecer todos os nutrientes de que seu cliente precisa, independentemente de você recomendar uma bebida esportiva comercial.

Treinar sem a ingestão adequada de líquidos não "endurece" seu cliente. Esse hábito simplesmente o torna melhor em treinos quando ele está desidratado, e nem um pouco perto de suas capacidades de alta *performance*.

Monitorando e Guiando os Hábitos Alimentares de Seu Cliente

Embora seus clientes devam estar conscientes do que eles comem, rastrear o que eles colocam em suas bocas não precisa ser tão complexo quanto fisiologia celular. Na verdade, usar alguns dos cálculos simples que você aprendeu neste capítulo requer pouco tempo e ajuda seu cliente a aprender a comer bem e ser responsável. E ele não ficará amarrado à matemática para sempre.

Monitore e guie o programa nutricional de seu cliente, ajudando-o a calcular a ingestão diária de calorias por, pelo menos, algumas semanas. Use as necessidades diárias de caloria para calcular suas necessidades diárias de carboidratos de 60 a 65%, gorduras de 20 a 25% e proteínas de 15% de suas necessidades diárias de caloria. Use uma balança de cozinha para ajudar seu cliente a aprender a identificar o tamanho correto de porções de comida e ajude-o a aprender a ler os rótulos de alimentos para que ele possa ter controle de quantos gramas de carboidratos, gorduras e proteínas está ingerindo por dia.

Mesmo após seu cliente ter aprendido a calcular exatamente as necessidades diárias de caloria e ingerir a quantidade certa de carboidratos, gorduras e proteínas, recalcule periodicamente para mantê-lo honesto, ajustando a mudanças em seu programa, e em busca do objetivo!

CAPÍTULO 22

ORIENTANDO CLIENTES PARA HÁBITOS SAUDÁVEIS DE ALIMENTAÇÃO

Se seu cliente usa palavras como *rígido* ou *religião* para descrever sua abordagem dietética, encoraje-o a trocá-las por *coerente*, ou talvez *disciplinado*. Melhor ainda, lembre-o da "regra 80/20". Em outras palavras, um cliente deve seguir seu plano de alimentação e treino em 80% do tempo, e não deve se preocupar se ele cometer um deslize em 20% do tempo.

A regra 80/20 substitui o princípio 90/10 que costumava seguir. Isto é, 90% do tempo eu costumava fazer as escolhas "certas" e saudáveis e 10%, não. Na realidade, eu estava tentando ser perfeito. Ao longo dos anos, percebi que meus clientes de treinamento personalizado e eu precisávamos modificar o princípio 90/10 para fazermos uma abordagem da alimentação saudável, que funcione na vida real. Com o nascimento de dois filhos, meu princípio pessoal de 90/10 mudou para 80/20, e até deteriorou para 70/30 de vez em quando. É engraçado como uma família pode afetar seus hábitos alimentares. Contudo, seus clientes ainda podem comer saudavelmente e treinar em altos níveis, comendo "direito" na maior parte do tempo.

Não deixe seus clientes se prepararem para o fracasso, tentando ser perfeitos o tempo todo. Tratar a saúde pessoal, o treinamento, a nutrição, os hábitos alimentares e a seleção de alimentos com uma atitude "tudo ou nada" é a preparação perfeita para o fracasso pessoal. A perfeição não é normal. Muitas distrações na forma de viagens, trabalho e família podem surgir diariamente. Seus clientes precisam de uma abordagem flexível, não-obsessiva da nutrição (e do treino também), que encoraje a coerência, não a perfeição.

Clientes fazem perguntas constantemente. A última ajuda nutricional funciona? E sobre aquele novo sistema de perda de peso que aparece na televisão? O que é a pirâmide alimentar? Como posso contar gramas de gordura? Quanto devo comer? Estas perguntas são sempre respondidas por relatos inexatos e sensacionalistas da mídia. Por exemplo, manchetes recentes têm sugerido que massas engordam e uma dieta de baixas calorias pode ser prejudicial à sua saúde. Obviamente, meus clientes querem minha opinião sobre as últimas controvérsias. Não há controvérsia realmente. Apenas confusão, contradição, interpretação inadequada dos fatos e mensagens inexatas da mídia.

Um *personal trainer* não é um substituto para um nutricionista registrado ou outro especialista em nutrição licenciado ou formado. Contudo, seus clientes perguntarão muito sobre nutrição, e você deve ser capaz de dar-lhes diretrizes gerais exatas.

Embora sua maior preocupação possa ser hábitos de alimentação saudável, seus clientes podem vir até você buscando uma resposta à pergunta de um milhão de dólares: "Qual é a melhor maneira de perder peso e mantê-lo à distância?" Claro, a resposta é uma abordagem realista e sensata que incorpora treino e uma abordagem alimentar de poucas gorduras. Essa mensagem sozinha pode ser um desafio contínuo a ser comunicado. Mas você tem uma mensagem ainda mais importante para mandar. Seu cliente precisa perceber que perder peso na busca da perfeição vai acabar em fracasso. É fácil para ele ficar descontente com qualquer sucesso quando perceber que "sempre há outro quilinho para emagrecer." O "corpo perfeito" não existe, embora uma imagem corporal pessoal, com a qual seu cliente possa se sentir confortável, certamente existe. Perfeição é apenas uma ilusão que a mente tenta agarrar por futilidade — e nunca alcança. Prepare seus clientes para o sucesso e não brinque de ioiô com a perda de peso! Comunicar essa mensagem faz parte do quadro de saúde geral de cada um deles, tanto quanto interpretar os níveis de colesterol no sangue, reconhecer os fatores de risco para doenças de coração e treinar.

O jogo da perda de peso

Seus clientes sabem que má alimentação leva à má saúde. Colesterol alto, altas quantidades de lipoproteínas de baixa densidade (LDLs, o "mau" colesterol), doença cardíaca, diabetes, baixa auto-estima e baixa energia são algumas das respostas potenciais para eles que não estão se exercitando o suficiente e consumindo muitas calorias, muito colesterol e muita gordura por causa da má seleção de alimentos. Contudo, nós estamos mais gordos do que nunca como sociedade. E um em cada três adultos americanos está acima do peso (Andersen, 1999. p.41).

Nossa cultura promove um estilo de vida sedentário, com pouca atividade física, alimentação permissiva e a esperança de uma solução rápida para nossos problemas de peso — uma que precise de pouca atenção ou tempo. Esta última idéia parece boa demais para ser verdade? Claro que é, e os bilhões de dólares gastos cada ano para esquemas de perda de peso e suplementos nutricionais refletem essa abordagem fútil. Michael Jacobson (1995) sugere que a cura para nosso problema de obesidade consiste em fazer a vida saudável mais fácil — criando uma rede de ciclovias e trilhas para caminhada, projetando cidades e bairros para caminhadas e ciclismo, construindo escolas que encorajem e desenvolvam o amor eterno pela atividade física, apresentando as calorias nos cardápios dos restaurantes e fornecendo atividades praticáveis e divertidas, para que as crianças e os adultos desliguem a televisão, saiam da poltrona e "caiam na rua".

Acredito que o Dr. Jacobson esteja falando em comportamento social e mudança de atitude. É hora de pedirmos aos nossos clientes um investimento pessoal e comprometimento de tempo e atenção em relação a hábitos alimentares saudáveis. É adequado que você mostre com exemplos e, sucessivamente, peça ao cliente que influencie sua família e seus amigos com exemplos firmes.

Na vanguarda desta mentalidade imediatista, está a palavra *dieta*. Para mim, uma dieta está geralmente associada à restrição severa de calorias, privações ou alguma outra abordagem extrema, não-científica, tais como as dietas '*Por que mulheres precisam de chocolate*', '*Ricas em gorduras*', '*Viciados em carboidrato*', '*Em forma para sempre*', "*Coma rápido, pense rápido*", "*Coma até vomitar e perca peso mesmo assim*", e outras dezenas. Segundo Kelly Brownell, diretora do Centro de Transtornos Alimentares e do Peso da Universidade Yale, todas essas dietas têm, igualmente, atestados irrefutáveis de pseudo-especialistas que pensam, ou querem que você acredite, que eles têm algo de novo.

Porém, como foi mencionado no capítulo 21, nem todas as dietas são ruins. Uma com poucas gorduras (não sem gorduras!) funciona tanto do ponto de vista da saúde como da perda de peso. Você já ouviu isso antes — reduzindo a gordura na dieta e substituindo-a por escolhas mais saudáveis, seus clientes podem cortar as calorias facilmente. Do ponto de vista da perda de peso, não importa o que você come, desde que o total de calorias seja reduzido (as artérias de seus clientes são outro assunto). Contudo, como a gordura tem mais do que o dobro de calorias por grama do que carboidrato ou proteína, seu cliente pode comer a mesma quantidade, ou mais, de comida com a seleção de comida que limite a ingestão de gordura e ainda tenha menos calorias. Portanto, faz sentido limitar a ingestão de gordura para beneficiar tanto seu coração quanto seu peso.

Ensinando os Clientes a Comer Saudavelmente

Quando você responde às questões de seus clientes oferecendo diretrizes alimentares sensatas, inclua idéias para alimentação de baixas gorduras em cada sugestão. Esta é a base de uma dieta saudável.

Fortaleça seus clientes

Confiança, apoio e uma abordagem realística são os ingredientes principais para hábitos alimentares saudáveis e controle de peso. Muitas das ferramentas de fortalecimento discutidas neste e no capítulo 21, tais como leitura de rótulos e pirâmide alimentar, fortalecerão a capacidade de seus clientes de comerem saudavelmente e perderem peso. Além disso, enfatize o tema da moderação. Reforce que os clientes não devem ficar obcecados com controle de peso, que, no fim, é contraproducente. Mantenha o foco na saúde. Ajude seus clientes a aprenderem a se conhecerem e gostarem mais de si mesmos e serem condescendentes consigo mesmo. Encoraje-os a serem mais compassivos e pacientes com seus progressos e esforços.

Mude o Comportamento Gradualmente

Seus clientes não precisam — nunca — emagrecer imediatamente. Sua saúde pode ser muito afetada com pequenas mudanças. Colesterol total, colesterol LDL e triglicérides diminuem significativamente — e colesterol lipoprotéico de alta densidade (HDL) aumenta significativamente — cada vez que seu cliente diminui cinco libras (2,27 kg). Em um estudo, 60% das pessoas com hipertensão arterial foram capazes de descontinuar suas medicações após perderem 10 libras (4,54 kg). E diabéticos com excesso de peso, que perderam no mínimo 15 libras (6,81 kg) num ano, baixaram seus níveis de açúcar no sangue em 15%, sem medicação. Aqueles que perderam 30 libras (13,62 kg) deduziram o nível do açúcar no sangue em mais de 40%, mesmo permanecendo acima do peso (Jacobson 1995).

Transição para Seleção de Alimentos Saudáveis

Mudar para uma alimentação saudável é muito recompensador. Contudo, lembre seus clientes de que sabores são adquiridos. Embora alguns especialistas digam que é mais fácil fazer uma mudança completa para uma dieta mais saudável — dieta de vegetais, grãos, frutas e legumes — acredito que uma abordagem moderada funcionará, bem com a maioria de seus clientes. Por exemplo, substitua produtos derivados de leite, ricos em gordura, por opções pobres em gordura, antes de passar para fontes sem gordura. O passo seguinte seria comer carnes com menos freqüência e comprar peças com menos gordura, em vez de eliminar completamente a carne da dieta.

Aumente os Treinos Formais ou Hábitos de Atividade Física

O segredo mais bem guardado para a perda de peso é a atividade regular de qualquer tipo. Seus clientes têm a sorte de ter você para guiá-los, enquanto identificam atividades das quais poderão gostar por toda a vida. As pesquisas indicam também que pessoas que se exercitam com regularidade, geralmente, começam a comer mais saudavelmente.

Encoraje Hábitos Alimentares Saudáveis

Seus clientes devem beber muitos líquidos e comer muitas frutas, vegetais, legumes e grãos — em vez de bolos sem gordura e bolachas com "gordura falsa" e açúcar. Reduza a ingestão de carboidratos refinados — isso inclui farinha branca, açúcar branco e arroz branco —, escolhendo produtos integrais e adoçantes naturais, tais como frutas, sucos e caldas. Reduza carne vermelha e aves e peixes gordurosos ou fritos. Limite óleos hidrogenados ou gordura *trans* (certifique-se de ler os rótulos). Eles aumentam o colesterol tanto quanto gordura saturada (*Trans: The Phantom Fat* – "Trans: a gordura fantasma"–, 1996). Reduza, gradualmente, tanto a manteiga como a margarina na dieta. Mude para as versões sem gordura, ou pobre em gorduras, das comidas preparadas ou produtos derivados de leite.

Ensine a Calcular as Calorias com Exatidão

Embora seus clientes não devam ficar obcecados com uma abordagem inflexível de contagem de calorias, eles precisam ter algum senso de controle de porção e ingestão total de calorias diárias (capítulo 21). Tanto a pirâmide alimentar quanto a leitura de rótulos (capítulo 21) podem ajudá-los a sentirem como anda sua ingestão calórica diária sem radicalizar um regime rígido de contagem de calorias. Além disso, eles aprenderão rápido que nem todas as porções individuais são iguais. Por exemplo, uma porção de oito onças (227,2 gramas) de leite desnatado tem cerca de 90 calorias, ao passo que a mesma porção de leite integral tem cerca de 150 calorias.

Encoraje os Clientes ao Consumo Equilibrado de Calorias ao Longo do Dia

Quando a dieta típica é analisada, a maioria da ingestão calórica diária é feita à noite. Os padrões sociais de hoje encorajam a pular ou fazer um café da manhã leve, almoço rápido e um jantar tarde, com consumo exagerado nessa refeição noturna. As calorias podem ser melhor consumidas durante o dia, para otimizar o estado de alerta, a energia e as necessidades calóricas requeridas para a manutenção do metabolismo básico e da atividade física diária. Comer continuamente ou ficar beliscando o dia todo pode não ser a melhor idéia. Mas de três a cinco refeições sólidas e lanches nutritivos pobres em gorduras, tais como frutas, podem ser uma abordagem melhor.

Ajudando seus Clientes a Perder Peso

Embora uma alimentação saudável seja o primeiro passo para um programa realista de controle de peso, seus clientes podem usar alguns conselhos adicionais em seus planos de perda de peso.

Não Reduza as Ingestões Calóricas Diárias em Mais de 20%

Uma restrição calórica rigorosa não pode ser mantida. Uma restrição rigorosa, no fim, leva ao fracasso, na maioria dos casos, comumente chamados de dieta ioiô e peso cíclico. Pequenas reduções, feitas coerentemente por períodos extensos de tempo, são toleráveis e podem levar a uma perda de peso segura e permanente. Por outro lado, não desencoraje clientes obesos a tentarem perder peso por causa da preocupação com os riscos do peso cíclico. O relatório do Instituto Nacional da Saúde (1994) diz que indivíduos obesos não devem permitir que as preocupações com os riscos do peso cíclico os impeçam de se esforçarem em controlar seu peso corporal (p. 1). Isso é um apoio sólido para tentativas continuadas de perda de peso, mesmo que o peso seja recuperado. Mesmo pequenas perdas de peso podem afetar a saúde positivamente.

Ensine o Tamanho Correto da Porção de Comida Usando uma Balança

Eu sempre uso uma balança de comida com meus clientes para deixar bem claro o assunto do controle de porção. Não é surpresa para mim que a maioria deles subestime demais a quantidade de comida que comem (Para alguns deles que estejam no limite do comer menos, porções pequenas demais também podem colocar em risco seus objetivos de saúde e controle de peso). Pelo uso da balança, seus clientes podem aprender rapidamente a calcular os tamanhos das porções com exatidão. Essa abordagem tem ajudado muitos de meus clientes que lutam nem tanto contra escolha de comidas de má qualidade, mas, simplesmente, contra o consumo de muita comida.

Reverta Pequenos Ganhos de Peso Imediatamente

Qualquer um de seus clientes que lute para perder peso sempre acha que a parte difícil não é perder peso inicialmente, mas, mais exatamente, evitar que ele volte. A chave para evitar que o peso volte é reverter, imediatamente, a três libras ganhas do referido peso, segundo um estudo com 160 homens e mulheres que, com sucesso, evitaram recuperar uma média de 63 libras (28,60 kg) por três anos (Fletcher, 1994). Essa informação apresenta um argumento para que seu cliente se pese de forma não-obsessiva, embora regular, a cada duas semanas ou mais.

Ofereça Sugestões de Mudanças nos Hábitos Diários

Eis uma lista de sugestões que você pode dar aos clientes. Elas não são apenas sensatas, mas também irão ajudá-los a desenvolverem uma abordagem alimentar de baixas calorias:

- Leia os rótulos dos alimentos apropriadamente e com cuidado. Certifique-se de que o tamanho da porção listada no rótulo esteja de acordo com as recomendações da pirâmide alimentar.
- Peça todas as guarnições e temperos da salada à parte. Isso lhe permite controlar a quantidade que consome. Peça opções *light*, com poucas ou sem gorduras. Se opções com poucas gorduras não estiverem disponíveis, misture os temperos e as guarnições com vinagre ou suco de limão para diminuir a concentração de calorias.
- Reduza o uso de óleos de cozinha e temperos de salada à base de óleo. O uso de mostarda Dijon e iogurte desnatado simples é um grande substituto de um tempero de salada à base de óleo.
- Limite sua ingestão de comidas assadas ricas em gordura. As calorias de bolachas, tortas e rosquinhas são, em geral, pelo menos 50% de gordura.
- Substitua a maionese e a manteiga de seu sanduíche por mostarda. Coma pão simples.
- Em vez de usar margarina, manteiga ou coalhada comum em sua batata assada, use iogurte desnatado ou coalhada desnatada.
- Em vez de fritar a comida, asse, ferva ou escalde.
- Refogue a comida em um caldo com pouca gordura ou uma pequena quantidade de óleo de oliva. Evite usar gorduras sólidas.

- Use iogurte com pouca ou nenhuma gordura, queijo cottage e leite desnatado (sem gordura) ou com 1% de gordura.
- Compre peças de carne magra e corte qualquer gordura visível.
- Compre frango ou peru sem pele, ou remova-a antes de comer.
- Só compre carne moída se constar no rótulo como tendo 96% a menos de gordura. Não seja enganado por rótulos como "carne moída extra magra".
- Para sobremesa, experimente sorvetes de frutas, iogurte congelado sem ou com pouca gordura e frutas frescas.
- Adicione água ou água com gás para diluir os sucos e cortar calorias. Reconheça que sucos são alimentos e podem adicionar calorias significativas ao seu total diário de ingestão.
- Quando comer fora, peça comida vegetariana, frutos do mar ou aves, em vez de carne ou porco. Peça acompanhamentos que saciem, mas tenham pouca gordura, como arroz. Não esqueça que bebidas alcoólicas contam como calorias de gordura. Quando for ao cinema, peça pipoca simples.

Verificação da realidade pessoal — sejamos honestos!

Randy Eichner chama a auto-ilusão de "o esporte de salão mais popular" (Eichner,1993). O que ele quer sugerir é que a maioria de nós superestima o quanto treina e subestima o quanto come. Embora manutenção e perda de peso sejam muito complexas, a razão pela qual algumas pessoas obesas não conseguem perder peso, segundo o Dr. Eichner, é a auto-ilusão. Ele publicou um estudo sofisticado no *New England Journal of Medicine* (Lichtman et al., 1992), que relata que, no grupo que fracassou na dieta, os indivíduos ingeriram 1000 calorias a mais e queimaram 250 calorias a menos do que registraram em seus diários. Interessantemente, esse mesmo padrão é visto em pessoas jovens, velhas, gordas ou magras. Quatro entre cinco pessoas acreditam que comem menos e se exercitam mais do que realmente o fazem (Eichner, 1993). Independentemente dos objetivos de seu cliente, os resultados dependem do que ele faz, não do que acredita estar fazendo.

Usando a pirâmide alimentar

Sabia que existe mais de um modelo de pirâmide alimentar para se usar? As duas que irei discutir podem ajudá-lo a ensinar seu cliente a moderar sua alimentação e selecionar alimentos melhores. Ambas são similares e práticas para se implementar na vida corrida de seu cliente.

O Departamento de Agricultura dos Estados Unidos (USDA) substituiu seu "Básico 4", introduzido pela primeira vez na década de 1950, e nomeou essa ferramenta educacional e nutricional remodelada de pirâmide alimentar (figura 22.1). Foi recebida com análises confusas de especialistas em nutrição, mas certamente é uma melhora útil, se comparada com os modelos anteriores. Um ponto fraco da pirâmide USDA é que ela não faz distinção entre alimentos dentro dos grupos. Por exemplo, legumes extremamente saudáveis estão na mesma categoria de alimentos ricos em proteínas, como o toicinho defumando.

Outra abordagem que aumenta "o poder da pirâmide" é a da pirâmide alimentar saudável do Centro para a Ciência no Interesse Público (CSPI). O CSPI, editor de *Nutrition Action Healthletter*, usa uma estrutura tridimensional que permite colocar mais detalhes que as outras pirâmides. Classifica os alimentos em grupos e revela que alimentos do grupo são melhor consumidos "a qualquer hora", "às vezes" ou "raramente". Por exemplo, uma batata e uma fruta se encaixam na categoria "a qualquer hora", ao passo que batatas fritas e abacate são colocados na categoria "às vezes". Essa é uma mensagem enérgica que sugere que a maneira como a comida foi feita (batata frita) pode determinar o quão saudável ela pode ser para seu cliente. Embora os alimentos possam, tecnicamente, serem amontoados no mesmo grupo de alimentos saudáveis, alguns (como o abacate) podem não ser realmente tão bons para você. A pirâmide do CSPI dá mais ênfase a fontes vegetais de proteína, por exemplo, nozes e legumes, do que a produtos animais. Isso é exemplificado posicionando-se feijões num grupo de maior prioridade, como verduras, legumes e frutas.

Ambos os modelos, USDA e CSPI especificam o número de porções em cada grupo de alimentos e oferecem exemplos de tamanhos de porções.

A pirâmide alimentar enfatiza o tamanho das porções. Isso mostra uma mudança da preocupação com subnutrição para uma crescente consciência de que o risco real é o excesso na dieta, especialmente no que diz respeito a muito açúcar simples e gordura.

Quando você está usando as pirâmides, a solução prática é focar nas semelhanças das pirâmides, e não nas diferenças. As pirâmides lhe dizem para comer mais produtos integrais, frutas, verduras e legumes, e evitar gorduras e excesso de doces. Ambas dão ênfase também ao controle de porção e variedade dietética.

O melhor lugar para começar uma alimentação saudável é na base da pirâmide alimentar. O primeiro grupo é o do pão, cereal, arroz e massa, do qual são recomendadas de 6 a 11 porções por dia. Exemplos de uma porção incluem uma fatia de pão, 28,4 gramas de cereal, quatro bolachas água e sal ou meia xícara de massa, arroz ou cereal cozido.

A seguir, vem o grupo das verduras e legumes (três a cinco porções por dia) e o grupo das frutas (duas a quatro porções). Exemplos de tamanho de porções incluem meia xícara de brócolis cozido ou cru ou outras verduras; uma xícara de vegetais folhosos crus; três quartos de xícara de suco de verduras ou legumes; uma fruta de tamanho médio,

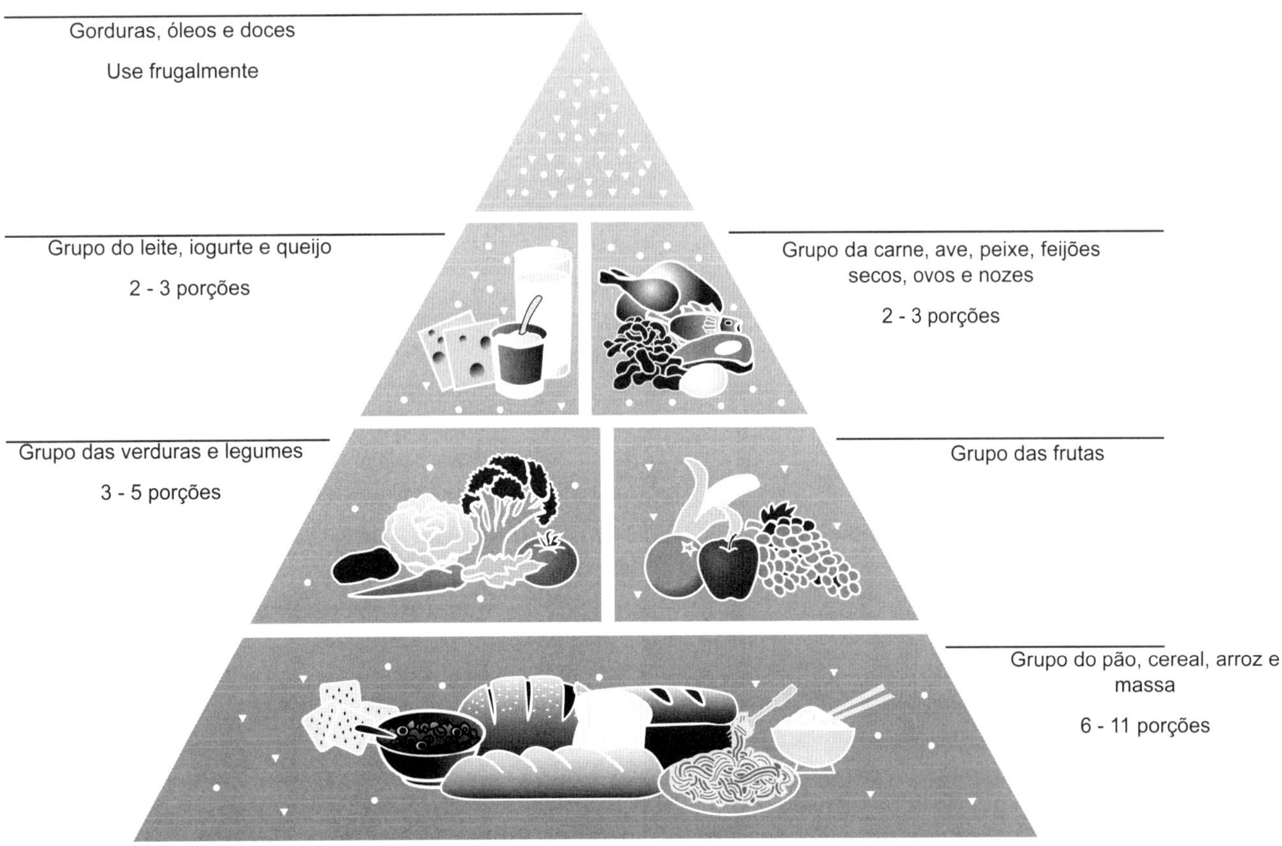

Figura 22.1 A pirâmide alimentar USDA.

como uma maçã, banana ou laranja; meia xícara de fruta picada, cozida ou enlatada; uma xícara de morangos ou uvas; 170,4 g de suco de fruta; e um quarto de xícara de fruta seca.

Em seguida, o grupo do leite, iogurte e queijo (duas a três porções por dia) e o grupo da carne, aves, peixes feijões, ovos e nozes (duas a três porções por dia). Escolha porções sem ou com pouca gordura. Tamanhos de porções incluem uma xícara, ou 227,2 g, de leite, uma xícara de iogurte, uma xícara de queijo cottage, de 42,6 a 56,8 g de queijo, 85,2 g de peixe, carne ou ave, duas colheres das de sopa de nozes, um ovo e meia xícara de feijões.

Por último, a pirâmide alimentar USDA diz para usar gorduras, óleos e doces frugalmente. Não há um número de porções diárias recomendadas para essas categorias.

Compartilhando a Visão Geral da Saúde e do Bem-Estar

Alguns de seus clientes podem se preparar para o fracasso ao tentarem ser perfeitos o tempo todo. Muitas vezes, eles podem abordar assuntos relacionados com saúde, como seleção de alimentos, com uma atitude radical. Por exemplo, eles podem pensar que têm de seguir as recomendações da pirâmide alimentar, de pouca gordura e porções permitidas, 100% do tempo — até a perfeição — ou podem também jogar a toalha.

Essa atitude, quer aplicada ao treino, quer a hábitos alimentares, é a preparação perfeita para o fracasso pessoal. Avise seus clientes que a perfeição não é normal. Os pequenos obstáculos da vida e as distrações se apresentarão regularmente. Encoraje uma abordagem flexível, que estimule a coerência, e não a perfeição.

Faça seus clientes seguirem um plano de treinamento e alimentação, em 80% do tempo, e diga-lhes para não se preocuparem se cometerem algum deslize em 20% do tempo. Todo mundo precisa de uma sala cirúrgica para apreciar a alimentação e ter sucesso!

PARTE IV

TRABALHANDO COM SEGURANÇA E EFICIÊNCIA COM POPULAÇÕES ESPECIAIS

Trabalhando com Populações Especiais: Uma Base

Todos os treinadores terão a oportunidade de trabalhar com clientes de risco mais alto. Essa oportunidade o ajudará a descobrir uma nova clientela, com a qual você poderá exercer uma influência positiva e colher ricas recompensas pessoais. Dois dentre os maiores obstáculos que os treinadores precisam superar com relação ao trabalho com populações especiais centram-se em responder as seguintes questões:

1. Consigo trabalhar com clientes que possuam condições especiais de saúde?
2. Como posso desenvolver relações de trabalho com outros profissionais certificados na área da saúde?

À primeira vista, se você se sentir intimidado por uma clientela com necessidades especiais ou riscos mais altos, leia esta introdução e os capítulos seguintes antes de decidir se escolherá trabalhar com esse tipo de cliente. Se ainda não tiver confiança para trabalhar com grupos com necessidades especiais depois de ler sobre as diversas abordagens para esses mercados especializados, considere que existe um grande segmento de mercado disponível para você que representa cerca de 80% do que se define como uma população amplamente sedentária que pode não oferecer preocupações especiais. Uma população inativa e sem condicionamento físico simplesmente precisa de um programa de exercícios básico e realizado com consistência, o que a maioria dos treinadores qualificados pode proporcionar.

As populações com necessidades especiais e condições de alto risco que os treinadores podem encontrar incluem os deficientes físicos, pacientes com AIDS ou portadores de HIV, indivíduos inativos ou sem condicionamento físico, populações jovens ou idosas, mulheres que necessitam de cuidados perinatais e condicionamento esportivo ou clientes com doenças cardíacas, problemas nas costas, obesidade, doenças degenerativas neurológicas crônicas, diabetes ou asma. Quando encontrar um cliente com necessidades especiais, você terá que responder a pergunta: "Possuo as habilidades necessárias e desejo trabalhar com esta pessoa?". As chaves para trabalhar com uma clientela de alto risco são as seguintes:

1. Trabalhar dentro do escopo de seu treinamento.
2. Receber orientação ou uma prescrição de exercícios de um profissional qualificado, como um médico, médico osteopático, fisioterapeuta, quiroprático ou nutricionista registrado, se a situação assm o exigir.

O que está dentro do seu escopo de prática? Se você entender completamente as precauções necessárias ou modificações recomendadas para um cliente pelo responsável por seus cuidados com a saúde e acreditar que pode cumpri-las, há uma boa probabilidade de que o cliente esteja dentro de seu escopo de prática ou de suas habilidades de treinamento. Este é o ponto essencial. Você pode estabelecer um programa de treinamento que seja específico, progressivo e orientado para o desempenho? Se você não entender um princípio de treinamento, não tiver familiaridade com a condição em questão ou não se sentir confiante a respeito do regime de treinamento, então será prudente encaminhar o cliente para outro profissional ou instituição ou procurar informações ou orientações adicionais.

Leia os capítulos 1 a 5 para idéias adicionais sobre o trabalho com uma clientela com necessidades especiais. Recomendo também estas excelentes fontes de boas informações sobre o trabalho com populações especiais.

AMERICAN COLLEGE OF SPORTS MEDICINE. ACSM Guidelines for Exercise Testing and Prescription. 5.ed. Philadelphia: Williams & Wilkins, 1995.

AMERICAN COLLEGE OF SPORTS MEDICINE. Exercise Management for Persons With Chronic Diseases and Disabilities. Champaign, IL: Human Kinetics, 1997.

AMERICAN COLLEGE OF SPORTS MEDICINE. ACSM Resource Manual for Guidelines for Exercise Testing and Prescription. 3. ed. Baltimore: Williams & Wilkins, 1998.

HOWLEY, E., FRANKS, B. Health and Fitness Instructors Handbook. 3. ed. Champaign, IL: Human Kinetics, 1997.

MCARDLE, W. KATCH, F., KATCH, V. Exercise Physiology Energy, Nutrition and Human Performance. 3.ed. Philadelphia: Lea & Febiger, 1996.

CAPÍTULO 23

GERENCIANDO COLESTEROL, HDL, LDL, PRESSÃO ALTA E DOENÇAS CARDÍACAS

Você tem uma cliente de 51 anos de idade que diz adorar exercícios e tem uma personalidade irresistível. Fica sabendo que a mãe dela é obesa, foi diagnosticada com diabetes do tipo 2 e tem pressão alta. Seu pai morreu de um ataque cardíaco. Quando você a encontra, fica óbvio que ela está muito acima do peso e sem condicionamento físico. Porém, ela não enxerga seu estado de saúde atual como um risco. Com sua personalidade brilhante e contagiante, ela diz: "Então, basicamente, mesmo que minha família não seja saudável e deteste exercícios, eu adoro me exercitar. Minha saúde é perfeita, exceto por um joelho que sempre me incomoda e minhas costas que doem de vez em quando".

Por meio de mais conversa e um histórico escrito de saúde, você confirma que ela está 34% acima do peso, tem pressão sanguínea de 140/90 e um baixo nível de condicionamento cardiovascular. Quando você está concluindo sua reunião inicial, ela exclama com entusiasmo: "E adoro dança aeróbica. Não aquela coisa de baixo impacto. Sabe, aquele esquema mais forte que a gente vê na televisão. Quando podemos começar?"

A história de sua cliente é típica de muitas outras pessoas, tanto homens como mulheres, com quem tenho trabalhado ao longo dos anos. Ela é positiva e seu entusiasmo é irrestrito. No entanto, como é verdade para muitos clientes, a avaliação pessoal de seu estado de saúde atual e seu condicionamento físico é totalmente imprecisa. Isso é aparente, porque ela acredita que não tenha preocupações especiais com a saúde ou "sinais vermelhos", e obviamente possui uma longa lista de fatores de risco de saúde!

Plano de Prevenção de Saúde Geral

Você pode utilizar as informações obtidas por meio da anamnese (capítulos 10, 11 e apêndice) para ajudar seus clientes a executarem um planejamento para a saúde geral. Os *personal trainers* têm a chance de enxergar as questões de saúde mais amplas, além da atividade física. A atividade física não é sua única abordagem para encorajar um estilo de vida saudável e equilibrado para seus clientes. Você ajuda seus clientes a implementarem mudanças de comportamento no estilo de vida relacionadas ao estresse, a um histórico familiar de doenças cardíacas coronárias, à obesidade, à falta de exercícios regulares, ao fumo, à pressão alta e ao colesterol alto?

Acho que o significado dos riscos de saúde se perde para o público em geral em razão de uma atitude de negação: o sentimento de que "eu realmente não quero saber" ou de que "não vai acontecer comigo". Infelizmente, essas aspirações não se concretizarão para todos. Assim, o *personal trainer* deve encorajar o cliente a gerenciar seus fatores de risco com uma abordagem pró-ativa. Ou seja, fazer alguma coisa em relação a eles!

O Carter Center (1988) estima que duas entre três mortes nos Estados Unidos estão ligadas a apenas seis perigos à saúde: fumo, álcool, pressão alta, obesidade, colesterol alto e falhas nos cuidados médicos com mulheres grávidas e bebês recém-nascidos. Os estudos epidemiológicos também sugeririam um sétimo: a inatividade! Todos esses riscos são bastante controláveis. Com a conscientização sobre os riscos de saúde que precisam encarar, pelo menos seus clientes podem tomar decisões informadas sobre seus estilos de vida.

Quando você compreende os fatores de risco para a saúde, pode explicar ao cliente o que significam os números do colesterol no sangue. Pode explicar como a atividade física se encaixa em um programa para prevenir as doenças coronárias cardíacas (DCC). Você pode tornar-se a ponte entre seu cliente e a comunidade médica e de saúde preventiva, quando os outros profissionais podem não ter tempo ou não utilizar uma linguagem simples para tornar os riscos de saúde facilmente compreensíveis e controlados. Usando esse tipo de abordagem, você está trabalhando com clientes para seu maior benefício. Está direcionando seu negócio para o sucesso ao ajudar os clientes a enxergarem os resultados que vão além da estética e estabelecendo uma ligação com os médicos e especialistas da promoção da saúde. Isso eleva seu valor percebido tanto para os clientes quanto para os profissionais da saúde.

Doenças Ateroscleróticas

Quando se depositam o colesterol e asplacas nas artérias do corpo, isso pode resultar em diversas doenças vasculares chamadas *doenças ateroscleróticas*. As doenças vasculares ou dos vasos sanguíneos podem ser uma das seguintes, ou uma combinação de DCCs: derrames ou *doenças vasculares periféricas* (DVP). As doenças vasculares geralmente são causadas pelo acúmulo de placas ateroscleróticas nas artérias do cérebro, pernas e coração.

A *doença arterial coronária (DAC)* é causada pelo acúmulo de placas nas artérias coronárias cardíacas. Alguns exemplos de doenças coronárias cardíacas influenciadas pelas DAC incluem os infartos do miocárdio (ataques cardíacos), a angina (dores no peito) e a morte súbita cardíaca. Os *derrames* são causados pelas doenças nos vasos sanguíneos das pequenas artérias do cérebro. Eles podem causar graves danos cerebrais, lesões e morte. As DVPs manisfestam-se por dores nas pernas semelhantes a cãibras (claudicação) e podem conduzir a gangrenas e amputação da extremidade afetada. As DCCs, derrames e DVPs geralmente são manifestações das doenças ateroscleróticas, causadas pelos depósitos de colesterol nas artérias do coração, do cérebro ou das pernas. Todas as doenças arteriais podem ser classificadas com o termo *doença aterosclerótica*.

Doenças Coronárias Cardíacas

A DCC é um desequilíbrio entre o oxigênio disponível para o tecido cardíaco e a demanda cardíaca por oxigênio. A circulação nas artérias coronárias é freqüentemente comprometida por uma combinação de aterosclerose e arteriosclerose.

A *aterosclerose* afeta o diâmetro da artéria em virtude de alterações na íntima (camada mais interna das células de um vaso sanguíneo) e na média (camada interna intermediária de um vaso sanguíneo). O acúmulo de gordura (lipídios), produtos sanguíneos, tecido fibroso e cálcio está associado a essas alterações, que causam o estreitamento das artérias. Uma redução no diâmetro compromete o envio do sangue ao coração pelas artérias coronárias.

A arteriosclerose pode causar um espessamento das paredes arteriais e o acúmulo de cálcio nas paredes arteriais, o que resulta na perda da elasticidade. Esse "endurecimento" das artérias pode contribuir significativamente para a diminuição do fluxo sanguíneo para o músculo cardíaco e a elevação da pressão sanguínea, que impõem uma maior sobrecarga mecânica ao sistema vascular comprometido.

Um fato esclarecedor, embora pouco conhecido, a respeito da circulação coronária é que o sangue que retorna ao coração depende totalmente das artérias que alimentam o coração, se o oxigênio e os nutrientes devem ser utilizados pelo músculo cardíaco. Muitas pessoas assumem que, assim que o sangue retorna ao coração, ele é oxigenado e enviado ao ventrículo esquerdo (uma das quatro câmaras cardíacas). O oxigênio e a energia necessários ao coração estarão assegurados. Pensaríamos que o sangue fluindo pelas câmaras cardíacas nutriria o coração. Mas esse não é o caso.

O sangue é levado para o tecido do músculo cardíaco através de duas artérias coronárias que saem da aorta. O sangue precisa ser ejetado do ventrículo esquerdo para dentro da aorta, e, até esse momento, o sangue oxigenado ainda não tem a oportunidade de entrar na circulação coronária ou nas artérias coronárias que nutrem o músculo cardíaco. Essas artérias se dividem em ramificações cada vez menores, como todos os vasos sanguíneos, finalmente culminando nos capilares. Depois que o sangue passa através dos capilares e o tecido cardíaco extrai o oxigênio necessário, ele retorna, através de vênulas e veias, que se tornam cada vez maiores, até que, como todas as veias do corpo, desaguam no átrio direito do coração.

Na maioria dos tecidos e órgãos do corpo, há rotas suplementares ou colaterais de suprimento sanguíneo. Em outras palavras, freqüentemente há duas artérias que levam o sangue a uma mesma área. Essas artérias são conectadas por muitos ligamentos cruzados ou vasos colaterais. Se uma artéria fica completamente bloqueada em um ponto específico, ou bastante oclusa, a circulação colateral pode compensar e enviar o sangue necessário para sustentar o funcionamento dos tecidos. Infelizmente, essa situação não ocorre em alto grau na parede cardíaca. As artérias coronárias são chamadas "artérias finais". Cada ramificação segue seu próprio curso com poucas conexões, com outras ramificações próximas. A quantidade de ligamentos cruzados depende do indivíduo e os padrões de atividade podem influenciar isso em um certo grau.

Se as artérias são inelásticas, estreitas e parcial ou totalmente bloqueadas, o fluxo sanguíneo ficará comprometido ou inteiramente bloqueado. Se a natureza da atividade, seja uma atividade de repouso ou vigorosa, criar uma demanda de oxigênio para o músculo cardíaco que não pode ser satisfeita por causa do comprometimento da circulação coronária, pode ocorrer a angina (dor associada à isquemia ou falta de oxigênio no músculo cardíaco) ou um ataque cardíaco.

O coração é apenas tão forte quanto sua ligação mais fraca, que geralmente corresponde às vulneráveis artérias coronárias que saem da aorta. Seu bloqueio pode comprometer a circulação coronária. Mesmo que o coração possa estar cheio de sangue, ele pode nunca chegar e oxigenar o músculo cardíaco se a rota de envio ao coração, as artérias coronárias, estiverem bloqueadas.

Outro fato pouco conhecido sobre a DCC lança luz sobre sua natureza traiçoeira e extremamente perigosa. A circulação nas ramificações coronárias cardíacas sai da aorta e se divide em três rotas principais de envio. Essas rotas de envio dividem-se novamente para cobrir a área da superfície do coração e levar a nutrição e o oxigênio necessários para o músculo cardíaco. Uma oclusão significativa (de até 80 ou 85%) ou um bloqueio das principais artérias coronárias pode não apresentar sintomas ou sinais de aviso. De fato, a oclusão total pode estar presente em uma ou mais ramificações arteriais menores sem sintomas ou sinais de aviso presentes.

Entendendo o Risco da DCC

Mesmo se a pessoa tiver uma doença coronária cardíaca marcada ou progressiva, ela pode não ser diagnosticada ou permanecer assintomática. Então, uma situação como o estresse emocional ou a atividade física (outra forma de estresse) acontece, e as demandas de oxigênio do coração não são satisfeitas. Seu cliente pode receber um sinal de aviso, como dores no peito ou respiração rápida, mas, em geral, o primeiro sintoma das doenças cardíacas é a morte. Não há segunda chance.

Somente 18% dos adultos não possuem os fatores de risco principais e comumente identificados, de acordo com os Centros de Controle de Doenças (relatado pela Universidade da Califórnia, em Berkeley, 1994). Os ataques cardíacos são responsáveis por 500.000 mortes a cada ano, e 20% delas ocorrem entre pessoas com menos de 65 anos de idade (American Heart Association, 2003; U.C. Berkeley, 1994). Essa é uma das razões pelas quais as pessoas precisam ter uma consciência aguda dos fatores de risco e realizar ações preventivas para corrigir os fatores de risco modificáveis relacionados à DCC. Você pode conduzir seus clientes nessa tarefa.

A análise dos fatores de risco começa com a identificação de seis fatores que aumentam o risco individual de DAC e DCC. A DAC é causada pelo acúmulo de placas nas artérias coronárias cardíacas. A DCC refere-se ao ataque cardíaco, à angina e à morte súbita cardíaca. A DCC é causada pela DAC. Seu histórico médico e de saúde faz perguntas sobre esses riscos para que você possa agir com base nas respostas, como apropriado? Os seis fatores de risco são:

- fumo;
- pressão alta;
- colesterol sanguíneo alto;
- obesidade;
- diabetes;
- inatividade.

Ter um fator de risco não garante um determinado resultado. Entretanto, quando os fatores de risco se acumulam em uma pessoa, a probabilidade estatística dela desenvolver alguma forma de DAC aumenta exponencialmente. O impacto combinado de diversos fatores de risco é maior do que sua soma. Por exemplo, dois fatores de risco multiplicam o risco por 3,3 , e três fatores de risco multiplicam o risco por 10 vezes.

A DAC tira as vidas de mais de 500.000 mulheres a cada ano, o que é aproximadamente o dobro do número de mortos em razão de todos os tipos de câncer combinados (American Heart Association, 2003). Os fatores de risco da DAC variam em impacto e dependem em certo grau do fato das mulheres terem ou não entrado na menopausa.

As mulheres na pré-menopausa (antes da cessação da menstruação) têm menos probabilidade de sofrer um ataque cardíaco. Porém, se tiverem diabetes ou uma predisposição ao colesterol alto, hipertensão, um histórico familiar de DCC ou fumarem, há um aumento no risco de doenças cardíacas nas mulheres na perimenopausa (na fase de declínio da função menstrual que precede a menopausa). Além disso, quando a produção do estrógeno começa a desacelerar, elas começam a aproximar-se do perfil masculino para doenças cardíacas e apresentar o mesmo risco que os homens para esse tipo de doença. Uma mulher de 60 anos na pós-menopausa (ou seja, na qual a função menstrual cessou) possui o mesmo risco de ataque cardíaco que um homem de 50 anos de idade.

Fatores de Risco de DCC Que Não Podem Ser Modificados

Ao falar com clientes, mencione os fatores inalteráveis, mas enfatize os riscos que podem ser controlados e alterados. Mencionando esses fatores de risco juntamente com as informações sobre o efeito exponencial dos fatores de risco coronário, você pode influenciar seus clientes e motivá-los a uma mudança positiva de comportamento. Os seguintes fatores de risco estão fora do controle de seu cliente:

Hereditariedade. Pais ou irmãos que tiveram um ataque cardíaco antes dos 55 anos, para os homens, e antes do 65, para as mulheres.

Idade avançada. 80% dos ataques cardíacos fatais e 55% da totalidade dos ataques cardíacos ocorrem após os 65 anos de idade.

Sexo. Antes do 55 anos, os homens têm uma incidência muito maior de DAC do que as mulheres. Aproximadamente aos 60 anos, as mulheres começam a desenvolver um nível de risco semelhante.

Raça. Por terem um risco mais alto de hipertensão e diabetes, as pessoas de raça negra têm um risco maior de DAC.

Fatores de Risco de DCC Que Podem ser Modificados

A seguir, veremos os pontos-chave que você pode passar a seus clientes quando comunicar-lhes os fatores de risco. Em 1992, a Dra. Joann Manson e seus colaboradores de Harvard analisaram cerca de 200 estudos sobre a DAC para avaliar o papel das medidas de prevenção conhecidas sobre a incidência de DAC (Manson et al., 1992). Seus resultados foram publicados no *New England Journal of Medicine* e reportados no *Berkeley Wellness Letter* (U.C. Berkeley, 1994), e estão resumidos a seguir.

Fumo. O melhor conselho para os fumantes: parem! Essa é a única ação mais eficaz que pode ser tomada para reduzir o risco da morte relacionada à DAC. A maioria dos profissionais da área médica preferiria lidar com um aumento de peso do que com os efeitos do fumo. Entre 20 e 40% de todas as mortes atribuídas à DAC estão diretamente relacionadas ao fumo.

A notícia encorajadora sobre o fumo é que o risco de DAC começa a diminuir quase que imediatamente depois que a pessoa pára de fumar. Estima-se que dentro de 5 a 10 anos, o risco de ataque cardíaco decline na pessoa que parou de fumar para um nível semelhante ao de alguém que nunca fumou.

Colesterol. Há um declínio de 2 a 3% no risco de ataque cardíaco para cada redução de 1% no colesterol sanguíneo. Um nível "desejável" de colesterol está abaixo de 200 miligramas por decilitro. A melhor abordagem para melhorar os níveis de lipídios e colesterol sanguíneo é reduzir o colesterol por meio da dieta e aumentar a lipoproteína de alta densidade, com efeito protetor, por meio de exercícios regulares.

Pressão sanguínea alta (hipertensão). A pressão alta é um fator de risco de ataque cardíaco e derrame. Um índice limítrofe de pressão sanguínea é de uma pressão sistólica de 130 por uma pressão diastólica de 90. Para cada ponto de redução na pressão sanguínea diastólica, há uma redução de 2 a 3% no risco de ataque cardíaco. A maneira mais fácil de reduzir a pressão sanguínea é por meio de mudanças no estilo de vida. Limitando o sódio (sal), perdendo peso e diminuindo o consumo de álcool, as pessoas conseguem reduzir significativamente a pressão sanguínea. Após a falha das medidas conservadoras, pode ser necessária medicação em conjunto com modificações no estilo de vida.

Inatividade. Numerosos estudos epidemiológicos demonstram que o exercício protege contra a DAC. Um estilo de vida sedentário possui os mesmos riscos, por exemplo, que o fumo ou colesterol alto. Um programa regular de exercícios pode reduzir o risco de um ataque cardíaco em 35 a 55%. As pesquisas também apóiam o fato de que mesmos as atividades de baixa intensidade, como a jardinagem ou caminhadas em base regular e consistente, podem diminuir o risco de doenças cardíacas e aumentar os níveis de HDL (isso contradiz pesquisas anteriores, que indicavam que apenas as atividades vigorosas reduziriam o risco e aumentariam os níveis de HDL.

De outra perspectiva, o treinamento mais rigoroso diminui ainda mais o risco quando comparado ao treinamento de intensidade moderada).

Seguem informações valiosas que você pode usar para motivar seus clientes com eficiência. A atividade, em qualquer nível, pode conseguir o seguinte:

- Aumentar a eficiência do coração.
- Fortalecer o coração.
- Reduzir a pressão sanguínea.
- Ajudar a controlar os níveis de estresse.
- Reduzir a probabilidade da formação de coágulos sanguíneos.
- Ajudar o cliente a manter ou perder peso.
- Aumentar a produção do colesterol HDL.

Obesidade. Cerca de um entre três americanos está seriamente acima do peso ou é obeso. Isso duplica o risco de DAC em qualquer idade. Ser obeso também aumenta o risco de diabetes, hipertensão e pressão sanguínea alta.

Diabetes. O diabetes aumenta o risco de DAC, pressão sanguínea alta e outros riscos relacionados à saúde. O diabetes do tipo 2 (anteriormente chamado diabetes mellitus não-insulino-dependente de insulina ou DMNID, freqüentemente referido como diabetes adulto) aflige cerca de 16 milhões de americanos e é freqüentemente de prevenção possível. O controle do peso, os exercícios aeróbicos regulares, a boa nutrição, a redução do estresse e outras formas de exercício podem melhorar a sensibilidade à insulina e a utilização do açúcar e ajudar a controlar o diabetes.

Compreendendo os Níveis de Colesterol

Muitos clientes acreditam que altos níveis de gorduras (triglicérides) ou colesterol significam a certeza de um ataque cardíaco. Embora você deva enfocar o colesterol, esse foco não precisa ser obsessivo e você precisa enxergar o todo. Entretanto, você e seus clientes devem monitorar o colesterol total (CT). Essa medição inclui tanto o colesterol HDL quanto o de lipoproteínas de baixa densidade (LDL), bem como as lipoproteínas de baixíssima densidade (VLDL). As VLDLs são comumente chamadas triglicérides ou gorduras.

Em geral, é desejável ter um índice de CT abaixo dos 20-0 miligramas por decilitro. O limite se encontra entre 200 e 239, e o nível alto está em 240 ou mais (National Cholesterol Education Program, 1993). O Programa Nacional de Educação sobre o Colesterol (National Cholesterol Education Program-NCEP) recomenda testes de HDL em conjunto com o CT. Um índice alto de HDL pode equilibrar qualquer efeito potencial negativo de um índice alto de CT.

Quando o CT é dividido pelo HDL, temos um número chamado relação CT/HDL. O valor ideal é menor que 3.5, embora a faixa entre 3.5 e 4.5 seja comumente citada como aceitável. A importância da relação CT/HDL encontra-se em sua capacidade de refletir como o corpo está gerenciando as quantidades individuais de colesterol. Por exemplo, um nível baixo de colesterol não torna alguém imune a doenças cardíacas. Um índice de CT de 180, juntamente com um HDL de 30, resulta em uma proporção de 6. Esse nível indica um risco maior de doenças cardíacas, apesar do índice do colesterol, se interpretado isoladamente, indicar o contrário.

Um cliente com índice de CT ou colesterol de 240 e um valor de HDL de 70 teria uma relação CT/HDL menor que 3.5. Isso indica um baixo risco de doenças cardíacas, relacionado a esse único fator de risco. Enxergue o todo em cada fator de risco, assim como mais além para cada fator de risco contribuinte, em vez de levar em conta apenas um fator isolado. A Tabela 23.1 fornece informações e uma equação relacionadas ao colesterol.

Estrutura e Função das Lipoproteínas

O colesterol, as gordura e as substâncias semelhantes às gorduras não são solúveis em água. Elas precisam ser empacotadas como lipoproteínas para serem transportadas no meio aquoso do sangue. As lipoproteínas têm duas funções:

1. Elas transportam o colesterol e os lipídios sanguíneos. O colesterol é um derivado da gordura, e não é considerado um lipídio.
2. Elas regulam os níveis de colesterol e lipídios sanguíneos.

Quase todo o colesterol do sangue é carregado pelo HDL ou pelo LDL. Cerca de três quartos de todo o colesterol sanguíneo é carregado pelo LDL. Fica óbvio o porquê da preferência por um baixo nível de LDL no organismo. O LDL é o principal transportador do colesterol e tem uma tendência a depositar-se nas artérias, contribuindo para a DAC. As VLDLs e os quilomícrons transportam principalmente os triglicérides ou gorduras (Byrne, 1991).

Lipoproteína de Baixa Densidade (LDL)

Os altos níveis de LDL estão associados a um maior risco de DAC, DCC, derrame e doença vascular periférica (DVP). Daí sua caracterização como "mau" colesterol. Byrne (1991) reportou que se a concentração de LDL aumenta acima de 100 miligramas por decilitro, parte de seu colesterol é depositada nas paredes arteriais em forma de placa.

A dieta afeta muito as taxas de produção e remoção de LDL. O consumo de gordura saturada e colesterol na dieta aumenta a produção de VLDLs pelo fígado para transportar os lipídios na gordura e, finalmente, parte das VLDLs (triglicérides) são convertidas em LDLs (Byrne, 1991). Para compor o problema, a gordura saturada e o colesterol diminuem a capacidade do fígado de tirar o LDL do fluxo sanguíneo pela

Tabela 23.1 Terminologia e Equação do Colesterol Total (CT)

Colesterol total	Reflexo das três lipoproteínas veículos de transporte
Lipoproteína de alta densidade (HDL)	"Boa"
	Disponível para remoção
	Pode reverter o transporte do colesterol
	Transporta colesterol, na maior parte
Lipoproteína de baixa densidade (LDL)	"Má"
	Deposita o colesterol na parede arterial
	Transporta três quartos do colesterol sanguíneo total
Lipoproteína de muito baixa densidade (VLDL)	O mesmo que triglicérides
	Transporta gordura, na maior parte
	Carrega tanto gordura saturada quanto insaturada

literal absorção das lipoproteínas carregadas de colesterol e sua digestão. Essa situação eleva ainda mais os níveis de LDL (Byrne, 1991).

Lipoproteínas de Alta Densidade (HDL)

As HDLs são apropriadamente chamadas de "bom" colesterol. Sua importância na diminuição do risco de DAC é amplamente documentada. O HDL protege as paredes arteriais da aterosclerose, removendo parte do colesterol da parede arterial, e possivelmente inibindo a entrada do colesterol, em certo grau, nos tecidos das paredes arteriais (Byrne, 1991). Byrne também relatou que o HDL promove a produção da prostaciclina, substância que inibe a formação de coágulos ao longo das paredes internas das artérias. A redução na tendência para a formação de coágulos em razão dos níveis elevados de HDL tem implicações na diminuição da ocorrência de derrames, ataques cardíacos e DVPs, que geralmente são causados por partículas ou detritos sanguíneos que se partem de artérias doentes onde ocorreu a coagulação do sangue.

Os altos níveis de HSL estão associados a uma taxa mais baixa de DCCs. Um pequeno aumento de 10 miligramas por decilitro no HDL pode reduzir o risco de doenças cardíacas em quase a metade (Byrne, 1991). A maior parte do HDL é gerada pelo fígado e intestino delgado.

Embora a dieta tenha pouco efeito sobre o aumento da produção de HDL, os exercícios e a redução de peso parecem ser as abordagens mais eficientes para aumentar o HDL. Um aumento de HDL pode levar muitos meses para ocorrer e ser precedido por uma redução inicial. Assim como na maioria dos ganhos de saúde, requer paciência, consistência e moderação.

O consumo de álcool tem sido popularmente promovido como um meio de aumentar o "bom colesterol". Byrne (1991) reportou que o consumo moderado de álcool pode elevar o HDL em cerca de cinco miligramas por decilitro. Um aumento de HDL de 30 a 35 equivale a um aumento percentual de 16.7%. Um aumento de 60 a 65 equivale a um aumento percentual de 8.3%. Conforme anteriormente observado, um pequeno aumento de HDL como 10 miligramas por decilitro pode cortar pela metade o risco de uma doença cardíaca. Estatisticamente, esses números merecem consideração, mas você também precisa ver o panorama completo de saúde antes de recomendar essa abordagem a seus clientes.

Em primeiro lugar, "moderado" é descrito como três cervejas, duas taças de vinho ou 60 ml de uísque. O aumento do colesterol ocorre em um tipo chamado HDL-3. Seu papel na prevenção das DCCs não foi claramente provado. Em razão do benefício protetor não estar 100% provado, muitos profissionais acham difícil recomendar o consumo de álcool ao público como medida geral de prevenção. De outro ponto de vista, as conseqüências negativas do consumo excessivo de álcool para a saúde estão bem documentadas.

O HDL é a chave que reverte a operação do sistema que transporta o colesterol pelo corpo. O resultado desse processo é a cura e a eversão do processo aterosclerótico. Quando o HDL captura o colesterol (colesterol livre ou não-esterificado) de outros tecidos, do sangue e das paredes arteriais, ele é convertido em um éster de colesterol, o que evita que entre novamente na parede arterial (Byrne, 1991). Finalmente, o colesterol acaba no fígado, onde é removido e absorvido.

Mesmo que um alto nível de HDL de 60 miligramas por decilitro ou mais pareça protetor, o depósito do colesterol é causado pelo LDL. Muitos especialistas debatem que o foco principal de um programa de gerenciamento do colesterol é manter níveis ideais ou baixos de LDL. Os altos níveis de HDL não excluem a possibilidade da deposição do colesterol pelo LDL. É óbvio que todos os fatores do colesterol sanguíneo e do perfil dos lipídios precisam ser gerenciados.

Lipoproteínas de Muito Baixa Densidade (e Quilomícrons)

A gordura ou os triglicérides são transportados por duas lipoproteínas. Os quilomícrons transportam a gordura absorvida com a dieta dos intestinos para o fígado, enquanto as VLDLs transportam os triglicérides fabricados no fígado para o resto do corpo (Byrne, 1991).

Os quilomícrons não têm impacto sobre a DCC e a aterosclerose. Sua maior presença é observada até diversas horas após uma refeição. Em virtude do sangue ser retirado (isto é, para propósito de teste) depois de pelo menos 12 horas de jejum, quase todos os triglicérides presentes no sangue estarão contidos nas VLDLs. Geralmente, os triglicérides referem-se apenas aos triglicérides das VLDLs (Byrne, 1991).

O VLDL contém pouco colesterol, mas grandes quantidades de triglicérides ou gordura. Um grande consumo de açúcares simples, uma dieta altamente gordurosa, o consumo excessivo de álcool e estar acima do peso podem contribuir com os altos níveis de VLDL.

Os triglicérides são regulados pela influência hormonal, e finalmente liberam sua gordura para as células do corpo. Ao fazê-lo, essas grandes lipoproteínas encolhem para tornar-se LDLs menores. Essa ligação fisiológica entre um alto nível de VLDL e a transformação resultante em LDL é uma boa razão para manter baixo o nível de triglicérides. Os triglicérides não se acumulam no fluxo sanguíneo como o colesterol porque podem ser usados como energia, tendo como produtos resultantes finais o dióxido de carbono e a água. Porém, se o VLDL é degradado para transformar-se no "mau" LDL, existem mais locais receptores aos quais o colesterol pode ligar-se. Em combinação com o fato de que os altos níveis de VLDL estão associados a uma redução no HDL, parece prudente manter os níveis de triglicérides abaixo de 200 e preferivelmente abaixo de 150 miligramas por decilitro. A Tabela 23.2 fornece níveis ideais e faixas comumente citadas de colesterol e gorduras situadas no sangue.

Reduzindo o Colesterol

Depois de receber estas informações, seus clientes vão querer saber como reduzir o colesterol. Isso é natural, e você se encontra na posição perfeita para facilitar esse interesse. Eis aqui o que seus clientes precisam fazer.

Para reduzir o colesterol, eles precisam perder peso, exercitar-se regularmente, comer menos gordura saturada, cortar os alimentos com colesterol, comer menos gordura transgênica (óleo parcialmente hidrogenado) e comer mais frutas, legumes, e outros alimentos ricos em fibras.

Perder cerca de 2 a 5 quilos pode fazer diferença. A perda de peso pode elevar os níveis de HDL e reduzir os de LDL, triglicérides e a pressão sanguínea, além de ajudar a prevenir o diabetes. Exercícios que aumentam a freqüência cardíaca, feitos ao menos três vezes por semana em um total de 30 a 90 minutos por semana podem aumentar o HDL, reduzir o LDL e os triglicérides, diminuir a pressão sanguínea, ajudar a manter o peso e prevenir o diabetes.

Uma dieta com pouca gordura saturada e colesterol ajudará a reduzir o LDL, os triglicérides e o colesterol. As dietas ricas em *fibras solúveis* podem reduzir o LDL (colesterol sanguíneo) e ajudar a controlar os níveis de açúcar no sangue para as pessoas que têm diabetes. As fibras solúveis são encontradas no farelo de aveia, cevada, feijão, frutas e legumes. As dietas ricas em fibras insolúveis, principalmente a celulose indigerível encontrada nas cascas de frutas, legumes e grãos integrais, como o farelo de trigo e alguns cereais, estimulam o funcionamento e a eliminação intestinal. Uma dieta pobre em gordura saturada e colesterol e rica em fibras e legumes também pode reduzir o risco de câncer, e grandes quantidades de ácido fólico (boas fontes dele são cereais, lentilhas, feijões, espinafre, alface romana, germe de trigo, ervilhas, suco de laranja e brócolis) presentes nesse tipo de dieta podem reduzir ainda mais o risco de doenças cardíacas. Comer menos gorduras hidrogenadas ou transgênicas reduzirá os níveis de LDL (*Trans: The Phantom Fat*, 1996).

Você pode ajudar seus clientes a identificarem esses alimentos ou indicar-lhes um nutricionista certificado.

Aumentando o Colesterol HDL

Os níveis de HDL de 60 ou mais são considerados desejáveis. Um índice de 35 a 39 é intermediário, e um abaixo de 35 é baixo. As HDLs são descritas como as transportadoras do colesterol que removem os detritos do sangue que poderiam conduzir a uma DCC, ligam-se a eles e os transportam para fora das artérias. Um HDL menor do que 35 representa um risco de ataque cardíaco, mesmo se o colesterol estiver abaixo de 200. Isso fica evidente na relação CT/HDL igual a 5.7, encontrada quando se utiliza um valor de 200 para o colesterol, dividido por um HDL de 35. Um índice baixo de HDL indica que mesmo pequenas quantidades de colesterol no fluxo sanguíneo não estão sendo gerenciadas com eficiência pelo organismo. Para elevar o HDL, os indivíduos devem fazer o seguinte:

- Perder peso.
- Exercitar-se regularmente.
- Parar de fumar.

Tabela 23.2 Colesterol e Gorduras Situadas no Sangue: Níveis Ideais e Faixas Comumente Citadas, em Miligramas por Decilitro

	Ideal	Faixa
Colesterol total (CT)	<160	140-240
Lipoproteína de alta densidade (HDL)	>60	35-75
Lipoproteína de baixa densidade (LDL)	<100	100-130
Triglicérides	<150	150-250
Lipoproteína de muito baixa densidade (VLDL — triglicérides divididas por 5)	<30	30-50
Relação CT/HDL	<3.5	3.5-4.5

O impacto nas DCCs de atividades moderadas a regulares e um estilo de vida saudável não podem ser subestimados.

Reduzindo os Triglicérides (VLDLs), a Gordura no Sangue

Seus clientes podem reduzir os triglicérides perdendo peso, exercitando-se (mesmo em intensidade moderada), diminuindo o consumo de gordura saturada e cortando os alimentos ricos em colesterol. Segue uma exceção a essas regras.

Seus clientes podem já ter uma dieta pobre em gorduras e rica em carboidratos. Se ainda tiverem um alto nível de triglicérides e um baixo nível de HDL, considere acrescentar uma colher de sopa de azeite de oliva, óleo de canola ou outro óleo 100% vegetal a suas dietas. Uma colher de sopa de óleo tem 120 calorias e pode ser usada na preparação da comida. Ou então acrescente à dieta um quarto de xícara de nozes. Essa estratégia pode elevar o HDL e reduzir os triglicérides. No entanto, o ganho de peso ainda precisa ser evitado e um aumento da gordura na dieta é o que a maioria dos clientes não precisa.

Pressão Sanguínea

O NCEP não reconhece a pressão sanguínea como um risco até que seja maior que 140 de pressão sistólica e 990 de pressão diastólica. Contudo, se a pressão sanguínea de seu cliente não estiver abaixo de 120 de pressão sistólica e 80 de pressão diastólica, estará presente um risco maior de DCC e ataque cardíaco.

As seguintes ações preventivas podem evitar que a pressão sanguínea se eleve ou até reduzi-la. Perder peso e exercitar-se são os primeiros passos. Comer mais frutas e legumes aumenta o aporte de potássio, o que ajuda. O aporte de sódio deve ser reduzido para pelo menos 2.400 miligramas por dia, preferivelmente menos.

O consumo de álcool deve ser limitado a um nível moderado ou ao uso ocasional. As pesquisas indicam que as pessoas que se limitam a uma dose (mulheres) ou duas (homens) por dia têm um risco mais baixo de DCC do que as pessoas que não bebem. Porém, mesmo uma dose de álcool por dia pode elevar o risco de câncer de mama nas mulheres, e mais de duas doses de álcool por dia podem aumentar o risco de pressão alta nas mulheres e homens. O abuso do álcool também deve ser considerado quando se pondera a opção de beber ou não.

Terapias para DCCs

Considerando que na maioria dos casos os fatores de risco controláveis podem ser melhorados, algumas vezes dramaticamente, com uma dieta saudável e exercícios, por que as pessoas simplesmente *não fazem isso?* Talvez a resposta esteja tanto na natureza humana quanto nas capacidades da medicina moderna.

Quando confrontadas com a incerteza de como minimizar seus risco de DACs, muitos clientes elegem as drogas como sua primeira opção. Com freqüência, essa decisão é tomada por causa do medo e da falta de informação e orientação profissional sobre como controlar esses riscos.

O NCEP sugere a prescrição de drogas para altos níveis de LDL apenas depois que falharem tentativas exaustivas de utilizar o exercício e a dieta. No entanto, muitas pessoas falham ao seguir essa recomendação mais conservadora e optam por uma solução rápida. Acredito que as drogas devam ser reservadas para circunstâncias especiais em que as tentativas honestas de dieta e exercício falharem. Mesmo se as drogas forem necessárias, elas não devem ser usadas com a exclusão de escolhas saudáveis de estilo de vida relacionadas a uma seleção apropriada dos alimentos e a exercícios moderados e regulares.

Em um estudo, que já foi considerado altamente provocativo, o médico Dean Ornish mostrou que as pessoas com DCCs eram motivadas a fazer mudanças profundas em seus estilos de vida e foram capazes de reverter o bloqueio arterial (Ornish et al., 1990).

Ao grupo de controle foi solicitado parar de fumar, exercitar-se mais e reduzir o aporte de gordura na dieta para 30% das calorias. O grupo experimental adotou uma dieta vegetariana com quase nenhum colesterol e 7% de gordura. Eles também participaram da redução do estresse pela prática de meditação, alongamento e relaxamento profundo. O fumo foi proibido e eles se exercitaram pelo menos três horas por semana.

Os resultados foram dramáticos. Em um ano, os participantes no regime mais rígido obtiveram melhorias em seus corações e artérias, enquanto a DCC piorou em 50% dos sujeitos de controle. Na média, o bloqueio coronário diminuiu 10% no grupo experimental ou mais rígido, mas aumentou ligeiramente no grupo de controle. O grupo experimental também perdeu uma média de 11 quilogramas, enquanto o grupo de controle ganhou uma média de 900 gramas. O que contribuiu mais para esses resultados? Foi a dieta, o exercício, a perda de peso, a redução do estresse, o apoio do grupo ou a sinergia total? Certamente a dieta e o exercício exerceram um papel importante, em acréscimo ao compromisso e à dedicação do grupo experimental com mudanças significativas em seus estilos de vida.

A abordagem anterior vai funcionar para seus clientes? O ceticismo permanece em relação a essa abordagem porque a disposição é a chave para o sucesso. Esse tipo de intervenção no estilo de vida pode ser eficaz para uma população que resiste em cortar a gordura para um nível recomendado de 30%? Ornish et al. (1990) argumentaram que é mais fácil motivar as pessoas a fazerem grandes mudanças no estilo de vida do que pequenas mudanças. Os indivíduos que fazem pequenas mudanças ainda se sentem privados, e geralmente não obtêm reduções no colesterol e nos sintomas da angina. De outro ponto de vista, muitos especialistas acreditam que mudanças menos extremas conduzirão a uma redução no risco de DCC. Qualquer mudança é melhor do que nenhuma. Algumas vezes, seus clientes podem estar programados para o fracasso se uma abordagem rígida, do tipo tudo ou nada, for defendida como o único remédio. Entretanto, uma abordagem radical parece funcionar bem com indivíduos confrontados com a escolha entre a vida e a morte.

Muitos médicos e enfermeiros especializados na área cardíaca preferem programas de intervenção primária semelhantes ao de Ornish, mas destacam medidas menos drásticas. A *intervenção primária* caracteriza-se por uma abordagem conservadora e menos invasiva ao estilo de vida e à mudança comportamental. Isso ocorre em contraste com tratamentos mais radicais como as drogas e as cirurgias. A intervenção primária eficaz pode envolver mudanças menos drásticas de estilo de vida e comportamento do que as utilizadas no programa de Ornish, as quais ele acreditou serem necessárias para reverter a DCC. Contudo, se seu cliente quer resultados significativos ou está enfrentando uma DCC que ameaça sua vida, a abordagem de Ornish pode ser a opção perfeita. Com seu apoio, sua motivação e seu conhecimento, seus clientes podem ter sucesso. Para a maioria dos participantes aparentemente sem doenças, a prevenção da DCC envolve consistência, aderência e moderação em sua abordagem à dieta e ao exercício.

Ponte de Prevenção

Ao compreender os fatores de risco associados às doenças cardiovasculares e outras doenças arteriais, você tem o potencial de melhorar o estado de saúde de cada cliente para além da simples melhoria do condicionamento físico. Por exemplo, você pode utilizar o tempo de uma sessão para explicar a terminologia e as questões envolvendo gordura, colesterol e pressão sanguínea, enquanto o médico do cliente geralmente não tem esse tempo disponível. O exercício e a dieta afetam significativamente os fatores de risco. Enquanto ajuda a melhorar a saúde geral de seu cliente, você está fortalecendo os laços com a profissão médica.

Seção Especial: Interpretando os Relatórios de Exames de Sangue

Recentemente, minha mãe de 73 anos acrescentou um P.S. a seu exame de sangue em uma carta para mim.

> P.S.: Fiz meu *checkup*. Meu colesterol abaixou de 257 para 247 (eu sei que ainda está muito alto). O HDL era 76, agora está em 78; o LDL estava em 139, agora está em 135. Os triglicérides estavam em 211 e agora estão em 172. O que você acha? Adeus, por enquanto. Mamãe

Como você aconselharia e encorajaria minha mãe? Uma série de questões específicas precisa ser respondida:

- Minha mãe está no caminho certo?
- Seu colesterol está alto demais em relação ao HDL?
- Ela deve aumentar seu HDL?
- Como ela pode diminuir os triglicérides?

Você conseguirá chegar às respostas lendo as seguintes informações e revisando as seções anteriores deste capítulo. Ao final desta seção, você terá a chance de comparar sua análise à minha.

Como se Parece o Relatório

Um perfil sanguíneo típico, exame laboratorial diagnóstico de sangue ou lipídios consiste em um índice do colesterol total (CT), que reflete como o colesterol e a gordura são transportados no sangue. As lipoproteínas incluem o HDL, o LDL, o VLDL e os quilomícrons. Elas permitem que o colesterol e outros lipídios do sangue, que são solúveis em gordura, existam no meio aquoso do sangue. As lipoproteínas transportam e regulam os lipídios sanguíneos (Byrne, 1991).

Na figura 23.1, o VLDL, o LDL e a relação CT/HDL são calculados com o uso de valores dados para CT, HDL e triglicérides (VLDL), conforme determinado pela análise do sangue.

Observe a diferença no risco de DCC entre as duas datas de medição em razão do aumento de HDL. As HDLs aumentaram para um nível protetor e as LDLs diminuíram para 123 miligramas por decilitro, o que está abaixo do nível ideal de 130 miligramas por decilitro. Embora a relação CT/HDL exibida na primeira data do teste seja considerada normal ou de risco médio para a DCC nos Estados Unidos, seus clientes ainda não podem ser classificados no índice "normal". Estatisticamente, o normal não é seguro nem protetor nesse caso. A segunda data de teste revela que a relação CT/HDL mudou para 3.23, o que reflete um nível ideal.

Como o Laboratório Reporta os Triglicérides

Os triglicérides são simplesmente gordura. As lipoproteínas de muito baixa densidade (VLDLs) são o mesmo que os triglicérides, mas uma expressão dos triglicérides divididos por 5. Muitos laboratórios dão informações sobre os triglicérides em forma de VLDLs. Para converter isso para um padrão mais compreensível ou familiar para a maioria dos consumidores, as VLDLs são multiplicadas por 5. Por exemplo, um índice de VLDL de 30 miligramas por decilitro é convertido em triglicérides, multiplicando-o por 5. O índice resultante de 150 miligramas por decilitro é o mesmo, em termos de níveis de gordura no sangue, que o índice de VLDL de 30 miligramas por decilitro.

Convertendo os Valores Sanguíneos em Unidades Internacionais

Os seguintes fatores de conversão são usados para converter os valores de colesterol e lipídios no sangue reportados em miligramas por decilitro em unidades internacionais para lipídios, expressas em milimoles por litro. Conveter as medições do sangue em unidades de medida familiares o ajudará a interpretar com precisão as pesquisas e os relatórios de laboratoriais individuais.

Inversamente, se você precisar converter as medidas em milimoles por litro em miligramas por decilitro, multiplique o nível de colesterol dado em milimoles por litro por 38.67. Multiplique o nível de triglicérides dado em milimoles por litro por 88.57 (Byrne, 1991).

Interpretando os Números

Para ajudar seus clientes a interpretarem as informações sobre o colesterol e a gordura no sangue, compartilhe com eles as informações nas tabelas 23.1 e 23.2. A maioria dos relatórios de exames de sangue dos laboratórios mostra um valor de CT, e isso reflete o colesterol e a gordura contidos em LDL, HDL e VLDL. No entanto, apenas o HDL e o VLDL (lembre-se: os triglicérides são o valor de VLDL vezes 5) são medidos diretamente. O LDL geralmente é calculado com o uso da fórmula a seguir (Byrne, 1991), em vez de ser realmente medido.

Para calcular o LDL, use esta fórmula e os valores do exame de sangue apresentados pelo laboratório para CT, HDL e triglicérides (VLDLs). Ver figura 23.1.

Fórmula do LDL:

Cliente: JoAnn   Data: 15/6
Relatório de análise laboratorial:
CT = 210; HDL = 42; triglicérides = 110
VLDL = 110 (triglicérides) dividido por 5 = 22
CT/HDL = 210/42 = 5 (relação ideal é < 3.5)

Cliente: JoAnn   Data: 15/9
Relatório de análise laboratorial:
CT = 210; HDL = 65; triglicérides = 110
VLDL = 110 (triglicérides) dividido por 5 = 22
CT/HDL = 210/65 = 3.23(relação ideal é < 3.5)

Observação: CT = colesterol total; HDL = lipoproteína de alta densidade; VLDL = lipoproteína de muito baixa densidade; LDL = lipoproteína de baixa densidade.

Figura 23.1 Modelo de análise laboratorial.

Colesterol (representação inclui nível reportado de triglicérides ou VLDL multiplicado pelo fator de conversão).

- Quando reportado em miligramas por decilitro × .02586 = colesterol em milimoles por litro.

Triglicérides ou VLDL (representação inclui nível reportado de triglicérides multiplicado pelo fator de conversão).

- Quando reportado em miligramas por decilitro × .01129 = triglicérides em milimoles por litro.

LDL = CT (colesterol total) — [HDL + VLDL (triglicérides divididas por 5)].

LDL = CT – (HDL + VLDL)

Avaliando o Relatório de Minha mãe

Como você se saiu? Aqui está minha análise:

Minha mãe está certamente no caminho certo. Embora algumas de suas melhorias sejam pequenas, até a manutenção deve ser aplaudida, pois é melhor do que a regressão de qualquer espécie. Ela diminuiu seu colesterol total, elevou seu HDL em dois pontos, diminuiu seus LDL e reduziu significativamente seus triglicérides. Seu aumento de HDL de 76 para 78 permanece na faixa ideal, o que é um fator de proteção.

De fato, mesmo que seu índice de colesterol de 247 esteja bem acima de 200 e do ideal de 160 miligramas por decilitro ou menos, a relação CT/HDL de minha mãe é de apenas 3.17 (247 dividido por 78). Sua relação de CT para HDL cai na faixa ideal. Essas informações revelam que seu organismo, em razão de seus excelentes níveis de HDL, está lidando com eficiência com as quantidades altas de colesterol no sangue. Embora seu índice de colesterol total seja alto, ela aparentemente não tem um risco maior de doenças cardíacas. Precisa continuar trabalhando na redução do colesterol, LDL e triglicérides.

Minha mãe pode reduzir seus triglicérides, continuando a diminuir o consumo de gordura saturada e transgênica (óleos hidrogenados), bem como o consumo excessivo de açúcares simples (refinados) ou álcool. Em razão de alguns triglicérides (VLDLs) converterem-se em LDLs (o “mau” colesterol), o controle dos triglicérides vai ajudar a diminuir o LDL. No âmbito geral, minha mãe deveria receber os parabéns por seus resultados e esforços!

CAPÍTULO 24

TREINANDO O PACIENTE CARDÍACO

A doença coronária cardíaca (DCC) é letal. Seu início pode ser insidioso (geralmente, o primeiro sintoma é a morte), e ela é uma das maiores causas de morte de homens e mulheres. Embora não exista uma cura certa, as evidências consistentes sugerem que as formações de placas ateroscleróticas podem ser revertidas, em certo grau, com a modificação intensiva dos fatores de risco (ver capítulo 23). Uma abordagem agressiva incluiria ajudar seu cliente a melhorar seu perfil geral de fator de risco, reduzindo a gordura corporal, a pressão sanguínea e o colesterol no sangue e aumentando os níveis gerais de atividade diária. Uma abordagem regular e sistemática do exercício pode ser o mais poderoso método não-farmacológico para alterar favoravelmente os fatores de risco cardíaco. A modificação intensiva dos fatores de risco pode diminuir a taxa de mortalidade associada à DCC e diminuir a probabilidade do paciente ter um segundo ataque cardíaco.

Papel dos *Personal Trainers*

Os *personal trainers* geralmente contam com dois níveis de treinamento para pacientes com DCC (La Forge, 2000).

O treinamento de *Nível 1* envolve um paciente encaminhado por um médico que, por exemplo, acabou de passar por uma cirurgia de ponte de safena ou de ter um ataque cardíaco. Esses tipos de casos geralmente são encaminhados a *personal trainers* de práticas avançadas ou fisiologistas do exercício que possuam treinamento formal e certificações avançadas na ciência do exercício e possuem experiência em receber pacientes diretamente encaminhados por médicos para reabilitação cardíaca primária.

O treinamento de *Nível 2* é comumente chamado de reabilitação pós-cardíaca ou terapia de exercícios de "fase de manutenção". A supervisão programas desse nível geralmente se encontra dentro das qualificações e do escopo de prática de *personal trainers* qualificados e experientes. Este capítulo enfoca o treinamento de nível 2.

Qualificações do Treinador

Os treinadores que desejam trabalhar com alguém que possui uma condição crônica devem cumprir os padrões nacionais ou estaduais de competência profissionais. Seus programas devem estar de acordo com as orientações atuais existentes para o trabalho nessas condições. O treinamento avançado para a posição de "especialista clínico em exercício" é fortemente recomendado para treinadores que desejam trabalhar com pacientes com DCC e a assistência aos médicos. Você precisa de conhecimento profissional nas seguintes áreas:

1. Patofisiologia das doenças coronárias (ver capítulo 23).
2. Exercício e seu impacto sobre os fatores de risco de DCC (ver capítulo 23).

3. Respostas básicas do exercício às várias classes de medicamentos cardíacos.
4. Resultados de testes clínicos com exercícios e suas aplicações.
5. Exercícios contra-indicados para pacientes cardíacos.
6. Metodologia de prescrição de exercícios para pacientes com DCCs.
7. Procedimentos de emergência e suporte básico à vida (La Forge, 2000).

Você consegue falar essa linguagem? Consegue trabalhar com um cliente com sérias necessidades? Estas são as duas questões que vêm à mente em relação aos clientes com necessidades especiais. Leia o capítulo 1 e a introdução à parte IV para idéias que o ajudarão a responder essas duas questões.

Objetivos-Chave do Treinamento

O treinador tem dois objetivos primários ao treinar um cliente com DCC. Primeiro, fornecer exercícios individualizados, seguros e eficientes alinhados com os limites estabelecidos pois médicos ou profissionais de saúde que encaminharam o paciente. Segundo, fornecer uma educação para a modificação dos fatores de risco em conjunto com as recomendações do médico. Nunca é demais enfatizar a importância do treinador que exerce um papel positivo ao encorajar o paciente de DCC a engajar-se em um estilo de vida ativo e ajudar o cliente a fazer escolhas nutricionais sensatas. A prevenção e regressão da DCC são possíveis!

Treinando o Paciente Cardíaco

A ACSM (1995) cita os seguintes pontos como críticos para o progresso do paciente de DCC para um ambiente com menor supervisão médica:

1. A capacidade do paciente para exercícios funcionais é maior ou igual a oito equivalentes metabólicos (METs) ou o dobro do nível de demanda ocupacional do paciente.
2. O paciente tem uma resposta hemodinâmica apropriada ao exercício (isto é, sem alterações isquêmicas ou arritmias graves).
3. Há uma resposta apropriada de eletrocardiograma (ECG) ao exercício (isto é, sem alterações isquêmicas ou arritmias graves).
4. Os sintomas cardíacos são estáveis (isto é, freqüência cardíaca e pressão sanguínea de linha de base estáveis e controladas).
5. Há um gerenciamento adequado e sucesso na modificação dos fatores de risco de DCC.
6. O paciente tem demonstrado um conhecimento adequado do processo da DCC, dos sintomas relacionados e das medicações.

Os programas compreensivos de reabilitação cardíaca geralmente tratam de todas essas questões antes que o paciente seja liberado para um ambiente menos controlado e com menor supervisão médica. Se você não tem certeza se um paciente está pronto para o exercício e o treinamento da modificação do comportamento, fale com o cardiologista responsável.

Em geral, a menos que sua experiência diga o contrário, você deverá procurar treinar pacientes com "DCC estável". Em outras palavras, pacientes encaminhados que não apresentem sintomas ou possuam sintomas estáveis ou controlados. Pergunte ao médico encaminhador se seu novo cliente tem uma DCC estável e, caso não o tenha, determine que precauções devem ser tomadas ou encaminhe o paciente a alguém com mais conhecimento. O quadro nesta página fornece uma lista de verificação útil de pré-treinamento.

Lista de Verificação de Pré-Treinamento

Sim Não

Você obteve o consentimento por escrito de seu cliente e do médico responsável?

Seu cliente foi classificado como medicamente estável pelo médico?

Você tem familiaridade com o histórico médico de seu cliente e suas condições de saúde atuais (inclusive nutricionais)?

Você tem familiaridade com outras condições médicas e sintomas coexistentes que seu cliente possa ter?

Você possui uma lista com as medicações de seu cliente e sabe como elas podem afetar a prescrição de exercícios e a resposta ao treinamento?

Você se encontra atualmente treinado e certificado em CPR?

Você possui um plano de medidas de emergência?

Orientações para os Exercícios

Para pacientes encaminhados que possuam DCC estável, as seguintes orientações para os exercícios refletem as recomendações atuais propostas pela ACSM (1995), ACSM (1997) e pela American Association of Cardiovascular and Pulmonary Rehabilitation (AACVPR, 1999).

Observe que quase todos os tipos de exercício e níveis de intensidade que os treinadores utilizam com clientes aparentemente saudáveis e assintomáticos podem potencialmente ser utilizados nos programas elaborados para pacientes com DCC com doença coronária estável.

Atividades de Resistência Cardiorrespiratória

Intensidade dos exercícios. A intensidade dos exercícios para o paciente cardíaco vai de 40 a 85% do consumo máximo de oxigênio (VO_2máx) ou da freqüência cardíaca de reserva (FCR).

Como monitorar a intensidade. São sugeridos três métodos comuns para monitorar com precisão o nível de esforço e garantir a segurança do paciente com DCC:

1. Usar a faixa de freqüência cardíaca (FC) fornecida pelo médico responsável, obtida enquanto o paciente de DCC estava em um ambiente com supervisão médica e, se apropriado, enquanto o paciente estava medicado.
2. Usar a fórmula de Karvonen, sob a direção do médico, para calcular a faixa de treinamento, porque esse cálculo tem correlação direta com o VO_2máx (ver capítulo 17).

Freqüência dos exercícios. O paciente cardíaco deve exercitar-se entre três e cinco vezes por semana.

Duração dos exercícios. As sessões cardiorrespiratórias podem durar de 20 a 40 minutos para alguém que já teve um ataque cardíaco, e de 20 a 60 minutos para quem passou por cirurgia de ponte de safena ou angioplastia. Um aquecimento adequado e um desaquecimento de 5 a 10 minutos são críticos para limitar incidentes cardíacos evitáveis relacionados à resposta ou função cardíaca anormal (ver capítulo 15, seções sobre aquecimento e desaquecimento).

Tipos de exercício. Uma variedade de exercícios apropriados inclui a caminhada, *jogging*, *hiking*, ciclismo, remo, treinamento em circuito aeróbico e exercícios baseados na água.

Treinamento de Resistência

Com supervisão apropriada, os treino de força de alta intensidade (não somente o treinamento de circuito aeróbico) parecem ser uma parte valiosa e segura de um programa compreensivo de reabilitação cardíaca com pacientes cardíacos seletos e propriamente classificados. O valor aparente é uma aquisição inicial da força e resistência musculares, que pode permitir que os pacientes retornem com mais rapidez e confiança a suas atividades de rotina, pois sentem-se menos cansados. O treino de força também pode melhorar ou ajudar a modificar os fatores de risco cardíaco ao melhorar a composição corporal e o tempo máximo de exercícios na esteira (Rubin, 1999).

Tradicionalmente, os protocolos de reabilitação pós-cardíaca para o treinamento de resistência têm demandado cargas que estão a cerca de 40% da capacidade máxima de levantamento (Drought, 1995). Mais recentemente (AACVPR, 1999), as orientações para os programas de reabilitação têm demandado uma carga de peso que pode ser levantada confortavelmente de 10 a 12 vezes. Observe que essa não é uma recomendação para a execução de 10 a 12 repetições até a falha ou exaustão. Assim, isso corresponde a aproximadamente 60 a 65% do máximo ou da resistência 1RM. Essa parece ser uma recomendação mais realista para a produção da força em comparação às recomendações anteriores de 40%. Algumas pesquisas (Faigenbaum et al., 1990; Ghilarducci, Holly, Amsterdam, 1989) revelam que até 80% do máximo pode ser seguro para pacientes cardíacos selecionados. Antes de escolher a carga, certifique-se de discutir os requisitos únicos do paciente com o médico responsável.

Quando começar os exercícios de resistência. As indicações de que o cliente está pronto para iniciar o treinamento de resistência incluem (ACSM, 1995) o seguinte:

1. Seis semanas se passaram desde o infarto do miocárdio sem complicações (ataque cardíaco) ou cirurgia de ponte de safena.
2. Suas semanas se passaram desde a angioplastia, sem ocorrência de infarto do miocárdio.
3. O paciente completou de quatro a seis semanas de exercícios aeróbicos supervisionados ou reabilitação cardíaca da fase II.
4. A pressão sanguínea diastólica em repouso é menor que 105 milímetros de mercúrio (mmHg).
5. O paciente exibe uma capacidade de pico de exercício maior que 5 METs.
6. O paciente não está comprometido por falha cardíaca congestiva, sintomas instáveis ou arritmia.

Tipo de equipamento ou programa de treinamento de resistência. As modalidades podem incluir pesos livres, máquinas, resistência elástica, *wall pulleys*, formas dinâmicas de ioga e treinamento em circuito de resistência.

Orientações gerais para o treinamento de resistência. A seguir, apresentamos orientações sensatas e eficazes para o treinamento de resistência (AACVPR, 1999):

1. Exercitar grandes grupos musculares antes dos pequenos.
2. Aumentar a carga em 5 a 10 libras quando o indivíduo puder executar entre 12 e 15 repetições (Observação: Aumentos menores ou de microcarga certamente são aceitáveis. Realizar progresso de maneira conservadora. Aumentar em não mais que 5 a 10% da resistência levantada é uma excelente regra).
3. Treinar a força com movimentos lentos e controlados e exercitar-se em todo o arco do movimento.
4. Expirar durante a fase de exerção do levantamento.
5. Evitar a empunhadura sustentada com as mãos (usar uma empunhadura relaxada e solta enquanto mantém o controle), que pode evocar uma resposta excessiva da pressão sanguínea e freqüência cardíaca.
6. Minimizar os períodos de repouso quando apropriados para maximizar a resistência muscular.
7. Evitar estiramentos, prender a respiração ou forçar as repetições (não lutar com a carga).
8. Não se exercitar até a falha muscular, que é a inabilidade de realizar outra repetição.

9. Parar o exercício se aparecerem sintomas de aviso, que incluem tontura, falta de ar, batimentos cardíacos irregulares ou arritmia e desconforto no peito.

10. Não realizar exercícios de resistência com pacientes com documentação de falha cardíaca congestiva, arritmia descontrolada, doenças valvulares graves, pressão sanguínea alta incontrolável ou sintomas instáveis, como dores no peito.

Medicações e Doenças Coronárias Cardíacas

Quando são prescritos agentes farmacológicos de modo adequado, eles permitem que o paciente se exercite com segurança e eficiência e limitam a probabilidade de que ocorram sintomas cardiovasculares relacionados ao exercício. Muitos pacientes cardíacos recebem a prescrição de drogas que modificam a resposta da freqüência cardíaca e da pressão sanguínea durante o exercício e podem até mesmo limitar a capacidade para o exercício. Em geral, você deve ter conhecimentos sobre as seguintes classes de drogas cardiovasculares e seu efeito sobre as respostas cardiovasculares básicas. Essas categorias de drogas incluem os beta-bloqueadores, alfa-bloqueadores, nitratos, digitalis, bloqueadores do canal de cálcio, diuréticos, vasodilatadores, inibidores enzimáticos convertedores de angiotensina e agentes antiarritmia. Trabalhe com um médico para entender seus efeitos e como seu uso afeta o protocolo de exercícios.

Considerações de Segurança

Conscientize-se sobre os sintomas anormais. Desconforto no peito, tontura ou uma sensação de cansaço geral indicam a necessidade de suspender o exercício. Se as preocupações permanecerem, consulte um médico imediatamente, evite exceder os limiares do exercício que causam esses sintomas e entenda que essas manifestações podem ocorrer horas após a sessão de exercícios ou no dia seguinte.

Evite o exercício após a refeição. Os pacientes com DCC não devem exercitar-se por pelo menos 90 minutos e preferivelmente duas horas ou mais depois de refeições completas.

Evite o início súbito da sessão de exercícios. Os pacientes com DCC não devem começar a exercitar-se sem um aquecimento adequado, e a progressão para níveis mais altos de intensidade deve ser gradual. Escolha exercícios cardiorrespiratórios que forneçam aumentos graduais na carga de trabalho. Exija períodos adequados de aquecimento e relaxamento.

Regule os exercícios baseados na água. A temperatura da água deve variar de 26ºC a 33ºC. A água fria pode aumentar a pressão sanguínea, enquanto a água quente demais pode diminuí-la e aumentar a resposta da freqüência cardíaca. A temperatura inadequada também leva a taxas baixas de disposição.

Evite o exercício em ambientes poluídos. Exercitar-se em ambientes poluídos é um perigo para a saúde. O paciente cardíaco tem preocupações adicionais se a taxa de ozônio ou partículas estiver especialmente alta, pois isso pode prejudicar ou comprometer a função cardíaca e pulmonar. Quando o índice de qualidade do ar indicar problemas, deve-se evitar os exercícios ao ar livre.

Evite o exercício quando houver infecções virais. Os paciente com DCC não devem exercitar-se quando tiverem infecções virais, pois o músculo cardíaco e a membrana que envolve o coração (pericárdio) podem ser negativamente afetados (La Forge, 2000).

Reabilitação Pós-Cardíaca

A reabilitação pós-cardíaca ou terapia com exercícios em fase de manutenção deve ser combinada com o gerenciamento da doença para uma abordagem completa, a fim de ajudar os sobreviventes de doenças cardíacas a maximizar seus esforços de recuperação. Um programa multifásico de cuidados médicos dessa natureza pode ajudar a restaurar o paciente em reabilitação cardíaca em direção a uma vida plena e produtiva. O treinamento com exercícios tornou-se uma modalidade terapêutica amplamente aceita para os pacientes com DCC, e tornou-se o foco central em muitos programas de reabilitação cardíaca e manutenção e acompanhamento.

A menos que você seja um especialista treinado na reabilitação de pacientes cardíacos, é mais do que provável que seu primeiro contato com esse tipo de cliente aconteça quando o paciente foi classificado como "paciente tardio", estiver participando em um programa comunitário de exercícios de reabilitação (algumas vezes chamado de fase III) ou pronto para entrar na fase IV da reabilitação. Um programa da fase IV geralmente é um programa de manutenção, e freqüentemente segue os princípios gerais da prescrição de exercícios utilizada com pessoas aparentemente saudáveis. Apesar de tudo, um programa de manutenção para um paciente cardíaco geralmente significa que o paciente está entrando em um ambiente de treinamento com menor supervisão médica e tem uma DCC estável ou controlada.

A Propósito, o que é MET?

MET (equivalente metabólico) é um termo usado para descrever um múltiplo da taxa de consumo de oxigênio em repouso (VO_2 em repouso). Um MET é igual ao volume de oxigênio em repouso (VO_2 em repouso), aproximadamente 3.5 mililitros por quilograma de peso corporal por minuto. Uma atividade MET 2 indica que um indivíduo está consumindo o dobro do oxigênio em relação à taxa em repouso, enquanto que uma atividade MET 10 é 10 vezes a taxa em repouso (10 × 3.5 mililitros por quilograma de peso corporal por minuto).

Por que os METs? É convencional nos ambientes clínicos ou hospitalares expressar o VO_2 em equivalentes MET. Isso se tornou a linguagem comum das instituições para expressar o consumo de oxigênio nessa unidade de medida.

O que eu faço com os METs? Normalmente, um determinado nível de MET correlaciona-se com uma determinada carga de trabalho na esteira ergométrica, bicicleta ergométrica ou outra atividade. Diversos nomogramas e quadros indicarão a carga de trabalho equivalente para chegar ao MET ou à resposta de consumo de oxigênio apropriada. Em outras palavras, você precisa identificar atividades que demandem um gasto de energia que se encaixe naquela faixa de MET. Parece confuso? E é mesmo!

Para os típicos *personal trainers* e paciente cardíaco, creio (e a ACSM apresenta a mesma posição) que seja melhor trabalhar com as faixas de treinamento da freqüência cardíaca em si (FC) em combinação com o esforço percebido (escala RPE). É simples. Se o especialista prescrever um nível de MET para um paciente, pergunte ao médico quais são a FC e a RPE correspondentes àquela intensidade de MET.

Além disso, a ACSM avisa que o uso de METs na prescrição de atividades deve ser conduzida com cuidado, especialmente fora de um ambiente clínico. Acredito que os clientes devem saber a FC apropriada e a RPE correspondente para a atividade e verificar sua resposta de FC regularmente ou usar um monitor cardíaco sem fio para um acompanhamento constante. A ACSM afirma que isso é especialmente verdadeiro para pacientes com doenças cardíacas. A freqüência cardíaca é um indicador muito melhor do que o nível estimado de MET da intensidade apropriada de exercício em relação ao fornecimento de oxigênio para o miocárdio (coração) e ao estado da demanda.

Os equivalentes em MET possuem muitas vantagens em um ambiente clínico ou de pesquisa, mas a FC e a RPE são mais práticas e eficientes na fase de manutenção, tanto para o treinador quanto para o paciente cardíaco.

Estudo de Caso: a Reabilitação Pós-Cardíaca é Mais do Que o Simples Exercício

O cenário a seguir descreve um paciente que passou para a fase IV ou categoria de manutenção de reabilitação cardíaca.

Após submeter-se a uma cirurgia de ponte de safena coronária, Carl entrou para um programa de exercícios de base comunitária depois de 12 semanas de reabilitação em um ambiente hospitalar com supervisão rigorosa. Nesse estágio de reabilitação, ele tinha angina clinicamente estável, disritmias medicamente controladas durante o exercício, conhecimento dos sintomas de advertência e a habilidade de auto-regular seus exercícios. Em outras palavras, Carl estava seguindo uma prescrição de exercícios de freqüência, intensidade e duração apropriadas que não o colocavam em risco de complicações cardíacas ou morte. Em conjunto com a educação do paciente e outros métodos de intervenção, como a consciência sobre a dieta ou interrupção do fumo, esse é o caminho certo para Carl. A participação em um programa de exercícios seguro e eficaz combinada com a modificação comportamental, e a continuação de ambas por toda a vida, tornam-se as metas comuns do cliente, do treinador e do médico.

Agora, Carl está pronto para passar para um programa com menor ou nenhuma supervisão. Esse é o momento em que o *personal trainer* pode unir forças à comunidade médica e ao paciente cardíaco. O treinador pode encorajar a atividade física regular dentro dos parâmetros estabelecidos pela comunidade médica, exercer uma grande influência sobre a adesão do paciente a um programa para a vida toda e encorajar o acompanhamento médico regular e os testes diagnósticos com exercícios por profissionais médicos. O treinador também pode influenciar as mudanças positivas de comportamento em outras áreas da vida do cliente relacionadas a fatores de risco e a um estilo de vida saudável contínuo.

Começando com Carl

Carl quer trabalhar com você ou um médico o encaminhou a você para a continuação de sua reabilitação para a fase de manutenção. Que tipo de programa aeróbico você usaria? Você iniciaria um programa de treinamento de resistência? O que fazer com os METs, e quais preocupações ter em relação às medicações dele?

A resposta é aliviar a pressão sobre si mesmo. Não compete ao treinador diagnosticar e prescrever. Se o diagnóstico e a prescrição ainda não foram fornecidos por um profissional de saúde, você provavelmente não deveria estar trabalhando com esse cliente. Se um indivíduo o contrata para treinar, insista em obter acesso a seu especialista responsável e conseguir as informações necessárias. Se um médico lhe encaminha um paciente, em geral as informações serão automaticamente fornecidas.

Em razão de Carl estar pronto para iniciar a fase de manutenção, é provável que tenha uma capacidade funcional (VO_2) maior do que 5 METs. Por já haver passado por uma reabilitação intensiva e rigorosamente monitorada, os métodos gerais de prescrição de exercícios são geralmente aplicáveis. Segundo a ACSM, a prescrição de exercícios ao paciente deve ser aumentada gradualmente para uma duração de 45 minutos ou mais, em uma faixa entre 40 e 85% da capacidade funcional, e não máxima. Por exemplo, se os sintomas apresentam-se a uma freqüência cardíaca de 160, estabelece-se uma faixa de treinamento tomando-se entre 40 e 85% de 160 batimentos por minuto, ou pode ser usado um MET semelhante equivalente. Provavelmente, Carl seria encorajado a realizar de três a quatro sessões por semana. A intensidade baseia-se nas condições atuais dele e em quaisquer anormalidades patológicas que possam existir. Assim, você pode ver a necessidade óbvia de um diálogo contínuo com o especialista responsável por Carl para atualizar quaisquer protocolos de exercícios. Além dos exercícios, a meta principal do treinador também é promover a adesão aos exercícios pela motivação e educação do cliente.

Devo Usar Treinamento de Resistência com Carl?

Os treinamentos de resistência são benéficos para a maioria dos pacientes com DCC adequadamente avaliados. Conforme Carl fica mais forte com o treinamento de resistência, ele consegue realizar atividades mais exigentes com uma porcentagem mais baixa de contrações voluntárias máximas. Isso lhe dá uma zona de segurança para uma sobrecarga potencial de estresse sobre seu coração.

As preocupações centrais variam da resposta exagerada da pressão sanguínea à possibilidade de arritmias ventriculares e aos efeitos adversos sobre o ventrículo esquerdo, atribuíveis a sobrecargas de pressão, freqüentemente causadas por uma manobra de Valsalva (suspensão sustentada da respiração) e o levantamento de pesos excessivamente pesados.

Em razão dos protocolos de circuito aeróbio terem se mostrado comprovadamente muito eficazes quando utilizados com pacientes com DCC, faz sentido iniciar Carl nesse tipo de programa com o uso de máquinas de levantamento de peso (La Forge, 2000). Geralmente, é mais fácil aprender a usar e ajustar os aparelhos, que requerem menos equilíbrio e habilidade, são mais eficientes em menor tempo e desenvolvem tanto a resistência muscular quanto a capacidade aeróbia, se o programa for adequadamente elaborado.

As pesquisas atuais reconhecem que os treinamentos de força cada vez mais agressivos ou os de alta intensidade podem ocorrer com pacientes cardíacos selecionados em ambientes com supervisão adequada. Esse tipo de treinamento parece ser uma parte valiosa e segura de um programa amplo de reabilitação cardíaca (Beniamini et al., 1999). Se você decidir estabelecer um programa de treinamento de resistência com circuito aeróbio, veja as orientações na próxima página.

E Quanto às Medicações?

Carl é medicado com um beta bloqueador. O primeiro passo é identificar as características das drogas prescritas e educar-se sobre seus efeitos. Os beta bloqueadores geralmente fazem a média estimulação cardíaca (reduzem a freqüência cardíaca) e relaxam os músculos lisos vasculares (vasos sanguíneos) e bronquiais. Em geral, eles reduzem a freqüência cardíaca em repouso e durante o exercício, e também a pressão sanguínea. Munido dessas informações obtidas da obra *Physician's Desk Reference* sobre medicações ou outras referências, faça ao médico a seguinte série de perguntas. O momento em que Carl toma sua medicação é importante em relação a quando ele se exercita? Há algum efeito colateral sobre o qual devo estar alerta para que possa continuar a motivar Carl a fazer exercícios e a aderir à medicação? Finalmente, qual é a prescrição da Zona de Treinamento da Freqüência Cardíaca (THRR) para Carl e a relação com a RPE? A PFCT e a RPE baseiam-se no teste com exercícios graduais individualizado de Carl, realizados enquanto ele estava sob medicação. Obviamente, um beta bloqueador afetará a sua resposta da freqüência cardíaca para qualquer carga de trabalho, do repouso à atividade vigorosa. É essencial ter uma prescrição específica de PFCT e RPE associada, em oposição ao cálculo das zonas de treinamento de freqüência cardíaca baseado em exercícios sem medicação ou estimativas de freqüências cardíacas máximas.

A Parte Séria Acabou — Faça Um Treino Divertido!

Com uma supervisão médica apropriada e uma progressão cuidadosa do programa pós-cardíaco, a recuperação de Carl deve ser agressiva, energética, cheia de otimismo, diversão e sucesso. Contudo, você só poderá prosseguir com confiança se forem criados parâmetros específicos por seus especialistas responsáveis e se Carl se exercitar e tomar sua medicação com consistência. Neste estudo de caso, você está consciente da zona de perigo de Carl porque solicitou uma prescrição de PFCT. Uma zona de perigo é uma resposta ao exercício ou um nível de intensidade que pode provocar sintomas como a angina ou colocá-lo em risco de outras complicações ou morte. O treinamento deve ficar bem abaixo dessa zona.

Orientações para Treinamento de Resistência com Circuito Aeróbio (TRC)

1. Selecione cerca de 10 a 12 exercícios para o circuito. Certifique-se de incluir exercícios para grandes grupos musculares, como o leg press.
2. Estabeleça a resistência do peso em cada estação em 40 a 60% da carga máxima do paciente.
3. Seu cliente deverá conseguir realizar de 12 a 15 repetições de maneira controlada (não mais rápido que um levantamento de 2 segundos e um abaixamento de 2 segundos). Quanto mais devagar, melhor.
4. Garanta a adequação de técnicas de respiração, posição corporal e arco de movimento.
5. Em geral, o circuito deverá durar de 30 a 45 minutos e as cargas de trabalho deverão ser direcionadas à capacidade funcional do paciente.
6. Garanta a realização de exercícios adequados de aquecimento de desaquecimento, e que as cargas de resistência tenham uma progressão conservadora e gradual.
7. Faça com que o cliente repouse de 15 a 30 segundos entre cada exercício ou o suficiente para garantir uma recuperação adequada, mas ainda desafiar a resistência muscular do paciente.
8. As sessões podem consistir em dois ou três circuitos, dependendo do tempo que o cliente levar pra completar o circuito aeróbio. O TRC aeróbio pode ser feito duas ou três vezes por semana.
9. A intensidade do treinamento está relacionada à prescrição individual e é orientada para metas e monitorada individualmente. Elimine a competição entre os participantes ou a comparação com normas de desempenho.
10. Mantenha diários do treinamento para registrar cargas de trabalho, repetições e parâmetros (freqüência cardíaca e pressão sanguínea, se indicado na prescrição), e prepare-se para enviar cópias desses registros ao médico responsável. Mantenha os registros de todos os aspectos do programa do paciente de DCC, mesmo se não forem exigidos pelo médico.

Determinando a Carga Inicial

Advertência. Não teste a repetição máxima (1RM) ou, em outras palavras, a capacidade de levantamento máximo do cliente para determinar a carga inicial.
Solução. Faça uma suposição baseada no levantamento de pesos muito leves até que seu cliente consiga realizar entre 12 e 15 repetições de maneira controlada.

Não se Esqueça que Apenas o Exercício Não Basta

Exercícios específicos e prescritos não bastam. Um *personal trainer* pode ampliar a consciência e motivação de Carl para modificar outros fatores que contribuem para a doença cardíaca. A prevenção é a chave. Um estilo de vida sedentário é apenas um dos muitos fatores de risco coronário (ver capítulo 23).

Seu valor reconhecido como treinador aumenta quando você encoraja e orienta Carl na direção de uma atividade física maior e consistente, e o ajuda a reduzir a gordura saturada e o colesterol em sua dieta, atingir uma porcentagem menor de gordura corporal, parar de fumar, controlar a pressão alta, reduzir o estresse e tratar das preocupações relativas ao diabetes.

Com uma comunicação contínua, acompanhamento das avaliações médicas e intervenções motivacionais e conscientização sobre a dieta, Carl está no caminho para retomar sua vida ocupada, produtiva e cheia de energia.

Clientes Cardíacos: Leituras Sugeridas

Para mais informações além das fornecidas pelos trabalhos citados neste capítulo, verifique os seguintes recursos:

AMERICAN ASSOCIATION FOR CARDIOVASCULAR AND PULMONARY REHABILITATION. *Guidelines for cardiac rehabilitation programs.* 3 ed. Champaign, IL: Human Kinetics, 1999.

FARDY, P.; YANOWITZ, F. *Cardiac rehabilitation, adult fitness and exercise testing.* 3 ed. Philadelphia: Williams & Wilkins, 1995.

GORDON, N.; GIBBONS, L. *The Cooper clinic cadiac rehabilitation program.* New York: Simon & Schuster, 1990.

CAPÍTULO 25

DIABETES MELLITUS: TIPOS 1 E 2

Os indivíduos que têm diabetes mellitus (comumente chamado diabetes) apresentam problemas na remoção do açúcar no sangue. A glicose, ou açúcar do sangue, é produzida quando os alimentos são digeridos. Normalmente, durante e após uma refeição, o pâncreas produz o hormônio insulina, que possibilita que a glicose sanguínea passe para dentro das células, onde ela é armazenada ou metabolizada para produzir energia.

Embora não haja cura para o diabetes, essa doença pode ser controlada. Os níveis de glicose no sangue podem ser reduzidos e normalizados com a dieta, perda de peso, atividade física, administração de insulina e medicação.

Assim como para os pacientes em reabilitação cardíaca (capítulo 24), não faz muito tempo que a terapia com exercícios para os pacientes diabéticos era desencorajada ou, pelo menos, seriamente questionada quanto a seu valor e sua segurança. Sem dúvida, o exercício físico, a dieta e a perda de peso exercem papéis importantes no gerenciamento satisfatório do diabetes (assim como das doenças cardíacas) e parecem exercer papéis cruciais na prevenção do diabetes do tipo 2 (American Council on Exercise [ACE], 1999; Albright et al., 2000; American Diabetes Association [ADA], 2003; Helmrick et al., 1991; Manson et al., 1991). O exercício pode causar algumas complicações para o diabético, e nem sempre é a solução para o controle dos níveis de açúcar no sangue. Assim, você precisa de uma compreensão completa da doença e sua progressão, bem como de um relacionamento de trabalho próximo com seu cliente e profissional de cuidados médicos.

Dados os benefícios e riscos do exercício para os diabéticos, o papel do exercício no tratamento do diabetes é solidamente apoiado pelas pesquisas. Em muitos indivíduos, o diabetes de todos os tipos pode ser precedido ou exacerbado pela inatividade. Muitos especialistas acreditam que o exercício é indispensável no gerenciamento do diabetes e confere muitos benefícios à saúde (Colberg e Swain, 2000).

Efeitos do Diabetes Mellitus

Uma pessoa com diabetes (se descontrolado) não apenas apresenta um nível elevado de glicose (açúcar) no sangue ou hiperglicemia, mas geralmente exibe um metabolismo ruim de glicose, gordura e proteína. O diabetes mellitus caracteriza-se como uma doença metabólica, e os *personal trainers* precisam entender os efeitos dos níveis descontrolados de glicose no sangue sobre a saúde em longo prazo.

Entendendo o Diabetes e Seu Impacto Sobre a Saúde Pessoal

A prevalência do diabetes está aumentando no mundo inteiro. Somente nos Estados Unidos, aproximadamente 16 milhões de indivíduos têm algum tipo de diabetes, e cerca de outros 800.000 desenvolvem a doença a cada ano. Do total da população diabética, cerca de 95% são classificados como diabéticos do tipo 1 ou 2. Uma vasta maioria de diabéticos (90 a 95%) tem o diabetes do tipo 2, e mais de 1 milhão de indivíduos têm o tipo 1 (ACE, 1999; ADA, 2003). Para o espanto de todos, em quase um terço dos afetados a doença não é diagnosticada (Colberg e Swain, 2000), o que significa que complicações físicas não tratadas estão crescendo silenciosamente no indivíduo, as quais podem causar danos irreversíveis ou em longo prazo ou contribuir para a morte prematura. Infelizmente, o diabetes não-diagnosticado pode progredir, e danos irreparáveis não são detectados. Doenças cardíacas, derrames, falência renal, amputação e cegueira são algumas das conseqüências graves.

Por que você deve preocupar-se com os níveis de açúcar no sangue de seu cliente? O resultado final do diabetes não tratado é geralmente severo, para dizer o mínimo, e inclui o risco de morte nos piores casos. Em comparação com adultos que não têm a doença, os que as apresentam têm uma probabilidade três vezes maior de sofrer um ataque cardíaco ou derrame. Acrescente os fatores de risco como fumo, colesterol alto, inatividade e pressão alta, e o risco de morte (mortalidade) ou de desenvolver doenças (morbidade) aumenta exponencialmente (ver capítulo 23).

Classificando e Definindo a Causa (Etiologia) do Diabetes Mellitus

O diabetes pode ser classificado em quatro categorias (tipo 1, tipo 2, gestacional e secundário). Este capítulo enfoca os tipos 1 e 2, que representam 95% da população diabética. Os dois tipos têm causas distintas e requerem estratégias diferentes de gerenciamento e compreensão.

Em geral, o pâncreas dos indivíduos diabéticos não produz insulina ou não consegue produzi-la em quantidade suficiente (geralmente no tipo 1). Ou a insulina é produzida, mas as células-alvo (ou os receptores de insulina) não respondem porque tornaram-se resistentes ou insensíveis às instruções que o hormônio lhes dá. Em outras palavras, o hormônio perde sua eficiência. Essa falha das células em responder ao hormônio mensageiro insulina é chamada resistência à insulina, e geralmente é responsável pelo diabetes do tipo 2. A síndrome de resistência à insulina é exacerbada pelo excesso de gordura corporal (ADA, 2003; Colberg e Swain, 2000). O resultado final, em qualquer caso, é que o corpo tem problemas em remover a glicose do sangue e transportá-a para dentro de suas células. Sem intervenção, os efeitos sobre o corpo serão catastróficos e podem levar à morte.

Diabetes do Tipo 1

O diabetes do tipo 1, anteriormente chamado diabetes mellitus juvenil ou insulino-dependente (DMID), ocorre em cerca de 5 a 10% da população diabética e requer a administração de insulina por injeção ou bomba. Com freqüência, o diabetes do tipo 1 apresenta-se em indivíduos com menos de 30 anos de idade. Os fatores de risco que causam ou levam ao diabetes do tipo 1 incluem fatores genéticos, autoimunes e ambientais. A causa principal da hiperglicemia no diabetes do tipo 1 é uma liberação inadequada de insulina ou a ausência dessa liberação (A insulina é um hormônio regulador liberado no pâncreas pelas células beta, que regula o metabolismo da glicose, gordura e proteína).

Na maioria dos indivíduos com diabetes do tipo 1, uma resposta imunológica provocada pelo ambiente destrói seletivamente as células beta, tornando o organismo incapaz de produzir a insulina. E essa destruição resulta em uma alta glicose no sangue, ou hiperglicemia (Colberg e Swain, 2000). A ação ou o efeito da insulina está diretamente relacionado ao grau de controle da glicose. Em outras palavras, ela é eficiente na remoção do açúcar do sangue? A eficiência dela está diretamente relacionada ao grau de controle da glicose (ACE, 1999). Se os níveis de glicose estiverem normais, a insulina produzirá uma resposta normal.

A chave para as estratégias de gerenciamento é atingir e manter, ao máximo possível, níveis de glicose no sangue próximos do normal por meio do uso da insulina, do automonitoramento da glicose, de exercícios planejados e de uma dieta cuidadosamente preparada. O objetivo terapêutico é fácil de identificar (ou seja, o controle do açúcar no sangue), mas, geralmente, difícil de atingir, em razão dos muitos fatores que influenciam os níveis de açúcar no sangue. Entretanto, é crítico chegar a níveis normalizados de glicose no sangue, pois a probabilidade de complicações em longo prazo aumenta muito com o diabetes do tipo 1 e os níveis flutuantes de açúcar no sangue.

Diabetes do Tipo 2

O diabetes do tipo 2, anteriormente conhecido como diabetes adulto ou diabetes mellitus não-insulino-dependente (DMNID), afeta entre 90 e 95% da população diabética e geralmente ocorre nas pessoas com mais de 30 anos (ACE, 1999; ADA, 2003). O diabetes do tipo 2 desenvolve-se tipicamente de maneira gradual e manifesta-se na fase adulta. Muitas pessoas diagnosticadas com o diabetes do tipo 2 estão acima do peso em seu início.

Os fatores de risco do diabetes do tipo 2 incluem a inatividade, a obesidade, o avanço da idade, a etnia (americanos nativos, de origem africana, hispânica, asiática e das Ilhas do Pacífico têm maior suscetibilidade ao diabetes do tipo 2) e o histórico familiar de diabetes. Os problemas clinicamente relatados associados ao diabetes do tipo 2 incluem problemas de visão, cicatrização lenta de feridas, um números de infecções maior do que o normal, cãibras nas pernas ou sensação de adormecimento nos dedos das mãos e dos pés, sede insaciável ou micção freqüente, perda de peso inexplicável, fadiga e impotência generalizada.

Os indivíduos que têm o diabetes do tipo 2 são, geralmente, resistentes à insulina, o que significa que o pâncreas produz insulina suficiente, mas a ação dela é fraca nos locais receptores. Os locais receptores (ou seja, os músculos) podem ser poucos ou resistir à ação da insulina disponível. Isso é denominado *resistência à insulina* e constitui a causa primária da hiperglicemia ou do nível alto de glicose no sangue no diabetes do tipo 2.

Embora a resistência à insulina seja comum nos tecidos periféricos como os músculos e o fígado, no diabetes do tipo 2, as mudanças no estilo de vida com foco na dieta e atividade física podem melhorar a ação da insulina. Ser obeso ou estar acima do peso aumenta muito a probabilidade da resistência à insulina. Assim, os programas de atividade e dieta devem promover a perda de peso quando a situação aponta para isso.

Muitos médicos encorajam primeiramente os meios não-médicos e não-invasivos, como a dieta, o exercício e os autotestes da glicose sanguínea, e em alguns casos os agentes hipoglicêmicos orais (drogas que não são insulina, mas agem como ela) ou a insulina para o tratamento do diabetes. No entanto, mais de 40% das pessoas com diabetes do tipo 2 progridem para as injeções de insulina porque continuam com um estilo de vida sedentário, fazem escolhas ruins em relação à alimentação e permanecem obesas (ADA, 2003).

Alguns pesquisadores pensam que a obesidade torna os receptores de insulina nas células insensíveis à insulina ou reduzem o número de locais receptores de insulina. Porém, muitos indivíduos acima do peso não são resistentes à insulina, enquanto muitas pessoas com peso normal o são. Embora a razão para a resistência à insulina em algumas pessoas esteja pouco clara, ela ocorre com maior freqüência em algumas famílias (isto é, é influenciada pela genética, etnia ou opções de estilo de vida) e em pessoas com sobrepeso ou inativas.

Qualquer que seja a causa, o pâncreas interpreta o problema (hiperglicemia) como uma falta de produção de insulina, e então ele produz uma quantidade maior desse hormônio. O aumento na produção de insulina pode fazer com que os níveis de glicose no sangue voltem temporariamente ao normal, mas isso causa danos à saúde. Os altos níveis de insulina têm um impacto negativo sobre as formas do colesterol (as "boas" lipoproteínas de alta densidade diminuem e aumentam as "más" lipoproteínas de baixa densidade), os triglicérides ou o aumento de gordura no sangue, e também aumentam a pressão sanguínea. Esse conjunto de conseqüências anormais resulta em um risco muito mais alto de doenças cardíacas. Finalmente, o pâncreas pode perder a batalha para fornecer insulina suficiente. Se isso acontecer, a glicose sanguínea fica totalmente fora de controle e a pessoa apresenta o diabetes. Quanto mais longo o tempo em que esse processo permanecer não-diagnosticado, maior a probabilidade de danos irreversíveis.

Os dois tipos de diabetes, se controlados, podem resultar em problemas debilitantes de saúde e morte prematura. O auto-monitoramento da glicose sanguínea deve ser adotado juntamente com exercício e opções de dieta que reflitam mudanças permanentes para um estilo de vida saudável.

Patofisiologia do Diabetes

A palavra *pathos* é literalmente traduzida como doença. No caso da patofisiologia do diabetes, ocorreu algo errado com a capacidade do corpo de regular os níveis de glicose no sangue, e a conseqüência para a saúde pode ser extrema. Aproximadamente 60 a 70% dos indivíduos afligidos pelo diabetes desenvolvem complicações entre amenas e graves que afetam os órgãos e tecidos do corpo, em grande parte porque permite-se a evolução da doença sem restrições (ACE, 1999). Essas complicações incluem:

- retinopatia (danos aos pequenos vasos sanguíneos na retina ocular, que podem levar à cegueira);
- glaucoma (doença ocular que pode progredir para danos ao disco ou ao nervo ótico e uma perda gradual da visão, se não tratada);
- neuropatia periférica (danos aos nervos e à circulação nas extremidades, que pode conduzir a infecções e amputações);
- neuropatia autonômica (danos ao sistema nervoso autonômico, que pode levar, por exemplo, a reduções nas reações de suor e resfriamento do corpo);
- nefropatia (doença renal).

Complicações em Longo Prazo do Diabetes Descontrolado

O diabetes pode definir-se simplesmente como o descontrole dos níveis de glicose no sangue. Aparententemente inócuo e freqüentemente insidioso no início e nos sintomas associados, o diabetes pode ter efeitos letais sobre a saúde.

O diabetes conduz a uma variedade de problemas metabólicos e fisiológicos. As doenças macrovasculares afetam os grandes vasos sanguíneos, enquanto as microvasculares geralmente estão associadas aos pequenos vasos sanguíneos e complicações neurais. As complicações macrovasculares (do sistema cardiovascular e cerebral e vascularização periférica), microvasculares (que atingem a retina, os rins e os nervos periféricos) e neurais podem surgir se os níveis de glicose no sangue permanecerem sem monitoração. As doenças macrovasculares são comuns nos diabéticos, assim como as doenças microvasculares, e prevalecem especialmente no diabetes de longa duração sem tratamento. Porém, o início desses problemas tem menor probabilidade de ocorrer entre os diabéticos ativos com a doença dos tipos 1 e 2 (ACE, 1999; ACSM, 1997; ADA, 2003). No entanto, você precisa saber se há doenças macro ou microvasculares ou outras complicações para elaborar programas de exercícios para diabéticos com segurança e eficiência.

Doenças Cardíacas e Problemas Circulatórios

O descontrole sobre o açúcar no sangue acelera a evolução das doenças das artérias coronárias e cardíacas nas pessoas com intolerância à glicose e hiperglicemia. O diabetes também contribui para os processos aterogênicos em outros grandes vasos, incluindo os das extremidades inferiores (vascularização periférica) e do cérebro (vascularização cerebral). Isso pode levar a ataques cardíacos, derrames, claudicações (dores nas extremidades) e amputações.

Retinopatias (Doenças Oculares)

A atividade física não parece piorar essa doença ocular nos diabéticos, mas os clientes com retinopatia não devem participar de atividades físicas que provoquem aumentos dramáticos na pressão sanguínea.

Neuropatias

A neuropatia é uma doença dos nervos, e as complicações do diabetes incluem a neuropatia autonômica e a neuropatia periférica. A neuropatia pode levar a alterações nas respostas da freqüência cardíaca e da pressão sanguínea que não equivalem ao efeito da intensidade do exercício sobre a resposta da freqüência cardíaca, ou então pode resultar em uma redução na resposta do suor ou uma incapacidade de regular a temperatura corporal. A neuropatia periférica afeta especialmente as pernas e os pés. Uma perda do tato ou da sensação nas extremidades pode levar a estiramentos ou infecções atribuíveis a uma higiene ruim dos pés.

Nefropatias (Doenças Renais)

Embora as pesquisas sejam inconclusivas quanto ao fato das alterações na pressão sanguínea pelo exercício exacerbarem a evolução dessa doença renal microvascular, é prudente evitar atividades que elevem a pressão sistólica para entre 180 e 200 milímetros de mercúrio (mmHg) (ACE, 1999; ACSM, 1997).

Apesar das complicações serem comuns entre os diabéticos (ACE, 1999; ACSM, 1997; ADA, 2003), elas não excluem a atividade física. Em vez disso, devem ser tomadas precauções adequadas pela equipe de gerenciamento do diabetes, que inclui o médico, o cliente, a família do cliente e o *personal trainer*.

Como acontece em qualquer esforço de gerenciamento, é melhor evitar essas conseqüências extremas dos níveis descontrolados de glicose no sangue pelo diagnóstico e tratamento do diabetes nos estágios iniciais. Finalmente, não assuma que todos os diabéticos apresentam danos vasculares ou neurais em razão de um diabetes não-diagnosticado ou não-tratado. Cada cliente deve ser considerado independentemente, e deve-se desenvolver um programa de exercícios adequado com base nas capacidades e limitações existentes.

Intervenções Terapêuticas no Diabetes Mellitus

Os elementos centrais da terapia do diabetes incluem o exercício, a dieta, a insulina, a regulação da glicose sanguínea (isto é, as interações entre a dieta, a insulina e o exercício) e estratégias comportamentais relacionadas a mudanças para opções saudáveis de estilo de vida. A meta óbvia de uma abordagem de intervenção no diabetes é normalizar os níveis de glicose no sangue, e a meta menos óbvia é prevenir ou adiar as complicações das doenças vasculares e neurais associadas ao diabetes. O treinador precisa ser uma parte confiante da equipe de tratamento do diabetes.

progressiva. A equipe de gerenciamento deve saber que as abordagens escolhidas são eficazes. Responda as questões contidas no quadro desta página.

Começando

Juntamente com o formulário de histórico médico, a aprovação do médico e o termo

Adendo ao Questionário Médico para o Cliente Diabético

- O diabetes de meu cliente está controlado?
- Com que freqüência meu cliente foi a seu consultório nos últimos dois anos e por quais motivos (complicações diabéticas, prevenção, verificações regulares)?
- Meu cliente apresenta outras condições de saúde (doenças cardíacas, pressão sanguínea alta, índice elevado de lipídios, fumo, obesidade) que precisam ser considerados e monitorados?
- Meu cliente está tomando medicações relacionadas ao gerenciamento do diabetes ou que possam influenciar de outra maneira o controle da glicose no sangue ou sua capacidade de realizar exercícios físicos regulares com segurança? Caso positivo, que medicações estão sendo tomadas, como elas influenciam a resposta de meu cliente ao exercício e por quanto tempo ele tomará a medicação?
- Meu cliente apresenta alguma evidência de doenças macro ou microvasculares, como doenças cardíacas ou vasculares cerebrais ou retinopatia, neuropatia ou nefropatia?
- Por quanto tempo meu cliente tem sido tratado quanto ao diabetes?
- Existem precauções ou recomendações importantes que eu deva conhecer antes de introduzir meu cliente em um programa regular de atividade física?
- Posso contatar seu consultório se ocorrerem preocupações ou episódios agudos relacionados ao gerenciamento do diabetes ao trabalhar com meu cliente?

Os clientes diabéticos devem receber a liberação do médico para iniciar em programa de exercícios. Este questionário o ajudará a determinar se existem condições degenerativas vasculares ou neurais, entender melhor a situação do cliente e estabelecer um relacionamento positivo com seu médico responsável.

Seleção, Avaliação e Acompanhamento Pré-Exercício

Além de coletar o histórico de seu cliente e obter a aprovação do médico, monitore as condições do cliente com avaliações de acompanhamento, pois o diabetes é potencialmente uma doença

de consentimento livre e esclarecido, é comum registrar a freqüência cardíaca e a pressão sanguínea de seu cliente em repouso. Cerca de 60 a 65% das pessoas com diabetes têm hipertensão ou pressão alta. O cliente diabético também precisa trazer seu medidor de glicose todos os dias em que houver atividades físicas, sejam elas uma avaliação do condicionamento físico ou exercícios. Uma freqüência cardíaca em repouso maior do que 120 batimento por minuto ou uma pressão sanguínea em repouso maior do que 180/105 mmHg é uma contraindicação ao exercício (Gordon, 1993c). Converse também com o médico e observe outras contraindicações, conforme previamente estabelecido pelas orientações da ACSM (Albright et al., 2000; ACSM, 1995, 1997).

Avaliação do Condicionamento Físico

A avaliação do condicionamento físico da composição corporal, do condicionamento cardiorrespiratório e do condicionamento músculoesquelético é recomendada para ajudar a acompanhar o progresso do cliente e estabelecer metas. É claro que muitos protocolos de teste precisarão ser adaptados para o cliente individual, e os procedimentos de teste deverão ser aprovados pelo médico.

Orientações de Esforço

O índice do esforço percebido (escala RPE) deve ser incorporado em qualquer programa com diabéticos para identificar a intensidade do exercício, pois a progressão da doença, suas complicações e seus medicações podem limitar sua habilidade de avaliar com precisão a intensidade do exercício pelo monitoramento da freqüência cardíaca (capítulo 17). Discuta isso com o médico responsável.

Orientações Comuns para Atividades para Diabetes dos Tipos 1 e 2

1. Em geral, monitore o nível de glicose antes, durante e depois do exercício, e tome as ações recomendadas se a glicose sanguínea estiver alta ou baixa demais.
2. Saiba se existem complicações macro ou microvasculares, pois sua presença influenciará a prescrição de exercícios feita pelo médico e seu plano de exercícios.
3. Instrua o cliente a sempre usar um bracelete ou colar de identificação médica.
4. Se forem necessárias injeções de insulina para o gerenciamento do nível de glicose no sangue, as injeções geralmente são aplicadas em um local muscular não-ativo nos dias da atividade física, embora a ADA (2003) afirme que não existe um "melhor local" para injetar a insulina (Discuta isso com o médico; há uma maior probabilidade de que o cliente tenha muita familiaridade com o protocolo adequado de anos de gerenciamento satisfatório do diabetes).
5. Instrua o cliente a relatar e ser completamente aberto sobre quaisquer percepções de desconforto ou problemas que tenha tido anteriormente, durante ou bem depois do término dos exercícios.
6. As avaliações de estresse são uma necessidade para clientes com doenças cardíacas e diabetes e altamente aconselháveis para os diabéticos do tipo 1 que têm a doença há mais de 15 anos e são maiores de 30 anos, e diabéticos do tipo 2 maiores de 35 anos (ACSM, 1995, 1997).

Diabetes do tipo 2: Participar em atividades diárias de baixa intensidade (Albrigth et al., 2000; ACSM, 1995; 1997) ou em dias alternados (ACE, 1999).

Diabetes do tipo 1: Participar em atividades físicas de acordo com a tolerância pelo menos três vezes por semana (Ace, 1999), ou realizar atividades físicas diárias de 20 a 30 minutos de duração (ACSM, 1995; 1997).

Fonte: Orientações apoiadas pela ACE (1999), ACSM (1995, 1997), Albright et al. (2000) e ADA (2003).

Observe que estas orientações são muito conservadoras e podem ser bastante modificadas para incluir mais ou menos atividades, dependendo do indivíduo.

Trabalhando com Diabetes do Tipo 1 Durante o Exercício

Embora o exercício aeróbico diário seja recomendado para os diabéticos do tipo 1 (Albright et al., 2000; ACSM, 1995), a melhoria do controle da glicose no diabetes do tipo 1 geralmente é melhor obtida em combinação com uma terapia agressiva com insulina e o automonitoramento da glicose. Os diabéticos do tipo 1 são melhor atendidos pela obtenção dos parâmetros exatos de exercício por sua equipe de gerenciamento do diabetes, embora as orientações na tabela 25.1 estabeleçam parâmetros úteis (As orientações na tabela 25.1 são apoiadas pela ADA, 2003; ACE, 1999; e ACSM, 1995; 1997).

O diabético do tipo 1 pode melhorar seu condicionamento cardiovascular e obter outros benefícios de saúde, exercitando-se entre três e cinco dias por semana. O exercício diário geralmente não é realista para os diabéticos do tipo 1 e pode aumentar o risco de outras complicações. Os diabéticos do tipo 1 que não apresentam complicações podem exercitar-se entre 55 e 75% de sua capacidade funcional ou a um índice RPE entre 3 e 5, usando uma escala de exerção de 10 pontos (capítulo 17). As sessões devem durar cerca de 20 a 30 minutos para melhorar o condicionamento e os retornos para a saúde. É altamente recomendável utilizar um ritmo previsível e consistente.

O treinamento de resistência no diabetes do tipo 1 é recomendado na maioria dos casos. O treinamento de força pode aumentar a capacidade aeróbia e, juntamente com o aumento da massa muscular, aumentar a sensibilidade à insulina e assim melhorar o controle da glicose. As orientações na tabela 25.2 são apoiadas pela ACE (1999), ACSM (1995, 1997), ADA (2003) e Soukup e Kovaleski (1993). Os diabéticos do tipo 1 que não apresentam complicações podem participar de um programa moderado de treinamento de resistência que equivale a uma programa de iniciação utilizado por não diabéticos (ver tabela 25.2). Os aumentos de intensidade devem ser avaliados em comparação ao nível de tolerância de cada cliente. Encerre qualquer plano de ação com o médico responsável ou o especialista de saúde adequadamente treinado.

Trabalhando com o Diabetes do Tipo 2 Durante o Exercício

O foco de um programa para diabéticos do tipo 2 é realizar mudanças de estilo de vida, perder peso e queimar calorias com um esforço moderado. Esse programa lembra algo parecido com um programa de saúde geral e gerenciamento de peso. Se não houver complicações, você geralmente poderá prosseguir com o mesmo programa que usaria com um indivíduo sem condicionamento físico ou obeso.

Tabela 25.1 Orientações para o Programa Físico de Condicionamento Cardiovascular no Diabetes

Variável	Não-diabético	Tipo 1	Tipo 2
Freqüência	3-6 dias/semana	3-7 dias/ semana	3-7 dias/ semana
Intensidade[a]	55-90% FC máx. RPE[b] 3-7	55-75% FC máx. RPE 3-5	40-70% FC máx. RPE 2-5
Duração	20-30 minutos por sessão	20-30 minutos por sessão	20-60 minutos por sessão
Tipo[c]		Movimento dinâmico	Ciclismo, caminhada, trabalhos domésticos e jardinagem, caminhada no shopping center, condicionamento baseado na água

Observação: FC = freqüência cardíaca; RPE = taxa de exerção percebida.
[a]O monitoramento da FC pode não ser preciso com pessoas com neuropatia autonômica. [b]RPE utilizando escala de exerção de 1 a 10 (ver capítulo 17).
[c]Algumas pessoas podem requerer exercícios sem impacto e sem pesos sem razão de doença vascular periférica ou complicações micro ou macrovasculares.
Fonte: Faixas de orientação recomendadas pela ACE, 1999; ACSM, 1995, 1997; ADA, 2003.

Tabela 25.2 Orientações para o Programa Físico de Treinamento de Resistência no Diabetes[a]

Variável	Tipo 1	Tipo 2
Freqüência	2-3 dias por semana	2 dias por semana
Intensidade[b]	40-60% de 1RM	Nível de intensidade mais baixo a cerca de 40-60% de 1 RM
Repetições	8-12 por exercício	15-20 por exercício
Séries	2-3 séries por exercício	1-2 séries por exercício
Número de exercícios	8-12 grupos musculares	8-12 grupos musculares

[a]Pessoas com doença microvascular devem abster-se de realizar exercícios vigorosos de treinamento de resistência. [b]Complicações podem limitar as atividades ou a intensidades do treinamento de resistência
Fonte: Faixas de orientação recomendadas pela ACE, 1999; ACSM, 1995, 1997; ADA, 2003.

O diabético do tipo 2 deve fazer o seguinte:

1. Perder peso e fazer melhores escolhas nutricionais.
2. Reduzir a pressão sanguínea e eliminar os fatores de risco de doenças cardiovasculares.
3. Aumentar as atividades que incluam exercícios cardiorrespiratórios, treinamento de resistência e alongamento.
4. Muitos diagnósticos de diabetes do tipo 2 provavelmente estão mais relacionados a opções de estilo de vida do que à genética ou outras causas. Conforme mencionado, a inatividade e a diminuição da sensibilidade dos tecidos corporais (exemplo: músculos em atividade) à insulina produzida pelo pâncreas pode resultar em hiperglicemia e no diagnóstico do diabetes do tipo 2.

Em virtude de muitas pessoas com diabetes do tipo 2 estarem sem condicionamento físico ou obesas, as atividades cardiovasculares com duração de 20 a 60 minutos em intensidade entre 40 e 70% da capacidade funcional são apropriadas. As atividades de baixa intensidade são adequadas para melhorar a ação da insulina e o controle da glicose no sangue, e os exercícios mais moderados diminuem a probabilidade de lesões músculo-esqueléticas ou nos pés nos diabéticos sem condicionamento físico. Exercitar-se com freqüência, de cinco a sete dias por semana, maximiza o gasto de calorias necessário para a perda de peso (ver tabela 25.1). As atividades contínuas do tipo *steady-state* são provavelmente melhores em longo prazo.

Os diabéticos do tipo 2 também podem beneficiar-se de exercícios de treinamento de resistência de intensidade leve a moderada (ver tabela 25.2). Esse tipo de treinamento aumenta a massa muscular e a ação da insulina ou reduz a resistência à insulina. Tanto os benefícios cardiovasculares quanto os metabólicos são obtidos pelo treinamento de resistência. É uma boa idéia para seu cliente, em especial se ele estiver sem condicionamento físico, construir uma base cardiorrespiratória antes de iniciar um programa de treinamento de resistência, embora essa recomendação nem sempre seja verdadeira. Verifique com o médico responsável. Os aumentos de intensidade devem ser avaliados em comparação ao nível de tolerância de cada cliente. Não há regras fixas e, dependendo da elaboração do programa, essas sugestões podem ou não ser apropriadas para seu cliente.

Progressão do Programa de Exercícios

Nem todos os diabéticos se encaixam em orientações gerais. Muitos programas para diabetes do tipo 2 de treinamento cardiorrespiratório e resistência lembram muito os programas para adultos aparentemente saudáveis e com condicionamento físico entre moderado e alto. Não prejulgue os diabéticos e dirija-os para programas inadequados (difíceis ou fáceis demais). Reúna as informações de que precisa para estabelecer o programa mais seguro e eficiente para o paciente diabético.

Freqüentemente, a progressão do programa, que envolve freqüência, intensidade e duração do esforço, é grandemente afetada pelo fato do diabetes de seu cliente ter ou não sido diagnosticado, tratado e controlado no estágio inicial. O tratamento e gerenciamento inicial do diabetes pode limitar muito a progressão da doença, minimizando assim a necessidade de muitas precauções e restrições aos exercícios. As orientações e recomendações anteriormente listadas não constituem a palavra final e variam muito de um caso para outro.

A progressão do programa de exercícios é amplamente determinada pela idade, pela capacidade funcional, pelas complicações relacionadas ao diabetes e por outras questões médicas, preferências pessoais, tolerância ao exercício e metas. Em geral, como acontece na maioria dos programas, as mudanças iniciais devem enfocar os aumentos de duração em vez da intensidade.

A resposta da glicose sanguínea aos aumentos de duração serão mais fáceis de controlar, e a probabilidade de que o cliente continue com o programa será maior.

Se seu cliente diabético do tipo 1 não tiver complicações, ele provavelmente seguirá um programa semelhante ao de uma pessoa aparentemente saudável. As fases iniciais dos programas para o diabetes do tipo 2 requerem baixa intensidade e curta duração, pois o cliente geralmente está fora de forma e com excesso de peso. Em contraste, o diabético do tipo 1 pode não requerer as mesmas modificações iniciais, pois ele provavelmente já gerenciou sua condição há mais tempo. O programa deve progredir para acomodar as habilidade físicas e mentais e as condições clínicas de cada cliente.

Os clientes com diabetes bem controlado podem competir em corridas e outros eventos atléticos. A chave para o sucesso nos exercícios mais vigorosos e sustentados depende muito do automonitoramento da glicose sanguínea e da sensibilidade aos ajustes que podem incluir alterações nas doses de insulina, medicações, exercícios ou dieta. Para muitos diabéticos, a competição atlética não é uma meta, mas sim a melhoria dos aspectos funcionais da vida e qualidade de vida.

Benefícios e Riscos do Exercício para Clientes com Diabetes

Os benefícios do exercício são claros e numerosos:

- Podem ajudar a gerenciar e controlar os níveis de açúcar no sangue, em especial no diabetes do tipo 2.
- Podem ajudar a manter o peso ideal.
- Podem melhorar a qualidade de vida.
- Podem ajudar a evitar o desenvolvimento do diabetes.
- Podem ajudar a evitar as complicações em longo prazo resultantes da progressão da doença.

Também existem os riscos do exercício para as pessoas com diabetes. Os riscos à saúde associados ao exercício para os diabéticos aumentam muito em relação ao tempo durante o qual a doença progride sem monitoramento. Geralmente, o dano mais irreversível que ocorreu em relação às doenças macro e microvasculares aumentarão os riscos relacionados ao exercício e criarão mais limitações. Contudo, a questão que deve ser respondida é: "Um diabético pode passar sem exercícios?". Em geral, a resposta é um enfático não, pois a ausência de exercício é muito mais arriscada, em termos de impacto total sobre a saúde (ADA, 2003; White e Sherman, 1999).

Hipoglicemia

O problema mais comum para os diabéticos antes, durante e depois do exercício é a taxa baixa de açúcar no sangue, ou hipoglicemia. A hipoglicemia é definida como a taxa de açúcar no sangue abaixo dos 80 miligramas por decilitro (ACE, 1999).

Os sintomas associados à hipoglicemia ou a uma reação da insulina incluem tremor, nervosismo, freqüência cardíaca acelerada, respiração curta, palpitações, aumento do suor, pele pálida e pegajosa, fome excessiva, redução da capacidade mental, exaustão, tontura ou desmaio.

Quando um cliente exibe algum desses sintomas, deve ingerir um carboidrato de ação rápida ou algo açucarado, como suco de laranja ou refrigerante não-dietético, uma barra de chocolate ou balas (cerca de seis unidades). Verifique o nível de glicose no sangue de seu cliente após cerca de cinco minutos para determinar se a glicose sanguínea normalizou-se para um número próximo de 100 miligramas por decilitro. Continue com a ingestão de açúcares simples até que a glicose sanguínea tenha se elevado e termine a sessão de exercícios.

Nem sempre é possível evitar a hipoglicemia. E ela ocorre com maior freqüência em clientes que utilizem insulina ou em diabéticos do tipo 2 que estejam usando agentes hipoglicêmicos orais ou drogas semelhantes à insulina. Você pode minimizar a ocorrência discutindo os seguintes procedimentos com o cliente e o médico:

1. Determinar o local e horário apropriados para a injeção de insulina ou a ingestão da medicação.
2. Analisar o horário da ingestão de alimentos pré e pós-exercício, assim como a ingestão de alimentos durante o exercício.
3. Decidir a melhor hora do dia para o cliente se exercitar, observando se ele pode cumprir esse horário ideal.
4. Insistir no monitoramento da glicose no sangue antes, durante e depois do exercício, ou de acordo com a orientação do especialista de saúde responsável.

Hiperglicemia

Os altos níveis de glicose no sangue ocorrem nos diabéticos que não estão com a dosagem apropriada de insulina em razão, por exemplo, de uma alteração na ingestão de alimentos ou no nível de atividade. O fato de não estar com a quantidade apropriada de insulina também pode ser causado pelo uso de insulina em quantidade insuficiente, que acontece com freqüência em virtude de uma mudança na rotina. O exercício também piorará a hiperglicemia quando os níveis pré-exercício de glicose no sangue forem elevados. Se a glicose sanguínea de seu cliente estiver acima de 250 miligramas por decilitro, isso indica um controle ruim da glicose no sangue e requer o adiamento do exercício até que ela diminua para menos de 250 miligramas por decilitro. Geralmente, será necessária uma dose de insulina para retomar o controle dos níveis de glicose no sangue. Do ponto de vista geral, o exercício em intensidade moderada parece facilitar os níveis normais de glicose no sangue, enquanto as intensidades mais altas parecem exercer um papel na elevação da glicose sanguínea para um nível hiperglicêmico por causa da interação dos hormônios reguladores.

A hiperglicemia cria uma situação em que, sem a insulina adequada, as células musculares não conseguem utilizar a glicose durante o exercício. Essa conseqüência enfatiza a importância do monitoramento da glicose sanguínea, em especial antes do exercício (White e Sherman, 1999).

Os sintomas associados à hiperglicemia incluem a vermelhidão da pele e dos lábios, respiração com odor adocicado, aumento da sede, estresse gastrointestinal, náusea, dor abdominal e desorientação.

Contagem Final: Risco *Versus* Eficiência do Exercício no Diabetes

O descontrole da glicose no sangue pode resultar em morte prematura, doenças cardíacas coronarianas (DCCs), falência renal, cegueira, amputações e uma qualidade de vida comprometida. O diabético que continua a optar por um estilo de vida inativo e uma dieta ruim, permanece com excesso de peso ou ignora um diagnóstico de descontrole da glicose no sangue provavelmente sofrerá conseqüências devastadoras na saúde.

Se ocorrer a opção por um estilo de vida ativo, em conjunto com uma abordagem de gerenciamento de equipe orientada para a normalização da glicose no sangue (isso pode incluir injeções ou bombeamento de insulina, dieta e exercício), a gravidade da doença pode ser bastante minimizada. A necessidade de medicação pode diminuir e o uso da insulina pode ser reduzido ou interrompido no diabetes do tipo 2. Outros fatores de risco de DCC, como a pressão alta e os perfis de lipídios, também podem ser melhorados.

Embora o exercício seja considerado essencial no gerenciamento do diabetes do tipo 2 pela comunidade médica, o controle glicêmico nos diabéticos do tipo 1 pode ser muito desafiador, devido às complexidades da regulação do açúcar no sangue com o acréscimo da influência geralmente imprevisível do exercício (Colberg e Swain, 2000). Os clientes com diabetes do tipo 1 também podem não experimentar uma melhoria do controle glicêmico com os exercícios regulares, a menos que haja modificações na dieta e dosagem de insulina (Colberg e Swain, 2000).

Apesar do exercício no diabetes apresentar seus riscos associados, complicações e desafios, os benefícios de uma prevenção bem gerenciada do diabetes ou programa de tratamento que incluam exercícios e dieta adequados e uma abordagem sensível da perda de peso parecem superar muito quaisquer riscos potenciais dos dois tipos de diabetes. A American Diabetes Association afirma que "todos os pacientes de diabetes devem ter a oportunidade de beneficiar-se dos diversos efeitos valiosos do exercício" (relatado na página 63 de White e Sherman, 1999). O exercício e controle do diabetes podem ser uma combinação de sucesso.

Diabetes: Leituras Sugeridas

Veja estes trabalhos (e também os citados neste capítulo) para maiores informações.

AMERICAN DIABETES ASSOCIATION. *Diabetes:* 1996 Vital Statistics. Alexandria, VA: Author, 1996.

CENTER FOR SCIENCE IN THE PUBLIC'S INTEREST. How to avoid diabetes. In: *CSPI Nutrition Action Healthletter*, [s.n.]: [s.l.], September, p. 3-5, 1996.

MCARDLE, W., KATCH, F., KATCH, V. *Exercise Physiology Energy, Nutrition and Human Performance*. 3.ed. Philadelphia: Lea & Febiger, 1996.

Recursos

American Diabetes Association: (800) DIABETES: 703-549-1500 ou www.diabetes.org.

Centers for Disease Control and Prevention: 770-488-5015 ou www.cdc.gov/diabetes/.

National Diabetes Clearinghouse: 301-654-3327 ou www.niddk.hih.gov.

CAPÍTULO 26

A ASMA E O CLIENTE

Estima-se que 14 milhões de americanos sejam afetados pela asma (Bryant et al., 1998). 5% deles exibirão os sintomas da asma, que incluem a respiração difícil e com chiado, a falta de fôlego, a tosse, a sensação de aperto ou ardência no peito, a dor abdominal, as dores de cabeça e a fadiga (ACSM, 1998). A asma induzida pelo exercício (AIE) é uma das condições mais comuns entre crianças, adolescentes e jovens adultos ativos. Ela ocorre em quase 90% das pessoas que têm asma crônica (Lacroix, 1999). Mas os exercícios vigorosos podem provocar os mesmos sintomas em pessoas que não têm asma crônica. Testes aleatórios com crianças que não apresentavam sintomas de asma mostraram uma prevalência de 7% da EIA, o que significa que alguns adultos e crianças evitam brincar ou realizar atividades, permanecem não diagnosticados e não recebem os benefícios de saúde e condicionamento físico fornecidos por um estilo de vida ativo (Lacroix, 1999). Com essa presença tão desenfreada da asma, é provável que um *personal trainer* tenha uma oportunidade de trabalhar com um cliente asmático.

O Que É Asma?

A palavra "asma" deriva da palavra grega que significa "ofegar", uma descrição apropriada de alguém tendo um ataque de asma e lutando para aumentar o fluxo de ar. A tradução literal de asma descreve com perfeição a tentativa do indivíduo de fazer circular o ar para dentro e para fora de suas vias aéreas, como resultado do endurecimento das camadas que envolvem as vias aéreas em razão de uma inflamação ou por causa de fatores desencadeadores específicos. Ironicamente, o indivíduo que tem um ataque está tendo dificuldade em expelir ar suficiente de seus pulmões, e não necessariamente de inspirar o ar para dentro deles.

Tratamento da Asma

A asma pode ser revertida com medicação ou a pessoa pode "superar" a doença em qualquer idade (ou seja, uma reversão espontânea). De outra perspectiva, embora a doença não se caracterize como progressiva, mesmo sem tratamento, muitos indivíduos são afetados por ela durante a vida inteira (Lacroix, 1999).

Geralmente, o método primário de controle da asma envolve a administração de drogas, sejam elas inaladas ou orais. As drogas específicas podem aumentar a resistência do asmático aos sintomas em uma base em longo prazo (drogas profiláticas) ou podem ser usadas para tratar uma crise (drogas de salvação) de um ataque de asma que ocorre em reação a um fator desencadeador da doença, como o exercício ou alérgenos.

Embora as drogas sejam úteis e freqüentemente necessárias para ajudar no controle da doença, os clientes asmáticos devem ser estimulados a evitar ou eliminar quaisquer fatores que contribuam para os sintomas da doença. As ações que podem ajudar a evitar a precipitação de eventos incluem:

1. utilizar um medidor de fluxo de pico para medir o fluxo de ar. Esse aparelho de baixo custo e fácil utilização mede a facilidade com que o asmático consegue expelir o ar dos pulmões. Uma grande redução (isto é, de cerca de 10%) sobre as medições de linha de base indica um aumento no nível de resistência ao fluxo de ar nos pulmões. Se essa redução ocorre, a causa precisa ser investigada e avaliada. Por exemplo, seu cliente poderia ter uma infecção respiratória?;
2. manter a administração da medicação pelo uso regular de drogas profiláticas para o tratamento em longo prazo da asma e remédios de resgate para tratar seus sintomas agudos ou evitá-los. Enfatize, para seu cliente, a importância de obedecer a dosagem recomendada, pois o excesso de remédios aumenta ou exacerba a probabilidade de ocorrência de efeitos colaterais conhecidos;
3. manter-se bem hidratado. Consumir bastante água depois da ingestão do remédio remove a droga da parte de trás da garganta, e a hidratação adequada também pode evitar que o muco bloqueie os pequenos tubos dos bronquíolos (ou seja, as vias aéreas). Os bloqueios de muco podem levar a infecções que incluem a bronquite. Seu cliente deve permanecer hidratado antes, durante e depois do exercício, bem como ao longo do dia;
4. ficar alerta aos alimentos que parecem desencadear os sintomas relacionados à asma. As opções de dieta que desencadeiam a asma podem aumentar a probabilidade e a severidade da crise asmática.

A asma não deve ser deixada sem tratamento. Embora a doença possa não ser progressiva, o tratamento pode limitar ou reverter os sintomas existentes e assegurar uma melhor qualidade de vida, que pode incluir atividades físicas sem restrições. Não se deve deixar a asma "tratar de si mesma". E ela também não deve ser ignorada. Estão disponíveis hoje terapias agressivas e eficazes que não eram conhecidas alguns anos atrás.

Asma Crônica

A asma crônica caracteriza-se tipicamente por uma maior reatividade da árvore traqueobronquial a uma grande variedade de estímulos, que incluem pólen, fumaça de cigarro, poluentes do ar, ar frio ou seco, infecções virais e exerção física. A figura 26.1 mostra a anatomia do sistema respiratório.

Quando diversos fatores desencadeadores estão presentes, eles podem causar a contração da musculatura lisa nas vias aéreas afetadas, o inchaço da membrana mucosa, o edema da parede bronquial e a produção excessiva de muco, que contribuem para o estreitamento das vias aéreas. Quando as células que recobrem os tubos das vias aéreas se inflamam e produzem um muco transparente, que depois bloqueia as vias aéreas, é difícil para o ar passar através dos tubos dos bronquíolos em direção aos sacos alveolares (onde ocorrem as trocas gasosas) e retornar deles. Isso reduz a disponibilidade de oxigênio. Por causa dessa seqüência de eventos, a asma tem se caracterizado como uma doença que aprisiona o ar, afetando mais severamente a exalação do que a inalação. Os sintomas ou manifestações clínicas incluem a tosse, a respiração com chiado, a dispnéia (falta de ar) e o aperto no peito.

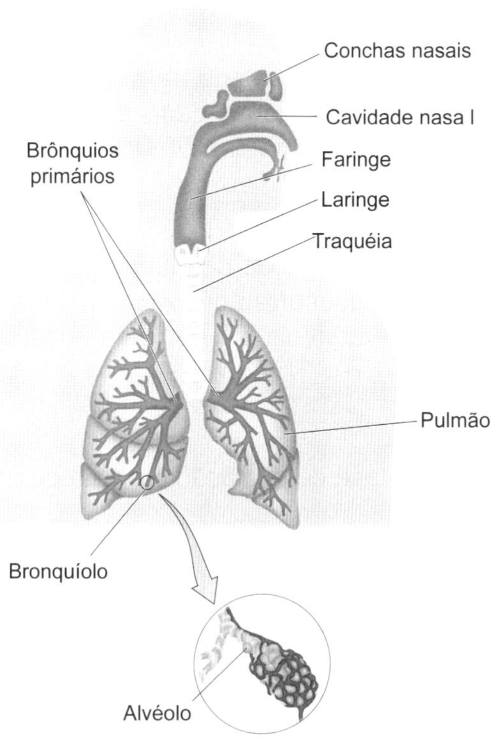

Figura 26.1 Anatomia do sistema respiratório.

Reimpresso de J.H. Wilmore e D. Costill, 1994.

Os sintomas são revertidos com tratamento. Acredita-se que as conseqüências da inflamação das vias aéreas e do estreitamento resultante sejam a chave para o entendimento da doença e o desenvolvimento de uma abordagem eficaz de tratamento. A persistência ou a reversão da asma está provavelmente muito relacionada à inflamação das vias aéreas. Portanto, o gerenciamento da asma centra-se na redução da inflamação pelo controle ambiental (ou seja, fatores ou estímulos desencadeadores que provocam os sintomas da asma) e pelo uso de agentes modificadores da doença (isto é, medicações que gerenciam a doença em longo prazo, bem como as que tratam os sintomas agudos da asma). Essas ações vão além de uma abordagem chamada terapia sintomática, em que o tratamento enfoca apenas os sintomas da doença, e não a sua prevenção.

Os especialistas levantaram a questão de que a asma que não é bem tratada pode gerar a fibrose pulmonar causada pela inflamação crônica e repetida dos tecidos bronquiais em razão de um tratamento que utiliza apenas a terapia sintomática (Lacroix, 1999). Em termos simples, embora a doença não seja clinicamente classificada como progressiva, a asma sem tratamento pode piorar por causa de ataques repetidos e traumas físicos associados.

Doenças Pulmonares Obstrutivas Crônicas

A asma está na categoria de doenças respiratórias inclusivas chamada doenças pulmonares obstrutivas crônicas (DPOCs), em que se incluem a asma, a bronquite e o enfisema. Todas se caracterizam por uma sensibilidade das vias aéreas (isto é, inflamação e produção de muco).

Os principais fatores de risco das DPOCs incluem idade, sexo, fumo, redução da função pulmonar, exposição ocupacional a pós e fumaças, poluição do ar, infecções do trato respiratório (por exemplo, resfriados), crises de asma (devem ser controladas!) e deficiência ou falta de alfa-antitripsina (uma enzima que normalmente protege os pulmões de lesões inflamatórias). É claro que muitos desses fatores contribuintes podem ser controlados ou eliminados pelo gerenciamento sensato. Veja o quadro nesta página para mais informações sobre as doenças respiratórias obstrutivas.

Doenças Respiratórias Obstrutivas

As doenças pulmonares obstrutivas fazem com que o indivíduo tenha dificuldade para expelir o ar dos pulmões. Os sintomas principais incluem a falta de ar, a respiração com chiado e a tosse. A asma episódica ou intermitente, que inclui a AIE, é agrupada sob a categoria das DPOCs.

Asma Episódica ou Intermitente (Incluindo a AIE)

A AIE aumenta temporariamente a resistência das vias aéreas pela constrição dos tubos bronquiolares. A AIE é uma condição reversível e controlável. A asma bronquial ocorre por causa da constrição da musculatura lisa na árvore bronquial. Seus sintomas são reversíveis e o paciente pode ser medicado.

Sintomas
Os sintomas incluem o início súbito da respiração curta e chiada na fase de exalação e a falta de ar.

Fatores desencadeantes
Os fatores desencadeantes comuns são os poluentes, as alergias, o ar seco ou frio, a medicação, os resfriados e o exercício (AIE) ou outras exerções físicas.

Disfunção pulmonar
A patofisiologia inclui o broncoespasmo e a inflamação da camada que envolve os tubos bronquiais.

Respostas à terapia
O tratamento apropriado pode resultar na reversão completa, especialmente se o indivíduo evitar os fatores desencadeantes, e não apenas tratar os sintomas com medicação, mas também, quando adequado, utilizar terapias preventivas em longo prazo, que podem incluir medicações.

Bronquite Asmática Crônica (DPOC)
A bronquite asmática crônica é uma forma de asma episódica, que constitui uma condição crônica, como o nome sugere. Ela ocorre em razão de um espessamento e uma inflamação da membrana mucosa nos tubos bronquiais. O exercício não melhora essa condição, mas a capacidade vital diária. Uma reversão parcial pode ser possível com terapias médicas.

Bronquite Crônica (DPOC)
A bronquite crônica ocorre por causa de uma inflamação dos tubos bronquiais, das secreções excessivas de muco e dos broncoespasmos. O exercício não melhora essa condição, mas pode melhorar a capacidade vital diária. Uma reversão parcial pode ser possível com terapias médicas.

Enfisema (DPOC)
O enfisema ocorre quando as paredes dos sacos aéreos (isto é, os alvéolos; ver figura 26.1) perdem sua elasticidade e a capacidade de expelir o ar dos pulmões, assim como sua capacidade de realizar trocas de gases entre os pulmões e o fluxo sanguíneo. O enfisema é irreversível, mas o tratamento médico pode aliviar seus sintomas.

Fonte: Gordon, 1993b.

O Exercício e a Asma

A AIE não precisa excluir seus clientes do exercício. O gerenciamento da asma é de particular importância para os treinadores, pois um dos fatores desencadeadores mais prevalentes da asma é o exercício.

A AIE é uma condição temporária, e não crônica. A maioria dos especialistas acredita que quase todo asmático deve ser capaz de participar plenamente do exercício e da atividade. Isso requer que você, seu cliente e o médico responsável entendam adequadamente a AIE e estejam dispostos a tratá-la com vigor.

Causa da Asma Induzida pelo Exercício

A causa da AIE ainda é desconhecida. Porém, duas teorias principais se destacam (Lacroix, 1999).

Teoria da perda de água. Quando o ar é inspirado pelo nariz, os brônquios "condicionam" o ar, aquecendo-o a uma temperatura de 37ºC e saturando-o como vapor de água antes que alcance seu destino final no trato respiratório, que é o local onde ficam as delicadas membranas alveolares (isto é, alvéolos, onde ocorrem as trocas de dióxido de carbono e oxigênio).

As taxas de ventilação aumentam muito durante o exercício, e, em razão da maior parte da respiração acontecer pela boca, o sistema condicionador das vias aéreas superiores não é utilizado. Não existe um estabelecimento sólido da quantidade exata de exercício que conduz a um ataque de asma, porém a respiração rápida e as trocas de uma grande quantidade de ar frio e seco parecem ser a causa mais comum. Isso pode causar um ressecamento da camada que recobre as vias aéreas nos pulmões e no trato respiratório e provocar o episódio asmático, pois as vias aéreas superiores dos pulmões precisam contribuir com vapor de água de seu líquido superficial. Em geral, recomenda-se que o ar inspirado seja aquecido e umedecido antes de chegar aos alvéolos (ou seja, nadar em um ambiente de piscina ou usar um cachecol ou máscara em ambientes frios e secos). O ar frio e seco pode privar os brônquios do calor e da umidade, provocando o broncoespasmo, especialmente se a freqüência respiratória for maior e a maior parte do ar for inspirada pela boca, o que provavelmente ocorrerá durante o exercício vigoroso.

Teoria da troca de calor. Essa teoria, embora mais complexa, pode explicar porque a AIE pode ocorrer após o exercício. O aumento da ventilação durante o exercício esfria as vias aéreas. Após o término do exercício, a vasculatura bronquial se dilata e se ingurgita para reaquecer o epitélio (camada que recobre o sistema respiratório). A recuperação da hiperemia (aumento do fluxo sanguíneo que resulta em uma distensão) do leito vascular bronquial comprime e estreita as vias aéreas. As veias dilatadas também podem vazar, o que conduz a um broncoespasmo (Lacroix, 1999).

Definindo a Asma Induzida pelo Exercício

A AIE desenvolve-se quando a atividade física vigorosa provoca o estreitamento das vias aéreas nos indivíduos que possuem uma reatividade bronquial elevada (ou seja, suas vias aéreas são hipersensíveis a isso e a outros fatores desencadeadores). A AIE é uma obstrução reversível das vias aéreas que ocorre durante e após a exerção. Observe que a AIE e a asma crônica são diferentes.

O Que Acontece Durante uma Crise de Asma

Durante um "ataque de asma", os bronquíolos (pequenas vias aéreas que saem dos brônquios, que constituem uma das duas grandes vias aéreas que saem da traquéia e distribuem o ar pelos pulmões) se estreitam em razão da contração ou do espasmo da musculatura lisa que os envolve. Esse estreitamento dos bronquíolos reduz o fluxo de ar para os alvéolos (os minúsculos agrupamentos de sacos aéreos em formato de cacho de uvas que se localizam na parte mais profunda dos pulmões, nos quais ocorrem as trocas de oxigênio e dióxido de carbono) e é chamado de broncoespasmo. Quando ocorre o broncoespasmo nessas ramificações terminais (alvéolos) do trato respiratório, os indivíduos apresentam os sintomas de um ataque de asma em diversos graus.

O mecanismo real da AIE ocorre durante o exercício, quando aumenta a demanda por oxigênio, a respiração se aprofunda e se acelera, e o resultado é uma perda de umidade para o ar através do ar expirado. As vias aéreas também se esfriam. Essa alteração no ambiente pulmonar faz com que as células liberem histaminas e outras substâncias químicas, que causam uma resposta inflamatória ou alérgica.

Elaborando o Programa de Exercícios

O exercício é o fator mais comum de desencadeamento da asma, depois das alergias, e afeta entre 60 e 90% das pessoas que sofrem de asma (90% das pessoas com asma crônica). Se um cliente se exercitar continuamente por pelo menos cinco minutos a cerca de 70% de sua capacidade aeróbica, isso poderá desencadear a AIE. Em geral, a reação é provocada nos primeiros 6 a 12 minutos de exercício, ou de 5 a 10 minutos após o término do exercício (ACE, 1999). O aquecimento e desaquecimento apropriados são críticos para limitar a probabilidade de um ataque de asma induzido pelo exercício, assim como trabalhar em contato com o médico responsável para determinar como o corpo do paciente reage ao exercício progressivo.

Reunindo informações. Antes de iniciar seu cliente em um programa de exercícios, você precisa reunir as informações necessárias do cliente asmático e seu médico responsável. Solicite ao cliente que preencha um formulário de análise de asma (formulário 26.1) antes de elaborar seu programa de exercícios. A equipe de cuidados de saúde utilizará essas informações para determinar quando e onde ele poderá se exercitar, bem como o tipo, a intensidade, a duração e a freqüência dos exercícios.

Em razão da maioria das pessoas asmáticas estarem conscientes de sua própria condição, o treinador pode aprender informações específicas sobre o cliente conversando com o próprio e com seu médico. A resposta ao exercício pode apresentar muitas variações. Por isso, aprendendo como a AIE e as medicações afetam especificamente o organismo do cliente e trabalhando como parte de uma equipe de gerenciamento da asma, você estará melhor capacitado para ajustar os exercícios de seu cliente, de modo a evitar os ataques.

Estabelecendo o Programa de Exercícios

Foi demonstrado que o exercício regular pode ser um aspecto eficaz e positivo da terapia da doença. O exercício adequado pode fazer com que as vias aéreas dos asmáticos fiquem menos suscetíveis a certos fatores, como os desencadeadores comuns da asma, que conduzem ao broncoespasmo e ao subseqüente ataque de asma. Porém, em razão do exercício poder causar essa resposta, você deve trabalhar com seu cliente e o médico responsável para desenvolver um programa de exercícios seguro e abrangente. O quadro na página 498 oferece orientações para ajudar a garantir exercícios livres de asma.

Em geral, é simples o programa de exercícios para o asmático se a doença estiver sob controle. Você precisa entender o impacto da medicação sobre a capacidade funcional do cliente, ser capaz de identificar seu nível atual de condicionamento e estar preparado para modificar o programa de exercícios quando necessário. O programa não é algo fixo, pois muitos fatores externos e individuais podem afetar a resposta do cliente ao exercício.

Considerando o Período Refratário

Você provavelmente já ouviu falar a respeito de atletas que realizam exercícios antes de uma competição com a intenção de provocar um ataque asmático induzido pelo exercício e tirar vantagem do período refratário (isto é, o período após um ataque, quando a ocorrência de um outro ataque é altamente improvável ou há poucos sintomas associados se a atividade for interrompida). O período refratário pode durar entre 30 minutos e três horas, dependendo do indivíduo (Bryant et al., 1998).

Geralmente, períodos curtos e intensos de exercício são usados para causar sintomas amenos. Um ataque de asma de grande intensidade não é a meta dessa manipulação deliberada dos sintomas. Se esse método for usado com os cliente ou atletas medianos, siga os passos abaixo:

1. Discuta a estratégia com o médico de seu cliente.
2. Solicite que o cliente use sua medicação como de rotina.
3. Realize um aquecimento com ele a cerca de 50 a 60% da freqüência cardíaca máxima, por cerca de 10 a 15 minutos. Essa intensidade mais baixa geralmente não induz o broncoespasmo.
4. Faça o cliente alongar-se ou desaquecer-se por cerca de 10 a 15 minutos e manter-se hidratado.
5. Faça o cliente exercitar-se entre 70 e 85% da freqüência cardíaca máxima. A expectativa é de que o período de aquecimento abra as vias aéreas do cliente o suficiente para permitir o exercício nessa intensidade mais alta, sem nenhum sintoma asmático ou com sintomas mais amenos.

Adaptado de Bryant et al. (1998, p. 37)

Gerenciando um Ataque de Asma

Caso seu cliente venha a apresentar sintomas associados a um ataque de asma ou tenha dificuldade em respirar, tome as seguintes precauções:

Formulário 26.1 Formulário de Análise da Asma

Colete essas informações de seu cliente e dos profissionais médicos (Não subestime o valor das informações com que seu cliente pode contribuir para a abordagem de gerenciamento, e forneça este questionário em conjunto com os formulários gerais de análise; ver capítulo 10 e apêndice).

Histórico da Asma e Alergia

Você tem ou já teve asma? S N

Já sentiu a respiração difícil e com chiado? S N

Tem ou já teve alergias a pó, pólen ou pêlos ou penas de animais? S N

Já teve tosse crônica? S N

Já teve respiração curta, dificuldade para respirar, tosse, dores ou apertos no peito durante ou após o exercício? S N

Após atividades sustentadas com duração de 5 a 10 minutos, como, por exemplo, corrida ou caminhada, você precisa parar para recuperar o fôlego ou fica ofegante? S N

Você fuma? S N

Alguém em sua família tem asma? S N

Quais são os fatores que lhe provocam asma?

____

____

Atualmente, você está tomando medicações? Caso positivo, elas são para tratamento ou profilaxia?

____

____

Quando as medicações devem ser tomadas?

____

____

Quais são os efeitos colaterais potenciais associados às medicações que estão sendo tomadas?

____

____

Qual é seu histórico anterior de exercícios e qual seu envolvimento atual?

____

____

Você tem algum exercício conhecido ou outras limitações físicas?

____

____

Existem outras condições médicas que possam limitar o exercício ou exacerbar a condição asmática?

____

____

Orientações para Atividades que Ajudam a Garantir Exercícios Livres de Asma

Para garantir exercícios seguros, eficazes e produtivos, que manterão seus clientes asmáticos exercitando-se com sucesso pela vida toda, estimule-os a realizar os seguintes passos:

1. Evite os fatores desencadeadores da asma durante o exercício (isto é, ar frio e seco ou com baixa umidade, fadiga, infecções respiratórias, poluentes aéreos ou de outro tipo, que incluam poluentes provenientes de automóveis e indústrias, e alérgenos que incluam pó e outros elementos irritantes).
2. Escolha exercícios que sejam relativamente fáceis para os pulmões (como caminhar na esteira em uma sala com ar condicionado ou exercícios aquáticos, bons porque o ambiente da piscina deve ser aquecido e úmido; entretanto, assegure-se de que o cliente não seja alérgico a nenhuma substância química usada no tratamento da piscina). O treinamento de resistência raramente desencadeia a AIE.
3. Verifique a qualidade do ar antes que seu cliente se exercite ao ar livre, especialmente nas épocas em que poluentes, pólens e outros irritantes aéreos estejam em níveis altos. Evite a exposição aos poluentes aéreos e alérgenos sempre que possível. Por exemplo, faça com que seu cliente se exercite em ambientes fechados quando houver smog (combinação de neblina e fumaça de poluentes) ou em áreas com pouco volume de tráfego para evitar as emissões dos automóveis.
4. Evite o exercício em dias frios e secos. Se o cliente precisa exercitar-se ou expor-se a riscos neste dia, encoraje-o a usar um cachecol ou uma máscara sobre a boca para ajudar a aquecer e umedecer o ar e reduzir o impacto do ar frio e seco sobre as vias aéreas.
5. Mantenha-se bem hidratado. O cliente asmático não deve apenas hidratar-se antes, durante e após o exercício, mas também ingerir fluidos regularmente ao longo do dia.
6. Um simples aparelho de resistência respiratória fornecido pelo médico pode ser usado para condicionar os pulmões do asmático. A prática da respiração deve ser feita fora da sessão de treinamento. Este aparelho pequeno, que cabe na palma da mão, não vai aumentar o condicionamento cardiorrespiratório, mas pode fortalecer os músculos envolvidos na inalação e exalação. Também é uma boa idéia praticar a respiração diafragmática.
7. Medique-se regularmente. Em geral, a medicação deve ser tomada cerca de 30 minutos antes do exercício. Siga os horários diários e de pré-exercício da medicação conforme ditados pela asma de seu cliente e pelo médico.
8. Os inaladores e as medicações de resgate (ou seja, usados na ocorrência de um ataque de asma) devem estar sempre disponíveis.
9. Realize um aquecimento de pelo menos 10 ou 15 minutos com uma atividade cardiovascular. Aumente gradualmente o exercício para cerca de 50 a 60% da freqüência cardíaca máxima. Os aquecimentos com essa duração ou mais longos têm reduzido a probabilidade de ataques de asma (Morton, Fitch, Hahn, 1981).
10. Faça um desaquecimento por, no mínimo, 10 minutos. O segundo período de maior probabilidade de um ataque ocorre entre 5 e 10 minutos após o término do exercício. Um desaquecimento prolongado ajudará a evitar a ocorrência dos sintomas relacionados à asma.
11. Evite atividades intensas por períodos prolongados. Por exemplo, uma intensidade de até 85% da freqüência cardíaca máxima não deve ser mantida por mais de 10 minutos consecutivos (Esta orientação pode não valer para todos os asmáticos, pois é muito conservadora). Use a exerção percebida para ajudar o cliente a regular a intensidade adequada dos exercícios.
12. Respire pelo nariz (ele ajuda a umedecer e aquecer o ar inspirado), e não pela boca, o máximo que puder durante a atividade. Embora nem sempre seja prático, respirar devagar pelo nariz pode diminuir a chance de AIE em razão da respiração nasal reduzir a hiperventilação (respiração rápida) e umedecer e aquecer o ar inspirado antes que entre nas vias aéreas menores dos pulmões.

13. Controle conscientemente a taxa de respiração para evitar a hiperventilação. Enfoque a respiração sendo controlada no fundo do diafragma, em ritmo lento. É uma boa idéia arredondar os lábios como se estivesse assobiando durante a exalação e manter a exalação no dobro da duração da inalação.
14. Monitore constantemente a resposta aguda de seu cliente ao exercício. Observe tosses, respiração com chiado ou outros sinais de um iminente ataque de asma. Ajude seu cliente a discernir entre sintomas induzidos pelo esforço, como a respiração mais difícil, e os sintomas relacionados à asma.
15. Aprenda tudo o que puder sobre as complexidades da AIE e da asma em geral, quanto ao que se aplica às circunstâncias especiais de seu cliente. Isso o ajudará a desenvolver estratégias eficazes e individualizadas.

1. Faça o cliente parar o exercício e assegure-se de que ele esteja em uma posição vertical e confortável.
2. Afrouxe as roupas e os acessórios apertados.
3. Conforte, acalme e ofereça segurança ao cliente. Tome controle da situação potencial de emergência ditando o procedimento de correção. Pergunte ao cliente onde está sua medicação de resgate, localize-a e deixe que ele tome-a sozinho. A menos que tenha conhecimento ou permissão para auxiliar na administração da medicação; isso geralmente se encontra além do escopo das responsabilidades de um personal trainer.
4. Se os sintomas não desaparecerem após 30 minutos, é prudente procurar auxílio médico. Se você ficar em dúvida sobre a seriedade de um ataque, os procedimentos de emergência devem estar à mão para que seja possível solicitar o tratamento ou cuidado médico adequado. Lembre-se de que um asmático pode passar por um período refratário depois da exibição dos sintomas da asma e tem menor probabilidade de sofrer os sintomas da asma no período de 30 minutos a três horas seguintes.

Medicações para a Asma

As drogas para a asma geralmente fazem parte do tratamento dos incidentes de AIE. Quer você goste ou não, a asma geralmente é controlada por meio de uma combinação entre evitar os fatores desencadeadores e a medicação. Estimule seus clientes a buscarem o diagnóstico e tratamento médico, e informe a eles que é provável que se discuta uma terapia baseada em medicações. A maioria dos médicos permite que a pessoa com asma "medique-se quando necessário", embora as novas drogas profiláticas devam ser tomadas de modo regular. Aprenda tudo o que puder sobre como o organismo do cliente reage às sessões de exercício e experimente novas elaborações de programa para que seu cliente possa aproveitar exercícios livre da asma.

Conforme mencionado, as medicações geralmente se classificam em dois tipos: de resgate e profiláticas. Os dois tipos reduzem a freqüência e a gravidade dos ataques de asma e minimizam os traumas físicos acumulados no trato respiratório ao longo do tempo.

Medicações de resgate ou tratamento. As medicações de resgate podem ser usadas antes do exercício, após a exposição a qualquer outro fator desencadeador ou durante um ataque agudo a fim de aliviar os sintomas. As medicações de resgate comuns incluem as medicações administradas por inaladores. Os inaladores trabalham rapidamente para relaxar a musculatura lisa das vias aéreas, e são prescrevidos para serem usados quando o usuário estiver no meio de um ataque. Alguns inaladores, quando utilizados entre 15 e 30 minutos antes do exercício, podem reduzir a chance de um ataque por até duas horas. A severidade dos efeitos colaterais varia muito de pessoa para pessoa, e pode diminuir com o tempo.

Medicações profiláticas ou de tratamento em longo prazo. Tomadas ao longo de um período de tempo, as medicações profiláticas são usadas para reduzir a sensibilidade das vias aéreas, o que resulta em menos ataques e menos danos físicos às vias aéreas. Essas medicações não são elaboradas para fornecer alívio para um ataque de asma ou broncoespasmo, mas, em vez disso, bloqueiam os mecanismos específicos que precipitam um ataque de asma, como os causados por um alérgeno. Essa abordagem é um exemplo do tratamento da asma crônica em contraste com o da AIE.

Abordagem Atual de Tratamento

Qualquer indivíduo que tem asma, não importando quão amena ela pareça, deve ser examinado e tratado por um especialista em alergia e asma. Procure um médico que entenda a necessidade de seu cliente de ter uma vida ativa e reconheça a importância de desenvolver uma equipe de gerenciamento da asma. As pesquisas atuais exaltam os benefícios do condicionamento físico para a pessoa com asma e do tratamento dessa condição. Não ignore a asma, pois ela geralmente não "vai embora". Se deixada sem tratamento, ela pode tornar-se um risco sério para a saúde ou limitar a qualidade de vida. Por outro ponto de vista, a asma controlada contribui para um estilo de vida normal e ativo.

A medida do sucesso do tratamento pode ser vista no fato de que o cliente pode ou não participar plenamente em atividades físicas e esportivas. Um de meus clientes asmáticos inventou o lema "sem limites!" para criar esse senso de atitude e atingir as metas. Felizmente, os benefícios psicológicos, de saúde e condicionamento físico trazidos pelo exercício estão disponíveis para a maioria dos indivíduos que sofrem de asma. Trabalhe junto a seu cliente e ao médico responsável. Faça evoluir o programa de exercícios para que seu cliente possa continuar a apreciar a saúde física e mental geral obtida com a participação na atividade e no esporte em uma base regular e permanente.

Asma: Sugestões de Leitura

Além das sugestões mencionadas neste capítulo, verifique as seguintes fontes:

DISABELLA, V., SHERMAN, C. Exercise for asthma patients. In: *The Physician and Sportsmedicine*, s.n.: s.l., v. 26(6), p.75-85, 1998.

MORTON, A.; FITCH, K.; HAHN, A. Physical acitivity and the asthmatic. In: *The Physician and Sportsmedicine*, s.n.: s.l., v. 9, p. 51-64, 1981.

CAPÍTULO 27

ARTRITE: OSTEOARTRITE E REUMATÓIDE

A distinção de ser a condição crônica de maior prevalência nos Estados Unidos vai para a artrite e outras condições reumáticas (American Council on Exercise [ACE], 1999). Atualmente, a artrite afeta mais de 40 milhões de pessoas (uma entre sete), e projeta-se que 60 milhões sofrerão seus efeitos até 2020 (Centers for Disease Control and Prevention, 1996, conforme relatado pelo ACE, 1999).

As pessoas com artrite freqüentemente enfrentam limitações em suas atividades diárias em razão de dores incapacitantes, fadiga e medo da dor. Para muitos entre os que são afligidos por essa doença, a idéia de exercitar-se com as articulações inchadas e doloridas e os músculos enfraquecidos nem sempre é recebida com entusiasmo. Porém, as pesquisas mostram cada vez mais que o círculo vicioso e limitante da dor que conduz à imobilidade e perda da independência física como conseqüência da artrite pode ser quebrado pela introdução do exercício na abordagem de tratamento (DiNubile, 1997).

A artrite é a causa mais comum das deficiências físicas nos Estados Unidos, e embora a causa (etiologia) dessa doença permaneça difícil de definir com precisão, sua ocorrência aumenta muito com a idade. A artrite é uma doença crônica que pode durar a vida toda. Os primeiros sinais de aviso incluem dor, inchaço e limitação do movimento que duram cerca de duas semanas. Seus clientes devem prestar atenção a esse sinal de aviso e realizar atividades físicas, pois o exercício pode melhorar a mobilidade das articulações osteoartríticas, aumentar a força e diminuir a dor, a rigidez e o inchaço em torno das articulações afetadas. Se seus clientes idosos querem ir para a pista de dança, permanecer socialmente ativos e evitar as conseqüências paralisantes da inatividade, que leva à imobilidade e dor, eles precisam adotar uma abordagem gerenciada da artrite, que inclui uma vida cheia de atividades.

Promessas e Esperanças

A artrite é uma doença que não possui um remédio certo, mas provoca catástrofes na vida das pessoas. Seus clientes podem agarrar-se a qualquer promessa de ajuda. A artrite machuca; ela pode ser limitante e restringir severamente o estilo de vida de uma pessoa. Esteja alerta para tratamentos ou terapias inseguros ou ineficazes e aconselhe seus clientes a respeito deles. Em razão da dor e frustração persistentes causadas pela artrite, os clientes podem sentir-se tentados a arriscar-se com qualquer coisa que prometa alívio, não importando o quão inconcebível, arriscada ou custosa. Os sintomas da artrite podem ir e vir e são chamados "surtos". Os períodos de remissão podem trazer uma trégua bem-vinda.

A natureza instável dessa doença incurável, dolorosa e frustante tem gerado muito charlatanismo. Quase um bilhão de dólares por ano são gastos por pessoas esperançosas, que têm artrite e foram levadas às lágrimas do desespero. Não deixe seu cliente ser encantado pelas , e nem distrair-se da terapia convencional e eficiente.

De outro ponto de vista, embora você deva evitar os truques fradulentos ou as abordagens suplementares, também precisa avaliar objetivamente as novas abordagens de tratamento, incluindo os suplementos, para que seu cliente tenha todas as opções eficazes disponíveis. As pesquisas parecem apoiar a idéia de que a dieta tem pouco a ver com a maioria das formas de artrite, com exceção da gota (Strange, 1996). Mas existem informações promissoras em relação aos suplementos de glucosamina e sulfato de condroitina (ver neste capítulo a seção "Usando Suplementos para Aliviar a Dor da Artrite"). Muitos especialistas questionam alguns casos, por exemplo, de abordagens tradicionais que tratam a artrite com medicação. Uma abordagem centrada no uso de drogas está longe de ser inofensiva, e nem sempre é eficaz (Ver neste capítulo a seção "Abordagem Tradicional de Tratamento para Aliviar a Dor da Artrite.").

Entendendo os Diferentes Tipos da Artrite

O termo *artrite* significa literalmente a inflamação das articulações, e refere-se a mais de 100 tipos de doenças reumáticas (*Doença reumática* ou *reumatismo* é um termo geral que indica doenças dos músculos, ossos tendões, articulações ou nervos que têm em comum a dor, inflamação ou rigidez relacionadas ao sistema músculoesquelético.). A osteoartrite é a forma mais comum da artrite, seguida pela artrite reumatóide. Outras formas comuns incluem a fibromialgia, a gota, a espondilite anquilosante, a artrite juvenil, a artrite psoriática e o lupus sistêmico. A bursite, a tendinite e a síndrome do túnel do carpo são algumas vezes agrupadas sob o termo artrite. Todos estão ligados pelos sintomas comuns, que incluem dor e limitação do movimento das articulações.

Diversos fatores parecem predispor os indivíduos à artrite, incluindo a hereditariedade, o excesso de peso e as lesões relacionadas ao esporte ou ao trabalho ou movimentos de esforço repetitivo associados a eles.

Osteoartrite

A osteoartrite (OA), forma mais comum de artrite, afeta 16 milhões de americanos, dois terços dos quais mulheres (Schardt, 1998). A AO afeta uma estimativa de um terço das pessoas maiores de 60 anos (DiNubile, 1997). O processo da doença da AO pode afetar uma ou mais articulações, com um envolvimento mais freqüente das articulações que suportam o peso, como os pés, joelhos e quadris, assim como as articulações dos dedos.

O Que Causa a OA?

A OA começa com a degenração da cartilagem articular ou hialina, o que parece ser a sua causa primária. Esse início degenerativo geralmente é acompanhado por outras alterações em torno da articulação, que incluem a fraqueza muscular e o crescimento de novos ossos (isto é, esporões ósseos), que levam à perda da mobilidade, função e dor. Quando a cartilagem que envolve as articulações nas mãos, nos quadris, nos joelhos ou nas costas se rompe mais rapidamente do que o organismo de seu cliente consegue substituí-la, isso resulta na OA e nos seus sintomas. Sem esse tecido protetor envolvendo os ossos, eles ficam em atrito direto uns com os outros, gerando dor, sensibilidade, inchaço e rigidez. A artrite estabelece-se tipicamente quando seus clientes chegam ao final da década dos quarenta anos, e pode ser específica em alguma articulação ou envolver várias delas.

Qual é a Cura?

Não há cura para a OA e, embora ela não seja fatal (apesar dos sintomas associados poderem relacionar-se à morte prematura), há poucos tratamnetos eficazes (ACE, 1999). O exercício, a medicação e os suplementos podem fazer parte da abordagem de gerenciamento.

Como Evitar a OA?

Evitar a OA e aliviar os sintomas associados a ela pode ser tão simples quanto ajudar seu cliente a controlar o peso, manter a musculatura forte e ficar em boa forma. Perder entre 4,5 a 6,5 kg pode reduzir muito o risco do cliente desenvolver artrite, em especial nos joelhos. Os empregos que requerem que a pessoa se ajoelhe, agache ou suba escadas aumentam o risco de OA nos joelhos. Os empregos que pedem o levantamento de peso aumentam o risco de sua incidência nos quadris. No entanto, isso não confere ao cliente uma licença para evitar o exercício vigoroso ou programas apropriados de treinamento de resistência. As atividades físicas como subir escadas, nadar, praticar *jogging* e caminhar não parecem sujeitar as articulações a lesões por esforço repetitivo e exacerbar a artrite, a menos que a articulação já esteja prejudicada. O treinamento de força também pode estabilizar e fortalecer a musculatura das articulações, os tendões, os ligamentos e outros tecidos moles de apoio.

Artrite Reumatóide

Algumas vezes chamada "a outra artrite", a artrite reumatóide (AR) é a segunda forma mais comum de artrite. Essa doença potencialmente limitante afeta mais de 2,5 milhões de americanos e três vezes mais mulheres do que homens. A AR pode atingir pessoas em qualquer idade, mas é mais comum entre as idades de 20 e 50 anos. A doença tem efeito variável, algumas pessoas afetadas pela AR podem correr maratonas enquanto outras estão presas à cama (ACE, 1999).

A AR é classificada como doença sistêmica auto-imune, embora muitas pesquisas pareçam apoiar uma etiologia por microorganismos ou bactérias (Se for verdadeiro, isso poderia mudar muito as abordagens de tratamento). A teoria atual afirma que o sistema imunológico do organismo, que normalmente protege o corpo, produz inadvertidamente anticorpos que atacam as articulações das mãos, dos quadris, dos pulsos, dos cotovelos, dos ombros ou do pescoço. O termo sistêmico significa que a condição pode envolver o corpo inteiro e a dor pode ocorrer em pontos diferentes, desaparecer e ocorrer novamente. A AR é mais freqüentemente associada a complicações graves e declínios de função, com a morte de muitos pacientes entre 10 e 15 anos mais cedo do que os não afetados (ACE, 1999).

Tratamento da Artrite

Em virtude de não haver uma cura conhecida para a artrite, a abordagem de tratamento mais eficaz é a prevenção e detecção no estágio inicial. A terapia da artrite tem pelo menos cinco metas (ACE, 1999; ACSM, 1995, 1997, 1998; DiNubile, 1997; Gordon, 1993a):

1. Aliviar a dor.
2. Diminuir a inflamação nas articulações.
3. Aumentar a função (isto é, as capacidades físicas) por meio do exercício.
4. Prevenir e diminuir as lesões das articulações.
5. Aumentar o conhecimento do paciente e a sua habilidade para gerenciar a dor.

O gerenciamento das condições artríticas consiste em tentar aliviar os sintomas, para o processo inflamatório e evitar assim as lesões em longo prazo às articulações, ajudar os indivíduos a conviverem com a doença e promoverem a idéia de autogerenciamento.

Você deve considerar e implementar todos os fatores acima mencionados ao elaborar um programa de exercícios. Os programas mais abrangentes de tratamento usam uma combinação de educação do paciente, medicação, exercício, repouso, aplicações de calor e frio, técnicas de proteção das articulações (por exemplo, treinamento de força), conscientização e, em alguns casos, cirurgia (por exemplo, substituição dos quadris).

Seus clientes devem entender que provavelmente terão algum nível de desconforto durante o exercício, pois, provavelmente, têm o mesmo tipo de sensações durante sua rotina normal diária. Não leve o cliente a acreditar que o exercício será livre de dor, mas ajude-o a entender a diferença entre o desconforto e a lesão.

Abordagem Tradicional de Tratamento para Aliviar a Dor da Artrite

Não é incomum que os médicos recomendem drogas antiinflamatórias não-esteróides (NSAIDS) como aspirina ou ibuprofeno para aliviar a dor da artrite. Contudo, essas drogas de balcão e a prescrição de medicações mais fortes podem causar sérios efeitos colaterais. As NSAIDS são responsáveis por uma estimativa de 7.600 mortes e 76.000 hospitalizações a cada ano (Tamblyn et al., 1997; relatado em Schardt, 1998). A terapia com drogas não é inócua e deve ser analisada e monitorada com cuidado em cada prescrição individual. A OA geralmente não é letal, mas as drogas podem ser.

Usando Suplementos para Aliviar a Dor da Artrite

Cuidado! Em razão das pessoas estarem desesperadas por soluções para eliminar a dor, o desconforto e a limitação da capacidade de movimento, as terapias alternativas precisam ser analisadas criticamente. Quando se analisa a literatura científica, apenas dois produtos se destacam: a glucosamina e o sulfato de condroitina. Diversos estudos indicam que ambas ajudam a aliviar a dor da artrite em muitas pessoas (Schardt, 1998), embora devamos observar que 40% das pessoas que tomaram placebos também se sentiram melhor.

As duas drogas estimulam o crescimento da cartilagem, formando blocos de moléculas de cartilagem. Ambas parecem seguras, mas a segurança em longo prazo ainda não foi estudada. Entre 20 e 50% das pessoas que experimentam essas drogas não sentem alívio. Muitos médicos dizem aos pacientes que vale a pena tentar usar a glucosamina. Os efeitos colaterais da glucosamina são mínimos, e um estudo mostrou que ela era equivalente em eficiência ao ibuprofeno. Se os pacientes estiverem interessados, o reumatologista Marc C. Hochberg, da *University of Maryland School of Medicine*, em Baltimore, recomenda que o paciente tome 500 mg três vezes aopor dia por um mês. Se for notada uma melhoria dos sintomas, o paciente continua com a suplementação, enquanto ela parecer funcionar e não há efeitos colaterais desconfortáveis. Se não houver alívio depois de quatro semanas, ele é encorajado a para de tomar a glucosamina (Schardt, 1998). As pessoas afetadas pela artrite estão atribuindo resultados assombrosos e elogiando a glucosamina e a condroitina disponíveis nos balcões das farmácias e, de acordo com as pesquisas, elas não podem estar apenas imaginando o alívio que sentem. Apesar disso, os profissionais e especialistas em artrite devem permanecer abertos a essas informações e entender completamente o que as pesquisas realmente mostram ou não.

Radiografia do Exercício: Elaborando um Programa Eficiente

No passado, assim como é o caso de muitas outras doenças degenerativas, os médicos freqüentemente aconselhavam os pacientes com artrite a repousarem e evitarem o exercício. Algumas vezes, repousar e evitar o exercício são atitudes apropriadas, mas a inatividade pode conduzir rapidamente a um ciclo crônico de dor que pode condenar o paciente artrítico à imobilidade física, um estado extremamente limitante e nocivo à saúde. Hoje, os conselhos de rotina incluem um equilíbrio entre atividade e repouso, individualizado para cada paciente. Embora o exercício não retarde, melhore ou cure a artrite, as pesquisas tradicionalmente apóiam o fato de que o exercício também não a piora a artrite, enquanto realmente melhora muitas áreas da vida de uma pessoa com artrite.

Benefícios do Treinamento com Exercícios para o Cliente com Artrite

A literatura apóia os seguintes benefícios do treinamento com exercícios (ACE, 1999; DiNubile, 1997; Gordon, 1993a; Hoffman, 1993):

1. Melhora o desenvolvimento e a manutenção da funcionalidade do arco de movimento.
2. Melhora a função das articulações e diminui a dor (isto é, alívio do desconforto físico).
3. Melhora a força e resistência musculares e a capacidade aeróbia, que afetam diretamente a capacidade de participar de um estilo de vida ativo.
4. Aumenta ou mantém a massa ou a densidade óssea, o que pode ajudar seu cliente a evitar a osteoporose e a imobilidade.
5. Ajuda no controle do peso. Perder peso ou manter um peso desejável pode minimizar a probabilidade de se colocar uma pressão excessiva sobre as articulações que suportam o peso, como as dos joelhos e quadris.
6. Diminui o risco de outras doenças crônicas, como as doenças cardíacas, a hipertensão e o diabetes.
7. Melhora a auto-estima e o humor.
8. Aumenta a quantidade de neurohormônios (ou seja, analgésicos), que exercem um papel nas reações fisiológicas gerais de estresse. Eles parecem reduzir a dor e aumentar uma sensação geral de bem-estar, e estão ligados à melhoria observada do humor nas pessoas que se exercitam.
9. Diminui o risco de morte ou invalidez prematuras.
10. Melhora as condições financeiras (a artrite é cara não apenas em termos do estresse físico e emocional, mas também literalmente em termos do dinheiro gasto no tratamento e do dinheiro perdido em razão de alguns clientes com artrite ficarem incapacitados para o trabalho).

Declínio Físico do Cliente com Artrite

A inatividade em si não explica totalmente a redução na capacidade física e auto-estima dos clientes com artrite. Você deve perguntar "Por que esse resultado é comum?". A resposta freqüentemente é a dor. A dor pode precipitar prejuízos à força muscular e está relacionada à inflamação das articulações e dos tecidos próximos, o que, mais tarde, reduz a capacidade motora e empurra o cliente para um ciclo vicioso de dor crônica e, finalmente, inatividade. O inchaço das articulações pode mesmo limitar a habilidade do cliente de contrair os músculos. Quando a capacidade física começa a diminuir, também é comum que a auto-estima se desgaste simultaneamente e geralmente se estabeleça a depressão. Uma redução da capacidade física geralmente aumenta o nível de ansiedade, possivelmente associada ao medo de não poder participar das atividades da vida diária. Essa síndrome pode levar aos distúrbios do sono, ao aumento da fadiga e das dores musculoesqueléticas.

Em virtude de muitos tipos de artrite poderem alcançar uma condição crônica, o exercício precisa ser um compromisso para a vida toda, especialmente para os que sofrem de dor ou deterioração psicológica. O exercício deve ser divertido, relevante, motivador e eficiente se precisa ser continuado por toda a vida. Esse é uma ordem dura, e não uma tarefa fácil, mesmo para as pessoas saudáveis!

Metas do Programa de Exercícios

As capacidades físicas da pessoa diagnosticada com artrite variam imensamente. As metas comuns de um programa de exercícios para a pessoa com artrite incluem a melhoria da mobilidade das articulações, a proteção das articulações, o controle do peso, a manutenção da capacidade funcional de movimento e o aumento do condicionamento físico geral (DiNubile, 1997).

A pirâmide do exercício. Uma introdução gradual e ponderada do programa físico geralmente começa com a amplitude do movimento e o alongamento, seguida em ordem por exercícios isométricos, exercícios dinâmicos, atividades aeróbias e recreacionais (Hoffman, 1993). Essa progressão pode ser pensada como uma pirâmide do exercício para os clientes com artrite, cuja base é amplitude de movimento, o alongamento e a mobilidade das articulações.

Melhoria da mobilidade das articulações. A perda da mobilidade força a articulação artrítica a trabalhar com uma desvantagem mecânica, o que aumenta a pressão mecânica e promove a fadiga. O alongamento tanto na amplitude de movimento ativa quanto na passiva é altamente eficiente na manutenção das capacidades desejadas de movimento (ver capítulos 11 e 20 para exercícios de postura e um programa de alongamento).

Proteção das articulações. O treinamento de resistência fortalece os músculos e outros tecidos conectivos que envolvam as articulações afetadas e protege as articulações, aumentado suas capacidades de absorção de choques e melhorando sua estabilização. E tudo isso reduz os desgastes que podem acelerar a degeneração das cartilagens e a imobilidade.

Controle do peso. Os pesquisadores identificaram a obesidade consistentemente como um fator de risco associada à OA. Isso não surpreende, pois o joelho, por exemplo, está sujeito a um impacto equivalente a três vezes o peso corporal durante as caminhadas e cinco vezes o peso corporal ao subir ou descer escadas ou nas corridas.

Manutenção da capacidade funcional. O treinamento de resistência, em especial o direcionado para a parte inferior do corpo, provavelmente exerce um papel na manutenção da capacidade funcional (por exemplo, a habilidade de se levantar a partir da posição sentada) nas pessoas mais idosas. O treinamento de força, juntamente como treinamento que melhora a marcha e o equilíbrio, é adequado quando (ou antes!) os clientes com artrite mostram um declínio nessas áreas.

Combater o ciclo de dor crônica com o exercício. Ajude seu cliente a entender essa característica cíclica da artrite:

1. Se mover uma articulação causa dor, você pára de mover aquela articulação.
2. A dor leva à rigidez e à perda da flexibilidade (*contracture*).
3. A perda de movimento leva à invalidez e à perda da função.
4. O exercício apropriado pode quebrar esse ciclo, juntamente com outros aspectos do tratamento, embora não seja necessariamente um caminho fácil de seguir. Entretanto, a falha ao quebrar o ciclo pode reduzir a qualidade de vida e finalmente conduzir à morte prematura.

Individualizar o programa. O exercício para a pessoa que tem artrite deve envolver uma programação voltada para o físico e a capacidade mental do indivíduo de suportar o desconforto. O progresso deve equilibrar o desafio e o desconforto. Os exercícios devem ser modificados de acordo com isso, para acomodar as limitações individuais.

"Desgastando-se"

Alguns clientes ficam preocupados se a atividade repetitiva pode promover ou acelerar a doença. A maioria dos dados sugere que, na ausência de anormalidades na articulação, a atividade física que permanece dentro dos limites do conforto e da amplitude de movimento normal não conduz a lesões das articulações (Bouchard, Shephard e Stephens, 1993).

Exercícios para Clientes com Artrite

Ao treinar um cliente artrítico, identifique o que é tolerável para ele e lembre-o de que a conseqüência da inatividade é pior!

Mobilidade das Articulações, Flexibilidade Ativa e Amplitude de Movimento do Exercício

É crítico preservar a mobilidade das articulações e os padrões de movimento da amplitude de movimento funcional (ROM) utilizados na rotina diária do cliente. Essa forma de exercício é a base de um programa de exercícios para as pessoas com artrite.

Faça com que seu cliente se exercite quando a rigidez e a dor estiverem em seu nível mais baixo, o que geralmente ocorre no meio da manhã. Enfoque o movimento delicado do ROM todos os dias, quando não diversas vezes ao dia. Oriente-se para todos os principais grupos musculares, especialmente a frente dos ombros e do peito, as panturrilhas, os tendões do jarrete e a pélvis, bem como as articulações afetadas, se não houver surtos agudos ou limitantes. O alongamento agressivo ou inadequado pode prejudicar qualquer articulação, especialmente as que estiverem inflamadas. Utilize técnicas de alongamento ativas, ativas com assistência ou passivas (capítulos 15 e 20). Comece devagar e aumente gradualmente as repetições, as séries e a duração do alongamento. Inicialmente, encoraje o cliente a manter os alongamento por 6 a 8 segundos e progredir para 8 a 20 segundos, ou o que for tolerável. Conforme o cliente progride, várias séries e repetições poderão ser usados diariamente.

Treinamento de Resistência

O treinamento de força ajuda a manter os músculos fortes, protege e estabiliza as articulações, ajuda a promover a perda de gordura e preserva a independência física (por exemplo, sair de um carro ou levantar-se de uma cadeira).

O treinamento de força isométrico é um bom ponto inicial, pois a força pode ser desenvolvida em uma articulação com nenhum ou pouco movimento, e esse treinamento tem menor probabilidade de irritar uma articulação inflamada (compreenda que o treinamento funcional ou de estabilização incorpora a produção de força isométrica para sustentar uma posição corporal ou de articulação desejada). Instrua o cliente a manter as contrações por cerca de seis segundos e respirar continuamente. O esforço máximo geralmente não é desejado ou requerido, e aumenta o risco de lesões ao sistema esquelético ou cardiovascular (por exemplo, podem ocorrer aumentos desnecessários, e por vezes dramáticos, da freqüência cardíaca e pressão sanguínea).

A maioria dos clientes com artrite pode progredir em direção a um treinamento dinâmico de força que envolva tanto fases concêntricas quanto excêntricas, quando a dor e a inflamação das articulações estiverem controladas. Com qualquer tipo de plano de exercícios abrangente, o cliente deve aquecer-se e desaquecer-se, exercitar-se dentro de um ROM sem dor, realizar exercícios funcionais e de equilíbrio, assim como movimentos tradicionais ou isolados e modificar os exercícios de acordo com sua necessidade, sua tolerância e seu progresso.

A ACSM recomenda que os clientes realizem entre duas e três sessões por semana, com ao menos um dia de recuperação entre elas. Deve-se atingir um equilíbrio entre todos os principais grupos musculares e entre as articulações afetadas e não-afetadas. As articulações afetadas podem requerer cargas mais leves e ser exercitadas com mais freqüência para aumentar os benefícios do condicionamento, se você não observar efeitos adversos. Para melhorar os ganhos de força, forneça uma carga com que os músculos não estejam acostumados, como entre 8 e 20 repetições até a fadiga, se tolerável. Observe que o grande número de repetições (que pode resultar em um estresse por uso excessivo da articulação), a alta resistência (por exemplo, poucas repetições e cargas pesadas) e os exercícios fortalecedores de alto impacto não são recomendados. São aceitáveis equipamentos de treinamento de resistência simples (*tubes, bands*) ou sofisticados, pois os dois tipos funcionam! Nunca é tarde demais para os ganhos de força e, em virtude da inflamação crônica e da inatividade associadas terem os músculos como alvos para um possível colapso, o treinamento de força é essencial.

Condicionamento Cardiovascular

O exercício aeróbio para clientes com OA tem demonstrado melhorar o condicionamento cardiovascular e reduzir os sintomas e melhorar o exercício funcional (DiNubile, 1997). A melhoria do condicionamento físico significa menos dor e a melhoria da função para a pessoa com artrite.

O tratamento da artrite geralmente tem excluído o exercício aeróbio por medo do exacerbamento dos sintomas artríticos e da aceleração do processo da doença. Foi provado que, se os clientes não estiverem passando por surtos agudos, o exercício aeróbio é seguro e eficaz. A atividade de baixo impacto é a escolha de preferência, o que inclui caminhadas, ciclismo, exercícios aquáticos (a água deve estar a cerca de 28,3 a 31,1ºC), dança aeróbica de baixo impacto e remo. Com alguns clientes com artrite, subir escadas, corrida, dança rápida e outras atividades de alto impacto devem ser evitadas. As escolhas de atividade de baixo impacto diminuem o risco de complicações ortopédicas e aumentam a adesão ao exercício.

Comece com 5 a 15 minutos de atividade entre moderada e desafiadora em dias alternados e progrida para o exercício aeróbio diário com duração entre 30 e 45 minutos. Considere fazer com que o cliente participe de sessões mais curtas com maior freqüência, pois o exercício acumulado ao longo do dia será mais facilmente tolerado para alguns clientes artríticos, e ainda assim fornecerá benefícios semelhantes à saúde, se comparado ao treinamento contínuo. Inicie cada sessão aeróbia com um aquecimento estendido que incluam exercícios ROM e finalize cada sessão com um desaquecimento estendido e exercícios ROM.

Além dos Exercícios ROM, de Força e Aeróbios

Incorpore atividades de postura, equilíbrio e coordenação ao programa de seu cliente. A postura ruim, as posições corporais mal-alinhadas e a incapacidade de corrigir um escorregão ou queda podem ser tão desastrosos quanto a lesão. A diminuição da mobilidade das articulações e da força pode destruir os padrões de movimento que já foram eficientes, controlados e integrados. Teste também o condicionamento físico funcional. Você precisa descobrir se seus clientes podem sentar-se e levantar-se de cadeiras e carros e se podem manter uma postura ereta quando sentados. A flexibilidade, o ROM, a mobilidade, os padrões de movimento funcionais, o equilíbrio e a força andam de mãos dadas. Quando esses elementos se combinam com a consciência corporal, essa é uma fórmula de sucesso para se obter resultados e ensinar aos clientes com artrite que o exercício é uma busca realista e para a vida inteira, que afeta positivamente seu bem-estar.

Regra das Duas Horas

Se o nível de dor do cliente é maior do que antes de se exercitar e a dor persiste por mais de duas horas após a sessão, ele se esforçou demais. Modifique a próxima sessão para que ele reduza o volume ou a intensidade do esforço. Siga as orientações de exercícios no quadro desta página para os clientes com artrite.

Orientações para Exercícios com Clientes com Artrite

1. Aqueça-se (estenda o aquecimento se tiver dúvidas) e realize exercícios ROM antes de exercitar-se. E faça um desaquecimento no final da sessão.
2. O médico do cliente pode sugerir uma medicação ou suplemento que alivie a dor para uma maior conforto e tolerância ao exercício.
3. Aplicar gelo em qualquer articulação artrítica por 15 a 20 minutos antes do exercício reduzirá a sensibilidade e ajudará a evitar o inchaço (Verifique sempre com o médico responsável antes de aplicar calor ou frio).
4. É normal haver alguma dor muscular ou desconforto tolerável nas articulações depois do exercício. No entanto, se as articulações ficarem significativamente mais doloridas durante a noite ou nos próximos dias em relação a antes do exercício, suspenda as sessões até que os sintomas desapareçam. Use a regra das duas horas como guia para saber se seu cliente fez um esforço demasiado.
5. Os sintomas exacerbados solicitam alterações garantidas na programação. Pequenas alterações geralmente trarão seu cliente de volta ao caminho certo.

Análise de Saúde do Cliente Artrítico

1. Que tipo de artrite você tem?
2. Quais articulações específicas ou áreas específicas do corpo são afetadas, doloridas ou instáveis?
3. Há dias em que suas articulações ficam vermelhas, quentes ou mais inchadas do que o normal? Você tem algum outro sintoma?
4. Como você sente suas articulações durante e após o exercício?
5. Existem algumas atividades ou movimentos que lhe causem dor ou desconforto incomuns?
6. Há dias em que você se sente mais cansado do que o normal por causa da artrite?
7. Há um certo horário do dia em que você se sente mais confortável para exercitar-se?
8. Que medicações ou suplementos você utiliza? Quais são os efeitos colaterais?
9. Existem restrições ou recomendações de seu médico ou suas próprias ou outras condições médicas que possam limitar sua atividade física?
10. Você consegue participar de um programa completo de condicionamento físico que enfatize o treinamento do arco de movimento, do equilíbrio, de resistência e o condicionamento aeróbico?

Análise Individualizada de Saúde

Além de preencher um formulário completo de histórico de saúde e obter a liberação do médico responsável por seu cliente, você pode individualizar o programa dele, fazendo com que ele responda as questões no quadro da página 510. Obtenha informações adicionais do médico responsável utilizando o questionário como guia para discutir a condição do cliente.

Configuração Perfeita para o Sucesso

Finalmente, o cliente deve ser motivado não apenas para o exercício com o treinador, mas para aceitar a responsabilidade de exercitar-se sozinho. O treinador deve delegar a responsabilidade, e o cliente deve estar disposto a aceitá-la. Ajude seu cliente com artrite a tornar-se mais consciente das ações que pode tomar para melhorar sua situação.

Os resultados, o alívio da dor crônica e a sua melhoria e independência pessoal farão com que seus clientes se sintam automotivados, confiantes e vitoriosos. Cultivar essa responsabilidade dá poderes para o cliente artrítico viver uma vida mais plena, mais independente de sua condição crônica.

Artrite: Sugestões de Leitura

ARTHRITIS FOUNDATION. *Arthritis Fact Sheet.* Disponível no site www.arthritis.org [acessado em 30 de maio de 2003], 1996.

CENTERS FOR DISEASE CONTROL AND PREVENTION. Prevalence of disabilities and associated health conditions – United States, 1991-1992. In: *Journal of the American Medical Association,* s.n.: s.l., v. 272 (22), p. 1735-1736, 1994.

RIZZO, T. Exercise and arthritis. In: *IDEA Today,* s.n.: s.l., February, p. 25-29, 1997.

U.S. DEPARTMENT OF HEALTH AND HUMAN SERVICES. *Physical activity and health:* a report of the surgeon general. Atlanta: Department of Health and Human Services, Centers for Disease Control and Prevention, National Center for Chronic Disease Prevention and Promotion, 1996.

Recursos

Arthritis Foundation: www.arthritis.org

CAPÍTULO 28

TRABALHANDO COM IDOSOS

Pablo Picasso observou uma vez: "A idade só importa quando se está envelhecendo". A maioria dos idosos concordaria com um leve aceno de cabeça de reconhecimento e um sorriso torto e sábio. O envelhecimento pode ser simplesmente pensado como a passagem do tempo. Porém, quando se trata do corpo de seu cliente (ou do seu) sofrer os efeitos dessa passagem, isso se torna um assunto mais pessoal e importante.

A atenção e o interesse dos idosos em relação ao processo do envelhecimento e do que pode ser feito a respeito dele tornou-os o público mais cativo da indústria do condicionamento físico. Milhões de idosos estão preocupados em envelhecer com graça, enquanto, simultaneamente, mantêm uma auto-estima positiva e um estilo de vida produtivo, vigoroso e saudável.

Não é segredo que a América está envelhecendo. A faixa etária acima dos 65 anos é a que mais cresce em nossa sociedade e, desde a década de 1960, cresceu duas vezes mais rápido que a população geral. Até o ano 2030, o número de indivíduos com 65 anos ou mais aumentará para 70 milhões apenas nos Estados Unidos (Mazzeo et al., 1998). As pessoas com 85 anos ou mais (definidas como "idosos mais velhos") agora são classificadas como o segmento de mais rápido crescimento na população americana (Schnirring, 2000).

O resultados do sucesso sem precedentes na promoção e manutenção da saúde é que cada vez mais indivíduos estão se aproximando dos limites superiores do espectro humano de vida. O americano médio (e indivíduos de outros países que têm um estilo de vida semelhante e atendimento de saúde comparável) vive uma vida longa, mas é freqüentemente sedentário, gordo, sem condicionamento físico e cronicamente doente. Qualquer adulto que tenha acumulado um tal tempo de vida de conforto e inatividade herdou (por escolha ou falta de informação sobre o impacto positivo da atividade e de uma dieta apropriada) um estilo de vida incapacitante. As intervenções médicas que incluem remédios avançados e outros procedimentos prologam a vida, mas uma existência limitada à respiração está longe de ser uma boa qualidade de vida.

Zona de Invalidez

De acordo com especialistas em envelhecimento, o repouso é precisamente o que as pessoas que estão envelhecendo não precisam. A começar da meia idade, as pessoas começam a ganhar gordura e perder músculos, força, ossos e a capacidade aeróbia. Eleva-se muito o risco de doenças cardíacas, diabetes, pressão alta e osteoporose. Elas estão a caminho da "zona de invalidez" (Evans e Rosenberg, 1991).

A zona de invalidez é o período de tempo em que a pessoa não tem mais qualidade de vida (em razão de doenças) até sua morte. Essa distinção é feita pela comparação do "período saudável" com o tempo total de vida. Os dois são muito diferentes. O período saudável de seu cliente é o tempo pelo qual ele é funcional, saudável e capaz de realizar as tarefas diárias por si só. Em outras palavras, a capacidade funcional é alta porque a pessoa tem autoconfiança e é capaz de ter uma vida independente no ambiente de sua preferência, de seu lar. Já a zona de invalidez geralmente é o período de tempo (geralmente entre 10 e 15 anos) que ocorre próximo ao fim da vida de uma pessoa, quando ela se torna cada vez mais dependente dos outros (Evans e Rosenberg, 1991). Para que seus clientes e entes queridos cheguem fortes ao final da corrida, você gostaria de ver o tempo que eles passarão na zona de invalidez se reduzir ou desaparecer. Deixe que o conhecimento sobre a zona de invalidez funcione como o motivador de seu cliente!

Quem é o Idoso?

A população com mais de 50 anos é uma comunidade diversificada e mista. Esse mercado-alvo inclui idosos que não têm doenças e com bom condicionamento físico, os saudáveis e sem condicionamento físico e os que não são saudáveis e não têm condicionamento físico ou são fisicamente limitados, assim como muitas outras categorizações que não se encaixam nesses moldes. A mensagem aqui é não estereotipar ou rotular os idosos quanto a suas necessidades ou condições físicas, até que seja realizado um histórico cuidadoso. Então, e só então, você terá uma boa idéia das necessidades especiais e únicas do indivíduo. Fica claro que a idéia de que "um programa serve para todos" é inadequada para os idosos.

Fatos e Ficções para o Praticante de Exercícios com Mais de 50 Anos

Conforme as pessoas envelhecem, elas se preocupam em ter dinheiro suficiente para viver seus anos dourados da maneira como estão acostumadas ou esperam que sejam suas aposentadorias. Os idosos deveriam ter iguais preocupações quanto a ter músculos e energia suficientes para movimentar-se, funcionar adequadamente e manter sua independência física. O exercício é uma preparação para envelhecer mais devagar. As pessoas de qualquer idade podem retardar muito o declínio físico associado ao envelhecimento exercitando-se de maneira regular. Se seus clientes mais idosos já foram encorajados a "ir devagar", prepare-os com a frase "descanso é exatamente o que eu não preciso!" Destrua quaisquer concepções errôneas que eles tenham sobre sua capacidade de se engajar em um estilo de vida ativo e saudável educando-os sobre os seguintes fatos e mitos:

Mito 1. Estou velho demais para me exercitar.

Fato.

O corpo é incrivelmente resistente. As pessoas de 70, 80 e 90 anos mostram grandes melhorias no condicionamento físico. Seus clientes nunca são velhos demais para começar. De fato, eles não podem se permitir ficar sem o exercício. A força muscular, ossos densos e um coração forte são essenciais para a qualidade de vida na terceira idade. Exercício é remédio!

Mito 2. Não tenho energia, por isso não posso me exercitar.

Fato.

Se seu cliente está fora de forma e exausto antes do dia começar, parece absurdo considerar a possibilidade de adicionar exercícios à sua rotina. Porém, se começar devagar, desenvolverá resistência e força rapidamente. Logo terá energia suficiente no final do dia para continuar e fornecer uma margem de energia para que possa brincar com seus netos ou aproveitar uma forma de recreação pessoal. Quando ele sentir a energia, nunca mais vai querer ficar sem ela, por isso precisa começar e não parar.

Mito 3. Preciso ficar em forma antes de começar um programa de treinamento de resistência.

Fato.

Um programa de treinamento de resistência pode ser o primeiro passo e a parte mais importante do treinamento de um indivíduo (Buckwalter e DiNubile, 1997; Mazzeo et al., 1998). Seu cliente não deve esperar para iniciar um treino de força até que esteja em forma. Ele pode começar a trabalhar os músculos hoje e mudar sua postura e sua aparência, acelerar seu metabolismo, fortalecer os ossos, perder peso e manter a independência física.

Mito 4. Consigo perder peso somente com a dieta.

Fato.

*A combinação d*e uma restrição calórica sensata e exercício é a melhor solução para perder peso e mantê-lo sob controle. Muitos idosos que ganham peso estão ingerindo menos calorias do que em anos anteriores, mas continuam a ganhar peso em forma de gordura porque estão perdendo massa muscular. Apenas o exercício aeróbio e a dieta não são as respostas. Seu cliente também precisa de um treinamento de força.

Mito 5. É natural ganhar peso e envelhecer na meia idade, então por que se preocupar com exercícios?

Fato.

O ganho de peso na meia idade é normal, mas está longe do natural. Ficar fora de forma, ganhar alguns quilos e ficar mais suscetível a uma variedade de doenças que ameaçam a vida também é comum, para a maioria dos americanos e outros que vivem nas sociedades modernas. Porém, ninguém quer fazer parte da média em um mundo pouco saudável. O exercício vai ajudar seu cliente a manter o controle do peso, evitar as doenças degenerativas, como o diabetes e as doenças cardíacas, lidar melhor com o estresse e também sentir-se bem. Ser inativo tem mais a ver com o envelhecimento do que com quaisquer razões fisiológicas inevitáveis. A maior parte do declínio fisiológico brota da inatividade e é, portanto, reversível (Schwenk, 1999. p. 3).

Mito 6. Exercício é tudo ou nada. Ou você pratica o tempo todo ou não pratica.

Fato.

Não deixe que seu cliente se imagine em um cenário de perfeição. A meta da perfeição é a receita perfeita para o fracasso. Praticar exercícios com consistência ao longo do tempo é a fórmula do sucesso. Se ele sair da linha, deve voltar a ela o mais rápido possível. O vencedor dessa corrida é a tartaruga, e não a lebre.

Mito 7. Não tenho tempo para me exercitar.

Fato.

Seu cliente não pode se permitir ficar sem o exercício. O exercício vai aumentar sua energia e vitalidade. Ele deve tratar o exercício como um compromisso que não deve ser perdido e estabelecer um curso de ações planejadas. É simples. No mínimo, ele deve comer direito, caminhar entre três e cinco vezes por semana e realizar um treinamento de força duas vezes por semana por 20 a 25 minutos.

A Fonte da Juventude: O Exercício É o Antídoto Contra o Envelhecimento

Não deixe que seu cliente acredite no mito de que o envelhecimento é um processo inevitável e impossível de interromper. Embora suas as funções gerais de seu cliente certamente declinem em comparação ao que ele era capaz de fazer quando tinha 20 anos, os aspectos mais severos do envelhecimento estão relacionados à inatividade e perda muscular. De fato, um indivíduo ativo e em boa forma de 70 anos de idade pode ter a mesma capacidade aeróbia de um sedentário de 25 anos de idade sem condicionamento físico (Schwenk, 1999. p. 3).

Oliver Wendell Holmes compreendeu essa idéia de comparar a idade cronológica à idade funcional ao dizer: "ter 70 anos de juventude é muitas vezes mais alegre e esperançoso do que ter 40 anos de idade". Encorajo meus clientes a evitarem a cadeira de balanço com a batalha! Eles fazem isso ao escolher um estilo de vida ativo. A meta: morrer jovem o mais tarde possível!

Recomendações Gerais de Programa

1. Escolher exercícios familiares e divertidos.
2. Repetir atividades específicas para melhorar a coordenação, habilidade e confiança.
3. Garantir que o indivíduo possua a habilidade necessária para realizar a atividade com segurança.
4. Evitar ou modificar atividades de alto impacto e que possam causar traumas às articulações e músculos, conforme apropriado para a situação específica do cliente.
5. Evitar ou modificar atividades que demandem um alto nível de coordenação e equilíbrio, conforme apropriado para a situação específica do cliente.
6. Incluir aquecimentos graduais e adequados (por exemplo, ao menos 10 a 15 minutos) e desaquecimentos (por exemplo, ao menos 10 a 15 minutos). Essas recomendações são especialmente adequadas para idosos que têm questões cardiovasculares, ortopédicas ou artrite.

Tornando a Atividade Física Significativa e Divertida para o Idoso

Um programa de exercícios adequadamente elaborado e implementado para idosos pode ter muitos benefícios físicos e emocionais. É claro que um dos benefícios é que os idosos podem manter um estilo de vida independente e ativo. Você também pode fazer com que o exercício físico seja divertido e significativo para os idosos, não só enfocando suas necessidades físicas, mas também levando em conta suas necessidades sociais e emocionais.

Elaboração de Programas para o Idoso: Um Ato de Equilíbrio

O uso de uma variedade de estratégias de treinamento é sua melhor abordagem para o treinamento do idoso. Não devem ser avaliados apenas o condicionamento cardiorrespiratório, de força e flexibilidade, mas também a postura e a cadência de caminhada devem ser treinadas e melhoradas. O treinamento funcional e de equilíbrio também pode ajudar os idosos a melhorarem o equilíbrio e reduzirem as chances de quedas ou de tornarem-se inválidos.

Orientações Gerais sobre Exercícios para Trabalhar com o Idoso

Quando os clientes idosos requerem treinamento pessoal, o que você pode fazer para orientá-los com segurança?

Usar informações confiáveis. Em geral, muitas das orientações básicas que foram desenvolvidas pela ACSM (1997, 1998) para adultos aparentemente saudáveis são apropriadas para a população idosa, assim como as recomendações específicas direcionadas a idosos (ACE, 1998; Mazzeo et al., 1998). O participante idoso pode ser mais frágil ou ter uma variedade de doenças crônicas que o tornam mais suscetível à fadiga, temperaturas extremas, lesões ortopédicas e problemas cardiovasculares. As orientações também devem ser adaptadas às capacidades, limitações e metas específicas do idoso. O treinamento de força deve ser uma meta central do treinamento.

Realizar uma avaliação pré-exercício cuidadosa da saúde, das capacidades e das limitações do indivíduo. A avaliação deve incluir uma avaliação médica geral, com atenção especial direcionada aos sistemas cardiovascular, pulmonar, músculoesquelético e neurológico. A avaliação também deve identificar doenças e limitações que (a) impossibilitem a atividade física ou demandem tratamento e estabilização antes do exercício ou (b) requeiram a modificação do programa de exercícios. Use a avaliação para determinar se você está qualificado para trabalhar com esse cliente com base em suas necessidades especiais e seu histórico. Na maioria dos casos, você terá capacidade se estiver disposto a fazer perguntas e obter respostas para o que ainda não sabe.

Entender e esclarecer as metas do treinamento. Para a maioria dos idosos, a meta primária de saúde é manter um estilo de vida independente que permita a participação em atividades e ambientes sociais de que gosta. Enfatize para os clientes que o programa físico é um suplemento, e não um substituto, de uma dieta apropriada, um repouso adequado e uma perspectiva positiva.

Use uma abordagem abrangente de treinamento. Os idosos necessitam de uma individualização de seus programas de exercício. Devem ser promovidos o treinamento funcional e do equilíbiro, o condicionamento cardiovascular, a força e a resistência musculares, a postura e a flexibilidade.

Ajustar o treinamento cardiovascular. Em acréscimo aos exercícios cardiovasculares formais (ou seja, regimentado e planejado), estimule um aumento das atividades diárias e recreacionais como passeios, subir escadas, trabalhos domésticos leves e jardinagem.

A freqüência geralmente recomendada de condicionamento cardiovascular para adultos é de 3 a 7 vezes por semana, com 15 a 60 minutos de exercício por sessão, por um mínimo de três dias não consecutivos. Muitos idosos, especialmente os que eram sedentários anteriormente, preferem ou toleram exercícios de intensidade baixa a moderada por períodos longos. Se as durações mais longas forem bem toleradas, use atividades intermitentes. Equilibre a adesão ao exercício com o efeito do treinamento, a intensidade e a duração.

Têm sido documentadas melhorias do condicionamento cardiovascular com exercícios de baixa intensidade (por exemplo, 40% do VO_2máx). A ACSM recomenda uma faixa de intensidade de treinamento entre 40 e 85% do VO_2máx ou da freqüência cardíaca de reserva. Para o idoso anteriormente inativo, alcançar uma alta freqüência de exercício é o fator menos importante em um programa de sucesso e, se enfatizada desde cedo, essa alta freqüência pode causar lesões e a desistência do exercício. O programa deve corresponder aos níveis de condicionamento físico e à tolerância do cliente (ACSM, 1997, 1998; U.S. Department of Health and Human Services, 1996).

Incluir o treinamento de força no programa. Muitos pesquisadores acreditam que o passo mais crítico no combate ao processo do envelhecimento é o treinamento de força. Uma série de trabalhos científicos influentes (Feigenbaum e Pollock, 1997; Fiatarone et al., 1990; Fiatarone, O'Neill e Ryan, 1994; Frontera, Meredith, O'Reilly, 1988; Mazzeo et al., 1998; Westcott, 1995) fornecem informações persuasivas que moldaram o pensamento atual sobre os melhores programas de treinamento de força para idosos. É impreciso acreditar que o idoso perca a capacidade de responder aos estímulos do exercício ou treinamento de força conforme envelhece. Os estudos mostram que a força pode triplicar nos idosos.

O treinamento de força é a única maneira de interromper o desgaste dos músculos (atrofia). Não importa se seu cliente corra todos os dias ou tenha 40 ou 75 anos de idade: se ele não trabalhar os músculos com o treinamento de força, ele os perderá. Entre as idades de 25 e 40 anos, os indivíduos comumente perdem cerca de 4% da massa muscular a cada década. Após os 50 anos, a pessoa pode perder cerca de 10% por década ou cerca de 1% ao ano. É típico haver uma redução aproximada de 30% da força entre os idosos dos 50 aos 70 anos. A força muscular continua a declinar dramaticamente em cerca de 15% a cada década entre a sexta e a sétima décadas de vida e em 30% a partir desse ponto (Mazzeo et al., 1998). Em resumo: faça um treinamento de força ou vai perdê-la!

Enfatizar a flexibilidade e a postura. Embora a ciência não possa definir precisamente a dose (quanto) e a resposta (resultado) das orientações de treinamento de flexibilidade, os parâmetros dos programas básicos incluem o alongamento de natureza estática em vez de dinâmica. O alongamento pode ser praticado de 2 a 7 dias por semana com o uso de sustentações das posições por 5 a 40 segundos, embora eu ache a duração entre 20 e 30 segundos mais tolerável para os clientes idosos. Os alongamentos podem ser repetidos diversas vezes para cada parte do corpo, e a intensidade pode ser caracterizada como a tensão muscular, confortavelmente desconfortável, mas não progride para o ponto da dor. A progressão do arco de movimento não pode ocorrer devagar demais (ver capítulos 11, 15 e 20).

Individualizar os programas de exercício para idosos. Existe uma grande diversidade entre as capacidades físicas e mentais dos idosos. Há pessoas totalmente inativas e muito ativas. O que funciona com um cliente ou grupo pode não funcionar com outro.

Importância do Treinamento de Resistência para Idosos

A mensagem é alta e clara. O treinamento de força deixa os músculos mais fortes, preserva a independência física, limita a probabilidade de doenças crônicas graves (como o diabetes) e ajuda a manter os corpos em envelhecimento fisiologiamente mais jovens do que a idade cronológica que possuem.

As pesquisas (ACE, 1998; ACSM, 1995, 1997, 1998; Evans e Rosenberg, 1991; Mazzeo et al., 1998; Pollock et al., 1998) sugerem que o passo mais importante não apenas para retardar, mas para reverter o processo do envelhecimento é o treinamento da força. É um mito dizer que o idoso perde completamente a capacidade de responder ao estímulo do treinamento de força. Os estudos iniciais pareciam apoiar esse ponto de vista, mas a elaboração errônea desses estudos (utilizavam muito pouca resistência) condenaram a teoria da "resposta à força" ao fracasso. Não é que os idosos não conseguissem responder aos estímulos da força como indicavam alguns estudos: eles simplesmente não haviam sido expostos a esses estímulos! Os níveis de força triplicaram em estudos de força bem controlados e elaborados entre idosos, e outros estudos mostraram melhorias de força de 200% (Evans e Rosenberg, 1991; Mazzeo et al., 1998). No entanto, como para as pessoas de qualquer idade, o idoso precisa trabalhar em intensidade suficiente para melhorar a resposta ao treinamento de força e obter ganhos de força significativos provenientes desse treinamento.

Mecânica do movimento. O treino da força pode aumentar a força em si e a capacidade funcional associada nos idosos. A melhoria da cadência de caminhada, da potência das pernas e do equilíbrio são apenas alguns dos benefícios associados.

Treinamento da força, gasto de energia e taxa metabólica. O gasto diário de energia declina progressivamente ao longo da vida adulta. Nos indivíduos sedentários, o principal fator que conduz a esse declínio do gasto de energia é a perda da massa livre de gordura. A perda muscular contribui para uma taxa metabólica basal significativamente mais baixa entre os idosos.

Além do papel dos músculos no metabolismo energético (gasto de calorias, controle e perda de peso), a perda muscular pode resultar na redução da densidade óssea e sensibilidade à insulina (aumenta a ação da insulina) e na redução da capacidade aeróbia (Mazzeo et al., 1998).

Por essas e muitas outras razões, os programas que aumentam a massa muscular podem aumentar a independência funcional e a capacidade em idosos anteriormente sedentários, e podem diminuir o risco do idoso desenvolver muitas doenças crônicas associadas à idade.

Observação: O aporte inadequado de proteínas pode prejudicar a resposta anabólica (hipertrofia) ao treinamento da força no idoso. A atual ingestão diária recomendada (Recommended Dietary Allowance — RDA) nos Estados Unidos de 0,8 grama de proteína por quilograma de peso corporal por dia parece inadequada para os idosos. Dados recentes sugerem que um aporte seguro de proteínas para os idosos é de 1,25 gramas por quilograma por dia (Mazzeo et al., 1998).

Orientações para o treino de força. A chave para o treino de força eficaz é selecionar uma intensidade (resistência ou carga) que irá fatigar os músculos-alvo em 8 (cerca de 85% de 1 repetição máxima ou 1 RM) a 20 repetições (cerca de 50% de 1 RM), o que se configura como um estímulo eficaz de treinamento. As repetições infinitas podem levar a lesões por uso excessivo, e não produzirão ganhos de força significativos. Entretanto, durante as primeiras 12 semanas de um programa de treinamento de força, você não precisa encorajar o idoso a chegar voluntariamente à falha muscular. Serão ganhos muitos benefícios de condicionamento físico nesses estágios iniciais do treinamento sem a necessidade de atingir a fadiga muscular voluntária.

A força muscular parece crescer em resposta ao treinamento entre 60 e 100% da 1RM (Mazzeo et al., 1998), o que equivale grosseiramente a algo entre 1 e 16 repetições (Uma carga de 1 RM é a quantidade máxima de peso que o cliente consegue levantar uma única vez com adequado controle e execução correta. 20 RM correspondem a uma resistência que pode ser levantada 20 vezes durante o exercício dado. RMs baixos, como, por exemplo, de 1 a 7, geralmente não são recomendados para os idosos.).

Comece com um maior número de repetições (por exemplo, 20) e menos peso com os clientes sem condicionamento, e faça progressos gradualmente. Com adultos anteriormente sedentários, esse ponto de partida conservador aumentará a força e a resistência musculares enquanto simultaneamente minimizará o risco de lesões. No mínimo, faça com que seu cliente realize duas sessões por semana com pelo menos 48 horas entre elas. Faça com que ele realize uma série até a falha (depois de cerca de 12 semanas de treinamento) ou fadiga (a última repetição é desafiadora e o cliente ainda consegue manter a boa forma), e escolha de 8 a 10 exercícios que desafiem todos os principais grupos musculares. Use uma velocidade controlada de movimento, com cada repetição com duração entre seis e nove segundos (Ace, 1998). Penso que muitos clientes toleram muito melhor as repetições de 4 a 7 segundos. A questão é controlar a velocidade do movimento. A recuperação entre as repetições e séries é determinada pela capacidade, resposta, tolerância e meta de treinamento individuais, assim como a amplitude de movimento. Em geral, é prudente estabelecer uma recuperação completa entre as séries.

As orientações gerais recomendam uma intensidade de treinamento entre 70 e 80% de 1 RM, com uma meta de 8 a 15 repetições (ACE, 1998). Prefira pecar por ser conservador e realize progressos com cuidado em direção a essa faixa de menor número de repetições e intensidade relativamente maior. A fadiga muscular voluntária torna-se cada vez mais importante após cerca de 12 semanas de treinamento, em termos de resultado do treinamento contínuo.

Observação: Uma 1 RM, em termos do peso ou resistência absolutos utilizados, pode ser bastante baixa para os adultos sem condicionamento físico. Ela não envolve necessariamente muito peso ou uma resistência muito grande. Certifique-se de que a carga que o cliente está levantando (seja ela em forma de *tubing*, máquina ou peso corporal) possa ser levantada por vezes suficientes, de modo que esteja dentro das orientações recomendadas de 8 a 20 repetições. Por exemplo, uma flexão de braço modificada com os joelhos flexionados pode ser de 1 RM para alguns idosos sem condicionamento físico (eles conseguem fazer apenas uma ou nenhuma!), e não é apropriada para esse indivíduo nesse ponto do programa se a meta adequada de repetições é de 15 a 20.

As pesquisas documentam amplamente que as recompensas do treino de força são muitas:

- Uma vantagem é um corpo mais esbelto. Manter ou aumentar a massa muscular preserva a capacidade do cliente de queimar números maiores de calorias. O corpo de seu cliente opera com uma taxa metabólica maior, e é mais fácil para ele manter ou perder peso.
- Outro argumento-chave em favor do treinamento de resistência são os ossos fortes. Os ossos e músculos se deterioram com a idade, especialmente com a inatividade. A melhor forma de fortalecer os ossos é estimular os músculos que se ligam a eles, ter uma dieta saudável e fazer atividade de levantamento de peso ou baixo impacto.
- A melhoria da postura é outro ganho do treinamento de resistência. Os músculos fortes ajudam a manter uma postura ereta e podem eliminar muitos problemas ortopédicos associados às costas, quadris e joelhos.
- O treinamento de resistência também pode fornecer uma boa "blindagem" para o corpo do cliente durante os treinos aeróbios ou cardiovasculares. Músculos, ossos, tendões, ligamentos e cartilagens fortes e flexíveis protegem as articulações de lesões potenciais, em especial quando o cliente realiza atividades de levantamento de peso ou após uma queda.

As recompensas do treino de resistência são realmente muitas. Muitos idosos comentam que têm um prazer especial com seus novos corpos: o abdome se aplaina, algo que as caminhadas nunca conseguiram fazer; os braços ficam firmes; a postura, ereta e eles conseguem levantar objetos pesados e brincar com seus netos. Ser independente em si pode ser um motivo suficiente para todos, em qualquer idade, começarem a fazer um treinamento de força.

Abordagens com Programas Individualizados

Assim como com todas as populações, há uma diversidade entre a população idosa. Há idosos totalmente inativos e outros muitos ativos de 70, 80 e 90 anos. Alguns ainda correm maratonas, enquanto outros não conseguem subir um lance de escadas ou erguer um saco de compras.

O que funciona com uma pessoa ou um grupo pode não funcionar com outro. É óbvio que não existe um único melhor programa para o treinamento dos idosos. A elaboração do programa envolve a integração de metas sensatas e realistas e o uso de uma abordagem educacional para explicar o que o exercício pode ou não fazer em termos de saúde, condicionamento físico e desempenho. Isso deve ser balanceado com o que o cliente quer e precisa, o que ele consegue tolerar e o que vai realizar com regularidade.

Começando devagar. Temo que muitos programas de exercícios sejam difíceis, intimidadores ou complicados demais. Uma lesão ou outro problema que apareça no início do programa freqüentemente se torna o fim do mesmo. A mensagem para muitos idosos é fazer alguma coisa. Qualquer participação ativa que esteja acima do que o idoso esteja fazendo atualmente é positiva. Por vezes, você precisa esquecer as aplicações perfeitas dos manuais para que possa ter sucesso no mundo real. Nesse caso, alguma coisa é realmente melhor que nada. Enfatize a alegria, o divertimento e a brincadeira. Os idosos adoram rir, e são como as crianças nesse sentido. Se não for divertido e eles não se sentirem bem, eles não vão continuar!

Trabalhar com idosos é rico em termos de oportunidade de negócios e recompensa pessoal. O exercício funciona e, sem dúvida, melhora muito a qualidade de vida da maioria dos idosos.

Envelhecendo

> "A juventude não é apenas um período da vida... é um estado mental. Não é somente feita de bochechas rosadas, lábios vermelhos ou joelhos ágeis. É uma disposição da vontade, uma qualidade da imaginação, um vigor das emoções. Ninguém envelhece meramente por viver um número de anos. As pessoas envelhecem apenas ao abandonar seus ideais. Você é tão jovem quanto sua autoconfiança, tão velho quanto seus medos, tão jovem quanto sua esperança, tão velho quanto seu desespero. No fundo de cada coração, há uma câmara de memórias; enquanto ele receber mensagens de beleza, esperança, alegria e coragem... você será jovem. Quando todas essas mensagens tiverem cessado e seu coração estiver coberto pelas neves do pessimismo e pelo gelo do cinismo, aí então, e somente então, você terá envelhecido."

Citação anônima enviada para mim por minha mãe, que tem 73 anos de juventude.

O Segredo de Envelhecer Bem

Precisamos dar aos idosos que amamos mensagens positivas, identificar e comunicar seu valor e sua importância para nós. E existe o outro lado da moeda. Os idosos precisam expressar um entusiasmo pela vida que, embora possa ser encorajado por todos que interagem com eles, é em última instância responsabilidade e escolha de todos os que envelhecem. Em conclusão, a vida ativa (não há limite de idade para os benefícios do exercício) e uma perspectiva positiva são as chaves para envelhecer bem!

Envelhecer: Sugestões de Leitura

BOUCHARD, C., SHEPHARD, R.J., STEPHENS, T. *Physical activity, fitness and health consensus statement.* Champaign, IL: Human Kinetics, 1993.

CENTERS FOR DISEASE CONTROL AND PREVENTION. Prevalence of disabilities and associated health conditions – United States. In: *Journal of the American Medical Association,* s.n.: s.l., v. 272(22), p. 1735-1736, 1991-1992.

KRAVITZ, L. The age antidote. In: *IDEA Today,* s.n.: s.l., February, p. 28-35, 1996.

SPIRDUSO, W.W. *Physical dimensions of aging.* Champaign, IL: Human Kinetics, 1995.

U. S. DEPARTMENT OF HEALTH AND HUMAN SERVICES. *Physical activity and health:* A report of the surgeon general. U.S. Department of Health and Human Services, Centers for Disease Control and Prevention, National Center for Chronic Disease Prevention and Promotion, 1996.

VANNORMAN, K. *Exercise programming for older adults.* Champaign, IL: Human Kinetics, 1995.

WESTCOTT, W. S.; BEACHLE, T.R. *Strength training past 50.* Champaign, IL: Human Kinetics, 1998.

Recursos

American Association of Retired Persons: 202-434-2277 ou www.aarp.org.

American Senior Fitness Association: 800-243-1478 ou 904-427-0613.

National Institutes on Aging: 800-222-2225.

Um diretório de *web sites* de agências, organizações e grupos de defesa relacionados ao envelhecimento pode ser encontrado em www.aoa.dhhs.gov/aoa/webres/craig.htm.

CAPÍTULO 29

TREINANDO A CLIENTE GRÁVIDA: UMA POPULAÇÃO SAUDÁVEL ESPECIAL

As atitudes em relação ao exercício para as mulheres durante a gravidez mudaram significativamente nas décadas recentes. De fato, a diferença entre as orientações da década de 1950 e as orientações iniciais do American College of Obstetricians and Gynecologists (ACOG), divulgadas em 1985, são muito marcantes, e essas recomendações recentes foram seguidas por mais orientações revisadas da ACOG, em 1994 e 2002. As informações que mostram que as gestantes podem se exercitar mantendo em segurança o desenvolvimento do feto e da própria mãe continuam a se multiplicar.

Na década de 1950, o padrão predominante de cuidado "permitia" que a gestante caminhasse uma milha diariamente. E era preferível que essa milha fosse quebrada em diversas partes (Artal, Sherman, 1999). Em 1985, a ACOG endossou limites muito específicos de duração contínua (15 minutos) e freqüência cardíaca (140 batimento por minuto). Essas orientações baseavam-se na observação empírica, e foram elaboradas para garantir a segurança da maioria das mulheres grávidas, pois não estavam disponíveis pesquisas científicas precisas para responder todas as questões relacionadas ao exercício e à gestação. Nove anos mais tarde, em razão de muitos especialistas acreditarem que essas recomendações iniciais eram restritivas demais para gestantes em boa forma ou atletas altamente treinadas, a organização publicou recomendações de exercício para gestações em complicações que se comparavam às usadas com mulheres não-grávidas (ACOG, 1994). As restrições anteriores sobre a duração dos exercícios e a freqüência cardíaca foram eliminadas, e a recomendação foi modificada para indicar que a maioria das mulheres pode começar ou continuar a se exercitar moderadamente para manter o condicionamento cardiorrespiratório e muscular na gravidez e no período pós-parto (Artal e Sherman, 1999). Esse reconhecimento das diferenças individuais permitiu que a prescrição do condicionamento físico correspondesse com mais prontidão aos padrões de atividade, aos níveis de condicionamento e às capacidades de exercício das mulheres que continuam a se exercitar na gravidez. De fato, as orientações mais recentes da ACOG (2002) afirmam que as gestantes saudáveis podem adotar a recomendação de atividade para a população geral, que é de 30 minutos ou mais de exercícios moderados na maioria dos dias da semana, quando não em todos. Raul Artal, principal autor por trás das recomendações da ACOG, acredita que a gravidez oferece uma época singular para a modificação do comportamento, e que os comportamentos saudáveis mantidos ou adotados durante a gravidez podem influenciar a saúde de uma mulher pelo resto da vida (Schnirring, 2002).

Muitas mulheres em idade fértil exercitam-se regularmente e freqüentemente desejam continuar a fazê-lo durante a gravidez e o período pós-natal. Isso reflete não apenas a evolução do papel da mulher na sociedade, mas também os avanços no entendimento científico dos efeitos do exercício sobre o feto (Artal e Sherman, 1999). O conhecimento científico ajuda a mãe a se exercitar com confiança e contribui para uma abordagem precisa de programa, que mantém a segurança da mãe e da criança que vai nascer.

Além das Concepções Errôneas e Orientações Antiquadas

As informações errôneas e os maus conselhos ainda são inúmeros quando se pensa em conselhos sobre exercício para as gestantes. A seguir, veremos alguns mitos comuns, acompanhados de fatos, a respeito da gravidez e do exercício.

Mito 1. O exercício nunca deve durar mais de 15 minutos.

Fato. Embora nunca seja má idéia utilizar o conceito do exercício intermitente (um certo número de minutos, seguidos de recuperação e hidratação), o limite estrito de 15 minutos surgiu na tentativa inicial de estabelecer orientações conservadoras e seguras para as mulheres que se exercitavam durante a gravidez (ACOG, 1985). A maioria das orientações atuais, apoiadas por pesquisas que dizem que as mulheres com gravidez sem complicações podem se exercitar virtualmente com as mesmas salvaguardas das mulheres não-grávidas, apóia a idéia de que as mulheres podem se exercitar por períodos mais longos (30 minutos ou mais, na maioria ou em todos os dias da semana), contanto que permaneçam bem hidratadas e percebam o exercício como ameno ou moderado (ACOG, 1994; 2002). As orientações da ACOG até encorajam as mulheres que não se exercitavam antes da gravidez não apenas a adotarem mudanças saudáveis de comportamento em relação à nutrição e outras opções de estilo de vida, mas também a iniciarem um programa de exercícios progressivo e moderado (ACOG, 2002).

Mito 2. A freqüência cardíaca durante o exercício nunca deve exceder os 140 batimentos por minuto.

Fato. Esse limite definido de freqüência cardíaca também nasce das orientações da ACOG de 1985. Embora considerada apropriada em 1985, essa recomendação está ultrapassada agora. As pesquisas revelam que uma recomendação conservadora como essa era muito limitante para as mulheres que achavam que uma freqüência cardíaca de 140 batimentos por minuto tinha uma carga que mal ultrapassava o nível de esforço de um aquecimento. As novas orientações dizem que as mulheres podem realizar exercícios regulares, entre amenos e moderados no máximo, em todos os dias da semana (ACOG, 2002). Essa mudança é significativa, pois permite que cada gestante regule seu próprio nível de condicionamento físico e esforço percebido, o que pode corresponder melhor às necessidades individuais de condicionamento.

Mito 3. O exercício gera bebês de baixo peso.

Fato. As descobertas das pesquisas têm sido inconsistentes com relação ao peso fetal nas mulheres que se exercitam (Artal e Sherman, 1999). Alguns estudos mostram que bebês com peso mais baixo, sem diferença de peso ou mais pesados ao nascer (Artal e Sherman, 1999). Uma revisão (Pivarnik, 1998, citado na p. 54 de Artal e Sherman, 1999) concluiu que "as evidências atuais parecem indicar que a participação em atividades entre moderadas e vigorosas durante a gravidez pode *aumentar* o peso do bebê," embora o estudo advirta que regimes mais severos possam resultar em bebês com peso mais baixo. De acordo com Pivarnik (1998), a quantificação suficiente de calorias (ou seja, o aporte calórico é suficiente?) é crítica para avaliar antes da chegada a conclusões definitivas sobre o exercício e o peso dos bebês. Esse elemento, a quantificação de calorias, está ausente na maioria dos estudos. James Clapp (1998) descobriu que o exercício vigoroso e regular durante a gravidez diminui a gordura fetal sem reduzir o crescimento total. Em outras palavras, as mulheres que se exercitam não têm bebês com baixo peso (menos de 2,5 quilos), mas podem ter bebês mais leves e esbeltos.

Mito 4. O exercício vigoroso pode causar abortos ou trabalho de parto prematuro, e as atletas grávidas que se exercitam intensamente comprometem a saúde materna e fetal (Kardell e Kase, 1998; Bailey, Davies e Budgett, 1998; Hale e Milne, 1996).

Fato. Relatórios de casos têm levado as pessoas a acreditarem que o exercício durante a gravidez provoca uma alta incidência de abortos. A taxa normal de abortos situa-se entre 15 e 20%. A incidência de abortos nas gestantes que se exercitam e nas que não se exercitam é de 16 a 17% (Clapp, 1998). Continuar com os exercícios durante a gravidez não conduz a uma maior incidência de abortos ou deficiências de nascença.

Assim como em relação ao trabalho de parto prematuro, a preocupação é que o aumento da produção de norepinefrina e prostaglandina durante o exercício (ou ao ficar em pé por períodos prolongados) pudesse estimular a atividade uterina e o trabalho de parto prematuro. Um estudo concluiu que "a redução observada no risco de parto prematuro em uma população obstétrica geral é uma evidência da segurança, bem como dos benefícios potenciais do exercício durante a gestação" (Artal e Sherman, 1999. p. 57).

E em relação ao exercício vigoroso? Embora um regime de treinamento com exercícios moderados seja geralmente recomendado durante a gestação, algumas atletas grávidas com alto nível de condicionamento físico parecem capazes de treinar com segurança em níveis de grande exigência de exerção física (Bailey, Davies e Budgett, 1998; Hale e Milne, 1996; Kardel e Kase, 1998). Kardel e Kase (1998) descobriram que um protocolo intenso de exercício continuado até próximo ao parto não teve efeitos adversos sobre o crescimento fetal. O treinamento entre moderado e vigoroso parece não ter efeitos adversos sobre a saúde materna e fetal, embora esse tipo de treinamento certamente force os limites do exercício durante a gravidez. São necessárias mais pesquisas na área do exercício vigoroso e seu impacto sobre o crescimento fetal e a temperatura central durante a gestação (Schnirring, 2002).

Mito 5. Se você nunca se exercitou, não inicie um programa de exercícios durante a gravidez. Você terá mais prejuízos do que lucros.

Fato. Anos atrás, essa afirmação refletia a atitude de senso comum em relação às mulheres inativas antes da gravidez, que consideravam o início de um programa de exercícios durante a gestação. A gravidez não deve ser uma desculpa para permanecer sedentária ou motivo para ganhar peso desnecessário (ACOG, 2002). O exercício têm o potencial de reduzir a probabilidade do diabetes gestacional (ACOG, 2002; Schnirring, 2002), particularmente nas gestantes obesas (Artal, 1998), em virtude de poder reduzir a resistência à insulina e aumentar a ação desse hormônio (eficiência).

Quando sua cliente grávida tiver a aprovação do médico para iniciar um programa de exercícios, é apropriado fazê-lo. Os benefícios adicionais incluem a melhoria do tempo de recuperação pós-parto, um ganho apropriado de peso e a diminuição da fadiga. Faça sua cliente começar devagar, ouça seu corpo e utilize o senso comum em relação aos níveis de exerção e desconforto. A gravidez e a consciência ampliada dos cuidados consigo próprio e com o feto, que surge naturalmente nesse estado, pode ser uma época excelente para iniciar um programa de exercícios que possa afetar positivamente a saúde da mãe pela vida inteira (Scnirring, 2002; ACOG, 2002)!

Mito 6. Correr é contra-indicado ou desaconselhável durante a gravidez.

Fato. Os regimes de exercício recomendados devem enfatizar as atividades de baixo impacto, como o ciclismo estacionário, a natação, a caminhada ou a ginástica aeróbia de baixo impacto. Porém, a corrida não está fora dos limites e se trata de um exercício muito autolimitado. A cliente grávida deve estar em contato com o próprio corpo o suficiente para poder discernir honestamente quando não estiver se sentindo bem ao correr. Em geral, isso ocorre em torno do terceiro trimestre, quando o feto aumenta de tamanho. Observe que uma corredora de maratona de elite continuou a treinar correndo uma média de 107 quilômetros semanais até três dias antes do nascimento de gêmeos saudáveis (Bailey, Davies e Budgett, 1998).

Mito 7. O treinamento de força ou resistência é inadequado durante a gravidez.

Fato. A participação em atividades de escopo completo geralmente é segura. Contudo, o esporte de contato para pessoas com alto risco de queda ou que possam ser vítimas de trauma abdominal (hóquei no gelo, futebol, basquete e esqui *downhill*) e o mergulho autônomo (coloca o bebê em maior risco de doença descompressiva) devem ser evitados.

Até bem recentemente, o treinamento de resistência durante a gravidez era pouco recomendado. Mas agora sabemos que as mulheres podem continuar suas rotinas de treino de força com ênfase na mecânica correta dos exercícios. Geralmente, recomenda-se o uso de cargas entre moderadas e leves, que mantenham o condicionamento muscular enquanto minimizam o potencial de lesões nos ligamentos e articulações. As cargas pesadas devem ser evitadas, a menos que adequadamente prescritas e simultaneamente supervisionadas.

Mito 8. A mulher pode comer qualquer coisa que desejar durante a gravidez, e os suplementos nutricionais não são necessários nesse período porque há um aumento no consumo de calorias.

Fato. Embora esteja além do escopo da maioria dos *personal trainers* elaborar refeições ou fazer recomendações nutricionais, você deve ter uma base geral de conhecimento em relação à suplementação nutricional e nutrição, pois ela é muito importante durante a gravidez. Em primeiro lugar, algumas de suas clientes vão comer demais; outras, de menos. Outras farão seleções ruins de alimentos, com ausência de nutrientes e não beberão fluidos suficientes. Geralmente, deverão ser acrescentadas entre 200 e 300 calorias à ingestão diária na metade do segundo trimestre para ajudar a garantir um ganho saudável de peso de 10 a 14 quilos e uma ingestão calórica adequada. O ganho excessivo de peso não é encorajado (ACOG, 2002). As necessidades de proteínas são de cerca de 75 a 100 miligramas diários, 1000 a 1200 miligramas de cálcio e 30 miligramas de ferro; as vitaminas do complexo B tornam-se cada vez mais importantes porque facilitam o metabolismo energético da mãe e do feto (as necessidades energéticas aumentam muito durante a gravidez). Na gestação, é necessário o dobro da quantidade de ácido fólico (folato) (recomenda-se 800 microgramas diários) para ajudar na prevenção de defeitos no tubo neural (espinha bífida) ou da anencefalia (condição freqüentemente fatal relacionada ao desenvolvimento incompleto do cérebro) do feto. A suplementação com ácido fólico antes e durante as primeiras semanas da gravidez é crítica. Os bons hábitos nutricionais devem começar antes de uma gravidez planejada e continuar pelo resto da vida da cliente.

Mito 9. O exercício prejudica o bebê.

Fato. Em virtude do conhecimento nessa área estar ainda muito incompleto, permanecem preocupações com o bem-estar do feto em desenvolvimento quando a mãe pratica exercícios durante a gravidez. Até que estejam disponíveis respostas definitivas, as orientações continuarão a tender para o lado conservador. Enfim, encoraje a cliente grávida a dar atenção a seu senso comum. A maioria das mulheres grávidas que se exercita durante a gestação vê isso como um tempo para manter algum grau de condicionamento físico e trazer o bebê ao mundo com segurança.

Mito 10. A ciência prova que as preocupações com o exercício durante a gravidez foram postas de lado.

Fato. A próxima sessão discute o que a ciência pode nos dizer e quais áreas necessitam de maiores pesquisas. Para facilitar o exercício da cliente durante a gestação, forme uma aliança próxima com o médico e tenda para o lado da utilização de protocolos conservadores.

Questões, Adaptações e Alterações Fisiológicas Durante a Gravidez

Por que a questão do exercício durante a gravidez é cercado de controvérsia e preocupação? Ocorrem alterações fisiológicas nos sistemas cardiovascular, respiratório, músculoesquelético e gastrointestinal, que afetam a resposta da mãe ao exercício. As alterações anatômicas da gravidez alteram o equilíbrio, a flexibilidade, a estabilidade das articulações e a coordenação (Araújo, 1997). Finalmente, exercitar-se durante a gestação causa preocupações em razão do medo de que a atividade possa prejudicar a criança que vai nascer.

Alterações Cardiovasculares

O sistema cardiovascular salta rapidamente para um nível intenso de trabalho no início da gravidez e permanece assim até o terceiro trimestre. Quando comparado a níveis pré-gravidez, o rendimento cardíaco na gestação aumenta em até 50%, e pode ocorrer um aumento do volume sanguíneo de 45% até o terceiro trimestre (Artal e Sherman, 1999). O rendimento cardíaco (freqüência cardíaca vezes volume sistólico) aumenta principalmente em razão do aumento do volume sistólico (quantidade de sangue bombeada por batimento cardíaco). No entanto, há um aumento gradual da freqüência cardíaca em repouso de cerca de 15 batimentos por minuto até o terceiro trimestre. A capacidade máxima de trabalho (VO_2máx) diminui dramaticamente por uma combinação da diminuição da reserva cardíaca (ou seja, por causa do aumento do rendimento cardíaco e do volume sanguíneo) e do aumento do consumo de oxigênio nos exercícios de levantamento de peso (em razão do aumento do peso corporal). Essas alterações evoluem até um determinado grau em virtude da maior capacidade das veias de reduzir a pressão sanguínea e ter uma maior vasodilatação na pele para ajudar a dissipar o calor e diminuir a probabilidade de hipertermia (Artal e Sherman, 1999).

O impacto cardiovascular relacionado ao duplo estresse do exercício e das alterações normais da gravidez (previamente discutidas) tem sido o foco de muitas pesquisas. Quando as exigências do exercício desviam o fluxo sanguíneo fetal para os músculos em atividade, existe um risco teórico de hipóxia fetal. Contudo, parece que durante o exercício existem mecanismos compensatórios que limitam a ameaça de um fluxo de sangue e oxigênio insuficiente para o feto.

Em razão da posição de decúbito dorsal estar associada a uma redução no rendimento cardíaco materno depois do primeiro trimestre, essa suposição tem levado a precauções freqüentemente recomendadas contra o exercício nessa posição. Seguir essa recomendação pode prevenir o desvio teórico do fluxo sanguíneo da unidade uteroplacentária e os riscos potenciais de hipóxia fetal. Até que as pesquisas apresentem resultados definitivos nessa área, essa orientação deve ser seguida.

Alterações Respiratórias

O sistema respiratório é anatomicamente afetado pelo aumento do volume do útero, e alterado fisiologicamente pelas influências hormonais. A hiperventilação em repouso ocorre entre as gestantes (em resposta ao aumento da progesterona no plasma; Araújo, 1997). No terceiro trimestre, a "respiração mais profunda" torna-se mais difícil porque o feto em expansão empurra o diafragma para cima. Também é necessária mais energia para respirar, em virtude da inalação fazer com que o diafragma seja rebaixado e impor-lhe a resistência física do útero aumentado, que ele precisa empurrar para baixo a cada inspiração.

Alterações Gastrointestinais

O sistema gastrointestinal é afetado anatomicamente pelo aumento do volume do útero e fisiologicamente pelo aumento da progesterona no plasma, que age como um suave relaxante muscular. Os efeitos combinados dessas alterações contribuem para a constipação e lentidão da mobilidade gastrointestinal. A influência hormonal também promove o relaxamento do esfíncter esofágico inferior, o que gera o aumento do refluxo gástrico ou a azia (Araújo, 1997).

Alterações Metabólicas

A hipertermia é uma preocupação, pois tanto o exercício quanto a gravidez aumentam a taxa metabólica e elevam a temperatura central da mãe. A exacerbação da temperatura central em mais de 39,2ºC é potencialmente teratogênica (causa problemas no desenvolvimento do embrião) no primeiro trimestre. As alterações adaptativas ajudam a compensar os aumentos da temperatura central e incluem o aumento da ventilação minuto e do fluxo sanguíneo para a pele, o que ajuda a aumentar a dissipação do calor e compensar de algum modo os potenciais efeitos hipertérmicos do exercício (Artal, Sherman, 1999).

Alterações Músculoesqueléticas

Ocorrem alterações significativas no sistema músculoesquelético da cliente grávida, que podem aumentar o risco de lesões durante o exercício. O crescimento dos seios, do útero e do feto aumenta a lordose lombar e desloca o centro de gravidade para frente, colocando pressão sobre a parte inferior das costas e alterando o equilíbrio normal. Somando-se a essas influências, as alterações hormonais aumentam a frouxidão e mobilidade das articulações. A relaxina e a progesterona amaciam os ligamentos ao redor das articulações, e o efeito é sistêmico. Isso quer dizer que todas as articulações do corpo são afetadas, embora a importância da liberação do hormônio esteja relacionada ao relaxamento pélvico e ao alargamento da sínfise (situada na base da pélvis), que permite o parto vaginal (Araújo, 1997). Embora as pesquisas não tenham ligado diretamente essas alterações a um aumento da taxa de lesões, é adequado adotar prudência e moderação (Artal e Sherman, 1999). Faz sentido que sua cliente deva manter a força para ajudar a estabilizar as articulações, evite esportes de contato, limite os exercícios de levantamento de peso se apropriado e seja prudente com exercícios complexos de treinamento de força e alongamento forçado ou que enfatize um arco de movimento extremo (ADM).

Orientações para Exercícios

Os especialistas concordam que, em uma gravidez normal e saudável, a prática de exercícios entre moderados e vigorosos é segura para o bebê e pode gerar benefícios para a gestante. As gestantes que se exercitam tem menor probabilidade de sentir dores, fadiga, varizes e hemorróidas. O exercício pode aumentar o bem-estar e a auto-estima da mãe e tornar o trabalho de parto mais tolerável. O essencial é que as gestantes se sintam bem e fiquem em forma quando se exercitarem.

Benefícios Relatados do Exercício Materno

- Oferecem benefícios físicos e mentais.
- Trazem bem-estar e renovam a energia.
- Ajudam a manter o condicionamento físico.
- Ajudam a evitar o ganho excessivo de peso.
- Melhoram a postura.
- Reduzem a incidência de dores nas costas.
- Preparam o corpo para a carga de peso extra.
- Facilitam a circulação.
- Diminuem a incidência de varizes e hemorróidas.
- Ajudam na recuperação.
- Ajudam a reduzir o estresse relacionado à gravidez.
- Melhoram a auto-estima.
- Podem reduzir a percepção da dor durante o trabalho de parto e o parto em si.
- Podem facilitar a recuperação pós-parto.

Orientações Sensatas Para o Exercício Durante a Gravidez

Seguir orientações sensatas e baseadas em pesquisas como essas da ACOG (1994, 2002) pode ajudá-lo a garantir que seus programas para as clientes grávidas estejam na rota certa.

Sempre obtenha a aprovação do obstetra da cliente antes de iniciar ou continuar um programa de exercícios. Algumas condições médicas tornam o exercício durante a gravidez desaconselhável ou justificam modificações para que o programa seja seguro.

Planeje um programa de intensidade leve a moderada e evite o exercício até o ponto de exaustão. Aqui valem o senso comum e a exerção percebida. Se sua cliente já estiver em forma, ela só precisará fazer pequenas alterações conforme a gravidez avança. Se sua cliente é iniciante no exercício, comece com um programa de nível baixo e faça progressos devagar.

Utilize sessões de exercícios regulares e duração moderada. A cliente deve exercitar-se pelo menos três vezes por semana, pois a atividade física regular é mais segura e benéfica do que os protocolos intermitentes. Isso também vale para as populações não-gestantes.

Utilize os tipos de exercício recomendados. Os exercícios recomendados incluem as atividades de baixo impacto, como a natação, a caminhada, o ciclismo estacionário, o alongamento e o treino de resistência. Utilize atividades de impacto como a corrida enquanto permitem a tolerância e a diversão individual. Mude as opções de atividades quando necessário e conforme a gestante faz progressos.

Evite movimentos bruscos e que cheguem a extremos da amplitude de movimento ADM. Bem como exercícios que envolvam exerção severa, saltos ou súbitas mudanças de direção. O equilíbrio e as alterações hormonais durante a gravidez tornam as atividades com esses tipos de movimento mais arriscadas. Evite o alongamento até os limites ou o limite final do ADM.

Evite exercícios em decúbito dorsal após o primeiro trimestre. Depois do primeiro trimestre, a cliente deve evitar exercícios prolongados deitada sobre as costas. Na posição de decúbito dorsal, o feto em crescimento pode comprimir a veia cava, que é uma das principais veias que sobem pela parte traseira do abdômen e levam o sangue de volta ao coração. A compressão dessa veia faz com que menos sangue flua de volta ao coração. Teoricamente, isso pode diminuir o suprimento de sangue para o útero, afetando o crescimento e o desenvolvimento fetal.

Evite exercícios em ambientes quentes e úmidos e encoraje a cliente a tomar bastante água. Instrua sua cliente a não se exercitar em ambientes extremamente quentes e úmidos. A cliente deve beber 150 ml de água a cada 10 ou 15 minutos durante o exercício, especialmente durante o primeiro trimestre, quando os aumentos na temperatura materna podem colocar o feto em risco de incidência de defeitos no tubo neural.

Diga às clientes para aumentarem o aporte de calorias. Faça com que sua cliente fale com o médico sobre um ganho de peso apropriado. O ganho de peso médio situa-se entre 10 e 14 quilos. A gravidez não é uma época para perder ou controlar o peso (embora o ganho excessivo não seja saudável para a mãe) ou restringir calorias. É comum que a cliente ganhe cerca de 0,9 a 2 quilogramas durante o primeiro trimestre, de 4,5 a 5 quilogramas no segundo trimestre e de 5,4 a 6,0 quilogramas no terceiro trimestre. Geralmente, podem ser acrescentadas entre 200 e 300 calorias extras à dieta na metade do segundo trimestre, com um aumento gradual do aporte calórico.

Sugira que as clientes comam lanches e pequenas refeições, e com freqüência. Advirta as clientes que o corte de calorias durante a gravidez coloca o feto em risco (Andrew, 1998). A cliente pode obter as calorias extras de que precisa planejando acréscimos simples a sua dieta. Os carboidratos são a principal fonte de energia calórica da mãe e a melhor fonte de glicose placentária e fetal. Sem os carboidratos adequados, as proteínas e outras fontes nutricionais serão diminuídas. Acrescentar meio pãozinho ou meia xícara de arroz, feijão ou macarrão soma entre 80 e 150 calorias à dieta da cliente (Andrew, 1998).

Ensine as clientes a usarem o índice do esforço percebido (escala RPE). A escala RPE (ver capítulo 17) deve ser usada durante o exercício, juntamente com a freqüência cardíaca, se você desejar, para que sua cliente possa monitorar sua tolerância individual e resposta fisiológica ao exercício. Usar a escala RPE ajuda a cliente a entender como ouvir o corpo e confiar em sua intuição em relação ao nível aceitável de estresse ou intensidade do exercício.

Checklist para o treino

- O ganho físico é a aprovação essencial para qualquer programa.
- Incentivar a moderação e "ouvir o próprio corpo".
- Enfatize a importância de uma hidratação adequada e de excessos na alimentação.
- Evite exercícios aeróbicos ou exercícios vigorosos no verão, com tempo úmido ou durante período de convalescença.
- Incentive duração e intensidade adequadas.
- Incentive a ingestão adequada de calorias para manter, e não somente aumentar a energia necessária na gravidez, mas também para qualquer exercício.

Exercícios Cardiovasculares

O tipo de atividade deve ser familiar e não estar muito vinculado à habilidade. As atividades gerais devem caracterizar-se pela ausência de movimentos bruscos, saltos e devem ser de baixo impacto e não envolverem o levantamento de peso. É inteligente evitar mudanças direcionais rápidas ou abruptas. Atividades como a corrida são freqüentemente autolimitadas. Perto do final do primeiro trimestre, muitas mulheres dizem que não se sentem bem ao correr ou praticando atividades semelhantes. Nesse momento, é sensato mudar para atividades como o ciclismo estacionário, a natação e a caminhada.

Treinamento de Resistência

Muitas gestantes não querem desistir de nenhuma parte de sua rotina de condicionamento físico. Sua cliente precisa saber como continuar ou iniciar um programa de treinamento de resistência com segurança.

Os pesos mais leves e um número maior de repetições (entre 12 e 20) manterão o tônus e a força com menor risco de prejudicar os ligamentos. As alterações hormonais causam a frouxidão dos ligamentos no corpo inteiro, e não apenas na região pélvica. O levantamento de grandes resistências deve ser evitado em vista da conseqüente instabilidade das articulações e da probabilidade da realização da manobra de Valsalva no treino intenso. Essa suspensão momentânea ou sustentada da respiração (Valsalva) pode desviar o sangue do útero para os músculos em atividade, comprometendo potencialmente o feto, ou então pode aumentar desnecessariamente a freqüência cardíaca da mãe e a pressão sanguínea.

Ao desenvolver o programa de treinamento de resistência para sua cliente, você deve enfocar o seguinte:

1. Manter a força e a resistência musculares.
2. Fortalecer os músculos para prevenir as lesões ou o desconforto associados às alterações posturais, ao ganho de peso e às atividades pós-parto (carregar o recém-nascido, praticar exercícios de recuperação).
3. Promover o conforto e a segurança pelo uso da mecânica e do alinhamento corporais adequados.

Exercícios ou Posições a Serem Evitados

1. Exercícios praticados em decúbito dorsal após o terceiro mês de gravidez.
2. Exercícios que utilizem a manobra de Valsalva.
3. Exercícios de alavanca longa ou que demandem um ADM extremo.
4. Exercícios envolvendo múltiplas articulações (como os agachamentos), pois requerem mais habilidade, equilíbrio e estabilidade.
5. Exercícios que exijam altos níveis de equilíbrio, em especial em uma posição em que a gestante precise suportar seu próprio peso.
6. Exercícios que demandem força abdominal para um controle adequado (A habilidade de produzir força na área abdominal diminui conforme o feto cresce).
7. Qualquer exercício que requeira a flexão frontal da espinha sem suporte (na posição sentada ou em pé).

Recomendações de Protocolo de Exercícios e Modificações

1. Garanta que a cliente execute um aquecimento adequado antes de realizar qualquer exercício. Enfatize a boa postura e o exercício ADM direcionado para as articulações das costas, da pélvis e dos quadris.
2. Diminua o ADM ou pare o exercício se a cliente tiver qualquer desconforto ou dor.
3. Utilize exercícios nas posições sentada, deitada sobre a lateral e em pé com apoio o máximo que puder.
4. Fortaleça a parte superior das costas para ajudar a compensar as alterações posturais (como o aumento do tamanho dos seios atribuível ao aumento dos fluidos).
5. Fortaleça os músculos abdominais com inclinações pélvicas nas posições em pé ou de quatro, apoiada nas mãos e nos joelhos, ou com o uso de uma bola de estabilização em decúbito dorsal inclinado (quando a cabeça fica mais alta que os quadris, o risco associado ao decúbito dorsal fica muito minimizado).
6. Em geral, utilize resistências mais baixas em todos os exercícios em comparação às que seriam usadas na ausência da gravidez.
7. Enfatize a respiração em todos os exercícios para prevenir o efeito Valsalva e o aumento resultante na pressão sanguínea, que poderia comprometer o fluxo sanguíneo para o feto.
8. Utilize exercícios de isolamento de articulações únicas em oposição aos exercícios envolvendo múltiplas articulações.
9. Utilize exercícios de alavanca mais curta (manter os cotovelos e joelhos ligeiramente flexionados).
10. Ao realizar exercícios de adução, mantenha um ADM pequeno (use a posição deitada apoiada sobre a lateral em vez de sentada ou em decúbito dorsal com ADM completo).
11. Não deve haver impulso nos movimentos dos exercícios.
12. O ADM deve ser determinado pela distância a que o músculo de contração (agonista) consegue levar a parte do corpo ao longo de seu arco específico (estabelecer o ADM ativo) e pelo nível de conforto percebido pela cliente.

Orientações para o Alongamento

Os programas de exercício na gravidez devem, provavelmente, ser direcionados para o fortalecimento muscular, a fim de minimizar o risco de lesões nas articulações e ligamentos em razão do aumento da frouxidão do tecido conectivo (como os ligamentos), em oposição à meta de aumentar a flexibilidade. A flexão profunda ou hiperextensão das articulações deve ser evitada. Os alongamentos não devem ser feitos até o ponto de estiramento máximo, pois a frouxidão do tecido conectivo aumenta o risco de lesões. Tente evitar o "estiramento" e chegar ao ponto final do ADM extremo ou forçado.

As metas de flexibilidade poderiam incluir:

1. Relaxamento por meio de um alongamento suave.
2. Melhoria do ADM e diminuição do desconforto atribuível a diversas alterações posturais.
3. Facilitação da circulação e recuperação.

Alongamentos ou Posições Serem Evitados

1. Qualquer alongamento extremo.
2. Alongamentos que envolvam a flexão anterior da coluna, especialmente se não puder ser mentida a postura lombar neutra.
3. Adução extrema ou de alavanca longa.
4. Alongamentos com articulações gíglimo, como o joelho ou o cotovelo em posições hiperestendidas ou hiperflexionadas.

5. Extensão extrema dos quadris (por exemplo, a que pode ocorrer durante os avanços).
6. Posições de sustentação em decúbito dorsal após o terceiro mês de gestação.

Alongamentos Recomendados

1. Alongamento da parte inferior das costas nas posições lateral deitada ou apoiada nas mãos e nos joelhos.
2. Alongamento da parte superior das costas, do peito e dos ombros em pé, sentada ou sobre as mãos e os joelhos.
3. Alongamentos ADM do pescoço (sem posições de hiperextensão excessiva).
4. Alongamentos das pernas e dos quadris, sentada, deitada sobre a lateral ou em pé com apoio.

Retorno aos Exercícios Após o Parto

Os níveis de condicionamento pré-gravidez, o trabalho de parto e as complicações do parto, o ritmo de recuperação de cada cliente, a fadiga pós-parto e a aprovação do médico determinarão quando a cliente vai estar pronta para retornar aos exercícios.

As alterações cardiovasculares e musculoesqueléticas retornam ao estado pré-gravidez em cerca de quatro a seis semanas. Desestimule um foco obsessivo em relação a retornar o mais rápido possível ao corpo de antes da gravidez. Aqui, as regras são consistência e paciência.

A seguir, veremos uma progressão recomendada de exercícios para o pós-parto:

1. Movimento corporal geral (por exemplo, caminhadas).
2. Exercícios de Kegel e inclinações pélvicas. O músculo pubococcígeo forma literalmente uma rede de apoio para os órgãos pélvicos e o útero, além de fornecer o controle do esfíncter da vagina, da uretra e do ânus. O modo mais fácil de executar o "treinamento com pesos para a vagina" é fazer com que a cliente interrompa o fluxo da urina no meio na próxima vez em que estiver urinando, e depois praticar esse controle do esfíncter quando estiver controlado nas inclinações pélvicas posteriores e outros exercícios abdominais.
3. Exercícios ADM (inicialmente, com pouca ou nenhuma resistência) e alongamentos suaves.
4. Faça progressos graduais em direção a exercícios abdominais em decúbito dorsal (primeiro, combinar inclinações pélvicas com Kegels; depois, acrescentar exercícios abdominais tradicionais e estabilizadores).
5. Atividades cardiovasculares em impacto ou de baixo impacto.
6. Após cerca de seis semanas, com a aprovação do médico e seguindo essa seqüência, a cliente pode ir para o programa pré-gravidez seguindo os princípios da adaptação progressiva e do senso comum.

Impacto Geral do Exercício

As aulas de exercício e preparação para o parto possuem, sem dúvida, um papel educacional e um grande impacto psicológico e físico para a cliente grávida. No entanto, não há evidências científicas de nenhum exercício ou programa de preparação para o parto resultem em partos mais rápidos, mais fáceis, menos complicações ou que beneficiem o bebê. Muitos dos programas seguidos podem, na realidade, trazer mais benefícios após o nascimento simplesmente por acelerar a recuperação da mãe. Consistência, moderação e uma modificação apropriada dos exercícios são os fatores mais importantes em qualquer regime de exercícios.

Enfatize para suas clientes gestantes que um estilo de vida sedentário na gravidez não afeta, de modo algum, o resultado da gestação em relação à saúde do feto.

Embora não seja ideal para o bem-estar da mãe, optar por não fazer nada não traz problemas para o feto em desenvolvimento se não houver desejo ou interesse em relação ao exercício. Porém, se a cliente se exercitava antes da gravidez ou não está se exercitando atualmente, mas quer melhorar suas opções de condicionamento físico e nutrição, o desejo de se exercitar provavelmente existe! De fato, minha maior preocupação com as clientes grávidas é moderar seu entusiasmo pelo exercício e modificá-lo de acordo com isso.

A gravidez não deve ser considerada um estado de confinamento, e as clientes grávidas devem ser encorajadas a levarem uma vida normal e continuarem com suas atividades de pré-gravidez. Reconhecer as limitações fisiológicas e as alterações anatômicas pode limitar o risco de lesões ou complicações tanto para a mãe quanto para o feto. Com certeza, esse é um momento na vida de qualquer mulher para manter o condicionamento físico. Se houver qualquer dúvida quanto aos riscos para o bebê, elas devem esclarecê-las sendo sensatas e seguindo as orientações estabelecidas. Essa jornada marcante e relativamente breve de nove meses, na minha opinião, não tem a ver com condicionamento e exercícios, mas sim com trazer ao mundo uma criança saudável.

Estudo de Caso de Gravidez: Uma Cliente Saudável com Preocupações Especiais

Allison tem 31 anos, vai ser mãe pela primeira vez e está na sexta semana de gravidez. Não apresenta complicações e, com a aprovação de seu médico, continua ativa.

Histórico. Antes da gravidez, ela era bastante rígida em relação a seu regime de exercícios. Ela sugere suas preocupações sobre o impacto que a gravidez terá sobre seu condicionamento e sua forma física.

Sua rotina pré-gravidez consistia em cinco ou seis sessões aeróbias de 55 minutos e três sessões de treinamento de força de 40 minutos por semana. Sempre que possível, ela acrescenta caminhadas com duração de uma a três horas à sua rotina semanal de condicionamento.

Ela gostaria de sua ajuda para combater o ganho de peso. Allison comenta: "Eu sei que terei que ir mais devagar. Por isso acho que só preciso comer menos.". O que você faria com essa cliente?

Mapeando sua estratégia. Antes de ver como eu lidei com essa cliente, faça um mapeamento de sua própria estratégia, tendo em mente as seguintes questões:

1. Com que base você planejou o programa?
2. Quais foram suas preocupações iniciais?
3. Que orientações você seguiu para o treinamento cardiovascular?
4. Você encorajaria Allison a fazer um treinamento de resistência?
5. O condicionamento da flexibilidade parece um foco apropriado?
6. Conforme a gravidez avança, que modificações você faria?
7. Que tipo de programa você seguiria no pós-parto?

Orientações para os exercícios. Em sua maioria, as gestantes que se engajam em programas de exercícios são saudáveis, mas pouquíssimas têm consciência sobre as alterações anatômicas e fisiológicas que podem predispô-las a lesões, e muitas não têm consciência a respeito dos potenciais efeitos nocivos que o exercício materno pode ter sobre o feto em desenvolvimento.

Assim como com todos os meus programas de condicionamento físico, baseio meu plano inicial em informações científicas bem documentadas, em um questionário detalhado de histórico médico e na comunicação com a cliente e com o responsável por seus cuidados de saúde (por exemplo, seu obstetra). Também sigo os padrões industriais aceitos para as gestantes que se exercitam durante a gravidez.

Impressão inicial. Minhas preocupações iniciais com Allison centraram-se em sua abordagem rígida do exercício, seu foco em minimizar o ganho de peso e o "impacto" que ela mencionou que a gravidez teria sobre seu corpo. Seu pedido de que eu pudesse minimizar seu ganho de peso estimulou-me a abordá-la primeiro com a psicologia, a necessidade e a realidade do ganho de peso na gravidez.

Acredito que a mulher deve sentir-se bonita com as incríveis mudanças que acontecem em seu corpo e que permitem que o nascimento ocorra. Porém, muitas gestantes sentem o trauma de "arruinarem" seus corpos. Além de compartilhar informações sobre a recuperação pós-parto e a fantástica resiliência que o corpo possui, você também deve definir o que seria um ganho saudável de peso. Eu também explico no que esse ganho de peso na verdade consiste. Não se trata apenas de gordura! Allison precisa dessa informação confortadora.

Todas as recomendações de ganho de peso e aporte total de calorias e proteínas devem ser decididas de acordo com o médico de sua cliente. Um ganho de peso materno de 12 kg é a média na gravidez. Cerca de 5 kg (41%) consiste no feto, placenta e líquido amniótico. Os tecidos maternos diretamente afetados são responsáveis por 4,3 kg (36%). O resto (2,7 kg ou 23%) é considerado como reserva de gordura combustível.

Esse aumento da reserva de energia parece necessário para o processo do parto. Também ocorre o aumento das necessidades energéticas pós-parto, especialmente se a mãe continuar a amamentar. Um ganho de peso pequeno demais pode afetar primeiramente o bem-estar da mãe, e potencialmente o do feto. O ganho excessivo de peso e a inatividade provavelmente têm pouco efeito sobre o feto e muito efeito sobre a mãe, especialmente sobre sua recuperação pós-parto e sua auto-estima.

O custo energético da gravidez é estimado em cerca de 80.000 calorias, ou 300 calorias adicionais por dia. Isso cobre o crescimento e o desenvolvimento fetal, o aumento do metabolismo de vários sistemas do organismo e o aumento dos tecidos maternos como o útero, os seios e a gordura.

Esse aumento do custo energético na gravidez pode ser acompanhado por um aumento na ingestão de alimentos ou uma redução nos gastos energéticos (atividade). A gestante média aumenta sua ingestão calórica em 200 a 300 calorias atribuíveis simplesmente ao aumento do apetite. Também é comum que a cliente grávida reduza sua atividade física por causa das exigências impostas pelo feto em crescimento (fisicamente, pode ser desconfortável), questões de equilíbrio (instabilidade mecânica) e frouxidão das articulações, bem como náusea (especialmente no início da gravidez) e fadiga, algumas vezes provocadas por uma elevação hormonal e um aumento significativo das demandas metabólicas.

A ingestão dietética deve suprir as necessidades de calorias e nutrientes da gestante ou as proteínas de seu corpo serão quebradas. Isso pode ocorrer se houver uma ingestão inadequada de calorias ou restrita de proteínas ou carboidratos.

Não há evidências de que as dietas ricas em proteína, com ingestão maior que 100 gramas diários, sejam benéficas durante a gravidez. Uma ingestão de cerca de 75 a 100 gramas de proteína por dia deve ser apropriada na gestação.

O papel do treinador. Meu papel era óbvio. Além de seguir as orientações aceitas (discutidas nas seções anteriores) para o exercício durante a gravidez, eu precisava motivar Allison a ingerir caloria que fossem ricas do ponto de vista nutricional (não calorias vazias) e tivessem pouca gordura saturada, além de encorajá-la a ter uma ingestão bem maior de proteínas do que o que estava acostumada.

Depois que Allison e eu conversamos sobre os motivos para o ganho de peso e os benefícios trazidos por ele, chegamos a um plano de exercícios a ser realizado durante sua gravidez e depois dela, e então monitoramos regularmente seu progresso e suas impressões. Munidas desse conhecimento, a maioria das gestantes fica entusiasmada com essa nova idéia e esse novo desafio nutricional, e fica motivada a atingir um ganho de peso saudável. Essa é uma época especial para que a mãe mantenha uma saúde excelente para si mesma e para o bebê.

Hora de Exercer o Julgamento

Nos anos recentes, os especialistas em gravidez e as pesquisas relacionadas enfocaram a comparação de questões teóricas sobre os resultados observados entre as gestantes que se exercitam. Muitos pesquisadores chegaram a acreditar que muitas das adaptações ao exercício na gravidez garantissem a proteção ao feto. Parece que a maior prioridade do corpo é proteger e fornecer uma margem de segurança para o bebê em desenvolvimento. É claro que para uma gravidez normal, saudável e plena, uma abordagem moderada e sensata do exercício não é apenas segura para o feto, mas estende muitos benefícios à mãe.

As mais novas orientações e a maior compreensão do efeito do exercício sobre a mãe e o feto desafiam o *personal trainer* a prestar muita atenção à individualização do programa de exercícios para as gestantes, pois nenhum protocolo preciso se adapta a todas. A gravidez é uma época para ajudar a cliente a exercitar-se com confiança, quando seu desejo é ir além das concepções errôneas e orientações desatualizadas.

Em razão das transformações físicas e hormonais que ocorrem na gravidez poderem afetar a auto-estima, os treinadores precisam de apoio, encorajar e motivar sua clientes gestantes. Não pense que você precisa ter a solução para toda queixa física ou conflito mental da cliente. De fato, talvez a melhor maneira de lidar com o que minhas clientes grávidas chamam de "loucuras hormonais" seja ser um excelente ouvinte. Tenha cuidado ao reconhecer (e não "consertar") seus sentimentos e encorajá-las a se exercitarem em seus próprios ritmos, e repousarem quando necessário.

Usando o Senso Comum

Ajude sua cliente a estar atenta às tremendas mudanças que ocorrem em seu corpo na gravidez. Ajude-a a entender o impacto que tem sobre seu corpo, sua mente e sobre o feto. Se o corpo dela lhe disser para reduzir uma atividade específica (como a corrida), por não se sentir bem, ou para modificar o exercício, ela deve obedecer esse avisos. Gosto de divulgar para minhas clientes grávidas a filosofia de que, embora possa haver ganhos de condicionamento físico durante a gravidez, geralmente essa é uma época para manter o condicionamento e o bem-estar pessoal e também trazer ao mundo e à família uma criança saudável. Ajude a cliente grávida a exercitar-se com inteligência e precisão, e aproveitar esse período único e relativamente breve de sua vida.

Clientes Gestantes: Sugestões de Leitura

AMERICAN COLLEGE OF OBSTETRICIANS AND GYNECOLOGISTS. *ACOG home exercise programs: exercise during pregnancy and the postnatal period.* Washington, DC: ACOG, 1985.

AMERICAN COLLEGE OF OBSTETRICIANS AND GYNECOLOGISTS. *Committee on obstetric practice:* exercise during pregnancy and the postpartum period, committee opinion n. 189. In: *International Journal of Gynaecology and Obstetrics,* s.n.: s.l., v. 45(1) (February), p. 65-70, 1994.

AMERICAN COLLEGE OF OBSTETRICIANS AND GYNECOLOGISTS. *Com-*

mittee on obstetric practice: exercise during pregnancy and the postpartum period, committee opinion n. 267. In: *International Journal of Gynaecology and Obstetrics,* s.n.: s.l., v. 77(1) (January), p. 79-81, 2002.

ARTAL, R.; WISELL, R. *Exercise in pregnancy.* Baltimore: Williams & Wilkins, 1986.

HUFF, D. Training the pregnant client. In: *ACE Certified News,* s.n.: s.l., v. 6(1), p. 8-10, 2000.

POLLOCK, M. L. et al. The reccomended quantity and quality of exercise for developing and maintaining cardiorespiratory fitness and flexibility in healthy adults. In: *Medicine and Science in Sports and Exercise,* s.n.: s.l., v. 30(6), p. 975-991, 1998.

U.S. DEPARTMENT OF HEALTH AND HUMAN SERVICES. *Physical activity and health:* a report of the surgeon general. Atlanta: Department of Health and Human Services, Centers for Disease Control and Prevention, National Center for Chronic Disease Prevention and Promotion.1996

WESTCOTT, W.S. *Strength fitness:* physiological principles and training techniques, 4.ed. Dubuque, IA: Brown, 1995.

Recursos

American College of Obstetricians and Gynecologists (ACOG): 409 12th St. SW, Washington, DC 20024-2188; 800-673-8444; 202-863-2518.

Exercise clothing for the active mom: www.mothers-in-motion.com

Women's Sports Foundation: www.lifetimetv.com

Women's health site: www.herhealthonline.com

PARTE V

A FRONTEIRA FINAL

CAPÍTULO 30

MANTENHA ACESA A CHAMA DE SEU DESEJO PESSOAL E PROFISSIONAL

Você não quer ficar preso a uma rotina enfadonha, em que você toca sempre a mesma música. Se seu programa é o mesmo e você toca a mesma música todos os dias, precisa fazer algumas mudanças. Se está cansado de seu treinamento ou já teve aquela expectativa secreta de que o próximo cliente cancelasse a sessão, sua abordagem e atitude em relação ao negócio precisam de uma renovação. Entre outras coisas, você provavelmente está com os horários lotados e na rota expressa para um esgotamento físico e mental, assim como da falência do seu negócio. No mínimo, você nunca conseguirá concretizar todo seu potencial de serviço se perdeu sua energia, seu entusiasmo e sua paixão.

O desafio do treinamento personalizado, e de qualquer negócio que envolva serviços é, em primeiro lugar, "continuar tocando a música" que lhe trouxe sucesso, e, ao mesmo tempo, manter os treinamentos, os programas e a política de negócios frescos, novos, originais, estimulantes e eficazes. Você precisa crescer continuamente em termos profissionais e individuais. Assim, você tem uma chance de prestar o melhor serviço possível a sua clientela e manter um negócio próspero.

Porque os Treinadores Chegam ao Esgotamento

O treinamento personalizado é emocional e fisicamente desgastante. Mesmo que a maioria dos treinadores ame o que faz e seja apaixonada por sua profissão, o trabalho hora após hora nas trincheiras do treinamento personalizado pode cobrar seu preço. Embora 88% dos treinadores digam que estão "satisfeitos" ou "muito satisfeitos" com seu trabalho (IDEA, 1998), eles ainda precisam corresponder às exigências físicas do trabalho e lidar com o estado emocional de cada cliente. Os treinadores precisam cuidar de si mesmos e equilibrar sua vida profissional e pessoal, ou então tenderão a apresentar um grande potencial para a insatisfação com sua profissão.

O Estresse Causa o Esgotamento

O estresse pode aparecer de diversas formas, mas geralmente é pessoal ou ambiental. As fontes pessoais incluem suas próprias expectativas, seus desejos, suas metas, suas atitudes, suas percepções e seus valores. O estresse ambiental é criado por situações, circunstâncias ou outras pessoas. As responsabilidades no trabalho, as obrigações familiares, o apoio social ou a ausência dele, as recompensas e as exigências conflitantes caem nessa categoria.

Freqüentemente, um treinador pode ser o pior inimigo de si mesmo quando se fala de estresse. Se suas metas são irreais ou se tornam uma carga grande demais, você pode passar por muitas frustrações tentando cumpri-las. Por exemplo, às vezes nosso compromissos podem entrar em conflito com nossos valores ou com o que é realmente importante. Digamos que um treinador queira passar mais tempo com a família à noite, mas marca seções com clientes nesse período. Esse conflito clássico coloca o crescimento do negócio, o sucesso e os rendimentos em oposição aos compromissos da vida pessoal. A experiência, maturidade e capacidade de aprender a dizer não e "deixar para lá" o ajudarão a encontrar o equilíbrio certo. Enfim, seja honesto em relação a seus sentimentos e emoções e procure as causas do estresse em sua vida, e você conseguirá limitar o estresse e a pressão desnecessários.

Exercendo Papéis Demais

Como *personal trainer* e proprietário de um negócio, você terá que vestir fantasias diferentes. Cada papel que exerce pode prejudicar ou promover seu negócio, bem como a qualidade e o equilíbrio da sua vida. Tente fazer esse exercício de verificação rápida para avaliar como assumir todos os papéis de proprietário de negócio, *personal trainer*, amigo ou membro de uma família afetam sua vida. Pegue uma folha de papel e divida-a em três colunas:

1. Na primeira coluna, escreva todos os papéis que você exerce. Inclua os papéis de treinador, proprietário de um negócio, cônjuge, pai ou mãe, apresentador, autopromotor, líder comunitário ou algum envolvimento semelhante, treinador, motorista de táxi (quando você leva seus filhos a todos os lugares). Observe que, de fato, você exerce muitos papéis que podem contribuir para uma vida balanceada ou prejudicá-la.
2. Coloque os títulos na segunda e terceira colunas "Papel Energizante" e "Papel Desgastante". Explique resumidamente porque cada papel rouba sua energia ou a devolve para você, ou porque alguns papéis podem ter os dois efeitos.

Esse exercício escrito pode ajudá-lo a compreender quantos aspectos de sua vida pessoal e profissional você precisa estar constantemente equilibrando e lutar para manter esse equilíbrio. Depois de identificar as tarefas ou os papéis como energizantes, desgastantes ou ambos, você terá uma noção melhor sobre quais papéis funcionam bem e quais não estão funcionando nos termos de uma energia positiva. Os papéis que lhe impõem um esforço ou desgaste indevidos não precisam necessariamente ser eliminados, mas podem ser modificados ou receber menor prioridade. A meta é encontrar um equilíbrio saudável entre os papéis desgastantes e aqueles que criam energia e disposição que o fortalecem e tornam a vida divertida, produtiva e recompensadora. Esse exercício também deve lhe mostrar que você tem escolhas e o poder de mudar o rumo da vida, especialmente se tiver consciência das áreas de perigo potencial que estão impondo dificuldades. Prefira não ser vítima das circunstâncias, pois você pode mudar seus ambientes pessoal e profissional.

Estratégias para Evitar o Esgotamento

A seguir, veremos estratégias simples que podem ajudá-lo a identificar, gerenciar ou evitar o esgotamento:

- Construa um forte apoio social composto de família, amigos e colegas. Tome cuidado para que as exigências de tempo para manter os laços não se tornem uma carga indesejável (como telefonemas longos e regulares). Como sempre, a questão é o equilíbrio, a comunicação e o entendimento mútuo.
- Tenha um sono adequado, coma direito e exercite-se regularmente.
- Planeje um tempo de relaxamento no seu dia de trabalho e tire pelo menos um dia de folga por semana.
- Estabeleça metas para ajudá-lo a priorizar seu tempo e utilizá-lo com sabedoria. Não deixe que a tecnologia controle a sua vida. Você não deve estar disponível 24 horas por dia. Defina limites claros de tempo que diferenciem o tempo pessoal e familiar das horas de trabalho.

- Identifique o estresse positivo e negativo (como os elementos "energizantes" e os "desgastantes") em sua vida e tome atitudes para limitar ou eliminar o negativo.
- Aprenda a dizer "não" para novos negócios e outras solicitações sobre seu tempo finito.
- Estabeleça um tempo para si mesmo. Você não deve apenas exercitar-se regularmente, mas ter tempo para estudar, relaxar e mimar-se ocasionalmente.
- Siga um ritmo e defina seus horários diários de maneira realista para equilibrar a vida profissional e pessoal.
- Não comprometa seus valores e sua moral, mesmo que isso signifique perder um cliente. A negligência na adesão a uma linha ética rapidamente gera um desgaste intolerável que pode oprimir seu espírito.
- Elabore um estilo de gerenciamento que inclua a confiança, justiça, ouvir as pessoas, tomar decisões e gerenciar o tempo.

O Equilíbrio Evita o Esgotamento

As principais causas do esgotamento do *personal trainer* estão diretamente relacionadas às longas horas de trabalho, à satisfação das necessidades dos clientes e ao fato de assumir clientes difíceis ou que você não tem qualificação para treinar. O excesso de trabalho é o maior culpado. Os sintomas do esgotamento são fáceis de identificar e incluem a exaustão física, o desligamento (você pode não falar, mas expressa por seu comportamento que não se importa mais) e a falta de auto-satisfação ou a aparente insatisfação com o trabalho.

A solução para uma abordagem equilibrada geralmente está associada ao problema. A maioria dos treinadores precisa reduzir o número de horas de trabalho, encaminhar clientes a outros treinadores ou não possui o conhecimento para trabalhar com um cliente específico, além de também precisar ser mais seletiva ao assumir clientes.

Mantenha o equilíbrio corrigindo esses e outros fatores que contribuem para o esgotamento. Mantenha o treinamento atualizado e diversificado com a aprendizagem e o crescimento pessoal contínuos, mais atividades na profissão e contatos restabelecidos com os amigos e a família. Ninguém consegue ter sucesso apenas nos negócios e no treinamento do dia-a-dia!

Você Ainda Gosta de seu Trabalho?

É provável que todo treinador, em um momento ou outro, passe pelo esgotamento. Como você pode evitá-lo ou superar a situação de odiar sua profissão ou sentir-se sufocado por ela? Você terá que fornecer as respostas que lhe permitirão voltar à situação de alegria e paixão, mas as questões seguintes poderão ajudá-lo a recuperar-se mais rápido.

Você acredita que seus serviços são especiais e valorizados? Parte da resposta em relação a gostar do que se faz está em acreditar que seus serviços são especiais e valorizados. Você acredita nisso? Se não, sua paixão vai desaparecer e seu negócio enfrentará problemas.

Por que você é um *personal trainer*? Você precisa reavaliar por que decidiu ser um *personal trainer*. Você está nisso por dinheiro? Você aceita todos os clientes que lhe procuram? Ou você simplesmente cometeu alguns erros e foi pouco realista em relação a seu horário? Se a alegria de trabalhar com o treinamento desapareceu, pense nessa e em outras questões. Identifique de onde vêm a dor e a tristeza. Não tenha medo de investigar outras oportunidades de negócio. Isso pode ajudá-lo a compreender o quanto você gosta desse trabalho ou, de outro ponto de vista, pode lhe dizer que o treinamento personalizado não é a profissão certa para você.

Você mantém uma vida pessoal separada da profissional? Os treinadores não conseguem sobreviver apenas com o treinamento personalizado. Não troque um estilo de vida balanceado por outro que gire apenas em torno de seus clientes e seu negócio. A taxa de sobrevivência é baixa e a riqueza da vida é limitada.

O que o atrai para o treinamento personalizado? Em seguida, pense no que o atrai ao treinamento personalizado. Alguns aspectos do treinamento que me vêm à mente são:

- permite que eu cresça como indivíduo;
- permite que eu explore meus limites pessoais;
- permite que eu faça diferença na vida das pessoas;
- permite que eu seja proprietário de meu negócio e o dirija;
- é excitante, bem pago, exigente, tedioso e desafiador.

No início de minha carreira profissional, descobri que o treinamento personalizado não tinha limites quanto ao que eu poderia realizar profissionalmente. Inicialmente, pensava em meu treinamento do modo como se um fisiologista do exercício fosse me confinar em um ambiente clínico, onde eu faria um teste de estresse após o outro. Ou então seria relegado à posição do ensino universitário. Nenhuma dessas situações é necessariamente ruim, mas eu sabia que para progredir eu precisaria de diversidade, opções, mudança e estímulo. Como fisiologista em um ambiente institucional, também compreendi que a maioria dos meus diagnósticos e planos de exercício nunca seria ativada. Muitas das pessoas que avaliei entenderam o que elas precisavam fazer com base nos resultados dos testes e na consultoria, mas o fator ausente era alguém que os ajudasse a pôr em prática as "prescrições de exercício". Foi então que eu compreendi que o treinamento personalizado seria minha profissão. Os únicos parâmetros criados brotaram de meu desejo, esperança e entusiasmo, ou da falta deles. O treinamento personalizado ofereceu-me uma profissão rica, que me desafia continuamente e satisfaz minhas necessidades profissionais. Posso escrever livros, produzir vídeos educacionais, conduzir programas de treinamento com clientes para fruição e com resultados finais que trazem mudanças de vida, ou então seguir qualquer orientação de saúde ou condicionamento físico que escolher se permanecer suficientemente motivado e obter as credenciais apropriadas ou a educação necessária.

Como Manter o Treinamento Personalizado em Constante Renovação

Aqui estão algumas idéias para se manter o treinamento personalizado sempre renovado e estimulante.

Promover o crescimento profissional. Quando você pára de aprender, uma parte sua chegou a uma rua sem saída. Descobri que quanto mais conhecimento e habilidades de aplicação eu acumulo, mais eu compreendo que nada sei. Entretanto, todos os dias quando saio para trabalhar com treinamentos ou palestras ou *workshops*, fico contente por estar ensinando as informações mais atuais e precisas em razão de estar constantemente buscando novas informações e atualizações. Porém, em virtude da necessidade de renovação constante, isso também significa que o que eu ensino hoje pode mudar amanhã!

Buscar a diversidade profissional. No início da carreira, faz sentido que a maioria dos treinadores precise começar fazendo seu próprio *marketing* com base naquilo que fazem melhor (especialidade atual) e no que mais gostam (paixão). Conforme você cresce e amadurece, o treinamento e a experiência adicionais permitem que você crie ramificações em direção a novas áreas de conteúdo profissional. A habilidade de treinar uma variedade de populações especiais e outros indivíduos com necessidades especiais define o novo mercado. Hoje em dia, o conhecimento é especializado e abundante. Além de treinar seus clientes, você pode querer passar sua mensagem treinando outros instrutores, escrevendo livros, produzindo vídeos educacionais, elaborando programas de ginástica em casa ou no trabalho ou apresentando um programa de televisão ou rádio. Seu grau de diversidade deve estar ligado à sua personalidade, assim como a seus desejos e suas necessidades profissionais.

Tentar satisfazer as necessidades emocionais e psicológicas de cada cliente. Em cada sessão de treinamento, procuro entrar em sintonia com o estado mental e outras necessidades emocionais de meu cliente. De certo modo, eu ajo como um camaleão, mudando minhas cores para acompanhar meus clientes onde eles estiverem, a cada dia. Embora tente não comprometer minhas realizações e procure manter o exercício orientado para as metas estabelecidas, o desafio torna-se maximizar a sessão com base na capacidade do cliente naquele dia, definida por suas reservas emocionais e físicas naquele momento.

Preservar sua vida pessoal. No início deste livro, falei sobre a síndrome da "ganância/ego". Os treinadores precisam diferenciar e preservar sua vida pessoal da profissional. Um regime constante de treinamento sem alívio é a armadilha certa que leva ao fracasso. A chave para o treinamento personalizado é um serviço consistente de alta qualidade e orientado para o cliente em um nível muito pessoal. Se você está exausto, profissionalmente insatisfeito ou distraído, não conseguirá manter a linha de serviço necessária.

A Fronteira Final

Como você renova sua energia para cada sessão de exercícios? Muitos treinadores que trabalham na "selva" do treinamento dia após dia lutam para evitar que a demanda dos exercícios diários os destrua física e emocionalmente. As sessões de treinamento com os clientes podem ser extremamente desgastantes em termos físicos e mentais. Além de planejar seus horários de maneira realista, com um equilíbrio apropriado entre trabalho e recuperação (isto é, tempo para si mesmo), utilize os seguintes pontos para reavaliar o que está tentando realizar diariamente, em nível individual.

- *Mostre que você se importa.* Sem que eu precise dizer isso, meus clientes sabem que eu me importo porque eu os ouço e acompanho.
- *Mostre uma atitude voltada para o serviço.* Pergunte sempre a si mesmo o que você pode fazer por seus clientes, e não o que eles podem fazer por você ou o que o cliente pode trazer para a sessão de treinamento. Por exemplo, é tentador pensar que o cliente poderia ter uma mudança de atitude, mas é você quem cria, dirige e controla e ambiente da sessão. Faça isso com uma atitude voltada para o serviço.
- *A falta de paciência ou o comportamento condescendente são inaceitáveis.* Todo treinador provavelmente já quis, em um momento ou outro, dar uma "sacudida" em um cliente. É claro que a conduta profissional (e os processos legais) excluem esse tipo de comportamento, mas se você tem esses sentimentos com freqüência, o cliente provavelmente não é o culpado. Os clientes são como são. Talvez você não seja processado por prestar assistência a esse cliente e uma decisão madura de sua parte possa ser encaminhá-lo para um treinador que possa trabalhar com ele satisfatoriamente.
- *A sessão pertence sempre ao cliente.* As sessões do cliente não são um momento para fazer alguns abdominais ou levantamentos, para ver como você fica bem no espelho enquanto o cliente se exercita, falar ao telefone

ou ser interrompido ou distraído. Você precisa concentrar-se intencionalmente em facilitar o exercício de seu cliente. Esse é o tempo dele, e todos os esforços deverão reconhecer esse fato.

- *Manter correção prática e orientações verbais e visuais, estar envolvido.* Essa é sua chance de praticar o *spotting* e a orientação verbal e não-verbal para comunicar ao cliente que ele está com 110% da sua atenção e do seu compromisso. Esse tipo de intensidade tem valor para o cliente.

Desenvolva um Estilo Que Seja Honesto e Sincero e Que Seja Você

O que é estilo? A idéia de diferentes estilos e traços de personalidade e caráter pode evocar imagens de entusiasmo, gritos (nem sempre isso é positivo), cuidado, responsabilidade e serviço incansável.

Desenvolva seu próprio estilo. Todos têm um, quer você saiba ou não. Uma cliente me disse um dia que eu era "firme, mas gentil". Ela havia vindo de uma noite inteira em uma intensa reunião de negócios, e no exato momento em que o negócio estava para ser fechado, as negociações fracassaram. Todos os esforços foram em vão e havia pouca esperança de retomar as negociações. Minha cliente havia se "drogado" para chegar a esse treinamento de manhã cedo e sentia-se exausta, irritada e extremamente frustrada. Quando eu reconheci seus sintomas físicos de uma noite insone, ela rapidamente me pôs a par da situação pela qual havia passado. Elogiei logo seu compromisso com o exercício e com a idéia de fazer algo positivo, em vez de ficar pensando em seu recente desastre profissional. Sem hesitar, mudei a sessão planejada para que se adaptasse a seu estado naquele dia. Tirei dos planos os exercícios de força de alta intensidade. O novo foco foi um aquecimento e exercícios cardiorvaculares moderados, seguidos por uma ênfase no alongamento e treinamento do equilíbrio. Após a sessão, ela me agradeceu pelo ajuste e por manter a sessão produtiva. Sou "firme" em minha crença de que podemos realizar algo relevante em todas as sessões, mas fui suficientemente "gentil" naquele dia para conseguir mudar a sessão planejada para corresponder à necessidade da cliente. Uma chave para o treinamento de sucesso é ser capaz de ter flexibilidade com o estado do humor do cliente e ainda manter a orientação para o cumprimento de objetivos específicos.

Seu estilo próprio vai se desenvolver com o tempo e, muito provavelmente, seus clientes o ajudarão a identificá-lo. Deixe que seu estilo represente o que você é. Não é importante "clonar" outro profissional e a imitação raramente parece honesta, sincera, real e confiável.

CAPÍTULO 31

TRAZENDO O TREINAMENTO PERSONALIZADO DE VOLTA AO NÍVEL INDIVIDUAL

Trazer o treinamento de volta ao nível individual significa, em uma palavra, serviço. Um negócio de treinamento tem sucesso, não importando se é um negócio de um único proprietário ou se possui centenas de funcionários, em razão do serviço pessoal. Um negócio resume-se à relação entre o treinador e o cliente. Volte aos capítulos 1, 2, 3, 4 e 7, especialmente se acredita que seu negócio saiu da esfera individual do treinamento personalizado. As relações com o cliente e o serviço são a base de seu negócio.

Como Deve Ser Um Negócio de Sucesso de Treinamento Personalizado

As qualidades que fazem o sucesso de um negócio de treinamento personalizado geralmente são sutis, nem sempre aprendidas ou ensinadas com facilidade, e não podem ser compradas (ver capítulos 1 a 9). Porém, evidenciam-se alguns aspectos tangíveis em muitos empreendimentos de sucesso. Lembre-se de que os negócios de sucesso no treinamento personalizado no presente são os mesmos negócios que cometeram erros no passado. No entanto, eles corrigiram direções errôneas, e você pode aprender com esses erros, identificando negócios e qualidades inerentes que podem funcionar como seu modelo de sucesso. Os empreendimentos de sucesso apóiam-se na personalidade individual do treinador para alcançar um alto nível de satisfação dos clientes, de cuidados e serviços.

Reconheça as Falhas

É essencial identificar não só o que você faz bem, mas também o que seu negócio está fazendo de mal. Se não, você vai fracassar e nunca terá a oportunidade de retificar a situação. Você deve buscar o *feedback* de seus clientes e agir de acordo com ele, quando adequado. Isso poderá salvar seu negócio, ou pelo menos melhorar muito os serviços que você oferece (veja o capítulo 7 para uma discussão sobre como obter e utilizar o *feedback* de seu cliente). Você deve manter-se pró-ativo em relação a qualquer aspecto de seu negócio que afete seu serviço. Não deixe seu negócio ficar "doente".

Fique Atento à Retenção de Clientes

Fico surpreso, assim como outros treinadores veteranos, quando ouço outros treinadores dizerem que é normal que haja uma alta taxa de desistências porque as pessoas não conseguem continuar um programa sustentado de treinamento por um período longo ou porque, assim que se obtém uma base de condicionamento físico, o adulto médio não precisa mais de um treinador. Se você concorda com esse ponto de vista, sugiro que dê uma boa olhada no nível de criatividade e inovação de sua elaboração de programas e também em sua habilidade de identificar novas metas de treinamento, para não mencionar o serviço ao cliente. O valor agregado ao serviço estabelece o nível de necessidade ou desejo do serviço de treinamento personalizado. As taxas de retenção e o número de clientes com que você trabalha são as chaves para os ganhos financeiros, e freqüentemente refletem o nível de cuidado e serviço que seu negócio está oferecendo, segundo a visão do cliente. Seus clientes não precisam mais de você se você não faz diferença em suas vidas. Se seu valor não é aparente, eles irão embora!

Defina o Sucesso

Os *personal trainers* geralmente definem o sucesso pela satisfação pessoal com o trabalho, por atingir as metas dos clientes e, por último, pelos rendimentos (IDEA, 1998). Por que o dinheiro não é mencionado em primeiro lugar? De acordo com 540 os treinadores pesquisados, o dinheiro virá se eles se dedicarem ao serviço ao cliente.

Parece simples visualizar o sucesso de um negócio de treinamento personalizado? E é mesmo. O sucesso retorna ao serviço individualizado. É claro que você deve melhorar continuamente e entender os aspectos técnicos e comerciais do treinamento, mas seu sucesso depende muito de como você afeta as pessoas no nível pessoal e se faz ou não diferença em suas vidas.

Como São os Treinadores de Sucesso

Os treinadores de sucesso assumem a responsabilidade sobre seus clientes e têm um compromisso inabalável com eles, identificam e antecipam suas necessidades, atendem a solicitações e são capazes de se adaptar a diferentes personalidades, e também se apresentam de maneira profissional.

Os treinadores de sucesso são capazes de fazer o seguinte:

- Gerenciar um negócio em vez de permitir que ele os gerencie.
- Exibir um alto nível de conhecimento técnico e profissionalismo.
- Ter um plano de *marketing* e apresentação de seu negócio.
- Desenvolver e apresentar uma imagem profissional que é uma expressão individual e precisa de quem são e do que querem que seus negócios representem.
- Manter-se apaixonados pelo condicionamento físico e importar-se profundamente com os indivíduos com quem trabalham.
- Nunca pára de aprender e usar a preparação e o estudo profissional contínuo para complementar sua paixão intensa e amor pelo treinamento personalizado.
- Receber encaminhamentos "boca-a-boca" por oferecerem um serviço excelente.
- Desenvolver a imagem de seu negócio e uma abordagem de *marketing* de acordo com a necessidade e a oportunidade em um mercado em transformação constante.
- Separar suas vidas profissionais de suas vidas pessoais.
- Conduzir cada sessão de treinamento em um nível pessoal, enquanto mantêm simultaneamente uma fronteira profissional entre cliente e treinador.

Conduzindo Sessões Excelentes de Treinamento Personalizado

As sessões de treinamento estabelecidas em nível pessoal precisam comunicar claramente ao cliente que a elaboração do programa é especial e individualizada de acordo com a personalidade única do cliente e suas necessidades de treinamento. Programas como esse identificam o que o cliente quer e do que necessita. E então são desenvolvidas e gerenciadas expectativas realistas. Identifique algumas metas que poderiam ser alcançadas em um período curto de tempo e combine o estabelecimento de metas em curto prazo com metas em longo prazo.

Mantenha o cliente informado sobre o que está ou não sendo alcançado, e porque o programa está funcionando ou não. A honestidade e o conhecimento seguem um longo caminho! O cliente precisa colaborar e ser parte do processo de planejamento. Os treinadores de sucesso convidam-no a ser parte integral do processo de planejamento, pois compreendem que isso é importante para desenvolver uma abordagem de equipe e responsabilidade mútua.

Em razão da maioria das pessoas preferir o prazer à dor, mantenha a sessão de exercícios divertida e voltada para os resultados. Introduza regularmente uma variedade produtiva e planejada orientada para as metas. Isso contrasta com a variedade em nome da variedade. Distribua também o nível de esforço em períodos específicos de tempo para manter o corpo e a mente renovados e os resultados aparecerem. Lembre-se de que a dor pode ser tanto física (como nos exercícios difíceis ou inadequados) quanto mental (como com as expectativas irreais e a frustração ou desapontamento associado).

Qualquer abordagem de programa planejada e orientada para metas também deve oferecer tempo para discutir e avaliar o progresso ao longo do caminho. Reconheça as realizações, estabeleça novas metas e revise metas ultrapassadas ou irreais.

Finalmente, estabeleça um clima positivo para cada sessão de treinamento. Não é problema do cliente se sua vida está implodindo ou se está exausto porque o horário de seu cliente é sua décima hora de trabalho naquele dia. Você ainda precisa fornecer uma sessão de qualidade. Seus clientes vão notar sua falta de atenção e profissionalismo e enxergar através de um sorriso falso ou uma atitude forçada. A paciência e o controle devem comandar sua personalidade em cada sessão de treinamento, não importando suas circunstâncias pessoais.

Bases Permanentes para o *Personal Trainer* de Sucesso

Mencionadas no capítulo 1, essas qualidades essenciais são de extrema importância para os treinadores de sucesso hoje e no futuro:

Educação formal e certificações de reconhecimento nacional. Essa base educacional o ajuda a estabelecer credibilidade com profissionais licenciados e clientes cada vez melhor informados.

Educação continuada. A educação continuada não é uma opção: é um requisito. Ela pode ser obtida com programas de estudos em casa e através da participação em conferências educacionais. Esse envolvimento é crítico para seu crescimento contínuo e crucial para fornecer a seus clientes informações precisas, pois a ciência do exercício está sempre mudando.

Profundidade e diversidade na educação. Educação e mais educação permitirão que você expanda sua base de clientes, ofereça a eles os melhores programas e mantenha-se interessado e entusiasmado com seu trabalho.

Habilidade de identificar as necessidades em transformação de nossa população. Essa habilidade única permitirá que você se torne parte do grupo de profissionais de ponta que está preparado para satisfazer as necessidades sociais em constante evolução e transformação.

Interesse em identificar e crescer com as tendências de condicionamento físico e saúde. Entender e ser capaz de trabalhar com novas necessidades identificadas nas áreas de saúde e condicionamento físico conforme elas evoluem permitirão que você esteja entre os primeiros a atender as necessidades dos consumidores com um serviço adequado.

Capacidade de sintonizar suas habilidades e seu treinamento em um nível personalizado. Se seu negócio não for personalizado, não será tão especial quanto deveria e você não estará aproveitando as vantagens de um ambiente perfeito de aprendizagem: o ambiente individualizado.

Manter um diálogo contínuo com seus clientes. A comunicação entre você e seu cliente não pode parar nunca, e você precisa ter habilidades pessoais para comunicar a ele que você se importa. Isso transparece melhor em sua atenção ao detalhe em relação às necessidades do cliente, seu crescimento e comportamento profissionais e seu oferecimento de um serviço impecável.

Todos os treinadores devem ter a habilidade de encantar, elogiar, educar, motivar e estimular quando necessário, permanecendo sensíveis e atentos ao cliente. Além de convencer seus clientes a alcançarem determinados objetivos e ajudá-los a atingirem suas metas de exercícios, você também precisa ajudá-los a sustentarem um nível de entusiasmo e compromisso com mudanças para estilo de vida saudável e exercícios regulares. A habilidade altamente valorizada e intangível que vai além da competência técnica necessária é sua personalidade única e especial. Embora a personalidade perfeita provavelmente não exista, a combinação certa de qualidades leva ao sucesso você e todos os seus clientes, e realmente faz com que eles fiquem contigo e esperem sempre mais! O sucesso do treinamento personalizado e a relação cliente-treinador são como um bumerangue: o sucesso depende do serviço sempre retornar ao nível personalizado e ao ponto de início crítico! Um bumerangue bem lançado sempre acerta o alvo. E você?

Master Trainer: Além do Treinamento Rotineiro

Como você comunica que seus serviços são especiais e personalizados? Você não pode anunciar essas características especiais pendurando um cartaz em suas costas com suas credenciais e seus serviços. Embora os entusiastas do condicionamento físico tenham compreendido que eles, na verdade, não precisam de *personal trainers*, muitos não tem condições de diferenciar treinadores excelentes, bons, adequados e ruins. Qualquer um pode denominar-se um *personal trainer*. O que um treinador confiável, consciencioso e com conhecimentos pode fazer para se destacar na multidão?

Os clientes podem escolher trabalhar com treinadores porque eles são atraentes, motivantes, simpáticos e estão em boa forma. Ou porque o treinador cobra um preço razoável e pode encaixar o cliente no horário que ele desejar. E, sim, porque o treinador é certificado ou qualificado. Às vezes os critérios de competência de um treinador não estão no topo da lista dos motivos pelos quais as pessoas contratam seus treinadores. Um treinador master chega onde o cliente está e consegue se diferenciar dos outros treinadores enfatizando o valor que pode agregar e mantendo os exercícios personalizados e orientados para o cliente.

Master Trainers Destacam-se na Multidão

Os treinadores de alto nível que se destacam vão além simplesmente por saber como trabalhar com o cliente ou anunciar seus serviços. Esse tipo de treinador gerencia um negócio que expressa profissionalismo. As habilidades pessoais e comerciais mostram o caminho. Acrescente a isso a energia criativa, o divertimento e um planejamento de exercícios voltados para os resultados. As sugestões a seguir podem ajudar seu negócio a brilhar com o profissionalismo e exibir um serviço personalizado exemplar:

10 Maneiras de se Destacar Como *Master Trainer*

1. Seja você mesmo. O gênio no famoso desenho da Disney disse muito bem: "Seja você mesmo." Essa pérola de sabedoria o ajuda a compreender que você não pode ser tudo para todos. Se tentar, não só vai se perder, mas também fazer com que suas ações inconsistentes confundam seus clientes. De fato, você pode até passar por insincero, condescendente, superficial e falso. Siga sua paixão e seu entusiasmo e seja fiel a suas políticas de negócios para ajudar a tomar decisões de negócios e programas consistentes, justas e sensatas. Embora você deva ser capaz de ajustar-se às necessidades, aos caprichos e aos interesses dos clientes, você ainda precisa estabelecer padrões e exigir obediência à política. Pode ser melhor mostrar excelência e justiça do que ser um pau para toda obra e mestre de ninguém. Ser fiel a quem você é e ao que faz de melhor apresenta sua imagem de treinador e homem de negócios honesto, capaz e competente.

2. Mantenha a competência técnica e conheça seu cliente. A competência técnica é um requisito básico. As entrevistas e os questionários escritos extensos e completos, embora não necessariamente cansativos, e o *feedback* posterior devem ser obtidos com cada cliente. Embora esse processo exija um pouco de diligência, manutenção de registros e esforço, os dividendos são imensos em relação à percepção de um serviço personalizado. Os clientes vêem os resultados de um treinador que age segundo as necessidades e os desejos deles nas questões de saúde e condicionamento físico.

3. Dê a seus clientes 100% da sua atenção. A regra dos 100% é válida não apenas durante o exercício, mas também em relação ao acompanhamento do cliente. Quaisquer perguntas ou preocupações que ele possa levantar deverão ser respondidas imediatamente se o treinador tiver o conhecimento necessário, ou então ele deverá realizar o trabalho investigativo de maneira oportuna. O tempo da sessão é o tempo do cliente. Interrupções desnecessárias, incluindo telefonemas e recebimento de mensagens, devem ser eliminadas. Acompanhe o cliente verbalmente e com correção prática se apropriado. Mantenha a conversação com foco profissional, seja um bom ouvinte e guarde seus problemas e sua vida pessoal para si mesmo!

4. Comunique-se com os clientes em linguagem simples. A marca do *master trainer* é saber falar sobre condicionamento físico em uma variedade de níveis que são simultaneamente inteligíveis, não importando o público. Um de meus colegas mais respeitados é um doutor que possui tal domínio das informações sobre condicionamento físico que pode comunicar suas idéias e seus conceitos com simplicidade para o cliente leigo, mas consegue mudar rapidamente o registro para desafiar e conversar com cientistas importantes do mundo inteiro. Sempre me impressiono com sua intenção de comunicar informações, diferente de uma tentativa ruim de fazer complicações desnecessárias ou verborrágicas para impressionar. Ninguém gosta de uma pessoa que se impressiona com o próprio conhecimento, especialmente se ninguém sabe sobre o que essa pessoa está tagarelando! Os *master trainers* deixam o orgulho e a insegurança pessoal de lado e concentram-se em educar, em ser acessíveis, desmistificar o condicionamento físico e motivar os clientes a exercitar-se pela vida toda.

5. Seja atencioso e respeitoso com cada cliente. Grande parte do sucesso no treinamento vem do coração. Essa frase não vem de nenhuma pesquisa, mas da minha experiência pessoal, somada à de muitos outros *personal trainers*, que diz que a atenção e o respeito pelos clientes são as chaves para o sucesso contínuo. Em um negócio eficiente de treinamento personalizado não existe lugar para abordagens simplistas de treinamento, comentários maliciosos e descuidados (mesmo que seja apenas um escorregão), impaciência ou uma atitude condescendente. Se você está animado e pronto para "detonar", permaneça sensível ao cliente e seu momento e certifique-se de que seu entusiasmo combina com a necessidade dele. A impaciência está começando a transparecer em sua atitude? Lembre-se de como é aprender uma nova habilidade, entenda que muitos dos seus clientes ainda não aprenderam a realmente amar o exercício e de que os eventos e as circunstâncias que acontecem ao longo do dia terão grande influência sobre o tempo de seus clientes. Mantenha seu *feedback* positivo e individual. Os comentários honestos e sinceros desenvolvem a confiança.

6. Ofereça excelência em seus serviços. O serviço precisa ser extraordinário e estar além da noção do dever! A imagem do serviço que você fornece pode ser melhorada, por exemplo, com a personalização da manutenção de registros que utiliza imagens de fotografia e vídeo de alta tecnologia. Os programas de computador podem aumentar a adesão do cliente, por meio de uma melhor manutenção dos diários e registros dos treinamentos. Porém, nada é mais importante para seu negócio do que as interações do dia-a-dia entre o treinador e o cliente. Os novos equipamentos e outras bugigangas nunca substituirão a atenção respeitosa e personalizada, que é sincera e comunica que você se importa! Você sabe que os clientes reconhecem um treinamento extraordinário porque eles lhe dizem isso, querem que você saiba que eles o apreciam e ficam em sua organização por um longo tempo.

7. Ofereça recompensas e reconheça a realização do cliente. Sessões complementares e camisetas grátis reconhecem a consistência e outras realizações pessoais. Utilize mensagens de e-mail, fax e escritas manualmente para dizer aos clientes que você está consciente do sucesso pessoal deles e o aprecia, assim como seus assuntos.

8. Incremente sua caixa de brinquedos. Embora os novos brinquedos na área do exercício não substituam nenhum dos passos aqui descritos, eles certamente podem sofisticar e complementar o ambiente de treinamento. Bolas de estabilidade, bolas com pesos, cones, *Bosu Balance Trainers*, pranchas de equilíbrio, *steps* e *slides* e resistência elástica, bem como novos ambientes de treinamento (como ao ar livre) são apenas algumas das diversões favoritas de meus clientes. No entanto, essas diversões não devem promover a simples variedade em nome da variedade. Elas devem ser métodos de treinamento eficientes que ajudam a realizar as metas de treinamento dos clientes.

9. Estabeleça limites profissionais. A fronteira profissional entre cliente e treinador deve ser firmemente estabelecida e comunicada. Estabeleça uma política comercial para procedimentos de cancelamento, clientes difíceis e para os que buscam uma intimidade excessiva ou o envolvem demais em suas vidas pessoais ou sociais. Embora convites como esse possam parecer tentadores, você geralmente deve evitá-los, como uma praga. É claro que os convites sociais, como, por exemplo, honrar o cliente ou outros membro de sua família, podem ser considerados em termos individuais. Contudo, quando o padrão se transforma em norma, em oposição à exceção, é hora de uma auto-avaliação profissional. Você pode ter uma relação de proximidade e importar-se com o cliente, e ainda assim manter a linha profissional sem envolver-se ou ficar íntimo demais. Uma legião de treinadores lhe dirá que uma aproximação com o cliente além do profissionalismo ou o envolvimento excessivo em seus assuntos pessoais só leva ao sofrimento.

10. Seja um modelo de compromisso e excelência. Observe que eu não disse perfeição. Sua imagem profissional deve ser de humildade e humanidade. Embora deva mostrar um bom exemplo de vida saudável e equilibrada, você não é perfeito e nem deve tentar impor essa carga a si mesmo. O exercício, a dieta e o sucesso devem ser fontes de prazer, pois se nem você nem seu cliente puderem abraçar uma abordagem ao bem-estar para a vida inteira, todos estarão condenados ao fracasso. A consistência vence a batalha ao longo do tempo, e seus clientes, assim como você, precisam de espaço para alcançar o sucesso e a diversão.

Se você conseguir passar essas e outras mensagens importantes para seus clientes, estará bem em seu caminho para se tornar um *master trainer*!

Master Trainers São Diferentes

O *master trainer* exibe uma atitude de pensamento positivo e apoio incansável ao cliente. Ele possui as seguintes qualidades: é inteligente, gosta de ajudar os outros, procura entender as pessoas, respeita as diferenças individuais, é soberbo na delegação de tarefas, honesto, íntegro, original, especial, genuíno, verdadeiro, atencioso, imparcial, porém capaz de lidar com diferenças e conflitos, empático, orientado para a ação, calmo, reconhece melhorias e oferece elogios honestos e sem condescedência. O *master trainer* é um bom professor, excelente facilitador, bom ouvinte e uma força inspiradora estável e orientadora.

Essas qualidades se revelam depois que o cliente empenhou seu tempo treinando com um treinador de alto nível, ou você poderia pensar nisso como o tempo gasto sob a orientação de um *master* sensível. O *master trainer* desvia o foco de si mesmo e não precisa proclamar sua superioridade. Ele pratica a arte de ser, deixando que suas ações, palavras e comportamento falem por ele. Demonstrando os traços de um caráter forte em ação, permite que os clientes e colegas formem suas opiniões a respeito de seu caráter. O *master trainer* demonstra humildade e modéstia ao servir, cuidar dos outros e ajudá-los. Alguém disse uma vez: "A humildade não é pensar menos de si mesmo, mas pensar menos em si mesmo" (Church, 1996, p. 11).

O espírito de um *master trainer* permite que ele tenha uma boa atitude, mesmo quando é difícil fazê-lo. Os conflitos pessoais, as tragédias e a exaustão não são boas desculpas para ter um dia ruim. De outra perspectiva, os *master trainers* são humanos e sabem quando deixar os clientes enxergarem esse lado de suas vidas também. Eles sabem que não são perfeitos e que não devem ter expectativas de sê-lo, mas também sabem como e quando separar a vida profissional da pessoal e abaixar as guardas do profissionalismo e revelar seu lado humano e vulnerável sem tornar-se uma carga para seus clientes.

Lista de Sonhos do Treinador

Mesmo que soe estranho, veremos a seguir uma lista de algumas das maiores fantasias dos profissionais do condicionamento físico. Parte do truque de estar sempre em renovação e manter o treinamento personalizado é ter esperança e ser sempre positivo. A última peça intangível do quebra-cabeça que colocaremos no lugar para que o *master trainer* que está no ramo para ficar é ter senso de humor... Sonhar... E ter esperança!

- Um equipamento de exercício para ter em casa que exercite todo o corpo da pessoa em todos os componentes do condicionamento e se transforme em um robô-empregada doméstica que limpe a casa, leve as crianças à escola e faça o jantar. Com certeza, você conseguiria mais clientes prontos a investir em uma academia em casa como essa.
- Um computador manual de condicionamento físico que organize sessões de treinamento personalizadas, marque aulas de exercício em grupo, lembre seus compromissos, conserte o carro quebrado, vá ao banheiro por você e o avise quando estiver para chamar um cliente ou membro da família pelo nome errado.
- Tênis que mudam de cor automaticamente como um camaleão para informar ao cliente o nível de intensidade do exercício.
- Uma bolsa de ginástica enorme para carregar tudo e se transforme em máquina de lavar e secar, para que você nunca mais perca tempo lavando as roupas de ginástica.
- Uma garrafa de água que, além de aparecer automaticamente quando o cliente precisa dela e resfriar a bebida, encha-se sozinha com a bebida certa, esvazie-se e limpe-se quando você terminar, para que você nunca tenha a experiência nojenta de ver o bolor crescendo dentro dela.

- Uma maleta que contenha as últimas pesquisas em condicionamento físico, leia tudo e lhe diga apenas o que você precisa saber. E nada além. Vem com um *chip* que pode ser inserido em seu cérebro para ajudá-lo a lembrar e aplicar as informações.
- Para aulas de condicionamento esportivo com grupos pequenos, *steps* ajustáveis que andem até os locais certos na sala e estejam sempre posicionados, de modo que cada cliente possa ver você e olhar-se no espelho. Melhor ainda, todos os equipamentos deveriam ser pré-programados para se autoposicionar e automontar.
- Uma fita pré-gravada que muda a música a cada duas semanas e ajusta automaticamente as batidas por minuto, com base em seu pensamento telepático, paga os direitos de licença e toca as 10 músicas mais pedidas. Isso seria especialmente útil como música de fundo para exercícios, aulas de ciclismo estacionário e formações com grupos pequenos.
- Uma faixa de cabeça que relaxe o cliente, encha sua cabeça de pensamentos positivos, dê confiança e lembre-o de que é preciso dar prioridade ao exercício e a uma escolha de alimentos saudáveis todos os dias. Ocasionalmente, o treinador precisaria pegar a faixa emprestada e usá-la.
- Um desejo de que todos os seus clientes lhe agradecessem após cada sessão, tivessem personalidades entusiasmadas, positivas e contagiantes e insistissem em um compromisso de 10 anos de treinamento pré-pago em sete dígitos. (Continue sonhando e esperando!).

O dia em que você parar de melhorar, aprender, ouvir, se importar e sonhar, e o dia em que você não tiver mais esperança e senso de humor, será aquele em que você morreu. Os treinadores inovadores e vitoriosos sentem-se humildes frente ao que não sabem e ainda precisam aprender. Porém, essa realidade não interfere em sua paixão e entusiasmo, mas gera um desejo de crescimento pessoal e serviço contínuo de primeira classe ao cliente.

Entendendo a Perspectiva do Cliente

O *master trainer* é excelente em todos os aspectos do treinamento. Isso inclui a programação e as habilidades comerciais. A competência técnica é necessária e esperada. Os *master trainers* sabem como motivar, entendem a importância das boas habilidades de comunicação e sabem como trabalhar com personalidades individuais.

Se percebo que meu negócio está saindo dos trilhos, desloco meu olhar de modo figurativo para a perspectiva do cliente. A relação cliente-treinador deve incluir essa empatia, que leva à comunicação e ao entendimento entre os dois.

Muitos clientes têm tido pouco sucesso com suas metas pessoais de condicionamento físico até encontrar um *personal trainer*. Eles entendem e apreciam seu valor e "precisam"de você de um modo positivo. Para muitos clientes, nada funcionou em termos de saúde e programas de condicionamento físico, até se comprometerem com um treinador e um programa regular e orientado para os resultados.

Muitos de meus clientes me disseram que, em um momento ou outro, acreditaram serem as últimas pessoas a procurar um *personal trainer*. Contudo, a compreensão de que a atitude de não se importar e ter uma saúde ruim era uma vaidade pior do que qualquer outra, juntamente com o entendimento do valor que o treinador pode agregar, levou-os a experimentar o que o treinamento tem de melhor. Acredito que não existe melhor experiência potencial de treinamento do que a abordagem individual, especialmente se você procura levar seu treinamento para um nível *master* e personalizado.

Os clientes procuram treinadores que os façam progredir com segurança, informem-nos e os eduquem sobre as novas tendências e controvérsias e se importem com eles em nível pessoal. Os treinadores devem estar preparados, chegar pontualmente e manter um nível consistente de motivação e entusiasmo, assim como de empatia pelo cliente nesse negócio orientado para o serviço. Os clientes pagam por conveniência, qualidade e resultados no programa de exercícios, e não podem receber menos que isso.

Nós realmente exercemos influência sobre as vidas das pessoas, uma de cada vez, começando por nós mesmos. Podemos começar a tornar o mundo mais saudável, construindo um "eu" melhor em nossas vidas pessoais e estendendo isso para nossas vidas profissionais. Só então poderemos influenciar, de modo significativo e positivo, cada um de nossos clientes. Um cliente de treinamento personalizado lançou uma luz sobre os efeitos muito pessoais que o treinamento havia tido sobre ela, dizendo: "Depois de uma sessão, quando respiro profundamente, sinto o ar chegar ao fundo dos meus pulmões, e pela primeira vez na minha vida eu *sinto* de verdade! Estou aqui agora, e não é um lugar tão ruim para estar". Se você conseguir levar seus clientes a uma percepção de sucesso pessoal e auto-aceitação, seu trabalho tem importância e impacto, é poderoso.

Sim, podemos influenciar a auto-aceitação e encorajar os clientes a adotarem um estilo de vida saudável, ajudando o indivíduo e causando uma impressão de cada vez. Mantenha seu treinamento no nível personalizado e acredite que você pode fazer diferença! Essa verdade simples abrange a importância de uma abordagem ampla, de alto nível e orientada para o serviço que os *master trainers* de sucesso utilizam no mundo inteiro. O *master trainer* nunca perde de vista a importância do serviço individual.

APÊNDICE

PANORAMA DO PACOTE DE APRESENTAÇÃO AO CLIENTE

Panorama do Pacote de Apresentação ao Cliente

Coloque as informações em um fichário transparente. Isso cria uma apresentação de baixo custo compacta e fácil de editar quando os documentos precisam ser atualizados ou é necessário acrescentar informações ao pacote, especialmente se os documentos forem armazenados em seu computador.

A seguir, veremos como eu organizo meu pacote de apresentação ao cliente. Quando aplicável, haverá amostras ilustrando alguns itens deste esquema.

1. Capa: logotipo e nome do negócio; informações de contato
2. Fotografia 3 x 4 ou em atividade de trabalho
3. Biografia pessoal (no máximo uma página)
4. Currículo (no máximo uma página)
5. Cópias de certificados de graduação e de outros cursos
6. Cópia de apólice de seguro de responsabilidade profissional
7. Filosofia da empresa Brooks ... The Training Edge
8. O que esperar em seu primeiro contato
9. Programa básico e políticas comerciais
10. Abordagem Training Edge: condicionamento físico equilibrado
11. Histórico médico, questionários e formulários de atividade e hábitos alimentares

Estas são inserções opcionais, que dependem de para quem o pacote será direcionado. Os novos clientes recebem o pacote completo, enquanto os que estão interessados em meus serviços ou a mídia recebem uma versão resumida.

12. Livros escritos por Douglas Brooks

Inserir cópias das capas dos livros.

13. Artigos informativos

Insira artigos escritos por Douglas Brooks eThe Training Edge ou escritos sobre eles, ou artigos em que o treinador ou o negócio sejam reconhecidos e citados pela capacidade e conhecimento. Se você escreveu ou foi citado em vários artigos, pense em inserir uma lista com seus títulos. Se você escreveu um ou alguns artigos, inclua todos eles ou parte deles.

14. Design personalizado de salas de ginástica em ambientes comerciais, corporativos e domésticos

Insira fotografias de designs de salas de ginástica e declarações de clientes satisfeitos (obtenha permissão para imprimir as citações).

15. Referências de caráter e serviços.

Liste algumas pessoas e organizações que dariam apoio a sua credibilidade aos olhos dos que estão pensando em contratar seus serviços. Se listar números de telefone para contato, você precisa obter permissão desses indivíduos ou empresas. Você também pode simplesmente declarar que as referências estão disponíveis sob solicitação. Nesse caso, esteja preparado para fornecer a lista quando requisitado.

Observação: Está incluído neste pacote um mapa com detalhes sobre as localizações das empresas The Training Edge.

Para a discussão de como você consegue maximizar o poder do pacote para a captação de clientes e estratégias de marketing, leia os capítulos 2, 3 e 4. Este pacote é um bom exemplo de comunicação escrita. Se surgirem questões ou conflitos no futuro, você sempre poderá referir-se às políticas escritas. Certifique-se de mostrar o pacote inteiro a seu cliente, enfatizando áreas-chave.

Conteúdo do Pacote de Apresentação (Amostra)

É muito provável que você vai queira adaptar o formato e partes do conteúdo que verá em seguida. Afinal, quem quer reinventar a roda se gosta do que está vendo? Se você é novo na área do treinamento, provavelmente ainda não escreveu muitos livros, não apareceu em programas de televisão nem foi entrevistado para reportagens em jornais. Não se preocupe. A quantidade não reflete a qualidade. Mantenha seu pacote relevante e pertinente ao que você pode oferecer hoje. Cerca de 20 anos atrás, criei meu primeiro currículo. Tinha sete páginas, não dizia nada sobre mim e ninguém o lia. Se estiver em dúvida, siga o caminho da concisão, das pequenas pílulas de informação! Além dessas sugestões, é apropriado desenvolver o pacote de modo que ele corresponda diretamente a seu estilo e suas práticas e crenças comerciais.

BROOKS
THE TRAINING EDGE
Los Angeles

Biografia Pessoal (Amostra)

DOUGLAS BROOKS, MESTRE EM CIÊNCIAS, FISIOLOGISTA DO EXERCÍCIO

Reconhecido como um dos personal trainers mais importantes do país por numerosas publicações, Douglas Brooks é realmente o "treinador dos treinadores". Como autor, palestrante, treinador e personalidade da mídia televisiva e dos vídeos, ele é reconhecido pelos profissionais e pelo público no mundo inteiro.

Douglas, que tem o título de mestre na fisiologia do exercício, é autor dos best-sellers *Going Solo – The Art of Personal Training* e *Program Design for Personal Trainers ... Bridging Theory Into Application*, assim como de diversos manuais educacionais. Seus últimos livros publicados são *Your Personal Trainer*, que está sendo vendido nas livrarias do país inteiro, *Effective Strength Training; Bosu: Integrated Balance Training* e *The Complete Book of Personal Training*. Dá palestras e workshops com freqüência sobre a fisologia do exercício, cinesiologia, treinamento de força e treinamento personalizado nos Estados Unidos e internacionalmente.

Douglas é consultor em fisiologia do exercício na pesquisa e desenvolvimento de produtos para diversas empresas da área de condicionamento físico, e atualmente é fisiologista chefe e treinador de força e condicionamento físico da equipe de esqui e *snowboard* Mammoth Mountain.

Douglas foi membro por três mandatos do comitê de aconselhamento do IDEA e forneceu serviços de consultoria para muitas organizações. Também faz parte do comitê do conselho editorial da publicação *ACE: FitnessMatters*. É instrutor certificado pela IISA de patinação in-line e personal trainer com certificado de ouro da ACE.

Seus conselhos e idéias são procurados em âmbito internacional. Atualmente, faz parte dos comitês de aconselhamento das organizações educacionais e de treinamento mais respeitadas da Suécia e da Bélgica. Mais recentemente, Douglas foi indicado para a vice-presidência da International Sports Trainers Association, com base em Buenos Aires, na Argentina.

Personal trainer há 19 anos, Douglas tem familiaridade com produções de vídeo e TV, tendo sido "estrela" de 19 vídeos produzidos. Aparece regularmente na televisão a cabo como especialista em condicionamento físico e no Health Club Cable Network. Seu infomercial do Aerofit™ foi o número um nas classificações da rede a cabo nacional no início de 1997. Os espectadores dessas aparições ao vivo ou gravadas podem exceder o 7 milhões. Ele recomenda produtos de condicionamento físico cientificamente comprovados e que realizam os resultados que prometem.

Por nove anos, Douglas foi proprietário e diretor da empresa The Training Edge, no ramo do treinamento personalizado e contando com 5.000 membros. participou e treinou ginastas de nível escolar médio e foi professor assistente no Departamento de Ciências da Saúde da University of Michigan. Com um gosto pelas atividades de condicionamento físico de todos os tipos, Douglas é um ávido fã do esporte. Pratica ciclismo seriamente, é maratonista e triatleta do Ironman®, esquiador dedicado nas modalidades *downhill* alpino e *cross-country*, além de escalador e montanhista. Douglas mora perto do cume de uma montanha em Mammoth Lakes, Califórnia, com sua esposa Candice e seus dois filhos, treinando com todos os seus brinquedos esportivos favoritos de acordo com a estação do ano.

Observação: Uma biografia breve, entre um parágrafo e uma página no máximo, ajuda a estabelecer suas credenciais e a destacar suas realizações. Isso pode complementar seu currículo e geralmente é mais fácil de ler do que o formato convencional do currículo.

Currículo (Amostra)

DOUGLAS S. BROOKS

Fisiologista do Exercício e Personal Trainer de Condicionamento Físico

HISTÓRICO PROFISSIONAL:

1987 até o presente:	Co-proprietário da empresa Moves International Fitness, fornecedora de recursos educacionais, educação continuada e workshops ao vivo para profissionais e produtos na área de condicionamento físico
1983 até o presente:	Auto-empregado como personal trainer de condicionamento físico
1982 a 1983	Professor Assistente, University of Michigan --Departamento de Ciências da Saúde
1981 a 1982	Diretor e Coordenador de Condicionamento Físico no Programa de Saúde e Condicionamento Cardiovascular da YMCA da cidade de Flint, Michigan
1980 a 1981	Professor Assistente, Central Michigan University (CMU) --Departamento de Educação Física --Treinador Assistente de Ginástica Feminina (CMU)

CERTIFICAÇÕES ACADÊMICAS:

1981-81:	Mestre em Educação Física (CMU) --Área de especialidade: fisiologia do exercício --- G.P.A. (*grade point average*): 4.00
1979:	Bacharel em Ciências com distinção em Educação Física Secundária (CMU) --Área de especialidade: fisiologia do exercício --Especialidade secundária: educação para a saúde

CERTIFICAÇÕES ESPECIAIS:

American Council on Exercise (ACE)
Certificado de ouro de personal trainer
Instrutor de patinação in-line certificado pela IISA
American Heart Association, CPR e Treinamento de Primeiros Socorros

ASSOCIAÇÕES PROFISSIONAIS (LISTA PARCIAL):

IDEA—The Health Fitness Source
The American College of Sports Medicine (ACSM)
International Sports Trainers Association (vice-presidente da ISTA)

ÁREAS DE ESPECIALIZAÇÃO E INTERESSE:

Populações especiais, incluindo clientes obesos, sem condicionamento físico, pacientes ambulatoriais de reabilitação cardíaca e das costas, gestantes, diabéticos, asmáticos, pessoas com interesse no controle do peso, adolescentes e clientes que procuram condicionamento físico voltado para o esporte

Treinamento de resistência e biomecânica

Instrução e desempenho em corrida, ciclismo, natação, alongamento, tênis, esqui *cross-country* e *downhill* alpino e patinação in-line

HISTÓRICO ATLÉTICO PESSOAL:

Montanhismo: escalada do monte Imja Tse, com cerca de 6.000 m de altitude, no Himalaia, Nepal
Triatlo Ironman™, Havaí
Maratonas, incluindo as de Boston, Londres, Nova Iorque, Los Angeles, São Francisco e Detroit
Equipe de Ginástica Masculina (CMU)
Equipe Masculina de Basquete (CMU)

DADOS PESSOAIS:

Data de nascimento: 15/6/1957 Altura: 5'10" Peso: 157 lbs. Porcentagem de Gordura Corporal: 8%
Observação do autor: Além de listar suas credenciais de emprego e informações acadêmicas, inclua outras experiências aplicáveis ou relacionadas que aumentem sua credibilidade como personal trainer.

BROOKS
THE TRAINING EDGE
Los Angeles

Brooks ... Filosofia da Empresa The Training Edge (amostra de filosofia do programa)

A busca da saúde e do condicionamento físico pode ser confusa. Parece que existe sempre um programa especial ou algum tipo de equipamento mágico sendo promovido como a solução para suas necessiades de bem-estar. Você começa a entender que não é tão fácil decifrar informações contraditórias e conclui com certeza qual é a abordagem verdadeira, ou qual equipamento vai realmente melhorar seu bem-estar pessoal e funcionar bem para você. Um programa de televisão ou um infomercial fala sobre a última grande dieta, que certamente está destinada a condenar ao fracasso qualquer um que tente segui-la. Um artigo de jornal fala sobre a última tendência de exercício. Aí, vem a promessa de uma sessão de exercício de quatro minutos que trabalha o corpo inteiro. Ainda outra promoção tenta seduzi-lo com um programa que promete resultados imediatos, com uma nova e mágica tecnologia "comprovada por pesquisas". Será que alguma dessa atrações vai finalmente lhe trazer o sucesso com que você sonha, mandá-lo para o pronto-socorro ou apenas deixá-lo desapontado e frustrado mais uma vez?

Freqüentemente, as tentativas de persuasão são orientadas por um plano de marketing que não leva em conta suas necessidades reais e os melhores benefícios para você. E não importando quão louco ou inseguro o programa ou o equipamento possam ser, a ironia é que eles podem funcionar por um tempo. Ou seja, até que você fique entediado, insatisfeito ou sofra uma lesão.

O treinamento personalizado de condicionamento físico lhe dá uma alternativa a esse mercado de massa, a essas abordagens impessoais de seu condicionamento e sua saúde. Eu e meus colegas na Brooks-The Training Edge lhe oferecemos um programa consistente que é especificamente elaborado para suas necessidades atuais, e vamos alterá-lo para que cresça com você conforme você progredir e suas necessidades mudarem ao longo do caminho.

Os programas da Brooks-The Training Edge são planos abrangentes de estilo de vida. O treinamento inclui instruções sobre o treinamento de resistência (pesos, halteres, tubos de borracha aparelhos), flexibilidade (alongamento), nutrição (comer com sensatez sem entrar na montanha-russa das dietas), condicionamento cardiovascular e treinamento funcional. Você aprenderá a técnica apropriada e as razões por que cada uma dessas áreas do condicionamento físico é importante. Você fará o *cross-training* (mudança de atividades) e vamos periodizar (alterar a intensidade de seus exercícios em perídos de tempo específicos) seu treinamento para que você continue interessado, se divirta e obtenha resultados contínuos. Em vez de realizar uma avalanche de atividades sem sentido que não lhe trazem muitos benefícios além do suor, você terá um programa que oferece o retorno máximo para as metas que você estabelecer para si mesmo.

Na The Training Edge, embora saibamos o que você quer realizar com seu programa, também sabemos que ele não seria completo nem tão eficaz se não considerássemos suas idéias, sentimentos e opiniões conforme desenvolvemos nossa abordagem individualizada para você. Sua informações são críticas para nos ajudar a elaborar um programa em constante transformação que possa atender suas necessidades de condicionamento físico, saúde e nutrição.

A Brooks-The Training Edge vai lhe dar resultados que vão além do nível superficial. É claro que você vai ganhar uma ótima aparência e uma proporção saudável de gordura corporal e musculatura magra, que é a medida-chave da saúde, mas você tmabém terá o brilho do "sentir-se bem" que vem do aumento da energia e das condições de saúde geral. Você vai se tornar mais ágil e habilidoso nos esportes que escolher praticar. Conforme aumenta seu condicionamento físico, reduzirá sua chance de doenças cardíacas e estará muito mais bem equipado para lidar com o estresse.

Para obter esses resultados, vamos precisar de sua cooperação, entusiasmo e compromisso de participação firme. Precisamos trabalhar em equipe, dando 100 por cento de nosso esforço. (Isso não significa esforço máximo em todas as sessões!) Durante suas sessões de exercício, seja direto e aberto. Conte-nos como se sente, expresse suas preocupações e faça todas as perguntas que quiser. Este é seu programa de treinamento pessoal, e o processo inteiro funciona muito melhor quando você está ativamente envolvido.

Para ter um alto nível de condicionamento físico, você precisa marcar pelo menos duas sessões de treinamento semanal. No final, você vai progredir para a prática de algum tipo de atividade na maioria dos dias da semana. Você será encorajado a realizar diversas dessas sessões de atividade por conta própria. Vamos ajudá-lo a planejar e marcar essas sessões para que fique fácil para você realizá-las sozinho. E não se preocupe, nunca faremos progressos rápidos demais e sempre acompanharemos seu ritmo! Depois de quatro a seis semanas de treinamento, se não antes, você vai começar a ver alguns grandes resultados.

Para aumentar a diversão que você tem com um treinamento eficiente, vamos reavaliar seu programa periodicamente. A supervisão e os ajustes constantes são características essenciais do treinamento responsável do condicionamento físico.

Além de discutir sua situação, suas necessidades e preferências, garantimos trabalhar para que essas necessidades e desejos sejam atendidos. Desse modo, o principal objetivo da Brooks-The Training Edge, seu condicionamento físico e bem-estar pessoal, tornam-se a qualidade com que você pode viver.

Observação: Compartilhar sua filosofia com clientes novos ou potenciais permite que você exponha seus objetivos, opiniões e metas em relação aos programas que planeja para fornecer a eles. Isso pode ajudá-lo o cliente que o procura a estabelecer em algum grau se suas metas podem ser atendidas pela empresa de treinamento e se o indivíduo poderia sentir-se à vontade em sua organização.

O Que Esperar De Sua Primeira Reunião Conosco (amostra de carta de apresentação)

REUNIÃO INICIAL

Nós provavelmente já conversamos por alguns minutos pessoalmente ou por telefone, e você está com o pacote de apresentação ao cliente em mãos. Antes que aconteçam quaisquer sessões de exercícios na The Training Edge, solicitamos que você preencha o questionário de histórico médico e também os perfis nutricional e de atividade que se encontram no pacote. Leia também e assine o formulário de consentimento e aprovação. Se suas respostas do histórico médico escrito indicarem que precisamos de um maior acompanhamento, isso poderá retardar sua primeira sessão conosco. Porém, estamos estamos nisso com uma perspectiva de longo prazo e sua segurança é nossa maior preocupação. Essa exigência segue o protocolo profissional e está de acordo com a idéia de que não podemos criar o programa mais seguro e eficiente para você até que essas informações sejam obtidas. Não deixaremos você começar a utilizar nossos serviços, embora estejamos entusiasmados com a perspectiva de você iniciar o programa, até que tenhamos confiança em que você possa progredir com segurança.

Você deverá levar cerca de 20 minutos para preencher seus papéis. Isso é divertido e introspectivo e poderá estimular suas idéias em direção às metas e expectativas que você possui e que poderemos realizar juntos.

Nossa reunião inicial é fornecida sem custos. Terminaremos de completar as fichas que forem necessárias e marcaremos nossa primeira sessão quando tivermos esclarecido todas as questões relacionadas a seus formulários nutricional e de histórico médico e atividade. Nossos cuidados e segurança nos procedimentos são altamente respeitados. Seu interesse e bem-estar estão no topo de nossas preocupações!

A PRIMEIRA SESSÃO...NÃO SE PREOCUPE!

Temos tanta confiança em nossa capacidade de fazer uma grande diferença em suas sessões de exercício e sua saúde que acreditamos que essa primeira sessão será o início de um relacionamento de longo termo. Essa sessão é o começo de um processo contínuo em que trabalhamos em equipe (cliente e treinador) para definir suas metas, interesses e desejos. Com o tempo, delinearemos seu plano de programa para atingir os resultados que você está almejando.

Muitos iniciantes ficam preocupados em estar em forma antes de vir a nós. É nosso trabalho fazê-lo evoluir devagar e estar sintonizados com suas necessidades de saúde e condicionamento físico atuais. Sua primeira sessão será composta de exercícios, e não de tortura e destruição.

Geralmente, não o submeteremos a um desafio de testes de condicionamento físico em sua visita inicial. Os testes e avaliações de condicionamento físico são ferramentas motivacionais opcionais que usaremos com você quando forem apropriadas a seu nível e programa de condicionamento. Ao pedir-lhe que preencha seu questionário de histórico médico e so avaliar cuidadosamente suas respostas e procurar aconselhamento adicional se necessário, temos certeza de que poderemos começar o treinamento de modo seguro e preciso. A avaliação do condicionamento físico pode ser uma faca de dois gumes que pode levar ao 552 encorajamento pessoal ou à humilhação.

ROUPAS PARA GINÁSTICA

Não há multidões nem horários de pico em nossas instalações de treinamento presonalizado nem em sua casa. A idéia de "vestir-se para impressionar" não tem vez. Vista roupas para exercitar-se que sejam confortáveis. Camisetas, shorts, calças de ginástica, suéteres e agasalhos são a regra. Os tênis devem oferecer apoio e ser funcionais. Solicitamos ter consideração com as outras pessoas ao escolher suas roupas. Se tiver perguntas sobre a adequação de suas roupas, fale conosco!

ACESSÓRIOS

Providenciamos chuveiros e salas de vestuário, toalhas, água e música. Traga seus produtos de higiene, chinelos e quaisquer outros itens pessoais que desejar.

HIGIENE PESSOAL DO TREINADOR E DO CLIENTE

Por natureza, o treinamento personalizado criam um ambiente pessoal, de proximidade e intimidade profissional. De maneira simples, vamos trabalhar próximos um do outro. São necessárias a higiene dental, a limpeza geral das roupas e calçados de ginástica e do corpo. Você notará que nossos treinadores escovam os dentes, mudam de roupa e tomam banho várias vezes todos os dias. Essa consideração e respeito pelo outro é essencial.

BROOKS THE TRAINING EDGE Los Angeles

Programa e Políticas Comerciais da The Training Edge (amostras de políticas de programas)

POLÍTICAS BÁSICAS DE PROGRAMAS

Acreditamos que as seguintes políticas esclarecem as políticas comercaiis básicas e ajudam a desenvolver um relacionamento baseado na reciprocidade das responsabilidades. Nosso compromisso com você vai longe!

Duração da sessão de treinamento.

Cada sessão de treinamento se baseia em uma hora-aula de 55 minutos, embora estejam disponíveis opções mais longas ou mais curtas.

Proporção treinador-cliente.

O treinamento individual, em pequenos grupos e as consultas telefônicas são opções. A maioria de nossos clientes escolhe a atenção especializada e o foco que o treinamento individual oferece. Porém, nosso papel é seguir seus interesses, necessidades e desejos.

Prontidão.

Para aproveitar ao máximo seu tempo e esforço, esteja pronto para exercitar-se na hora marcada. Em razão dos clientes geralmente marcarem sessões antes e depois da sua ou da possibilidade de seu treinador ter marcado uma reunião ou curso imediatamente após sua sessão, o tempo das sessões não pode ser estendido.

Se o treinador se atrasar para sua sessão (atraso é definido como um minuto depois de seu horário de início estipulado), a sessão de treinamento será estendida se possível, e independente disso você receberá um crédito em forma de exercícios complementares. Queremos seu compromisso e você terá o nosso!

Cancelamento de sessões marcadas e sessões perdidas.

Você não será cobrado por sessões que cancelar com mais de 24 horas de aviso antecipado. Você tem direito a um cancelamento tardio para cada quatro sessões marcadas. Por exemplo, se você se exercitar 12 horas por mês, serão permitidos três cancelamentos. Se você se exercitar quatro vezes por semana, terá direito a um aviso de cancelamento semanal.

Será cobrada a taxa integral pela sessão dos clientes que cancelarem com menos de 24 horas de antecedência ou se os cancelamentos excederem a proporção de um a cada quatro 553 sessões marcadas. O excesso de cancelamentos, independente do horário de aviso e do pagamento resultante, será discutido entre o cliente e o treinador ou o diretor do programa. Seu programa não será tão eficiente (obviamente, mesmo se você pagar pelas sessões perdidas) se não houver assiduidade. Queremos o melhor para você e queremos merecer o dinheiro que você investiu em sua saúde.

Se o treinador não comparecer a uma sessão, independente do motivo alegado, você receberá um pedido de desculpas imediatamente. Embora aconteçam crises, mesmo com um treinador cuja atitude você possa considerar impecável, acreditamos que não é aceitável perder sessões. Respeitamos e valorizamos muito o compromisso de seu tempo. A sessão perdida (se você não receber um aviso com pelo menos 24 horas de antecedência) será imediatamente remarcada de acordo com sua conveniência sem encargos. Você também receberá como crédito uma sessão complementar sob nosso encargo. Levamos as sério nosso compromisso com você e nossos serviços!

REMARCANDO SESSÕES

Se você gostaria de remarcar uma sessão com menos de 24 horas de aviso antecipado, a The Training Edge e seus treinadores farão o melhor para atender sua solitação. Embora chequem suas mensagens regularmente, nossos treinadores têm seu tempo de trabalho reservado com antecedência e geralmente sem intervalos. Nossos profissionais também têm obrigações que incluem participar de reuniões marcadas e preservar o tempo para o auto-desenvolvimento. se a The Training Edge não conseguir atender seu pedido e se o pedido chegar com menos de 24 horas de antecedência, você (cliente) será cobrado pela sessão marcada.

Se o treinador precisar remarcar ou cancelar uma sessão com você e o fizer com menos de 24 horas de antecedência, a sessão marcada será imediatamente remarcada de acordo com sua conveniência sem encargos. Você também será creditado com uma sessão complementar sob nosso encargo. A responsabilidade é uma via de mão dupla.

PAGAMENTO DOS SERVIÇOS

Todas as sessões de treinamento têm garantia de 100 por cento, incondicionalmente. Se por qualquer motivo você não estiver satisfeito com sua sessão de treinamento, você será reembolsado integralmente por ela. Apreciamos suas críticas construtivas e a oportunidade de corrigir quaisquer problemas.

Se você não concordou com o pagamento antecipado das sessões, todas as taxas serão cobradas no recebimento da fatura da The Training Edge. Quando houver atraso de duas semanas no pagamento das faturas, a política da Training Edge é suspender os serviços de treinamento até que a fatura em débito seja quitada. Nos casos de reincidência de inadimplência, por exemplo, com algumas faturas sem quitação, solicitamos que todos os serviços sejam pagos integralmente com antecedência. O pagamento imediato de sua(s) taxa(s) de treinamento relacionada(s) aos serviços prestados poupa nossas despesas adminstrativas e nosso tempo de trabalho nessa área, o que nos permite atender melhor suas metas de saúde e condicionamento físico.

A The Training Edge aceita Visa e Mastercard, cheques de pessoas físicas e pagamentos em espécie.

LOCALIZAÇÃO DO TREINAMENTO

As sessões de treinamento ocorrerão na privacidade de sua casa, em uma das instalações particulares da The Training Edge ou em uma localização de acordo mútuo (como o desafio de treinar ao ar livre ou em locais públicos, desde que possamos ser admitidos).

PARCERIAS

A parceria é um conceito especial que usamos na The Training Edge para assegurar um serviço completo e consistente para você. Esse conceito de treinamento tem seu maior benefício como inspiração. Embora você desenvolva um relacionamento com seu treinador "principal" e esse treinador trabalhe com você a maior parte do tempo, um ou dois outros trreinadores também tomarão parte em seu programa. Criar uma dependência em relação a um só treinador condena você ao fracasso potencial. De tempos em tempos, os treinadores sairão da The Training Edge por uma variedade de razões; outros sairão de férias ou ficarão machucados ou doentes. Nenhum desse cenários deve interromper seu programa. Essa é a razão pela qual encorajamos parcerias múltiplas entre clientes e treinadores. Você nos ajudará a escolher pelo menos um, se não dois, outros treinadores com quem você acha que se sentiria à vontade para treinar. Periodicamente, você terá a oportunidade de treinar com outro "parceiro'. Esses relacionamentos precisam ser desenvolvidos antes que surja um obstáculo na rota do progresso. Na eventualidade de seu treinador principal não estar disponível por um período curto de tempo ou se , por exemplo, o treinador se mudar para outro estado, seus interesses continuarão sendo atendidos e seu programa não será interrompido. Nossos treinadores e clientes geralmente abraçam esse conceito. Isso dá ao treinador uma mudança de cenário livre de culpa (Sim, até o treinador precisa de férias!) e você, nosso prezado cliente, tem contato com novas perspectivas e conhecimentos dos outros profissionais da Training Edge.

Abordagem The Training Edge: Condicionamento Físico Balanceado (amostra de princípios do treinamento e componentes do programa)

CONDICIONAMENTO CARDIOVASCULAR

Um coração forte é a base de qualquer programa de condicionamento físico. Os exercícios aeróbicos queimam muitas calorias e gorduras, aumentam o fluxo de oxigênio para os músculos do corpo e os órgãos citais (aumento da "energia"), ajudam você a lidar com o estresse diário e a proteger-se de ataques cardíacos e muitas outras doenças degenerativas.

O condicionamento cardiovascular pode ser obtido com qualquer atividade que utilize o movimento contínuo e rítmico. Caminhar, correr e nadar são bons exemplos. Você precisa encontrar atividades que goste de fazer, ou então não vai continuar seu programa. Para maximizar os resultados, você também precisa exercitar-se em uma intensidade suficiente, embora não tão intensamente. Ajudaremos você a entender como usar a freqüência cardíaca e o esforço percebido para melhorar seu nível de esforço, diversão e aproveitamento. Uma meta final seria realizar esforços cardiovasculares entre três e seis vezes por semana. A intensidade, a freqüência e a duração dos exercícios serão influenciadas pelo seu nível de condicionamento inicial, pela sua taxa de progresso e pelo seu *feedback*.

A parte aeróbia do exercício geralmente segue o mesmo padrão básico, quer você escolha caminhar, correr, andar de bicicleta, nadar, remar, praticar esqui cross-country, dança aeróbia ou alguma outra forma de atividade aeróbia. Você fará sempre um aquecimento de no mínimo 5 ou 10 minutos e então, geralmente, aumentará gradualmente seu esforço em direção a uma faixa-alvo de freqüência cardíaca ou nível de esforço percebido, que chamanos RPE. A parte cardiovascular de seus exercícios sempre terminará com um desaquecimento de três a cinco minutos.

Para melhorar o condicionamento cardiovascular e maximizar a queima de calorias, utilizamos uma forma de treinamento com intervalos que a maioria de nossos clientes pode praticar com segurança. Essa forma divertida de treinamento cardiovascular estimula você a trabalhar com uma intensidade um pouco mais forte do que está acostumado, depois que você já adquiriu um nível básico de condicionamento. Em virtude de ser mais interessante do que sempre trabalharda mesma velha maneira, o treinamento com intervalos facilita sua adesão ao programa. Se você quer um desenvolvimento completo nessa área de condicionamento físico, o treinamento com intervalos é a melhor maneira.

TREINAMENTO DE RESISTÊNCIA

Diferente da crença popular, o treinamento de resistência (ou treinamento de força) não é uma atividade sem sentido para "brutamontes musculosos". Quando praticado corretamente, trata-se de um esforço focalizado. Resultados surpreendentes não exigem horas de treino diário. Pode-se obter ganhos significativos de força com duas sessões de 25 minutos de treino de força por semana. O treinamento de força corretamente realizado tmabém é provavelmente o componente mais importante do condicionamento físico (bar none) em termos do impacto que exerce sobre a manutenção e a perda de peso e sobre a saúde geral.

Muitas pessoas ficam relutantes em praticar o treinamento com pesos porque acreditam erroneamente que os músculos tonificados se transformarão em gordura se pararem o programa. Isso simplesmente não é verdade. Assim como uma perna pode se atrofiar se ficar engessada, o músculo que não é trabalhado vai se encolher, e não se transformar em gordura.

Algumas mulheres não querem fazer treinos de forla porque têm medo de desenvolver músculos grandes e parecer robustas demais. Garantimos que a média das mulheres provavelmente não será capaz de obter um corpo musculoso demais como resultado de um programa normal de treinamento de força. Geralmente, isso é verdade em razão da influência hormonal: as mulheres geralmente não possuem quantidades significativas de testosterona, o que evita que elas fiquem excessivamente grandes ou robustas.

Vamos desenvolver um programa de força que vai remodelar seu corpo. Você vai aprender a se concentrar, a isolar os grupos musculares, a treinar funcionalmente e a apreciar as mudanças em seu corpo. Foi relatado que Michelangelo acreditava que, dentro de cada pedaço de mármore, havia uma estátua esperando ser descoberta. Se você nunca fez um treinamento de força, vai penasr da mesma maneira sobre seu corpo conforme ele começar a tomar a forma que deveria ter. Atingr esse tipo de resultado significa um compromisso sólido com o treino de força.

FLEXIBILIDADE

Mais do que qualquer outro aspecto do condicionamento físico, a flexibilidade geralmente é mal interpretada ou buscada de maneira inadequada. O alongamento á a área que mais provavelmente 555 será deixada de lado ou receberá um tempo inadequado, embora a maioria das pessoas saiba que precisa se alongar. E mesmo que as pessoas façam alongamento com a melhor das intenções, algumas vezes elas o fazem de modo incorreto.

Embora as pessoas geralmente culpem a corrida ou alguma outra atividade por seus problemas nas costas e outras lesões, o verdadeiro culpado pode ser o alogamento que realizaram antes da atividade. Você primeiro precisa fazer um aquecimento. O alongamento não é um aquecimento! O alongamneto é realizado com mais eficiência e segurança quando as articulações já foram amaciadas e os músculos estão aquecidos.

Os alongamentos difíceis de manter que forçam as articulações além de seu arco de movimento normal (e podem fazer seus olhos saltarem das órbitas) nem sempre aumentam a flexibilidade e podem provocar lesões. Você será encorajado a nunca movimentar uma articulação além do que você consegue controlar de maneira ativa. Não encorajamos movimentos bruscos ou forçados aos limites da dor e do desconforto. Se você se alongar dessa maneira, poderá estirar os músculos e os ligamentos em torno da articulação, o que pode ser mais prejudicial do que não fazer alongamento. Usaremos uma variedade de abordagens do alongamento que o deixarão preparado para atividades recreativas ou para a prática de esportes competitivos, ou que lhe forneçam a flexibilidade necessária para uma vida agitada. Quando praticado corretamente, o alongamento traz uma boa sensação.

CROSS-TRAINING E PERIODIZAÇÃO

Um programa que lhe faz executar a mesma seqüência de exercícios dia sim dia não é uma receita de fracasso. Acrescentar variedade (*cross-training*) e alternar a intensidade de seus exercícios em períodos específicos de tempo (periodização) são ferramentas essenciais para obter os melhores resultados, assim como evitar as lesões e o *burnout*. Realizaremos esse programa de treinamento planejado e orientado para os resultados com facilidade, sugerindo e organizando as mudanças de que você necessita.

CONSCIÊNCIA NUTRICIONAL

O exercício regular não pode compensar uma nutrição inadequada. Para ter o máximo aproveitamento de seu programa de exercícios, você terá que dedicar a mesma atenção a sua dieta. Isso pode ser um desafio no começo, mas quando você compreender como os hábitos alimentares ruins podem afetar negativamente sua saúde e condicionamento físico, ficará motivado para seguir uma plano de "consciência nutricional" fácil e divertido. Não gostamos da palavra *dieta*. Preferimos que você coma com sabedoria, goste do que está comendo e coloque em ação uma abordagem que funcionará para você por um longo prazo!

A boa nutrição não é um sacrifício, mas uma escolha e uma questão de conhecimento e senso somum. Os seguintes princípios básicos vão mantê-lo na linha:

1. As calorias contam. O exercício pode queimar uma parte de seus excesso de alimentos ingeridos, mas não todo. Apenas o exercício não vai protegê-lo das doenças cardíacas. a maioria dos homens deveria consumir pelo menos entre 1.800 e 2.000 calorias por dia, enquanto a maioria das mulheres precisa de cerca de 1.500.
2. Os carboidratos em sua forma complexa, integral e natural (arroz, batatas, grãos integrais, pães, frutas e legumes) devem formar o núcleo de sua dieta. Nossa antiga crença na ingestão de proteínas, gorduras e alimentos refinados resultou em níveis sem precedência de doenças cardiovasculares, obesidade, câncer e outras condições que ameaçam a vida.
3. Limite a ingestão de açúcar, álcool, laticínios gordurosos (incluindo queijo, leite e manteiga), sobremesas açucaradas, doces, carnes vermelhas e gorduras em geral (incluindo óleos, manteiga, margarina e maionese), além do sal. Com exceção do sal, esses alimentos são densos em calorias e têm poucos nutrientes e fibras naturais. Evite os conservantes e os aditivos químicos.
4. Beba bastante água antes, durante e após o exercício. Ao final do dia, você deverá ter consumido pelo me-

nos seis copos de água. Embora isso parece um clichê, beber muita água faz uma diferença sensível.

5. Coma quando tiver fome. Todo dia você pode fazer até seis refeições ou lanches nutritivos com muitos carboidratos complexos e fibras naturais, reduzindo as refeições muito gordurosas que contêm muitas calorias e poucas fibras.

Observação: Essas explicações dão aos novos clientes informações básicas sobre cada área do condicionamento físico e da nutrição que eles irão experimentar como parte de seus programas completos. Também criam uma sensação de antecipação e entusiasmo em relação ao conhecimento, apoio e motivação que esperam por eles. Comunicam também um compromisso de longo termo com a personalização do programa, pois os clientes sabem que a variedade (*cross-training*) e uma abordagem planejada (periodização) de seu programa de treinamento fazem parte de seu plano geral de ataque.

Amostra de Formulário Conciso do Questionário de Histórico Médico

BROOKS THE TRAINING EDGE Los Angeles

Questionário de Histórico Médico Orientado para a Saúde Pessoal e Condicionamento Físico

Nome: ___
Idade: ___
Data: ___
Responsável principal por cuidados médicos:___
Telefone do responsável médico:__
Outros especialistas em cuidados médicos:___

Histórico de Saúde

1. Você fuma? Sim Não
Se você respondeu sim, quanto você fuma?_____
2. Seu médico já disse que sua pressão sanguínea estava baixa ou alta? Sim Não
3. Já lhe disseram (ou a algum membro de sua família) que você tem diabetes? Sim Não
4. Você tem algum problema cardiovascular conhecido (como doenças cardíacas, ataques cardíacos anteriores, aterosclerose, anormalidades no eletrocardiograma)? Sim Não
Se você respondeu sim, descreva:___
5. Seu médico já lhe disse que seu nível de colesterol estava alto? Sim Não
6. Você está acima do peso? Sim Não
Se você respondeu sim, qual é seu excesso de peso?___
7. Você tem alguma lesão ou problema ortopédico (como problemas nas costas ou nos joelhos, tendinite, bursite)? Sim Não
Se você respondeu sim, descreva:___
8. Você está tomando alguma medicação ou suplementos dietéticos sob prescrição? Sim Não
Se você respondeu sem, descreva:___
9. Você está grávida ou em período de menos de seis semanas após o parto? Sim Não
10. Data dos últimos exames físicos:___
11. Você tem alguma outra condição médica ou problema não mencionado anteriormente? Sim Não
Se você respondeu sim, descreva:___
12. Descreva seu programa de exercício atual:___
13. Liste as metas de seu programa:___

Extraído do Livro Completo de Treinamento Personalizado, de Douglas S. Brooks, 2004, Champaign, IL: Human Kinetics. Continuação>

Formulário de Consentimento (Amostra de Formulário Resumido)

Reconheço, na plenitude de minha capacidade, que me encontro em boas condições de saúde e não possuo problemas médicos conhecidos que poderiam restringir minha habilidade de participar neste programa de exercícios.

Assinatura:________________________________ Data:__________________

Observação: Este formulário seria apropriado para uso com clientes de baixo risco ou de curo prazo (por exemplo, em consultoria). Se você não se sente à vontade utilizando um questionário de histórico médico complicado, um formulário breve como este será suficiente.

Extraído do Livro Completo de Treinamento Personalizado, de Douglas S. Brooks, 2004, Champaign, IL: Human Kinetics. Continuação>

Amostra de Formulário Completo de Questionário de Histórico Médico

Questionário de Histórico Médico

(Histórico, saúde, fumo, dieta, exercício, fatores de risco e análise de nível de estresse)
Douglas S. Brooks
Mestre em Fisiologia do Exercício

Este é seu formulário de histórico médico, para ser completado antes de sua primeira sessão de treinamento com a Brooks-The Training Edge. Todas as informações são confidenciais. Estas informações serão utilizadas para a avaliação de sua saúde e preparo para começar seu programa de exercícios. Suas respostas nos ajudarão a elaborar um programa abrangente que atenda suas necessidades individuais. Pedimos que seja o mais preciso e completo possível, embora sem detalhes pouco significativos. Solicitamos que preencha este formulário integralmente e com cuidado, e depois faça uma revisão para ter certeza de que não esqueceu nada.

Nome:____
Data:____________________________

Extraído do Livro Completo de Treinamento Personalizado, de Douglas S. Brooks, 2004, Champaign, IL: Human Kinetics.

Formulário de Histórico Médico e Análise

Informações Gerais
Participante
Nome____
Endereço____
Telefones de contato____________________________
Data de nascimento____________________

Médico da Família ou Responsável Principal por Cuidados Médicos

Médico/outro____ Telefone______________

Endereço_______________________________________ Cidade_____________________

Posso enviar uma cópia de sua consulta a seu médico ou responsável principal por seus cuidados médicos?

Sim Não

Estado Civil

Solteiro Casado Divorciado Viúvo/a

Sexo

Masculino Feminino

Educação

Nível Fundamental Nível Médio (primeira parte) Nível Médio (completo)

Nível Superior Nível de Pós-Graudação Habilitação____________________________

Ocupação

Cargo____________________________ Empregador_______________________

Endereço________________________________

Telefone_____________________________

Quais são os objetivos de sua participação neste programa de condicionamento físico?

Para determinar meu nível atual de condicionamento físico e receber recomendações para um programa de exercícios.

Outros (explique)______________________________________

Extraído do Livro Completo de Treinamento Personalizado, de Douglas S. Brooks, 2004, Champaign, IL: Human Kinetics.

Histórico Médico Atual

Assinale as perguntas cuja resposta é sim (deixe as outras em branco).

Algum médico já lhe disse que sua pressão sanguínea estava muito alta?

Você tem dores no peito ou no coração?

Você fica incomodado com freqüência com palpitações no coração?

Seu coração fica acelerado?

Você observa batimentos extras ou batimentos em falta?

Seus tornozelos apresentam inchaços graves?

Você fica incomodado com a frieza das mãos ou dos pés mesmo quando o dia está quente?

Algum médico já lhe disse que você tem ou já teve problemas cardíacos ou anormalidades em seu eletrocardiograma (ECG ou EKG), ataques cardíacos ou coronários?

Você tem câibras freqüentes nas pernas?

Tem dificuldade para respirar?

Fica sem fôlego antes das outras pessoas?

Algumas vezes fica sem fôlego quando está sentado e quieto ou quando está dormindo?

Algum médico já lhe disse que seu nível de colesterol estava alto?

Comentários:___

Você tem atualmente ou teve recentemente:

Tosse crônica, recorrente ou matinal?

Episódios de tosse com sangue?

Grandes níveis de ansiedade ou depressão?

Problemas recorrentes de fadiga, distúrbios do sono ou aumentos da irritabilidade?

Enxaquecas ou dores de cabeça recorrentes?

Inchaços ou dores nos joelhos ou tornozelos?

Inchaços, rigidez ou dores nas articulações?

Dores nas pernas após caminhar distâncias curtas?

Problemas nos pés?

Problemas nas costas?
Problemas estomacais ou intestinais, como azias, úlceras, constipação ou diarréias recorrentes?
Problemas signficativos de visão ou audição?
Alterações recentes em uma verruga ou pinta?
Glaucoma ou pressão ocular alta?
Exposição a ruídos altos por períodos longos?
Comentários:____

Extraído do Livro Completo de Treinamento Personalizado, de Douglas S. Brooks, 2004, Champaign, IL: Human Kinetics. Continuação>

As perguntas a seguir dirigem-se somente às mulheres. Você tem:

Problemas menstruais?
Problemas significativos relacionados ao parto?
Perda do controle urinário quando tosse, espirra ou ri?
Data do último exame pélvico e/ou Papanicolau__________
Comentários:__________
Você está fazendo alguma terapia de reposição hormonal?________

As perguntas a seguir dirigem-se aos homens e às mulheres:
Liste todas as prescrições médicas que está tomando no momento:______________
Liste medicações ou suplemnetos dietéticos auto-prescritos que está tomando no momento:____
Data do último exame físico completo:__________________
Normal Anormal Nunca fiz Não me lembro
Data da última radiografia do tórax:____
Normal Anormal Nunca fiz Não me lembro
Data do último eletrocardiograma (EKG ou ECG):____
Normal Anormal Nunca fiz Não me lembro
Data da última consulta odontológica:____
Normal Anormal Nunca fiz Não me lembro
Liste outros exames médicos ou diagnósticos que você realizou nos últimos dois anos: _____
Liste suas internações hospitalares, incluindo as datas e motivos:______
Liste suas alergias a medicamentos:_______

Extraído do Livro Completo de Treinamento Personalizado, de Douglas S. Brooks, 2004, Champaign, IL: Human Kinetics. Continuação>

Histórico Médico

Assinale as perguntas cuja resposta é sim (deixe as outras em branco).
Ataque cardíacoSe sim, há quanto tempo?____________________
Febre reumática
Murmúrio cardíaco
Doenças arteriais
Varizes
Artrite nas pernas e braços
Diabetes ou anormalidades nos exames de açúcar no sangue
Flebite (inflamação de veias)
Tonturas ou desmaios
Epilepsia ou convulsões
Derrame cerebral
Difteria
Escarlatina
Mononucleose infecciosa
Problemas nervosos ou emocionais
Anemia

Problemas na tireóide
Pneumonia
Bronquite
Asma
Anormalidades na radiografia do tórax
Outras doenças pulmonares
Lesões nas costas, braços, pernas ou articulações
Fraturas ósseas
Icterícia ou problemas na vesícula biliar
Comentários:___

Extraído do Livro Completo de Treinamento Personalizado, de Douglas S. Brooks, 2004, Champaign, IL: Human Kinetics.

Histórico Médico Familiar

Pai:
Vivo Idade atual___
A saúde geral de meu pai é:
Excelente Boa Razoável Ruim
Razões para saúde ruim:
Falecido Idade ao falecer___
Causa da morte:___

Mãe:
A saúde geral de minha mãe é:
Excelente Boa Razoável Ruim
Razões para saúde ruim:
Falecida Idade ao falecer___
Causa da morte:___

Doenças Familiares
Você ou seus parentes consanguíneos já tiveram algumdos problemas a seguir? (Inclua avós, tias e tios, porém exclua primos, agregados e meio-parentes.)

Assinale os itens cuja resposta é sim (deixe os outros em branco).
Ataques cardíacos com menos de 50 anos de idade
Derrames cerebrais com menos de 50 anos de idade
Pressão sanguínea alta
Colesterol elevado
Diabetes
Asma ou febre do feno
Doença cardíaca congênita (existente no nascimento, mas não hereditária)
Cirurgias cardíacas
Glaucoma
Obesidade (excesso de peso de 9 quilogramas ou mais)
Leucemia ou câncer com menos de 60 anos de idade
Comentários:_____

Extraído do Livro Completo de Treinamento Personalizado, de Douglas S. Brooks, 2004, Champaign, IL: Human Kinetics.

Outros Fatores de Risco de Doenças Cardíacas

Fumo
Você já fumou cigarros, charutos ou cachimbo?
Sim Não

(Se não fumou, vá para a sessão sobre Dieta)
Se você já fumou cigarros ou fuma atualmente, quantas unidades fuma por dia? _____
Idade ao iniciar _______
Se você já fumou charutos ou fuma atualmente, quantas unidades fuma por dia?_____ Idade ao iniciar ____
Se você já fumou cachimbo ou fuma atualmente, quantas vezes fuma por dia?_____ Idade ao iniciar ____
Se você parou de fumar, quando o fez? ______
Se você fuma atualmente, há quanto tempo está fumando? ______

Dieta
O que você considera como um bom peso para você? ______
Qual foi o peso máximo que você já teve (inclusive na gravidez)? ______
Que idade você tinha na época? ______
Meu peso atual é: _____
Há um ano, meu peso era: _____
Aos 21 anos, meu peso era: ______
Números de refeições que você geralmente faz por dia: ______
Número médio de ovos que você come por semana: _____
Número de vezes por semana em que você geralmente come os seguintes alimentos:
Carne bovina:_______ Peixe:_______ Sobremesas:_______
Carne suína:_______ Aves:_____ Alimentos fritos:_______
Número de porções (xícaras, copos ou recipientes) semanais que você geralmente consome de:
Leite homogeneizado (integral)_____ Leite semidesnatado____ Leite desnatado_____
Leite light (com 1 ou 2% de gordura)____ Café____
Chá (gelado ou quente)____ Refrigerantes comuns ou dietéticos____ Copos de água ____

Extraído do Livro Completo de Treinamento Personalizado, de Douglas S. Brooks, 2004, Champaign, IL: Human Kinetics.

Você ingere bebidas alcóolicas?
Sim Não
Se sim, qual é sua ingestão aproximada das bebidas seguintes?
Cerveja:
Nenhuma Ocasional Freqüente Se freqüente, _________ vezes por semana
Vinho:
Nenhuma Ocasional Freqüente Se freqüente, _________ vezes por semana
Destilados:
Nenhuma Ocasional Freqüente Se freqüente, _________ vezes por semana

Em alguma ocasião no passado, você já foi um bebedor pesado (consumo de 170 ml ou mais de destilados por dia)?
Sim Não
Comentários:____

Você geralmente usa óleo ou margarina em vez de opções que diminuam o colesterol ou manteiga?
Sim Não
Você geralmente evita acrescentar açúcar aos alimentos e bebidas?
Sim Não
Você geralmente coloca e utiliza sal à mesa?
Sim Não
Você come de maneira diferente nos finais de semana, em comparação aos dias da semana?
Sim Não
Comentários:___

Extraído do Livro Completo de Treinamento Personalizado, de Douglas S. Brooks, 2004, Champaign, IL: Human Kinetics.

Amostra de Resumo e Formulário de Consentimento/Liberação

Este programa consiste em várias fases elaboradas para determinar sua preparação para realizar atividades físicas, medir sua capacidade funcional de condicionamento físico em diversas áreas, registrar dados ativos relativos a seus níveis de condicionamento físico atuais e, de maneira contínua, utilizar e avaliar regularmente seu estado presente de saúde e condicionamento físico.

Durante a primeira fase, você passará por um processo de **avaliação** elaborado para identificar fatores de risco associados aos riscos ampliados de doenças cardiovasculares. Isso incluirá solicitar-lhe que preencha um questionário escrito de histórico médico e uma entrevista informal. Esse formulário escrito de avaliação e a interação verbal auxiliarão a avaliação de sua saúde global. Serão avaliados muitos fatores importantes de risco relacionados às doenças coronárias cardíacas, incluindo o fumo, o colesterol e os lipídios sanguíneos, a pressão sanguínea, a obesidade ou excesso de peso extremo e a inatividade.

Para complementar estes fatores, serão determinados a pressão sangupinea, a porcentagem de gordura corporal, a altura e o peso e a freqüência cardíaca em repouso.

Também serão determinados por meio de um questionário a auto-avaliação dos níveis de estresse, níveis de atividade e dieta, e um resumo do risco geral de lesões e problemas de saúde.

Para determinar os níveis dos lipídios sanguíneos (como o colesterol, HDL e LDL), é necessário obter amostras de sangue. Se você já foi examinado, esses resultados serão solicitados junto à instituição médica apropriada e ao responsável por seus cuidados médicos, com seu consentimento. Os dois perfis de lipídios são extremamente úteis para ajudar a motivá-lo a melhorar seus hábitos alimentares e reduzir seu risco de doenças coronárias cardíacas.

Satisfatoriamente completada a fase de avaliação, você poderá passar para a segunda fase ou **fase de avaliação do condicionamento físico**. Após uma consulta com seu treinador e/ou especialista em cuidados de saúde, a avaliação do condicionamento físico poderá ou não ser encorajada inicialmente. A fase de avaliação do condicionamento físico certamente não será necessária para você começar um programa eficiente, seguro e estimulante. Uma abordagem completa e honesta dos itens analisados na fase um fornece as orientações para um ponto de início seguro.

As **avaliações de condicionamento físico** são realizadas para medir os níveis de condicionamento físico, e não devem ser confundidas com exames diagnósticos médicos. Seu propósito é avaliar seu ponto inicial com um nível de condicionamento entre o regular e o atual, desenvolver uma plano de exercícios individual, dar incentivo e observar o progresso nos meses posteriores. As avaliações de condicionamento devem ser um complemento opcional da análise da primeira fase. Essas avaliações podem incluir:

A. Uma série de avaliações para medir e avaliar a flexibilidade, postura, força e resistência muscular.

B. Uma série de avaliações para medir e avaliar a flexibilidade, postura, força e tônus de músculos posturais importantes para ajudar a prevenir as dores ortopédicas e o desconforto associado a problemas crônicos de alinhamento. A parte inferior das costas e o pescoço são exemplos de áreas do corpo que serão avaliadas.

C. Dobras cutâneas para medição da gordura corporal, e diversos tipos de medições para registras os diâmetros e circunferências de locais específicos do corpo. Esses dois tipos de medição funcionam como base para referências futuras e refletem as alterações na composição corporal, tais como os aumentos da massa muscular e as perdas de gordura. Isso pode ser realizado na fase um.

D. Avaliação da pressão sanguínea para detemrinar as pressões sistólica e diastólica em repouso. A pressão sanguínea é a força de seu sangue pressionando as paredes das artérias. É importante monitorá-la regularmente para detectar a hipertensão ou pressão alta. É fácil de realizar, indolor e leva apenas alguns segundos.

E. Utilizando uma bicicleta ergométrica, esteira, banco de plataforma ajustável ou pista de caminhada/corrida, será determinada a resposta da freqüência cardíaca ao aumento do trabalho ou da carga (velocidade ou resistência). Esse teste submáximo cardiorrespiratório poderá ser usado para prever o consumo máximo de oxigênio e poderá ajudar a determinar uma faixa apropriada de freqüência cardíaca para o treinamento.

O teste cardiorrespiratório geralmente é descrito por meus clientes como o de maior exigência física. A intensidade do exercício começa em um nível de esforço de fácil sustentação. Ela pode ou não progredir em intensidade. Isso depende do nível de condicionamento físico, da resposta pessoal e do teste cardiorrespiratório escolhido.

Amostra de Resumo e Formulário de Consentimento/Liberação

O teste envolve a medição da freqüência cardíaca e a observação das respostas respiratórias a cargas de trabalho submáximas constantes e crescentes. Em outras palavras, você terá a opção de trabalhar com uma intensidade cada vez maior.

Isso não apenas irá estabelecer seu nível presente de condicionamento cardiorrespiratório, mas também lhe fornecerá uma linha de base para medir melhorias futuras. Esta crga de trabalho final fará com que você trabalhe a aproximadamente 85 por cento ou menos de sua freqüência cardíaca máxima (ou sua freqüência cardíaca máxima real, se disponível). O teste poderá ser suspendido a qualquer momento em virtude de sinais de fadiga, distensão, resposta fisiológica ou outras contra-indicações à prática do exercício. Você também poderá escolher parar em razão de sensações pessoais de fadiga, desconforto ou qualquer razão que julgar apropriada.

Durante qualquer uma dessas avaliações de condicionamento (de A a E), existe uma possibilidade de ocorrência de complicações cardíacas, desmaios, respostas anormais da pressão sanguínea e, em casos raros, ataques cardíacos, derrames cerebrais e morte. Foram realizados todos os esforços para minimizar esses riscos com a reunião preliminar de informações relacionadas a sua saúde e condicionamento físico atuais e com as observações durante os testes.

Sob as melhores condições, todos esses procedimentos de avaliação do condicionamento físico constituem uma medida geral de seu grau de condicionamento, mas eles NÃO definem se você tem ou não doenças cardíacas. Além desses procedimentos, você deverá contar com os serviços de seu médico ou profissional responsável por seus cuidados médicos para qualquer tipo de cuidado com sua saúde. Embora nem sempre necessário, geralmente é recomendado que o exame físico e a avaliação diagnóstica de condicionamento físico sejam conduzidos por profissionais qualificados em base anual. Discuta essa idéia com o responsável por seus cuidados médicos.

Deverá decorrer um período curto de tempo até que os dados adequados possam ser compilados. Nesse ponto, acontecerá uma reunião entre você e seu treinador. Todas as informações pertinentes serão explicadas com uma prescrição ou plano de exercícios personalizado. Então, você poderá optar por começar (ou continuar) seu programa de treinamento personalizado, o que é importante para motivá-lo e ajudá-lo a aderir a seu plano de exercício. Encorajamos as avaliações de seu progresso e do plano do programa, que serão realizados de maneira regular.

Todas as perguntas que você tiver a respeito dos procedimentos, riscos ou benefícios que poderá esperar serão bem-vindas. Se tiver quaisquer reservas ou dúvidas, pedimos que expresse suas preocupações e peça explicações e esclarecimentos.

A participação em qualquer teste e em qualquer programa é voluntária. Você tem a liberdade de negar seu consentimento ou retirá-lo a qualquer momento. No entanto, é importante que você informe imediatamente qualquer sentimento incomum e/ou outras informações que possam auxiliar nossos profissionais com qualquer dificuldade que você perceba ou que estiver vivenciando. É sua responsabilidade expressar completamente essas informações conforme sua percepção ou quando requisitado pelos questionários ou pelos nossos profissionais.

Subscrevendo-me e tendo plena consciência de minhas próprias condições físicas e de saúde, e ciente de que minha participação neste programa e nestes procedimentos de avaliação de condicionamento físico possa ser prejudicial a minha saúde, escolho participar voluntariamente no programa The Training Edge, que me foi explicado verbalmente e também apresentado por escrito.

De posse deste conhecimento, eximo por meio deste a empresa Brook-The Training Edge, seus representantes, agentes, funcionários e sucessores de qualquer responsabilidade por danos ou doenças acidentais em que possa incorrer como conseqüência de minha participação no mencionado programa de condicionamento físico ou nos procedimentos de teste e/ou análise. Assumo por meio do presente todos os riscos relacionados e concedo meu consentimento para participar no programa mencionado.

Assinatura________________________________ Data___________________________

Design de Sala de Ginástica Personalizada em Ambientes Comerciais, Corporativos e Domésticos

Design de sala de ginástica comercial.

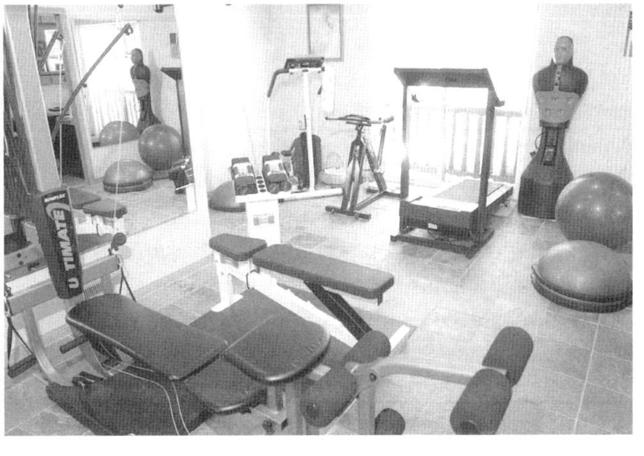

Design de sala de ginástica doméstica.

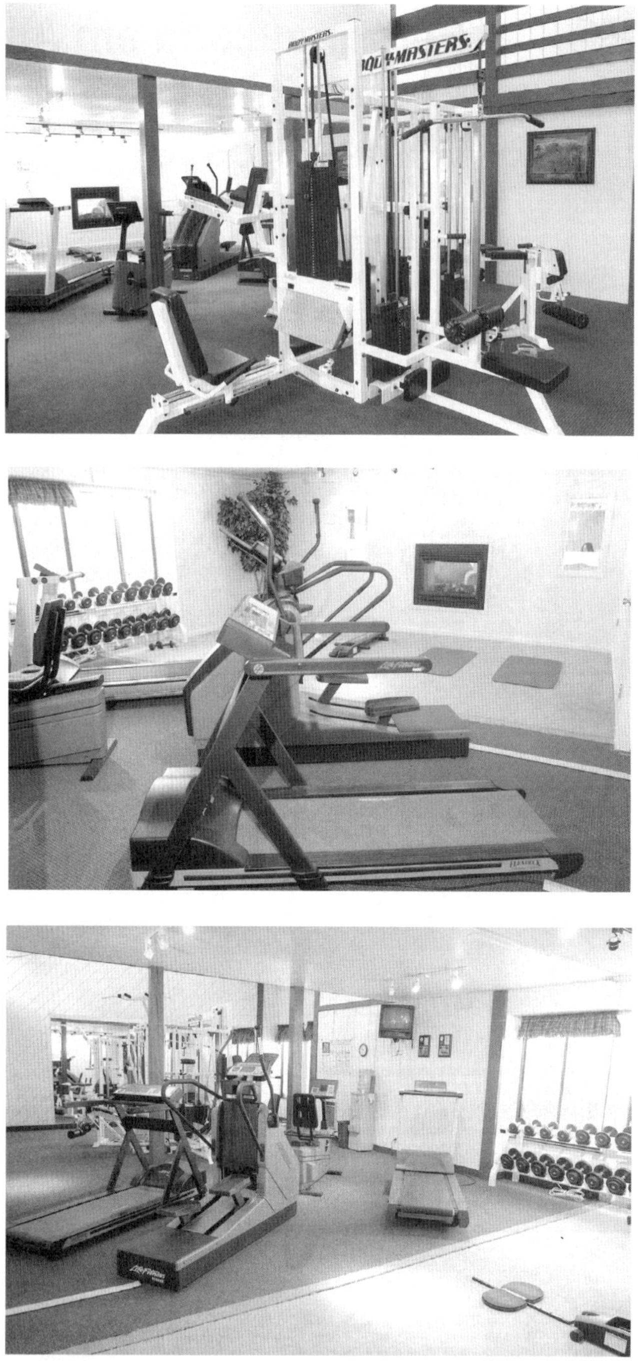

Design de sala de ginástica em condomínio.

Observação: Em razão de acreditar que o pacote de apresentação ao cliente estabeleça credibilidade instantânea com clientes potenciais ou novos e também com a mídia, atualizo-o0 regularmente com recortes de notícias, novas informações e fotos de salas de ginástica domésticas que elaborei para alguns clientes. Porém, o pacote básico permanece o mesmo e é simples editá-lo se você utilizar um computador.

RECOMENDAÇÕES DE LEITURA E RECURSOS ÚTEIS DE SAÚDE E CONDICIONAMENTO FÍSICO

Há um banquete de informações disponível sobre os tópicos de saúde e condicionamento físico, o que é uma boa notícia para os *personal trainers*! A má notícia é que essa quantidade de informações pode tornar difícil encontrar exatamente o que você precisa. A lista seguinte é minha tentativa de categorizar os recursos-chave que utilizo em segmentos úteis. Todos os *sites* e números de telefone estavam atualizados no momento em que esta obra foi impressa, mas tenha em mente que as URLs e os números mudam. Se um endereço específico não funcionar, tente digitar palavras-chave em qualquer *site* de busca.

Organizações de Certificação

É importante pesquisar cada organização da qual você optar por obter uma certificação. Converse com representantes da associação, conhecidos que receberam certificados dessa associação ou grupo e leia artigos críticos sobre os prós e os contras de cada uma delas. Literalmente, existem muitas centenas de organizações que emitem certificados. Faça sua lição de casa!

Recomendações de Leitura:

RYAN, P. How can we judge quality? In: *IDEA Personal Trainer,* s.n.:s.l., July/Aug., 1995. p. 27-34.

RYAN, P. Certifications: Which one is right for you? In: *IDEA Personal Trainer,* s.n.:s.l., Mar./Apr., 1996. p. 18-31.

Endereços Úteis na Internet

Cansado de aborrecer-se procurando informações na Internet? Aqui estão alguns endereços de *sites* que considero úteis para localizar informações com eficiência.

American Dietetic Association: www.eatright.org

American Heart Association: www.amhrt.org/news

American Medical Association (fornece resumos de JAMA e links para outros períodos científicos revisados por profissionais): www.ama-assn.org

Asthma Information Center: www.mdnet.de/asthma

BioMedNet: www.biomednet.com/db/medline/new

Center for Science in the Public Interest (editores de *Nutrition Action Healthletter*): www.espinet.org

Department of Health and Human Services Healthfinder (links para periódicos profissionais *on-line* e fornece acompanhamento de notícias da mídia sobre saúde): www.healthfinder.gov

Fitness Link (obtenha as últimas notícias sobre condicionamento físico, e também dicas sobre nutrição, exercício e saúde; também *links* para muitos outros *sites*): www.fitnesslink.com

Global Health and Fitness (oferece programas de treinamento, instrução e motivação): www.globalfitness.com

GoAskAlice (*site* altamente qualificado de perguntas e respostas da Columbia University Health Service): http://www.columbia.edu/cu/healthwise/

Healthclubs.com (Você ou seu cliente estão pensando em entrar para uma academia? Obtenha informações sobre academias nos Estados Unidos): www.healthclubs.com

Healthfinder (*site* gerenciado pelo governo que ajuda os usuários a encontrar recursos de saúde e aconselhamento confiáveis): www.healthfinder.gov

Healthgate (inclui muitos *subsites* sobre saúde): www. Healthgate.com/HealthGate/home.html

Human Kinetics Publishers: www.humankinetics.com

IDEA: The Health and Fitness Source (organização de membros que edita duas revistas de excelente qualidade (*IDEA Personal Trainer* e *IDEA Health and Fitness Source)* e fornece muitas oportunidades educacionais): www.ideafit.com

International Food Information Council Foundation (informações sobre segurança alimentar e nutrição): www.ificinfo.health.org

International Health, Racquet and Sportsclub Association or IHRSA (listas de academias do mundo inteiro e pesquisas relacionadas ao exercício): www.ihrsa.org

The Journal of the American Medical Association's Asthma Information Center: www.ama-assn.irg/special/asthma

Mayo Clinic (elabora o "Headline Watch", que fornece detalhes sobre as histórias médicas mais lidas da semana cobertas pela mídia): www.mayohealth.org

National Heart, Long and Blood Institute: www.nhlbi.nih.gov

National Institutes of Health: www.hih.gov e uma subdivisão deste *site* faz links com abstracts de grandes periódicos médicos e científicos em www.ncbi.nlm.nin.gov/PubMed

National Institutes of Health lançou a base de dados "International Bibliographic Information on Dietary Supplements" em http://odp.od.nih.gov/ods/databases/ibids.html.

National Institutes of Health (informações sobre suplementos alimentares): http://dietary-supplements.info.nih.gov

National Library of Medicine: http://igm.nlm.nih.gov/

Personal Fitness Training Referral Network (o objetivo deste *site* é unir clientes e treinadores quando viajam): www.teamfit.com

Personal Training on the Net (fornece muitas informações sobre saúde e condicionamento físico; necessário associar-se): www.personal-training.com.au

The Physician and Sportsmedicine Journal: www.physsportsmed.com

PubMed: http://www.ncbi.nlm.nih.gov/PubMed/

Quackwatch, Inc. (organização sem fins lucrativos que fornece informações precisas sobre suplementos alimentares): www.quackwatch.com

The Road Runners Club of America (grupo nacional de corredores altamente respeitado): http://rrca.org/

Shape Up America (iniciado pela ex-cirurgião geral C. Everett Koop; aprenda os benefícios de manter-se ativo e manter um peso saudável): www.shapeup.org

Stanford University Medical Center's Health Library: http://www-med.stanford.edu/healthlib

Tufts University (fornece links classificados por grupo de interesse e classifica sites): www.navigator.tufts.edu

U.S. Food and Drug Administration: www.fda.gov

The Washington Running Report (dicas sobre treinamento e corrida): http://www.running-network.com/members/washington/tips/index.html

Periódicos de Pesquisa para Profissionais de Condicionamento Físico

Os periódicos de pesquisa sobre o exercício e as publicações listadas abaixo são revisados por profissionais da área muito respeitados. Muitos estão disponíveis em livrarias especializadas na área médica ou bibliotecas universitárias, e a maioria deles publica tabelas de conteúdo na Internet. Muitas dessas fontes também oferecem um serviço grátis de fornecimento de resumos através de seus *sites* na Internet.

Um bom ponto inicial grátis e fácil de usar na procura por artigos é o MEDLINE. Os *sites* de busca MEDLINE (BioMedNet, PubMed e National Library of Medicine) possibilitam que você acesse citações da literatura e resumos em qualquer língua. Seus *sites* estão listados na seção de recursos na Internet.

Outros excelentes periódicos e publicações são listados aqui. Para encontrar o *site* de um periódico ou publicação, digite o título do periódico em seu site de buscas favorito (como Google, Alta Vista, Lycos e Yahoo!):

Acta Physiologica Scandinavica
Adapted Physical Activity Quarterly
Advances in Motor Research
American Journal of Health Behavior
American Journal of Health Promotion
American Journal of Sports Medicine
Applied Research in Coaching and Athletics
Archives of Physical Medicine and Rehabilitation
Australian Journal of Physiotherapy
British Journal of Sports Medicine
Canadian Journal of Applied Physiology
Canadian Journal of Health, Physical Education, Recreation and Dance
European Journal of Applied Physiology
Exercise Immunology Review
Exercise Physiology
International Journal of Physical Fitness
International Journal of Sport Nutrition
International Journal of Sport Psychology
Isokinetics and Exercise Science
Journal of Aging and Physical Activity
Journal of Applied Biomechanics
Journal of Applied Physiology
Journal of Applied Sport Psychology
Journal of Athletic Training
Journal of Cardiopulmonary Rehabilitation
Journal of Motor Behavior
Journal of Nutrition Education
Journal of Orthopaedic and Sports Physical Therapy
Journal of Physical Education, Recreation and Dance
Journal of Sport and Exercise Physiology
Journal of Sport and Social Issues
Journal of Sport Behavior
Journal of Sport Rehabilitation
Journal of Sports Sciences
Journal of Strength and Conditioning Research
Journal of Teaching in Physical Education
Journal of the American Physical Therapy Association
Measurement in Physical Education and Exercise Science
Medicine and Science in Sports and Exercise
Motor Control: The International Journal for the Multidisciplinary Study of Voluntary Movement
Palestra: Forum of Sport, Physical Education and Recreationfor Those With Disabilities
Perceptual and Motor Skills
Physical Educator
Physical Therapy
Quest
Research Quarterly for Exercise and Sport
Scholastic Coach and Athletic Director
Sports Medicine
Sports Medicine, Training and Rehabilitation
The Sport Physiologist
Sport Science Reviews
Strength and Conditioning Journal
Year Book of Sports Medicine

Ver também o artigo "Researching the Research", de Ralph La Forge, em *IDEA Health & Fitness Source,* March, 2000. p. 26.

REFERÊNCIAS BIBLIOGRÁFICAS E SUGESTÕES DE LEITURA

Veja os diversos capítulos deste livro para referências adicionais e específicas em relação ao conteúdo particular de cada capítulo.

ALBRIGHT et al. American College of Sports Medicine position stand. Exercise and type 2 diabetes. In: Medicine and Science in Sports and Exercise, s.n.:s.l., v. 32, p. 1345-1360, 2000.

ALTER, M. J. Science of stretching. Champaign, IL: Human Kinetics, 1988.

ALTER, M. J. Science of Flexibility. Champaign, IL: Human Kinetics, 1996.

AMERICAN ASSOCIATION OF CARDIOVASCULAR AND PULMONARY REHABILITATION. Guidelines for cardiac rehabilitation programs, 3.ed. Champaign, IL: Human Kinetics, 1999.

AMERICAN COLLEGE OF OBSTETRICIANS AND GYNECOLOGISTS. ACOG home exercise programs: exercise during pregnancy and the postnatal period. Washington, DC: ACOG, 1985.

AMERICAN COLLEGE OF OBSTETRICIANS AND GYNECOLOGISTS. Committee on obstetric practice: exercise during pregnancy and the postpartum period, committee opinion no. 9, February. In: International Journal of Gynaecology and Obstetrics, s.n.: s.l., v. 45(1), p. 65-70, 1994.

AMERICAN COLLEGE OF OBSTETRICIANS AND GYNECOLOGISTS. Committee on obstetric practice: exercise during pregnancy and the postpartum period, committee opinion no. 267, January. In: International Journal of Gynaecology and Obstetrics, s.n.: s.l., v. 77(1), p. 79-81, 2002.

AMERICAN COLLEGE OF SPORTS MEDICINE. Position stand: The recommended quantity and quality of exercise for developing and maintaining cardiorespiratory and muscular fitness in healthy adults. In: Medicine and Science in Sports and Exercise, s.n.: s.l., v. 22 (2, Apr.), p. 265-274, 1990.

AMERICAN COLLEGE OF SPORTS MEDICINE. ACSM guidelines for exercise testing and prescription. 5.ed. Philadelphia: Williams & Wilkins, 1995.

AMERICAN COLLEGE OF SPORTS MEDICINE. Exercise management for persons with chronic diseases and disabilities. Champaign, IL: Human Kinetics, 1997.

AMERICAN COLLEGE OF SPORTS MEDICINE. ACSM resource manual for guidelines for exercise testing and prescription. 3.ed. Baltimore: Williams & Wilkins, 1998.

AMERICAN COLLEGE OF SPORTS MEDICINE (ACSM). AND AMERICAN HEART ASSOCIATION (AHA) JOINT POSITION STATEMENT. Recommendations for cardiovascular screening, staffing and emergency policies at health/fitness facilities. In: Medicine and Science in Sports and Exercise, s.n.: s.l., v. 30(6), p. 1009-2028, 1998.

AMERICAN COUNCIL ON EXERCISE. Personal trainer manual. San Diego, CA: Ace, 1996.

AMERICAN COUNCIL ON EXERCISE. Exercise for older adults: ACE's guide for fitness professionals. Cotton, R. (Ed). Champaign, IL: Human Kinetics, 1998.

AMERICAN COUNCIL ON EXERCISE. Clinical exercise specialist manual: ACE's source for training special population. Cotton, R., Andersen, R. (Eds).San Diego, CA: ACE, 1999.

AMERICAN DIABETES ASSOCIATION. Facts and figures. Acessado em junho de 2003. <www.diabetes.org>.

AMERICAN HEART ASSOCIATION. Cardiovascular disease statistics. Acessado em junho de 2003. <www.americanheart.org/presenter.jtml?identifier=4478>.

ANDERSEN, R. Exercise, an active lifestyle, and obesity. In: Physician and Sportsmedicine, s.n.: s.l., v. 27 (10, Oct.), p. 41-50, 1999.

ANDERSON, O. Running research news. Lansing, MI: s.e., s/d.

ANDREW, L. Pregnancy and diet. In: IDEA Health and Fitness Source, s.n.: s.l., v. May, p. 59-66, 1998.

ARAUJO, D. Expecting questions about exercise and pregnancy? In: Physician and Sportsmedicine, s.n.: s.l., v. 25 (4, Apr.), p. 85-93, 1997.

ARTAL, R., SHERMAN, C. Exercise during pregnancy: safe and beneficial for most. Physician and Sportsmedicine, s.n.: s.l., v. 27 (8, Aug.), p. 51-75, 1997.

ASHTON, A. Building bridges with the healthcare community. In: ACE Certified News, s.n.: s.l., v. 4(3), p. 1-3, 1998.

BAECHLE, T., GROVES, B. Weight training – Steps to success. Champaign, IL: Human Kinetics, 1992.

BAILEY, D.M., DAVIES, B., BUDGETT, R. Endurance training during a twin pregnancy in a marathon runner. In: Lancet, s.n.: s.l., v. 351 (9110), p. 1182, 1998.

BASMAJIAN, J., DELUCA, C. Muscles alive – Their functions revealed by electromyography. 4.ed. Baltimore: Williams & Wilkins, 1979.

BENIAMINI, Y. et al. High-intensity strength training of patients enrolled in an outpatient cardiac rehabilitation program. In: Journal of Cardiopulmonary Rehabilitation, s.n.: s.l., v. 19(1), p. 8-17, 1999.

BERNADOT, D. (Ed.). Sports nutrition – A guide for the professional working with active people. Chicago: American Dietetic Association, 1993.

BLAKISTON'S MEDICAL DICTIONARY. Blakiston's Pocket Medical Dictionary. 4.ed. New York: McGraw-Hill, 1980.

BOMPA, T. Periodization of strength. In: Sports Review, s.n.: s.l., v. 1, p. 26-31, 1965.

BOMPA, T. Theory and methodology of training. Dubuque, IA: Kendall-Hunt, 1983.

BOMPA, T.O. Periodization training for sports. Champaign, IL: Human Kinetics, 1999.

BORG, G. Psychophysical bases of perceived exertion. In: Medicine and Science in Sports and Exercise, s.n.: s.l., v. 14(5), p. 377-381, 1982.

BOUCHARD, C.; SHEPHARD, R. J.; STEPHENS, T. Physical activity, fitness, and health consensus statement. Champaign, IL: Human Kinetics, 1993.

BROOKS, D. Going solo – The art of personal training. 2.ed. Mammoth Lakes, CA: Moves International, 1990.

BROOKS, D. Which way do we go? In: IDEA Personal Trainer, s.n.: s.l., v. Feb. Mar., p. 25-33, 1994.

BROOKS, D. Planning your strength program. In: IDEA Today, s.n.: s.l., v. Sept., 1995a.

BROOKS, D. Shaping the shoulder. In: IDEA Today, s.n.: s.l., v. Oct., 1995b.

BROOKS, D. Training the upper back. In: IDEA Today, s.n.: s.l., v. Nov./Dec., 1995c.

BROOKS, D. Sculpting the chest. In: IDEA Today, s.n.: s.l., v. Jan., 1996a.

BROOKS, D. Strengthening the upper arms. In: IDEA Today, s.n.: s.l., v. Mar., 1996b.

BROOKS, D. Program design for personal trainers. Mammoth Lakes, CA: Moves International; Champaign, IL: Human Kinetics, 1997a.

BROOKS, D. Targeting the buttocks. In: IDEA Today, s.n.: s.l., v. Mar., 1997b.

BROOKS, D. Targeting the hips. In: IDEA Today, s.n.: s.l., v. May, 1997c.

BROOKS, D. Targeting the inner and outer thigh. In: IDEA Today, s.n.: s.l., v. Apr., 1997d.

BROOKS, D. Targeting the lower leg. In: IDEA Today, s.n.: s.l., v. Sept., 1997e.

BROOKS, D. Targeting the upper leg. In: IDEA Today, s.n.: s.l., v. June, 1997f.

BROOKS, D. Your personal trainer. Champaign, IL: Human Kinetics, 1999.

BROOKS, D. Effective training moves. Mammoth Lakes, CA: Moves International; Champaign, IL: Human Kinetics, 2001.

BROOKS, D.; BROOKS, C. Integrated balance training. Canton, OH: Fitness Quest, 2002.

BROOKS, D.; COPELAND BROOKS, C. Uncovering the myths of abdominal exercise. In: IDEA Today, s.n.: s.l., v. Apr., p. 42-49, 1993.

BROOKS, D.; COPELAND BROOKS, C. Stability ball programming guide for fitness professional. Mammoth Lakes, CA: Moves International; 1995.

BROOKS, D. et al. Reebok interval program manual. Stoughton, MA: Reebok International, 1995.

BRYANT, C. X.; PETERSON, J. A.; FRANKLIN, B. A. Training clients with asthma. In: IDEA Personal Trainer, s.n.: s.l., v. Oct., p. 33-38, 1998.

BUCKWALTER, J. A.; DINUBILE, N. A. Decreased mobility in the elderly: The exercise antidote. In: Physician and Sportsmedicine, s.n.: s.l., v. 25(9), p. 127-136, 1997.

BYRNE, K. Understanding and managing cholesterol. Champaign, IL: Human Kinetics, 1991.

CAILLIET, R. Low back pain syndrome. 4.ed. Philadelphia: Davis, 1988.

CANTWELL, S. Policies that work for personal trainers. San Diego, CA: IDEA Press, 1997.

CARTER CENTER. Healthier people: Health risk appraisal program. Atlanta: The Carter Center of Emory University, 1988.

CHURCH, M. Mastering personal fitness training. Watsons Bay, NSW, Austrália: Fast Books, 1996.

CLAPP, J. F. Exercising through your pregnancy. Champaign, IL: Human Kinetics, 1998.

CLARK, J.; SHERMAN, C. Congestive heart failure: Training for a better life. In: Physician and Sportsmedicine, s.n.: s.l., v. 26 (8, Aug.), p. 49-57, 1998.

CLARK, N. Sports nutrition guidebook: Eating to fuel your active lifestyle. Champaign, IL: Human Kinetics, 1997.

COLBERG, S.; SWAIN, D. Exercise and diabetes control. In: Physician and Sportsmedicine, s.n.: s.l., v. 28 (4, Apr.), p. 63-81, 2000.

COTTEN, D. J. Strategies for managing risk. In: IDEA Personal Trainer, s.n.: s.l., v. Mar., p. 49-54, 1998.

COSTILL, D. Detraining: Loss of muscular strength and power. In: Sports Medicine Digest, s.n.: s.l., v. May, p. 4, 1988.

COUZENS, G. Personal trainers: A formula for fitness? In: Physician and Sportsmedicine, s.n.: s.l., v. 20 (11, Nov.), p. 131-140, 1992.

DALLECK, L.; KRAVITZ, L. The history of fitness. In: IDEA Health & Fitness Source, s.n.: s.l., v. Jan., p. 26-33, 2002.

DAVIS, P.; DAVIS, K. Editorial. Blazing new paths in personal training. In: IDEA Health & Fitness Source, s.n.: s.l., v. Apr., p. 6, 1999.

DEVRIES, H. A. Prevention of muscular distress after exercise. In: Research Quarterly, s.n.: s.l., v. 32(2), p. 177-185, 1961a.

DEVRIES, H. A. Electromiography observation of the effect of stativ stretching upon muscular distress. In: Research Quarterly, s.n.: s.l., v. 32(4), p. 468-479, 1961b.

DICKINSON, A. (Ed.) Safety of vitamins and minerals: A summary of the findings of key reviews. Washngton, DC: The Council for Reponsible Nutrition, 1991.

DICKINSON, A. (Ed.) Benefits of nutritional supplements. Washngton, DC: The Council for Reponsible Nutrition, 1993.

DINUBILE, N. A. Osteoarthritis: How to make exercise part of your treatment plan. In; Physician and Sportsmedicine, s.n.: s.l., v. 25(7, July), p. 47-58, 1997.

DISHMAN, R. K. Prescribing exercise intensity for healthy adults using perceived exertion. In: Medicine and Science in Sports and Exercise, s.n.: s.l., v. 26(9), p. 1087-1094, 1994.

DISHMAN, R. K.; FARQUHAR, R. P.; CURETON, K. J. Responses to preferred intensities of exertion in men differing in activity levels. In: Medicine and Science in Sports and Exercise, s.n.: s.l., v. 26(9), p. 783-790, 1994.

DROUGHT, J. Resistance exercise in cardiac rehabilitation. In: Journal of Strength and Conditioning, s.n.: s.l., v. 17(2), p. 56-64, 1995.

DURRETT, A. IDEA Personal Trainer. In: Time Management, s.n.: s.l., v. Feb.Mar., p. 15-17, 1994.

EBBELING, C. B.; WARD, A.; RIPPE, J. M. Comparison between palpated heart rates and heart rates observed using the polar favor heart rate monitor during an aerobics exercise class. Worcester, MA: Exercise Physiology and Nutrition Laboratory, University of Massachusetts Medical School, 1991.

EICHNER, R. Self delusion: The most popular indoor sport. In: Sports Medicine Digest, s.n.: s.l., v. Dec., p. 5, 1993.

ELLISON, D. Advanced exercise design for lower body. 2.ed. Vista, CA: Movement That Matters, 1993.

ETNYRE, B. R.; LEE, E. J. Comments on proprioceptive neuromuscular facilitation stretching techniques. In: Research Quarterly for Exercise and Sport, s.n.: s.l., v. 58, p. 184-188, 1987.

EVANS, W., ROSENBERG, I. Biomarkers. New York: Simon & Schuster, 1991.

FAIGENBAUM, A. D. et al. Physiologic and symptomatic responses of cardiac patients to resistance exercise. In: Archives of Physical Medicine and Rehabilitation, s.n.: s.l., v. 70, p. 395-398, 1990.

FAIR, E. Fitness software. In: IDEA Today, s.n.: s.l., v. June, p. 27, 1992.

FEIGENBAUM, M. S.; POLLOCK, M. L. Strength training: rationale for current guidelines for adult fitness programs. In: Physician and Sportsmedicine, s.n.: s.l., v. 23, p. 44-64, 1997.

FIATARONE, M. A. et al. High-intensity strength training in nonagenarians. In: Journal of the American Medical Association, s.n.: s.l., v. 263, p. 3029-3034, 1990.

FIATARONE, M. A.; O'NEILL, E. F.; RYAN, N. D. Exercise training and nutritional supplementation for physical frailty in very elderly people. In: New England Journal of Medicine, s.n.: s.l., v. 330, p. 1769-1775, 1994.

FISHER, G.; JENSEN, C. Scientific basis of athletic conditioning, 3.ed. Philadelphia: Lea & Febiger, 1990.

FLECK, S.; KRAEMER, W. Periodization breakthrough! Ronkonkoma, NY: Advanced Research Press, 1996.

FLECK, S.; KRAEMER, W. Designing resistance training programs. Champaign, IL: Human Kinetics, 1997.

FLETCHER, A. Thin for life: 10 keys to success from people who have lost weight and kept it off. Shelburne, VT: Chapters, 1994.

FLOREZ, G. Designer gyms for every body (and budget). In: ACE Fitness Matters, s.n.: s.l., v. 3 (1, Jan./Feb.), p. 1-3, 1997.

FLOREZ, G. Productive partnerships for personal trainers. In: IDEA Health and Fitness Source, s.n.: s.l., v. (July/Aug.), p. 100, 1999.

FLOREZ, G.; O'HARA, J. Adding on: Hiring trainers. In: IDEA Personal Trainer, s.n.:s.l., v. Feb., p. 36, 1997.

FOSTER. C. Licensure-The quest for the Holy Grail. In: ACSM Certified News, s.n.: s.l., v. 2(3), p. 9, 1992.

FOWLES, J. R.; SALE, D. G.; MACDOUGALL, J. D. Reduced strength after passive stretch of the human plantarflexors. In: Journal of Applied Physiology, s.n.: s.l., v. 89, p. 1179-1188, 2000.

FRANCIS, P.; FRANCIS, L. If it hurts, don't do it. Rocklin, CA: Prima, 1988.

FRONTERA, W. R.; MEREDITH, C. N.; O'REILLY, K. P. Strength conditioning in men: Skeletal muscle hypertrophy and improved function. In: Journal of Applied Physiology, s.n.: s.l., v. 64(3), p. 1038-1044, 1988.

FULGHUM, R. All I really needed to know I learned in kindergarten. New York: Random House, 1993.

GAVIN, J. Relationship traps: Control in one-to-one. In: IDEA Personal Trainer, s.n.: s.l., v. June, p. 1-3, 1992.

GAVIN, J. Coaxing your client to change. In: IDEA Personal Trainer, s.n.: s.l., v. Nov. Dec., p. 31-38, 1997.

GAVIN, J. IDEA Personal Trainer Survey: Relationships between trainers and their clients. In: IDEA Personal Trainer, s.n.: s.l., v. May, p. 37-46, 1998.

GAVIN, J.; GAVIN, N. Create opportunity from conflict. In: IDEA Personal Trainer, s.n.: s.l., v. Feb., p. 35-37, 1999.

GESING, B. F. All for one: Client/Trainer/Physician. In: IDEA Today, s.n.: s.l., v. Nov./Dec., p. 26-28, 1990.

GHILARDUCCI, L.; HOLLY, R.; AMSTERDAM, E. Effects of high resistance training in coronary heart disease. In: American Journal of Cardiology, s.n.: s.l., v. 64, p. 866-870, 1989.

GIESE, M. Organization for an exercise session. In: American College of Sports Medicine Resource Manual for Guidelines for Exercise Testing and Prescription. Philadelphia: Lea & Febiger, 1988.

GOLDING, L.; MYERS, C.; SINNING, W. The Y's way to physical fitness. Champaign, IL: Human Kinetics, for the YMCA of the USA, 1989.

GORDON, N. Arthritis: Your complete exercise guide. Champaign, IL: Human Kinetics, 1993a.

GORDON, N. Breathing disorders: Your complete exercise guide. Champaign, IL: Human Kinetics, 1993b.

GORDON, N. Diabetes: Your complete exercise guide. Champaign, IL: Human Kinetics, 1993c.

GRAVES, J.; POLLOCK, M. Understanding the physiological basis of muscular fitness. In: Stairmaster fitness handbook. Indianapolis: Masters Press, 1993.

HAAS, E. Staying healthy with nutrition. Berkeley, CA: Celestial Art, 1992.

HALE, R. W.; MILNE, L. The elite athlete and exercise in pregnancy. In: Seminars in perinatology, s.n.: s.l., v. 20(4), p. 277-284, 1996.

HALLO, B. Warming up. In: FitPro, s.n.: s.l., v. Aug./Sep., p. 3, 1999.

HANDLEY, A. Management notebook: Employment law. In: Club Industry. s.n.: s.l., v. Oct., p. 64-67, 1997.

HARDY, L.; JONES, D. Dynamic flexibility and proprioreceptive neuromuscular facilitation. In: Research Quarterly for Exercise and Sport, s.n.: s.l., v. 57(2), p. 150-153, 1986.

HARTLEY O'BRYEN, S. J. Six mobilization exercises for active range of hip flexion. In: Research Quarterly, s.n.: s.l., v. 51(4), p. 625-635, 1980.

HALMRICK, S. P. et al. Physical activity and reduced occurrence of non-insulin dependent diabetes mellitus. In: New England Journal of Medicine, s.n.: s.l., v. 325, p. 147-152, 1991.

HENDLER, S. The doctor's vitamin and mineral encyclopaedia. New York: Simon & Schuster, 1990.

HERBERT, D. Insure your success. In: ACE Certified News, s.n.: s.l., v. 3 (3, Apr./May), p. 1-2, 1997.

HEYWARD, V. Advanced fitness assessment and exercise prescription. 2.ed. Champaign, IL: Human Kinetics, 1991.

HICKSON, R. C. et al. Reduced training intensities and loss of aerobic power, endurance and cardiac growth. In: Journal of Applied Physiology, s.n.: s.l., v. 58, p. 492-499, 1985.

HILL, A.V. Living machinery. London: Bell and Sons, 1927.

HOFFMAN, D. F. Arthritis and exercise. In: Primary Care, s.n.: s.l., v. 20, p. 895-910, 1993.

HOLLAND, G. J. The physiology of flexibility: A review of the literature. In: Kinesiology Review, s.n.: s.l., v. I, p. 49-62, 1968.

HUNTER, G. R.; SEELHORST, D.; SNYDER, S. Comparison of metabolic and heart responses to super slow vs. traditional resistance training. In: Journal of Strength and Conditioning Research, s.n.: s.l., v. 17 (1, Feb.), p. 76-81, 2003.

HUTTON, R. S. Neuromuscular basis of stretching exercises. In KOMI, P. V. (Ed.). Strength and power in sport. Cambridge, MA: Blackwell Scientific, 1992. p. 76-81.

HYATT, G. [Proprietário e diretor da Desert Southwest Fitness]. Entrevista por Douglas Brooks. Mammoth Lakes, CA, Feb. 2002.

IDEA. IDEA Today, conforme reportado em Industry News, s.n.: s.l., v. July/Aug., p. 13, 1989.

IDEA. IDEA Personal Trainer Survey, 1997. Acessado em 19 de maio de 2003. <www.IDEAFit.com>.

IDEA. IDEA Personal Trainer Survey, 1998a. Acessado em 21 de maio de 2003. <www.IDEAFit.com/prptclientsurvey.htm>.

IDEA. Top sales mistakes, What's New Section. In: IDEA Personal Trainer, s.n.: s.l., v. Oct., p. 8, 1998b.

IDEA PERSONAL TRAINER. Staying Motivated (folheto para clientes). 1998.

IDEA PERSONAL TRAINER. Trends. In: IDEA Personal Trainer, s.n.: s.l., v. Oct., p. 7, 1999.

INTERNATIONAL HEALTH, RACQUET AND SPORTSCLUB ASSOCIATION. Americans sports data health club trend report. Boston: International Health Racquet and Sportsclub Association, 2000.

INTERNET WORLD. 1999.Acessado em março de 2003. <www.internetworld.com>.

JACKSON, A. S.; POLLOCK, M. L. Practical assessment of body composition. In: The Physician and Sportsmedicine, s.n.: s.l., v. 13 (5, May), p. 76-90, 1985.

JACOBSON, M. Comentário editorial. In: Nutrition Action Healthletter, s.n.: s.l., v. May, p. 2, 1995.

JACOBSON, M. (Ed.). The right dose. In: Nutrition Action Healthletter. Washington, DC:

Center for Science in the Public Interest (CSPI), 1987.

JOHNS, R. J.; WRIGHT, V. Relative importance of various tissues in joint sitffness. In: Journal of Applied Physiology, s.n.: s.l., v. 17(5), p. 824-828, 1962.

KARDELL, K. R.; KASE, T. Training in pregnant women: effect on fetal development and birth. In: American Journal of Obstetrics and Gynecology, s.n.: s.l., v. 178(2), p. 280-286, 1998.

KEELER, L. K. et al. Early-phase adaptations of traditional-speed vs. superslow resistance training on strength and aerobic capacity in sedentary individuals. In: Journal of Strength and Conditioning Research, s.n.: s.l., v. 15, p. 309-314, 2001.

KENDALL, F.; MCCREARY, E.; PROVANCE, P. Muscles – Testing and function. 4.ed. Baltimore: Williams & Wilkins, 1993.

KIBLER, B. Penn State Sports Medicine Newsletter 1997 (June). In: IDEA Personal Trainer, s.n.: s.l., p. 16, 1998.

KOEBERLE, B. Legal aspects of personal training. Canton, OH: Professional reports Corporation, 1990.

KOMI, P. V. (Ed.). Strength and power in sport. Champaign, IL: Human Kinetics, 1992.

KRAEMER, W.; FLECK, S. Strength training for young athletes. Champaign, IL: Human Kinetics, 1993.

KRAVITZ, L.; KOSICH, D. Flexibility: A comprehensive research review and program design guide. In: IDEA Today, s.n.: s.l., v. June, p. 42-49, 1993.

LACROIX, V. J. Exercise-induced astham. In: Physician and Sportsmedicine. s.n.: s.l., v. 27 (12, Nov.), p. 75-92, 1993.

LAFORGE, R. Training the cardiac patient. In: IDEA Personal Trainer, s.n.: s.l., v. Feb., p. 51-63, 2000.

LEGER, L.; THIVIERGE, M. Heart rate monitors: Validity, stability and functionality. In: The Physician and Sportsmedicine. s.n.: s.l., v. 16 (5, May), p. 143-151, 1988.

LICHTMAN, S. W. et al. Discrepancy between self-reported and actual caloric intake and exercise in obese subjects. In: New England Journal of Medicine, s.n.: s.l., v. 327, p. 1893-1898, 1992.

LOHMAN, T.; ROCHE, A.; MARTORELL, R. Anthropometric standardization reference manual. Champaign, IL: Human Kinetics, 1988.

MAHAN, K.; ARLIN, M. Krause's food, nutrition and diet therapy. 8.ed. Philadelphia: Sauders, 1992.

MANSON, J. E. et al. Physical activity and incidence of non-insulin dependent diabetes mellitus in women. In: Lancet, s.n.: s.l., v. 338, p. 774-778, 1991.

MANSON, J. E. et al. Medical progress: Primary prevention of myocardial infarction. In: New England Journal of Medicine, s.n.: s.l., v. 326, p. 1406-1416, 1992.

MARMOT, M.G. Epidemiology and the art of the soluble. In: The Lancet, s.n.: s.l., v.i, p. 897-900, 1986.

MAZZEO, R. S. et al. ACSM position stand on exercise and physical activity for older adults. In: Medicine and Science in Sports and Exercise, s.n.: s.l., v. 30(6), p. 992-1008, 1998.

MCALPINE, K. The minimalist's maxim. In: Outside, s.n.: s.l., v. Apr., p. 163-167, 1993.

MCARDLE, W.; KATCH, F.; KATCH, V. Exercise physiology – Energy, nutrition and human performance. 3.ed. Philadelphia: Lea & Febiger, 1991.

MCARDLE, W.; KATCH, F.; KATCH, V. Exercise physiology – Energy, nutrition, and human performance. 4ed. Philadelphia: Lea & Febiger, 1991.

MCDONAGH, M. J. N.; DAVIES, C. T. M. Adaptive response of mammalian skeletal muscle to exercise with high loads. In: European Journal of Applied Physiology, s.n.: s.l., v. 52, p. 139-155, 1984.

MCGILL, S. Low back disorders – Evidence-based prevention and rehabilitation. Champaign, IL: Human Kinetics, 2002.

METVEYEV, L. Fundamentals of sports training. Moscow: Progress, 1981.

MOLK, B. Connecting with physicians. In: IDEA Personal Trainer, s.n.: s.l., v. Sept., p. 29-33, 1996.

MONAHAN, T. Is fitness reaching only the wealthy? In: The Physician and Sportsmedicine. s.n.: s.l., v. 17 (2, Feb.), p. 201-211, 1989.

MOORE, M.; HUTTON, R. Electromyographic investigation of muscle stretching techniques. In: Medicine and Science in Sports and Exercise, s.n.: s.l., v. 12(5), p. 322-329, 1989.

MORTON, A.; FITCH, K.; HAHN, A. Physical activity and the asthmatic. In: The Physician and Sportsmedicine. s.n.: s.l., v. 9, p. 51-64, 1981.

MURPHY, R. D. A critical look at static stretching: Are we doing our patients harm? In: Chiropractic Sports Medicine, s.n.: s.l., v. 5(3), p. 67-70, 1991.

NATIONAL CHOLESTEROL EDUCATION PROGRAM. Summary of the second report of the National Cholesterol Education Program (NCEP) expert panel on detection, evaluation and treatment of high blood cholesterol in adults. In: Journal of the American Medical Association, s.n.: s.l., v. 269, p. 3015-3023, 1993.

NATIONAL INSTITUTES OF HEALTH. Weight cycling: In some, the benefits of weight loss outweigh the risks. In: Press release, s.n.: s.l., v. 18 Oct., p. 1, 1994.

NIEMAN, D. The ups and downs of detraining. In: ACE Certified News, s.n.: s.l., v. 3 (5, Aug./Sept.), p. 1-2, 1997.

O'BRIEN, T. The personal trainer handbook. Champaign, IL: Human Kinetics, 1997.

ORNISH, D. et al. Can lifestyle changes reverse coronary heart disease? In: The Lancet, s.n.: s.l., v. 336, p. 129-133, 1990.

OSTERNIG, L.R. Differential responses to proprioceptive neuromuscular facilitation (PNF) stretch techniques. In: Medicine and Science in Sports and Exercise, s.n.: s.l., v. 22(1), p. 106-111, 1990.

OZOLIN, N. The athlete's training system for competition. Moscow: Fizkultura i Sport, 1971.

PATE, R. et al. Physical activity and public health: A recommendation from the centers for disease control and prevention and the American Medical Association. In: Journal of the American Medical Association, s.n.: s.l., v. 273, p. 402-407, 1995.

PICCONE, P. K. Choosing and accountant. In: IDEA Personal Trainer, s.n.: s.l., v. Mar./Apr., p. 17-20, 1997.

PICKERING, R. Understanding retirement plans. In: IDEA Personal Trainer, s.n.: s.l., v. Apr., p. 19-34, 1999.

PIVARNIK, J. M. Potential effects of maternal physical activity on birth weight: Brief review. In: Medicine and Science in Sports and Exercise, s.n.: s.l., v. 30(3), p. 400-406, 1998.

PLOWMAN, S. Physical activity, physical fitness, and low back pain. In: Exercise and Sport Sciences Reviews, s.n.: s.l., v. 20, p. 221-242, 1992.

PLOWMAN, S.; SMITH, D. Exercise physiology for health fitness, and performance. Needham Heights, MA: Allyn and Bacon, 1997.

POLLOCK, M.; WILMORE, J. Exercise in health and disease. 2.ed. Philadelphia: Suanders, 1990.

POLLOCK, M. L. et al. The recommended quantity and quality of exercise for developing and maintaining cardiorespiratory fitness, and flexibility in healthy adults. In: Medicine and Science in Sports and Exercise, s.n.: s.l., v. 30(6), p. 975-991, 1998.

POST, W. R. Patellofemoral pain. In: The Physician and Sportsmedicine. s.n.: s.l., v. 26 (1, Jan.), p. 68-78, 1998.

REED, C. The evolution of the personal fitness profession. In: Personal Fitness Professional, s.n.: s.l., v. Mar./Apr., p. 18, 1999.

REEVES, R. K.; LASKOWSKI, E. R.; SMITH, J. Weight training injuries – Part I: Diagnosing and managing acute conditions. In: The Physician and Sportsmedicine. s.n.: s.l., v. 26 (2, Feb.), p. 67-83, 1998a.

REEVES, R. K.; LASKOWSKI, E. R.; SMITH, J. Weight training injuries – Part II: Diagnosing and managing chronic conditions. In: The Physician and Sportsmedicine. s.n.: s.l., v. 26 (3, Mar.), p. 54-63, 1998b.

RHEA, M. et al. Three sets of weight training superior to one set with equal intensity for eliciting strength. In: Journal of Strength and Conditioning Research, s.n.: s.l., v. 16 (4, Nov.), p. 525-529, 2002.

ROBERTS, S. (Ed.) The business of personal training. Champaign, IL: Human Kinetics, 1996.

RUBIN, A. (Ed.) Put exercise advice in writing. In: Physician and Sportsmedicine. s.n.: s.l., v. 26 (7, July), p. 22, 1998.

RUBIN, A. (Ed.) Strength training bolsters cardiac rehab. In: Physician and Sportsmedicine. s.n.: s.l., v. 27 (7), 1999, p. 20, 1998.

RYAN, P. How can we judge quality? In: IDEA Personal Trainer, s.n.: s.l., v. July/Aug., p. 27-34, 1995.

RYAN, P. Certifications: Which one is right for you? In: IDEA Personal Trainer, s.n.: s.l., v. Mar./Apr., p. 18-31, 1996.

SAFRAN, M. R.; SEABER, A. V.; GARRETT, W. E. The role of warm-up in muscular injury prevention. In: American Journal of Sports Medicine, s.n.: s.l., v. 16(2), p. 123-129, 1988.

SAPEGA, A.A. et al. Biophysical factors in range-of-motion exercise. In: Physician and Sportsmedicine. s.n.: s.l., v. 9(12), p. 57-65, 1981.

SCHARDT, D. Relieving arthritis pain: Can supplements help? In: Nutritions Action Healthletter, s.n.: s.l., Jan./Feb., p. 3-5, 1998.

SCHNIRRING, L. Health aging or anti-aging? Diverse philosophies emerge. In: Physician and Sportsmedicine. s.n.: s.l., v. 28(6), p. 15-20, 2000.

SCHNIRRING, L. (Ed.) New ACOG recommendations encourage exercise in pregnancy. In: The Physician and Sportsmedicine. s.n.: s.l., v. 30 (8, Aug.), p. 9-10, 2002.

SCHWENK, T. L. Rejuvenating patients – One step at a time. In: The Physician and Sportsmedicine. s.n.: s.l., v. 27(11), p. 3-8, 1999.

SELYE, H. The stress of life. New York: McGraw-Hill, 1978.

SHARKEY, B. Physiology of fitness. 3.ed. Champaign, IL: Human Kinetics, 1990.

SHARKEY, B. New dimensions in aerobic fitness. Champaign, IL: Human Kinetics, 1991.

SHEEHAN, G. Health risk appraisals. In: The Physician and Sportsmedicine. s.n.: s.l., v. 19(5), p. 41, 1991.

SHERMAN, C. Reversing heart disease: Are lifestlye changes enough? In: The Physician and Sportsmedicine. s.n.: s.l., v. 22(1, Jan.), p. 91-94, 1994.

SHRIER, I.; GOSSAL, K. Myths and truths of stretching. In: Hysician and Sportsmedicine. s.n.: s.l., v. 28 (8, Aug.), p. 57-63, 2000.

SIFF, M.; VERKHOSHANSKY, Y. Super training: Special strength training for sporting excellence. Johannesburg, South Africa: School of Mechanical Engineering, University of Witwatersand, 1993.

SIFF, M. C. The science of flexibility and stretching. Johannesburg, South Africa: School of Mechanical Engineering, University of Witwatersand, 1990.

SKINNER, J. Understanding the physiological basis of cardiorespiratory fitness. In: Stairmaster Fitness Handbook. Indianapolis: Masters Press, 1993.

SLEAMAKER, R. Serious training for serious athletes. Champaign, IL: Human Kinetics, 1989.

SLEAMAKER, R.; BROWNING, R. SERIOUS training for endurance athletes. Champaign, IL: Human Kinetics, 1996.

SMITH., B. Advanced fitness teacher's manual. Loughborough, UK: Loughborough University – Ludoe, 1993.

SOUKUP, J. T.; KOVALESKI, J. E. A review of the effects of resistance training for individuals with diabetes mellitus. In; Diabetes Education, s.n.: s.l., v. 19(4), p. 307-312, 1993.

SPIRDUSO, W. Physical dimensions of aging. Champaign, IL: Human Kinetics, 1995.

STANFORTH, D.; BUONO, M. The fat burning concept: Implications for aerobic dance. In MARKS, C. (Ed.) International symposium on the scientific and medical aspects of aerobic dance – Exercise manual. San Diego: IDEA Foundation, 1989.

STONE, M.; O'BRYANT, H. Weight training – A scientific approach. Minneapolis: Burgess, 1989.

STRANGE, C. J. Coping with arthritis in its many forms, In: FDA Consumer, s.n.: s.l., v. 3, p. 17-21, 1996.

SULLIVAN, M.G.; DEJULIA, J. J.; WORRELL, T. W. Effect of pelvic position and stretching method on hamstring muscle flexibility. In: Medicine and Science in Sports and Exercise, s.n.: s.l., v. 24(12), p. 1383-1389, 1992.

TAMBLYN, R. et al. Unnecessary prescribing of NSAIDs and the management of NSAIDs-related gastropathy in medical practice. In: Annals of Internal Medicine, s.n.: s.l., v. 127, p. 429, 1997.

TAYLOR, D. C. et al. Viscoelastic properties of muscle-tendon units: The biomechanical effects of stretching. In: American Journal of Sports Medicine, s.n.: s.l., v. 18(3), p. 300-309. 1990.

THOMPSON, C. Manual of structural kinesiology. 11.ed. St.Louis: Times Mirror/Mosby, 1989.

THORNEYCROFT, D. What makes a marketing piece work? In: IDEA Personal Trainer, s.n.: s.l., Jan., p. 21, 1995.

TRANS: THE PHANTOM FAT. In: Nutrition Action Healthletter, s.n.: s.l., Sept., p. 10-13, 1996.

UNIVERSITY OF CALIFORNIA AT BERKELEY. Berkeley wellness letter 8. p. 1-4, 1994.

U.S.DEPARTMENT OF HEALTH AND HUMAN SERVICES. Physical activity and health: A report of the surgeon general. Atlanta,: U.S. Department of Health and Human Services, Centers for Disease Control and Prevention, National Center for Chronic Disease Prevention and Promotion, 1996.

VOROBYEV, A. A textbook on weight lifting. Budapest: International Weightlifting Federation, 1978.

WESTCOTT, W. Strength Fitness. 3.ed. Dubuque, IA: Brown, 1991.

WESTCOOT, W. S. Strength fitness: Physiological principles and training techniques. 4.ed. Dubuque, IA: Brown, 1995.

WHITE, R.; SHERMAN, C. Exercise in diabetes management: Maximizing benefits, controlling risks. In: Physician and Sportsmedicine. s.n.: s.l., v. 27 (4, Apr.), p. 71, 1999.

WICHMANN, S.; MARTIN, D. R. Heart disease: Not for men only. In: The Physician and Sportsmedicine. s.n.: s.l., v. 20 (8, Aug.), p. 138-148, 1992.

WILMORE, J.; COSTILL, D. Trainingfor sport and activity: The physiological basis of the conditioning process. 3.ed. Dubuque, IA: Brown, 1988.

WILMORE, J.; COSTILL, D. Physiology of sport and exercise. Champaign, IL: Human Kinetics, 1994.

YOUNG, W.; BEHM, D. Should static stretching be used during a warm-up for strength and power activities? In: National Strength and Conditioning Journal, s.n.: s.l., v. 24(6), p. 33-37, 2002.